국가고시 · 변호사시험 대비

형사법 종합연습

변호사시험 기출문제 분석

하 태 영

法 文 社

서　문

Q1. 이 책은?

단순한 해설집이 아니다. 매년 출제되는 형사법 판례 200개를 정밀하게 분석한 작은 판례 요약집이다. 선택형을 넘어 사례형을 준비하는 책이다. 그만큼 정성을 다해 만들었다.

사실관계 · 죄명 · 쟁점 · 판결요지를 전부 소개했다. 시간을 엄청나게 단축할 수 있을 것이다. 결국 수험기간은 시간과 경쟁이다. 시간을 많이 투자하면 이긴다. 그만큼 뇌에 많이 노출되기 때문이다. '이긴다'는 말은 극기(克己)이며 '할 수 있다'는 의미이다.

이 책은 시간을 아껴 시간을 다용도로 사용하려는 학생들을 위해 특별히 제작한 것이다. 마지막에는 고딕만 읽으면 된다. 수험생이 혼자 이 많은 내용을 짧은 시간에 정리할 수 없다. 그 어려움을 알기에 이 책을 집필했다.

Q2. 해설이 길지 않는가?

해설이 길다는 비판이 있다. 그러나 하나의 판례는 그렇게 가벼운 것이 아니다. 요약 임기보나 이해가 필요하다. 그렇다면 사실관계 · 쟁점 · 판결요지 · 판결정문을 읽어야 한다. 요약은 고딕으로 된 글자만 읽으면 된다. 암기는 그림이 그려지면 된다. 그러면 사례형 문제에서 정확히 쟁점을 찾을 수 있다. 로스쿨은 교육을 통한 변호사 양성이다. 최소한 이 정도는 강의에서 설명해야 한다. 그래서 독특하게 판결문을 많이 소개하였다. 출제 판례들은 대부분 중요한 판결이다. 자주 반복하여 출제된다. 공부가 되면 해설은 요약된다. 동일 판례를 해당 사례에서 다시 설명했다. 중요한 판례를 반복하는 의미가 담겨 있다.

Q3. 이 책을 어떻게 공부하는가?

『형사법 종합연습』 변시기출문제분석 제3판에서 기출문제 분량이 많다는 점을 느꼈다. 그래서 형사법 사례연습으로 분리했다. 『형사법 종합연습』 변호사시험 기출문제 분석은 선택형 대비이고, 『형사법 사례연습』 변호사시험 기출문제 분석은 사례형 대비이다.

형사법 사례문제를 쓰기 전에 선택형 종합문제를 공부하는게 맞다고 생각했다. 그것도 정밀하게 공부해야 한다. 이 훈련이 되면 사례문제를 쉽게 작성할 수 있다.

그래서 먼저 형법·형사소송법 종합문제 100제를 공부하길 바란다. 문제를 푸는 것이 아니고 판례를 공부하는 시간이다. 여기에 500개 기본판례가 담겨 있다. 최소한 이 정도는 알고서 사례형 시험을 준비해야 한다.

지문 해설에서 판례를 자세히 소개했다. 판시사항은 쟁점이다. 판결요지는 법리와 사안해결이다. 최소한 알아야 하는 내용이다. 판례를 더 깊이 이해하려면 판결문 전문을 정독해야 한다. 학교 강의를 경청해야 한다. 수험생은 이 판례가 출제될 경우 선택형은 어떻게, 사례형은 어떻게 출제될지 생각해야 한다. 그러면 용도에 맞게 더 핵심을 찾을 수 있다. 이 과정에서 내용이 정리가 된다. 이후 암송하거나 직접 써 보아야 한다. 최소한 각 과목당 10,000장은 써 보아야 한다. 100장 연습으로 합격할 수 없다. 증국번은 아들에게 "하루 1만 자를 써야 한다"고 조언했다.

법전협의회 모의고사 전까지 이 책을 섭렵하고 기출문제 사례문제를 전부 정리하기 바란다. 그리고 6월·8월·10월 모의고사에서 답안 결점을 보완하길 바란다. 학교 강의를 수강하면서 출제위원급 교수가 강조하는 법이론을 심화하길 바란다. 최근 판례와 쟁점 판례는 입에서 또 손에서 줄줄 나와야 한다. 이러한 과정이 없이 변호사 자격증을 받을 수 없다. 시간을 역순으로 생각하면 더 줄이고 명확해야 한다. 변호사는 말과 글로 승부를 내는 직업이다.

Q4. 변호사시험 최근 경향은?

골목으로 걸어가면 떨어지는 시험이다. 선택형은 지문이 길다. 판례를 정확히 숙지해야 한다. 쟁점 파악과 암송이 안 되면 현장에서 실수한다. 그러므로 3월부터 5월까지 매일 500개 판례를 최소 두 시간 소리내어 읽어야 한다. 6월부터는 매일 형사법만 최소 네 시간이상 네 장씩 써야 한다. 사례형 문제 두 장, 기록형 두 장이다. 글을 읽고 써다 보면 내용이 요약되고 표현이 정밀해진다. 눈으로 본 것으로 시험을 통과할 수 없다. 이것이 최근 출제 경향이다. 아는 것과 표현은 다르다.

사례형은 쟁점이 너무 많다. 두 시간에 완벽하게 작성할 수가 없다. 수험에 몰입된 '자폐상태'가 아니면 고득점을 할 수가 없다. 이제 그런 시험이 되었다. 의뢰인이 찾아와서 말할 때 빨리 알아들으라는 훈련 같다. 문장을 보면 사실관계가 그림으로 그려지고, 쟁점·학설·판례가 바로 떠올라야 한다. 현장에서 법전을 보고 사색할 수가 없다. 직선으로 120분을 달려야 한다. 이것이 최근 사례형 기출문제 경향이다.

최대한 요약한다. 간결하고 명확하게 답안을 작성한다. 범죄체계도와 판결요지가 기초자료이다. 내 경험으로 6월 모의고사에서 어느 정도 결정이 난다. 전혀 기초가 잡혀 있지 않으면 용기를 잃는다. 8월 모의고사에서 확실히 무너진다. 판례 몇 개 공부하여 시험장에 왔다고 후회한다.

독일 국가시험은 제2차시험에서 각 과목당 지정 도서를 참고하여 답안을 작성한다. 주로 세 종류의 주석서(콤멘타르 · Kommentar)에서 수험생이 지정한다. 우리나라 변호사시험이 여기까지 발전하려면 체계적 연구가 아니면 불가능하다. 우리는 암기형 시험이고 독일은 논문형 시험이기 때문이다. 독일 법조인들이 어떻게 양성되는지 깊이 연구할 필요가 있다.

어쨌든 이 문제는 향후 법조인양성과 관련이 있다. 현재 수험생은 문답삼이(問答三易)를 명심해야 한다. 이해 · 독서 · 답안작성이다. 매일 암송하고 글을 쓰는 방법밖에 없다.

무엇을 써야 할지 정확히 알아야 하고, 어떻게 써야 할지 항상 고민해야 하고, 어떻게 이해될지 늘 염려해야 한다. 글을 쓰는 일은 정말 쉬운 일이 아니다. 그러나 명문이고 명필이면 반드시 합격한다.

이 책이 한 줄기 빛이 되길 기원한다.

2023년 3월 1일
동아대학교 법학전문대학원
仁德 하태영

수험생에게 보내는 편지

1. 2024년 제13회 변호사시험 『형사법』 과목 최종 정리용으로 『형사법 종합연습 변시기출문제분석』을 세상에 보낸다. 기출문제를 모두 분석하여 해설하였다. 『선택형 · 사례형 · 기록형』 시험을 모두 염두에 두었다. 출제가 가능한 영역이 어디인지 깊이 고민하였다. 제12회 변호사시험 합격자와 토론을 통해 선별하였다. **수험준비 출발점은 변호사시험 기출문제를 정확히 이해하고 반복하는 것이다.** 수험생들에게 최종 정리용으로 도움이 되기를 바란다.

2. 2024년 1월 시험은 낯선 환경에서 실시된다. 많은 준비를 해도 불안한 것이 시험이다. 승패는 자신감에서 결정된다. 갈고 닦은 실력을 충분히 발휘하기를 기원한다.

- 공법시험 후, 다음 날 형사법 시험이 실시된다. 형사법 시험은 공법시험 결과에 영향을 받는다. 긴장과 체력 소진으로 힘든 밤을 맞이한다.
- 18:00 이후 다음날 09:00까지 15시간이 남는다. 체력이 중요하기 때문에 숙면해야 한다.
- 8시간 정도 정리시간이 있다. **여행용 가방에 있는 많은 교과서 · 문제집 · 판례집을 정리할 수 없다. 그날 그렇게 해서도 안 된다.** 시간을 효율적으로 이용해야 한다. 많이 본다고 기억에 남는 것이 아니다.
- 출제 가능한 핵심 내용과 판례들을 정리하고, 요약한 지문들을 반복하는 것이 최선이다. 핵심과 오답 노트다.

그래서 이 책을 만들었다. **수험장에서 읽을 형사법 종합정리서**다. **쟁점과 판결문핵심을 정리**하였다. 이것만 기억해도 시험에서 합격점을 받을 것이다. 공부(工夫)는 '복잡한 날' 사용하기 위해 준비하는 과정이다. 읽기 쉽게 고딕으로, 줄도 치고, 중요도를 표시하였다. 단기간 일독에 도움이 될 것이다.

3. 제1회(2012년)부터 제12회(2023년)까지 선택형 12×40=480문제를 전부 분석하였다. 한 문제당 지문이 5개다. 약 2,400개 판례다(중복문제 포함). 거의 모든 영역에서 출제되었다. 상당한 분량이다. 지문의 완벽한 이해로 수험준비는 충분하다. 여기에 6월 · 8월 · 10월 법전협의회 모의고사 3회분을 보완하면, 2024년 수험준비는 완성된다. 법전협의회 기출문제는 해당년도 변시에 충분히 반영되었다. 중요한 문제를 제외하고, 굳이 이것을 반복할 필요는 없다. 양보다 질이 문제다. 문

제 수를 줄이는 것도 지혜다. 2023년 10월 모의고사는 2023년 7월 선고된 대법원 판결을 반영하여 출제된다.

4. 이 책 편제는 58문제를 기준으로 하였다. 2024년 제13회 변호사시험 출제 예상분야이다. 변호사시험 기출문제를 58문제로 체계적으로 분류하였다. 하나의 지문마다 자세히 해설을 하였다. 공부가 된 학생들은 쉽게 이해될 것이다. 기존 문제집에서 볼 수 없는 해설방법도 있을 것이다. 제1부(형법) · 제2부(형사소송법) · 제3부(형법과 형사소송법 종합)로 나누었다. 해설은 사실관계(공소사실) · 범죄명(구성요건) · 판시사항(쟁점) · 판결요지(사안해결)를 중심으로 압축하였다. 모든 내용들이 단계별로 수험준비에 도움이 될 것이다. 『객관식이 바로 주관식이다』. 이런 생각으로 서술하였다. 수험생에게 도움이 되기를 바란다.

5. 변호사시험 기출문제를 살펴보자. 출제범위이다.

- 선택형 형법총론 10문항은 쟁점에서 사례와 법리를 묻는 것이다. 한 지문에 하나의 판례가 연결되어 있다. 전체 50개 판례다. 쟁점이 제시되어 있기 때문에 범죄체계도를 숙지하면, 쉽게 해결할 수 있다. 매년 동일한 범위에서 출제된다.
- 선택형 형법각론 10문항도 쟁점에서 사례와 법리를 묻는 것이다. 한 지문에 하나의 판례가 연결되어 있다. 전체 50개 판례다. 범죄체계도를 숙지하면, 쉽게 해결할 수 있다.
- 판결문공부는 쟁점과 논증을 훈련하는 과정이다. 판시사항과 판결요지를 읽으면 실력이 향상된다. **대법원 전원합의체 판결은 반드시 공부해야** 한다. 여러 가지 쟁점들이 종합되어 있기 때문이다.
- 시험 실패 이유는 범죄체계도 공부 없이 판결문 결론만 외우기 때문이다. 변호사시험 합격에 한계가 있을 것이다. 출제자는 그렇게 단순하게 문제를 만들지 않는다. 조문과 판례를 정확히 알고 있는지를 묻는다.
- 선택형 공부와 사례형 공부가 융합되어 법리가 정리되지 못하면, 발전 속도가 느리다. 사실관계와 그 쟁점을 정확히 이해하지 못하는 상태가 계속되는 것이다.
- 선택형 형사소송법 8문항은 기초이론과 수사에서 법리를 묻는 것이다. 한 지문에 하나의 판례가 연결되어 있다. 전체 40개 판례가 출제된다. 형사소송법 조문이 체계적으로 정리되어 있으면, 쉽게 해결된다.
- 선택형 형사소송법 객관식 10문항은 증거법에서 법리를 묻는 것이다. 한 지문에 하나의 판례가 연결되어 있다. 전체 50개 판례가 출제된다. 여기가 합

격의 분기점이다. 복잡한 증거법 조문을 체계적으로 정리하고, 최근 판례들을 숙지하고 있다면, 큰 문제가 없다. 판결문은 **법조문의 의미와 '요건'의 해석과 '적법절차'의 한계를 분명히 밝힌 정문**이기 때문이다. 전문증거는 공판중심주의를 보완한 것이다. 그래서 그 요건들이 까다롭다. 그 정도 요건을 갖추어야 증거능력이 있는 것이다.

- 선택형에서 형법과 형사소송법이 통합된 종합문제는 5문항이다. 판례 사례가 제시되어 있고, 형법과 형사소송법 쟁점에 대해 법리를 한 두 곳씩 묻는 것이다. 앞선 35문항을 종합한 5문제라고 생각하면 된다. 전체 25개 판례들이 출제된다. 여러 판례가 복합적으로 연결되어 있다. 이것도 형법과 형사소송법이 잘 정리되어 있다면, 그렇게 어려운 문제가 아니다. 판례 평석이 많은 판례는 100% 출제된다.
- 2024년 1월 제13회 변호사시험 선택형 40문제 200개 지문은 95% 이상이 알고 있는 문장들이다. 사실관계에서 쟁점과 법이론을 묻는 문제들이다. 정확한 길을 알고 가는 사람은 최종 목적지에 무사히 도착한다. 만점을 요구하는 시험이 아니다. 자신감을 갖기 바란다.

6. 대법원 판결문은 [판결요지]에서 핵심문장을 더 줄이고, **답안지에 쓰기 좋을 만큼 고딕으로 표시하여 인용하였다.** 사례형 시험에서 쟁점 10개 이상을 답안지 2장에 모두 자세히 쓸 수 없기 때문이다. 강조하고 싶은 말이 하나 있다. 요약하면 『선택형과 사례형은 분리된 영역이 아니다. 결국 한 덩어리 문제들이다. 하나의 판례가 일부는 선택형으로, 또 일부는 사례형으로, 그리고 나머지는 기록형으로 출제가 된다』. 이 책을 통해 확인할 수 있을 것이다.

변호사시험 출제위원들은 수험생들이 강의시간에 공부하였던 대법원 판결을 참고하여 시험문제를 출제한다. **판결문에서 법리를 추출하여 선택형 · 사례형 · 기록형으로 문제를 만든다.** 변호사시험 기출문제 선택형이 내년 2024년 변호사시험에서 사례형 문제로 다시 출제될 수 있다. 그래서 대법원 판결문을 선택형과 사례형 공통으로 통합하여 준비하는 것이 좋다. 변호사시험 기출문제에서 반복 출제 문항들을 자주 확인할 수 있을 것이다.

7. 변호사시험문제는 각종 모의고사보다 더 엄격하게, 더 깊이, 여러 공정을 거쳐, 출제된다. 보통 한 문제는 여러 절차를 거친다. ① 문제은행출제(개인교수), ② 문제은행입고(법무부), ③ 문제선정과 문제수정(출제위원), ④ 문제검토(검토위원), ⑤ 모의수험(법조인), ⑥ 문제출제(2024년 제13회 형사법 문제) 과정을 거치고, ⑦ 문장수정 · 오탈자 수정 · 마지막 전체 낭독 후 인쇄되는 것이다. 그래서 심혈을 기

울인 정선된 문제들이 출제되는 것이다. 거의 오류가 없다.

8. 2023년 봄이 찾아 왔다. 2024년 1월 첫 주까지 약 270일이 남았다. 충분한 시간이다. 9개월 동안 집중해서 정리하길 바란다. 따뜻한 조언을 하나 한다면, 『합격하겠다』는 강한 의지가 중요하다. 그리고 철저한 준비다. 이 책이 선택형 기출문제를 해설한 것이지만, 체계적으로 활용한다면, 틀림없이 『형법』과 『형사소송법』 정리에 많은 도움이 될 것이다. 절실한 것들만 가려 뽑았다. 변호사시험 기출문제와 대법원 판례공보에 실린 중요한 판례는 전부 정리하였기 때문이다. 2023년 제12회 변호사시험에 대법원 전원합의체 판결이 많이 출제되었다. 이 점을 명심(明心)하길 바란다.

9. 이 책은 활자 크기를 시험 문제처럼 키웠다. **『형사법 종합연습 변시기출문제분석』이 형사법 기초를 다지고, 합격과 불합격 경계선에서 중요한 역할을 했으면 한다. 이 책의 사명이기도 하다.** 함께 출간되는 2024년 대비 『형사법 사례연습 변시기출문제분석』은 자매다. 6월에 출간되는 2024년 대비 『형사법 실전연습 최근 대법원 판례 분석』은 최근 판례로 실전문제를 만든 것이다. 분량이 많아 한 권으로 묶지 못했다. 선택형 · 사례형 · 실전형으로 나누어 압축 해설하였다. 고득점 달성에 큰 힘이 될 것이다.

10. 법무부 당국자와 출제위원에게 드리는 말씀이다. 2024년 제13회 변호사시험이 평이하게 출제되기를 바란다. **법조실무에서 전혀 인용되지도 않는 오래된 이론(理論) 문제들이 출제되어서는 안 된다.** 이것이 합격의 승패를 좌우한다면, 대한민국 변호사시험은 『비극(悲劇)』이 될 것이다. 옛날 사법시험 시대의 뼈저린 경험들을 반복해서는 안 된다. 0.4%를 위한 시험과 75%를 위한 시험이 같을 수 없다.

법학교육에 기반을 둔 시험문제가 출제되어야 법학전문대학원과 로스쿨 학생들이 올바른 삶을 산다. 변호사시험이 우수한 인재들의 창의력을 짓밟는 시험으로 전락해서는 안 된다.

로스쿨 출범 정신을 꼭 기억해야 한다. 법학교육을 통한 법조인 양성이다.

2023년 3월 1일

동아대학교 법학전문대학원

仁德 하태영

감사의 글

존경하는 하태영 교수님!! 안녕하십니까!!

저는 동아대 법전원 12기 이○○입니다.

교수님의 따뜻한 격려와 응원, 열정 가득하신 가르침 덕분에 이번 12회 변호사 시험에서 합격하였습니다. 교수님 정말 감사합니다.

저는 형사소송법에서 전문법칙 등 증거법에 대하여 두려움을 가지고 있었습니다. 그런데 2학년 2학기 때 교수님의 형사소송법 수업을 수강하면서 형사절차의 전반적인 체계와 증거법에 대한 이해도를 확실히 높일 수 있었습니다. 특히 교수님의 교재들을 적극 활용하여 변시 기출문제의 전 지문을 학습할 수 있었고, 이를 통해 형사소송법에 대해 자신감을 가지게 되었습니다.

그리고 3학년 1학기 때에는 교수님의 형사법종합연습 수업을 통해 형법총론과 형법각론, 형사소송법 전체를 점검할 수 있었습니다. 이 수업은 수강생들의 사례 답안 작성과 교수님의 첨삭까지 이루어져 사례형까지도 대비할 수 있었습니다. 정말 좋은 수업이었습니다.

3학년 여름방학에는 교수님께서 형사법 최신판례 특강까지 해주셔서 정말 감사했습니다.

그리고 형사소송법과 형사법종합연습 수업을 통해 이미 수회독을 마친 교수님의 교재들을 변시 직전 빠른 속도로 1회독을 할 수 있었습니다.

그래서 실제 변시에서도 형사법 선택형을 36개 득점할 수 있었습니다.

교수님의 수업과 가르침을 통해 형사법에 대해서 자신감을 가질 수 있었고, 이를 토대로 이번 변시에서 합격할 수 있었습니다. 그리고 교수님의 따뜻한 격려와 응원 역시 정말 많은 힘이 되었습니다.

교수님 앞으로도 좋은 책들 많이 출간해 주시고, 항상 건강하시기를 기원합니다.

교수님 정말 고맙습니다.

2023년 4월 20일

제자 이○○ 올림

하태영 교수님 안녕하세요!!

저는 동아대 법전원 9기 박○○입니다.

우선 교수님 응원과 훌륭하신 가르침 덕분에 이번 변호사시험에 합격하였음을 전해드리려 연락드립니다.

교수님의 형법총론 · 형법각론 · 의료형법 수업을 통해서 형사법 전반적인 체계를 처음부터 제대로 세울 수 있어서 이렇게 좋은 결과로 반영되지 않았나 생각해 봅니다. 그리고 개인적으로 꼭 감사 말씀을 드리고 싶은 것이 두 가지가 있는데

첫째, 교수님이 주신 기출문제집을 꼼꼼히 정독하고 시험 전날 빠른 속도로 1회독을 한 덕분에 시험을 잘 치를 수 있었습니다.

둘째, 올해 형사법 사례형 1문이 형법총론을 아우르는 난해한 문제라 공범들간 관계를 체계적으로 서술하기 까다로웠습니다.

시험 도중에 갑자기 머리가 하얘지고 아무 생각이 안나 시간만 흐르는데 갑자기 교수님께서 수업시간에 독일에서는 모든 시험문제에서 등장인물 죄책을 구성요건, 위법성, 책임 항목으로 검토한다는 말씀이 떠올랐습니다. 그래서 저도 무작정 이 방법을 그대로 따라 서술했더니 의외로 자연스러운 답안형태가 나왔습니다.

시험을 마치고 나오면서 복기를 해보니 길이 안 보이면 원래 정석대로 가는 게 옳구나라고 느껴져 교수님께 감사말씀을 미리 드리고 싶었습니다. 하지만 결과 발표 전에 했다가 혹시 불합격이 되면 오히려 누를 끼쳐드리는 것 같아 이제까지 기다렸습니다.

정말로 다시 한번 너무나 감사드립니다.

저는 이제 서울에서 연수받을 법률사무소를 알아보고 있습니다. 교수님께 직접 인사를 드리러 학교를 다시가고 싶은데 코로나 바이러스 때문에 대면 수업이 이루어지지 않아 학교가 비어있다는 얘기를 들었습니다.

수업이 정상화 되면 꼭 찾아뵙도록 하겠습니다. 그럼 교수님도 건강하게 지내시길 기원하며 이만 줄이겠습니다.

2020년 4월 29일

제자 박○○ 올림

P.S. 메일을 다 쓰고 교수님 가르침대로 최대한 담백하게 서술하려 했고 일본식 표현인 '의'와 중국식 표현 '적'을 모두 배제하였습니다.

잘 되었는지 잘 모르겠지만 이 가르침 널리 전파하는 중입니다. 다시 한 번 감사드립니다. 그리고 제 전화번호는 010－1234－×××× 입니다. 교수님 편하실 때 언제라도 연락하시면 됩니다.

박○○ 변호사님!

합격을 축하드립니다. 새로운 길에서 오래된 꿈을 활짝 펼치시길 바랍니다. 바른 인성과 노력을 갖추었으니 꼭 성공하실 것입니다. 후배들에게 도움이 될듯하여 여기 소개합니다. 동아로스쿨의 자랑입니다. 따뜻한 말씀 깊이 감사드립니다.

仁德 올림

존경하는 하태영 교수님 안녕하십니까, 법전원 9기 졸업생 고○○입니다.

3학년 2학기 때 교수님의 수업을 들으며 형사법 시험 대비를 한 결과

제9회 변호사 시험에서 객관식 35개 득점, 형사례 1문 50.18점, 형사례 2문 53.97의 우수한 성적을 거둘 수 있었습니다.

정말 감사드립니다. 특히 시험 준비 막판 12월에는 교수님의 최신 판례교재로 2019년도 판례를 정리했는데 따로 최신판례 학원 강의를 듣지 않았어도 든든했습니다. 걱정되지 않았습니다.

교수님 앞으로도 건강 꼭 챙기셔서 학생들에게 좋은 가르침 이어주시길 부탁드립니다.

저와 같이 성공적인 사례가 많이 나올 것이라 믿습니다. 정말 감사드립니다.

2020년 4월 27일

제자 고○○ 변호사 올림

고○○ 변호사님!

합격을 축하드립니다. 경영학과 졸업하고 처음 시작할 때 모습이 눈에 선합니다. 항상 진지하고 발전하는 자세가 마음에 들었습니다. 꼭 해낼 것으로 확신했습니다. 그 험난한 과정을 어떻게 참아내며 돌파하였습니까? 공부방법론을 항상 개선하고, 시간을 소중히 사용한 결과라고 생각합니다. 끝까지 신뢰하고 연습한 열정을 존경합니다. 따뜻한 변호사 되시길 바랍니다. 학부전공(경영·산업)과 법학을 접목하면 틀림없이 성공한 법조인이 될 것입니다. 따뜻한 말씀 깊이 감사드립니다. 좋은 말씀 후배들에게 널리 알리기 위해 여기에 소개합니다. 후배들이 혹시 문의를 하면, 많이 격려해 주시길 바랍니다. 감사합니다.

仁德 올림

차 례

제 1 부

형 법

1 형법 총론

2 형법 각론

제 2 부

형사소송법

1 수사

2 증거

3 기초이론

제 1 부

형법

1. 형법 총론
2. 형법 각론

2023 · 2022 · 2021 대법원 판례와 형법 예상문제 · 답안작성 방법

1. 2023년 · 2022년 · 2021년 판례를 정리하라.
   가. 전원합의체 판결은 반드시 숙지하라.
   나. 파기환송된 판결은 반드시 숙지하라.

2. 최근 대법원 판례는 선택형 · 사례형 · 기록형 시험에 반드시 출제가 된다.
   가. 사실관계
   나. 쟁점 · 판시사항
   다. 판결요지

3. 사례형 긴 지문에 당황하지 마라.
   가. 단문으로 끊어 읽어라.
   나. 쟁점을 뽑고 간결하게 써라.

4. 형법 총론과 형법 각론이 연결되어 있다.
   가. 범죄성립요건에서 쟁점을 뽑아라.
   나. 체계적으로 핵심만 설명하라.
   다. 주어+목적어+동사 문장이다. 3문장으로 압축하라.

5. **사례형 답안은 목차를 체계화시킨다. 법조문과 판례를 반드시 설명하라.**
   가. 해당 법조문과 쟁점 설명
   나. 학설 ①, ②, ③
   다. 판례는 『________________________________』라고 판시한 바 있다.
   라. 죄책: ____________________죄가 성립한다. 양죄는 _____경합관계에 있다.
   마. 갑의 전체 죄수는 ____이다.

6. 사례형 경우 선택형 지문처럼 압축하라.
   가. ①, ②, ③ 부호를 붙여 서술하라.
   나. 서술 분량은 선택형 지문 정도면 충분하다.
   다. 시간을 안배하라.
   라. 답안지를 완전히 채워라.

7. 합격답안과 불합격답안은 완전히 다르다.
   가. 쟁점과 내용 설명이 없는 답안은 합격하기 어렵다.
   나. 결론만 몇 문장으로 쓴 답안은 합격하기 어렵다.
   다. 행위자+행위+구성요건해당성+판례+죄책 순이다.

8. 최근 형법 판례를 중요도에 따라 100개 선정하라.
   가. 매일 반복하여 법리를 숙독하기 바란다.
   나. 지문을 휴대폰에 녹음하여 매일 10분씩 듣기 바란다.
   다. 걸어 다니면서 매일 소리 내어 암송하기 바란다.
   라. 목차를 잡아 짧게라도 매일 10분씩 꾸준히 쓰기 바란다.

1 형법 총론

문 1. 죄형법정주의에 관한 설명 중 옳은 것은? (다툼이 있는 경우 판례에 의함)

출제내용

- 형법 제1조 죄형법정주의(罪刑法定主義)(= 법률주의·명확성원칙·소급효금지원칙·유추금자책임주의). ☞ 국민주권주의·법치국가·인권사상
- 소급효금지원칙: 피고인에게 불리한 판례변경 가능(= 판례변경은 법률변경 아님. 판례는 法源이 아님. 대법원도 소급효 긍정설 입장)
- 형법 제1조 제2항 신법 우선의 원칙(= 유리한 신법 적용). 한시법과 추급효 긍정설(대법원 2022. 12. 22. 2020도16420 판결 〈전동킥보드 음주운전 사건〉 동기설 폐기함. [판결요지] 한시법은 형법 제1조 제2항(신법 우선)과 형사소송법 제326조 제4호 적용(면소판결)에 해당한다고 볼 수 없다. 유효기간 경과 전의 법령위반행위는 유효기간 경과 후에도 그대로 처벌한다).★★★★★ 형 경중 차이 없는 경우 행위시 법률 적용
- 형법 적용 범위 제2조·제3조·제4조(= 속지주의·기국주의·속인주의)
- 형법 제7조·형법 제296조2 세계주의. 대한민국 국민이 외국에서 살인죄를 범하고 외국 법원에서 무죄 취지 재판을 받고 석방된 후 국내 법원에서 다시 기소⇒일사부재리원칙 위반 아님. 외국에서 미결구금된기간 형법 제7조 적용 안됨, 판례 입장)
- 도주죄(= 즉시범), 공무집행방해죄(= 추상적 위험범), 내란죄(= 상태범), 일반교통방해죄(= 추상적 위험범·계속범)
- 가정폭력범죄특별법 사회봉사명령(= 의무적 노동부과, 행위시법 적용)

출제분석

2024년 제13회 변호사시험 출제예상 ★
2023년 제12회 변호사시험 기출문제 9
2021년 제10회 변호사시험 기출문제 3·10·11
2020년 제9회 변호사시험 기출문제 2
2019년 제8회 변호사시험 기출문제 1, 2
2017년 제6회 변호사시험 기출문제 1 / 2016년 제5회 변호사시험 기출문제 1
2015년 제4회 변호사시험 기출문제 5, 16
2013년 제2회 변호사시험 기출문제 12 / 2012년 제1회 변호사시험 기출문제 1

가. 죄형법정주의에 관한 설명 중 옳은 것이다(○).

① 블로그 등 사적 인터넷 게시공간의 운영자가 행위주체 게시공간에 게시된 이적표현물인 타인의 글을 삭제할 권한이 있는데도 이를 삭제하지 않고 그대로 둔 경우, 부작위 행위 그 운영자의 행위를 「국가보안법」 제7조 제5항의 '소지'로 보는 것은

유추해석금지원칙에 반한다.

해설 및 정답 2017년 제6회 변호사시험 기출문제 1 정답 ○

대법원 2012. 1. 27. 선고 2010도8336 판결 [국가보안법위반(찬양·고무 등)]

[판시사항] '블로그' 등 사적 인터넷 게시공간의 운영자가 게시공간에 게시된 타인의 글을 삭제할 권한이 있는데도 삭제하지 아니하고 그대로 두었다는 사정만으로 운영자가 타인의 글을 국가보안법 제7조 제5항에 따라 '소지'하였다고 볼 수 있는지 여부(소극)

[판결요지] 죄형법정주의로부터 파생된 유추해석금지 원칙과 국가보안법 제1조 제2항, 제7조 제1항, 제5항(목적범)에 비추어 볼 때, '블로그', '미니 홈페이지', '카페' 등의 이름으로 개설된 사적(私的) 인터넷 게시공간의 운영자가 사적 인터넷 게시공간에 게시된 타인의 글을 삭제할 권한이 있는데도 이를 삭제하지 아니하고 그대로 두었다는 사정만으로 사적 인터넷 게시공간의 운영자가 타인의 글을 **국가보안법 제7조 제5항에서 규정하는 바와 같이 '소지'하였다고 볼 수는 없다.**

중요 ② 「가정폭력범죄의 처벌 등에 관한 특례법」이 정한 사회봉사명령은 형사처벌 대신 부과되는 것으로서 가정폭력범죄를 범한 자에게[사람에게] 의무적 노동을 부과하고 여가시간을 박탈하여 실질적으로 신체적 자유를 제한하게 되므로, 이에 대해서는 형벌불소급원칙이 적용된다.

해설 및 정답 2017년 제6회 변호사시험 기출문제 1 정답 ○

대법원 2008. 7. 24. 자 2008어4 결정 [보호처분에 대한 재항고]

[판시사항] [1] 가정폭력범죄의 처벌 등에 관한 특례법상 **사회봉사명령의 법적 성질 및 형벌불소급원칙의 적용 여부(적극)**

[결정요지] [1] **형벌 그 자체가 아니라 보안처분의 성격을 가지는 것이 사실이다.** 그러나 **가정폭력범죄를 범한 자에게 의무적 노동을 부과하고 여가시간을 박탈하여 실질적으로는 신체적 자유를 제한하게 된다. 그러므로 이에 대하여는 원칙적으로 형벌불소급의 원칙에 따라 행위시법을 적용함이 상당하다.**

[2] 가정폭력범죄의 처벌 등에 관한 특례법상 사회봉사명령을 부과하면서, **행위시법상 사회봉사명령 부과시간의 상한인 100시간을 초과하여 상한을 200시간으로 올린 신법을 적용한 것은 위법하다**고 한 사례.

☞ 2012년 제1회 변호사시험 기출문제 1

③ 구 「청소년의 성보호에 관한 법률」 제16조의 반의사불벌죄의 경우 성범죄의 피해자인 청소년에게 의사능력이 있는 이상, 그 청소년의 처벌희망 의사표시의 철회에 법정대리인의 동의가 필요하다고 보는 것은 유추해석금지원칙에 반한다.

해설 및 정답 2017년 제6회 변호사시험 기출문제 1 정답 ○

대법원 2009. 11. 19. 선고 2009도6058 전원합의체 판결

[판결요지] **청소년의 성보호에 관한 법률 제16조에 규정된 반의사불벌죄라고 하더라도, 피해자인 청소년에게 의사능력이 있는 이상, 단독으로 피고인 또는 피의자의 처벌을 희망하지 않는다는 의사표시 또는 처벌희망 의사표시의 철회를 할 수 있다. 거기에 법정대리인의 동의가 있어야 하는 것으로 볼 것은 아니다.**

④ 「도로교통법」 제154조 제2호의 '원동기장치자전거면허를 받지 아니하고'라는 법률문언의 통상적인 의미에는 '운전면허를 받았으나 그 후 운전면허의 효력이 정지된 경우'가 포함된다고 해석할 수 없다.

해설 및 정답 2017년 제6회 변호사시험 기출문제 1 **정답** ○

대법원 2011. 8. 25. 선고 2011도7725 판결 [도로교통법위반(무면허운전)]

[판시사항] **죄형법정주의 취지에 따른 형벌법규 해석 원칙**

[판결요지] [1] 죄형법정주의는 국가형벌권의 자의적인 행사로부터 개인의 자유와 권리를 보호하기 위하여 범죄와 형벌을 법률로 정할 것을 요구한다. **형벌법규의 해석은 엄격하여야** 하고, 명문의 형벌법규의 의미를 **피고인에게 불리한 방향으로 지나치게 확장해석하거나 유추해석하는 것은 죄형법정주의의 원칙에 어긋나는 것으로서 허용되지 아니한다.** [2] **'운전면허를 받지 아니하고'라는 법률문언의 통상적인 의미에 '운전면허를 받았으나 그 후 운전면허의 효력이 정지된 경우'가 당연히 포함된다고는 해석할 수 없다.**

⑤ 대법원 양형위원회가 설정한 '양형기준'이 발효하기 전에 공소가 제기된 범죄에 대하여 위 '양형기준'을 참고하여 형을 양정하더라도 피고인에게 불리한 법률을 소급하여 적용한 것으로 볼 수 없다.

해설 및 정답 2012년 제1회 변호사시험 기출문제 1 **정답** ○

대법원 2009. 12. 10. 선고 2009도11448 판결 [성폭력범죄의처벌및피해자보호등에관한법률위반(13세미만미성년자강간등)]

[판결요지] **대법원 양형위원회가 설정한 '양형기준'이 발효하기 전에 공소가 제기된 범죄에 대하여 위 '양형기준'을 참고하여 형을 양정한 사안에서, 피고인에게 불리한 법률을 소급하여 적용한 위법이 있다고 할 수 없다**고 한 사례.

⑥ 과거에 이미 행한 범죄에 대하여 공소시효를 정지시키는 법률이라고 하더라도 그 사유만으로 형벌불소급의 원칙에 언제나 위배되는 것은 아니다.

해설 및 정답 2012년 제1회 변호사시험 기출문제 1 **정답** ○

헌재 1996. 2. 16. 결정 96헌가2 전원재판부 5·18 특별법 제2조 제1항 위헌제청

[결정요지] 공소시효의 정지규정을 과거에 이미 행한 범죄에 대하여 적용하도록 하는 법률이라 하더라도 그 사유만으로 헌법 제12조 제1항 및 제13조 제1항에 규정한 죄형법정주의의 파생원칙인 형벌불소급의 원칙에 언제나 위배되는 것으로 단정할 수는 없다.

중요 ⑦ 행위 당시의 판례에 의하면 처벌대상이 되지 아니하는 것으로 해석되었던 행위를 판례의 변경에 따라 확인된 내용의 형법 조항에 근거하여 처벌하는 것은 형벌불소급의 원칙에 반하지 않는다.

해설 및 정답 2012년 제1회 변호사시험 기출문제 1 ★ **정답** ○

대법원 1999. 9. 17. 선고 97도3349 판결

[판결요지] 형사처벌의 근거가 되는 것은 법률이지 판례가 아니다. 형법 조항에 관한 판례의 변경은 **그 법률조항의 내용을 확인하는 것에 지나지 아니하여 이로써 그 법률조항 자체가 변경된 것이라고 볼 수는 없다.** 그러므로 행위 당시 판례에 의하면 처벌대상이 되지 아니하는 것으로 해석되었던 행위를 판례의 변경에 따라 확인된 내용의 형법 조항에 근거하여 처벌한다고 하여 그것이 **헌법상 평등의 원칙과 형벌불소급의 원칙에 반한다고 할 수는 없다.**

나. 죄형법정주의에 관한 설명 중 옳지 않은 것이다(×).

① 구 「특정 범죄자에 대한 위치추적 전자장치 부착 등에 관한 법률」 제5조 제1항 제3호에서 부착명령청구 요건으로 정한 '성폭력범죄를 2회 이상 범하여(유죄의 확정판결을 받은 경우를 포함한다)'에 '「소년법」에 의한 보호처분을 받은 전력'이 포함된다고 보는 것은 유추해석금지원칙에 ~~반하지 않는다.~~ 반한다.

해설 및 정답 2017년 제6회 변호사시험 기출문제 1 **정답** ×

대법원 2012. 3. 22. 선고 2011도15057, 2011전도249 전원합의체 판결

[판결요지] 이 규정 전단은 문언상 **'유죄의 확정판결을 받은 전과사실을 포함하여 성폭력범죄를 2회 이상 범한 경우'를 의미한다고 해석된다.** 따라서 **피부착명령청구자가 소년법에 의한 보호처분(이하 '소년보호처분'이라고 한다)을 받은 전력이 있다고 하더라도, 이는 유죄의 확정판결을 받은 경우에 해당하지 아니함이 명백하다.** 그러므로 **피부착명령청구자가 2회 이상 성폭력범죄를 범하였는지를 판단할 때 소년보호처분을 받은 전력을 고려할 것이 아니다.**

② 부(父)가 혼인 외의 출생자를 인지하는 경우에 그 인지의 소급효는 형법상 친족상도례에 관한 규정의 적용에는 ~~미치지 아니한다.~~ 미친다.

해설 및 정답 2012년 제1회 변호사시험 기출문제 1 **정답** ×

대법원 1997. 1. 24. 선고 96도1731 판결 [절도]

[**판시사항**] 인지의 소급효가 친족상도례 규정에 미치는지 여부(적극)

[**판결요지**] 형법 제344조, 제328조 제1항 소정의 친족간의 범행에 관한 규정이 적용되기 위한 친족관계는 원칙적으로 범행 당시에 존재하여야 하는 것이다. 그러나 **부가 혼인 외의 출생자를 인지하는 경우에 있어서는 민법 제860조에 의하여 그 자의 출생시에 소급하여 인지의 효력이 생기는 것이다.** 이와 같은 **인지의 소급효는 친족상도례에 관한 규정의 적용에도 미친다고 보아야 할 것이다.** 그러므로 **인지가 범행 후에 이루어진 경우라고 하더라도 그 소급효에 따라 형성되는 친족관계를 기초로 하여 친족상도례의 규정이 적용된다.**

다. 죄형법정주의·형법 적용범위 종합문제

01 ★★★★★

「형법」의 시간적 · 장소적 적용범위에 관한 설명 중 옳지 않은 것은? (다툼이 있는 경우 판례에 의함)

중요 ① 범죄행위 시와 재판 시 사이에 수차 법률이 개정되어 형이 변경된 경우 그 전부의 법률을 비교하여 가장 형이 가벼운 법률을 적용하여야 한다.

해설 및 정답 2015년 제4회 변호사시험 기출문제 16 **정답** ○

대법원 1968. 12. 17. 선고 68도1324 판결

[**판결요지**] 행위시와 재판시 사이에 수차 법령의 변경이 있는 경우에는 이 점에 관한 당사자의 주장이 없더라도 본조 제2항에 의하여 직권으로 **행위시법과 제1, 2 심판시법의 세 가지 규정에 의한 형의 경중을 비교하여 그중 가장 형이 경한 법규정을 적용하여 심판하여야 한다.**

② 형벌에 관한 법률 또는 법률조항은 헌법재판소의 위헌 결정으로 소급하여 그 효력을 상실한다. 그러나 해당 법률 또는 법률의 조항에 대하여 종전에 합헌으로 결정한 사건이 있는 경우에는 그 합헌결정이 있는 날의 다음 날로 소급하여 효력을 상실한다.

해설 및 정답 2015년 제4회 변호사시험 기출문제 16 **정답** ○

헌법재판소 제47조(위헌결정의 효력) ① 법률의 위헌결정은 법원과 그 밖의 국가기관 및 지방자치단체를 기속(기속)한다. ② **위헌으로 결정된 법률 또는 법률의 조항은 그 결정이 있는 날부터 효력을 상실한다.** 〈개정 2014.5.20.〉 ③ 제2항에도 불구하고 형벌에 관한 법률 또는 법률의 조항은 소급하여 그 효력을 상실한다. 다만, **해당 법률 또는 법률의 조항에 대하여 종전에 합헌으로 결정한 사건이 있는 경우에는 그 결정이 있는 날의 다음 날로 소급하여 효력을 상실한다.** 〈신설 2014.5.20.〉 ④ 제3항의 경우에 위헌으로

결정된 법률 또는 법률의 조항에 근거한 유죄의 확정판결에 대하여는 재심을 청구할 수 있다. <개정 2014.5.20.> ⑤ 제4항의 재심에 대하여는 「형사소송법」을 준용한다. <개정 2014.5.20.> [전문개정 2011.4.5.]

③ 대한민국 국민이 아닌 사람이[행위주체] 외국에 거주하다가 그곳을 떠나 반국가단체의 지배하에 있는 지역으로 들어간 경우[행위] 외국인의 국외범에 해당하여 국가보안법이 적용되지 않는다.

해설 및 정답 2015년 제4회 변호사시험 기출문제 16 **정답** ○

대법원 2008. 4. 17. 선고 2004도4899 전원합의체 판결

[판결요지] 독일인이 독일 내에서 북한의 지령을 받아 베를린 주재 북한이익대표부를 방문하고 그곳에서 북한공작원을 만났다면 위 각 구성요건상 범죄지는 모두 독일이다. 그러므로 이는 외국인의 국외범에 해당한다. 형법 제5조와 제6조에서 정한 요건에 해당하지 않는 이상 위 각 조항을 적용하여 처벌할 수 없다.

④ 중국인이[행위주체] 한국으로 입국하기 위하여 중국에 소재한 대한민국 영사관에서 그곳에 비치된 여권발급신청서를[행위책체 사문서] 위조한 경우[행위] 보호주의에 의하여 「형법」이 ~~적용된다.~~[적용되지 않는다.]

해설 및 정답 2015년 제4회 변호사시험 기출문제 16 **정답** ×

대법원 2006. 9. 22. 선고 2006도5010 판결 [사문서위조]

[판결요지] 중국 북경시에 소재한 대한민국 영사관 내부는 여전히 중국의 영토에 속할 뿐이를 대한민국의 영토로서 그 영역에 해당한다고 볼 수 없다. 사문서위조죄가 형법 제6조의 대한민국 또는 대한민국 국민에 대하여 범한 죄에 해당하지 아니함은 명백하다.

⑤ 도박죄를 처벌하지 않는 미국 라스베가스에 있는 호텔 도박장에서 상습적으로 도박한[행위] 대한민국 국민의 경우[행위주체] 속인주의에 의하여 「형법」이 적용된다.

해설 및 정답 2015년 제4회 변호사시험 기출문제 16 **정답** ○

대법원 2001. 9. 25. 선고 99도3337 판결 [외국환관리법위반 · 상습도박]

[판결요지] 형법 제3조는 "본법은 대한민국 영역 외에서 죄를 범한 내국인에게 적용한다" 고 하여 **형법의 적용 범위에 관한 속인주의를 규정하고 있다.** 필리핀국에서 카지노의 외국인 출입이 허용되어 있다 하여도, 형법 제3조에 따라, **필리핀국에서 도박을 한 피고인에게 우리나라 형법이 적용된다.**

02 ★★★★★

「형법」의 적용범위에 관한 설명 중 옳지 않은 것은? (다툼이 있는 경우 판례에 의함)

① 외국인이 대한민국 공무원에게 그 공무원이 취급하는 사무에 관하여 알선한다는 명목으로 금품을 수수하는 행위가 대한민국 영역 내에서 이루어졌다 하더라도, 금품수수의 명목이 된 알선행위를 하는 장소가 대한민국 영역 외인 경우라면 대한민국의 형벌법규인 「변호사법」을 적용할 수 ~~없다.~~ 있다.

해설 및 정답 2019년 제8회 변호사시험 기출문제 2 **정답** ×

대법원 2000. 4. 21. 선고 99도3403 판결 [사기 · 출입국관리법위반 · 변호사법위반]

[판결요지] 외국인이 대한민국 공무원에게 알선한다는 명목으로 금품을 수수하는 행위가 대한민국 영역 내에서 이루어진 이상, 비록 금품수수의 명목이 된 알선행위를 하는 장소가 대한민국 영역 외라 하더라도 대한민국 영역 내에서 죄를 범한 것이라고 하여야 할 것이다. 형법 제2조에 의하여 대한민국의 형벌법규인 구 변호사법(2000. 1. 28. 법률 제6207호로 전문 개정되기 전의 것) 제90조 제1호가 적용되어야 한다.

② 죄를 지어 외국에서 형의 전부 또는 일부가 집행된 사람에 대해서는 그 집행된 형의 전부 또는 일부를 선고하는 형에 산입한다.

해설 및 정답 2019년 제8회 변호사시험 기출문제 2 **정답** ○

형법 제7조(외국에서 집행된 형의 산입) **죄를 지어 외국에서 형의 전부 또는 일부가 집행된 사람에 대해서는 그 집행된 형의 전부 또는 일부를 선고하는 형에 산입한다.** [전문개정 2016.12.20.] [2016.12.20. 법률 제14415호에 의하여 2015.5.28. 헌법재판소에서 헌법불합치 결정된 이 조를 개정함.]

중요 ③ 미국인 甲이 일본에서 중국 국적의 미성년자 A를 영리 목적으로 매매한 경우 甲에게 대한민국의 「형법」을 적용할 수 있다.

해설 및 정답 2019년 제8회 변호사시험 기출문제 2 **정답** ○

인신매매와 세계주의, 대한민국 형법을 적용할 수 있다.

형법 제289조(인신매매) ① 사람을 매매한 사람은 7년 이하의 징역에 처한다. **② 추행, 간음, 결혼 또는 영리의 목적으로 사람을 매매한 사람은 1년 이상 10년 이하의 징역에 처한다.** ③ 노동력 착취, 성매매와 성적 착취, 장기적출을 목적으로 사람을 매매한 사람은 2년 이상 15년 이하의 징역에 처한다. ④ 국외에 이송할 목적으로 사람을 매매하거나 매매된 사람을 국외로 이송한 사람도 제3항과 동일한 형으로 처벌한다. [전문개정 2013.4.5.]

형법 제296조의2(세계주의) 제287조부터 제292조까지 및 제294조는 대한민국 영역 밖에서 죄를 범한 외국인에게도 적용한다. [본조신설 2013.4.5]

중요 ④ 포괄일죄에 관한 기존 처벌법규에 대하여 그 표현이나 형량과 관련한 개정을 하는 경우가 아니라 애초에 죄가 되지 아니하던 행위를 구성요건의 신설로 포괄일죄의 처벌대상으로 삼는 경우에는 신설된 포괄일죄 처벌법규가 시행되기 이전의 행위에 대하여는 신설된 법규를 적용하여 처벌할 수 없다.

해설 및 정답 2019년 제8회 변호사시험 기출문제 2 ★ **정답** ○

대법원 2016. 1. 28. 선고 2015도15669 판결 [상습강제추행]

[판결요지] **포괄일죄에 관한 기존 처벌법규에 대하여 그 표현이나 형량과 관련한 개정을 하는 경우가 아니라 애초에 죄가 되지 아니하던 행위를 구성요건의 신설로 포괄일죄의 처벌대상으로 삼는 경우에는 신설된 포괄일죄 처벌법규가 시행되기 이전의 행위에 대하여는 신설된 법규를 적용하여 처벌할 수 없다(형법 제1조 제1항). 이는 신설된 처벌법규가 상습범을 처벌하는 구성요건인 경우에도 마찬가지라고 할 것이다. 그러므로 구성요건이 신설된 상습강제추행죄가 시행되기 이전의 범행은 상습강제추행죄로는 처벌할 수 없고 행위시법에 기초하여 강제추행죄로 처벌할 수 있을 뿐이다. 이 경우 그 소추요건도 상습강제추행죄에 관한 것이 아니라 강제추행죄에 관한 것이 구비되어야 한다.**

03 ★★★★★

범죄의 종류에 관한 설명 중 옳지 않은 것은? (다툼이 있는 경우 판례에 의함)

중요 ① 직무유기죄는 작위의무를 수행하지 아니함으로써 구성요건에 해당하는 사실이 있고 그 후에도 계속하여 그 작위의무를 수행하지 아니하는 위법한 부작위상태가 계속되는 한 가벌적 위법상태는 계속 존재한다고 할 것이므로 즉시범이라고 할 수 없다.

해설 및 정답 2020년 제9회 변호사시험 기출문제 2 ★ **정답** ○

대법원 1997. 8. 29. 선고 97도675 판결 [직무유기]

[판시사항] [1] 직무유기죄에 있어서 '직무를 유기한 때'의 의미 [2] 직무유기죄가 즉시범인지 여부(소극)

[판결요지] [2] 직무유기죄는 그 직무를 수행하여야 하는 작위의무의 존재와 그에 대한 위반을 전제로 하고 있다. **그 작위의무를 수행하지 아니함으로써 구성요건에 해당하는 사실이 있었고 그 후에도 계속하여 그 작위의무를 수행하지 아니하는 위법한 부작위상태가 계속되는 한 가벌적 위법상태는 계속 존재하고 있다고 할 것이다. 형법 제122조 후단은**

이를 전체적으로 보아 1죄로 처벌하는 취지로 해석되므로 이를 즉시범이라고 할 수 없다.

중요 ② 협박죄는 사람의 의사결정의 자유를 보호법익으로 하는 위험범이고, 해악의 고지가 상대방에게 도달은 하였으나 상대방이 이를 지각하지 못하였거나 고지된 해악의 의미를 인식하지 못한 경우에도 협박죄는 ~~기수에~~미수에 이르렀다고 해야 한다.

해설 및 정답 2020년 제9회 변호사시험 기출문제 2 ★ **정답** ×

대법원 2007. 9. 28. 선고 2007도606 전원합의체 판결 [협박]

[판시사항] [1] 정보보안과 소속 경찰관이 자신의 지위를 내세우면서 타인의 민사분쟁에 개입하여 빨리 채무를 변제하지 않으면 상부에 보고하여 문제를 삼겠다고 말한 사안이다. **객관적으로 상대방이 공포심을 일으키기에 충분한 정도의 해악의 고지에 해당한다. 그러므로 현실적으로 피해자가 공포심을 일으키지 않았다 하더라도 협박죄의 기수에 이르렀다고 본 사례** [2] **상대방이 채무를 변제하고 피해 변상을 하는지 여부에 따라 직무집행 여부를 결정하겠다는 취지이더라도 정당한 직무집행이라거나 목적 달성을 위한 상당한 수단으로 인정할 수 없어 정당행위에 해당하지 않는다고 한 사례.**

[판결요지] [1] [다수의견] **협박죄는 사람의 의사결정의 자유를 보호법익으로 하는 위험범이라 봄이 상당하다. 협박죄의 미수범 처벌조항은 해악의 고지가 현실적으로 상대방에게 도달하지 아니한 경우나, 도달은 하였으나 상대방이 이를 지각하지 못하였거나 고지된 해악의 의미를 인식하지 못한 경우 등에 적용될 뿐이다.**

중요 ③ 학대죄는 자기의 보호 또는 감독을 받는 사람에게 육체적으로 고통을 주거나 정신적으로 차별대우를 하는 행위가 있음과 동시에 범죄가 완성되는 상태범 또는 즉시범이다.

해설 및 정답 2020년 제9회 변호사시험 기출문제 2 **정답** ○

대법원 1986. 7. 8. 선고 84도2922 판결 [학대]

[판결요지] 학대죄는 자기의 보호 또는 감독을 받는 사람에게 육체적으로 고통을 주거나 정신적으로 차별대우를 하는 행위가 있음과 동시에 범죄가 완성되는 상태범 또는 즉시범이라 할 것이다. 비록 수십회에 걸쳐서 계속되는 일련의 폭행행위가 있었다 하더라도 그 중 친권자로서의 징계권의 범위에 속하여 위 위법성이 조각되는 부분이 있다면 그 부분을 따로 떼어 무죄의 판결을 할 수 있다.

중요 ④ 도주죄는 즉시범으로서 범인이 간수자의 실력적 지배를 이탈한 상태에 이르렀을 때에 기수가 되어 도주행위가 종료하고, 도주죄의 범인이 도주행위를 하여 기수에 이른 이후에 범인의 도피를 도와주는 행위는 범인도피죄에 해당할 수 있을 뿐 도주원조죄에는 해당하지 아니한다.

해설 및 정답 2020년 제9회 변호사시험 기출문제 2 ★ **정답** ○

대법원 1991. 10. 11. 선고 91도1656 판결 [특수도주방조·도주원조]

[판결요지] **도주죄는 즉시범으로서 범인이 간수자의 실력적 지배를 이탈한 상태에 이르렀을 때에 기수가 되어 도주행위가 종료하는 것이다. 도주원조죄는 도주죄에 있어서의 범인의 도주행위를 야기시키거나 이를 용이하게 하는 등 그와 공범관계에 있는 행위를 독립한 구성요건으로 하는 범죄이다.** 그러므로 **도주죄의 범인이 도주행위를 하여 기수에 이르른 이후에 범인의 도피를 도와주는 행위는 범인도피죄에 해당할 수 있을 뿐 도주원조죄에는 해당하지 아니한다.**

중요 ⑤ 범인도피죄는 위험범으로서 현실적으로 형사사법의 작용을 방해하는 결과를 초래할 것을 요하지 아니하나, 도피하게 하는 행위는 은닉행위에 비견될 정도로 수사기관의 발견·체포를 곤란하게 하는 행위, 즉 직접 범인을 도피시키는 행위 또는 도피를 직접적으로 용이하게 하는 행위에 한정된다.

해설 및 정답 2020년 제9회 변호사시험 기출문제 2 ★ **정답** ○

대법원 2013. 1. 10. 선고 2012도13999 판결 [범인도피교사·범인도피]

[판결요지] [2] **범인도피죄는 위험범으로서 현실적으로 형사사법의 작용을 방해하는 결과를 초래할 필요는 없다. 그러나 적어도 함께 규정되어 있는 은닉행위에 비견될 정도로 수사기관으로 하여금 범인의 발견·체포를 곤란하게 하는 행위, 즉 직접 범인을 도피시키는 행위 또는 도피를 직접적으로 용이하게 하는 행위에 한정된다고 해석함이 상당하다.**
[3] **참고인이 수사기관에서 범인에 관하여 조사를 받으면서 그가 알고 있는 사실을 묵비하거나 허위로 진술하였다고 하더라도, 그것이 적극적으로 수사기관을 기만하여 착오에 빠지게 함으로써 범인의 발견 또는 체포를 곤란 내지 불가능하게 할 정도의 것이 아니라면 범인도피죄를 구성하지 않는다고 보아야 한다.**

중요 **04** ★★★★★

범죄의 종류에 관한 설명 중 옳은 것(○)과 옳지 않은 것(×)을 올바르게 조합한 것은? (다툼이 있는 경우 판례에 의함)

ㄱ. 도주죄는 ~~계속범이므로~~ 즉시범 도주죄의 범인이 도주행위를 하여 기수에 이른 이후에 그 범인의 도피를 도와주는 행위는 도주원조죄에 ~~해당한다.~~ 해당하지 않는다.

ㄴ. 「폭력행위 등 처벌에 관한 법률」 제4조 제1항 소정의 단체 등의 구성죄는 같은 법에 규정된 범죄를 목적으로 한 단체 또는 집단을 구성함으로써 즉시 성립하고 그와 동시에 완성되는 즉시범이라 할 것이므로, 피고인이 범죄단체를 구성하기만

하면 위 범죄가 성립하고 그와 동시에 공소시효도 진행된다.

ㄷ. 「형법」 제136조에서 정한 공무집행방해죄는 직무를 집행하는 공무원에 대하여 폭행 또는 협박한 경우에 성립하고, 추상적 위험범으로서 구체적으로 직무집행의 방해라는 결과발생을 요하지 아니한다.

ㄹ. 일반교통방해죄에서 교통방해 행위는 계속범의 성질을 가지는 것이어서 교통방해의 상태가 계속되는 한 위법상태는 계속 존재하므로, 교통방해를 유발한 집회에 피고인이 참가한 경우 참가 당시 이미 다른 참가자들에 의해 교통의 흐름이 차단된 상태였다고 하더라도 교통방해를 유발한 다른 참가자들과 암묵적·순차적으로 공모하여 교통방해의 위법상태를 지속시켰다고 평가할 수 있다면 피고인에게 일반교통방해죄가 성립한다.

ㅁ. 내란죄는 다수인이 결합하여 국토를 참절하거나 국헌을 문란할 목적으로 한 지방의 평온을 해할 정도의 폭행·협박행위를 하면 기수에 이르지만, 그 목적 달성 여부와 관계없이 한 지방의 평온을 해할 정도의 폭행·협박행위를 하는 한 ~~가벌적인 위법행위가 계속 반복되고 있는 계속범~~상태범이라고 보아야 한다.

① ㄱ(○), ㄴ(○), ㄷ(○), ㄹ(×), ㅁ(○)
② ㄱ(○), ㄴ(×), ㄷ(○), ㄹ(×), ㅁ(×)
③ ㄱ(○), ㄴ(×), ㄷ(○), ㄹ(○), ㅁ(×)
④ ㄱ(×), ㄴ(○), ㄷ(○), ㄹ(○), ㅁ(×)
⑤ ㄱ(×), ㄴ(○), ㄷ(×), ㄹ(○), ㅁ(○)

해설 및 정답 2019년 제8회 변호사시험 기출문제 1 **정답** ④

ㄱ. (×) 대법원 1991. 10. 11. 선고 91도1656 판결 [특수도주방조, 도주원조]
[판결요지] **도주죄는 즉시범이다.** 범인이 간수자의 실력적 지배를 이탈한 상태에 이르렀을 때 기수가 되어 도주행위가 종료된다. 도주원조죄는 도주죄에서 범인의 도주행위를 야기시키거나 또는 이를 용이하게 하는 등 그와 공범관계에 있는 행위를 독립한 구성요건으로 하는 범죄이다. 그러므로 **도주죄 범인이 도주행위를 하여 기수에 이른 이후에 범인도피를 도와주는 행위는 범인도피죄에 해당한다.** 도주원조죄는 해당하지 아니한다.

ㄴ. (○) 대법원 2005. 9. 9. 선고 2005도3857 판결
[판결요지] **구 폭력행위 등 처벌에 관한 법률(1990. 12. 31. 법률 제4294호로 개정되기 전의 것) 제4조 소정의 단체 등의 구성죄는 같은 법에 규정된 범죄를 목적으로 한 단체 또는 집단을 구성함으로써 즉시 성립·완성되는 즉시범이다. 그러므로 범죄성립과 동시에 공소시효가 진행되는 것이다. 범죄단체를 구성한 일시는 범죄사실을 특정하는 중요한 요건이며, 범죄에 대한 공소시효가 완성되었는지 여부를 결정짓는 요소이다.**

ㄷ. (○) 대법원 2018. 3. 29. 선고 2017도21537 판결 [공무집행방해] 〈공무집행방해죄의 '폭

행'및 '직무를 집행하는'의 의미〉

[공소사실] 피고인이 甲과 주차문제로 언쟁을 벌이던 중, 112 신고를 받고 출동한 경찰관 乙이 甲을 때리려는 피고인을 제지하자 자신만 제지를 당한 데 화가 나서 손으로 乙의 가슴을 밀치고, 피고인을 현행범으로 체포하며 순찰차 뒷좌석에 태우려고 하는 乙의 정강이 부분을 양발로 걷어차는 등 폭행함으로써 경찰관의 112 신고처리에 관한 직무집행을 방해하였다는 내용으로 기소된 사안이다.

[판결요지] [1] 형법 제136조에서 정한 공무집행방해죄는 직무를 집행하는 공무원에 대하여 폭행 또는 협박한 경우에 성립하는 범죄이다. 여기서의 폭행은 사람에 대한 유형력의 행사로 족하고 반드시 그 신체에 대한 것임을 요하지 아니한다. 또한 추상적 위험범으로서 구체적으로 직무집행의 방해라는 결과발생을 요하지도 아니한다.

[2] 피고인이 손으로 乙의 가슴을 밀칠 당시 乙은 112 **신고처리에 관한 직무 내지 순찰근무를 수행**하고 있었다.[정당한 직무집행] 이와 같이 공무를 집행하고 있는 乙의 가슴을 밀치는 행위는 공무원에 대한 유형력의 행사로서 공무집행방해죄에서 정한 폭행에 해당한다. 피고인이 **체포될 당시 도망 또는 증거인멸의 염려가 없었다**고 할 수 없어 체포의 필요성이 인정된다.[정당한 직무집행]

ㄹ. (○) 대법원 2018. 1. 24. 선고 2017도11408 판결 [일반교통방해]

[판시사항] 일반교통방해죄의 법적 성격과 기수 및 종료시기

[판결요지] 일반교통방해죄는 이른바 추상적 위험범이다. 교통이 불가능하거나 또는 현저히 곤란한 상태가 발생하면 바로 기수가 된다. 교통방해의 결과가 현실적으로 발생하여야 하는 것은 아니다. 또한 일반교통방해죄에서 교통방해 행위는 **계속범의 성질을 가진다. 교통방해의 상태가 계속되는 한 가벌적인 위법상태는 계속 존재한다. 따라서 신고 범위를 현저히 벗어나거나 집회 및 시위에 관한 법률 제12조에 따른 조건을 중대하게 위반함으로써 교통방해를 유발한 집회에 참가한 경우, 참가 당시 이미 다른 참가자들에 의해 교통의 흐름이 차단된 상태였더라도 교통방해를 유발한 다른 참가자들과 암묵적 · 순차적으로 공모하여 교통방해의 위법상태를 지속시켰다고 평가할 수 있다면 일반교통방해죄가 성립한다.**

ㅁ. (×) 대법원 1997. 4. 17. 선고 96도3376 전원합의체 판결 ★★★★★

[판결요지] 내란죄는 국토를 참절하거나 국헌을 문란할 목적으로 폭동한 행위이다. 다수인이 결합하여 위와 같은 목적으로 한 지방의 평온을 해할 정도의 폭행 · 협박행위를 하면 기수가 된다. 그 목적의 달성 여부는 이와 무관하다. 그러므로 다수인이 한 지방의 평온을 해할 정도의 폭동을 하였을 때 이미 내란의 구성요건은 완전히 충족된다. 상태범이다.

중요 **05** ★★★★★

형법의 적용범위에 관한 설명 중 옳은 것은? (다툼이 있는 경우 판례에 의함)

파워특강 북한에서 범한 범죄(=속지주의. 속인주의. 대한민국 형법 적용한다). 외국 카지노 도박죄(=속인주의. 대한민국 형법이 적용된다). 형법 제6조(=대한민국 또는 대한민국 법익이 직접적으로 침해되는 결과를 야기한 경우이다). 외국에서 형을 전부 또는 일부 집행된 경우(=대한민국 형법 다시 적용한다. 필요적으로 산입한다). 중국인이 중국 소재 대한민국 영사관에서 여권발급신청서를 위조(=대한민국 형법이 적용되지 않는다. 속지주의−, 속인주의−, 보호주의+. 그러나 재판권이 없다).

중요 ① 북한에서 행하여진 범죄에 대해서는 대한민국 형법이 ~~적용되지 않는다.~~ 적용된다.

해설 및 정답 2021년 제10회 변호사시험 기출문제 11 **정답** ×

대법원 1997. 11. 20. 선고 97도2021 전원합의체 판결 [국가보안법위반(간첩·잠입·탈출·회합·통신등·금품수수)]

[판결요지] **헌법 제3조는 대한민국의 영토는 한반도와 그 부속도서로 한다고 규정하고 있다. 북한도 대한민국의 영토에 속하는 것이 분명하다. 피고인이 캐나다 국적을 가진 외국인이라고 하더라도 형법 제2조, 제4조에 의하여 대한민국의 형벌법규가 적용되어야 할 것이다. 형법 제5조, 제6조에 정한 외국인의 국외범 문제로 다룰 것은 아니다.**

대법원 2008. 4. 17. 선고 2004도4899 전원합의체 판결 [국가보안법위반(반국가단체의구성등)·국가보안법위반(잠입·탈출)] 〈A 교수 사건〉 ★★★★★

[판결요지] [3] **대한민국 국적을 상실하기 전의 방문행위는 국가보안법 제6조 제2항의 탈출에 해당하지만 대한민국 국적을 상실한 후의 방문행위는 국가보안법 제6조 제2항의 탈출 개념에 해당하지 않는다고 본 사례** [4] **독일인이 독일 내에서 북한의 지령을 받아 베를린 주재 북한이익대표부를 방문하고 그곳에서 북한공작원을 만났다면** 위 각 구성요건상 범죄지는 모두 독일이므로 이는 외국인의 국외범에 해당하여, **형법 제5조와 제6조에서 정한 요건에 해당하지 않는 이상 위 각 조항을 적용하여 처벌할 수 없다.**

☞ [출제] 2015년 제4회 변호사시험 기출문제 16

② 도박죄를 처벌하지 않는 외국 카지노에서 대한민국 국민이 도박을 한 경우, 대한민국 형법이 ~~적용되지 않는다.~~ 적용된다.

해설 및 정답 2021년 제10회 변호사시험 기출문제 11 **정답** ×

대법원 2001. 9. 25. 선고 99도3337 판결 [외국환관리법위반·상습도박]

[판결요지] **형법 제3조는 '본법은 대한민국 영역 외에서 죄를 범한 내국인에게 적용한다.'고 하여 형법의 적용 범위에 관한 속인주의를 규정하고 있다. 필리핀국에서 카지노의 외국인 출입이 허용되어 있다 하여도, 형법 제3조에 따라, 필리핀국에서 도박을 한 피고인에게 우리나라 형법이 당연히 적용된다.**

☞ [출제] 2015년 제4회 변호사시험 기출문제 16

중요 ③ 「형법」 제6조 본문에서 정한 '대한민국 또는 대한민국 국민에 대하여 죄를 범한 때'란 대한민국 또는 대한민국 국민의 법익이 직접적으로 침해되는 결과를 야기하는 죄를 범한 경우를 의미한다.

해설 및 정답 2021년 제10회 변호사시험 기출문제 11 **정답** ○

대법원 2011. 8. 25. 선고 2011도6507 판결 [특정경제범죄가중처벌 등에 관한 법률 위반(사기) · 사기 · 위조사문서행사]

[판결요지] '대한민국 또는 대한민국 국민에 대하여 죄를 범한 때'란 대한민국 또는 대한민국 국민의 법익이 직접적으로 침해되는 결과를 야기하는 죄를 범한 경우를 의미한다.

중요 ④ 우리 형법은 외국에서 형의 전부 또는 일부의 집행을 받은 자에 대하여 ~~임의적으로~~필요적으로 형의 산입 여부를 정할 수 있도록 하고 있다.

해설 및 정답 2021년 제10회 변호사시험 기출문제 11 **정답** ×

형법 제7조 참조.

대법원 2017. 8. 24. 선고 2017도5977 전원합의체 판결 〈외국에서의 미결구금에 대해 형법 제7조의 적용을 구하는 사건〉 필리핀 살인 사건

[판시사항] 피고인이 외국에서 살인죄를 범하였다가 무죄 취지의 재판을 받고 석방된 후 국내에서 다시 기소되어 제1심에서 징역 10년을 선고받게 되자 자신이 외국에서 미결 상태로 구금된 5년여의 기간에 대하여도 '외국에서 집행된 형의 산입' 규정인 형법 제7조가 적용되어야 한다고 주장하며 항소한 사안에서, 피고인의 주장을 배척한 원심판단에 형법 제7조의 적용 대상 등에 관한 법리오해의 위법이 없다고 한 사례.

☞ [출제] 2019년 제8회 변호사시험 기출문제 2

☞ [적중] 하태영, 형사법종합연습 실전예상문제분석, 법문사, 2020, 9면.

⑤ 중국인이 중국에 소재하고 있는 대한민국 영사관 내에서 여권발급신청서 1장을 위조하여 제출한 경우, 대한민국 형법이 ~~적용된다.~~적용되지 않는다.

해설 및 정답 2021년 제10회 변호사시험 기출문제 11 **정답** ×

대법원 2006. 9. 22. 선고 2006도5010 판결 [사문서위조 · 위조사문서행사 · 여권법위반]

[판시사항] [1] 외국에 소재한 대한민국 영사관 내부가 대한민국 영역에 속하는지 여부(소극)

[2] **외국인이 중국 북경시에 소재한 대한민국 영사관 내에서 여권발급신청서를 위조하였다는 취지의 공소사실에 대하여, 외국인의 국외범에 해당한다는 이유로 피고인에 대한 재판권이 없다**고 한 사례.

☞ [출제] 2015년 제4회 변호사시험 기출문제 16

06 ★★★★★

다음 설명 중 옳은 것은? (다툼이 있는 경우 판례에 의함)

파워특강 가정폭력범죄특례법에서 사회봉사명령(=보안처분. 실질은 형벌 성격이 있음. 사회봉사시간 연장입법 후 신법을 적용하는 것은 소급효금지원칙에 반한다). 한시법(=종전 판례는 법률이념 변경으로 폐지 또는 가벼운 경우 신법을 적용함. 그 외는 행위 당시 구법을 적용함. 판례 변경). 보호관찰(=보안처분. 신법을 적용한다. 소급효금지원칙에 반하지 않는다). 노역장유치 조항도 행위 당시 존재해야 함(=신설 후 시행하고 첫 공소제기부터 적용한다는 형법 부칙 조항은 소급효금지 원칙에 반한다. 형벌적 성격이 있기 때문이다). 디엔에이감식시료 채취는 수용자에게 적용될 수 있다(=부칙을 둔 규정은 소급입법금지원칙에 반하지 않는다).

중요 ① 「가정폭력범죄의 처벌 등에 관한 특례법」에서 규정하고 있는 사회봉사명령은 보안처분이므로 이 명령에 형벌불소급의 원칙이 ~~적용되지 않는다.~~ 적용된다.

해설 및 정답 2021년 제10회 변호사시험 기출문제 10 **정답** ×

대법원 2008. 7. 24.자 2008어4 결정 [보호처분에 대한 재항고]

[판시사항] [1] **가정폭력범죄의 처벌 등에 관한 특례법상 사회봉사명령의 법적 성질 및 형벌불소급원칙의 적용 여부(적극)** [2] **가정폭력범죄의 처벌 등에 관한 특례법상 사회봉사명령을 부과하면서 행위시법이 아닌 신법을 적용한 것이 위법하다**고 한 사례.

☞ [출제] 2017년 제6회 변호사시험 기출문제 1 · 2012년 제1회 변호사시험 기출문제 1

중요 ② 종전보다 가벼운 형으로 형벌법규를 개정하면서, 개정된 법 시행 전의 범죄에 대해서 종전의 형벌법규를 적용하도록 그 부칙에 규정하는 것은 형벌불소급의 원칙에 ~~반한다.~~ 반하지 않는다.

해설 및 정답 2021년 제10회 변호사시험 기출문제 10 **정답** ×

대법원 2011. 7. 14. 선고 2011도1303 판결 [조세범처벌법위반 · 사기]

[**판결요지**] 형법 제1조 제2항 및 제8조에 의하면 범죄 후 법률의 변경에 의하여 형이 구법보다 가벼운 때에는 원칙적으로 신법에 따라야 한다. 그러나 **신법에 경과규정을 두어 이러한 신법의 적용을 배제하는 것도 허용되는 것이다. 형을 종전보다 가볍게 형벌법규를 개정하면서 그 부칙에서 개정된 법의 시행 전의 범죄에 대하여는 종전의 형벌법규를 적용하도록 규정한다 하여 형벌불소급의 원칙이나 신법우선의 원칙에 반한다고 할 수 없다.**

파워특강 **대법원 종전 판례는 한시법에서 동기설을 채택했다. 즉 법률이념의 변경이 아니라면, 행위 당시 법률에 근거하여 처벌된다. 그러나 대법원 전원합의체**

판결로 변경되었다. 대법원은 추급효긍정설을 채택하고 있다. **대법원 2022. 12. 22. 선고 2020도16420 전원합의체 판결** 다수의견(= '유효기간을 구체적인 일자나 기간으로 특정하여 효력의 상실을 예정하고 있던 법령이 유효기간을 경과한 경우'를 형법 제1조 제2항과 형사소송법 제326조 제4호에서 말하는 법령의 변경에 해당하지 않는다고 보아 일률적으로 피고인에게 유리한 재판시법의 적용을 배제하고 행위시법의 추급효를 인정하여야 한다).

중요 ③ 행위 시에 없던 보호관찰규정이 재판 시에 신설되어 이를 근거로 보호관찰을 명할 경우, 형벌불소급의 원칙 또는 죄형법정주의에 ~~위배된다.~~ 위배되지 않는다.

해설 및 정답 2021년 제10회 변호사시험 기출문제 10 **정답** ×

대법원 1997. 6. 13. 선고 97도703 판결 [국가보안법위반 · 집회 및 시위에 관한법률 위반 · 공직선거 및 선거부정방지법 위반]

[판시사항] 개정 형법 시행 이전에 죄를 범한 자에 대하여 개정 형법에 따라 보호관찰을 명할 수 있는지 여부(적극)

[판결요지] 보호관찰은 형벌이 아니라 보안처분의 성격을 갖는 것으로서, 과거의 불법에 대한 책임에 기초하고 있는 제재가 아니라 장래의 위험성으로부터 행위자를 보호하고 사회를 방위하기 위한 합목적적인 조치이다. 그러므로 그에 관하여 반드시 행위 이전에 규정되어 있어야 하는 것은 아니다. **재판시의 규정에 의하여 보호관찰을 받을 것을 명할 수 있다고 보아야 할 것이다. 이와 같은 해석이 형벌불소급의 원칙 내지 죄형법정주의에 위배되는 것이라고 볼 수 없다.**

파워특강 대한민국 형법은 형벌에 대해서만 형벌소급효금지원칙을 규정하고 있다. 다만 사회봉사명령은 형벌적 요소를 갖고 있다. 그래서 사회봉사시간을 연장하는 입법을 통해 신법을 적용하는 것은 허용되지 않는다.

☞ 참고로 스위스 형법 제1조는 형벌과 보안처분은 모두 소급효금지원칙을 적용한다. 스위스 형법 제1조 법률 없으면 제재 없다. 법률로 명확하게 처벌되는 행위에 한하여 형벌 · 보안처분을 선고할 수 있다.

④ 1억 원 이상의 벌금형을 선고하는 경우 노역장유치기간의 하한을 중하게 정한 개정 「형법」 제70조 제2항을 시행일 이후 최초로 공소제기되는 경우부터 적용하도록 한 개정 「형법」 부칙 제2조 제1항은 형벌불소급의 원칙에 위반된다.

해설 및 정답 2021년 제10회 변호사시험 기출문제 10 **정답** ○

형법 부칙 제2조 제1항 위헌소원 [헌재 2017. 10. 26. 2015헌바239 전원재판부, 위헌]

[결정요지] 노역장유치조항은 1억 원 이상의 벌금형을 선고받는 자에 대하여 유치기간의

하한을 중하게 변경시킨 것이다. 그러므로 이 조항 시행 전에 행한 범죄행위에 대해서는 범죄행위 당시에 존재하였던 법률을 적용하여야 한다. 그런데 부칙조항은 노역장유치조항의 시행 전에 행해진 범죄행위에 대해서도 공소제기의 시기가 노역장유치조항의 시행 이후이면 이를 적용하도록 하고 있다. 그러므로 이는 범죄행위 당시 보다 불이익한 법률을 소급 적용하도록 하는 것으로서 헌법상 형벌불소급원칙에 위반된다.

중요 ⑤ 「디엔에이신원확인정보의 이용 및 보호에 관한 법률」이 시행 당시 디엔에이감식시료 채취 대상 범죄로 이미 징역이나 금고 이상의 실형을 선고받아 그 형이 확정되어 수용 중인 사람에게도 적용될 수 있도록 한 위 법률 부칙 제2조 제1항은 소급입법금지원칙에 ~~위배된다.~~ 위배되지 않는다.

해설 및 정답 2021년 제10회 변호사시험 기출문제 10 **정답** ○

디엔에이신원확인정보의 이용 및 보호에 관한 법률 부칙 제2조 제1항 위헌확인 [헌재 2014. 8. 28. 2011헌마28 전원재판부]

[결정요지] 디엔에이신원확인정보의 수집 · 이용은 수형인등에게 심리적 압박으로 인한 범죄예방효과를 가진다는 점에서 보안처분의 성격을 지니다. 그러나 처벌적인 효과가 없는 비형벌적 보안처분이다. 소급입법금지원칙이 적용되지 않는다. 이 사건 법률의 소급적용으로 인한 공익적 목적이 당사자의 손실보다 더 크다. 그러므로 이 사건 부칙조항이 법률 시행 당시 디엔에이감식시료 채취 대상범죄로 실형이 확정되어 수용 중인 사람들까지 이 사건 법률을 적용한다고 하여 소급입법금지원칙에 위배되는 것은 아니다. 이 사건 법률 시행 당시 이미 출소한 사람은 재범의 위험성이 현재 수용 중인 사람보다 낮다고 볼 수 있다. 평온한 사회생활을 영위하고 있는 사람에게까지 소급적용하는 것은 지나치다. 그러므로 이 사건 부칙조항이 수용 중인 사람에 대하여만 소급적용하는 것은 평등권을 침해한다고 볼 수 없다.

중요 **07** ★★★★★

법인의 형사책임 또는 양벌규정에 관한 설명 중 옳지 않은 것은? (다툼이 있는 경우 판례에 의함)

파워특강 법인의 형사책임과 양벌규정. 양벌규정 법인 대표자(=실질 경영 대표자). 법인 고용 단순 종업원(=법인 양벌 규정 제외함. 책임주의에 반함). 양벌규정(=법인 고의인 경우 고의책임. 법인대표자 과실인 경우 과실책임 인정). 업무주(=업무주와 실제 집행자 모두 적용). 회사대표자(=작량감경 · 정상감경. 법인 작량감경 · 정상감경도 동일할 필요는 없음).

① 양벌규정의 '법인의 대표자'는 그 명칭 여하를 불문하고 당해 법인을 실질적으로 경영하면서 사실상 대표하고 있는 자를 포함한다.

해설 및 정답 2021년 제10회 변호사시험 기출문제 3 **정답** ○

대법원 1997. 6. 13. 선고 96도1703 판결 [특정범죄가중처벌등에관한법률위반(조세, 인정된 죄명 : 조세범처벌법위반)]

[판결요지] 조세범처벌법 제3조는 법인의 대표자, 법인 또는 개인의 대리인, 사용인 기타의 종업인 등 행위자를 같은 법 제9조 제1항 소정의 조세포탈범으로 처벌하는 근거 조문이 되는 것이다. **여기서 말하는 '법인의 대표자'에는 그 명칭 여하를 불문하고 당해 법인을 실질적으로 경영하면서 사실상 대표하고 있는 자도 포함된다.**

중요 ② '법인의 대표자나 법인 또는 개인의 대리인·사용인 기타의 종업원이 그 법인 또는 개인의 업무에 관하여 제○○조의 규정에 의한 위반행위를 한 때에는 행위자를 벌하는 외에 그 법인 또는 개인에 대하여도 해당 조문의 벌금형을 과한다'는 내용의 양벌규정은 법치국가의 원리 및 죄형법정주의로부터 도출되는 책임주의원칙에 반한다.

해설 및 정답 2021년 제10회 변호사시험 기출문제 3 **정답** ○

헌재 2010. 7. 29. 2009헌가25 [전원재판부] 〈구 농산물품질관리법 제37조 위헌제청〉

[결정요지] 법인은 기관을 통하여 행위하므로 법인이 대표자를 선임한 이상 그의 행위로 인한 법률효과는 법인에게 귀속되어야 한다. 법인 대표자의 범죄행위에 대하여는 법인 자신이 자신의 행위에 대한 책임을 부담하여야 한다. **법인 대표자의 법규위반행위에 대한 법인의 책임은 법인자신의 법규위반행위로 평가될 수 있는 행위에 대한 법인의 직접책임으로서, 대표자의 고의에 의한 위반행위에 대하여는 법인 자신의 고의에 의한 책임을, 대표자의 과실에 의한 위반행위에 대하여는 법인 자신의 과실에 의한 책임을 부담하는 것이다.** 따라서 **법인의 '대표자' 관련 부분은 대표자의 책임을 요건으로 하여 법인을 처벌하므로 책임주의원칙에 반하지 아니한다.**

중요 ③ 법인 대표자의 법규위반행위에 대한 법인의 책임은 법인 자신의 법규위반행위로 평가될 수 있는 행위에 대한 법인의 직접책임으로서, 대표자의 고의에 의한 위반행위에 대하여는 법인 자신의 고의에 의한 책임을, 대표자의 과실에 의한 위반행위에 대하여는 법인 자신의 과실에 의한 책임을 부담한다.

해설 및 정답 2021년 제10회 변호사시험 기출문제 3 **정답** ○

헌재 2010. 7. 29. 2009헌가25 [전원재판부] 〈구 농산물품질관리법 제37조 위헌제청〉

④ 법률의 벌칙규정의 적용대상자가 일정한 '업무주'로 한정되어 있는 경우, 업무주가 아니면서 그 업무를 실제로 집행하는 자가 그 벌칙규정의 위반행위를 하였다면, 그 집행하는 자는 그 벌칙규정을 적용대상으로 하고 있는 '양벌규정'에 의해 처벌될 수 있다.

해설 및 정답 2021년 제10회 변호사시험 기출문제 3 **정답** ○

대법원 1999. 7. 15. 선고 95도2870 전원합의체 판결 [건축법위반]

[**판결요지**] 구 건축법(1991. 5. 31. 법률 제4381호로 전문 개정되기 전의 것) **제57조의 양벌규정은 업무주가 아니면서 당해 업무를 실제로 집행하는 자가 있는 때에 위 벌칙규정의 실효성을 확보하기 위하여 그 적용대상자를 당해 업무를 실제로 집행하는 자에게까지 확장함으로써 그러한 자가 당해 업무집행과 관련하여 위 벌칙규정의 위반행위를 한 경우 위 양벌규정에 의하여 처벌할 수 있도록 한 행위자의 처벌규정임과 동시에 그 위반행위의 이익귀속주체인 업무주에 대한 처벌규정이라고 할 것이다.**

⑤ 회사 대표자의 위반행위에 대하여 징역형의 형량을 작량감경하고 병과하는 벌금형에 대하여 선고유예를 한 이상 양벌규정에 따라 그 회사를 처단함에 있어서도 ~~같은 조치를 취하여야 한다.~~ 같은 조치를 취하여야 할 필요가 없다.

해설 및 정답 2021년 제10회 변호사시험 기출문제 3 **정답** ×

대법원 1995. 12. 12. 선고 95도1893 판결 [보건범죄단속에관한특별조치법위반]

[**판결요지**] **회사 대표자의 위반행위에 대하여 징역형의 형량을 작량감경하고 병과하는 벌금형에 대하여 선고유예를 한 이상 양벌규정에 따라 그 회사를 처단함에 있어서도 같은 조치를 취하여야 한다는 논지는 독자적인 견해에 지나지 아니하여 받아들일 수 없다.**

중요

08 ★★★★★

형법의 시간적 적용 범위에 관한 설명 중 옳은 것은? (다툼이 있는 경우 판례에 의함)

파워특강 형법 제1조 범죄의 성립과 처벌. 행위시법(=범죄행위 종료시법. "행위시"라 함은 범죄행위의 종료시를 의미한다). 죄형법정주의 · 소급효금지원칙(=구성요건이 신설된 상습강제추행죄가 시행되기 이전의 범행을 상습강제추행죄로 처벌할 수 없다). 범죄 후 법률이 변경되었으나 **개정 전후를 통하여 형의 경중에 차이가 없는 경우**, 원칙 규정인 형법 제1조 제1항에 근거하여 **행위시법을 적용**하여야 한다. 형법 제1조 제2항 및 제8조에 의하면 범죄 후 법률의 변경에 의하여 형이 구법보다 경한 때에는 신법에 의한다고 규정하고 있다. 그러나 신법에 경과규정을 두어 이러한 신법의 적용을 배제하는 것도 허용된다. 대법원 판례는 한시법에서 동기설(=법률이념의 변경이 아니라면, 행위 당시 법률에 근거하여 처벌된다) 입장을 폐기처분 하였다. **대법원은 추급효긍정설을 채택하고 있다. 대법원 2022. 12. 22. 선고 2020도16420 전원합의체 판결** 다수의견(= '유효기간을 구체적인 일자나 기간으로 특정하여 효력의 상실을 예정하고 있던 법령이 유효기간을 경과한 경우'를 형법 제1조 제2항과 형사소송법 제326조 제4호에서 말하는 법령의 변경에 해당하지 않는다고 보아 일률적으로 **피고인에게 유리한 재판시법의 적용을 배제하고 행위시법의 추급효를 인정하여야 한다**).

중요 ① 「형법」 제1조 제1항 "범죄의 성립과 처벌은 행위 시의 법률에 따른다."라고 할 때의 '행위 시'라 함은 범죄행위 종료 시를 의미하므로 구법 시행 시 행위가 종료하였으나 결과는 신법 시행 시에 발생한 경우에는 ~~신법이 적용된다.~~ 구법이 적용된다(신법이 적용되지 않는다).

해설 및 정답 2023년 제12회 변호사시험 기출문제 9 **정답** ×

대법원 1994. 5. 10. 선고 94도563 판결 [변호사법위반]

[판결요지] 범죄의 성립과 처벌은 행위시의 법률에 의한다고 할 때의 "행위시"라 함은 범죄행위의 종료시를 의미한다.

☞ 구법 시행시 행위가 종료하였다. 결과는 신법 시행시에 발생하였다. 행위시법인 구법을 적용한다.

중요 ② 상습강제추행죄가 시행되기 이전에 범해진 강제추행행위는 습벽에 의한 것이라도 상습강제추행죄로 처벌할 수 없고 강제추행죄로 처벌할 수 있을 뿐이다.

해설 및 정답 2023년 제12회 변호사시험 기출문제 9 **정답** ○

대법원 2016. 1. 28. 선고 2015도15669 판결 [상습강제추행]

[판결요지] 구성요건이 신설된 상습강제추행죄가 시행되기 이전의 범행은 상습강제추행죄로는 처벌할 수 없고 행위시법에 기초하여 강제추행죄로 처벌할 수 있을 뿐이다. 이 경우 그 소추요건도 상습강제추행죄에 관한 것이 아니라 강제추행죄에 관한 것이 구비되어야 한다.

☞ 행위시에 **죄가 되지 않는 행위를 구성요건 신설로 포괄일죄 처벌대상으로 삼는 경우**, 신설된 포괄일죄 처벌법규가 시행되기 이전 행위는 신설된 법규를 적용하여 처벌할 수 없다(형법 제1조 제1항). 이는 **신설된 처벌법규가 상습범을 처벌하는 구성요건인 경우**에도 마찬가지이다. 상습강제추행죄로 처벌할 수 없고, 행위시법에 따라 강제추행죄로 처벌할 수 있다.

☞ [출제] 2019년 제8회 변호사시험 기출문제 2 ④

중요 ③ 범죄 후 법률의 변경이 있더라도 형이 중하게 변경되는 경우나 형의 변경이 없는 경우에는 행위시법을 ~~적용하여서는 안 된다.~~ 적용하여야 한다.

해설 및 정답 2023년 제12회 변호사시험 기출문제 9 **정답** ×

대법원 1991. 11. 26. 선고 91도2303 판결 [직업안정및고용촉진에관한법률위반]

[판시사항] 행위시법이 아닌 후에 개정 시행된 법률을 적용한 원심의 잘못이 개정 전후를 통하여 그 법정형은 동일하여 판결결과에는 영향이 없다고 한 사례.

[판결요지] 종업원(접대부)에게 윤락행위를 시킨다는 사정을 알면서도 취업을 소개하였다면 개정 전 직업안정법 제29조 제2호 소정의 죄책을 면할 수 없다고 한 사례.

(중요) ④ 헌법재판소가 형벌법규에 대해 위헌결정을 한 경우, 당해 법조를 적용하여 기소한 피고 사건은 범죄 후의 법령개폐로 형이 폐지되었을 때에 해당하므로 ~~면소의~~무죄를 선고를 하여야 한다.

해설 및 정답 2023년 제12회 변호사시험 기출문제 9 **정답** ×

대법원 2007. 6. 28. 선고 2005도8317 판결 [의료법위반]

[판결요지] 특정의료인의 진료방법 등에 관한 광고행위에 대한 원심의 유죄판결 선고 후 **상고심 계속중 헌법재판소가 그 처벌법규에 대해 위헌결정을 한 경우, 당해 법조를 적용하여 기소한 피고 사건이 범죄로 되지 아니한 때에 해당한다**고 한 사례.

대법원 1999. 12. 24. 선고 99도3003 판결 [음반및비디오물에관한법률위반]

[판결요지] [3] **형법 제1조 제2항 및 제8조에 의하면 범죄 후 법률의 변경에 의하여 형이 구법보다 경한 때에는 신법에 의한다고 규정하고 있으나 신법에 경과규정을 두어 이러한 신법의 적용을 배제하는 것도 허용된다.** [4] **헌법재판소의 위헌결정으로 인하여 형벌에 관한 법률 또는 법률조항이 소급하여 그 효력을 상실한 경우에는 당해 법조를 적용하여 기소한 피고 사건은 범죄로 되지 아니하는 때에 해당하므로, 결국 이 부분 공소사실은 무죄라 할 것이다.**

(중요) ⑤ 형을 종전보다 가볍게 형벌법규를 개정하면서 그 부칙으로 개정된 법의 시행 전의 범죄에 대하여 종전의 형벌법규를 적용하도록 개정하는 경우 신법우선주의에 ~~반한다.~~변하지 않는다.

해설 및 정답 2023년 제12회 변호사시험 기출문제 9 **정답** ×

대법원 2011. 7. 14. 선고 2011도1303 판결 [조세범처벌법위반 · 사기]

[판결요지] **형법 제1조 제2항 및 제8조에 의하면 범죄 후 법률의 변경에 의하여 형이 구법보다 가벼운 때에는 원칙적으로 신법에 따라야 한다. 그러나 신법에 경과규정을 두어 이러한 신법의 적용을 배제하는 것도 허용되는 것이다. 형을 종전보다 가볍게 형벌법규를 개정하면서 부칙에서 개정된 법의 시행 전의 범죄에 대하여 종전의 형벌법규를 적용하도록 규정한다 하여 형벌불소급의 원칙이나 신법우선의 원칙에 반한다고 할 수 없다.**

☞ [출제] 2021년 제10회 변호사시험 기출문제 10 ②

☞ [적중] 하태영, 형사법 종합연습, 변시기출문제분석편, 제3판, 법문사, 2021, 18면.

문 2. 고의에 관한 설명 중 옳은 것은? (다툼이 있는 경우 판례에 의함)

출제내용

- 형법 제13조(= 주관적 구성요건). 이중 기능(= 구성요건 고의 + 책임 고의)
- 형법 제13조(= 미필적 고의): 용인과 내심. 인식 있는 과실과 구별
- 고의: 행위주체 · 행위객체 · 행위 · 인과관계와 객관적 귀속(= 인식 + 의욕)
- 개괄적 고의(= 학설대립. ① 인과과정 착오, ② 미수와 과실 실체적 경합)
- 공모관계이탈(= 공동의사 부정. 형법 제13조 고의 부정) ★

출제분석

2024년 제13회 변호사시험 출제예상 ★
2023년 제12회 변호사시험 기출문제 16
2022년 제11회 변호사시험 기출문제 6
2019년 제8회 변호사시험 기출문제 4
2018년 제7회 변호사시험 기출문제 12
2017년 제6회 변호사시험 기출문제 9
2013년 제2회 변호사시험 기출문제 1

가. 고의에 관한 설명 중 옳은 것이다(○).

① 자신이 흉기를 휴대한 사실을 알지 못하고 타인의 집에 들어가 절도한 경우, 흉기휴대의 고의가 인정되지 않으므로 특수(흉기휴대)절도로 처벌할 수 없다.

해설 및 정답 2018년 제7회 변호사시험 기출문제 12 **정답** ○

대법원 1990. 4. 24. 선고 90도401 판결 [폭력행위 등 처벌에 관한 법률 위반]

[판결요지] 폭처법 제3조 제1항 소정의 "흉기 기타 위험한 물건을 휴대하여 그 죄를 범한 자"란 **범행현장에서 그 범행에 사용하려는 의도로 흉기를 소지하거나 몸에 지니는 경우를 말한다. 그 범행과 전혀 무관한 우연한 소지는 포함되지 않는다.**

☞ [출제] 2019년 제8회 변호사시험 기출문제 4

② 미필적 고의가 인정되기 위해서는 결과발생의 가능성에 대한 인식이 있음은 물론 나아가 결과발생을 용인하는 내심의 의사가 있음을 요한다.

해설 및 정답 2018년 제7회 변호사시험 기출문제 12 **정답** ○

대법원 1987. 2. 10. 선고 86도2338 판결 [사기]

[판결요지] 미필적 고의란 결과 발생이 불확실한 경우, 행위자에게 그 결과발생에 대한 확실한 예견은 없지만, 그 가능성은 인정하는 것이다. 미필적 고의는 **결과발생의 가능성**

에 대한 인식이 있고, 결과발생을 용인하는 내심의 의사가 있어야 한다.

중요 ③ 건장한 체격의 군인이[행위주체] 왜소한 체격의 사람을[행위객체] 폭행하고 특히 급소인 목을 설골이 부러질 정도로 세게 졸라[행위] 사망[결과발생]하게 한 경우에는 살인의 고의가 인정된다.

해설 및 정답 2018년 제7회 변호사시험 기출문제 12 **정답** ○

대법원 2001. 3. 9. 선고 2000도5590 판결 [살인]

[판결요지] **살인죄에서 범의는 반드시 살해의 목적이나 계획적인 살해의 의도가 있어야 인정되는 것은 아니다. 자기의 행위로 인하여 타인의 사망의 결과를 발생시킬 만한 가능 또는 위험이 있음을 인식하거나 예견하면 족한 것이다. 그 인식이나 예견은 확정적인 것은 물론 불확정적인 것이라도 소위 미필적 고의로 인정되는 것이다.**

중요 ④ 부작위에 의한 살인의 경우에는 생명의 침해를 방지할 법적 작위의무를 가지고 있는 자가[보증인지위 · 법령 · 계약 · 사회상규 · 조리] 의무를 이행함으로써 생명의 침해를 쉽게 방지할 수 있었음을[일반적 가능성 · 개별적 가능성] 예견하고도 생명의 침해를 용인하고 이를 방관한 채 의무를 이행하지 아니한다[부작위]는 인식이 있었다면[미필적 고의] 살인의 고의가 인정된다.

해설 및 정답 2018년 제7회 변호사시험 기출문제 12 **정답** ○

대법원 2015. 11. 12. 선고 2015도6809 전원합의체 판결 〈'세월호' 사건〉

[판결요지] **부진정 부작위범의 고의는** 반드시 구성요건적 결과발생에 대한 목적이나 계획적인 범행 의도가 있어야 하는 것은 아니다. **법익침해의 결과발생을 방지할 법적 작위의무를 가지고 있는 사람이 의무를 이행함으로써 결과발생을 쉽게 방지할 수 있었음을 예견하고도 결과발생을 용인하고 이를 방관한 채 의무를 이행하지 아니한다는 인식을 하면 족하다. 이러한 작위의무자의 예견 또는 인식 등은 확정적인 경우는 물론 불확정적인 경우이더라도 미필적 고의로 인정될 수 있다.**

☞ [출제] 2017년 제6회 변호사시험 기출문제 9

중요 ⑤ 부진정 결과적가중범의 경우 중한 결과에 대한 고의가 있어도 결과적가중범이 성립한다.

해설 및 정답 2017년 제6회 변호사시험 기출문제 9 **정답** ○

대법원 1996. 4. 12. 선고 96도215 판결 [현존건조물방화치상]

[판결요지] **현존건조물방화치상죄와 같은 부진정결과적가중범은 예견가능한 결과를 예견하지 못한 경우뿐만 아니라 그 결과를 예견하거나 고의가 있는 경우까지도 포함하는 것**

이다. 현존하는 건조물을 방화하는 집단행위의 과정에서 일부 집단원이 고의행위로 살상을 가한 경우에도 다른 집단원에게 그 사상의 결과가 예견 가능한 것이었다면 다른 집단원도 그 결과에 대하여 현존건조물방화치사상의 책임을 면할 수 없는 것이다.

중요 ⑥ 일반물건방화죄의 경우 '공공의 위험 발생'은 고의의 내용이다. 그러므로 행위자는 이를 인식할 필요가 있다.

해설 및 정답 2017년 제6회 변호사시험 기출문제 9 **정답** ○

형법 제167조 일반물건방화죄는 구체적 위험범이다. 공공의 위험발생은 구성요건에 명시된 요건이다. 따라서 위범발생에 대한 인식은 고의의 내용이 된다. 추상적 위험범에서 위험발생은 구성요건 요소가 아니다.

나. 고의에 관한 설명 중 옳지 않은 것이다(×).

중요 ① 예리한 식도로 타인의 하복부를 찔러[행위] 직경 5센티미터, 깊이 15센티미터 이상의 자상을 입힌 결과 그 타인이 내장파열 및 다량의 출혈뿐만 아니라 자창의 감염으로 인해 사망[결과발생]에 이른 경우에는 행위자에게 고의에 의한 살인의 죄책을 물을 수 ~~없다.~~ 있다.

해설 및 정답 2018년 제7회 변호사시험 기출문제 12 **정답** ×

대법원 1982. 12. 28. 선고 82도2525 판결 [살인미수(변경된 죄명: 살인)]

[판결요지] [1] 피고인이 예리한 식도로 피해자의 하복부를 찔러 직경 5센티, 길이 15센티미터 이상의 자상을 입힌 결과 사망하였다면, **일반적으로 내장파열 및 다량의 출혈과 자창의 감염으로 사망의 결과를 발생하게 하리라는 점을 경험상 예견할 수 있는 것이다. 그러므로 피고인에게 살인의 결과에 대한 확정적 고의는 없다 치더라도 미필적 인식은 있었다고 볼 것이다.**

[2] **피해자가 부상한 후 1개월이 지난 후에 위 패혈증 등으로 사망하였다 하더라도 그 패혈증이 위 자창으로 인한 과다한 출혈과 상처의 감염 등에 연유한 것인 이상 자상행위와 사망과의 사이에 인과관계의 존재를 부정할 수 없다.**

중요 ② 친족상도례가 적용되기 위하여는 친족관계가 객관적으로 존재하고, 행위자가 이를 ~~인식하여야 한다.~~ 인식할 필요가 없다.

해설 및 정답 2017년 제6회 변호사시험 기출문제 9 **정답** ×

친족상도례규정에서 형면제(형법 제328조 제1항)는 인적처벌조각사유이다. 고소(형법 제328조 제2항)는 소추조건이다. **친족상도의 친족관계는 행위시에 객관적으로 존재하면 충분하다. 이를 인식할 필요는 없다. 친족상도례에 관한 착오는 범죄성립에 지장이 없다.**

대법원 1966. 6. 28 선고 66도104 판결 [절도]

☞ [출제] 2019년 제8회 변호사시험 기출문제 4

다. 고의·구성요건 종합문제

01 ★★★★★

구성요건에 관한 설명 중 옳지 않은 것은? (다툼이 있는 경우 판례에 의함)

파워특강 무고죄(=형사처분 또는 징계처분은 미필적 인식으로 족함). 구타 상해 후 사망으로 오인하고 호텔 베란다로 추락시켜 사망한 행위(=제1행위와 제2행위 포괄하여 상해치사죄 성립. 결과적 가중범). 의사 처방 후 간호사가 정맥주사를 해야 하나 간호실습생이 정맥주사를 실시하여 환자가 사망한 의료사고(=의사는 주의의무가 없음. 무죄. 간호사와 간호실습생은 업무상과실치사죄의 공동정범). 3명과 싸우다 식칼을 휘둘러 식칼을 빼앗던 사람에게 상해를 가한 경우(=상해죄 성립. 택일적 고의 인정). 살인행위와 피해자 사망 사이에 다른 원인이 개입한 경우(=객관적으로 예견이 가능하다면 객관적 귀속을 인정함). 인과관계와 객관적 귀속 인정(=상당인과관계 인정. 판례 입장).

중요 ① 무고죄의 구성요건요소인 '형사처분 또는 징계처분을 받게 할 목적'은 미필적 인식으로 족하고 결과발생을 희망하는 것까지 요하는 것은 아니다.

해설 및 정답 2022년 제11회 변호사시험 기출문제 6 **정답** ○

대법원 2005. 9. 30. 선고 2005도2712 판결 [무고·변호사법위반]

[판시사항] 피무고자의 승낙이 있는 경우 무고죄의 성립 여부(적극) 및 무고죄에 있어서 '형사처분 또는 징계처분을 받게 할 목적'의 의미

[판결요지] [1] **무고죄는 국가의 형사사법권 또는 징계권의 적정한 행사를 주된 보호법익으로 한다. 설사 무고에 있어서 피무고자의 승낙이 있었다고 하더라도 무고죄의 성립에는 영향을 미치지 못한다 할 것이다.**

[2] **피무고자의 승낙을 받아 허위사실을 기재한 고소장을 제출하였다면** 피무고자에 대한 형사처분이라는 결과발생을 의욕한 것은 아니라 하더라도 적어도 그러한 **결과발생에 대한 미필적인 인식은 있었던 것으로 보아야 한다**고 한 사례.

중요 ② 상해의 고의로 행한 구타행위로 상해를 입은 피해자가 정신을 잃고 빈사상태에 빠지자 사망한 것으로 오인하고, 자신의 행위를 은폐하고 피해자가 자살한 것처럼 가장하기 위해 피해자를 호텔 베란다 밖으로 떨어뜨려 사망하게 하였다면, ~~상해죄와 과실치사죄의 경합범이 된다.~~ 상해치사죄가 성립한다.

해설 및 정답 2022년 제11회 변호사시험 기출문제 6 **정답** ×

개괄적 과실 사례이다. 소위 '낙산비취호텔사건'이다. 사안에서 포괄하여 단일의 상해치사죄가 성립한다.

대법원 1994. 11. 4. 선고 94도2361 판결 [살인, 폭력행위등처벌에관한법률위반(인정된 죄명:상해치사), 업무방해]

[판시사항] 피고인의 구타행위로 상해를 입은 피해자가 정신을 잃고 빈사상태에 빠지자 사망한 것으로 오인하고, 자신의 행위를 은폐하고 피해자가 자살한 것처럼 가장하기 위하여 피해자를 베란다 아래의 바닥으로 떨어뜨려 사망케 하였다면, 피고인의 행위는 포괄하여 단일의 상해치사죄에 해당한다고 한 사례.

☞ [출제] 2019년 제8회 변호사시험 기출문제 4 ㄹ.

☞ [출제] 2012년 제2회 변호사시험 기출문제 1

☞ [적중] 하태영, 형사법종합연습 변시기출문제분석, 제3판, 법문사, 2021, 56면.

☞ [적중] 하태영, 형사법종합연습 실전예상문제분석, 제4판, 법문사, 2021, 41면.

중요 ③ 주치의 甲은 경력 7년의 책임간호사 乙에게 종전 처방과 같이 환자 A에게 별다른 부작용이 없었던 소염제·항생제 등을 대퇴부 정맥에 연결된 튜브를 통하여 투여할 것을 지시하였는데 甲의 예견과는 달리 乙이 간호실습생 丙에게 단독으로 정맥주사를 하게 하였고 丙이 대퇴부 정맥튜브와 뇌실외배액관을 착오하여 뇌실외배액관에 주사액을 주입함으로써 A가 사망한 경우, 甲에게 현장에 입회하여 乙의 주사행위를 감독할 업무상 주의의무가 있다고 볼 수 없다.

해설 및 정답 2022년 제11회 변호사시험 기출문제 6 **정답** ○

대법원 2003. 8. 19. 선고 2001도3667 판결 [업무상과실치사]

[판시사항] [1] 의사가 간호사의 진료보조행위에 일일이 입회하여 지도·감독하여야 하는지 여부(소극) 및 입회가 필요한 경우의 판단 기준 [2] **간호사가 의사의 처방에 의한 정맥주사(Side Injection 방식)를 의사의 입회 없이 간호실습생(간호학과 대학생)에게 실시하도록 하여 발생한 의료사고에 대한 의사의 과실을 부정한 사례.**

[판결요지] 간호사가 '진료의 보조'를 함에 있어서는 모든 행위 하나하나마다 항상 의사가 현장에 입회하여 일일이 지도·감독하여야 한다고 할 수는 없다. 보조행위인지 여부는 보조행위의 유형에 따라 일률적으로 결정할 수는 없다. **피고인으로 하여금 그 스스로 직접 주사를 하거나 또는 직접 주사하지 않더라도 현장에 입회하여 간호사의 주사행위를 직접 감독할 업무상 주의의무가 있다고 보기 어렵다.**

④ 甲이 A, B, C 등 3명과 싸우다가 힘이 달리자 갑자기 인근 가게에서 식칼을 가지고 와 상해의 고의로 이들 3명을 상대로 휘두르다가 빗나가 옆에 있던 D에게 상해를 입혔다면 甲에게 D의 상해에 대한 고의가 인정된다.

해설 및 정답 2022년 제11회 변호사시험 기출문제 6 **정답** ○

대법원 1987. 10. 26. 선고 87도1745 판결 [폭력행위등처벌에관한법률위반]

[**판결요지**] [1] 갑이 을등 3명과 싸우다가 힘이 달리자 식칼을 가지고 이들 3명을 상대로 휘두르다가 **이를 말리면서 식칼을 뺏으려던 피해자 병에게 상해를 입혔다면 갑에게 상해의 범의가 인정되며 상해를 입은 사람이 목적한 사람이 아닌 다른 사람이라 하여 과실상해죄에 해당한다고 할 수 없다.** [2] **폭력행위등처벌에관한법률 제3조 제1항 소정의 "전조의 죄" 또는 "그 죄"는 제2조 제1항 게기의 각 형법 본조의 죄만을 가리키는 것이고,** 제2조 제1항 게기의 각 형법 본조의 죄의 상습범을 가리키는 것은 아니다.

⑤ 살인의 실행행위가 피해자의 사망이라는 결과를 발생하게 한 유일한 원인이거나 직접적인 원인이어야만 되는 것은 아니므로 통상 예견할 수 있는 다른 사실이 개재되어 그 사실이 사망의 직접적인 원인이 되었다고 하더라도 실행행위와 피해자의 사망 사이에 인과관계는 인정된다.

해설 및 정답 2022년 제11회 변호사시험 기출문제 6 **정답** ○

대법원 1994. 3. 22. 선고 93도3612 판결 [살인 · 살인미수 · 폭력행위등처벌에관한법률위반]

[**판시사항**] [1] 살인죄의 범의 [2] 살인의 실행행위와 사망 사이의 인과관계 유무의 판단기준

[**판결요지**] [1] **살인죄의 범의는 자기의 행위로 인하여 피해자가 사망할 수도 있다는 사실을 인식 · 예견하는 것으로** 족하지 피해자의 사망을 희망하거나 목적으로 할 필요는 없고, 또 **확정적인 고의가 아닌 미필적 고의로도 족하다.** [2] 살인의 실행행위가 피해자의 사망이라는 결과를 발생하게 한 유일한 원인이거나 직접적인 원인이어야만 되는 것은 아니다. 그러므로 살인의 실행행위와 피해자의 사망과의 사이에 다른 사실이 개재되어 그 사실이 치사의 직접적인 원인이 되었다고 하더라도 그와 같은 사실이 **통상 예견할 수 있는 것에 지나지 않는다면 살인의 실행행위와 피해자의 사망과의 사이에 인과관계가 있는 것으로 보아야 한다.**

02 ★★★★★

고의에 관한 설명 중 옳지 않은 것은? (다툼이 있는 경우 판례에 의함)

파워특강 형법 제329조 절도죄(=**고의는 타인 재물을 절취한다는 인식과 의사. '점유의 타인성'은 고의의 인식대상이다**). 형법 제314조 업무방해죄(=추상적 위험범). 방조범 성립요건(=정범 고의와 방조 고의. 이중 고의. [예] 절도 인식+절도 방조 고의. 방조행위(=물질 · 정신 · 직접 · 간접 모두 가능). 작위 방조와 부작위 방조 모두 가능함(=정범 범죄행위 인식하면서도 방지의무 있는 자가 조치를 취하

지 않아 부작위로 정범의 실행행위를 용이하게 함. [예] 은행 대출 통제 하지 아니한 은행 중견 간부(=부작위에 의한 업무상 배임죄의 방조범 성립). 준강간죄(=고의. 피해자가 심신상실 또는 항거불능의 상태에 있다는 것과 그러한 상태를 이용하여 간음한다는 구성요건적 결과 발생의 가능성을 인식하고 그러한 위험을 용인하는 내심의 의사). 준강간죄 불능미수. 불능미수의 위험성 판단(추상적 위험범설: 행위 당시 인식+일반인이 객관적으로 판단+위험성 존재. 판례 입장).

중요 ① 절도죄에 있어서 재물의 타인성은 고의의 인식대상이다.

해설 및 정답 2023년 제12회 변호사시험 기출문제 16 **정답** ○

대법원 1983. 9. 13. 선고 83도1762,83감도315 판결 [공갈·특정범죄가중처벌등에관한법률위반·보호감호]

[판시사항] 재물의 타인성을 오신한 취거행위와 절도죄에 있어서의 범의

[판결요지] **절도죄에서 재물의 타인성을 오신하여 그 재물이 자기에게 취득(빌린 것)할 것이 허용된 동일한 물건으로 오인하고 가져온 경우 범죄사실에 대**한 인식이 있다고 할 수 없다. 그러므로 범의가 조각되어 절도죄가 성립하지 아니한다.

대법원 2011. 8. 18. 선고 2010도9570 판결 [절도·공무상표시무효·방실침입]

[판시사항] [1] 타인의 재물을 점유자의 승낙 없이 무단 사용하는 경우, 절도죄의 '불법영득의사' 인정 여부 [2] 갑 주식회사 감사인 피고인이 회사 경영진과의 불화로 한 달 가까이 결근하다가 회사 감사실에 침입하여 자신이 사용하던 컴퓨터에서 하드디스크를 떼어 간 후 4개월 가까이 지난 시점에 반환한 사안에서, 피고인이 하드디스크를 일시 보관 후 반환하였다고 평가하기 어려워 불법영득의사를 인정할 수 있다고 본 원심판단을 수긍한 사례.

☞ [출제] 2019년 제8회 변호사시험 기출문제 4 ㄷ.

☞ [출제] 2018년 제7회 변호사시험 기출문제 12

☞ [적중] 하태영, 형사법 종합연습, 변시기출문제분석편, 제3판, 법문사, 2021, 26-27면.

중요 ② 무고죄의 고의는 신고자가 허위라고 확신한 사실을 신고한 경우뿐만 아니라 진실하다는 확신 없는 사실을 신고하는 경우에도 인정할 수 있다.

해설 및 정답 2023년 제12회 변호사시험 기출문제 16 **정답** ○

대법원 2006. 5. 25. 선고 2005도4642 판결 [공직선거및선거부정방지법위반·무고]

[판시사항] [1] 무고죄에 있어서 허위사실 적시의 정도 [2] 신고사실의 진실성을 인정할 수 없다는 소극적인 증명만으로 곧 그 신고사실이 객관적인 진실에 반하는 허위사실이라고 단정하여 무고죄의 성립을 인정할 수 있는지 여부(소극) [3] **무고죄에 있어서의 범의** [4] **무고죄에 있어서 '형사처분 또는 징계처분을 받게 할 목적'의 의미**

[판결요지] [1] 무고죄에 있어서 허위사실 적시의 정도는 **수사관서 또는 감독관서에 대하여 수사권 또는 징계권의 발동을 촉구하는 정도의 것이면 충분하고 반드시 범죄구성요건**

사실이나 징계요건 사실을 구체적으로 명시하여야 하는 것은 아니다.
[2] **무고죄는 타인으로 하여금 형사처분이나 징계처분을 받게 할 목적으로 신고한 사실이 객관적 진실에 반하는 허위사실인 경우에 성립되는 범죄**이다. 그러므로 **신고한 사실이 객관적 사실에 반하는 허위사실이라는 요건은 적극적인 증명이 있어야 한다. 신고사실의 진실성을 인정할 수 없다는 소극적 증명만으로 곧 그 신고사실이 객관적 진실에 반하는 허위사실이라고 단정하여 무고죄의 성립을 인정할 수는 없다.**
[3] **무고죄에 있어서의 범의는 반드시 확정적 고의임을 요하지 아니하고 미필적 고의로서도 족하다 할 것이다. 그러므로 무고죄는 신고자가 진실하다는 확신 없는 사실을 신고함으로써 성립한다. 그 신고사실이 허위라는 것을 확신함을 필요로 하지 않는다.**
[4] 무고죄에 있어서 '형사처분 또는 징계처분을 받게 할 목적'은 허위신고를 함에 있어서 다른 사람이 그로 인하여 형사 또는 징계처분을 받게 될 것이라는 인식이 있으면 족한 것이다. 그 결과발생을 희망하는 것을 요하는 것은 아니다. **피고인이 고소장을 수사기관에 제출한 이상 그러한 인식은 있었다 할 것이다.**

중요 ③ 업무방해죄에서 업무방해의 고의는 반드시 업무방해의 목적이나 계획적인 업무방해의 의도가 있어야 인정되는 것은 아니고, 자기의 행위로 인하여 타인의 업무가 방해될 것이라는 결과를 발생시킬 만한 가능성 또는 위험이 있음을 인식하거나 예견하면 충분하다.

해설 및 정답 2023년 제12회 변호사시험 기출문제 16 **정답** ○

대법원 2018. 7. 24. 선고 2015도12094 판결 [업무방해]

[판시사항] [1] 위계에 의한 업무방해죄에서 '위계'의 의미 / **업무방해죄가 성립하기 위하여 업무방해의 결과가 실제로 발생하여야 하는지 여부(소극) 및 업무수행 자체가 아니라 업무의 적정성 내지 공정성이 방해된 경우에도 업무방해죄가 성립하는지 여부(적극)** [2] 업무방해의 고의에 반드시 업무방해의 목적이나 계획적인 업무방해의 의도가 있어야 하는지 여부(소극) 및 업무방해죄의 성립에 필요한 고의의 내용

[판결요지] [1] 위계에 의한 업무방해죄에 있어서 위계란 행위자가 행위목적을 달성하기 위하여 상대방에게 오인, 착각 또는 부지를 일으키게 하여 이를 이용하는 것을 말하고, **업무방해죄의 성립에는 업무방해의 결과가 실제로 발생함을 요하지 않고 업무방해의 결과를 초래할 위험이 발생하면 족하며, 업무수행 자체가 아니라 업무의 적정성 내지 공정성이 방해된 경우에도 업무방해죄가 성립한다**(대법원 2010. 3. 25. 선고 2009도8506 판결 등 참조).
[2] 업무**방해의 고의는 반드시 업무방해의 목적이나 계획적인 업무방해의 의도가 있어야만 하는 것이 아니고, 자신의 행위로 인하여 타인의 업무가 방해될 가능성 또는 위험에 대한 인식이나 예견으로 충분하며, 그 인식이나 예견은 확정적인 것은 물론 불확정적인 것이라도 이른바 미필적 고의로도 인정된다**(대법원 2012. 5. 24. 선고 2009도4141 판결 등 참조).

중요 ④ 방조범은 정범의 실행을 방조한다는 이른바 방조의 고의와 정범의 행위가 구성요건에 해당하는 행위인 점에 대한 정범의 고의가 있어야 하고, 방조범에서 요구되는 정범의 고의는 정범에 의하여 실현되는 범죄의 ~~미필적 인식이 아니라 구체적 내용을 인식할 것을 요한다.~~ 미필적 인식 또는 예견으로 족하다.

해설 및 정답 2023년 제12회 변호사시험 기출문제 16 **정답** ×

대법원 2005. 4. 29. 선고 2003도6056 판결 [특정범죄가중처벌등에관한법률위반(관세)]

[판시사항] [1] 방조범의 성립요건으로서 고의의 의미 및 판단 방법

[판결요지] [1] **형법상 방조행위는 정범이 범행을 한다는 정을 알면서 그 실행행위를 용이하게 하는 직접·간접의 행위를 말한다. 그러므로 방조범은 정범의 실행을 방조한다는 이른바 방조의 고의와 정범의 행위가 구성요건에 해당하는 행위인 점에 대한 정범의 고의가 있어야 한다. 방조범에 있어서 정범의 고의는 정범에 의하여 실현되는 범죄의 구체적 내용을 인식할 것을 요하는 것은 아니고 미필적 인식 또는 예견으로 족하다.**

[2] **정범이 설립한 위장수출회사의 직원인 피고인이 미필적으로나마 정범의 범행을 인식 또는 예견하고 그 실행행위를 용이하게 하였다고 볼 여지가 있다**고 한 사례.

☞ [출제] 2022년 제11회 변호사시험 기출문제 11 ㄷ.

☞ [출제] 2019년 제8회 변호사시험 기출문제 7 ③

☞ [출제] 2012년 제1회 변호사시험 기출문제 9

☞ [적중] 하태영, 형사법 종합연습, 변시기출문제분석편, 제3판, 법문사, 2021, 108면.

중요 ⑤ 준강간죄에서 준강간의 고의는 피해자가 심신상실 또는 항거불능의 상태에 있다는 것과 그러한 상태를 이용하여 간음한다는 구성요건적 결과 발생의 가능성을 인식하고 그러한 위험을 용인하는 내심의 의사가 있으면 인정될 수 있다.

해설 및 정답 2023년 제12회 변호사시험 기출문제 16 **정답** ○

대법원 2019. 3. 28. 선고 2018도16002 전원합의체 판결 [강간(인정된 죄명: 준강간미수, 변경된 죄명: 준강간)] 〈준강간죄의 불능미수 성립을 인정할 수 있는지 여부에 관한 사건〉★★★★★ ☞ 이 판례는 쟁점이 많다. 준강간죄, 불능미수, 고의를 정리해야 한다.

[판결요지] [다수의견] **형법 제300조는 준강간죄의 미수범을 처벌한다. 또한 형법 제27조는 "실행의 수단 또는 대상의 착오로 인하여 결과의 발생이 불가능하더라도 위험성이 있는 때에는 처벌한다. 단, 형을 감경 또는 면제할 수 있다."라고 규정하여 불능미수범을 처벌하고 있다. 피고인이 행위 당시에 인식한 사정을 놓고 일반인이 객관적으로 판단하여 보았을 때 준강간의 결과가 발생할 위험성이 있었으므로 준강간죄의 불능미수가 성립한다.**

☞ [출제] 2021년 제10회 변호사시험 기출문제 4 ㅁ.

☞ [적중] 하태영, 형사법 종합연습, 실전예상문제분석편, 제4판, 법문사, 2021, 69–72면.

문 3. 구성요건착오에 관한 설명 중 옳은 것은? (다툼이 있는 경우 판례에 의함)

출제내용

- 주체착오(형법 제13조)
- 객체착오(형법 제13조)
- 방법착오 · 타격착오 · 행위착오(형법 제13조 · 제17조)
- 인과과정착오(형법 제13조 · 제17조)
- 법정적 부합설(형법 제15조 제1항)
- 정범 착오와 교사자 고의(형법 제13조 · 제31조)

출제분석

2023년 제13회 변호사시험 출제예상 ★
2019년 제8회 변호사시험 기출문제 4
2017년 제6회 변호사시험 기출문제 3
2016년 제5회 변호사시험 기출문제 3
2014년 제3회 변호사시험 기출문제 14
2013년 제2회 변호사시험 기출문제 1

가. 구성요건착오에 관한 설명 중 옳은 것이다(○).

① 甲이 절취한 물건이 자신의 아버지 소유인 줄 오신했다 하더라도 그 오신은 형면제사유에 관한 것으로서 절도죄의 성립이나 처벌에 아무런 영향을 미치지 않는다.

해설 및 정답 2019년 제8회 변호사시험 기출문제 4 **정답** ○

대법원 1966. 6. 28 선고 66도104 판결 [절도]
친족상도례는 범죄성립에 영향이 없다. 인적처벌조각사유이다.
☞ [출제] 2017년 제6회 변호사시험 기출문제 9

② 절도죄에 있어서 재물의 타인성을 오신하여 그 재물이 자기에게 취득할 것이 허용된 동일한 물건으로 오인하고 가져온 경우에는 범죄사실에 대한 인식이 있다고 할 수 없으므로 범의가 조각되어 절도죄가 성립하지 아니한다.

해설 및 정답 2019년 제8회 변호사시험 기출문제 4 **정답** ○

대법원 1983. 9. 13. 선고 83도1762, 83감도315 판결 [공갈 · 보호감호]
[판결요지] 절도죄에서 재물의 타인성을 오신하여 그 재물이 자기에게 취득(빌린 것)할 것이 허용된 동일한 물건으로 오인하고 가져온 경우 범죄사실에 대한 인식이 있다고 할

수 없다. 그러므로 범의가 조각되어 절도죄가 성립하지 아니한다.
☞ [출제] 2018년 제7회 변호사시험 기출문제 12

중요 ③ 甲이 A를 살해하기 위해 A를 향하여 총을 쏘았으나 총알이 빗나가 A의 옆에 있던 B에게 맞아[구체적 사실에 대한 착오] B가 즉사한 경우, 구성요건적 착오에 관한 구체적 부합설에 의하면 甲에게는 B에 대한 살인죄의 죄책이 인정되지 않는다.

해설 및 정답 2019년 제8회 변호사시험 기출문제 4 **정답** ○

사안은 구체적 사실의 착오 중 방법착오(타격착오)이다. 고의 인정여부를 판단하는 방법에서 학설이 대립하고 있다. **구체적 부합설에 따르면 인식한 사실의 미수와 발생한 사실의 과실범이 인정된다. 양 죄는 상상적 경합이다.** 사안에서 갑은 A에 대한 살인미수죄와 B에 대한 과실치사죄가 성립한다. 하나의 행위로 상상적 경합 관계이다. **반면 법정적 부합설과 추상적 부합설에 따르면 구체적 사실의 착오(같은 법익)인 경우 발생한 사실에 대하여 고의가 인정된다.** 사안에서 갑은 B에 대하여 살인기수죄가 성립한다. **대법원 판례는 법정적 부합설을 채택하고 있다.**★★★★★

중요 ④ 甲은 乙에게 A를 살해하라고 교사하였다. 그러나 乙이[행위주체] B를 A로 착각하여 B를[행위객체] 살해한 경우, 甲에게 객체의 착오를 인정하는 견해에 따르면 甲에게는 B에 대한 살인죄의 교사범이 성립한다.

해설 및 정답 2017년 제6회 변호사시험 기출문제 3 ★ **정답** ○

정범에게 객체착오가 있는 경우, **교사자에게 객체착오를 인정하여 범죄사실에 대한 고의기수를 인정한다. 교사범으로 처벌된다(객체착오설).** 한편 교사자에게 타격착오를 인정하여 범죄사실에 대한 고의기수를 인정한다. 교사범으로 처벌된다(타격착오설-법정적부합설). 결론은 두 학설 모두 교사자에게 교사고의를 인정한다.
☞ **선택형과 사례형에 출제가능성이 아주 높다.**

중요 ⑤ 甲은 A를 죽이려고 목을 졸랐는데 기절한 모습을 보고 사망한 것으로 알고 모래에 파묻었으나 부검 결과 A는 목이 졸려 사망한 것이 아니라 모래에 묻혀 질식사한 것으로 판명되었다. - 甲의 행위를 개괄적 고의로 파악하는 견해에 의하면 살인죄로 처벌된다.

해설 및 정답 2013년 제2회 변호사시험 기출문제 1 ★ **정답** ○

대법원 1988. 6. 28. 선고 88도650 판결 [살인·사체유기] 개괄적 고의 〈배우자 희롱사건〉
개괄적 고의는 자주 출제된다. 판례에 따르면 개괄적 고의가 인정된다. 전과정을 개괄적으로 보면, 처음 예견한 사실이 실현된 것이다.

☞ [출제] 2016년 제5회 변호사시험 기출문제 3 · 2017년 제6회 변호사시험 기출문제 3

⑥ 甲이 A를 살해할 의사로 농약 1포를 숭늉 그릇에 넣어서 A의 식당에 놓아두었는데, 그 정을 알지 못한 A의 장녀 B가 마시고 사망하였다 – 甲은 B에 대한 살인죄로 처벌된다.

해설 및 정답 2013년 제2회 변호사시험 기출문제 1 **정답** ○

독극물을 식당에 놓아 둔 경우 누가 먹어도 좋다는 의사가 있다고 본다. 개괄적 고의가 인정된다. 한편 구체적 사실의 착오 중 방법착오로 보아도 법정적 부합설에 따르면 살인 기수죄를 인정할 수 있다.

나. 구성요건착오에 관한 설명 중 옳지 않은 것이다(×).

중요 ① 객관적으로는 존재하지도 않는 구성요건적 사실을 행위자가 적극적으로 존재한다고 생각한 '반전된 구성요건적 착오'는 「형법」상 ~~불가벌이다.~~ 불능미수범이다.

해설 및 정답 2019년 제8회 변호사시험 기출문제 4 **정답** ×

반전된 구성요건착오는 불능미수범을 말한다. 형법 제27조(불능범) 실행의 수단 또는 대상의 착오로 인하여 결과의 발생이 불가능하더라도 위험성이 있는 때에는 처벌한다. 단, 형을 감경 또는 면제할 수 있다.

중요 ② 甲이 상해의 고의로 A에게 상해를 가함으로써 A가 바닥에 쓰러진 채 정신을 잃고 빈사상태에 빠지자, A가 사망한 것으로 오인하고 자신의 행위를 은폐하고 A가 자살한 것처럼 가장하기 위하여 A를 절벽 아래로 떨어뜨려 A로 하여금 현장에서 사망에 이르게 하였다면, 甲의 상해행위는 ~~A에 대한 살인에 흡수되어 단일의 살인죄만 성립한다.~~ 상해치사죄가 성립한다.

해설 및 정답 2019년 제8회 변호사시험 기출문제 4 ★ **정답** ×

대법원 1994. 11. 4. 선고 94도2361 판결 [살인, 폭력행위 등 처벌에 관한 법률 위반(인정된 죄명: 상해치사), 업무방해]

개괄적 과실 사례이다. 소위 '낙산비취호텔사건'이다. 사안에서 포괄하여 단일의 상해치사죄가 인정된다.

[**판결요지**] 피고인이 피해자에게 우측 흉골골절 및 늑골골절상과 이로 인한 우측 심장벽좌상과 심낭내출혈 등의 상해를 가함으로써, 피해자가 바닥에 쓰러진 채 정신을 잃고 빈사상태에 빠지자, 피해자가 사망한 것으로 오인하고, **피고인의 행위를 은폐하고 피해자가 자살한 것처럼 가장하기 위하여 피해자를 베란다로 옮긴 후 베란다 밑 약 13m 아래의 바닥으로 떨어뜨려 피해자로 하여금 현장에서 좌측 측두부 분쇄함몰골절에 의한 뇌손상**

및 뇌출혈 등으로 사망에 이르게 하였다면, 피고인의 행위는 포괄하여 단일의 상해치사죄에 해당한다.

☞ [출제] 2013년 제2회 변호사시험 기출문제 1

③ 甲은 살해의 고의로 A의 머리를 둔기로 가격하였다. 그 후 A가 실신하자 죽었다고 생각하고 죄적인멸을 위해 A를 매장하였다. 그러나 A는 매장으로 질식사한 경우, 甲에게 ~~살인미수죄와 과실치사죄의 상상적 경합이 인정된다.~~ 개괄적 고의를 인정하여 살인죄가 성립한다.

해설 및 정답 2017년 제6회 변호사시험 기출문제 3 **정답** ×

대법원 1988. 6. 28. 선고 88도650 판결 [살인 · 사체유기] 개괄적 고의 〈배우자 희롱사건〉

피해자가 살해의 구타행위에 직접 사망한 것이 아니다. 그러나 죄적을 목적으로 행한 매장행위에 사망하게 하더라도 **전 과정을 개괄적으로 처음에 예견된 것이다.** 살인죄가 성립한다.

☞ [출제] 2016년 제5회 변호사시험 기출문제 3 · 2013년 제2회 변호사시험 기출문제 1

중요 ④ 甲은 乙에게 A에 대한 강도를 교사하였다. 그러나 乙이 강간을 한 경우, 甲에게는 ~~강간죄의 교사범이 아니라 강도죄의 교사범이 성립한다.~~ 강도예비 · 음모죄가 성립한다.

해설 및 정답 2017년 제6회 변호사시험 기출문제 3 ★ **정답** ×

전혀 다른 질적 초과 경우, 교사자에게 고의를 인정할 수 없다. 강도예비 · 음모죄가 성립한다. 형법 제31조 제2항이 적용된다.

중요 ⑤ 甲이 마당에 있는 乙의 도자기를 손괴하려고 돌을 던졌다. 그러나 빗나가 옆에 있던 乙에게 상해를 입힌 경우, 법정적 부합설에 따르면 甲은 상해죄로 ~~처벌된다.~~ 처벌되지 않는다.

해설 및 정답 2014년 제3회 변호사시험 기출문제 14 **정답** ×

법익이 다른 추상적 사실의 착오이다. 이 경우 법정적 부합설과 구체적 부합설에 따르면, 모두 을에 대한 상해에 대해 고의를 인정할 수 없다. 따라서 과실치상죄가 성립한다. 또한 을의 도자기 손괴 고의가 있기 때문에 손괴미수죄가 성립한다. 하나의 행위이기 때문에 상상적 경합관계이다.

⑥ 甲은 상해의 고의로 사람에게 돌을 던졌다. 그러나 빗나가서 그 옆에 있던 마을 주민이 세운 장승에 맞았고, 장승의 일부가 손괴되었다. – 甲의 행위는 추상적

사실의 착오에 해당하여 상해미수죄~~와 과실재물손괴죄의 상상적 경합으로~~ 처벌된다. 그러나 과실재물손괴죄는 처벌규정이 없으므로 상해미수죄로 처벌된다.

해설 및 정답 2013년 제2회 변호사시험 기출문제 1 **정답** ×

다. 개괄적 고의와 인과과정착오 종합문제

중요 **01** ★★★★★

甲은 자기 부인을 희롱하는 이웃 남자를 살해할 의사로 머리를 돌로 내리쳐(제1행위) 피해자가 뇌진탕 등으로 인하여 정신을 잃고 축 늘어지자 그가 죽은 것으로 오인하고 증거를 인멸할 목적으로 피해자를 개울가로 끌고 가 땅에 파묻었는데(제2행위) 후에 실제로는 질식으로 인한 사망으로 밝혀졌다. 이에 관한 설명 중 옳지 않은 것은? (다툼이 있는 경우 판례에 의함)

① 위 사례는 연결된 두 개의 행위로 결과가 발생하였으나 甲은 행위의 진행과정을 오인하여 자기가 의도한 결과가 제1행위에 의하여 이미 실현되었다고 믿은 경우로서 인과관계의 착오의 한 유형으로 보는 견해가 있다.

해설 및 정답 2016년 제5회 변호사시험 기출문제 3 **정답** ○

인과과정의 착오설이다. 결과발생의 결정적 원인을 고의가 있는 제1행위에 둔다. 인과과정의 상위는 비본질적이다. 따라서 발생한 결과의 고의기수범이 된다. 이 사안 경우 형법 제250조 제1항 살인죄가 성립한다.

중요 ② 위 사례에서 甲이 인과관계의 본질적 부분을 착오한 경우 발생결과의 고의기수범의 성립을 인정~~하지 않는~~하는 견해는 구체적으로 일반의 생활경험상 예상할 수 있는 범위 내의 착오인 ~~경우를~~경우로서 다른 행위로 평가할 수 없다면 본질적 부분의 착오로 본다.

해설 및 정답 2016년 제5회 변호사시험 기출문제 3 **정답** ×

일반의 생활경험상 예상할 수 있는 범위 내의 착오는 비본질적 부분의 착오에 해당한다. 그러므로 발생한 결과에 대한 고의기수를 인정한다. 이 사안 경우 형법 제250조 제1항 살인죄가 성립한다.

중요 ③ 위 사례의 사실적 측면을 중시하여 제1행위와 제2행위를 두 개의 독립적인 행위로 보는 견해에 의하면, 살인미수죄와 과실치사죄가 성립하는 것으로 본다.

해설 및 정답 2016년 제5회 변호사시험 기출문제 3 정답 ○

미수범과 과실범의 경합설이다. 제1행위는 살인미수죄를 인정하고, 제2행위는 과실치사죄를 인정한다. 양 죄는 실체적 경합관계에 있다. 더 구체적으로 설명을 하면, 제2행위 경우 과실치사죄와 사체은닉죄 불능미수가 성립한다. 양죄는 상상적 경합 관계에 있다. 이때 법정형이 무거운 과실치사죄가 성립한다. 그러므로 제2행위는 과실치사죄로 처벌된다.

중요 ④ 제1행위에 인정된 고의를 제2행위에 대한 고의로도 인정하는 견해에 의하면 甲에게 살인기수 책임이 인정된다.

해설 및 정답 2016년 제5회 변호사시험 기출문제 3 정답 ○

개괄적 고의설이다. 제1행위의 고의가 제2행위 부분에도 개괄적으로 영향을 미친 단일사건으로 본다. 하나의 고의기수범이 성립한다. 이 사안 경우 형법 제250조 제1항 살인죄가 성립한다. 대법원 판례의 입장이다.

중요 ⑤ 위 사례의 전 과정을 개괄적으로 보면 피해자의 살해라는 처음에 예견된 사실이 결국은 실현된 것으로서 甲은 살인기수의 죄책을 면할 수 없다는 것이 판례의 입장이다.

해설 및 정답 2016년 제5회 변호사시험 기출문제 3 ★ 정답 ○

대법원 1988. 6. 28. 선고 88도650 판결 [살인 · 사체유기] 개괄적 고의〈배우자 희롱사건〉

[공소사실] 피고인이 자신의 부인을 희롱하는 피해자에 대한 분노가 폭발하여 살해하기로 마음먹고 돌로 수차례 내리쳤다. 피해자가 뇌진탕으로 실신하자 죽은 것으로 오인하고 시체를 몰래 파묻어 증거를 없애기 위해 150m 정도 떨어진 개울가로 끌고 가 모래웅덩이에 묻었다.

[판결요지] 피해자가 피고인의 구타행위로 직접 사망한 것이 아니라 죄적을 인멸할 목적으로 행한 매장행위에 의해 사망하게 되었더라도 전과정을 개괄적으로 보면, 피해자의 살해라는 애초의 예견사실이 결국 실현된 것이기 때문에 살인죄의 죄책을 면할 수 없다.

[판례해설] 대상판결에서 피고인에게 살인미수죄와 과실치사죄(사체은닉죄의 불능미수)의 경합범을 인정할 수도 있다(③ 미수범설과 과실범설 실체적 경합관계). **대상판결은 단일의 살인기수죄를 인정하고 있다(④ 개괄적 고의설). 이 판결은 '전과정을 개괄적으로 보면'이라고 표현하고 있다. 이는 구타행위와 파묻는 행위를 두 개의 행위로 보지 않고 전체적으로 하나의 살인행위로 본 것이라고 할 수 있다. 만약 대상판결이 개괄적 고의를 인정한 것이라고 한다면, 두 개의 행위가 존재하되 제1행위(구타행위)시에 있던 살인의 고의가 제2행위(파묻는 행위)에도 효력을 미친다는 입장이라고 할 수 있다.** 다수설은 이 경우 모두 인과과정의 착오로서 행위자가 인식한 인과과정과 실제 발생한 인과과정에 차이가 있지만, 이 차이가 본질적이거나 중요하지 않으므로 살인기수죄를 인정할 수 있다고 한다(① 인과과정의 착오설).

☞ [출제] 2013년 제2회 변호사시험 기출문제 1 · 2017년 제6회 변호사시험 기출문제 3

문 4. 과실범에 관한 설명 중 옳은 것은? (다툼이 있는 경우 판례에 의함)

출제내용

- 주의의무위반: 객관적 정상의 주의의무(형법 제14조)
- 의료과오사건에서 의사 과실을 인정하기 위한 요건
- 의사 과실이 있는지 판단하는 기준
- 신뢰원칙(형법 제14조): 주관적 구성요건
- 업무상과실치상죄에서 말하는 '업무' 의미와 범위(형법 제268조)

출제분석

2024년 제13회 변호사시험 출제예상 ★
2019년 제8회 변호사시험 기출문제 7
2018년 제7회 변호사시험 기출문제 1
2017년 제6회 변호사시험 기출문제 6
2015년 제4회 변호사시험 기출문제 3
2013년 제2회 변호사시험 기출문제 14

가. 과실범에 관한 설명 중 옳은 것이다(○).

중요 ① 의사가 특정 진료방법을 선택하여 진료를 하였다. 해당 진료방법 선택과정에 합리성이 결여되어 있다고 볼 만한 사정이 없다.[객관적 정상의 주의의무 이행+] 진료의 결과만을 근거로 하여 그 진료방법을 선택한 것이 과실에 해당한다고 말할 수 없다.

해설 및 정답 2018년 제7회 변호사시험 기출문제 1　**정답** ○

의사는 환자의 상황과 당시의 의료수준 그리고 자기의 지식경험에 따라 적절하다고 판단되는 방법을 선택하여 진료할 수 있다. 그러므로 **진료방법 선택에 관한 의사의 판단이 합리적인 범위를 벗어난 것이 아닌 한 특정한 진료방법을 선택한 결과가 좋지 않았다는 사정만으로 바로 의료과실이 있다고 평가할 수는 없다**(대법원 1992. 5. 12. 선고 91다23707 판결, 대법원 2012. 6. 14. 선고 2010다95635 판결 등).

② 소유자가 건물을 임대한 경우, 그 건물의 전기배선이 벽 내부에 매립·설치되어 건물 구조의 일부를 이루고 있다. 그렇다면 그에 관한 관리책임은 통상적으로 건물을 직접 사용하는 임차인이 아닌 소유자에게 있어, 특별한 사정이 없는 한 소유자가 전기배선의 하자로 인한 화재를 예방할 주의의무를 부담한다.

해설 및 정답 2018년 제7회 변호사시험 기출문제 1 **정답** ○

대법원 2009. 5. 28. 선고 2009다13170 판결 [구상금]

[판결요지] 주택 기타 건물 또는 그 일부의 임차인이 임대인으로부터 목적물을 인도받아 점유·용익하고 있는 동안에 목적물이 화재로 멸실된 경우, **그 화재가 건물소유자 측이 설치하여 건물구조의 일부를 이루는 전기배선과 같이 임대인이 지배·관리하는 영역에 존재하는 하자로 인하여 발생한 것으로 추단된다면, 그 하자를 보수·제거하는 것은 임대차 목적물을 사용·수익하기에 필요한 상태로 유지할 의무를 부담하는 임대인의 의무에 속하는 것이다.** 그러므로 그 화재로 인한 손해배상책임을 임차인에게 물을 수 없다.

중요 ③ 금은방을 운영하는 자는 전당물을 취득함에 있어 좀 더 세심한 주의를 기울였다면 그 물건이 장물임을 알 수 있는 특별한 사정이 있다. 그렇다면 신원확인 절차를 거치는 이외에 매수물품의 성질과 종류 및 매도자의 신원 등에 더 세심한 주의를 기울여 전당물인 귀금속이 장물인지의 여부를 확인할 주의의무를 부담한다.

해설 및 정답 2018년 제7회 변호사시험 기출문제 1 **정답** ○

대법원 2003. 4. 25. 선고 2003도348 판결 [업무상과실장물취득]

[판결요지] [1] 금은방을 운영하는 자가 귀금속류를 매수함에 있어 매도자의 신원확인절차를 거쳤다고 하여도 장물인지의 여부를 의심할 만한 특별한 사정이 있거나, 매수물품의 성질과 종류 및 매도자의 신원 등에 **좀 더 세심한 주의**를 기울였다면 그 물건이 장물임을 알 수 있었음에도 불구하고 **이를 게을리하여 장물인 정을 모르고 매수하여 취득한 경우에는 업무상과실장물취득죄가 성립한다**고 할 것이다. 물건이 장물인지의 여부를 의심할 만한 특별한 사정이 있는지 여부나 그 물건이 장물임을 알 수 있었는지 여부는 **매도자의 인적사항과 신분, 물건의 성질과 종류 및 가격, 매도자와 그 물건의 객관적 관련성, 매도자의 언동 등 일체의 사정을 참작하여 판단하여야 한다.**

[2] 금은방 운영자가 반지를 매수함에 있어 장물인 정을 알 수 있었거나 장**물인지의 여부를 의심할 만한 특별한 사정이 있었다면 매도인의 신원확인 외에 반지의 출처 및 소지 경위 등에 대하여도 확인할 업무상 주의의무가 있다.**

중요 ④ 의사 甲이[행위주체] 고령의 간경변증 환자 A에게[행위객체] 수술과정에서 출혈 등으로 신부전이 발생하여 생명이 위험할 수 있다는 점에 대하여 설명하지 아니하고 수술하던 도중[행위] 출혈 등으로 A가 사망[결과발생]한 경우, A가 당해 수술의 위험성을 충분히 인식하고 있어 甲이 설명의무를 다하였더라도 A가 수술을 거부하지 않았을 것으로 인정된다면, 甲의 설명의무위반과 A의 사망 사이에 인과관계가 부정된다.

해설 및 정답 2017년 제6회 변호사시험 기출문제 6 ★ **정답** ○

대법원 2015. 6. 24. 선고 2014도11315 판결 [업무상과실치사]

[공소사실] 피고인이 고령의 간경변증 환자인 피해자 공소외 1에게 화상 치료를 위한 가피절제술과 피부이식수술을 실시하기 전에 출혈과 혈액량 감소로 신부전이 발생하여 생명이 위험할 수 있다는 점에 대해 **피해자와 피해자의 보호자에게 설명을 하지 아니한 채 수술을 실시한 과실로 인하여 피해자로 하여금 신부전으로 사망에 이르게 하였다.**

[판시사항] [1] 의사가 설명의무를 위반한 채 의료행위를 하였다가 환자에게 상해 또는 사망의 결과가 발생한 경우, 의사에게 업무상 과실로 인한 형사책임을 지우기 위한 요건

[2] **의료과오사건에서 의사의 과실을 인정하기 위한 요건 및 과실 유무를 판단하는 방법** / 의사에게 진료방법을 선택할 폭넓은 재량권이 있는지 여부(적극) 및 진료방법 선택에 관한 과실 유무를 판단하는 기준

[판결요지] 피해자의 남편 공소외 2는 피해자가 화상을 입기 전 다른 의사로부터 피해자가 간경변증을 앓고 있기 때문에 어떠한 수술이라도 받으면 사망할 수 있다는 말을 들었고, 이러한 이유로 피해자와 공소외 2는 피고인의 거듭된 수술 권유에도 불구하고 계속 수술을 받기를 거부하였던 사실을 알 수 있다. 이로 보건대, **피해자와 공소외 2는 피고인이 수술의 위험성에 관하여 설명하였는지 여부에 관계없이 간경변증을 앓고 있는 피해자에게 이 사건 수술이 위험할 수 있다는 점을 이미 충분히 인식하고 있었던 것으로 보인다.** 그렇다면 피고인이 피해자나 공소외 2에게 공소사실 기재와 같은 내용으로 수술의 위험성에 관하여 설명하였다고 하더라도 피해자나 공소외 2가 수술을 거부하였을 것이라고 단정하기 어렵다. 원심이 유지한 제1심이 적법하게 채택한 증거를 종합하여 보더라도 **피고인의 설명의무 위반과 피해자의 사망 사이에 상당인과관계가 있다는 사실이 합리적 의심의 여지가 없이 증명되었다고 보기 어렵다.**

☞ [출제] 2015년 제6회 변호사시험 기출문제 6

중요 ⑤ 「형법」 제30조의 '공동하여 죄를 범한 때'의 '죄'는 고의범이건 과실범이건 불문한다고 해석하여야 할 것이다. 그러므로 <u>2인 이상이 서로의 의사연락 아래 어떠한 과실행위를 하여 범죄결과가 발생한 경우 과실범의 공동정범이 성립한다.</u>

해설 및 정답 2015년 제4회 변호사시험 기출문제 3 ★ **정답** ○

대법원 1979. 8. 21. 선고 79도1249 판결 [도로교통법위반 · 업무상과실군용물손괴]

[판시사항] [1] 과실범 공동정범 성립 여부 [2] 과실범의 공동정범을 인정한 사례.

[판결요지] [1] **형법 제30조에 "공동하여 죄를 범한 때"의 "죄"라 함은 고의범이고 과실범이고를 불문하므로 두 사람 이상이 어떠한 과실행위를 서로의 의사연락하에 이룩하여 범죄가 되는 결과를 발생케 한 것이라면 과실범의 공동정범이 성립된다.**

[2] 운전병이 운전하던 짚차의 선임 탑승자는 이 운전병의 안전운행을 감독하여야 할 책임이 있는데 오히려 **운전병을 데리고 주점에 들어가서 같이 음주한 다음 운전케 한 결과 위 운전병이 음주로 인하여 취한 탓으로 사고가 발생한 경우에는 위 선임 탑승자에게도 과실범의 공동정범이 성립한다.**

⑥ 신뢰의 원칙은 허용된 위험의 원리와 더불어 주의의무를 제한하는 기능을 수행한다. 의사와 약사 사이는 물론이다. 약사와 제약회사 사이에서도 적용될 수 있다.

해설 및 정답 2013년 제2회 변호사시험 기출문제 14 **정답** ○

대법원 1976. 2. 10. 선고 74도2046 판결 [약사법위반 · 업무상과실치사상]

[판결요지] 약사는 의약품을 판매하거나 조제함에 있어서 그 의약품이 그 표시 포장상에 있어서 약사법 소정의 검인 합격품이고 또한 부패 변질 변색되지 아니하고 유효기간이 경과되지 아니함을 확인하고 조제판매한 경우에는 특별한 사정이 없는 한 **관능시험 및 기기시험까지 할 주의의무가 없다. 그러므로 그 약의 표시를 신뢰하고 이를 사용한 경우에는 과실이 없다고 볼 수 있다.**

중요 ⑦ 의료과오사건에서 의사의 과실 유무를 판단할 때 동일 업종에 종사하는 일반적 보통인의 주의정도를 표준으로 한다. 사고 당시 일반적인 의학 수준과 의료환경과 의료조건을 고려하여야 한다.

해설 및 정답 2013년 제2회 변호사시험 기출문제 14 ★ **정답** ○

대법원 2003. 1. 10. 선고 2001도3292 판결 [업무상과실치상]

[공소사실] 내과의사가 신경과 전문의에 대한 협의진료 결과 피해자의 증세와 관련하여 신경과 영역에서 이상이 없다는 회신을 받았고, 그 회신 전후의 진료 경과에 비추어 그 회신 내용에 의문을 품을 만한 사정이 있다고 보이지 않자 **그 회신을 신뢰하여 뇌혈관계통 질환의 가능성을 염두에 두지 않고 내과 영역의 진료 행위를 계속하다가 피해자의 증세가 호전되기에 이르자 퇴원하도록 조치한 사안이다. 피해자의 지주막하출혈을 발견하지 못한 데 대하여 내과의사의 업무상과실을 부정한 사례.**

[판결요지] 의료사고에 있어서 의사의 과실을 인정하기 위해서는 의사가 결과 발생을 예견할 수 있었음에도 불구하고 그 결과 발생을 예견하지 못하였고, 그 결과 발생을 회피할 수 있었음에도 불구하고 그 결과 발생을 회피하지 못한 과실이 검토되어야 한다. **그 과실의 유무를 판단함에는 같은 업무와 직무에 종사하는 일반적 보통인의 주의 정도를 표준으로 하여야 한다. 이에는 사고 당시의 일반적인 의학의 수준과 의료환경 및 조건, 의료행위의 특수성 등이 고려되어야 한다.**

⑧ 주의의무의 판단기준에 관한 주관설에 따르면, 행위자가 평균인 이하의 능력을 가졌기 때문에 결과발생을 예견할 가능성이 없었더라면 과실범의 불법은 부정될 수 있다.

해설 및 정답 2013년 제2회 변호사시험 기출문제 14 **정답** ○

주관설은 행위자 본인의 지식과 능력을 기준으로 판단한다. 합일태적 범죄체계도(다수 견해)에 따르면 주관적 주의의무는 책임에서 판단한다. **행위자가 평균인 이하 능력을 가졌기 때문에 결과발생을 예견할 가능성이 없었더라면, 과실책임을 인정할 수 없다.**

중요 ⑨ 행정상의 단속을 주 내용으로 하는 법규라고 하더라도 명문규정이 있거나 해석상 과실범도 벌할 뜻이 명확한 경우를 제외하고는 형법의 원칙에 따라 고의가 있어야 벌할 수 있다.

해설 및 정답 2013년 제2회 변호사시험 기출문제 14 ★ 정답 ○

대법원 2010. 2. 11. 선고 2009도9807 판결 [업무상과실치사 · 공중위생관리법위반]

[판결요지] [1] 갑이 처음 찜질방에 들어갈 당시 술에 만취하여 목욕장의 정상적 이용이 곤란한 상태였다고 단정하기 어렵다. 찜질방 직원 및 영업주에게 손님이 몰래 후문으로 나가 술을 더 마시고 들어올 경우까지 예상하여 직원을 추가로 배치하거나 후문으로 출입하는 모든 자를 통제 · 관리하여야 할 **업무상 주의의무가 있다고 보기 어렵다.**

[2] **행정상의 단속을 주안으로 하는 법규라 하더라도 '명문규정이 있거나 해석상 과실범도 벌할 뜻이 명확한 경우'를 제외하고는 형법의 원칙에 따라 '고의'가 있어야 벌할 수 있다.**

☞ [출제] 2017년 제6회 변호사시험 기출문제 6

나. 과실범에 관한 설명 중 옳지 않은 것이다(×).

중요 ① 공사도급계약의 경우 원칙적으로 도급인에게는 수급인의 업무와 관련하여 사고방지에 필요한 안전조치를 취할 주의의무가 없으므로, 도급인이 수급인의 공사시공 및 개별작업에 구체적인 지시를 하는 등의 관여를 하였더라도, 수급인의 업무와 관련하여 사고방지에 필요한 안전조치를 취할 주의의무를 ~~부담하지 않는다.~~ 부담한다.

해설 및 정답 2018년 제7회 변호사시험 기출문제 1 정답 ×

대법원 2009. 5. 28. 선고 2008도7030 판결 [업무상과실치사 · 산업안전보건법위반]

[공소사실] 관리감독자가 작업의 편리성과 효율성을 위하여 추락방지망을 제거하고 추가적인 위험방지조치를 강구하지 않은 채 비계해체 작업을 지시하였다.

[판결요지] 원칙적으로 도급인에게는 수급인의 업무와 관련하여 사고방지에 필요한 안전조치를 취할 주의의무가 없다. 그러나 **법령에 의하여 도급인에게 수급인의 업무에 관하여 구체적인 관리 · 감독의무 등이 부여되어 있거나 또는 도급인이 공사의 시공이나 개별 작업에 관하여 구체적으로 지시 · 감독하였다는 등의 특별한 사정이 있는 경우, 도급인에게도 수급인의 업무와 관련하여 사고방지에 필요한 안전조치를 취할 주의의무가 있다.**

중요 ② 甲이 행위주체 함께 술을 마신 乙과 도로 중앙선에 잠시 서 있다가 지나가는 차량의 유무를 확인하지 아니하고, 고개를 숙인 채 서 있는 乙의 팔을 갑자기 끌어당겨 행위방법 도로를 무단횡단하던 도중에 지나가던 차량에 乙이 충격당하여 사망한 경우, 결과발생 甲이 만취하여 사리분별능력이 떨어진 상태라면 甲에게 차량의 통행여부 및 횡단가능여부를 확인할 주의의무가 있다고 볼 수 ~~없다.~~ 있다.

해설 및 정답 2018년 제7회 변호사시험 기출문제 1 **정답** ×

대법원 2002. 8. 23. 선고 2002도2800 판결 [과실치사]

[판시사항] **타인의 팔을 잡아당겨 도로를 횡단하게 만든 자는 그 횡단 중에 타인이 당한 교통사고에 대하여 과실치사상죄의 죄책을 진다**고 한 사례.

[판결요지] 중앙선에 서서 도로횡단을 중단한 피해자의 팔을 갑자기 잡아끌고 피해자로 하여금 도로를 횡단하게 만든 피고인으로서는 위와 같이 무단횡단을 하는 도중에 지나가는 차량에 충격당하여 피해자가 사망하는 교통사고가 발생할 가능성이 있다. 그러므로 이러한 경우에는 **피고인이 피해자의 안전을 위하여 차량의 통행 여부 및 횡단 가능 여부를 확인하여야 할 주의의무가 있다 할 것이다. 피고인으로서는 위와 같은 주의의무를 다하지 않은 이상 교통사고와 그로 인한 피해자의 사망에 대하여 과실책임을 면할 수 없다.**

③ 안전배려 내지 안전관리사무에 계속적으로 종사하지 않았더라도 건물의 소유자로서 건물을 비정기적으로 수리하거나 건물의 일부분을 임대한 자는 보증인지위/계약 건물에 화재가 발생하는 것을 미리 막아야 할 일반적 가능성·개별적 가능성 업무상 주의의무를 ~~부담한다.~~ 부담하지 않는다.

해설 및 정답 2017년 제6회 변호사시험 기출문제 6 **정답** ×

부작위에 의한 업무상과실치사가 쟁점이다. 판례는 업무에서 구성요건을 조각하고 있다. 그러나 **범죄체계상 부작위에서 일반적 개별적 가능성에서 조각시키는 것이 타당하다.**

대법원 2009. 5. 28. 선고 2009도1040 판결 [업무상과실치상]

[판결요지] 업무상과실치상죄에 있어서의 '업무'란 사람의 사회생활면에서 하나의 지위로서 계속적으로 종사하는 사무를 말한다. 여기에는 수행하는 직무 자체가 위험성을 갖기 때문에 안전배려를 의무의 내용으로 하는 경우는 물론 사람의 생명·신체의 위험을 방지하는 것을 의무내용으로 하는 업무도 포함된다. 그런데 **안전배려 내지 안전관리 사무에 계속적으로 종사하여 위와 같은 지위로서의 계속성을 가지지 아니한 채 단지 건물의 소유자로서 건물을 비정기적으로 수리하거나 건물의 일부분을 임대하였다는 사정만으로는 업무상과실치상죄에 있어서의 '업무'로 보기 어렵다.**

중요 ④ 의료사고에서 의사의 과실을 인정하기 위한 요건과 판단기준은 한의사의 그것과 ~~다르다.~~ 동일하다.

해설 및 정답 2017년 제6회 변호사시험 기출문제 6 **정답** ×

의료인에 대한 법리는 의사와 한의사에게 동일하게 적용되어야 한다. 의사의 주의의무는 결과발생예견의무와 결과발생회피의무이다.

대법원 2011. 4. 14. 선고 2010도10104 판결 [업무상과실치상·의료법위반]

[판결요지] 의사가 설명의무를 위반한 채 의료행위를 하여 피해자에게 상해가 발생하였다

고 하더라도, 업무상 과실로 인한 형사책임을 지기 위해서는 **피해자의 상해와 의사의 설명의무 위반 내지 승낙취득 과정의 잘못 사이에 상당인과관계가 존재하여야 한다. 이는 한의사의 경우에도 마찬가지이다.**

⑤ 미수범은 구성요건의 객관적 요소가 하나라도 충족되지 아니한 때에 성립하는 것이다. 현행법상 미수범은 ~~고의범은 물론이고 과실범에 대해서도 성립될 수 있다.~~ 고의범만 성립한다.

해설 및 정답 2015년 제4회 변호사시험 기출문제 2 **정답** ×

형법상 미수범은 고의범에 한한다.

⑥ 피해자의 승낙은 과실범의 경우에 위법성조각사유가 ~~되지 않는다.~~ 될 수 있다.

해설 및 정답 2013년 제2회 변호사시험 기출문제 14 **정답** ×

피해자 승낙에 의한 법익침해행위는 고의행위와 과실행위로 모두 가능하다. 예를 들면 2022년 카타르 월드컵대회에서 축구경기 중 상대선수가 태클을 걸어 올 때, 피하려다 과실로 상대선수에게 상해를 입힌 경우, 피해자 승낙에 의해 위법성이 조각된다. 피해자의 승낙은 과실범의 경우 위법성조각사유가 될 수 있다.

다. 과실범 종합문제

중요 **01** ★★★★★

다음 설명 중 옳은 것을 모두 고른 것은? (다툼이 있는 경우 판례에 의함)

ㄱ. 업무상과실장물죄에서 업무자의 신분은 ~~부진정신분범~~ 진정신분범 요소이다.
ㄴ. 「형법」 제10조 제3항은 고의에 의한 원인에 있어서의 자유로운 행위에만 적용되고 과실에 의한 원인에 있어서의 자유로운 행위까지는 ~~포함하지 않는다.~~ 포함된다.
ㄷ. 방조범은 정범의 실행을 방조한다는 방조의 고의와 정범의 행위가 구성요건에 해당한다는 점에 대한 정범의 고의가 있어야 한다.
ㄹ. 과실에 의한 공동정범은 물론 과실에 의한 위험범의 성립도 가능하다.

① ㄱ, ㄴ
② ㄱ, ㄷ
③ ㄴ, ㄷ
④ ㄴ, ㄹ
⑤ ㄷ, ㄹ

해설 및 정답 2019년 제8회 변호사시험 기출문제 7 **정답** ⑤

ㄱ. (×) 장물죄는 단순과실로 발생한 경우 처벌하지 않는다. 업무상과실장물죄·중과실장물죄만 처벌한다. **업무상과실장물죄에서 업무자의 신분은 구성적 신분, 즉 진정신분범의 신분에 해당한다. 업무상과실장물죄는 신분으로 형이 가중되는 부진정신분범이 아니다.** 업무자만이 과실장물죄의 불법을 행할 수 있는 진정신분범이다.

ㄴ. (×) 대법원 1992. 7. 28. 선고 92도999 판결 [특정범죄가중처벌등에관한법률위반(도주차량), 도로교통법위반]

[판결요지] **형법 제10조 제3항은 "위험의 발생을 예견하고 자의로 심신장애를 야기한 자의 행위에는 전2항의 규정을 적용하지 아니한다"고 규정하고 있다. 이 규정은 고의에 의한 원인에 있어서의 자유로운 행위만이 아니라 과실에 의한 원인에 있어서의 자유로운 행위까지도 포함한다.** 위험의 발생을 예견할 수 있었는데도 자의로 심신장애를 야기한 경우도 그 적용 대상이 된다고 할 것이다. **피고인이 음주운전을 할 의사를 가지고 음주만취한 후 운전을 결행하여 교통사고를 일으켰다면 피고인은 음주시에 교통사고를 일으킬 위험성을 예견하였는데도 자의로 심신장애를 야기한 경우에 해당한다. 그러므로 위 법조항에 의하여 심신장애로 인한 감경 등을 할 수 없다.**

ㄷ. (○) 대법원 2005. 4. 29. 선고 2003도6056 판결 [특정범죄가중처벌등에관한법률위반(관세)·관세법위반]

[판결요지] [1] **형법상 방조행위는 정범이 범행을 한다는 정을 알면서 그 실행행위를 용이하게 하는 직접·간접의 행위를 말한다. 그러므로 방조범은 정범의 실행을 방조한다는 이른바 방조의 고의와 정범의 행위가 구성요건에 해당하는 행위인 점에 대한 정범의 고의가 있어야 한다.** 이와 같은 고의는 내심적 사실이다. 그러므로 피고인이 이를 부정하는 경우에는 사물의 성질상 **고의와 상당한 관련성이 있는 간접사실을 증명하는 방법에 의하여 입증할 수밖에 없다.** 또한 **방조범에 있어서 정범의 고의는 정범에 의하여 실현되는 범죄의 구체적 내용을 인식할 것을 요하는 것은 아니고 미필적 인식 또는 예견으로 족하다.**
[2] **금괴를 부가가치세 영세율이 적용되는 수출원자재 명목으로 구입한 후 실제로는 시중에 판매처분하고 허위로 수출신고를 하여 이를 근거로 관세를 부정환급받은 정범의 범행에 대하여, 정범이 설립한 위장수출회사의 직원인 피고인이 미필적으로나마 정범의 범행을 인식 또는 예견하고 그 실행행위를 용이하게 하였다고 볼 여지가 있다**고 한 사례.

ㄹ. (○) 과실에 의한 위험범도 처벌규정이 있다. 형법 제170조 실화죄이다. 판례는 과실범의 공동정범을 인정한다.

대법원 1962. 3. 29. 선고 4294형상598 판결

대법원 1979. 8. 21. 선고 79도1249 판결 [도로교통법위반·업무상과실군용물손괴]

[판결요지] **형법 제30조에 "공동하여 죄를 범한 때"의 "죄"라 함은 고의범이고 과실범이고를 불문한다. 그러므로 두 사람 이상이 어떠한 과실행위를 서로의 의사연락하에 이룩하여 범죄가 되는 결과를 발생케 한 것이라면 과실범의 공동정범이 성립된다.** 운전병이 운전하던 차의 선임 탑승자는 이 운전병의 안전운행을 감독하여야 할 책임이 있다. 오히려 운전병을 데리고 주점에 들어가서 같이 음주한 다음 운전하게 한 결과 운전병이 음주로 인하여 사고가 발생한 경우, 선임 탑승자에게도 과실범의 공동정범이 성립한다.

문 5. 인과관계에 관한 설명 중 옳은 것은? (다툼이 있는 경우 판례에 의함)

출제내용

- 형법 제17조 인과관계(=행위와 결과 연결=상당인과관계. 판례 입장)
- 형법 제17조 객관적 귀속(=규범보호 · 예견가능 · 무대지배 · 위험증대)
- 형법 제17조 객관적 예견가능성(=형법 제30조 공동정범도 적용) ★
- 형법 제17조 객관적 지배가능성: 무대지배론(=이중·택일·판단 기준)

출제분석

2024년 제13회 변호사시험 출제예상 ★
2023년 제12회 변호사시험 기출문제 17
2022년 제11회 변호사시험 기출문제 1
2018년 제7회 변호사시험 기출문제 5
2014년 제3회 변호사시험 기출문제 11
2013년 제2회 변호사시험 기출문제 16
2012년 제1회 변호사시험 기출문제 10

가. 인과관계에 관한 설명 중 옳은 것이다(○).

① 사기죄가 성립하려면 행위자의 기망행위, 피기망자의 착오와 그에 따른 처분행위 그리고 행위자 등의 재물이나 재산상 이익의 취득이 있고, 그 사이에 순차적인 인과관계가 존재하여야 한다.

해설 및 정답 2018년 제7회 변호사시험 기출문제 5 **정답** ○
대법원 2017. 9. 26. 선고 2017도8449 판결

중요 ② 살인의 실행행위와 피해자의 사망과의 사이에 다른 사실이 개재되어 그 사실이 치사의 직접적인 원인이 되었다고 하더라도 그와 같은 사실이 통상 예견할 수 있는 것에 지나지 않는다면 살인의 실행행위와 피해자의 사망과의 사이에 인과관계가 인정된다.

해설 및 정답 2018년 제7회 변호사시험 기출문제 5 ★ **정답** ○
대법원 1994. 3. 22. 선고 93도3612 판결 [살인 · 살인미수]
[판결요지] 살인의 실행행위와 피해자의 사망과의 사이에 다른 사실이 개재되어 그 사실이 치사의 직접적인 원인이 되었다고 하더라도 그와 같은 사실이 **통상 예견할 수 있는 것에 지나지 않는다면 살인의 실행행위와 피해자의 사망과의 사이에 인과관계가 있는 것으로 보아야 한다.**

중요 ③ 부작위에 의한 살인에 있어서 작위의무를 이행하였다면 사망의 결과가 발생하지 않았을 것이라는 관계가 인정될 경우,가설적 인과관계 부작위와 사망의 결과 사이에 인과관계가 인정된다.

해설 및 정답 2018년 제7회 변호사시험 기출문제 5 **정답** ○

대법원 2015. 11. 12. 선고 2015도6809 전원합의체 판결 〈'세월호' 사건〉

중요 ④ 전문적으로 대출을 취급하면서 차용인에 대한 체계적인 신용조사를 행하는 금융기관이행위주체 금원을 대출한 경우에는,행위 비록 대출 신청 당시 차용인에게 변제기 안에 대출금을 변제할 능력이 없었고, 자체 신용조사 결과에는 관계없이 '변제기 안에 대출금을 변제하겠다'는 취지의 차용인 말만을 그대로 믿고 대출하였다고 하더라도,객관적 예견가능성-, 객관적 지배가능성- 차용인의 이러한 기망행위와 금융기관의 대출행위 사이에 인과관계를 인정할 수는 없다.

해설 및 정답 2018년 제7회 변호사시험 기출문제 5 ★ **정답** ○

대법원 2000. 6. 27. 선고 2000도1155 판결

기망행위와 대출행위가 존재한다. 대출행위가 무대를 지배했다고 볼 수 있다. **금융기관 대출행위는 신용조사를 전문적으로 하는 기관이다. 따라서 인과관계와 객관적 귀속을 인정할 수 없다. 객관적 예견가능성과 객관적 지배가능성이 없다.**

⑤ 계속 교제하기를 거부하는 피해자를 주먹으로 때리고 머리를 잡아 흔드는 등 폭행하자 피해자가 이를 피해 도로로 뛰어들었다가 차에 치어 죽은 경우 상해행위와 사망의 결과 사이에 인과관계가 인정된다.

해설 및 정답 대법원 판례문제 변형 **정답** ○

폭행한 사람이 무대를 지배한 것이다. 인과관계와 객관적 귀속이 인정된다.

⑥ 피해자의 하차 요구를 무시한 채 시속 약 60~70km의 속도로 진행하자 피해자가 그와 같은 상태에서 벗어나기 위해 차에서 뛰어내려 사망하게 된 경우 감금행위와 사망의 결과 사이에 인과관계가 인정된다.

해설 및 정답 대법원 판례문제 변형 **정답** ○

감금행위가 탈출행위보다 무대를 지배한 것이다. 인과관계와 객관적 귀속이 인정된다.

⑦ 야간에 고속버스와 안전거리를 확보하지 않은 채 달리다가 고속버스의 우측으로 제한최고속도를 20km/h 초과하며 추월하였는데, 추월한 직후에 30~40m 전방에서 고속도로를 무단횡단하려고 갑자기 뛰어든 피해자를 치어서 죽게 한 경우 운전자의 과실과 사망의 결과 사이에 인과관계가 인정되지 않는다.

해설 및 정답 대법원 판례문제 변형 **정답** ○

고속도로에서 피해자 무단행단을 객관적으로 예견할 수 없다. 무단행단이 20km 과속추월보다 무대를 지배한 것이다. 인과관계와 객관적 귀속이 인정되지 않는다.

⑧ 야간에 주차가 금지되어 있지 않은 2차선의 굽은 도로에 미등과 차폭등을 켜지 않은 채 화물차를 주차시켜 놓았고 가로등도 켜있지 않아 달려오던 오토바이 운전자가 화물차를 발견할 수 없는 상황에서 추돌하여 그 운전자가 사망한 경우 주차행위와 사망의 결과 사이에 인과관계가 인정된다.

해설 및 정답 대법원 판례문제 변형 **정답** ○

야간 불법주차 경우 사고발생을 예상할 수 있다. 불법주차위반이 오토바이충돌보다 무대를 지배한 것이다. 인과관계와 객관적 귀속이 인정된다.

중요 ⑨ 4일 가량 물조차 제대로 마시지 못하고 잠도 자지 아니하여 거의 탈진 상태에 이른 피해자의 손과 발을 17시간 이상 묶어 두고 좁은 차량 속에서 움직이지 못하게 감금한 甲의 행위와 묶인 부위의 혈액 순환에 장애가 발생하여 혈전이 형성되고 그 혈전이 폐동맥을 막아 피해자가 사망에 이르게 된 결과 사이에는 상당인과관계가 있다.

해설 및 정답 대법원 판례문제 변형 **정답** ○

손과 발을 17시간 이상 묶어 차량에 감금한 행위는 혈전폐동맥을 예상할 수 있다. 감금행위가 무대를 지배한 것이다. 인과관계와 객관적 귀속이 인정된다.

⑩ 甲이 피해자를 2회에 걸쳐 두 손으로 힘껏 밀어 땅바닥에 넘어뜨리는 폭행을 가하여 그 충격으로 인한 쇼크성 심장마비로 사망케 한 경우, 피해자가 그 당시 심장질환의 지병이 있었고 음주로 만취된 상태이어서 그것이 피해자의 사망에 영향을 주었다고 하더라도 甲의 폭행과 피해자의 사망간에 상당인과관계가 있다.

해설 및 정답 대법원 판례문제 변형 **정답** ○

만취자를 힘껏 밀어 땅바닥에 넘어지게 하는 폭행은 그 충돌로 사망을 야기할 수 있다. 폭행이 무대를 지배한 것이다. 인과관계와 객관적 귀속이 인정된다.

⑪ 다가구주택 임차인인 甲이 자신의 비용으로 설치·사용하던 가스설비의 휴즈콕크를 아무런 조치 없이 제거하고 이사를 간 후, 가스공급을 개별적으로 차단할 수 있는 해당 다가구주택 외벽 부근 2m 높이에 설치된 주밸브가 원인미상으로 열려 가스가 유입되어 폭발사고가 발생한 경우, 甲의 행위와 폭발사고 간에는 인과관계가 있다.

해설 및 정답 대법원 판례문제 변형 **정답** ○

임차인 갑의 부작위 과실행위가 폭발사고에서 무대를 지배한 것이다. 인과관계와 객관적 귀속이 인정된다.

나. 인과관계에 관한 설명 중 옳지 않은 것이다(×).

중요 ① 공동정범 관계에 있는 여러 사람행위주체의 행위가 경합하여 하나의 결과가 발생되었다. 그러나 그 결과발생의 원인행위가 밝혀지지 아니한 경우에는 각 행위자를 ~~미수범으로~~기수범의 공동정범으로 처벌해야 한다.

해설 및 정답 2018년 제7회 변호사시험 기출문제 5 ★ **정답** ×

대법원 1985. 12. 10. 선고 85도1892 판결 [폭행치사]

[판결요지] 공동정범 인과관계는 공동자 전원의 행위와 발생한 결과를 종합하여 판단한다. 각 행위자는 해당 범죄의 기수범의 공동정범으로 처벌된다. **2인 이상이 상호의사의 연락 없이 동시에 범죄구성요건에 해당하는 행위를 하였을 때**에는 원칙적으로 각인에 대하여 그 죄를 논하여야 한다. 그러나 **그 결과 발생의 원인이 된 행위가 분명하지 아니한 때에는 각 행위자를 미수범으로 처벌한다.**독립행위의 경합 **이 독립행위가 경합하여 특히 상해의 결과를 발생하게 하고 그 결과발생 원인이 된 행위가 밝혀지지 아니한 경우 공동정범의 예에 따라 처단하는 것이다.**동시범 그러므로 **공범관계에 있어 공동가공의사가 있었다면 이에는 동시범 등의 문제는 제기될 여지가 없다.**

중요 ② 한의사가 문진 결과 과거 약 8회에 걸쳐 봉침시술을 받았으나 이상이 없었다는 말을 듣고 피해자에게 알레르기 검사를 생략한 채 봉침시술을 하였는데 피해자에게 쇼크반응이 나타난 경우 알레르기 반응검사를 하지 않은 행위와 쇼크반응 사이에 인과관계를 인정할 수 ~~있다.~~없다.

해설 및 정답 대법원 판례문제 변형 **정답** ×

설명의무위반과 봉침시술보다 환자상태가 무대를 지배한 것이다. 판례는 설명의무위반과 피해자 상해사이 상당인과관계를 부정하고 있다. 논란이 될 수 있는 판례다. 의료행위 경우 의료인에게 엄격한 주의의무가 있다. 불이행은 사상으로 이어진다. 무대주연은 의사의 주의의무위반이다.

중요 ③ 甲은 자신이 경영하는 속셈학원의 강사로 피해자를 취직시켜 주겠다는 구실로 유인하여 호텔 703호 객실에 감금한 후 강간하려 하자, 피해자가 완강히 반항하던 중 甲이 대실시간 연장을 위해 전화하는 사이에 객실 창문을 통해 탈출하려다가 지상에 추락하여 사망한 경우, 甲의 강간미수행위와 피해자의 사망 사이에는 인과관계가 ~~없다.~~ 있다.

해설 및 정답 대법원 판례문제 변형 **정답** ×

감금 후 강간행위가 무대를 지배한 것이다. 인과관계와 객관적 귀속이 인정된다.

중요 ④ 운전자 甲이 차를 세워 시동을 끄고 1단 기어가 들어가 있는 상태에서 시동열쇠를 끼워 놓은 채 초등학생 A를 조수석에 남겨두고 차에서 내렸는데, A가 시동열쇠를 돌리며 악셀러레이터 페달을 밟아 차량이 진행하여 사고가 발생한 경우, 甲의 행위와 차량사고 간에는 인과관계가 ~~없다.~~ 있다.

해설 및 정답 대법원 판례문제 변형 **정답** ×

대법원 1986. 7. 8. 선고 86도1048 판결 [업무상과실치사, 업무상과실치상]

운전자 안전조치미이행이 무대를 지배한 것이다. 인과관계와 객관적 귀속이 인정된다.

[판시사항] 1단 기어를 넣은 상태에서 시동 열쇠를 끼워놓은 채 차에서 떠난 운전자에게 과실이 있다고 한 사례.

[판결요지] 비록 동인의 행위가 사고의 직접적인 원인이었다 할지라도 그 경우 **운전자로서는 위 어린이를 먼저 하차시키던가 운전기기를 만지지 않도록 주의를 주거나 손브레이크를 채운 뒤 시동열쇠를 빼는 등 사고를 미리 막을 수 있는 제반조치를 취할 업무상 주의의무가 있다 할 것이어서** 이를 게을리 한 과실은 사고결과와 법률상의 인과관계가 있다고 봄이 상당하다.

[파워특강] 형법 제17조 인과관계란 행위⇒연관⇒결과를 말한다. 인과관계는 **결과범, 침해범, 구체적 위험범**에서 의미가 있다. 비록 결과가 발생하였지만, 인과관계가 없으면 미수범이 성립한다. **다수의견은 자연적 사실관계로서 합법칙적 조건설과 규범적 평가관계에서 객관적 귀속으로 이원화하여 고찰한다.** 상당인과관계보다 구체적으로 설명할 수 있기 때문이다. 상당(相當)이 객관적 귀속이다. 객관적 귀속의 핵심은 객관적 예견가능성과 객관적 지배가능성이다.

다. 인과관계 종합문제

중요

01 ★★★★★

인과관계에 관한 견해 〈보기1〉과 그 내용 〈보기2〉 및 이에 대한 비판 〈보기3〉이 바르게 연결된 것은?

〈보기1〉

가. 행위와 결과 사이에 그 행위가 없었더라면 결과가 발생하지 않았다고 볼 수 있는 모든 조건에 대하여[조건설] 인과관계가 인정된다는 견해

나. 행위가 시간적으로 뒤따르는 외계의 변화에 연결되고, 외계변화가 행위와 합법칙적으로 결합되어[합법칙적 조건설] 구성요건적 결과로 실현되었을 때에 인과관계가 인정된다는 견해

다. 결과발생을 위해 경험칙상 상당한 조건만이[상당인과관계설] 원인이 되고 이 경우 인과관계가 인정된다는 견해

〈보기2〉

A. 사실적 측면과 규범적 측면을 모두 고려하여 행위와 결과 사이의 높은 가능성이라는 개연성[상당인과관계설] 관계를 판단한다.

B. 행위와 결과 간의 전개과정이 이미 확립되어 있는 자연과학적 인과법칙에[합법칙적 조건설] 부합하는가를 심사하여 인과관계를 판단한다.

C. 중요한 원인과 중요하지 않은 원인을 구별하지 않고 모든 조건을[조건설] 동일한 원인으로 파악한다.

〈보기3〉

a. 당대의 지식수준에서 알려진 법칙적 관계의 내용이 명확하게 제시되어 있지 않고, [합법칙적 조건설 비판] 인과관계를 인정하는 범위가 너무 넓어 결과책임을 제한하려는 형법의 목적을 실현하는 데에 문제가 있다.

b. 단독으로 동일한 결과를 발생시킬 수 있는 수개의 조건이 결합하여 결과가 발생한 경우에 행위자의 책임을 인정해야 함에도[조건설 비판] 인과관계를 부인하게 되는 불합리한 결과가 발생한다.

c. 인과관계와 결과귀속을 혼동한 잘못이 있을 뿐 아니라 인과관계의 판단척도가 모호하여[상당인과관계설 비판] 법적안정성을 해칠 우려가 있다.

① 가−A−b, 나−B−a, 다−C−c
② 가−B−b, 나−C−a, 다−A−c
③ 가−C−b, 나−A−a, 다−B−c
④ 가−C−b, 나−B−a, 다−A−c
⑤ 가−C−c, 나−B−b, 다−A−a

해설 및 정답 2022년 제11회 변호사시험 기출문제 1 **정답** ④

파워특강 **조건설**(=모든 조건은 동일함. 등가설. 이중 또는 택일 관계 판단 어려움). **합법칙적 조건설**(=경험과 자연과학으로 확인함. 당대 지식수준의 모호성). **상당인과관계설**(=사실과 규범으로 판단함. 상당의 모호함). **인과관계와 객관적 귀속**(=자연적 인과관계와 규범적 인과관계. 학계 다수설).
인과관계와 객관적 귀속 네 가지 판단기준: ① 규범의 보호범위, ② 객관적 예견가능성, ③ 객관적 지배가능성, ④ 위험증대.
이중적 인과관계와 택일적 인과관계 판단: 예견과 지배가 핵심. 누구 행위가 무대・결과발생을 지배하였는가?(지배가능이 핵심 판단 기준)

02 ★★★★★
인과관계에 관한 설명 중 옳지 않은 것은? (다툼이 있는 경우 판례에 의함)

파워특강 상당인과관계. 합법칙적 조건설과 객관적 귀속. 설명의무위반과 인과관계. 사기죄와 인과관계. 형법 제17조(인과관계와 객관적 귀속) ① 어떤 행위가 범죄성립요소인 위험발생・결과발생에 연결되지 않으면 기수범으로 처벌되지 않는다. 여기서 연결이란 행위에서 결과까지 인과과정을 말하며, 객관적 귀속은 규범보호범위・위험증대・객관적 예견가능・객관적 지배가능을 의미한다. ② [1]여러 행위자가 각각 형법 제13조 고의로 독립적 범죄행위를 범하고, [2]그 행위들이 동시 또는 이시에 이루어져 서로 경합하는 경우, [3]결과발생에서 원인된 행위를 확정할 수 없는 경우(독립행위경합), 형법 제17조 제1항 인과관계와 객관적 귀속은 인정되지 않는다. 다만 이 경우 법률에 미수범 처벌 규정이 있으면 각 행위를 미수범으로 처벌된다. ③ 결과가중범에서 결과발생으로 법정형이 중한 범죄를 적용할 경우 결과발생을 객관적으로 예견할 수 있었던 경우에만 중한 범죄로 처벌된다.

중요 ① 의사가 시술의 위험성에 관하여 설명을 하였더라면 환자가 시술을 거부하였을 것이라는 점이 합리적 의심의 여지가 없이 증명되지 못한 경우에는 의사의 설명의무 위반과 환자의 상해 또는 사망 사이에 상당인과관계를 인정할 수 없다.

해설 및 정답 2023년 제12회 변호사시험 기출문제 17 **정답** ○

대법원 2018. 5. 15. 선고 2016도13089 판결 [업무상과실치사]

[판시사항] [1] 의료사고에서 의사의 과실 유무를 판단하는 기준 및 이때 고려하여야 할 사항 [2] 의사의 설명의무 위반을 이유로 한 형사상 책임을 묻기 위한 요건

[판결요지] 의사의 설명의무 위반을 이유로 한 형사상 책임을 묻기 위해서는 의사가 시술의 위험성에 관하여 설명을 하였더라면 환자가 시술을 거부하였을 것이라는 점이 합리적 의심의 여지가 없이 증명되어야 한다(대법원 2015. 6. 24. 선고 2014도11315 판결 참조). 피고인의 설명의무 위반과 피해자의 사망 사이에 상당인과관계를 인정하기 어렵다.

☞ 이 사안은 객관적 예견가능성과 객관적 지배가능성이 없다. 객관적 귀속이 인정되지 않는다.

☞ [출제] 2015년 제6회 변호사시험 기출문제 6

☞ [출제] 2017년 제6회 변호사시험 기출문제 6

☞ [적중] 하태영, 형사법 종합연습, 변시기출문제분석편, 제3판, 법문사, 2021, 33-34면.

② 고의의 결과범에서 실행행위와 결과발생 간에 인과관계가 없는 경우 행위자를 기수범으로 처벌할 수 없다.

해설 및 정답 2023년 제12회 변호사시험 기출문제 17 **정답** ○

형법 제17조(인과관계) 어떤 행위라도 죄의 요소되는 위험발생에 연결되지 아니한 때에는 그 결과로 인하여 벌하지 아니한다. 그러므로 결과범에서 **인과관계가 부정**되면 **고의범인 경우만 미수 성립 여부가 문제**된다. 미수는 고의가 성립요건이다. 과실범 미수는 성립될 수 없다.

(중요) ③ 「아동·청소년의 성보호에 관한 법률」 제7조 제5항 위반의 위계에 의한 간음죄에서 행위자가 간음의 목적으로 피해자에게 오인, 착각, 부지를 일으키고 피해자의 그러한 심적 상태를 이용하여 간음의 목적을 달성하였다면 위계와 간음행위 사이의 인과관계를 인정할 수 있다.

해설 및 정답 2023년 제12회 변호사시험 기출문제 17 **정답** ○

대법원 2020. 8. 27. 선고 2015도9436 전원합의체 판결 [아동·청소년의성보호에관한법률위반(위계등간음)] 〈위계에 의한 간음죄에서 위계의 의미〉★★★★★

[판시사항] [1] 아동·청소년이 타인의 기망이나 왜곡된 신뢰관계의 이용에 의하여 외관상 성적 결정 또는 동의로 보이는 언동을 한 경우, 이를 아동·청소년의 온전한 성적 자기결정권의 행사에 의한 것이라고 평가할 수 있는지 여부(소극)

[2] **행위자가 간음의 목적으로 피해자에게 오인, 착각, 부지를 일으키고 피해자의 그러한 심적 상태를 이용하여 간음의 목적을 달성한 경우, 위계에 의한 간음죄가 성립하는지 여부(적극)** / 피해자가 오인, 착각, 부지에 빠지게 되는 대상이 간음행위 자체 외에 간음행

위에 이르게 된 동기이거나 간음행위와 결부된 금전적·비금전적 대가와 같은 요소일 수도 있는지 여부(적극) / 위계와 간음행위 사이 인과관계의 내용 및 이러한 인과관계를 판단할 때 고려해야 할 사정 / 간음행위와 인과관계가 있는 위계에 해당하는지 판단할 때 일반적·평균적 판단능력을 갖춘 성인 또는 충분한 보호와 교육을 받은 또래의 시각에서 인과관계를 쉽사리 부정하여서는 안 되는지 여부(적극)

[3] 피고인이 스마트폰 채팅 애플리케이션을 통하여 알게 된 14세의 피해자에게 자신을 '고등학교 2학년인 갑'이라고 거짓으로 소개하고 채팅을 통해 교제하던 중 자신을 스토킹하는 여성 때문에 힘들다며 **그 여성을 떼어내려면 자신의 선배와 성관계를 하여야 한다는 취지로 피해자에게 이야기하고, 피고인과 헤어지는 것이 두려워 피고인의 제안을 승낙한 피해자를 마치 자신이 갑의 선배인 것처럼 행세하여 간음한 사안**에서, 피고인은 간음의 목적으로 피해자에게 오인, 착각, 부지를 일으키고 피해자의 그러한 심적 상태를 이용하여 피해자를 간음한 것이므로 피고인의 간음행위는 위계에 의한 것이라고 평가할 수 있다고 한 사례.

[판결요지] 행위자가 간음의 목적으로 피해자에게 오인, 착각, 부지를 일으키고 피해자의 그러한 심적 상태를 이용하여 간음의 목적을 달성하였다면 위계와 간음행위 사이 인과관계를 인정할 수 있다. 따라서 위계에 의한 간음죄가 성립한다. 한편 위계에 의한 간음죄가 보호대상으로 삼는 아동·청소년, 미성년자, 심신미약자, 피보호자·피감독자, 장애인 등의 성적 자기결정 능력은 그 나이, 성장과정, 환경, 지능 내지 정신기능 장애의 정도 등에 따라 개인별로 차이가 있다. 그러므로 간음행위와 인과관계가 있는 위계에 해당하는지 여부를 판단할 때 구체적인 범행 상황에 놓인 **피해자의 입장과 관점이 충분히 고려되어야 한다. 일반적·평균적 판단능력을 갖춘 성인 또는 충분한 보호와 교육을 받은 또래의 시각에서 인과관계를 쉽사리 부정하여서는 안 된다.**

☞ [적중] 하태영, 형사법 종합연습, 실전예상문제분석편, 제4판, 법문사, 2021, 159면.

중요 ④ 피해자 법인의 대표가 기망행위자와 동일인이거나 기망행위자와 공모하는 등 기망행위임을 알고 있었던 경우에는 기망행위로 인한 착오가 있다고 볼 수 없고, 재물 교부 등의 처분행위가 있었더라도 기망행위와 인과관계가 있다고 보기 어렵다.

해설 및 정답 2023년 제12회 변호사시험 기출문제 17 **정답** ○

대법원 2017. 9. 26. 선고 2017도8449 판결 [특정경제범죄가중처벌등에관한법률위반(사기)·사문서위조·위조사문서행사]

[판시사항] 사기죄의 성립요건 / 사기죄의 피해자가 법인이나 단체인 경우, 기망행위로 인한 착오, 인과관계 등이 있었는지 판단하는 기준이 되는 자(=대표 등 최종 의사결정권자 또는 내부적인 권한 위임 등에 따라 실질적으로 법인의 의사를 결정하고 처분을 할 권한을 가지고 있는 사람) / **피해자 법인이나 단체의 대표자 또는 실질적으로 의사결정을 하는 최종결재권자 등이 기망행위자와 동일인이거나 기망행위자와 공모하는 등 기망행위임을 알고 있었던 경우, 사기죄가 성립하는지 여부(소극)** / 피해자 법인이나 단체의 업무

를 처리하는 실무자인 일반 직원이나 구성원 등이 기망행위임을 알고 있었으나, 그 대표자 또는 실질적으로 의사결정을 하는 최종결재권자 등이 기망행위임을 알지 못한 채 착오에 빠져 처분행위에 이른 경우, 피해자 법인에 대한 사기죄가 성립하는지 여부(적극)

[판결요지] 피해자 법인이나 단체의 대표자 또는 실질적으로 의사결정을 하는 최종결재권자 등이 기망행위자와 동일인이거나 기망행위자와 공모하는 등 기망행위임을 알고 있었던 경우에는 기망행위로 인한 착오가 있다고 볼 수 없고, 재물 교부 등의 처분행위가 있었더라도 기망행위와 인과관계가 있다고 보기 어렵다. 이러한 경우에는 사안에 따라 업무상횡령죄 또는 업무상배임죄 등이 성립하는 것은 별론으로 하고 사기죄가 성립한다고 볼 수 없다.

반면에 **피해자 법인이나 단체의 업무를 처리하는 실무자인 일반 직원이나 구성원 등이 기망행위임을 알고 있었더라도, 피해자 법인이나 단체의 대표자 또는 실질적으로 의사결정을 하는 최종결재권자 등이 기망행위임을 알지 못한 채 착오에 빠져 처분행위에 이른 경우라면, 피해자 법인에 대한 사기죄의 성립에 영향이 없다.**

☞ [출제] 2018년 제7회 변호사시험 기출문제 5

☞ [적중] 하태영, 형사법 종합연습, 변시기출문제분석편, 제3판, 법문사, 2021, 40면.

중요 ⑤ 살인의 실행행위와 피해자의 사망 사이에 다른 사실이 개재되어 그 사실이 사망의 직접적인 원인이 되었다면, 그 사실이 통상 예견할 수 있는 것이라 하더라도 살인의 실행행위와 피해자의 사망 사이에 인과관계가 없는있는 것으로 보아야 한다.

해설 및 정답 2023년 제12회 변호사시험 기출문제 17 **정답** ×

대법원 1994. 3. 22. 선고 93도3612 판결 [살인 · 살인미수 · 폭력행위등처벌에관한법률위반]

[판시사항] [1] 살인죄의 범의 [2] 살인의 실행행위와 사망 사이의 인과관계 유무의 판단 기준

[판결요지] [1] **살인죄의 범의는 자기의 행위로 인하여 피해자가 사망할 수도 있다는 사실을 인식 · 예견하는 것으로 족하지 피해자의 사망을 희망하거나 목적으로 할 필요는 없고, 또 확정적인 고의가 아닌 미필적 고의로도 족하다.** [2] 살인의 실행행위가 피해자의 사망이라는 결과를 발생하게 한 유일한 원인이거나 직접적인 원인이어야만 되는 것은 아니다. 그러므로 살인의 실행행위와 피해자의 사망과의 사이에 다른 사실이 개재되어 그 사실이 치사의 직접적인 원인이 되었다고 하더라도 그와 같은 사실이 **통상 예견할 수 있는 것에 지나지 않는다면 살인의 실행행위와 피해자의 사망과의 사이에 인과관계가 있는 것으로 보아야 한다.**

☞ [출제] 2022년 제11회 변호사시험 기출문제 6 ⑤

문 6. 부작위범에 관한 설명 중 옳은 것은? (다툼이 있는 경우 판례에 의함)

출제내용

- 진정부작위범(=구성요건에 부작위 명시)과 부진정부작위범(형법 제18조)
- 보증인지위(형법 제18조): 일원설(=구성요건 착오)과 이원설(=위법성 착오)
- 보증인의무(형법 제18조): 작위의무는 법적 의무(=성문법·불문법·공법·사법·법령·법률행위(=계약)·선행행위·신의성실원칙·사회상규·조리도 법적 의무)
- 동가치(형법 제18조): 보증인지위(=행위주체)
- 부작위와 인과관계(형법 제18조·제17조): 가설적 인과관계
- 부작위와 공동정범(형법 제18조·제30조)
- 부작위 방조범과 인과관계(형법 제18조·제32조·제17조)

출제분석

2024년 제14회 변호사시험 출제예상 ★
2023년 제12회 변호사시험 출제예상 7
2020년 제10회 변호사시험 기출문제 14
2019년 제8회 변호사시험 기출문제 14
2018년 제7회 변호사시험 기출문제 6
2014년 제3회 변호사시험 기출문제 11
2013년 제2회 변호사시험 기출문제 16
2012년 제1회 변호사시험 기출문제 10

가. 부작위범에 관한 설명 중 옳은 것이다(○).

① 교통사고의 결과가 피해자의 구호 및 교통질서의 회복을 위한 조치가 필요한 상황인 이상 「도로교통법」 제54조 제1항, 제2항이 규정한 교통사고 발생 시의 구호조치의무 및 신고의무는 교통사고를 발생시킨 당해 차량의 운전자에게 그 사고 발생에서 고의·과실 혹은 유책·위법의 유무에 관계없이 부과된 의무이다.

해설 및 정답 2019년 제8회 변호사시험 기출문제 14 **정답** ○

대법원 2002. 5. 24. 선고 2000도1731 판결

부진정부작위범의 작위의무 근거는 법령·법률행위·선행행위·사회상규·조리에 의해 발생한다. 선행행위는 위법해야 한다. 그러나 도로교통법 재54조 구호조치의무와 신고의무는 적법한 선행행위라도 인정된다. 귀책사유 없는 운전자에게도 선행의무가 있다.

[판결요지] **교통사고 결과가 피해자 구호 및 교통질서 회복을 위한 조치가 필요한 상황인 이상, 그 의무는 교통사고를 야기한 차량 운전자에게 그 사고발생에서 고의·과실 혹은 유책·위법의 유무에 관계없이 부과된 의무라고 해석함이 상당할 것이다.** 따라서 당해 사고에서 귀책사유가 없는 경우에도 위 의무가 있다. 또한 신고의무에만 한정되지 않는다. 타인에게 신고를 부탁하고 현장을 이탈하였더라도 의무가 있다.

② 甲은 할부금융회사로부터 금융을 얻어 자동차를 매수한 후 乙에게 그 자동차를 매도하였는데, 계약체결 당시 자동차에 대하여 저당권이 설정되거나 가압류된 사실이 없고 甲과 乙 사이의 계약조건에 할부금채무의 승계에 대한 내용도 없다면, 甲이 할부금채무의 존재를 乙에게 고지하지 않았더라도 기망행위– 사기죄가 성립하지 않는다.

해설 및 정답 2018년 제7회 변호사시험 기출문제 6 **정답** ○

대법원 1998. 4. 14. 선고 98도231 판결 [사기]

[판결요지] 상대방은 그와 같은 **사정에 관한 고지를 받았더라면 당해 거래관계를 맺지 아니하였을 것임이 경험칙상 명백한 경우**에는 **그 재물의 수취인은 신의성실의 원칙상 상대방에게 그와 같은 사정에 대한 고지의무가 있다. 재물의 수취인이 이를 고지하지 아니한 것은 고지할 사실을 묵비함으로써 상대방을 기망한 것이 되어 사기죄를 구성한다.**

☞ [출제] 2013년 제2회 변호사시험 기출문제 16

중요 ③ 신장결핵을 앓고 있는 甲이 乙보험회사가 정한 약관에 신장결핵을 포함한 질병에 대한 고지의무를 규정하고 있음을 알면서도 이를 고지하지 아니한 채 부작위 기망행위 그 사실을 모르는 乙보험회사와 그 질병을 담보하는 보험계약을 체결한 후 보증인지위/선행행위 신장결핵의 발병을 사유로 하여 보험금을 청구하여 수령 손해발생 한 경우, 甲에게는 부작위에 의한 사기죄가 성립한다.

해설 및 정답 2018년 제7회 변호사시험 기출문제 6 ★ **정답** ○

대법원 2007. 4. 12. 선고 2007도967 판결 [사기미수]

④ 경찰서 형사과장인 甲이 압수물을 증거 범죄 혐의의 입증에 사용하는 등의 적절한 조치를 취하지 아니하고 피압수자에게 돌려준 경우, 인멸 甲에게는 작위범인 증거인멸죄만이 성립하고 부작위범인 직무유기죄는 따로 성립하지 아니한다.

해설 및 정답 2018년 제7회 변호사시험 기출문제 6 **정답** ○

대법원 2006. 10. 19. 선고 2005도3909 전원합의체 판결 [증거인멸·직무유기]

⑤ 토지 소유자인 甲이[보증인/계약] 그 소유 토지에 대하여 여객정류장시설을 설치하는 도시계획이 입안되어 있어 장차 위 토지가 수용될 것이라는 점을 알고 있었음에도, 이러한 사정을 모르는 매수인 乙에게 사실을 고지하지 않고[기망행위+] 토지를 매도하고[교부행위+] 매매대금을 수령하였다면,[손해발생+] 甲에게는 사기죄가 성립한다.

해설 및 정답 2018년 제7회 변호사시험 기출문제 6 **정답** ○

대법원 1998. 12. 8. 선고 98도3263 판결 [사기]

⑥ 부작위에 의한 살인에서 작위의무를 이행하였다면 사망의 결과가 발생하지 않았을 관계가 인정될 경우, 부작위와 사망의 결과 사이에 인과관계가 인정된다.

해설 및 정답 2018년 제7회 변호사시험 기출문제 5 **정답** ○

대법원 2015. 11. 12. 선고 2015도6809 전원합의체 판결

⑦ 미성년자를 유인하여 포박・감금[보증인지위/선행행위]한 자가 중간에 살해의 고의[고의]를 가지고 계속 방치하여[부작위] 사망[결과발생]케 하였다면 감금 행위자에게도 보증인지위 내지 보증의무가 인정되어 부작위에 의한 살인죄의 성립을 인정하여야 한다.

해설 및 정답 2014년 제3회 변호사시험 기출문제 11 **정답** ○

대법원 1982. 11. 23. 선고 82도2024 판결

중요 ⑧ 법적인 작위의무를 지고 있는 자가[보증인지위/법령/계약+] 결과발생을 쉽게 방지할 수 있었음에도 불구하고[일반적 가능성・개별적 가능성+] 이를 방관한 채 그 의무를 이행하지 아니한 경우에,[부작위+] 그 부작위가 작위에 의한 법익침해와 동등한 형법적 가치가 있는 것이어서 그 범죄의 실행행위로 평가될 만한 것이라면,[동가치+] 부작위범으로 처벌할 수 있다.

해설 및 정답 2012년 제1회 변호사시험 기출문제 10 **정답** ○

대법원 1996. 9. 6. 선고 95도2551 판결

대법원 2015. 11. 12. 선고 2015도6809 전원합의체 판결

☞ [출제] 2018년 제7회 변호사시험 기출문제 12

☞ [출제] 2017년 제6회 변호사시험 기출문제 9

나. 부작위범에 관한 설명 중 옳지 않은 것이다(×).

중요 ① 보증인지위와 보증인의무의 체계적 지위를 구별하는 이분설에 따를 때 보증인지위와 보증인의무에 대한 착오는 ~~구성요건적 착오에 해당한다.~~ 위법성착오에 해당한다.

해설 및 정답 2019년 제8회 변호사시험 기출문제 14 정답 ×

범죄체계도를 묻는 이론문제이다. **이분설에 따르면 보증인지위의 체계적 지위에 관해 보증인지위는 구성요건요소, 보증인의무는 위법성요소로 본다.** 이분설에 의하면 보증인지위에 대한 착오는 구성요건착오, 보증인의무(작위의무)에 대한 착오는 위법성착오(금지착오)에 해당한다. 보증인 의무가 존재하지 않는 것으로 착오한 경우 정당한 이유가 없으면, 고의가 인정된다. 형법 제16조 위법성착오가 적용된다. 책임설과 고의설과 같다.

중요 ② 부작위범에 대한 교사범은 보증인지위에 있는 자로 ~~한정된다.~~ 한정되지 않는다.

해설 및 정답 2019년 제8회 변호사시험 기출문제 14 정답 ×

부작위범에 대하여도 작위에 의한 교사와 방조가 가능하다. 교사와 방조는 작위로 이루어지는 것이기 때문에 교사자와 방조자에게 보증인의 지위가 필요 없다. A가 B에게 '부작위 살인죄'를 적극 교사하는 경우와 적극 방조하는 경우를 생각해 보라. A가(내연 男), B(내연 女), C(내연 女 아픈 아이). 작위범에게 무슨 보증인의 지위가 필요하겠는가. **참고로 교사자는 작위행위로 가능하고 부작위행위로 불가능하다.** 방조자는 작위행위와 부작위행위 모두 가능하다. 부작위에 의한 업무상배임죄 방조죄가 성립한다. 대출감독을 부작위로 방조한 경우다.

③ 부작위범을 도구로 이용한 간접정범은 ~~불가능하다.~~ 가능하다.

해설 및 정답 2019년 제8회 변호사시험 기출문제 14 정답 ×

'부작위범'을 도구로 이용한 간접정범도 가능하다. 간접정범이 작위범이라면, 간접정범에게 보증인 지위는 문제되지 않는다. 보증인 지위에 있는 사람을 '폭행 또는 협박 또는 기망'하여 '부작위'하게 하여, 간접정범이 의도한 범죄를 저지르는 경우이다.

④ 「민법」상 부부간의 부양의무에 근거한 법률상 보호의무인 작위의무는 법률상 부부의 경우에 ~~한정되므로~~ 사실혼 관계에서는 인정될 여지가 ~~없다.~~ 있다.

해설 및 정답 2019년 제8회 변호사시험 기출문제 14 정답 ×

대법원 2008. 2. 14. 선고 2007도3952 판결 [유기치사]

형법 제271조 제1항 유기죄에서 법률상 보호의무는 법률상 부부와 사실상 부부 모두 포함된다. 혼인의사가 있는 동거와 내연관계를 사실혼이라고 말한다.

중요 ⑤ 임대인 甲이 자신 소유의 여관건물에 대하여 임차인 乙과 임대차계약을 체결하면서 보증인지위/계약 乙에게 당시 임대목적물에 관하여 법원의 경매개시결정에 따른 경매절차가 진행 중인 사실을 알리지 아니하였더라도, 기망행위+ 乙이 등기부를 확인 또는 열람하는 것이 가능하였다면 기망행위가 있었다고 볼 수 없어, 甲에게는 ~~사기죄가 성립하지 아니한다.~~ 사기죄가 성립한다.

해설 및 정답 2018년 제7회 변호사시험 기출문제 6 ★ **정답** ×

대법원 1998. 12. 8. 선고 98도3263 판결 [사기]

중요 ⑥ 생존가능성이 있는 환자를 보호자의 요구로 치료를 중단하고 퇴원을 지시하여 사망하게 한 의사의 경우에는 치료중단이라는 부분에 비난의 중점이 있기 때문에 ~~부작위범으로~~ 작위범으로 평가된다.

해설 및 정답 2014년 제3회 변호사시험 기출문제 11 **정답** ×

대법원 2004. 6. 24. 선고 2002도995 판결 [살인(인정된 죄명: 살인방조)·살인] 〈보라매병원 사건〉

전담의사가 중환자실에서 인공호흡기를 부착하고 치료를 받던 환자의 처의 요청에 따라 치료를 중단하고 퇴원조치를 함으로써 작위에 의한 방조행위+ 귀가 후 수련의의 인공호흡기 제거로 환자가 사망한 경우, 전담의사에게 작위에 의한 살인방조죄가 성립한다. 환자의 처는 부작위에 의한 살인죄가 성립한다.

☞ [출제] 2013년 제2회 변호사시험 기출문제 16

중요 ⑦ 과실에 의한 교사와 방조가 모두 불가능하듯이, 부작위에 의한 교사~~와 방조도 모두 불가능하다.~~ 부작위에 의한 방조는 가능하다.

해설 및 정답 2014년 제3회 변호사시험 기출문제 11 **정답** ×

대법원 2006. 4. 28. 선고 2003도4128 판결

중요 ⑧ 매매 대상 토지에 대하여 도시계획이 입안되어 협의 수용될 것을 알고 있는 매도인이 보증인지위/계약+ 이러한 사실을 모르는 매수인에게 이 같은 사실을 고지하지 아니하고 기망행위+ 매도하였더라도 매수인에게 소유권이전등기가 완료되었다면 손해발생+ 부작위에 의한 ~~사기죄가 성립하지 않는다.~~ 사기죄가 성립한다.

해설 및 정답 2014년 제3회 변호사시험 기출문제 11 ★ **정답** ×

대법원 1993. 7. 13. 선고 93도14 판결 [사기]

중요 ⑨ 하나의 행위가 작위범과 부작위범을 동시에 충족할 수는 ~~없다.~~ [있다.]

해설 및 정답 2013년 제2회 변호사시험 기출문제 16 정답 ×

부작위범인 직무유기죄와 작위범인 허위공문서작성·행사죄의 구성요건을 모두 충족하는 경우다. 검사는 부작위범인 직무유기죄로 공소를 제기할 수 있다.

중요 ⑩ 모텔 방에 투숙 중 담배를 피운 후 담뱃불을 제대로 끄지 않은 중대한 과실로 화재를 일으킨 투숙객에게도 화재를 소화할 의무가 있음에도[보증인지위/선행행위+] 모텔 주인이나 다른 투숙객에게 아무 말 없이 도망쳐 나와[부작위+] 다른 투숙객이 사망했다면, 비록 소화하기는 쉽지 않았더라도[일반적 가능성·개별적 가능성−] 부작위에 의한 현주건조물방화치사죄가 ~~성립한다.~~ [성립하지 않는다.]

해설 및 정답 2013년 제2회 변호사시험 기출문제 16 정답 ×

대법원 2010. 1. 14. 선고 2009도12109, 2009감도38 판결

개별적 가능성이 없는 사례이다. 부작위에 의한 방화는 성립하지 않는다. 현주건조물방화죄는 성립하지 않는다. 중실화와 중과실치상죄 상상적 경합이다.

[공소사실] 모텔 방에 투숙하여 담배를 피운 후 재떨이에 담배를 끄게 되었으나 담뱃불이 완전히 꺼졌는지 여부를 확인하지 않은 채 불이 붙기 쉬운 휴지를 재떨이에 버리고 잠을 잔 과실로 담뱃불이 휴지와 침대시트에 옮겨 붙게 함으로써 화재가 발생한 사안이다.

[판결요지] 화재가 중대한 과실 있는 선행행위로 발생한 이상 화재를 소화할 법률상 의무는 있다 할 것이다. 그러나 **화재 발생 사실을 안 상태에서 모텔을 빠져나오면서도 모텔 주인이나 다른 투숙객들에게 이를 알리지 아니하였다는 사정만으로는 화재를 용이하게 소화할 수 있었다고 보기 어렵다.** 이러한 이유로 부작위에 의한 현주건조물방화치사상죄의 공소사실에 대해 무죄를 선고한 원심의 판단을 수긍한 사례.

중요 ⑪ 법무사가 아닌 사람이 법무사로 소개되거나 호칭되는 데도 자신이 법무사가 아니라는 사실을 밝히지 않은 채 법무사 행세를 계속하면서[기망행위+] 근저당권설정계약서를 작성해 준 경우,[교부행위+/손해발생+] 법무사가 아님을 밝힐 계약상 또는 조리상 법적 의무가 있기는 하나,[보증인지위/계약+] 이는 법무사 명칭을 사칭하는 경우와 동등한 형법적 가치가 있다고 할 수 ~~없으므로~~ 부작위에 의한 법무사법위반죄(법무사명칭사용금지)가 ~~성립하지 않는다.~~ [성립한다.]

해설 및 정답 2013년 제2회 변호사시험 기출문제 16 ★ 정답 ×

대법원 2008. 2. 28. 선고 2007도9354 판결 [법무사법위반]

중요 ⑫ 신의성실의 원칙이나 사회상규 혹은 조리상 작위의무가 기대되는 경우에는 법적인 작위의무가 ~~인정되지 않는다.~~ 인정된다.

해설 및 정답 2013년 제2회 변호사시험 기출문제 16 ★ **정답** ×

작위의무는 법적 의무다. 성문법·불문법·공법·사법·법령·법률행위(계약)·선행행위·신의성실원칙·사회상규·조리도 법적 의무가 있어야 한다.

중요 ⑬ 부작위에 의한 방조범은 ~~성립하지 않는다.~~ 성립한다.

해설 및 정답 2012년 제1회 변호사시험 기출문제 10 **정답** ×

대법원 1996. 9. 6. 선고 95도2551 판결

[판결요지] 형법상 방조는 작위에 의하여 정범의 실행을 용이하게 하는 경우는 물론, 직무상의 의무가 있는 자가 정범의 범죄행위를 인식하면서도 그것을 방지하여야 할 제반 조치를 취하지 아니하는 **부작위로 인하여 정범의 실행행위를 용이하게 하는 경우에도 성립된다.**

☞ [출제] 2014년 제3회 변호사시험 기출문제 11

☞ **부작위에 의한 업무상배임죄의 방조범을 생각해 보시오. 인과관계: 기회제공+촉진**

중요 ⑭ 진정부작위범의 경우 다수의 부작위범에게 부여된 작위의무가 ~~각각 다르더라도 각각의~~ 공통이고 작위의무에 위반되는 행위를 공동으로 하였다면 부작위범의 공동정범이 성립할 수 있다.

해설 및 정답 2012년 제1회 변호사시험 기출문제 10 **정답** ×

대법원 2008. 3. 27. 선고 2008도89 판결 [공중위생관리법위반]

[판시사항] [1] 신고의무 위반으로 인한 공중위생관리법 위반죄가 진정부작위범인지 여부(적극) [2] **부작위범 사이의 공동정범의 성립요건** [3] 공중위생영업의 신고의무자인 '영업을 하는 자'의 의미

[판결요지] [1] 공중위생관리법 제20조 제1항 제1호는 '제3조 제1항 전단의 규정에 의한 신고를 하지 아니한 자'를 처벌한다고 규정하고 있다. 그 규정 형식 및 취지에 비추어 신고의무 위반으로 인한 **공중위생관리법 위반죄는 구성요건이 부작위에 의하여서만 실현될 수 있는 진정부작위범에 해당한다.**

[2] **부작위범 사이의 공동정범은 다수의 부작위범에게 공통된 의무가 부여되어 있다. 그 의무를 공통으로 이행할 수 있을 때에만 성립한다.**

[3] **공중위생영업의 신고의무는 '공중위생영업을 하고자 하는 자'에게 부여되어 있다.** 여기서 '영업을 하는 자'란 영업으로 인한 권리의무의 귀속주체가 되는 자를 의미한다. 그러므로 영업자의 직원이나 보조자의 경우에는 **영업을 하는 자에 포함되지 않는다.**

다. 부작위범 종합문제

중요 **01** ★★★★★

부작위범에 관한 설명 중 옳은 것(○)과 옳지 않은 것(×)을 올바르게 조합한 것은? (다툼이 있는 경우 판례에 의함)

파워특강 부진정부작위범 성립요건(이분설: 보증인지위－구성요건착오, 보증인의무－법률착오). 일반적·개별적 가능성. 동가치성(＝보증인지위. 형사처벌 가능성 제한. 행위주체 범위 축소). 보호자 요청에 의한 의사의 치료중단(＝작위에 의한 살인방조죄 성립)

① 부진정부작위범에서의 보증인지위와 보증의무를 구별하는 입장에 의하면, 보증의무가 존재하지 아니하는 것으로 착오한 경우는 법률의 착오로 취급된다.

해설 및 정답 2021년 제10회 변호사시험 기출문제 14 **정답** ○

[사견] 왜 이런 문제를 출제하는지 이해할 수 없다. 보증인의 의무가 없는데, 어떻게 보증인의 지위를 부여할 수 있겠는가. '보증인' 문제는 모두 구성요건에서 다루어야 할 문제들이다. '양파'론이다.

☞ [출제] 2019년 제8회 변호사시험 기출문제 14 ③ 이 책 60면 ① 해설 참조.

중요 ② 임대인이 임대차계약을 체결하면서 임차인에게 임대목적물이 경매진행 중인 사실을 알리지 않은 경우 임차인이 등기부를 확인 또는 열람하는 것이 가능하였다면 임대인에게 사기죄가 ~~성립하지 않는다.~~ 성립한다.

해설 및 정답 2021년 제10회 변호사시험 기출문제 14 **정답** ○

대법원 1998. 12. 8. 선고 98도3263 판결 [사기]

[판결요지] 상대방이 그 사실을 알았더라면 당해 법률행위를 하지 않았을 것이 명백한 경우에는 신의칙에 비추어 그 사실을 고지할 법률상 의무가 인정되는 것이다.

☞ [출제] 2018년 제7회 변호사시험 기출문제 6 · 2015년 제4회 변호사시험 기출문제 10 · 2012년 제1회 변호사시험 기출문제 14

③ 진정부작위범과 부진정부작위범 모두 작위의무가 법적으로 인정되더라도 작위의무를 이행하는 것이 사실상 불가능한 상황이었다면, 일반적 가능성(－)·개별적(－) 가능성 부정 부작위범이 성립할 수 없다.

해설 및 정답 2021년 제10회 변호사시험 기출문제 14 **정답** ○

진정부작위범과 부진정부작위범 모두 작위의무가 법적으로 인정되더라도 작위의무를 이행하는 것이 사실상 불가능한 상황이었다면, 부작위범이 성립할 수 없다. 부작위범이 성립하려면 일반적·개별적 가능성이 있어야 한다. 그럼에도 법적으로 의미 있는 행위를 이행하지 않는 행위이다.

대법원 2008. 10. 9. 선고 2008도5984 판결 [근로기준법위반]

☞ [출제] 2020년 제9회 변호사시험 기출문제 8 유사 · 2019년 제8회 변호사시험 기출문제 11

중요 ④ 부진정부작위범의 요건으로 행위태양의 동가치성을 요구하는 것은 부진정부작위범의 형사처벌을 ~~확장하는~~축소하는 기능을 한다.

해설 및 정답 2021년 제10회 변호사시험 기출문제 14 **정답** ×

대법원 2015. 11. 12. 선고 2015도6809 전원합의체 판결 [세월호 사건]

[판결요지] 여기서 작위의무는 법령, 법률행위, 선행행위로 인한 경우는 물론, 신의성실의 원칙이나 사회상규 혹은 조리상 작위의무가 기대되는 경우에도 인정된다.

☞ [출제] 2018년 제7회 변호사시험 기출문제 12 · 2018년 제7회 변호사시험 기출문제 5 · 2012년 제1회 변호사시험 기출문제 10

중요 ⑤ 의사가 수술 후 치료를 계속하지 않으면 환자가 사망할 수 있음을 알면서도 보호자의 강력한 요청으로 치료를 중단하고 퇴원을 허용하여 보호자의 방치로 환자가 사망한 경우, 그 의사에게는 ~~부작위에 의한~~작위에 의한 살인방조죄가 성립한다.

해설 및 정답 2021년 제10회 변호사시험 기출문제 14 **정답** ×

대법원 2004. 6. 24. 선고 2002도995 판결 [살인(인정된 죄명 : 살인방조) · 살인] 〈보라매병원 사건〉

[판결요지] [3] 담당 전문의와 주치의에게 환자의 사망이라는 결과 발생에 대한 정범의 고의는 인정되나 환자의 사망이라는 결과나 그에 이르는 사태의 핵심적 경과를 계획적으로 조종하거나 저지·촉진하는 등으로 지배하고 있었다고 보기는 어려워 공동정범의 객관적 요건인 이른바 기능적 행위지배가 흠결되어 있다는 이유로 작위에 의한 살인방조죄만 성립한다고 한 사례.

[5] 종범은 정범의 실행행위 중에 이를 방조하는 경우뿐만 아니라, 실행 착수 전에 장래 실행행위를 예상하고 이를 용이하게 하는 행위를 하여 방조한 경우에도 성립한다.

[6] 피고인의 방어에 실질적인 불이익을 주는 것이 아니라면 공소장 변경 없이 직권으로 가벼운 범죄사실을 인정할 수 있다고 할 것이다. 그러므로 공동정범으로 기소된 범죄사실을 방조사실로 인정할 수 있다.

☞ [출제] 2017년 제6회 변호사시험 기출문제 11 · 2016년 제5회 변호사시험 기출문제 9 · 2015년 제4회 변호사시험 기출문제 4 · 2014년 제3회 변호사시험 기출문제 11 · 2013년 제2회 변호사시험 기출문제 16 · 2012년 제1회 변호사시험 기출문제 9

중요

02 ★★★★★

부작위범에 관한 설명 중 옳지 않은 것은? (다툼이 있는 경우 판례에 의함)

파워특강 진정부작위범(=구성요건에 명시된 부작위범. 일정한 기간 내에 잘못된 상태를 바로잡으라는 행정청의 지시를 이행하지 않았다는 것을 구성요건으로 하는 범죄는 이른바 진정부작위범으로서 그 의무이행기간의 경과에 의하여 범행이 기수가 된다). 부작위에 의한 방조(=형법상 방조행위는 정범의 실행을 용이하게 하는 직접·간접의 모든 행위를 가리키는 것이다. 작위에 의한 경우뿐만 아니라 부작위에 의하여도 성립한다). 공사 후 자재 방치(=부작위에 의한 업무방해죄 불성립. 단순 방치를 적극적인 방해로 볼 수 없음). 부작위범 성립요건(=법령, 법률행위, 선행행위, 기타 신의성실의 원칙, 사회상규, 조리상 작위의무가 기대되는 경우 법적 작위의무가 있음). 사기죄(=부작위에 의한 기망. 대출 금융기관에 대하여 비정상적인 이면약정의 내용을 알릴 신의칙상 의무가 있는 경우, 이를 알리지 않은 행위는 사기죄 요건인 부작위에 의한 기망에 해당한다).

① 일정 기간 내에 잘못된 상태를 바로잡으라는 행정청의 지시를 이행하지 않았다는 것을 구성요건으로 하는 범죄는 진정부작위범으로서 그 의무이행기간의 경과에 의하여 범행이 기수에 이른 것이다.

해설 및 정답 2023년 제12회 변호사시험 기출문제 7 **정답** ○

대법원 1994. 4. 26. 선고 93도1731 판결 [주택건설촉진법위반]

[판시사항] [1] 진정부작위 범죄의 기수시기 [2] 7개월의 간격을 두고 행해진 2차례의 행정명령위반행위 사이에 공소사실의 동일성이 있는지 여부

[판결요지] [1] **일정한 기간 내에 잘못된 상태를 바로잡으라는 행정청의 지시를 이행하지 않았다는 것을 구성요건으로 하는 범죄는 이른바 진정부작위범**으로서 **그 의무이행기간의 경과에 의하여 범행이 기수**에 이름과 **동시에 작위의무를 발생시킨 행정청의 지시 역시 그 기능을 다한 것으로 보아야** 한다.

[2] 2개월 내에 작위의무를 이행하라는 행정청의 지시를 이행하지 아니한 행위와 7개월 후 다시 같은 내용의 지시를 받고 이를 이행하지 아니한 행위는 성립의 근거와 일시 및 이행기간이 뚜렷이 구별되어 **서로 양립이 가능한 전혀 별개의 범죄로서 동일성이 없다.**

② 형법상 방조는 작위에 의하여 정범의 실행행위를 용이하게 하는 경우는 물론, 직무상의 의무가 있는 자가 정범의 범죄행위를 인식하면서도 그것을 방지하여야 할 제반조치를 취하지 아니하는 부작위로 인하여 정범의 실행행위를 용이하

게 하는 경우에도 성립한다.

해설 및 정답 2023년 제12회 변호사시험 기출문제 7 **정답** ○

대법원 2006. 4. 28. 선고 2003도4128 판결 [전기통신기본법위반(인정된 죄명: 전기통신기본법위반방조)]

[판시사항] [3] **형법상 방조행위가 부작위에 의하여도 성립하는지 여부(적극)** [4] **형법상 부작위범이 인정되기 위한 요건** [5] 인터넷 포털 사이트 내 오락채널 총괄팀장과 위 오락채널 내 만화사업의 운영 직원인 **피고인들에게, 콘텐츠제공업체들이 게재하는 음란만화의 삭제를 요구할 조리상의 의무가 있다**고 하여, 구 전기통신기본법 제48조의2 위반 방조죄의 성립을 긍정한 사례.

[판결요지] [3] **형법상 방조행위는 정범의 실행을 용이하게 하는 직접, 간접의 모든 행위를 가리키는 것으로서 작위에 의한 경우뿐만 아니라 부작위에 의하여도 성립되는 것이다.** [4] 형법이 금지하고 있는 법익침해의 결과발생을 방지할 법적인 작위의무를 지고 있는 자가 그 의무를 이행함으로써 결과발생을 쉽게 방지할 수 있었음에도 불구하고 그 결과의 발생을 용인하고 이를 방관한 채 그 의무를 이행하지 아니한 경우에, 그 부작위가 작위에 의한 법익침해와 동등한 형법적 가치가 있는 것이어서 그 범죄의 실행행위로 평가될 만한 것이라면, **작위에 의한 실행행위와 동일하게 부작위범으로 처벌할 수 있고, 여기서 작위의무는 법령, 법률행위, 선행행위로 인한 경우는 물론, 기타 신의성실의 원칙이나 사회상규 혹은 조리상 작위의무가 기대되는 경우에도 인정된다.**

중요 ③ 사기죄에서 부작위에 의한 기망은 법률상 고지의무 있는 자가 일정한 사실에 관하여 상대방이 착오에 빠져 있음을 알면서도 이를 고지하지 않는 것을 말한다.

해설 및 정답 2023년 제12회 변호사시험 기출문제 7 **정답** ○

대법원 2006. 2. 23. 선고 2005도8645 판결 [특정경제범죄가중처벌등에관한법률위반(사기)]

[판시사항] [1] 사기죄의 요건으로서 부작위에 의한 기망의 의미 및 법률상 고지의무가 인정되는 경우 [2] 빌딩을 경락받은 피고인들이 수분양자들과 사이에 대출금으로 충당되는 중도금을 제외한 계약금과 잔금의 지급을 유예하고 재매입을 보장하는 등의 비정상적인 이면약정을 체결하고 점포를 분양하였음에도, **금융기관에 대해서는 그러한 이면약정의 내용을 감춘 채 분양 중도금의 집단적 대출을 교섭하여 중도금 대출 명목으로 금원을 지급받은 사안에서, 대출 금융기관에 대하여 비정상적인 이면약정의 내용을 알릴 신의칙상 의무가 있다고 보아 이를 알리지 않은 것은 사기죄의 요건으로서의 부작위에 의한 기망에 해당한다**고 한 사례.

[판결요지] [1] **소극적 행위로서의 부작위에 의한 기망은 법률상 고지의무 있는 자가 일정한 사실에 관하여 상대방이 착오에 빠져 있음을 알면서도 그 사실을 고지하지 아니함을 말하는 것으로서, 일반거래의 경험칙상 상대방이 그 사실을 알았더라면 당해 법률행위를 하지 않았을 것이 명백한 경우에는 신의칙에 비추어 그 사실을 고지할 법률상 의무가 인정된다.**

[2] 대출자금으로 빌딩을 경락받았으나 분양이 저조하여 자금조달에 실패한 피고인들이 수분양자들과 사이에 대출금으로 충당되는 중도금을 제외한 계약금과 잔금의 지급을 유예하고 1년의 위탁기간 후 재매입하기로 하는 등의 비정상적인 이면약정을 체결하고 점포를 분양하였음에도, 금융기관에 대해서는 그러한 이면약정의 내용을 감춘 채 분양 중도금의 집단적 대출을 교섭하여 중도금 대출 명목으로 금원을 지급받은 사안에서, **대출 금융기관에 대하여 비정상적인 이면약정의 내용을 알릴 신의칙상 의무가 있다고 보아 이를 알리지 않은 것은 사기죄의 요건으로서의 부작위에 의한 기망에 해당한다고 한 사례.**

중요 ④ 부진정 부작위범의 작위의무는 법령, 법률행위, 선행행위로 인한 경우는 물론, 사회상규 혹은 조리상 작위의무가 기대되는 경우에도 인정된다.

해설 및 정답 2023년 제12회 변호사시험 기출문제 7 **정답** ○

대법원 1996. 9. 6. 선고 95도2551 판결 [특정경제범죄가중처벌등에관한법률위반(횡령)·업무상횡령(업무상횡령방조)·뇌물수수]★★★★★

[판시사항] [1] 업무상횡령죄의 불법영득의 의사의 내용 [2] 정범의 실행행위 착수 이전의 방조행위를 종범으로 처벌하기 위한 요건 [3] **정범의 실행행위를 방지할 의무 있는 자가 그 방지조치를 하지 아니함으로써 실행행위를 용이하게 한 경우, 부작위에 의한 종범의 성부(적극)** [4] 형법상 부작위범이 성립되기 위한 작위의무의 내용과 그 태양 [5] **입찰업무 담당 공무원이 입찰보증금이 횡령되고 있는 사실을 알고도 이를 방지할 조치를 취하지 아니함으로써 새로운 횡령범행이 계속된 경우, 횡령의 종범으로 처벌한 사례.**

[판결요지] [2] **종범은 정범의 실행행위 중에 이를 방조하는 경우뿐만 아니라, 실행 착수 전에 장래의 실행행위를 예상하고 이를 용이하게 하는 행위를 하여 방조한 경우에도 정범이 실행행위를 한 경우에 성립한다.**

[3] **형법상 방조는 작위에 의하여 정범의 실행을 용이하게 하는 경우는 물론, 직무상의 의무가 있는 자가 정범의 범죄행위를 인식하면서도 그것을 방지하여야 할 제반 조치를 취하지 아니하는 부작위로 인하여 정범의 실행행위를 용이하게 하는 경우에도 성립된다.**

[4] 형법상 부작위범이 인정되기 위해서는 형법이 금지하고 있는 법익침해의 결과 발생을 방지할 법적인 작위의무를 지고 있는 자가 그 의무를 이행함으로써 결과 발생을 쉽게 방지할 수 있었음에도 불구하고 그 결과의 발생을 용인하고 이를 방관한 채 그 의무를 이행하지 아니한 경우에, 그 부작위가 작위에 의한 법익침해와 동등한 형법적 가치가 있는 것이어서 그 범죄의 실행행위로 평가될 만한 것이라면, 작위에 의한 실행행위와 동일하게 부작위범으로 처벌할 수 있다. 여기서 작위의무는 법적인 의무이어야 하므로 단순한 도덕상 또는 종교상의 의무는 포함되지 않으나 작위의무가 법적인 의무인 한 성문법이건 불문법이건 상관이 없고 또 공법이건 사법이건 불문한다. 그러므로 **법령, 법률행위, 선행행위로 인한 경우는 물론이고 기타 신의성실의 원칙이나 사회상규 혹은 조리상 작위의무가 기대되는 경우에도 법적인 작위의무는 있다.**

[5] 법원의 입찰사건에 관한 제반 업무를 주된 업무로 하는 공무원이 자신이 맡고 있는 입찰사건의 입찰보증금이 계속적으로 횡령되고 있는 사실을 알았다면, **담당 공무원으로서는 이를 제지하고 즉시 상관에게 보고하는 등의 방법으로 그러한 사무원의 횡령행위를**

방지해야 할 법적인 작위의무를 지는 것이 당연한다. 비록 그의 묵인 행위가 배당불능이라는 최악의 사태를 막기 위한 동기에서 비롯된 것이라고 하더라도 **자신의 작위의무를 이행함으로써 결과 발생을 쉽게 방지할 수 있는 공무원이 그 사무원의 새로운 횡령범행을 방조 용인한 것을 작위에 의한 법익 침해와 동등한 형법적 가치가 있는 것이 아니라고 볼 수는 없다는 이유로, 그 담당 공무원을 업무상횡령의 종범으로 처벌한 사례.**

☞ [출제] 2022년 제11회 변호사시험 기출문제 11 ㄹ.

☞ [출제] 2015년 제4회 변호사시험 기출문제 4

☞ [적중] 하태영, 형사법종합연습 변시기출문제분석, 제3판, 법문사, 2021, 106-107면.

☞ [적중] 하태영, 형사법종합연습 실전예상문제분석, 제4판, 2021, 57면.

중요 ⑤ 甲이 A와 토지 지상에 창고를 신축하는 데 필요한 형틀공사 계약을 체결한 후 그 공사를 완료하였는데, A가 공사대금을 주지 않는다는 이유로 위 토지에 쌓아 둔 건축자재를 단순히 치우지 않은 경우, 甲의 이러한 행위는 적극적으로 A의 추가 공사 업무를 방해한 행위와 동등한 형법적 가치를 가지는 것으로 평가할 수 ~~있으므로~~ 없으므로 甲에게는 부작위에 의한 업무방해죄가 ~~성립한다.~~ 성립하지 않는다.

해설 및 정답 2023년 제12회 변호사시험 기출문제 7 **정답** ×

대법원 2017. 12. 22. 선고 2017도13211 판결 [업무방해]

[판시사항] [1] 부작위에 의한 업무방해죄가 성립하기 위한 요건 [2] 피고인이 갑과 토지 지상에 창고를 신축하는 데 필요한 형틀공사 계약을 체결한 후 그 공사를 완료하였는데, **갑이 공사대금을 주지 않는다는 이유로 위 토지에 쌓아 둔 건축자재를 치우지 않고 공사현장을 막는 방법으로 위력으로써 갑의 창고 신축 공사 업무를 방해하였다**는 내용으로 기소된 사안에서, 공소사실을 유죄로 인정한 원심판결에 **부작위에 의한 업무방해죄의 성립에 관한 법리오해의 잘못이 있다**고 한 사례.

[판결요지] [1] 업무방해죄와 같이 작위를 내용으로 하는 범죄를 부작위에 의하여 범하는 부진정 부작위범이 성립하기 위해서는 부작위를 실행행위로서의 작위와 동일시할 수 있어야 한다.

[2] **비록 공사대금을 받을 목적으로 건축자재를 치우지 않았더라도, 피고인이 자신의 공사를 위하여 쌓아 두었던 건축자재를 공사 완료 후에 단순히 치우지 않은 행위가 위력으로써 갑의 추가 공사 업무를 방해하는 업무방해죄의 실행행위로서 갑의 업무에 대하여 하는 적극적인 방해행위와 동등한 형법적 가치를 가진다고 볼 수 없다.**

☞ [출제] 2022년 제11회 변호사시험 기출문제 30 ①

☞ [적중] 하태영, 형사법종합연습 실전예상문제분석, 제4판, 법문사, 2021, 28면.

문 7. 결과적 가중범에 관한 설명 중 옳은 것은? (다툼이 있는 경우 판례에 의함)

출제내용

- 형법 제15조 제2항 예견가능성
- 형법 제15조 제2항·제30조 결과적 가중범 공동정범과 예견가능성
- 현주건조물방화치사죄와 존속살인죄 상상적 경합(= 죄수)
- 현주건조물방화치사죄(= 특별관계. 현주건조물방화치사죄 〉 살인죄)

출제분석

2024년 제13회 변호사시험 출제예상 ★
2023년 제12회 변호사시험 출제예상 1
2021년 제10회 변호사시험 기출문제 6
2020년 제9회 변호사시험 기출문제 10
2018년 제7회 변호사시험 기출문제 6
2016년 제5회 변호사시험 기출문제 12
2015년 제4회 변호사시험 기출문제 3
2014년 제3회 변호사시험 기출문제 1
2013년 제2회 변호사시험 기출문제 1

가. 결과적 가중범에 관한 설명 중 옳은 것이다(○).

중요 ① 부진정결과적 가중범에 있어서, 중한 결과에 대한 고의범의 법정형이 결과적 가중범의 법정형보다 중한 경우에는 양자가 상상적 경합관계에 있다. 그렇지 않은 경우에는 결과적 가중범이 고의범에 대하여 특별관계에 있으므로 결과적 가중범만 성립한다.

해설 및 정답 2016년 제5회 변호사시험 기출문제 12 ★ **정답** ○

대법원 2008. 11. 27. 선고 2008도7311 판결 [특수공무집행방해치상]

[판결요지] [1] 기본범죄를 통하여 고의로 중한 결과를 발생하게 한 경우에 가중 처벌하는 **부진정결과적가중범에서, 고의로 중한 결과를 발생하게 한 행위가 별도의 구성요건에 해당하고 그 고의범에 대하여 결과적가중범에 정한 형보다 더 무겁게 처벌하는 규정이 있는 경우에는 그 고의범과 결과적가중범이 상상적 경합관계에 있다. 그러나** 위와 같이 **고의범에 대하여 더 무겁게 처벌하는 규정이 없는 경우에는 결과적가중범이 고의범에 대하여 특별관계에 있으므로 결과적가중범만 성립한다.** 이와 법조경합의 관계에 있는 고의범에 대하여는 별도로 죄를 구성하지 않는다.

[2] 직무를 집행하는 공무원에게 위험한 물건을 휴대하여 고의로 상해를 가한 경우 **특수**

공무집행방해치상죄만 성립한다. 폭처법(집단 · 흉기등상해)은 성립하지 않는다.

중요 ② 강도의 공범자 중 1인이[행위주체] 강도의 기회에 피해자에게 폭행 또는 상해를 가하여 살해한 경우에 다른 공범자는 강도의 수단으로 폭행 또는 상해가 가해지리라는 점에 대하여 상호 인식이 있었다면 살해에 대하여 공모한 바가 없다고 하여도 강도치사죄의 죄책을 진다.

해설 및 정답 2016년 제5회 변호사시험 기출문제 12 **정답** ○

대법원 1991. 11. 12. 선고 91도2156 판결 [강도살인]

[**판결요지**] 강도살인죄는 고의범이다. 강도치사죄는 이른바 결과적가중범이다. 살인의 고의까지 요하는 것이 아니다. 그러므로 수인이 합동하여 강도를 한 경우 그 중 1인이 사람을 살해하는 행위를 하였다면 그 범인은 강도살인죄의 기수 또는 미수의 죄책을 지는 것이다. **다른 공범자도 살해행위에 관한 고의의 공동이 있었으면 그 또한 강도살인죄의 기수 또는 미수의 죄책을 지는 것이 당연하다 하겠다.** 그러나 **고의의 공동이 없었으면 피해자가 사망한 경우에는 강도치사의, 강도살인이 미수에 그치고 피해자가 상해만 입은 경우에는 강도상해 또는 치상의, 피해자가 아무런 상해를 입지 아니한 경우에는 강도의 죄책만 진다고 보아야 할 것이다.**

중요 ③ 교사자가[甲] 피교사자[乙]에 대하여 상해를 교사하였다. 그런데 피교사자[乙]가 이를 넘어 살인을 실행한 경우, 교사자에게[甲] 피해자의 사망이라는 결과에 대하여 과실 내지 예견가능성이 있는 때에는 상해치사죄의 교사범으로서의 죄책을 진다.

해설 및 정답 2016년 제5회 변호사시험 기출문제 12 ★ **정답** ○

대법원 1997. 6. 24. 선고 97도1075 판결 [상해치사교사(인정된 죄명: 상해교사)]

[**판결요지**] [1] 교사자가 피교사자에게 피해자를 **"정신차릴 정도로 때려주라"고 교사하였다면 이는 상해에 대한 교사로 봄**이 상당하다.

[2] 교사자가 피교사자에 대하여 상해를 교사하였는데 피교사자가 이를 넘어 살인을 실행한 경우, 일반적으로 교사자는 상해죄에 대한 교사범이 되는 것이다. 다만 이 경우 **교사자에게 피해자의 사망이라는 결과에 대하여 과실 내지 예견가능성이 있는 때에는 상해치사죄의 교사범으로서의 죄책을 지울 수 있다.**

☞ [출제] 2014년 제3회 변호사시험 기출문제 1

④ 여러 사람이 공동하여 상해의 범의로 범행 중 그중 한 사람이 중한 상해를 가하여 피해자가 사망에 이르게 된 경우 나머지 사람들도 사망의 결과를 예견할 수 있는 때에는 상해치사의 죄책을 진다.

해설 및 정답 2015년 제4회 변호사시험 기출문제 3 **정답** ○

대법원 2000. 5. 12. 선고 2000도745 판결 [살인(인정된 죄명: 상해치사)]

중요 ⑤ 결과적 가중범의 기본범죄가 미수에 그친 경우에도 중한 결과가 발생하면 결과적 가중범의 기수가 성립한다.

해설 및 정답 2015년 제4회 변호사시험 기출문제 3 정답 ○

결과적 가중범 경우 기본범죄는 고의범이어야 한다. 따라서 고의가 있는 기수와 고의가 있는 미수는 모두 결과적 가중범이 될 수 있다. 이러한 행위로 중한 결과가 발생해야 한다. 중한 결과가 발생하면, 결과적 가중범의 기수가 된다. 예를 들면 강간미수와 치상이 발생한 경우 강간치상죄 기수가 성립한다.

대법원 1988. 11. 8. 선고 88도1628 판결 [강간치상 · 상해치사]

[판결요지] 강간이 미수에 그친 경우라도 그 수단이 된 폭행에 의하여 피해자가 상해를 입었으면 강간치상죄가 성립한다. 미수에 그친 것이 피고인이 자의로 실행에 착수한 행위를 중지한 경우이든 실행에 착수하여 행위를 종료하지 못한 경우이든 가리지 않는다.

대법원 1986. 9. 23. 선고 86도1526 판결 [강도상해]

[판결요지] 형법 제337조 **강도상해죄 · 강도치상죄는 재물강취의 기수와 미수를 불문하고** 범인이 강도범행의 기회에 사람을 상해하거나 치상하게 되면 성립하는 것이다.

중요 ⑥ 甲은 호텔에 함께 투숙한 A에게 상해를 가했다. A가 정신을 잃자 사망한 것으로 오인하고 자살한 것처럼 위장하기 위하여 베란다 아래로 A를 떨어뜨려 두개골 골절로 사망케 하였다 – 甲의 행위는 포괄하여 단일의 상해치사죄로 처벌된다.

해설 및 정답 2013년 제2회 변호사시험 기출문제 1 ★ 정답 ○

대법원 1994. 11. 4. 선고 94도2361 판결 [살인, 폭력행위 등 처벌에 관한 법률 위반(인정된 죄명: 상해치사), 업무방해]

☞ [출제] 2019년 제8회 변호사시험 기출문제 4

중요 ⑦ 甲은[행위주체] 승용차를 운전하던 중 음주단속을 피하기 위해 승용차로 단속경찰관을[행위객체] 들이받아[행위] 경찰관의 공무집행을 방해하고 경찰관에게 상해를 입혔는데, 甲은 공무집행방해의 고의는 물론 상해의 고의도 가지고 있었다. 甲은 특수공무집행방해치상죄로 처벌된다.

해설 및 정답 2013년 제2회 변호사시험 기출문제 13 ★ 정답 ○

대법원 2008. 11. 27. 선고 2008도7311 판결 [특수공무집행방해치상]

[판결요지] 고의범에 대하여 더 무겁게 처벌하는 규정이 없는 경우에는 결과적 가중범이 고의범에 대하여 특별관계에 있으므로 결과적 가중범만 성립한다. 직무를 집행하는 공무원에 대하여 위험한 물건을 휴대하여 고의로 상해를 가한 경우에는 특수공무집행방해치

상죄만 성립한다. 폭력행위 등 처벌에 관한 법률 위반(집단 · 흉기 등 상해)죄를 구성하지 않는다.
☞ [출제] 2016년 제5회 변호사시험 기출문제 12

나. 결과적 가중범에 관한 설명 중 옳지 않은 것이다(×).

① 부진정결과적 가중범의 예로는 현주건조물방화치사상죄, 현주건조물일수치사상죄, ~~중체포 · 감금죄~~ 등이 있다.

해설 및 정답 2016년 제5회 변호사시험 기출문제 12 **정답** ×
중체포와 감금죄는 결과적 가중범이다. 체포와 감금을 하여 가혹행위를 하면 성립한다.

② 甲이 고속도로 2차로를 따라 자동차를 운전하다가 1차로를 진행하던 A의 차량 앞에 급하게 끼어든 후 곧바로 정차하여, A의 차량 및 이를 뒤따르던 차량 2대는 연이어 급제동하여 정차하였으나 그 뒤를 따라오던 B의 차량이 앞의 차량들을 연쇄적으로 추돌케 하여 B를 사망에 이르게 한 경우, B에게 주의의무를 위반한 과실이 있다면 甲에게는 일반교통방해치사죄가 ~~성립하지 않는다~~. 성립한다.

해설 및 정답 2016년 제5회 변호사시험 기출문제 12 **정답** ×
甲이 갑자기 끼어들어 정차한 행위는 교통사고를 유발할 수 있다. 안전거리미확보로 사상발생 예견가능성이 있다. 인과관계가 인정된다. 甲은 일반교통방해치사죄가 성립한다.

③ 결과적 가중범은 중한 결과가 발생하여야 성립되는 범죄이므로 「형법」에는 결과적 가중범의 미수를 처벌하는 규정을 두고 ~~있지 않다~~. 있다.

해설 및 정답 2015년 제4회 변호사시험 기출문제 3 **정답** ×
결과적 가중범은 중한 결과가 발생하여야 성립되는 범죄이다. 「형법」에는 결과적 가중범의 미수를 처벌하는 규정을 두고 있다. 형법은 **(해상)강도치상죄 미수범(형법 제337조, 제338조, 제340조 제2항 · 제3항, 제342조)과 인질강도치상죄 미수범(형법 제324조의 3과4, 제324조의5)**을 처벌한다. 진정 결과적 가중범이다. 또한 형법은 **현주건조물일수치상죄 미수범(형법 제182조)**을 처벌한다. 부진정 결과적 가중범이다.

④ 부진정 결과적 가중범은 중한 결과를 야기하는 기본범죄가 고의범인 경우~~뿐만 아니라 과실범인 경우에도~~ 인정되는 개념이다.

해설 및 정답 2014년 제3회 변호사시험 기출문제 1 **정답** ×

결과적 가중범 경우 기본범죄는 고의범이어야 한다. 따라서 고의가 있는 기수와 고의가 있는 미수는 모두 결과적 가중범이 될 수 있다. 이러한 행위로 중한 결과가 발생해야 한다. 중한 결과가 발생하면, 결과적 가중범 기수가 된다. 예를 들면 강간미수와 치상이 발생한 경우 강간치상죄가 성립한다.

중요 ⑤ 피해자를 고의로 살해하기 위해 몽둥이로 내려치자 피해자는 이를 맞고 졸도하였을 뿐이다. 그런데 피해자가 죽은 것으로 착각하고 자살로 위장하기 위해 베란다 아래로 떨어뜨려 죽게 한 경우에 일련의 행위를 포괄적으로 파악하여 ~~결과적 가중범~~살인죄의 성립을 인정할 수 있다.

해설 및 정답 2014년 제3회 변호사시험 기출문제 1 ★ **정답** ×

대법원 1988. 6. 28. 선고 88도650 판결

살인의 고의가 있는 경우와 상해의 고의가 있는 경우를 구분해야 한다. 개괄적 고의와 개괄적 과실의 구분이다. 이 사안 경우 개괄적 고의를 묻는 문제이다.

[판결요지] 전과정을 개괄적으로 보면 피해자의 살해라는 애초의 예견사실이 결국 실현된 것이기 때문에 살인죄의 죄책을 면할 수 없다.

대법원 1994. 11. 4. 선고 94도2361 판결

[판결요지] 상해를 가하고, 베란다 밑 약 13m 아래 바닥으로 떨어뜨려 뇌손상과 뇌출혈로 사망에 이르게 하였다면, 피고인 행위는 포괄하여 단일 상해치사죄에 해당한다.

중요 ⑥ 「성폭력범죄의 처벌 등에 관한 특례법」이 규정하고 있는 특수강간치상죄와 관련하여 특수강간이 미수인 상태에서 그 기회에 과실로 상해의 중한 결과가 발생한 경우 ~~결과적 가중범의 미수가 인정될 수 없기 때문에 특수강간미수와 과실치상죄의 상상적 경합으로 처리되어야 한다.~~특수강간치상죄가 성립한다.

해설 및 정답 2014년 제3회 변호사시험 기출문제 1 ★ **정답** ×

대법원 2008. 4. 24. 선고 2007도10058 판결

예를 들면 특수강간미수와 치상이 발생한 경우 특수강간치상죄가 성립한다. 특수강간치상죄의 미수는 기본범죄미수와 결과미발생의 경우 성립한다.

중요 ⑦ 결과적 가중범의 공동정범이 성립하기 위해서는 기본범죄를 공모할 것을 ~~요하지는 않으나,~~요한다. ~~중한 결과를 공동으로 할 의사는 필요하므로 중한 결과를 공동으로 할 의사가 없는 자는 기본범죄의 죄책만 진다.~~중한 결과를 공동으로 할 의사는 필요없다.

중한 결과를 예견할 수 없었던 자는 기본범죄의 죄책만 진다.

해설 및 정답 2014년 제3회 변호사시험 기출문제 1 ★ **정답** ×

대법원 2000. 5. 12. 선고 2000도745 판결 [살인(인정된 죄명: 상해치사)]

[판결요지] 결과적 가중범인 상해치사죄 공동정범은 폭행 기타 신체침해 행위를 공동으로 할 의사가 있으면 성립된다. 결과를 공동으로 할 의사는 필요 없다. **여러 사람이 상해 범의로 범행 중 한 사람이 중한 상해를 가하여 피해자가 사망**에 이르게 된 경우 **나머지 사람들은 사망 결과를 예견할 수 없는 때가 아닌 한 상해치사 죄책을 면할 수 없다.**

다. 결과적 가중범 종합문제

01 ★★★★★

甲은[행위주체+] 원한관계에 있는 A를 살해하기로 마음먹고[고의+] 한밤중에 A의 집으로 가서 A와 A의 딸 B가 잠을 자고 있는 것을 확인한 후 A의 집 주변에 휘발유를 뿌리고 A의 집을 방화하였다.[현주건조물방화치사죄+] 이로 인해 A는 질식사하였고 B는 잠에서 깨어 현관문을 열고 밖으로 나오려고 하였으나 甲이 밖에서 현관문을 막고 서는 바람에 B도 질식사하였다.[현주건조물방화죄+, 살인죄+, 실체적 경합] 甲의 죄책에 관한 설명 중 옳지 않은 것은? (다툼이 있는 경우 판례에 의함)

중요 ① 현주건조물방화치사죄는 사망의 결과에 대하여 과실이 있는 경우뿐만 아니라 고의가 있는 경우에도 성립하는 부진정 결과적가중범이다.

해설 및 정답 2020년 제9회 변호사시험 기출문제 10 ★ **정답** ○

대법원 1996. 4. 26. 선고 96도485 판결 [존속살인·살인·현주건조물방화치사]

[판시사항] 현주건조물방화치사상죄와 살인죄 및 존속살인죄의 죄수관계

[판결요지] 형법 제164조 후단이 규정하는 현주건조물방화치사상죄는 그 전단이 규정하는 죄에 대한 **일종의 가중처벌 규정으로서 과실이 있는 경우뿐만 아니라, 고의가 있는 경우에도 포함된다고 볼 것이다.** 그러므로 **사람을 살해할 목적으로 현주건조물에 방화하여 사망에 이르게 한 경우에는 현주건조물방화치사죄로 의율하여야 한다.** 이와 더불어 살인죄와의 상상적 경합범으로 의율할 것은 아니다. 다만 **존속살인죄와 현주건조물방화치사죄는 상상적 경합범 관계에 있다. 그러므로 법정형이 중한 존속살인죄로 의율함이 타당하다.**

중요 ② A를 사망하게 한 점에 대해서는 현주건조물방화치사의 죄책을 진다.

해설 및 정답 2020년 제9회 변호사시험 기출문제 10 **정답** ○

대법원 1996. 4. 26. 선고 96도485 판결 [존속살인·살인·현주건조물방화치사]

중요 ③ B를 사망하게 한 점에 대해서는 현주건조물방화죄와 살인죄가 성립하고 두 죄는 실체적 경합 관계에 있다.

해설 및 정답 2020년 제9회 변호사시험 기출문제 10 ★ 정답 ○

대법원 1983. 1. 18. 선고 82도2341 판결 [살인・현주건조물등에 방화・군무이탈]

[판시사항] [1] 살인이나 상해의 고의로 현주건조물을 소훼하여 사람을 사상에 이르게 한 경우, 형법 제164조 후단 소정의 현주건조물 방화치사상죄의 성립여부 [2] **현주건조물에 방화하여 동 건조물에서 탈출하려는 사람을 막아 소사케 한 경우, 현주건물방화죄와 살인죄와의 관계**

[판결요지] [1] 형법 제164조 후단이 규정하는 현주건조물 방화치사상죄는 그 전단에 규정하는 죄에 대한 일종의 가중처벌규정으로서 불을 놓아 사람의 주거에 사용하거나 사람이 현존하는 건조물을 소훼함으로 인하여 사람을 사상에 이르게 한때에 성립된다. **동 조항이 사형, 무기 또는 7년 이상의 징역의 무거운 법정형을 정하고 있는 취의에 비추어 보면 과실이 있는 경우뿐만 아니라 고의가 있는 경우도 포함된다고 볼 것이다.** 그러므로 현주건조물내에 있는 사람을 강타하여 실신케 한 후 동건조물에 방화하여 소사케 한 피고인을 현주건조물에의 방화죄와 살인죄의 상상적 경합으로 의율할 것은 아니다.

[2] 형법 제164조 전단의 현주건조물에의 방화죄는 공중의 생명, 신체, 재산 등에 대한 위험을 예방하기 위하여 공공의 안전을 그 제1차적인 보호법익으로 하고 제2차적으로는 개인의 재산권을 보호하는 것이라고 할 것이다. 그러나 여기서 공공에 대한 위험은 구체적으로 그 결과가 발생됨을 요하지 아니하는 것이다. 이미 **현주건조물에의 점화가 독립연소의 정도에 이르면 동 죄는 기수에 이르러 완료되는 것이다.** 한편 살인죄는 일신전속적인 개인적 법익을 보호하는 범죄이다. 그러므로 불을 놓은 집에서 빠져 나오려는 피해자들을 막아 소사케 한 행위는 1개의 행위가 수개의 죄명에 해당하는 경우라고 볼 수 없다. 위 **방화행위와 살인행위는 법률상 별개의 범의에 의하여 별개의 법익을 해하는 별개의 행위라고 할 것이다. 현주건조물방화죄와 살인죄는 실체적 경합관계에 있다.**

☞ [출제] 2016년 제5회 변호사시험 기출문제 12・2015년 제4회 변호사시험 기출문제 3

중요 ④ 만약 甲이 A가 혼자 있는 집에 들어가 A를 폭행하여 재물을 강취하고 A를 살해할 목적으로 A의 집을 방화하여 A를 사망에 이르게 하였다면 강도살인죄와 현주건조물방화치사죄가 성립하고 두 죄는 상상적 경합 관계에 있다.

해설 및 정답 2020년 제9회 변호사시험 기출문제 10 ★ 정답 ○

대법원 1998. 12. 8. 선고 98도3416 판결 [강도살인・현주건조물방화치사]

[판시사항] **재물을 강취한 후 피해자를 살해할 목적으로 현주건조물에 방화하여 사망에 이르게 한 경우, 강도살인죄와 현주건조물방화치사죄의 관계(=상상적 경합)**

[판결요지] 피고인들이 피해자들의 재물을 강취한 후 그들을 살해할 목적으로 현주건조물에 방화하여 사망에 이르게 한 경우, **피고인들의 행위는 강도살인죄와 현주건조물방화치사죄에 모두 해당하고 그 두 죄는 상상적 경합범관계에 있다.**

중요 ⑤ 만약 甲이 A의 집 주변에 휘발유를 뿌린 다음 라이터로 불을 붙였으나 잠을 자고 있던 A가 집 밖으로 뛰어나와 불을 끄는 바람에 A의 집에는 불이 옮겨 붙지 않았지만 그로 인해 A가 화상을 입고 사망하였다면 현주건조물방화치사죄의 ~~미수범으로~~기수범으로 처벌된다.

해설 및 정답 2020년 제9회 변호사시험 기출문제 10 **정답** ×

결과적 가중범 경우 기본범죄는 고의범이어야 한다. 고의가 있는 기수와 고의가 있는 미수는 모두 결과적 가중범이 될 수 있다. 기본범죄 기수 또는 미수 행위로 중한 결과가 발생해야 한다. 중한 결과가 발생하면, 결과적 가중범의 기수가 된다. 예를 들면 강간미수행위로 치상이 발생한 경우, 강간치상죄가 성립한다. 현주건조물방화미수행위로 치사가 발생한 경우, 현주건조물방화치사죄가 성립한다. 정리하면, **부진정 결과적 가중범은 기본범죄가 미수에 그쳤더라도, 형법에 처벌규정이 있으면, 결과적 가중범 기수범이 성립한다.**

형법 제164조(현주건조물방화) ★★★★★

① [3]**불을 놓아《**[2]**다른 사람이 사용하는 주거 · 다른 사람이 현존하는 건조물 · 기차 · 전차 · 자동차 · 선박 · 항공기 · 광갱을》** [4]소훼(燒燬, 스스로 연소할 수 있는 상태에 이르게) 한 [1]사람은 무기형 또는 3년 이상 징역형으로 처벌된다.

② 제1항 죄를 범하여 다른 사람을 **상해에 이르게 한 사람은** 무기형 또는 5년 이상 징역형으로 처벌된다.

③ 제1항 죄를 범하여 다른 사람을 **사망에 이르게 한 사람은** 사형 · 무기형 또는 7년 이상 징역형으로 처벌된다. [전문개정 1995.12.29.]

형법 제174조(미수범)

제164조 제1항 · 제165조 · 제166조 제1항 · 제172조 제1항 · 제172조2 제1항 · 제173조 제1항과 제2항 미수범은 처벌된다. [전문개정 1995.12.29.]

대법원 2002. 3. 26. 선고 2001도6641 판결 [현존건조물방화치상]

[판결요지] [1] 매개물을 통한 점화에 의하여 건조물을 소훼함을 내용으로 하는 형태의 방화죄의 경우에, **범인이 그 매개물에 불을 켜서 붙였거나 또는 범인의 행위로 인하여 매개물에 불이 붙게 됨으로써 연소작용이 계속될 수 있는 상태에 이르렀다면,** 그것이 곧바로 진화되는 등의 사정으로 인하여 목적물인 건조물 자체에는 불이 옮겨 붙지 못하였다고 하더라도, **방화죄의 실행의 착수가 있었다고 보아야 할 것이다.**

[2] **피고인이 방화의 의사로 뿌린 휘발유가 인화성이 강한 상태로 주택주변과 피해자의 몸에 적지 않게 살포되어 있는 사정을 알면서도 라이터를 켜 불꽃을 일으킴으로써 피해자의 몸에 불이 붙은 경우,** 비록 외부 사정으로 불이 방화 목적물인 주택 자체에 옮겨 붙지 아니하였더라도 **현존건조물방화죄의 실행의 착수가 있었다고 봄이 상당하다**고 한 사례.

02 ★★★★★

다음 설명 중 옳은 것을 모두 고른 것은? (다툼이 있는 경우 판례에 의함)

파워특강 결과적 가중범. 결과적 가중범과 인과관계(=무대지배론. 객관적 예견가능성과 객관적 지배가능성+). 결과적 가중범 기수(=기본범죄는 고의 기수와 미수를 모두 포함한다. 중한 결과가 반드시 발생해야 한다). 공동정범과 결과적 가중범(=기본범죄 공동+, 중한결과 예견가능성+). 교사자 교사내용과 피교사자 실행행위 질적 불일치(=피교사자 실행부분 교사범이 성립하지 않음. 예비・음모죄가 성립함. 예비・음모 처벌규정이 있어야 함). 부진정결과적 가중범(=기본범죄 고의범+중한 범죄는 고의 또는 과실로 발생함. 형법 제144조 특수공무집행방해치사상죄・형법 제164조 제2항 현주건조물방화치사상죄는 부진정 결과적 가중범이다).

① 선행 교통사고와 후행 교통사고 중 어느 쪽이 원인이 되어 피해자가 사망에 이르게 되었는지 밝혀지지 않은 경우, 후행 교통사고를 일으킨 사람의 과실과 피해자의 사망 사이에 인과관계가 인정되기 위해서는 후행 교통사고를 일으킨 사람이 주의의무를 게을리하지 않았다면 피해자가 사망에 이르지 않았을 것이라는 사실이 증명되어야 한다.

해설 및 정답 2021년 제10회 변호사시험 기출문제 6 **정답** ○

대법원 2007. 10. 26. 선고 2005도8822 판결 [교통사고처리특례법위반]

[판결요지] 선행 교통사고와 후행 교통사고 중 어느 쪽이 원인이 되어 피해자가 사망에 이르게 되었는지 밝혀지지 않은 경우 후행 교통사고를 일으킨 사람의 과실과 피해자의 사망 사이에 인과관계가 인정되기 위해서는 **후행 교통사고를 일으킨 사람이 주의의무를 게을리하지 않았다면 피해자가 사망에 이르지 않았을 것이라는 사실이 증명되어야 하고, 그 증명책임은 검사에게 있다.**

☞ [출제] 2020년 제9회 변호사시험 기출문제 6

파워특강 **선행행위와 후행행위를 비교하여 누가 무대를 지배하였는지 검토하면 된다. 객관적 예견가능성과 객관적 지배가능성이다. 후행행위자 행위를 부작위 인과관계로 검토할 필요가 있는지 의문이다. 선행행위와 후행행위는 모두 작위이다.**

중요 ② 결과적 가중범의 미수범 규정이 있는 경우, 기본범죄가 미수에 그친 때에는 결과적 가중범의 ~~미수범이~~기수가 성립된다.

해설 및 정답 2021년 제10회 변호사시험 기출문제 6 **정답** ×

대법원 2008. 4. 24. 선고 2007도10058 판결 [성폭력범죄의 처벌 및 피해자보호 등에 관한 법률 위반(강간등치상)・성폭력범죄의 처벌 및 피해자보호 등에 관한 법률 위반(카메라등이용촬영)・총포・도검・화약류등단속법위반]

[판시사항] [1] 성폭력범죄의 처벌 및 피해자보호 등에 관한 법률 제9조에 의한 특수강간치상죄와 같은 법 제12조에 의한 미수범 처벌규정의 관계 [2] **위험한 물건인 전자충격기를 사용하여 강간을 시도하다가 미수에 그치고, 피해자에게 약 2주간의 치료를 요하는 안면부 좌상 등의 상해를 입힌 사안에서, 성폭력범죄의 처벌 및 피해자보호 등에 관한 법률에 의한 특수강간치상죄가 성립한다**고 본 사례.

[판결요지] [1] 성폭력범죄의 처벌 및 피해자보호 등에 관한 법률 제9조 제1항에 의하면 같은 법 제6조 제1항에서 규정하는 특수강간의 죄를 범한 자뿐만 아니라, **특수강간이 미수에 그쳤다고 하더라도 그로 인하여 피해자가 상해를 입었으면 특수강간치상죄가 성립하는 것이다. 같은 법 제12조에서 규정한 위 제9조 제1항에 대한 미수범 처벌규정은 제9조 제1항에서 특수강간치상죄와 함께 규정된 특수강간상해죄의 미수에 그친 경우, 즉 특수강간의 죄를 범하거나 미수에 그친 자가 피해자에 대하여 상해의 고의를 가지고 피해자에게 상해를 입히려다가 미수에 그친 경우 등에 적용된다.**

☞ [출제] 2018년 제7회 변호사시험 기출문제 13・2017년 제6회 변호사시험 기출문제 35・2015년 제4회 변호사시험 기출문제 3・2014년 제3회 변호사시험 기출문제 1

중요 ③ 결과적 가중범의 공동정범이 성립하기 위해서는 고의의 기본범죄를 공동으로 할 의사와 함께 과실에 의한 중한 결과를 공동으로 할 의사가 ~~필요하다.~~ 필요없다. 예견가능성으로 충분하다.

해설 및 정답 2021년 제10회 변호사시험 기출문제 6 **정답** ×

대법원 1990. 6. 26. 선고 90도765 판결 [**현존건조물방화치사, 현존건조물방화치상, 집회 및 시위에 관한 법률 위반, 특수공무집행방해치상, 폭력행위등 처벌에 관한 법률 위반, 특수공무집행방해치사**] **★★★★★ ☞ 사례형 문제에 자주 출제되니 죄명을 잘 기억하세요.**

[판결요지] [1] 특수공무방해치사상과 같은 이른바 부진정결과적가중범은 예견가능한 결과를 예견하지 못한 경우뿐만 아니라 그 결과를 예견하거나 고의가 있는 경우까지도 포함하는 것이다. **그러므로 공무집행을 방해하는 집단행위의 과정에서 일부 집단원이 고의행위로 살상을 가한 경우에도 다른 집단원에게 그 사상의 결과가 예견가능한 것이었다면 다른 집단원도 그 결과에 대하여 특수공무방해치사상의 책임을 면할 수 없다.**

[2] 공동정범에 있어서는 범인전원이 일정한 일시, 장소에 집합하여 모의한 바 없고 또 일부가 현실적으로 범죄실행에 가담한 일이 없다고 하여도 **간접적 또는 순차적으로 범행의 포괄적 또는 개별적인 의사연락이 있으면 전체에 대하여 공동정범이 성립하는 것이다. 또 결과적가중범에 있어서의 공동정범은 행위를 공동으로 할 의사가 있으면 성립하고 결과를 공동으로 할 의사는 필요없다.**

[3] 부진정결과적가중범인 특수공무방해치사상죄에 있어서 공무집행을 방해하는 집단행위의 과정에서 일부 집단원이 고의로 방화행위를 하여 사상의 결과를 초래한 경우에 다

른 집단원이 그 방화행위로 인한 사상의 결과를 예견할 수 있는 상황이었다면 특수공무방해치사상의 죄책을 면할 수 없다. **그러나 그 방화행위 자체에 공모가담한 바 없는 이상 방화치사상죄로 의율할 수는 없다. ☞ 예견가능성도 없어야 한다.**

☞ [출제] 2014년 제3회 변호사시험 기출문제 1

중요 ④ 절도를 교사하였는데 피교사자가 강간을 실행한 경우, 절도죄 예비・음모죄가 성립한다. 그러나 절도죄에 예비・음모 처벌 구성요건이 없다. 무죄이다. ~~교사자에게 피교사자의 강간행위에 대한 예견가능성이 있는 때에는 강간죄의 교사범으로서의 죄책을 지울 수 있다.~~

해설 및 정답 2021년 제10회 변호사시험 기출문제 6 **정답** ×

절도를 교사하였는데 피교사자가 강간을 실행한 경우, 절도죄 예비・음모죄가 성립한다. 그러나 절도죄에 예비・음모 처벌 구성요건이 없다. 무죄이다.

☞ [출제] 2016년 제5회 변호사시험 기출문제 12 유사. 항소심은 양형부당을 이유로 제1심 판결을 직권으로 파기할 수 있다.

> **파워특강** 교사자의 교사내용과 피교사자의 실행행위는 일치해야 한다. 그래야 교사자의 고의를 인정할 수 있다. 교사자는 피교사자의 행위에 대한 인식과 교사의 고의를 모두 갖추어야 한다. 교사행위와 전혀 다른 행위를 한 경우, 교사자에게 이중의 고의를 모두 인정하기 어렵다. 주관적 구성요건이 충족되지 않는다. 교사한 행위는 서로 동의하였기 때문에 예비・음모죄가 성립한다. 그러나 여기도 예비・음모 처벌 규정이 있어야 한다. 해당 구성요건이 없으면, 무죄이다.

중요 ⑤ 부진정결과적 가중범은 기본범죄가 고의범인 경우에는 ~~물론이고 과실범인 경우에도 인정되는 개념이다.~~ 중한 결과에서 고의와 과실이 인정되는 개념이다.

해설 및 정답 2021년 제10회 변호사시험 기출문제 6 **정답** ×

부진정결과적 가중범은 기본범죄가 고의범이다. 그러나 중한 결과는 고의범과 과실범으로 모두 가능하다. 형법 제144조 특수공무집행방해치사상죄・형법 제164조 제2항 현주건조물방화치사상죄는 부진정 결과적 가중범이다.

대법원 1995. 1. 20. 선고 94도2842 판결 [성폭력범죄의 처벌 및 피해자보호 등에 관한 법률 위반, 강도상해, 특수공무집행방해치상, 폭력행위등처벌에 관한 법률 위반, 강도예비]

[판결요지] 특수공무집행방해치상죄는 원래 결과적가중범이다. 그러나 이는 중한 결과에 대하여 예견가능성이 있었음에 불구하고, 예견하지 못한 경우에 벌하는 진정결과적가중범이 아니다. **그 결과에 대한 예견가능성이 있었음에도 불구하고 예견하지 못한 경우뿐만 아니라 고의가 있는 경우까지도 포함하는 부진정결과적가중범이다.**

중요 **03** ★★★★★

결과적 가중범에 관한 설명 중 옳은 것을 모두 고른 것은? (다툼이 있는 경우 판례에 의함)

ㄱ. 사람이 현존하는 건조물을 방화하는 집단행위의 과정에서 일부 집단원이 고의행위로 상해를 가한 경우에도 다른 집단원에게 그 상해의 결과가 예견가능한 것이었다면, 다른 집단원도 그 결과에 대하여 현존건조물방화치상죄의 책임을 진다.
ㄴ. 결과적 가중범의 공동정범은 기본행위를 공동으로 할 의사가 있으면 성립하고 결과를 공동으로 할 의사는 필요 없다.
ㄷ. 부진정 결과적 가중범에 있어서, 고의로 중한 결과를 발생하게 한 행위가 별도의 구성요건에 해당하고 그 고의범에 대하여 결과적 가중범에 정한 형보다 더 무겁게 처벌하는 규정이 있는 경우에는 그 고의범과 결과적 가중범은 상상적 경합 관계에 있다.
ㄹ. 교사자가 피교사자에 대하여 중상해를 교사하였는데 피교사자가 이를 넘어 살인을 실행한 경우, 교사자에게 피해자의 사망이라는 결과에 대하여 예견가능성이 있는 때에는 상해치사죄의 교사범으로서의 죄책을 지울 수 있다.
ㅁ. 적법하게 직무를 집행하는 공무원에 대하여 위험한 물건을 휴대하여 고의로 상해를 가한 경우에는 특수공무집행방해치상죄가 성립한다.

① ㄱ, ㄴ, ㄷ
② ㄱ, ㄴ, ㄹ, ㅁ
③ ㄱ, ㄷ, ㄹ, ㅁ
④ ㄴ, ㄷ, ㄹ, ㅁ
⑤ ㄱ, ㄴ, ㄷ, ㄹ, ㅁ

해설 및 정답 2023년 제12회 변호사시험 기출문제 1 **정답** ⑤

파워특강 형법 제164조 제2항 현존건조물방화치상죄 · 형법 제144조 제2항 특수공무집행방해치상죄. 형법 제15조 제1항 · 제30조 · 제31조. 현존건조물방화치상죄(=부진정결과적가중범. 예견가능한 결과를 예견하지 못한 경우와 그 결과를 예견한 경우와 고의가 있는 경우를 모두 포함. [판례] **일부 집단원이 고의행위로 살상을 가한 경우 다른 집단원에게 그 사상의 결과가 예견 가능한 것이었다면, 다른 집단원도 그 결과에 대하여 현존건조물방화치사상의 책임을 진다.** 형법 제15조 제1항 결과적 가중범과 공동정범. 결과적 가중범과 교사범(=교사자가 피교사자에 대하여 상해 또는 중상해를 교사하였는데 피교사자가 이를 넘어 살인을 실행한 경우, 일반적으로 교사자는 상해죄 또는 중상해죄의 교사범

> 이 되지만, 이 경우 교사자에게 피해자의 사망이라는 결과에 대하여 과실 내지 예견가능성이 있는 때에는 상해치사죄의 교사범이 성립한다). 결과적 가중범과 죄수(=부진정결과적가중범에서 고의로 중한 결과를 발생하게 한 행위가 별도의 구성요건에 해당하고, 그 고의범에 대하여 결과적가중범에 정한 형보다 더 무겁게 처벌하는 규정이 있는 경우, 그 고의범과 결과적가중범이 상상적 경합 관계에 있다). 적법한 공무를 집행 중인 공무원에게 위험한 물건을 휴대하고 고의로 상해한 경우(=형법 제144조 제2항 특수공무집행방해치상죄만 성립함).

ㄱ. (○) 대법원 1996. 4. 12. 선고 96도215 판결 [현존건조물방화치상(인정된 죄명 현존건조물방화)·화염병사용등의처벌에관한법률위반]

[판시사항] 방화행위를 하던 집단 중 1인이 피해자에게 화염병을 던져 화상을 입힌 경우, 공모에 참여한 집단원 모두가 현존건조물방화치상의 죄책을 진다고 본 사례.

[판결요지] 피해자의 화상은 이 사건 방화행위로 인하여 입은 것이라 할 것이므로 피고인을 비롯하여 당초 공모에 참여한 집단원 모두는 위 상해 결과에 대하여 현존건조물방화치상의 죄책을 면할 수 없다. 현존건조물방화치상죄와 같은 이른바 부진정결과적가중범은 예견가능한 결과를 예견하지 못한 경우뿐만 아니라 그 결과를 예견하거나 고의가 있는 경우까지도 포함하는 것이다. 그러므로 이 사건에서와 같이 사람이 **현존하는 건조물을 방화하는 집단행위의 과정에서 일부 집단원이 고의행위로 살상을 가한 경우에도 다른 집단원에게 그 사상의 결과가 예견 가능한 것이었다면 다른 집단원도 그 결과에 대하여 현존건조물방화치사상의 책임을 면할 수 없는 것이다.** 피고인을 비롯한 집단원들이 당초 공모시 쇠파이프를 소지한 방어조를 운용하기로 한 점에 비추어 보면 피고인으로서는 이 사건 건물을 방화하는 집단행위의 과정에서 상해의 결과가 발생하는 것도 예견할 수 있었다고 보이므로, 이 점에서도 **피고인을 현존건조물방화치상죄로 의율할 수 있다**고 본 사례.

☞ [출제] 2020년 제9회 변호사시험 기출문제 10

☞ [적중] 하태영, 형사법 종합연습, 변시기출문제분석편, 제3판, 법문사, 2021, 59–61면.

ㄴ. (○) 대법원 2000. 5. 12. 선고 2000도745 판결 [살인(인정된 죄명 : 상해치사)]

[판시사항] 결과적 가중범인 상해치사죄의 공동정범의 성립에 결과를 공동으로 할 의사가 필요한지 여부(소극) 및 수인이 상해의 범의로 범행 중 한 사람이 중한 상해를 가하여 피해자가 사망에 이르게 된 경우, 나머지 사람들도 상해치사의 죄책을 지는지 여부(한정 적극) [3] 공범자의 소유물도 몰수의 대상이 되는지 여부(적극)

[판결요지] 결과적 가중범인 상해치사죄의 공동정범은 폭행 기타의 신체침해 행위를 공동으로 할 의사가 있으면 성립된다. 결과를 공동으로 할 의사는 필요 없다. 여러 사람이 상해의 범의로 범행 중 한 사람이 중한 상해를 가하여 피해자가 사망에 이르게 된 경우, 나머지 사람들은 사망의 결과를 예견할 수 없는 때가 아닌 한 상해치사의 죄책을 면할 수 없다.

[3] 형법 제48조 제1항의 범인에는 공범자도 포함된다고 해석된다. 그러므로 범인 자신의 소유물은 물론 공범자의 소유물에 대하여도 이를 몰수할 수 있다.

☞ [출제] 2020년 제9회 변호사시험 기출문제 6 ㄱ.

ㄷ. (○) 대법원 2008. 11. 27. 선고 2008도7311 판결 [특수공무집행방해치상 · 폭력행위등처벌 관한 법률 위반(집단 · 흉기등상해) · 도로교통법위반(무면허운전)]

[판시사항] 부진정결과적가중범에서 고의로 중한 결과를 발생하게 한 행위를 더 무겁게 처벌하는 규정이 없는 경우, 결과적가중범과 고의범의 죄수관계

[판결요지] 기본범죄를 통하여 고의로 중한 결과를 발생하게 한 경우에 가중 처벌하는 부진정결과적가중범에서, 고의로 중한 결과를 발생하게 한 행위가 별도의 구성요건에 해당하고 그 고의범에 대하여 결과적가중범에 정한 형보다 더 무겁게 처벌하는 규정이 있는 경우에는 그 고의범과 결과적가중범이 상상적 경합관계에 있다. 하지만 위와 같이 **고의범에 대하여 더 무겁게 처벌하는 규정이 없는 경우에는 결과적가중범이 고의범에 대하여 특별관계에 있다. 그러므로 결과적가중범만 성립하고 이와 법조경합의 관계에 있는 고의범에 대하여는 별도로 죄를 구성하지 않는다.**★★★★★

☞ [출제] 2022년 제11회 변호사시험 기출문제 31 ㅁ.

☞ [출제] 2020년 제9회 변호사시험 기출문제 35 ㄴ.

☞ [출제] 2016년 제5회 변호사시험 기출문제 12.

☞ [적중] 하태영, 형사법 종합연습, 변시기출문제분석편, 제3판, 법문사, 2021, 54면.

ㄹ. (○) 대법원 1993. 10. 8. 선고 93도1873 판결 [상해치사교사]

[판시사항] 상해 또는 중상해를 교사하였는데 피교사자가 살인을 실행한 경우 교사자의 죄책

[판결요지] 교사자에게 피해자의 사망이라는 결과에 대하여 과실 내지 예견가능성이 있는 때에는 상해치사죄의 교사범으로서의 죄책을 지울 수 있다.

☞ [출제] 2016년 제5회 변호사시험 기출문제 12

☞ [적중] 하태영, 형사법 종합연습, 변시기출문제분석편, 제3판, 법문사, 2021, 55면.

ㅁ. (○) 대법원 2008. 11. 27. 선고 2008도7311 판결

[판결요지] [1] 기본범죄를 통하여 고의로 중한 결과를 발생하게 한 경우에 가중 처벌하는 부진정결과적가중범에서, **고의범에 대하여 더 무겁게 처벌하는 규정이 없는 경우에는 결과적가중범이 고의범에 대하여 특별관계에 있다. 그러므로 결과적가중범만 성립한다. 이와 법조경합의 관계에 있는 고의범에 대하여는 별도로 죄를 구성하지 않는다.**

[2] **직무를 집행하는 공무원에 대하여 위험한 물건을 휴대하여 고의로 상해를 가한 경우에는 특수공무집행방해치상죄만 성립할 뿐이다.** 이와는 별도로 폭력행위 등 처벌에 관한 법률 위반(집단 · 흉기 등 상해)죄를 구성하지 않는다.

☞ [출제] 2013년 제2회 변호사시험 기출문제 13

☞ [적중] 하태영, 형사법 종합연습, 변시기출문제분석편, 제3판, 법문사, 2021, 56면.

☞ [적중] 하태영, 형사법 종합연습, 실전예상문제분석편, 제4판, 법문사, 2021, 41-42면.

☞ 이 책 83면 상단 ㄷ. 해설 참조.

문 8. 위법성조각사유에 관한 설명 중 옳은 것은? (다툼이 있는 경우 판례에 의함)

출제내용

- 형법 제21조 정당방위: 상당성(= 필요성 · 사회윤리적 제한)
- 형법 제22조 긴급피난: 상당성(= 보충성 · 균형성 · 적합성)
- 형법 제20조 정당행위: 업무 · 법령 · 사회상규(社會常規)
- 형법 제20조 사회상규: 정당성 · 상당성 · 균형성 · 긴급성 · 보충성
- 형법 제23조 자구행위: 상당성(= 필요성 · 보충성)
- 형법 제24조 피해자승낙: 승낙객체(= 사회상규 충족 · 생명과 신체 제외)

출제분석

2024년 제13회 변호사시험 출제예상 ★
2023년 제12회 변호사시험 기출문제 3
2022년 제11회 변호사시험 기출문제 3
2021년 제10회 변호사시험 기출문제 3
2020년 제9회 변호사시험 기출문제 10
2019년 제8회 변호사시험 기출문제 6
2018년 제7회 변호사시험 기출문제 9
2017년 제6회 변호사시험 기출문제 5
2016년 제5회 변호사시험 기출문제 7
2014년 제3회 변호사시험 기출문제 15
2012년 제1회 변호사시험 기출문제 17

가. 위법성조각사유에 관한 설명 중 옳은 것이다(○).

① 피고인이 한의사 자격이나 이에 관한 면허도 없이 영리를 목적으로 환부에 부항침으로 10회 정도 찌르고 다시 부항을 뜨는 방법으로 치료행위를 하면서 부항침과 부항을 이용하여 체내의 혈액을 밖으로 배출되도록 한 것이라면 이러한 피고인의 시술행위는 사회상규에 위배되지 아니하는 행위로 볼 수 없다.

해설 및 정답 2019년 제8회 변호사시험 기출문제 6 **정답** ○
대법원 2004. 10. 28. 선고 2004도3405 판결

중요 ② 「형법」 제20조의 '사회상규에 위배되지 아니하는 행위'라 함은 국가질서의 존

중이라는 인식을 바탕으로 한 국민일반의 건전한 도의적 감정에 반하지 아니한 행위로서 초법규적인 기준에 의하여 이를 평가해야 한다.

해설 및 정답 2019년 제8회 변호사시험 기출문제 6 ★ **정답** ○

대법원 1983. 11. 22. 선고 83도2224 판결 [특정범죄가중처벌등에관한법률위반]

③ 타인 명의의 사문서를 작성·수정할 당시 명의자의 현실적인 승낙은 없었지만, 그 승낙을 얻는 것이 불가능하였고 그 당시의 모든 객관적 사정을 종합하여 명의자가 행위 당시 그 사실을 알았다면 당연히 승낙했을 것이라고 추정되는 경우 사문서의 위·변조죄가 성립하지 않는다.

해설 및 정답 2019년 제8회 변호사시험 기출문제 6 **정답** ○

대법원 2008. 4. 10. 선고 2007도9987 판결 [사문서위조·위조사문서행사]

④ 아파트 입주자대표회의 회장이 일부 입주민이 가입한 케이블TV방송의 시험방송 송출로 인하여 위성방송의 수신이 불가능하게 되었다는 다수 입주민들의 민원을 접수한 후 케이블TV방송에 시험방송 송출을 중단해 달라는 요청도 해 보지 아니한 채 시험방송이 송출된 지 약 1시간 30여 분 만에 곧바로 케이블TV방송의 방송안테나를 절단하도록 지시한 행위는 긴급피난에 해당하지 않는다.

해설 및 정답 2019년 제8회 변호사시험 기출문제 6 **정답** ○

대법원 2006. 4. 13. 선고 2005도9396 판결 [업무방해]

⑤ 선장이 피조개양식장에 피해를 주지 않기 위해 양식장까지의 거리가 약 30미터가 되도록 선박의 닻줄을 7샤클(175미터)에서 5샤클(125미터)로 감아놓았다. 그런데 태풍을 갑자기 만나게 되면서 선박의 안전을 위하여 어쩔 수 없이 선박의 닻줄을 7샤클로 늘여 놓았다가 피조개양식장을 침범하여 물적 피해를 야기한 경우 긴급피난으로 벌하지 아니한다.

해설 및 정답 2018년 제7회 변호사시험 기출문제 9 **정답** ○

대법원 1987. 1. 20. 선고 85도221 판결 [재물손괴·공유수면관리법위반]

이 사안은 상당성 요건을 모두 갖추고 있다. 보충성(다른 수단과 다른 방법이 없음 +), 균형성(생명과 재산 이익형량 +), 적합성(법적 절차에 따른 최소 조치임 +) 이다.

중요 ⑥ 甲은 자신의 아파트로 찾아와 소란을 피우는 친구 乙에게 출입문을 열어주었다. 그러나 乙이 신발을 신은 채 거실로 들어와 함께 온 아들과 합세하여 남편과의 불륜관계를 추궁하며 자신을 구타하였다. 甲은 그로부터 벗어나기 위해 손을 휘저으며 발버둥을 치는 과정에서 乙에게 상해를 가한 경우

해설 및 정답 2017년 제6회 변호사시험 기출문제 5 ★ 정답 ○

이 사안은 정당방위로 위법성이 조각된다. 자기법익(+), 현재성(+), 방위행위(+), 상당성(필요성 +, 사회윤리적 제한 +). 모든 요건을 갖추고 있다.

대법원 2010. 2. 11. 선고 2009도12958 판결 [상해]

⑦ 변호사 甲은 참고인 조사를 받는 줄 알고 검찰청에 자진출석한 자신의 사무장 乙을 합리적 근거 없이 검사가 긴급체포하자 이를 제지하는 과정에서 검사에게 상해를 가한 경우

해설 및 정답 2017년 제6회 변호사시험 기출문제 5 정답 ○

대법원 2006. 9. 8. 선고 2006도148 판결

이 사안은 정당방위로 위법성이 조각된다. 타인법익(+), 현재성(+), 방위행위(+), 상당성(필요성 +, 사회윤리적 제한 +). 모든 요건을 갖추고 있다.

[판결요지] 검사가 참고인 조사를 받는 줄 알고 검찰청에 자진출석한 변호사사무실 사무장을 합리적 근거 없이 긴급체포하자 그 변호사가 이를 제지하는 과정에서 위 검사에게 상해를 가한 것이 정당방위에 해당한다.

중요 ⑧ 의사의 불충분한 설명을 근거로 환자가 수술에 동의하였더라도 피해자 승낙으로 수술의 위법성이 조각되지 않는다.

해설 및 정답 2016년 제5회 변호사시험 기출문제 7 정답 ○

대법원 1993. 7. 27. 선고 92도2345 판결 [업무상과실치상]

☞ [출제] 2021년 제10회 변호사시험 기출문제 1

⑨ 가해자의 행위가 피해자의 부당한 공격을 방위하기 위한 것보다는 서로 공격할 의사로 싸우다가 먼저 공격을 받고 이에 대항하여 가해하게 된 경우, 그 가해행위는 방어행위인 동시에 공격행위 성격을 가지므로 정당방위라고 볼 수 없다.

해설 및 정답 2014년 제3회 변호사시험 기출문제 15 정답 ○

대법원 2000. 3. 28. 선고 2000도228 판결 [폭력행위 등 처벌에 관한 법률 위반]

싸움 중에 이루어진 가해행위가 정당방위 또는 과잉방위행위에 해당할 수 없다.

중요 ⑩ 고의에 의한 방위행위가 위법성이 조각되기 위해서는 정당방위상황뿐 아니라 행위자에게 방위의사도 인정되어야 한다.

해설 및 정답 2012년 제1회 변호사시험 기출문제 17 ★ **정답** ○

대법원 1997. 4. 17. 선고 96도3376 전원합의체 판결

정당방위 · 과잉방위나 긴급피난 · 과잉피난이 성립하기 위하여는 방위의사 또는 피난의사가 있어야 한다. 위법성조각사유는 객관적 정당화요소와 주관적 정당화 요소가 모두 있어야 한다. 주관적 정당화요소가 결여되면 기수이다. 이원적 인적 불법론을 취하고 있다.

[판결요지] 정당행위가 성립하기 위하여는 건전한 사회통념에 비추어 그 행위의 동기나 목적이 정당하여야 하고, **정당방위 · 과잉방위나 긴급피난 · 과잉피난이 성립하기 위하여는 방위의사 또는 피난의사가 있어야 한다고 할 것이다.**

나. 위법성조각사유에 관한 설명 중 옳지 않은 것이다(×).

① 이혼소송 중인 남편 A가 찾아와 아내 甲의 목에 가위를 겨누면서 이혼하면 죽여 버리겠다고 협박하고 변태적 성행위를 강요하는 데에 격분하여 甲이 사전에 침대 밑에 숨겨 놓았던 칼로 A의 복부를 찔러 그 자리에서 사망에 이르게 한 경우, 甲의 행위는 과잉방위에 ~~해당한다.~~ 해당하지 않는다.

해설 및 정답 2019년 제8회 변호사시험 기출문제 6 **정답** ×

대법원 2001. 5. 15. 선고 2001도1089 판결 [상해치사]

[판결요지] 이혼소송중인 남편이 찾아와 가위로 폭행하고 변태적 성행위를 강요하는 데에 격분하여 처가 칼로 남편의 복부를 찔러 사망에 이르게 한 경우, 그 행위는 **방위행위로서의 한도를 넘어선 것으로 정당방위나 과잉방위에 해당하지 않는다.**

② 정당 당직자가 행위주체 국회 외교통상 상임위원회 회의장 앞 복도에서 출입이 봉쇄된 회의장 출입구를 뚫을 목적으로 회의장 출입문 및 그 안쪽에 쌓여있던 집기를 손상하거나 국회 심의를 방해할 목적으로 회의장 내에 물을 분사한 경우 행위 ~~긴급피난으로 벌하지 아니한다.~~ 긴급피난요건을 충족하지 않는다.

해설 및 정답 2018년 제7회 변호사시험 기출문제 9 **정답** ×

대법원 2013. 6. 13. 선고 2010도13609 판결

이 사안은 상당성 요건을 모두 갖추고 있지 않다. 보충성(다른 수단과 다른 방법이 있음 −), 균형성(국회심의 이익형량 −), 적합성(법적 절차에 따른 최소 조치가 아님 −) 이다.

[공소사실] 갑 정당 당직자인 피고인들 등이 국회 외교통상 상임위원회 회의장 앞 복도에서 출입이 봉쇄된 회의장 출입구를 뚫을 목적으로 회의장 출입문 및 그 안쪽에 쌓여있던 책상, 탁자 등 집기를 손상하거나, 국회의 심의를 방해할 목적으로 소방호스를 이용하여 회의장 내에 물을 분사한 사안이다.

[판결요지] 상당성의 요건을 갖추지 못하여 이를 위법성이 조각되는 정당행위나 긴급피난의 요건을 갖춘 행위로 평가하기 어렵다.

③ 자신의 진돗개를 물어뜯는 공격을 하였다는 이유로 소지하고 있던 기계톱으로 타인의 개를 내리쳐 등 부분을 절개하여 죽인 경우 ~~긴급피난으로 벌하지 아니한다.~~ 긴급피난요건을 충족하지 않는다.

해설 및 정답 2018년 제7회 변호사시험 기출문제 9 정답 ×

대법원 2016. 1. 28. 선고 2014도2477 판결 [동물보호법위반 · 재물손괴]

이 사안은 상당성 요건을 모두 갖추고 있지 않다. 보충성(다른 수단과 다른 방법이 있음 –), 균형성(재산과 재산 이익형량 –), 적합성(법적 절차에 따른 최소 조치가 아님 –) 이다.

☞ [출제] 2017년 제6회 변호사시험 기출문제 5

중요 ④ 운전자가 경찰관의 불심검문을 받아 운전면허증을 교부한 후 경찰관에게 큰 소리로 욕설을 하였는데, 경찰관이 자신을 모욕죄의 현행범으로 체포하려고 하자 반항하면서 경찰관에게 가벼운 상해를 입힌 경우 ~~긴급피난으로 벌하지 아니한다.~~ 긴급피난요건을 충족하지 않는다. 이 사안은 정당방위에 해당한다.

해설 및 정답 2018년 제7회 변호사시험 기출문제 9 ★ 정답 ×

대법원 2011. 5. 26. 선고 2011도3682 판결 [상해 · 공무집행방해]

[판결요지] **피고인의 모욕 범행은 불심검문에 항의하는 과정에서 저지른 일시적, 우발적인 행위로서 사안 자체가 경미할 뿐 아니라, 피해자인 경찰관이 범행현장에서 즉시 범인을 체포할 급박한 사정이 있다고 보기도 어려우므로, 경찰관이 피고인을 체포한 행위는 적법한 공무집행이라고 볼 수 없고, 피고인이 체포를 면하려고 반항하는 과정에서 상해를 가한 것은 불법체포로 인한 신체에 대한 현재의 부당한 침해에서 벗어나기 위한 행위로서 정당방위에 해당한다**는 이유로, 피고인에 대한 상해 및 공무집행방해의 공소사실을 무죄로 인정한 원심판단을 수긍한 사례.

⑤ 甲이 군무기피의 목적이 있었으나 국군보안사령부의 민간인에 대한 정치사찰을 폭로한다는 명목으로 군무를 이탈한 경우

해설 및 정답 2017년 제6회 변호사시험 기출문제 5 정답 ×

대법원 1993. 6. 8. 선고 93도766 판결 [군무이탈]

형법 제20조 정당행위에 해당되지 않는다. ① **행위목적과 행위동기 정당성(양심의 자유, 국군보안사령부의 민간인에 대한 정치사찰을 폭로와 군무기피 +), ② 행위수단과 행위방법 상당성(군무이탈 -), ③ 보호이익과 침해이익 법익균형성(양심의 자유와 군대질서 -), ④ 긴급성(없음 -), ⑤ 다른 수단과 다른 방법이 없는 보충성(선택여지 있음 -)이다.**

[판결요지] 군무기피를 목적으로 한 피고인의 이 사건 부대이탈행위가 자기 또는 타인의 법익에 대한 현재의 부당한 침해를 방위하기 위한 행위로서 사회적으로 상당하여 형법 제21조에 정한 정당방위에 해당한다거나 같은 법 제20조에 정한 사회통념상 허용될 수 있는 정당행위에 해당한다고 볼 수는 없을 것이다.

⑥ 甲이 乙과 말다툼을 하던 중 乙이 건초더미에 있던 낫을 들고 반항하자 乙로부터 낫을 빼앗아 그 낫으로 乙의 가슴, 배, 왼쪽 허벅지 부위 등을 수차례 찔러 乙이 사망한 경우

해설 및 정답 2017년 제6회 변호사시험 기출문제 5 **정답** ×

대법원 2007. 4. 26. 선고 2007도1794 판결 [살인]

[판결요지] 피해자가 피고인에게 한 가해의 수단 및 정도, 그에 비교되는 피고인의 행위의 수단, 방법과 행위의 결과 등 제반 사정에 비추어, **피고인의 이 사건 범행행위가 피해자의 피고인에 대한 현재의 부당한 침해를 방위하거나 그러한 침해를 예방하기 위한 행위로 상당한 이유가 있는 경우에 해당한다고 볼 수 없다.** 또 **피고인의 이 사건 범행행위는 방위행위가 그 정도를 초과한 때에 해당하거나 정도를 초과한 방위행위가 야간 기타 불안스러운 상태하에서 공포, 경악, 흥분 또는 당황으로 인한 때에 해당한다고 볼 수도 없다**고 판단하였는바, 앞서 본 법리와 기록에 비추어 살펴보면, 위와 같은 원심의 조치는 옳은 것으로 수긍이 가고, 거기에 상고이유의 주장과 같은 채증법칙 위배로 인한 사실오인이나 **정당방위 및 과잉방위에 관한 법리오해의 위법이 있다고 할 수 없다.**

⑦ 피해자의 승낙에 의한 행위가 사회상규에 위배된 때에는 위법하다는 이른바 피해자의 승낙에 대한 '사회상규적·윤리적 한계에 의한 제약'은 판례에 의할 때 ~~상해죄에 대하여만 인정된다.~~ 모든 범죄에 인정된다.

해설 및 정답 2016년 제5회 변호사시험 기출문제 7 **정답** ×

모든 범죄에 인정된다.

⑧ 승낙은 법익침해 후에 하여도 유효하며, 승낙한 이후에는 자유롭게 철회할 수 ~~없다.~~ 있다.

해설 및 정답 2016년 제5회 변호사시험 기출문제 7 **정답** ×

승낙은 법익침해 이전에 표시하여야 하며 법익침해 시까지 계속되어야 한다. 사후승낙은 위법성을 조각하지 않는다. 승낙은 자유로이 철회할 수 있다. 철회방법은 제한이 없다.

중요 ⑨ 甲이 자신의 부(父) 乙에게서 乙 소유의 부동산 매매에 관한 권한 일체를 위임받아 이를 매도하였다. 그런데 그 후 乙이 갑자기 사망하자 소유권 이전에 사용할 목적으로 乙이 甲에게 인감증명서 발급을 위임한다는 취지의 인감증명 위임장을 작성한 경우 乙의 추정적 승낙이 ~~인정되므로~~ 인정되지 않으므로 사문서위조죄가 ~~성립하지 않는다.~~ 성립한다.

해설 및 정답 2014년 제3회 변호사시험 기출문제 15 **정답** ×

갑의 사망으로 위임관계와 포괄적인 대리관계는 종료된다.

대법원 2011. 9. 29. 선고 2011도6223 판결 [사문서위조 · 위조사문서행사]

[판결요지] 이미 사망한 갑이 '병안 중'이라는 사유로 피고인에게 인감증명서 발급을 위임한다는 취지의 인감증명 위임장이 작성됨으로써 문서에 관한 공공의 신용을 해할 위험성이 발생하였다 할 것이다. 피고인이 명의자 갑이 승낙하였을 것이라고 기대하거나 예측한 것만으로는 사망한 갑의 승낙이 추정된다고 단정할 수 없다.

⑩ 자구행위가 그 정도를 초과하더라도 야간 기타 불안스러운 상태하에서 공포 · 경악 · 흥분 · 당황으로 인한 경우에는 벌하지 아니한다.

해설 및 정답 2012년 제1회 변호사시험 기출문제 17 **정답** ×

오상과잉자구행위는 명문 규정이 없다. 형법 제23조(자구행위) 제1항 · 제2항 참조.

다. 위법성조각사유 종합문제

01 ★★★★★

다음 사례에 관한 설명 중 옳은 것은? (다툼이 있는 경우 판례에 의함)

> **甲은 21:25경** 자신의 약혼자를 승용차에 태우고 도로를 진행하고 있었는데, 술에 취하여 인도에서 택시를 기다리고 있던 乙이 甲의 차를 乙의 **회사 직원이 타고 가는 차로 오인하고** 차도로 나와 甲의 차를 세워 타려고 하였다. 이에 甲이 항의하자 乙은 甲의 바지춤을 잡고 끌어당겨 **甲의 바지를 찢어지게 한 다음 甲을 잡아끌고 가려다가 甲과 함께 넘어졌다.** 甲은 약혼자의 신고로 출동한 경찰관이 현장에 도착할 때까지 약 3분 가량 **乙의 양손을 잡아 누르고 있었다.**

중요 ① 위 사례에서는 공격행위와 방어행위가 연달아 행하여지고 甲의 방어행위가 동시에 공격행위인 양면적 성격을 띠므로 甲의 행위만을 가려내어 정당방위에 해당한다고 보기 어렵다.

해설 및 정답 2020년 제9회 변호사시험 기출문제 4 **정답** ×

- **핵심내용:** 위법성조각사유 형법 제21조 정당방위, 형사소송법 제323조(유죄판결 명시이유 설명), 엄격한 증명의 대상

대법원 1999. 6. 11. 선고 99도943 판결 [폭력행위등 처벌 관한 법률 위반]

[판시사항] 폭력행위등처벌 관한 법률 위반행위가 정당방위에 해당한다고 본 사례.

[판결요지] 피해자가 피고인 운전의 차량 앞에 뛰어 들어 함부로 타려고 하고 이에 항의하는 피고인의 바지춤을 잡아당겨 찢고 피고인을 끌고 가려다가 넘어지자, 피고인이 피해자의 양 손목을 경찰관이 도착할 때까지 약 3분간 잡아 누른 경우, 정당방위에 해당한다고 본 사례.

중요 ② 甲의 행위는 乙로부터 부당한 침해를 방위하기 위한 것이기는 하나 사회통념상 허용될 만한 정도의 상당성이 있는 것으로 보이지 아니하므로 과잉방위에 해당한다.

해설 및 정답 2020년 제9회 변호사시험 기출문제 4 **정답** ×

대법원 1999. 6. 11. 선고 99도943 판결 [폭력행위등 처벌에 관한 법률 위반]

중요 ③ 위 사례는 乙이 일방적으로 불법한 공격을 가하고 甲은 불법한 공격으로부터 자신을 보호하기 위한 저항수단으로 유형력을 행사한 경우이나 그 행위가 소극적인 방어의 한도를 벗어나 적극적 반격에 이르렀으므로 甲의 행위는 정당행위로서 위법성이 조각된다고 할 수 없다.

해설 및 정답 2020년 제9회 변호사시험 기출문제 4 **정답** ×

대법원 1999. 6. 11. 선고 99도943 판결 [폭력행위등 처벌에 관한 법률 위반]

중요 ④ 甲의 행위가 정당방위 또는 정당행위에 해당한다는 점은 甲이 입증하여야 하나, 그 증명은 법관으로 하여금 의심할 여지가 없을 정도의 확신을 가지게 하는 증명력을 가진 엄격한 증거에 의하여야 하는 것은 아니다.

해설 및 정답 2020년 제9회 변호사시험 기출문제 4 **정답** ×

위법성조각사유는 형벌권 존부를 다투는 중요한 사실이다. 그러므로 엄격한 증명을 요한다. **구성요건, 위법성조각사유, 책임조각사유 부존재는 엄격한 증명의 대상이다.**

중요 ⑤ 乙이 폭행죄로 기소되어 공판절차에서 범행 당시 술에 만취하였기 때문에 전혀 기억이 없다고 범의를 부인함과 동시에 심신상실 상태에 있었다고 주장한다면, 법원이 乙에 대해 유죄판결을 함에 있어서는 그에 대한 판단을 명시하여야 한다.

해설 및 정답 2020년 제9회 변호사시험 기출문제 4 **정답** ○

> 형사소송법 제323조(유죄판결 명시이유 설명)
> ① 재판장은 형선고를 하는 경우 **판결이유에 범죄사실 · 증거요지 · 법령적용을 명시한다.**
> ② 재판장은 법률상 **범죄성립조각이유 · 형가중이유 · 형감면이유에 대해 사실진술이 있은 경우 그 판단을 명시한다.**

대법원 1984. 9. 11. 선고 84도1387 판결 [폭력행위 등 처벌에 관한 법률 위반]

[판결요지] 피고인의 감당하기 어려울 정도로 만취되어 거의 의식불명의 상태에서 본건 범행을 저지른 것이라는 주장은 피고인이 범행 당시 심신장애의 상태에 있었음을 내세우는 취지로서 **형사소송법 제323조 제2항에 규정된 범죄의 성립을 조각하거나 형의 감면의 이유가 되는 사실의 진술에 해당한다고 하겠으므로 원심으로서는 이에 대한 판단을 명시하였어야 할 것이다.**

02 ★★★★★

피해자의 승낙에 관한 설명 중 옳은 것을 모두 고른 것은? (다툼이 있는 경우 판례에 의함)

> **파워특강** 피해자 승낙의 요건(객관적 요건과 주관적 요건), 승낙주체(법익을 처분할 수 있는 자) · 승낙객체(사회상규 충족: 생명과 신체 제외함) · 승낙행위(유효한 승낙+, 묵시적 승낙+)

① 피해자의 승낙이 객관적으로 존재하는데도 불구하고 행위자가 이를 알지 못하고주관적 요건 결여- 행위한 경우에는 ~~위법성조각사유의 전제사실의 착오가 되어~~ 위법성이 조각되지 않는다.

해설 및 정답 2021년 제10회 변호사시험 기출문제 1 **정답** ×

위법성조각사유는 객관적 요건과 주관적 요건이 모두 충족해야 한다. 피해자승낙도 주관적 요건이 충족되어야 한다. 객관적 요건이 충족됨에도 이를 알지 못한 경우, 주관적 요건 충족되지 않는다. 위법성이 조각되지 않는다. 이 경우 일부 학자들은 불능미수에 해당한다고 한다. 주관적 요건이 조각되지 않아 처벌이 되어야 한다는 입장이다. 생각건대 위법성조각사유는 객관적 구성요건과 주관적 구성요건을 모두 조각해야 성립하는 것이다. 판례도 같은 입장이다.

② 개인적 법익을 훼손하는 경우에 「형법」 제24조의 피해자의 승낙에 의해 위법성이 조각되려면 그 승낙이 법률상 이를 처분할 수 있는 사람의 승낙이어야 할 뿐 아니라 윤리적, 도덕적으로 사회상규에 반하지 않아야 할 것이라는 요건도 충족되어야 한다.

해설 및 정답 2021년 제10회 변호사시험 기출문제 1 **정답** ○

대법원 1985. 12. 10. 선고 85도1892 판결 [폭행치사]

[판시사항] 형법 제24조 소정의 위법성이 조각되는 피해자의 승낙의 범위

[판결요지] 형법 제24조의 규정에 의하여 위법성이 조각되는 피해자의 승낙은 개인적 법익을 훼손하는 경우에 **법률상 이를 처분할 수 있는 사람의 승낙을 말할 뿐만 아니라 그 승낙이 윤리적, 도덕적으로 사회상규에 반하는 것이 아니어야 한다.**

☞ [출제] 2020년 제9회 변호사시험 기출문제 6 · 2018년 제7회 변호사시험 기출문제 5

중요 ③ 의사의 진단상 과오로 인해 당연히 설명받았을 내용을 설명받지 못한 경우라도 피해자로부터 수술 승낙을 받은 이상 그 승낙은 수술의 위법성을 조각할 유효한 승낙이라고 볼 수 ~~있다.~~ 없다

해설 및 정답 2021년 제10회 변호사시험 기출문제 1 **정답** ×

대법원 1993. 7. 27. 선고 92도2345 판결 [업무상과실치상]

[판시사항] [1] 수술승낙이 의사의 부정확 또는 불충분한 설명에 의한 것인 경우의 효력

[2] 난소의 제거로 임신불능인 상태에 있어서의 자궁적출행위가 업무상 과실치상죄 소정의 상해에 해당하는지 여부

[판결요지] 진단상의 과오가 없었으면 당연히 설명받았을 자궁외 임신에 관한 내용을 설명받지 못한 피해자로부터 수술승낙을 받았다면 위 승낙은 부정확 또는 불충분한 설명을 근거로 이루어진 것으로서 수술의 위법성을 조각할 유효한 승낙이라고 볼 수 없다.

☞ [출제] 2016년 제5회 변호사시험 기출문제 7

④ 묵시적 승낙이 있는 경우에도 피해자의 승낙에 의해 위법성이 조각될 수 있다.

해설 및 정답 2021년 제10회 변호사시험 기출문제 1 **정답** ○

대법원 1983. 2. 8. 선고 82도2486 판결 [신용훼손 · 업무방해 · 횡령 · 배임 · 무고]

[판결요지] 피고인이 계주의 업무를 대행하는데 대하여 이를 승인 내지 묵인한 사실이 인정된다면 피고인의 소위는 이른바 위 공소외 (갑)의 승낙이 있었던 것으로서 위법성이 조각되어 업무방해죄가 성립되지 않는다.

☞ [출제] 2012년 제1회 변호사시험 기출문제 17 유사

03 ★★★★★

위법성에 관한 설명 중 옳지 않은 것을 모두 고른 것은? (다툼이 있는 경우 판례에 의함)

ㄱ. 사채업자 A의 채무변제 독촉을 받고 있던 甲은 아들 B(20세)의 상해보험금을 타서 이를 변제하기로 하고 B의 진지한 승낙을 받아 B의 새끼손가락을 절단한 경우, 甲의 상해행위는 위법성이 조각되지 않는다.

ㄴ. 甲은 乙과 말다툼을 하다가 낫을 들고 반항하는 乙로부터 낫을 빼앗아 乙의 가슴, 배, 목 등을 10여 차례 찔러 乙로 하여금 자상으로 사망하게 한 경우, 甲의 행위는 그 정도를 초과한 것으로서 「형법」 제21조 제2항의 과잉방위에 ~~해당한다.~~ 해당하지 않는다.

ㄷ. 甲이 스스로 야기한 강간범행의 와중에 피해자 A가 甲의 손가락을 깨물며 반항하자 물린 손가락을 비틀어 잡아 뽑다가 A에게 치아결손의 상해를 입힌 경우, 甲의 행위는 법에 의하여 용인되는 피난행위라 할 수 없다.

중요 ㄹ. 甲이 乙로부터 갑자기 뺨을 맞는 등 폭행을 당하여 서로 멱살을 잡고 다투자 주위 사람들이 싸움을 제지하였으나 甲은맨손으로 공격하는 乙에게 대항하기 위하여 깨어진 병으로 乙을 찌를 듯이 겨누어 협박한 경우, 甲의 행위는 사회통념상 그 정도를 초과하여 상당성이 결여된 것으로서 정당방위에 해당하지 않는다.

중요 ㅁ. 甲이 불심검문을 받아 경찰관 A에게 운전면허증을 교부한 후 불심검문에 항의하는 과정에서 우발적으로 큰소리로 욕설을 하여 A뿐만 아니라 인근 주민도 그 욕설을 직접 들었던 상황에서, A가 甲을 모욕죄의 현행범으로 체포하려 하자 甲이 이에 반항하는 과정에서 A에게 상해를 입힌 행위는 정당방위에 ~~해당하지 않는다.~~ 해당한다.

① ㄱ, ㄴ　② ㄱ, ㄷ
③ ㄴ, ㅁ　④ ㄴ, ㄹ, ㅁ
⑤ ㄷ, ㄹ, ㅁ

해설 및 정답 2022년 제11회 변호사시험 기출문제 3 **정답** ③

파워특강 위법성. 상해보험금 목적으로 아들 새끼손가락 절단한 행위(=형법 제24조 피해자 승낙 불성립. 위법성 조각되지 않음. 사회상규에 반한 승낙임). 싸움 중이라도 살상용 무기를 빼앗아 다시 공격하여 피해자를 살해한 경우(=형법 제251조 살인죄 성립. 형법 제21조 제1항 정당방위 불성립. 형법 제21조

제2항 과잉방위 불성립). 강간행위 도중 피해자가 손가락을 깨물자 너무 아파 손가락을 비틀어 피해자에게 치아결손 상해를 가한 행위(=형법 제257조 제1항 상해죄 성립. 형법 제22조 긴급피난 불성립. 사안에서 고의의 자초위난은 위난에 해당하지 않음). 싸움 중이라도 말리는 사람이 있음에도 깨어진 유리병(흉기)으로 피해자를 찌를 듯이 겨누면서 협박한 경우(=형법 제283조 제1항 협박죄 성립. 형법 제21조 정당방위 불성립. 상당성 요건 결여). 경찰관에게 욕설한 행위로 모욕죄 현행범인으로 체포되자 반항하면서 경찰관에게 상해를 가한 경우(=형법 제136조 공무집행방해죄 불성립. 구성요건 해당성 없음. 불법공무집행임. 또한 형법 제257조 제1항 상해죄 또는 제267조 폭행치상죄 불성립. 형법 제21조 정당방위 성립. 위법성이 조각됨).

ㄱ. (○) 대법원 2008. 12. 11. 선고 2008도9606 판결 [사기 · 특수절도 · 상해 · 사문서위조]

[판시사항] [1] 위법성조각사유인 피해자의 승낙이 갖추어야 하는 요건 [2] 갑이 을과 공모하여 보험사기를 목적으로 을에게 상해를 가한 사안에서, 피해자의 승낙으로 위법성이 조각되지 아니한다고 한 사례.

[판결요지] 형법 제24조의 규정에 의하여 위법성이 조각되는 피해자의 승낙은 개인적 법익을 훼손하는 경우에 법률상 이를 **처분할 수 있는 사람의 승낙이어야 할 뿐만 아니라 그 승낙이 윤리적 · 도덕적으로 사회상규에 반하는 것이 아니어야 한다**(대법원 1985. 12. 10. 선고 85도1892 판결 등 참조). 원심은 그 판시와 같은 사실을 인정한 다음, **피고인이 피해자와 공모하여 교통사고를 가장하여 보험금을 편취할 목적으로 피해자에게 상해를 가하였다면 피해자의 승낙이 있었다고 하더라도 이는 위법한 목적에 이용하기 위한 것이다. 그러므로 피고인의 행위가 피해자의 승낙에 의하여 위법성이 조각된다고 할 수 없다**고 판단하였다.

☞ [출제] 2021년 제10회 변호사시험 기출문제 1 · 2016년 제5회 변호사시험 기출문제 7

☞ [적중] 하태영, 형사법종합연습 변시기출문제분석, 제3판, 2021, 70면. 74면.

ㄴ. (×) 대법원 2007. 4. 26. 선고 2007도1794 판결 [살인]

[판시사항] 정당방위의 성립요건

[판결요지] 형법 제21조 소정의 정당방위가 성립하려면 침해행위에 의하여 침해되는 법익의 종류, 정도, 침해의 방법, 침해행위의 완급과 방위행위에 의하여 침해될 법익의 종류, 정도 등 일체의 구체적 사정들을 참작하여 방위행위가 사회적으로 상당한 것이어야 한다(대법원 1992. 12. 22. 선고 92도2540 판결, 2005. 9. 30. 선고 2005도3940, 2005감도15 판결 등 참조).

피고인의 이 사건 범행행위가 피해자의 피고인에 대한 현재의 부당한 침해를 방위하거나 그러한 침해를 예방하기 위한 행위로 상당한 이유가 있는 경우에 해당한다고 볼 수 없다. 또한 피고인의 이 사건 범행행위는 방위행위가 그 정도를 초과한 때에 해당하거나 정도를 초과한 방위행위가 야간 기타 불안스러운 상태하에서 공포, 경악, 흥분 또는 당황으로 인한 때에 해당한다고 볼 수도 없다.

☞ [출제] 2017년 제6회 변호사시험 기출문제 5

☞ [적중] 하태영, 형사법종합연습 변시기출문제분석, 제3판, 2021, 70면.

ㄷ. (○) 대법원 1995. 1. 12. 선고 94도2781 판결 [폭력행위등처벌에관한법률위반 · 강간치상]

[판시사항] [1] 강간치사상죄에 있어서 사상의 결과는 강간에 수반하는 행위에서 발생한 경우도 포함하는지 여부 [2] 스스로 야기한 강간범행의 와중에서 피해자가 손가락을 깨물며 반항하자 물린 손가락을 비틀며 잡아 뽑다가 피해자에게 치아결손의 상해를 입힌 소위를 긴급피난행위라 할 수 있는지 여부

[판결요지] [1] 강간 등에 의한 치사상죄에 있어서 사상의 결과는 간음행위 그 자체로부터 발생한 경우나 강간의 수단으로 사용한 폭행으로부터 발생한 경우는 물론 강간에 수반하는 행위에서 발생한 경우도 포함한다.

[2] **피고인이 스스로 야기한 강간범행의 와중에서 피해자가 피고인의 손가락을 깨물며 반항하자 물린 손가락을 비틀며 잡아 뽑다가 피해자에게 치아결손의 상해를 입힌 소위를 가리켜 법에 의하여 용인되는 피난행위라 할 수 없다.**

ㄹ. (○) 대법원 1991. 5. 28. 선고 91도80 판결 [폭력행위등처벌에관한법률위반]

[판시사항] [1] 방송기자가 건설회사 경영주에게 그 회사가 건축한 아파트의 공사하자에 관하여 방송으로 계속 보도할 것 같은 태도를 보임으로써 회사의 신용훼손을 우려한 그로부터 속보 무마비조로 돈을 받은 경우 공갈죄의 구성요건이 충족되고 또 인과관계도 인정된다고 한 사례.

[2] 피고인이 피해자로부터 뺨을 맞는 등 폭행을 당하여 서로 멱살을 잡고 다투자 주위 사람들이 싸움을 제지하였으나 피해자에게 대항하기 위하여 깨어진 병으로 피해자를 찌를 듯이 겨누어 협박한 경우, 피고인의 행위는 정당방위나 야간의 공포나 당황으로 인한 과잉방위에 해당하지 아니한다고 본 사례.

ㅁ. (×) 대법원 2011. 5. 26. 선고 2011도3682 판결 [상해 · 공무집행방해]

공무집행방해죄는 구성요건이 조각된다. 적법한 공무집행이 아니기 때문이다. 한편 **폭행치상(또는 상해)은 구성요건에 해당하지만 정당방위로서 위법성이 조각된다. 개별 구성요건을 범죄체계도에 따라 정밀하게 검토해야 한다.**

[판결요지] [1] 현행범인은 누구든지 영장 없이 체포할 수 있다(형사소송법 제212조). 현행범인으로 체포하기 위하여는 행위의 가벌성, 범죄의 현행성 · 시간적 접착성, 범인 · 범죄의 명백성 이외에 체포의 필요성 즉, 도망 또는 증거인멸의 염려가 있어야 한다. 이러한 요건을 갖추지 못한 현행범인 체포는 법적 근거에 의하지 아니한 영장 없는 체포로서 위법한 체포에 해당한다. 여기서 현행범인 체포의 요건을 갖추었는지는 체포 당시 상황을 기초로 판단하여야 한다. 이에 관한 검사나 사법경찰관 등 수사주체의 판단에는 상당한 재량 여지가 있다. 그러나 체포 당시 상황으로 보아도 요건 충족 여부에 관한 검사나 사법경찰관 판단이 경험칙에 비추어 **현저히 합리성을 잃은 경우 그 체포는 위법하다.**

[2] 형법 제136조 공무집행방해죄는 공무원의 직무집행이 적법한 경우에 한하여 성립한다. 여기서 적법한 공무집행은 그 행위가 공무원의 추상적 권한에 속할 뿐 아니라 구체적 직무집행에 관한 법률상 요건과 방식을 갖춘 경우를 가리킨다. **경찰관이 현행범인 체포요건을 갖추지 못하였는데도 실력으로 현행범인을 체포하려고 하였다면 적법한 공무집행이라고 할 수 없다. 현행범인 체포행위가 적법한 공무집행을 벗어나 불법인 것으로 볼 수밖에 없다면, 현행범이 체포를 면하려고 반항하는 과정에서 경찰관에게 상해를 가한 것은 불법체포로 인한 신체에 대한 현재의 부당한 침해에서 벗어나기 위한 행위로서 정**

당방위에 해당하여 위법성이 조각된다.

[3] 경찰관이 피고인을 체포한 행위는 적법한 공무집행이라고 볼 수 없다. 피고인이 체포를 면하려고 반항하는 과정에서 상해를 가한 것은 불법체포로 인한 신체에 대한 현재의 부당한 침해에서 벗어나기 위한 행위로서 정당방위에 해당한다.

☞ [출제] 2018년 제7회 변호사시험 기출문제 9

☞ [적중] 하태영, 형사법종합연습 변시기출문제분석, 제3판, 2021, 69면.

04 ★★★★★

위법성에 관한 설명 중 옳지 않은 것을 모두 고른 것은? (다툼이 있는 경우 판례에 의함)

ㄱ. 甲과 乙이 교통사고를 가장하여 보험금을 편취할 것을 공모한 후 乙의 승낙을 받은 甲이 乙에게 상해를 가한 경우, 乙의 승낙이 위법한 목적에 이용하기 위한 것이었다고 할지라도 甲의 행위는 상해죄의 위법성이 ~~조각된다.~~ 조각되지 않는다.

ㄴ. 사채업자 甲이 채무자 A에게 채무를 변제하지 않으면 A가 숨기고 싶어하는 과거 행적과 사채를 쓴 사실 등을 남편과 시댁에 알리겠다는 등의 문자메시지를 발송한 경우, 甲의 행위는 사회통념상 용인되는 범위를 ~~넘지 않는 것이어서~~ 넘는 것이어서 협박죄가 ~~성립하지 않는다.~~ 성립한다.

중요

ㄷ. A와 B가 차량 통행 문제로 다투던 중에 A가 차를 몰고 대문 안으로 운전해 들어가려 하자 B가 양팔을 벌리고 제지하였음에도 A가 차를 약 3미터 가량 B의 앞쪽으로 급진시키자, 이때 그 차 운전석 옆에 서 있던 B의 아들 甲이 B를 구하려고 차를 정지시키기 위하여 운전석 옆 창문을 통해 A의 머리카락을 잡아당겨 A의 흉부가 차의 창문틀에 부딪혀 약간의 상처를 입게 하였다면, 甲의 행위는 정당방위에 해당한다.

ㄹ. 임대인의 승낙 없이 건물을 전차한 전차인은 비록 불법 침탈 등의 방법에 의하여 건물의 점유를 개시한 것이 아니고 그동안 평온하게 음식점 영업을 하면서 점유를 계속하여 왔더라도 그 전대차로써 임대인에게 대항할 수 없기 때문에, 임대인이 그 건물의 열쇠를 새로 만들어 잠근 행위는 업무방해죄의 위법성을 조각하는 자구행위에 ~~해당한다.~~ 해당하지 않는다.

ㅁ. 싸움의 상황에서 상대방의 공격을 피하기 위하여 소극적으로 방어를 하던 도중 그 상대방을 상해 또는 사망에 이르게 한 경우라 하더라도, 이는 사회통념상 허용될 만한 상당성이 있는 정당행위라고 할 수 ~~없다.~~ 있다.

① ㄱ, ㄴ, ㄷ ② ㄴ, ㄷ, ㅁ

③ ㄷ, ㄹ, ㅁ ④ ㄱ, ㄴ, ㄹ, ㅁ

⑤ ㄱ, ㄷ, ㄹ, ㅁ

해설 및 정답 2023년 제12회 변호사시험 기출문제 3 **정답** ④

파워특강 위법성. 상해보험금 목적으로 아들 새끼손가락 절단한 행위(=형법 제24조 피해자 승낙 불성립. 위법성 조각되지 않음. 사회상규에 반한 승낙임). 협박죄(=**구체적인 해악 고지+, 사회관습·윤리관념·사회통념상 용인될 정도를 벗어남**). 형법 제20조 정당행위(=업무·법령·사회상규. 사회상규는 정당성·상당성·균형성·적합성·보충성 모두 충족해야 함). 자구행위.

ㄱ. (×) 대법원 2008. 12. 11. 선고 2008도9606 판결 [사기·특수절도·상해·사문서위조]

[판시사항] 갑이 을과 공모하여 보험사기를 목적으로 을에게 상해를 가한 사안에서, 피해자의 승낙으로 위법성이 조각되지 아니한다고 한 사례. 이는 위법한 목적에 이용하기 위한 것이다.

☞ [출제] 2022년 제11회 변호사시험 기출문제 3 ㄱ.

☞ [출제] 2021년 제10회 변호사시험 기출문제 1

☞ [출제] 2016년 제5회 변호사시험 기출문제 7

☞ [적중] 하태영, 형사법종합연습 변시기출문제분석, 제3판, 2021, 70면. 74면.

ㄴ. (×) 대법원 2011. 5. 26. 선고 2011도2412 판결 [협박]

[판시사항] [1] 협박죄에서 '협박'의 의미 및 협박행위 내지 협박의 고의 유무를 판단하는 기준 [2] 채권추심을 위하여 한 독촉 등 권리행사에 필요한 행위가 정당행위로 되기 위한 요건 [3] **사채업자인 피고인이 채무자 갑에게, 채무를 변제하지 않으면 과거 행적과 사채를 쓴 사실 등을 남편과 시댁에 알리겠다는 등의 문자메시지를 발송한 사안에서, 피고인에게 협박죄를 인정하는 한편 위와 같은 행위가 정당행위에 해당한다는 주장을 배척한 원심판단을 수긍한 사례.**

[판결요지] 협박죄에 있어서의 협박이라 함은 사람으로 하여금 공포심을 일으킬 수 있을 정도의 해악을 고지하는 것을 말하고 협박죄가 성립하기 위하여는 적어도 발생 가능한 것으로 생각될 수 있는 정도의 **구체적인 해악의 고지가 있어야 하며, 해악의 고지가 있다 하더라도 그것이 사회의 관습이나 윤리관념 등에 비추어 사회통념상 용인될 정도의 것이라면 협박죄는 성립하지 않는다. 그리고 채권자가 채권추심을 위하여 독촉 등 권리행사에 필요한 행위를 할 수 있기는 하지만, 법률상 허용되는 정당한 절차에 의한 것이어야 하며, 또한 채무자의 자발적 이행을 촉구하기 위해 필요한 범위 안에서 상당한 방법으로 그 권리가 행사되어야 한다.**

사채업자인 피고인은 과거의 행적과 사채를 쓴 사실 등을 남편과 시댁에 알리겠다는 등의 문자메시지를 발송하였다는 것인바, 이는 피해자에게 공포심을 일으키기에 충분하다고 보아야 할 것이다. 피고인에게 협박의 고의가 있었음을 충분히 인정할 수 있으며, 피고인이 정당한 절차와 방법을 통해 그 권리를 행사하지 아니하고 피해자에게 위와 같이 해악을 고지한 것이 사회의 관습이나 윤리관념 등 사회통념에 비추어 용인할 수 있는 정도의 것이라고 볼 수는 없다.

ㄷ. (○) 대법원 1986. 10. 14. 선고 86도1091 판결 [폭력행위등처벌에관한법률위반]

[판시사항] 부(父)의 신체 위해를 방위하기 위한 정당방위로서 위법성이 조각된다.

[판결요지] 차량통행문제를 둘러싸고 피고인의 부와 다툼이 있던 피해자가 그 소유의 차량에 올라타 문안으로 운전해 들어가려 하자 피고인의 부가 양팔을 벌리고 이를 제지하였으나 위 피해자가 이에 불응하고 그대로 그 차를 피고인의 부 앞쪽으로 약 3미터 가량 전진시키자 위 차의 운전석 부근 옆에 서 있던 피고인이 부가 위 차에 다치겠으므로 이에 당황하여 위 **차를 정지시키기 위하여 운전석 옆 창문을 통하여 피해자의 머리털을 잡아당겨 그의 흉부가 위 차의 창문틀에 부딪혀 약간의 상처를 입게 한 행위는 부의 생명, 신체에 대한 현재의 부당한 침해를 방위하기 위한 행위로서 정당방위에 해당한다.**

ㄹ. (×) 대법원 1986. 12. 23. 선고 86도1372 판결 [업무방해]

[판시사항] 임대인의 승낙없이 전차한 전차인이 그 건물내에서 한 영업도 업무방해죄의 업무에 해당되는지 여부

[판결요지] **건물의 전차인이 임대인의 승낙없이 전차하였다고 하더라도 전차인이 불법침탈등의 방법에 의하여 위 건물의 점유를 개시한 것이 아니고 그동안 평온하게 음식점등 영업을 하면서 점유를 계속하여 온 이상 위 전차인의 업무를 업무방해죄에 의하여 보호받지 못하는 권리라고 단정할 수 없다.** …… 불법침탈의 방법으로 위 지하실의 점유를 개시한 것이 아니다. **그동안 평온하게 음식점영업을 하면서 점유를 계속하여온 이상 동인들의 업무를 업무방해죄에 의하여 보호받지 못하는 권리라고 단정할 수 없다. 피고인으로서는 마땅히 정당한 소송절차에 의하여 점유를 회복하여야 하고 위력으로 그 권리를 행사할 수 없다고 할 것이다. 그러므로 피고인이 그 지하층 열쇠를 새로 만들어 잠그고 박○식에게 그곳에 설치되어 있는 피해자 양○관 소유의 의자, 탁자 등을 들어내게 한 행위는 결코 사회상규에 위배되지 않는 정당한 행위이거나 자구행위에 해당한다고 볼 수 없다고 한 원심판단은 정당하다.**

ㅁ. (×) 대법원 1992. 3. 10. 선고 92도37 판결 [폭행치사]

[판시사항] 가정주부가 술에 취하여 비틀거리던 피해자의 행패를 저지하려고 동인의 어깨를 밀자 동인이 시멘트 바닥에 넘어지며 이마를 부딪쳐 사망한 경우 정당행위에 해당한다고 본 사례.

[판결요지] 피해자(남, 57세)가 술에 만취하여 아무런 연고도 없는 가정주부인 피고인의 집에 들어가 유리창을 깨고 아무데나 소변을 보는 등 행패를 부리고 나가자, 피고인이 유리창 값을 받으러 피해자를 뒤따라 가며 그 어깨를 붙잡았으나, **상스러운 욕설을 계속하므로 더 이상 참지 못하고 잡고 있던 손으로 피해자의 어깨부분을 밀치자** 술에 취하여 비틀거리던 피해자가 몸을 제대로 가누지 못하고 앞으로 넘어져 시멘트 바닥에 이마를 부딪쳐 1차성 쇼크로 사망한 경우, 피고인의 위와 같은 행위는 **피해자의 부당한 행패를 저지하기 위한 본능적인 소극적 방어행위에 지나지 아니하여 사회통념상 용인될 수 있는 정도의 상당성이 있어 형법 제20조에 정한 정당행위에 해당한다고 본 사례.**

문 9. 책임에 관한 설명 중 옳은 것은? (다툼이 있는 경우 판례에 의함)

출제내용

- 형법 제9조·제10조 책임무능력·책임조각사유
- 책임능력(= 심신장애 개념·판단, 기대가능성)
- 형법 제10조 제3항 원인에 있어서 자유로운 행위(= 구성요건모델, 예외모델)
- 형법 제12조 강요된 행위(= 책임무능력 ⇒ 기대가능성 부정)
- 형법 제16조 법률의 착오(= 정당한 이유 = 전문가 + 문의 ⇒ 책임 고의 부정)
- 위법성조각사유전제사실착오(= 법효과제한적책임설 ⇒ 과실책임)

출제분석

2024년 제13회 변호사시험 출제예상 ★
2023년 제12회 변호사시험 기출문제 18
2022년 제11회 변호사시험 기출문제 7
2021년 제10회 변호사시험 기출문제 2
2020년 제9회 변호사시험 기출문제 8
2019년 제8회 변호사시험 기출문제 11
2018년 제7회 변호사시험 기출문제 14
2017년 제6회 변호사시험 기출문제 3
2016년 제5회 변호사시험 기출문제 5
2015년 제4회 변호사시험 기출문제 14
2014년 제3회 변호사시험 기출문제 17
2013년 제2회 변호사시험 기출문제 8
2012년 제1회 변호사시험 기출문제 2

가. 법률착오(금지착오·위법성착오)에 관한 설명 중 옳은 것이다(○).

중요 ① 법률의 착오에 있어 정당한 이유가 있는지 여부는, 행위자에게 자기 행위의 위법의 가능성에 대해 심사숙고하거나 조회할 수 있는 계기가 있어 자신의 지적능력을 다하여 이를 회피하기 위한 진지한 노력을 다하였더라면, 스스로의 행위에 대하여 위법성을 인식할 수 있는 가능성이 있었음에도 이를 다하지 못한 결과 자기 행위의 위법성을 인식하지 못한 것인지 여부에 따라 판단하여야 한다.

해설 및 정답 2016년 제5회 변호사시험 기출문제 5 ★ **정답** ○

대법원 2008. 10. 23. 선고 2008도5526 판결

[판결요지] **정당한 이유가 있는지 여부는 행위자에게 자기 행위의 위법의 가능성에 대해 심사숙고하거나 조회할 수 있는 계기가 있어 자신의 지적능력을 다하여 이를 회피하기 위한 진지한 노력을 다하였더라면 스스로의 행위에 대하여 위법성을 인식할 수 있는 가능성이 있었음에도 이를 다하지 못한 결과 자기 행위의 위법성을 인식하지 못한 것인지 여부에 따라 판단하여야 한다.** 위법성의 인식에 필요한 노력의 정도는 구체적인 행위정황과 행위자 개인의 인식능력, 행위자가 속한 사회집단에 따라 달리 평가되어야 한다.

② 변호사 자격을 가진 국회의원 甲이[행위주체] 선거에 영향을 미칠 수 있는 내용이 포함된 의정보고서를 발간하는 과정에서 보좌관을 통해 관할 선거관리위원회 직원에게 구두로 문의하여 답변을 받은 결과 그 의정보고서를 발간하는 것이 선거법규에 저촉되지 않는다고 오인한 경우, 형법 제16조의 정당한 이유가 인정되지 않는다.

해설 및 정답 2014년 제3회 변호사시험 기출문제 18 **정답** ○

대법원 2006. 3. 24. 선고 2005도3717 판결 [공직선거 및 선거부정방지법 위반]

[판결요지] 위법성의 인식에 필요한 노력의 정도는 구체적인 행위정황과 행위자 개인의 인식능력 그리고 행위자가 속한 사회집단에 따라 달리 평가되어야 한다. **국회의원이 의정보고서를 발간하는 과정에서 선거법규에 저촉되지 않는다고 오인한 것에 형법 제16조의 정당한 이유가 없다.**

나. 법률착오(금지착오·위법성착오)에 관한 설명 중 옳지 않은 것이다(×).

중요 ① 아내 甲이 밤늦게 담을 넘어 오던 남편 A를 도둑으로 착각하고 상해를 가한 경우[위법성조각사유전제사실착오], 엄격책임설은 「형법」 제16조를 적용하여 착오에 과실이 있으면(즉, 정당한 이유가 없으면) 甲에게 ~~과실치상죄~~[상해죄]의 성립을 인정한다.

해설 및 정답 2017년 제6회 변호사시험 기출문제 3 ★ **정답** ×

위법성조각사유의 전제사실에 대한 착오문제이다. 엄격책임설은 금지착오·법률착오·위법성착오로 이해하여 형법 제16조를 적용한다. 착오가 과실로 일어난 경우 오인에 정당한 이유가 없다. 형법 제16조는 정당한 이유가 없으면 고의를 인정한다.

중요 ② 소매치기 甲녀가 도주 중 행인 乙에게 강간범이 쫓아온다고 거짓말하여 이를 믿은 乙[행위주체]로 하여금 甲 자신을 추격해오던 피해자에게[행위객체] 상해[행위]를 가하게 한 경우[오상방위·위법성전제사실착오], 소극적구성요건표지이론 및 구성요건착오유추

적용설에 따르면, 을은 과실치상죄가 성립한다. 甲에게 상해죄의 ~~교사범이~~ 간접정범이 성립한다(단, 乙에 대한 甲의 우월적 의사지배는 부정되고, 제한종속형식에 따름).

해설 및 정답 2017년 제6회 변호사시험 기출문제 3 ★ **정답** ×

위법성조각사유의 전제사실에 대한 착오문제이다. 소극적 구성요건표지이론과 구성요건착오 유추적용설은 위법성조각사유 전제사실 착오 경우, 구성요건 단계에서 불법 고의가 조각되어 과실범 성립 문제만 남는다. 착오로 행위를 한 사람을 이용한 경우, **제한종속형식에 근거하면, 교사범 성립은 인정될 수 없다. 이 경우 간접정범이 성립한다.**

③ 행위자가 금지규범의 존재를 아예 인식하지 못한 '법률의 부지'는 행정형법의 영역에서 많이 발생하며 ~~법률의 착오의 전형적인 사례로 인정된다.~~ 범죄가 성립한다.

해설 및 정답 2016년 제5회 변호사시험 기출문제 5 **정답** ×

대법원 2010. 4. 29. 선고 2009도13868 판결

[판결요지] 형법 제16조는 단순한 법률의 부지를 말하는 것이 아니다. 일반적으로 범죄가 되는 경우이지만 자기의 특수한 경우에는 법령에 의하여 허용된 행위로서 죄가 되지 아니한다고 그릇 인식하고 그와 같이 그릇 인식함에 정당한 이유가 있는 경우에는 벌하지 않는다는 취지이다(대법원 2000. 9. 29. 선고 2000도3051 판결).

판례는 법령금지사실을 소극적으로 모른 경우인 법률부지와 금지착오를 명확히 구별하고 있다. 법률부지는 정당한 이유와 상관없이 무조건 책임을 인정한다.

④ 고의 성립에 위법성 인식이 필요하다는 고의설과 위법성 인식은 고의와는 분리된 독립한 책임요소로 보는 책임설의 입장 ~~모두,~~ 이 있다. 책임설에 따르면 금지착오는 고의 성립에 영향을 미치지 못하고 착오가 회피불가능할 때에는 책임을 조각하지만 회피가능할 때에는 책임을 ~~감경~~ 인정할 수 있을 뿐이라는 결론에 이른다.

해설 및 정답 2016년 제5회 변호사시험 기출문제 5 **정답** ×

책임설은 위법성 인식을 독립된 책임요소로 본다. 행위자에게 위법성 인식이 없는 경우, 책임을 조각한다. 책임설을 채택하면, 금지착오는 책임을 조각할 뿐, 고의에 영향을 미치지 못한다. 반면 고의설은 위법성 인식을 고의와 위법성을 포함하는 책임요소로 본다. 행위자에게 위법성 인식이 없는 경우, 구성요건 고의가 조각된다. 행위자에게 회피가능할 경우 과실범이 성립된다. 물론 과실범 처벌규정이 있는 경우이다.

⑤ 법원의 무죄판결을 신뢰하여 행위한 경우에는 법률의 착오에 정당한 이유가 있는 것으로 인정될 수 있으나, 있다. 검사의 혐의 없음 불기소처분을 믿고 행위한 경우에는 검사의 불기소처분에는 확정력이 없으므로 없지만, 믿을 수 밖에 없는 정당한 이유

가 있다. 따라서 법률의 착오에 정당한 이유가 있는 것으로 인정될 수 ~~없다.~~ 있다.

해설 및 정답 2016년 제5회 변호사시험 기출문제 5 정답 ×

대법원 1995. 8. 25. 선고 95도717 판결 [약사법위반]

[판결요지] 가감삼십전대보초와 한약 가지수에만 차이가 있는 십전대보초를 제조하고 그 효능에 관하여 광고를 한 사실에 대하여 **이전에 검찰의 혐의 없음 결정을 받은 적이 있다면,** 피고인이 비록 한의사 약사 한약업사 면허나 의약품판매업 허가가 없이 의약품인 가감삼십전대보초를 판매하였더라도 자기의 행위가 **법령에 의하여 죄가 되지 않는 것으로 믿을 수밖에 없었고, 또 그렇게 오인함에 있어서 정당한 이유가 있는 경우에 해당한다.**

⑥ 甲이[행위주체] 지하철에서 옆 사람이 손잡이를 잡기 위해 팔을 올리는 것을 성추행하는 것으로 경솔하게 오인하여 그 손을[행위객체] 쳐서[행위] 전치 4주의 상해[결과]를 입힌 경우, 甲의 착오에 대한 엄격책임설과 제한적 책임설의 결론은 동일하다.

해설 및 정답 2014년 제3회 변호사시험 기출문제 14 정답 ×

위전착 문제이다. 엄격책임설에 따르면 형법 제16조 법률착오를 적용하여 상해죄가 성립한다. 정당한 이유가 없기 때문이다. 그러나 제한적 책임설에 따르면 책임고의를 인정할 수 없다. 다만 책임에서 법효과를 제한하여 과실치상죄가 성립한다.

중요 ⑦ 사인인 甲이[행위주체] 현행범인을 체포하면서 그 범인을[행위객체] 자기 집 안에 감금까지 할 수 있다고 생각하고 감금[행위]한 경우, 소극적 구성요건요소이론에 따르면 甲의 착오는 법률의 착오에 해당한다.

해설 및 정답 2014년 제3회 변호사시험 기출문제 14 ★ 정답 ×

위법성조각사유의 허용한계에 대한 착오이다. 위법성조각사유를 소극적 구성요건요소로 보면, 구성요건착오에 해당한다. 형법 제13조가 적용되어 감금죄는 성립되지 않는다. 감금죄는 과실범 처벌규정이 없다. 따라서 무죄이다.

중요 ⑧ 甲이[보증인지위/법령] 자신의 아들[행위객체]이 물에 빠졌는데도 그를 타인의 아들이라고 잘못 생각하여 구조행위를 하지 않아[부작위] 사망[결과발생]하게 한 경우, 이분설에 따르면 甲의 착오는 ~~형법 제16조의 법률의 착오~~ 형법 제13조 구성요건착오에 해당한다.

해설 및 정답 2014년 제3회 변호사시험 기출문제 14 ★ 정답 ×

이 사안은 부작위에 의한 살인죄가 쟁점이다. 보증인지위에 대한 착오는 원칙적으로 구성요건 착오이다. 이원설은 보증인지위를 구성요건요소로 보고, 보증인의무(작위의무)를 위법성요소로 본다. **이원설에 따르면, 보증인지위가 없다고 착오를 일으킨 것으로 구성요건 착오에 해당한다.** 이 경우 부작위에 의한 과실치사죄가 성립한다.

다. 책임능력 종합문제

01 ★★★★★

책임에 관한 설명 중 옳지 않은 것은? (다툼이 있는 경우 판례에 의함)

중요 ① 「형법」 제10조에 규정된 심신장애는 정신병 또는 비정상적 정신상태와 같은 정신적 장애가 있는 외에 정신적 장애로 말미암아 사물에 대한 변별능력과 그에 따른 행위통제능력이 결여되거나 감소되었음을 요하므로, 정신적 장애가 있는 자라고 하여도 범행 당시 정상적인 사물변별능력이나 행위통제능력이 있었다면 심신장애로 볼 수 없다.

해설 및 정답 2020년 제9회 변호사시험 기출문제 8 **정답** ○

대법원 2007. 2. 8. 선고 2006도7900 판결 [성폭력범죄의 처벌 및 피해자보호등에 관한 법률 위반(강간등치상)·강간상해·강도·성폭력범죄의 처벌 및 피해자보호등에 관한 법률 위반(13세미만미성년자강간등)]

[판결요지] [1] **형법 제10조에 규정된 심신장애는 생물학적 요소로서 정신병 또는 비정상적 정신상태와 같은 정신적 장애가 있는 경우이다. 그 외에 심리학적 요소로서 이와 같은 정신적 장애로 사물에 대한 변별능력과 그에 따른 행위통제능력이 결여되거나 감소되었음을 요한다. 그러므로 정신적 장애가 있는 자라고 하여도 범행 당시 정상적인 사물변별능력이나 행위통제능력이 있었다면 심신장애로 볼 수 없다.**

[2] **소아기호증과 같은 질환이 있다는 사정은 그 자체만으로는 형의 감면사유인 심신장애에 해당하지 아니한다고 봄이 상당하다. 다만 그 증상이 매우 심각하여 원래의 의미의 정신병이 있는 사람과 동등하다고 평가할 수 있거나, 다른 심신장애사유와 경합된 경우 등에는 심신장애를 인정할 여지가 있다.**

☞ [출제] 2021년 제10회 변호사시험 기출문제 2

중요 ② 이미 유죄의 확정판결을 받은 자는 공범의 형사사건에서 그 범행에 대한 증언을 거부할 수 없을 뿐만 아니라 사실대로 증언하여야 하고, 설사 자신의 형사사건에서 그 범행을 부인하였다 하더라도 이를 이유로 사실대로 진술할 것을 기대할 가능성이 없다고 볼 수는 없다.

해설 및 정답 2020년 제9회 변호사시험 기출문제 8 **정답** ○

대법원 2008. 10. 23. 선고 2005도10101 판결 [위증]

[판결요지] **자기에게 형사상 불리한 진술을 강요당하지 아니할 권리가 결코 적극적으로 허위의 진술을 할 권리를 보장하는 취지는 아니다. 이미 유죄의 확정판결을 받은 경우에**

는 일사부재리의 원칙에 의해 다시 처벌되지 아니한다. 그러므로 증언을 거부할 수 없다. 이는 사실대로의 진술 즉 자신의 범행을 시인하는 진술을 기대할 수 있기 때문이다. 설사 피고인이 자신의 형사사건에서 시종일관 그 범행을 부인하였다 하더라도 이러한 사정은 **위증죄에 관한 양형참작사유로 볼 수 있음은 별론**으로 하고 **이를 이유로 피고인에게 사실대로 진술할 것을 기대할 가능성이 없다고 볼 수는 없다.**

중요 ③ 심신장애의 유무는 ~~사실문제로서~~법률문제로서 그 판단에 전문감정인의 정신감정결과가 중요한 참고자료가 되기는 하나, 법원이 반드시 그 의견에 구속되는 것은 아니다.

해설 및 정답 2020년 제9회 변호사시험 기출문제 8 **정답** ×

대법원 1996. 5. 10. 선고 96도638 판결 [존속살해]

[판시사항] 심신장애의 판단기준

[판결요지] 형법 제10조 소정의 심신장애의 유무는 법원이 형벌제도의 목적 등에 비추어 판단하여야 할 **법률문제로서, 그 판단에 있어서는 전문감정인의 정신감정결과가 중요한 참고자료가 되기는 하나, 법원으로서는 반드시 그 의견에 기속을 받는 것은 아니다.** 그러한 감정 결과뿐만 아니라 범행의 경위, 수단, 범행 전후의 피고인의 행동 등 기록에 나타난 제반 자료 등을 종합하여 **독자적으로 심신장애의 유무를 판단하여야 한다.**

중요 ④ 성주물성애증이 있다는 사정만으로는 심신장애에 해당한다고 볼 수 없으나, 그 증상이 매우 심각하여 원래 의미의 정신병이 있는 사람과 동등하다고 평가할 수 있거나 다른 심신장애사유와 경합된 경우 등에는 심신장애를 인정할 여지가 있다.

해설 및 정답 2020년 제9회 변호사시험 기출문제 8 **정답** ○

대법원 2013. 1. 24. 선고 2012도12689 판결 [특정범죄가중처벌법률 위반(절도)]

[판결요지] 형법 제10조에 규정된 심신장애는 정신병 또는 비정상적 정신상태와 같은 정신적 장애가 있는 외에 이와 같은 정신적 장애로 말미암아 사물에 대한 변별능력이나 그에 따른 행위통제능력이 결여 또는 감소되었음을 요한다. 그러므로 **정신적 장애가 있는 자라고 하여도 범행 당시 정상적인 사물변별능력과 행위통제능력이 있었다면 심신장애로 볼 수 없다**(대법원 1992. 8. 18. 선고 92도1425 판결 등 참조). 무생물인 옷 등을 성적 각성과 희열의 자극제로 믿고 이를 성적 흥분을 고취시키는 데 쓰는 **성주물성애증이라는 정신질환이 있다고 하더라도 그러한 사정만으로는 절도 범행에 대한 형의 감면사유인 심신장애에 해당한다고 볼 수 없다. 다만 그 증상이 매우 심각하여 원래의 의미의 정신병이 있는 사람과 동등하다고 평가할 수 있거나, 다른 심신장애사유와 경합된 경우 등에는 심신장애를 인정할 여지가 있다(대법원 1995. 2. 24. 선고 94도3163 판결 등 참조).** 이 경우 **심신장애의 인정 여부는** 성주물성애증의 정도 및 내용, 범행의 동기 및 원인, **범행의 경위 및 수단과 태양, 범행 전후의 피고인의 행동, 범행 및 그 전후의 상황에**

관한 기억의 유무 및 정도, 수사 및 공판절차에서의 태도 등을 종합하여 법원이 독자적으로 판단할 수 있다(대법원 1994. 5. 13. 선고 94도581 판결 등 참조).

중요 ⑤ 사회통념상 모든 성의와 노력을 다했어도 임금이나 퇴직금의 체불이나 미불을 방지할 수 없었다는 것을 인정할 정도가 되어 사용자에게 더 이상의 적법행위를 기대할 수 없거나 불가피한 사정이었음이 인정되는 경우에는 「근로기준법」이나 「근로자퇴직급여 보장법」에서 정하는 임금 및 퇴직금 등의 기일 내 지급 의무 위반죄의 책임이 조각된다.

해설 및 정답 2020년 제9회 변호사시험 기출문제 8 **정답** ○

대법원 2008. 10. 9. 선고 2008도5984 판결 [근로기준법위반]

[판시사항] **불황으로 임금을 지급할 수 없는 사정이 구 근로기준법 제36조 위반죄의 책임조각사유에 해당하기 위한 요건**

[판결요지] **기업이 불황이라는 사유만으로 사용자가 근로자에 대한 임금 등을 체불하는 것은 허용되지 않는다. 그러나 모든 성의와 노력을 다했어도 임금의 체불이나 미불을 방지할 수 없었다는 것이 사회통념상 긍정할 정도가 되어 사용자에게 더 이상의 적법행위를 기대할 수 없거나 불가피한 사정이었음이 인정되는 경우, 이 사유는 구 근로기준법(2007. 4. 11. 법률 제8372호로 전부 개정 전) 제36조 위반죄의 책임조각사유가 된다.**

☞ [출제] 2021년 제10회 변호사시험 기출문제 14 · 2019년 제8회 변호사시험 기출문제 11

02

책임에 관한 설명 중 옳지 않은 것은? (다툼이 있는 경우 판례에 의함)

중요 ① ~~도의적~~사회적 책임론은 행위자가 과거에 잘못된 성격을 형성한 성격책임에서 책임의 근거를 찾고 있다.

해설 및 정답 2019년 제8회 변호사시험 기출문제 11 ★ **정답** ×

출제 핵심내용은 책임(책임근거 · 심신장애 판단방법 · 원인에서 자유로운 행위 · 위법성인식 · 기대가능성)이다. 매년 한 문제가 출제된다.

가. 도의적 책임론은 책임근거를 자유의사(비결정론)에서 찾는다. 의사책임론이다. 반면 사회적 책임론은 책임근거를 행위자의 반사회적 성격에서 찾는다. 성격책임론이다.

나. **개인(個人)이냐?** 사회(社會)냐? 논쟁은 끝이 없다. **명덕(明德)**과 친민(親民) 그리고 지선(至善) 논쟁이다. 명덕은 개인이고, 친민은 사회이며, 지선은 공공선, 예방이다. 동양고전 대학(大學) 첫 문장이다. 동양은 자유의사를 인정한다.

다. 책임근거(責任根據)를 개인에 두면, 도의적 책임론이다. 책임근거를 사회에 두면, 사회적 책임론이다. **도의적 책임론은 개인의 『자유의사 · 행위 · 범죄능력』에 초점을 맞춘다.** 사회적 책임론은 『반사회성 · 행위자 · 형벌능력』에 초점을 맞춘다. **도의적 책임론은 응보와 형벌이 중심이다.** 사회적 책임론은 예방과 사회방위 그리고 보안처분이 중심이다. 생각건대 **책임근거는 개인과 사회에 모두 두는 통합적 책임론이 타당하다.**

라. 책임본질(責任本質)은 책임의 속성이다. **책임본질을 범죄심리에 두면, 심리적 책임론이다.** 책임본질을 법규범에 두면, 규범적 책임론이다. 책임본질을 범죄예방에 두면, 예방적 책임론 · 기능적 책임론이다. **심리적 책임론은 범죄고의와 범죄과실에서 책임본질을 찾는다.** 규범적 책임론은 다른 행위 기대가능성에서 책임본질을 찾는다. 예방적 책임론 · 기능적 책임론은 범죄예방목적에서 찾는다. 범죄체계도에서 책임본질은 규범적 책임론이다. 형사정책에서 책임본질은 예방적 책임론 · 기능적 책임론이다. 이원화하여 생각하는 것이 타당하다. 범죄체계도의 관점과 형사정책적 관점이다. **도표로 외운다고 외워지겠는가! 형사법 철학이 담겨 있다.** 해설을 잘 숙고하길 바란다.

중요 ② 충동조절장애와 같은 성격적 결함이라 할지라도 그것이 매우 심각하여 원래의 의미의 정신병을 가진 사람과 동등하다고 평가할 수 있는 경우에는 그로 인한 범행은 심신장애로 인한 범행으로 보아야 한다.

해설 및 정답 2019년 제8회 변호사시험 기출문제 11 ★ **정답** ○

대법원 2002. 5. 24. 선고 2002도1541 판결 [특정범죄가중처벌등에관한법률위반(절도)]

[공소사실] 피고인이 생리기간 중에 심각한 충동조절장애에 빠져 절도 범행을 저지른 것으로 의심이 되는 사안이다.

[판결요지] 원칙적으로 충동조절장애와 같은 성격적 결함은 형의 감면사유인 심신장애에 해당하지 아니한다고 봄이 상당하다. 그러나 그 이상으로 사물을 변별할 수 있는 능력에 장애를 가져오는 원래의 의미의 정신병이 도벽의 원인이라거나 혹은 도벽의 원인이 충동조절장애와 같은 성격적 결함이라 할지라도 그것이 매우 심각하여 원래의 의미의 정신병을 가진 사람과 동등하다고 평가할 수 있는 경우에는 그로 인한 절도 범행은 심신장애로 인한 범행으로 보아야 한다.

☞ [출제] 2017년 제6회 변호사시험 기출문제 7

③ 甲이 음주운전을 할 의사를 가지고 음주만취한 후 운전을 결행하여 부주의로 보행자 A를 충격하여 A를 그 현장에서 즉사시키고 도주하였다면, 이는 음주시에 교통사고를 일으킬 위험성을 예견하였는데도 자의로 심신장애를 야기한 경우에 해당하므로 甲에 대한 형사처벌이 가능하다.

해설 및 정답 2019년 제8회 변호사시험 기출문제 11 **정답** ○

대법원 1992. 7. 28. 선고 92도999 판결 [특정범죄가중처벌등에관한법률위반(도주차량) · 도로교통법위반]

[판결요지] 형법 제10조 제3항은 "위험의 발생을 예견하고 자의로 심신장애를 야기한 자의 행위에는 전2항의 규정을 적용하지 아니한다"고 규정하고 있다. 이 규정은 **고의에 의한 원인에 있어서의 자유로운 행위만이 아니라 과실에 의한 원인에 있어서의 자유로운 행위까지도 포함하는 것이다.** 위험의 발생을 예견할 수 있었는데도 자의로 심신장애를 야기한 경우도 그 적용 대상이 된다고 할 것이다. **피고인이 음주운전을 할 의사를 가지고 음주만취한 후 운전을 결행하여 교통사고를 일으켰다면, 피고인은 음주시에 교통사고를 일으킬 위험성을 예견하였는데도 자의로 심신장애를 야기한 경우에 해당한다. 위 법조항에 의하여 심신장애로 인한 감경 등을 할 수 없다.**

☞ [출제] 2021년 제10회 변호사시험 기출문제 2

④ 법률의 착오와 관련하여, 위법성의 인식에 필요한 노력의 정도는 구체적인 행위정황과 행위자 개인의 인식능력 그리고 행위자가 속한 사회집단에 따라 달리 평가되어야 한다.

해설 및 정답 2019년 제8회 변호사시험 기출문제 11 **정답** ○

대법원 2006. 3. 24. 선고 2005도3717 판결 [공직선거 및 선거부정방지법 위반]

[판시사항] **법률의 착오에 관한 형법 제16조의 규정 취지 및 정당한 이유가 있는지 여부의 판단 방법, 국회의원이 의정보고서를 발간하는 과정에서 선거법규에 저촉되지 않는다고 오인한 것에 형법 제16조의 정당한 이유가 없다고 한 사례 〈낙천운동사건〉**

[판결요지] 형법 제16조에서 **정당한 이유가 있는지 여부는 행위자에게 자기 행위의 위법의 가능성에 대해 심사숙고하거나 조회할 수 있는 계기가 있어 자신의 지적능력을 다하여 이를 회피하기 위한 진지한 노력을 다하였더라면, 스스로의 행위에 대하여 위법성을 인식할 수 있는 가능성이 있었음에도 이를 다하지 못한 결과 자기 행위의 위법성을 인식하지 못한 것인지 여부에 따라 판단하여야 할 것이다.** 이러한 **위법성의 인식에 필요한 노력의 정도는 구체적인 행위정황과 행위자 개인의 인식능력 그리고 행위자가 속한 사회집단에 따라 달리 평가되어야 한다. 국회의원이 의정보고서를 발간하는 과정에서 선거법규에 저촉되지 않는다고 오인한 것에 형법 제16조의 정당한 이유가 없다.**

중요 **03** ★★★★★

기대가능성에 관한 설명 중 옳지 않은 것은? (다툼이 있는 경우 판례에 의함)

① 양심적 병역거부자에게 그의 양심상의 결정에 반한 행위를 기대할 가능성이 있는지는 행위 당시의 구체적 상황하에 행위자 대신에 사회적 평균인을 두고 이 평균인의 관점에서 판단하여야 한다.

해설 및 정답 2018년 제7회 변호사시험 기출문제 14 **정답** ○

대법원 2004. 7. 15. 선고 2004도2965 전원합의체 판결 [병역법위반]

[판결요지] 양심적 병역거부자에게 그의 양심상의 결정에 반한 행위를 기대할 가능성이 있는지 판단은 행위 당시의 구체적 상황하에 **행위자 대신에 사회적 평균인을 두고 이 평균인의 관점에서 그 기대가능성 유무를 판단하여야 할 것이다.** 양심적 병역거부자의 양심상의 결정이 적법행위로 나아갈 동기의 형성을 강하게 압박할 것이라고 보이기는 하지만 그렇다고 하여 그가 적법행위로 나아가는 것이 실제로 전혀 불가능하다고 할 수는 없다고 할 것이다. **법규범은 개인에게 자기의 양심의 실현이 헌법에 합치하는 법률에 반하는 매우 드문 경우에는 뒤로 물러나야 한다는 것을 원칙적으로 요구하기 때문이다.**

중요 ② 자신의 강도상해 범행을 일관되게 부인하였으나 유죄판결이 확정된 자가,(행위주체) 별건으로 기소된 공범의 형사사건에서 자신의 범행사실을 부인하는 증언을 한 경우에는 사실대로 진술할 기대가능성이 있다고 할 수 ~~없다.~~(있다.)

해설 및 정답 2018년 제7회 변호사시험 기출문제 14 **정답** ×

대법원 2011. 11. 24. 선고 2011도11994 판결 [위증]

☞ [출제] 2017년 제6회 변호사시험 기출문제 7

③ 직장 상사의 범법행위에 가담한 부하에 대하여 직무상 지휘·복종관계에 있다는 이유만으로 범법행위에 가담하지 않을 기대가능성이 없다고는 할 수 없다.

해설 및 정답 2018년 제7회 변호사시험 기출문제 14 **정답** ○

대법원 1999. 7. 23. 선고 99도1911 판결

[판결요지] 직장의 상사가 범법행위를 하는데 가담한 부하에게 직무상 지휘·복종관계에 있다 하여 범법행위에 가담하지 않을 기대가능성이 없다고 할 수 없다.

중요 ④ 「형법」 제12조(강요된 행위)에서 말하는 저항할 수 없는 폭력은 심리적 의미에 있어서 육체적으로 어떤 행위를 절대적으로 하지 아니할 수 없게 하는 경우와 윤리적 의미에 있어서 강압된 경우를 말한다.

해설 및 정답 2018년 제7회 변호사시험 기출문제 14 ★ **정답** ○

대법원 1983. 12. 13. 선고 83도2276 판결 [무고]

[판결요지] 형법 제12조 소정의 저항할 수 없는 폭력은, 심리적인 의미에 있어서 육체적으로 어떤 행위를 절대적으로 하지 아니할 수 없게 하는 경우와 윤리적 의미에 있어서 강압된 경우를 말한다. 협박이란 자기 또는 친족의 생명, 신체에 대한 위해를 달리 막을 방법이 없는 협박을 말한다. 강요라 함은 피강요자의 자유스런 의사결정을 하지 못하게 하면서 특정한 행위를 하게 하는 것을 말한다.

⑤ 친족의 신체에 대한 위해를 방어할 방법이 없는 협박에 의하여 강요된 행위는 벌하지 아니한다.

해설 및 정답 2018년 제7회 변호사시험 기출문제 14 **정답** ○

형법 제12조는 강요된 범죄행위와 형사책임무능력을 규정하고 있다. 주요내용을 보면, 행위자가 다음 각 호 어느 상황에서 강요를 받아 부득이 범죄행위를 한 경우, 그 행위자는 적법행위 기대가능성이 없기 때문에 처벌되지 않는다. 1. 행위자가 저항할 수 없는 강제폭력·심리폭력을 받은 상태에서 강요된 범죄행위를 한 경우. 2. 행위자가 자기·친족·사실상 동거인이 생명·신체 위해를 방어할 방법이 없는 상태에서 협박을 받아 강요된 범죄행위를 한 경우.

중요 **04** ★★★★★

책임능력에 관한 설명 중 옳은 것(○)과 옳지 않은 것(×)을 올바르게 조합한 것은? (다툼이 있는 경우 판례에 의함)

파워특강 형법 제10조. 제1항과 제2항 심신장애 유무 감정 결과가 중요함. 그러나 법률문제임. 법원은 기속되지 않음. **소아기호증 질환**은 심신장애에 해당하지 않음. 다만 그 **정도가 매우 심각하여 정신병과 동등하게 취급될 경우 심신장애에 해당함**. 형법 제10조 제3항 원인에서 자유로운 행위. 음주운전과 대마초 흡연 제3항 적용 책임능력자로 인정함. 반사회적 인격장애와 성격결함자는 특별한 사정이 없는 한 충동을 억제하고 법을 준수하여야 함.

중요 ① 「형법」 제10조에 규정된 심신장애의 유무 및 정도에 관한 법원의 판단은 전문감정인의 의견에 ~~기속된다.~~ 기속되지 않는다.

해설 및 정답 2021년 제10회 변호사시험 기출문제 2 **정답** ×

대법원 1996. 5. 10. 선고 96도638 판결 [존속살해]

[판결요지] 형법 제10조 소정의 심신장애 유무는 법원이 형벌제도 목적 등에 비추어 판단하여야 할 법률문제이다. 그 판단에 있어서는 전문감정인의 정신감정결과가 중요한 참고자료가 되기는 한다. 그러나 **법원으로서는 반드시 그 의견에 기속을 받는 것은 아니다.**

☞ [출제] 2020년 제9회 변호사시험 기출문제 8

중요 ② 사춘기 이전의 소아들을 상대로 한 성행위를 중심으로 성적 흥분을 강하게 일으키는 공상, 성적 충동, 성적 행동이 반복되어 나타나는 소아기호증과 같은 질환이 있다는 사정은 그 자체만으로 형의 감면사유인 심신장애에 ~~해당한다.~~ 해당하지 않는다.

해설 및 정답 2021년 제10회 변호사시험 기출문제 2 **정답** ×

대법원 2007. 2. 8. 선고 2006도7900 판결 [성폭력범죄 법률 위반(강간등치상)]

☞ [출제] 2020년 제9회 변호사시험 기출문제 8, 이 책 104면 ① 해설 참조.

③ 음주운전을 할 의사를 가지고 음주만취한 후 운전을 결행하여 교통사고를 일으켰다면 음주 시에 교통사고를 일으킬 위험성을 예견하였는데도 자의로 심신장애를 야기한 경우에 해당하므로 심신장애로 인한 감경 등을 할 수 없다.

해설 및 정답 2021년 제10회 변호사시험 기출문제 2 **정답** ○

대법원 1992. 7. 28. 선고 92도999 판결 [특정범죄가중처벌 등에 관한 법률 위반(도주차량), 도로교통법위반]

[판결요지] 형법 제10조 제3항은 “위험의 발생을 예견하고 자의로 심신장애를 야기한 자의 행위에는 전2항의 규정을 적용하지 아니한다”고 규정하고 있다. **이 규정은 고의에 의한 원인에 있어서의 자유로운 행위만이 아니라 과실에 의한 원인에 있어서의 자유로운 행위까지도 포함하는 것이다.** 위험의 발생을 예견할 수 있었는데도 자의로 심신장애를 야기한 경우도 그 적용대상이 된다고 할 것이다. **피고인이 음주운전을 할 의사를 가지고 음주만취한 후 운전을 결행하여 교통사고를 일으켰다면 피고인은 음주시에 교통사고를 일으킬 위험성을 예견하였는데도 자의로 심신장애를 야기한 경우에 해당한다. 그러므로 위 법조항에 의하여 심신장애로 인한 감경 등을 할 수 없다.**

☞ [출제] 2019년 제8회 변호사시험 기출문제 11

④ 대마초 흡연 시에 이미 범행을 예견하고 자의로 심신장애를 야기한 경우, 그로 인해 그 범행 시에 의사결정능력이 없거나 미약했다면 심신장애로 인한 감경 등을 할 수 ~~있다.~~ 없다.

해설 및 정답 2021년 제10회 변호사시험 기출문제 2 **정답** ×

대법원 1996. 6. 11. 선고 96도857 판결 [살인·폭력행위등 처벌에 관한 법률 위반·특수강도·특정범죄가중처벌등에 관한 법률 위반(절도)·대마관리법위반·사체은닉]

[판결요지] 대마초 흡연시에 이미 범행을 예견하고도 자의로 심신장애를 야기한 경우 형법 제10조 제3항에 의하여 심신장애로 인한 감경 등을 할 수 없다고 본 사례.

⑤ 반사회적 인격장애 혹은 기타 성격적 결함에 기하여 자신의 충동을 억제하지 못하여 범죄를 저지르는 경우, 특별한 사정이 없는 한 이와 같은 자에 대해서는 자신의 충동을 억제하고 법을 준수하도록 요구할 수 ~~없다.~~ 있다.

해설 및 정답 2021년 제10회 변호사시험 기출문제2 **정답** ×

대법원 1995. 2. 24. 선고 94도3163 판결 [특정범죄가중처벌등에관한법률위반(절도)]

[판결요지] 원칙적으로는 충동조절장애와 같은 성격적 결함은 형의 감면사유인 심신장애에 해당하지 않는다고 봄이 상당하다. 다만 그러한 성격적 결함이 매우 심각하여 원래의 의미의 정신병을 가진 사람과 동등하다고 평가할 수 있다든지, 또는 다른 심신장애사유와 경합된 경우에는 심신장애를 인정할 여지가 있을 것이다.

☞ [출제] 2020년 제9회 변호사시험 기출문제 8

05 ★★★★★

새벽에 귀가 중인 甲에게 노숙자 A가 구걸을 하려고 접근하였다. 그러나 甲은 이전에 소위 '퍽치기' 강도를 당한 경험 때문에, A를 '퍽치기' 강도로 오인하였다. 이때 현장에 온 택시기사 乙이 A가 노숙자이고 구걸을 하려는 것을 알면서도, 甲에게 "A가 당신을 공격하려 한다."라고 말하였다. 이에 甲은 그 말을 믿고 A를 폭행하였다. 형법 제261조 폭행죄 검토, 위법성조각사유의 전제사실에 대한 착오+ 甲과 乙의 형사책임에 관한 설명 중 옳지 않은 것은?

> **파워특강** 위법성조각사유의 전제사실에 대한 착오 이론. 순수 이론 문제로 매년 1문항씩 출제되고 있다. 나는 이런 문제에 항상 회의적이다. 범죄체계론 · 고의론 · 과실론 · 위법성조각사유 · 책임론 · 정범과 공범론을 함께 연구해야 한다.

① 소극적 구성요건요소이론에 의하면 甲의 착오는 사실의 착오(구성요건적 착오)에 해당하며 폭행죄의 고의가 부정된다.

해설 및 정답 2021년 제10회 변호사시험 기출문제 13 **정답** ○

소극적 구성요건이론은 구성요건착오로서 불법고의를 조각한다. 폭행죄가 성립하지 않는다.

☞ [출제] 2017년 제6회 변호사시험 기출문제 3

② 엄격책임설에 의하면 甲의 착오는 법률의 착오에 해당하여 오인함에 정당한 이유가 없는 경우 폭행죄가 성립한다.

해설 및 정답 2021년 제10회 변호사시험 기출문제 13 **정답** ○

엄격책임설은 형법 제16조를 적용한다. 오인에 정당한 이유가 없는 경우 폭행죄가 성립한다.

☞ [출제] 2017년 제6회 변호사시험 기출문제 3

③ 구성요건적 착오규정을 유추적용하는 견해에 의하면 甲의 고의가 부정되어 폭행죄가 성립하지 않는다.

해설 및 정답 2021년 제10회 변호사시험 기출문제 13 **정답** ○

구성요건착오 유추적용설은 불법고의를 조각한다. 갑의 고의가 조각되어 폭행죄가 성립하지 않는다.

☞ [출제] 2017년 제6회 변호사시험 기출문제 3

중요 ④ 법효과제한적 책임설은 책임설에 의하면 甲에게 고의불법은 인정되지만 고의책임이 배제되어 폭행죄가 성립하지 않는다.

해설 및 정답 2021년 제10회 변호사시험 기출문제 13 **정답** ○

법효과제한적 책임설은 폭행죄의 구성요건 고의를 인정한다. 위법성조각사유가 없다. 정당방위상황이 아니다. 위법성조각사유 전제사실 착오는 책임문제이다. 책임고의를 조각한다. 폭행죄가 성립하지 않는다. 과실 폭행은 구성요건이 없다.

☞ [출제] 2017년 제6회 변호사시험 기출문제 3

⑤ 소극적 구성요건요소이론과 법효과제한적 책임설에 따르면 제한적 종속형식에 의할 때 乙은 甲의 행위에 대하여 폭행죄의 ~~교사범이 된다.~~ 간접정범이 된다.

해설 및 정답 2021년 제10회 변호사시험 기출문제 13 **정답** ×

소극적 구성요건이론에 따르면, 정범 갑은 무죄이다. 따라서 공범과 정범이론에서 제한적 종속형식에 재택할 경우, 을은 갑의 행위에 대하여 교사행위로 이용하였기 때문에 폭행죄의 간접정범이 된다(형법 제261조, 제34조 제1항). 제한적 종속형식설은 최소한 정범 갑은 구성요건해당성과 위법성을 모두 갖추어야 한다. 정범이 불법행위를 하면, 교사범이 성립하고, 정범이 불법행위를 하지 않으면, 무죄인 자를 교사행위로 이용했기 때문에 간접정범으로 처벌된다. 정범의 행위 정도에 따라 교사행위에 대한 법적 평가가 달라진다. **소극적 구성요건이론은 사망한 이론이다. 현재 극소수의 학자들만 이 입장을 취하고 있다. 현재 절대다수설은 합일태적 범죄체계이론이다. 정말 심각한 질문이다. 여러 과목을 준비하는 수험생의 입장을 생각해 보시라. 이것을 1분 이내에 해결할 수 있겠는가.**

한편 법효과제한적 책임설에 따르면, 갑에게 구성요건해당성과 위법성이 인정된다. 그러나 고의책임이 조각되어 폭행죄가 성립하지 않는다. 폭행죄는 과실책임이 없기 때문이다. 제한적 종속형식에 취할 경우, 정범 갑은 무죄이다. 택시기사 을은 갑의 행위를 이용하여(교사하여) 범행을 한 것이다. 그래서 폭행죄의 간접정범이 성립한다(형법 제261조, 제34조 제1항). 일부 해설에 따르면 법효과제한적 책임설에 의하면 폭행죄의 교사범이 된다고 한다. 잘못된 해설이다.

☞ [출제] 2017년 제6회 변호사시험 기출문제 3

중요 **06** ★★★★★

책임에 관한 설명 중 옳지 않은 것은? (다툼이 있는 경우 판례에 의함)

> **파워특강** 책임. 형법 제10조에 규정된 '심신장애'를 인정하기 위한 요건(=정신적 장애가 있는 자라고 하여도 범행 당시 정상적인 사물변별능력과 행위통제능력이 있었다면 심신장애로 볼 수 없다). 형법 제10조 제1항·제2항. 치료감호 등에 관한 법률 제2조 제1항 제1호(=심신상실을 이유로 처벌받지 아니하거나 또는 심신미약을 이유로 형벌이 감경될 수 있는 자라 할지라도 금고 이상의 형에 해당하는 죄를 지은 자는 치료감호시설에서 치료를 받을 필요가 있다. 재범 위험성이 있는 경우 치료감호의 대상이 된다). 법률상 감경을 규정한 소년법 제60조 제2항의 "소년"인지 여부에 대한 판단기준시점(=소년"은 20세 미만자를 의미한다. 소년법 제38조 제1항에 근거하면 20세 미만자는 심판의 조건범행시뿐만 아니라 심판시까지 계속되어야 한다. 소년법 제60조 제2항의 "소년"인지 여부의 판단은 원칙으로 심판시 즉 사실심 판결선고시를 기준으로 한다). 원인에 있어서 자유로운 행위의 가벌성 근거(=구성요건모델은 원인설정행위를 실행행위라고 이해한다. 그래서 실행행위의 정형성에 반한다는 비판을 받는다). 형법 제12조(강요된 행위) "폭력" "협박" "강요"의 의미(=심리적인 의미에서 육체적으로 어떤 행위를 절대적으로 하지 아니할 수 없게 하는 경우와 윤리적 의미에 있어서 강압된 경우를 말한다).

중요 ① 정신적 장애가 있는 자라고 하여도 범행 당시 정상적인 사물변별능력이나 행위통제능력이 있었다면 심신장애자로 볼 수 없다.

해설 및 정답 2022년 제11회 변호사시험 기출문제 7 **정답** ○

대법원 2013. 1. 24. 선고 2012도12689 판결 [특정범죄가중처벌등에관한법률위반(절도)]

[판시사항] 정신적 장애가 있는 자에 대해 형법 제10조 '심신장애'를 인정하기 위한 요건

[판결요지] 형법 제10조에 규정된 심신장애는 정신병 또는 비정상적 정신상태와 같은 정신적 장애가 있는 외에 이와 같은 정신적 장애로 말미암아 사물에 대한 변별능력이나 그에 따른 행위통제능력이 결여 또는 감소되었음을 요한다. 그러므로 정신적 장애가 있는 자라고 하여도 범행 당시 정상적인 사물변별능력과 행위통제능력이 있었다면 심신장애로 볼 수 없다.

☞ [출제] 2020년 제9회 변호사시험 기출문제 8 ③

☞ [적중] 하태영, 형사법종합연습 변시기출문제분석, 제3판, 법문사, 2021, 79면.

② 심신상실을 이유로 처벌받지 아니하거나 심신미약을 이유로 형벌이 감경될 수 있는 자라 할지라도 금고 이상의 형에 해당하는 죄를 지은 자에 대해서는 치료

감호시설에서 치료를 받을 필요가 있고 재범의 위험성이 있는 경우 치료감호의 대상이 된다.

해설 및 정답 2022년 제11회 변호사시험 기출문제 7 **정답** ○

형법 제10조 제1항·제2항. 치료감호 등에 관한 법률 제2조 제1항 제1호 참조.

형법 제10조(심신장애인)

① 심신장애로 인하여 사물을 변별할 능력이 없거나 의사를 결정할 능력이 없는 자의 행위는 벌하지 아니한다.

② 심신장애로 인하여 전항의 능력이 미약한 자의 행위는 형을 감경할 수 있다. 〈개정 2018.12.18〉

③ 위험의 발생을 예견하고 자의로 심신장애를 야기한 자의 행위에는 전2항의 규정을 적용하지 아니한다. [제목개정 2014.12.30]

【출처】 형법 일부개정 2020. 12. 8. [법률 제17571호, 시행 2021. 12. 9.] 법무부.

치료감호 등에 관한 법률 제2조(치료감호대상자)

① 이 법에서 **"치료감호대상자"란 다음 각 호의 어느 하나에 해당하는 자로서 치료감호시설에서 치료를 받을 필요가 있고 재범의 위험성이 있는 자를** 말한다. 〈개정 2014.12.30, 2020.10.20〉

1. **「형법」 제10조제1항에 따라 벌하지 아니하거나 같은 조 제2항에 따라 형을 감경할 수 있는 심신장애인으로서 금고 이상의 형에 해당하는 죄를 지은 자**
2. 마약·향정신성의약품·대마, 그 밖에 남용되거나 해독(해독)을 끼칠 우려가 있는 물질이나 알코올을 식음(식음)·섭취·흡입·흡연 또는 주입받는 습벽이 있거나 그에 중독된 자로서 **금고 이상의 형에 해당하는 죄를 지은 자**
3. 소아성기호증(소아성기호증), 성적가학증(성적가학증) 등 성적 성벽(성벽)이 있는 정신성적 장애인으로서 **금고 이상의 형에 해당하는 성폭력범죄를 지은 자**

② 제1항 제2호의 남용되거나 해독을 끼칠 우려가 있는 물질에 관한 자세한 사항은 대통령령으로 정한다. [전문개정 2008.6.13]

【출처】 치료감호 등에 관한 법률 일부개정 2022. 1. 4. [법률 제18678호, 시행 2022. 7. 5.] 법무부.

③ 「소년법」 제60조 제2항은 '소년의 특성에 비추어 상당하다고 인정되는 때 그 형을 감경할 수 있다'고 규정하고 있는데 여기에서 '소년'에 해당하는지 여부 판단은 원칙적으로 범죄행위시가 아니라 사실심 판결선고시를 기준으로 한다.

해설 및 정답 2022년 제11회 변호사시험 기출문제 7 **정답** ○

대법원 1991. 12. 10. 선고 91도2393 판결 [강도상해]

[판시사항] 법률 감경을 규정한 소년법 제60조 제2항 "소년" 여부에 대한 판단기준시점

[판결요지] 법률상 감경을 규정한 소년법 제60조 제2항에서 "소년"이라 함은 특별한 정함이 없는 한 소년법 제2조에서 말하는 "소년"인 20세 미만자를 의미하고, 소년법 제38조 제1항의 규정에 비추어 보면 20세 미만자라는 것이 심판의 조건이므로 범행시뿐만 아니라 심판시까지 계속되어야 한다고 보아야 하므로 소년법 제60조 제2항의 "소년"인지 여부의 판단은 원칙으로 심판시 즉 사실심 판결선고시를 기준으로 한다고 보아야 한다.

중요 ④ 원인에 있어서 자유로운 행위의 가벌성 근거와 관련하여 ~~예외모델은~~구성요건모델은 원인설정행위를 실행행위라고 이해하므로 실행행위의 정형성에 반한다는 비판을 받는다.

해설 및 정답 2022년 제11회 변호사시험 기출문제 7 **정답** ×

☞ 2020년 제9회 변호사시험 선택형 기출문제 4 유사. 甲은 아들 乙이 타인이 보는 자리에서 자신에게 폭언과 폭행을 하려 하자 乙을 1회 구타하였다.[행위방법] 乙은 그로 인해 돌이 있는 지면에 넘어져 머리 부분에 상처를 입고 사망하였다.[행위결과] 甲은 무죄이다.

☞ 가벌성 근거에 대한 학설 ① 구성요건 모델: 책임능력이 있었던 원인행위, 즉 술 마신 행위 자체를 이미 불법의 실체를 갖춘 구성요건적 행위로 본다. 그 원인행위에 가벌성의 근거가 있다는 견해이다. 불법행위 시점과 책임능력의 존재시점을 일치시킨다. 행위와 책임의 동시존재 원칙를 유지하는 학설이다. 원인행위(술 마신 행위)가 실행행위이다. 그러므로 원인행위시에 책임능력이 있다. 그 결과를 예견하였거나 예견할 수 있었던 경우, 그 결과를 야기한 행위에 책임비난이 가능하다는 논거다. 이 학설을 채택하면 책임능력이 있다. 그러나 술 마신 행위가 폭행치상행위가 될 수가 없다. 실행행위의 정형성에 반한다. 구성요건 모델에 대한 비판이다.

⑤ 「형법」 제12조의 강요된 행위에서 '저항할 수 없는 폭력'이란 심리적 의미에 있어서 육체적으로 어떤 행위를 절대적으로 하지 아니할 수 없게 하는 경우와 윤리적 의미에 있어서 강압된 경우를 말한다.

해설 및 정답 2022년 제11회 변호사시험 기출문제 7 **정답** ○

대법원 1983. 12. 13. 선고 83도2276 판결 [무고]

[판결요지] **형법 제12조 소정의 저항할 수 없는 폭력은, 심리적인 의미에서 육체적으로 어떤 행위를 절대적으로 하지 아니할 수 없게 하는 경우와 윤리적 의미에서 강압된 경우를 말한다.** 협박이란 자기 또는 친족의 생명, 신체에 대한 위해를 달리 막을 방법이 없는 협박을 말한다. 강요란 피강요자의 자유스런 의사결정을 하지 못하게 하면서 특정한 행위를 하게 하는 것이다.

☞ [출제] 2018년 제7회 변호사시험 기출문제 14

☞ [적중] 하태영, 형사법종합연습 변시기출문제분석, 제3판, 법문사, 2021, 84면.

07 ★★★★★

책임에 관한 설명 중 옳지 않은 것은? (다툼이 있는 경우 판례에 의함)

파워특강 책임(심신장애 개념・판단, 원인에 있어서 자유로운 책임・기대가능성). 충동조절장애와 같은 성격적 결함(=**매우 심각하여 원래의 의미의 정신병을 가진 사람과 동등하다고 평가할 수 있는 경우, 심신장애로 인한 범행**으로 보아야 한다). 원인에 있어서 자유로운 행위(=책임을 스스로 야기한 행위. 스스로 차를 운전하여 술집에 가서 술을 마신 후 운전을 하다가 교통사고를 일으킨 경우, 심신미약으로 인한 형의 감경을 할 수 없다). 형법 제16조 정당한 이유(=법률 위반 행위 중간에 일시적으로 판례에 따라 그 행위가 처벌대상이 되지 않는 것으로 해석된 적이 있었다는 사정만으로 자신의 행위가 처벌되지 않는 것으로 믿은 데에 '정당한 이유'가 있다). 기대가능성(=직장 상사 범법행위에 가담한 부하에게 직무상 지휘・복종관계에 있어도 범법행위에 가담하지 않을 기대가능성이 있다).

중요 ① 성격적 결함을 가진 자에 대하여 자신의 충동을 억제하고 법을 준수하도록 하는 것이 기대할 수 없는 행위를 요구하는 것이라고 할 수 없으므로, 특단의 사정이 없는 한 충동조절장애와 같은 성격적 결함은 원칙적으로 형의 감면사유인 심신장애에 해당하지 않는다.

해설 및 정답 2023년 제12회 변호사시험 기출문제 18 **정답** ○

대법원 2006. 10. 13. 선고 2006도5360 판결 [성폭력범죄의처벌및피해자보호등에관한법률위반(강간등상해)・성폭력범죄의처벌및피해자보호등에관한법률위반(특수강간등)]

[판결요지] 자신의 충동을 억제하지 못하여 범죄를 저지르게 되는 현상은 정상인에게서도 얼마든지 찾아볼 수 있는 일로서, 특단의 사정이 없는 한 위와 같은 성격적 결함을 가진 사람에 대하여 자신의 충동을 억제하고 법을 준수하도록 요구하는 것이 기대할 수 없는 행위를 요구하는 것이라고는 할 수 없다. 그러므로 **원칙적으로 충동조절장애와 같은 성격적 결함은 형의 감면사유인 심신장애에 해당하지 아니한다고 봄이 상당하다. 하지만 충동조절장애와 같은 성격적 결함이라 할지라도 그것이 매우 심각하여 원래의 의미의 정신병을 가진 사람과 동등하다고 평가할 수 있는 경우에는 그로 인한 범행은 심신장애로 인한 범행으로 보아야 한다.**

☞ [출제] 2020년 제9회 변호사시험 기출문제 8

☞ [출제] 2019년 제8회 변호사시험 기출문제 11

☞ [출제] 2017년 제6회 변호사시험 기출문제 7

☞ [적중] 하태영, 형사법 종합연습, 변시기출문제분석편, 제3판, 법문사, 2021, 79면. 82면.

② 자신의 차를 운전하여 술집에 가서 음주상태에서 교통사고를 일으킬 수 있다는 위험성을 예견하고도 술을 마신 후 심신미약 상태에서 운전을 하다가 교통사고를 일으킨 경우, 심신미약으로 인한 형의 감경을 할 수 없다.

해설 및 정답 2023년 제12회 변호사시험 기출문제 18 **정답** ○

대법원 1995. 6. 13. 선고 95도826 판결 [특정범죄가중처벌등에관한법률위반(도주차량)]

[판결요지] **피고인이 자신의 차를 운전하여 술집에 가서 술을 마신 후 운전을 하다가 교통사고를 일으켰다면, 이는 피고인이 음주할 때 교통사고를 일으킬 수 있다는 위험성을 예견하고도 자의로 심신장애를 야기한 경우에 해당한다. 가사 사고 당시 심신미약 상태에 있었다고 하더라도 심신미약으로 인한 형의 감경을 할 수 없다.**

☞ [출제] 2021년 제10회 변호사시험 기출문제 2

☞ [출제] 2019년 제8회 변호사시험 기출문제 11

☞ [적중] 하태영, 형사법 종합연습, 변시기출문제분석편, 제3판, 법문사, 2021, 82-83면.

중요 ③ 법률 위반 행위 중간에 일시적으로 판례에 따라 그 행위가 처벌대상이 되지 않는 것으로 해석되었던 적이 있었다고 하더라도 그것만으로 자신의 행위가 처벌되지 않는 것으로 믿은 데 정당한 이유가 있다고 할 수 없다.

해설 및 정답 2023년 제12회 변호사시험 기출문제 18 **정답** ○

대법원 2021. 11. 25. 선고 2021도10903 판결 [저작권법위반방조]

[판결요지] [1] **침해 게시물을 공중의 이용에 제공하는 정범의 범죄를 용이하게 하므로 공중송신권 침해의 방조범이 성립한다.** 이러한 링크 행위는 정범의 범죄행위가 종료되기 전 단계에서 침해 게시물을 공중의 이용에 제공하는 정범의 범죄 실현과 밀접한 관련이 있고 그 **구성요건적 결과 발생의 기회를 현실적으로 증대함으로써 정범의 실행행위를 용이하게 하고 공중송신권이라는 법익의 침해를 강화·증대하였다고 평가할 수 있다. 링크 행위자에게 방조의 고의와 정범의 고의도 인정할 수 있다.**

[2] **형법 제16조는 '법률의 착오'**라는 제목으로 자기가 한 행위가 법령에 따라 죄가 되지 않는 것으로 오인한 행위는 그 오인에 정당한 이유가 있는 때에 한하여 벌하지 않는다고 정하고 있다. **이는 일반적으로 범죄가 성립하지만 자신의 특수한 사정에 비추어 법령에 따라 허용된 행위로서 죄가 되지 않는다고 그릇 인식하고 그러한 인식에 정당한 이유가 있는 경우에는 벌하지 않는다는 것이다.** 이때 정당한 이유는 행위자에게 자기 행위의 위법 가능성에 대해 **심사숙고하거나 조회**할 수 있는 계기가 있어 자신의 지적 능력을 다하여 이를 회피하기 위한 **진지한 노력을 다하였더라면 스스로의 행위에 대하여 위법성을 인식할 수 있는 가능성이 있었는데도 이를 다하지 못한 결과 자기 행위의 위법성을 인식하지 못한 것인지 여부에 따라 판단해야 한다.** 이러한 위법성의 인식에 필요한 노력의 정도는 구체적인 행위정황과 행위자 개인의 인식능력 그리고 행위자가 속한 사회집단에 따라 달리 평가하여야 한다.

[3] **법률 위반 행위 중간에 일시적으로 판례에 따라 그 행위가 처벌대상이 되지 않는 것**

으로 해석되었던 적이 있었다고 하더라도 그것만으로 자신의 행위가 처벌되지 않는 것으로 믿은 데에 정당한 이유가 있다고 할 수 없다.

④ 직장의 상사가 범법행위를 하는 데 가담한 부하가 그 상사와 직무상 지휘·복종관계에 있는 경우, 그 부하에게는 상사의 범법행위에 가담하지 않을 기대가능성이 ~~없다.~~ 있다.

해설 및 정답 2023년 제12회 변호사시험 기출문제 18 **정답** ×

대법원 1999. 7. 23. 선고 99도1911 판결 [특정경제범죄가중처벌등에관한법률위반(사기·배임·횡령·증재 등·수재 등)·사문서위조·위조사문서행사·사기·뇌물공여]

[판결요지] 직장의 상사가 범법행위를 하는데 가담한 부하에게 직무상 지휘·복종관계에 있다 하여 범법행위에 가담하지 않을 기대가능성이 없다고 할 수 없다.

☞ [출제] 2018년 제7회 변호사시험 기출문제 14

☞ [적중] 하태영, 형사법 종합연습, 변시기출문제분석편, 제3판, 법문사, 2021, 84면.

중요 ⑤ 자신의 범행을 일관되게 부인하였으나 강도상해로 유죄판결이 확정된 甲이 위 강도상해의 공범으로 기소된 乙의 형사사건에서 자신의 범행사실을 부인하는 증언을 한 경우, 행위 당시의 구체적인 상황하에 행위자 대신에 사회적 평균인을 두고 이 평균인의 관점에서 볼 때 甲에게 사실대로 진술할 기대가능성이 있다.

해설 및 정답 2023년 제12회 변호사시험 기출문제 18 **정답** ○

대법원 2008. 10. 23. 선고 2005도10101 판결 [위증]

[판시사항] [1] **유죄판결이 확정된 피고인이 공범의 형사사건에서 사실대로 자신의 범행을 시인하는 증언을 할 것이라는 기대가능성이 있는지 여부(적극)** [2] **자신의 강도상해 범행을 일관되게 부인하였으나 유죄판결이 확정된 피고인이 별건으로 기소된 공범의 형사사건에서 자신의 범행사실을 부인하는 증언을 한 사안에서, 피고인에게 사실대로 진술할 것이라는 기대가능성이 있으므로 위증죄가 성립한다**고 판단한 사례.

[판결요지] [1] **자기에게 형사상 불리한 진술을 강요당하지 아니할 권리가 결코 적극적으로 허위의 진술을 할 권리를 보장하는 취지는 아니다. 이미 유죄의 확정판결을 받은 경우에는 일사부재리의 원칙에 의해 다시 처벌되지 아니한다. 그러므로 증언을 거부할 수 없다. 이는 사실대로의 진술 즉 자신의 범행을 시인하는 진술을 기대할 수 있기 때문이다. 위증죄에 관한 양형참작사유로 볼 수 있음은 별론으로 하고 이를 이유로 피고인에게 사실대로 진술할 것을 기대할 가능성이 없다고 볼 수는 없다.**

☞ [출제] 2020년 제9회 변호사시험 기출문제 8 ②

☞ [출제] 2018년 제7회 변호사시험 기출문제 14

☞ [적중] 하태영, 형사법 종합연습, 변시기출문제분석편, 제3판, 법문사, 2021, 79면. 84면.

문 10. 정범 · 공동정범 · 간접정범에 관한 설명 중 옳은 것은? (다툼이 있는 경우 판례에 의함)

출제내용

- 공동정범(형법 제30조): 기능적 행위지배(=주체·행위·인과관계·고의)
- 간접정범(형법 제34조 제1항): 무죄 또는 과실범을 교사·방조한 사람
- 정범착오와 교사자 고의(법정적 부합설⇒형법 제13조 고의 인정)
- 공모관계이탈(형법 제13조, 공모·공동의사 고의 부정)
- 정범과 공범 신분(형법 제33조 본문과 단서. 비신분자 본문·단서 적용)

출제분석

2024년 제13회 변호사시험 출제예상 ★
2022년 제11회 변호사시험 기출문제 8
2021년 제10회 변호사시험 기출문제 7
2019년 제8회 변호사시험 기출문제 13
2018년 제7회 변호사시험 기출문제 6
2017년 제6회 변호사시험 기출문제 4
2016년 제5회 변호사시험 기출문제 9·15
2015년 제4회 변호사시험 기출문제 7
2013년 제2회 변호사시험 기출문제 3
2012년 제1회 변호사시험 기출문제 7

가. 공동정범에 관한 설명 중 옳은 것이다(○).

① 의사인 甲이[행위주체] 모발이식시술을 하기 위해서 환자 A의 뒷머리부분에서 모낭을 채취한 후 간호조무사인 乙로 하여금[행위객체] 식모기(植毛機)를 이용하여 A의 앞머리부위 진피층까지 찔러 넣는 방법으로 모낭삽입시술을 하도록 한 경우,[무면허의료행위교사행위] 乙의 행위는 진료보조행위의 범위를 벗어나 의료행위에 해당하므로 甲은 무면허의료행위의 공범으로서의 죄책을 진다.

해설 및 정답 2016년 제5회 변호사시험 기출문제 9 **정답** ○

간호조무사는 무면허의료행위죄, 의사는 무면허의료행위죄 교사범이 성립한다.

대법원 2007. 6. 28. 선고 2005도8317 판결 [의료법위반]

[판결요지] 의사가 모발이식시술을 하면서 이에 관하여 어느 정도 지식을 가지고 있는 간호조무사로 하여금 모발이식시술행위 중 일정 부분을 직접 하도록 맡겨둔 채 별반 관여

하지 않은 것이 정당행위에 해당하지 않는다.

② 의사인 甲이[행위주체] 자신이 운영하는 병원의 모든 시술에서 특별한 제한 없이 전신마취제인 프로포폴을 투여하여 준다는 소문을 듣고 찾아온 사람들에게 환자에 대한 진료 및 간호사와 간호조무사에 대한 구체적인 지시·감독 없이 간호사와 간호조무사로 하여금 프로포폴을 제한 없이 투약하게 한 경우,[무면허행위] 甲은 무면허의료행위의 공동정범으로서의 죄책을 진다.

해설 및 정답 2016년 제5회 변호사시험 기출문제 9 **정답** ○

공동정범과 교사범 구별이 중요하다. 이 사안은 의사가 자기의 작품으로, 간호사·간호조무사가 함께 기능적으로 지배하에 무면허의료행위를 한 것이다.

대법원 2014. 9. 4. 선고 2012도16119 판결 [의료법위반]

[**판결요지**] 의사가 주도하여 의료행위를 실시하면서 그 의료행위의 성질과 위험성 등을 고려하여 그 중 일부를 간호사로 하여금 보조하도록 지시 또는 위임할 수 있다는 것을 의미하는 것에 그친다. 간호사가 주도하여 전반적인 의료행위의 실시 여부를 결정하고 간호사에 의한 의료행위의 실시과정에 의사가 지시·관여하지 아니한 경우라면, 이는 의료법 제27조 제1항이 금지하는 무면허의료행위에 해당한다고 보아야 한다. **간호사와 함께 공모하여 그 공동의사에 의한 기능적 행위지배가 있었다면, 의사도 무면허의료행위의 공동정범으로서의 죄책을 진다(대법원 2012. 5. 10. 선고 2010도5964 판결 등 참조).**

③ 뇌수술을 받고 중환자실에 입원해 있던 환자 A의 처 乙은 치료비에 상당한 부담을 느낀 나머지 A의 치료를 중단시킬 의도로 퇴원을 요구하였다. 주치의 甲이[행위주체] 이런 의도를 알면서도 치료중단 및 퇴원을 허용하는 조치를 취하여[행위] A가 사망에 이른 경우, 甲에게 환자의 사망이라는 결과 발생에 대한 정범의 고의는 인정되나 A의 사망에 이르는 사태의 핵심적 경과를 계획적으로 조종하거나 저지·촉진하는 등으로 지배하고 있었다고 보기는 어려우므로 공동정범의 객관적 요건인 기능적 행위지배가 흠결되어 살인죄의 공동정범으로서의 죄책이 없다.

해설 및 정답 2016년 제5회 변호사시험 기출문제 9 **정답** ○

대법원 2004. 6. 24. 선고 2002도995 판결 [살인(인정된 죄명: 살인방조)·살인]

[**공소사실**] 보호자가 의학적 권고에도 불구하고 치료를 요하는 환자의 퇴원을 간청하여 담당 전문의와 주치의가 치료중단 및 퇴원을 허용하는 조치를 취함으로써 환자를 사망에 이르게 한 행위이다. 이에 대하여 **검사는 보호자, 담당 전문의 및 주치의가 부작위에 의한 살인죄의 공동정범으로 기소**하였다. <보라매병원 사건>

[판결요지] 이 사안에서 담당 전문의와 주치의에게 환자의 사망이라는 결과 발생에 대한 정범의 고의는 인정된다. 그러나 환자의 사망이라는 결과나 그에 이르는 **사태의 핵심적 경과를 계획적으로 조종하거나 저지·촉진하는 등으로 지배하고 있었다고 보기는 어렵다. 공동정범의 객관적 요건인 이른바 기능적 행위지배가 흠결되어 있다. 작위에 의한 살인방조죄만 성립한다. 환자 A의 처 乙은 부작위에 의한 살인죄가 성립한다.**

중요 ④ 신분관계로 인하여 형의 경중이 있는 경우에 신분이 있는 자가 신분이 없는 자를 교사하여 죄를 범하게 한 때에는 「형법」 제33조 단서가 「형법」 제31조 제1항에 우선하여 적용된다.

해설 및 정답 2016년 제5회 변호사시험 기출문제 15 ★ **정답** ○

대법원 1994. 12. 23. 선고 93도1002 판결 [모해위증교사]

[판결요지] 형법 제31조 제1항은 협의의 공범의 일종인 교사범이 그 성립과 처벌에 있어서 정범에 종속한다는 일반적인 원칙을 선언한 것에 불과하다. **신분관계로 인하여 형의 경중이 있는 경우에 신분이 있는 자가 신분이 없는 자를 교사하여 죄를 범하게 한 때에는 형법 제33조 단서가 형법 제31조 제1항에 우선하여 적용된다.** 신분이 있는 교사범이 신분이 없는 정범보다 중하게 처벌된다.

중요 ⑤ 도박의 습벽이 있는 자가 습벽이 없는 타인의 도박을 방조하면 상습도박방조죄에 해당한다.

해설 및 정답 2016년 제5회 변호사시험 기출문제 15 **정답** ○

대법원 1984. 4. 24. 선고 84도195 판결 [상습도박]

[판결요지] 상습도박죄와 상습도박방조죄에서 상습성은 행위의 속성이 아니라 행위자의 속성이다. 도박을 반복해서 거듭하는 습벽을 말하는 것이다. **도박의 습벽이 있는 자가 타인의 도박을 방조하면 상습도박방조의 죄에 해당하는 것이다. 도박의 습벽이 있는 자가 도박을 하고 또 도박방조를 하였을 경우 상습도박방조의 죄는 무거운 상습도박의 죄에 포괄시켜 1죄로서 처단하여야 한다.**

중요 ⑥ 「형법」 제152조 제1항과 제2항은 위증을 한 범인이 형사사건의 피고인 등을 '모해할 목적'을 가지고 있었는가 아니면 그러한 목적이 없었는가 하는 범인의 특수한 상태의 차이에 따라 범인에게 과할 형의 경중을 구별하고 있다. 그러므로 이는 「형법」 제33조 단서 소정의 '신분관계로 인하여 형의 경중이 있는 경우'에 해당한다.

해설 및 정답 2016년 제5회 변호사시험 기출문제 15 **정답** ○

대법원 1994. 12. 23. 선고 93도1002 판결 [모해위증교사]

[판결요지] 형법 제152조 제1항과 제2항은 위증을 한 범인이 형사사건의 피고인 등을 '모해할 목적'을 가지고 있었는가 아니면 그러한 목적이 없었는가 하는 범인의 특수한 상태의 차이에 따라 범인에게 과할 형의 경중을 구별하고 있다. 그러므로 이는 바로 **형법 제33조 단서 소정의 "신분관계로 인하여 형의 경중이 있는 경우"에 해당한다고 봄이 상당하다. 피고인이 갑을 모해할 목적으로 을에게 위증을 교사한 이상, 가사 정범인 을에게 모해의 목적이 없었다고 하더라도, 형법 제33조 단서의 규정에 의하여 피고인을 모해위증교사죄로 처단할 수 있다.**

⑦ 변호사가 변호사 아닌 자에게 고용되어 법률사무소의 개설·운영에 관여하는 행위는 변호사법위반죄의 방조범으로 처벌할 수 없다.

해설 및 정답 2016년 제5회 변호사시험 기출문제 15 **정답** ○

대법원 2004. 10. 28. 선고 2004도3994 판결 [변호사법위반]

[판결요지] 변호사 아닌 자에게 고용되어 법률사무소의 개설·운영에 관여한 변호사의 행위가 일반적인 형법 총칙상의 공모, 교사 또는 방조에 해당된다고 하더라도 **변호사를 변호사 아닌 자의 공범으로서 처벌할 수는 없다.**

이 사안 경우 변호사는 무죄이다. 변호사법에 처벌 규정이 없기 때문이다.

중요 ⑧ 공모공동정범의 경우 제반 상황에 비추어 공모자들이 범행도중에 부수적인 다른 범죄가 파생되리라고 예상하거나 충분히 예상할 수 있는데도 이를 방지하기 위한 합리적인 조치를 취하지 아니하여 예상되던 범행들이 발생하였다면, 그 파생적인 범행에 대하여 개별적인 의사의 연락이 없었다고 하더라도 당초의 공모자들 사이에 그 범행 전부에 대하여 암묵적인 공모는 물론 그에 대한 기능적 행위지배가 인정된다.

해설 및 정답 2015년 제4회 변호사시험 기출문제 7 ★ **정답** ○

대법원 2013. 9. 12. 선고 2013도6570 판결

[판결요지] 형법 제30조의 공동정범은 단순한 공모자에 그치는 것이 아니라 **범죄에 대한 본질적 기여를 통한 기능적 행위지배가 존재하는 것으로 인정되어야 한다.** 공모자들이 그 공모한 범행을 수행하거나 목적 달성을 위하여 나아가는 **도중에 부수적인 다른 범죄가 파생되리라고 예상하거나 충분히 예상할 수 있는데도 그러한 가능성을 외면한 채 이를 방지하기에 충분한 합리적인 조치를 취하지 아니하고 공모한 범행에 나아갔다가 결국 그와 같이 예상되던 범행들이 발생하였다면, 비록 그 파생적인 범행 하나하나에 대하여 개별적인 의사의 연락이 없었더라도 당초의 공모자들 사이에 그 범행 전부에 대하여 암묵적인 공모는 물론 그에 대한 기능적 행위지배가 존재한다고 보아야 할 것이다**(대법원 2010. 12. 23. 선고 2010도7412 판결 등 참조).

중요 ⑨ 공모공동정범에서 공모관계로부터의 이탈은 공모자가 공모에 의하여 담당한 기능적 행위지배를 해소하는 것이 필요하다. 그러므로 공모자가 공모에 주도적으로 참여하여 다른 공모자의 실행에 영향을 미친 때에는 범행을 저지하기 위하여 적극적으로 노력하는 등 실행에 미친 영향력을 제거하지 않는 한 공모관계로부터 이탈하였다고 할 수 없다.

해설 및 정답 2015년 제4회 변호사시험 기출문제 7 ★ **정답** ○

대법원 2010. 9. 9. 선고 2010도6924 판결

[공소사실] 갑이 을과 공모하여 가출 청소년 병(여, 16세)에게 낙태수술비를 벌도록 해 주겠다고 유인하였다. 을로 하여금 병의 성매매 홍보용 나체사진을 찍도록 하였다. 병이 중도에 약속을 어길 경우 민형사상 책임을 진다는 각서를 작성하도록 한 후, 자신이 별건으로 체포되어 구치소에 수감 중인 동안 병이 을의 관리 아래 12회에 걸쳐 불특정 다수 남성의 성매수 행위의 상대방이 된 대가로 받은 돈을 병, 을 및 갑의 처 등이 나누어 사용한 사안이다. **병의 성매매 기간 동안 갑이 수감되어 있었다 하더라도 위 갑은 을과 함께 미성년자유인죄, 구 청소년의 성보호에 관한 법률(2009. 6. 9. 법률 제9765호 아동·청소년의 성보호에 관한 법률로 전부 개정되기 전의 것) 위반죄의 책임을 진다.**

[판결요지] 공모공동정범에 있어서 공모자 중의 1인이 다른 공모자가 실행행위에 이르기 전에 그 공모관계에서 이탈한 때에는 그 이후의 다른 공모자의 행위에 관하여는 공동정범으로서의 책임은 지지 않는다 할 것이다. 그러나 **공모관계에서의 이탈은 공모자가 공모에 의하여 담당한 기능적 행위지배를 해소하는 것이 필요하다. 그러므로 공모자가 공모에 주도적으로 참여하여 다른 공모자의 실행에 영향을 미친 때에는 범행을 저지하기 위하여 적극적으로 노력하는 등 실행에 미친 영향력을 제거하지 아니하는 한 공모자가 구속되었다는 등의 사유만으로 공모관계에서 이탈하였다고 할 수 없다.**

☞ [출제] 2013년 제2회 변호사시험 기출문제 3

중요 ⑩ 2인 이상이 범죄에 공동가공하는 공범관계에서 비록 전체의 모의과정이 없더라도 수인 사이에 순차적으로 또는 암묵적으로 상통하여 의사의 결합이 이루어지면 공모관계가 성립한다.

해설 및 정답 2013년 제2회 변호사시험 기출문제 3 **정답** ○

대법원 2011. 12. 22. 선고 2011도9721 판결

[판결요지] 2인 이상이 범죄에 공동가공하는 공범관계에서 공모는 법률상 어떤 정형을 요구하는 것이 아니다. **2인 이상이 공모하여 범죄에 공동가공하여 범죄를 실현하려는 의사의 결합만 있으면 되는 것이다. 비록 전체의 모의과정이 없더라도 수인 사이에 순차적으로 또는 암묵적으로 상통하여 의사의 결합이 이루어지면 공모관계가 성립한다.** 그리고 이러한 공모관계를 인정하기 위해서는 엄격한 증명이 요구된다. 그러나 **피고인이 범죄의 주관적 요소인 공모의 점을 부인하는 경우에는 사물의 성질상 이와 상당한 관련성이 있**

는 간접사실 또는 정황사실을 증명하는 방법으로 이를 증명할 수밖에 없다.
☞ [출제] 2021년 제10회 변호사시험 기출문제 7

중요 ⑪ 乙, 丙과 A회사의 사무실 금고에서 현금을 절취할 것을 공모한 甲이[행위주체] 乙과 丙에게 범행도구를 구입하여 제공해 주었을 뿐만 아니라 乙과 丙이 사무실에서 현금을 절취하는 동안 범행장소가 보이지 않는 멀리 떨어진 곳에서 기다렸다가 절취한 현금을 운반한 경우, 甲은 乙, 丙의 합동절도의 공동정범의 죄책을 진다.

해설 및 정답 2013년 제2회 변호사시험 기출문제 3 ★ **정답** ○

대법원 2011. 5. 13. 선고 2011도2021 판결

[공소사실] 피고인이 갑, 을과 공모한 후 갑, 을은 피해자 회사의 사무실 금고에서 현금을 절취하고, 피고인은 위 사무실로부터 약 100m 떨어진 곳에서 망을 보는 방법으로 합동하여 재물을 절취하였다고 하여 주위적으로 기소된 사안이다. 제반 사정에 비추어 갑, 을의 합동절도 범행에 대한 공동정범으로서 죄책을 면할 수 없다.

[판결요지] 3인 이상의 범인이 합동절도의 범행을 공모한 후 적어도 2인 이상의 범인이 범행 현장에서 시간적, 장소적으로 협동관계를 이루어 절도의 실행행위를 분담하여 절도 범행을 한 경우에, 그 **공모에는 참여하였으나 현장에서 절도의 실행행위를 직접 분담하지 아니한 다른 범인에 대하여도 그가 현장에서 절도 범행을 실행한 위 2인 이상의 범인의 행위를 자기 의사의 수단으로 하여 합동절도의 범행을 하였다고 평가할 수 있는 정범성의 표지를 갖추고 있는 한 공동정범의 일반 이론에 비추어 그 다른 범인에 대하여 합동절도의 공동정범으로 인정할 수 있다**(대법원 1998. 5. 21. 선고 98도321 전원합의체 판결 참조).

중요 ⑫ 포괄일죄의 범행 도중에 공동정범으로 범행에 가담한 자는 비록 그가 그 범행에 가담할 때에 이미 이루어진 종전의 범행을 알았다 하더라도 그 가담 이후의 범행에 대하여만 공동정범의 책임을 진다.

해설 및 정답 2013년 제2회 변호사시험 기출문제 3 ★ **정답** ○

대법원 1997. 6. 27. 선고 97도163 판결

승계적 공동정범이 쟁점이다. 대법원은 소극설을 취하고 있다.

[판결요지] 포괄일죄의 범행 도중에 공동정범으로 범행에 가담한 자는 비록 그가 그 범행에 가담할 때에 이미 이루어진 종전의 범행을 알았다 하더라도 **그 가담 이후의 범행에 대하여만 공동정범으로 책임을 진다.**

중요 ⑬ 甲이 주도하여 乙, 丙과 절도를 하기로 공모한 후, 甲과 乙이 실행행위에 이르기 전에 망을 보기로 한 丙이 공모관계에서 이탈한 경우, 그 이후의 甲과 乙의

절취행위에 대하여 丙은 공동정범으로서의 책임을 지지 아니하고 그 이탈의 표시는 명시적일 필요는 없다.

해설 및 정답 2012년 제1회 변호사시험 기출문제 7 ★ 정답 ○

공모자 중 1인이 실행착수 전에 공모관계에서 이탈한 것이다. 기능적 행위지배가 있다고 보기 어렵다. 공모의 고의도 없다. 공동정범이 성립하지 않는다.

⑭ 甲이 A회사의 직원으로서[행위주체] 경쟁업체에 유출하기 위해 회사의 영업비밀을[행위객체/재산상이익] 무단으로 반출함으로써[행위] 업무상배임죄의 기수에 이르렀다면, 그 이후 乙이 甲과 접촉하여 그 영업비밀을 취득하더라도 乙에 대해서 업무상배임죄의 공동정범은 성립하지 않는다.

해설 및 정답 2012년 제1회 변호사시험 기출문제 7 정답 ○

대법원 2003. 10. 30. 선고 2003도4382 판결

[판결요지] 회사직원이 영업비밀을 경쟁업체에 유출하거나 스스로의 이익을 위하여 이용할 목적으로 **무단으로 반출한 때 업무상배임죄의 기수에 이르렀다**고 할 것이다. **그 이후에 위 직원과 접촉하여 영업비밀을 취득하려고 한 자는 업무상배임죄의 공동정범이 될 수 없다.**

나. 공동정범에 관한 설명 중 옳지 않은 것이다(×).

중요 ① 진정 부작위범의 공동정범은 부작위자들에게 공통된 작위의무가 부여되어 ~~있지 않아도~~[있어야] 성립할 수 있다.

해설 및 정답 2017년 제6회 변호사시험 기출문제 4 ★ 정답 ×

구성요건에 명시된 진정 부작위범과 부진정 부작위범 사이 공동정범은 공통의무와 공동이행이 있는 경우만 성립한다.

대법원 2008. 3. 27. 선고 2008도89 판결 [공중위생관리법위반]

[판결요지] 부작위범 사이의 공동정범은 다수의 부작위범에게 공통된 의무가 부여되어 있고, 그 의무를 공통으로 이행할 수 있을 때에만 성립한다. 따라서 공중위생영업의 신고의무는 '공중위생영업을 하고자 하는 자'에게 부여되어 있다. 여기서 **'영업을 하는 자'란 영업으로 인한 권리의무의 귀속주체가 되는 자를 의미한다. 그러므로 영업자의 직원이나 보조자의 경우에는 영업을 하는 자에 포함되지 않는다.**

중요 ② 비의료인인 丙이 실질적으로 운영하는 A의원의 원장이자 유일한 의사인 甲이,[행위주체] A의원의 간호조무사인 乙이 丙의 지시에 따라 환자들에 대해 미용성형수

술의 재수술을 맡아 하고 있다는 사실을 알면서 월 1,000만 원의 급여를 안정적으로 지급받으며 원장으로 계속 근무한 경우, 乙, 丙의 무면허의료행위에 가담하였다고 ~~보기는 어려우므로~~볼 수 있으므로 甲에게는 무면허의료행위에 대한 공동정범으로서의 죄책이 ~~없다.~~있다.

해설 및 정답 2016년 제5회 변호사시험 기출문제 9 ★ **정답** ×

대법원 2007. 5. 31. 선고 2007도1977 판결 [의료법위반]

[판결요지] **○○의원의 원장이자 유일한 의사인 피고인 1가,** 의사면허 없는 원심 공동피고인 중 5가 자신이 수술한 환자들에 대해 재수술을 맡아 하고 있다는 사실을 알면서도 월 1,000만 원이라는 급여를 안정적으로 지급받으며 원장으로 계속 근무함으로써 위 원심 공동피고인 중 5의 **무면허의료행위가 가능하도록 한 이상,** 위 의원을 실질적으로 운영한 피고인 2와 원심 공동피고인 중 4 및 위 원심 공동피고인 중 5와 **적어도 묵시적인 의사연결 아래 그 무면허의료행위에 가담하였다고 보아 피고인 1에게 위 무면허의료행위에 대한 공동정범으로서의 죄책이 있다.**

중요 ③ 업무상 타인의 사무를 처리하는 자가 그러한 신분관계가 없는 자와 공모하여 업무상배임죄를 저질렀다면 그러한 신분관계가 없는 자에 대하여는 「형법」 제33조 단서에 의하여 단순배임죄~~가 성립한다.~~로 처벌된다.

해설 및 정답 2016년 제5회 변호사시험 기출문제 15 ★ **정답** ×

형법 제33조 본문에 근거하여 비신분자도 신분자와 공동으로 업무상배임죄가 성립한다. 다만 형법 제33조 단서에 근거하여 비신분자는 단순배임죄에 정한 형으로 처벌된다.

대법원 1997. 12. 26. 선고 97도2609 판결

[판결요지] 상호신용금고법 제39조 제1항 제2호 위반죄는 형법 제355조 제2항의 배임죄와의 관계에서는 신분관계로 형의 경중이 있는 경우라고 할 것이다. **위와 같은 신분관계가 없는 자가 그러한 신분관계에 있는 자와 공모하여 위 상호신용금고법위반죄를 저질렀다면, 그러한 신분관계가 없는 자는 형법 제33조 단서에 의하여 형법 제355조 제2항에 따라 처단하여야 할 것이다. 그러한 경우에는 신분관계가 없는 자에게도 일단 업무상배임으로 상호신용금고법 제39조 제1항 제2호 위반죄가 성립한다. 그 다음 형법 제33조 단서에 의하여 중한 형이 아닌 형법 제355조 제2항에 정한 형으로 처벌되는 것이다.**

④ 대향범은 2인 이상의 대향적 협력에 의하여 성립하는 범죄로서 대향자 쌍방의 불법내용이 같으므로 「형법」상 쌍방을 처벌하는 경우 ~~전부~~일부 쌍방의 법정형이 같은데, 다만 대향자 일방만을 처벌하는 경우가 있다.

해설 및 정답 2015년 제4회 변호사시험 기출문제 7 **정답** ×

수뢰죄와 증뢰죄는 법정형이 서로 다른 경우이다.

⑤ 甲이 부녀를 유인하여 성매매를 통해 수익을 얻을 것을 乙과 공모한 후, 乙로 하여금 유인된 A녀(16세)의 성매매 홍보용 나체사진을 찍도록 하고, A가 중도에 약속을 어길 경우 민·형사상 책임을 진다는 각서를 작성하도록 하였지만, 자신이 별건으로 체포되어 구치소에 수감 중인 동안 A가 乙의 관리 아래 성매수의 대가로 받은 돈을 A, 乙 및 甲의 처 등이 나누어 사용한 경우라도 甲에게는 공모관계에서의 이탈이 ~~인정된다.~~ 인정되지 않는다.

해설 및 정답 2013년 제2회 변호사시험 기출문제 3 **정답** ×

대법원 2010. 9. 9. 선고 2010도6924 판결

☞ [출제] 2015년 제4회 변호사시험 기출문제 7

중요 ⑥ 甲과 乙은 알선 등과 관련하여 금품 등을 특정 금액 이하로만 받기로 약정하고 이를 수수하기로 공모하였지만 乙이 공모내용을 현저히 초과하는 금품을 수수한 경우, 수수한 금품 등의 구체적 금액을 공범자가 알아야 공모공동정범이 성립하는 ~~것은 아니므로~~ 것이다. 甲에게는 乙이 수수한 금품 전부에 관하여 공모공동정범이 ~~성립한다.~~ 성립하지 않는다.

해설 및 정답 2013년 제2회 변호사시험 기출문제 3 ★ **정답** ×

도저히 예상할 수 없는 행위는 공모의 고의를 인정할 수 없다.

대법원 2010. 10. 14. 선고 2010도387 판결

[판결요지] **사전에 특정 금액 이하로만 받기로 약정하였다든가 수수한 금액이 공모 과정에서 도저히 예상할 수 없는 고액이라는 등과 같은 특별한 사정이 없는 한, 그 수수한 금품이나 이익 전부에 관하여 위 각 죄의 공모공동정범이 성립하는 것이다.** 수수할 금품이나 이익의 규모나 정도 등에 대하여 사전에 서로 의사의 연락이 있거나 수수한 금품 등의 구체적 금액을 공범자가 알아야 공모공동정범이 성립하는 것은 아니다. 이와 같은 법리는 특정경제범죄 가중처벌 등에 관한 법률 제5조가 정한 수재의 공모공동정범에서도 마찬가지로 적용된다.

⑦ 甲이 A녀를 강간하고 있을 때, 乙 스스로 甲의 강간행위에 가담할 의사로 甲이 모르는 사이에 망을 보아준 경우, 乙은 강간죄의 공동정범이 ~~된다.~~ 성립하지 않는다.

해설 및 정답 2012년 제1회 변호사시험 기출문제 7 **정답** ×

을은 갑이 모르는 사이에 망을 보아 준 것이다. 공동가공의 의사를 인정할 수 없다. 강간죄 공동정범은 성립되지 않는다. 그러나 편면적 종범은 인정된다. 강간죄 방조범은 성립될 수 있다.

☞ 강간을 모의하고 망을 본 것과 전혀 모르게 한 망을 본 것은 법적 평가가 다르다. 전자는 공동정범이고, 후자는 방조범이 된다.

대법원 1985. 5. 14. 선고 84도2118 판결

[판결요지] [1] 공동정범은 행위자 상호간에 범죄행위를 공동으로 한다는 공동가공의 의사를 가지고 범죄를 공동실행하는 경우에 성립하는 것이다. 여기에서의 공동가공의 의사는 공동행위자 상호간에 있어야 하며 행위자 일방의 가공의사만으로는 공동정범관계가 성립할 수 없다. [2] 동시범의 특례를 규정한 형법 제263조는 상해치사죄에도 적용된다.

대법원 1982. 10. 26. 선고 82도1818 판결 [강간 · 살인 · 현주건조물방화]

[판결요지] **강간을 모의한 공동피고인 중의 1인이 강간하고 있는 중 다른 피고인이 강간 피해자의 딸을 살해하고 다시 전자는 강간을 끝내고 망을 보고 있는 사이에 후자가 강간 피해자를 묶고 집에 불을 놓아 피해자를 살해한 경우 전자는 강간 이후의 다른 피고인의 일련의 범행에 대하여 공동정범의 죄책을 면할 수 없다.**

다. 공동정범·간접정범 종합문제

01 ★★★★★

정범 및 공범에 관한 설명 중 옳지 않은 것은? (다툼이 있는 경우 판례에 의함)

중요 ① 「형법」 제127조는 공무원 또는 공무원이었던 자가 법령에 의한 직무상 비밀을 누설하는 행위만을 처벌하고 있을 뿐 직무상 비밀을 누설받은 상대방을 처벌하는 규정이 없으므로, 직무상 비밀을 누설받은 자에 대하여는 공범에 관한 형법 총칙 규정이 적용될 수 없다.

해설 및 정답 2019년 제8회 변호사시험 기출문제 13 **정답** ○

대법원 2011. 4. 28. 선고 2009도3642 판결

☞ [출제] 2015년 제4회 변호사시험 기출문제 7

[판결요지] 2인 이상 서로 대향된 행위의 존재를 필요로 하는 대향범에 대하여는 공범에 관한 형법총칙 규정이 적용될 수 없다.

중요 ② 甲이 뇌물공여의사 없이 오로지 공무원 乙을 함정에 빠뜨릴 의사로 직무와 관련되었다는 형식을 빌려 乙에게 금품을 공여한 경우에도 乙이 그 금품을 직무와 관련하여 수수한다는 의사를 가지고 받아들이면 甲에게 뇌물공여죄가 성립하지 않는 경우라도 乙에게 뇌물수수죄가 성립한다.

해설 및 정답 2019년 제8회 변호사시험 기출문제 13 ★ **정답** ○

대법원 2008. 3. 13. 선고 2007도10804 판결

[**판결요지**] **뇌물공여죄와 뇌물수수죄는 필요적 공범관계에 있다**고 할 것이다. 그러나 **필요적 공범**이라는 것은 **법률상 범죄의 실행이 다수인의 협력을 필요로 하는 것**을 가리키는 것이다. 이러한 범죄의 성립에는 행위의 공동을 필요로 하는 것에 불과하고 반드시 협력자 전부가 책임이 있음을 필요로 하는 것은 아니다. 그러므로 **오로지 공무원을 함정에 빠뜨릴 의사로 직무와 관련되었다는 형식을 빌려 그 공무원에게 금품을 공여한 경우에도 공무원이 그 금품을 직무와 관련하여 수수한다는 의사를 가지고 받아들이면 뇌물수수죄가 성립한다.** 피고인의 뇌물수수가 공여자들의 함정교사에 의한 것이다. 그러나 뇌물공여자들에게 피고인을 함정에 빠뜨릴 의사만 있었고 **뇌물공여의 의사가 전혀 없었다고 보기 어렵다. 뿐만 아니라 뇌물공여자들의 함정교사라는 사정은 피고인의 책임을 면하게 하는 사유가 될 수 없다.**

③ 「폭력행위 등 처벌에 관한 법률」 제2조 제2항에서 '2명 이상이 공동하여' 죄를 범한 때라 함은 수인이 동일한 장소에서 동일한 기회에 상호 다른 사람의 범행을 인식하고 이를 이용하여 범행을 한 경우를 뜻하는 것이다. 폭행 등의 실행범과 공모사실은 인정되나 그와 공동하여 범행에 가담하였거나 범행장소에 있었다고 인정되지 아니하는 경우, 공동하여 죄를 범한 때에 해당하지 아니한다.

해설 및 정답 2019년 제8회 변호사시험 기출문제 13 **정답** ○

대법원 1990. 10. 30. 선고 90도2022 판결

[**판결요지**] 폭력행위등처벌에관한법률 제2조 제2항의 "2인 이상이 공동하여 전항 게기의 죄를 범한 때"라고 함은 그 수인간에 소위 공범관계가 존재하는 것을 요건으로 하는 것이다. **수인이 동일 장소에서 동일 기회에 상호 다른자의 범행을 인식하고 이를 이용하여 범행을 한 경우임을 요한다고 할 것이다.** 그러므로 폭행의 실행범과의 공모사실은 인정되나 그와 공동하여 범행에 가담하였거나 범행장소에 있었다고 인정되지 아니하는 경우에는 "공동하여"죄를 범한 때에 해당하지 아니한다.

중요 ④ 합동범은 주관적 요건으로서 공모 외에 객관적 요건으로서 현장에서의 실행행위의 분담을 요하나, 이 실행행위의 분담은 반드시 동시에 동일 장소에서 실행행위를 특정하여 분담하는 것만을 뜻하는 것이 아니라 시간적으로나 장소적으로 서로 협동관계에 있다고 볼 수 있으면 충분하다.

해설 및 정답 2019년 제8회 변호사시험 기출문제 13 ★ **정답** ○

대법원 1969. 7. 22. 선고 67도1117 판결 [관세법위반]

[**판결요지**] 2인 이상이 합동하여 타인의 재물을 절취한 자라고 한 합동절도의 경우에는 주관적 요건으로서의 공모외에 객관적 요건으로서의 실행행위의 분담이 있어야 할 것이다. 그 실행행위에 있어서는 시간적으로나 공간적으로 합동관계가 있다고 볼 수 있는 것이라야 할 것이다.

⑤ 간접정범이 성립하기 위해서는 처벌되지 아니하는 타인의 행위를 적극적으로 유발하고 이를 이용하여 자신의 범죄를 실현하여야 하며, 그 과정에서 타인의 의사를 ~~부당하게 억압하여야 한다~~.

해설 및 정답 2019년 제8회 변호사시험 기출문제 13 **정답** ×

대법원 2008. 9. 11. 선고 2007도7204 판결

[판결요지] **처벌되지 아니하는 타인의 행위를 적극적으로 유발하고 이를 이용하여 자신의 범죄를 실현한 자는 형법 제34조 제1항이 정하는 간접정범의 죄책을 지게 된다. 그 과정에서 타인의 의사를 부당하게 억압하여야만 간접정범에 해당하는 것은 아니다.**

02 ★★★★★

공동정범에 관한 설명 중 옳은 것을 모두 고른 것은? (다툼이 있는 경우 판례에 의함)

파워특강 공동정범. 기능적 행위지배. 공모공동정범(=부수적 파생적 범죄 예상⇒기능적 행위지배 인정). 고의와 공모(=엄격한 증명 필요함). 암묵적 범행의 공동정범.

① 상명하복관계에 있는 자들이 범행에 공동가공한 경우, 특수교사·방조범(「형법」 제34조 제2항)이 성립할 수 있으나 공동정범은 인정될 수 ~~없다~~ 있다.

해설 및 정답 2021년 제10회 변호사시험 기출문제 7 **정답** ×

대법원 1995. 6. 16. 선고 94도1793 판결 [상표법위반]

[판결요지] **상명하복 관계에 있는 자들 사이에 있어서도 범행에 공동가공한 이상 공동정범이 성립하는 데 아무런 지장이 없다.**

② 공모자에게 범죄에 대한 본질적 기여를 통한 기능적 행위지배가 인정된다면 공모공동정범으로서의 죄책을 물을 수 있다.

해설 및 정답 2021년 제10회 변호사시험 기출문제 7 **정답** ○

대법원 2010. 7. 15. 선고 2010도3544 판결 [뇌물공여·건설산업기본법위반]

[판결요지] [1] **구성요건행위를 직접 분담하여 실행하지 아니한 공모자가 공모공동정범으로 인정되기 위하여는 전체 범죄에 있어서 그가 차지하는 지위·역할이나 범죄경과에 대한 지배 내지 장악력 등을 종합하여 그가 단순한 공모자에 그치는 것이 아니라 범죄에 대한 본질적 기여를 통한 기능적 행위지배가 존재하는 것으로 인정되어야 한다.**

[2] **비록 사전에 구체적인 대상 및 액수를 정하여 뇌물공여를 지시하지 아니하였다고 하더라도 그 핵심적 경과를 계획적으로 조종하거나 촉진하는 등으로 기능적 행위지배를 하였다고 보아 공모공동정범의 죄책을 인정하여야 한다.**

☞ [출제] 2020년 제9회 변호사시험 기출문제 1

③ 공모자들이 그 공모한 범행을 수행하거나 목적 달성을 위해 나아가는 도중에 부수적인 다른 범죄가 파생되리라고 예상하거나 충분히 예상할 수 있는데도 그 가능성을 외면한 채 이를 방지하기에 족한 합리적 조치를 취하지 않고 공모한 범행에 나아갔다가 결국 그와 같이 예상된 범행들이 발생한 경우, 그 파생적인 범행 하나하나에 대하여 개별적 의사연락이 ~~없었다면~~ 없었다고 하더라도 그 범행 전부에 대한 기능적 행위지배가 존재한다고 볼 수 ~~없다.~~ 있다.

해설 및 정답 2021년 제10회 변호사시험 기출문제 7 **정답** ×

대법원 2011. 1. 27. 선고 2010도11030 판결 [특수공무집행방해치상 · 폭력행위등처벌에 관한 법률 위반(공동폭행) · 총포 · 도검 · 화약류등단속법위반]

[판시사항] 공모공동정범의 공모자들에게 공모한 범행 외에 부수적으로 파생된 범죄에 대하여도 암묵적 공모와 기능적 행위지배가 있다고 인정하기 위한 판단 기준

[판결요지] 공모자들이 그 공모한 범행을 수행하거나 목적 달성을 위해 나아가는 도중에 부수적인 다른 범죄가 파생되리라고 예상하거나 충분히 예상할 수 있는데도 그러한 가능성을 외면한 채 이를 방지하기에 족한 합리적인 조치를 취하지 아니하고 공모한 범행에 나아갔다가 결국 그와 같이 예상되던 범행들이 발생하였다면, 비록 그 파생적인 범행 하나하나에 대하여 개별적인 의사의 연락이 없었다고 하더라도 당초의 공모자들 사이에 그 범행 전부에 대하여 암묵적인 공모는 물론 그에 대한 기능적 행위지배가 존재한다.

④ 공범관계에 있어서 공모는 법률상 어떤 정형을 요구하는 것이 아니므로, 이러한 공모관계를 인정하기 위하여 엄격한 증명이 요구~~되지는 않는다.~~ 된다.

해설 및 정답 2021년 제10회 변호사시험 기출문제 7 **정답** ×

대법원 1998. 11. 24. 선고 98도2654 판결 [사기]

[판시사항] 피고인이 실행행위에 직접 관여한 사실을 인정하면서도 공모 및 범의를 부인하는 경우 그 입증 방법

[판결요지] 공모공동정범에 있어서의 공모나 모의는 범죄사실을 구성하는 것으로서 이를 인정하기 위하여는 엄격한 증명이 요구된다. 그러나 피고인이 그 실행행위에 직접 관여한 사실을 인정하면서도 공모의 점과 함께 범의를 부인하는 경우에는, 이러한 주관적 요소로 되는 사실은 사물의 성질상 범의와 상당한 관련성이 있는 간접 사실을 증명하는 방법에 의하여 이를 입증할 수밖에 없다. 간접사실에 의하여 사기의 범의와 공모사실을 인정하는 것이 경험칙에 부합한다고 본 사례.

⑤ 공동정범이 성립하기 위하여 반드시 공범자 간 사전모의가 있어야 하는 것은 아니며, 우연히 만난 자리에서 서로 협력하여 공동의 범의를 실현하려는 의사가 암묵적으로 상통하여 범행에 공동가공하더라도 공동정범은 성립된다.

해설 및 정답 2021년 제10회 변호사시험 기출문제 7 **정답** ○

대법원 1984. 12. 26. 선고 82도1373 판결 [강간치상]

[판시사항] 암묵적인 범의의 상통과 공동정범의 성부(적극)

[판결요지] 공동정범이 성립하기 위하여는 반드시 공범자간에 사전에 모의가 있어야 하는 것은 아니다. **우연히 만난 자리에서 서로 협력하여 공동의 범의를 실현하려는 의사가 암묵적으로 상통하여 범행에 공동가공하더라도 공동정범은 성립된다.**

☞ [출제] 2013년 제2회 변호사시험 기출문제 3

03 ★★★★★

간접정범에 관한 설명 중 옳은 것을 모두 고른 것은? (다툼이 있는 경우 판례에 의함)

ㄱ. 甲이 A회사의 전문건설업등록증 등의 이미지 파일을 위조하여 공사 수주에 사용하기 위해 발주업체 직원 B에게 이메일로 송부하여 위조 사실을 모르는 B로 하여금 위 이미지 파일을 출력하게 한 경우, 형법 제229조, 제34조 제1항 위조공문서행사죄 간접정범+ 간접정범을 통한 위조문서행사 범행의 피이용자인 B는 甲과 동일시할 수 있는 자와 마찬가지이므로 甲에게는 위조문서행사죄의 간접정범이 ~~성립하지 아니한다.~~ 성립한다.

ㄴ. 甲이 A에 대한 사기범행을 실현하는 수단으로서 B를 기망하여 B를 A로부터 편취한 재물이나 재산상 이익을 전달하는 도구로서만 이용한 경우에는 편취의 대상인 재물 또는 재산상 이익에 관하여 A에 대한 사기죄가 성립할 뿐 형법 제347조 제1항 사기죄+ 도구로 이용된 B에 대한 사기죄가 별도로 성립하는 것은 아니다.

ㄷ. 타인을 비방할 목적으로 허위의 기사 재료를 그 정을 모르는 기자에게 제공하여 신문 등에 보도하게 한 경우 출판물에의한명예훼손죄의 간접정범이 성립할 수 있다.

ㄹ. 강제추행에 관한 간접정범의 의사를 실현하는 도구로서의 타인에는 피해자도 포함될 수 있으므로 피해자를 도구로 삼아 피해자의 신체를 이용하여 추행행위를 한 경우에도 강제추행죄의 간접정범에 해당할 수 있다.

① ㄱ, ㄴ　② ㄷ, ㄹ

③ ㄱ, ㄴ, ㄷ　④ ㄴ, ㄷ, ㄹ

⑤ ㄱ, ㄴ, ㄷ, ㄹ

해설 및 정답 2022년 제11회 변호사시험 기출문제 8 **정답** ④

> **파워특강** 다른 사람을 도구로 이용하여 위조공문서를 행사한 경우(=형법 제229조 위조문서행사죄 간접정범). 다른 사람을 편취한 재물 또는 재산상 이익을 전달하는 도구로 이용한 경우(=형법 제347조 제1항·제2항 사기죄 성립. 도구로 이용된 다른 사람에게 사기죄 불성립). 비방 목적으로 허위 기사 재료를 그 정을 모르는 기자에게 제공하여 신문에 보도되게 한 경우(=형법 제309조 제2항, 제34조 제1항 출판물에 의한 명예훼손죄 간접정범 성립). 피해자를 도구로 삼아 피해자의 신체를 이용하여 추행행위를 한 경우(=형법 제298조, 제34조 제1항 강제추행죄 간접정범 성립).

ㄱ. (×) 대법원 2012. 2. 23. 선고 2011도14441 판결 [공문서위조(일부 인정된 죄명: 공문서변조)·위조공문서행사(일부 변경된 죄명: 변조공문서행사)·사기]

[판시사항] [1] **위조문서를 공범자 등에게 행사한 경우 위조문서행사죄가 성립하는지 여부(소극) 및 간접정범을 통한 위조문서행사 범행에서 도구로 이용된 자에게 행사한 경우 위조문서행사죄가 성립하는지 여부(적극)**

[2] **피고인이 위조·변조한 공문서의 이미지 파일을 갑 등에게 이메일로 송부하여 프린터로 출력하게 함으로써 '행사'하였다는 내용으로 기소되었다. 갑 등은 출력 당시 위 파일이 위조된 것임을 알지 못한 사안이다. 피고인의 행위가 위조·변조공문서행사죄를 구성한다고 보아야 한다. 그런데도 이와 달리 보아 무죄를 선고한 원심판결에 법리오해의 위법이 있다고 한 사례.**

☞ [출제] 2020년 제9회 변호사시험 기출문제 20 ②

ㄴ. (○) 대법원 2017. 5. 31. 선고 2017도3894 판결 [사기·전기통신금융사기피해방지 및 피해금환급에 관한 특별법 위반·전자금융거래법위반·사기방조·횡령]★★★★★

[판시사항] [1] 피해자에 대한 사기범행을 실현하는 수단으로서 타인을 기망하여 그를 피해자로부터 편취한 재물이나 재산상 이익을 전달하는 도구로서만 이용한 경우, 피해자에 대한 사기죄 외에 도구로 이용된 타인에 대한 사기죄가 별도로 성립하는지 여부(소극)

[2] 전기통신금융사기(이른바 보이스피싱 범죄)의 범인이 피해자를 기망하여 피해자의 자금을 사기이용계좌로 송금·이체받은 후 사기이용계좌에서 현금을 인출한 행위가 사기의 피해자에 대하여 별도의 횡령죄를 구성하는지 여부(소극) 및 이러한 법리는 **사기범행에 이용되리라는 사정을 알고서 자신 명의 계좌의 접근매체를 양도함으로써 사기범행을 방조한 종범**이 사기이용계좌로 송금된 피해자의 자금을 임의로 인출한 경우에도 마찬가지로 적용되는지 여부(적극)

[판결요지] [1] 간접정범을 통한 범행에서 피이용자는 간접정범의 의사를 실현하는 수단으로서의 지위를 가질 뿐이다. 그러므로 **피해자에 대한 사기범행을 실현하는 수단으로서 타인을 기망하여 그를 피해자로부터 편취한 재물이나 재산상 이익을 전달하는 도구로서만 이용한 경우에는 편취의 대상인 재물 또는 재산상 이익에 관하여 피해자에 대한 사기죄가 성립할 뿐** 도구로 이용된 타인에 대한 사기죄가 별도로 성립한다고 할 수 없다.

[2] **전기통신금융사기(이른바 보이스피싱 범죄)의 범인이 피해자를 기망하여 피해자의 자금을 사기이용계좌로 송금·이체받으면 사기죄는 기수에 이른다.** 범인이 피해자의 자금을

점유하고 있다고 하여 피해자와의 어떠한 위탁관계나 신임관계가 존재한다고 볼 수 없을 뿐만 아니라, 그 후 범인이 사기이용계좌에서 현금을 인출하였더라도 이는 이미 성립한 사기범행이 예정하고 있던 행위에 지나지 아니하여 새로운 법익을 침해한다고 보기도 어렵다. 그러므로 **인출행위는 사기의 피해자에 대하여 별도의 횡령죄를 구성하지 아니한다.** 이러한 법리는 **사기범행에 이용되리라는 사정을 알고서 자신 명의 계좌의 접근매체를 양도함으로써 사기범행을 방조한 종범이 사기이용계좌로 송금된 피해자의 자금을 임의로 인출한 경우에도 마찬가지로 적용된다.**

☞ [출제] 2021년 제10회 변호사시험 기출문제 9 ①

ㄷ. (○) 대법원 2002. 6. 28. 선고 2000도3045 판결 [출판물에의한명예훼손 · 명예훼손]

[판시사항] [1] **제보자가 기사의 취재 · 작성과 직접적인 연관이 없는 자에게 허위의 사실을 알렸으나 그 사실이 신문에 보도된 경우, 제보자에게 출판물에 의한 명예훼손죄의 책임을 물을 수 있는지 여부(한정 소극)** [2] **의사가 의료기기 회사와의 분쟁을 정치적으로 해결하기 위하여 국회의원에게 허위의 사실을 제보하였을 뿐인데, 위 국회의원의 발표로 그 사실이 일간신문에 게재된 경우 출판물에 의한 명예훼손이 성립하지 아니한다.**

[판결요지] [1] **출판물에 의한 명예훼손죄는 간접정범에 의하여 범하여질 수도 있다. 그러므로 타인을 비방할 목적으로 허위의 기사 재료를 그 정을 모르는 기자에게 제공하여 신문 등에 보도되게 한 경우에도 성립할 수 있다.** 그러나 제보자가 기사의 취재 · 작성과 직접적인 연관이 없는 자에게 허위의 사실을 알렸을 뿐인 경우에는, **제보자가 피제보자에게 그 알리는 사실이 기사화 되도록 특별히 부탁하였다거나 피제보자가 이를 기사화 할 것이 고도로 예상되는 등의 특별한 사정이 없는 한, 피제보자가 언론에 공개하거나 기자들에게 취재됨으로써 그 사실이 신문에 게재되어 일반 공중에게 배포되더라도 제보자에게 출판 · 배포된 기사에 관하여 출판물에 의한 명예훼손죄의 책임을 물을 수는 없다.**

ㄹ. (○) 대법원 2018. 2. 8. 선고 2016도17733 판결 [아동 · 청소년의성보호에관한법률위반(강제추행)(인정된 죄명: 강요) · 성폭력범죄의처벌등에관한특례법위반(통신매체이용음란) · 협박 · 강제추행(인정된 죄명: 강요)] 〈피해자를 도구로 삼아 피해자의 신체를 이용하여 추행한 경우 강제추행죄의 간접정범에 해당한다고 판단한 사안〉

[판시사항] 강제추행죄가 '자수범'에 해당하는지 여부(소극)

[판결요지] 강제추행죄에서 추행은 객관적으로 일반인에게 성적 수치심이나 혐오감을 일으키게 하고 선량한 성적 도덕관념에 반하는 행위로서 피해자의 성적 자유를 침해하는 것이다. **강제추행죄는 사람의 성적 자유 내지 성적 자기결정의 자유를 보호하기 위한 죄로서 정범 자신이 직접 범죄를 실행하여야 성립하는 자수범이라고 볼 수 없다. 그러므로 처벌되지 아니하는 타인을 도구로 삼아 피해자를 강제로 추행하는 간접정범의 형태로도 범할 수 있다. 여기서 강제추행에 관한 간접정범의 의사를 실현하는 도구로서의 타인에는 피해자도 포함될 수 있다. 피해자를 도구로 삼아 피해자의 신체를 이용하여 추행행위를 한 경우에도 강제추행죄의 간접정범에 해당할 수 있다.**

문 11. 공범 · 교사범 · 방조범에 관한 설명 중 옳은 것은? (다툼이 있는 경우 판례에 의함)

출제내용

- 형법 제31조 교사범
- 형법 제32조 방조범
- 정범 착오와 교사자 고의(= 법정적 부합설 ⇒ 교사자에게 고의 인정)
- 정범과 공범 신분(= 형법 제33조 본문과 단서)

출제분석

2024년 제13회 변호사시험 출제예상 ★
2023년 제12회 변호사시험 기출문제 6
2022년 제11회 변호사시험 기출문제 11
2021년 제10회 변호사시험 기출문제 17
2020년 제9회 변호사시험 기출문제 1
2018년 제7회 변호사시험 기출문제 7
2017년 제6회 변호사시험 기출문제 4
2015년 제4회 변호사시험 기출문제 4
2014년 제3회 변호사시험 기출문제 10
2012년 제1회 변호사시험 기출문제 9 · 17

가. 공범(교사범·방조범)에 관한 설명 중 옳은 것이다(○).

중요 ① 공무원이 부정한 청탁을 받고 제3자에게 뇌물을 제공하게 하고 제3자가 그러한 공무원의 범죄행위를 알면서 방조한 경우, 그에 대한 별도의 처벌규정이 없더라도 제3자에게는 방조범에 관한 형법총칙의 규정이 적용되어 제3자뇌물수수방조죄가 인정될 수 있다.

해설 및 정답 2020년 제9회 변호사시험 기출문제 1 ★ **정답** ○

대법원 2017. 3. 15. 선고 2016도19659 판결 [뇌물수수(피고인1에 대하여 일부 인정된 죄명: 제3자뇌물수수, 피고인2에 대하여 인정된 죄명: 제3자뇌물수수방조) · 제3자뇌물수수 · 직권남용권리행사방해 · 범죄수익은닉처벌법률위반] ★★★★★

[판결요지] 제3자뇌물수수죄에서 제3자란 행위자와 공동정범 이외의 사람을 말하고, 교사자나 방조자도 포함될 수 있다. 그러므로 공무원 또는 중재인이 부정한 청탁을 받고 제3자에게 뇌물을 제공하게 하고 제3자가 그러한 공무원 또는 중재인의 범죄행위를 알면서 방조한 경우에는 그에 대한 별도의 처벌규정이 없더라도 방조범에 관한 형법총칙의

규정이 적용되어 제3자뇌물수수방조죄가 인정될 수 있다.

중요 ② 신분관계가 없는 사람이 신분관계로 인하여 성립될 범죄에 가공한 경우, 신분관계가 없는 사람에게 공동가공의 의사와 이에 기초한 기능적 행위지배를 통한 범죄의 실행이라는 주관적·객관적 요건이 충족되면 공동정범으로 처벌된다.

해설 및 정답 2020년 제9회 변호사시험 기출문제 1 ★ **정답** ○

대법원 2019. 8. 29. 선고 2018도13792 전원합의체 판결 [특정범죄가중처벌등에 관한 법률 위반(뇌물)(인정된 죄명: 뇌물수수)] **〈공무원과 비공무원이 공모한, 기업 대표 등에 대한 뇌물 수수와 강요 등 사건〉 ★★★★★**

[판결요지] [다수의견] **신분관계가 없는 사람이 신분관계로 인하여 성립될 범죄에 가공한 경우에는 신분관계가 있는 사람과 공범이 성립한다(형법 제33조 본문 참조). 이 경우 신분관계가 없는 사람에게 공동가공의 의사와 이에 기초한 기능적 행위지배를 통한 범죄의 실행이라는 주관적·객관적 요건이 충족되면 공동정범으로 처벌한다.** 공동가공의 의사는 공동의 의사로 특정한 범죄행위를 하기 위하여 일체가 되어 서로 다른 사람의 행위를 이용하여 자기의 의사를 실행에 옮기는 것을 내용으로 한다. 따라서 **공무원이 아닌 사람(이하 '비공무원'이라 한다)이 공무원과 공동가공의 의사와 이를 기초로 한 기능적 행위지배를 통하여 공무원의 직무에 관하여 뇌물을 수수하는 범죄를 실행하였다면 공무원이 직접 뇌물을 받은 것과 동일하게 평가할 수 있으므로 공무원과 비공무원에게 형법 제129조 제1항에서 정한 뇌물수수죄의 공동정범이 성립한다.**

공무원과 공동정범 관계에 있는 비공무원은 제3자뇌물수수죄에서 말하는 제3자가 될 수 없고, 공무원과 공동정범 관계에 있는 비공무원이 뇌물을 받은 경우에는 공무원과 함께 뇌물수수죄의 공동정범이 성립하고 제3자뇌물수수죄는 성립하지 않는다.

뇌물수수죄의 공범들 사이에 직무와 관련하여 금품이나 이익을 수수하기로 하는 명시적 또는 암묵적 공모관계가 성립하고 공모 내용에 따라 공범 중 1인이 금품이나 이익을 주고받았다면, 특별한 사정이 없는 한 이를 주고받은 때 그 금품이나 이익 전부에 관하여 뇌물수수죄의 공동정범이 성립하고, 금품이나 이익의 규모나 정도 등에 대하여 사전에 서로 의사의 연락이 있거나 금품 등의 구체적 금액을 공범이 알아야 공동정범이 성립하는 것은 아니다.

금품이나 이익 전부에 관하여 뇌물수수죄의 공동정범이 성립한 이후에 뇌물이 실제로 공동정범인 공무원 또는 비공무원 중 누구에게 귀속되었는지는 이미 성립한 뇌물수수죄에 영향을 미치지 않는다. 공무원과 비공무원이 사전에 뇌물을 비공무원에게 귀속시키기로 모의하였거나 뇌물의 성질상 비공무원이 사용하거나 소비할 것이라고 하더라도 이러한 사정은 뇌물수수죄의 공동정범이 성립한 이후 뇌물의 처리에 관한 것에 불과하므로 뇌물수수죄가 성립하는 데 영향이 없다.

③ 의사가 직접 환자를 진찰하지 않고 처방전을 작성하여 교부한 경우, 그 행위와 대향범 관계에 있는 '처방전을 교부받은 행위'를 한 자가 의사에게 진찰 없는

처방전 교부를 교사한 사실이 인정되더라도 그에게 「형법」 총칙상 교사범 규정을 적용할 수 없다.

해설 및 정답 2018년 제7회 변호사시험 기출문제 7 **정답** ○

대법원 2011. 10. 13. 선고 2011도6287 판결

[판결요지] **2인 이상의 서로 대향된 행위의 존재를 필요로 하는 대향범에 대하여는 공범에 관한 형법총칙 규정이 적용될 수 없다.** 그런데 구 의료법(2007. 7. 27. 법률 제8559호로 개정되기 전의 것) 제17조 제1항 본문은 의료업에 종사하고 직접 진찰한 의사가 아니면 처방전을 작성하여 환자 등에게 교부하지 못한다고 규정하면서 제89조에서는 위 조항 본문을 위반한 자를 처벌하고 있다. 위와 같이 **작성된 처방전을 교부받은 상대방을 처벌하는 규정이 따로 없는 점에 비추어, 위와 같이 작성된 처방전을 교부받은 자에 대하여는 공범에 관한 형법총칙 규정이 적용될 수 없다.**

④ 교사를 받은 자가 범죄의 실행을 승낙하고 실행의 착수에 이르지 아니한 때에는 교사자와 피교사자를 예비 또는 음모에 준하여 처벌한다.

해설 및 정답 2018년 제7회 변호사시험 기출문제 7 **정답** ○

형법 제31조 제2항 · 제3항 참조. 형법 제31조 제2항 교사를 받은 사람이 **교사된 범죄에 대해 실행을 승낙하고, 실행착수를 하지 않은 경우 법률에 처벌 규정이 있는 경우 교사자와 피교사자는 음모죄 · 예비죄로 처벌된다(효과 없는 교사).** 형법 제31조 제3항 교사를 받은 사람이 **교사된 범죄에 대해 실행을 승낙하지 않은 경우 교사자는 음모죄 또는 예비죄로 처벌되고 피교사자는 처벌되지 않는다(실패한 교사 · 기도된 교사).**

☞ [출제] 2021년 제10회 변호사시험 기출문제 17

⑤ 공동정범은 공동의사에 의한 기능적 행위지배가 있음에 반하여 종범은 그 행위지배가 없는 점에서 양자가 구별된다.

해설 및 정답 2018년 제7회 변호사시험 기출문제 7 **정답** ○

대법원 2013. 1. 10. 선고 2012도12732 판결

[판결요지] 형법 제30조의 공동정범은 **공동의 의사로 특정한 범죄행위를 하기 위하여 일체가 되어 서로 다른 사람의 행위를 이용하여 자기의 의사를 실행에 옮기는 것을 내용으로 하는 것이어야 한다**(대법원 2003. 3. 28. 선고 2002도7477 판결 등 참조). 한편 **공동정범의 본질은 분업적 역할분담에 의한 기능적 행위지배에 있다고 할 것이다. 그러므로 공동정범은 공동의사에 의한 기능적 행위지배가 있음에 반하여 종범은 그 행위지배가 없는 점에서 양자가 구별된다**(대법원 1989. 4. 11. 선고 88도1247 판결).

⑥ 「형법」상 과실범으로 처벌되는 자를 방조하여[이용하여] 범죄행위의 결과를 발생하

게 한 자는 방조의 예에 의하여 처벌된다.

해설 및 정답 2018년 제7회 변호사시험 기출문제 7 **정답** ○

형법 제34조 제1항 참조. 어느 행위로 처벌되지 않는 사람 또는 과실범으로 처벌되는 사람을 **이용하여** 범죄행위 결과를 발생하게 한 사람은 간접정범으로 처벌된다. '이용'에서 교사인 경우 교사의 법정형으로 처벌되고, 방조인 경우 방조의 법정형으로 처벌된다. 형법 제34조 제1항은 "교사 또는 방조의 예에 의하여 처벌한다"고 규정하고 있다.

⑦ 제한종속형식에 의할 경우 위법성이 조각되는 행위를 교사·방조한 경우에는 공범이 성립될 가능성이 없다.

해설 및 정답 2017년 제6회 변호사시험 기출문제 4 **정답** ○

제한종속형식이란 불법종속형식이다. 정범의 행위가 구성요건요건에 해당하고, 위법한 경우이다. 이 경우에만 공범(교사범·방조범)이 성립된다. 사안은 간접정범이 성립한다.

중요 ⑧ 「형법」 제31조 제1항은 교사범이 그 성립과 처벌에 있어서 정범에 종속한다는 일반적인 원칙을 선언한 것에 불과한 것이다. 그러므로 신분관계로 형의 경중이 있는 경우 신분이 있는 자가 신분이 없는 자를 교사하여 죄를 범하게 한 때 「형법」 제31조 제1항보다 「형법」 제33조 단서가 우선하여 적용된다.

해설 및 정답 2017년 제6회 변호사시험 기출문제 4 ★ **정답** ○

대법원 1994. 12. 23. 선고 93도1002 판결 [모해위증교사]

중요 ⑨ 매도, 매수와 같이 2인 이상의 서로 대향된 행위의 존재를 필요로 하는 관계에 있어서는 매도인에게 따로 처벌규정이 없는 이상 매도인의 매도행위는 그와 대향적 행위의 존재를 필요로 하는 상대방의 매수범행에 대하여 공범이나 방조범 관계가 성립되지 아니한다.

해설 및 정답 2017년 제6회 변호사시험 기출문제 4 **정답** ○

대법원 2001. 12. 28. 선고 2001도5158 판결

대법원 2009. 6. 23. 선고 2009도544 판결

☞ [출제] 2021년 제10회 변호사시험 기출문제 17

⑩ 법률상 정범의 범행을 방지할 의무가 있는 자가[행위주체/보증인지위/법령] 그 범행을 알면서도[정범행위에 대한 인식] 방지하지 아니하여[부작위] 범행을 용이하게 한 때에는[방조행위]

부작위에 의한 종범이 성립한다.

해설 및 정답 2015년 제4회 변호사시험 기출문제 4 ★ 정답 ○

대법원 1985. 11. 26. 선고 85도1906 판결 [건축법위반]

[**판결요지**] 종범의 방조행위는 작위에 의한 경우 뿐만 아니라 부작위에 의한 경우도 포함하는 것이다. 법률상 정범의 범행을 방지할 의무 있는 자가 그 범행을 알면서도 방지하지 아니하여 범행을 용이하게 한 때에는 부작위에 의한 종범이 성립한다.

대법원 2006. 4. 28. 선고 2003도4128 판결

[**판결요지**] 인터넷 포털 사이트 내 오락채널 총괄팀장과 위 오락채널 내 만화사업의 운영직원인 피고인들에게, 콘텐츠제공업체들이 게재하는 음란만화의 삭제를 요구할 조리상의 의무가 있다. 그러므로 구 전기통신기본법(2001. 1. 16. 법률 제6360호로 개정되기 전의 것) 제48조의2 위반 방조죄가 성립한다.

⑪ 종범은 정범의 실행행위 중에 이를 방조하는 경우뿐만 아니라, 정범이 실행행위에 나아갔다면 실행의 착수 전에 장래의 실행행위를 예상하고 이를 용이하게 한 경우에도 종범이 성립한다.

해설 및 정답 2015년 제4회 변호사시험 기출문제 4 정답 ○

대법원 2009. 6. 11. 선고 2009도1518 판결

[**판결요지**] 형법상 방조행위는 정범이 범행을 한다는 정을 알면서 그 실행행위를 용이하게 하는 직접·간접의 모든 행위를 가리키는 것이다. 유형적·물질적인 방조뿐만 아니라 정범에게 범행의 결의를 강화하도록 하는 것과 같은 무형적·정신적 방조행위까지도 이에 해당한다. **종범은 정범의 실행행위 중에 이를 방조하는 경우뿐만 아니라, 실행 착수 전에 장래의 실행행위를 예상하고 이를 용이하게 하는 행위를 하여 방조한 경우에도 성립한다. 종범은 정범의 실행행위 전이나 실행행위 중에 정범을 방조하여 그 실행행위를 용이하게 하는 것을 말한다. 그러므로 정범의 범죄종료 후의 이른바 사후방조를 종범이라고 볼 수 없다.**

⑫ 甲이 乙에게 A의 주거에 침입할 것을 교사했다. 그런데 乙이 A의 승낙을 얻어 정당하게 주거에 들어간 경우 공범종속성설 중 제한적 종속형식에 의하면 甲은 주거침입죄의 교사범이 성립하지 않는다.

해설 및 정답 2014년 제3회 변호사시험 기출문제 10 정답 ○

을은 죄가 성립하지 않는다. 따라서 갑도 죄가 성립하지 않는다. **공범종속성설 중 제한적 종속형식은 정범이 구성요건해당성과 위법성을 충족한 경우 교사범이 성립되는 것이다.**

중요 ⑬ 甲은[행위주체] 乙에게 A를[행위객체] 살해하라고 교사했다.[교사행위] 그런데 乙은[행위주체] A가 귀가하는 것을 기다리다가 A로 생각되는 사람을[행위객체] 권총으로 살해하였다.[정범 실행행위] 그러나 乙의 총에 사망한 사람은 B였다.[결과발생] 법정적 부합설에 의하면 甲은 살인죄의 교사범으로 처벌된다.

해설 및 정답 2014년 제3회 변호사시험 기출문제 10 ★ **정답** ○

정범 을은 살인죄가 성립된다. 왜냐하면 객체착오로 고의가 인정되기 때문이다. 교사자 갑은 살인죄의 교사범이 성립한다. 정범행위를 객체착오로 보면, 고의를 인정할 수 있다. 그러나 정범행위를 타격착오로 보면, 학설이 나뉜다. 법정적 부합설은 고의를 인정한다. 구체적 부합설은 고의를 부정한다.

이 사안은 정범의 객체의 착오가 공범에게는 어떤 착오가 되는가가 쟁점이다. 정범의 객체착오에 초점을 두면 해결이 쉽다. 교사자에게도 객체의 착오를 인정하면 된다.

중요 ⑭ 甲이 남자친구인 乙에게 甲의 부(父)인 A를 살해하도록 교사한 경우 甲에게 형법 제33조 단서가 형법 제31조 제1항에 우선하여 적용되어 甲이 乙보다 중하게 처벌된다.

해설 및 정답 2014년 제3회 변호사시험 기출문제 10 **정답** ○

대법원 1994. 12. 23. 선고 93도1002 판결

정범인 을은 살인죄가 성립한다. 교사자인 갑은 존속살인죄 교사범이 성립한다. **갑에게 형법 제33조 단서가 먼저 적용된다. 신분관계로 경하게 처벌되는 사안이 아니다.**

중요 ⑮ 방조범에 있어서 정범의 고의는 정범에 의하여 실현되는 범죄의 구체적 내용을 인식할 것을 요하는 것은 아니고 미필적 인식 또는 예견으로 족하다.

해설 및 정답 2012년 제1회 변호사시험 기출문제 9 **정답** ○

대법원 2005. 4. 29. 선고 2003도6056 판결

정범의 고의와 정범의 미필적 고의가 있어야 한다. 방조범은 이러한 정범의 고의에 대한 인식과 방조 고의가 있어야 한다. 이를 방조의 이중고의라고 한다.

[판결요지] **형법상 방조행위는 정범이 범행을 한다는 정을 알면서 그 실행행위를 용이하게 하는 직접·간접의 행위를 말한다. 그러므로 방조범은 정범의 실행을 방조한다는 이른바 방조의 고의와 정범의 행위가 구성요건에 해당하는 행위인 점에 대한 정범의 고의가 있어야 한다.** 또한 방조범에 있어서 정범의 고의는 정범에 의하여 실현되는 범죄의 구체적 내용을 인식할 것을 요하는 것은 아니고 미필적 인식 또는 예견으로 족하다.

나. 공범(교사범·방조범)에 관한 설명 중 옳지 않은 것이다(×).

중요 ① 물건의 소유자가 아닌 사람이 소유자의 권리행사방해범행에 가담한 경우에는 「형법」 제33조 본문에 따라 권리행사방해죄의 공범이 될 수 있으며, 공범으로 기소된 물건의 소유자에게 고의가 없어 범죄가 성립하지 ~~않더라도 권리행사방해범행을 공동으로 하였음이 인정되는 한 공동정범의 죄책을 진다.~~ 않는다면 공동정범이 성립하지 않는다.

해설 및 정답 2020년 제9회 변호사시험 기출문제 1 정답 ×

대법원 2017. 5. 30. 선고 2017도4578 판결 [사기·업무상횡령·권리행사방해]

[판결요지] **형법 제323조의 권리행사방해죄는** 타인의 점유 또는 권리의 목적이 된 자기의 물건을 취거, 은닉 또는 손괴하여 타인의 권리행사를 방해함으로써 성립한다. 그러므로 **그 취거, 은닉 또는 손괴한 물건이 자기의 물건이 아니라면 권리행사방해죄가 성립할 수 없다. 물건의 소유자가 아닌 사람은 형법 제33조 본문에 따라 소유자의 권리행사방해범행에 가담한 경우에 한하여 그의 공범이 될 수 있을 뿐이다. 그러나 권리행사방해죄의 공범으로 기소된 물건의 소유자에게 고의가 없는 등으로 범죄가 성립하지 않는다면 공동정범이 성립할 여지가 없다.**

중요 ② 공범 중 1인이 그 범행에 관한 수사절차에서 참고인 또는 피의자로 조사받으면서 자기의 범행을 구성하는 사실관계에 관하여 허위로 진술하고 허위 자료를 제출하는 것이 다른 공범을 도피하게 하는 결과가 된다고 하더라도 범인도피죄로 처벌되지 않으나, 공범이 이러한 행위를 교사하였다면 범인도피교사의 죄책을 면할 수 ~~없다.~~ 있다.

해설 및 정답 2020년 제9회 변호사시험 기출문제 1 ★ 정답 ×

대법원 2018. 8. 1. 선고 2015도20396 판결 [범인도피·강제집행면탈·범인도피교사·사문서위조·위조사문서행사]

[판결요지] [1] 형법 제151조가 정한 범인도피죄에서 '도피하게 하는 행위'란 은닉 이외의 방법으로 범인에 대한 수사, 재판, 형의 집행 등 형사사법의 작용을 곤란하게 하거나 불가능하게 하는 일체의 행위를 말한다.

[2] **범인도피죄는 타인을 도피하게 하는 경우에 성립할 수 있다. 여기에서 타인에는 공범도 포함되나 범인 스스로 도피하는 행위는 처벌되지 않는다.**

[3] **공범 중 1인이 그 범행에 관한 수사절차에서 참고인 또는 피의자로 조사받으면서 자기의 범행을 구성하는 사실관계에 관하여 허위로 진술하고 허위 자료를 제출하는 것은 자신의 범행에 대한 방어권 행사의 범위를 벗어난 것으로 볼 수 없다. 이러한 행위가 다른 공범을 도피하게 하는 결과가 된다고 하더라도 범인도피죄로 처벌할 수 없다. 이때**

공범이 이러한 행위를 교사하였더라도 범죄가 될 수 없는 행위를 교사한 것에 불과하여 범인도피교사죄가 성립하지 않는다.

중요 ③ 수표의 발행인이 아닌 자는 「부정수표 단속법」 제4조가 정한 허위신고죄의 주체가 될 수 없으나, 허위신고의 고의 없는 발행인을 이용하여 간접정범의 형태로 허위신고죄를 범할 수 ~~있다.~~ 없다.

해설 및 정답 2018년 제7회 변호사시험 기출문제 7 ★ 정답 ×

대법원 1992. 11. 10. 선고 92도1342 판결 [부정수표단속법위반]

[판결요지] 수표금액의 지급책임을 부담하는 자 또는 거래정지처분을 당하는 자는 오로지 발행인에 국한된다. **발행인 아닌 자는 부정수표단속법 제4조가 정한 허위신고죄의 주체가 될 수 없다. 허위신고의 고의 없는 발행인을 이용하여 간접정범의 형태로 허위신고죄를 범할 수도 없다.**

중요 ④ 정범의 강도예비행위를 방조하였으나 정범이 실행의 착수에 이르지 못한 경우 방조자는 강도예비죄의 종범에 ~~해당한다.~~ 해당하지 않는다.

해설 및 정답 2015년 제4회 변호사시험 기출문제 4 ★ 정답 ×

대법원 1976. 5. 25. 선고 75도1549 판결 [강도예비방조]

[판결요지] 형법 제32조 제1항 소정 타인의 범죄란 정범이 범죄의 실현에 착수한 경우를 말하는 것이므로 종범이 처벌되기 위하여는 정범의 실행의 착수가 있는 경우에만 가능하다. 형법 전체의 정신에 비추어 정범이 **실행의 착수에 이르지 아니한 예비의 단계에 그친 경우에는 이에 가공하는 행위가 예비의 공동정범이 되는 경우를 제외하고는 종범의 성립을 부정하고 있다고 보는 것이 타당하다.**

⑤ 자기의 지휘, 감독을 받는 자를 방조하여 범죄의 결과를 발생하게 한 자는 정범에 정한 형의 장기 또는 다액에 ~~그 2분의 1까지 가중한 형으로 처벌한다.~~

해설 및 정답 2015년 제4회 변호사시험 기출문제 4 정답 ×

형법 제34조 제2항은 방조인 경우 정범 형으로 처벌한다.

중요 ⑥ 甲이 乙에게 A의 자동차를 강취할 것을 교사하였다. 그러나 乙이 A의 자동차를 절취한 경우 甲은 절도죄의 교사범~~으로 처벌된다.~~ 이 성립한다. 그러나 강도예비·음모죄로 처벌된다.

해설 및 정답 2014년 제3회 변호사시험 기출문제 10 ★ 정답 ×

강도교사는 실패로 끝났다. 형법 제32조 제1항에 근거하여 강도예비·음모죄가 성립한다. 자동차 절취는 교사내용보다 적게 실행된 것이다. 절도교사범이 성립한다. 양죄는 상상적 경합이다. 사안에서 갑은 형이 중한 강도예비·음모죄로 처벌된다.

⑦ 정범이 실행에 착수하기 전에 방조한 경우에는 그 이후 정범이 실행에 착수하였더라도 방조범이 성립할 수 ~~없다.~~있다.

해설 및 정답 2012년 제1회 변호사시험 기출문제 9 **정답** ×

대법원 2004. 6. 24. 선고 2002도995 판결 [살인(인정된 죄명: 살인방조)·살인]

[판결요지] 종범은 정범의 실행행위 중에 방조하는 경우뿐만 아니라, **실행 착수 전에 장래의 실행행위를 예상하고 용이하게 하는 행위를 하여 방조한 경우에도 성립한다.**

⑧ 간호조무사의 무면허 진료행위가 있은 후에 이를 의사가 진료부에 기재하는 행위는 ~~범죄종료 후의 사후행위에 불과하므로~~ 무면허 의료행위의 방조에 해당~~하지 않는다.~~한다.

해설 및 정답 2012년 제1회 변호사시험 기출문제 9 **정답** ×

대법원 1982. 4. 27. 선고 82도122 판결 [보건범죄단속에관한특별조치법위반]

[판결요지] **간호보조원의 무면허 진료행위가 있은 후에 이를 의사가 진료부에다 기재하는 행위는 정범의 실행행위종료 후의 단순한 사후행위에 불과하다고 볼 수 없다. 무면허 의료행위의 방조에 해당한다.**

중요 ⑨ 방조범은 정범이 누구인지를 확실히 ~~알아야 한다.~~인식할 필요가 없다.

해설 및 정답 2012년 제1회 변호사시험 기출문제 9 ★ **정답** ×

대법원 2007. 12. 14. 선고 2005도872 판결 [저작권법위반]

[판결요지] 복제권의 침해를 방조하는 행위란 정범의 복제권 침해를 용이하게 해주는 직접·간접의 모든 행위이다. 정범의 복제권 침해행위 중에 이를 방조하는 경우는 물론, 복제권 침해행위에 착수하기 전에 장래의 복제권 침해행위를 예상하고 이를 용이하게 해주는 경우도 포함한다. **정범에 의하여 실행되는 복제권 침해행위에 대한 미필적 고의가 있는 것으로 충분하다. 정범의 복제권 침해행위가 실행되는 일시, 장소, 객체 등을 구체적으로 인식할 필요가 없다. 나아가 정범이 누구인지 확정적으로 인식할 필요도 없다.**

[파워특강] **기능적 행위지배로 공동정범과 방조범을 구별한다.** 범죄를 자기 범죄로 실현하려는 의사로 행하였거나, **자기 목적 또는 자기 이익으로 행하면 공동정범이 성립된다. 그러나 다른 사람의 범죄에 관여하는 의사** 또는 다른 사람을 위한 목적이나 또는 이익으로 **행하면 종범이 성립된다.** 망보는 사람이 범행 중심인물이 된다. 조종의사를 가지고 기능적 관점에서 구성요건실현에 이르기까지 전체 경과를 함께 지배한다. 이 경우 공동정범

이 성립된다. 그러나 **구성요건실현에 조력(助力)에 그치는 사람이라고 평가될 경우 방조범이 성립된다. 범행결의로 교사범과 방조범을 구별한다.** 방조범은 이미 범행의 결의를 갖고 있는 피방조자에게 그 **결의를 강화하거나 또는 실행에 도움이 될 조언을 함에 불과하다.** 그러나 교사범은 교사로 비로소 **피교사자에게 범행결의가 야기된다.**

☞ [출제] 2021년 제10회 변호사시험 기출문제 17

다. 공범·교사범·방조범 종합문제

01 ★★★★★

공범에 관한 설명 중 옳은 것은? (다툼이 있는 경우 판례에 의함)

파워특강 비신분자가 신분자와 공모하여 업무상배임죄를 범한 경우(＝형법 제33조, 업무상배임죄 성립과 배임죄 처벌), 대향적 범죄 공범에 관한 형법총칙 규정 적용하지 않음(＝공여행위자 교사죄 또는 방조죄 불성립), 치과의사가 기공사에게 진료행위를 교사한 행위(＝무면허의료행위 교사죄 성립), 방조행위는 간접·직접 모두 가능함. 정범이 누구인지 알 필요가 없음(＝형법 제32조, 저작권 위반 정범을 생각하길 바람). 교사를 받은 사람이 실행에 착수하지 않은 경우(＝형법 제31조, 교사자와 피교사자 모두 예비·음모죄로 처벌함. 다만 형법각론 또는 특별법에 예비죄·음모죄 처벌 규정이 있어야 함).

중요 ① 업무상배임죄에서 업무상 임무라는 신분 관계 없는 甲이 신분 있는 乙과 공모하여 업무상배임죄를 범한 경우 甲에게는 ~~단순배임죄가 성립한다.~~ 업무상배임죄가 성립한다. 다만 단순배임죄로 처벌된다. 형법 제33조를 적용함.

해설 및 정답 2021년 제10회 변호사시험 기출문제 17 　**정답** ×

대법원 1997. 12. 26. 선고 97도2609 판결 [특정범죄가중처벌등에관한법률위반(뇌물)·특정경제범죄가중처벌등에관한법률위반(사기·횡령·증재 등·알선수재)·사기·제3자뇌물취득·제3자뇌물교부·뇌물공여·상호신용금고법위반(일부 인정된 죄명: 배임)·부정수표단속법위반]

[판결요지] 신분관계가 없는 자가 그러한 신분관계에 있는 자와 공모하여 위 상호신용금고법위반죄를 저질렀다면, 그러한 신분관계가 없는 자에 대하여는 형법 제33조 단서에 의하여 형법 제355조 제2항에 따라 처단하여야 할 것이다. 그러한 경우에는 **신분관계가 없는 자에게도 일단 업무상배임으로 인한 상호신용금고법 제39조 제1항 제2호 위반죄가 성립한 다음 형법 제33조 단서에 의하여 중한 형이 아닌 형법 제355조 제2항에 정한 형으로 처벌되는 것이다.**

☞ [출제] 2019년 제8회 변호사시험 기출문제 40·2016년 제5회 변호사시험 기출문제 15

② 2인 이상의 서로 대향된 행위의 존재를 요구하는 관계인 금품 수수에서 금품 공여자에 대한 처벌규정이 없다면, 금품 공여자의 행위에만 관여하여 그 공여 행위를 교사·방조한 자는 금품 수수자의 범행에 대하여 공범이 되지 않는다.

해설 및 정답 2021년 제10회 변호사시험 기출문제 17 **정답** ○

대법원 2014. 1. 16. 선고 2013도6969 판결 [특정범죄가중처벌등에관한법률위반(알선수재)·개인정보보호법위반·배임수재·배임증재·변호사법위반방조]

[판결요지] 금품 등의 수수와 같이 2인 이상의 서로 대향된 행위의 존재를 필요로 하는 관계에 있어서는 공범이나 방조범에 관한 형법총칙 규정의 적용이 있을 수 없다. 따라서 **금품 등을 공여한 자에게 따로 처벌규정이 없는 이상, 그 공여행위는 그와 대향적 행위의 존재를 필요로 하는 상대방의 범행에 대하여 공범관계가 성립되지 않는다. 오로지 금품 등을 공여한 자의 행위에 대하여만 관여하여 그 공여행위를 교사하거나 방조한 행위도 상대방의 범행에 대하여 공범관계가 성립되지 않는다.**

☞ [출제] 2017년 제6회 변호사시험 기출문제 4

③ 치과의사 甲이 치과의사면허가 없는 치과기공사 乙에게 치과진료행위를 하도록 교사한 경우 甲은 ~~소극적 신분을 이유로 처벌되지 않는다.~~ 무면허의료행위죄 교사범이 성립한다.

해설 및 정답 2021년 제10회 변호사시험 기출문제 17 **정답** ×

대법원 1986. 7. 8. 선고 86도749 판결 [의료법위반교사, 의료법위반]

④ 방조범이 성립하기 위하여 방조범과 정범 사이의 의사연락을 요하지는 않지만, 정범이 누구인지와 범행 일시, 장소, 객체 등에 대한 구체적 인식과 이러한 정범의 실행을 방조한다는 인식이 ~~필요하다.~~ 필요하지 않다.

해설 및 정답 2021년 제10회 변호사시험 기출문제 17 **정답** ×

대법원 1977. 9. 28. 선고 76도4133 판결 [상법위반·조세범처벌법위반]

☞ [출제] 2012년 제1회 변호사시험 기출문제 9

⑤ 甲이 범죄를 교사하였고 피교사자 乙이 실행을 승낙하고도 이후 실행의 착수를 하지 않은 경우 ~~교사자인 甲만~~ 교사자인 甲과 피교사자 乙은 모두 예비·음모에 준하여 처벌된다.

해설 및 정답 2021년 제10회 변호사시험 기출문제 17 **정답** ×

형법 제31조 제2항 참조. 형법 제34조 제2항 참조.
☞ [출제] 2018년 제7회 변호사시험 기출문제 7

중요 **02** ★★★★★

정범과 공범에 관한 설명 중 옳은 것(○)과 옳지 않은 것(×)을 올바르게 조합한 것은? (다툼이 있는 경우 판례에 의함)

ㄱ. 구성요건행위를 직접 분담하여 실행하지 않은 공모자가 공모공동정범으로 인정되기 위해서는 전체 범죄에서 그가 차지하는 지위·역할, 범죄 경과에 대한 지배나 장악력 등을 종합하여 그가 단순한 공모자에 그치는 것이 아니라, 범죄에 대한 본질적 기여를 통한 기능적 행위지배가 존재한다고 인정되어야 한다.
ㄴ. 공무원인 공범자들이 국가자금을 횡령하여 그 횡령범행으로 취득한 돈을 공범자끼리 수수한 행위가 공동정범들 사이의 범행에 의하여 취득한 돈을 공모에 따라 내부적으로 분배한 것에 지나지 않는다면 그 돈의 수수행위에 관하여 별도로 뇌물죄가 성립하는 것은 아니다.
ㄷ. 형법상 방조행위는 정범이 범행을 한다는 정을 알면서 그 실행행위를 용이하게 하는 직접·간접의 행위를 말하므로 방조범은 정범의 실행을 방조한다는 방조의 고의와 정범의 행위가 구성요건에 해당하는 행위인 점에 대한 정범의 고의가 있어야 한다.
ㄹ. 형법상 방조는 작위에 의하여 정범의 실행을 용이하게 하는 경우는 물론 직무상의 의무가 있는 자가 정범의 범죄행위를 인식하면서도 그것을 방지하여야 할 제반 조치를 취하지 아니하는 부작위로 인하여 정범의 실행행위를 용이하게 하는 경우에도 성립한다.

① ㄱ(×), ㄴ(○), ㄷ(○), ㄹ(○)
② ㄱ(○), ㄴ(×), ㄷ(○), ㄹ(○)
③ ㄱ(○), ㄴ(○), ㄷ(×), ㄹ(○)
④ ㄱ(○), ㄴ(○), ㄷ(○), ㄹ(×)
⑤ ㄱ(○), ㄴ(○), ㄷ(○), ㄹ(○)

해설 및 정답 2022년 제11회 변호사시험 기출문제 11 **정답** ⑤

> **파워특강** 공모공동정범(=전체 범행경과에 대한 지배·장악. 기능적 행위지배. 직접 분담하여 실행하지 않은 경우에도 해당). 횡령액 공범자 수수(=뇌물죄 불성립. 내부 분배에 해당함). 방조범 성립요건(=정범 고의와 방조 고의. 이중 고의. [예] 절도 인식+절도 방조 고의. 방조행위(=물질·정신·직접·간접 모두 가능). 작위 방조와 부작위 방조 모두 가능함(=정범 범죄행위 인식하면서도 방지의무 있는 자가 조치를 취하지 않아 부작위로 정범의 실행행위를 용이하게 함. [예] 은행 대출 통제 하지 아니한 은행 중견 간부(=부작위에 의한 업무상 배임죄의 방조범 성립).

ㄱ. (○) 대법원 2010. 7. 15. 선고 2010도3544 판결 [뇌물공여·건설산업기본법위반·국가기술자격법위반·건설기술관리법위반·전기공사업법위반]

[판시사항] [1] 구성요건행위를 직접 분담하여 실행하지 아니한 공모자를 공모공동정범으로 인정하기 위한 요건 [2] 건설 관련 회사의 유일한 지배자가 회사 대표의 지위에서 장기간에 걸쳐 건설공사 현장소장들의 뇌물공여행위를 보고받고 이를 확인·결재하는 등의 방법으로 위 행위에 관여한 사안에서, **뇌물공여의 기능적 행위지배를 하였다고 보아 공모공동정범의 죄책을 인정하여야 함**에도 이를 인정하지 아니한 원심판단에 법리 오해의 위법이 있다고 한 사례.

[판결요지] 형법 제30조의 공동정범은 공동가공의 의사와 그 공동의사에 의한 기능적 행위지배를 통한 범죄실행이라는 주관적·객관적 요건을 충족함으로써 성립한다. 그러므로 공모자 중 구성요건행위를 직접 분담하여 실행하지 아니한 사람도 위 요건의 충족 여부에 따라 이른바 공모공동정범으로서의 죄책을 질 수도 있다. 한편 **구성요건행위를 직접 분담하여 실행하지 아니한 공모자가 공모공동정범으로 인정되기 위하여는 전체 범죄에 있어서 그가 차지하는 지위·역할이나 범죄경과에 대한 지배 내지 장악력 등을 종합하여 그가 단순한 공모자에 그치는 것이 아니라 범죄에 대한 본질적 기여를 통한 기능적 행위지배가 존재하는 것으로 인정되어야 한다.**

☞ [출제] 2021년 제10회 변호사시험 기출문제 7 ㄴ.

☞ [적중] 하태영, 형사법종합연습 실전예상문제분석, 제4판, 법문사, 2021, 62-63면, 66-67면.

ㄴ. (○) 대법원 2020. 10. 29. 선고 2020도3972 판결 [특정범죄가중처벌등에관한법률위반(뇌물)(일부 인정된 죄명: 수뢰후부정처사)·특정경제범죄가중처벌등에관한법률위반(횡령)]

[판시사항] 횡령 범행으로 취득한 돈을 공범자끼리 수수한 행위가 공동정범들 사이의 범행에 의하여 취득한 돈을 공모에 따라 내부적으로 분배한 것에 지나지 않는 경우, 별도로 그 돈의 수수행위에 관하여 뇌물죄가 성립하는지 여부(소극) 및 그와 같이 수수한 돈의 성격을 뇌물로 볼 것인지 횡령금의 분배로 볼 것인지 판단하는 기준

[판결요지] 횡령 범행으로 취득한 돈을 공범자끼리 수수한 행위가 공동정범들 사이의 범행에 의하여 취득한 돈을 공모에 따라 내부적으로 분배한 것에 지나지 않는다면 별도로 그 돈의 수수행위에 관하여 뇌물죄가 성립하는 것은 아니다. 그와 같이 수수한 돈의 성격을 뇌물로 볼 것인지 횡령금의 분배로 볼 것인지 여부는 돈을 공여하고 수수한 당사자들의 의사, 수수된 돈의 액수, 횡령 범행과 수수행위의 시간적 간격, 수수한 돈이 횡령한 그 돈인지 여부, 수수한 장소와 방법 등을 종합적으로 고려하여 객관적으로 평가하여 판

단하여야 한다(대법원 2019. 11. 28. 선고 2019도11766 판결 등 참조).

☞ [적중] 하태영, 형사법종합연습 실전예상문제분석, 2021, 266면.

ㄷ. (○) 대법원 2005. 4. 29. 선고 2003도6056 판결 [특정범죄가중처벌등에관한법률위반(관세)·관세법위반]

[판시사항] 방조범의 성립요건으로서 고의의 의미 및 판단 방법

[판결요지] **형법상 방조행위는 정범이 범행을 한다는 정을 알면서 그 실행행위를 용이하게 하는 직접·간접의 행위를 말한다. 그러므로 방조범은 정범의 실행을 방조한다는 이른바 방조의 고의와 정범의 행위가 구성요건에 해당하는 행위인 점에 대한 정범의 고의가 있어야 한다.** 이와 같은 고의는 내심적 사실이다. 그러므로 피고인이 이를 부정하는 경우에는 사물의 성질상 **고의와 상당한 관련성이 있는 간접사실을 증명하는 방법에 의하여 입증할 수밖에 없다.** 이때 무엇이 상당한 관련성이 있는 간접사실에 해당할 것인가는 정상적인 경험칙에 바탕을 두고 치밀한 관찰력이나 분석력에 의하여 사실의 연결상태를 합리적으로 판단하는 외에 다른 방법이 없다고 할 것이다. 또한 **방조범에 있어서 정범의 고의는 정범에 의하여 실현되는 범죄의 구체적 내용을 인식할 것을 요하는 것은 아니고 미필적 인식 또는 예견으로 족하다.**

☞ [출제] 2019년 제8회 변호사시험 기출문제 7 ③

ㄹ. (○) 대법원 1996. 9. 6. 선고 95도2551 판결 [특정경제범죄가중처벌등에관한법률위반(횡령)·업무상횡령(업무상횡령방조)·뇌물수수]★★★★★

[판시사항] [1] 업무상횡령죄의 불법영득의 의사의 내용 [2] 정범의 실행행위 착수 이전의 방조행위를 종범으로 처벌하기 위한 요건 [3] **정범의 실행행위를 방지할 의무 있는 자가 그 방지조치를 하지 아니함으로써 실행행위를 용이하게 한 경우, 부작위에 의한 종범의 성부(적극)** [4] 형법상 부작위범이 성립되기 위한 작위의무의 내용과 그 태양 [5] **입찰업무 담당 공무원이 입찰보증금이 횡령되고 있는 사실을 알고도 이를 방지할 조치를 취하지 아니함으로써 새로운 횡령범행이 계속된 경우, 횡령의 종범으로 처벌한 사례.**

[판결요지] **형법상 방조는 작위에 의하여 정범의 실행을 용이하게 하는 경우는 물론, 직무상의 의무가 있는 자가 정범의 범죄행위를 인식하면서도 그것을 방지하여야 할 제반 조치를 취하지 아니하는 부작위로 인하여 정범의 실행행위를 용이하게 하는 경우에도 성립된다.**

☞ [출제] 2015년 제4회 변호사시험 기출문제 4

☞ [적중] 하태영, 형사법종합연습 변시기출문제분석, 제3판, 법문사, 2021, 106-107면.

☞ [적중] 하태영, 형사법종합연습 실전예상문제분석, 제4판, 법문사, 2021, 57면.

파워특강 1 공무원 또는 중재인이 부정한 청탁을 받고 제3자에게 뇌물을 제공하게 하고 제3자가 그러한 공무원 또는 중재인의 범죄행위를 알면서 방조한 행위(=제3자뇌물수수죄 방조범 성립). 비공무원이 공무원과 공동가공의 의사로 기능적 행위지배를 통하여 공무원의 직무와 관련하여 뇌물을 수수한 행위(=형법 제129조, 제30조, 제33조 공무원과 비공무원 모두 뇌물수수죄의 공동정범 성립. [예] 최순실 사건). **피고인 甲이 乙을 모해할 목적으로 丙에게 위증을 교사한 경우(=정범인 丙에게 모해 목적이 없었**더라도, **형법 제33조 단서 규정에**

근거하여 甲에게 모해위증교사죄가 성립한다).

파워특강 2 **공문서의 작성권한이 있는 공무원의 직무를 보좌하는 자가** 그 직위를 이용하여 행사할 목적으로 **허위의 내용이 기재된 문서 초안을 그 정을 모르는 상사에게 제출하여 결재**하도록 하는 등의 방법으로 작성권한이 있는 공무원으로 하여금 **허위의 공문서를 작성하게 한 경우(=간접정범 성립. 공모한 자 역시 그 간접정범의 공범(공동정범)성립함). 비신분자가 신분자와 공동으로 업무상배임죄를 범한 경우(=**신분관계 없는 공범에게도 형법 제33조 **본문에 근거하여 일단 신분범인 업무상배임죄가 성립한다. 다만 과형에서만 무거운 형이 아닌 단순배임죄의 법정형이 적용**된다).

파워특강 3 범인도피 · 친족간 특례 · 범인도피죄 교사(=자기도피 교사) · 위계공무집행방해 · 검증조서 · 증거동의. 친족 동거가족 범인도피(=무죄, 형법 제151조 제2항). 범인이 자기 도피를 교사(=범인도피죄 교사범 성립. 형법 제151조 제2항 적용되지 않음).

03 ★★★★★

공범에 관한 설명 중 옳은 것은? (다툼이 있는 경우 판례에 의함)

중요 ① 공무원이 아닌 사람이 공무원과 공동가공의 의사와 이를 기초로 한 기능적 행위지배를 통하여 공무원의 직무에 관하여 뇌물을 수수하는 범죄를 실행하였다 하더라도 공무원이 아닌 사람은 뇌물수수죄의 공동정범이 될 수 ~~없다.~~ 있다. 형법 제33조 본문+

해설 및 정답 2023년 제12회 변호사시험 기출문제 6 **정답** ×

대법원 2019. 8. 29. 선고 2018도2738 전원합의체 판결 [뇌물공여(일부 변경된 죄명: 뇌물공여약속) · 특정경제범죄가중처벌등에관한법률위반(횡령)] 〈기업 대표의 뇌물 공여 사건〉★★★★★

[판시사항] 공무원과 공무원이 아닌 사람(비공무원)에게 뇌물수수죄의 공동정범이 성립하기 위한 요건 / 공무원이 뇌물공여자로 하여금 공무원과 뇌물수수죄의 공동정범 관계에 있는 비공무원에게 뇌물을 공여하게 한 경우, 제3자뇌물수수죄가 성립하는지 여부(소극) / 금품이나 이익 전부에 관하여 뇌물수수죄의 공동정범이 성립한 이후 뇌물이 실제로 공동정범인 공무원 또는 비공무원 중 누구에게 귀속되었는지가 이미 성립한 뇌물수수죄에 영향을 미치는지 여부(소극)

[판결요지] [다수의견] **신분관계가 없는 사람이 신분관계로 인하여 성립될 범죄에 가공한 경우에는 신분관계가 있는 사람과 공범이 성립한다(형법 제33조 본문 참조).** 이 경우 신

분관계가 없는 사람에게 공동가공의 의사와 이에 기초한 기능적 행위지배를 통한 범죄의 실행이라는 주관적 · 객관적 요건이 충족되면 공동정범으로 처벌한다. 공동가공의 의사는 공동의 의사로 특정한 범죄행위를 하기 위하여 일체가 되어 서로 다른 사람의 행위를 이용하여 자기의 의사를 실행에 옮기는 것을 내용으로 한다. 따라서 **공무원이 아닌 사람(이하 '비공무원'이라 한다)이 공무원과 공동가공의 의사와 이를 기초로 한 기능적 행위지배를 통하여 공무원의 직무에 관하여 뇌물을 수수하는 범죄를 실행하였다면 공무원이 직접 뇌물을 받은 것과 동일하게 평가할 수 있으므로 공무원과 비공무원에게 형법 제129조 제1항에서 정한 뇌물수수죄의 공동정범이 성립한다.**

형법은 제130조에서 제129조 제1항 뇌물수수죄와는 별도로 공무원이 그 직무에 관하여 뇌물공여자로 하여금 제3자에게 뇌물을 공여하게 한 경우에는 부정한 청탁을 받고 그와 같은 행위를 한 때에 뇌물수수죄와 법정형이 동일한 제3자뇌물수수죄로 처벌하고 있다. 제3자뇌물수수죄에서 뇌물을 받는 제3자가 뇌물임을 인식할 것을 요건으로 하지 않는다. 그러나 공무원이 뇌물공여자로 하여금 공무원과 뇌물수수죄의 공동정범 관계에 있는 비공무원에게 뇌물을 공여하게 한 경우에는 공동정범의 성질상 공무원 자신에게 뇌물을 공여하게 한 것으로 볼 수 있다. 공무원과 공동정범 관계에 있는 비공무원은 제3자뇌물수수죄에서 말하는 제3자가 될 수 없고, 공무원과 공동정범 관계에 있는 비공무원이 뇌물을 받은 경우에는 공무원과 함께 뇌물수수죄의 공동정범이 성립하고 제3자뇌물수수죄는 성립하지 않는다.

☞ [출제] 2022년 제11회 변호사시험 기출문제 13 ②

☞ [적중] 하태영, 형사법 종합연습, 실전예상문제분석편, 제4판, 법문사, 2021, 267-268면.

중요 ② 모해의 목적을 가진 甲이 모해의 목적이 없는 乙에게 위증을 교사하여 乙이 위증죄를 범한 경우, ~~공범종속성에 따라~~형법 제33조 본문에 근거하여 甲에게는 모해위증교사죄가 성립할 수 ~~없다.~~있다.

해설 및 정답 2023년 제12회 변호사시험 기출문제 6 **정답** ×

대법원 1994. 12. 23. 선고 93도1002 판결 [모해위증교사]

[판시사항] [1] **형법 제33조 소정의 '신분관계'의 의미** [2] 위증죄와 모해위증죄가 형법 제33조 단서 소정의 '신분관계로 인하여 형의 경중이 있는 경우'에 해당하는지 여부 [3] **모해할 목적으로 위증을 교사하였다면 그 정범에게 모해 목적이 없다 하더라도 모해위증교사죄로 처단할 수 있는지 여부** [4] 형법 제33조 단서를 적용한 취의로 해석된다면 법률적용에서 그 단서 조항을 명시하지 않았더라도 위법이 있다고 할 수 없는지 여부 [5] **형법 제33조 단서가 형법 제31조 제1항에 우선 적용되어 신분이 있는 교사범이 신분이 없는 정범보다 중하게 처벌되는지 여부**

[판결요지] [1] 형법 제33조 소정의 이른바 신분관계라 함은 남녀의 성별, 내 · 외국인의 구별, 친족관계, 공무원인 자격과 같은 관계뿐만 아니라 널리 일정한 범죄행위에 관련된 범인의 인적관계인 특수한 지위 또는 상태를 지칭하는 것이다.

[2] 형법 제152조 제1항과 제2항은 위증을 한 범인이 형사사건의 피고인 등을 '모해할 목적'을 가지고 있었는가 아니면 그러한 목적이 없었는가 하는 범인의 특수한 상태의 차

이에 따라 범인에게 과할 형의 경중을 구별하고 있다. 그러므로 이는 바로 **형법 제33조 단서 소정의 "신분관계로 인하여 형의 경중이 있는 경우"에 해당한다고 봄이 상당하다.**
[3] **피고인이 갑을 모해할 목적으로 을에게 위증을 교사한 이상, 정범인 을에게 모해 목적이 없었다고 하더라도, 형법 제33조 단서 규정에 의해 피고인을 모해위증교사죄로 처단할 수 있다.**
[4] **모해 목적으로 그 목적이 없는 자를 교사하여 위증죄를 범한 경우 목적을 가진 자는 모해위증교사죄로, 그 목적이 없는 자는 위증죄로 처벌할 수 있다고 설시한 다음 피고인을 모해위증교사죄로 처단함으로써 사실상 형법 제33조 단서를 적용한 취의로 해석되는 이상, 법률적용에서 위 단서 조항을 빠뜨려 명시하지 않았더라도 판결에 영향을 미친 위법이 있다고 할 수 없다.**
[5] 형법 제31조 제1항은 협의의 공범의 일종인 교사범이 그 성립과 처벌에 있어서 정범에 종속한다는 일반적인 원칙을 선언한 것에 불과하다. **신분관계로 형의 경중이 있는 경우에 신분이 있는 자가 신분이 없는 자를 교사하여 죄를 범하게 한 때에는 형법 제33조 단서가 형법 제31조 제1항에 우선하여 적용됨으로써 신분이 있는 교사범이 신분이 없는 정범보다 중하게 처벌된다.**

☞ [출제] 2020년 제9회 변호사시험 기출문제 35 ㄱ.
☞ [출제] 2019년 제8회 변호사시험 기출문제 17.
☞ [적중] 하태영, 형사법 종합연습, 변시기출문제분석편, 제3판, 법문사, 2021, 274면.
☞ [적중] 하태영, 형사법 종합연습, 실전예상문제분석편, 제4판, 법문사, 2021, 291면.

중요 ③ 공문서 작성권자의 직무를 보조하는 공무원이 그 직위를 이용하여 행사할 목적으로 허위내용의 공문서의 초안을 작성한 후 문서에 기재된 내용의 허위사실을 모르는 작성권자에게 제출하여 결재하도록 하는 방법으로 작성권자로 하여금 허위의 공문서를 작성하게 한 경우, 그 보조공무원에게는 허위공문서작성죄의 간접정범이 ~~성립하지 않는다.~~ 성립한다.

해설 및 정답 2023년 제12회 변호사시험 기출문제 6 **정답** ×

대법원 1992. 1. 17. 선고 91도2837 판결 [허위공문서작성·동행사]
[판시사항] 공무원 아닌 자가 공문서작성을 보좌하는 공무원과 공모하여 허위의 문서초안을 상사에게 제출하여 결재케 함으로써 허위 공문서를 작성케 한 경우, **간접정범의 공범으로서의 죄책을 지는지 여부(적극)**
[판결요지] 공문서의 작성권한이 있는 공무원의 직무를 보좌하는 자가 그 직위를 이용하여 행사할 목적으로 허위의 내용이 기재된 문서 초안을 그 정을 모르는 상사에게 제출하여 결재하도록 하는 등의 방법으로 작성권한이 있는 공무원으로 하여금 허위의 공문서를 작성하게 한 경우에는 **간접정범이 성립된다.** 이와 **공모한 자 역시 그 간접정범의 공범(공동정범)으로서의 죄책을 면할 수 없다. 여기서 말하는 공범은 반드시 공무원의 신분이 있는 자로 한정되는 것은 아니다.**

중요 ④ 비신분자가 업무상 타인의 사무를 처리하는 자의 배임행위를 교사한 경우, 그 비신분자는 타인의 사무처리자에 해당하지 않으므로 업무상배임죄의 교사범이 ~~성립하지 않는다.~~ 성립한다. 다만 형법 제33조 단서에 근거하여 배임죄로 처벌된다.

해설 및 정답 2023년 제12회 변호사시험 기출문제 6 **정답** ×

대법원 2018. 8. 30. 선고 2018도10047 판결 [사기·업무상배임]

[판결요지] **업무상의 임무라는 신분관계가 없는 자가 그러한 신분관계 있는 자와 공모하여 업무상배임죄를 저질렀다면, 그러한 신분관계가 없는 공범에 대하여는 형법 제33조 단서에 따라 단순배임죄에서 정한 형으로 처단하여야 한다. 이 경우에는 신분관계 없는 공범에게도 같은 조 본문에 따라 일단 신분범인 업무상배임죄가 성립하고 다만 과형에서만 무거운 형이 아닌 단순배임죄의 법정형이 적용된다**(대법원 2010. 9. 9. 선고 2010도6507 판결 등 참조).

☞ [출제] 2016년 제5회 변호사시험 기출문제 15.

☞ [적중] 하태영, 형사법 종합연습, 변시기출문제분석편, 제3판, 법문사, 2021, 96면.

중요 ⑤ 벌금 이상의 형에 해당하는 죄를 범한 甲이 자신의 동거가족 乙에게 자신을 도피시켜 달라고 교사한 경우, 乙이 甲과의 신분관계로 인해 범인도피죄로 처벌될 수 없다 하더라도 甲에게는 범인도피죄의 교사범이 성립한다.

해설 및 정답 2023년 제12회 변호사시험 기출문제 6 **정답** ○

대법원 2006. 5. 26. 선고 2005도7528 판결 [도로교통법위반(음주운전)·범인도피교사]

[판시사항] 형법 제151조에서 규정하는 범인도피죄의 의의

[판결요지] **형법 제151조에서 규정하는 범인도피죄는 범인은닉 이외의 방법으로 범인에 대한 수사·재판 및 형의 집행 등 형사사법의 작용을 곤란 또는 불가능하게 하는 행위를 말하는 것으로서 그 방법에는 아무런 제한이 없다.** 또한 **범인도피죄는 위험범으로서 현실적으로 형사사법의 작용을 방해하는 결과가 초래되어야만 하는 것은 아니다.**

대법원 2006. 12. 7. 선고 2005도3707 판결 [범인도피교사]

[판결요지] [1] **범인이 자신을 위하여 타인으로 하여금 허위의 자백을 하게 하여 범인도피죄를 범하게 하는 행위는 방어권의 남용으로 범인도피교사죄에 해당한다. 이 경우 그 타인이 형법 제151조 제2항에 의하여 처벌을 받지 아니하는 친족, 호주 또는 동거 가족에 해당한다 하여 달리 볼 것은 아니다.** [2] **무면허 운전으로 사고를 낸 사람이 동생을 경찰서에 대신 출두시켜 피의자로 조사받도록 한 행위는 범인도피교사죄를 구성한다.**

☞ [출제] 2022년 제11회 변호사시험 기출문제 34 ㄴ.

☞ [출제] 2020년 제9회 변호사시험 기출문제 35 ㄷ.

☞ [적중] 하태영, 형사법 종합연습, 변시기출문제분석편, 제3판, 법문사, 2021, 282면.

문 12. 미수범 · 중지미수범 · 불능미수범에 관한 설명 중 옳은 것은? (다툼이 있는 경우 판례에 의함)

출제내용

- 예비죄 · 음모죄(형법 제28조)
- 중지미수죄(형법 제26조)
- 불능미수죄(형법 제27조) · 불능범(형법 제27조)
- 장애미수죄(형법 제25조)

출제분석

2024년 제13회 변호사시험 출제예상 ★
2023년 제12회 변호사시험 기출문제 2
2022년 제11회 변호사시험 기출문제 10
2021년 제10회 변호사시험 기출문제 4
2020년 제9회 변호사시험 기출문제 9
2019년 제8회 변호사시험 기출문제 5
2018년 제7회 변호사시험 기출문제 13
2017년 제6회 변호사시험 기출문제 11
2016년 제5회 변호사시험 기출문제 20
2015년 제4회 변호사시험 기출문제 2
2014년 제3회 변호사시험 기출문제 14
2013년 제2회 변호사시험 기출문제 9
2012년 제1회 변호사시험 기출문제 6

가. 미수범 · 예비범에 관한 설명 중 옳은 것이다(○).

중요 ① 중지미수는 범죄의 실행행위에 착수하고 그 범죄가 완수되기 전에 자기의 자유로운 의사에 따라 범죄의 실행행위를 중지하는 것으로서 장애미수와 대칭되는 개념이다.

해설 및 정답 2020년 제9회 변호사시험 기출문제 9 ★ **정답** ○

대법원 1985. 11. 12. 선고 85도2002 판결 [향정법위반 · 약사법위반]

[판결요지] 중지미수란 범죄의 실행행위에 착수하고 그 범죄가 완수되기 전에 자기의 자유로운 의사에 따라 범죄의 실행행위를 중지하는 것으로서 장애미수와 대칭되는 개념이다. **중지미수와 장애미수를 구분은 범죄의 미수가 자의에 의한 중지이냐 또는 어떤 장애에 의한 미수이냐에 따라 구분한다.** 특히 **자의에 의한 중지중에서도 일반사회통념상 장**

애에 의한 미수라고 보이는 경우를 제외한 것이 중지미수이다.

중요 ② 중지미수와 장애미수는 범죄의 미수가 자의에 의한 중지이냐 또는 어떤 장애에 의한 미수이냐에 따라 구분하여야 하고, 특히 자의에 의한 중지 중에서도 사회통념상 장애에 의한 미수로 보이는 경우를 제외하고는 중지미수라고 보는 것이 일반이다.

해설 및 정답 2020년 제9회 변호사시험 기출문제 9 ★ 정답 ○

대법원 1985. 11. 12. 선고 85도2002 판결 [향정신성의약품관리법위반]

중요 ③ 장애미수 또는 중지미수는 범죄의 실행에 착수할 당시 실행행위를 놓고 판단하였을 때 행위자가 의도한 범죄의 기수가 성립할 가능성이 있었으므로 처음부터 기수가 될 가능성이 객관적으로 배제되는 불능미수와 구별된다.

해설 및 정답 2020년 제9회 변호사시험 기출문제 9 ★ 정답 ○

대법원 2019. 3. 28. 선고 2018도16002 전원합의체 판결 [강간(인정된 죄명: 준강간미수, 변경된 죄명: 준강간)] 〈준강간죄의 불능미수 성립을 인정할 수 있는지 여부에 관한 사건〉 ★★★★★

[판결요지] [1] 형법 제297조는 "폭행 또는 협박으로 사람을 강간한 자는 3년 이상의 유기징역에 처한다."라고 규정하고, 제299조는 "사람의 심신상실 또는 항거불능의 상태를 이용하여 간음 또는 추행을 한 자는 제297조, 제297조의2 및 제298조의 예에 의한다."라고 규정하고 있다. 형법은 폭행 또는 협박의 방법이 아닌 심신상실 또는 항거불능의 상태를 이용하여 간음한 행위를 강간죄에 준하여 처벌하고 있으므로, **준강간의 고의는 피해자가 심신상실 또는 항거불능의 상태에 있다는 것과 그러한 상태를 이용하여 간음한다는 구성요건적 결과 발생의 가능성을 인식하고 그러한 위험을 용인하는 내심의 의사를 말한다.**

[2] [다수의견] 형법 제300조는 준강간죄의 미수범을 처벌한다. 형법 제27조는 "실행의 수단 또는 대상의 착오로 결과의 발생이 불가능하더라도 위험성이 있는 때에는 처벌한다. 단, 형을 감경 또는 면제할 수 있다."라고 규정하여 불능미수범을 처벌하고 있다.

따라서 **피고인이 피해자가 심신상실 또는 항거불능의 상태에 있다고 인식하고 그러한 상태를 이용하여 간음할 의사로 피해자를 간음하였으나 피해자가 실제로는 심신상실 또는 항거불능의 상태에 있지 않은 경우에는, 실행의 수단 또는 대상의 착오로 인하여 준강간죄에서 규정하고 있는 구성요건적 결과의 발생이 처음부터 불가능하였고 실제로 그러한 결과가 발생하였다고 할 수 없다. 피고인이 준강간의 실행에 착수하였으나 범죄가 기수에 이르지 못하였으므로 준강간죄의 미수범이 성립한다. 피고인이 행위 당시에 인식한 사정을 놓고 일반인이 객관적으로 판단하여 보았을 때 준강간의 결과가 발생할 위험성이 있었으므로 준강간죄의 불능미수가 성립한다.**

☞ [출제] 2021년 제10회 변호사시험 기출문제 4

중요 ④ 불능미수는 행위자가 실제로 존재하지 않는 사실을 존재한다고 오인하였다는 측면에서 존재하는 사실을 인식하지 못한 사실의 착오와 다르다.

해설 및 정답 2020년 제9회 변호사시험 기출문제 9 **정답** ○

대법원 2019. 3. 28. 선고 2018도16002 전원합의체 판결

중요 ⑤ 야간에 다세대주택 2층에 침입해서 물건을 절취하기 위하여 그 다세대주택 외벽 가스배관을 타고 오르다가 순찰 중이던 경찰관에게 발각되어 그냥 뛰어내린 경우 야간주거침입절도죄의 실행의 착수에 이르지 못한 것이다.

해설 및 정답 2019년 제8회 변호사시험 기출문제 5 **정답** ○

대법원 2008. 3. 27. 선고 2008도917 판결 [특정범죄가중처벌등에관한법률위반(절도)]

[판시사항] [1] 주거침입죄의 실행의 착수시기 [2] **야간에 다세대주택에 침입하여 물건을 절취하기 위하여 가스배관을 타고 오르다가 순찰 중이던 경찰관에게 발각되어 그냥 뛰어내렸다면, 야간주거침입절도죄의 실행의 착수에 이르지 못했다**고 한 사례.

[판결요지] 주거침입죄의 실행의 착수는 주거자, 관리자, 점유자 등의 의사에 반하여 주거나 관리하는 건조물 등에 들어가는 행위 즉 구성요건의 일부를 실현하는 행위까지 요구하는 것은 아니지만, 주거침입의 범의로 예컨대, **주거로 들어가는 문의 시정장치를 부수거나 문을 여는 등 침입을 위한 구체적 행위를 시작함으로써 범죄구성요건의 실현에 이르는 현실적 위험성을 포함하는 행위를 개시할 것을 요한다**(대법원 2003. 10. 24. 선고 2003도4417 판결 등 참조).

⑥ 주체의 착오로 인해 결과발생이 불가능한 경우에도 불능미수가 성립될 수 있는지에 대해서는 「형법」상 명문의 규정이 없다.

해설 및 정답 2019년 제8회 변호사시험 기출문제 5 **정답** ○

주체의 착오란 주체의 불가능성, 즉 신분 없는 자가 신분이 있는 것으로 오인하여 진정신분범을 범한 경우를 말한다. 형법 제27조는 수단 또는 대상의 착오만을 불능미수로 규정하고 있다. 따라서 주체의 착오는 불능미수범이 성립될 수 없다. 형법 제27조(불능범) 실행의 수단 또는 대상의 착오로 인하여 결과의 발생이 불가능하더라도 위험성이 있는 때에는 처벌한다. 단, 형을 감경 또는 면제할 수 있다.

중요 ⑦ 특수강간이 미수에 그쳤다 하더라도 그로 인하여 피해자가 상해를 입었으면 특수강간치상죄가 성립한다. 특수강간의 죄를 범한 자가 피해자에 대하여 상해의 고의를 가지고 피해자에게 상해를 입히려다가 미수에 그친 경우에는 특수강간

상해죄의 미수범으로 처벌된다.

해설 및 정답 2018년 제7회 변호사시험 기출문제 13 ★ **정답** ○

대법원 2008. 4. 24. 선고 2007도10058 판결

[공소사실] 위험한 물건인 전자충격기를 사용하여 강간을 시도하다가 미수에 그치고, 피해자에게 약 2주간의 치료를 요하는 안면부 좌상 등의 상해를 입힌 사안이다.

[판결요지] 성폭력범죄의 처벌 및 피해자보호 등에 관한 법률 제9조 제1항에 의하면 특수강간의 죄를 범한 자뿐만 아니라, 특수강간이 미수에 그쳤더라도 피해자가 상해를 입었으면 **특수강간치상죄가 성립하는 것이다. 제12조에서 규정한 위 제9조 제1항에 대한 미수범 처벌규정은 제9조 제1항에서 특수강간치상죄와 함께 규정된 특수강간상해죄의 미수에 그친 경우, 즉 특수강간의 죄를 범하거나 미수에 그친 자가 피해자에 대하여 상해의 고의를 가지고 피해자에게 상해를 입히려다가 미수에 그친 경우에 적용된다.**

⑧ 목적과 같은 초과주관적 요소가 필요한 범죄에 있어서는 그 미수범의 성립에 있어서도 초과주관적 요소가 구비되어야 한다.

해설 및 정답 2018년 제7회 변호사시험 기출문제 13 **정답** ○

목적은 초과주관적 구성요건요소이다. 미수범이 성립하려면, 고의 또는 미필적 고의와 초과주과적 구성요건이 충족되어야 한다.

⑨ 실행미수가 중지범으로 인정되기 위해서는 단순히 행위의 계속을 포기하는 것으로 족하지 않고 행위자가 자의에 의하여 결과의 발생을 방지할 것이 요구된다.

해설 및 정답 2018년 제7회 변호사시험 기출문제 13 **정답** ○

착수미수는 실행행위 중지로 족하다. 그러나 실행미수는 결과발생을 적극적으로 방지하여야 중지범이 성립한다.

⑩ 미수범 처벌근거에 대한 학설 중 주관설에 의할 경우 미수와 기수는 동일하게 처벌되어야 한다.

해설 및 정답 2018년 제7회 변호사시험 기출문제 13 **정답** ○

주관설에 따르면 기수와 미수는 법적대적 의사가 동일하다. 따라서 동일하게 처벌된다.

중요 ⑪ 절도를 준비하면서 뜻하지 않게 절도 범행이 발각될 경우에 대비하여 체포를 면탈할 목적으로 칼을 휴대하고 있었더라도 강도예비죄가 성립하지 않는다.

해설 및 정답 2017년 제6회 변호사시험 기출문제 11 **정답** ○

대법원 2006. 9. 14. 선고 2004도6432 판결 [강도예비]

[판결요지] 강도예비·음모죄가 성립하기 위해서는 예비·음모 행위자에게 미필적으로라도 '강도'를 할 목적이 있음이 인정되어야 한다. 그에 이르지 않고 단순히 '준강도'할 목적이 있음에 그치는 경우에는 강도예비·음모죄로 처벌할 수 없다.

⑫ 미수범이 성립하기 위해서는 확정적으로 행위의사가 있어야 한다. 행위의사가 확정적이면 그 실행이 일정한 조건의 발생에 좌우되는 때에도 고의는 인정된다.

해설 및 정답 2016년 제5회 변호사시험 기출문제 20 **정답** ○

미수범의 핵심은 고의다. 행위의사가 확정적이면, 고의는 인정된다.

중요 ⑬ 甲이 A에게 위조한 주식인수계약서와 통장사본을 보여주면서 50억 원의 투자를 받았다고 거짓말하며 자금 대여를 요청한 후[기망행위] A와 함께 50억 원의 입금 여부를 확인하기 위해 은행에 가던 중 범행이 발각될 것이 두려워 은행 입구에서 차용을 포기하고 돌아간 행위는[장애미수] 사기죄의 중지미수에 해당하지 않는다.

해설 및 정답 2016년 제5회 변호사시험 기출문제 20 ★ **정답** ○

대법원 2011. 11. 10. 선고 2011도10539 판결

[공소사실] 피고인이 갑에게 위조한 예금통장 사본 등을 보여주면서 외국회사에서 투자금을 받았다고 거짓말하며 자금 대여를 요청하였으나, 갑과 함께 그 입금 여부를 확인하기 위해 은행에 가던 중 은행 입구에서 차용을 포기하고 돌아가 사기미수로 기소된 사안이다.

[판결요지] 피고인이 범행이 발각될 것이 두려워 범행을 중지한 것으로서 일반 사회통념상 범죄를 완수함에 장애가 되는 사정에 해당하여 자의에 의한 중지미수로 볼 수 없다.

⑭ 중지미수에 있어서 자의성 판단기준에 관한 학설 중 Frank의 공식은 행위자가 할 수 있었음에도 불구하고 하기를 원하지 않아서 범죄행위를 중지한 경우는 중지미수에 해당한다. 행위자가 범죄행위를 하려고 하였지만 할 수가 없어서 중지한 경우는 장애미수라고 하여 양자를 구별하고 있다.

해설 및 정답 2016년 제5회 변호사시험 기출문제 20 **정답** ○

중요 ⑮ 甲과 乙이 공동으로 A를 살해하려고 칼로 찔렀다. 그러나 A가 상처만 입고 죽지 않았다. 그러자 乙은 그대로 가버리고 甲만이 A를 살리려고 노력하여 A가 사망하지 않은 경우 甲에게만 중지미수에 의한 형의 감면이 인정된다.

해설 및 정답 2016년 제5회 변호사시험 기출문제 20 ★ **정답** ○

다수참가형태 경우 중지미수효과는 자의로 중지한 사람에게만 미친다. 그 외 사람들은 장애미수가 된다.

중요 ⑯ 공동정범 중 1인이 자의로 범행을 중지하였다 하더라도 다른 공범자들의 실행행위를 중지시키지 아니하거나 결과발생을 방지하지 아니한 이상 중지범을 인정할 수 없다.

해설 및 정답 2015년 제4회 변호사시험 기출문제 2 ★ **정답** ○

대법원 2005. 2. 25. 선고 2004도8259 판결

[판결요지] 다른 공범의 범행을 중지하게 하지 아니한 이상 **자기만의 범의를 철회, 포기하여도 중지미수로는 인정될 수 없는 것이다.** 기록에 의하면, 피고인은 원심 **공동피고인과 합동하여 피해자를 텐트 안으로 끌고 간 후 원심 공동피고인, 피고인의 순으로 성관계를 하기로 하고 피고인은 위 텐트 밖으로 나와 주변에서 망을 보고 원심 공동피고인은 피해자의 옷을 모두 벗기고 피해자의 반항을 억압한 후 피해자를 1회 간음하여 강간하고, 이어 피고인이 위 텐트 안으로 들어가 피해자를 강간하려 하였으나 피해자가 반항을 하며 강간을 하지 말아 달라고 사정을 하여 강간을 하지 않았다는 것이므로, 앞서 본 법리에 비추어 보면 위 ○○○이 피고인과의 공모하에 강간행위에 나아간 이상 비록 피고인이 강간행위에 나아가지 않았다 하더라도 중지미수에 해당하지는 않는다.**

☞ [출제] 2021년 제10회 변호사시험 기출문제 4・2016년 제5회 변호사시험 기출문제 20・2014년 제3회 변호사시험 기출문제 14

중요 ⑰ 중지범은 범죄 실행의 착수 이후의 개념이므로 예비・음모죄에 대하여는 중지범을 인정할 수 없다.

해설 및 정답 2015년 제4회 변호사시험 기출문제 2 **정답** ○

대법원 1999. 4. 9. 선고 99도424 판결 [특정범죄가중처벌등에관한법률위반(관세)]

[판결요지] 중지범은 범죄의 실행에 착수한 후 자의로 그 행위를 중지한 때를 말하는 것이다. **실행의 착수가 있기 전인 예비음모의 행위를 처벌하는 경우에 있어서 중지범의 관념은 이를 인정할 수 없다.**

☞ [출제] 2021년 제10회 변호사시험 기출문제 4

⑱ 예비죄에 대해서는 공동정범만 인정될 수 있고 방조범은 성립될 수 없다.

해설 및 정답 2014년 제3회 변호사시험 기출문제 14 **정답** ○

대법원 1976. 5. 25. 선고 75도1549 판결 [강도예비방조]

[판결요지] **형법 제32조 제1항 소정 타인의 범죄란 정범이 범죄의 실현에 착수한 경우를**

말하는 것이다. 그러므로 **종범이 처벌되기 위하여는 정범의 실행의 착수가 있는 경우에만 가능하다.** 형법 전체의 정신에 비추어 **정범이 실행의 착수에 이르지 아니한 예비의 단계에 그친 경우에는 이에 가공하는 행위가 예비의 공동정범이 되는 경우를 제외하고는 종범의 성립을 부정하고 있다고 보는 것이 타당하다.**

나. 미수범·예비범에 관한 설명 중 옳지 않은 것이다(×).

(중요) ① 불능범과 구별되는 불능미수의 성립요건인 위험성은 행위 당시에 피고인이 인식한 ~~사정과 일반인이 인식할 수 있었던~~ 사정을 놓고 일반인이 객관적으로 판단하여 결과 발생의 가능성이 있는지 여부를 따져야 한다.

해설 및 정답 2020년 제9회 변호사시험 기출문제 9 ★ 정답 ×

대법원 2019. 3. 28. 선고 2018도16002 전원합의체 판결 [강간(인정된 죄명: 준강간미수, 변경된 죄명: 준강간)] 〈준강간죄의 불능미수 성립을 인정할 수 있는지 여부에 관한 사건〉

(중요) ② 甲이 A의 사망에 대한 미필적 고의를 가지고 A가 주거로 사용하는 건조물을 소훼하였으나 이를 후회하고 진지한 노력으로 A를 구조함으로써 A가 사망하지 않은 경우에는 현주건조물방화치사죄의 ~~중지미수범~~으로 처벌된다.

해설 및 정답 2019년 제8회 변호사시험 기출문제 5 ★ 정답 ×

부진정결과적 가중범에서 중한 결과에 고의가 있었으나 중한 결과가 발생하지 않은 경우 이론상 결과적 가중범의 미수가 성립할 수 있다. 그러나 형법은 부진정결과적 가중범인 현주건조물방화치상죄의 미수범을 처벌하는 규정을 두고 있지 않다. 따라서 이 경우 현주건조물방화죄와 살인죄 중지미수죄의 상상적 경합의 죄책을 진다.

③ 행위자가 처음부터 결과발생이 불가능하다는 것을 알면서 실행에 착수하여 결과는 발생하지 않았지만 위험성이 있는 경우에는 ~~불능미수가 성립된다.~~ 불능범이 된다.

해설 및 정답 2019년 제8회 변호사시험 기출문제 5 정답 ×

미수범의 핵심은 고의를 가진 실행의 착수이다. 불능미수를 포함하여 미수가 성립되기 위해서는 모두 고의가 필요 요건이다. 이때 고의는 기수의 고의이다. 처음부터 결과발생이 불가능함을 인식하였다면, 기수의 고의를 인정할 수 없다. 그러므로 미수범이 성립할 수 없다. **장애미수 · 불능미수 · 중지미수가 성립하려면, 반드시 고의가 필요하다. 이때 고의는 기수의 고의다. 처음부터 결과발생이 불가능함을 인식하였다면, 기수의 고의를 인정할 수 없다. 미수범도 성립하지 않는다.**

☞ [출제] 2014년 제3회 변호사시험 기출문제 14

중요 ④ 대금을 결제하기 위하여, 절취한 타인의 신용카드를 제시하고 신용카드회사의 승인까지 받았으나 매출전표에 서명한 사실이 없고 도난카드임이 밝혀져 최종적으로 매출취소로 거래가 종결되었다면 ~~「여신전문금융업법」상 신용카드부정사용죄의 미수범으로 처벌된다.~~ 무죄이다.

해설 및 정답 2018년 제7회 변호사시험 기출문제 13 ★ **정답** ×

여신전문금융업법상 신용카드부정사용죄 미수범은 불가벌이다.

⑤ 정범의 범죄를 방조하려는 ~~자가~~ 사람이 예비단계에서의 방조에 그친 경우, 정범이 실행에 착수하였더라도 방조자를 처벌할 수 ~~없다.~~ 있다.

해설 및 정답 2017년 제6회 변호사시험 기출문제 11 **정답** ×

대법원 1997. 4. 17. 선고 96도3377 전원합의체 판결

[판결요지] 종범은 정범의 실행행위 중에 이를 방조하는 경우는 물론이고 실행의 착수 전에 장래의 실행행위를 예상하고 이를 용이하게 하는 행위를 하여 방조한 경우에도 정범이 그 실행행위에 나아갔다면 성립한다.

대법원 2004. 6. 24. 선고 2002도995 판결 [살인(인정된 죄명: 살인방조)·살인]

[판결요지] 종범은 정범 실행행위 중에 이를 방조하는 경우뿐만 아니라, 실행착수 전에 장래 실행행위를 예상하고 이를 용이하게 하는 행위를 하여 방조한 경우에도 성립한다.

중요 ⑥ ~~자신을 죽여달라는~~ "자신을 죽여달라"는 친구의 부탁을 받고 독약을 준비하였다가 이를 버린 경우 촉탁살인죄의 예비죄로 처벌할 수 ~~있다.~~ 없다.

해설 및 정답 2017년 제6회 변호사시험 기출문제 11 **정답** ×

촉탁살인죄는 예비·음모를 처벌하지 않는다. 불가벌이다.

중요 ⑦ 일반적으로 공범이 자신의 행위를 중지한 것만으로는 중지미수가 성립하지 않지만, 다른 공범 또는 정범의 행위를 중단시키거나 결과발생을 저지하기 위한 진지한 노력이 있었을 경우에는 비록 결과가 발생하였다 할지라도 그 공범에게는 예외적으로 중지미수가 성립될 수 ~~있다.~~ 없다.

해설 및 정답 2016년 제5회 변호사시험 기출문제 20 **정답** ×

대법원 2010. 4. 29. 선고 2009도14427 판결

[판결요지] 부동산 이중양도에 있어서 매도인이 제2차 매수인으로부터 계약금만을 지급받고 중도금을 수령한 바 없다면 배임죄의 실행의 착수가 있었다고 볼 수 없다.

대법원 2005. 2. 25. 선고 2004도8259 판결
☞ [출제] 2014년 제3회 변호사시험 기출문제 14 · 2015년 제4회 변호사시험 기출문제 2

⑧ 미수범은 구성요건의 객관적 요소가 하나라도 충족되지 아니한 때에 성립하는 것으로, 현행법상 고의범은 물론이고 과실범에 ~~대해서도 성립될 수 있다.~~ 대해서는 성립될 수 없다.

해설 및 정답 2015년 제4회 변호사시험 기출문제 2 **정답** ×
미수는 고의가 반드시 있어야 한다. 고의가 없는 과실은 미수 성립이 불가능하다.

중요 ⑨ 길가에 세워져 있는 자동차 안의 금품을 절취하기 위하여 준비한 손전등으로 유리창을 통해 자동차의 내부를 비추어 보다가 발각되었다면, 행위 절도죄의 실행의 착수를 인정하기 어려워 절도미수죄로 처벌할 수 없으나 절도예비죄로는 처벌할 수 있다. 절도예비죄로 처벌할 수 없다.

해설 및 정답 2015년 제4회 변호사시험 기출문제 2 **정답** ×
대법원 1985. 4. 23. 선고 85도464 판결 [절도미수]
절도죄는 예비 · 음모 처벌 규정이 없다. 불가벌이다.
[판결요지] 노상에 세워 놓은 자동차안에 있는 물건을 훔칠 생각으로 **자동차의 유리창을 통하여 그 내부를 손전등으로 비추어 본 것에 불과하다면** 비록 유리창을 따기 위해 면장갑을 끼고 있었고 칼을 소지하고 있었다 하더라도 **절도의 예비행위로 볼 수는 있겠으나 타인의 재물에 대한 지배를 침해하는데 밀접한 행위를 한 것이라고는 볼 수 없어 절취행위의 착수에 이른 것이었다고 볼 수 없다.**

⑩ 예비와 미수는 각각 형법각칙에 처벌규정이 있는 경우에만 처벌할 수 있지만, 구체적인 법정형까지 규정될 필요는 ~~없다.~~ 있다.

해설 및 정답 2014년 제3회 변호사시험 기출문제 14 **정답** ×
대법원 1979. 12. 26. 선고 78도957 판결 [부정선거관련자처벌법위반등]

다. 미수범 종합문제

01 ★★★★★

미수 및 예비죄에 관한 설명 중 옳지 않은 것을 모두 고른 것은? (다툼이 있는 경우 판례에 의함)

> **파워특강** 예비·음모의 중지범(－). 중지미수범(자의로 중지행위를 한 사람＋). 예비죄의 종범(－). 살인예비죄(목적＋고의). 불능미수의 위험성 판단(＝판례. 추상적 위험설: 행위 당시 인식＋일반인이 객관적으로 판단＋).

중요 ① 중지범은 범죄의 실행에 착수한 후 자의로 그 행위를 중지한 때를 말하는 것이므로 실행의 착수가 있기 전인 예비의 중지범은 인정할 수 없다.

해설 및 정답 2021년 제10회 변호사시험 기출문제 4 **정답** ○

대법원 1999. 4. 9. 선고 99도424 판결 [특정범죄가중처벌 등에 관한 법률 위반(관세)]

[판시사항] 예비음모 행위를 처벌하는 경우, 중지범의 인정 여부(소극)

[판결요지] 중지범은 범죄의 실행에 착수한 후 자의로 그 행위를 중지한 때를 말하는 것이다. 실행의 착수가 있기 전인 예비음모의 행위를 처벌하는 경우에 있어서 중지범의 관념은 이를 인정할 수 없다.

☞ [출제] 2015년 제4회 변호사시험 기출문제 2

중요 ② 공동정범 중 1인의 자의에 의한 실행중지만으로는 그의 중지미수를 인정할 수 ~~없으며,~~ 있다. 공동정범 전원의 실행행위를 중지시키거나 모든 결과발생을 완전히 방지한 때 ~~공동정범 전체의~~ 자의로 중지한 사람만 중지미수가 인정된다.

해설 및 정답 2021년 제10회 변호사시험 기출문제 4 **정답** ×

전체 행위가 미수에 그쳤다. 그러나 그 가담자 중 한 사람은 자의로 중지하였다. 공동정범자 중 나머지는 외부적 장애사유로 그만둔 경우, 장애사유로 그만둔 가담자는 장애미수가 인정된다. **자의로 중지행위를 한 사람만 당해 범죄의 중지미수가 인정된다.** 물론 이 경우 중지자가 다른 가담자의 실행을 중지하거나 또는 자의로 스스로 결과를 방지해야만 중지미수로 인정할 수 있다. **한 사람이 자의로 중지하였더라도 전체 범행이 기수에 이르렀다면, 전제 기수범의 공동정범이 된다.**

☞ [출제] 2016년 제5회 변호사시험 기출문제 20 · 2014년 제3회 변호사시험 기출문제 14

중요 ③ 정범이 예비단계에 그친 경우, 이를 방조한 자도 예비죄의 종범으로 ~~처벌된다.~~ 처벌되지 않는다.

해설 및 정답 2021년 제10회 변호사시험 기출문제 4 **정답** ×

대법원 1976. 5. 25. 선고 75도1549 판결 [강도예비방조]

[판시사항] 예비단계에 있어서의 종범의 성립여부

[판결요지] 형법 제32조 제1항 소정 타인의 범죄란 정범이 범죄의 실현에 착수한 경우를 말하는 것이다. 그러므로 종범이 처벌되기 위하여는 정범의 실행의 착수가 있는 경우에

만 가능하다. 형법 전체의 정신에 비추어 정범이 실행의 착수에 이르지 아니한 예비의 단계에 그친 경우에는 이에 가공하는 행위가 예비의 공동정범이 되는 경우를 제외하고는 종범의 성립을 부정하고 있다고 보는 것이 타당하다.

☞ [출제] 2017년 제6회 변호사시험 기출문제 11

☞ 정범이 예비죄로 처벌되는 경우~~에는~~ 예비죄~~의~~ 방조가 성립될 수 ~~있다.~~없다.

☞ 정범이 실행에 착수하지 아니하는 한 예비의 공동정범은 성립할 수 ~~없다.~~있다.

④ 살인예비죄가 성립하기 위하여 살인죄를 범할 목적 이외에 살인의 준비에 관한 고의가 있어야 ~~하는 것은 아니다.~~한다.

해설 및 정답 2021년 제10회 변호사시험 기출문제 4 정답 ×

대법원 2009. 10. 29. 선고 2009도7150 판결 [살인예비]

[판결요지] 형법 제255조, 제250조의 살인예비죄가 성립하기 위하여는 형법 제255조에서 명문으로 요구하는 살인죄를 범할 목적 외에도 살인의 준비에 관한 고의가 있어야 한다. 나아가 실행의 착수까지에는 이르지 아니하는 살인죄의 실현을 위한 준비행위가 있어야 한다.

중요 ⑤ 가벌적 불능미수와 불가벌적 불능범의 구별 기준인 '위험성'은 행위 당시에 행위자가 인식한 사정 ~~및 일반인이 인식할 수 있었던 사정을 기초로 일반적 경험법칙에 따라 사후 판단한다.~~피고인이 행위 당시에 인식한 사정을 놓고 일반인이 객관적으로 판단하여 결과 발생의 가능성이 있는지 여부를 따져야 한다.

해설 및 정답 2021년 제10회 변호사시험 기출문제 4 정답 ×

대법원 2019. 3. 28. 선고 2018도16002 전원합의체 판결 [강간(인정된 죄명: 준강간미수, 변경된 죄명: 준강간)] 〈준강간죄의 불능미수 성립을 인정할 수 있는지 여부에 관한 사건〉

[판결요지] 불능범과 구별되는 불능미수의 성립요건인 '위험성'은 피고인이 행위 당시에 인식한 사정을 놓고 일반인이 객관적으로 판단하여 결과 발생의 가능성이 있는지 여부를 따져야 한다. 피고인이 피해자가 심신상실 또는 항거불능의 상태에 있다고 인식하고 그러한 상태를 이용하여 간음할 의사를 가지고 간음하였으나, 실행의 착수 당시부터 피해자가 실제로는 심신상실 또는 항거불능의 상태에 있지 않았다면, 실행의 수단 또는 대상의 착오로 준강간죄의 기수에 이를 가능성이 처음부터 없다고 볼 수 있다.

☞ [출제] 2020년 제9회 변호사시험 기출문제 9

02 ★★★★★

甲의 행위가 미수범에 해당하는 것을 모두 고른 것은? (다툼이 있는 경우 판례에 의함)

ㄱ. 甲이 노상에 세워 놓은 자동차 안에 있는 물건을 훔칠 생각으로 면장갑을 끼고 칼을 소지한 채 자동차의 유리창을 통하여 그 내부를 손전등으로 비추어 본 경우[형법 제329조 절도죄-, 실행의 착수-, 범죄불성립(절도죄는 예비죄 없음). 자동차문을 당겨야 실행의 착수+]

ㄴ. 甲이 A의 재물을 절취하려고 준비한 가방에 A의 재물을 담던 중[형법 제329조 절도죄 미수+] A에게 발각되자 체포를 면탈할 목적으로 A를 폭행하고 가방을 그대로 둔 채 도망간 경우[형법 제335조, 제342조, 제25조 준강도 장애미수죄+]

ㄷ. A주식회사의 대표이사인[행위주체+, 타인 사무를 대신 처리하는 자] 甲이 대표권을 남용하는 등 그 임무에 위배하여 A회사 명의의 약속어음을 발행하고[임무위배행위+] 그 정을 모르는 자에게 이를 교부하였으나[유통+, 손해발생 위험+] 아직 어음채무가 실제로 이행되기 전인 경우[형법 제356조 업무상배임죄+]

① ㄱ
② ㄴ
③ ㄷ
④ ㄱ, ㄴ
⑤ ㄴ, ㄷ

해설 및 정답 2022년 제11회 변호사시험 기출문제 10 **정답** ②

파워특강 자동차 내부 손전등 비춘 행위(=형법 제329조 절도죄 불성립. 실행 착수 없음. 자동차 문을 당긴 경우 실행의 착수 인정+, 주관적 객관설(=밀접 행위시설, 판례). 준강도의 기수시기(=절취행위시설). 대표이사가 대표권을 남용하여 어음을 발행한 행위(=유통되면 형법 제356조 업무상배임죄 기수. 유통되지 않으면 형법 제356조, 제359조, 제25조 업무상배임죄 장애미수범 성립).

ㄱ. (×) 대법원 1985. 4. 23. 선고 85도464 판결 [절도미수]

[판시사항] 절취 목적으로 자동차내부를 손전등으로 비춘행위와 절도 실행에 착수(소극)

[판결요지] 자동차안에 있는 물건을 훔칠 생각으로 자동차의 유리창을 통하여 그 내부를 손전등으로 비추어 본 것에 불과하다면 비록 유리창을 따기 위해 면장갑을 끼고 있었고 칼을 소지하고 있었다 하더라도 절도의 예비행위로 볼 수는 있겠다. 그러나 타인의 **재물에 대한 지배를 침해하는데 밀접한 행위로 볼 수 없어 절취행위의 착수로 볼 수 없다.**

ㄴ. (○) 대법원 2004. 11. 18. 선고 2004도5074 전원합의체 판결 [준강도미수]

[판시사항] [1] 준강도죄의 미수・기수의 판단 기준 [2] **절도미수범이 체포를 면탈할 목적으로 폭행한 행위에 대하여 준강도미수죄로 의율한 원심판결을 수긍한 사례.**

[판결요지] [1] [다수의견] 형법 제335조에서 절도가 재물의 탈환을 항거하거나 체포를 면탈하거나 죄적을 인멸할 목적으로 폭행 또는 협박을 가한 때에 준강도로서 강도죄의 예에 따라 처벌한다. 이 취지는 **강도죄와 준강도죄의 구성요건인 재물탈취와 폭행・협박 사이에 시간적 순서상 전후의 차이가 있을 뿐 실질적으로 위법성이 같다.** 준강도죄의 입법 취지, 강도죄와의 균형 등을 종합적으로 고려해 보면, **준강도죄의 기수 여부는 절도행**

위의 기수 여부를 기준으로 하여 판단하여야 한다. [2] **절도미수범이 체포를 면탈할 목적으로 폭행한 행위에 대하여 준강도미수죄로 의율한 원심판결을 수긍한 사례이다.**

대법원 1964. 12. 8. 선고 64도577 판결 [특수절도]

[판시사항] 절도죄의 기수시기.

[판결요지] 절도죄는 타인의 소지를 침해하여 재물이 자기의 소지로 이동할 때 즉 자기의 사실적 지배밑에 둔 때에 기수가 된다. **피고인이 공동피고인과 함께 피해자 집에 침입하여 그 집 광에서 공동피고인이 자루에 담아 내주는 백미를 받아 그 집을 나오려 하다가 피해자에게 발각된 경우에는 특수절도죄의 기수가 된다.** 미수에 해당한다고 할 수 없다.

ㄷ. (×) 대법원 2017. 7. 20. 선고 2014도1104 전원합의체 판결 [특정경제범죄가중처벌등에관한법률위반(배임)]

[판시사항] [1] 배임죄의 성립요건 및 실행의 착수시기와 기수시기 [2] 주식회사의 대표이사가 대표권을 남용하는 등 임무에 위배하여 약속어음 발행을 한 행위가 배임죄의 기수 또는 미수에 해당하는지 판단하는 기준

[판결요지] [1] 형법 제355조 제2항은 **타인의 사무를 처리하는 자가 그 임무에 위배하는 행위를 할 것과 그러한 행위로 인해 행위자나 제3자가 재산상 이익을 취득하여 본인에게 손해를 가할 것을 배임죄의 객관적 구성요건으로 정하고 있다.** 그러므로 타인의 사무를 처리하는 자가 배임의 범의로, 즉 임무에 위배하는 행위를 한다는 점과 이로 인하여 자기 또는 제3자가 이익을 취득하여 본인에게 손해를 가한다는 점에 대한 인식이나 의사를 가지고 임무에 위배한 행위를 개시한 때 배임죄의 실행에 착수한 것이고, 이러한 행위로 인하여 자기 또는 제3자가 이익을 취득하여 본인에게 손해를 가한 때 기수에 이른다.

[2] [다수의견] 주식회사의 대표이사가 대표권을 남용하는 등 그 임무에 위배하여 회사 명의로 의무를 부담하는 행위를 하더라도 일단 회사의 행위로서 유효하고, 다만 상대방이 대표이사의 진의를 알았거나 알 수 있었을 때에는 회사에 대하여 무효가 된다. 따라서 상대방이 대표권남용 사실을 알았거나 알 수 있었던 경우 **그 의무부담행위는 원칙적으로 회사에 대하여 효력이 없고, 경제적 관점에서 보아도 이러한 사실만으로는 회사에 현실적인 손해가 발생하였다거나 실해 발생의 위험이 초래되었다고 평가하기 어려우므로, 달리 그 의무부담행위로 인하여 실제로 채무의 이행이 이루어졌다거나 회사가 민법상 불법행위책임을 부담하게 되었다는 등의 사정이 없는 이상 배임죄의 기수에 이른 것은 아니다. 그러나 이 경우에도 대표이사로서는 배임의 범의로 임무위배행위를 함으로써 실행에 착수한 것이므로 배임죄의 미수범이 된다.**

[3] **갑 회사가 실제로 약속어음금을 지급하였거나 민사상 손해배상책임 등을 부담하거나 약속어음이 실제로 제3자에게 유통되었다는 등의 특별한 사정이 없는 한** 피고인의 약속어음 발행행위로 인해 갑 회사에 현실적인 손해나 재산상 실해 발생의 위험이 초래되었다고 볼 수 없는데도, 이에 대한 심리 없이 약속어음 발행행위가 배임죄의 기수에 이르렀음을 전제로 공소사실을 유죄로 판단한 원심판결에 배임죄의 재산상 손해 요건 및 기수시기 등에 관한 법리오해의 잘못이 있다고 한 사례.

☞ [출제] 2021년 제10회 변호사시험 기출문제 8 ㄷ.

☞ [출제] 2019년 제8회 변호사시험 기출문제 20 ②

☞ [적중] 하태영, 형사법종합연습 변시기출문제분석, 제3판, 법문사, 2021, 234면.

☞ [적중] 하태영, 형사법종합연습 실전예상문제분석, 2021, 247면.

03 ★★★★★

미수범에 관한 설명 중 옳지 않은 것은? (다툼이 있는 경우 판례에 의함)

> **파워특강** 특수강간이 미수에 그친 경우라도 피해자에게 상해를 입힌 경우(=특수강간치상죄 기수 성립)·불능범(=불능범 판단 기준으로서 위험성 판단은 피고인이 행위 당시에 인식한 사정을 놓고, 이것이 객관적으로 일반인 판단으로 보아 결과 발생 가능성이 있느냐를 따져야 한다). 장애미수범(=방화 후 불길이 치솟는 것을 보고 겁이 나서 불을 끈 경우를 장애미수죄가 성립한다)·중지미수범(=범죄의 실행행위에 착수하고 그 범죄가 완수되기 전에 자기의 자유로운 의사에 따라 범죄의 실행행위를 중지한 경우, 그 중지가 일반 사회통념상 범죄를 완수함에 장애가 되는 사정에 의한 것이 아니라면, 이는 중지미수에 해당한다). 횡령죄(=횡령죄 기수시기는 표현설이 주류이다. 그러나 부동산 경우 실현설을 채택하고 있다)·준강도의 기수시기(=절취행위시설. **준강도죄 기수 여부**는 **절도행위 기수 여부를 기준으로 판단**한다).

중요 ① 甲이 위험한 물건인 전기충격기를 사용하여 A에 대한 강간을 시도하다가 미수에 그쳤다 하더라도 그로 인하여 A에게 약 2주간의 치료를 요하는 안면부 좌상 등 치상의 결과를 초래하였다면, 甲에게는 「성폭력범죄의 처벌 등에 관한 특례법」 위반의 특수강간치상죄의 기수가 성립한다.

해설 및 정답 2023년 제12회 변호사시험 기출문제 2 **정답** ○

대법원 2008. 4. 24. 선고 2007도10058 판결 [성폭력범죄의 처벌 및 피해자보호 등에 관한 법률 위반(강간등치상)·성폭력범죄의 처벌 및 피해자보호 등에 관한 법률 위반(카메라등이용촬영)·총포·도검·화약류등단속법위반]

[판시사항] [1] 성폭력범죄의 처벌 및 피해자보호 등에 관한 법률 제9조에 의한 특수강간치상죄와 같은 법 제12조에 의한 미수범 처벌규정의 관계 [2] **위험한 물건인 전자충격기를 사용하여 강간을 시도하다가 미수에 그치고, 피해자에게 약 2주간의 치료를 요하는 안면부 좌상 등의 상해를 입힌 사안에서, 성폭력범죄의 처벌 및 피해자보호 등에 관한 법률에 의한 특수강간치상죄가 성립한다고 본 사례.**

[판결요지] 성폭력범죄의 처벌 및 피해자보호 등에 관한 법률 제9조 제1항에 의하면 같은 법 제6조 제1항에서 규정하는 특수강간의 죄를 범한 자뿐만 아니라, **특수강간이 미수에 그쳤다고 하더라도 그로 인하여 피해자가 상해를 입었으면 특수강간치상죄가 성립하는 것이다. 같은 법 제12조에서 규정한 위 제9조 제1항에 대한 미수범 처벌규정은 제9조 제1항에서 특수강간치상죄와 함께 규정된 특수강간상해죄의 미수에 그친 경우, 즉 특수강간의 죄를 범하거나 미수에 그친 자가 피해자에 대하여 상해의 고의를 가지고 피해자에게 상해를 입히려다가 미수에 그친 경우 등에 적용된다.**

☞ [출제] 2022년 제11회 변호사시험 기출문제 6 ㄱ.
☞ [출제] 2021년 제10회 변호사시험 기출문제 6 ㄴ.
☞ [출제] 2014년 제3회 변호사시험 기출문제 1
☞ [적중] 하태영, 형사법종합연습 변시기출문제분석, 제3판, 법문사, 2021, 42면.

중요 ② 甲이 소송비용을 편취할 의사로 소송비용의 지급을 구하는 손해배상청구의 소를 제기하였다가 담당 판사로부터 소송비용의 확정은 소송비용액 확정절차를 통하여 하라는 권유를 받고 위 소를 취하하였다면, 甲에게는 소송사기죄의 ~~불능미수범이~~불능범이 성립한다.

해설 및 정답 2023년 제12회 변호사시험 기출문제 2 **정답** ×

대법원 2005. 12. 8. 선고 2005도8105 판결 [사기미수]

[판시사항] **소송비용을 편취할 의사로 소송비용의 지급을 구하는 손해배상청구의 소를 제기한 경우, 사기죄의 불능범에 해당한다.**

[판결요지] **불능범의 판단 기준으로서 위험성 판단은 피고인이 행위 당시에 인식한 사정을 놓고 이것이 객관적으로 일반인의 판단으로 보아 결과 발생의 가능성이 있느냐를 따져야 한다**(대법원 1978. 3. 28. 선고 77도4049 판결 참조). 민사소송법상 소송비용의 청구는 소송비용액 확정절차에 의하도록 규정하고 있다. 그러므로 **소송비용의 지급을 구하는 손해배상청구의 소를 제기하였다고 하더라도 이는 객관적으로 소송비용의 청구방법에 관한 법률적 지식을 가진 일반인의 판단으로 보아 결과 발생의 가능성이 없어 위험성이 인정되지 않는다고 할 것이다.**

☞ 실행수단의 착오인 불능미수이다. 결과발생 위험성이 없다. 사기죄 불능범이다(무죄).
☞ [출제] 2015년 제4회 변호사시험 기출문제 10
☞ [적중] 하태영, 형사법종합연습 변시기출문제분석, 제3판, 법문사, 2021, 209면.

중요 ③ 甲이 장롱 안에 있는 옷가지에 불을 놓아 사람이 주거로 사용하는 건물을 불태우려 하였으나 불길이 치솟는 것을 보고 겁이 나서 물을 부어 불을 끈 것이라면, 자의에 의한 현주건조물방화죄의 중지미수가 성립하지 않는다.

해설 및 정답 2023년 제12회 변호사시험 기출문제 2 **정답** ○

대법원 1997. 6. 13. 선고 97도957 판결 [현주건조물방화(인정된 죄명 : 실화)·현주건조물방화미수]

[판시사항] [1] 중지미수의 성립요건 [2] 방화 후 불길이 치솟는 것을 보고 겁이 나서 불을 끈 경우를 중지미수에 해당하는 것으로 볼 수 있는지 여부(소극)

[판결요지] [1] 범죄의 실행행위에 착수하고 그 범죄가 완수되기 전에 자기의 자유로운 의사에 따라 범죄의 실행행위를 중지한 경우에 그 중지가 일반 사회통념상 범죄를 완수함에 장애가 되는 사정에 의한 것이 아니라면 이는 중지미수에 해당한다.

[2] 피고인이 장롱 안에 있는 옷가지에 불을 놓아 건물을 소훼하려 하였으나 불길이 치

솟는 것을 보고 겁이 나서 물을 부어 불을 끈 것이라면, 위와 같은 경우 치솟는 불길에 놀라거나 자신의 신체안전에 대한 위해 또는 범행 발각시의 처벌 등에 두려움을 느끼는 것은 일반 사회통념상 범죄를 완수함에 장애가 되는 사정에 해당한다고 보아야 할 것이므로, 이를 자의에 의한 중지미수라고는 볼 수 없다.

중요 ④ 甲이 A로부터 위탁받아 식재·관리하여 오던 나무들을 A 모르게 제3자에게 매도하는 계약을 체결하고 그 제3자로부터 계약금을 수령한 상태에서 A에게 적발되어 위 계약이 더 이행되지 아니하고 무위로 그쳤다면, 甲에게는 횡령미수죄가 성립한다.

해설 및 정답 2023년 제12회 변호사시험 기출문제 2 **정답** ○

대법원 2012. 8. 17. 선고 2011도9113 판결 [사기 ·횡령(인정된 죄명 : 횡령미수)]

[판결요지] 피고인이 보관하던 이 사건 수목을 함부로 제3자에 매도하는 계약을 체결하고 계약금을 수령·소비하여 이 사건 수목을 횡령하였다는 공소사실에 관하여 횡령미수죄가 성립한다.

☞ 횡령죄의 기수시기가 쟁점이다. 표현설이 주류이다. 그러나 부동산 경우 실현설을 채택하고 있다. 계약이 추가로 이행되지 않았다면, 횡령죄 미수가 성립한다.

☞ [출제] 2014년 제3회 변호사시험 기출문제 16

☞ [적중] 하태영, 형사법종합연습 변시기출문제분석, 제3판, 법문사, 2021, 222-223면.

중요 ⑤ 甲이 주간에 재물을 절취할 목적으로 A가 운영하는 주점에 이르러 주점의 잠금장치를 뜯고 침입하여 주점 내 진열장에 있던 양주 45병을 바구니 3개에 담고 있던 중, A가 주점으로 들어오는 소리를 듣고서 담고 있던 양주들을 그대로 둔 채 출입문을 열고 나오다가 A에게 붙잡히자 체포를 면탈할 목적으로 A를 폭행하였다면, 甲에게는 준강도미수죄가 성립한다.

해설 및 정답 2023년 제12회 변호사시험 기출문제 2 **정답** ○

대법원 2004. 11. 18. 선고 2004도5074 전원합의체 [준강도(인정된 죄명 : 준강도미수)]

[판시사항] [1] 준강도죄의 미수·기수의 판단 기준 [2] **절도미수범이 체포를 면탈할 목적으로 폭행한 행위에 대하여 준강도미수죄로 의율한 원심판결을 수긍한 사례.**

[판결요지] [1] [다수의견] **강도죄와 준강도죄의 구성요건인 재물탈취와 폭행·협박 사이에 시간적 순서상 전후의 차이가 있을 뿐 실질적으로 위법성이 같다. 준강도죄의 기수 여부는 절도행위의 기수 여부를 기준으로 하여 판단하여야 한다.**

☞ 이 사안은 **특수절도미수가 준강도로 나아간 경우**이다. **甲에게 준강도미수죄가 성립한다.**

☞ [출제] 2022년 제11회 변호사시험 기출문제 10 ㄴ.

☞ [출제] 2015년 제4회 변호사시험 기출문제 1

☞ [적중] 하태영, 형사법종합연습 변시기출문제분석, 제3판, 법문사, 2021, 185면.

문 13. 죄수론에 관한 설명 중 옳은 것은? (다툼이 있는 경우 판례에 의함)

출제내용

- 법조경합(=특별·보충·흡수·택일)
- 범인도피죄(=직무위배 위법상태가 범인도피행위에 포함된 경우 직무유기죄는 성립하지 않음⇒작위범인 범인도피죄만 성립)
- 위조유가증권행사죄 불성립(=유가증권위조죄 공범 사이에서 위조유가증권 교부행위)
- 살인죄(=살해 후 시체를 그대로 둔체 도주한 경우 사체은닉죄 불성립⇒살인죄만 성립)
- 미성년자약취죄(=미성년자 혼자 머무는 집에 침입 후 부모 출입 봉쇄행위하고 생활)
- 배임행위가 본인 이외의 제3자에 대한 사기죄를 구성하는 경우(=별도로 배임죄 성립. 사기죄와 배임죄 실체적 경합)
- 강도강간죄(=강간범이 강도행위 이후 그 자리에서 다시 강간행위를 한 경우)
- 포괄일죄(=연속범, 접속범, 상습범. 절도범이 체포·면탈 목적으로 여러 피해자 중 1인에게 상해⇒포괄하여 강도상해죄 성립. 정보통신망을 이용하여 상대방에게 반복하여 불안감을 조성하는 행위⇒정통법 위반죄 성립. 피해자에게 현금카드 예금인출 승낙을 받고 현금카드를 교부받은 행위와 현금자동지급기에서 예금을 여러 번 인출한 행위는 포괄하여 공갈죄가 성립)
- 상상적 경합(=형법 제40조, 1개 행위가 수 개 죄에 해당, 과형상 일죄)
- 강도살인죄와 현주건조물방화치사죄 상상적 경합(=재물 강취 후 살해목적으로 현주건조물에 방화하여 사망에 이르게 한 경우)
- 사후적 경합범(=경합범 중 판결을 받지 아니한 죄가 있는 경우와 동시에 판결할 경우 형평을 고려하여 형을 선고⇒임의적 감면. 형법 제37조 후단 경합범에서 판결이 확정된 죄란 수개 독립된 죄에 대하여 확정판결이 있었던 사실 그 자체 의미⇒일반사면으로 형 선고 효력 상실여부 불문. 판결 확정 전후의 죄는 경합범이 아님⇒포괄일죄 중간에 다른 종류 범죄에 대하여 금고 이상 확정판결이 있는 경우 사후경합범이 아님. 중간에 벌금형 확정판결이 있는 경우⇒동시적 경합범)
- 실체적 경합(=형법 제37조·제38조·제39조, 2개 이상의 죄 성립)
- 강도상해죄와 감금죄 실체적 경합범(=강도상해 범행 후 감금행위 계속)
- 주거침입죄와 상습절도죄 실체적 경합(=상습적인 절도범행 수단으로 주간에 주거침입하고 절취한 경우)
- 업무상 촉탁살인죄와 살인죄 경합범(=산부인과 의사가 약물로 낙태시설을 하였으나, 태아가 살아서 미숙아 상태로 출생하자 그 미숙아에게 염화칼륨을 주입하여 사망하게 한 경우)

출제분석

2024년 제13회 변호사시험 출제예상 ★
2022년 제11회 변호사시험 기출문제 2·5
2020년 제9회 변호사시험 기출문제 11
2019년 제8회 변호사시험 기출문제 8
2018년 제7회 변호사시험 기출문제 16·18·20
2017년 제6회 변호사시험 기출문제 40
2015년 제4회 변호사시험 기출문제 13
2014년 제3회 변호사시험 기출문제 11
2012년 제1회 변호사시험 기출문제 1·5

가. 죄수론(법조경합·포괄일죄·실체적 경합범·상상적 경합범)에 관한 설명 중 옳은 것이다(○).

중요 ① 감금행위가 단순히 강도상해 범행의 수단이 되는 데 그치지 아니하고 강도상해의 범행이 끝난 뒤에도 계속된 경우에는 감금죄와 강도상해죄의 경합범으로 처벌된다.

해설 및 정답 2018년 제7회 변호사시험 기출문제 16 ★ **정답** ○

대법원 2003. 1. 10. 선고 2002도4380 판결 [강도상해]

[판결요지] **감금행위가 단순히 강도상해 범행의 수단이 되는 데 그치지 아니하고 강도상해의 범행이 끝난 뒤에도 계속된 경우 1개 행위가 감금죄와 강도상해죄에 해당하는 경우라고 볼 수 없다. 이 경우 감금죄와 강도상해죄는 형법 제37조 경합범 관계에 있다.**

② 미성년자가 혼자 머무는 주거에 침입하여 그를 감금한 뒤 폭행 또는 협박에 의하여 부모의 출입을 봉쇄하고 독자적인 생활관계를 형성하기에 이르렀다면 비록 장소적 이전이 없었다 할지라도 미성년자약취죄가 성립한다.

해설 및 정답 2018년 제7회 변호사시험 기출문제 16 **정답** ○

행위자가 어떤 고의로 실행에 착수하였는지가 범죄구성요건판단에서 중요하다. 약취유인의 고의로 폭행 또는 협박을 하였는지, 아니면 강도의 고의로 폭행 또는 협박을 하였는지 세밀하게 판단해야 한다.

대법원 2008. 1. 17. 선고 2007도8485 판결 [특정범죄가중처벌등에관한법률위반(약취·유인)·특수강도·절도·주거침입]

[판시사항] [1] 형법상 미성년자약취죄의 약취행위에서 장소적 이전이 갖는 의미 [2] **미성년자와 그 부모의 주거에 침입하여 장소적 이전 없이 미성년자에게 폭행·협박을 가한**

것이 형법 제287조의 미성년자약취죄를 구성하는지 여부의 판단 기준 [3] 미성년자 혼자 머무는 주거에 침입하여 **강도 범행을 하는 과정에서 일시적으로 부모와의 보호관계가 사실상 침해·배제된 경우 형법 제287조의 미성년자약취죄가 성립하지 않는다**고 한 사례.

중요 ③ 강간범이 강간행위 후에 강도의 범의를 일으켜 피해자의 재물을 강취한 경우에는 강도강간죄가 아니라 강간죄와 강도죄의 경합범으로 처벌될 수 있을 뿐이다. 그러나 강간행위를 종료하기 전에 강도행위를 하고 그 자리에서 강간행위를 계속한 때에는 강도강간죄로 처벌된다.

해설 및 정답 2018년 제7회 변호사시험 기출문제 16 ★ **정답** ○

대법원 2010. 7. 15. 선고 2010도3594 판결 [성폭력범죄의처벌및피해자보호등에관한법률위반(특수강도강간등)·성폭력범죄의처벌및피해자보호등에관한법률위반(특수강간)]

④ 강간범이 범행현장에서 범행에 사용하려는 의도 아래 흉기 등 위험한 물건을 지닌 이상 그 사실을 피해자가 인식하거나 실제로 범행에 사용하지 않은 경우도 「성폭력범죄의 처벌 등에 관한 특례법」 제4조 제1항 소정의 '흉기나 그 밖의 위험한 물건을 지닌 채 강간죄를 범한 자'에 해당한다.

해설 및 정답 2018년 제7회 변호사시험 기출문제 16 **정답** ○

대법원 2004. 6. 11. 선고 2004도2018 판결 [성폭력범죄처벌법률위반(특수강간등)]

[판결요지] [1] 성폭력범죄의처벌및피해자보호등에관한법률의 목적과 같은 법 제6조의 규정 취지에 비추어 보면 같은 법 제6조 제1항 소정의 **'흉기 기타 위험한 물건을 휴대하여 강간죄를 범한 자'란 범행 현장에서 그 범행에 사용하려는 의도 아래 흉기를 소지하거나 몸에 지니는 경우를 가리키는 것이다.** 그 범행과는 전혀 무관하게 우연히 이를 소지하게 된 경우까지를 포함하는 것은 아니라 할 것이다. 그러나 **범행 현장에서 범행에 사용하려는 의도 아래 흉기 등 위험한 물건을 소지하거나 몸에 지닌 이상 그 사실을 피해자가 인식하거나 실제로 범행에 사용하였을 것까지 요구되는 것은 아니다.**

중요 ⑤ 절도범이 절도현장에서 체포면탈을 목적으로 자신을 체포하려는 A와 B를 같은 기회에 폭행하여 B에게만 상해를 가한 경우에는 포괄하여 하나의 강도상해죄가 성립한다.

해설 및 정답 2018년 제7회 변호사시험 기출문제 18 ★ **정답** ○

대법원 2001. 8. 21. 선고 2001도3447 판결 [강도상해·준강도]

절도죄, 준강도죄, 강도상해죄로 이어진다. 포괄일죄 결합범으로 강도상해죄가 성립한다.

[판결요지] 절도범이 체포를 면탈할 목적으로 체포하려는 여러 명의 피해자에게 같은 기회에 폭행하여 그 중 1인에게만 상해하였다면 포괄하여 하나의 강도상해죄만 성립한다.
[파워특강] 이 사안은 사례형으로 자주 출제된다. 가. 절도죄 성부, 나. 준강도죄 성부, 다. 강도상해죄 성부로 나누어 검토한다. 관련 판례를 논증수단으로 설명하면 좋을 것이다. 한 줄만 쓰는 것보다, 체계를 잡아 설명하는 것이 올바른 시험답안이 될 것이다. 잘 안 되는 이유는 연습을 안 하기 때문이다. 영어회화를 생각하면 된다.

중요 ⑥ 피해자에게 자동차를 매도하겠다고 거짓말하고 매매대금을 받고 자동차를 양도하면서 자동차에 미리 부착해 놓은 지피에스(GPS)로 위치를 추적하여 자동차를 행위객체 몰래 가져왔으나,행위 피해자에게 자동차를 인도하고 소유권이전등록에 필요한 일체의 서류를 교부함으로써 피해자가 언제든지 자동차의 소유권이전등록을 마칠 수 있게 되었다면 절도죄만 성립할 뿐 그와는 별도로 사기죄가 성립하지는 않는다.

해설 및 정답 2018년 제7회 변호사시험 기출문제 18 ★ **정답** ○

대법원 2016. 3. 24. 선고 2015도17452 판결 [사기·특수절도] 〈자동차 양도 후 위치 추적으로 절취한 경우, 사기죄의 성립 여부〉

자동차 매매와 관련하여 절도죄와 사기죄는 성립하지 않는다. 매매 이후 지피에스를 이용한 절취행위는 별개의 범의로 볼 수 있다. 사안에서 행위주체가 없다. 정확한 지문이 아쉽다.

[판결요지] 피고인 등이 피해자 갑 등에게 자동차를 매도하겠다고 거짓말하고 자동차를 양도하면서 매매대금을 편취한 다음, 자동치에 미리 부착해 놓은 지피에스(GPS)로 위치를 추적하여 자동차를 절취하였다고 하여 사기 및 특수절도로 기소된 사안이다. **피고인이 갑 등에게 자동차를 인도하고 소유권이전등록에 필요한 일체의 서류를 교부함으로써 갑 등이 언제든지 자동차의 소유권이전등록을 마칠 수 있게 된 이상,** 피고인이 자동차를 양도한 후 다시 절취할 의사를 가지고 있었더라도 **자동차의 소유권을 이전하여 줄 의사가 없었다고 볼 수 없고,** 피고인이 자동차를 매도할 당시 곧바로 다시 절취할 의사를 가지고 있으면서도 이를 숨긴 것을 기망이라고 할 수 없어, 결국 **피고인이 자동차를 매도할 당시 기망행위가 없었으므로, 피고인에게 사기죄를 인정한 원심판결에 법리오해의 잘못이 있다고 한 사례.**

중요 ⑦ 피해자에 대한 사기범행을 실현하는 수단으로서 타인을 기망하여 그를 피해자로부터 편취한 재물이나 재산상 이익을 전달하는 도구로만 이용한 경우에는 피해자에 대한 사기죄만 성립할 뿐 도구로 이용된 타인에 대한 사기죄가 별도로 성립하지는 않는다.

해설 및 정답 2018년 제7회 변호사시험 기출문제 18 ★ 정답 ○

대법원 2017. 5. 31. 선고 2017도3894 판결

중요 ⑧ 상습으로 단순절도죄를 범한 범인이[행위주체] 범행의 수단으로 주간에 주거침입을 한 경우[행위] 주거침입행위는 상습절도죄(「형법」 제332조)와 별개로 주거침입죄를 구성한다.

해설 및 정답 2018년 제7회 변호사시험 기출문제 18 ★ 정답 ○

대법원 2015. 10. 15. 선고 2015도8169 판결

중요 ⑨ 포괄일죄의 중간에 다른 종류의 범죄에 대하여 금고 이상의 형에 처한 확정판결이 끼어 있는 경우 그 포괄일죄는 확정판결 후의 범죄로 다루어야 하므로 사후적 경합범이 되지 않는다.

해설 및 정답 2015년 제4회 변호사시험 기출문제 13 ★ 정답 ○

포괄일죄와 사후적 경합범 구별이 쟁점이다.

대법원 2003. 8. 22. 선고 2002도5341 판결 [외국환거래법위반]

[판결요지] **포괄일죄로 되는 개개의 범죄행위가 다른 종류의 죄의 확정판결의 전후에 걸쳐서 행하여진 경우에는 그 죄는 2죄로 분리되지 않고 확정판결 후인 최종의 범죄행위시에 완성되는 것이다.**

대법원 2001. 3. 13. 선고 2000도4880 판결

[판결요지] **포괄1죄는 그 중간에 다른 종류의 범죄에 대한 확정판결이 끼어 있어도 그 때문에 포괄1죄가 둘로 나뉘는 것은 아니다.** 그 확정판결 후의 범죄로 다루어야 한다.

중요 ⑩ 금고 이상의 형에 처한 확정판결 전에 범한 A죄와 그 확정판결 후에 범한 B죄에 대하여는 별개의 주문으로 형을 선고해야 한다.

해설 및 정답 2015년 제4회 변호사시험 기출문제 13 정답 ○

금고 이상의 형에 처한 확정판결 전에 범한 A죄와 그 확정판결 후에 범한 B죄는 경합범이 될 수 없다. 법원은 A죄와 B죄에 대해 각 별개의 주문으로 형을 선고해야 한다.

[파워특강] 甲이 범한 ABCDE 5죄 중 C죄에 대하여 확정판결이 있는 때 AB죄와 C죄는 경합범이다. DE죄도 경합범이다. ABC죄와 DE죄는 경합범이 아니다. 그러므로 법원은 AB죄에 대하여 징역 1년, DE죄에 대하여 징역 1년에 처한다고 판결해야 한다. 이때에는 경합범에 대한 규정이 적용될 여지가 없다. 두 형이 병과되는 것이다. 그러므로 2형 합계가 어떤가는 전혀 문제되지 않는다.

중요 ⑪ 위조통화를 행사하여[제1행위] 상대방으로부터 재물을 편취한 경우,[제2행위] 위조통화 행사죄와 사기죄는 실체적 경합관계에 있다.

해설 및 정답 2012년 제1회 변호사시험 기출문제 5 ★ **정답** ○

대법원 1979. 7. 10. 선고 79도840 판결

중요 ⑫ 차의 운전자가[행위주체] 음주의 영향으로 정상적인 운전이 곤란한 상태에서의 운전 중[제1행위] 교통사고로[제2행위] 사람에게 상해를 입게 하여[제2행위로 결과발생] 특정범죄가중처벌등에관한법률위반(위험운전치사상)죄와 도로교통법위반(음주운전)죄가 성립한 경우, 양 죄는 실체적 경합관계에 있다.

해설 및 정답 2012년 제1회 변호사시험 기출문제 5 ★ **정답** ○

2개의 행위이다. 입법취지와 보호법익이 서로 다르다. 실체적 경합이다.

대법원 2008. 11. 13. 선고 2008도7143 판결 [특정범죄가중처벌등에관한법률위반(위험운전치사상)·도로교통법위반(음주운전)] ★★★★★

[판결요지] 음주로 인한 특정범죄가중처벌 등에 관한 법률 위반(위험운전치사상)죄와 도로교통법 위반(음주운전)죄는 입법 취지와 보호법익 및 적용영역을 달리하는 별개의 범죄이다. 그러므로 양 죄가 모두 성립하는 경우 두 죄는 실체적 경합관계에 있다.

중요 ⑬ 공무원이[행위주체] 직무집행을 빙자하여 타인의 재물을[행위객체] 갈취한 경우,[행위] 공갈죄만 성립한다.

해설 및 정답 2012년 제1회 변호사시험 기출문제 5 ★ **정답** ○

공무원이 타인을 공갈하여 재물을 교부하게 한 경우, 직무집행의 의사가 있으면, 공갈죄와 뇌물수수죄는 상상적 경합관계에 있다. 그러나 **직무집행의 의사가 없다면(빙자했다면), 공갈죄만 성립한다.** 뇌물을 준 사람은 **공갈죄의 피해자다. 따라서 뇌물공여죄는 성립하지 않는다.** ☞ **자주 출제된다.**

대법원 1994. 12. 22. 선고 94도2528 판결

> **나. 죄수론(법조경합·포괄일죄·실체적 경합범·상상적 경합범)에 관한 설명 중 옳지 않은 것이다(×).**

① A가[행위주체] B의 돈을[행위객체] 절취한[행위] 다음 다른 금전과 섞거나 교환하지 않고 쇼핑백에 넣어 자신의 집에 숨겨두었다. 그런데 甲이 B의 지시를 받아 乙과 함께 A를 위협하여 쇼핑백에 들어 있던 절취된 돈을 교부받았다면 甲은 폭력행

위등처벌에관한법률위반(공동공갈)의 죄책을 진다.

해설 및 정답 2018년 제7회 변호사시험 기출문제 18 **정답** ×

대법원 2012. 8. 30. 선고 2012도6157 판결

공갈죄의 객체는 타인의 재물 또는 재산상의 이익이다. 이 사안 경우 절취한 재물이 누구 소유에 속하는지가 쟁점이다. 제1심 법원과 제2심 법원은 절취한 이 사건 금전에 대한 사실상의 지배관계는 절취한 사람에게 넘어갔다고 판시하였다. 그래서 타인의 재물을 갈취한 것으로 보아 공갈죄 성립을 인정하였다. 그러나 피고인이 상고하였다. 자기 재물을 갈취한 것으로 구성요건해당성이 없다는 주장이다.

중요 ② 피고인이 A, B, C죄를 순차적으로 범하고 이 중 A죄에 대하여 벌금형에 처한 판결이 확정된 후, 그 판결확정 전에 범한 B죄와 판결확정 후에 범한 C죄가 기소된 경우 법원은 B죄와 C죄를 동시적 경합범으로 처벌할 수 ~~없다.~~ 있다.

해설 및 정답 2015년 제4회 변호사시험 기출문제 13 **정답** ×

대법원 2004. 6. 25. 선고 2003도7124 판결

A죄와 B죄를 경합범으로 범한 후, A죄에 대해 벌금형이 확정된 다음, 다시 C죄를 범한 경우, A죄와 B죄는 사후적 경합범이 될 수 없다. A죄에 대한 벌금형이 확정된 전후에 범한 B죄와 C죄는 동시적 경합범으로 취급하여 1개의 가중된 형이 선고될 수 있다.

③ 「형법」 제37조 후단 경합범의 선고형은 그 죄에 선고될 형과 판결이 확정된 죄의 선고형의 총합이 두 죄에 대하여 「형법」 제38조를 적용하여 산출한 처단형의 범위에서 정하여야 한다.

해설 및 정답 2015년 제4회 변호사시험 기출문제 13 **정답** ×

대법원 2008. 9. 11. 선고 2006도8376 판결

[판결요지] 형법 제37조의 후단 경합범에 대하여 심판하는 법원은 **판결이 확정된 죄와 후단 경합범의 죄를 동시에 판결할 경우와 형평을 고려하여 후단 경합범의 처단형의 범위 내에서 후단 경합범의 선고형을 정할 수 있는 것이다.** 그 죄와 판결이 확정된 죄에 대한 선고형의 총합이 두 죄에 대하여 형법 제38조를 적용하여 산출한 처단형의 범위 내에 속하도록 후단 경합범에 대한 형을 정하여야 하는 제한을 받는 것은 아니다. **후단 경합범에 대한 형을 감경 또는 면제할 것인지는 원칙적으로 그 죄에 대하여 심판하는 법원이 재량에 따라 판단할 수 있다.**

중요 ④ 타인의 사무를 처리하는 자가 행위주체 본인을 기망하여 재물을 행위객체 교부받은 경우, 행위 ~~사기죄만 성립한다.~~ 사기죄와 배임죄 상상적 경합이다.

해설 및 정답 2012년 제1회 변호사시험 기출문제 5 ★ 정답 ×

1개 행위에 사기죄와 업무상배임 또는 단순배임죄의 각 구성요건이 모두 충족하는 경우 죄수관계이다. 전원합의체 판례는 양죄 상상적 경합관계로 본다. 종전 판례를 변경한 것이다.

☞ 이 사안의 경우 배임죄가 성립하려면, 재물이 아니라 재산상 이익이어야 한다.

대법원 2002. 7. 18. 선고 2002도669 전원합의체 판결

[판결요지] [1] 업무상배임행위에 사기행위가 수반된 때의 죄수 관계에 관하여 보면, **사기죄는 사람을 기망하여 재물의 교부를 받거나 재산상의 이익을 취득하는 것을 구성요건으로 하는 범죄로서 임무위배를 그 구성요소로 하지 아니한다. 사기죄의 관념에 임무위배 행위가 당연히 포함된다고 할 수도 없다.**

[3] 기망적 요소를 구성요건의 일부로 하는 것이 아니어서 **양 죄는 그 구성요건을 달리하는 별개의 범죄이다.** 형법상으로도 **각각 별개의 장(章)에 규정되어 있다. 1개의 행위에 관하여 사기죄와 업무상배임죄의 각 구성요건이 모두 구비된 때에는** 양 죄를 법조경합 관계로 볼 것이 아니다. **상상적 경합관계로 봄이 상당하다 할 것이다.** 나아가 업무상배임죄가 아닌 단순배임죄라고 하여 양 죄의 관계를 달리 보아야 할 이유도 없다.

⑤ 국립병원 의사가[행위주체] 허위의 진단서를[객체] 작성한 경우,[행위] ~~허위진단서작성죄와~~ 허위공문서작성죄~~의 상상적 경합에 해당한다.~~

해설 및 정답 2012년 제1회 변호사시험 기출문제 5 정답 ×

대법원 2004. 4. 9. 선고 2003도7762 판결 [허위공문서작성·허위진단서작성]

[판결요지] 형법 제233조 소정의 허위진단서작성죄의 대상은 공무원이 아닌 의사가 사문서로서 진단서를 작성한 경우에 한정되고, 공무원인 의사가 공무소의 명의로 허위진단서를 작성한 경우 허위공문서작성죄만이 성립하고 허위진단서작성죄는 별도로 성립하지 않는다.

공무원인 의사가 공무소 명의로 허위진단서를 작성한 경우, 허위공문서작성죄만 성립한다.

다. 죄수 종합문제

01 ★★★★★

죄수에 관한 설명 중 옳지 않은 것은? (다툼이 있는 경우 판례에 의함)

중요 ① 공무원이 취급하는 사건에 관하여 청탁 또는 알선을 할 의사와 능력이 없음에도 청탁 또는 알선을 한다고 기망하고 금품을 교부받은 경우에는 사기죄와 변호사법위반죄가 성립하고 두 죄는 ~~실체적 경합~~ 관계에 있다.

해설 및 정답 2020년 제9회 변호사시험 기출문제 11 ★ 정답 ×

대법원 2006. 1. 27. 선고 2005도8704 판결 [변호사법위반 · 사기(예비적 죄명:사기 · 제3자뇌물취득)]

[판결요지] 공무원이 취급하는 사건에 관하여 청탁 또는 알선을 할 의사와 능력이 없음에도 청탁 또는 알선을 한다고 기망하고 금품을 교부받은 경우, 사기죄와 변호사법 위반죄가 상상적 경합의 관계에 있다.

중요 ② 본인에 대한 배임행위가 본인 이외의 제3자에 대한 사기죄를 구성한다 하더라도 그로 인하여 본인에게 손해가 생긴 때에는 사기죄와 함께 배임죄가 성립하고 두 죄는 실체적 경합 관계에 있다.

해설 및 정답 2020년 제9회 변호사시험 기출문제 11 ★ **정답** ○

대법원 2010. 11. 11. 선고 2010도10690 판결 [업무상배임 · 사기]

[판시사항] [1] 금원 편취를 내용으로 하는 사기죄의 성립 요건 [2] 배임죄에서 '재산상의 손해를 가한 때'의 의미 및 재산상 손해 유무의 판단 기준(=경제적 관점) [3] **배임행위가 본인 이외의 제3자에 대한 '사기죄'를 구성하는 경우 별도로 '배임죄'가 성립하는지 여부(적극) 및 두 죄의 죄수 관계(=실체적 경합)** [4] **건물관리인이 건물주로부터 월세임대차계약 체결업무를 위임받고도 임차인들을 속여 전세임대차계약을 체결하고 그 보증금을 편취한 경우, 사기죄와 별도로 업무상배임죄가 성립하고 두 죄가 실체적 경합범의 관계에 있다**고 본 원심판단을 수긍한 사례.

중요 ③ 강도가 한 개의 강도범행을 하는 기회에 수명의 피해자에게 각 폭행을 가하여 각 상해를 입힌 경우에는 각 피해자별로 수개의 강도상해죄가 성립하며 이들은 실체적 경합 관계에 있다.

해설 및 정답 2020년 제9회 변호사시험 기출문제 11 ★ **정답** ○

대법원 1987. 5. 26. 선고 87도527 판결 [강도상해]

[판결요지] 강도가 한 개의 강도범행을 하는 기회에 수명의 피해자에게 각 폭행을 가하여 각 상해를 입힌 경우에는 각 피해자별로 수개의 강도상해죄가 성립하며 이들은 실체적 경합범의 관계에 있다.

중요 ④ 상습성이 있는 자가 같은 종류의 죄를 반복하여 저질렀다 하더라도 상습범을 별도의 범죄유형으로 처벌하는 규정이 없는 한 각 죄는 원칙적으로 실체적 경합범으로 처단된다.

해설 및 정답 2020년 제9회 변호사시험 기출문제 11 ★ **정답** ○

대법원 2012. 5. 10. 선고 2011도12131 판결 [저작권법위반방조 · 저작권법위반(인정된 죄

명: 저작권법위반방조)]

[판시사항] [1] '상습범'의 의미와 상습성 있는 자가 같은 종류의 죄를 반복하여 저지르고 상습범을 별도의 범죄유형으로 처벌하는 규정이 없는 경우의 죄수 관계(=원칙적으로 실체적 경합범) 및 저작재산권 침해로 인한 저작권법 제136조 제1항의 죄를 상습으로 수회에 걸쳐 범한 경우의 죄수 관계(=원칙적으로 실체적 경합범)

[2] 수개의 저작물에 대한 저작재산권 침해행위의 죄수 관계(=원칙적으로 실체적 경합범) 및 포괄일죄가 성립하는 경우

중요 ⑤ 공무원이 직무관련자에게 제3자와 계약을 체결하도록 요구하여 계약 체결을 하게 한 행위가 제3자뇌물수수죄와 직권남용권리행사방해죄의 구성요건에 모두 해당하는 경우에는 제3자뇌물수수죄와 직권남용권리행사방해죄가 각각 성립하고 두 죄는 상상적 경합 관계에 있다.

해설 및 정답 2020년 제9회 변호사시험 기출문제 11 ★ **정답** ○

대법원 2017. 3. 15. 선고 2016도19659 판결 [뇌물수수 · 직무유기]

[판시사항] 공무원이 직무관련자에게 제3자와 계약을 체결하도록 요구하여 계약 체결을 하게 한 행위가 제3자뇌물수수죄의 구성요건과 직권남용권리행사방해죄의 구성요건에 모두 해당하는 경우, 제3자뇌물수수죄와 직권남용권리행사방해죄가 각각 성립하는지 여부(적극) 및 두 죄의 죄수관계(=상상적 경합범)

02 ★★★★★

불가벌적 사후행위에 관한 설명 중 옳지 않은 것은? (다툼이 있는 경우 판례에 의함)

중요 ① 재산범죄를 저지른 이후에 별도의 재산범죄의 구성요건에 해당하는 사후행위가 있었다면 비록 그 행위가 불가벌적 사후행위로서 처벌의 대상이 되지 않는다 할지라도 그 사후행위로 인하여 취득한 물건은 재산범죄로 인하여 취득한 물건으로서 장물이 될 수 있다.

해설 및 정답 2020년 제9회 변호사시험 기출문제 15 ★ **정답** ○

대법원 2004. 4. 16. 선고 2004도353 판결 [장물취득]

[판시사항] 장물죄에서 '장물'의 의미 및 재산범죄의 불가벌적 사후행위로 취득한 물건이 장물이 될 수 있는지 여부(적극)

중요 ② 타인의 부동산을 보관 중인 자가 그 부동산에 근저당권설정등기를 마침으로써 횡령행위가 기수에 이른 후 해당 부동산을 매각함으로써 기존의 근저당권과 관계없이 법익침해의 결과를 발생시켰다면, 특별한 사정이 없는 한 불가벌적 사후행위가 아니라 별도의 횡령죄가 성립한다.

해설 및 정답 2020년 제9회 변호사시험 기출문제 15 ★ **정답** ○

대법원 2013. 2. 21. 선고 2010도10500 전원합의체 판결 [횡령] 〈'명의수탁자의 처분과 횡령'관련 사건〉 ★★★★★

[판시사항] 횡령행위가 기수에 이른 후 같은 부동산에 별개의 근저당권을 설정하거나 해당 부동산을 매각한 행위가 별도로 횡령죄를 구성하는지 여부(원칙적 적극)

[판결요지] 타인의 부동산을 보관 중인 자가 불법영득의사를 가지고 그 부동산에 근저당권설정등기를 경료함으로써 일단 횡령행위가 기수에 이르렀다 하더라도 그 후 같은 부동산에 별개의 근저당권을 설정하여 새로운 법익침해의 위험을 추가함으로써 법익침해의 위험을 증가시키거나 해당 부동산을 매각함으로써 기존의 근저당권과 관계없이 법익침해의 결과를 발생시켰다면, 이는 당초의 근저당권 실행을 위한 임의경매에 의한 매각 등 그 근저당권으로 인해 당연히 예상될 수 있는 범위를 넘어 새로운 법익침해의 위험을 추가시키거나 법익침해의 결과를 발생시킨 것이다. 그러므로 특별한 사정이 없는 한 불가벌적 사후행위로 볼 수 없다. 별도로 횡령죄를 구성한다.

중요 ③ 부동산에 피해자 명의의 근저당권을 설정하여 줄 의사가 없음에도 피해자를 속이고 근저당권설정을 약정하여 금원을 편취하고 그 약정이 사기 등을 이유로 취소되지 않은 상황에서 다시 그 부동산에 관하여 제3자 명의로 근저당권설정등기를 마친 경우, 사기죄 ~~이외에 별도의 배임죄가 성립한다.~~

해설 및 정답 2020년 제9회 변호사시험 기출문제 15 ★ **정답** ×

2020년 1월 제9회 변호사시험 정답은 ○로 처리되었다. 그러나 **2020년 6월 18일 대법원은 전원합의체에서 판례를 변경되었다. '자기의 사무'로 배임죄의 주체가 되지 않는다.** 사안 쟁점은 A씨가 배임죄 구성요건인 '타인의 사무를 처리하는 자'에 해당하는지 여부이다. 기존 대법원 판례는 "부동산에 관해 근저당권을 설정해 주기로 약정한 채무자는 '채권자의 사무를 처리하는 자'에 해당한다. 그러므로 채무자가 담보목적물을 처분한 경우 배임죄가 성립한다"는 입장이었다.

그러나 2020년 6월 18일 **대법원 전원합의체 판결은 채무자가 채권자에게 근저당권을 설정해주겠다고 약속한 뒤 이를 어기고 제3자에게 근저당권을 설정해주는 이른바 '이중저당'을 했더라도 이를 배임죄로 처벌할 수 없다는 입장**이다. 7대 4로 나뉜 **전원합의체에서 다수의견은 채무자를 배임죄에서 말하는 '타인의 사무를 처리하는 자'로 볼 수 없다면서, 부동산 이중저당을 배임죄로 처벌해 온 기존 대법원 판례를 변경한 것이다. 이 같은 법리는 부동산에 관한 양도담보계약을 설정한 채무자가 제3자에게 부동산을 처분한 경우에도 동일하게 적용된다고 판시하였다.**

대법원 2020. 6. 18. 선고 2019도14340 전원합의체 판결 [특정경제범죄가중처벌등에 관한 법률 위반(배임)] ★★★★★ ☞ **[출제] 2024년 제13회 변호사시험에 반드시 출제된다.**

[판결요지] **채무 담보를 위하여 채권자에게 부동산에 관하여 근저당권을 설정해 주기로 약정한 채무자가 채권자의 사무를 처리하는 자에 해당함을 전제로 채무자가 담보목적물을 처분한 경우 배임죄가 성립한다고 한 대법원 2008. 3. 27. 선고 2007도9328 판결, 대법원 2011. 11. 10. 선고 2011도11224 판결을 비롯한 같은 취지의 대법원 판결들은 이 판결의 견해에 배치되는 범위 내에서 모두 변경하기로 한다.** 한편 대법원 2018. 5. 17. 선고 2017도4027 전원합의체 판결은 부동산 이중매매의 경우 배임죄의 성립을 인정하였다.

중요 ④ 평소 본범과 공동하여 수차 상습으로 절도 등 범행을 함으로써 실질적인 범죄집단을 이루고 있었던 甲이 본범으로부터 장물을 취득하였다면, 본범이 범한 당해 절도범행에 있어서 정범자(공동정범이나 합동범)가 되지 아니하더라도 甲의 장물취득행위는 불가벌적 사후행위에 ~~해당한다.~~ 해당하지 않는다.

해설 및 정답 2020년 제9회 변호사시험 기출문제 15 ★ **정답** ×

대법원 1986. 9. 9. 선고 86도1273 판결 [강도살해 · 특수강도 · 특정범죄가중처벌등에 관한 법률 위반(특수절도) · 특수절도 · 장물취득]

[판결요지] **장물죄는 타인(본범)이 불법하게 영득한 재물의 처분에 관여하는 범죄이다. 그러므로 자기의 범죄에 의하여 영득한 물건에 대하여는 성립하지 않는다. 이는 불가벌적 사후행위에 해당한다.** 그러나 여기에서 **자기의 범죄라 함은 정범자(공동정범과 합동범을 포함한다)에 한정되는 것**이다. 그러므로 **평소 본범과 공동하여 수차 상습으로 절도등 범행을 자행함으로써 실질적인 범죄집단을 이루고 있었다 하더라도, 당해 범죄행위의 정범자(공동정범이나 합동범)로 되지 아니한 이상 이를 자기의 범죄라고 할 수 없다. 따라서 그 장물의 취득을 불가벌적 사후행위라고 할 수 없다.**

중요 ⑤ 자동차를 절취한 후[제1행위] 자동차등록번호판을 떼어내는 자동차관리법위반행위는[제2행위] 절도범행의 불가벌적 사후행위에 해당하지 않는다.

해설 및 정답 2020년 제9회 변호사시험 기출문제 15 ★ **정답** ○

대법원 2007. 9. 6. 선고 2007도4739 판결 [특정범죄가중처벌등에 관한 법률 위반(절도)]

[판시사항] 자동차를 절취한 후 자동차등록번호판을 떼어내는 행위가 절도범행의 불가벌적 사후행위에 해당하는지 여부(소극)

[판결요지] **자동차를 절취한 후 자동차등록번호판을 떼어내는 행위는 새로운 법익의 침해로 보아야 한다.**

중요 **03** ★★★★★

甲의 죄책에 관한 설명 중 옳은 것(○)과 옳지 않은 것(×)을 올바르게 조합한 것은?
(다툼이 있는 경우 판례에 의함)

ㄱ. 경찰공무원인 甲이 지명수배 중인 범인을 발견하고도 그를 체포하지 아니하고 오히려 범인을 도피하게 하는 행위를 한 경우에는 작위범인 범인도피죄 ~~이외에 부작위범인 직무유기죄도 성립하고 양 죄는 상상적 경합범 관계에 있다.~~

ㄴ. **甲이 A의 집에 침입하여 재물을 강취한 후 A를 살해할 목적으로 A의 집에 불을 놓아 A를 사망에 이르게 한 경우에는 강도살인죄와 현주건조물방화치사죄가 성립하고 양 죄는 상상적 경합범 관계에 있다.**

ㄷ. 유가증권을 위조한 甲이 그 위조유가증권을 다른 사람에게 행사하여 그 이익을 나누어 가질 것을 乙과 공모한 후 그에게 위 위조유가증권을 교부함에 그친 경우라면, 甲에게는 유가증권위조죄와 ~~위조유가증권행사죄가 성립하고 양 죄는 실체적 경합범 관계에 있다.~~

ㄹ. **타인 명의의 휴대전화 신규 가입신청서를 위조한 甲이** 이를 스캔한 이미지 파일을 제3자에게 이메일로 전송하여 컴퓨터 화면상으로 보게 한 경우에는 사문서위조죄와 위조사문서행사죄가 성립하고 양 죄는 실체적 경합범 관계에 있다.

ㅁ. 甲이 A를 살해함에 있어 나중에 사체의 발견이 불가능 또는 심히 곤란하게 하려는 의사로 인적이 드문 장소로 A를 유인하여 그곳에서 **살해하고 사체를 그대로 방치한 채 도주한 경우**에는 살인죄~~와 사체은닉죄가 성립하고 양 죄는 상상적 경합범 관계에 있다.~~만 성립한다.

① ㄱ(○), ㄴ(×), ㄷ(○), ㄹ(×), ㅁ(×)
② ㄱ(○), ㄴ(○), ㄷ(×), ㄹ(○), ㅁ(×)
③ ㄱ(×), ㄴ(○), ㄷ(×), ㄹ(○), ㅁ(×)
④ ㄱ(×), ㄴ(○), ㄷ(×), ㄹ(×), ㅁ(○)
⑤ ㄱ(×), ㄴ(×), ㄷ(○), ㄹ(○), ㅁ(○)

해설 및 정답 2019년 제8회 변호사시험 기출문제 8 **정답** ③

핵심내용은 범인도피죄 · 위조유가증권행사죄 · 위조사문서행사죄 · 사체은닉죄 죄수이다.

ㄱ. (×) 대법원 1996. 5. 10. 선고 96도51 판결 [범인도피 · 직무유기]

[판결요지] 피고인이 검사로부터 범인을 검거하라는 지시를 받고서도 그 직무상의 의무에 따른 적절한 조치를 취하지 아니하고 오히려 범인에게 전화로 도피하라고 권유하여 그를 도피케 하였다는 범죄사실만으로는 직무위배의 위법상태가 범인도피행위 속에 포함되어

있는 것으로 보아야 할 것이다. 그러므로 이와 같은 경우에는 작위범인 범인도피죄만이 성립한다. 부작위범인 직무유기죄는 따로 성립하지 아니한다.

ㄴ. (○) 대법원 1998. 12. 8. 선고 98도3416 판결 [강도살인·현주건조물방화치사·도로교통법위반] ★★★★★

[판결요지] **피고인들이 피해자들의 재물을 강취한 후 그들을 살해할 목적으로 현주건조물에 방화하여 사망에 이르게 한 경우, 피고인들의 행위는 강도살인죄와 현주건조물방화치사죄에 모두 해당하고 그 두 죄는 상상적 경합범관계에 있다.**

ㄷ. (×) 대법원 2010. 12. 9. 선고 2010도12553 판결 [마약류관리에관한법률위반(향정)·부정수표단속법위반·위조유가증권행사]

[판시사항] [1] **유가증권위조죄의 공범 사이에서의 위조유가증권 교부행위가 위조유가증권행사죄에 해당하는지 여부(소극)**

[판결요지] **을이나 갑이 위조된 자기앞수표를 병에게 제시하는 등으로 이를 인식하게 하였다고 할 수 없어 이들이 위 봉투를 병의 면전에서 주고받은 행위를 위조된 자기앞수표를 행사한 경우에 해당한다고 볼 수 없다. 따라서 을이나 갑에게 위 수표를 교부한 것이 이를 행사한 경우에 해당한다고 볼 수도 없다. 그럼에도 피고인에 대한 위 위조유가증권행사의 공소사실을 유죄로 인정한 원심판결에 법리오해의 위법이 있다.**

중요 ㄹ. (○) 대법원 2008. 10. 23. 선고 2008도5200 판결 [위조사문서행사]

[공소사실] **휴대전화 신규 가입신청서를 위조한 후** 이를 스캔한 이미지 파일을 제3자에게 이메일로 전송한 것이 위조사문서의 '행사'에 해당한다고 한 사례.

[판결요지] **위조된 문서 그 자체를 직접 상대방에게 제시하거나 이를 기계적인 방법으로 복사하여 그 복사본을 제시하는 경우는 물론, 이를 모사전송의 방법으로 제시하거나 컴퓨터에 연결된 스캐너(scanner)로 읽어 들여 이미지화한 다음 이를 전송하여 컴퓨터 화면상에서 보게 하는 경우도 행사에 해당하여 위조문서행사죄가 성립한다.** 휴대전화 신규 가입신청서를 위조한 후 이를 스캔한 이미지 파일을 제3자에게 이메일로 전송한 사인이다. 이비시 파일 자체는 문서에 관한 죄의 '문서'에 해당하지 않는다. 그러나 이를 전송하여 컴퓨터 화면상으로 보게 한 행위는 이미 위조한 가입신청서를 행사한 것에 해당한다. 따라서 위조사문서행사죄가 성립한다.

ㅁ. (×) 대법원 1986. 6. 24. 선고 86도891 판결 [강도살인·사체유기]

[판시사항] **인적이 드문 장소에서 피해자를 살해하고 사체를 방치한 채 도주한 경우, 사체은닉죄의 성부**

[판결요지] 형법 제161조의 사체은닉이라 함은 사체의 발견을 불가능 또는 심히 곤란하게 하는 것을 구성요건으로 하고 있다. 그러나 **살인, 강도살인 등의 목적으로 사람을 살해한 자가 그 살해 목적을 수행함에 있어 사후 사체 발견이 불가능 또는 심히 곤란하게 하려는 의사로 인적이 드문 장소로 피해자를 유인하거나 실신한 피해자를 끌고 가서 그 곳에서 살해하고 사체를 그대로 둔 채 도주한 경우, 비록 결과적으로 사체 발견이 현저하게 곤란을 받게 되는 사정이 있다 하더라도 별도로 사체은닉죄가 성립되지 아니한다.**

중요 **04** ★★★★★

「형법」 제37조 후단의 사후적 경합범에 관한 설명 중 옳지 않은 것은? (다툼이 있는 경우 판례에 의함)

① 2004. 1. 20. 법률 제7077호로 공포·시행된 「형법」 개정법률에서는 「형법」 제37조 후단의 '판결이 확정된 죄'를 '금고 이상의 형에 처한 판결이 확정된 죄'로 개정하면서 특별한 경과규정을 두지 않았다. 그러나 피고인에게 불리하게 되는 등의 특별한 사정이 없는 한 위 개정법률 시행 당시 법원에 계속중인 사건 중 위 개정법률 시행 전에 벌금형에 처한 판결이 확정된 경우에도 개정법률이 적용되는 것으로 보아야 한다.

해설 및 정답 2017년 제6회 변호사시험 기출문제 40 **정답** ○

대법원 2004. 1. 27. 선고 2001도3178 판결

[판결요지] 개정법률은 특별한 경과규정을 두고 있지 않다. 그러나 형법 제37조는 경합범의 처벌에 관하여 형을 가중하는 규정으로서 일반적으로 두 개의 형을 선고하는 것보다는 하나의 형을 선고하는 것이 피고인에게 유리하다. 그러므로 위 개정법률을 적용하는 것이 **오히려 피고인에게 불리하게 되는 등의 특별한 사정이 없는 한 형법 제1조 제2항을 유추적용하여 위 개정법률 시행 당시 법원에 계속중인 사건 중 위 개정법률 전에 벌금형에 처한 판결이 확정된 경우에도 적용되는 것으로 보아야 한다.**

중요 ② 경합범 중 판결을 받지 아니한 죄가 있는 때에는 그 죄와 판결이 확정된 죄를 동시에 판결할 경우와 형평을 고려하여 그 죄에 대하여 형을 선고한다. 이 경우 그 형을 감경 또는 면제할 수 있다.

해설 및 정답 2017년 제6회 변호사시험 기출문제 40 **정답** ○

형법 제39조는 판결을 받지 않은 경합범, 여러 개 판결과 경합범, 형집행과 경합범을 규정하고 있다. ① 경합범 중 판결을 받지 않은 죄가 있는 때 그 죄와 판결이 확정된 죄를 동시에 판결할 경우 형평을 고려하여 형을 선고한다. 형을 감경 또는 면제할 수 있다.

중요 ③ '판결이 확정된 죄'라 함은 수개의 독립된 죄 중의 어느 죄에 대하여 확정판결이 있었던 사실 그 자체를 의미하나, 일반사면으로 형의 선고의 효력이 상실된 경우에는 '판결이 확정된 죄'에 ~~해당하지 않는다.~~ 해당한다.

해설 및 정답 2017년 제6회 변호사시험 기출문제 40 **정답** ×

대법원 1996. 3. 8. 선고 95도2114 판결

[판결요지] **형법 제37조 후단의 경합범에 있어서 '판결이 확정된 죄'라 함은 수개의 독립된 죄 중의 어느 죄에 대하여 확정판결이 있었던 사실 자체를 의미한다. 일반사면으로 형의 선고의 효력이 상실된 여부는 묻지 않는다.** 그러므로 1995. 12. 2. 대통령령 제14818호로 일반사면령에 의하여 제1심 판시의 확정된 **도로교통법위반의 죄가 사면됨으로써 사면법 제5조 제1항 제1호에 따라 형의 선고의 효력이 상실되었다고 하더라도 확정판결을 받은 죄의 존재가 이에 의하여 소멸되지 않는 이상 형법 제37조 후단의 판결이 확정된 죄에 해당한다.**

중요 ④ 피고인이 경합범 관계에 있는 A, B, C, D의 죄를 순차적으로 범하였는데 B와 C 범죄의 중간 시점에 금고이상의 형에 처한 판결이 확정된 경우, 판결 주문은 "피고인을 판시 제1죄(A, B)에 대하여 징역 1년에, 판시 제2죄(C, D)에 대하여 징역 2년에 각 처한다."라는 형식으로 기재된다.

해설 및 정답 2017년 제6회 변호사시험 기출문제 40 ★ **정답** ○

대법원 2010. 11. 25. 선고 2010도10985 판결

[판결요지] [2] 수개의 마약류관리에 관한 법률 위반(향정)으로 기소된 피고인에 대한 제1심 판결의 무죄 부분에 대한 검사의 항소만 있는 사안에서, **이미 유죄로 확정된 부분까지 다시 심리하여 위 무죄 부분과 함께 형을 선고한 원심판결에 법리오해의 위법이 있다**고 한 사례 [3] **수개의 마약류관리에 관한 법률 위반(향정)죄의 중간에 확정판결이 존재하여 확정판결 전후의 범죄가 서로 경합범 관계에 있지 않게 되었음에도 1개의 주문으로 형을 선고한 원심판결에 법리오해의 위법이 있다**고 한 사례.

중요 ⑤ 위 ④의 경우 피고인만 판시 제1죄에 대하여만 무죄를 주장하며 항소를 하였다면, 판시 제2죄 부분은 항소기간이 지남으로써 확정된다.

해설 및 정답 2017년 제6회 변호사시험 기출문제 40 ★ **정답** ○

대법원 2010. 11. 25. 선고 2010도10985 판결 [마약류관리에관한법률위반]★★★★★

[판결요지] **경합범으로 동시에 기소된 사건에 대하여 일부 유죄, 일부 무죄를 선고하는 등 판결주문이 수개일 때에는 그 1개의 주문에 포함된 부분을 다른 부분과 분리하여 일부상소를 할 수 있다. 당사자 쌍방이 상소하지 아니한 부분은 분리 확정된다.** 그러므로 경합범 중 일부에 대하여 무죄, 일부에 대하여 유죄를 선고한 제1심 판결에 대하여 **검사만이 무죄 부분에 대하여 항소를 한 경우, 피고인과 검사가 항소하지 아니한 유죄판결 부분은 항소기간이 지남으로써 확정된다. 항소심에 계속된 사건은 무죄판결 부분에 대한 공소뿐**이다. 그에 따라 **항소심에서 이를 파기할 때에는 무죄 부분만을 파기하여야 한다. 일부상소와 상소심 심판범위가 쟁점이다. 심판범위는 일부이다.**

☞ **이 판례는 중요하다. 자주 출제된다.**

중요 **05** ★★★★★

「형법」 제37조 후단 경합범에 관한 설명 중 옳지 않은 것은? (다툼이 있는 경우 판례에 의함)

파워특강 형법 제37조 후단 사후경합범. 형법 제37조 후단의 "판결이 확정된 죄"의 의미(=집행유예 판결 포함. 일반사면이 있는 경우 포함). 포괄일죄의 중간에 별종의 죄의 확정판결이 끼어 있는 경우 처벌례(=확정판결 후의 범죄). 아직 판결을 받지 아니한 수개의 죄가 판결 확정을 전후하여 저질러지고 판결 확정 전에 범한 죄를 이미 판결이 확정된 죄와 동시에 판결할 수 없었던 경우(=사후경합범이 아니다. 그 수개의 죄 사이에 형법 제37조 전단 경합범 관계가 인정되지 않는다. 판결 확정을 전후한 각각의 범죄에 대하여 별도로 형을 정하여 선고하여야 한다). 형법 제37조 후단 사후경합범에 대하여 「형법」 제39조 제1항에 의하여 형을 감경할 때(=법률상 감경에 관한 「형법」 제55조 제1항이 적용되어 유기징역을 감경할 때에는 그 형기의 2분의 1 미만으로는 감경할 수 없다).

중요 ① 후단 경합범이란 금고 이상의 형에 처한 판결이 확정된 죄와 그 판결확정 전에 범한 죄를 가리키는데, 여기서 말하는 판결에는 집행유예 판결도 포함된다.

해설 및 정답 2022년 제11회 변호사시험 기출문제 2 **정답** ○

대법원 1984. 8. 21. 선고 84모1297 판결 [사기]

[판시사항] 형법 제37조 후단의 "판결이 확정된 죄"의 의미

[판결요지] **형법 제37조 후단의 경합범에 있어서 판결에 확정된 죄라 함**은 수개의 독립한 죄 중의 어느 죄에 대하여 확정판결이 있었던 사실 자체를 의미하고 그 확정판결이 있은 죄의 형의 집행을 종료한 여부, **형의 집행유예가 실효된 여부는 묻지 않는다**고 해석할 것이다. 그러므로 **형법 제65조에 의하여 집행유예를 선고한 확정판결에 의한 형의 선고가 그 효력을 잃었다 하더라도 확정판결을 받은 존재가 이에 의하여 소멸되지 않는 이상 위 법 제37조 후단의 판결이 확정된 죄에 해당한다**고 보아야 할 것이다.

형법 제37조(경합범)

판결이 확정되지 아니한 수개의 죄[동시경합범] 또는 **금고 이상의 형에 처한 판결이 확정된 죄와 그 판결확정전에 범한 죄를 경합범으로 한다.**[사후경합범] 〈개정 2004.1.20〉

【출처】 형법 일부개정 2020. 12. 8. [법률 제17571호, 시행 2021. 12. 9.] 법무부.

형법 제37조(경합범) ☞ 현행 조문을 개조식으로 나누어 설명하면,

다음 각 호에 해당하는 범죄는 경합범으로 처벌한다.

1. 판결이 확정되지 않은 여러 개 죄(동시경합범)
2. **금고 이상 형을 선고한 판결이 확정된 죄와 그 판결확정 전에 범한 죄(사후경합범)**

② 확정판결이 있는 죄에 대하여 일반사면이 있는 경우는 형의 선고효력이 상실되지만 그 죄에 대한 확정판결이 있었던 사실 자체는 인정되므로 그 확정판결 이전에 범한 죄와의 관계에서 후단 경합범이 성립한다.

해설 및 정답 2022년 제11회 변호사시험 기출문제 2 **정답** ○

대법원 1996. 3. 8. 선고 95도2114 판결 [부정수표단속법위반 · 상해 · 폭력행위등처벌에관한법률위반]

[판시사항] [1] **부정수표단속법 제2조 제2항 소정의 범죄의 성립 시기** [2] 형법 제37조 후단의 경합범이 되는 전과가 **사면된 경우 동조 후단 경합범**으로의 처벌 가부

[판결요지] [1] 부정수표단속법 제2조 제2항 위반의 범죄는 예금부족 등으로 인하여 제시기일에 지급되지 아니할 것이라는 결과 발생을 예견하고 발행인이 위 **수표를 발행한 때에 바로 성립되고** 수표소지인이 그 제시기일에 지급을 위한 제시를 하여 수표금의 지급이 되지 아니한 때에 성립하는 것은 아니다.

[판결요지] 형법 제37조 후단의 경합범에 있어서 '판결이 확정된 죄'라 함은 수개의 독립된 죄 중의 어느 죄에 대하여 확정판결이 있었던 사실 자체를 의미한다. 일반사면으로 형의 선고의 효력이 상실된 여부는 묻지 않는다. 그러므로 1995. 12. 2. 대통령령 제14818호로 일반사면령에 의하여 제1심 판시의 확정된 도로교통법위반의 죄가 **사면됨으로써 사면법 제5조 제1항 제1호에 따라 형의 선고의 효력이 상실되었다고 하더라도 확정판결을 받은 죄의 존재가 이에 의하여 소멸되지 않는 이상 형법 제37조 후단의 판결이 확정된 죄에 해당한다.**

☞ [출제] 2017년 제6회 변호사시험 기출문제 40

☞ [적중] 하태영, 형사법종합연습 변시기출문제분석, 제3판, 2021, 140면.

③ 포괄일죄로 되는 개개의 범죄행위가 다른 종류의 죄의 확정판결 전후에 걸쳐서 행하여진 경우에는 그 죄는 2죄로 분리되지 않고 확정판결 후인 최종의 범죄행위시에 완성되므로 후단 경합범에 해당하지 않는다.

해설 및 정답 2022년 제11회 변호사시험 기출문제 2 **정답** ○

대법원 2001. 8. 21. 선고 2001도3312 판결 [약사법위반 · 부정경쟁방지법률위반]

[판시사항] [1] 단일하고 계속된 범의 하에 일정기간 계속하여 약사법 제35조 제1항에 위반된 행위를 한 경우, 그 죄수(=포괄일죄) [2] **포괄일죄의 중간에 별종의 죄의 확정판결이 끼어 있는 경우의 처벌례(=확정판결 후의 범죄)**

[판결요지] 포괄일죄로 되는 개개의 범죄행위가 다른 종류의 죄의 확정판결의 전후에 걸쳐서 행하여진 경우 그 죄는 2죄로 분리되지 않고 확정판결 후인 최종의 범죄행위시에 완성된다.

④ 판결을 받지 아니한 수개의 죄가 판결확정을 전후하여 저질러진 경우 판결확정

전에 범한 죄를 이미 판결이 확정된 죄와 동시에 판결할 수 없었던 경우라면, 판결확정을 전후한 각각의 범죄는 ~~「형법」 제37조 후단 경합범이 아니라 전단 경합범에 해당하여 하나의 형을 선고하여야 한다.~~ 별도로 형을 정하여 선고할 수밖에 없다.

해설 및 정답 2022년 제11회 변호사시험 기출문제 2 **정답** ×

대법원 2014. 3. 27. 선고 2014도469 판결 [마약류관리에관한법률위반(향정)]

[판시사항] [1] 아직 판결을 받지 아니한 죄가 이미 판결이 확정된 죄와 동시에 판결할 수 없었던 경우, 형법 제37조 후단 경합범 관계가 성립하는지 여부(소극) 및 형법 제39조 제1항에 따라 동시에 판결할 경우와 형평을 고려하여 형을 선고하거나 형을 감경 또는 면제할 수 있는지 여부(소극) [2] 아직 판결을 받지 아니한 수개의 죄가 판결 확정을 전후하여 저질러지고 판결 확정 전에 범한 죄를 이미 판결이 확정된 죄와 동시에 판결할 수 없었던 경우, 그 수개의 죄 사이에 형법 제37조 전단 경합범 관계가 인정되는지 여부(소극) 및 판결 확정을 전후한 각각의 범죄에 대하여 별도로 형을 정하여 선고하여야 하는지 여부(적극)

[판결요지] 아직 판결을 받지 아니한 수개의 죄가 판결 확정을 전후하여 저질러진 경우 판결 확정 전에 범한 죄를 이미 판결이 확정된 죄와 동시에 판결할 수 없었던 경우라고 하여 마치 확정된 판결이 존재하지 않는 것처럼 그 수개의 죄 사이에 형법 제37조 전단의 경합범 관계가 인정되어 형법 제38조가 적용된다고 볼 수도 없으므로, **판결 확정을 전후한 각각의 범죄에 대하여 별도로 형을 정하여 선고할 수밖에 없다.**

⑤ 후단 경합범에 대하여 「형법」 제39조 제1항에 의하여 형을 감경할 때에도 법률상 감경에 관한 「형법」 제55조 제1항이 적용되어 유기징역을 감경할 때에는 그 형기의 2분의 1 미만으로는 감경할 수 없다.

해설 및 정답 2022년 제11회 변호사시험 기출문제 2 **정답** ○

대법원 2019. 4. 18. 선고 2017도14609 전원합의체 판결 [마약류관리에관한법률위반(향정)] 〈법정형에 하한이 설정된 후단 경합범에 관한 감경을 할 때에 형기의 2분의 1 미만으로도 감경할 수 있는지 여부에 관한 사건〉

[판시사항] [1] **법정형에 하한이 설정된 형법 제37조 후단 경합범에 대하여 형법 제39조 제1항 후문에 따라 형을 감경할 때에는 형법 제55조 제1항이 적용되지 아니하여 유기징역의 경우 그 형기의 2분의 1 미만으로도 감경할 수 있는지 여부(소극)** [2] 피고인이 마약류 관리에 관한 법률 위반(향정)죄의 범죄사실로 징역 4년을 선고받아 그 판결이 확정되었는데, 위 판결확정 전에 향정신성의약품을 1회 판매하고 1회 판매하려다 미수에 그쳤다는 내용의 마약류 관리에 관한 법률 위반(향정) 공소사실로 기소된 사안에서, 법정형인 무기 또는 5년 이상의 징역 중에서 유기징역을 선택하고 형법 제37조 후단 경합범에 대한 감경과 작량감경을 한 원심으로서는 형법 제56조 제4호, 제5호, 제6호 및 제55조 제1항 제3호에 따른 처단형인 징역 1년 3개월부터 11년 3개월까지의 범위 내에서 형을 정했어야 하는데도, 이와 달리 형법 제37조 후단 경합범에 대하여 형법 제39조 제1항에

서 정한 감경을 할 때에는 형법 제55조 제1항이 적용되지 않는다는 전제에서 위와 같은 법률상 처단형의 하한을 벗어난 징역 6개월을 선고한 원심의 판단에 법리오해의 잘못이 있다고 한 사례.

[판결요지] [1] [다수의견] **형법 제37조 후단 경합범(이하 '후단 경합범'이라 한다)에 대하여 형법 제39조 제1항에 의하여 형을 감경할 때에도 법률상 감경에 관한 형법 제55조 제1항이 적용되어 유기징역을 감경할 때에는 그 형기의 2분의 1 미만으로는 감경할 수 없다.**

☞ [적중] 하태영, 형사법종합연습 실전예상문제분석, 제4판, 2021, 88-90면.

중요

06 ★★★★★

다음 설명 중 옳은 것을 모두 고른 것은? (다툼이 있는 경우 판례에 의함)

ㄱ. 특수강간이 미수에 그쳤다 하더라도 그로 인하여 피해자가 상해를 입었다면 「성폭력범죄의 처벌 등에 관한 특례법」에 의한 특수강간치상죄의 기수가 성립한다.

ㄴ. 강도가 재물강취의 뜻을 재물의 부재로 이루지 못한 채 미수에 그쳤으나 그 자리에서 항거불능의 상태에 빠진 피해자를 간음할 것을 결의하고 실행에 착수했으나 역시 미수에 그쳤더라도[강도강간미수죄+] 반항을 억압하기 위한 폭행으로 피해자에게 상해를 입힌 경우에는[강도치상죄+] 강도강간미수죄와 강도치상죄의 ~~실체적~~[상상적] 경합범이 성립한다.

ㄷ. 재물을 강취한 후 피해자를 살해할 목적으로 현주건조물에 방화하여 사망에 이르게 한 경우, 강도살인죄와 현주건조물방화치사죄에 해당하고 그 두 죄는 상상적 경합관계에 있다.

ㄹ. 수뢰후부정처사죄는 반드시 뇌물수수 등의 행위가 완료된 이후에 부정한 행위가 이루어져야 함을 의미하는 것은 아니고, 결합범 또는 결과적가중범 등에서의 기본행위와 마찬가지로 뇌물수수 등의 행위를 하는 중에 부정한 행위를 한 경우도 포함한다.

① ㄱ, ㄴ　　② ㄴ, ㄷ

③ ㄷ, ㄹ　　④ ㄱ, ㄷ, ㄹ

⑤ ㄴ, ㄷ, ㄹ

해설 및 정답 2022년 제11회 변호사시험 기출문제 5　　**정답** ④

> **파워특강** 특수강간이 미수라 하더라도 피해자가 상해를 입은 경우(=특수강간치상죄 기수 성립). 강도 미수범이 강간 미수에 그친 경우(=강도강간미수죄 성립), 이때 상해가 발생한 경우(=강도치상죄 성립). 양죄는 1개의 행위로 2개의 죄를 범한 경우로 상상적 경합이다. 재물 강취(=강도죄 성립). 이후 살해 목적으로 현주건조물에 방화한 경우(=현주건조물방화죄 성립). 그 결과 사망이다. 양죄는 1개의 행위로 2개의 죄를 범한 경우이다. 강도살인죄와 현주건조물방화치사죄의 상상적 경합이다. ☞ 부진정결과적 가중범 죄수 판단(=중한 결과 고의범의 법정형이 중한 경우 양죄를 모두 판단하고 상상적 경합으로 본다. 그렇지 않은 경우 결과적 가중범이 고의범의 특별관계이다). 수뢰후부정처사죄(=① 뇌물수수 완료 후 부정한 행위, ② 뇌물수수 행위를 하는 중에 부정한 행위를 말한다).

중요 ㄱ. (○) 대법원 2008. 4. 24. 선고 2007도10058 판결 [성폭력범죄의 처벌 및 피해자보호 등에 관한 법률 위반(강간등치상)]

[판시사항] [1] 성폭력범죄의 처벌 및 피해자보호 등에 관한 법률 제9조에 의한 특수강간치상죄와 같은 법 제12조에 의한 미수범 처벌규정의 관계 [2] **위험한 물건인 전자충격기를 사용하여 강간을 시도하다가 미수에 그치고, 피해자에게 약 2주간의 치료를 요하는 안면부 좌상 등의 상해를 입힌 사안에서, 성폭력범죄의 처벌 및 피해자보호 등에 관한 법률에 의한 특수강간치상죄가 성립한다고 본 사례.**

[판결요지] 성폭력범죄의 처벌 및 피해자보호 등에 관한 법률 제9조 제1항에 의하면 같은 법 제6조 제1항에서 규정하는 특수강간의 죄를 범한 자뿐만 아니라, 특수강간이 미수에 그쳤다고 하더라도 그로 인하여 피해자가 상해를 입었으면 특수강간치상죄가 성립하는 것이다. **같은 법 제12조에서 규정한 위 제9조 제1항에 대한 미수범 처벌규정은 제9조 제1항에서 특수강간치상죄와 함께 규정된 특수강간상해죄의 미수에 그친 경우, 즉 특수강간의 죄를 범하거나 미수에 그친 자가 피해자에 대하여 상해의 고의를 가지고 피해자에게 상해를 입히려다가 미수에 그친 경우 등에 적용된다.**

☞ [출제] 2021년 제10회 변호사시험 기출문제 6 ㄴ.

☞ [출제] 2014년 제3회 변호사시험 기출문제 1

☞ [적중] 하태영, 형사법종합연습 변시기출문제분석, 제3판, 법문사, 2021, 42면.

중요 ㄴ. (×) 대법원 1988. 6. 28. 선고 88도820 판결 [강간치상·강도강간미수·강도치상]

[판시사항] 강도강간이 미수에 그쳤으나 반항을 억압하기 위한 폭행으로 상해를 입힌 경우의 그 죄명 및 죄수

[판결요지] **강도가 재물강취의 뜻을 재물의 부재로 이루지 못한 채 미수에 그쳤다. 그러나 그 자리에서 항거불능의 상태에 빠진 피해자를 간음할 것을 결의하고 실행에 착수했다. 그러나 역시 미수에 그쳤다. 그렇더라도 반항을 억압하기 위한 폭행으로 피해자에게 상해를 입힌 경우에는 강도강간미수죄와 강도치상죄가 성립한다. 이는 1개의 행위가 2개의 죄명에 해당되어 상상적 경합관계가 성립된다.**

중요 ㄷ. (○) 대법원 1998. 12. 8. 선고 98도3416 판결 [강도살인·현주건조물방화치사]

[판시사항] **재물을 강취한 후 피해자를 살해할 목적으로 현주건조물에 방화하여 사망에**

이르게 한 경우, 강도살인죄와 현주건조물방화치사죄의 관계(=상상적 경합)

[판결요지] 피고인들이 피해자들의 재물을 강취한 후 그들을 살해할 목적으로 현주건조물에 방화하여 사망에 이르게 한 경우, 피고인들의 행위는 강도살인죄와 현주건조물방화치사죄에 모두 해당하고 그 두 죄는 상상적 경합범 관계에 있다.

☞ [출제] 2020년 제9회 변호사시험 기출문제 11 ④

☞ [출제] 2019년 제8회 변호사시험 기출문제 8 ㄴ.

☞ [적중] 하태영, 형사법종합연습 변시기출문제분석, 제3판, 법문사, 2021, 60면.

중요 ㄹ. (○) **대법원 2021. 2. 4. 선고 2020도12103 판결 [수뢰후부정처사 · 증거인멸교사]**

[공소사실] 피고인은 2016. 5.경부터 2018. 8.경까지 환경부 (부서명 생략) 기술서기관으로 재직하면서 환경부 '가습기살균제 대응 TF' 피해구제 대책반원을 겸직하였고, 2018. 8.경부터 2019. 2.경까지 (보직명 1 생략), 2019. 2.경부터 2019. 5.경까지 (보직명 2 생략), 2019. 5.경부터 현재까지 (보직명 3 생략)으로 재직 중이다. 피고인은 환경부 '가습기살균제 대응 TF' 피해구제 대책반 등 가습기살균제 사건 대응 관련 부서에서 근무하면서 가습기살균제 피해 특별구제계정의 분담금 산정 협의 과정에서 가습기살균제 제조·판매업체인 공소외 1 회사의 담당자인 공소외 2를 알게 되자 그로부터 선물이나 향응을 제공받은 대가로 가습기살균제 사건 관련 환경부 조치 동향, 내부 논의 상황 및 논의 내용, 향후 일정 등 환경부에서 진행하였거나 계획하고 있는 사항이 포함된 정보를 제공할 것을 마음먹었다. **피고인은 공소외 2로부터 위와 같은 직무상 편의를 제공하여 달라는 취지의 청탁을 받으면서 원심 판시 별지 범죄일람표 (1) 순번 1 내지 17번 기재와 같이 2017. 4. 18.부터 2019. 1. 31.까지 17회에 걸쳐 공소외 2으로부터 저녁식사 등을 제공받은 후 원심 판시 별지 범죄일람표 (2) 기재와 같이 환경부 내부정보 등을 제공함으로써 뇌물을 수수한 후 부정한 행위를 하였다.**

[판시사항] [1] 수뢰후부정처사죄를 정한 형법 제131조 제1항의 구성요건 중 '형법 제129조 및 제130조의 죄를 범하여'의 의미 [2] 단일하고도 계속된 범의 아래 일정 기간 반복하여 일련의 뇌물수수 행위와 부정한 행위가 행하여졌고 뇌물수수 행위와 부정한 행위 사이에 인과관계가 인정되며 피해법익도 동일한 경우, **최후의 부정한 행위 이후에 저질러진 뇌물수수 행위도 최후의 부정한 행위 이전의 뇌물수수 행위 및 부정한 행위와 함께 수뢰후부정처사죄의 포괄일죄로 처벌하여야 하는지 여부(적극)**

[판결요지] [1] **수뢰후부정처사죄를 정한 형법 제131조 제1항은 공무원 또는 중재인이 형법 제129조(수뢰, 사전수뢰) 및 제130조(제3자뇌물제공)의 죄를 범하여 부정한 행위를 하는 것을 구성요건으로 하고 있다. 여기에서 '형법 제129조 및 제130조의 죄를 범하여'란 반드시 뇌물수수 등의 행위가 완료된 이후에 부정한 행위가 이루어져야 함을 의미하는 것은 아니고, 결합범 또는 결과적 가중범 등에서의 기본행위와 마찬가지로 뇌물수수 등의 행위를 하는 중에 부정한 행위를 한 경우도 포함하는 것으로 보아야 한다.**

[2] **따라서 단일하고도 계속된 범의 아래 일정 기간 반복하여 일련의 뇌물수수 행위와 부정한 행위가 행하여졌고 그 뇌물수수 행위와 부정한 행위 사이에 인과관계가 인정되며 피해법익도 동일하다면, 최후의 부정한 행위 이후에 저질러진 뇌물수수 행위도 최후의 부정한 행위 이전의 뇌물수수 행위 및 부정한 행위와 함께 수뢰후부정처사죄의 포괄일죄로 처벌함이 타당하다.**

☞ [적중] 하태영, 형사법종합연습 실전예상문제분석, 제4판, 2021, 278-279면.

문 14. 형벌 · 몰수 · 추징 · 양정 · 집행유예 · 선고유예에 관한 설명 중 옳은 것은? (다툼이 있는 경우 판례에 의함)

출제내용

- 몰수·추징(=수재자가 증재자에게 재물을 받아 가지고 있다가 나중에 반환한 경우 증재자에게 이를 몰수·추징할 수 있음, 타인 동의하에 타인 예금계좌로 알선 금액을 입금받아도 범인에게 알선가액을 추징함⇒관리 방법의 하나임, 뇌물 금액 중 일부 비용을 출연한 경우 받은 뇌물 자체를 몰수 해야 함⇒지출 비용을 공제하는 것이 아님, 금품을 무상으로 대여받은 경우 금융이익 상당액 추징, 공범자 소유물인 경우 공범자 소추여부·유무죄 불문 몰수가 가능함)
- 형의 가중·감경 순서(=각칙 가중·형법 총칙 제34조 제2항 특수교사와 특수방조 가중·누범 가중·법률감경·경합가중·작량감경)
- 누범가중(=장기 2분의 1 가중, 벌금형 선택시 누범가중은 불가함). 법률감경(=무기징역감경⇒10년 이상 50년 이하 징역, 유기징역감경⇒형기 2분의 1, 벌금감경 다액 2분의 1, 벌률감경사유가 여러 개 있는 경우 거듭 감경 가능). 경합가중(=무기징역⇒흡수주의, 동종형⇒가중주의, 이종형⇒병과주의). 작량감경(=법률감경에 준함. 작량감경사유가 여러 개 있는 경우 거듭 감경 불가)
- 유기징역 상한 30년, 유기징역 가중상한 50년
- 집행유예(=형법 제62조 집행유예요건⇒3년 이하 징역형·3년 이하 금고형·500만원 이하 벌금형 선고 경우, 정상참작사유, 금고 이상 형 확정 때부터 집행 종료 또는 면제된 후 3년 이내 범죄 아닐 것, 집행유예취소⇒결격사유 발각은 필요 취소, 준수사항위반은 임의 취소, 집행유예실효⇒집행유예자가 유예기간 중 고의 범죄로 금고 이상 실형 받고 판결이 확정된 때, 형법 제65조 형 선고가 효력을 잃은 경우⇒전과는 폭처법 제2조 제3항 '징역형을 받은 경우'가 아님)★★★★★
- 선고유예(=형법 59조, '개전의 정이 현저한 때'란 재범위험성이 없는 경우와 죄를 깊이 뉘우치는 경우⇒자백 경우로만 해석할 수 없음. 선고유예전과⇒자격정지 이상 형선고 받은 사실 자체⇒집행유예 선고받고 집행유예기간 무사히 지나도 선고유예 결격사유 해당. 형법 제37조 후단 사후 경합범 금고 이상 형 판결 전과도 선고유예 전과에 해당)★★★★★
- 형법 절대적 법정형(=여적죄⇒사형)
- 과잉방위·과잉피난·과잉자구·불능미수(=임의적 감면사유). 농아자·심신미약자·중지미수·방조범·자수특례·장물과 본범(=필요적 감면사유)★★★★★
- 이중평가금지(=범죄 불법과 책임 근거사유와 가중사유·감경사유가 된 상황은 다시 양형자료가 될 수 없음)
- 사후경합범(=2개 자유형을 선고하면서 일부에 대한 집행유예가 가능함)★★★
- 사회봉사명령(=보안처분, 일·근로활동 가능⇒사회봉사임. 금전기부·준법경영 강연·기고는 불가함⇒사회봉사가 아님)★★★★★

출제분석
2024년 제13회 변호사시험 출제예상 ★
2023년 제12회 변호사시험 기출문제 8
2022년 제11회 변호사시험 기출문제 4
2020년 제9회 변호사시험 기출문제 3
2019년 제8회 변호사시험 기출문제 9
2018년 제7회 변호사시험 기출문제 10
2017년 제6회 변호사시험 기출문제 2
2016년 제5회 변호사시험 기출문제 2
2014년 제3회 변호사시험 기출문제 8

가. 형벌(몰수· 추징· 양정· 집행유예· 선고유예)에 관한 설명 중 옳은 것이다(○).

① 「형법」은 상대적 법정형을 원칙으로 하고, 여적죄에 관해서만 절대적 법정형을 두고 있다.

해설 및 정답 2016년 제5회 변호사시험 기출문제 2 **정답** ○

형법 제93조는 여적죄를 규정하고 있다. 적국과 합세하여 대한민국에 항적한 사람은 사형으로 처벌된다.

② 형법총칙은 일반적 가중사유로 경합범 가중, 누범 가중, 특수교사·방조의 세 가지 경우를 인정하고 있다.

해설 및 정답 2016년 제5회 변호사시험 기출문제 2 **정답** ○

형법 제38조(경합범 가중), 형법 제35조(누범 가중), 형법 제34조 제2항(특수교사가중·특수방조가중) 이다.

③ 작량감경을 할 때 작량감경사유가 수개 있는 경우에는 거듭 감경할 수 없지만, 법률상 감경을 한 후에 다시 작량감경을 할 수는 있다.

해설 및 정답 2016년 제5회 변호사시험 기출문제 2 **정답** ○

대법원 1994. 3. 8. 선고 93도3608 판결 [강도치사·강도상해·상습도박]

[판시사항] [1] 상습도박죄에서 상습성 인정 자료 [2] **법률상 감경과 작량감경의 순서**

[판결요지] [1] 상습도박죄에서 상습성은 반복하여 도박행위를 하는 습벽으로 행위자 속성을 말한다. **습벽 유무 판단은 도박 전과, 도박회수가 중요한 판단자료가 된다.**

[2] 형법 제56조는 형을 가중 감경할 사유가 경합된 경우 가중 감경의 순서를 정하고 있

다. 이에 따르면 **법률상 감경을 먼저하고 마지막으로 작량감경을 한다.** 그러므로 **법률상 감경사유가 있을 때 작량감경보다 우선한다. 작량감경은 이와 같은 법률상 감경을 다하고도 그 처단형보다 낮은 형을 선고하고자 할 때에 하는 것이 옳**다.

④ 범죄의 불법과 책임을 근거지우거나 가중·감경사유가 된 상황은 다시 양형의 자료가 될 수 없는데, 이를 '이중평가의 금지' 라고 한다.

해설 및 정답 2016년 제5회 변호사시험 기출문제 2 **정답** ○

특수강도죄 '흉기휴대'는 구성요건에서 양형이 반영되어 있다. 양형에서 '흉기휴대'를 다시 '범행수단'으로 불이익하게 고려해서는 안 된다. 이것이 '이중평가금지'이다. 누범가중도 마찬가지다. 범인의 전과가 이미 누범가중으로 입법에서 반영하고 있다. 양형에서 전과를 다시 범인성행불량으로 삼아 불이익하게 고려해서는 안 된다.

⑤ 집행유예의 선고를 받은 후에 그 선고가 실효 또는 취소됨이 없이 유예기간이 경과하더라도 형의 선고가 있었다는 사실 자체가 없어지는 것은 아니다.

해설 및 정답 2014년 제3회 변호사시험 기출문제 8 **정답** ○

대법원 2003. 12. 26. 선고 2003도3768 판결 [폭행]

[판시사항] 집행유예의 선고를 받고 그 유예기간을 무사히 경과한 자에 대하여 선고유예의 선고가 가능한지 여부(소극)

[판결요지] 형법 제59조 제1항 단행에서 정한 "자격정지 이상의 형을 받은 전과"라 함은 자격정지 이상의 형을 선고받은 범죄경력 자체를 의미하는 것이고, 그 형의 효력이 상실된 여부는 묻지 않는 것으로 해석함이 상당하다고 할 것이다. 따라서 **형의 집행유예를 선고받은 자는 형법 제65조에 의하여 그 선고가 실효 또는 취소됨이 없이 정해진 유예기간을 무사히 경과하여 형의 선고가 효력을 잃게 되었다고 하더라도 형의 선고의 법률적 효과가 없어진다는 것일 뿐, 형의 선고가 있었다는 기왕의 사실 자체까지 없어지는 것은 아니다. 형법 제59조 제1항 단행에서 정한 선고유예 결격사유인 "자격정지 이상의 형을 받은 전과가 있는 자"에 해당한다고 보아야 한다.**

⑥ 집행유예를 선고하면서 사회봉사명령으로서 일정액의 금전출연을 주된 내용으로 하는 사회공헌계획의 성실한 이행을 명하는 것은 허용될 수 없다.

해설 및 정답 2014년 제3회 변호사시험 기출문제 8 **정답** ○

대법원 2008. 4. 11. 선고 2007도8373 판결 **〈정몽구 사회봉사명령 사건〉**

[판시사항] [1] **일정한 금원의 출연을 내용으로 하는 사회봉사명령이 허용되는지 여부(소극)** [2] **피고인에게 자신의 범죄행위와 관련하여 어떤 말이나 글을 공개적으로 발표하도록 명하는 내용의 사회봉사명령이 허용되는지 여부(소극)** [3] **재벌그룹 회장의 횡령행위 등에 대하여 집행유예를 선고하면서 사회봉사명령으로서 금전출연을 주된 내용으로 하는 사회공**

헌계획의 성실한 이행, 준법경영을 주제로 하는 강연과 기고를 명하는 것은 허용될 수 없다고 본 사례 [4] **농업협동조합중앙회를 '정부관리기업체'의 하나로 규정한 특정범죄 가중처벌 등에 관한 법률 시행령 제2조 제48호가 위임입법의 한계를 벗어난 것인지 여부(소극)**

나. 형벌(몰수·추징·양정·집행유예·선고유예)에 관한 설명 중 옳지 않은 것이다(×).

① 형법총칙상 필요적 감경사유에는 심신미약, 농아자, 중지범 등이 있고, 임의적 감경사유에는 과잉방위, 과잉피난, 불능미수, 종범, 자수 또는 자복 등이 있다.

해설 및 정답 2016년 제5회 변호사시험 기출문제 2 **정답** ×

(1) 형법총칙상 임의적 감경사유는 심신미약(형법 제10조 제2항)과 장애미수범(형법 제25조 제2항)이 있다. (2) 임의적 감면사유는 과잉방위(형법 제21조 제1항), 과잉피난(형법 제22조 제3항), 불능미수범(형법 제27조), 자수 또는 자복(형법 제52조)이 있다. (3) 필요적 감경사유는 농아자(형법 제11조)이다. **(4) 필요적 감면사유는 중지미수범(형법 제26조)이다.**

② 형법 제37조 후단의 경합범 관계에 있는 죄에 대하여 하나의 판결로 두 개의 자유형을 선고하는 경우에 하나의 자유형에 대하여는 실형을, 다른 하나의 자유형에 대하여는 집행유예를 선고하는 것은 허용되지 않는다.

해설 및 정답 2014년 제3회 변호사시험 기출문제 8 **정답** ×

대법원 2002. 2. 26. 선고 2000도4637 판결 [특수강도·절도]

[판결요지] 형법 제37조 후단의 경합범 관계에 있는 죄에 대하여 형법 제39조 제1항에 의하여 따로 형을 선고하여야 하기 때문에 **하나의 판결로 두 개의 자유형을 선고하는 경우 그 두 개의 자유형은 각각 별개의 형이므로 형법 제62조 제1항에 정한 집행유예의 요건에 해당하면 그 각 자유형에 대하여 각각 집행유예를 선고할 수 있는 것이다.** 또 그 두 개의 자유형 중 하나의 자유형에 대하여 실형을 선고하면서 다른 자유형에 대하여 집행유예를 선고하는 것도 **우리 형법상 이러한 조치를 금하는 명문의 규정이 없는 이상 허용되는 것으로 보아야 한다.**

③ '개전의 정상이 현저한 때'라고 함은 피고인이 죄를 깊이 뉘우치는 경우를 뜻하는 것이므로 피고인이 범죄사실을 자백하지 않고 부인할 경우에는 언제나 선고유예를 할 수 없다.

해설 및 정답 2014년 제3회 변호사시험 기출문제 8 **정답** ×

대법원 2003. 2. 20. 선고 2001도6138 전원합의체 판결 [공직선거및선거부정방지법위반]

[판결요지] **선고유예의 요건 중 '개전의 정상이 현저한 때'라고 함은, 반성의 정도를 포함**

하여 널리 형법 제51조가 규정하는 양형의 조건을 종합적으로 참작하여 볼 때 형을 선고하지 않더라도 피고인이 다시 범행을 저지르지 않으리라는 사정이 현저하게 기대되는 경우를 가리킨다고 해석할 것이다. 이와 달리 **여기서의 '개전의 정상이 현저한 때'가 반드시 피고인이 죄를 깊이 뉘우치는 경우만을 뜻하는 것으로 제한하여 해석하거나, 피고인이 범죄사실을 자백하지 않고 부인할 경우에는 언제나 선고유예를 할 수 없다고 해석할 것은 아니다.**

④ 형법 제39조 제1항에 의하여 형법 제37조 후단 경합범 중 판결을 받지 아니한 죄에 대하여 형을 선고하는 경우에, 형법 제37조 후단에 규정된 '금고 이상의 형에 처한 판결이 확정된 죄'의 형은 선고유예의 결격사유인 '자격정지 이상의 형을 받은 전과'에 포함~~되지 않는다.~~ 된다.

해설 및 정답 2014년 제3회 변호사시험 기출문제 8 **정답** ×

대법원 2010. 7. 8. 선고 2010도931 판결

[판시사항] 피고인에게 이 사건 범행 이후에 금고 이상의 형을 선고받아 판결이 확정된 전과가 있음에도, 위 범행 당시에 벌금형 외에 처벌받은 전력이 없고 위 범행과 그 후에 판결이 확정된 위 죄를 동시에 판결할 경우와의 형평성을 고려하여야 한다는 등의 이유로, **피고인에 대한 형의 선고를 유예한 원심판단에 법리오해의 위법이 있다고 한 사례.**

[판결요지] 선고유예가 주로 범정이 경미한 초범자에 대하여 형을 부과하지 않고 자발적인 개선과 갱생을 촉진시키고자 하는 제도이다. 형법 제37조 후단에 규정된 금고 이상의 형에 처한 판결이 확정된 죄의 형도 형법 제59조 제1항 단서에서 정한 '자격정지 이상의 형을 받은 전과'에 포함된다고 봄이 상당하다.

다. 형벌(몰수·추징·집행유예·선고유예·양정·가중·감경) 종합문제

중요 **01** ★★★★★

2018. 9. 1. 혈중알코올농도 0.123% 상태에서 자동차를 운전하였다는 공소사실로 2019. 2. 1. 불구속 기소된 甲이 변호사 乙을 찾아와 2019. 4. 3. 상담을 하면서 나눈 다음의 대화 내용 중 옳은 것(○)과 옳지 않은 것(×)을 올바르게 조합한 것은? (다툼이 있는 경우 판례에 의함)

甲: 선고기일이 2019. 4. 17.인데 얼마 남지 않았네요. 어떠한 처벌을 받게 될지 걱정입니다.

乙: 전과가 있나요?

甲: 2017. 5. 3. 도로교통법위반(음주운전)죄로 징역 6월, 집행유예 2년의 판결을 선고받아 2017. 5. 10. 그 판결이 확정된 전과가 하나 있습니다. 제가 이번에 다시

집행유예를 선고받을 수는 없나요?

乙: (ㄱ) 「형법」 제62조 제1항 단서에서 규정한 '금고 이상의 형을 선고한 판결이 확정된 때'에는 실형뿐만 아니라 형의 집행유예를 선고한 판결이 확정된 경우도 포함되므로, 원칙적으로 집행유예를 선고받을 수는 없습니다.

甲: 2019. 5. 10.이 지나서 선고를 받게 되면 집행유예를 받을 수 있나요?

乙: (ㄴ) 예. 집행유예 기간 중에 범한 범죄라고 할지라도 집행유예가 실효되거나 취소됨이 없이 그 유예기간이 경과한 경우에는 다시 집행유예의 선고가 가능하므로, 집행유예를 선고 받을 수도 있습니다.

甲: 이번에 징역의 실형을 선고받고 2019. 5. 10. 이전에 그 판결이 확정되면 제가 2017년에 받은 집행유예 판결은 어떻게 되나요?

乙: (ㄷ) 집행유예 기간 중 고의로 범한 죄로 금고 이상의 실형을 선고받아 그 판결이 확정되면 집행유예가 실효되므로, 원칙적으로 징역 6월을 더 복역해야 합니다.

甲: 2019. 5. 10.이 지나서 판결을 선고받아도 그런가요?

乙: (ㄹ) 아닙니다. 집행유예의 선고를 받고 그 선고가 실효되거나 취소됨이 없이 유예기간을 경과하면 형의 선고는 효력을 잃게 되므로, 2017년에 받았던 집행유예는 실효되지 않습니다.

① ㄱ(○), ㄴ(○), ㄷ(○), ㄹ(○)
② ㄱ(○), ㄴ(○), ㄷ(○), ㄹ(×)
③ ㄱ(○), ㄴ(○), ㄷ(×), ㄹ(×)
④ ㄱ(×), ㄴ(×), ㄷ(○), ㄹ(○)
⑤ ㄱ(×), ㄴ(×), ㄷ(×), ㄹ(×)

해설 및 정답 2020년 제9회 변호사시험 기출문제 3 ★ **정답** ①

- **핵심내용**: 집행유예(요건 · 실효 · 경과 · 효과 · 집행유예기간 중 집행유예 선고요건)

형법 제62조(집행유예요건)

① 법원은 3년 이하 징역형 · 3년 이하 금고형 · 500만원 이하 벌금형을 선고할 때 제51조 사항을 참작하여 그 정상에 참작할 만한 사유가 있는 경우 1년 이상 5년 이하의 기간 형 집행유예를 선고할 수 있다.

② 법원은 금고 이상 형을 선고한 판결이 확정된 때부터 그 집행이 종료되거나 또는 면제된 후 3년 기간에 다시 죄를 범하여 형을 선고하는 경우 형집행유예를 선고할 수 없다. 〈개정 2005.7.29., 2016.1.6.〉

③ 형을 병과하는 경우 그 형 일부에 대하여 집행유예를 선고할 수 있다.

[시행일 : 2018.1.7.]

[개정 전 제62조]
제62조(집행유예요건)
① **법원은** 3년 이하 징역·금고 형을 **선고할 때 제51조 정상참작사유가 있는 경우** 1년 이상 5년 이하 기간 형 집행유예를 선고할 수 있다.
② 법원은 **금고 이상 형을 선고한 판결이 확정된 때부터 그 집행이 종료되거나 또는 면제된 후 3년 기간에 다시 죄를 범하여 형을 선고하는 경우** 형 집행유예를 선고할 수 없다. 〈개정 2005.7.29〉
③ 법원은 형을 **병과하는 경우** 그 형 일부를 집행유예로 선고할 수 있다.

ㄱ. (○) 대법원 2007. 2. 8. 선고 2006도6196 판결 [병역법위반]
[판시사항] 집행유예 기간 중에 범한 죄에 대하여 공소가 제기된 후 그 재판 도중에 집행유예 기간이 경과한 경우 집행유예 기간 중에 범한 죄에 대하여 다시 집행유예를 선고할 수 있는지 여부(적극)
[판결요지] 집행유예 기간 중에 범한 죄에 대하여 형을 선고할 때에, 집행유예의 결격사유를 정하는 형법 제62조 제1항 단서 소정의 요건에 해당하는 경우란, 이미 집행유예가 실효 또는 취소된 경우와 그 선고 시점에 미처 유예기간이 경과하지 아니하여 형 선고의 효력이 실효되지 아니한 채로 남아 있는 경우로 국한된다. **집행유예가 실효 또는 취소됨이 없이 유예기간을 경과한 때에는, 형의 선고가 이미 그 효력을 잃게 되어 '금고 이상의 형을 선고'한 경우에 해당한다고 보기 어렵다. 뿐만 아니라 집행의 가능성이 더 이상 존재하지 아니하여 집행종료나 집행면제의 개념도 상정하기 어렵다. 그러므로 위 단서 소정의 요건에 해당하지 않는다고 할 것이다. 그러므로 집행유예 기간 중에 범한 범죄라고 할지라도 집행유예가 실효 취소됨이 없이 그 유예기간이 경과한 경우에는 이에 대해 다시 집행유예의 선고가 가능하다.**
ㄴ. (○) 대법원 2007. 2. 8. 선고 2006도6196 판결 [병역법위반]
ㄷ. (○) 형법 제63조 참조. 집행유예 실효요건이 구비되면. 이전 집행유예선고는 효력을 잃는다. 선고된 형이 집행된다.

형법 제63조(집행유예실효)
집행유예를 선고받은 사람이 **집행유예기간 중 다시** 고의 범죄로 금고 이상 실형을 **선고받고 판결이 확정된 경우 이전** 집행유예선고는 효력을 잃는다. 〈개정 2005.7.29.〉

ㄹ. (○) 형법 제65조 참조

형법 제65조(집행유예효과)
집행유예선고를 받은 후 **집행유예 선고실효 또는 집행유예 선고취소 없이 집행유예기간이 경과된 때** 형선고는 효력을 잃는다.

대법원 2016. 6. 23. 선고 2016도5032 판결 [폭력행위등 처벌에 관한 법률 위반(공동상해)·폭력행위등 처벌에 관한 법률 위반(공동강요)]

[판결요지] 어느 징역형의 실효기간이 경과하기 전에 별도의 집행유예 선고가 있었지만, 집행유예가 실효 또는 취소됨이 없이 유예기간이 경과하였고, 그 무렵 집행유예 전에 선고되었던 징역형도 실효기간이 경과하였다면, 그 징역형 역시 실효되어 폭력행위 등 처벌에 관한 법률 제2조 제3항에서 말하는 '징역형을 받은 경우'에 해당한다고 할 수 없다.

02 ★★★★★

몰수와 추징에 관한 설명 중 옳지 않은 것은? (다툼이 있는 경우 판례에 의함)

① 배임수·증재죄에서 수재자가 증재자로부터 받은 재물을 그대로 가지고 있다가 증재자에게 반환하였다면 증재자로부터 이를 몰수하거나 그 가액을 추징하여야 한다.

해설 및 정답 2019년 제8회 변호사시험 기출문제 9 **정답** ○

대법원 2017. 4. 7. 선고 2016도18104 판결 [업무방해·배임수재·배임증재]

[판결요지] 형법 제357조 제3항에서 몰수의 대상으로 규정한 '범인이 취득한 제1항의 재물'은 배임수재죄의 범인이 취득한 목적물이자 배임증재죄의 범인이 공여한 목적물을 가리키는 것이지 배임수재죄의 목적물만을 한정하여 가리키는 것이 아니다. 그러므로 수재자가 증재자로부터 받은 재물을 그대로 가지고 있다가 증재자에게 반환하였다면 증재자로부터 이를 몰수하거나 그 가액을 추징하여야 한다.

② 공무원이 뇌물을 받음에 있어서 그 취득을 위하여 상대방에게 뇌물의 가액에 상당하는 금원의 일부를 비용의 명목으로 출연한 경우, 그 공무원으로부터 뇌물죄로 얻은 이익을 몰수·추징함에 있어서는 ~~그 뇌물의 가액에서 위와 같은 지출을 공제한 나머지 가액에 상당한 이익만을 몰수·추징해야 하는 것이지~~ 그 받은 뇌물 자체를 몰수해야 하는 것은 아니다.

해설 및 정답 2019년 제8회 변호사시험 기출문제 9 **정답** ×

대법원 2017. 3. 22. 선고 2016도21536 판결

[판결요지] 공무원이 뇌물을 받는 데에 필요한 경비를 지출한 경우 그 경비는 뇌물수수의 부수적 비용에 불과하여 뇌물의 가액과 추징액에서 공제할 항목에 해당하지 않는다. 뇌물을 받는 주체가 아닌 자가 수고비로 받은 부분이나 뇌물을 받기 위하여 형식적으로 체결된 용역계약에 따른 비용으로 사용된 부분은 뇌물수수의 부수적 비용에 지나지 않는다. 뇌물을 받는다는 것은 영득의사로 금품을 받는 것을 말한다. 그러므로 뇌물인지 모르고 받았다가 뇌물임을 알고 즉시 반환하거나 또는 증뢰자가 일방적으로 뇌물을 두고 가므로 나중에 기회를 보아 반환할 의사로 일시 보관하다가 반환하는 등 영득 의사가 없었다고 인정되는 경우라면 뇌물을 받았다고 할 수 없다. 그러나 피고인이 먼저 뇌물을 요구하여

증뢰자로부터 돈을 받았다면 피고인에게는 받은 돈 전부에 대한 영득의 의사가 인정된다.

③ 공무원인 범인이 금품을 무상대여 받음으로써 위법한 재산상 이익을 취득한 경우, 그가 받은 부정한 이익은 그로 인한 금융이익 상당액이라 할 것이므로 추징의 대상이 되는 것은 무상으로 대여받은 금품 그 자체가 아니라 위 금융이익 상당액이라고 보아야 한다.

해설 및 정답 2019년 제8회 변호사시험 기출문제 9 **정답** ○

대법원 2014. 5. 16. 선고 2014도1547 판결

[판결요지] **금품의 무상대여를 통하여 위법한 재산상 이익을 취득한 경우 범인이 받은 부정한 이익은 그로 인한 금융이익 상당액이라 할 것이다. 그러므로 추징의 대상이 되는 것은 무상으로 대여 받은 금품 그 자체가 아니라 위 금융이익 상당액이라고 봄이 상당하다.**

④ 특정범죄가중처벌등에관한법률위반(알선수재)죄로 유죄가 선고된 사안에서, 범인이 공무원의 직무에 속한 사항의 알선에 관하여 금품을 받음에 있어 타인의 동의하에 그 타인 명의의 예금계좌로 입금받는 방식을 취하였다고 하더라도 이는 범인이 받은 금품을 관리하는 방법의 하나에 지나지 아니하므로, 그 가액 역시 범인으로부터 추징해야 한다.

해설 및 정답 2019년 제8회 변호사시험 기출문제 9 **정답** ○

대법원 2006. 10. 27. 선고 2006도4659 판결 [특정범죄 가중처벌 등에 관한 법률 위반(알선수재)·특정범죄 가중처벌 등에 관한 법률 위반(알선수재)방조]

[판결요지] **공무원의 직무에 속한 사항의 알선에 관하여 금품을 받음에 있어 타인의 동의하에 그 타인 명의의 예금계좌로 입금 받는 방식을 취하였다고 하더라도 이는 범인이 받은 금품을 관리하는 방법의 하나에 지나지 아니한다. 그러므로 그 가액 역시 범인으로부터 추징하지 않으면 안 된다.**

⑤ 법원은 피고인의 소유물은 물론 공범자의 소유물도 그 공범자의 소추 여부를 불문하고 몰수할 수 있고, 이 경우 공범자에는 공동정범, 교사범, 방조범에 해당하는 자뿐만 아니라 필요적 공범관계에 있는 자도 포함된다.

해설 및 정답 2019년 제8회 변호사시험 기출문제 9 **정답** ○

대법원 2006. 11. 23. 선고 2006도5586 판결 [상법위반]

[판결요지] **형법 제48조 제1항 '범인'에는 공범자도 포함된다. 피고인의 소유물은 물론 공범자 소유물도 그 공범자의 소추 여부를 불문하고 몰수할 수 있다. 공범자에 공동정범, 교사범, 방조범에 해당하는 자는 물론 필요적 공범관계에 있는 자도 포함된다.**

03 ★★★★★

형법에 관한 설명 중 옳은 것(○)과 옳지 않은 것(×)을 올바르게 조합한 것은? (다툼이 있는 경우 판례에 의함)

ㄱ. 경합범의 처벌에 관한 「형법」 제38조 제1항 제3호에 의하여 징역형과 벌금형을 병과하는 경우에 징역형에만 작량감경을 하고 벌금형에는 작량감경을 하지 않는 것은 ~~위법하다.~~ 위법하지 않다. 각 형에 대한 범죄의 정상에 차이가 있을 수 있다.

ㄴ. 2020. 7. 1. 무고죄로 징역 1년에 집행유예 2년을 선고받고 그 판결이 같은 달 9. 확정된 甲이 2021. 6. 1. 상습도박죄를 범하여 같은 해 11. 1. 유죄판결을 선고받는 경우, 법원은 甲에게 상습도박죄에 대한 집행유예는 선고할 수 없다.

ㄷ. 몰수에 관한 「형법」 제48조 제1항의 '범인'에는 공범자도 포함되므로 피고인의 소유물은 물론 공범자의 소유물도 그 공범자의 소추 여부를 불문하고 몰수할 수 있다.

ㄹ. 사기도박에 참여하도록 유인하기 위하여 고액의 수표를 제시해 보인 경우라도 그 수표가 직접적으로 도박자금으로 사용되지 않았다면 몰수할 수 ~~없다.~~ 있다.

ㅁ. 강도상해의 범행에 대하여 자수한 사안에서 법원이 자수감경을 하지 않았거나 자수감경 주장에 대한 판단을 하지 않았다고 해도 위법하다고 할 수 없다.

① ㄱ(○), ㄴ(○), ㄷ(×), ㄹ(×), ㅁ(○)
② ㄱ(×), ㄴ(×), ㄷ(○), ㄹ(○), ㅁ(×)
③ ㄱ(○), ㄴ(○), ㄷ(×), ㄹ(×), ㅁ(×)
④ ㄱ(×), ㄴ(○), ㄷ(○), ㄹ(×), ㅁ(○)
⑤ ㄱ(×), ㄴ(×), ㄷ(○), ㄹ(○), ㅁ(○)

해설 및 정답 2022년 제11회 변호사시험 기출문제 4 **정답** ④

파워특강 형법. 형법 제38조 제1항 제3호에 근거하여 징역형과 벌금형을 병과하는 경우(=징역형에만 작량감경을 한 것이 위법하지 않다. 각 형에 대한 범죄의 정상에 차이가 있을 수 있다). 집행유예 기간 중에 범한 죄에 대하여 공소가 제기된 후 그 재판 도중에 집행유예 기간이 경과한 경우(=집행유예 기간 중에 범한 죄에 대하여 다시 집행유예를 선고할 수 없다. 형법 제62조 제1항 단서 종료기간 내에 범한 범죄에 해당한다. 집행유예 결격사유에 해당한다). 형법 제48조 제1항의 '범인'에 포함되는 공범자의 범위(=공범자에는 공동정범,

> 교사범, 방조범에 해당하는 자는 물론 필요적 공범관계에 있는 자도 포함된다. 유죄의 죄책을 지지 않는 공범자의 소유물을 몰수할 수 있다). 사기도박 참여 유도 수표제시 형법 제48조 몰수 가능(=피해자에게 사기도박에 참여하도록 유인하기 위하여 고액의 수표를 제시해 보인 경우, 이를 몰수할 수 있다). 자수(=피고인이 자수하였더라도 자수한 자에게 법원이 임의로 감경할 수 있음에 불과하다. 그러므로 자수감경을 하지 않아도 위법하다고 할 수 없다).

ㄱ. (×) 대법원 2006. 3. 23. 선고 2006도1076 판결 [특정범죄가중처벌법률위반(절도)]

[판시사항] 형법 제38조 제1항 제3호에 의하여 징역형과 벌금형을 병과하는 경우, 징역형에만 작량감경을 한 것이 위법한지 여부(소극)

[판결요지] 형법 제38조 제1항 제3호에 의하여 징역형과 벌금형을 병과하는 경우에는 각 형에 대한 범죄의 정상에 차이가 있을 수 있다. 그러므로 **징역형에만 작량감경을 하고 벌금형에는 작량감경을 하지 아니하였다고 하여 이를 위법하다고 할 수 없다.**

ㄴ. (○) 대법원 2007. 2. 8. 선고 2006도6196 판결 [병역법위반]

[판시사항] 집행유예 기간 중에 범한 죄로 공소가 제기된 후 그 재판 도중에 **집행유예 기간이 경과한 경우 집행유예 기간 중에 범한 죄에 대해 다시 집행유예를 선고할 수 있는지 여부(적극)**

[판결요지] 집행유예 기간 중에 범한 죄에 대하여 형을 선고할 때에, **집행유예의 결격사유를 정하는 형법 제62조 제1항 단서 소정의 요건에 해당하는 경우란, 이미 집행유예가 실효 또는 취소된 경우와 그 선고 시점에 미처 유예기간이 경과하지 아니하여 형 선고의 효력이 실효되지 아니한 채로 남아 있는 경우로 국한된다.** 집행유예가 실효 또는 취소됨이 없이 유예기간을 경과한 때에는, 형의 선고가 이미 그 효력을 잃게 되어 '금고 이상의 형을 선고'한 경우에 해당한다고 보기 어렵다. 뿐만 아니라 집행의 가능성이 더 이상 존재하지 아니하여 집행종료나 집행면제의 개념도 상정하기 어렵다. 그러므로 위 단서 소정의 요건에 해당하지 않는다고 할 것이다. 그러므로 집행유예 기간 중에 범한 범죄라고 할지라도 집행유예가 실효 취소됨이 없이 **그 유예기간이 경과한 경우에는 이에 대해 다시 집행유예의 선고가 가능하다.**

> 형법 제62조(집행유예요건) ☞ 법조문을 읽기 쉽게 설명하면,
> ① **법원은 3년 이하 징역형 · 3년 이하 금고형 · 500만원 이하 벌금형을 선고할 때 제51조 사항을 참작하여 그 정상에 참작할 만한 사유가 있는 경우 1년 이상 5년 이하의 기간 형 집행유예를 선고할 수 있다.** 다만, 금고 이상의 형을 선고한 판결이 확정된 때부터 그 **집행을 종료하거나 또는 면제된 후 3년까지 기간에 범한 죄에 대하여 형을 선고하는 경우 형집행유예를 선고할 수 없다.** 〈개정 2005.7.29, 2016.1.6〉
> ② 형을 병과할 경우 그 형의 일부에 대하여 집행유예를 선고할 수 있다.
> **【출처】** 형법 일부개정 2020. 12. 8. [법률 제17571호, 시행 2021. 12. 9.] 법무부.

☞ 이 사안의 경우 甲이 2021. 6. 1. 상습도박죄를 범하여 2021. 11. 1. 유죄판결을 선고받았다. 그러나 甲은 이미 2020. 7. 1. 무고죄로 징역 1년에 집행유예 2년을 선고받았다. **그 판결이 7. 9.**

확정되었다. 甲이 상습도박죄로 다시 집행유예를 선고받으려면, 집행유예기간 2년이 경과해야 한다. 2022. 7. 9부터 가능하다. 그러므로 법원은 2021. 11. 1. 상습도박죄 선고재판에서 **甲에게 상습도박죄에 대한 집행유예는 선고할 수 없다. 형법 제62조 제1항 단서 조항에 근거하여 집행유예 결격사유에 해당하기 때문이다.**

☞ [출제] 2020년 제9회 변호사시험 기출문제 3

☞ [적중] 하태영, 형사법종합연습 변시기출문제분석, 제3판, 2021, 146-149면.

ㄷ. (×) 대법원 2006. 11. 23. 선고 2006도5586 판결 [상법위반]

[판시사항] [1] **형법 제48조 제1항의 '범인'에 포함되는 공범자의 범위** [2] **유죄의 죄책을 지지 않는 공범자의 소유물을 몰수할 수 있는지 여부(적극)**

[판결요지] [1] **형법 제48조 제1항의 '범인'에는 공범자도 포함된다. 피고인의 소유물은 물론 공범자의 소유물도 그 공범자의 소추 여부를 불문하고 몰수할 수 있다.** 여기에서의 **공범자에는 공동정범, 교사범, 방조범에 해당하는 자는 물론 필요적 공범관계에 있는 자도 포함된다.** [2] 형법 제48조 제1항의 '범인'에 해당하는 공범자는 반드시 유죄의 죄책을 지는 자에 국한된다고 볼 수 없다. 공범에 해당하는 행위를 한 자이면 족하다. 그러므로 그 소유물도 형법 제48조 제1항의 '범인 이외의 자의 소유에 속하지 아니하는 물건'으로서 이를 피고인에게 몰수할 수 있다.

☞ [출제] 2019년 제8회 변호사시험 기출문제 9

☞ [적중] 하태영, 형사법종합연습 변시기출문제분석, 제3판, 2021, 150면.

ㄹ. (×) 대법원 2002. 9. 24. 선고 2002도3589 판결 [상습사기]

[판시사항] **피해자에게 사기도박에 참여하도록 유인하기 위하여 고액의 수표를 제시해 보인 경우, 이를 몰수할 수 있다**고 한 사례.

[판결요지] 피해자에게 사기도박에 참여하도록 유인하기 위하여 고액의 수표를 제시해 보인 경우, 형법 제48조 소정의 몰수가 임의적 몰수에 불과하여 법관의 자유재량에 맡겨져 있다. 위 수표가 직접적으로 도박자금으로 사용되지 아니하였다 할지라도, 위 수표가 피해자로 하여금 사기도박에 참여하도록 만들기 위한 수단으로 사용된 이상, 이를 몰수할 수 있다. 그렇다고 하여 피고인에게 극히 가혹한 결과가 된다고 볼 수는 없다고 한 사례.

ㅁ. (○) 대법원 1992. 8. 14. 선고 92도962 판결 [특정범죄가중처벌법률위반(특수강간등)]

[판시사항] [1] 특수강간치상죄의 상해에 해당한다고 본 사례 [2] 자수의 의미 [3] 자수감경을 하지 아니한 조치의 적부(적극)

[판결요지] [1] 강간피해자 갑은 외음부종창 및 찰과상의 상해를, 을은 외음부종창 및 출혈의 상해를 입게 되었을 뿐만 아니라, 을은 강간을 모면하기 위하여 반항하는 과정에서 안면부 등을 구타당하여 안면부 및 경부에 찰과상, 소파상의 상해를 입게 되었다면, 피해자들이 위 상처에 대하여 자가치료 이외에 특별한 치료를 받은 일이 없다 하더라도 위 **상해로 인하여 신체의 완전성이 손상되고 생활기능에 장애가 초래된 것이 아니라고 볼 수 없으니, 위 각 상해는 특수강간치상죄의 상해의 개념에 해당한다.**

[2] 자수라 함은 범인이 스스로 수사책임이 있는 관서에 자기의 범행을 자발적으로 신고하고 그 처분을 구하는 의사표시를 말한다. 가령 수사기관의 직무상의 질문 또는 조사에 응하여 범죄사실을 진술하는 것은 자백일 뿐 자수로는 되지 않는다.

[3] **피고인이 자수하였더라도 자수한 자에게 법원이 임의로 감경할 수 있음에 불과하다. 자수감경을 하지 않아도 위법하다고 할 수 없다.**

04 ★★★★★

형벌에 관한 설명 중 옳은 것(○)과 옳지 않은 것(×)을 올바르게 조합한 것은? (다툼이 있는 경우 판례에 의함)

ㄱ. 「폭력행위 등 처벌에 관한 법률」 제2조 제3항은 2회 이상 징역형을 받은 사람에 대해서 누범으로 가중 처벌하도록 하고 있는데, 집행유예의 선고를 받은 후 그 선고가 실효 또는 취소됨이 없이 유예기간을 경과하여 형의 선고가 효력을 잃은 경우는 위 조항의 '징역형을 받은 경우'에 해당하지 않는다.

ㄴ. 형의 집행을 유예하는 경우에는 보호관찰과 사회봉사 또는 수강을 동시에 명할 수는 ~~없다.~~ 있다.

ㄷ. 범죄행위에 이용한 웹사이트 매각을 통해 피고인이 취득한 대가는 「형법」 제48조 제2항의 추징 대상이 ~~된다.~~ 되지 않는다. 범죄행위로 생긴 물건이 아니기 때문이다.

ㄹ. 휴대전화로 촬영한 동영상은 일정한 저장매체에 전자방식이나 자기방식에 의하여 저장된 기록으로서 저장매체를 매개로 존재하는 물건이므로 몰수의 사유가 있는 때에는 그 전자기록을 몰수할 수 있다.

ㅁ. 유기징역형에 대한 법률상 감경을 하면서 「형법」 제55조 제1항 제3호에서 정한 것과 같이 장기와 단기를 모두 2분의 1로 감경하는 것이 아닌 장기 또는 단기 중 어느 하나만을 2분의 1로 감경하는 방식이나 2분의 1보다 넓은 범위의 감경을 하는 방식 등은 죄형법정주의 원칙상 허용될 수 없다.

① ㄱ(×), ㄴ(×), ㄷ(○), ㄹ(○), ㅁ(×)
② ㄱ(○), ㄴ(○), ㄷ(○), ㄹ(×), ㅁ(○)
③ ㄱ(○), ㄴ(×), ㄷ(×), ㄹ(○), ㅁ(○)
④ ㄱ(×), ㄴ(○), ㄷ(×), ㄹ(×), ㅁ(○)
⑤ ㄱ(○), ㄴ(×), ㄷ(○), ㄹ(×), ㅁ(○)

해설 및 정답 2023년 제12회 변호사시험 기출문제 8 **정답** ③

파워특강 집행유예(요건 · 실효 · 경과 · 효과 · 집행유예기간 중 집행유예 선고요건). 형법 제48조 제1항 제2호 추징. **형법 제48조 제1항 몰수**. 형법 제55조 제1항 제3호 감경. 형법 제62조(=**집행유예를 선고할 경우 형법 제62조의2 제1항 보호관찰과 사회봉사 또는 수강을 동시에 명할 수 있음**). 형법 제48조 제1항 제2호 **범죄행위로 발생, 이로 취득한 '물건'(=범죄행위에 이용한 웹사이트 매각을 통해 취득한 대가는 추징 대상에 해당하지 않음)**. **형법 제48조 제1항**

(=전자기록은 물건이므로 몰수할 수 있다). 피고인이 휴대전화기의 동영상 촬영기능을 이용하여 피해자에 대한 강간범행 장면을 촬영하여 저장한 동영상은 이 사건 휴대전화기에 저장된 전자기록으로서 형법 제48조 제1항 제2호가 정하는 '범죄행위로 생성된 물건'에 해당하므로 몰수할 수 있다. 형법 제55조 제1항 제3호(=상한과 하한을 모두 2분의 1로 감경함).

ㄱ. (○) 형법 제65조 참조.

형법 제65조(집행유예효과)
집행유예선고를 받은 후 집행유예 선고실효 또는 집행유예 선고취소 없이 집행유예기간이 경과된 때 형선고는 효력을 잃는다.

대법원 2016. 6. 23. 선고 2016도5032 판결 [폭력행위법률위반(공동상해공동강요)]

[판결요지] [1] 형의 실효 등에 관한 법률에 따라 형이 실효된 경우에는 형의 선고에 의한 법적 효과가 장래를 향하여 소멸하므로 형이 실효된 후에는 그 전과를 폭력행위처벌법 제2조 제3항에서 말하는 '징역형을 받은 경우'라고 할 수 없다.

[2] 형법 제65조는 "집행유예의 선고를 받은 후 그 선고의 실효 또는 취소됨이 없이 유예기간을 경과한 때에는 형의 선고는 효력을 잃는다."라고 규정하고 있다. 여기서 '형의 선고가 효력을 잃는다'는 의미는 형의 실효와 마찬가지로 형의 선고에 의한 법적 효과가 장래를 향하여 소멸한다는 취지이다. 따라서 형법 제65조에 따라 형의 선고가 효력을 잃는 경우에도 그 전과는 폭력행위 등 처벌에 관한 법률 제2조 제3항에서 말하는 '징역형을 받은 경우'라고 할 수 없다.

[3] 어느 징역형의 실효기간이 경과하기 전에 별도의 집행유예 선고가 있었지만 집행유예가 실효 또는 취소됨이 없이 유예기간이 경과하였고 그 무렵 집행유예 전에 선고되었던 징역형도 자체의 실효기간이 경과하였다면, 그 징역형 역시 실효되어 폭력행위 등 처벌에 관한 법률 제2조 제3항에서 말하는 '징역형을 받은 경우'에 해당한다고 할 수 없다.

☞ [출제] 2020년 제9회 변호사시험 기출문제 3 ㄹ.

☞ [적중] 하태영, 형사법 종합연습, 변시기출문제분석편, 제3판, 법문사, 2021, 148면.

ㄴ. (×) 대법원 1998. 4. 24. 선고 98도98 판결 [폭력행위등처벌에관한법률위반 · 절도 · 도박]

[판시사항] 형법 제62조에 의하여 집행유예를 선고하는 경우에 같은 법 제62조의2 제1항에 규정된 보호관찰과 사회봉사를 동시에 명할 수 있는지 여부(적극)

[판결요지] 형법 제62조의2 제1항은 "형의 집행을 유예하는 경우에는 보호관찰을 받을 것을 명하거나 사회봉사 또는 수강을 명할 수 있다."고 규정하고 있다. 형법 제62조에 의하여 집행유예를 선고할 경우에는 같은 법 제62조의2 제1항에 규정된 보호관찰과 사회봉사 또는 수강을 동시에 명할 수 있다고 해석함이 상당하다.

중요 ㄷ. (×) 대법원 2021. 10. 14. 선고 2021도7168 판결 [정보통신망이용법률위반(음란물유포)]

[판시사항] [1] 형법 제48조에서 몰수의 대상으로 규정한 '물건'의 의미 [2] 피고인이 갑, 을과 공모하여 정보통신망을 통하여 음란한 화상 또는 영상을 배포하고, 도박 사이트를 홍보하였다는 공소사실로 기소되었는데, 원심이 공소사실을 유죄로 인정하면서 피고인이

범죄행위에 이용한 웹사이트 매각을 통해 취득한 대가를 추징한 사안에서, **피고인이 위 웹사이트 매각을 통해 취득한 대가는 형법 제48조 제1항 제2호, 제2항이 규정한 추징의 대상에 해당하지 않는다**는 이유로, 이와 달리 웹사이트 매각대금을 추징한 원심판결에 법리오해의 잘못이 있다고 한 사례.

[판결요지] **형법 제48조 제1항은 '범죄행위로 인하여 생(生)하였거나 이로 인하여 취득한 물건'으로서 범인 이외의 자의 소유에 속하지 아니하거나 범죄 후 범인 이외의 자가 정을 알면서 취득한 물건의 전부 또는 일부를 몰수할 수 있다**고 규정하면서(제2호), 제2항에서는 제1항에 기재한 물건을 몰수하기 불능한 때에는 그 가액을 추징하도록 규정하고 있다. 이와 같이 **형법 제48조는 몰수의 대상을 '물건'으로 한정하고 있다. 이는 범죄행위에 의하여 생긴 재산 및 범죄행위의 보수로 얻은 재산을 범죄수익으로 몰수할 수 있도록 한 범죄수익은닉의 규제 및 처벌 등에 관한 법률이나 범죄행위로 취득한 재산상 이익의 가액을 추징할 수 있도록 한 형법 제357조 등의 규정과는 구별된다.**

ㄹ. (○) 대법원 2017. 10. 23. 선고 2017도5905 판결 [아동·청소년의성보호에관한법률위반(강간)·성폭력범죄의처벌등에관한특례법위반(카메라등이용촬영)·상해·특수폭행]

[판시사항] 형법 제48조 제1항에 의한 몰수 여부가 법원의 재량인지 여부(적극) 및 **전자기록을 몰수할 수 있는지 여부(적극)**

[판결요지] 형법 제48조 제1항에 의한 몰수는 임의적인 것이므로 몰수의 요건에 해당되는 물건이라도 이를 몰수할 것인지의 여부는 법원의 재량에 맡겨져 있다. **전자기록은 일정한 저장매체에 전자방식이나 자기방식으로 저장된 기록으로서 저장매체를 매개로 존재하는 물건이다. 형법 제48조 제1항 각호의 사유가 있는 때에는 이를 몰수할 수 있다.**

피고인은 **피해자의 의사에 반하여 압수된 휴대전화기(증 제2호, 이하 '이 사건 휴대전화기'라고 한다)의 동영상 촬영기능을 이용하여 피해자에 대한 강간범행 장면을 촬영하여 저장(이하 '이 사건 동영상'이라고 한다)**한 사실을 알 수 있다. **이 사건 휴대전화기는 형법 제48조 제1항 제1호가 정하는 '범죄행위에 제공된 물건'에, 이 사건 동영상은 이 사건 휴대전화기에 저장된 전자기록으로서 형법 제48조 제1항 제2호가 정하는 '범죄행위로 인하여 생긴 물건'에 각각 해당한다.** 이 사건 휴대전화기와 이 사건 동영상의 몰수 여부는 법원의 재량이다. 그러므로 법원이 이 사건 휴대전화기를 몰수하지 않고 이 사건 휴대전화기 중 이 사건 동영상만을 몰수하였다고 하여 이를 위법하다고까지 할 수는 없다.

ㅁ. (○) 대법원 2021. 1. 21. 선고 2018도5475 전원합의체 판결 [특수상해미수·폭행] 〈임의적 감경 사건〉 ★★★★★

[판시사항] '임의적 감경'의 의미 / 임의적 감경사유의 존재가 인정되고 법관이 그에 따라 징역형에 대해 법률상 감경을 하는 경우, **형법 제55조 제1항 제3호에 따라 상한과 하한을 모두 2분의 1로 감경하여야 하는지 여부(적극)** / 이러한 현재 판례와 실무의 해석이 여전히 타당한지 여부(적극)

[판결요지] [다수의견] 필요적 감경의 경우에는 감경사유의 존재가 인정되면 반드시 형법 제55조 제1항에 따른 법률상 감경을 하여야 함에 반해, 임의적 감경의 경우에는 감경사유의 존재가 인정되더라도 법관이 형법 제55조 제1항에 따른 법률상 감경을 할 수도 있고 하지 않을 수도 있다. 나아가 **임의적 감경사유의 존재가 인정되고 법관이 그에 따라 징역형에 대해 법률상 감경을 하는 이상 형법 제55조 제1항 제3호에 따라 상한과 하한을 모두 2분의 1로 감경한다.**

2 형법 각론

문 15. 특정범죄가중처벌등에관한법률(도주차량운전죄 · 음주운전치사상죄) · 교통사고처리특례법 · 도로교통법에 관한 설명 중 옳은 것은? (다툼이 있는 경우 판례에 의함)

출제내용

- 특가법 제5조3 도주차량운전죄: ① 교통으로 형법 제268조 업무상과실치상죄·중과실치상죄, ② 도로교통법 제54조 제1항 미조치: 즉시정차의무·구호의무·인적사항제공의무, ③ 도주 ★★★★★
- 특가법 제5조11 위험운전치사상죄: 음주로 정상적인 운전이 곤란한 상태
- 교통사고처리특례법 제3조 중앙선침범·횡단보도
- 도로교통법 제43조·제152조·제154조 무면허운전죄·제44조 제2항·제148조2 제1항 제2호 음주측정불응죄·제54조 제1항·제148조 사고후미조치죄·제54조 제2항·제154조 사고후미신고죄 ★★★★★

출제분석

2024년 제13회 변호사시험 출제예상 ★
2021년 제10회 변호사시험 기출문제 15
2020년 제9회 변호사시험 기출문제 6
2018년 제7회 변호사시험 기출문제 2
2016년 제5회 변호사시험 기출문제 19

가. 특정범죄가중처벌등에관한법률(도주차량) · 교통사고처리특례법 · 도로교통법에 관한 설명 중 옳은 것이다(○).

① 사고운전자가 사고 후 주변사람의 신고로 도착한 구급차에 올라타서 피해자와 함께 병원에 동행하면서 사고와 무관한 사람인 것처럼 행세하였지만 1시간 가량 경과 후 자신의 잘못을 인정하고 가해자임을 밝혔다면, 특정범죄가중처벌등에관한법률위반(도주차량) 죄가 인정되지 않는다.

해설 및 정답 2016년 제5회 변호사시험 기출문제 19 **정답** ○

대법원 2007. 10. 11. 선고 2007도173 판결; 대법원 2004. 3. 25. 선고 2003도8125 판결; 대법원 2005. 9. 30. 선고 2005도2654 판결 [특정범죄가중처벌등에관한법률위반(도주차량) · 도로교통법위반] 〈도주 범의 부인 사건〉

② 운전자가 11세인 피해자의 왼쪽 손부분 등을 차로 들이받아 땅바닥에 넘어뜨려 약 1주일간의 치료를 요하는 상해를 입게 한 사건에서, 스스로 자기 몸의

상처가 어느 정도인지 충분히 파악 하기에는 나이어린 피해자가 집으로 혼자 돌아갈 수 있느냐는 질문에 "예"라 답했다는 이유만으로 아무런 보호조치도 없는 상태에서 피해자를 그냥 돌아가게 했다면 도주에 해당한다.

해설 및 정답 2016년 제5회 변호사시험 기출문제 19 **정답** ○
대법원 1996. 8. 20. 선고 96도1461 판결

③ 「특정범죄 가중처벌 등에 관한 법률」 제5조의3 제1항 소정의 '차의 교통으로 인하여 「형법」 제286조의 죄를 범한 당해차량의 운전자'란 차의 교통으로 인한 업무상과실 또는 중대한 과실로 인하여 사람을 사상에 이르게 한 자를 가리키는 것이지 과실이 없는 사고 운전자까지 포함하는 것은 아니다.

해설 및 정답 2016년 제5회 변호사시험 기출문제 19 **정답** ○
대법원 1991. 5. 28. 선고 91도711 판결 [도주차량, 특정범죄가중처벌등에관한법률위반]

중요 ④ 자동차 운전자가 업무상 과실로 동시에 수인을 사상케 하고 도주한 경우, 특정범죄가중처벌등에관한법률위반(도주차량)죄는 피해자별로 수죄가 성립하며 이러한 수죄는 상상적 경합관계에 있다.

해설 및 정답 2016년 제5회 변호사시험 기출문제 19 **정답** ○
하나의 행위로 여러 사람이 부상을 당했지만, 구호조치의무는 피해자별로 발생한다. 따라서 상상적 경합관계에 있다.

나. 특정범죄가중처벌등에관한법률(도주차량)·교통사고처리특례법·도로교통법에 관한 설명 중 옳지 않은 것이다.

중요 ① 사고운전자가 사고 후 피해자 일행에게 자신의 인적사항을 알려주었고 근처에 있던 택시기사에게 피해자를 병원으로 이송해줄 것을 부탁하였다면, 피해자의 병원 이송 및 경찰관의 사고현장 도착 이전에 사고운전자가 사고현장을 이탈하였더라도 특정범죄가중처벌등에관한법률위반(도주차량)죄가 ~~인정되지 않는다.~~ 인정된다.

해설 및 정답 2016년 제5회 변호사시험 기출문제 19 ★ **정답** ×
대법원 2004. 3. 12. 선고 2004도250 판결
[판결요지] [1] 특정범죄가중처벌 등에 관한 법률 제5조의3 제1항 소정의 '**피해자를 구호**

하는 등 도로교통법 제50조 제1항의 규정에 의한 조치를 취하지 아니하고 도주한 때'라 함은 사고 운전자가 사고로 피해자가 사상을 당한 사실을 인식하였음에도 불구하고 피해자를 구호하는 등 도로교통법 제50조 제1항에 규정된 의무를 이행하기 이전에 사고현장을 이탈하여 사고를 낸 자가 누구인지 확정될 수 없는 상태를 초래하는 경우를 말한다.

[2] 사고 운전자가 사고로 인하여 **피해자가 사상을 당한 사실을 인식하였음에도 불구하고 피해자를 구호하는 등 도로교통법 제50조 제1항에 규정된 의무를 이행하기 이전에 사고현장을 이탈하였다면, 사고 운전자가 사고현장을 이탈하기 전에 피해자에 대하여 자신의 신원을 확인할 수 있는 자료를 제공하여 주었다고 하더라도, '피해자를 구호하는 등 도로교통법 제50조 제1항의 규정에 의한 조치를 취하지 아니하고 도주한 때'에 해당한다.**

[3] 특정범죄가중처벌등에관한법률 제5조의3 제1항 소정의 **피해자 구호조치는 반드시 본인이 직접 할 필요는 없고, 자신의 지배하에 있는 자를 통하여 하거나, 현장을 이탈하기 전에 타인이 먼저 구호조치를 하여도 무방하다.**

[4] **피해자의 병원이송 및 경찰관의 사고현장 도착 이전에 사고 운전자가 사고현장을 이탈하였다면, 비록 그 후 피해자가 택시를 타고 병원에 이송되어 치료를 받았다고 하더라도 운전자는 피해자에 대한 적절한 구호조치를 취하지 않은 채 사고현장을 이탈하였다고 할 것이다.** 설령 **운전자가 사고현장을 이탈하기 전에 피해자의 동승자에게 자신의 신원을 알 수 있는 자료를 제공하였다고 하더라도, 피고인의 이러한 행위는 '피해자를 구호하는 등 조치를 취하지 아니하고 도주한 때'에 해당한다**고 한 사례.

② 「특정범죄 가중처벌 등에 관한 법률」 제5조의10 제2항은 운전자에 대한 폭행・협박으로 인하여 교통사고의 발생 등과 같은 ~~구체적 위험을~~ 초래하는 중간 매개원인이 유발되고 그 결과로서 불특정 다중에게 상해나 사망의 결과를 발생시킨 경우에만 적용될 수 있을 뿐, 교통사고 등의 발생 없이 직접적으로 운전자에 대한 상해의 결과만을 발생시킨 경우에는 ~~적용되지 아니한다.~~ 적용된다.

해설 및 정답 2016년 제5회 변호사시험 기출문제 19 **정답** ×

대법원 2015. 3. 26. 선고 2014도13345 판결 [특정범죄가중처벌등에 관한 법률 위반(운전자 폭행 등)(인정된 죄명: 상해)]

[판시사항] **운행 중인 자동차의 운전자를 폭행하거나 협박하여 운전자나 승객 또는 보행자 등을 상해나 사망에 이르게 한 경우, 같은 법 제5조의10 제2항의 구성요건을 충족하는지 여부(적극)**

[판결요지] 특정범죄가중법 제5조의10의 죄는 제1항, 제2항 모두 운행 중인 자동차의 운전자를 대상으로 하는 범행이 교통질서와 시민의 안전 등 공공의 안전에 대한 위험을 초래할 수 있다고 보아 이를 가중처벌하는 이른바 **추상적 위험범에 해당한다. 그중 제2항은 제1항의 죄를 범하여 사람을 상해나 사망이라는 중한 결과에 이르게 한 경우 제1항에 정한 형보다 중한 형으로 처벌하는 결과적 가중범 규정으로 해석할 수 있다.** 따라서 **운행 중인 자동차의 운전자를 폭행하거나 협박하여 운전자나 승객 또는 보행자 등을 상해나 사망에 이르게 하였다면 이로써 특정범죄가중법 제5조의10 제2항의 구성요건을 충족한다.**

다. 특정범죄가중처벌등에관한법률(도주차량)·교통사고처리특례법·도로교통법 종합문제

중요 **01** ★★★★★

甲은 음주운전 전력으로 자동차 운전면허가 취소된 상태에서, 도로교통법 무면허운전+ 혈중알코올농도 0.15%의 술에 취하여 정상적인 운전이 곤란한 상태에서 자신의 승용차를 운전하여 가던 중, 도로교통법 음주운전+, 상상경합 전방에 신호대기로 정차하고 있던 A가 운전하는 화물차의 뒷부분을 들이받아 그 충격으로 A에게 약 2주간의 치료를 요하는 상해를 입게 하고, 위 화물차의 수리비가 150만 원이 들도록 손괴하였다. 특정범죄가중처벌법 위험운전치사상죄+와 도로교통법 업무상과실손괴죄+ 상상경합 이에 관한 설명 중 옳지 않은 것을 모두 고른 것은? (다툼이 있는 경우 판례에 의함)

파워특강 죄수. 도로교통법 무면허운전행위와 도로교통법 음주운전행위는 상상적 경합이다(=1개의 행위 ☞운전행위). 도로교통법 무면허운전행위와 교통사고처리특례법 업무상과실치상은 실체적 경합이다(=2개의 행위). 특가법 위험운전치상죄(=교특법 업무상과실치상은 흡수)와 도로교통법 업무상과실손괴죄는 실체적 경합이다(=2개의 행위). 특가법 도주치상죄와 도로교통법 사고후 미조치죄는 상상적 경합이다(=1개의 행위).

① 甲이 범한 도로교통법위반(음주운전)죄와 도로교통법위반(무면허운전)죄는 상상적 경합관계에 있다. 1개의 운전행위이다.

해설 및 정답 2021년 제10회 변호사시험 기출문제 15 **정답** ○

대법원 1987. 2. 24. 선고 86도2731 판결 [교통사고처리특례법위반, 도로교통법위반]

[판시사항] 무면허 운전행위와 주취 운전행위가 상상적 경합관계인지의 여부(적극)

[판결요지] 형법 제40조에서 말하는 1개의 행위란 법적 평가를 떠나 사회관념상 행위가 **사물자연의 상태로서 1개로 평가되는 것**을 말한다. **무면허인데다가 술이 취한 상태에서 오토바이를 운전하였다는 것은 분명히 1개의 운전행위**라 할 것이다. 이 행위에 의하여 **도로교통법 제111조 제2호, 제40조와 제109조 제2호, 제41조 제1항의 각 죄에 동시에 해당하는 것이다. 두 죄는 형법 제40조의 상상적 경합관계에 있다고 할 것이다.**

② 甲이 정상적인 운전이 곤란한 상태가 아니었다면, 甲이 범한 도로교통법위반(무면허운전)죄와 교통사고처리특례법위반(치상)죄는 ~~상상적~~실체적 경합관계에 있다. 2개의 행위이다. 운전행위와 사고행위이다.

해설 및 정답 2021년 제10회 변호사시험 기출문제 15 **정답** ×

甲이 정상적인 운전이 곤란한 상태가 아니었다면, 甲이 범한 도로교통법위반(무면허운전)죄와 교통사고처리특례법위반(치상)죄는 **실체적 경합관계에 있다. 질문을 읽어 보면, 2개의 행위이다. 양 죄는 보호법익과 행위태양이 다르다.**

중요 ③ 甲의 행위에 대하여 특정범죄가중처벌등에관한법률위반(위험운전치상)죄가 성립되는 경우, 교통사고처리특례법위반(치상)죄는 그 죄에 흡수되어 별죄를 구성하지 아니한다.

해설 및 정답 2021년 제10회 변호사시험 기출문제 15 **정답** ○

대법원 2008. 12. 11. 선고 2008도9182 판결 [특정범죄가중처벌등에 관한 법률위반(위험운전치사상)·교통사고처리특례법위반·도로교통법위반(음주운전·무면허운전)]

[판시사항] **[1] 교통사고처리특례법 제3조 제2항 단서의 각 호에서 규정한 예외 사유가 경합할 때의 죄수(=일죄) [2] 위험운전치사상죄의 입법 취지 및 교통사고처리특례법 위반죄와의 관계(=흡수관계)**

[판결요지] [2] **음주로 인한 특정범죄가중처벌 등에 관한 법률 위반(위험운전치사상)죄는 그 입법 취지와 문언에 비추어 볼 때, 그 죄가 성립하는 때에는 차의 운전자가 형법 제268조의 죄를 범한 것을 내용으로 하는 교통사고처리특례법 위반죄는 그 죄에 흡수되어 별죄를 구성하지 아니한다.**

중요 ④ 甲이 사고 후 「도로교통법」 제54조 제1항의 조치를 취하지 아니하고 도주하여 특정범죄가중처벌등에관한법률위반(도주치상)죄와 도로교통법위반(사고후미조치)죄가 성립하는 경우, 위 두 죄는 ~~실체적~~상상적 경합관계에 있다. 1개의 행위이다. 운전사고후 도주행위이다.

해설 및 정답 2021년 제10회 변호사시험 기출문제 15 **정답** ×

대법원 1993. 5. 11. 선고 93도49 판결 [특정범죄가중처벌에 등에 관한 법률 위반(도주차량)·도로교통법위반]

[판시사항] 차의 운전자가 업무상 과실로 사람을 상해에 이르게 함과 동시에 물건을 손괴하고 도주한 경우 특정범죄가중처벌등에관한법률위반죄 및 도로교통법 제106조 소정의 죄의 관계(=상상적 경합범) 및 위 2개의 죄와 같은 법 제113조 제1호 소정의 제44조 위반죄의 죄수관계(=실체적 경합범)

[판결요지] 특정범죄가중처벌등에관한법률위반죄와 물건손괴 후 필요한 조치를 취하지 아니함으로 인한 도로교통법 제106조 소정의 죄는 1개의 행위가 수개의 죄에 해당하는 상상적 경합범의 관계에 있다. 위의 2개의 죄와 같은 법 제113조 제1호 소정의 제44조 위반죄는 주체나 행위 등 구성요건이 다른 별개의 범죄이므로 실체적 경합범의 관계에 있다.

☞ 위 조문들은 아주 중요한 조문들이다.

→ 도로교통법·교통사고처리특례법·특정범죄가중처벌 등에 관한 법률 정리

→ 도로교통과 교통사고 죄수 정리

문 16. 살인죄 · 상해죄 · 폭행죄 · 협박죄에 관한 설명 중 옳은 것은? (다툼이 있는 경우 판례에 의함)

출제내용

- 살인죄(=사람의 시기⇒분만개시시점. 제왕절개수술⇒의학적으로 제왕절개 수술이 가능하였고, 규범적으로 수술이 필요하였던 때를 분만개시시점으로 볼 수 없음. 판례 입장)
- 강도살인죄·강도상해죄(=강도 기회에 살인·강도 기회에 상해)
- 형법 제258조2 특수상해(단체·다중 위력 보임 또는 위험한 물건 휴대)
- 시간적 차이가 있는 독립된 상해행위·폭행행위가 경합하여 사망 결과가 발생(=공동정범의 예에 의함⇒인과관계 인정)
- 형법 제263조 동시범 특례(=형법 제19조 독립행위경합, 형법 제30조)
- 폭행죄(=직접 피해자 신체에 접촉하지 않더라도 불법한 유형력 행사로서 폭행죄 폭행에 해당)
- 폭력행위 등 처벌에 관한 법률(폭처법) 적용 범위

출제분석

2024년 제13회 변호사시험 출제예상 ★
2020년 제9회 변호사시험 기출문제 6
2018년 제7회 변호사시험 기출문제 15
2013년 제2회 변호사시험 기출문제 5

가. 살인죄·상해죄·폭행죄·협박죄에 관한 설명 중 옳은 것이다(○).

① 피해자의 신체에 공간적으로 근접하여 손발이나 물건을 휘두르거나 던지는 행위는 직접 피해자의 신체에 접촉하지 아니하였다 하더라도 피해자에 대한 불법한 유형력의 행사로서 폭행죄의 폭행에 해당될 수 있다.

해설 및 정답 2018년 제7회 변호사시험 기출문제 15 **정답** ○

대법원 2003. 1. 10. 선고 2000도5716 판결

② 강제추행죄는 사람에 대하여 폭행 또는 협박을 가하여 항거를 곤란하게 한 뒤에 추행행위를 하는 경우뿐만 아니라 폭행 자체가 추행행위로 인정되는 경우도 포함한다.

해설 및 정답 2018년 제7회 변호사시험 기출문제 15 **정답** ○

대법원 2015. 9. 10. 선고 2015도6980, 2015모2524 판결
[공소사실] 피고인이 밤에 술을 마시고 배회하던 중 버스에서 내려 혼자 걸어가는 피해자 갑(여, 17세)을 발견하고 마스크를 착용한 채 뒤따라가다가 인적이 없고 **외진 곳에서 가까이 접근하여 껴안으려 하였다. 그러나 갑이 뒤돌아보면서 소리치자 그 상태로 몇 초 동안 쳐다보다가 다시 오던 길로 되돌아갔다고 하여 아동·청소년의 성보호에 관한 법률 위반으로 기소된 사안이다.**
[판결요지] 피고인의 팔이 갑의 몸에 닿지 않았더라도 양팔을 높이 들어 갑자기 뒤에서 껴안으려는 행위는 갑의 의사에 반하는 유형력의 행사로서 폭행행위에 해당한다. 그때 '기습추행'에 관한 실행의 착수가 있다. 그런데 마침 갑이 뒤돌아보면서 소리치는 바람에 몸을 껴안는 추행의 결과에 이르지 못하고 미수에 그쳤으므로, 피고인의 행위는 아동·청소년에 대한 강제추행미수죄에 해당한다고 한 사례.

대법원 2017. 10. 12. 선고 2016도16948, 2016전도156 판결
[판시사항] 폭행·협박이 반드시 간음행위보다 선행되어야 하는지 여부(소극)
[판결요지] 강간죄가 성립하려면 가해자의 폭행·협박은 피해자의 항거를 불가능하게 하거나 현저히 곤란하게 할 정도의 것이어야 한다. 폭행·협박이 반드시 간음행위보다 선행되어야 하는 것은 아니다. 피고인의 행위는, 비록 간음행위를 시작할 때 폭행·협박이 없었다고 하더라도 간음행위와 거의 동시 또는 그 직후에 피해자를 폭행하여 간음한 것으로 볼 수 있고, 이는 강간죄를 구성한다.

③ 시간적 차이가 있는 독립된 상해행위나 폭행행위가 경합하여 사망의 결과가 일어나고 그 사망의 원인된 행위가 판명되지 않은 경우에는 공동정범의 예에 의하여 처벌된다.

해설 및 정답 2018년 제7회 변호사시험 기출문제 15 **정답** ○
대법원 2000. 7. 28. 선고 2000도2466 판결 [폭행치사]

④ 평소 건강에 별다른 이상이 없는 피해자에게 성인 권장용량의 2배에 해당하는 졸피뎀 성분의 수면제가 섞인 커피를 마시게 하여 피해자가 정신을 잃고 깊이 잠이 든 사이(폭행) 피해자를 간음한 경우,(간음행위) 피해자가 4시간 뒤에 깨어나 잠이 든 이후의 상황에 대해서 제대로 기억하지 못하였다면 이는 강간치상죄의 상해에 해당한다.

해설 및 정답 2018년 제7회 변호사시험 기출문제 15 **정답** ○
대법원 2017. 6. 29. 선고 2017도3196 판결
[판결요지] 생리적 기능에는 육체적 기능뿐만 아니라 정신적 기능도 포함된다. 따라서 **수면제와 같은 약물을 투약하여 피해자를 일시적으로 수면 또는 의식불명 상태에 이르게 한 경우에도 약물로 인하여 피해자의 건강상태가 불량하게 변경되고 생활기능에 장애가**

초래되었다면 자연적으로 의식을 회복하거나 외부적으로 드러난 상처가 없더라도 이는 강간치상죄나 강제추행치상죄에서 말하는 상해에 해당한다.

나. 살인죄·상해죄·폭행죄·협박죄에 관한 설명 중 옳지 않은 것이다(×).

① 강도범인이 상해행위를 하였다면 강취행위와 상해행위 사이에 다소의 시간적·공간적 간격이 있었다는 것만으로는 강도상해죄의 성립에 영향이 없으나, 상해의 결과는 강도범행의 수단으로 한 폭행에 의하여 발생해야 하므로 상해행위는 강도가 기수에 이르기 전에 행하여져야 ~~한다.~~ 하는 것은 아니다.

해설 및 정답 2018년 제7회 변호사시험 기출문제 15 **정답** ×

대법원 2014. 9. 26. 선고 2014도9567 판결

[판결요지] **형법 제337조의 강도상해죄는 강도범인이 강도의 기회에 상해행위를 함으로써 성립한다.** 그러므로 **강도범행의 실행 중이거나 실행 직후 또는 실행의 범의를 포기한 직후로서 사회통념상 범죄행위가 완료되지 아니하였다고 볼 수 있는 단계에서 상해가 행하여짐을 요건으로 한다.** 그러나 반드시 강도범행의 수단으로 한 폭행에 의하여 상해를 입힐 것을 요하는 것은 아니고 상해행위가 강도가 기수에 이르기 전에 행하여져야만 하는 것은 아니다. 그러므로 **강도범행 이후에도 피해자를 계속 끌고 다니거나 차량에 태우고 함께 이동하는 등으로 강도범행으로 인한 피해자의 심리적 저항불능 상태가 해소되지 않은 상태에서 강도범인의 상해행위가 있었다면 강취행위와 상해행위 사이에 다소의 시간적·공간적 간격이 있었다는 것만으로는 강도상해죄의 성립에 영향이 없다.**

다. 동시범 특례·특수상해 종합문제

중요 **01** ★★★★★

동시범의 특례(「형법」 제263조)에 관한 설명 중 옳지 않은 것을 모두 고른 것은? (다툼이 있는 경우 판례에 의함)

ㄱ. A가 甲으로부터 폭행을 당하고 얼마 후 함께 A를 **폭행하자는 甲의 연락을 받고** 달려 온 乙로부터 다시 폭행을 당하고 사망하였으나 사망의 원인행위가 판명되지 않았다면, ~~「형법」 제263조가 적용되어~~ 甲과 乙은 폭행치사죄의 공동정범의 예에 의해 처벌된다.

ㄴ. A가 행인 甲으로부터 상해를 입은 후 **얼마 지나지 않아 다시 다른 행인** 乙로부터 상해를 입고 사망하였으나 사망의 원인행위가 판명되지 않았다면, 「형법」 제263조가 적용되어 甲과 乙은 상해치사죄의 공동정범의 예에 의해 처벌된다.

ㄷ. A가 甲으로부터 폭행을 당하고 얼마 후 乙이 甲과 의사연락 없이 A를 폭행하자 A가 乙의 계속되는 **폭행을 피하여 도로를 무단횡단하다 지나가던 차량에 치어** 사망하였다면, ~~「형법」 제263조가 적용되어~~ 甲과 乙은 폭행치사죄의 공동정범의 예에 의해 처벌된다.

ㄹ. A가 甲이 운전하는 차량에 의해 **교통사고를 당한 후 얼마 지나지 않아 다시 乙이 운전하는 차량에 의해 교통사고를 당하고 사망하였으나** 사망의 원인행위가 판명되지 않았다면, ~~「형법」 제263조가 적용되어 甲과 乙~~은 교통사고처리특례법위반(치사)죄~~의 공동정범의 예~~에 의해 처벌된다.

① ㄱ, ㄷ ② ㄴ, ㄹ

③ ㄱ, ㄴ, ㄷ ④ ㄱ, ㄷ, ㄹ

⑤ ㄴ, ㄷ, ㄹ

해설 및 정답 2020년 제9회 변호사시험 기출문제 6 **정답** ④

• 핵심내용: 형법 제263조 동시범 특례, 형법 제19조 독립행위경합, 형법 제30조 공동정범, 형법 제17조 인과관계와 객관적 귀속, 형법 제15조 제1항 결과적 가중범과 공동정범

ㄱ. (×) 대법원 1985. 12. 10. 선고 85도1892 판결 [폭행치사]

[판시사항] [1] 공동정범의 성립과 사전모의의 요부 [2] 공범들의 행위 중 결과발생의 원인된 행위가 불명한 경우, 동시범 규정의 적용 여부 [3] 형법 제24조 소정의 위법성이 조각되는 피해자의 승낙의 범위

[판결요지] [1] 공동정범은 2인 이상이 공동하여 죄를 범하는 것으로 공동가공의 의사를 그 주관적 요건으로 하며 이 공동가공의 의사는 상호적임을 요한다. 그러나 이는 상호 공동가공의 인식이 있으면 족하고 사전에 어떤 모의과정이 있어야 하는 것은 아니다.

[2] 2인 이상이 상호의사의 연락 없이 동시에 범죄구성요건에 해당하는 행위를 하였을 때에는 원칙적으로 각인에 대하여 그 죄를 논하여야 하나 **그 결과 발생의 원인이 된 행위가 분명하지 아니한 때에는 각 행위자를 미수범으로 처벌한다(독립행위의 경합). 이 독립행위가 경합하여 특히 상해의 결과를 발생하게 하고 그 결과발생의 원인이 된 행위가 밝혀지지 아니한 경우에는 공동정범의 예에 따라 처단(동시범)하는 것이다.** 그러므로 **공범관계에 있어 공동가공의 의사가 있었다면 이에는 동시범 등의 문제는 제기될 여지가 없다.**

[3] 형법 제24조의 규정에 의하여 위법성이 조각되는 피해자의 승낙은 개인적 법익을 훼손하는 경우에 법률상 이를 처분할 수 있는 사람의 승낙을 말할 뿐만 아니라 **그 승낙이 윤리적, 도덕적으로 사회상규에 반하는 것이 아니어야 한다.**

대법원 2000. 5. 12. 선고 2000도745 판결 [살인(인정된 죄명: 상해치사)]

[판시사항] [1] 피고인과 공범자의 공동 범행 중 일부 행위에 관하여 피고인이 한 것이라고 기소된 것을 공소장변경 없이 둘 중 누군가가 한 것이라고 인정할 수 있는지 여부(한정 적극) [2] 결과적 **가중범인 상해치사죄의 공동정범의 성립에 결과를 공동으로 할**

의사가 필요한지 여부(소극) 및 수인이 상해의 범의로 범행 중 한 사람이 중한 상해를 가하여 피해자가 사망에 이르게 된 경우, 나머지 사람들도 상해치사의 죄책을 지는지 여부(한정 적극) [3] 공범자의 소유물도 몰수의 대상이 되는지 여부(적극)

[판결요지] [1] 피고인과 공범자의 공동 범행 중 일부 행위에 관하여 피고인이 한 것이라고 기소된 것을 둘 중 누군가가 한 것이라고 인정하는 경우, 이 때문에 피고인에게 불의의 타격을 주어 그 방어권의 행사에 실질적인 불이익을 줄 우려가 있지 않는 한 공소장변경을 필요로 한다고 볼 수 없다.

[2] 결과적 가중범인 상해치사죄의 공동정범은 폭행 기타의 신체침해 행위를 공동으로 할 의사가 있으면 성립된다. 결과를 공동으로 할 의사는 필요 없다. 여러 사람이 상해의 범의로 범행 중 한 사람이 중한 상해를 가하여 피해자가 사망에 이르게 된 경우, **나머지 사람들은 사망의 결과를 예견할 수 없는 때가 아닌 한 상해치사의 죄책을 면할 수 없다.**

[3] 형법 제48조 제1항의 범인에는 공범자도 포함된다고 해석된다. 그러므로 범인 자신의 소유물은 물론 공범자의 소유물에 대하여도 이를 몰수할 수 있다.

ㄴ. (○) 대법원 2000. 7. 28. 선고 2000도2466 판결 [폭행치사]

[판시사항] 시간적 차이가 있는 독립된 상해행위나 폭행행위가 경합하여 사망의 결과가 일어나고 그 사망의 원인된 행위가 판명되지 않는 경우, 공동정범의 예에 의하여 처벌할 것인지 여부(적극)

[판결요지] 시간적 차이가 있는 독립된 상해행위나 폭행행위가 경합하여 사망의 결과가 일어나고 그 사망의 원인된 행위가 판명되지 않은 경우에는 공동정범의 예에 의하여 처벌할 것이다.

> 형법 제19조(독립행위경합)
>
> ① 다음 각 호에 모두 해당하는 경우 형법 제17조 인과관계와 객관적 귀속은 인정되지 않는다. 1. 여러 행위자가 각각 형법 제13조 고의로 독립적 범죄행위를 범한 경우 2. **여러 독립적 범죄행위가 동시 또는 이시에 이루어져 서로 경합하는 경우 3. 어떤 행위자 행위로 결과가 발생되었는지 확정할 수 없는 경우** ② 다만 제1항 경우 법률에 미수범 처벌 규정이 있으면, **각각 미수범으로 처벌된다.**
>
> 형법 제263조(동시범)
>
> 다음 각 호에 모두 해당하는 경우 **행위자 모두에게 형법 제17조 인과관계와 객관적 귀속을 인정하고 공동정범으로 처벌된다.** 1. 여러 행위자가 각각 형법 제13조 고의로 독립된 범죄행위를 범한 경우 **2. 여러 독립된 범죄행위가 동시 또는 이시에 이루어져 서로 경합한 경우 3. 어떤 행위자 행위로 상해결과가 발생되었는지 확정할 수 없는 경우**

ㄷ. (×) 대법원 1985. 12. 10. 선고 85도1892 판결 [폭행치사]

대법원 1996. 5. 10. 선고 96도529 판결 [강간치상(인정된 죄명: 상해치사)]

[판결요지] 상해행위를 피하려고 하다가 차량에 치어 사망한 경우 상해행위와 피해자의 사망 사이에 상당인과관계가 있다고 하여 상해치사죄로 처단한 원심판결을 수긍한 사례.

ㄹ. (×) 대법원 2007. 10. 26. 선고 2005도8822 판결 [교통사고처리특례법위반]

[판결요지] 선행 교통사고와 후행 교통사고 중 어느 쪽이 원인이 되어 피해자가 사망에 이르게 되었는지 밝혀지지 않은 경우 후행 교통사고를 일으킨 사람의 과실과 피해자의

사망 사이에 인과관계가 인정되기 위해서는 **후행 교통사고를 일으킨 사람이 주의의무를 게을리하지 않았다면 피해자가 사망에 이르지 않았을 것이라는 사실이 증명되어야 하고, 그 증명책임은 검사에게 있다.**

02 행위객체[사람신체 · 존속신체]와 행위[위험한 물건 휴대]

형법 제258조의 2 특수상해(2016년 1월 6일 신설 · 시행)에서 '행위자가 흉기 기타 위험한 물건을 휴대'한 경우라고 인정될 수 있는 사례를 모두 고른 것은? (다툼이 있는 경우 판례에 의함)

가. 甲은 주먹으로[위험한 물건-] A의 얼굴 부위를 1회 때려 그로 인하여 상해가 발생하였고, 당구대 위에 놓여 있던 당구공으로[위험한 물건-] A의 머리를 툭툭 건드렸고[휴대+] 그로 인하여 상해가 발생하지는 아니하였다.

나. 甲은 자신의 승용차 트렁크에서 공기총을[위험한 물건+] 꺼내어 A를 향해 들이대고[휴대+] 협박하였다. 공기총에는 실탄이 장전되지 아니한 상태였으나, 승용차 트렁크에는 공기총 실탄이 보관되어 있었다.

다. 甲은 A가 식칼을 들고 나와 자신을 찌르려고 하자 이를 저지하기 위하여 그 칼을 뺏은 다음 A를 훈계하면서 칼의 칼자루 부분으로[위험한 물건-] A의 머리를 가볍게 쳤다.[휴대+]

라. 甲은 A가 견인료 납부를 요구하면서 자신의 승용차 앞을 가로막고 서 있자 A의 다리 부분을 위 승용차 앞범퍼로[위험한 물건+] 들이받고[휴대+] 약 1m 정도 진행하였고, 이로 인하여 A는 땅바닥으로 넘어졌나.

마. 甲은 A 등과 이혼에 관한 사항을 협의하던 도중 A 등과 가벼운 실랑이를 하게 되었다. 이 과정에서 甲의 승낙 없이 A의 아버지인 B가 甲의 아들을 자신의 중형승용차에 태운 후 시동을 걸고 출발하려고 하였다. 甲은 이를 제지하기 위하여 급히 자신의 소형승용차를[위험한 물건-] 출발시켜[휴대+] B가 운전하던 승용차를 저속으로 가볍게 충격하였다.[위험한 물건-] 이로 인하여 B는 특별한 치료를 요하지 않는 가벼운 상해를 입었으며, 甲의 차량과 B의 차량도 경미한 손상을 입게 되었다.

① 가, 나　　② 가, 라
③ 나, 다　　④ 나, 라
⑤ 라, 마

해설 및 정답 2013년 제2회 변호사시험 기출문제 5　　**정답** ④

가. (×) 대법원 2008. 1. 17. 선고 2007도9624 판결

[판시사항] 상해행위 과정에서 사용한 당구공이 폭력의 정도와 결과 등에 비추어 폭력행

위 등 처벌에 관한 법률 제3조 제1항의 '위험한 물건'에 해당하지 않는다.

나. (○) 대법원 2002. 11. 26. 선고 2002도4586 판결

[판결요지] 피고인이 공기총에 실탄을 장전하지 아니하였다고 하더라도 **범행 현장에서 공기총과 함께 실탄을 소지하고 있었고 피고인으로서는 언제든지 실탄을 장전하여 발사할 수도 있으므로 공기총이 '위험한 물건'에 해당한다.**

다. (×) 대법원 1989. 12. 22. 선고 89도1570 판결

[판결요지] 폭력행위등처벌에관한법률 제3조 제1항 소정의 위험한 물건의 위험성 여부는 구체적인 사안에 따라서 사회통념에 비추어 **그 물건을 사용하면 그 상대방이나 제3자가 곧 위험성을 느낄 수 있으리라고 인정되는 물건인가의 여부에 따라 이를 판단하여야 할 것이다.** 피해자가 먼저 식칼을 들고 나와 **피고인을 찌르려다가 피고인이 이를 저지하기 위하여 그 칼을 뺏은 다음 피해자를 훈계하면서 위 칼의 칼자루 부분으로 피해자의 머리를 가볍게 쳤을 뿐이라면 피해자가 위험성을 느꼈으리라고는 할 수 없다.**

라. (○) 대법원 1997. 5. 30. 선고 97도597 판결

[판결요지] 폭력행위등처벌에관한법률 제3조 제1항에 있어서 '위험한 물건'이라 함은 흉기는 아니라고 하더라도 **널리 사람의 생명, 신체에 해를 가하는 데 사용할 수 있는 일체의 물건을 포함한다**고 풀이할 것이다. 그러므로 본래 **살상용·파괴용으로 만들어진 것뿐만 아니라 다른 목적으로 만들어진 칼·가위·유리병·각종공구·자동차 등은 물론 화학약품 또는 사주된 동물 등도 그것이 사람의 생명·신체에 해를 가하는 데 사용되었다면 본조의 '위험한 물건'이라 할 것이다.** 한편 **이러한 물건을 '휴대하여'라는 말은 소지뿐만 아니라 널리 이용한다는 뜻도 포함하고 있다. 견인료납부를 요구하는 교통관리직원을 승용차 앞범퍼 부분으로 들이받아 폭행한 사안에서, 승용차가 폭력행위등처벌에관한법률 제3조 제1항 소정의 '위험한 물건'에 해당한다**고 본 사례.

마. (×) 대법원 2009. 3. 26. 선고 2007도3520 판결

[판결요지] **자동차를 이용하여 다른 자동차를 충격한 사안에서, 충격 당시 차량의 크기, 속도, 손괴 정도 등 제반 사정에 비추어 위 자동차가 폭력행위 등 처벌에 관한 법률 제3조 제1항에 정한 '위험한 물건'에 해당하지 않는다.**

형법 제258조의2(특수상해) ★★★★★
① 단체 또는 다중의 위력을 보이거나[1] 위험한 물건을 휴대하여[2] 제257조 제1항 또는 제2항의 죄를 범한 때에는 1년 이상 10년 이하의 징역에 처한다.
② 단체 또는 다중의 위력을 보이거나[1] 위험한 물건을 휴대하여[2] 제258조의 죄를 범한 때에는 2년 이상 20년 이하의 징역에 처한다.
③ 제1항의 미수범은 처벌한다.
형법 일부개정 2016.01.06 [법률 제13719호, 시행 2016.01.06.] 법무부.
폭력행위 등 처벌에 관한 법률(폭처법) 일부 내용이 형법에 편입된 것이다.

문 17. 명예훼손죄에 관한 설명 중 옳은 것은? (다툼이 있는 경우 판례에 의함)

출제내용

- 명예훼손죄 구성요건 중 '공연성' 의미(=불특정 다수인에게 전파가능성)
- 명예훼손죄 성립에 필요한 '사실의 적시'의 의미. 사실에 대한 착오(=위법성조각사유설, 위법성전제사실에 대한 착오설)
- 형법 제307조 제1항 명예훼손죄, 형법 제310조(=진실성+공익성. 행위자가 증명. 자유로운 증명)
- 형법 제308조 출판물에 의한 명예훼손죄(=비방+출판물+반의사불벌죄)
- 정보통신망이용촉진 및 정보보호 등에 관한 법률 제70조(=인터넷+비방)

출제분석

2024년 제13회 변호사시험 출제예상 ★
2023년 제12회 변호사시험 기출문제 4
2021년 제10회 변호사시험 기출문제 20
2016년 제5회 변호사시험 기출문제 13
2014년 제3회 변호사시험 기출문제 9
2013년 제2회 변호사시험 기출문제 10
2012년 제1회 변호사시험 기출문제 32

가. 명예훼손죄에 관한 설명 중 옳은 것이다(○).

① '여성 아나운서'와 같이 집단 표시에 의한 구성원 개개인에 대한 명예훼손죄는 성립되지 않는 것이 원칙이고 모욕죄의 경우도 마찬가지이다.

해설 및 정답 2016년 제5회 변호사시험 기출문제 13 **정답** ○

대법원 2000. 10. 10. 선고 99도5407 판결 [명예훼손]

[판결요지] 명예훼손죄는 어떤 특정한 사람 또는 인격을 보유하는 단체에 대하여 그 명예를 훼손함으로써 성립하는 것이다. 그러므로 그 피해자는 특정한 것임을 요한다. 다만 **서울시민 또는 경기도민이라 함과 같은 막연한 표시에 의해서는 명예훼손죄를 구성하지 아니한다 할 것이다.** 그러나 집합적 명사를 쓴 경우에도 그것에 의하여 그 범위에 속하는 특정인을 가리키는 것이 명백하면, 이를 각자의 명예를 훼손하는 행위라고 볼 수 있다.

대법원 2014. 3. 27. 선고 2011도15631 판결 [무고·모욕]

[판결요지] 모욕죄는 특정한 사람 또는 인격을 보유하는 단체에 대하여 사회적 평가를 저하시킬 만한 **경멸적 감정을 표현함으로써 성립한다. 그러므로 그 피해자는 특정되어야 한다.** 그리고 이른바 집단표시에 의한 모욕은, 모욕의 내용이 집단에 속한 특정인에 대한

것이라고는 해석되기 힘들고, **집단표시에 의한 비난이 개별구성원에 이르러서는 비난의 정도가 희석되어 구성원 개개인의 사회적 평가에 영향을 미칠 정도에 이르지 아니한 경우에는 구성원 개개인에 대한 모욕이 성립되지 않는다고 봄이 원칙이다. 비난의 정도가 희석되지 않아 구성원 개개인의 사회적 평가를 저하시킬 만한 것으로 평가될 경우에는 예외적으로 구성원 개개인에 대한 모욕이 성립할 수 있다.**

② 진정서 사본과 고소장 사본을[사실적시] 특정사람들에게만 개별적으로 우송한 경우라도[훼손] 그 수가 200여 명에 이른 경우에는[공연성] 명예훼손죄의 요건인 공연성이 인정된다.

해설 및 정답 2013년 제3회 변호사시험 기출문제 9 **정답** ○

대법원 1991. 6. 25. 선고 91도347 판결 [출판물에 의한 명예훼손, 위증]

③ 정부 또는 국가기관은 형법상 명예훼손죄의 피해자가 될 수 없으나, 언론보도의 내용이[사실적시] 공직자 개인에[타인의 외적명예] 대한 악의적인 공격으로[훼손] 현저히 상당성을 잃은 것으로 평가되는 경우에는,[위법성조각사유-] 그 보도로 인하여 공직자 개인에 대한 명예훼손죄가 성립할 수 있다.

해설 및 정답 2013년 제3회 변호사시험 기출문제 9 **정답** ○

대법원 2011. 9. 2. 선고 2010도17237 판결 [명예훼손 · 업무방해]

정부 또는 국가기관은 명예훼손죄의 객체가 되지 않는다. 그러나 공직자는 객체가 된다.

④ 인터넷 포털사이트의 기사란에[공연성+] 마치 특정 여자연예인이 재벌의 아이를 낳았거나 그 대가를 받은 것처럼 댓글이 달린 상황에서 "지고지순의 뜻이 뭔지나 아나? 모 재벌님하고의 관계는 끝났나?"라는 추가 댓글을[허위사실+] 게시한 경우,[훼손] 허위사실의 적시에 해당하여 「정보통신망 이용촉진 및 정보보호 등에 관한 법률」상의 명예훼손죄가 성립한다.

해설 및 정답 2013년 제3회 변호사시험 기출문제 9 **정답** ○

대법원 2008. 7. 10. 선고 2008도2422 판결

⑤ 인터넷 포털사이트의 지식 검색 질문 · 답변 게시판에[공연성+] 성형시술 결과가 만족스럽지 못하다는 주관적인 평가를 주된 내용으로 하는 한 줄의 댓글을[사실적시]

+ · · 비방의 목적 없음− · 위법성조각사유+ 게시한 경우, 훼손 사실의 적시에는 해당하지만 비방의 목적이 없어서 「정보통신망 이용촉진 및 정보보호 등에 관한 법률」상의 명예훼손죄가 성립하지 않는다.

해설 및 정답 2013년 제3회 변호사시험 기출문제 9 **정답** ○

대법원 2009. 5. 28. 선고 2008도8812 판결

[판결요지] 성형시술을 받을 것을 고려하고 있는 다수의 인터넷 사용자들의 의사결정에 도움이 되는 정보 및 의견의 제공이라는 공공의 이익에 관한 것이어서 비방할 목적이 있었다고 보기 어렵다고 한 사례.

나. 명예훼손죄에 관한 설명 중 옳지 않은 것이다(×).

① 개인 블로그의 비공개 대화방에서 상대방으로부터 비밀을 지키겠다는 말을 듣고 1:1로 대화하면서 타인의 명예를 훼손하는 발언을 한 경우 상대방이 대화내용을 불특정 또는 다수인에게 전파할 가능성이 ~~있다고 할 수 없다.~~ 있다.

해설 및 정답 2016년 제5회 변호사시험 기출문제 13 **정답** ×

대법원 2008. 2. 14. 선고 2007도8155 판결 [정보통신망이용촉진 및 정보보호 등에 관한 법률 위반(명예훼손)]

[판결요지] 개인 블로그의 비공개 대화방에서 상대방으로부터 비밀을 지키겠다는 말을 듣고 일대일로 대화하였다고 하더라도, 그 사정만으로 대화 상대방이 대화내용을 불특정 또는 다수에게 전파할 가능성이 없다고 할 수 없다. 그러므로 명예훼손죄의 요건인 공연성을 인정할 여지가 있다고 본 사례.

중요 ② 공연히 사실을 적시하여 사람의 명예를 훼손한 행위가 「형법」 제310조에 따라 위법성이 조각되려면 그것이 진실한 사실로서 오로지 공공의 이익에 관한 때에 해당된다는 점을 행위자가 증명하여야 하고, 그 증명을 함에 있어서 전문증거의 증거능력을 제한하는 「형사소송법」 제310조의2가 ~~적용된다.~~ 적용되지 않는다.

해설 및 정답 2016년 제5회 변호사시험 기출문제 13 ★ **정답** ×

대법원 1996. 10. 25. 선고 95도1473 판결 [명예훼손]

[판시사항] 명예훼손죄의 위법성조각사유에 대한 거증책임 및 형사소송법 제310조의2의 적용 여부(소극)

[판결요지] 공연히 사실을 적시하여 사람의 명예를 훼손한 행위가 형법 제310조의 규정에 따라서 위법성이 조각되어 처벌대상이 되지 않기 위하여는 그것이 **진실한 사실**로서 **오로지 공공의 이익**에 관한 때에 해당된다는 점을 **행위자가 증명하여야 하는 것이다.**
그러나 그 증명은 유죄의 인정에 있어 요구되는 것과 같이 법관으로 하여금 의심할 여지

가 없을 정도의 확신을 가지게 하는 증명력을 가진 **엄격한 증거에 의하여야 하는 것은 아니다.** 그러므로 이때에는 **전문증거에 대한 증거능력의 제한을 규정한 형사소송법 제310조의2는 적용될 여지가 없다.**

③ 甲이 경찰관 A를 상대로 진정한 직무유기 사건이 혐의가 인정되지 않아 내사종결 처리되었음에도, 甲이[행위주체] 도청에 찾아가 다수인이 듣고 있는 가운데[공연성] "내일부로 검찰청에서 A에 대한 구속영장이 떨어진다."라고[사실적시] 소리친 경우, [명예훼손행위] 이는 실현가능성이 없는 장래의 일을 적시한 것에 불과하여 설령 그것이 과거 또는 현재의 사실을 기초로 하더라도 명예훼손죄는 ~~성립되지 않는다.~~ 성립한다.

해설 및 정답 2016년 제5회 변호사시험 기출문제 13 **정답** ×

대법원 2003. 5. 13. 선고 2002도7420 판결 [무고·명예훼손]

[판결요지] 피고인이 경찰관을 상대로 진정한 사건이 혐의인정되지 않아 내사종결 처리되었음에도 불구하고 공연히 "사건을 조사한 경찰관이 내일부로 검찰청에서 구속영장이 떨어진다."고 말한 것은 **현재의 사실을 기초로 하거나 이에 대한 주장을 포함하여 장래의 일을 적시한 것으로 볼 수 있어 명예훼손죄에 있어서의 사실의 적시에 해당한다**고 한 사례.

④ 자신의 아들 등으로부터 폭행을 당하여 입원한 피해자의 병실로 병문안을 간 가해자의 어머니가[행위주체] 피해자의 어머니와 폭행사건에 대하여 대화하던 중 피해자의 어머니의 친척 등 모두 3명이 있는 자리에서[공연성-] "학교에 알아보니 피해자에게 원래 정신병이 있었다고 하더라"라고 허위사실을[허위사실적시] 말한 경우,[행위] 공연성이 인정되므로 허위사실적시에 의한 명예훼손죄가 ~~성립한다.~~[성립하지 않는다.]

해설 및 정답 2013년 제3회 변호사시험 기출문제 9 **정답** ×

대법원 2011. 9. 8. 선고 2010도7497 판결 [명예훼손]

[판결요지] 명예훼손죄에서 '공연성'은 불특정 또는 다수인이 인식할 수 있는 상태를 의미한다. 비록 개별적으로 한 사람에 대하여 사실을 유포하더라도 이로부터 불특정 또는 다수인에게 전파될 가능성이 있다면 공연성의 요건을 충족한다. 그러나 이와 달리 **전파될 가능성이 없다면 특정한 한 사람에 대한 사실의 유포는 공연성이 없다.** 피고인의 발언이 불특정 또는 다수인에게 전파될 가능성이 있다고 보기도 어려워 공연성이 없다는 이유로, 이와 달리 보아 피고인에게 유죄를 인정한 원심판단에 법리오해 및 심리미진의 위법이 있다고 한 사례.

다. 명예훼손죄 종합문제

중요

01 진실성에 대한 착오문제 ★★★★★

지방자치단체장 선거에 출마한 甲은[행위주체] 상대후보 A의 도덕성에 치명적 타격을 줄 수 있는 허위의 사실을[허위사실적시] 지역신문기자 乙에게[공연성+] 제보하였다.[행위] 乙은 제보의 사실 여부를 자세히 확인하지 아니한 채, 이를 진실로 여기고[진실고의] 지역주민들의 중요한 알 권리를 위해서 지역신문에 기사화하였다.[행위] 이 사례를 위법성조각사유의 전제사실에 관한 착오로 보아 해결할 경우 옳은 설명을 모두 고른 것은? (「공직선거법」 위반은 논외로 함)

가. 엄격책임설에 의하면 乙은 ~~출판물에 의한 허위사실 적시 명예훼손죄(제309조 제2항)의 간접정범으로 처벌된다.~~
나. 제한적 책임설 중 법효과제한적 책임설에 의하면 ~~乙은 진실한 사실 적시 명예훼손죄(제307조 제1항)로 처벌된다.~~
다. 제한적 책임설 중 유추적용설에 의하면 甲은 ~~乙이 범한 진실한 사실 적시 명예훼손죄(제307조 제1항)에 대한 교사범으로 처벌된다.~~

① 가, 다　　② 나, 다
③ 나　　④ 다
⑤ 없음

해설 및 정답 2013년 제2회 변호사시험 기출문제 10 ★　　**정답** ⑤

가. (×) 엄격책임설에 의하면 乙은 **형법 제309조 제1항 출판물에 의한 사실 적시 명예훼손죄가 성립한다. 형법 제16조 정당한 이유가 없기 때문이다. 한편 갑은 형법 제309조 제1항, 제31조 제1항 출판물에 의한 명예훼손죄 교사범이 성립한다.**

대법원 1994. 10. 28. 선고 94도2186 판결 [출판물에 의한 명예훼손]

[판결요지] [1] 형법 제309조 제2항의 출판물 등에 의한 명예훼손죄가 성립하려면 그 적시하는 사실이 허위이어야 할 뿐 아니라 범인이 그와 같은 사실이 허위라고 인식을 하여야만 된다 할 것이다. 만일 범인이 그와 같은 사실이 허위라는 인식을 하지 못하였다면 형법 제309조 제1항의 죄로서 벌하는 것은 별론으로 하고 형법 제309조 제2항의 죄로서는 벌할 수 없다.

[2] '가'항의 허위의 점에 대한 인식, 즉 범의에 대한 입증책임은 검사에게 있다.

나. (×) **제한적 책임설 중 법효과제한적 책임설에 의하면 乙은 무죄이다. 이 경우 형법 제13조가 적용된다. 고의의 이중적 기능을 인정한다. 형법 제309조 제1항 출판물에 의한 사실 적시 명예훼손죄 구성요건고의는 인정된다. 그러나 책임에서 고의범으로 처벌할 수 없고, 과실범으로 처벌된다. 그러나 형법 제309조 제1항 출판물에 의한 사실 적시 명예**

훼손죄는 과실범 처벌규정이 없다. 한편 갑은 형법 제309조 제1항 출판물에 의한 명예훼손죄의 교사범이 성립한다.

다. (×) 제한적 책임설 중 유추적용설에 의하면 乙은 무죄이다. 이 경우 형법 제13조가 적용된다. 구성요건적 착오에 관한 규정을 유추적용하여 불법고의가 조각된다. 과실범 성립 여부가 문제된다. 그러나 형법 제309조 제1항 출판물에 의한 사실 적시 명예훼손죄는 과실범 처벌규정이 없다. 한편 갑은 형법 제309조 제2항 허위사실에 의한 출판물에 의한 명예훼손죄의 간접정범이 성립한다.

02 ★★★★★

甲은 A를 아파트 관리기금을 횡령한 혐의로 경찰에 고소하였다. 그 후 甲은[행위주체] 경찰로부터 기소의견으로 검찰에 사건을 송치하였다는 민원사건처리결과통지서를 받자, "A의 횡령혐의가 기소의견으로 검찰에 송치되었고, A는 민사상 위자료까지 부담하게 되어 매우 안타깝다."라는 내용의 안내문과 민원사건처리결과통지서 사본을사실적시 아파트 55세대의 우편함에 넣어[공연성+] 배포하였다.[행위] 검사는 甲을 A에 대한 명예훼손죄로 기소하였지만, 甲은 자신의 행위는 A의 비리를 알려 입주민 전체의 분열과 갈등으로 인한 피해를 방지하기 위한 것으로서 오로지 공공의 이익을 위하여 진실한 사실을 적시한 것이므로 형법 제310조의 위법성조각사유에 해당한다고 주장하였다.[형법 제310조 위법성조각사유] 이에 관한 설명 중 옳지 않은 것은? (다툼이 있는 경우에는 판례에 의함)

① 사실을 적시한 행위자의 주요한 목적이 공공의 이익을 위한 것이면 부수적으로 다른 목적이 있었다고 하더라도 형법 제310조의 적용을 배제할 수 없다.

해설 및 정답 2012년 제1회 변호사시험 기출문제 32 **정답** ○

대법원 2000. 2. 11. 선고 99도3048 판결 [출판물에 의한 명예훼손]

[판결요지] 중요한 부분이 객관적 사실과 합치되는 사실이라는 의미로 세부(細部)에 있어 진실과 약간 차이가 나거나 다소 과장된 표현이 있더라도 무방하다 할 것이다. 한편 '오로지 공공의 이익에 관한 때'라 함은 적시된 사실이 객관적으로 볼 때 공공의 이익에 관한 것으로서 행위자도 주관적으로 공공의 이익을 위하여 그 사실을 적시한 것이어야 하는 것이다. 행위자의 주요한 동기 내지 목적이 공공의 이익을 위한 것이라면 부수적으로 다른 사익적 목적이나 동기가 내포되어 있더라도 형법 제310조의 적용을 배제할 수 없다.

② 형법 제310조는 적시사실이 진실한 사실일 것을 요건으로 하지만, 통지서 사본이 첨부된 위 안내문의 주요내용이 진실하다면 일부 자세한 부분이 진실과 약간 차이가 나거나 다소 과장된 표현이 있다고 하더라도 적용될 수 있다.

해설 및 정답 2012년 제1회 변호사시험 기출문제 32 **정답** ○

대법원 2001. 10. 9. 선고 2001도3594 판결 [출판물에 의한 명예훼손]

③ 만약 통지서 사본이 첨부된 위 안내문이 출판물에 해당한다면, 甲에게 공공의 이익을 위한 목적이 인정되더라도 형법 제310조의 적용대상이 될 수 ~~없다.~~있다.

해설 및 정답 2012년 제1회 변호사시험 기출문제 32 **정답** ×

대법원 2003. 12. 26. 선고 2003도6036 판결 [출판물에 의한 명예훼손]

[판결요지] 출판물에 의한 명예훼손죄에 있어서 비방의 목적이 있다고 보기 어렵고, 나아가 형법 제307조 제1항의 명예훼손죄에 해당한다고 하더라도 형법 제310조에 의하여 위법성이 조각된다고 한 사례.

중요 ④ 형법 제310조에 의하여 위법성이 조각되기 위해서는 그것이 진실한 사실로서 오로지 공공의 이익에 관한 때에 해당된다는 점을 행위자가 증명하여야 한다.

해설 및 정답 2012년 제1회 변호사시험 기출문제 32 ★ **정답** ○

대법원 1996. 10. 25. 선고 95도1473 판결 [명예훼손]

⑤ 형법 제310조의 위법성조각사유에 대한 증명은 반드시 엄격한 증명에 의하여야 하는 것은 아니다.

해설 및 정답 2012년 제1회 변호사시험 기출문제 32 **정답** ○

대법원 1996. 10. 25. 선고 95도1473 판결 [명예훼손]

03 ★★★★★

명예훼손죄에 관한 설명 중 옳은 것을 모두 고른 것은? (다툼이 있는 경우 판례에 의함)

파워특강 명예훼손죄 위법성조각사유 거증책임(=행위자에게 진실성과 공익성 증명이 요구됨). 정통법 명예훼손 범행종료시기(=게시행위로 범행종료됨). 형법 제307조 제1항 '사실'의 의미(=진실+허위 모두 포함. 가치판단과 평가를 내용으로 하는 의견과 대치되는 개념). 정통법 명예훼손은 비방의 목적이 있어야 함(=비방의 목적이 없으면 형법 제307조 제1항이 적용됨. 형법 제310조 적용되어 위법성이 조각됨). 집단표시 명예훼손(=개개인에 대한 명예훼손은 개별구성원이 피해자로 특정되어야 함).

☞ [적중] 하태영, 형사법 종합연습 실전예상문제분석, 제3판, 법문사, 2021, 129(3).

중요 ① 「형법」 제310조 위법성조각사유의 충족 여부는 ~~검사에게~~ 행위자에게 거증책임이 있다.

해설 및 정답 2021년 제10회 변호사시험 기출문제 20 정답 ×

대법원 1996. 10. 25. 선고 95도1473 판결 [명예훼손]

[판결요지] [1] 공연히 사실을 적시하여 사람의 명예를 훼손한 행위가 형법 제310조의 규정에 따라서 위법성이 조각되어 처벌대상이 되지 않기 위하여는 **그것이 진실한 사실로서 오로지 공공의 이익에 관한 때에 해당된다는 점을 행위자가 증명하여야 하는 것이다. 그러나 그 증명은 유죄의 인정에 있어 요구되는 것과 같이 법관으로 하여금 의심할 여지가 없을 정도의 확신을 가지게 하는 증명력을 가진 엄격한 증거에 의하여야 하는 것은 아니다. 그러므로 이 때에는 전문증거에 대한 증거능력의 제한을 규정한 형사소송법 제310조의2는 적용될 여지가 없다.**

[2] 형법 제310조 '오로지 공공의 이익에 관한 때'라 함은 적시된 사실이 객관적으로 볼 때 공공의 이익에 관한 것으로서 행위자도 공공의 이익을 위하여 사실을 적시한 것이어야 한다. **행위자의 주요한 목적이나 동기가 공공의 이익을 위한 것이라면 부수적으로 다른 사익적 목적이나 동기가 내포되어 있더라도 형법 제310조의 적용을 배제할 수 없다.**

☞ [출제] 2016년 제5회 변호사시험 기출문제 13 · 2012년 제1회 변호사시험 기출문제 32

중요 ② 정보통신망을 이용하여 명예훼손성 글을 게재하는 경우에는 게재~~글이 삭제되지 않는 이상 피해가 지속되므로 삭제 시가~~ 게재시(게재행위 즉시 범죄가 성립하고 종료한다) 범행 종료 시이고 공소시효는 그때부터 기산된다.

해설 및 정답 2021년 제10회 변호사시험 기출문제 20 정답 ×

대법원 2007. 10. 25. 선고 2006도346 판결 [정보통신망이용촉진및정보보호등에관한법률위반(명예훼손){인정된 죄명: 명예훼손}]

[판시사항] 정보통신망을 이용한 명예훼손의 경우 범죄행위의 종료시기

[판결요지] **서적·신문 등 기존의 매체에 명예훼손적 내용의 글을 게시하는 경우에 그 게시행위로써 명예훼손의 범행은 종료하는 것이며** 그 서적이나 신문을 회수하지 않는 동안 범행이 계속된다고 보지는 않는다는 점을 고려해 보면, 정보통신망을 이용한 명예훼손의 경우에, **게시행위 후에도 독자의 접근가능성이 기존의 매체에 비하여 좀 더 높다고 볼 여지가 있다 하더라도 그러한 정도의 차이만으로 정보통신망을 이용한 명예훼손의 경우에 범죄의 종료시기가 달라진다고 볼 수는 없다.**

중요 ③ 사실적시명예훼손죄(「형법」 제307조 제1항)의 '사실'은 가치판단이나 평가를 내용으로 하는 '의견'에 대치되는 개념이다. ~~아니라 허위사실적시명예훼손죄(「형법」 제307조 제2항)의 '허위의 사실'과 반대되는 '진실한 사실'을 말하는 것이다.~~

해설 및 정답 2021년 제10회 변호사시험 기출문제 20 **정답** ×

대법원 2017. 4. 26. 선고 2016도18024 판결 [명예훼손]

[판시사항] 형법 제307조 제1항에서 말하는 '사실'의 의미 / **형법 제307조 제1항의 명예훼손죄는 적시된 사실이 진실한 사실인 경우이든 허위의 사실인 경우이든 모두 성립할 수 있는지 여부(적극)** 및 적시된 사실이 허위의 사실이나 행위자에게 허위성에 대한 인식이 없는 경우, 제307조 제1항의 명예훼손죄가 성립하는지 여부(적극)

[판결요지] 형법 제307조 제1항, 제2항, 제310조의 체계와 문언 및 내용에 의하면, 제307조 제1항의 '사실'은 제2항의 '허위의 사실'과 반대되는 '진실한 사실'을 말하는 것이 아니라 **가치판단이나 평가를 내용으로 하는 '의견'에 대치되는 개념이다.** 따라서 **제307조 제1항의 명예훼손죄는 적시된 사실이 진실한 사실인 경우이든 허위의 사실인 경우이든 모두 성립될 수 있고, 특히 적시된 사실이 허위의 사실이라고 하더라도 행위자에게 허위성에 대한 인식이 없는 경우에는 제307조 제2항의 명예훼손죄가 아니라 제307조 제1항의 명예훼손죄가 성립될 수 있다.** 제307조 제1항의 법정형이 2년 이하의 징역 등으로 되어 있는 반면 제307조 제2항의 법정형은 5년 이하의 징역 등으로 되어 있는 것은 적시된 사실이 객관적으로 허위일 뿐 아니라 행위자가 그 사실의 허위성에 대한 주관적 인식을 하면서 명예훼손행위를 하였다는 점에서 가벌성이 높다고 본 것이다.

☞ [적중] 하태영, 형사법종합연습 실전예상문제분석, 제3판, 법문사, 2020, 132면.

중요 ④ 정보통신망을 통하여 타인의 명예를 훼손하는 글을 게시하였으나 적시된 사실이 진실이고 공공의 이익에 관한 것이어서 비방의 목적이 인정되지 않는 경우에는 「형법」 제310조가 적용된다.

해설 및 정답 2021년 제10회 변호사시험 기출문제 20 **정답** ○

정보통신망이용촉진및정보보호등에관한법률 제70조 · 형법 제307조 · 제310조를 참조하시라. **정통법은 비방의 목적이 있어야 한다.** 만약 없다면, 형법 제307조 제1항이 적용된다. 그러면 당연히 형법 제310조를 적용할 수 있다. 정보통신망법과 형법을 함께 정리하시길 바란다.

⑤ 집단표시에 의한 명예훼손의 내용이 개별구성원에 이르러서는 비난의 정도가 희석되어 구성원 개개인의 사회적 평가에 영향을 미칠 정도에 이르지 아니한 때에는 구성원 개개인에 대한 명예훼손죄가 성립하지 않는다.

해설 및 정답 2021년 제10회 변호사시험 기출문제 20 **정답** ○

대법원 2006. 5. 12. 선고 2004다35199 판결 [손해배상(기)등]

[판결요지] [1] 이른바 **집단표시에 의한 명예훼손은, 명예훼손의 내용이 그 집단에 속한 특정인에 대한 것이라고는 해석되기 힘들고 집단표시에 의한 비난이 개별구성원에 이르러서는 비난의 정도가 희석되어 구성원 개개인의 사회적 평가에 영향을 미칠 정도에 이**

르지 않는 것으로 평가되는 경우에는 구성원 개개인에 대한 명예훼손이 성립되지 않는다고 할 것이다. 그러나 구성원 개개인에 대한 것으로 여겨질 정도로 구성원 수가 적거나 당시의 주위 정황 등으로 보아 집단 내 개별구성원을 지칭하는 것으로 여겨질 수 있는 때에는 집단 내 개별구성원이 피해자로서 특정된다고 보아야 하고, 그 구체적 기준으로는 집단의 크기, 집단의 성격과 집단 내에서의 피해자의 지위 등을 들 수 있다.

[2] **텔레비전 방송보도 중 사용된 '○○지방경찰청 기동수사대'라는 표시에 의하여, 방송보도의 대상인 수사 당시 위 기동수사대에 근무하였던 경찰관들이 명예훼손의 피해자로 특정되었다**고 한 사례.

04 ★★★★★

명예훼손죄에 관한 설명 중 옳은 것(○)과 옳지 않은 것(×)을 올바르게 조합한 것은? (다툼이 있는 경우 판례에 의함)

ㄱ. 기자를 통해 사실을 적시하는 경우 기자가 취재를 한 상태에서 아직 기사화하여 보도하지 아니한 때에는 전파가능성이 없어 명예훼손죄의 요건인 공연성이 인정되지 않는다.

ㄴ. 개인블로그의 비공개 대화방에서 1:1로 대화하였다면 명예훼손죄의 요건인 공연성이 ~~인정되지 않는다.~~ 인정된다.

ㄷ. 명예훼손죄는 ~~구체적 위험범이므로 불특정 또는 다수인이 적시된 사실을 실제 인식한 경우에 명예가 훼손된 것이다.~~ 추상적 위험범이다. 불특정 또는 다수인이 직접 인식할 수 있는 상태에 이르면 기수가 성립한다.

ㄹ. 정보통신망을 통하여 타인의 명예를 훼손하는 글을 게시하였으나 적시된 사실이 진실이고 공공의 이익에 관한 것이어서 비방의 목적이 인정되지 않는 경우에는 「형법」 제310조(위법성의 조각)가 적용된다.

ㅁ. 행위자의 주요한 동기 내지 목적이 공공의 이익을 위한 것이라도 부수적으로 다른 사익적 목적이나 동기가 내포되어 있는 때에는 「형법」 제310조(위법성의 조각)의 ~~적용이 배제된다.~~ 적용된다.

① ㄱ(○), ㄴ(○), ㄷ(○), ㄹ(×), ㅁ(○)
② ㄱ(○), ㄴ(×), ㄷ(○), ㄹ(×), ㅁ(×)
③ ㄱ(○), ㄴ(×), ㄷ(×), ㄹ(○), ㅁ(×)
④ ㄱ(×), ㄴ(×), ㄷ(×), ㄹ(○), ㅁ(×)
⑤ ㄱ(×), ㄴ(○), ㄷ(×), ㄹ(○), ㅁ(○)

해설 및 정답 2023년 제12회 변호사시험 기출문제 4 **정답** ③

> **파워특강** 명예훼손죄 · 정보통신법 · 비방의 목적 · 공연성 · 형법 제307조 · 제310조 · 제307조 제2항. 명예훼손죄(=**추상적 위험범. 불특정 또는 다수인이 직접 인식할 수 있는 상태에 이르면 기수**가 성립함. 그 사실을 인식하거나 명예훼손의 결과발생을 요하지 않음). 공연성(=① 기자를 통해 사실을 적시하는 경우, 기사가 보도되어야 적시 사실이 외부에 공표된다. 따라서 기자가 취재를 한 상태에서 아직 기사화하여 보도하지 아니하였다면, 전파가능성이 없어서 공연성이 없다. ② **개인 블로그의 비공개 대화방에서 일대일로 대화한 경우, 전파가능성이 있어서 공연성이 있다). 명예훼손죄 위법성조각사유 형법 제310조(=[예] 甲은 정보통신망을 통하여 타인의 명예를 훼손하는 글을 게시하였다.** 적시된 사실은 공공의 이익에 관한 내용이다. 이 경우 **비방 목적이 인정되지 않는다. 적시된 사실이 진실인 경우, 형법 제307조 제1항을 적용할 수 있으며 나아가** 형법 제310조를 적용할 수 있다).

ㄱ. (○) 대법원 2000. 5. 16. 선고 99도5622 판결 [사기미수 · 명예훼손 · 사자명예훼손]

[판시사항] [1] 명예훼손죄에 있어서 공연성의 의미 [2] **기자를 통하여 사실을 적시함에 있어 기자가 취재를 한 상태에서 아직 기사화하여 보도하지 않은 경우, 공연성 여부(소극)**

[판결요지] [1] 명예훼손죄의 구성요건인 공연성은 불특정 또는 다수인이 인식할 수 있는 상태를 의미한다. 비록 개별적으로 한사람에 대하여 사실을 유포하였다고 하더라도 그로부터 불특정 또는 다수인에게 전파될 가능성이 있다면 공연성의 요건을 충족하지만 이와 달리 전파될 가능성이 없다면 특정한 한 사람에 대한 사실의 유포는 공연성을 결한다.

[2] **통상 기자가 아닌 보통 사람에게 사실을 적시할 경우에는 그 자체로서 적시된 사실이 외부에 공표되는 것이다. 그러므로 그때부터 곧 전파가능성을 따져 공연성 여부를 판단하여야 할 것이다. 하지만 그와는 달리 기자를 통해 사실을 적시하는 경우에는 기사화되어 보도되어야만 적시된 사실이 외부에 공표된다고 보아야 할 것이다. 그러므로 기자가 취재를 한 상태에서 아직 기사화하여 보도하지 아니한 경우에는 전파가능성이 없다고 할 것이어서 공연성이 없다고 봄이 상당하다.**

☞ [출제] 2015년 제4회 변호사시험 기출문제 33 ①

ㄴ. (×) 대법원 2008. 2. 14. 선고 2007도8155 판결 [정보통신망이용촉진및정보보호등에관한법률위반(명예훼손)]

[판결요지] 개인 블로그의 비공개 대화방에서 상대방으로부터 비밀을 지키겠다는 말을 듣고 일대일로 대화하였다고 하더라도, 그 사정만으로 대화 상대방이 대화내용을 불특정 또는 다수에게 전파할 가능성이 없다고 할 수 없다. 그러므로 명예훼손죄의 요건인 공연성을 인정할 여지가 있다고 본 사례.

☞ [출제] 2016년 제5회 변호사시험 기출문제 13

☞ [적중] 하태영, 형사법 종합연습, 변시기출문제분석편, 제3판, 법문사, 2021, 165면.

ㄷ. (×) 명예훼손죄는 **추상적 위험범**이다. **불특정 또는 다수인이 직접 인식할 수 있는 상태에 이르면 기수**가 성립한다. 그 사실을 인식하거나 명예훼손의 결과발생을 요하지 않는다.

ㄹ. (○) 대법원 2008. 11. 27. 선고 2007도5312 판결 [정보통신망이용촉진및정보보호등에관한법률위반(명예훼손)(피고인1에대하여 인정된 죄명: 명예훼손)·명예훼손]

[판시사항] 허위사실의 보도로 인한 형법 제307조, 구 정보통신망 이용촉진 및 정보보호 등에 관한 법률 제61조 명예훼손죄의 성립 여부나 형법 제310조 위법성조각사유의 존부 등을 판단하는 방법

[판결요지] 이 사건 **적시사실이 진실이거나 위 피고인에게 위 적시사실의 허위성에 대한 인식이 없었다면 구 정보통신망법 제61조 제2항(현행 정보통신망법 제70조 제2항) 소정의 명예훼손죄는 물론, 원심이 유죄로 인정한 형법 제307조 제2항 소정의 명예훼손죄도 성립되지 않는 것이다. 나아가 원심이 구 정보통신망법 제61조 제2항(현행 정보통신망법 제70조 제2항) 소정의 명예훼손죄에 대하여 이유에서 무죄로 판단하면서 든 여러 사정들을 고려할 때 구 정보통신망법 제61조 제1항의 명예훼손죄의 구성요건요소인 '비방의 목적'이나 형법 제307조 제1항 소정의 명예훼손죄의 위법성 역시 부정된다고 볼 여지가 없지 않다고 할 것이다.**

ㅁ. (×) 대법원 2010. 11. 25. 선고 2009도12132 판결 [정보통신망이용촉진및정보보호등에관한법률위반(명예훼손)]

[판시사항] [1] 구 정보통신망 이용촉진 및 정보보호 등에 관한 법률 제70조 제2항의 허위사실 적시 정보통신망을 통한 명예훼손죄에서 '허위의 인식' 등에 관한 증명책임의 소재(=검사) 및 그 증명 여부의 판단 기준 [2] 피고인이 인터넷 게시판에 허위 사실을 적시하여 갑 유학원 및 그 대표 을의 명예를 훼손하였다는 구 정보통신망 이용촉진 및 정보보호 등에 관한 법률 위반의 공소사실에 대하여, 이를 유죄로 인정한 원심판단에 증명책임에 관한 법리오해 또는 채증법칙 위반의 위법이 있다고 한 사례 [3] **구 정보통신망 이용촉진 및 정보보호 등에 관한 법률 제70조에서 정한 '사람을 비방할 목적'이 있는지 여부의 판단 기준 및 '공공의 이익'과의 관계.**

[판결요지] [1] **형사재판에서 공소가 제기된 범죄의 구성요건을 이루는 사실은 그것이 주관적 요건이든 객관적 요건이든 그 증명책임이 검사에게 있다.**

[2] 피고인이 인터넷 게시판에 허위 사실을 적시하여 갑 유학원 및 그 대표 을의 명예를 훼손하였다는 구 정보통신망 이용촉진 및 정보보호 등에 관한 법률(2008. 6. 13. 법률 제9119호로 개정되기 전의 것) 위반의 공소사실에 대하여, 원심이 유죄 인정의 근거로 들고 있는 증거들만으로는 위 사실들이 허위이고 피고인이 그와 같은 사실이 허위임을 인식하였다는 점이 합리적인 의심을 할 여지가 없을 정도로 증명되었다고 보기 어려운데도, 피고인이 진실이라는 점을 소명할 구체적이고 객관적인 자료를 전혀 제시하지 못하였다는 이유만으로 위 사실들이 허위이고, 피고인이 이러한 사실들이 허위라고 인식하고 있었다고 판단하여 이를 유죄로 인정한 원심판단에 증명책임에 관한 법리오해 또는 채증법칙 위반의 위법이 있다고 한 사례.

[3] **공공의 이익에 관한 것에는 널리 국가·사회 기타 일반 다수인의 이익에 관한 것뿐만 아니라 특정한 사회집단이나 그 구성원 전체의 관심과 이익에 관한 것도 포함하는 것이고, 행위자의 주요한 동기 내지 목적이 공공의 이익을 위한 것이라면 부수적으로 다른 사익적 목적이나 동기가 내포되어 있더라도 비방할 목적이 있다고 보기는 어렵다.**

☞ [출제] 2012년 제1회 변호사시험 기출문제 32

☞ [적중] 하태영, 형사법 종합연습, 변시기출문제분석편, 제3판, 법문사, 2021, 168면.

문 18. 성폭력범죄에 관한 설명 중 옳은 것은? (다툼이 있는 경우 판례에 의함)

출제내용

- 강제추행죄에서 '폭행'의 형태와 정도 및 '추행'의 의미와 판단기준(=강제추행죄 폭행은 항거 곤란과 폭행 자체 추행행위로 인정되는 경우도 포함)
- 피해자 도구 삼아 피해자 신체 이용 추행행위(=강제추행죄 간접정범 성립)
- 성폭력범죄의 처벌 및 피해자보호 등에 관한 법률 위반(=특수강도강간죄)
- 성폭력범죄의 처벌 등에 관한 특례법(=특수강간죄·합동강간죄)
- 성폭력범죄의 처벌 등에 관한 특례법(=제13조 공중밀집장소추행죄)
- 성폭력범죄의 처벌 등에 관한 특례법(카메라등이용촬영죄): 신상공개(벌금형 선고 받은 자 제외)
- 청소년의 성보호에 관한 법률 제10조 제4항 '위계'의 의미
- 강간치상죄(=수면제 약물투약하여 수면 또는 의식불명 상태에 이른 경우⇒건강상태가 불량하게 변경되고 기능장애가 초래된 경우 강간치상죄가 성립)

출제분석

2024년 제13회 변호사시험 출제예상 ★
2021년 제10회 변호사시험 기출문제 5
2019년 제8회 변호사시험 기출문제 3
2018년 제7회 변호사시험 기출문제 16
2015년 제4회 변호사시험 기출문제 12
2013년 제2회 변호사시험 기출문제 6

가. 성폭력범죄에 관한 설명 중 옳은 것이다(○).

① 감금행위가 단순히 강도상해 범행의 수단이 되는 데 그치지 아니하고 강도상해의 범행이 끝난 뒤에도 계속된 경우에는 감금죄와 강도상해죄의 경합범으로 처벌된다.

해설 및 정답 2018년 제7회 변호사시험 기출문제 16 **정답** ○

대법원 2003. 1. 10. 선고 2002도4380 판결 [강도상해]

② 미성년자가 혼자 머무는 주거에 침입하여 그를 감금한 뒤 폭행 또는 협박에 의하여 부모의 출입을 봉쇄하고 독자적인 생활관계를 형성하기에 이르렀다면 비록 장소적 이전이 없었다 할지라도 미성년자약취죄가 성립한다.

해설 및 정답 2018년 제7회 변호사시험 기출문제 16 **정답** ○

대법원 2008. 1. 17. 선고 2007도8485 판결 [특정범죄가중처벌등에관한법률위반(약취·유인)·특수강도·절도·주거침입]

행위자가 어떤 고의로 실행에 착수하였는지가 범죄구성요건판단에서 중요하다. 약취유인의 고의로 폭행 또는 협박을 하였는지, 아니면 강도의 고의로 폭행 또는 협박을 하였는지 세밀하게 판단해야 한다.

③ 강간범이 강간행위[제1행위] 후에 강도의 범의를 일으켜 피해자의 재물을 강취한 경우에는[제2행위] 강도강간죄가 아니라 강간죄와 강도죄의 경합범으로 처벌될 수 있을 뿐이나, 강간행위를 종료하기 전에 강도행위를 하고 그 자리에서 강간행위를 계속한 때에는 강도강간죄로 처벌된다.

해설 및 정답 2018년 제7회 변호사시험 기출문제 16 **정답** ○

대법원 2010. 7. 15. 선고 2010도3594 판결

이 사안은 포괄일죄 중 결합범이 쟁점이다. **강도 신분을 가진 사람이 강간행위를 한 경우 강도강간죄가 성립한다. 포괄일죄 중 결합범이다.**

[판결요지] **강도강간죄는 강도라는 신분을 가진 범인이 강간죄를 범하였을 때 성립하는 범죄이다.** 그러므로 **강간범이 강간행위 후에 강도의 범의를 일으켜 그 부녀의 재물을 강취하는 경우**에는 강도강간죄가 아니라 **강도죄와 강간죄의 경합범이 성립될 수 있을 뿐이다. 강간범이 강간행위 종료전, 즉 그 실행행위의 계속 중에 강도의 행위를 할 경우에는 이때에 바로 강도의 신분을 취득하는 것이므로 이후에 그 자리에서 강간행위를 계속하는 때에는 강도가 부녀를 강간한 때에 해당하여 「형법」제339조 소정의 강도강간죄를 구성한다 할 것이다.**

④ 강간범이 범행현장에서 범행에 사용하려는 의도 아래 흉기 등 위험한 물건을 지닌 이상 그 사실을 피해자가 인식하거나 실제로 범행에 사용하지 않은 경우도 「성폭력범죄의 처벌 등에 관한 특례법」 제4조 제1항 소정의 '흉기나 그 밖의 위험한 물건을 지닌 채 강간죄를 범한 자'에 해당한다.

해설 및 정답 2018년 제7회 변호사시험 기출문제 16 **정답** ○

대법원 2004. 6. 11. 선고 2004도2018 판결

⑤ 강제추행죄는 폭행이 추행행위에 앞서 이루어진 경우뿐만 아니라 폭행행위 자체가 추행행위라고 인정되는 경우에도 성립한다.

해설 및 정답 2015년 제4회 변호사시험 기출문제 12 **정답** ○

대법원 2012. 6. 14. 선고 2012도3893, 2012감도14, 2012전도83 판결

⑥ 혼인빙자등간음죄를 규정한 구 「형법」 제304조가 폐지되었는 바, 제304조의 내용 중 위계간음죄 부분의 폐지는 법률이념의 변천에 따라 반성적 고려에서 비롯되었으며, 이는 범죄 후의 법령 개폐로 범죄를 구성하지 않게 되어 형이 폐지되었을 때에 해당하므로 폐지 전에 행한 위계간음행위에 대하여 면소판결을 하여야 한다.

해설 및 정답 2015년 제4회 변호사시험 기출문제 12 **정답** ○

대법원 2014. 4. 24. 선고 2012도14253 판결 [준강간]

⑦ 8세인 미성년자에 대한 추행행위로 피해자의 외음부 부위에 염증이 발생한 경우 그 증상이 약간의 발적과 경도의 염증이 수반된 정도에 불과하더라도 그로 인하여 피해자 신체의 건강상태가 불량하게 되고 생활기능에 장애가 초래된 것이라면 이러한 상해는 미성년자의제강제추행치상죄의 상해의 개념에 해당한다.

해설 및 정답 2015년 제4회 변호사시험 기출문제 12 **정답** ○

대법원 1996. 11. 22. 선고 96도1395 판결 [미성년자의제강제추행치상]

[판시사항] **피해자의 외음부염증이 미성년자의제강제추행치상죄에 있어서 상해에 해당한다**고 본 사례.

⑧ 피고인이 간음하기 위해 피해자의 바지를 벗기려는 순간 피해자가 어렴풋이 잠에서 깨어나 피고인을 자신의 애인으로 착각하여 불을 끄라고 말하였고, 피고인이 여관으로 가자고 제의하자 그냥 빨리하라고 하면서 성교에 응하자심신상실–피고인이 피해자를 간음한 경우 준강간죄가 성립하지 않는다.

해설 및 정답 2015년 제4회 변호사시험 기출문제 12 **정답** ○

대법원 2000. 2. 25. 선고 98도4355 판결 [강간치상]

[판결요지] **피고인의 이 사건 간음행위 당시 피해자가 심신상실상태에 있었다고 볼 수 없다.**

⑨ 특수강간범이 강간행위 계속 중에 특수강도의 행위를 한 후 강간행위를 종료한 경우 성폭력범죄의 처벌 등에 관한 특례법상의 특수강도강간죄가 성립한다.

해설 및 정답 2013년 제2회 변호사시험 기출문제 6 **정답** ○

대법원 2010. 7. 15. 선고 2010도3594 판결

중요 ⑩ 甲, 乙, 丙이 사전의 모의에 따라 강간할 목적으로 심야에 인가에서 멀리 떨어져 있어 쉽게 도망할 수 없는 야산으로 피해자 A, B, C를 유인한 다음 곧바로 암묵적인 합의에 따라 각자 마음에 드는 피해자 1명씩만을 데리고 불과 100m 이내의 거리에 있는 곳으로 흩어져 동시 또는 순차적으로 피해자들을 각각 강간하였다면, 甲에게는 A, B, C 모두에 대한 성폭력범죄의 처벌 등에 관한 특례법상의 특수강간죄가 성립한다.

해설 및 정답 2013년 제2회 변호사시험 기출문제 6 **정답** ○

대법원 2004. 8. 20. 선고 2004도2870 판결

[판시사항] [1] 성폭력범죄의처벌및피해자보호등에관한법률 제6조 제1항의 합동범이 성립하기 위한 요건 [2] **강간범행에 대하여 공모·협동관계가 있다고 보아 성폭력범죄의처벌및피해자보호등에관한법률 제6조 제1항의 특수강간죄 등이 성립된다**고 한 사례.

[판결요지] 사전의 모의에 따라 강간할 목적으로 심야에 인가에서 멀리 떨어져 있어 쉽게 도망할 수 없는 야산으로 피해자들을 유인한 다음 곧바로 암묵적인 합의에 따라 각자 마음에 드는 피해자들을 데리고 불과 100m 이내의 거리에 있는 곳으로 흩어져 동시 또는 순차적으로 피해자들을 각각 강간하였다면, 그 각 강간의 실행행위도 시간적으로나 장소적으로 협동관계에 있었다고 보아야 할 것이다. 따라서 피해자 3명 모두에 대한 특수강간죄 등이 성립된다.

☞ [비교판례] 대법원 2013. 1. 16. 선고 2011도7164, 2011전도124 판결

[공소사실] 피고인이 아파트 엘리베이터 내에 13세 미만인 갑(여, 11세)과 단둘이 탄 다음 갑을 향하여 성기를 꺼내어 잡고 여러 방향으로 움직이다가 이를 보고 놀란 갑 쪽으로 가까이 다가감으로써 위력으로 갑을 추행하였다고 하여 성폭력범죄의 처벌 등에 관한 특례법 위반으로 기소된 사안이다.

[판결요지] 피고인은 나이 어린 갑을 범행 대상으로 삼아, 의도적으로 협소하고 폐쇄적인 엘리베이터 내 공간을 이용하여 갑이 도움을 청할 수 없고 즉시 도피할 수도 없는 상황을 만들어 범행을 한 점 등 제반 사정에 비추어 볼 때, 비록 피고인이 갑의 신체에 직접적인 접촉을 하지 아니하였고 엘리베이터가 멈춘 후 갑이 위 상황에서 바로 벗어날 수 있었다고 하더라도, 피고인의 행위는 갑의 성적 자유의사를 제압하기에 충분한 세력에 의하여 추행행위에 나아간 것으로서 위력에 의한 추행에 해당한다고 보아야 한다.

⑫ 성폭력범죄의 처벌 등에 관한 특례법상의 공중밀집장소에서의 추행죄에서 규정하고 있는 공중밀집장소란 공중의 이용에 상시적으로 제공, 개방된 상태에 놓여 있는 곳 일반을 의미한다. 그러므로 공중밀집장소의 일반적 특성을 이용한

행위라고 보기 어려운 특별한 사정이 있는 경우에 해당하지 않는 한 추행행위 당시의 현실적인 밀집도 내지 혼잡도에 따라 그 규정의 적용 여부를 달리한다고 볼 수 없다.

해설 및 정답 2013년 제2회 변호사시험 기출문제 6 **정답** ○

대법원 2009. 10. 29. 선고 2009도5704 판결

[판결요지] **찜질방 수면실에서 옆에 누워 있던 피해자의 가슴 등을 손으로 만진 행위가 성폭력범죄의 처벌 및 피해자보호 등에 관한 법률 제13조에서 정한 공중밀집장소에서의 추행행위에 해당한다.**

나. 성폭력범죄에 관한 설명 중 옳지 않은 것이다(×).

① 아동·청소년의 성을 사는 행위를 알선하는 행위를 업으로 하는 사람이 알선의 대상이 아동·청소년임을 인식하면서 알선행위를 하였더라도, 알선행위로 아동·청소년의 성을 사는 행위를 한 사람이 행위의 상대방이 아동·청소년임을 인식하지 못하였다면 아동·청소년의성보호에관한법률위반(알선영업행위등)죄가 ~~성립하지 않는다.~~ 성립한다.

해설 및 정답 2018년 제7회 변호사시험 기출문제 16 **정답** ×

대법원 2016. 2. 18. 선고 2015도15664 판결

[판결요지] **아동·청소년의 성을 사는 행위를 알선하는 행위를 업으로 하는 사람이 알선의 대상이 아동·청소년임을 인식하면서 알선행위를 하였다면, 알선행위로 아동·청소년의 성을 사는 행위를 한 사람이 행위의 상대방이 아동·청소년임을 인식하고 있었는지는 알선행위를 한 사람의 책임에 영향을 미칠 이유가 없다.** 따라서 **아동·청소년의 성을 사는 행위를 알선하는 행위를 업으로 하여 청소년성보호법 제15조 제1항 제2호의 위반죄가 성립하기 위해서는 알선행위를 업으로 하는 사람이 아동·청소년을 알선의 대상으로 삼아 그 성을 사는 행위를 알선한다는 것을 인식하여야 하지만, 이에 더하여 알선행위로 아동·청소년의 성을 사는 행위를 한 사람이 행위의 상대방이 아동·청소년임을 인식하여야 한다고 볼 수는 없다.**

② 피고인이 심신미약자인 피해자를 여관으로 유인하기 위하여 인터넷쪽지로 남자를 소개해 주겠다고 거짓말을 하여 피해자가 이에 속아 여관으로 오게 되었고, 그곳에서 성관계를 하게 되었다면 거짓말로 여관으로 유인한 행위는 위계에 의한 심신미약자간음죄의 위계에 ~~해당한다.~~ 해당하지 않는다.

해설 및 정답 2015년 제4회 변호사시험 기출문제 12 **정답** ×

대법원 2002. 7. 12. 선고 2002도2029 판결

[판결요지] 피고인이 피해자를 여관으로 유인하기 위하여 남자를 소개시켜 주겠다고 거짓말을 하고 피해자가 이에 속아 여관으로 오게 되었고 거기에서 성관계를 하게 되었다 할지라도, **그녀가 여관으로 온 행위와 성교행위 사이에는 불가분의 관련성이 인정되지 아니하는 만큼 이로 인하여 피해자가 간음행위 자체에 대한 착오에 빠졌다거나 이를 알지 못하였다고 할 수는 없다 할 것이다. 피고인의 위 행위는 형법 제302조 소정의 위계에 의한 심신미약자간음죄에 있어서 위계에 해당하지 아니한다.**

③ 자신이 알고 있는 사람과 다툼을 일으키고 자신의 말을 무시하고 차량이 주차된 장소로 가는 48세 부녀자인 A를 뒤따라가 '그냥 가면 가만두지 않겠다'라고 하면서 바지를 벗고 자신의 성기를 보여준 甲의 행위는 비록 사람들이 왕래하는 골목길 도로이고 직접적인 신체적 접촉이 없었으나, 주차된 차량들 사이에서 발생한 것이고, 저녁 8시경에 이루어졌으며, 객관적으로 일반인에게 성적수치심과 혐오감을 일으키는 행위이므로 강제추행죄가 ~~성립한다.~~ 성립하지 않는다.

해설 및 정답 2013년 제2회 변호사시험 기출문제 6 **정답** ×

대법원 2012. 7. 26. 선고 2011도8805 판결 [강제추행·공무집행방해]

다. 성폭력범죄 종합문제

01 ★★★★★

다음 설명 중 옳은 것을 모두 고른 것은? (다툼이 있는 경우 판례에 의함)

ㄱ. **甲이 새벽에 귀가하는 A(25세, 여)를 발견하고는 강간하기로 마음먹고, A를 따라가 A가 거주하는 아파트 엘리베이터를 같이 탄 뒤 엘리베이터 안에서 주먹으로 A의 얼굴을 수회 때려 반항을 억압한 후 A를 끌고 엘리베이터에서 내린 다음 아파트 계단에서 A를 간음하고 그로 인하여 A에게 상해를 가한 경우,** 아파트의 엘리베이터, 공용계단은 특별한 사정이 없는 한 주거침입죄의 객체인 '사람의 주거'에 해당하므로 甲에게는 성폭력범죄의처벌등에관한특례법위반(강간등상해)죄가 성립한다.

ㄴ. **甲이 야간에 A(26세, 여)의 주거에 침입하여 A에게 칼을 들이대고 협박하여 A의 반항을 억압한 상태에서 강간행위를 실행하던 도중 범행현장에 있던 A 소유의 핸드백을 빼앗은 다음 그 자리에서 강간행위를 계속한 경우,** 甲에게는 성폭력범죄의 처벌등에관한특례법위반~~(특수강간)죄와 특수강도죄가 성립하고 양 죄는 실체적~~

~~경합범 관계이다.~~ 특수강도강간죄가 성립한다.

ㄷ. 甲이 버스에서 내려 혼자 걸어가는 A(27세, 여)를 발견하고 마스크를 착용한 채 뒤따라가다가 인적이 없고 **외진 곳에서 가까이 접근하여 껴안으려고 양 팔을 든 순간, A가 뒤돌아보면서 소리치자 甲이 그 상태로 몇 초 동안 A를 쳐다보다가 다시 오던 길로 되돌아간 경우**, 甲에게는 강제추행미수죄가 성립한다.

ㄹ. 사리판단력이 있는 고등학교 1년생으로 종전에 성경험이 있었던 A(16세, 여)에게 甲이 성교의 대가로 돈을 주겠다고 거짓말하여 이에 속은 A와 성교행위를 한 경우, 위계로써 아동·청소년을 간음한 경우에 해당하므로, 甲에게는 「형법」상 미성년자간음죄가 아니라 아동·청소년의성보호에관한법률위반(위계등간음)죄가 성립한다.☞ 대법원 2020. 8. 27. 선고 2015도9436 전원합의체 판결 [아동·청소년의성보호에관한법률위반(위계등간음)] <위계에 의한 간음죄에서 위계의 의미>

ㅁ. **甲이 제작한 영상물이 객관적으로 아동·청소년이 등장하여 성적 행위를 하는 내용을 표현한 영상물에 해당하더라도 대상이 된 아동·청소년의 동의하에 촬영한 것이라면**, 甲의 행위는 「아동·청소년의 성보호에 관한 법률」상 '아동·청소년이용음란물'을 제작한 것에 해당하지 아니한다.

① ㄱ, ㄴ
② ㄱ, ㄷ
③ ㄴ, ㄹ
④ ㄴ, ㅁ
⑤ ㄱ, ㄷ, ㄹ, ㅁ

해설 및 정답 2019년 제8회 변호사시험 기출문제 3 **정답** ⑤

ㄱ. (○) 대법원 2009. 9. 10. 선고 2009도4335 판결

[공소사실] 피고인이 강간할 목적으로 피해자를 따라 피해자가 거주하는 아파트 내부의 엘리베이터에 탄 다음 그 안에서 폭행을 가하여 반항을 억압한 후 계단으로 끌고 가 피해자를 강간하고 상해를 입힌 사안이다.

[판결요지] **다가구용 단독주택이나 다세대주택·연립주택·아파트 등 공동주택의 내부에 있는 엘리베이터, 공용 계단과 복도는 특별한 사정이 없는 한 주거침입죄의 객체인 '사람의 주거'에 해당한다. 위 장소에 거주자의 명시적, 묵시적 의사에 반하여 침입하는 행위는 주거침입죄를 구성한다. 피고인이** 성폭력범죄의 처벌 및 피해자보호 등에 관한 법률 제5조 제1항**에 정한 주거침입범의 신분을 가지게 되었다는 이유로, 주거침입을 인정하지 않고 강간상해죄만을 선고한 원심판결을 파기한 사례.**

ㄴ. (×) 대법원 2010. 12. 9. 선고 2010도9630 판결

[판결요지] **다른 특별한 사정이 없는 한 특수강간범이 강간행위 종료 전에 특수강도의 행위를 한 이후에 그 자리에서 강간행위를 계속하는 때에도 특수강도가 부녀를 강간한 때에 해당하여 구 성폭력범죄의 처벌 및 피해자보호 등에 관한 법률 제5조 제2항에 정한 특수강도강간죄로 의율할 수 있다. 강간범인이 부녀를 강간할 목적으로 폭행, 협박에 의**

하여 반항을 억업한 후 반항억압 상태가 계속 중임을 이용하여 재물을 탈취하는 경우에는 재물탈취를 위한 새로운 폭행, 협박이 없더라도 강도죄가 성립한다. [3] 야간에 甲의 주거에 침입하여 드라이버를 들이대며 협박하여 甲의 반항을 억압한 상태에서 강간행위의 실행 도중 범행현장에 있던 乙 소유의 핸드백을 가져간 피고인의 행위를 포괄하여 구 성폭력범죄의 처벌 및 피해자보호 등에 관한 법률(2010. 4. 15. 법률 제10258호 성폭력범죄의 피해자보호 등에 관한 법률로 개정되기 전의 것) 위반(특수강도강간등)죄에 해당한다.

ㄷ. (○) 대법원 2015. 9. 10. 선고 2015도6980, 2015모2524 판결
[공소사실] 피고인이 피해자 甲을 외진 곳에서 가까이 접근하여 껴안으려 하였다. 그러나 甲이 뒤돌아보면서 소리치자 그 상태로 몇 초 동안 쳐다보다가 되돌아갔다.
[판결요지] 추행의 고의로 상대방의 의사에 반하는 유형력의 행사, 즉 폭행행위를 하여 실행행위에 착수하였으나 추행의 결과에 이르지 못한 때에는 강제추행미수죄가 성립한다. 이러한 법리는 폭행행위 자체가 추행행위라고 인정되는 이른바 '기습추행'의 경우에도 마찬가지로 적용된다. 피고인의 팔이 甲의 몸에 닿지 않았더라도 양팔을 높이 들어 갑자기 뒤에서 껴안으려는 행위는 甲의 의사에 반하는 유형력의 행사로서 폭행행위에 해당한다. 그때 '기습추행'에 관한 실행의 착수가 있다. 그런데 마침 甲이 뒤돌아보면서 소리치는 바람에 몸을 껴안는 추행의 결과에 이르지 못하고 미수에 그쳤다. 피고인의 행위는 아동·청소년에 대한 강제추행미수죄에 해당한다.

ㄹ. (○) 대법원 2001. 12. 24. 선고 2001도5074 판결 [청소년의성보호에관한법률위반]
[판결요지] 간음행위와 불가분적 관련성이 인정되지 않는 다른 조건에 관한 오인, 착각, 부지를 가리키는 것은 아니다. 피고인이 청소년에게 성교의 대가로 돈을 주겠다고 거짓말하고 청소년이 이에 속아 피고인과 성교행위를 하였다고 하더라도, 사리판단력이 있는 청소년에 관하여는 그러한 금품의 제공과 성교행위 사이에 불가분의 관련성이 인정되지 아니하는 만큼 이로 인하여 청소년이 간음행위 자체에 대한 착오에 빠졌다거나 이를 알지 못하였다고 할 수 없다. 따라서 피고인의 행위가 청소년의성보호에관한법률 제10조 제4항 소정의 위계에 해당하지 아니한다. 그러나 대법원 판례가 변경되었다. 대법원 2020. 8. 27. 선고 2015도9436 전원합의체 판결 [아동·청소년의성보호에관한법률위반(위계등간음)] 〈위계에 의한 간음죄에서 위계의 의미〉★★★★★

ㅁ. (○) 대법원 2015. 2. 12. 선고 2014도11501, 2014전도197 판결
[판결요지] 아동·청소년인 행위자 본인이 사적인 소지를 위하여 자신을 대상으로 '아동·청소년이용음란물'에 해당하는 영상 등을 제작하거나 그 밖에 이에 준하는 경우로서, 영상의 제작행위가 헌법상 보장되는 인격권, 행복추구권 또는 사생활의 자유 등을 이루는 사적인 생활 영역에서 사리분별력 있는 사람의 자기결정권의 정당한 행사에 해당한다고 볼 수 있는 예외적인 경우에는 위법성이 없다고 볼 수 있다.

02 ★★★★★

「성폭력범죄의 처벌 등에 관한 특례법」 제14조(카메라 등을 이용한 촬영)에 관한 설명 중 옳지 않은 것은? (제시된 법령을 참고하고 다툼이 있는 경우 판례에 의함)

성폭력범죄의 처벌 등에 관한 특례법[법률 제11556호, 2012. 12. 18. 전부개정](이하 '구 성폭법'이라 함)	성폭력범죄의 처벌 등에 관한 특례법[법률 제17264호, 2020. 5. 19. 일부개정](이하 '현행 성폭법'이라 함)
제14조(카메라 등을 이용한 촬영) ① 카메라나 그 밖에 이와 유사한 기능을 갖춘 기계장치를 이용하여 성적 욕망 또는 수치심을 유발할 수 있는 다른 사람의 신체를 그 의사에 반하여 촬영하거나 그 촬영물을 반포·판매·임대·제공 또는 공공연하게 전시·상영한 자는 5년 이하의 징역 또는 1천만원 이하의 벌금에 처한다. ② 제1항의 촬영이 촬영 당시에는 촬영대상자의 의사에 반하지 아니하는 경우에도 사후에 그 의사에 반하여 촬영물을 반포·판매·임대·제공 또는 공공연하게 전시·상영한 자는 3년 이하의 징역 또는 500만원 이하의 벌금에 처한다.	제14조(카메라 등을 이용한 촬영) ① 카메라나 그 밖에 이와 유사한 기능을 갖춘 기계장치를 이용하여 성적 욕망 또는 수치심을 유발할 수 있는 사람의 신체를 촬영대상자의 의사에 반하여 촬영한 자는 7년 이하의 징역 또는 5천만원 이하의 벌금에 처한다. ② 제1항에 따른 촬영물 또는 복제물(복제물의 복제물을 포함한다. 이하 이 조에서 같다)을 반포·판매·임대·제공 또는 공공연하게 전시·상영(이하 "반포등"이라 한다)한 자 또는 제1항의 촬영이 촬영 당시에는 촬영대상자의 의사에 반하지 아니한 경우(자신의 신체를 직접 촬영한 경우를 포함한다)에도 사후에 그 촬영물 또는 복제물을 촬영대상자의 의사에 반하여 반포등을 한 자는 7년 이하의 징역 또는 5천만원 이하의 벌금에 처한다.

파워특강 성폭력범죄의 처벌 등에 관한 특별법. 화상채팅 직접 촬영물을 전송받아 저장(=피해자 직접 촬영행위에 해당되지 않음). 촬영 당시 동의해도 사후에 동의 없이 촬영물을 반포한 행위(=촬영물 반포에 해당함). 촬영물(=직접 촬영물만 말함. 이미지 담긴 영상물은 직접 촬영에 해당하지 않음). 피해자 본인에게 촬영물을 교부(=제공에 해당하지 않음). 제14조 제1항(=촬영대상자의 의사에 반한 촬영행위). 제14조 제2항(=촬영물과 복제물을 반포·판매·임대·제공·전시·공연한 행위. 사후에 촬영대상자의 의사에 반하여 촬영물과 복제물을 반포·판매·임대·제공·전시·공연한 행위도 포함함).

☞ [적중] 하태영, 형사법 종합연습 실전예상문제분석, 제3판, 법문사, 2020, 문16. 150(12), 154(15), 155(16).

① 甲이 A와 화상채팅 중 A가 스스로 촬영하여 전송한 A의 나체 사진을 저장한 경우, 甲의 행위가 A의 의사에 반하더라도 구 성폭법 제14조 제1항으로 처벌할 수 없다.

해설 및 정답 2021년 제10회 변호사시험 기출문제 5 **정답** ○

대법원 2005. 10. 13. 선고 2005도5396 판결 [성폭력범죄의처벌및피해자보호등에관한법률위반(카메라등이용촬영)]

[판시사항] 피고인이 인터넷 채팅용 화상카메라를 이용하여 화상채팅을 하던 도중 상대방이 스스로 나체를 찍어 전송한 영상을 피고인의 컴퓨터에 저장한 행위가 성폭력범죄의 처벌 및 피해자보호 등에 관한 법률 제14조의2에서 정한 촬영행위에 해당하지 않는다.

② 甲이 A의 동의를 얻어 A의 나체를 촬영한 후 그 영상물을 A의 의사에 반하여 반포한 행위는 구 성폭법뿐만 아니라 현행 성폭법 하에서도 제14조 제2항의 처벌대상이 된다.

해설 및 정답 2021년 제10회 변호사시험 기출문제 5 **정답** ○

성폭력범죄의 처벌 등에 관한 특례법 제14조 참조.

☞ [적중] 하태영, 형사법종합연습 실전예상문제분석, 제3판, 법문사, 2020, 154면.

중요 ③ 甲이 A의 동의를 얻어 A의 나체를 촬영한 영상을 컴퓨터로 재생하면서 재생 중인 화면을 휴대전화로 다시 촬영한 다음 이를 A의 의사에 반하여 반포한 행위는 구 성폭법 제14조 제2항으로 처벌할 수 없다.

해설 및 정답 2021년 제10회 변호사시험 기출문제 5 **정답** ○

대법원 2018. 8. 30. 선고 2017도3443 판결 [성폭력범죄의처벌등에관한특례법위반(카메라등이용촬영)·정보통신망이용촉진및정보보호등에관한법률위반]

[판결요지] [1] 성폭력범죄의 처벌 등에 관한 특례법 제14조 제1항이 **촬영의 대상을 '다른 사람의 신체'로 규정하고 있으므로, 다른 사람의 신체 그 자체를 직접 촬영하는 행위만이 위 조항에서 규정하고 있는 '다른 사람의 신체를 촬영하는 행위'에 해당하고, 다른 사람의 신체 이미지가 담긴 영상을 촬영하는 행위는 이에 해당하지 않는다.**

[2] 성폭력범죄의 처벌 등에 관한 특례법(이하 '성폭력처벌법'이라 한다) 제14조 제2항은 "제1항의 촬영이 촬영 당시에는 촬영대상자의 의사에 반하지 아니하는 경우에도 사후에 그 의사에 반하여 촬영물을 반포·판매·임대·제공 또는 공공연하게 전시·상영한 자는 3년 이하의 징역 또는 500만 원 이하의 벌금에 처한다."라고 규정하고 있다. 위 제2항은 촬영대상자의 의사에 반하지 아니하여 촬영한 촬영물을 사후에 그 의사에 반하여 반포하는 행위 등을 규율 대상으로 하면서 그 촬영의 대상과 관련해서는 '제1항의 촬영'이라고 규정하고 있다. **성폭력처벌법 제14조 제1항이 촬영의 대상을 '다른 사람의 신체'**

로 규정하고 있으므로, 위 제2항의 촬영물 또한 '다른 사람의 신체'를 촬영한 촬영물을 의미한다고 해석하여야 하는데, '다른 사람의 신체에 대한 촬영'의 의미를 해석할 때 위 제1항과 제2항의 경우를 달리 볼 근거가 없다. 따라서 **다른 사람의 신체 그 자체를 직접 촬영한 촬영물만이 위 제2항에서 규정하고 있는 촬영물에 해당하고, 다른 사람의 신체 이미지가 담긴 영상을 촬영한 촬영물은 이에 해당하지 아니한다.**

[3] **피고인이 성관계 동영상 파일을 컴퓨터로 재생한 후 모니터에 나타난 영상을 휴대전화 카메라로 촬영하였더라도, 이는 갑의 신체 그 자체를 직접 촬영한 행위에 해당하지 아니하여, 그 촬영물은 같은 법 제14조 제2항에서 규정한 촬영물에 해당하지 아니한다는 이유로, 이와 달리 보아 피고인에게 유죄를 인정한 원심판단에 같은 법 제14조 제2항에 관한 법리를 오해한 잘못이 있다고 한 사례.**

☞ [적중] 하태영, 형사법종합연습 실전예상문제분석, 제3판, 법문사, 2020, 150면.

④ 甲이 A의 동의를 얻어 A의 나체를 촬영한 후 A가 다른 남성 B와 사귀자 헤어지게 할 목적으로 A에게 위 나체 영상을 전송한 경우 구 성폭법 제14조 제2항의 '제공'으로 처벌할 수 ~~있다.~~없다.

해설 및 정답 2021년 제10회 변호사시험 기출문제 5 **정답** ×

대법원 2018. 8. 1. 선고 2018도1481 판결 [성폭력범죄의처벌등에관한특례법위반(카메라등이용촬영)[일부 인정된 죄명: 성폭력범죄처벌특례법위반(카메라등이용촬영)미수]] 〈수치심을 유발할 수 있는 피해자의 신체를 의사에 반하여 촬영한 후 피해자 본인에게 전송한 사건〉

[판결요지] 성폭력처벌법 제14조 제1항에서 '반포'와 별도로 열거된 '제공'은, '반포'에 이르지 아니하는 무상 교부행위로서 '반포'할 의사 없이 '특정한 1인 또는 소수의 사람'에게 무상으로 교부하는 것을 의미한다. 그런데 성폭력처벌법 제14조 제1항에서 촬영행위뿐만 아니라 촬영물을 반포·판매·임대·제공 또는 공공연하게 전시·상영하는 행위까지 처벌하는 것이 촬영물의 유포행위를 방지함으로써 피해자를 보호하기 위한 것임에 비추어 볼 때, **촬영의 대상이 된 피해자 본인은 성폭력처벌법 제14조 제1항에서 말하는 '제공'의 상대방인 '특정한 1인 또는 소수의 사람'에 포함되지 않는다고 봄이 타당하다. 따라서 피해자 본인에게 촬영물을 교부하는 행위는 다른 특별한 사정이 없는 한 성폭력처벌법 제14조 제1항의 '제공'에 해당한다고 할 수 없다.**

☞ [적중] 하태영, 형사법종합연습 실전예상문제분석, 제3판, 법문사, 2020, 155면.

⑤ 甲이 A의 의사에 반하여 A의 나체를 촬영한 영상을 乙이 A의 의사에 반하여 반포한 경우 甲은 현행 성폭법 제14조 제1항으로, 乙은 동조 제2항으로 처벌할 수 있다.

해설 및 정답 2021년 제10회 변호사시험 기출문제 5 **정답** ○

성폭력범죄의 처벌 등에 관한 특례법 제14조 참조.

☞ [적중] 하태영, 형사법종합연습 실전예상문제분석, 제3판, 법문사, 2020, 154면.

문 19. 절도죄 · 특수절도죄 · 강도죄 · 준강도죄 · 특수강도죄 · 강도상해죄 · 강도치상죄 · 친족상도례에 관한 설명 중 옳은 것은? (다툼이 있는 경우 판례에 의함)

출제내용

- 절도죄(=타인 예금통장 무단사용하여 예금 인출 후 반환 절도죄 성립, 타인명의 신용카드 이용 현금대출을 받은 경우 절도죄 성립, 주간에 주거침입하여 야간에 절취한 경우 절도죄 성립⇒야간주거침입절도죄 불성립, 강취한 현금카드로 예금인출한 경우⇒강도죄와 절도죄 실체적 경합)
- 합동절도(현장설)(=시간적 장소적 범행가담⇒동시+동일현장+역할분담)
- 준강도 기수(=절도행위 기수 여부가 판단기준, 절도가 체포 면탈 목적으로 수인에게 폭행·협박⇒준강도죄 포괄일죄, 절도범인이 체포를 면탈할 목적으로 경찰관에게 폭행·협박⇒준강도와 공무집행방해죄 상상적 경합
- 준강도·특수강도죄·강도상해죄(=친족상도례 적용 안 됨)
- 강도상해죄(=고의 결합범)와 강도치상죄(=결과적 가중범) 구별
- 특수절도죄 공범인 공동피고인 법정자백 증거능력(=쌍방 독립된 증거능력+)
- 특수절도죄 공범인 공동피고인 증인적격(=소송절차 분리해야 증인적격+)
- 특수절도죄 공범인 공동피고인의 검찰 작성 피의자신문조서 증거능력(=형사소송법 제312조 제1항 내용 부인⇒증거능력 부정⇒1·2항 개정) ★
- 재산죄 객체(=재물·재산상 이익, 횡령죄: 재물, 배임죄: 재산상 이익)

출제분석

2024년 제13회 변호사시험 출제예상 ★
2021년 제10회 변호사시험 기출문제 19
2020년 제9회 변호사시험 기출문제 57·13
2019년 제8회 변호사시험 기출문제 19
2018년 제7회 변호사시험 기출문제 17·18
2017년 제6회 변호사시험 기출문제 16
2016년 제5회 변호사시험 기출문제 10·39
2015년 제4회 변호사시험 기출문제 1·11
2014년 제3회 변호사시험 기출문제 2·4
2013년 제2회 변호사시험 기출문제 2

가. 절도죄·특수절도죄·강도죄·준강도죄·특수강도죄·강도상해죄·강도치상죄에 관한 설명 중 옳은 것이다(○).

① 甲은 리스한 승용차를 사채업자 A에게 담보로 제공하였고, 사채업자 A는 甲이 차용금을 변제하지 못하자 승용차를 B에게 매도하였다. 그런데 이후 甲은 위 승용차를 발견하고 이를 본래 소유자였던 리스 회사에 반납하기 위하여 취거한 경우 甲에게 절도죄가 성립한다.

해설 및 정답 2016년 제5회 변호사시험 기출문제 10 **정답** ○
대법원 2014. 2. 21. 선고 2013도14139 판결

② 甲이 보관·관리하고 있던 회사의 비자금이 인출·사용되었음에도 甲이 주장하는 사용처에 비자금이 사용되었다는 점을 인정할 수 있는 자료가 부족하고 오히려 甲이 비자금을 개인적인 용도에 사용하였다는 점에 대한 신빙성 있는 자료가 많은 경우에는 甲이 비자금을 불법영득의 의사로써 횡령한 것이라고 추단할 수 있다.

해설 및 정답 2016년 제5회 변호사시험 기출문제 10 **정답** ○
대법원 2012. 8. 23. 선고 2011도14045 판결

③ A 주식회사 감사인 甲이 회사 경영진과의 불화로 한 달 가까이 결근하다가 회사 감사실에 침입하여 자신이 사용하던 컴퓨터에서 하드디스크를 떼어간 후 4개월 가까이 지난 시점에 반환한 경우 일시 보관하였다고 평가하기 어려워 甲에게 절도죄가 성립한다.

해설 및 정답 2016년 제5회 변호사시험 기출문제 10 **정답** ○
대법원 2011. 8. 18. 선고 2010도9570 판결 [절도·공무상표시무효·방실침입]

④ 준강도의 주체는 절도범인으로, 절도의 실행에 착수한 이상 미수, 기수 여부를 불문한다.

해설 및 정답 2015년 제4회 변호사시험 기출문제 1 **정답** ○
대법원 2003. 10. 24. 선고 2003도4417 판결 [준강도]
[판결요지] 준강도의 주체는 절도 즉 절도범인으로, 절도의 실행에 착수한 이상 미수이거나 기수이거나 불문한다. 야간에 타인의 재물을 절취할 목적으로 사람의 주거에 침입한 경우에는 주거에 침입한 단계에서 이미 형법 제330조에서 규정한 야간주거침입절도죄라는 범죄행위의 실행에 착수한 것이라고 보아야 한다. 주거침입죄의 경우 주거침입의 범의로써 예컨대, 주거로 들어가는 문의 시정장치를 부수거나 문을 여는 등 침입을 위한

구체적 행위를 시작하였다면 주거침입죄의 실행의 착수는 있었다고 보아야 한다.

중요 ⑤ 절도범인이 체포를 면탈할 목적으로 체포하려는 여러 사람에게 같은 기회에 폭행을 가하여 그중 1인에게만 상해를 가하였다면 포괄하여 하나의 강도상해죄만 성립한다.

해설 및 정답 2015년 제4회 변호사시험 기출문제 1 ★ 정답 ○

대법원 2001. 8. 21. 선고 2001도3447 판결 [강도상해 · 준강도]

☞ [출제] 2018년 제7회 변호사시험 기출문제 18

⑥ 강도예비 · 음모죄가 성립하기 위해서는 예비 · 음모 행위자에게 미필적으로라도 '강도'를 할 목적이 있어야 하고, 그에 이르지 않고 단순히 '준강도'를 할 목적이 있음에 그치는 경우 강도예비 · 음모죄로 처벌할 수 없다.

해설 및 정답 2015년 제4회 변호사시험 기출문제 1 정답 ○

대법원 2006. 9. 14. 선고 2004도6432 판결 [강도예비]

⑦ 준강도죄의 기수 여부는 절도행위의 기수 여부를 기준으로 판단하여야 하지만 절도미수범이 체포를 면탈할 목적으로 상해를 가한 경우 강도상해의 기수범으로 처벌된다.

해설 및 정답 2015년 제4회 변호사시험 기출문제 1 정답 ○

대법원 1990. 2. 27. 선고 89도2532 판결 [강도상해 · 특수공무집행방해치상]

[판결요지] 형법 제335조의 조문 가운데 "절도" 운운함은 절도기수범과 절도미수범을 모두 포함하는 것이다. 준강도가 사람을 상해했을 때에는 형법 제337조의 강도상해죄가 성립된다.

대법원 2004. 11. 18. 선고 2004도5074 전원합의체 판결 [준강도(인정된 죄명: 준강도미수)]

[판결요지] [다수의견] [1] 형법 제335조에서 절도가 재물의 탈환을 항거하거나 체포를 면탈하거나 죄적을 인멸할 목적으로 폭행 또는 협박을 가한 때에 준강도로서 강도죄의 예에 따라 처벌한다. 이 취지는 강도죄와 준강도죄의 구성요건인 재물탈취와 폭행 · 협박 사이에 시간적 순서상 전후의 차이가 있을 뿐 실질적으로 위법성이 같다고 보기 때문이다. 이와 같은 준강도죄의 입법 취지, 강도죄와의 균형 등을 종합적으로 고려해 보면, **준강도죄의 기수 여부는 절도행위의 기수 여부를 기준으로 하여 판단하여야 한다.**

[2] **절도미수범이 체포를 면탈할 목적으로 폭행한 행위에 대하여 준강도미수죄로 의율한 원심판결을 수긍한 사례.**

⑧ A회사의 감사인 甲은 경영진과의 불화로 회사를 퇴사한 후 30일이 지나 회사의 승낙 없이 자신이 사용하던 A회사 소유의 컴퓨터 하드디스크를 가지고 가기 위하여 일출 직후인 06:48경 A회사에 갔으나 자신의 출입카드가 정지되어 출입구가 열리지 않자 경비원으로부터 임시 출입증을 받아 감사실에 들어간 경우 甲에게는 방실침입죄가 성립한다.

해설 및 정답 2014년 제3회 변호사시험 기출문제 2 **정답** ○
대법원 2011. 8. 18. 선고 2010도9570 판결 [절도 · 공무상표시무효 · 방실침입]

⑨ 甲이 야간에 카페에서 업주의 주거로 사용되는 그곳 내실에 침입하여 장식장 안에 들어 있는 정기적금통장을 꺼내 들고 카페로 나오던 중 발각되어 돌려준 경우 야간주거침입절도죄의 기수가 성립한다.

해설 및 정답 2014년 제3회 변호사시험 기출문제 4 **정답** ○
대법원 1991. 4. 23. 선고 91도476 판결 [야간주거침입절도]

⑩ 甲이 상사와의 의견충돌 끝에 항의의 표시로 사표를 제출한 다음 평소 자신이 전적으로 보관 · 관리해 오던 비자금 관련 서류 및 금품이 든 가방을 가지고 나왔으나 그 이후 계속 정상적으로 근무한 경우 불법영득의사를 인정할 수 없어 절도죄가 성립하지 않는다.

해설 및 정답 2014년 제3회 변호사시험 기출문제 4 **정답** ○
대법원 1995. 9. 5. 선고 94도3033 판결 [절도]

⑪ 甲이 피해자의 영업점 내에 있는 피해자 소유의 휴대전화를 허락 없이 가지고 나와 휴대전화를 이용하여 통화하고 문자메시지를 주고받은 다음 2시간 후에 피해자에게 아무런 말을 하지 않고 피해자의 영업점 정문 옆 화분에 놓아두고 간 경우 불법영득의 의사가 인정되기 때문에 절도죄가 성립한다.

해설 및 정답 2014년 제3회 변호사시험 기출문제 4 **정답** ○
대법원 2012. 7. 12. 선고 2012도1132 판결 [절도]
☞ [출제] 2016년 제5회 변호사시험 기출문제 10

⑫ A가 육지에서 멀리 떨어진 섬에서 광산을 개발하기 위하여 발전기, 경운기 엔

진을 섬으로 반입하였다가 광업권 설정이 취소됨으로써 광산 개발이 불가능하게 되자 그 물건들을 창고 안에 두고 철수한 뒤 10년 동안 나타나지 않고 사망한 후, 그 섬에서 거주하는 甲이 그 물건들을 자신의 집 근처로 옮겨 놓은 경우, A의 상속인에게 그 물건에 대한 점유가 인정되지 않으므로 甲은 절도죄로 처벌되지 않는다.

해설 및 정답 2013년 제2회 변호사시험 기출문제 2 **정답** ○

대법원 1994. 10. 11. 선고 94도1481 판결 [위증 · 절도 · 건조물침입 · 협박]

[판결요지] 원소유자나 그 상속인이 그 물건들을 점유할 의사로 사실상 지배하고 있었다고는 볼 수 없다. 그러므로 그 물건들을 절도죄의 객체인 타인이 점유하는 물건으로 볼 수 없다.

⑬ 甲이 A의 자취방에서 재물강취의사 없이 A를 살해한 후 4시간 30분 동안 그 곁에 있다가 예금통장과 인장이 들어 있는 A의 잠바를 걸치고 나온 경우, A의 점유가 인정되므로 甲은 절도죄로 처벌된다.

해설 및 정답 2013년 제2회 변호사시험 기출문제 2 **정답** ○

대법원 1993. 9. 28. 선고 93도2143 판결 [살인 · 사기 · 절도 · 사문서위조 · 동행사]

[판결요지] 피해자를 살해한 방에서 사망한 피해자 곁에 4시간 30분쯤 있다가 그곳 피해자의 자취방 벽에 걸려 있던 피해자가 소지하는 물건들을 영득의 의사로 가지고 나온 경우 피해자가 생전에 가진 점유는 사망 후에도 여전히 계속되는 것으로 보아야 한다.

중요 ⑭ 금은방에서 순금목걸이를 구입할 것처럼 기망하여 건네받은[절취방법의 신유형] 다음 화장실에 다녀오겠다고 거짓말하고 도주한[절취행위] 甲은 절도죄로 처벌된다.

해설 및 정답 2013년 제2회 변호사시험 기출문제 2 ★ **정답** ○

대법원 1994. 8. 12. 선고 94도1487 판결

[판결요지] 피고인이 피해자 경영의 금방에서 마치 귀금속을 구입할 것처럼 가장하여 피해자로부터 순금목걸이 등을 건네받은 다음 화장실에 갔다 오겠다는 **핑계를 대고 도주**한 것이라면 위 순금목걸이 등은 **도주하기 전까지는 아직 피해자의 점유하에 있었다**고 할 것이므로 이를 **절도죄**로 의율 처단한 것은 정당하다.

⑮ 내리막길에 주차된 자동차를 절취할 목적으로 조수석 문을 열고 시동을 걸려고 차 안의 기기를 만지다가 핸드브레이크를 풀게 되어 시동이 걸리지 않은 상태에서[절도미수행위+, 운전행위-] 약 10미터 전진하다가 가로수를 들이받게 한 甲은 절도죄의 기수로 처벌되지 않는다.

해설 및 정답 2013년 제2회 변호사시험 기출문제 2 **정답** ○

대법원 1994. 9. 9. 선고 94도1522 판결 [절도(인정된 죄명: 절도미수) · 도로교통법위반]

[판결요지] 절도의 기수에 해당한다고 볼 수 없을 뿐 아니라 도로교통법 제2조 제19호 소정의 자동차의 운전에 해당하지 아니한다.

> 나. 절도죄 · 특수절도죄 · 강도죄 · 준강도죄 · 특수강도죄 · 강도상해죄에 관한 설명 중 옳지 않은 것이다(×).

① 甲은 A의 영업점 내에 있는 A 소유의 휴대전화를 허락없이 가지고 나와 이를 이용하여 통화를 하고 문자 메시지를 주고받은 다음 약 1~2시간 후 A에게 아무런 말도 하지 않고 위 영업점 정문 옆 화분에 놓아두고 간 경우 甲에게 휴대전화에 대한 불법영득의사가 ~~인정되지 않는다.~~ 인정된다.

해설 및 정답 2016년 제5회 변호사시험 기출문제 10 **정답** ×

대법원 2012. 7. 12. 선고 2012도1132 판결 [절도]

☞ [출제] 2014년 제3회 변호사시험 기출문제 4

중요 ② 피고인이 절도범인- 술값의 지급을 면하기 위하여 술집주인인 피해자를 부근에 있는 아파트 뒤편 골목으로 유인한 후 폭행하여 반항하지 못하게 하고 그대로 도주함으로써 술값의 지급을 면한 경우 준강도죄가 성립한다.

해설 및 정답 2015년 제4회 변호사시험 기출문제 1 ★ **정답** ×

대법원 2014. 5. 16. 선고 2014도2521 판결 [강도상해(인정된 죄명: 준강도)]

[판결요지] [1] 형법 제335조는 '절도'가 재물의 탈환을 항거하거나 체포를 면탈하거나 죄적을 인멸한 목적으로 폭행 또는 협박을 가한 때에 준강도가 성립한다고 규정하고 있다. **준강도죄의 주체는 절도범인이고, 절도죄의 객체는 재물이다.**

[2] 피고인이 술집 운영자 갑으로부터 술값의 지급을 요구받자 갑을 유인 · 폭행하고 도주함으로써 술값의 지급을 면하여 재산상 이익을 취득하고 상해를 가하였다고 하여 강도상해로 기소되었는데, 원심이 위 공소사실을 '피고인이 갑에게 지급해야 할 술값의 지급을 면하여 재산상 이익을 취득하고 갑을 폭행하였다'는 범죄사실로 인정하여 준강도죄를 적용한 사안에서, 원심이 인정한 **범죄사실에는 그 자체로 절도의 실행에 착수하였다는 내용이 포함되어 있지 않음에도 준강도죄를 적용하여 유죄로 인정한 원심판결에 준강도죄의 주체에 관한 법리오해의 잘못이 있다**고 한 사례.

③ 절도범이 체포를 면탈할 목적으로 체포하려는 A와 B를 같은 기회에 폭행하여 그중 A에게만 상해를 가한 경우 ~~A에 대한 강도상해죄와 B에 대한 준강도죄가~~

~~성립하고 두 죄는 상상적 경합범 관계이다.~~ 강도상해죄만 성립한다.

해설 및 정답 2014년 제3회 변호사시험 기출문제 2 **정답** ×

대법원 2001. 8. 21. 선고 2001도3447 판결 [강도상해·준강도]

[판결요지] 절도범이 체포를 면탈할 목적으로 체포하려는 여러 명의 피해자에게 같은 기회에 폭행을 가하여 그 중 1인에게만 상해를 가하였다면 이러한 행위는 포괄하여 하나의 강도상해죄만 성립한다.

중요 ④ 甲이 권한 없이 인터넷뱅킹을 이용하여 타인의 예금계좌에서 자신의 예금계좌로 돈을 이체한 후 컴퓨터등사용사기죄의 범행으로 예금채권을 취득 그중 일부를 인출하여 그 정을 아는 乙에게 교부한 경우 乙에게는 장물취득죄가 ~~성립한다.~~ 성립하지 않는다.

해설 및 정답 2014년 제3회 변호사시험 기출문제 2 ★ **정답** ×

대법원 2004. 4. 16. 선고 2004도353 판결 [장물취득]

⑤ 폭행죄는 반의사불벌죄로서 개인적 법익에 관한 죄이므로 피해자가 폭행과 무관한 사유로 사망한 경우 그 상속인이 피해자를 대신하여 처벌불원의 의사표시를 ~~할 수 있다.~~ 할 수 없다.

해설 및 정답 2014년 제3회 변호사시험 기출문제 2 **정답** ×

대법원 2010. 5. 27. 선고 2010도2680 판결 [폭행치사(일부 인정된 죄명: 폭행)]

[판결요지] 폭행죄는 피해자의 명시한 의사에 반하여 공소를 제기할 수 없는 반의사불벌죄로서 처벌불원의 의사표시는 의사능력이 있는 피해자가 단독으로 할 수 있는 것이다(대법원 2009. 11. 19. 선고 2009도6058 전원합의체 판결 참조). 그러나 **피해자가 사망한 후 그 상속인이 피해자를 대신하여 처벌불원의 의사표시를 할 수는 없다고 보아야 한다.**

⑥ 甲이 성인인 A와 술값 문제로 시비가 되어 A를 폭행하여 비골 골절 등의 상해를 가한 다음 A의 가슴을 만지는 등 A를 강제로 추행한 경우 甲에게는 상해죄와 강제추행치상죄가 ~~성립한다.~~ 상해죄와 강제추행죄가 성립한다.

해설 및 정답 2014년 제3회 변호사시험 기출문제 2 **정답** ×

대법원 2009. 7. 23. 선고 2009도1934 판결

[판시사항] 고의범인 상해죄로 처벌한 상해를 다시 결과적 가중범인 강제추행치상죄의 상해로 인정할 수 있는지 여부(소극)

[판결요지] 강제추행치상죄에서 상해의 결과는 강제추행의 수단으로 사용한 폭행이나 추행행위 그 자체 또는 강제추행에 수반하는 행위로부터 발생한 것이어야 한다. 따라서 상

해를 가한 부분을 고의범인 상해죄로 처벌하면서 이를 다시 결과적 가중범인 강제추행치상죄의 상해로 인정하여 이중으로 처벌할 수는 없다. 피고인이 피해자를 폭행하여 비골 골절 등의 상해를 가한 다음 강제추행한 사안이다. **피고인의 위 폭행을 강제추행의 수단으로서의 폭행으로 볼 수 없어 위 상해와 강제추행 사이에 인과관계가 없다는 이유로, 폭력행위 등 처벌에 관한 법률 위반죄로 처벌한 상해를 다시 결과적 가중범인 강제추행치상죄의 상해로 인정한 원심판결을 파기한 사례.**

중요 ⑦ 甲이 乙 명의로 구입·등록하여 乙에게 명의신탁한 자동차를 피해자에게 담보로 제공한 후, 甲이 피해자가 점유 중인 자동차를 몰래 가져간 경우[절취행위+] 이 자동차는 甲 소유의 재물이어서 권리행사방해죄의 객체가 되므로 자동차에 대한 절도죄가 ~~성립하지 않는다.~~[성립한다.]

해설 및 정답 2014년 제3회 변호사시험 기출문제 4 ★ **정답** ×

대법원 2012. 4. 26. 선고 2010도11771 판결 [절도(예비적죄명: 권리행사방해)]

[판결요지] 피고인이 자신의 모(母) 갑 명의로 구입·등록하여 갑에게 명의신탁한 자동차를 **을에게 담보로 제공한 후 을 몰래 가져가 절취하였다**는 내용으로 기소된 사안이다. **을에 대한 관계에서 자동차의 소유자는 갑이고 피고인은 소유자가 아니므로 을이 점유하고 있는 자동차를 임의로 가져간 이상 절도죄가 성립한다**고 본 원심판단을 정당하다고 한 사례.

중요 ⑧ 손님인 甲이 PC방에서 다른 손님이 두고 간 휴대전화를 업주 몰래 가지고 간 경우 업주가 휴대전화를 현실적으로 발견하지 않는 한 이에 대한 점유를 개시하였다고 할 수 없으므로 절도죄가 ~~아닌 점유이탈물횡령죄가~~ 성립한다.

해설 및 정답 2014년 제3회 변호사시험 기출문제 4 ★ **정답** ×

대법원 2007. 3. 15. 선고 2006도9338 판결

[판시사항] **피씨방에 두고 간 다른 사람의 핸드폰을 취한 행위가 절도죄를 구성한다.**

대법원 1988. 4. 25. 선고 88도409 판결 [절도]

[판시사항] 종업원으로 종사하던 당구장에서 주운 금반지를 처분한 자의 죄책

[판결요지] 어떤 물건을 잃어버린 장소가 당구장과 같이 타인의 관리 아래 있을 때에는 그 물건은 일응 그 관리자의 점유에 속한다 할 것이다. 이를 그 관리자 아닌 제3자가 취거하는 것은 유실물횡령이 아니라 절도죄에 해당한다.

⑨ 甲이 A 소유 토지에 임대차계약 등을 체결하지 않는 등 권한 없이 식재한 감나무에서 감을 수확한 경우 그 감나무는 甲의 소유라고 볼 수 있으므로 甲은

절도죄로 처벌~~되지 않는다.~~ 된다.

해설 및 정답 2013년 제2회 변호사시험 기출문제 2 정답 ×

대법원 1998. 4. 24. 선고 97도3425 판결 [절도]

[판결요지] 타인의 토지상에 권원 없이 식재한 수목의 소유권은 토지소유자에게 귀속하고 권원에 의하여 식재한 경우에는 그 소유권이 식재한 자에게 있다. 그러므로 권원 없이 식재한 감나무에서 감을 수확한 것은 절도죄에 해당한다.

다. 절도죄·특수절도죄·강도죄·준강도죄·특수강도죄·강도상해죄·강도치상죄 종합문제

01

재산죄의 객체에 관한 설명 중 옳은 것은? (다툼이 있는 경우 판례에 의함)

중요 ① 회사에서 회사컴퓨터에 저장된 정보를 몰래 자신의 저장장치로 복사한 경우, ~~컴퓨터에 저장된 정보는~~ 절도죄의 객체인 재물이 될 수 있다.

해설 및 정답 2020년 제9회 변호사시험 기출문제 5 ★ 정답 ×

대법원 2002. 7. 12. 선고 2002도745 판결 [절도]

[판결요지] [1] 절도죄의 객체는 관리가능한 동력을 포함한 '재물'에 한한다 할 것이다. **컴퓨터에 저장되어 있는 '정보'그 자체는 유체물이라고 볼 수도 없다. 물질성을 가진 동력도 아니다. 그러므로 재물이 될 수 없다 할 것이다. 또 이를 복사하거나 출력하였다 할지라도 그 정보 자체가 감소하거나 피해자의 점유 및 이용가능성을 감소시키는 것이 아니다. 그러므로 그 복사나 출력 행위를 가지고 절도죄를 구성한다고 볼 수도 없다.**

[2] 피고인이 컴퓨터에 저장된 정보를 출력하여 생성한 문서는 피해 회사의 업무를 위하여 생성되어 피해 회사에 의하여 보관되고 있던 문서가 아니다. 피고인이 가지고 갈 목적으로 피해 회사의 업무와 관계없이 새로이 생성시킨 문서라 할 것이다. 그러므로 이는 피해 회사 소유의 문서라고 볼 수는 없다 할 것이다. 이를 가지고 간 행위를 들어 피해 회사 소유의 문서를 절취한 것으로 볼 수는 없다.

중요 ② 협박으로 금전채무 지불각서 1매를 쓰게 하고 이를 강취한 경우, 사법상 유효하지 못한 위 지불각서는 강도죄의 객체인 재산상 이익이 될 수 ~~없다.~~ 있다.

해설 및 정답 2020년 제9회 변호사시험 기출문제 5 ★ 정답 ×

대법원 1994. 2. 22. 선고 93도428 판결 [강도상해]

[판결요지] 형법 제333조 후단의 강도죄, 이른바 강제이득죄의 요건인 재산상의 이익이란 재물 이외의 재산상의 이익을 말한다. 강도죄의 성질상 그 권리의무관계의 외형상 변동의 사법상 효력의 유무는 그 범죄의 성립에 영향이 없다. 법률상 정당하게 그 이행을

청구할 수 있는 것이 아니라도 강도죄에 있어서의 재산상의 이익에 해당하는 것이다. 따라서 **재산상의 이익은 반드시 사법상 유효한 재산상의 이득만을 의미하는 것이 아니고 외견상 재산상의 이득을 얻을 것이라고 인정할 수 있는 사실관계만 있으면 된다.**

중요 ③ 대가를 지급하기로 하고 성관계를 가진 뒤 대금을 지급하지 않은 경우, 성행위의 대가는 사기죄의 객체인 재산상 이익이 될 수 ~~없다.~~ 있다.

해설 및 정답 2020년 제9회 변호사시험 기출문제 5 ★ **정답** ×

대법원 2001. 10. 23. 선고 2001도2991 판결 [사기]

[판결요지] **사기죄의 객체가 되는 재산상의 이익이 반드시 사법상 보호되는 경제적 이익만을 의미하지 아니하고, 부녀가 금품 등을 받을 것을 전제로 성행위를 하는 경우 그 행위의 대가는 사기죄의 객체인 경제적 이익에 해당한다. 그러므로 부녀를 기망하여 성행위 대가의 지급을 면하는 경우 사기죄가 성립한다.**

중요 ④ 권한 없이 인터넷뱅킹으로 타인의 예금계좌에서 자신의 예금계좌로 돈을 이체한 후 그중 일부를 인출한 돈은 장물죄의 객체가 ~~된다.~~ 될 수 없다.

해설 및 정답 2020년 제9회 변호사시험 기출문제 5 ★ **정답** ×

대법원 2004. 4. 16. 선고 2004도353 판결 [장물취득]

[판결요지] [2] **컴퓨터등사용사기죄의 범행으로 예금채권을 취득한 다음 자기의 현금카드를 사용하여 현금자동지급기에서 현금을 인출한 경우, 현금카드 사용권한 있는 자의 정당한 사용에 의한 것으로서 현금자동지급기 관리자의 의사에 반하거나 기망행위 및 그에 따른 처분행위도 없었으므로, 별도로 절도죄나 사기죄의 구성요건에 해당하지 않는다 할 것이고, 그 결과 그 인출된 현금은 재산범죄에 의하여 취득한 재물이 아니므로 장물이 될 수 없다**고 한 사례.

[3] **장물인 현금 또는 수표를 금융기관에 예금의 형태로 보관하였다가 이를 반환받기 위하여 동일한 액수의 현금 또는 수표를 인출한 경우에 예금계약의 성질상 그 인출된 현금 또는 수표는 당초의 현금 또는 수표와 물리적인 동일성은 상실되었지만, 액수에 의하여 표시되는 금전적 가치에는 아무런 변동이 없다. 그러므로 장물로서의 성질은 그대로 유지된다.**

중요 ⑤ 민사집행법상 보전처분 단계에서 가압류 채권자의 지위는 원칙적으로 강제집행면탈죄의 객체가 될 수 없다.

해설 및 정답 2020년 제9회 변호사시험 기출문제 5 ★ **정답** ○

대법원 2008. 9. 11. 선고 2006도8721 판결 [강제집행면탈]

[판결요지] [1] **강제집행면탈죄의 객체는 채무자의 재산 중에서 채권자가 민사집행법상**

강제집행 또는 보전처분의 대상으로 삼을 수 있는 것만을 의미한다. 그러므로 **'보전처분 단계에서의 가압류채권자의 지위' 자체는 원칙적으로 민사집행법상 강제집행 또는 보전처분의 대상이 될 수 없어 강제집행면탈죄의 객체에 해당한다고 볼 수 없다.** 이는 가압류채무자가 가압류해방금을 공탁한 경우에도 마찬가지이다.

[2] 채무자가 가압류채권자의 지위에 있으면서 가압류집행해제를 신청함으로써 그 지위를 상실하는 행위는 형법 제327조에서 정한 '은닉, 손괴, 허위양도 또는 허위채무부담' 등 강제집행면탈행위의 어느 유형에도 포함되지 않는 것이다. 그러므로 이러한 행위를 처벌대상으로 삼을 수 없다.

03 ★★★★★

甲은 밤 10시경 절취의 목적으로[특수절도고의+] 피해자 A가 집에 없는 틈을 타 드라이버로 A의 집 현관문을 부수고 들어가 A의 귀금속을 가지고 나왔다.[특수절도죄(야간손괴침입절도죄)+] 다음 설명 중 옳은 것은? (다툼이 있는 경우 판례에 의함)

중요 ① 甲에게는 「형법」 제331조 제1항의 특수절도(야간손괴침입절도)죄가 성립한다.

해설 및 정답 2020년 제9회 변호사시험 기출문제 7 ★ 정답 ○

- 핵심내용: 형법 제331조 특수절도죄, 제362조 장물보관죄, 제329조 절도죄

형법 제331조(특수절도) ★★★★★
① [3-1]**야간에 문호·장벽·기타 건조물 일부를 손괴하고,** [3-2]**타인 주거·타인이 관리하는 저택·건조물·선박·항공기·점유하는 방실에 침입하여,** [3-3]**야간·주간에** [2]타인 재물을 [3-4]**절취한** [1]사람은 1년 이상 10년 이하 징역형으로 처벌된다. ② [3-1]**흉기를 보이고 타인 재물을** [3-2]**절취한 사람** 또는 [3-1]**2인 이상이 합동하여 타인 재물을** [3-2]**절취한 사람은** 1년 이상 10년 이하 징역형으로 처벌된다.

중요 ② 만약 위 사례에서 甲이 현관문을 부순 시점에 집으로 돌아오는 A에게 들켜 도망간 경우, ~~아직 A의 집 안으로 들어가지 않았으므로 실행의 착수가 인정되지 않아 절도범행은 처벌할 수 없다.~~

해설 및 정답 2020년 제9회 변호사시험 기출문제 7 ★ 정답 ×

대법원 1986. 9. 9. 선고 86도1273 판결 [강도살해·특수강도·특정범죄가중처벌등에 관한 법률 위반(특수절도)·특수절도·장물취득]

[판시사항] 야간에 절도목적으로 출입문의 자물통고리를 절단하고 집안으로 침입하려다가 발견된 경우, 특수절도의 실행의 착수여부

[판결요지] 야간에 절도목적으로 출입문에 장치된 자물통 고리를 절단하고 출입문을 손괴

한 뒤 집안으로 침입하려다가 발각된 것이라면, 특수절도죄의 실행에 착수한 것이다.

중요 ③ 만약 乙이 甲에게 절도를 교사하고 甲이 범행 후 훔친 귀금속을 맡아 달라고 부탁하자 乙이 이를 수락하고 귀금속을 교부받아 갖고 있다가 임의로 처분하였다면, 乙에게는 절도교사죄 이외에 장물보관죄 및 ~~횡령죄가~~ 성립한다.

해설 및 정답 2020년 제9회 변호사시험 기출문제 7 ★ **정답** ×

대법원 2004. 4. 9. 선고 2003도8219 판결 [횡령]

[판결요지] 절도 범인으로부터 장물보관 의뢰를 받은 자가 그 정을 알면서 이를 인도받아 보관하고 있다가 임의 처분하였다 하여도 장물보관죄가 성립하는 때에는 이미 그 소유자의 소유물 추구권을 침해하였으므로 그 후의 횡령행위는 불가벌적 사후행위에 불과하여 별도로 횡령죄가 성립하지 않는다.

대법원 1969. 6. 24. 선고 69도692 판결 [장물취득등]

[판결요지] 횡령 교사를 한 후 그 횡령한 물건을 취득한 때에는 횡령교사죄와 장물취득죄의 경합범이 성립된다.

중요 ④ 만약 甲이 A의 현금카드를 사용하여 돈을 인출할 목적으로 현금카드를 가지고 나와 현금자동지급기에서 돈을 인출한 후 현금카드를 제자리에 가져다 놓은 경우, ~~현금카드에 대한 절도죄와~~ 인출한 현금에 대한 절도죄가 성립한다.

해설 및 정답 2020년 제9회 변호사시험 기출문제 7 ★ **정답** ×

대법원 1998. 11. 10. 선고 98도2642 판결 [사기 · 신용카드업법위반 · 절도]

[판결요지] 타인의 재물을 점유자의 승낙 없이 무단사용하는 경우에 있어서 그 사용으로 인하여 물건 자체가 가지는 경제적 가치가 상당한 정도로 소모되거나 또는 사용 후 그 재물을 본래 있었던 장소가 아닌 다른 곳에 버리거나 곧 반환하지 아니하고 장시간 점유하고 있는 것과 같은 때에는 그 소유권 또는 본권을 침해할 의사가 있다고 보아 불법영득의 의사를 인정할 수 있을 것이다. **그러나 그렇지 아니하고 그 사용으로 인한 가치의 소모가 무시할 수 있을 정도로 경미하고 또한 사용 후 곧 반환한 것과 같은 때에는 그 소유권 또는 본권을 침해할 의사가 있다고 할 수 없어 불법영득의 의사를 인정할 수 없다.**

대법원 1995. 7. 28. 선고 95도997 판결 [주거침입 · 절도 · 신용카드업법위반]

[판결요지] [1] 가맹점에 신용카드를 제시하고 매출표에 서명하는 일련의 행위뿐 아니라 **신용카드를 현금인출기에 주입하고 비밀번호를 조작하여 현금서비스를 제공받는 일련의 행위도 신용카드의 본래 용도에 따라 사용하는 것으로 보아야 한다.**

[2] 신용카드업법 제25조 제1항 소정의 부정사용이라 함은 도난 · 분실 또는 위조 · 변조된 신용카드를 진정한 카드로서 신용카드의 본래의 용법에 따라 사용하는 경우를 말하는 것이다. 그러므로 **절취한 신용카드를 현금인출기에 주입하고 비밀번호를 조작하여 현금서비스를 제공받으려는 일련의 행위는 그 부정사용의 개념에 포함된다.**

[4] 피해자 명의의 신용카드를 부정사용하여 현금자동인출기에서 현금을 인출하고 그 현금을 취득까지 한 행위는 **신용카드업법 제25조 제1항의 부정사용죄에 해당**할 뿐 아니라 그 현금을 취득함으로써 현금자동인출기 관리자의 의사에 반하여 그의 지배를 배제하고 그 현금을 자기의 지배하에 옮겨 놓는 것이 되므로 별도로 **절도죄를 구성한다.** 위 양 죄의 관계는 그 보호법익이나 **행위태양이 전혀 달라 실체적 경합관계에 있다.**

중요 ⑤ 만약 甲이 A로부터 명의수탁을 받아 자신의 명의로 등록되어 있는 자동차를 A 몰래 가져간 경우, ~~자동차의 소유권은 등록명의를 기준으로 하므로 절도죄는 성립하지 않는다.~~ 절도죄가 성립한다.

해설 및 정답 2020년 제9회 변호사시험 기출문제 7 ★ **정답** ×

대법원 2012. 4. 26. 선고 2010도11771 판결 [절도(예비적 죄명: 권리행사방해)]

[판시사항] [1] 이른바 명의신탁 자동차의 소유권 귀속 관계 [2] 피고인이 자신의 모(母) 갑 명의로 구입·등록하여 **갑에게 명의신탁한 자동차를 을에게 담보로 제공한 후 을 몰래 가져가 절취하였다는 내용으로 기소된 사안에서, 을이 점유하고 있는 자동차를 임의로 가져간 이상 절도죄가 성립한다**고 본 원심판단을 정당하다고 한 사례.

[판결요지] [1] 당사자 사이에 자동차의 소유권을 등록명의자 아닌 자가 보유하기로 약정한 경우, 약정 당사자 사이의 내부관계에서는 등록명의자 아닌 자가 소유권을 보유하게 된다고 하더라도 제3자에 대한 관계에서는 등록명의자가 자동차의 소유자이다.

[2] 을에 대한 관계에서 자동차의 소유자는 갑이다. 피고인은 소유자가 아니다. 그러므로 **을이 점유하고 있는 자동차를 임의로 가져간 이상 절도죄가 성립한다**고 본 원심판단을 정당하다고 한 사례.

☞ [출제] 2014년 제3회 변호사시험 기출문제 4

중요 **03** ★★★★★

다음 설명 중 옳은 것을 모두 고른 것은? (특별법 위반의 점은 논외로 하고, 다툼이 있는 경우 판례에 의함)

ㄱ. **甲이 자신이 일하는 회사 사무실에서 회사 명의의 예금통장을 몰래 가지고 나와 예금 1,000만 원을 인출한 후 다시 그 통장을 제자리에 갖다 놓은 경우,** 甲에게 예금통장에 대한 불법영득의사는 ~~인정되지 않으므로 예금통장에 대한 절도죄는 성립하지 않는다.~~ 인정되므로 예금통장에 대한 절도죄는 성립한다.

ㄴ. PC방 종업원 甲이 손님 A로부터 **2만 원의 현금을 인출해 오라는 부탁과 함께 A의 현금카드를 건네받아 현금자동지급기에서 5만 원을 인출한 뒤 2만 원만 A에게 건네주고 나머지는 자신이 가진 경우,** 甲의 행위는 ~~현금자동지급기 관리자의~~

~~의사에 반해 현금 3만 원에 대한 점유를 침탈한 것이므로 절도죄를 구성한다.~~ 위임받은 금액을 초과한 현금을 인출한 행위이므로 컴퓨터 등 사용사기죄가 성립한다.

ㄷ. **乙이 권한 없이 인터넷뱅킹으로 타인의 예금계좌에서 자신의 예금계좌로 돈을 이체한 후 그중 일부를 현금으로 인출하여 甲에게 주었는데 甲이 그 정을 알고 받았다면**, 甲이 받은 돈은 ~~재물로서 장물에 해당하므로 甲에게는 장물취득죄가 성립한다.~~ 그 인출된 현금은 장물이 될 수 없다.

ㄹ. **甲이 A의 명의를 모용하여 카드회사로부터 발급받은 신용카드를 사용하여 현금자동지급기에서 현금대출을 받은 경우**, 현금대출을 받은 甲의 행위는 현금자동지급기 관리자의 의사에 반해 그의 지배를 배제한 채 그 현금을 자기의 지배하에 옮겨 놓는 행위이므로 절도죄를 구성한다.

ㅁ. **甲이 A를 협박하여 A 소유의 현금카드를 강취한 다음 이를 이용하여 현금자동지급기에서 현금을 인출한 경우**, 甲의 현금인출행위는 현금카드 사용에 관한 A의 승낙에 기한 것이라고 할 수 없어 현금카드에 대한 강도죄와는 별도로 절도죄를 구성한다.

① ㄱ, ㅁ　　② ㄷ, ㄹ

③ ㄹ, ㅁ　　④ ㄱ, ㄴ, ㄷ

⑤ ㄴ, ㄹ, ㅁ

해설 및 정답 2019년 제8회 변호사시험 기출문제 19 **정답** ③

핵심내용은 절도죄 불법영득의사 · 절도죄 신용카드 현금인출 · 컴퓨터사용사기죄 · 장물죄이다.

ㄱ. (×) 대법원 2010. 5. 27. 선고 2009도9008 판결 [절도]

[판시사항] 타인의 예금통장을 무단사용하여 예금을 인출한 후 바로 예금통장을 반환한 경우, 예금통장에 대한 절도죄가 성립하는지 여부(한정 적극)

[판결요지] 예금통장을 사용하여 예금을 인출하게 되면 그 인출된 예금액에 대하여는 예금통장 자체의 예금액 증명기능이 상실된다. 이에 따라 그 상실된 기능에 상응한 경제적 가치도 소모된다. 그렇다면 **타인의 예금통장을 무단사용하여 예금을 인출한 후 바로 예금통장을 반환하였다 하더라도 그 사용으로 인한 위와 같은 경제적 가치의 소모가 무시할 수 있을 정도로 경미한 경우가 아닌 이상, 예금통장 자체가 가지는 예금액 증명기능의 경제적 가치에 대한 불법영득의 의사를 인정할 수 있으므로 절도죄가 성립한다.**

ㄴ. (×) 대법원 2006. 3. 24. 선고 2005도3516 판결

[판결요지] 예금주인 현금카드 소유자로부터 일정한 금액의 현금을 인출해 오라는 부탁을 받으면서 이와 함께 현금카드를 건네받은 것을 기화로 **그 위임을 받은 금액을 초과하여 현금을 인출하는 방법으로 그 차액 상당을 위법하게 이득할 의사로 현금자동지급기에 그 초과된 금액이 인출되도록 입력하여 그 초과된 금액의 현금을 인출한 경우**에는 그 인출

된 현금에 대한 점유를 취득함으로써 이 때에 그 인출한 현금 총액 중 **인출을 위임받은 금액을 넘는 부분의 비율에 상당하는 재산상 이익을 취득한 것으로 볼 수 있으므로 이러한 행위는 그 차액 상당액에 관하여 형법 제347조의2(컴퓨터등사용사기)에 규정된 '컴퓨터 등 정보처리장치에 권한 없이 정보를 입력하여 정보처리를 하게 함으로써 재산상의 이익을 취득'하는 행위로서 컴퓨터 등 사용사기죄에 해당된다.**

☞ [출제] 2018년 제7회 변호사시험 기출문제 20

ㄷ. (×) 대법원 2004. 4. 16. 선고 2004도353 판결 [장물취득]

☞ [출제] 2014년 제3회 변호사시험 기출문제 2

ㄹ. (○) 대법원 2006. 7. 27. 선고 2006도3126 판결

[판결요지] [1] 피고인이 타인의 명의를 모용하여 신용카드를 발급받은 경우, 현금자동지급기의 관리자의 의사에 반하여 그의 지배를 배제한 채 그 현금을 자기의 지배하에 옮겨 놓는 행위로서 절도죄에 해당한다.

[2] **타인의 명의를 모용하여 발급받은 신용카드의 번호와 그 비밀번호를 이용하여 ARS 전화서비스나 인터넷 등을 통하여 신용대출을 받는 방법으로 재산상 이익을 취득하는 행위 역시 미리 포괄적으로 허용된 행위가 아닌 이상, 컴퓨터 등 사용사기죄에 해당한다.**

☞ [출제] 2015년 제4회 변호사시험 기출문제 6

ㅁ. (○) 대법원 2007. 5. 10. 선고 2007도1375 판결 [강도상해 · 특수강도 · 특수절도 · 여신전문금융업법위반 · 절도 · 도로교통법위반(무면허운전)] ★★★★★

[판시사항] [1] **갈취한 현금카드를 사용하여 현금자동지급기에서 예금을 인출한 행위가 공갈죄와 별도로 절도죄를 구성하는지 여부(소극)** [2] 강취한 현금카드를 사용하여 현금자동지급기에서 예금을 인출한 행위가 강도죄와 별도로 절도죄를 구성하는지 여부(적극)

[판결요지] [1] 예금주인 현금카드 소유자를 협박하여 그 카드를 갈취한 다음 피해자의 승낙에 의하여 현금카드를 사용할 권한을 부여받아 이를 이용하여 현금자동지급기에서 현금을 인출한 행위는 **모두 피해자의 예금을 갈취하고자 하는 피고인의 단일하고 계속된 범의 아래에서 이루어진 일련의 행위로서 포괄하여 하나의 공갈죄를 구성한다. 그러므로 현금자동지급기에서 피해자의 예금을 인출한 행위를 현금카드 갈취행위와 분리하여 따로 절도죄로 처단할 수는 없다.** 왜냐하면 위 예금 인출 행위는 하자 있는 의사표시이기는 하지만 피해자 승낙에 기한 것이다. 피해자가 그 승낙의 의사표시를 취소하기까지는 현금카드를 적법, 유효하게 사용할 수 있다. 그러므로 은행도 피해자의 지급정지 신청이 없는 한 그의 의사에 따라 그의 계산으로 적법하게 예금을 지급할 수밖에 없기 때문이다.

[2] 강도죄는 공갈죄와는 달리 피해자의 반항을 억압할 정도로 강력한 정도의 폭행 · 협박을 수단으로 재물을 탈취하여야 성립한다. 그러므로 피해자로부터 현금카드를 강취하였다고 인정되는 경우에는 피해자로부터 현금카드의 사용에 관한 승낙의 의사표시가 있었다고 볼 여지가 없다. 따라서 **강취한 현금카드를 사용하여 현금자동지급기에서 예금을 인출한 행위는 피해자의 승낙에 기한 것이라고 할 수 없으므로, 현금자동지급기 관리자의 의사에 반하여 그의 지배를 배제하고 그 현금을 자기의 지배하에 옮겨 놓는 것이 되어서 강도죄와는 별도로 절도죄를 구성한다.**

☞ [출제] 2015년 제4회 변호사시험 기출문제 6

중요 **04** ★★★★★

甲은 18:50경 열려 있는 A의 집 현관문을 통해 집 안으로 들어가 주거침입죄+(실행착수시점 18:50은 일몰시각 19:05기준으로 주간임) 20분 정도 물건을 찾아다니다가, 19:10경 안방 서랍 안에 있는 A의 다이아몬드반지를 발견하고, 바지 주머니에 넣은 후 다시 현관문을 통해 밖으로 나올 때, 야간주거침입죄-(실행착수시점 18:50은 일몰시각 19:05기준으로 주간임) 마침 귀가하던 A 및 A의 처 B와 마주쳤다. A와 B는 즉시 甲이 도둑임을 알아채고 함께 甲을 막아섰다. 이에 甲은 체포를 면탈하려고 주먹으로 A의 얼굴을 때리고 곧바로 B의 배를 발로 차, 준강도죄+ A와 B를 쓰러뜨린 후 도주하였다. 그 날 일몰시각은 19:05으로 확인되었다. 이에 관한 설명 중 옳은 것은? (다툼이 있는 경우 판례에 의함)

① 甲이 A의 집에 들어가 다이아몬드반지를 훔친 행위는 ~~야간주거침입~~절도죄에 해당한다.

② 甲의 행위는 A, B에 대한 각각의 준특수강도죄에 해당하고 양 죄는 ~~실체적 경합범 관계이다.~~ 포괄일죄에 해당한다.

③ 만약 甲이 집안에서 훔칠 물건을 찾고 있던 도중에 귀가한 A, B에게 발각되자, 체포를 면탈할 목적으로 그들을 폭행한 후 빈손으로 도주하였다면, 주거침입죄 및 준강도미수죄가 성립하고 양 죄는 실체적 경합범 관계이다.

중요 ④ 만약 甲이 다이아몬드반지를 훔쳐 나오면서 A와 B를 마주치지는 않았지만, 신고를 받고 출동한 경찰관 P가 현관문 앞에서 甲을 현행범으로 체포하려 하자 甲이 이를 면탈하기 위해 주먹으로 P의 얼굴을 때려 넘어뜨리고 도주하였다면, 주거침입죄와 준강도죄 및 공무집행방해죄가 성립하고 그중 준강도죄와 공무집행방해죄는 ~~실체적~~상상적 경합범 관계이다.

⑤ 만약 甲이 A, B의 아들이라면 친족상도례가 적용되므로, 준강도죄나 준특수강도죄로는 처벌~~받지 아니한다.~~받는다.

해설 및 정답 2019년 제8회 변호사시험 기출문제 16 **정답** ③

① (×) **주간에 침입하여 야간에 절도한 경우 형법 제330조 야간주거침입죄가 성립하지 않는다. 행위의 첫 발아(發芽) 시점인 실행의 착수시기가 다르기 때문이다.**

대법원 2011. 4. 14. 선고 2011도300, 2011감도5 판결

[판시사항] '주간에' 사람의 주거 등에 침입하여 '야간에' 타인의 재물을 절취한 행위를 **형법 제330조의 야간주거침입절도죄로 처벌할 수 있는지 여부(소극)**

[판결요지] **형법은 야간에 이루어지는 주거침입행위의 위험성에 주목하여 그러한 행위를 수반한 절도를 야간주거침입절도죄로 중하게 처벌하고 있는 것으로 보아야 한다.** 따라서

주거침입이 주간에 이루어진 경우에는 야간주거침입절도죄가 성립하지 않는다고 해석하는 것이 타당하다.

② (×) 절도가 체포 면탈 목적으로 추격하여 온 수인에 대하여 같은 기회에 폭행 또는 협박한 경우 준강도죄 포괄일죄가 성립된다.

대법원 1966. 12. 6. 선고 66도1392 판결 [준강도 등]

[판시사항] 준강도상해죄의 포괄적일죄로 보아야 할 것을, 경합범으로 처벌한 위법이 있는 실례.

[판결요지] [1] 절도가 체포를 면탈할 목적으로 추격하여 온 수인에 대하여 같은 기회에 동시 또는 이시에 폭행 또는 협박을 하였다 하더라도 준강도의 포괄일죄가 성립한다. [2] 준강도행위가 진전하여 상해행위를 수반한 경우에도 일괄하여 준강도상해죄의 일죄가 성립하는 것이다. 별도로 준강도죄의 성립이 있는 것은 아니다.

③ (○) 주거침입죄와 준강도미수죄는 2개의 행위로 실체적 경합이다. 준강도미수죄는 절도행위 기수와 미수를 기준으로 판단한다.

대법원 2004. 11. 18. 선고 2004도5074 전원합의체 판결

④ (×) 절도범인 이 체포를 면탈할 목적으로 경찰관에게 폭행(협박)을 가한 경우 준강도죄와 공무집행방해죄가 성립한다. 하나의 행위로 상상적 경합관계이다. 강도범인이 체포를 면탈할 목적으로 경찰관에게 폭행(협박)을 가한 경우 강도죄와 공무집행방해죄가 성립한다. 두 개의 행위로 실체적 경합관계이다. 많은 쟁점이 담겨있다. 판결문을 외우길 바란다.

대법원 1992. 7. 28. 선고 92도917 판결

⑤ (×) 형법 제344조는 제38장 강도죄 경우 친족상도례 규정을 두지 않았다. 따라서 준강도죄(특수준강도죄 포함) 경우 친족상도례가 적용되지 않는다. 형법 제344조(친족간의 범행) 제328조의 규정은 제329조 내지 제332조의 죄 또는 미수범에 준용한다.

05 ★★★★★

다음 설명 중 옳지 않은 것은? (다툼이 있는 경우 판례에 의함)

① 절도범이 절도현장에서 체포면탈을 목적으로 자신을 체포하려는 A와 B를 같은 기회에 폭행하여 B에게만 상해를 가한 경우에는 포괄하여 하나의 강도상해죄가 성립한다.

해설 및 정답 2018년 제7회 변호사시험 기출문제 18 **정답** ○

대법원 2001. 8. 21. 선고 2001도3447 판결 [강도상해·준강도]

☞ [출제] 2015년 제4회 변호사시험 기출문제 1

② 피해자에게 자동차를 매도하겠다고 거짓말하고 매매대금을 받고 자동차를 양도

하면서 자동차에 미리 부착해 놓은 지피에스(GPS)로 위치를 추적하여 자동차를 몰래 가져왔다. 그러나 피해자에게 자동차를 인도하고 소유권이전등록에 필요한 일체의 서류를 교부함으로써 피해자가 언제든지 자동차의 소유권이전등록을 마칠 수 있게 되었다면 절도죄만 성립할 뿐 그와는 별도로 사기죄가 성립하지는 않는다.

해설 및 정답 2018년 제7회 변호사시험 기출문제 18 **정답** ○

대법원 2016. 3. 24. 선고 2015도17452 판결 [사기 · 특수절도] 〈자동차 양도 후 위치 추적으로 절취한 경우, 사기죄의 성립 여부〉

[공소사실] 피고인 등이 피해자 갑 등에게 자동차를 매도하겠다고 거짓말하고 자동차를 양도하면서 매매대금을 편취한 다음, 자동차에 미리 부착해 놓은 지피에스(GPS)로 위치를 추적하여 자동차를 절취하였다고 하여 **사기 및 특수절도로 기소된 사안이다.** 피고인에게 사기죄를 인정한 원심판결에 법리오해의 잘못이 있다고 한 사례.

[판결요지] 피고인이 갑 등에게 자동차를 인도하고 소유권이전등록에 필요한 일체의 서류를 교부함으로써 갑 등이 언제든지 **자동차의 소유권이전등록을 마칠 수 있게 된 이상,** 피고인이 자동차를 양도한 후 다시 절취할 의사를 가지고 있었더라도 **자동차의 소유권을 이전하여 줄 의사가 없었다고 볼 수 없다.** 피고인이 자동차를 매도할 당시 곧바로 다시 절취할 의사를 가지고 있으면서도 이를 숨긴 것을 기망이라고 할 수 없다. 결국 피고인이 **자동차를 매도할 당시 기망행위가 없었다.** 그러므로 피고인에게 사기죄를 인정한 원심판결에 법리오해의 잘못이 있다고 한 사례.

중요 ③ 피해자에 대한 사기범행을 실현하는 수단으로서 타인을 기망하여 그를 피해자로부터 편취한 재물이나 재산상 이익을 전달하는 도구로만 이용한 경우에는 피해자에 대한 사기죄만 성립할 뿐 도구로 이용된 타인에 대한 사기죄가 별도로 성립하지는 않는다.

해설 및 정답 2018년 제7회 변호사시험 기출문제 18 ★ **정답** ○

대법원 2017. 5. 31. 선고 2017도3894 판결

[판결요지] [1] 간접정범을 통한 범행에서 피이용자는 간접정범의 의사를 실현하는 수단으로서의 지위를 가질 뿐이다. 그러므로 피해자에 대한 사기범행을 실현하는 수단으로서 타인을 기망하여 그를 피해자로부터 편취한 재물이나 재산상 이익을 전달하는 **도구로서만 이용한 경우에는 편취의 대상인 재물 또는 재산상 이익에 관하여 피해자에 대한 사기죄가 성립할 뿐 도구로 이용된 타인에 대한 사기죄가 별도로 성립한다고 할 수 없다.**

[2] **전기통신금융사기(이른바 보이스피싱 범죄)의 범인이 피해자를 기망하여 피해자의 자금을 사기이용계좌로 송금 · 이체받으면 사기죄는 기수에 이른다.** 범인이 피해자의 자금을 점유하고 있다고 하여 피해자와의 어떠한 위탁관계나 신임관계가 존재한다고 볼 수 없을 뿐만 아니라, **그 후 범인이 사기이용계좌에서 현금을 인출하였더라도 이는 이미 성**

립한 사기범행이 예정하고 있던 행위에 지나지 아니하여 새로운 법익을 침해한다고 보기도 어렵다. 그러므로 위와 같은 인출행위는 사기의 피해자에 대하여 별도의 횡령죄를 구성하지 아니한다. 이러한 법리는 사기범행에 이용되리라는 사정을 알고서 자신 명의 계좌의 접근매체를 양도함으로써 **사기범행을 방조한 종범이 사기이용계좌로 송금된 피해자의 자금을 임의로 인출한 경우에도 마찬가지로 적용된다.**

중요 ④ 상습으로 단순절도죄를 범한 범인이 범행의 수단으로 주간에 주거침입을 한 경우 주거침입행위는 상습절도죄(「형법」 제332조)와 별개로 주거침입죄를 구성한다.

해설 및 정답 2018년 제7회 변호사시험 기출문제 18 ★ **정답** ○

대법원 2015. 10. 15. 선고 2015도8169 판결

[판결요지] [1] 형법 제330조 야간주거침입절도죄 및 형법 제331조 제1항에 규정된 특수절도(야간손괴침입절도)죄를 제외하고 일반적으로 주거침입은 절도죄의 구성요건이 아니므로 **절도범인이 범행수단으로 주거침입을 한 경우에 주거침입행위는 절도죄에 흡수되지 아니하고 별개로 주거침입죄를 구성하여 절도죄와는 실체적 경합의 관계에 서는 것이 원칙이다.**

[2] **상습으로 단순절도를 범한 범인이 상습적인 절도범행의 수단으로 주간(낮)에 주거침입을 한 경우에 주간 주거침입행위의 위법성에 대한 평가가 형법 제332조, 제329조의 구성요건적 평가에 포함되어 있다고 볼 수 없다.**

[3] 그러므로 **형법 제332조에 규정된 상습절도죄를 범한 범인이 범행의 수단으로 주간에 주거침입을 한 경우 주간 주거침입행위는 상습절도죄와 별개로 주거침입죄를 구성한다.** 또 **형법 제332조에 규정된 상습절도죄를 범한 범인이 그 범행 외에 상습적인 절도의 목적으로 주간에 주거침입을 하였다가 절도에 이르지 아니하고 주거침입에 그친 경우에도 주간 주거침입행위는 상습절도죄와 별개로 주거침입죄를 구성한다.**

⑤ A가 B의 돈을 절취한 다음 다른 금전과 섞거나 교환하지 않고 쇼핑백에 넣어 자신의 집에 숨겨두었다. 그런데 甲이 B의 지시를 받아 乙과 함께 A를 위협하여 쇼핑백에 들어 있던 절취된 돈을 교부받았다면 甲은 폭력행위등처벌에관한법률위반(공동공갈)의 죄책을 진다.

해설 및 정답 2018년 제7회 변호사시험 기출문제 18 **정답** ×

대법원 2012. 8. 30. 선고 2012도6157 판결 [폭력행위 등 처벌에 관한 법률 위반(공동공갈)]

[판결요지] [1] 공갈죄의 대상이 되는 재물은 타인의 재물을 의미한다. 그러므로 **사람을 공갈하여 자기의 재물을 교부받는 경우에는 공갈죄가 성립하지 아니한다.** 그리고 타인의 재물인지는 민법, 상법, 기타의 실체법에 의하여 결정된다. 그런데 **금전을 도난당한 경우 절도범이 절취한 금전만 소지하고 있는 때 등과 같이** 구체적으로 절취된 금전을 특정할

수 있어 객관적으로 다른 금전 등과 구분됨이 명백한 예외적인 경우에는 **절도 피해자에 대한 관계에서 그 금전이 절도범인 타인의 재물이라고 할 수 없다.**

[2] 갑이 을의 돈을 절취한 다음 다른 금전과 섞거나 교환하지 않고 쇼핑백 등에 넣어 자신의 집에 숨겨두었는데, 피고인이 을의 지시로 폭력조직원 병과 함께 갑에게 겁을 주어 쇼핑백 등에 들어 있던 절취된 돈을 교부받아 갈취하였다고 하여 폭력행위 등 처벌에 관한 법률 위반(공동공갈)으로 기소된 사안이다. **피고인 등이 갑에게서 되찾은 돈은 절취 대상인 당해 금전이라고 구체적으로 특정할 수 있어 객관적으로 갑의 다른 재산과 구분됨이 명백하므로 이를 타인인 갑의 재물이라고 볼 수 없다. 피고인 등이 갑을 공갈하여 돈을 교부받았더라도 타인의 재물을 갈취한 행위로서 공갈죄가 성립된다고 볼 수 없다.**

06 ★★★★★

친족상도례에 관한 설명 중 옳지 않은 것은? (다툼이 있는 경우 판례에 의함)

중요 ① 친족상도례는 공갈의 죄 및 장물에 관한 죄에 적용될 수 있지만 강도의 죄 및 손괴의 죄에는 적용되지 않는다.

해설 및 정답 2020년 제9회 변호사시험 기출문제 13 ★ **정답** ○

친족상도례 규정은 형법 제344조 절도죄 · 제354조 사기죄 · 제361조 횡령죄 · 제361조 배임죄 · 제365조 장물죄에 준용한다. 특별법도 배제규정이 없는 한 형법이 준용된다. **강도죄 · 손괴죄 · 강제집행면탈죄 · 점유강취죄 · 준점유강취죄에 대해서는 준용규정이 없다.**

대법원 2013. 9. 13. 선고 2013도7754 판결 [특정경제범죄가중처벌등에 관한 법률 위반(횡령)]

[판시사항] 친족상도례에 관한 형법 규정이 특정경제범죄 가중처벌 등에 관한 법률 제3조 제1항 위반죄에도 적용되는지 여부(적극)

[판결요지] 형법 제361조, 제328조의 규정에 의하면, 직계혈족, 배우자, 동거친족, 동거가족 또는 그 배우자 간의 횡령죄는 그 형을 면제하여야 한다. 그 외의 친족 간에는 고소가 있어야 공소를 제기할 수 있다. **형법상 횡령죄의 성질은 '특정경제범죄 가중처벌 등에 관한 법률'(이하 '특경법'이라고 한다) 제3조 제1항에 의해 가중 처벌되는 경우에도 그대로 유지되고, 특경법에 친족상도례에 관한 형법 제361조, 제328조의 적용을 배제한다는 명시적인 규정이 없다. 형법 제361조는 특경법 제3조 제1항 위반죄에도 그대로 적용된다.**

이 사건 공소사실에 의하더라도 피해자는 피고인의 외사촌이라는 것이다. 그러므로 **횡령으로 인한 이 사건 특경법위반죄는 위에서 본 법리에 비추어 고소가 있어야 공소를 제기할 수 있는 경우이다. 이때 고소기간은 형사소송법 제230조 제1항에 의하여 범인을 알게 된 날부터 6개월이다. 그러므로 이를 도과한 후의 고소는 부적법하여 효력이 없다.** 따라서 원심으로서는 이 사건 공소사실에 관하여 유 · 무죄 판단을 하기에 앞서 마땅히 **피해자의 이 사건 고소가 범인을 알게 된 날부터 6개월 이내에 제기되었는지 여부를 심리한**

다음 그 기간이 도과된 후 제기된 것으로 확인되면 형사소송법 제327조 제2호에 의하여 공소기각의 선고를 하여야 했다.

중요 ② 범인이 자신과 사돈지간인 피해자를 속여 재물을 편취한 경우, 사기죄의 범인에 대해 친족상도례를 적용할 수 없다.

해설 및 정답 2020년 제9회 변호사시험 기출문제 13 ★ 정답 ○

대법원 2011. 4. 28. 선고 2011도2170 판결 [사기]

[판결요지] **친족상도례가 적용되는 친족의 범위는 민법의 규정에 의하여야 한다. 민법 제767조는 배우자, 혈족 및 인척을 친족으로 한다고 규정하고 있다. 민법 제769조는 혈족의 배우자, 배우자의 혈족, 배우자의 혈족의 배우자만을 인척으로 규정하고 있을 뿐이다.** 구 민법(1990. 1. 13. 법률 제4199호로 개정 전) 제769조에서 인척으로 규정하였던 '혈족의 배우자의 혈족'을 인척에 포함시키지 않고 있다. 따라서 **사기죄의 피고인과 피해자가 사돈지간이라고 하더라도 이를 민법상 친족으로 볼 수 없다.**

☞ [출제] 2018년 제7회 변호사시험 기출문제 18

중요 ③ 사기죄의 범인이 금원을 편취하기 위한 수단으로 피해자와 혼인신고를 한 것이어서 그 혼인이 무효인 경우, 범행 당시 피해자가 범인의 배우자였던 사실은 ~~인정되므로~~ 인정되지 않으므로 친족상도례를 적용할 수 ~~있다.~~ 없다.

해설 및 정답 2020년 제9회 변호사시험 기출문제 13 ★ 정답 ×

대법원 2015. 12. 10. 선고 2014도11533 판결 [사기]

[판결요지] **형법 제354조, 제328조 제1항에 의하면 배우자 사이의 사기죄는 이른바 친족상도례에 의하여 형을 면제하도록 되어 있다. 그러나 사기죄를 범하는 자가 금원을 편취하기 위한 수단으로 피해자와 혼인신고를 한 것이다. 그 혼인이 무효인 경우라면, 그러한 피해자에 대한 사기죄에서는 친족상도례를 적용할 수 없다고 할 것이다.**

중요 ④ 횡령죄와 관련하여 친족상도례는 범인과 피해물건의 소유자 및 위탁자 쌍방 간에 「형법」 제328조 소정의 친족관계가 있는 경우에만 적용되고, 범인과 피해물건의 소유자 간에만 친족관계가 있거나 범인과 위탁자 간에만 친족관계가 있는 경우에는 적용될 수 없다.

해설 및 정답 2020년 제9회 변호사시험 기출문제 13 ★ 정답 ○

대법원 2008. 7. 24. 선고 2008도3438 판결 [횡령]

[판결요지] **횡령범인이 위탁자가 소유자를 위해 보관하고 있는 물건을 위탁자로부터 보관받아 이를 횡령한 경우에 형법 제361조에 의하여 준용되는 제328조 제2항의 친족간의**

범행에 관한 조문은 범인과 피해물건의 소유자 및 위탁자 쌍방 사이에 같은 조문에 정한 친족관계가 있는 경우에만 적용된다. 횡령범인과 피해물건의 소유자간에만 친족관계가 있거나 횡령범인과 피해물건의 위탁자간에만 친족관계가 있는 경우 적용되지 않는다.

중요 ⑤ 甲이 乙에게 절도를 교사하고 이에 따라 乙이 자신과 동거하지 않는 삼촌 丙의 신용카드를 절취한 경우, 丙의 고소가 없더라도 甲을 절도교사죄로 처벌할 수 있다.

해설 및 정답 2020년 제9회 변호사시험 기출문제 13 ★ **정답** ○

형사소송법 제328조 제3항에 근거하여 丙의 고소가 없더라도, 신분 관계가 없는 甲을 절도교사죄로 처벌할 수 있다.

> 형법 제328조(친족간범행과 고소)
> ① 직계혈족·배우자·동거친족·동거가족·그 배우자간 제323조 죄를 범한 사람은 선고형이 면제된다. 〈개정 2005.3.31.〉
> ② 제1항 이외 친족간에 제323조 죄를 범한 **사람은 고소가 있어야 공소를 제기할 수 있다. 〈개정 1995.12.29.〉**
> ③ 제1항·제2항 신분관계가 없는 공범은 제1항·제2항이 적용되지 않는다.

07 ★★★★★

친족상도례에 관한 설명 중 옳지 않은 것은? (다툼이 있는 경우 판례에 의함)

① 「특정경제범죄 가중처벌 등에 관한 법률」에는 친족상도례에 관한 규정을 적용한다는 명시적인 규정이 없으므로 특정경제범죄가중처벌등에관한법률위반(사기)죄에는 친족상도례에 관한 규정이 적용~~되지 않는다.~~된다.

해설 및 정답 2018년 제7회 변호사시험 기출문제 17 **정답** ×

대법원 2000. 10. 13. 선고 99오1 판결

[판결요지] 특별법인 특정경제범죄가중처벌등에관한법률에 친족상도례에 관한 형법 제354조, 제328조의 적용을 배제한다는 명시적인 규정이 없다. 그러므로 형법 제354조는 특정경제범죄가중처벌등에관한법률 제3조 제1항 위반죄에도 그대로 적용된다.

② 절도범인이 피해물건의 소유자나 점유자의 어느 일방과의 사이에서만 친족관계가 있는 경우에는 친족상도례에 관한 규정이 적용되지 않는다.

해설 및 정답 2018년 제7회 변호사시험 기출문제 18 **정답** ○

대법원 1980. 11. 11. 선고 80도131 판결 [절도]

[판결요지] **친족상도례에 관한 규정은 범인과 피해물건의 소유자 및 점유자 모두 사이에 친족관계가 있는 경우에만 적용되는 것이다. 절도범인이 피해물건의 소유자나 점유자의 어느 일방과 사이에서만 친족관계가 있는 경우에는 그 적용이 없다.**

③ 법원을 기망하여 제3자로부터 재물을 편취한 경우 피해자는 법원이 아니라 재물을 편취당한 제3자이므로 제3자와 사기죄를 범한 자가 직계혈족의 관계에 있을 때에는 그 범인에 대하여 형을 면제하여야 한다.

해설 및 정답 2018년 제7회 변호사시험 기출문제 18 **정답** ○

대법원 2014. 9. 26. 선고 2014도8076 판결 [사기미수 · 사문서위조 · 위조사문서행사]

[판결요지] **재물을 편취당한 제3자가 피해자라고 할 것이다.** 그러므로 **피해자인 제3자와 사기죄를 범한 자가 직계혈족의 관계에 있을 때에는 그 범인에 대하여는 형법 제354조에 의하여 준용되는 형법 제328조 제1항에 의하여 그 형을 면제하여야 할 것이다.**

④ A와 B를 기망하여 이들의 합유로 되어 있는 부동산에 대한 매매계약을 체결하고 소유권을 이전받은 다음 잔금을 지급하지 않은 경우, A와는 형이 면제되는 친족관계가 있으나 B와는 아무런 친족관계가 없다면 친족상도례에 관한 규정이 적용되지 않는다.

해설 및 정답 2018년 제7회 변호사시험 기출문제 18 **정답** ○

대법원 2015. 6. 11. 선고 2015도3160 판결 [사기 · 사문서위조 · 위조사문서행사]

⑤ 사돈지간은 「민법」상 친족이 아니다. 그러므로 백화점 내 점포에 입점시켜 주겠다고 거짓말을 하여 사돈지간인 피해자로부터 입점비 명목으로 돈을 편취하였다면 친족상도례에 관한 규정이 적용되지 않는다.

해설 및 정답 2018년 제7회 변호사시험 기출문제 18 **정답** ○

대법원 2011. 4. 28. 선고 2011도2170 판결 [사기]

08 ★★★★★

다음 사례(ㄱ～ㄹ은 연결되는 하나의 사례임)에서 甲, 乙, 丙의 죄책에 관한 설명 중 옳은 것을 모두 고른 것은? (다툼이 있는 경우 판례에 의함)

ㄱ. A주식회사는 직원 甲을 통해 乙에게 외제 승용차를 할부 판매하였고, 乙이 이를 친구인 丙 명의로 등록하여 운행하던 중 乙이 약정기일에 1억 원의 할부금을 갚지 못하였다. 그로 인하여 **甲이 회사에서 책임추궁을 당하자 할부금을 갚지 않으면 乙의 아들에게 상해를 가하겠다는 협박편지를 乙의 아파트 우편함에 넣어 두었으나** 경비원이 이를 휴지통에 버린 경우 甲은 협박죄의 미수에 해당한다.

ㄴ. 乙은 甲으로부터 수회 할부금 변제 독촉을 받자 A회사의 내부 비리를 검찰에 고발하겠다는 협박편지를 A회사(대표이사)에게 발송한 경우 乙은 A회사(대표이사)에 대한 협박죄의 ~~미수에~~기수에 해당한다.

ㄷ. 乙이 약정기일에 할부금을 변제하지 못하면 위 승용차를 회수해도 좋다는 각서 및 매매계약서와 양도증명서를 작성하여 교부한 후 乙이 그 채무를 불이행하자 甲은 취거 당시 乙의 의사에 반하여 위 승용차를 임의로 가져간 경우라도 영득이 적법하므로 절도죄가 ~~성립하지 않는다.~~성립한다.

ㄹ. 만일 甲이 위 승용차를 취거해 가기 전에 丙이 명의수탁 받은 위 승용차를 자신의 소유라고 속여 B에게 매도하였다면 B가 자기의 명의로 소유권이전등록을 하였더라도 丙은 B에 대하여 사기죄가 ~~성립한다.~~성립하지 않는다.

① ㄱ
② ㄴ, ㄷ
③ ㄷ, ㄹ
④ ㄱ, ㄴ, ㄷ
⑤ ㄱ, ㄴ, ㄹ

해설 및 정답 2015년 제4회 변호사시험 기출문제 11 **정답** ①

ㄱ. (○) 대법원 2007. 9. 28. 선고 2007도606 전원합의체 판결
ㄴ. (×) 대법원 2010. 7. 15. 선고 2010도1017 판결 [협박]
ㄷ. (×) 대법원 2001. 10. 26. 선고 2001도4546 판결 [절도]
ㄹ. (×) 대법원 2007. 1. 11. 선고 2006도4498 판결 [사기 · 절도]

09 ★★★★★

甲은 乙에게 乙의 삼촌인 A의 신용카드를 절취하도록 교사하고,절도교사죄+ 이에 따라 乙이 A의 신용카드를 절취하였다.절도죄+ 이에 관한 설명 중 옳은 것을 모두 고른 것은? (다툼이 있는 경우 판례에 의함)

파워특강 친족상도례. 절도교사범이 정범이 절취하여 온 신용카드(=장물)을 취득한 경우(=장물취득죄 성립), 친족상도례 적용효과(=형면제 판결, 그 외 친족 상

대적 친고죄 처벌함), 절취한 신용카드로 결제함(=신용카드부정사용죄와 사기죄가 성립한다. 양 죄는 실체적 경합이다. 2개의 행위이다), 절취한 신용카드로 현금지급기에서 돈을 이체함(=컴퓨터사용사기죄 성립), 절취한 신용카드로 현금지급기에서 돈을 인출함(=절도죄 성립).

① 甲이 乙이 절취하여 온 A의 신용카드를 취득하였더라도 甲에게 장물취득죄는 ~~성립하지 않는다.~~ 성립한다.

해설 및 정답 2021년 제10회 변호사시험 기출문제 19 **정답** ×

대법원 1986. 9. 9. 선고 86도1273 판결 [강도살해 · 특수강도 · 특정범죄가중처벌등에관한 법률위반(특수절도) · 특수절도 · 장물취득]

[판결요지] [1] 장물죄는 타인(본범)이 불법하게 영득한 재물의 처분에 관여하는 범죄이다. 그러므로 자기의 범죄에 의하여 영득한 물건에 대하여는 성립하지 않는다. 이는 불가벌적 사후행위에 해당한다. 그러나 여기에서 **자기의 범죄라 함은 정범자(공동정범과 합동범을 포함한다)에 한정되는 것이다.** 그러므로 평소 본범과 공동하여 수차 상습으로 절도 등 범행을 자행함으로써 실질적인 범죄집단을 이루고 있었다 하더라도, **당해 범죄행위의 정범자(공동정범이나 합동범)로 되지 아니한 이상 이를 자기의 범죄라고 할 수 없다. 따라서 그 장물의 취득을 불가벌적 사후행위라고 할 수 없다.**

[2] **야간에 절도의 목적으로 출입문에 장치된 자물통 고리를 절단하고 출입문을 손괴한 뒤 집안으로 침입하려다가 발각된 것이다. 이는 특수절도죄의 실행에 착수한 것이다.**

☞ [출제] 2020년 제9회 변호사시험 기출문제 15 · 2013년 제2회 변호사시험 기출문제 9

② 乙이 A와 동거하고 있다면, 乙의 절도죄는 형법상 친족상도례에 따라 A의 고소가 있어야 ~~처벌할 수 있다.~~ 형을 면제한다.

해설 및 정답 2021년 제10회 변호사시험 기출문제 19 **정답** ○

형법 제328조와 형법 제344조 참조. A는 동거친족이다. 선고형을 면제한다.

중요 ③ 甲이 위 신용카드를 자신의 것인 양 속이고 옷가게에서 옷을 구입하고 신용카드로 결제하였다면, 사기죄와 신용카드부정사용죄(「여신전문금융업법」 제70조 제1항 제3호)가 성립하고 양죄는 실체적 경합관계이다.

해설 및 정답 2021년 제10회 변호사시험 기출문제 19 **정답** ○

대법원 1996. 7. 12. 선고 96도1181 판결 [신용카드업법위반 · 절도]

[판결요지] [1] 신용카드를 절취한 후 이를 사용한 경우 신용카드의 부정사용행위는 새로운 법익의 침해로 보아야 한다. 그 법익침해가 절도범행보다 큰 것이 대부분이다. 그러므로 위와 같은 부정사용행위가 절도범행의 불가벌적 사후행위가 되는 것은 아니다.

[2] **단일하고 계속된 범의하에 동종의 범행을 동일하거나 유사한 방법으로 일정 기간 반복하여 행하고 그 피해법익도 동일한 경우에는 각 범행을 통틀어 포괄일죄로 볼 것이다.**

> **파워특강** **포괄일죄에 연속범 · 접속범 · 상습범 · 영업범이 있다. 형법각론과 특별형법에 포괄일죄 규정이 없다면, 실체적 경합범으로 처벌된다.**

[3] 피고인은 절취한 카드로 가맹점들로부터 물품을 구입하겠다는 단일한 범의를 가지고 그 범의가 계속된 가운데 동종의 범행인 신용카드 부정사용행위를 동일한 방법으로 반복하여 행하였다. 또 위 신용카드의 각 부정사용의 피해법익도 모두 위 신용카드를 사용한 거래의 안전 및 이에 대한 공중의 신뢰인 것으로 동일하다. **피고인이 동일한 신용카드를 위와 같이 부정사용한 행위는 포괄하여 일죄에 해당한다. 신용카드를 부정사용한 결과가 사기죄의 구성요건에 해당하고 그 각 사기죄가 실체적 경합관계에 해당한다고 하여도 신용카드부정사용죄와 사기죄는 그 보호법익이나 행위의 태양이 전혀 달라 실체적 경합관계에 있다. 신용카드 부정사용행위를 포괄일죄로 취급하는데 아무런 지장이 없다.**

> **파워특강** **신용카드를 여러 곳에서 사용한 경우 신용카드부정사용죄는 포괄일죄에 해당한다. 물론 사기죄는 각 행위마다 성립한다. 여러 개의 행위이고 피해자가 다르기 때문이다.**

☞ [출제] 2020년 제9회 변호사시험 기출문제 30

중요 ④ 甲이 위 신용카드를 이용하여 현금지급기에서 계좌이체를 한다면 ~~절도죄에~~ 컴퓨터사용사기죄에 해당한다.

해설 및 정답 2021년 제10회 변호사시험 기출문제 19 **정답** ×

대법원 2008. 6. 12. 선고 2008도2440 판결 [사기 · 절도 · 혼인빙자간음]

[판결요지] 절취한 타인의 신용카드를 이용하여 현금지급기에서 계좌이체를 한 행위는 컴퓨터등사용사기죄에서 컴퓨터 등 정보처리장치에 권한 없이 정보를 입력하여 정보처리를 하게 한 행위에 해당한다. 이를 별론으로 하고 이를 절취행위라고 볼 수는 없다. 한편 위 계좌이체 후 현금지급기에서 현금을 인출한 행위는 자신의 신용카드나 현금카드를 이용한 것이어서 이러한 현금인출이 현금지급기 관리자의 의사에 반한다고 볼 수 없어 절취행위에 해당하지 않는다. 그러므로 절도죄를 구성하지 않는다.

☞ [출제] 2020년 제9회 변호사시험 기출문제 27

> 형법 제347조의2(컴퓨터등 사용사기)
> 컴퓨터등 정보처리장치에 허위의 정보 또는 부정한 명령을 입력하거나 **권한 없이 정보를 입력 · 변경하여 정보처리를 하게 함으로써 재산상의 이익을 취득하거나** 제3자로 하여금 취득하게 한 자는 10년 이하의 징역 또는 2천만원 이하의 벌금에 처한다. [전문개정 2001.12.29]

문 20. 사기죄에 관한 설명 중 옳은 것은? (다툼이 있는 경우 판례에 의함)

출제내용

- 형법 제347조 제1항(=사기죄 처분의사, 2017년 전원합의체 판결) ★★★
- 사기행위(=사람을 기망·교부). 국가·지방자치단체를 기망하여 조세포탈하거나 조세 환급·공제를 받은 경우 사기죄가 성립하지 않는다.
- 신용카드 부정 사용시 매출전표 서명 및 교부행위(=신용카드부정사용죄만 성립. 사문서 위조죄와 동행사죄는 흡수됨)★★★
- 신용카드범죄(=여신금융업법·사기죄·강도죄·절도죄·공갈죄)
- 강취한 신용카드로 예금인출(=강도죄와 절도죄 성립. 실체적 경합)★★★
- 갈취한 신용카드로 예금인출(=공갈죄 포괄일죄. 단일하고 계속된 범의)★★
- 소송사기(=허위채권에 기한 가압류신청만으로 실행착수-)
- 형법 제354조·제328조·제346조 친족상도례(=친족관계 행위시 존재)
- 컴퓨터 사용사기죄(=위임 받은 금액 보다 초과 인출 금액·비율)★★★

출제분석

2024년 제13회 변호사시험 출제예상 ★
2023년 제12회 변호사시험 기출문제 11
2022년 제11회 변호사시험 기출문제 18
2021년 제10회 변호사시험 기출문제 9
2020년 제9회 변호사시험 기출문제 12
2019년 제8회 변호사시험 기출문제 10
2015년 제4회 변호사시험 기출문제 6·10
2012년 제1회 변호사시험 기출문제 10

가. 사기죄에 관한 설명 중 옳은 것이다(○).

① 甲이 소송비용을 편취할 의사로 소송비용의 지급을 구하는 손해배상청구의 소를 제기한 경우 사기죄의 불가벌적 불능범에 해당한다.착오에 의한 교부행위-

해설 및 정답 2015년 제4회 변호사시험 기출문제 10 소송사기 **정답** ○

실행수단의 착오인 불능미수이다. 결과발생위험성이 없다. 사기죄 불능범이다(무죄).
대법원 2005. 12. 8. 선고 2005도8105 판결 [사기미수]
[판시사항] 소송비용을 편취할 의사로 소송비용의 지급을 구하는 손해배상청구의 소를 제기한 경우, 사기죄의 불능범에 해당한다.
[판결요지] 불능범의 판단 기준으로서 위험성 판단은 피고인이 행위 당시에 인식한 사정

을 놓고 이것이 객관적으로 일반인의 판단으로 보아 결과 발생의 가능성이 있느냐를 따져야 한다(대법원 1978. 3. 28. 선고 77도4049 판결 참조). **소송비용의 지급을 구하는 손해배상청구의 소를 제기하였다고 하더라도 이는 객관적으로 소송비용의 청구방법에 관한 법률적 지식을 가진 일반인의 판단으로 보아 결과 발생의 가능성이 없어 위험성이 인정되지 않는다고 할 것이다.**

② 甲이 사망자 乙 명의의 문서를 위조하여 소장에 첨부한 후,[제1행위 기망+] 乙을 상대로 법원에 제소한 경우[제2행위 기망+] 사문서위조 및 위조사문서행사죄는 성립하지만 사기죄는 성립하지 않는다.[착오에 의한 교부행위-]

해설 및 정답 2015년 제4회 변호사시험 기출문제 10 소송사기 **정답** ○

사망자 상대소송은 사기죄 불능범이다. 실행수단의 착오인 불능미수이다. 결과발생위험성이 없기 때문에 사기죄의 불능범이다(무죄이다).

대법원 2005. 2. 24. 선고 2002도18 전원합의체 판결 [사문서위조·위조사문서행사]

[판시사항] 허무인·사망자 명의의 사문서를 위조한 경우, 사문서위조죄의 성립 여부(적극)

[판결요지] 문서위조죄는 문서의 진정에 대한 공공의 신용을 그 보호법익으로 하는 것이다. 그러므로 행사할 목적으로 작성된 문서가 일반인으로 하여금 당해 명의인의 권한 내에서 작성된 문서라고 믿게 할 수 있는 정도의 형식과 외관을 갖추고 있으면 문서위조죄가 성립하는 것이다. 위와 같은 요건을 구비한 이상 **그 명의인이 실재하지 않는 허무인이거나 또는 문서의 작성일자 전에 이미 사망하였다고 하더라도 그러한 문서 역시 공공의 신용을 해할 위험성이 있으므로 문서위조죄가 성립한다**고 봄이 상당하며, **이는 공문서뿐만 아니라 사문서의 경우에도 마찬가지라고 보아야 한다.**

대법원 2002. 1. 11. 선고 2000도1881 판결 [사기]

[판시사항] 사망한 자를 상대로 한 제소의 소송사기 성립 여부(소극)

③ 甲이 피담보채권인 공사대금채권을 실제와 달리 허위로 크게 부풀려 유치권(留置權)에 기한 경매신청(競賣申請)을 한 경우[기망+] 사기죄의 실행에 착수한 것이다.

해설 및 정답 2015년 제4회 변호사시험 기출문제 10 소송사기 **정답** ○

대법원 2012. 11. 15. 선고 2012도9603 판결 [사기미수·위증]

④ 甲이 진정한 임차권자가 아니면서 허위의 임대차 계약서를 법원에 제출하여 임차권등기명령을 신청한 경우[기망+] 사기죄의 실행에 착수한 것이다.

해설 및 정답 2015년 제4회 변호사시험 기출문제 10 소송사기 **정답** ○

대법원 2012. 5. 24. 선고 2010도12732 판결 [상해·업무방해·사기·사기미수]

⑤ 변호사가 대법관에게 로비자금으로 사용한다고 기망하여 의뢰인에게서 금원을 교부받은 경우기망+ 사기죄가 성립할 수 있다.

해설 및 정답 2012년 제1회 변호사시험 기출문제 14 **정답** ○

대법원 1995. 9. 15. 선고 95도707 판결 [사기ㆍ횡령]

[판결요지] 용도를 속이고 돈을 빌린 경우에 만일 진정한 용도를 고지하였더라면 상대방이 빌려 주지 않았을 것이라는 관계에 있는 때에는 사기죄의 실행행위인 기망은 있는 것으로 보아야 한다. 피고인이 대법원에 상고한 경매방해 등 사건에 관한 교제비, 변호사 선임비 등으로 사용한다고 하면서 1억 5천만원을 빌려 달라고 하는 것을 거절하지 못하고 위 약속어음을 빌려 사용하였다면, 용도를 속이고 돈을 빌린 행위로서 사기죄가 성립한다.

중요 ⑥ 사기 범행의 피해자로부터 현금을 예금계좌로 송금 받은 경우 사기죄의 객체는 재산상 이익이 아니라 재물이다.

해설 및 정답 2012년 제1회 변호사시험 기출문제 14 ★ **정답** ○

대법원 2010. 12. 9. 선고 2010도6256 판결 [사기방조ㆍ장물취득ㆍ전자금융거래법위반]

⑦ 임대차 계약을 체결하면서 임대인(賃貸人)이 임차인(賃借人)에게 임대목적물에 대한 경매가 진행 중인 사실을 알리지 않으면부작위 기망+ 사기죄가 성립할 수 있다.

해설 및 정답 2012년 제1회 변호사시험 기출문제 14 **정답** ○

대법원 1998. 12. 8. 선고 98도3263 판결 [사기]

⑧ 피기망자와 피해자가 일치하지 않아도 사기죄가 성립할 수 있다.

해설 및 정답 2012년 제1회 변호사시험 기출문제 14 **정답** ○

대법원 2002. 7. 26. 선고 2002도2620 판결

나. 사기죄에 관한 설명 중 옳지 않은 것이다(×).

① 부동산등기부상 소유자로 등기된 적이 있는 甲이 자신 이후에 소유권이전등기를 경료한 등기명의인들을 상대로 허위의 사실을 주장하면서 그들 명의의 소유권이전등기말소를 구하는 소를 제기하더라도 사기죄의 실행에 ~~착수한 것이 아니다.~~한 것이다.

해설 및 정답 2015년 제4회 변호사시험 기출문제 10 소송사기 **정답** ×

대법원 2003. 7. 22. 선고 2003도1951 판결 [무고 · 사기미수]

[판결요지] **법원을 기망하여 재물이나 재산상 이익을 편취한 것이라고 할 것이다. 따라서 등기명의인들 전부 또는 일부를 상대로 하는 그와 같은 말소등기청구 소송의 제기는 사기의 실행에 착수한 것이라고 보아야 한다.**

중요 ② 상대방으로부터 소송비용 명목으로 일정한 금액을 이미 송금받았음에도 불구하고 그 상대방을 피고로 하여 소송비용 상당액의 지급을 구하는 손해배상금 청구의 소를 제기하였다가(실행착수 기망+) 판사의 권유에 따라 소를 취하한 경우라도(결과발생불가능 구체적 위험-) 사기죄의 ~~미수범으로 처벌된다.~~(불능범이 된다.)

해설 및 정답 2012년 제1회 변호사시험 기출문제 14 ★ **정답** ×

대법원 2005. 12. 8. 선고 2005도8105 판결 [사기미수]

[판결요지] [1] 불능범의 판단 기준으로 **위험성 판단은 피고인이 행위 당시에 인식한 사정을 놓고 이것이 객관적으로 일반인 판단으로 보아 결과 발생의 가능성이 있느냐를 따져야 한다.**

[2] 소송비용을 편취할 의사로 소송비용의 지급을 구하는 손해배상청구의 소를 제기한 경우, **사기죄의 불능범에 해당한다**고 한 사례

다. 사기죄와 신용카드사용 관련 범죄 종합문제

중요 **01** ★★★★★

사기죄에 관한 설명 중 옳은 것(○)과 옳지 않은 것(×)을 올바르게 조합한 것은? (다툼이 있는 경우 판례에 의함)

ㄱ. 금원 편취를 내용으로 하는 사기죄에서는 기망으로 인한 금원 교부가 있으면 그 자체로 피해자의 재산침해가 되어 바로 사기죄가 성립하고, 상당한 대가가 지급되었다거나 피해자의 전체 재산상의 손해가 없다 하여도 사기죄의 성립에는 그 영향이 없다.

ㄴ. 피해자에 대한 사기범행을 실현하는 수단으로 타인을 기망하여 그를 피해자로부터 편취한 재물을 전달하는 도구로만 이용한 경우, 편취의 대상인 재물에 관하여 피해자에 대한 사기죄와는 별도로 도구로 이용된 타인에 대한 사기죄가 ~~성립한다.~~

ㄷ. 부동산의 명의수탁자가 그 부동산을 자신의 소유라고 말하면서 제3자에게 매도하고 소유권이전등기를 마쳐 준 경우, 제3자에 대한 사기죄가 ~~성립한다.~~

ㄹ. 사기도박으로 금전을 편취하려고 하는 자가 상대방에게 도박에 참가할 것을 권유하는 것만으로는 사기죄의 실행의 착수가 ~~인정되지 않는다.~~

ㅁ. 피해자를 속여 재물을 교부받으면서 일부 대가를 지급한 경우, 편취액은 대가를 공제한 차액이 아니라 교부받은 재물 전부이다.

① ㄱ(×), ㄴ(◯), ㄷ(◯), ㄹ(◯), ㅁ(×)

② ㄱ(◯), ㄴ(×), ㄷ(×), ㄹ(×), ㅁ(◯)

③ ㄱ(×), ㄴ(◯), ㄷ(×), ㄹ(◯), ㅁ(◯)

④ ㄱ(◯), ㄴ(×), ㄷ(◯), ㄹ(×), ㅁ(◯)

⑤ ㄱ(◯), ㄴ(◯), ㄷ(×), ㄹ(◯), ㅁ(×)

해설 및 정답 2020년 제9회 변호사시험 기출문제 12 **정답** ②

ㄱ. (○) 대법원 1995. 3. 24. 선고 95도203 판결 [특정경제범죄가중처벌등에 관한 법률 위반(사기)]

[판시사항] 사기죄에 있어서 대가가 일부 지급된 경우, 그 편취액은 대가를 공제한 차액이 되는지 여부

[판결요지] 재물편취를 내용으로 하는 사기죄에 있어서는 기망으로 인한 재물교부가 있으면 그 자체로써 피해자의 재산침해가 되어 이로써 곧 사기죄가 성립하는 것이다. 상당한 대가가 지급되었다거나 피해자의 전체 재산상에 손해가 없다 하여도 사기죄의 성립에는 그 영향이 없다. 그러므로 사기죄에 있어서 그 대가가 일부 지급된 경우에도 그 편취액은 피해자로부터 교부된 재물의 가치로부터 그 대가를 공제한 차액이 아니라 교부받은 재물 전부이다.

대법원 2017. 12. 22. 선고 2017도12649 판결

ㄴ. (×) 대법원 2017. 5. 31. 선고 2017도3894 판결 [사기 · 컴퓨터등사용사기 · 전기통신금융사기피해방지 및 피해금환급에 관한 특별법 위반 · 전자금융거래법위반 · 사기방조 · 횡령]

[판시사항] **피해자에 대한 사기범행을 실현하는 수단으로서 타인을 기망하여 그를 피해자로부터 편취한 재물이나 재산상 이익을 전달하는 도구로서만 이용한 경우, 피해자에 대한 사기죄 외에 도구로 이용된 타인에 대한 사기죄가 별도로 성립하는지 여부(소극)**

[판결요지] [1] 간접정범을 통한 범행에서 피이용자는 간접정범의 의사를 실현하는 수단으로서의 지위를 가질 뿐이다. 그러므로 **피해자에 대한 사기범행을 실현하는 수단으로서 타인을 기망하여 그를 피해자로부터 편취한 재물이나 재산상 이익을 전달하는 도구로서만 이용한 경우에는 편취의 대상인 재물 또는 재산상 이익에 관하여 피해자에 대한 사기죄가 성립할 뿐 도구로 이용된 타인에 대한 사기죄가 별도로 성립한다고 할 수 없다.**

ㄷ. (×) 대법원 2007. 1. 11. 선고 2006도4498 판결 [사기 · 절도]

[판결요지] 부동산의 명의수탁자가 부동산을 제3자에게 매도하고 매매를 원인으로 한 소유권이전등기까지 마쳐 준 경우, 명의신탁의 법리상 대외적으로 **수탁자에게 그 부동산의 처분권한이 있는 것임이 분명하고, 제3자로서도 자기 명의의 소유권이전등기가 마쳐진**

이상 무슨 실질적인 재산상의 손해가 있을 리 없다. 그러므로 그 명의신탁 사실과 관련하여 신의칙상 고지의무가 있다거나 기망행위가 있었다고 볼 수도 없어서 그 제3자에 대한 사기죄가 성립될 여지가 없다. 나아가 그 처분시 매도인(명의수탁자)의 소유라는 말을 하였다고 하더라도 역시 사기죄가 성립하지 않는다. 이는 자동차의 명의수탁자가 처분한 경우에도 마찬가지이다.

ㄹ. (×) 대법원 2011. 1. 13. 선고 2010도9330 판결 [사기·도박]

[판시사항] [1] **이른바 '사기도박'의 경우 사기죄 외에 도박죄가 별도로 성립하는지 여부(소극)** [2] **사기도박에서 실행의 착수시기(=사기도박을 위한 기망행위를 개시한 때)** [3] 피고인 등이 사기도박에 필요한 준비를 갖추고 그 실행에 착수한 후에 사기도박을 숨기기 위하여 얼마간 정상적인 도박을 하였더라도 이는 사기죄의 실행행위에 포함되는 것이다. 피고인에 대하여는 피해자들에 대한 사기죄만이 성립하고 도박죄는 따로 성립하지 아니한다고 한 사례 [4] 피고인 등이 피해자들을 유인하여 사기도박으로 도금을 편취한 행위는 사회관념상 1개의 행위로 평가함이 상당하므로, 피해자들에 대한 각 사기죄는 상상적 경합의 관계에 있다고 한 사례.

[**판결요지**] 사기죄는 편취의 의사로 기망행위를 개시한 때에 실행에 착수한 것으로 보아야 한다. 그러므로 **사기도박에서도 사기적인 방법으로 도금을 편취하려고 하는 자가 상대방에게 도박에 참가할 것을 권유하는 등 기망행위를 개시한 때에 실행의 착수가 있는 것으로 보아야 한다.**

ㅁ. (○) 대법원 2017. 12. 22. 선고 2017도12649 판결 [특정경제범죄가중처벌등에 관한 법률위반(배임)·특정경제범죄가중처벌등에 관한 법률 위반(사기)(피고인2에 대하여 일부 인정된 죄명: 사기)·주식회사의외부감사에 관한 법률위반·자본시장과금융투자업에 관한 법률위반]

[판시사항] [1] **금원 편취를 내용으로 하는 사기죄에서 대가가 일부 지급되거나 담보가 제공된 경우의 편취액(=교부받은 금원 전부)**

[**판결요지**] [1] 금원 편취를 내용으로 하는 사기죄에서는 기망으로 인한 금원 교부가 있으면 그 자체로써 피해자의 재산침해가 되어 바로 사기죄가 성립한다. 상당한 대가가 지급되었다거나 피해자의 전체 재산상에 손해가 없다 하여도 사기죄의 성립에는 영향이 없다. 그러므로 **사기죄에서 그 대가가 일부 지급되거나 담보가 제공된 경우에도 편취액은 피해자로부터 교부된 금원으로부터 그 대가 또는 담보 상당액을 공제한 차액이 아니라 교부받은 금원 전부라고 보아야 한다.**

중요 **02** ★★★★★

2018. 7.경 甲과 乙은 공모하여 甲의 장인인 A(甲과 동거하지 아니하고, 乙과는 아무런 신분관계가 없음)에 대한 차용증을 위조한[사문서위조죄+] 다음 법원에 A 소유 토지에 대한 부동산가압류를 신청하였고[위조사문서행사+] 법원은 위 신청에 대한 부동산가압류명령을 발령하여 부동산등기부와 동일한 공전자기록에 위 토지에 대한 가압류등기가 경료되었다.[공전자기록등불실기재−, 불실기재공전자기록등행사−] 이후 甲과 乙은 A에 대하여 대여금청구의 소를 제기하면서[사기죄 실행착수+] 소장에 A의 주소를 허위로 기재하는 방법으로[사문서위조죄+, 위조사문

서행사+ 승소판결을 받았다.사기죄+ **A는 위 사실을 뒤늦게 알고, 알게 된 날로부터 1개월 만에 甲과 乙을 사문서위조, 위조사문서행사, 사기, 공전자기록등불실기재 및 불실기재공전자기록등행사로 경찰에 고소하였다. 乙은 수사를 받게 된 것을 알고 집에 보관 중이던 위 차용증 원본을 태워 없앴다. 이에 관한 설명 중 옳은 것을 모두 고른 것은?** (특별법 위반의 점은 논외로 하고, 다툼이 있는 경우 판례에 의함)

ㄱ. 甲과 乙이 부동산가압류를 신청하고 이에 따른 명령을 받은 것에 대하여는 사기죄가 성립하고, 이 경우 사기죄는 부동산가압류명령이 발령된 시점에 기수에 ~~이른다.~~ 이른다고 볼 수 없다.

ㄴ. 甲은 A와 동거하지 아니하는 친족관계이므로 甲의 사기죄에 대하여 친족상도례가 적용되고, 이는 상대적 친고죄인데 A가 고소기간 내에 고소를 하였으므로 甲을 ~~사기죄로 처벌할 수 있다.~~

ㄷ. 위 가압류등기는 甲과 乙의 등기신청이 아니라 법원의 촉탁에 의하여 이루어졌으므로 甲과 乙에게는 공전자기록등불실기재죄 및 불실기재공전자기록등행사죄가 성립하지 아니한다.

ㄹ. 자신의 형사사건에 대한 증거를 인멸한 경우 증거인멸죄가 성립하지 않지만, 乙이 없앤 차용증 원본은 甲에 대한 형사사건의 증거이기도 하므로 乙을 증거인멸죄로 처벌할 수 ~~있다.~~ 없다.

ㅁ. 甲이 위 범행 이후 처와 이혼하여 甲과 A 사이에 더 이상 친족관계가 존재하지 않더라도 甲의 사기죄에 대하여 친족상도례가 적용된다.

① ㄱ, ㄴ
② ㄱ, ㄷ
③ ㄴ, ㄷ
④ ㄷ, ㅁ
⑤ ㄹ, ㅁ

해설 및 정답 2019년 제8회 변호사시험 기출문제 10 **정답** ④

ㄱ. (×) 대법원 1988. 9. 13. 선고 88도55 판결 [사기미수]

[판결요지] 가압류는 강제집행의 보전방법에 불과한 것이다. 허위의 채권을 피보전권리로 삼아 가압류를 하였더라도 그 채권에 관하여 현실적으로 청구의 의사표시를 한 것으로 볼 수 없다. 그러므로 본안소송을 제기하지 아니한 채 가압류를 한 것만으로는 사기죄의 실행에 착수하였다고 할 수 없다.

ㄴ. (×) 대법원 2011. 5. 13. 선고 2011도1765 판결

[판결요지] 형법 제354조에 의하여 준용되는 제328조 제1항에서 "직계혈족, 배우자, 동거친족, 동거가족 또는 그 배우자 간의 제323조의 죄는 그 형을 면제한다."고 규정하고 있다. 여기서 '그 배우자'는 동거가족의 배우자만을 의미하는 것이 아니다. 직계혈족, 동거친족, 동거가족 모두의 배우자를 의미하는 것이다. 기록에 의하면, **피고인이 피해자** ○

○○의 직계혈족의 배우자임을 이유로 형법 제354조, 제328조 제1항에 따라 피해자 ○○○에 대한 상습사기의 점에 관한 공소사실에 대하여 형을 면제한 것은 정당하다.

ㄷ. (○) 대법원 1976. 5. 25. 선고 74도568 판결

ㄹ. (×) 대법원 2011. 7. 14. 선고 2009도13151 판결

ㅁ. (○) 대법원 1997. 1. 24. 선고 96도1731 판결. 친족상도례가 적용되기 위한 친족관계는 행위시에 존재해야 한다.

03 ★★★★★

현금카드 기능이 있는 신용카드 사용범죄에 관한 설명 중 옳지 않은 것을 모두 고른 것은? (다툼이 있는 경우 판례에 의함)

ㄱ. 강취한 타인의 신용카드를 사용하여 현금자동지급기에서 예금을 인출한 행위는 그 현금을 객체로 하는 절도죄가 성립한다.

ㄴ. 타인의 명의를 모용하여 발급받은 신용카드를 사용하여 현금자동지급기에서 현금대출(현금서비스)을 받은 행위는 그 현금을 객체로 하는 절도죄가 성립한다.

ㄷ. 절취한 타인의 신용카드를 사용하여 현금자동지급기에서 현금대출(현금서비스)을 받은 행위는 그 현금을 객체로 하는 절도죄가 성립한다.

ㄹ. 물품을 구입하고 절취한 신용카드로 결제를 하면서 매출전표에 서명하여 이를 교부한 경우 신용카드부정사용죄 ~~외에 사문서위조죄 및 위조사문서행사죄~~로 처벌된다.

ㅁ. 갈취한 타인의 신용카드와 그 타인으로부터 알아낸 비밀번호를 이용하여 현금자동지급기에서 예금을 인출한 행위는 그 현금을 객체로 하는 ~~절도죄가~~공갈죄가 성립한다.

① ㄱ, ㄴ　　② ㄴ, ㄹ

③ ㄹ, ㅁ　　④ ㄱ, ㄷ, ㅁ

⑤ ㄴ, ㄹ, ㅁ

해설 및 정답 2015년 제4회 변호사시험 기출문제 6　　**정답** ③

ㄱ. (○) 대법원 2007. 5. 10. 선고 2007도1375 판결

ㄴ. (○) 대법원 2006. 7. 27. 선고 2006도3126 판결

ㄷ. (○) 대법원 2003. 5. 13. 선고 2003도1178 판결 [컴퓨터등사용사기]

ㄹ. (×) 대법원 1992. 6. 9. 선고 92도77 판결

[판시사항] 신용카드업법 제25조 제1항 소정의 신용카드부정사용죄에 있어 '신용카드의

사용'의 의미와 **매출표에 서명하여 이를 교부하는 행위가 별도로 사문서위조 및 동행사죄를 구성하는지 여부(소극)**

[판결요지] 매출표의 서명 및 교부가 별도로 사문서위조 및 동행사의 죄의 구성요건을 충족한다고 하여도 이 사문서위조 및 동행사의 죄는 위 신용카드부정사용죄에 흡수되어 신용카드부정사용죄의 1죄만이 성립하고 별도로 사문서위조 및 동행사의 죄는 성립하지 않는다.

ㅁ. (×) 대법원 2007. 5. 10. 선고 2007도1375 판결

[판시사항] [1] **갈취한 현금카드를 사용하여 현금자동지급기에서 예금을 인출한 행위가 공갈죄와 별도로 절도죄를 구성하는지 여부(소극)** [2] 강취한 현금카드를 사용하여 현금자동지급기에서 예금을 인출한 행위가 강도죄와 별도로 절도죄를 구성하는지 여부(적극)

04 ★★★★★

甲은 사기범행에 이용되리라는 정을 알면서 속칭 '보이스피싱' 조직원인 乙에게 자기 명의의 예금통장과 체크카드 등을 양도하였다.갑은 사기죄 방조범 성립+ 乙은 A에게 은행직원을 사칭하여 전화로 "당신의 은행계좌가 범죄에 이용되었다. 추가피해를 막으려면 돈을 인출하여 은행이 지정하는 계좌에 입금하여야 한다."라고 거짓말하였다.을은 사기죄 성립+ 이에 속은 A는 甲의 계좌로 1,500만 원을 송금하였다. 이에 관한 설명 중 옳지 않은 것은? (다툼이 있는 경우 판례에 의함)

파워특강 보이스피싱을 당하여 송금하면 사기죄는 기수이다(=범인이 인출하지 못한 상태에서 체포되었다고 하더라도 기수이다). 예금계좌양도로 사기죄 방조범이 성립한다. 이후 사기죄 방조범이 예금을 인출한 행위는 불가벌적 사후행위이다. 계좌송금한 돈의 법적 성격은 재물이다. 사기죄 방조범은 횡령죄가 성립하지 않는다. 그러나 제3자가 사기범죄로 취득한 돈임을 알면서 취득하면, 장물취득죄가 성립한다. 보증금납입조건부 피의자석방결정에 검사는 항고가 가능하다. 피고인이 사실오인을 이유로 항소한 경우 항소심은 양형부당을 이유로 제1심 판결을 직권으로 파기할 수 있다.

① 乙이 A를 기망하여 1,500만 원이 甲의 계좌로 송금·이체되었다면 乙이 이를 인출하지 못한 상태에서 체포되었다 하더라도 乙의 편취행위는 기수에 이르렀다고 보아야 한다.

해설 및 정답 2021년 제10회 변호사시험 기출문제 9 **정답** ○

대법원 2017. 5. 31. 선고 2017도3894 판결 [사기·컴퓨터등사용사기·전기통신금융사기 피해방지 특별법 위반·전자금융거래법위반·사기방조·횡령] ★★★★★

☞ [출제] 2020년 제9회 변호사시험 기출문제 12·2018년 제7회 변호사시험 기출문제 18

② 甲이 예금통장 등을 乙에게 양도한 행위가 사기방조죄가 된다면 이후 甲이 송금된 1,500만 원을 인출하였더라도 사기방조죄와 별개로 A에 대한 횡령죄는 성립하지 않는다.

해설 및 정답 2021년 제10회 변호사시험 기출문제 9 **정답** ○

대법원 2017. 5. 31. 선고 2017도3894 판결 [사기・전기통신금융사기피해방지 및 피해금 환급에 관한 특별법 위반・전자금융거래법위반・사기방조・횡령] ★★★★★

☞ [출제] 2020년 제9회 변호사시험 기출문제 12・2018년 제7회 변호사시험 기출문제 18

③ 甲의 계좌로 입금된 1,500만 원은 乙의 기망행위로 인하여 취득한 재물이므로, 甲이 이를 인출한 행위는 장물취득죄에 ~~해당한다.~~ 해당하지 않는다. 본범에게 처분권을 이전받는 돈이 아니기 때문이다.

해설 및 정답 2021년 제10회 변호사시험 기출문제 9 **정답** ×

대법원 2010. 12. 9. 선고 2010도6256 판결 [사기방조・장물취득・전자금융거래법위반]

[판시사항] 본인 명의의 예금계좌를 양도하는 방법으로 본범의 사기 범행을 용이하게 한 방조범이 본범의 사기행위 결과 그의 예금계좌에 입금된 돈을 인출한 경우, '장물취득죄'가 성립하는지 여부(소극)

[판결요지] 장물취득죄에서 '취득'이라 함은 장물의 점유를 이전받음으로써 그 장물에 대하여 사실상 처분권을 획득하는 것을 의미한다. 이 사건의 경우 본범의 사기행위는 피고인이 예금계좌를 개설하여 본범에게 양도한 방조행위가 가공되어 본범에게 편취금이 귀속되는 과정 없이 피고인이 피해자로부터 피고인의 예금계좌로 돈을 송금받아 취득함으로써 종료되는 것이다. 그 후 **피고인이 자신의 예금계좌에서 위 돈을 인출하였다 하더라도 이는 예금명의자로서 은행에 예금반환을 청구한 결과일 뿐 본범으로부터 위 돈에 대한 점유를 이전받아 사실상 처분권을 획득한 것은 아니다. 그러므로 피고인의 위와 같은 인출행위를 장물취득죄로 벌할 수는 없다.**

☞ [출제] 2019년 제8회 변호사시험 기출문제 36・2012년 제1회 변호사시험 기출문제 14

④ 乙은 사기죄로 구속되자 법원에 구속적부심사를 청구하였고 법원은 乙에 대해 보증금납입을 조건으로 석방결정을 한 경우, 검사는 이에 대하여 항고할 수 있다.

해설 및 정답 2021년 제10회 변호사시험 기출문제 9 **정답** ○

대법원 1997. 8. 27.자 97모21 결정 [체포적부심사석방에 대한 재항고] ★★★★★

[판시사항] [1] 긴급체포된 피의자에게 체포적부심사청구권이 있는지 여부(적극) [2] 체포적부심사절차에서 피의자를 보증금 납입을 조건으로 석방할 수 있는지 여부(소극) [3] **보증금 납입을 조건으로 한 피의자 석방결정에 대하여 항고할 수 있는지 여부(적극)**

☞ [출제] 2019년 제8회 변호사시험 기출문제 12・2016년 제5회 변호사시험 기출문제 32

⑤ 乙이 사기죄로 기소되어 제1심에서 징역 1년 6월을 선고받고 사실오인을 이유로 항소한 경우에 항소심은 직권으로 양형부당을 이유로 제1심판결을 파기할 수 있다.

해설 및 정답 2021년 제10회 변호사시험 기출문제 9 **정답** ○

대법원 1990. 9. 11. 선고 90도1021 판결 [특수절도, 절도]

[판결요지] 항소법원은 판결에 영향을 미친 사유에 관하여는 항소이유서에 포함되지 아니한 경우에도 직권으로 심판할 수 있는 것이다. 그러므로 **피고인이 사실오인만을 이유로 항소한 경우에 항소심이 직권으로 양형부당을 이유로 제1심 판결을 파기하고 제1심의 양형보다 가벼운 형을 정하였다 하여 거기에 항소심의 심판범위에 관한 법리오해의 위법이 있다고 할 수 없다.**

05 ★★★★★

사기와 공갈의 죄에 관한 설명 중 옳은 것을 모두 고른 것은? (다툼이 있는 경우 판례에 의함)

ㄱ. 사기죄의 피해자가 법인이나 단체인 경우, 피해자 법인이나 단체의 대표자 또는 실질적으로 의사결정을 하는 최종결재권자 등 기망의 상대방이 기망행위자와 동일하거나 기망행위자와 공모하는 등 기망행위를 알고 있었다면 사기죄는 성립하지 않는다.

ㄴ. 수익자가 기망을 통하여 급여자로 하여금 불법원인급여에 해당하는 재물을 제공하도록 한 것이라면 「민법」 제746조 규정에 의하여 급여자가 수익자에 대한 반환청구권을 행사할 수 ~~없으므로 사기죄가 성립하지 않는다.~~ 없더라도 사기죄가 성성립한다.

ㄷ. 가맹점주가 용역의 제공을 가장한 허위의 매출전표임을 고지하지 아니한 채 신용카드회사에 제출하여 대금을 청구한 경우, 신용카드회사가 허위의 매출전표임을 알았더라면 그 대금을 지급하지 아니하였을 관계가 인정된다면, 비록 당시 가맹점주에게 신용카드 이용대금을 변제할 의사와 능력이 있었다고 하더라도 사기죄의 기망행위에 해당한다.

ㄹ. 사기죄의 피해자에게 그 대가가 지급된 경우, 피해자를 기망하여 그가 보유하고 있는 그 대가를 다시 편취하더라도 새로운 법익이 ~~침해된 것은 아니므로~~ 침해된 것이므로 기존에 성립한 사기죄와 별도의 새로운 사기죄가 ~~성립하는 것은 아니다.~~ 성립한다.

ㅁ. 공갈죄의 대상이 되는 재물은 타인의 재물을 의미하므로, 사람을 공갈하여 자기의 재물을 교부받는 경우에는 공갈죄가 성립하지 않는다.

① ㄱ, ㄷ ② ㄴ, ㅁ
③ ㄱ, ㄷ, ㅁ ④ ㄱ, ㄹ, ㅁ
⑤ ㄴ, ㄷ, ㄹ

해설 및 정답 2022년 제11회 변호사시험 기출문제 18 **정답** ③

> **파워특강** 기망자와 기망상대방이 동일인 경우(=사기죄 불성립. 기망행위를 알고 있음). 기망자와 기망상대방이 공모한 경우(=사기죄 불성립, 기망행위를 알고 있음). 불법원인급여(=사기죄 객체에 해당함. 차용 당시를 기준으로 판단함. 정상 자금을 도박에 사용함). 불법원인급여(=횡령죄 객체에 해당하지 않음. 차용 당시를 기준으로 판단함. 뇌물에 제공되는 재물임을 알고 보관함). 가맹주 주인의 허위전표 제출로 대금 청구(=기망). 대금 지급 후 다시 기망하여 편취(=사기죄 성립. 새로운 법익침해임). 대가를 위탁받아 보관 중 횡령(=횡령죄 성립. 새로운 법익침해임). 사람을 공갈하여 자기의 재물을 교부받는 경우(=공갈죄 불성립. 공갈죄의 객체는 타인 재물임).

ㄱ. (○) 대법원 2017. 8. 29. 선고 2016도18986 판결 [강제추행·사기]

[판시사항] **사기죄의 피해자가 법인이나 단체인 경우, 기망행위가 있었는지 판단하는 기준이 되는 자 및 피해자 법인이나 단체의 대표자 또는 실질적으로 의사결정을 하는 최종결재권자 등 기망의 상대방이 기망행위자와 동일인이거나 기망행위자와 공모하는 등 기망행위를 알고 있었던 경우, 사기죄가 성립하는지 여부(소극)**

[판결요지] **피해자 법인이나 단체의 대표자 또는 실질적으로 의사결정을 하는 최종결재권자 등 기망의 상대방이 기망행위자와 동일인이거나 기망행위자와 공모하는 등 기망행위를 알고 있었던 경우**에는 **기망의 상대방에게 기망행위로 인한 착오가 있다고 볼 수 없고, 기망의 상대방이 재물을 교부하는 등의 처분을 했더라도 기망행위와 인과관계가 있다고 보기 어렵다.** 이러한 경우에는 사안에 따라 **업무상횡령죄 또는 업무상배임죄 등이 성립하는 것은 별론으로 하고 사기죄가 성립한다고 보기 어렵다.**

ㄴ. (×) 대법원 2006. 11. 23. 선고 2006도6795 판결 [사기] 〈도박자금 차용사건〉

[판시사항] [1] 차용금의 편취에 의한 사기죄의 성립 여부 및 편취 범의의 존부의 판단기준 [2] **불법원인급여에 해당하는 경우에도 사기죄가 성립할 수 있는지 여부(적극)** [3] 도박자금으로 사용하기 위하여 금원을 차용한 행위가 사기죄를 구성한다고 한 사례.

[판결요지] **차용금의 편취에 의한 사기죄의 성립 여부는 차용 당시를 기준으로 판단하여야 한다. 사기죄의 주관적 구성요건인 편취의 범의의 존부는 피고인이 자백하지 아니하는 한 범행 전후의 피고인의 재력, 환경, 범행의 내용, 거래의 이행과정, 피해자와의 관계 등과 같은 객관적 사정을 종합하여 판단하여야 할 것이다.** 한편, **민법 제746조의 불법원인급여에 해당하여 급여자가 수익자에 대한 반환청구권을 행사할 수 없다고 하더라도, 수익자가 기망을 통하여 급여자로 하여금 불법원인급여에 해당하는 재물을 제공하도록 하였다면 사기죄가 성립한다고 할 것이다**(대법원 1995. 9. 15. 선고 95도707 판결 참조), **피고인이 피해자 공소외인으로부터 도박자금으로 사용하기 위하여 금원을 차용하였더라도 사기죄의 성립에는 영향이 없다.**

ㄷ. (○) 대법원 1999. 2. 12. 선고 98도3549 판결 [신용카드업법위반(예비적 죄명 : 사기)]

[판시사항] [1] 사기죄의 요건으로서의 기망의 의미 및 법률상 고지의무가 인정되는 경우 [2] **신용카드 가맹점주가 신용카드회사에게 용역의 제공을 가장한 허위의 매출전표를 제출하여 대금을 청구한 행위가 기망행위에 해당하는지 여부(적극)**

[판결요지] [1] **거래의 상대방이 일정한 사정에 관한 고지를 받았더라면 당해 거래에 임하지 아니하였을 것이라는 관계가 인정되는 경우에는 그 거래로 재물을 수취하는 자에게는 신의성실의 원칙상 사전에 상대방에게 그와 같은 사정을 고지할 의무가 있다 할 것이다. 그럼에도 이를 고지하지 않은 것은 고지할 사실을 묵비함으로써 상대방을 기망한 것이 되어 사기죄를 구성한다.**

[2] **매출전표가 허위임을 알았더라면 가맹점주에게 그 대금의 지급을 하지 아니하였을 관계가 인정된다면, 가맹점주가 용역의 제공을 가장한 허위의 매출전표임을 고지하지 아니한 채 신용카드회사에게 제출하여 대금을 청구한 행위는 사기죄의 실행행위로서의 기망행위에 해당한다. 가맹점주에게 이러한 기망행위에 대한 범의가 있었다면, 비록 당시 그에게 신용카드 이용대금을 변제할 의사와 능력이 있었다고 하더라도 사기죄의 범의가 있었음을 인정할 수 있다.**

ㄹ. (×) 대법원 2009. 10. 29. 선고 2009도7052 판결 [특정경제범죄가중처벌등에관한법률위반(사기){일부 예비적 죄명: 특정경제범죄가중처벌등에관한법률위반(횡령)}·업무상횡령]

[판결요지] 사기죄에서 피해자에게 그 대가가 지급된 경우, 피해자를 기망하여 그가 보유하고 있는 그 대가를 **다시 편취하거나 피해자로부터 그 대가를 위탁받아 보관 중 횡령하였다면, 이는 새로운 법익의 침해가 발생한 경우이다. 그러므로 기존에 성립한 사기죄와는 별도의 새로운 사기죄나 횡령죄가 성립한다.**

ㅁ. (○) 대법원 2012. 8. 30. 선고 2012도6157 판결 [폭력행위등처벌에관한법률위반(공동공갈)]

[판시사항] [1] **공갈죄의 대상인 '타인의 재물'인지 판단하는 기준 및 절도범이 절취한 금전이 다른 금전 등과 명백하게 구분되는 예외적인 경우, 절도 피해자에 대한 관계에서 그 금전을 절도범인 타인의 재물이라고 할 수 있는지 여부(소극)** [2] 갑이 을의 돈을 절취한 다음 다른 금전과 섞거나 교환하지 않고 쇼핑백 등에 넣어 자신의 집에 숨겨두었는데, 피고인이 을의 지시로 병과 함께 갑에게 겁을 주어 위 돈을 교부받아 갈취하였다고 하여 폭력행위 등 처벌에 관한 법률 위반(공동공갈)으로 기소된 사안에서, 위 금전을 타인인 갑의 재물이라고 할 수 없어 공갈죄가 성립된다고 볼 수 없는데도, 이와 달리 보아 유죄를 인정한 원심판결에 법리오해의 위법이 있다고 한 사례.

[판결요지] 피고인 등이 갑에게서 되찾은 돈은 절취 대상인 당해 금전이라고 구체적으로 특정할 수 있어 객관적으로 갑의 다른 재산과 구분됨이 명백하므로 이를 타인인 갑의 재물이라고 볼 수 없다.

05 ★★★★★

소송사기에 관한 설명 중 옳지 않은 것을 모두 고른 것은? (다툼이 있는 경우 판례에 의함)

ㄱ. 甲이 자신이 토지의 소유자라고 허위 주장을 하면서 소유권보존등기 명의자를 상대로 보존등기의 말소를 구하는 소송을 제기한 경우, 그 소송에서 위 토지가 甲의 소유임을 인정하여 보존등기 말소를 명하는 내용의 승소확정판결을 받는다면 甲에게 소송사기죄가 성립하고, 이 경우 기수시기는 위 판결이 확정된 때이다.

ㄴ. A가 자기의 비용과 노력으로 건물을 신축하여 소유권을 원시취득한 미등기건물의 소유자임에도, A에 대한 채권담보 등을 위하여 건축허가명의만을 가진 甲과 甲에 대한 채권자 乙이 공모하여 乙이 甲을 상대로 위 건물에 관한 강제경매를 신청하여 법원의 경매개시결정이 내려지고, 그에 따라 甲 앞으로 촉탁에 의한 소유권보존등기가 된 경우, 甲과 乙에게는 A에 대한 관계에서 사기죄의 공동정범이 ~~성립한다.~~ 성립하지 않는다. 왜냐하면 위 경매절차에서 한 법원의 재판이나 법원의 촉탁에 의한 소유권보존등기의 효력은 그 재판의 당사자도 아닌 위 진정한 소유자에게는 미치지 아니하는 것이어서, 피기망자인 법원의 재판이 피해자(A)의 처분행위에 갈음하는 내용과 효력이 있는 것이라고 보기는 어렵기 때문이다.

ㄷ. 허위 채권에 기한 공정증서를 집행권원으로 하여 채무자의 소유권이전등기청구권에 대하여 압류신청을 한 것만으로는 소송사기의 실행에 착수하였다고 볼 수 ~~없다.~~ 있다.

ㄹ. 甲이 소송상의 주장이 사실과 다름이 객관적으로 명백하거나 증거가 조작되어 있다는 정을 인식하지 못하는 제3자를 이용하여 그로 하여금 소송의 당사자가 되게 하여 법원을 기망하였다면, 甲에게 간접정범의 형태에 의한 소송사기죄가 성립한다.

ㅁ. 甲이 법원을 기망하여 소송상대방인 직계혈족으로부터 재물을 편취하여 사기죄가 성립하는 경우, 甲에게는 친족상도례가 적용되므로 그 형을 면제하여야 한다.

① ㄱ　② ㄱ, ㄴ
③ ㄴ, ㄷ　④ ㄷ, ㄹ
⑤ ㄷ, ㅁ

해설 및 정답 2023년 제12회 변호사시험 기출문제 11　**정답** ③

파워특강 사기죄. 허위의 주장을 하면서 소유권보존등기 명의자를 상대로 보존등기의 말소를 구하는 소송을 제기하여 승소확정판결을 받은 경우(=소송사기죄 성립). 그 기수시기(=승소판결이 확정된 때). 소송사기(=피기망자인 법원의 재판은 피해자의 처분행위에 갈음하는 내용과 효력이 있는 것이어야 한다. 그렇지 아니한 경우 착오에 의한 재물의 교부행위가 있다고 할 수 없다). 강제집행절차를 통한 소송사기에서 실행의 착수 시기(=집행절차의 개시신청을 한 때 또는 진행 중인 집행절차에 배당신청을 한 때). 부동산에 관한 소유권이전등기청구권에 대한 강제집행절차에서, 소송사기의 실행의 착수 시기(=허위 채권에 기한 공정증서를 집행권원으로 하여 채무자의 소유권이전등기청구권에 대하여 압류신청을 한 때). 형법 제347조 제1항 · 제34조 소송사기죄 간접정범(=정을 인식하지 못하는 제3자를 이용하여 그를 소송의 당사자가 되게 하고 법원을 기망하여 소송상대방의 재물 또는 재산상 이익을 취득하려 하였다면 간접정범의 형태에 의한 소송사기죄가 성립한다). 사기죄와 친족상도례(=법원을 기망하여 직계혈족 관계에 있는 제3자로부터 재물을 편취한 경우, 사기죄의 범인에 대하여 형을 면제하여야 한다).

ㄱ. (○) 대법원 2006. 4. 7. 선고 2005도9858 전원합의체 판결 [특정경제범죄가중처벌등에관한법률위반(사기) · 공문서위조 · 위조공문서행사 · 허위감정 · 배임수재]

[판시사항] 허위의 주장을 하면서 소유권보존등기 명의자를 상대로 보존등기의 말소를 구하는 소송을 제기하여 승소확정판결을 받은 경우, 소송사기의 성립 여부(적극) 및 그 기수시기(=승소판결이 확정된 때)

[판결요지] [다수의견] 피고인 또는 그와 공모한 자가 자신이 토지의 소유자라고 허위의 주장을 하면서 소유권보존등기 명의자를 상대로 보존등기의 말소를 구하는 소송을 제기한 경우 그 소송에서 위 토지가 피고인 또는 그와 공모한 자의 소유임을 인정하여 보존등기 말소를 명하는 내용의 승소확정판결을 받는다면, 언제든지 단독으로 상대방의 소유권보존등기를 말소시킨 후 위 판결을 부동산등기법 제130조 제2호 소정의 소유권을 증명하는 판결로 하여 자기 앞으로의 소유권보존등기를 신청하여 그 등기를 마칠 수 있게 된다. 그러므로 이는 **법원을 기망하여 유리한 판결을 얻음으로써 '대상 토지의 소유권에 대한 방해를 제거하고 그 소유명의를 얻을 수 있는 지위'라는 재산상 이익을 취득한 것이다. 그 경우 기수시기는 위 판결이 확정된 때이다.**

ㄴ. (×) 대법원 2013. 11. 28. 선고 2013도459 판결 [사기미수]

[판시사항] [1] 소송사기에서 피기망자인 법원의 재판은 피해자의 처분행위에 갈음하는 내용과 효력이 있어야 하는지 여부(적극) [2] **건물을 신축하여 그 소유권을 원시취득한 미등기건물의 소유자가 있고 그에 대한 채권담보 등을 위하여 건축허가명의만을 가진 자가 따로 있는 상황에서, 건축허가명의자에 대한 채권자가 위 명의자와 공모하여 명의자를 상대로 위 건물에 관한 강제경매를 신청하여 법원의 경매개시결정이 내려지고, 그에 따라 위 명의자 앞으로 촉탁에 의한 소유권보존등기가 되고 나아가 그 경매절차에서 건물이 매각된 경우, 위와 같은 경매신청행위 등이 진정한 소유자에 대한 관계에서 사기죄를 구성하는지 여부(소극).**

[판결요지] 경매신청행위 등이 진정한 소유자에 대한 관계에서 사기죄가 된다고 볼 수는 없다. 왜냐하면 경매절차에서 한 법원의 재판이나 법원의 촉탁에 의한 소유권보존등기의 효력은 그 재판의 당사자도 아닌 위 진정한 소유자에게는 미치지 아니하는 것이어서, 피기망자인 법원의 재판이 피해자의 처분행위에 갈음하는 내용과 효력이 있는 것이라고 보기는 어렵기 때문이다.

ㄷ. (×) 대법원 2015. 2. 12. 선고 2014도10086 판결 [업무상횡령 · 사기 · 사기미수] 〈강제집

행절차를 통한 소송사기 사건〉

[판시사항] 강제집행절차를 통한 소송사기에서 실행의 착수 시기(=집행절차의 개시신청을 한 때 또는 진행 중인 집행절차에 배당신청을 한 때) / 부동산에 관한 소유권이전등기청구권에 대한 강제집행절차에서, 소송사기의 실행의 착수 시기(=허위 채권에 기한 공정증서를 집행권원으로 하여 채무자의 소유권이전등기청구권에 대하여 압류신청을 한 때)

[판결요지] 강제집행절차를 통한 소송사기는 집행절차의 개시신청을 한 때 또는 진행 중인 집행절차에 배당신청을 한 때에 실행에 착수하였다고 볼 것이다. 허위 채권에 기한 공정증서를 집행권원으로 하여 채무자의 소유권이전등기청구권에 대하여 압류신청을 한 시점에 소송사기의 실행에 착수하였다고 볼 것이다.

ㄹ. (○) 대법원 2007. 9. 6. 선고 2006도3591 판결 [사기미수 · 사문서위조]

[판시사항] [1] 소송사기죄가 성립하기 위한 요건 [2] 간접정범 형태에 의한 소송사기죄가 성립하는 경우 [3] 갑이 존재하지 않는 약정이자에 관한 내용을 부가하여 위조한 을 명의 차용증을 바탕으로 을에 대한 차용금채권을 병에게 양도하고, 이러한 사정을 모르는 병으로 하여금 을을 상대로 양수금 청구소송을 제기하게 한 사안에서, 갑의 행위는 병을 도구로 이용한 간접정범 형태의 소송사기죄를 구성한다고 한 사례.

[판결요지] 자기에게 유리한 판결을 얻기 위하여 소송상의 주장이 사실과 다름이 객관적으로 명백하거나 증거가 조작되어 있다는 정을 인식하지 못하는 제3자를 이용하여 그로 하여금 소송의 당사자가 되게 하고 법원을 기망하여 소송상대방의 재물 또는 재산상 이익을 취득하려 하였다면 간접정범의 형태에 의한 소송사기죄가 성립하게 된다. 약정이자 2,500만 원 중 법정지연손해금 상당의 돈을 제외한 나머지 돈에 관한 갑의 행위는 병을 도구로 이용한 간접정범 형태의 소송사기죄를 구성한다.

ㅁ. (○) 대법원 2014. 9. 26. 선고 2014도8076 판결 [사기미수 · 사문서위조 · 위조사문서행사]

[판시사항] 법원을 기망하여 직계혈족 관계에 있는 제3자로부터 재물을 편취한 경우, 사기죄의 범인에 대하여 형을 면제하여야 하는지 여부(적극)

[판결요지] 사기죄의 보호법익은 재산권이라고 할 것이다. 그러므로 사기죄는 재산상의 권리를 가지는 자가 아니면 피해자가 될 수 없다. 그러므로 법원을 기망하여 제3자로부터 재물을 편취한 경우, 피기망자인 법원은 피해자가 될 수 없다. **재물을 편취당한 제3자가 피해자라고 할 것이다. 그러므로 피해자인 제3자와 사기죄를 범한 자가 직계혈족의 관계에 있을 때에는 그 범인에 대하여는 형법 제354조에 의하여 준용되는 형법 제328조 제1항에 의하여 그 형을 면제하여야 할 것이다(대법원 1976. 4. 13. 선고 75도781 판결 참조).**

☞ [출제] 2018년 제7회 변호사시험 기출문제 18

☞ [적중] 하태영, 형사법 종합연습, 변시기출문제분석편, 제3판, 법문사, 2021, 205면.

문 21. 횡령죄에 관한 설명 중 옳은 것은? (다툼이 있는 경우 판례에 의함)

출제내용

- 횡령죄 주체(=재물 보관자. 중간생략등기형 명의신탁에서 수탁자-)
- 형법 제355조 제1항 횡령죄 객체(=재물, 광업권-, 불법원인급여 횡령죄 객체 -, 뇌물금전-, 예외적으로 화대는 객체+, 중간생략등기형 신탁부동산-, 착오 송금+, 지입회사 차량+, 지명채권양도의 양도인이 양도통지 전 추심한 금전+, 동업계약 식재원 수목+, 주식회사 소유재산+)
- 횡령행위와 배임행위(=회사 이사가 회사 자금을 사용하여 부정청탁을 하고, 배임증재한 경우 업무상횡령죄와 배임증재죄가 성립하고 상상적 경합)
- 불법영득의사(=비자금 조성이 분식회계에 해당하지만, 법인 운영자금으로 조달한 경우 불법영득의사 부정)
- 특정경제범죄 가중처벌 등에 관한 법률 제3조 제1항 이득액(=단순일죄 이득죄+, 포괄일죄 이득액 합산+, 실체적 경합범 처벌. 수재 합산 금액-)

출제분석

2024년 제13회 변호사시험 출제예상 ★
2023년 제12회 변호사시험 기출문제 15
2019년 제8회 변호사시험 기출문제 18
2017년 제6회 변호사시험 기출문제 17
2016년 제5회 변호사시험 기출문제 18·26
2015년 제4회 변호사시험 기출문제 9
2014년 제3회 변호사시험 기출문제 16
2012년 제1회 변호사시험 기출문제 8·13

가. 횡령죄에 관한 설명 중 옳은 것이다(○).

① 이른바 중간생략등기형 명의신탁을 한 경우, 명의수탁자가 신탁받은 부동산을 임의로 처분하여도 명의신탁자에 대한 관계에서 횡령죄가 성립하지 아니한다.

해설 및 정답 2019년 제8회 변호사시험 기출문제 18 **정답** ○

대법원 2016. 5. 26. 선고 2015도89 판결 [횡령]

중간생략등기형 명의신탁은 법률상 무효이다. 보관자 지위가 존재하지 않는다. 명의수탁자가 신탁받은 부동산을 임의로 처분하더라도 명의신탁자에 대한 관계에서 횡령죄가 성립하지 않는다.

☞ [출제] 2017년 제6회 변호사시험 기출문제 17 · 2015년 제4회 변호사시험 기출문제 9

② 甲이 경영하는 윤락업소에서 종업원 乙이 손님을 상대로 윤락행위를 하고 그 대가로 받은 화대를 甲과 乙이 절반씩 분배하기로 약정한 다음, 그 때부터 乙이 甲의 업소에 찾아온 손님들을 상대로 윤락행위를 하고서 받은 화대를 甲이 보관하던 중 그 절반을 乙에게 반환하지 아니하고 화대 전부를 임의로 소비하였고 甲의 불법성이 乙의 그것보다 현저하게 큰 경우 甲의 행위는 횡령죄를 구성한다.

해설 및 정답 2019년 제8회 변호사시험 기출문제 18 **정답** ○

대법원 1999. 9. 17. 선고 98도2036 판결 [횡령] 〈윤락녀 소유 금전 횡령 사건〉

포주의 불법이 윤락녀의 불법보다 크다. 화대 횡령은 횡령죄가 성립한다.

[판결요지] **수익자의 불법성이 급여자의 그것보다 현저히 큰 데 반하여 급여자의 불법성은 미약한 경우에도 급여자의 반환청구가 허용되지 않는다면 공평에 반하고 신의성실의 원칙에도 어긋난다. 그러므로 이러한 경우에는 민법 제746조 본문의 적용이 배제되어 급여자의 반환청구는 허용된다.**

③ 소유자로부터 부동산을 매수한 자가 본인 명의로 소유권이전등기를 하지 않고 제3자와 맺은 명의신탁약정에 따라 매도인으로부터 바로 그 제3자에게 중간생략의 소유권이전등기를 경료한 경우 그 제3자가[행위주체] 자신의 명의로 신탁된 부동산을[객체] 임의로 처분하였다면[행위] 신탁자에 대한 횡령죄가 성립하지 않는다.

해설 및 정답 2015년 제4회 변호사시험 기출문제 9 **정답** ○

대법원 2016. 5. 26. 선고 2015도89 판결 [횡령]

대법원 2016. 5. 19. 선고 2014도6992 전원합의체 판결 [횡령]

[판결요지] 명의신탁자가 매수한 부동산에 관하여 부동산실명법을 위반하여 명의수탁자와 맺은 명의신탁약정에 따라 매도인에게서 바로 명의수탁자 명의로 소유권이전등기를 마친 이른바 중간생략등기형 명의신탁을 한 경우, **명의신탁자는 신탁부동산의 소유권을 가지지 아니하고, 명의신탁자와 명의수탁자 사이에 위탁신임관계를 인정할 수도 없다. 따라서 명의수탁자가 명의신탁자의 재물을 보관하는 자라고 할 수 없으므로, 명의수탁자가 신탁받은 부동산을 임의로 처분하여도 명의신탁자에 대한 관계에서 횡령죄가 성립하지 아니한다.**

☞ [출제] 2019년 제8회 변호사시험 기출문제 18

④ 임차토지에 동업계약에 기해 식재되어 있는 수목을 관리·보관하던 동업자 일방이[행위주체] 다른 동업자의 허락을 받지 않고 함부로 제3자에게 수목을 매도하기로 계약을 체결한 후 계약금을[행위객체] 수령·소비하였으나,[행위] 다른 동업자의 저지로 계약의 추가적인 이행이 진행되지 아니한 경우[미수행위] 횡령죄 미수가 성립

한다.

해설 및 정답 2014년 제3회 변호사시험 기출문제 16 정답 ○

대법원 2012. 8. 17. 선고 2011도9113 판결

횡령죄의 기수시기가 쟁점이다. 표현설이 주류다. 그러나 부동산 경우 실현설을 취하고 있다. 계약이 추가로 이행되지 않았다면, 횡령죄 미수가 성립한다.

중요 ⑤ 제3자에 대한 뇌물공여의 목적으로 전달하여 달라고 교부받은 돈을[행위객체-] 전달하지 않고 임의로 소비하였다고 하더라도[행위] 횡령죄가 성립하지 않는다.

해설 및 정답 2012년 제1회 변호사시험 기출문제 13 ★ 정답 ○

불법원인급여물은 횡령죄의 객체가 아니다. 뇌물공여와 배임증재 목적 교부 금원(−).

⑥ 위탁판매에서 판매대금에[행위객체+] 대한 특약이나 특별한 사정이 없는 한 수탁자가 판매대금을 임의로 사용한 경우는[행위] 횡령죄가 성립한다.

해설 및 정답 2012년 제1회 변호사시험 기출문제 13 정답 ○

대법원 1990. 3. 27. 선고 89도813 판결 [횡령]

특약이나 특별한 약정이 있는 위탁판매대금(횡령죄 객체−)

중요 ⑦ 피해물건의 보관을 의뢰한 위탁자와 그 소유자가 다른 경우, 친족상도례의 특례는 횡령범인이 위탁자뿐만 아니라 소유자와의 사이에도 친족관계가 있는 경우에만 적용된다.

해설 및 정답 2012년 제1회 변호사시험 기출문제 13 ★ 정답 ○

대법원 2008. 7. 24. 선고 2008도3438 판결 [횡령]

⑧ 동업재산은 동업자의 합유에 속하는 것이므로 동업자 중 한 사람이[행위주체] 지분을 임의로 처분하거나 또는 동업재산의 처분으로 얻은 대금을[행위객체] 보관 중 임의로 소비하였다면[행위] 횡령죄가 성립한다.

해설 및 정답 2012년 제1회 변호사시험 기출문제 13 정답 ○

대법원 2011. 6. 10. 선고 2010도17684 판결 [횡령]

중요 ⑨ 양도담보(讓渡擔保)로 제공된 동산을[행위객체] 채권자가[행위주체] 채무자와의 합의를

통해 점유보관하고 있다가 변제기가 도래하기 전에 그 목적물을[행위객체] 임의로 제3자에게 처분하면[행위] 횡령죄가 성립한다.

해설 및 정답 2012년 제1회 변호사시험 기출문제 8 ★ **정답** ○

대법원 1989. 4. 11. 선고 88도906 판결 [특수절도 · 횡령 · 무고]

동산양도담보는 대외적인 관계에서 소유자는 채무자이다. 다른 사유에 의해 동산을 점유하게 된 채권자는 보관자의 지위에 있다. 임의로 동산을 처분하면 횡령죄가 성립한다.

나. 횡령죄에 관한 설명 중 옳지 않은 것이다(×).

① 소유권의 취득에 등록이 필요한 차량에 대한 횡령죄에서 타인의 재물을 보관하는 사람의 지위는 일반 동산의 경우와 달리 차량에 대한 점유 여부가 아니라 등록에 의하여 차량을 제3자에게 법률상 유효하게 처분할 수 있는 권능 유무에 따라 결정하여야 하므로, 지입회사에 소유권이 있는 차량에 대하여 지입회사에서 운행관리권을 위임받은 지입차주가 지입회사의 승낙없이 보관 중인 차량을 사실상 처분한 경우[행위객체 · 타인재물] 횡령죄가 ~~성립하지 아니한다.~~[성립한다.]

해설 및 정답 2019년 제8회 변호사시험 기출문제 18 **정답** ×

대법원 2015. 6. 25. 선고 2015도1944 전원합의체 판결

사안의 쟁점은 타인 소유 재물과 그 재물을 보관하는 자이다.

[판결요지] 횡령죄는 타인의 재물을 보관하는 사람이 재물을 횡령하거나 반환을 거부한 때에 성립한다(형법 제355조 제1항). 횡령죄에서 재물의 보관은 재물에 대한 사실상 또는 법률상 지배력이 있는 상태를 의미한다. 횡령행위는 불법영득의사를 실현하는 일체의 행위를 말한다. 따라서 **소유권의 취득에 등록이 필요한 타인 소유의 차량을 인도받아 보관하고 있는 사람이 이를 사실상 처분하면 횡령죄가 성립한다. 보관 위임자나 보관자가 차량의 등록명의자일 필요는 없다.** 그리고 이와 같은 법리는 **지입회사에 소유권이 있는 차량에 대하여 지입회사에서 운행관리권을 위임받은 지입차주가 지입회사의 승낙 없이 보관 중인 차량을 사실상 처분하거나 지입차주에게서 차량 보관을 위임받은 사람이 지입차주의 승낙 없이 보관 중인 차량을 사실상 처분한 경우에도 마찬가지로 적용된다.**

② 「특정경제범죄 가중처벌 등에 관한 법률」 제3조 제1항에 의하면 횡령죄로 취득한 재물의 가액, 즉 이득액이 5억 원 이상인 때에는 가중처벌되는데, 여기서 말하는 '이득액'은 단순일죄의 이득액 혹은 포괄일죄가 성립되는 경우 그 이득액의 합산액, 또는 ~~경합범으로 처벌될 수죄에서~~[단순일죄 · 포괄일죄] 그 이득액을 합산한 금액을 의미한다.

해설 및 정답 2019년 제8회 변호사시험 기출문제 18 **정답** ×

대법원 2011. 7. 28. 선고 2009도8265 판결

특가법 제3조 제1항 이득액은 단순일죄 또는 포괄일죄 합산 이득액이다. 경합범 합산 금액은 이득액이 아니다.

[판결요지] [1] **특정경제범죄 가중처벌 등에 관한 법률 제3조 제1항은 특정재산범죄를 범한 자가 범죄행위로 인하여 취득하거나 제3자로 하여금 취득하게 한 재물 또는 재산상 이익의 가액(이하 '이득액'이라 한다)이 5억 원 이상인 때 가중처벌하고 있다. 여기서 말하는 '이득액'은 단순일죄의 이득액이나 혹은 포괄일죄가 성립되는 경우 이득액의 합산액을 의미하고, 경합범으로 처벌될 수죄에서 이득액을 합한 금액을 의미하는 것은 아니다.**
[2] **수개의 업무상횡령 행위가 포괄하여 일죄로 되기 위해서는 피해법익이 단일하고, 범죄의 태양이 동일하며, 단일 범의의 발현에 기인하는 일련의 행위라고 인정되어야 한다.**

③ 조합장이[행위주체] 조합으로부터 공무원에게 뇌물로 전달하여 달라고 금원을[행위객체] 교부 받고도, 이를 뇌물로 전달하지 않고 개인적으로 소비한 경우에[행위] 횡령죄가 ~~성립한다.~~[성립하지 않는다.]

해설 및 정답 2014년 제3회 변호사시험 기출문제 16 **정답** ×

대법원 1988. 9. 20. 선고 86도628 판결 [뇌물공여 · 횡령 · 제3자뇌물교부 · 폭력행위 등 처벌에 관한 법률 위반]

[판결요지] 급여한 물건의 소유권은 급여를 받은 상대방에게 귀속된다는 것이다. 조합장이 조합으로부터 공무원에게 뇌물로 전달하여 달라고 금원을 교부받은 것은 불법원인으로 인하여 지급 받은 것으로서 이를 뇌물로 전달하지 않고 타에 소비하였다고 해서 타인의 재물을 보관 중 횡령하였다고 볼 수는 없다.

(중요) ④ 타인이 착오로 피고인 명의의 홍콩H은행 계좌로 잘못 송금한 300만 홍콩달러를[행위객체] 피고인이 임의로 인출하여[행위] 사용하였더라도, 피고인과 송금인 사이에 별다른 거래관계가 없는 경우에는 횡령죄가 ~~성립하지 않는다.~~[성립한다.]

해설 및 정답 2014년 제3회 변호사시험 기출문제 16 **정답** ×

대법원 2010. 12. 9. 선고 2010도891 판결 [횡령] 〈착오 송금 사건〉 ★★★★★

[판시사항] 착오로 송금되어 입금된 돈을 임의로 인출하여 소비한 행위가 송금인과 피고인 사이에 별다른 거래관계가 없는 경우에도 횡령죄에 해당하는지 여부(적극)

[판결요지] 어떤 예금계좌에 돈이 착오로 잘못 송금되어 입금된 경우에는 그 예금주와 송금인 사이에 신의칙상 보관관계가 성립한다고 할 것이다. 그러므로 피고인이 송금 절차의 착오로 인하여 피고인 명의의 은행 계좌에 입금된 돈을 임의로 인출하여 소비한 행위는 횡령죄에 해당한다(대법원 1968. 7. 24. 선고 1966도1705 판결, 대법원 2005. 10. 28. 선고 2005도5975 판결, 대법원 2006. 10. 12. 선고 2006도3929 판결 등 참조).

이는 송금인과 피고인 사이에 별다른 거래관계가 없다고 하더라도 마찬가지이다.

⑤ 지명채권의 양도인이[행위주체] 채무자에 대한 양도의 통지 전에 채무자로부터 채권을 추심하여 금전을[행위객체] 수령한 경우[행위] 그 금전은 양도인의 소유에 속하므로 이를 양도인이 임의로 소비하더라도 횡령죄가 ~~성립하지 않는다.~~[성립한다.]

해설 및 정답 2014년 제3회 변호사시험 기출문제 16 **정답** ×
대법원 1986. 9. 9. 선고 86도280 판결 [조세범처벌법위반 · 업무상횡령]

중요 ⑥ 주주나 대표이사 또는 그에 준하여 회사 자금의 보관이나 운용에 관한 사실상의 사무를 처리하는 자가[행위주체] 회사 소유의 재산을[행위객체] 제3자의 자금 조달을 위하여 담보로 제공하는 등 사적인 용도로 임의 처분하였더라도,[행위] 그 처분에 관하여 주주총회나 이사회의 결의가 있었던 경우에는 횡령죄가 ~~성립하지 않는다.~~[성립한다.]

해설 및 정답 2014년 제3회 변호사시험 기출문제 16 ★ **정답** ×
대법원 2011. 3. 24. 선고 2010도17396 판결

⑦ 타인으로부터 용도가 엄격히 제한된 자금을[행위객체] 위탁받아 집행하는 경우라도 결과적으로 자금을 위탁한 본인을 위하는 면이 있다면 제한된 용도 이외의 목적으로 사용하더라도 횡령죄가 ~~성립하지 않는다.~~[성립한다.]

해설 및 정답 2012년 제1회 변호사시험 기출문제 13 **정답** ×
대법원 2004. 5. 27. 선고 2003도6988 판결 [업무상횡령]

⑧ 명의신탁 약정에 따라 수탁자가[행위주체] 명의신탁약정무효 부동산 매매계약의 매수인(買受人)으로[사는 사람으로] 나서서 그 정을 모르는 매도인(賣渡人)[파는 사람]과 매매계약을 체결하고 그 목적물을[행위객체] 자기 명의로 등기한 후 임의로 처분한 경우에는[행위] 횡령죄가 ~~성립한다.~~[성립하지 않는다.]

해설 및 정답 2012년 제1회 변호사시험 기출문제 8 **정답** ×
대법원 2000. 3. 24. 선고 98도4347 판결 [횡령 · 부동산 실명법 위반]
[판결요지] 소유권이전등기에 의한 당해 부동산에 관한 물권변동은 유효하다. 한편 신탁자와 수탁자 사이의 명의신탁 약정은 무효이다. 그러므로 결국 **수탁자는 전소유자인 매도**

인뿐만 아니라 신탁자에 대한 관계에서도 유효하게 당해 부동산의 소유권을 취득한 것으로 보아야 할 것이다. 따라서 그 수탁자는 타인의 재물을 보관하는 자라고 볼 수 없다.

다. 횡령죄 종합문제

01 ★★★★★

A는 삼촌 B로부터 임야를 증여받은 후 친구 甲과 맺은 명의신탁약정에 따라 명의신탁 사실을 알고 있는 증여자인 B로부터 명의수탁자인 甲 앞으로 바로 소유권이전등기를 하였다. 그 후 甲은[행위주체] A의 허락을 받지 않고 위 임야를[행위책체] C에게 매도하였다.[행위] 이에 관한 설명 중 옳은 것을 모두 고른 것은? (다툼이 있는 경우 판례에 의함)

ㄱ. A는 B에게 위 임야에 대한 소유권이전등기청구권을 가진다.
ㄴ. A는 증여계약의 당사자로서 B를 대위하여 위 임야를 이전받아 취득할 수 있는 권리를 가지므로 甲은 A에 대하여 직접 위 임야의 소유권을 이전할 의무를 부담한다.
ㄷ. A와 甲 사이의 명의신탁약정 또는 이에 부수한 위임약정이 무효임에도 불구하고 횡령죄 성립을 위한 사무관리·관습·조리·신의칙에 기초한 위탁신임관계가 인정된다.
ㄹ. 甲이 위 임야를 임의로 처분하여도 A에 대한 관계에서 횡령죄가 성립하지 않는다.

① ㄹ ② ㄱ, ㄹ
③ ㄴ, ㄷ ④ ㄱ, ㄴ, ㄷ
⑤ ㄱ, ㄴ, ㄹ

해설 및 정답 2017년 제6회 변호사시험 기출문제 17 **정답** ②

사안에서 A와 갑이 맺은 명의신탁약정은 중간생략등기형 명의신탁이다. 무효이다. 명의신탁자는 증여자 삼촌에게 소유권이전등기청구권을 가진다.

ㄴ. (×) 대법원 2016. 5. 26. 선고 2015도89 판결 [횡령]

[판결요지] 이른바 **중간생략등기형 명의신탁을 한 경우, 명의신탁자는 신탁부동산의 소유권을 가지지 아니하고, 명의신탁자와 명의수탁자 사이에 위탁신임관계를 인정할 수도 없다. 따라서 명의수탁자가 명의신탁자의 재물을 보관하는 자라고 할 수 없으므로, 명의수탁자가 신탁받은 부동산을 임의로 처분하여도 명의신탁자에 대한 관계에서 횡령죄가 성립하지 아니한다(대법원 2016. 5. 19. 선고 2014도6992 전원합의체 판결 참조).**

ㄷ. (×) 대법원 2016. 5. 19. 선고 2014도6992 전원합의체 판결 [횡령]

[판시사항] 명의신탁자가 매수한 부동산에 관하여 부동산 실권리자명의 등기에 관한 법률을 위반하여 명의수탁자와 맺은 명의신탁약정에 따라 매도인에게서 바로 명의수탁자 명

의로 소유권이전등기를 마친 이른바 중간생략등기형 명의신탁을 한 경우, **명의수탁자가 명의신탁자의 재물을 보관하는 자인지 여부(소극) 및 명의수탁자가 신탁받은 부동산을 임의로 처분하면 명의신탁자에 대한 관계에서 횡령죄가 성립하는지 여부(소극).**

중요 **02** ★★★★★

다음 사례에 관한 설명 중 옳은 것(○)과 옳지 않은 것(×)을 올바르게 조합한 것은? (다툼이 있는 경우 판례에 의함)

> 甲은 乙의 부동산을 명의신탁받아 보관하던 중, 乙의 승낙 없이 X은행으로부터 1억 원을 대출받고 제1근저당권을 설정해주었다.[제1행위] 그 후 甲은 다시 丙으로부터 1억 5천만 원을 대여 받고 제2근저당권을 설정해주었다.[제2행위] 검사는 위의 사실관계를 토대로 甲을 기소하였으며, 제1심법원은 유죄판결을 선고하여 그 판결이 확정되었다. 하지만 甲은 판결 선고 전에 사고로 사망하였다.

> ㄱ. 甲의 제1근저당권 설정행위는 횡령죄가 성립한다.
> ㄴ. 甲의 제2근저당권 설정행위는 ~~불가벌적 사후행위가 되어~~ 별개의 횡령죄가 ~~성립하지 않는다.~~ 성립한다.
> ㄷ. 만약 丙이 명의신탁 약정 사실을 알고 있었다면, 그것만으로도 丙은 횡령죄의 공동정범이 ~~된다.~~ ~~성립되지 않는다.~~
> ㄹ. 위 판결은 「형사소송법」 제441조에 따라 비상상고의 대상이 ~~된다.~~ 되지 않는다.

① ㄱ(○), ㄴ(×), ㄷ(×), ㄹ(×)　② ㄱ(×), ㄴ(×), ㄷ(○), ㄹ(○)
③ ㄱ(○), ㄴ(×), ㄷ(×), ㄹ(○)　④ ㄱ(×), ㄴ(○), ㄷ(○), ㄹ(○)
⑤ ㄱ(○), ㄴ(○), ㄷ(×), ㄹ(×)

해설 및 정답 2016년 제5회 변호사시험 기출문제 26 **정답** ①

ㄱ. (○), ㄴ. (×) 대법원 2013. 2. 21. 선고 2010도10500 전원합의체 판결

[판결요지] [1] **횡령죄는 위험범이다. 횡령죄가 기수에 이른 후 종국적인 법익침해의 결과가 발생하기 전에 새로운 처분행위(이를 '후행 처분행위'라 한다)가 이루어졌을 때, 후행 처분행위가 이를 넘어서서, 선행 처분행위로 예상할 수 없는 새로운 위험을 추가함으로써 법익침해에 대한 위험을 증가시키거나 선행 처분행위와는 무관한 방법으로 법익침해의 결과를 발생시키는 경우라면, 이는 선행 처분행위에 의하여 이미 성립된 횡령죄에 의해 평가된 위험의 범위를 벗어나는 것이므로 특별한 사정이 없는 한 별도로 횡령죄를 구성한다고 보아야 한다.**

[2] 타인의 부동산을 보관 중인 자가 불법영득의사를 가지고 그 부동산에 근저당권설정

등기를 경료함으로써 일단 횡령행위가 기수에 이르렀다 하더라도 **그 후 같은 부동산에 별개의 근저당권을 설정하여 새로운 법익침해의 위험을 추가함으로써 법익침해의 위험을 증가시키거나 해당 부동산을 매각함으로써 기존의 근저당권과 관계없이 법익침해의 결과를 발생시켰다면,** 이는 당초의 근저당권 실행을 위한 임의경매에 의한 매각 등 그 근저당권으로 인해 당연히 예상될 수 있는 범위를 넘어 새로운 법익침해의 위험을 추가시키거나 법익침해의 결과를 발생시킨 것이므로 특별한 사정이 없는 한 **불가벌적 사후행위로 볼 수 없고, 별도로 횡령죄를 구성한다.**

ㄷ. (×) 대법원 1983. 10. 25. 선고 83도2027 판결 [횡령]

[판결요지] 부동산의 등기명의 수탁자가 명의신탁자의 승락없이 이를 제3자에게 양도함으로써 횡령죄가 성립하는 경우에 **그것을 양수한 사람이나 이를 중간에서 소개한 사람은 비록 그 점을 알고 있었다 하더라도 처음부터 수탁자와 짜고 불법영득할 것을 공모한 것이 아닌 한 그 횡령죄의 공동정범이 될 수 없다.**

ㄹ. (×) 대법원 2005. 3. 11. 선고 2004오2 판결 [사기]

[판결요지] **법원이 원판결의 선고 전에 피고인이 사망한 사실을 알지 못하여 공소기각의 결정을 하지 않고 실체판결에 나아감으로써 법령위반의 결과를 초래하였더라도, 이는 형사소송법 제441조에 정한 '그 심판이 법령에 위반한 것'에 해당한다고 볼 수 없다.**

03 ★★★★★

다음 설명 중 옳은 것은? (다툼이 있는 경우 판례에 의함)

① 甲이 포털사이트 운영회사의 통계집계시스템 서버에 허위의 클릭정보를 전송하여[행위] 검색순위결정과정에서 위와 같이 전송된 허위의 클릭정보가 실제로 통계에 반영됨으로써 정보처리에 장애가 발생하더라도 그로 인하여 실제로 검색순위에 변동을 초래하지 않았다면 甲에게 컴퓨터등장애업무방해죄가 ~~성립하지 않는다.~~ 성립한다.

해설 및 정답 2016년 제5회 변호사시험 기출문제 18 정답 ×

대법원 2009. 4. 9. 선고 2008도11978 판결

② 甲이 乙로부터 A건설 컨소시엄이 제출한 설계도면에 경쟁업체보다 유리한 점수를 주어 A건설 컨소시엄이 낙찰받을 수 있도록 해달라는 취지의 청탁을 받고 금품을 취득한 이후에 실제로 건설사업의 평가위원으로 위촉되었다면 甲에게 배임수재죄가 ~~성립한다.~~ 성립하지 않는다.

해설 및 정답 2016년 제5회 변호사시험 기출문제 18 정답 ×

대법원 2010. 7. 22. 선고 2009도12878 판결 [배임수재]
[판결요지] **타인의 사무를 처리하는 자의 지위를 취득하기 전에 부정한 청탁을 받은 행위를 처벌하는 별도의 구성요건이 존재하지 않는 이상, 타인의 사무처리자의 지위를 취득하기 전에 부정한 청탁을 받은 경우에 배임수재죄로는 처벌할 수 없다고 보는 것이 죄형법정주의의 원칙에 부합한다**고 할 것이다(대법원 2009. 5. 28. 선고 2009도991 판결 참조).

③ 甲이 A와의 합의하에 A 소유의 예당저수지 사금채취광업권을 명의신탁받아 보관하던 중, A로부터 위 광업권을 반환하라는 요구를 받고도 자신은 A로부터 위 광업권을 금 5,000만 원에 매수한 것이라 주장하면서 그 반환요구를 거부한 경우 횡령죄가 ~~성립한다.~~ 성립하지 않는다.

해설 및 정답 2016년 제5회 변호사시험 기출문제 18 **정답** ×
대법원 1994. 3. 8. 선고 93도2272 판결
[판결요지] **광업권은 재물인 광물을 취득할 수 있는 권리에 불과하지 재물 그 자체는 아니므로 횡령죄의 객체가 된다고 할 수 없다. 광업권이 부동산과 마찬가지로 횡령죄의 객체가 된다고 할 수는 없다.**

중요 ④ 甲이 권한없이 A회사의 아이디와 패스워드를 입력하여 인터넷뱅킹에 접속한 다음에 A회사의 예금계좌로부터 자신의 예금계좌로 합계 2억 원을 이체한 후, 행위 자신의 현금카드를 사용하여 현금자동지급기에서 6,000만 원 인출하여 그 정을 아는 乙에게 교부하였다면 甲에게는 컴퓨터등사용사기죄, 乙에게는 장물취득죄가 ~~성립한다.~~ 성립하지 않는다.

해설 및 정답 2016년 제5회 변호사시험 기출문제 18 ★ **정답** ×
대법원 2004. 4. 16. 선고 2004도353 판결 [장물취득]
[판결요지] **컴퓨터등사용사기죄의 범행으로 예금채권을 취득한 다음 자기의 현금카드를 사용하여 현금자동지급기에서 현금을 인출한 경우, 현금카드 사용권한 있는 자의 정당한 사용에 의한 것으로서 현금자동지급기 관리자의 의사에 반하거나 기망행위 및 그에 따른 처분행위도 없다. 그러므로 별도로 절도죄나 사기죄의 구성요건에 해당하지 않는다. 그 인출된 현금은 재산범죄로 취득한 재물이 아니므로 장물이 될 수 없다**고 한 사례.

중요 ⑤ 甲이 A회사와 "판매대금은 매일 본사에 송금하여야 하고 본사의 계좌로 입금된 매출 총이익의 30~33%는 본사에게 귀속하고, 나머지는 가맹점에 귀속한다." 라는 내용의 가맹점계약을 체결하고 편의점을 운영하다가 물품판매 대금을 본사로 송금하지 아니하고 임의로 소비한 경우 횡령죄가 성립하지 않는다.

해설 및 정답 2016년 제5회 변호사시험 기출문제 18 ★ **정답** ○

대법원 1998. 4. 14. 선고 98도292 판결 [업무상횡령]

[판시사항] 프랜차이즈 계약 내용에 비추어 가맹점주가 물품판매대금을 임의 소비한 것이 횡령죄를 구성하지 아니한다고 한 사례.

04 ★★★★★

횡령죄에 관한 설명 중 옳은 것을 모두 고른 것은? (다툼이 있는 경우 판례에 의함)

ㄱ. 동업자 사이에 손익분배의 정산이 되지 아니한 상태에서 동업자 중 한 사람이 동업재산을 보관하다가 임의로 횡령하였다면, 지분비율에 관계없이 임의로 횡령한 금액 전부에 대하여 횡령죄가 성립한다.

ㄴ. 부동산 입찰절차에서 수인이 대금을 분담하되 그중 1인인 甲 명의로 낙찰받기로 약정하여 그에 따라 낙찰이 이루어진 경우, 甲이 낙찰받은 부동산을 임의로 처분하더라도 횡령죄를 구성하지 않는다.

ㄷ. 부동산을 공동으로 상속한 자들 중 1인이 부동산을 혼자 점유하다가 다른 공동상속인의 상속지분을 임의로 처분하여도 횡령죄가 성립하지 않는다.

ㄹ. 甲이 업무상 과실로 장물을 보관함으로써 甲에게 업무상과실장물보관죄가 성립한다면, 그 후 甲이 위 장물을 임의로 처분하더라도 이러한 행위는 업무상과실장물보관죄의 가벌적 평가에 포함되어 별도로 횡령죄를 구성하지 않는다.

① ㄱ　　② ㄱ, ㄴ

③ ㄱ, ㄴ, ㄷ　　④ ㄴ, ㄷ, ㄹ

⑤ ㄱ, ㄴ, ㄷ, ㄹ

해설 및 정답 2023년 제12회 변호사시험 기출문제 15 **정답** ⑤

파워특강 횡령죄. 동업자가 동업재산에 대한 지분을 임의처분하거나 또는 동업재산 매각대금을 임의소비한 경우(=횡령죄 성립). 동업자 사이에 손익분배 정산이 되지 않은 상태에서 동업자 한 사람이 동업재산을 횡령한 경우, 횡령죄의 성립 범위(=횡령금액 전부). 부동산 입찰절차에서 수인이 대금을 분담하되 그 중 1인 명의로 낙찰받기로 약정하여 그에 따라 낙찰이 이루어진 후 그 명의인이 임의로 그 부동산을 처분한 경우(=횡령죄가 성립하지 않는다. 타인의 재물이 아니다. 타인 재물의 보관자가 아니다). 부동산에 관한 횡령죄에 있어서 타인의 재물을 보관하는 자의 지위에 있는지 여부의 판단 기준(=부동산을 제3자에게 유효하게 처분할 수 있는 권능의 유무에 따라 결정하여야 한다. 부동산 상속지분의 점유가 아니다)과 공동상속인 중 1인이 상속 부동산을 혼자 점유하던 중 다른 공동상속인의 상속지분을 임의로 처분한 경우(=횡령죄가 성립하지 않는다. 다른 공동상속인의 상속지분을 임의로 처분할 처분권능이 없다. 타인 재물의 보관자가 아니다. 행위주체−, 행위객체−). 장물보관 의뢰를 받은 자가 그 정을 알면서 이를 보관하고 있다가 임의 처분한 경우(=장물보관죄 성립, 횡령죄는 성립하지 않는다. 판례: 이미 그 소유자의 소유물 추구권을 침해하였다. 그러므로 그 후의 횡령행위는 불가벌적 사후행위에 불과하다. 별도로 횡령죄가 성립하지 않는다.).

ㄱ. (○) 대법원 2011. 6. 10. 선고 2010도17684 판결 [횡령]

[판시사항] [1] **동업자가 동업재산에 대한 지분을 임의처분하거나 동업재산 매각대금을 임의소비한 경우, 횡령죄의 성립 여부(적극)** [2] **동업자 사이에 손익분배 정산이 되지 않은 상태에서 동업자 한 사람이 동업재산을 횡령한 경우, 횡령죄의 성립 범위(=횡령금액 전부)** [3] **피고인과 갑 주식회사가 동업약정을 맺고 사업을 진행하다가 을 주식회사에 사업권을 양도하는 양도양수계약을 체결한 다음 이익금을 같은 비율로 분배하기로 약정했는데도, 피고인이 을 회사에게서 송금받은 일부 계약금을 보관 중 갑 회사 대표이사인 병 승낙 없이 그 대부분을 임의로 소비한 사안**에서, 피고인은 지분비율에 관계없이 임의로 소비한 금액 전부에 대하여 횡령죄의 죄책을 부담한다고 본 원심판단을 수긍한 사례.

[판결요지] [1] 동업재산은 동업자의 합유에 속한다. 동업관계가 존속하는 한 동업자는 동업재산에 대한 지분을 임의로 처분할 권한이 없다. 동업자 한 사람이 지분을 임의로 처분하거나 또는 동업재산의 처분으로 얻은 대금을 보관 중 임의로 소비하였나면 횡령죄가 성립한다.

[2] 동업자 사이에 손익분배 정산이 되지 아니하였다면 동업자 한 사람이 임의로 동업자들의 합유에 속하는 동업재산을 처분할 권한이 없는 것이다. 동업자 한 사람이 동업재산을 보관 중 임의로 횡령하였다면 지분비율에 관계없이 횡령한 금액 전부에 대하여 횡령죄 죄책을 부담한다.

[3] **피고인이 갑 회사와 동업관계에 있더라도 지분비율에 관계없이 임의로 소비한 금액 전부에 대하여 횡령죄의 죄책을 면할 수 없다**는 이유로, 같은 취지의 원심판단을 수긍한 사례.

☞ [출제] 2012년 제1회 변호사시험 기출문제 13

☞ [적중] 하태영, 형사법 종합연습, 변시기출문제분석편, 제3판, 법문사, 2021, 223면.

ㄴ. (○) 대법원 2000. 9. 8. 선고 2000도258 판결 [횡령]

[판시사항] [1] **부동산 입찰절차에서 수인이 대금을 분담하되 그 중 1인 명의로 낙찰받기로 약정하여 그에 따라 낙찰이 이루어진 후 그 명의인이 임의로 그 부동산을 처분한 경우, 그 처분행위가 횡령죄를 구성하는지 여부(소극)** [2] 법원이 횡령죄로 공소제기된 사건을 공소장변경 없이 직권으로 배임죄로 인정하여 처벌하지 않은 것에 심리미진의 위법이 없다고 한 사례.

[판결요지] 입찰절차에서 낙찰인의 지위에 서게 되는 사람은 어디까지나 그 명의인이다. 그러므로 입찰목적부동산의 소유권은 경락대금을 실질적으로 부담한 자가 누구인가와 상관없이 그 명의인이 취득한다 할 것이다. 그 부동산은 횡령죄의 객체인 타인의 재물이라고 볼 수 없어 명의인이 이를 임의로 처분하더라도 횡령죄를 구성하지 않는다.

ㄷ. (○) 대법원 2000. 4. 11. 선고 2000도565 판결 [횡령]

[판시사항] [1] **부동산에 관한 횡령죄에 있어서 타인의 재물을 보관하는 자의 지위에 있는지 여부의 판단 기준 및 공동상속인 중 1인이 상속 부동산을 혼자 점유하던 중 다른 공동상속인의 상속지분을 임의로 처분한 경우, 횡령죄의 성립 여부(소극)** [2] 적법한 변론종결 후 검사가 변론재개신청과 함께 공소장변경신청을 한 경우, 법원은 반드시 변론을 재개하여 공소장변경을 허가하여야 하는지 여부(소극)

[판결요지] [1] 부동산에 관한 횡령죄에 있어서 타인의 재물을 보관하는 자의 지위는 동산의 경우와는 달리 부동산에 대한 점유의 여부가 아니라 부동산을 제3자에게 유효하게 처분할 수 있는 **권능의 유무에 따라 결정하여야 한다.** 그러므로, **부동산을 공동으로 상속한 자들 중 1인이 부동산을 혼자 점유하던 중 다른 공동상속인의 상속지분을 임의로 처분하여도 그에게는 그 처분권능이 없어 횡령죄가 성립하지 아니한다.**

[2] 적법한 변론종결 후 검사가 변론재개신청과 함께 공소장변경신청을 한 경우, 법원이 반드시 변론을 재개하여 공소장변경을 허가하여야 하는 것은 아니다.

ㄹ. (○) 대법원 2004. 4. 9. 선고 2003도8219 판결 [횡령]

[판시사항] [1] **장물보관 의뢰를 받은 자가 그 정을 알면서 이를 보관하고 있다가 임의처분한 경우, 장물보관죄 이외에 횡령죄가 성립하는지 여부(소극)** [2] **피고인이 업무상과실로 장물을 보관하고 있다가 처분한 행위는 업무상과실장물보관죄의 가벌적 평가에 포함되고 별도로 횡령죄를 구성하지 않는다**고 한 원심의 판단을 수긍한 사례.

[판결요지] [1] 절도 범인으로부터 장물보관 의뢰를 받은 자가 그 정을 알면서 이를 인도받아 보관하고 있다가 임의 처분하였다 하여도 장물보관죄가 성립하는 때에는 이미 그 소유자의 소유물 추구권을 침해하였으므로 그 후의 횡령행위는 불가벌적 사후행위에 불과하여 별도로 횡령죄가 성립하지 않는다.

[2] **피고인이 업무상 과실로 장물을 보관하고 있다가 처분한 행위는 업무상과실장물보관죄의 가벌적 평가에 포함되고 별도로 횡령죄를 구성하지 않는다**고 한 원심의 판단을 수긍한 사례.

대법원 1969. 6. 24. 선고 69도692 판결 [장물취득등] ☞ 사안이 다르다.

[판시사항] 횡령 교사를 한 후 그 횡령한 물건을 취득한 때에는 횡령교사죄와 장물취득죄의 경합범이 성립된다

[판결요지] 횡령 교사를 한 후 그 횡령한 물건을 취득한 때에는 횡령교사죄와 장물취득죄의 경합범이 성립된다.

☞ [출제] 2020년 제9회 변호사시험 기출문제 7 ③

문 22. 배임죄에 관한 설명 중 옳은 것은? (다툼이 있는 경우 판례에 의함)

출제내용

- 배임죄 행위주체(=중도금 수령 이후 부동산 이중매매⇒배임죄 성립, 동산이중매매⇒배임죄 불성립, 동산이중양도담보⇒배임죄 불성립, 채권담보목적으로 부동산에 대물변제예약을 체결한 채무자가 그 부동산을 제3자에게 처분⇒배임죄 불성립, 계약명의신탁에서 수탁자 임의처분(매도인 선의와 악의 불문⇒배임죄 불성립⇒횡령죄 불성립, 중간생략명의신탁에서 수탁자 임의처분⇒배임죄 불성립⇒신탁자에 대한 횡령죄 불성립, 특허권 명의수탁자가 신탁자 승낙없이 제3자에게 특허권을 이전등록한 경우⇒업무상배임죄 성립)★
- 형법 제355조 제2항, 제30조 배임죄 공동정범(=수익자가 실행행위자 배임행위에 적극 가담한 경우 배임죄 공동정범 성립, 수익자가 소극적으로 실행행위자의 배임행위에 편승하여 이익을 취득하는데 그치는 경우 공동정범 불성립)
- 배임죄 공범(=거래상대방 대향행위 존재를 필요로 하는 유형의 배임죄에서 거래상대방은 원칙적 공범 불성립)
- 배임죄 실행의 착수(=임무위배행위. 약속어음발생+)
- 배임행위(=2017 전원합의체판결, 대표권을 남용한 대표이사가 약속어음을 남용한 경우(상대방의 악의·과실이 인정되는 경우) 약속어음 발행은 무효이고 실제 제3자에게 유통된 경우 배임죄 기수 성립⇒그 어음이 유통되지 않은 경우 배임죄 미수 성립)★
- 업무상배임죄 기수(=회사직원이 영업비밀을 경쟁업체에 유출할 목적으로 무단으로 반출한 경우, 업무상배임죄 기수 성립, 회사직원이 적법하게 반출한 영업비밀을 퇴사시 회사에 반환하지 않은 경우⇒부작위 업무상배임죄 성립)
- 배임죄에서 '손해를 가한 때'의 의미(=법률 판단으로 배임행위가 무효라도 경제 관점에서 현실 손해를 가한 경우와 실해 발생 위험이 초래된 경우, 금융기관이 금원을 대출한 경우 또는 금융기관 약속어음 할인에 선이자를 공제한 경우 손해액은 대출금 전액 또는 약속어음 액면금 상당액)
- 배임수증죄(=부정한 청탁)
- 배임죄와 사기죄 실체적 경합(=배임행위가 성립하고, 본인 이외의 제3자에게 사기죄를 구성하는 경우 2개의 행위로 실체적 경합, 피해자에게 근저당권을 설정해 주겠다고 기망하여 금원을 편취한 다음, 목적 부동산에 대하여 제3자에게 근저당권을 설정한 경우 2개의 행위로 사기죄와 배임죄 실체적 경합)★

출제분석

2024년 제13회 변호사시험 출제예상 ★
2023년 제12회 변호사시험 기출문제 5
2022년 제11회 변호사시험 기출문제 18
2021년 제10회 변호사시험 기출문제 8
2020년 제9회 변호사시험 기출문제 14
2019년 제8회 변호사시험 기출문제 20

2018년 제7회 변호사시험 기출문제 19
2017년 제6회 변호사시험 기출문제 18
2015년 제4회 변호사시험 기출문제 9

가. 배임죄에 관한 설명 중 옳은 것이다(○).

① 금융기관이 금원을 대출함에 있어 대출금 중 선이자를 공제한 나머지만 교부하거나 약속어음을 할인함에 있어 만기까지의 선이자를 공제한 경우, 배임행위로 인하여 금융기관이 입는 손해는 선이자를 공제한 금액이 아니라 선이자로 공제한 금원을 포함한 대출금 전액이거나 약속어음 액면금 상당액으로 보아야 한다.

해설 및 정답 2019년 제8회 변호사시험 기출문제 20 정답 ○

대법원 2004. 7. 9. 선고 2004도810 판결 [특정경제범죄가중처벌등에관한법률위반(배임)]

[판결요지] 금융기관이 금원을 대출함에 있어 대출금 중 선이자를 공제한 나머지만 교부하거나 약속어음을 할인함에 있어 만기까지의 선이자를 공제한 경우 금융기관으로서는 대출금채무의 변제기나 약속어음의 만기에 선이자로 공제한 금원을 포함한 대출금 전액이나 약속어음 액면금 상당액을 취득할 것이 기대된다 할 것이다. 그러므로 배임행위로 인하여 금융기관이 입는 손해는 선이자를 공제한 금액이 아니라 선이자로 공제한 금원을 포함한 대출금 전액이거나 약속어음 액면금 상당액으로 보아야 한다. 이러한 법리는 투신사가 회사채 등을 할인하여 매입하는 경우라고 달리 볼 것은 아니다.

② 타인 소유의 특허권을 명의신탁받아 관리하는 업무를 수행해 오다가[행위주체] 제3자로부터 특허권을 이전해 달라는 제의를 받고 대금을 지급받고는 그 타인의 승낙도 받지 않은 채 제3자 앞으로 특허권을 이전등록한 경우에는[행위] 업무상배임죄가 성립한다.

해설 및 정답 2018년 제7회 변호사시험 기출문제 19 정답 ○

특허권 명의수탁자가 신탁자의 승낙 없이 제3자 앞으로 특허권을 이전등록한 경우 업무상배임죄가 성립한다.

③ 회사 직원이[행위주체] 영업비밀을 적법하게 반출하여 그 반출행위가 업무상배임죄에 해당하지 않는 경우라도, 퇴사 시에 회사에 반환해야 할 의무가 있는 영업비밀을 회사에 반환하지 아니하였다면[부작위에 의한 배임행위] 업무상배임죄가 성립한다.

해설 및 정답 2018년 제7회 변호사시험 기출문제 19 **정답** ○

대법원 2017. 6. 29. 선고 2017도3808 판결 [부정경쟁방지 및 영업비밀보호에 관한 법률위반(영업비밀누설등) · 업무상배임]

[판결요지] 업무상배임죄의 주체는 타인의 사무를 처리하는 지위에 있어야 한다. 따라서 **회사직원이 재직 중에 영업비밀 또는 영업상 주요한 자산을 경쟁업체에 유출하거나 스스로의 이익을 위하여 이용할 목적으로 무단으로 반출하였다면 타인의 사무를 처리하는 자로서 업무상의 임무에 위배하여 유출 또는 반출한 것이어서 유출 또는 반출 시에 업무상배임죄의 기수가 된다.** 또한 회사직원이 영업비밀 등을 적법하게 반출하여 반출행위가 업무상배임죄에 해당하지 않는 경우라도, **퇴사 시에 영업비밀 등을 회사에 반환하거나 폐기할 의무가 있음에도 경쟁업체에 유출하거나 스스로의 이익을 위하여 이용할 목적으로 이를 반환하거나 폐기하지 아니하였다면, 이러한 행위 역시 퇴사 시에 업무상배임죄의 기수가 된다.**

중요 ④ 동산매매계약에서 매도인은[행위주체-] 매수인에 대하여 그의 사무를 처리하는 지위에 있지 아니하므로, 매도인이 목적물을 매수인에게 인도하지 아니하고 이를 타에 처분하였다 하더라도 배임죄가 성립하지 않는다.

해설 및 정답 2018년 제7회 변호사시험 기출문제 19 ★ **정답** ○

대법원 2011. 1. 20. 선고 2008도10479 전원합의체 판결 [배임] 〈인쇄기 이중매매 사건〉

[공소사실] 피고인이 '인쇄기'를 갑에게 양도하기로 하고 계약금 및 중도금을 수령하였음에도 이를 자신의 채권자 을에게 기존 채무 변제에 갈음하여 양도함으로써 재산상 이익을 취득하고 갑에게 동액 상당의 손해를 입혔다는 배임의 사안이다. 이를 무죄로 선고한 원심판단을 수긍한 사례.

[판시사항] 매도인이 매수인으로부터 중도금을 수령한 이후에 매매목적물인 '동산'을 제3자에게 양도하는 행위가 배임죄에 해당하는지 여부(소극)

[판결요지] [다수의견] **쌍방이 그 계약의 내용에 좇은 이행을 하여야 할 채무는 특별한 사정이 없는 한 '자기의 사무'에 해당하는 것이 원칙이다. 동산매매계약에서의 매도인은 매수인에 대하여 그의 사무를 처리하는 지위에 있지 아니하다. 그러므로 매도인이 목적물을 매수인에게 인도하지 아니하고 이를 타에 처분하였다 하더라도 형법상 배임죄가 성립하는 것은 아니다.**

중요 ⑤ 법인의 대표자 또는 피용자가[행위주체] 법인 명의로 한 채무부담[행위객체] 행위가[배임행위] 관련 법령에 위배되어 법률상 효력이 없는 경우에는 그로 인하여 법인에게 어떠한 손해가 발생한다고 할 수 없으므로,[손해발생-] 그 행위로 인하여 법인이 「민법」상 사용자책임 또는 법인의 불법행위책임을 부담하는 등의 특별한 사정이 없는 한 그 대표자 또는 피용자의 행위는 배임죄를 구성하지 아니한다.

해설 및 정답 2017년 제6회 변호사시험 기출문제 14 ★ **정답** ○

대법원 2011. 7. 14. 선고 2011도3180 판결

[공소사실] 피고인이 갑 주식회사의 임원 등이 유상증자에 관한 납입가장을 위해 돈을 빌린다는 것을 알고 돈을 빌려줌으로써 이들과 공모하여 주금납입을 가장하였다는 내용으로 기소된 사안이다. 피고인에게 납입가장죄에 대한 공동정범의 죄책을 물을 수 없다는 이유로 무죄를 선고한 원심판단을 수긍한 사례.

[판결요지] **배임죄에서 '재산상 손해를 가한 때'란 현실적인 손해를 가한 경우뿐만 아니라 재산상 실해발생의 위험을 초래한 경우도 포함된다.** 그러한 **손해발생의 위험조차 초래되지 아니한 경우에는 배임죄가 성립하지 않는다.** 법인의 대표자가 법인 명의로 한 채무부담행위가 법률상 효력이 없는 경우에는 특별한 사정이 없는 한 그로 인하여 **법인에 어떠한 손해가 발생하거나 발생할 위험이 있다고 할 수 없으므로, 대표자의 행위는 배임죄를 구성하지 아니한다.**

중요 ⑦ 채무자가 채권자에게 동산인 한우 100마리를 양도담보로 제공하고 점유개정의 방법으로 점유하고 있는 상태에서[행위주체] 다시 이를 제3자에게 점유개정의 방법으로 양도하는 경우[행위] 배임죄가 성립하지 않는다.

해설 및 정답 2015년 제4회 변호사시험 기출문제 9 ★ **정답** ○

대법원 1990. 2. 13. 선고 89도1931 판결 [배임〈동산 이중 담보제공 사건〉]

[판시사항] 동산의 이중 양도담보제공 행위와 배임죄의 성부(소극)

[판결요지] 피고인이 그 소유의 이 사건 에어콘 등을 피해자에게 양도담보로 제공하고 점유개정의 방법으로 점유하고 있다가 다시 이를 제3자에게 양도담보로 제공하고 역시 점유개정의 방법으로 점유를 계속한 경우 뒤의 양도담보권자인 제3자는 처음의 담보권자인 피해자에 대하여 배타적으로 자기의 담보권을 주장할 수 없다. 그러므로 위와 같이 **이중으로 양도담보제공이 된 것만으로는 처음의 양도담보권자에게 담보권의 상실이나 담보가치의 감소 등 손해가 발생한 것으로 볼 수 없으니 배임죄를 구성하지 않는다.**

중요 ⑧ 채권담보의 목적으로 부동산에 관한 대물변제예약을 체결한 채무자가[행위주체-] 대물로 변제하기로 한 부동산을 제3자에게 임의로 처분한 경우 배임죄가 성립하지 않는다.

해설 및 정답 2015년 제4회 변호사시험 기출문제 9 ★ **정답** ○

대법원 2014. 8. 21. 선고 2014도3363 전원합의체 판결 [배임] 〈대물변제예약 사안에서 배임죄 사건〉

[공소사실] 채무자인 피고인이 채권자 갑에게 차용금을 변제하지 못할 경우 자신의 어머니 소유 부동산에 대한 유증상속분을 대물변제하기로 약정한 후 유증을 원인으로 위 부동산에 관한 소유권이전등기를 마쳤음에도 이를 제3자에게 매도함으로써 갑에게 손해를

입혔다고 하여 배임으로 기소된 사안이다. **피고인이 '타인의 사무를 처리하는 자'의 지위에 있다고 볼 수 없는데도, 이와 다른 전제에서 유죄를 인정한 원심판결에 법리오해의 위법이 있다**고 한 사례. 대법원 2000. 12. 8. 선고 2000도4293 판결(폐기)

[판시사항] 채권 담보 목적으로 부동산에 관한 대물변제예약을 체결한 채무자가 대물로 변제하기로 한 부동산을 제3자에게 처분한 경우, 배임죄가 성립하는지 여부(소극)

[판결요지] 대물변제예약의 궁극적 목적은 차용금반환채무의 이행 확보에 있고, 채무자가 대물변제예약에 따라 부동산에 관한 소유권이전등기절차를 이행할 의무는 그 궁극적 목적을 달성하기 위해 채무자에게 요구되는 부수적 내용이다. 그래서 이를 가지고 배임죄에서 말하는 신임관계에 기초하여 채권자의 재산을 보호 또는 관리하여야 하는 '타인의 사무'에 해당한다고 볼 수는 없다. 그러므로 **채권 담보를 위한 대물변제예약 사안에서 채무자가 대물로 변제하기로 한 부동산을 제3자에게 처분하였다고 하더라도 형법상 배임죄가 성립하는 것은 아니다.**

나. 배임죄에 관한 설명 중 옳지 않은 것이다(×).

① 주식회사의 대표이사가 대표권을 남용하여 약속어음을 발행한 경우, 그 발행 상대방이 대표권 남용사실을 알았거나 알 수 있었던 때에 해당하여 약속어음 발행이 무효일 뿐 아니라, 실제 그 어음이 유통되지도 않았다면 회사에 현실적으로 손해가 발생하였다거나 실해 발생의 위험이 발생하였다고 볼 수 없으므로 배임죄의 ~~기수, 미수 어느 것도 성립할 수 없다.~~미수가 성립한다.

해설 및 정답 2019년 제8회 변호사시험 기출문제 20 **정답** ×

대법원 2017. 7. 20. 선고 2014도1104 전원합의체 판결 [특정경제범죄가중처벌 등에 관한 법률 위반(배임)] ★★★★★

대표권을 남용한 대표이사의 약속어음 발행행위는 유통되면 배임죄 기수이다. 상대방이 악의이거나 또는 과실이 인정되는 경우이다. 그러나 만약 발행된 약속어음이 유통이 되지 않으면, 배임죄는 미수이다. ☞ 배임죄 기수에서 미수로 판례가 변경되었다.

[공소사실] 갑 주식회사 대표이사인 피고인이, 자신이 별도로 대표이사를 맡고 있던 을 주식회사의 병 은행에 대한 대출금채무를 담보하기 위해 병 은행에 갑 회사 명의로 약속어음을 발행하여 줌으로써 병 은행에 재산상 이익을 취득하게 하고 갑 회사에 손해를 가하였다고 하여 특정경제범죄 가중처벌 등에 관한 법률 위반(배임)으로 기소된 사안이다. 약속어음 발행행위가 배임죄의 기수에 이르렀음을 전제로 공소사실을 유죄로 판단한 원심판결에 배임죄의 재산상 손해 요건 및 기수시기 등에 관한 법리오해의 잘못이 있다고 한 사례.

[판결요지] [1] 타인의 사무를 처리하는 자가 배임의 범의로, 즉 임무에 위배하는 행위를 한다는 점과 이로 인하여 자기 또는 제3자가 이익을 취득하여 본인에게 손해를 가한다는 점에 대한 인식이나 의사를 가지고 임무에 위배한 행위를 개시한 때 배임죄의 실행에 착수한 것이다. 이러한 행위로 인하여 자기 또는 제3자가 이익을 취득하여 본인에게

손해를 가한 때 기수에 이른다.
[2] [다수의견] **약속어음 발행이 무효일 뿐만 아니라 그 어음이 유통되지도 않았다면 회사는 어음발행의 상대방에게 어음채무를 부담하지 않기 때문에 특별한 사정이 없는 한 회사에 현실적으로 손해가 발생하였다거나 실해 발생의 위험이 발생하였다고도 볼 수 없으므로, 이때에는 배임죄의 기수범이 아니라 배임미수죄로 처벌하여야 한다.**

② 배임죄에 있어 재산상 손해의 유무에 대한 판단과 관련하여, 법률적 판단에 의해 당해 배임행위가 무효인 경우에는, 경제적 관점에서 파악하여 본인에게 현실적인 손해를 가하였거나 재산상 실해 발생의 위험을 초래한 경우라도 재산상의 손해를 가한 때에 해당할 수 ~~없다.~~ 있다.

해설 및 정답 2019년 제8회 변호사시험 기출문제 20 **정답** ×

대법원 2017. 2. 3. 선고 2016도3674 판결 [업무상배임(인정된 죄명: 배임)]
[판시사항] **배임죄에서 '재산상의 손해'의 의미와 판단 기준(=경제적 관점) 및 재산상 손해가 발생하였다고 평가될 수 있는 '재산상 실해 발생의 위험'의 의미**
[판결요지] **배임죄에서 재산상의 손해에는 현실적인 손해가 발생한 경우뿐만 아니라 재산상 실해 발생의 위험을 초래한 경우도 포함된다. 재산상 손해의 유무에 대한 판단은 법률적 판단에 의하지 않고 경제적 관점에서 파악하여야 한다.** 그런데 **재산상 손해가 발생하였다고 평가될 수 있는 재산상 실해 발생의 위험이란 본인에게 손해가 발생할 막연한 위험이 있는 것만으로는 부족하고 경제적인 관점에서 보아 본인에게 손해가 발생한 것과 같은 정도로 구체적인 위험이 있는 경우를 의미한다.**

③ 업무상배임죄의 실행으로 인하여 이익을 얻게 되는 수익자 또는 그와 밀접한 관련이 있는 제3자를 배임의 실행행위자와 공동정범으로 인정하기 위해서는, 위 수익자 또는 제3자가 실행행위자의 행위가 피해자 본인에 대한 배임행위에 해당한다는 것을 알면서도 ~~소극적으로~~ 적극적으로 그 배임행위에 편승하여 이익을 취득한 것만으로 충분하다.

해설 및 정답 2019년 제8회 변호사시험 기출문제 20 **정답** ×

대법원 2007. 2. 8. 선고 2006도483 판결
[판결요지] **업무상배임죄의 실행으로 인하여 이익을 얻게 되는 수익자가 소극적으로 실행행위자의 배임행위에 편승하여 이익을 취득하는 데 그치지 않고 배임행위를 교사하거나 또는 배임행위의 전 과정에 관여하는 등으로 실행행위자의 배임행위에 적극 가담한 경우에는 업무상배임죄의 공동정범이 된다. 회사의 대주주가 된 자가 회사 임원 등의 배임행위를 교사하거나 배임행위의 전 과정에 관여하는 등으로 적극 가담한 경우에는 업무상배임죄의 공동정범이 된다.**

④ 거래상대방의 대향적 행위의 존재를 필요로 하는 유형의 배임죄에서 배임죄의 실행으로 이익을 얻게 되는 수익자는 ~~배임죄의 공범이 되는 것이 원칙이다.~~

해설 및 정답 2018년 제7회 변호사시험 기출문제 19 **정답** ×

대법원 2005. 10. 28. 선고 2005도4915 판결 [특정경제범죄 가중처벌 등에 관한 법률 위반(배임){일부 인정된 죄명: 특정경제범죄 가중처벌 등에 관한 법률 위반(배임)방조)}]

[판시사항] 배임적 거래행위의 상대방에게 배임행위의 공범의 죄책을 묻기 위한 요건

[판결요지] 거래상대방이 배임행위를 교사하거나 그 배임행위의 전 과정에 관여하는 등으로 배임행위에 적극가담함으로써 그 실행행위자와의 계약이 반사회적 법률행위에 해당하여 무효로 되는 경우 배임죄의 교사범 또는 공동정범이 될 수 있음은 별론으로 하고, 관여의 정도가 거기에까지 이르지 아니하여 법질서 전체적인 관점에서 살펴볼 때 사회적 상당성을 갖춘 경우에 있어서는 **비록 정범의 행위가 배임행위에 해당한다는 점을 알고 거래에 임하였다는 사정이 있어 외견상 방조행위로 평가될 수 있는 행위가 있었다 할지라도 범죄를 구성할 정도의 위법성은 없다**고 봄이 상당하다.

중요 ⑤ 배임행위가 본인 이외의[배임행위] 제3자에 대한 사기죄를[사기행위] 구성한다 하더라도 그로 인하여 본인에게 손해가 생긴 때에는 사기죄와 함께 배임죄가 성립하고, 두 죄는 ~~상상적 경합의~~[실체적 경합] 관계에 있다.

해설 및 정답 2018년 제7회 변호사시험 기출문제 19 ★ **정답** ×

대법원 2010. 11. 11. 선고 2010도10690 판결 [업무상배임 · 사기]

[판결요지] [1] **배임행위가 본인 이외의 제3자에 대한 '사기죄'를 구성하는 경우 별도로 '배임죄'가 성립하는지 여부(적극) 및 두 죄의 죄수 관계(=실체적 경합)** [2] **건물관리인이 건물주로부터 월세임대차계약 체결업무를 위임받고도 임차인들을 속여 전세임대차계약을 체결하고 그 보증금을 편취한 경우, 사기죄와 별도로 업무상배임죄가 성립하고 두 죄가 실체적 경합범의 관계에 있다.**

중요 ⑥ 회사가 타인의 사무를 처리하는 일을 영업으로 영위하는 경우, 회사의 대표이사는 내부기관으로서 당해 회사가 그 타인에 대하여 부담하고 있는 의무내용대로 사무를 처리할 임무가 있더라도 그 임무는 회사에 대하여 부담하는 임무이지 직접 타인에 대하여 지고 있는 임무는 ~~아니므로,~~ 대표이사가 그 임무에 위배하였다고 하더라도 그 타인에 대한 배임죄가 성립한~~다고 할 수 없다.~~

해설 및 정답 2016년 제5회 변호사시험 기출문제 11 ★ **정답** ×

대법원 2014. 2. 21. 선고 2011도8870 판결

[판결요지] [1] 회사가 타인의 사무를 처리하는 일을 영업으로 영위하고 있는 경우, **회**

사의 대표이사가 그 타인의 사무를 처리하면서 업무상 임무에 위배되는 행위를 함으로써 재산상 이익을 취득하거나 제3자로 하여금 이를 취득하게 하고 그로 인하여 회사로 하여금 그 타인에 대한 손해배상책임 등 채무를 부담하게 한 때에는 회사에 손해를 가하거나 재산상 실해 발생의 위험을 초래한 것으로 볼 수 있으므로, 이러한 행위는 회사에 대한 관계에서 업무상배임죄를 구성한다.

[2] **주식회사의 임원이 공적 업무수행을 위하여서만 사용이 가능한 법인카드를 개인 용도로 계속적, 반복적으로 사용한 경우** 특별한 사정이 없는 한 임원에게는 임무위배의 인식과 그로 인하여 자신이 이익을 취득하고 주식회사에 손해를 가한다는 인식이 있었다고 볼 수 있으므로, 이러한 행위는 **업무상배임죄를 구성한다.** 위와 같은 **법인카드 사용에 대하여 실질적 1인 주주의 양해를 얻었다거나 실질적 1인 주주가 향후 그 법인카드 대금을 변상, 보전해 줄 것이라고 일방적으로 기대하였다는 사정만으로는 업무상배임의 고의나 불법이득의 의사가 부정된다고 볼 수 없다.**

대법원 1984. 10. 10. 선고 82도2595 전원합의체 판결 [배임] ★

[판시사항] 타인의 사무를 처리할 의무의 주체가 법인인 경우 그 법인의 대표기관이 배임죄의 주체가 될 수 있는지 여부(적극)

[판결요지] [다수의견] 법인이 처리할 의무를 지는 타인의 사무에 관하여는 법인이 배임죄의 주체가 될 수 없다. **그 법인을 대표하여 사무를 처리하는 자연인인 대표기관이 바로 타인의 사무를 처리하는 자 즉 배임죄의 주체가 된다.** [전원합의체판결: 본 판결로 대법원 1982. 2. 9. 선고 1980도1796 판결; 대법원 1983. 2. 22. 선고 82도1527 판결 등 변경]

중요 ⑦ 신탁자가 수탁자에게 부동산의 매수위임과 함께 명의신탁약정을 맺고 수탁자가 당사자가 되어 그 정을 알지 못하는 매도인과 부동산 매매계약을 체결하고 등기이전을 받은 뒤 수탁자가행위주체- 이를 임의로 처분한 경우 신탁자에 대한 횡령죄가 성립하지 않으나, 배임죄는 ~~성립한다.~~성립하지 않는다.

해설 및 정답 2015년 제4회 변호사시험 기출문제 9 ★ **정답** ×

계약명의신탁은 무효이다. 횡령죄도 배임죄도 성립하지 않는다.

대법원 2007. 3. 29. 선고 2007도766 판결 [횡령]

[판결요지] 신탁자와 수탁자가 명의신탁약정을 맺고 그에 따라 수탁자가 당사자가 되어 명의신탁약정이 있다는 사실을 알지 못하는 소유자와 사이에서 부동산에 관한 매매계약을 체결한 이른바 계약명의신탁에 있어서, **수탁자는 신탁자에 대한 관계에서도 신탁 부동산의 소유권을 완전히 취득하고 단지 신탁자에 대하여 명의신탁약정의 무효로 인한 부당이득반환의무만을 부담할 뿐인바,** 그와 같은 부당이득반환의무는 명의신탁약정의 무효로 인하여 수탁자가 신탁자에 대하여 부담하는 통상의 채무에 불과할 뿐 아니라, **신탁자와 수탁자 간의 명의신탁약정이 무효인 이상, 특별한 사정이 없는 한 신탁자와 수탁자 간에 명의신탁약정과 함께 이루어진 부동산 매입의 위임 약정 역시 무효라고 볼 것이다.** 이러한 **계약명의신탁의 법리는 수탁자가 신탁 부동산에 관한 등기를 이전받기 전에 소유자와**

사이의 합의로 매매계약을 해제한 후 그 매매대금을 반환받았다고 하더라도 마찬가지로 적용된다고 보아야 할 것이므로, 그 수탁자가 횡령죄에 있어서의 '타인의 재물을 보관하는 자'의 지위에 있다고 볼 수는 없다.

대법원 2004. 4. 27. 선고 2003도6994 판결 [업무상배임]

[판시사항] 이른바 매도인 선의의 계약명의신탁에 있어서 수탁자가 타인의 사무를 처리하는 자에 해당하는지 여부(소극)

[판결요지] 수탁자가 계약명의신탁의 약정에 따라 취득한 부동산에 대하여 신탁자의 반환요구를 거절하고 수탁자 명의로 그 소유권이전등기를 경료하였다 하여 업무상배임죄가 성립하지 아니한다.

다. 배임죄·횡령죄 종합문제

중요 **01** ★★★★★

배임수재죄 및 배임증재죄에 관한 설명 중 옳지 않은 것을 모두 고른 것은? (다툼이 있는 경우 판례에 의함)

ㄱ. 배임수재죄가 성립하기 위해서는 타인의 사무를 처리하는 지위를 가진 자가 부정한 청탁을 받아야 하므로, 타인의 사무처리자의 지위를 취득하기 전에 부정한 청탁을 받은 경우에는 배임수재죄로 처벌할 수 없다.

ㄴ. 배임수재죄 및 배임증재죄에서 공여 또는 취득하는 재물 또는 재산상 이익은 반드시 부정한 청탁에 대한 대가 또는 사례일 필요가 ~~없다.~~

ㄷ. 청탁 내용이 단순히 규정이 허용하는 범위 내에서 최대한 선처를 바란다는 내용에 불과하거나 위탁받은 사무의 적법하고 정상적인 처리범위에 속하는 것이라면 그 청탁의 사례로 금품을 수수하는 것은 배임수재에 해당하지 않는다.

ㄹ. 부정한 청탁을 받고 나서 사후에 재물 또는 재산상 이익을 취득하였다면 재물 또는 재산상 이익이 청탁의 대가이더라도 배임수재죄가 ~~성립하지 아니한다.~~

ㅁ. 배임수재죄에서 말하는 재산상 이익의 취득이라 함은 현실적인 취득만을 의미하는 것이 아니라 단순한 요구 또는 약속을 한 경우도 ~~포함한다.~~

① ㄱ, ㄴ ② ㄴ, ㄹ

③ ㄱ, ㄷ, ㄹ ④ ㄴ, ㄹ, ㅁ

⑤ ㄴ, ㄷ, ㄹ, ㅁ

해설 및 정답 2020년 제9회 변호사시험 기출문제 14 **정답** ④

ㄱ. (○) 대법원 2010. 7. 22. 선고 2009도12878 판결 [배임수재]

• 핵심내용: 배임수재죄와 배임증재죄

[판시사항] [1] **형법 제357조 제1항에 정한 배임수재죄는 '타인의 사무를 처리하는 자'만이 그 주체가 될 수 있는지 여부(원칙적 적극)** [2] **'타인의 사무를 처리하는 자'의 지위를 취득하기 전에 부정한 청탁을 받은 경우, 배임수재죄로 처벌할 수 있는지 여부(소극)** [3] 시(市)에서 발주한 도시형폐기물종합처리시설 건설사업의 기본설계 적격심의 및 평가위원으로서 그 임무와 관련하여 부정한 청탁을 받고 재물을 취득하였다는 공소사실에 대하여, **청탁을 받을 당시에 위 건설사업에 관한 사무를 처리하는 지위에 있었다고 인정되지 아니하는 이상 배임수재죄로 처벌할 수는 없음에도, 이와 달리 판단하여 유죄로 인정한 원심판결에 법리오해의 위법이 있다고 한 사례.**

[판결요지] [1] **형법 제357조 제1항에 정한 배임수재죄는 타인의 사무를 처리하는 자가 그 임무에 관하여 부정한 청탁을 받고 재물 또는 재산상의 이익을 취득한 경우에 성립하는 범죄로서 원칙적으로 타인의 사무를 처리하는 자라야 그 범죄의 주체가 될 수 있다. 그러한 신분을 가지지 아니한 자는 신분 있는 자의 범행에 가공한 경우에 한하여 그 주체가 될 수 있다.** 배임수재죄는 타인의 사무를 처리하는 지위를 가진 자에게 부정한 청탁을 행하여야 성립하는 것이다. **형법 제357조 제1항에 규정되어 있다. 타인의 사무를 처리하는 자의 지위를 취득하기 전에 부정한 청탁을 받은 행위를 처벌하는 별도의 구성요건이 존재하지 않는 이상, 타인의 사무처리자의 지위를 취득하기 전에 부정한 청탁을 받은 경우에 배임수재죄로 처벌할 수 없다**는 것이 죄형법정주의원칙에 부합한다.

ㄴ. (×) 대법원 2011. 8. 18. 선고 2010도10290 판결 [배임수재·뇌물공여·배임증재]

[판시사항] **대학병원 의사인 피고인이, 의약품 등을 지속적으로 납품할 수 있도록 해달라는 부정한 청탁 또는 의약품 등을 사용해 준 대가로 제약회사 등으로부터 명절 선물이나 골프접대 등 향응을 제공받았다고 하여 배임수재죄로 기소된 사안에서, 피고인에게 유죄를 인정한 원심판단을 수긍한 사례.**

[판결요지] **피고인은 '타인의 사무를 처리하는 자'에 해당한다. 피고인이 받은 선물, 골프접대비, 회식비는 부정한 청탁의 대가로서 단순한 사교적 의례 범위에 해당하지 않는다.**

형법 제357조(배임수증재) ★★★★★

① [3-1]**타인사무 처리임무와 관련하여** [3-2]**부정한 청탁대가로** [2]재물·재산이익을 [3-3]취득한 [1]사람 또는 **제3자에게 취득하게 한 사람은** 5년 이하 징역형·1천만원 이하 벌금형으로 처벌된다. 〈개정 1995.12.29〉

② [3-1]제1항 **타인사무 처리임무와 관련하여** [3-2]**부정한 청탁대가로** [2]재물·재산이익을 공여한 [1]사람은 2년 이하 징역형·500만원 이하 벌금형으로 처벌된다. 〈개정 1995.12.29〉

③ [1]**범인·정(情)을 아는 제3자가 취득한 제1항 재물은** [2]**몰수한다. 다만 취득한 재물 몰수가 불가능 한 경우 또는 취득한 재산이익이 있는 경우 그 가액을 추징한다.**

ㄷ. (○) 대법원 2011. 4. 14. 선고 2010도8743 판결 [사기·배임수재·배임수재미수]

[판시사항] **청탁 내용이 단순히 규정이 허용하는 범위 내에서 최대한 선처를 바란다는 내용에 불과하거나 위탁받은 사무의 적법하고 정상적인 처리범위에 속하는 경우, 청탁의 사례로 금품을 수수한 것이 배임수재에 해당하는지 여부(소극)**

ㄹ. (×) 대법원 2013. 11. 14. 선고 2011도11174 판결 [배임수재 · 배임증재]

[판결요지] 임무에 관하여 부정한 청탁을 받고 재물 또는 재산상 이익을 취득하면 배임수재죄는 성립된다. 어떠한 임무위배행위를 하거나 본인에게 손해를 가하는 것을 요건으로 하지 아니한다. 재물 또는 이익을 공여하는 사람과 취득하는 사람 사이에 부정한 청탁이 개재되지 않는 한 성립하지 않는다. '부정한 청탁'이란 반드시 업무상 배임의 내용이 되는 정도에 이를 필요는 없다. 사회상규 또는 신의성실의 원칙에 반하는 것을 내용으로 하면 족하다. 청탁이 반드시 명시적일 필요는 없다. 그리고 부정한 청탁을 받고 나서 사후에 재물 또는 재산상의 이익을 취득하였다고 하더라도 재물 또는 재산상의 이익이 청탁의 대가인 이상 배임수재죄가 성립된다. 또한 부정한 청탁의 결과로 상대방이 얻은 재물 또는 재산상 이익의 일부를 상대방으로부터 청탁의 대가로 취득한 경우에도 마찬가지이다.

ㅁ. (×) 대법원 1999. 1. 29. 선고 98도4182 판결 [특정범죄가중처벌등에 관한 법률 위반(알선수재) · 배임수재]

[판결요지] 형법 제357조 제1항의 배임수재죄로 처벌하기 위하여는 타인의 사무를 처리하는 자가 부정한 청탁을 받아들이고 이에 대한 대가로서 재물 또는 재산상의 이익을 받은 데에 대한 범의가 있어야 할 것이다. 또 배임수재죄에서 말하는 '재산상의 이익의 취득'이라 함은 현실적인 취득만을 의미한다. 그러므로 단순한 요구 또는 약속만을 한 경우에는 이에 포함되지 아니한다.

02 ★★★★★

A건설회사에 근무하는 甲과 乙은 행위주체 영업비밀을 경쟁업체에 유출하여 판매하기 위해 다른 사원들이 모두 퇴근한 자정 무렵 경비원 몰래 A회사 건물 안으로 진입하여, 행위 乙이 사무실 출입문 밖에서 망을 보고 있는 사이 甲은 사무실 안으로 들어가 컴퓨터에 저장되어 있는 설계도면 파일을 열어 프린터를 출력한 설계도면 재물- 이용하여 출력해 나왔다. 행위(절취-, 업무상배임행위+ 그 후 甲과 乙은 설계도면 출력물의 구매자를 물색하다가 경쟁업체인 B건설회사 사장 丙에게 접근하여 1억 원을 주면 출력물을 넘겨주겠다고 제안하였으나 丙이 5,000만 원만 주겠다고 하여 출력물을 넘겨주는 대가로 5,000만 원을 받고 그에게 출력물을 넘겨주었다. 행위 이에 관한 설명 중 옳은 것을 모두 고른 것은? (다툼이 있는 경우 판례에 의함)

ㄱ. 甲과 乙이 A회사 건물 안으로 들어간 행위는 「폭력행위 등 처벌에 관한 법률」상의 공동주거침입에 해당한다.

ㄴ. 甲과 乙의 행위는 설계도면 파일을 2인 이상이 합동하여 절취한 경우에 ~~해당한다.~~ 해당하지 않는다.

ㄷ. 甲과 乙이 설계도면을 행위객체 재산이익+ 출력하여 회사 밖으로 무단 반출 배임행위 한 것만으로 업무상배임죄의 기수에 해당한다.

ㄹ. 甲과 乙이 설계도면 출력물을 넘겨주는 대가로 5,000만 원을 받은 행위는 배임수재죄에 ~~해당한다.~~ 해당하지 않는다.

ㅁ. 甲과 乙에게 5,000만 원을 주고 설계도면 출력물을 취득한 丙의 행위는 배임증재죄에 ~~해당한다.~~ 해당하지 않는다. 부정한 청탁-

① ㄱ, ㄷ

② ㄹ, ㅁ

③ ㄱ, ㄴ, ㄷ

④ ㄴ, ㄹ, ㅁ

⑤ ㄱ, ㄷ, ㄹ, ㅁ

해설 및 정답 2017년 제6회 변호사시험 기출문제 18 **정답** ①

ㄱ. (○) 대법원 1979. 10. 30. 선고 79도1882 판결 [절도 등]

[판시사항] 출입이 허용된 자의 관리자의 의사에 반하는 침입

[판결요지] 피고인이 피해자인 금남여객자동차주식회사에서 버스차장으로 근무하는 관계로 그 회사의 차고나 사무실에 출입할 수 있다 하더라도 절취의 목적으로 들어간 것이라면 이는 주거권자의 의사에 반한 것으로서 주거침입죄가 성립된다.

폭력행위 등 처벌에 관한 법률(약칭: 폭력행위처벌법) 제2조는 **② 2명 이상이 공동하여 다음 각 호 죄를 범한 사람은 「형법」 각 해당 조항에서 정한 형 2분1까지 가중처벌된다.** [개정 2016.1.6.] 5. 「형법」 제319조(주거침입 · 퇴거불응) 죄.

ㄴ. (×) 대법원 2002. 7. 12. 선고 2002도745 판결 [절도]

[판결요지] [1] 절도죄의 객체는 관리가능한 동력을 포함한 '재물'에 한한다 할 것이다. 또 절도죄가 성립하기 위해서는 그 재물의 소유자 기타 점유자의 점유 내지 이용가능성을 배제하고 이를 자신의 점유하에 배타적으로 이전하는 행위가 있어야만 할 것이다. **컴퓨터에 저장되어 있는 '정보' 그 자체는 유체물이라고 볼 수도 없다. 물질성을 가진 동력도 아니므로 재물이 될 수 없다 할 것이다. 또 이를 복사하거나 출력하였다 할지라도 그 정보 자체가 감소하거나 피해자의 점유 및 이용가능성을 감소시키는 것이 아니다. 그러므로 그 복사나 출력 행위를 가지고 절도죄를 구성한다고 볼 수도 없다.**

[2] **피고인이 컴퓨터에 저장된 정보를 출력하여 생성한 문서는 피해 회사의 업무를 위하여 생성되어 피해 회사에 의하여 보관되고 있던 문서가 아니다.** 피고인이 가지고 갈 목적으로 피해 회사의 업무와 관계없이 새로이 생성시킨 문서라 할 것이다. 그러므로 이는 피해 회사 소유의 문서라고 볼 수는 없다 할 것이다. 이를 가지고 간 행위를 들어 피해 회사 소유의 문서를 절취한 것으로 볼 수는 없다.

ㄷ. (○) 대법원 2016. 7. 7. 선고 2015도17628 판결 [업무상배임]

[판결요지] 회사 직원이 영업비밀이나 영업상 주요한 자산인 자료를 적법하게 반출하여 그 반출행위가 업무상배임죄에 해당하지 않는 경우라도, 퇴사 시에 그 영업비밀 등을 회사에 반환하거나 폐기할 의무가 있음에도 경쟁업체에 유출하거나 스스로의 이익을 위하여 이용할 목적으로 이를 반환하거나 폐기하지 아니하였다면, 이러한 행위는 업무상배임죄에 해당한다.

ㄹ. (×) 수재자와 증재자가 임무에 관하여 부정한 청탁을 주고받아야 배임수재죄와 배임증재죄가 성립할 수 있다.

형법 제357조(배임수증재) ① 타인의 사무를 처리하는 자가 그 임무에 관하여 부정한 청탁을 받고 재물 또는 재산상의 이익을 취득하거나 제3자로 하여금 이를 취득하게 한 때에는 5년 이하의 징역 또는 1천만원 이하의 벌금에 처한다. <개정 2016.5.29.> ② 제1항의 재물 또는 재산상 이익을 공여한 자는 2년 이하의 징역 또는 500만원 이하의 벌금에 처한다. <개정 2020.12.8.> 형법 일부개정 2020. 12. 8. [시행 2021. 12. 9.] 법무부.

ㅁ. (×) 부정한 청탁을 받은 바가 없다.

중요 **03** ★★★★★

횡령죄 또는 배임죄에 관한 설명 중 옳은 것을 모두 고른 것은? (다툼이 있는 경우 판례에 의함)

파워특강 배임죄와 횡령죄 최근 판례. 담보신탁계약과 자금관리대리사무계약 위반(=배임죄 성립하지 않음. 타인 사무 아님). 백지약속어음 금액 보충 한도 초과 사용(=배임죄 성립. 횡령죄 성립하지 않음). 대표권을 남용한 대표이사 의무위반행위(=상대방 악의 또는 과실이 있는 경우, 회사에 효력이 없기 때문에 배임죄 미수에 해당함. 회사가 불법행위를 부담하게 되면 배임죄 기수에 해당함). 익명조합과 무명계약 후 전매이익금 반환거부행위(=횡령죄가 성립하지 않음. 보관자 지위에 있지 않음).

☞ [적중] 하태영, 형사법 종합연습 실전예상문제분석, 제3판, 법문사, 2020, 문20. 211(05), 229(15).

① 甲이 A은행으로부터 특정 토지 위에 건물을 신축하는 데 필요한 공사자금을 대출받으면서 이를 담보하기 위하여 B신탁회사를 수탁자, A은행을 우선수익자, 甲을 위탁자 겸 수익자로 하여 '신탁목적이 달성될 때까지 甲이 위 토지 및 건물을 임의로 처분할 수 없고, 준공 후 건물에 대하여 B신탁회사 앞으로 신탁등기를 경료하고 건물 분양수익금을 B신탁회사가 관리하면서 A은행에 대한 甲의 대출금을 변제한다'는 내용의 담보신탁계약 및 자금관리대리사무계약을 체결한 경우, 甲이 위 계약에 따른 A은행의 우선수익권 보장 임무에 위배하여 C 앞으로 위 건물의 소유권보존등기를 마쳐 주었다면 甲에게 A은행에 대한 배임죄가 ~~성립한다.~~ 성립하지 않는다.

해설 및 정답 2021년 제10회 변호사시험 기출문제 8 **정답** ×

대법원 2020. 4. 29. 선고 2014도9907 판결 [특정경제범죄가중처벌등에관한법률위반(배임)]

[판결요지] [1] 배임죄에서 '타인의 사무를 처리하는 자'라고 하려면, 타인의 재산관리에 관한 사무의 전부 또는 일부를 타인을 위하여 대행하는 경우와 같이 당사자 관계의 전형적·본질적 내용이 통상의 계약에서의 이익대립관계를 넘어서 그들 사이의 신임관계에 기초하여 타인의 재산을 보호 또는 관리하는 데에 있어야 한다. **이익대립관계에 있는 통상의 계약관계에서 채무자의 성실한 급부이행에 의해 상대방이 계약상 권리의 만족 내지 채권의 실현이라는 이익을 얻게 되는 관계에 있다거나, 계약을 이행함에 있어 상대방을 보호하거나 배려할 부수적인 의무가 있다는 것만으로는 채무자를 타인의 사무를 처리하는 자라고 할 수 없다. ★★★★★**

[2] 피고인이 을 회사, 갑 금고와 체결한 담보신탁계약의 신탁 대상 부동산은 토지이고, 건물에 대해서는 위 계약에 따라 신탁등기가 이루어지는 것이 아니라 향후 건물이 준공되어 소유권보존등기까지 마친 후 을 회사를 수탁자로, 갑 금고를 우선수익자로 한 담보신탁계약 등을 체결하고 그에 따른 등기절차 등을 이행하기로 약정한 것에 불과한 점, 건물에 관하여 추가 담보신탁하기로 약정한 것은 **갑 금고가 피고인에 대한 대출금 채권의 변제를 확보하기 위함이고,** 갑 금고의 주된 관심은 건물에 대한 신탁등기 이행 여부가 아닌, 대출금 채권의 회수에 있다고 봄이 타당한 점, 피고인은 갑 금고와의 관계에서 향후 건물이 준공되면 을 회사와 건물에 대한 담보신탁계약, 자금관리대리사무계약 등을 체결하고, 그에 따라 신탁등기절차를 이행하여 갑 금고에 우선수익권을 보장할 민사상 의무를 부담함에 불과하고, '갑 금고의 우선수익권'은 계약당사자인 피고인, 갑 금고, 을 회사 등이 약정한 바에 따라 각자의 의무를 성실히 이행하면 그 결과로서 보장될 뿐인 점을 종합하면, **결국 피고인이 통상의 계약에서의 이익대립관계를 넘어서 갑 금고와의 신임관계에 기초하여 갑 금고의 우선수익권을 보호 또는 관리하는 등 그의 사무를 처리하는 자의 지위에 있다고 보기 어려우므로 배임죄에서의 '타인의 사무를 처리하는 자'에 해당하지 않는다**는 이유로, 이와 달리 보아 피고인에게 유죄를 인정한 원심판결에 배임죄에서 '타인의 사무를 처리하는 자'의 의미에 관한 법리를 오해한 잘못이 있다고 한 사례.

☞ [적중] 하태영, 형사법종합연습 실전예상문제분석, 제3판, 법문사, 2020, 211면.

② 甲이 A로부터 1,000만 원 범위 내에서 액면을 보충·할인하여 달라는 의뢰를 받고 A가 발행한 액면 백지인 약속어음을 교부받아 보관하던 중, A와 합의한 보충권의 한도를 넘겨 액면을 2,000만 원으로 보충한 다음 甲의 채무변제조로 B에게 교부하여 임의로 사용한 경우, 甲에게 A에 대한 횡령죄가 ~~성립한다.~~ 성립하지 않는다.

해설 및 정답 2021년 제10회 변호사시험 기출문제 8 **정답** ×

대법원 1995. 1. 20. 선고 94도2760 판결 [횡령]

[판결요지] 발행인에게 일정한 금액의 범위 내에서 액면을 보충·할인하여 달라는 의뢰를 받고 액면 백지인 약속어음을 교부받아 보관 중이던 자가 발행인과의 합의에 의하여 정해진 보충권의 한도를 넘어 보충을 한 경우에는 발행인의 서명날인 있는 기존의 약속어음 용지를 이용하여 새로운 별개의 약속어음을 발행한 것에 해당하여 이러한 **보충권의**

남용행위로 인하여 생겨난 새로운 약속어음에 대하여는 발행인과의 관계에서 보관자의 지위에 있다 할 수 없다. 그러므로 설사 그 약속어음을 자신의 채무변제조로 제3자에게 교부하여 임의로 사용하였다고 하더라도, **발행인으로 하여금 제3자에 대하여 어음상의 채무를 부담하는 손해를 입게 한 데에 대한 배임죄가 성립될 수 있음은 별론으로 하고, 보관자의 지위에 있음을 전제로 횡령죄가 성립될 수는 없다.**

③ 주식회사의 대표이사 甲이 대표권을 남용하는 등 그 임무에 위배하여 회사 명의로 의무를 부담하는 행위를 하더라도 상대방이 대표권남용 사실을 알았거나 알 수 있었던 경우, 그 의무부담행위로 인하여 실제로 채무의 이행이 이루어졌다거나 회사가 민법상 불법행위책임을 부담하게 되었다는 등의 사정이 없는 이상, 甲에게 배임죄의 미수범이 성립한다.

해설 및 정답 2021년 제10회 변호사시험 기출문제 8 **정답** ○

대법원 2017. 7. 20. 선고 2014도1104 전원합의체 판결 [특정경제범죄가중처벌등에관한법률위반(배임)]

[판결요지] [2] 주식회사의 대표이사가 대표권을 남용하는 등 그 임무에 위배하여 회사 명의로 의무를 부담하는 행위를 하더라도 일단 회사의 행위로서 유효하고, 다만 상대방이 대표이사의 진의를 알았거나 알 수 있었을 때에는 회사에 대하여 무효가 된다. 따라서 상대방이 대표권남용 사실을 알았거나 알 수 있었던 경우 **그 의무부담행위는 원칙적으로 회사에 대하여 효력이 없고, 경제적 관점에서 보아도 이러한 사실만으로는 회사에 현실적인 손해가 발생하였다거나 실해 발생의 위험이 초래되었다고 평가하기 어려우므로, 달리 그 의무부담행위로 인하여 실제로 채무의 이행이 이루어졌다거나 회사가 민법상 불법행위책임을 부담하게 되었다는 등의 사정이 없는 이상 배임죄의 기수에 이른 것은 아니다. 그러나 이 경우에도 대표이사로서는 배임의 범의로 임무위배행위를 함으로써 실행에 착수한 것이므로 배임죄의 미수범이 된다.**

[3] **약속어음 발행이 무효일 뿐만 아니라 그 어음이 유통되지도 않았다면 회사는 어음발행의 상대방에게 어음채무를 부담하지 않기 때문에 특별한 사정이 없는 한 회사에 현실적으로 손해가 발생하였다거나 실해 발생의 위험이 발생하였다고도 볼 수 없다. 그러므로 이때에는 배임죄의 기수범이 아니라 배임미수죄로 처벌하여야 한다.**

☞ [출제] 2019년 제8회 변호사시험 기출문제 20 · 2017년 제6회 변호사시험 기출문제 14

④ 甲이 A와 특정 토지를 매수하여 전매한 후 전매이익금을 정산하기로 약정하여 A로부터 토지매매와 전매에 관한 사항을 전적으로 위임받아 甲이 자신과 A의 돈을 합하여 토지를 매수하고 甲의 명의로 소유권이전등기를 마친 경우, 甲과 A 사이의 위 약정이 익명조합과 유사한 무명계약에 해당된다면, 甲이 위 토지를 제3자에게 임의로 매도한 후 A에게 전매이익금 반환을 거부한 때에는 甲에

게 A에 대한 횡령죄가 ~~성립한다.~~ 성립하지 않는다.

해설 및 정답 2021년 제10회 변호사시험 기출문제 8 **정답** ×

대법원 2011. 11. 24. 선고 2010도5014 판결 [횡령]

[판결요지] 조합 또는 내적 조합과 달리 익명조합의 경우에는 익명조합원이 영업을 위하여 출자한 금전 기타의 재산은 상대편인 영업자의 재산이 되므로 영업자는 타인의 재물을 보관하는 자의 지위에 있지 않고, 따라서 영업자가 영업이익금 등을 임의로 소비하였더라도 횡령죄가 성립할 수는 없다.

☞ **익명조합: 무한책임(영업자) + 유한책임(익명조합원) = 구성조합**

중요 **04** ★★★★★

횡령과 배임의 죄에 관한 설명 중 옳은 것을 모두 고른 것은? (다툼이 있는 경우 판례에 의함)

ㄱ. 甲이 성명불상자로부터 계좌를 빌려주면 대가를 주겠다는 제안을 받고 자신의 계좌에 연결된 체크카드를 양도하였는데, A가 보이스피싱 사기 범행에 속아 위 계좌로 금원을 송금하여 甲이 보관하던 중 이를 현금으로 인출하여 개인 용도로 사용한 경우, 형법 제355조 제1항 횡령죄+ 甲이 사기범행에 이용되리라는 사정을 알지 못한 채 체크카드를 양도한 것이라면 A에 대한 횡령죄가 성립한다.

ㄴ. 타인으로부터 용도가 엄격히 제한된 자금을 위탁받아 집행하면서 그 제한된 용도 이외의 목적으로 자금을 사용한 행위가 개인적인 목적에서 비롯된 것이 아니라 결과적으로 자금을 위탁한 본인을 위하는 면이 있는 경우에는 횡령죄가 ~~성립하지 않는다.~~ 성립한다.

ㄷ. 甲이 乙로부터 18억 원을 차용하면서 담보로 甲 소유의 아파트에 乙 명의의 4순위 근저당권을 설정해 주기로 약정하였음에도 제3자에게 채권최고액을 12억 원으로 하는 4순위 근저당권을 설정하여 준 경우 특정경제범죄가중처벌등에관한법률위반(배임)죄가 ~~성립한다.~~ 성립하지 않는다.

ㄹ. 「부동산 실권리자명의 등기에 관한 법률」을 위반하여 명의신탁자가 그 소유인 부동산의 등기명의를 명의수탁자에게 이전하는 이른바 양자간 명의신탁의 경우 명의수탁자가 신탁받은 부동산을 임의로 처분하더라도 횡령죄가 성립하지 않는다.

ㅁ. 타인의 사무를 처리하는 자가 그 직무에 관하여 여러 사람으로부터 각각 부정한 청탁을 받고 수회에 걸쳐 금품을 수수한 경우, 그 청탁이 동종의 것이면 단일하고 계속된 범의 아래 이루어진 범행으로 보아 그 전체를 포괄일죄로 볼 수 ~~있다.~~ 없다.

① ㄱ, ㄹ ② ㄴ, ㄷ
③ ㄱ, ㄷ, ㅁ ④ ㄱ, ㄹ, ㅁ
⑤ ㄴ, ㄹ, ㅁ

해설 및 정답 2022년 제11회 변호사시험 기출문제 19 **정답** ①

파워특강 사기죄의 방조범이 아닌 경우, 송금된 돈을 인출한 경우(=사기 피해자에 대해 횡령죄 성립). 제한된 용도 이외의 목적으로 사용(=횡령죄 성립). 근저당권 약정 후 다른 사람에게 근저당권 약정(=배임죄 불성립, 자기 사무임). 부동산실명법위반은 무효임(=양자간 명의신탁은 무효임). 명의수탁자가 신탁받은 부동산을 임의 처분한 경우(=횡령죄 불성립. 타인 재물을 보관한 자가 아님). 여러 사람에게 각각 같은 종류의 부정한 청탁을 받은 경우(=배임수증죄 실체적 경합). 동일인에게 같은 종류의 부정한 청탁을 받은 경우(=배임수증죄 포괄일죄 성립).

중요 ㄱ. (○) 대법원 2018. 8. 1. 선고 2018도5255 판결 [전자금융거래법위반 · 횡령]

[판시사항] **피고인이 사기범행에 이용되리라는 사정을 알지 못한 채 단순히 자신 명의 계좌의 접근매체를 양도하였을 뿐 사기의 공범에 해당하지 않는 경우,** 사기범행에 속은 피해자가 위 **계좌로 송금하여 입금된 돈을 피고인이 임의로 인출한 행위가 횡령죄를 구성하는지 여부(적극)**

[판결요지] [1] 이 사건 공소사실 중 횡령의 요지는, 피고인이 2016. 12. 1.경 성명불상자로부터 계좌를 빌려주면 **한 달에 200만 원을 준다는 제안을 받고 성명불상자에게 피고인의 우리은행 계좌에 연결된 체크카드를 양도한 후, 보이스피싱 사기 범행에 속은 피해자가 위 계좌로 송금한 600만 원을 보관하던 중 임의로 500만 원을 피고인 명의 신협 계좌로 이체한 후 생활비 등 개인적인 용도로 사용하여 횡령하였다는 것이다.**

[2] 피고인이 사기범행에 이용되리라는 사정을 알지 못한 채 단순히 자신 명의 계좌의 접근매체를 양도하였을 뿐이어서 사기의 공범에 해당하지 않는 경우에는 성명불상자의 사기범행에 속은 피해자가 위 계좌로 송금하여 입금된 돈을 피고인이 보관하고 있다고 할 수 있어 피고인이 이를 임의로 인출한 행위는 횡령죄를 구성한다고 볼 여지가 있다(대법원 2018. 7. 19. 선고 2017도17494 전원합의체 판결 참조).

ㄴ. (×) 대법원 1999. 7. 9. 선고 98도4088 판결 [업무상횡령]

[판시사항] **용도가 엄격히 제한된 자금을 위탁받아 그 제한된 용도 이외의 목적에 사용한 경우, 횡령죄의 성립 여부(적극)**

[판결요지] 업무상횡령죄에 있어서의 **불법영득의 의사라 함은 자기 또는 제3자의 이익을 꾀할 목적으로 업무상의 임무에 위배하여 보관하고 있는 타인의 재물을 자기의 소유인 것과 같이 사실상 또는 법률상 처분하는 의사를 의미하는 것이다. 타인으로부터 용도가 엄격히 제한된 자금을 위탁받아 집행하면서 그 제한된 용도 이외의 목적으로 자금을 사용하는 것은, 그 사용이 개인적인 목적에서 비롯된 경우는 물론 결과적으로 자금을 위탁한 본인을 위하는 면이 있더라도, 그 사용행위 자체로서 불법영득의 의사를 실현한 것이 되어 횡령죄가 성립한다고 할 것이다.**

중요 ㄷ. (×) 대법원 2020. 6. 18. 선고 2019도14340 전원합의체 판결 [특정경제범죄가중처벌등에 관한법률위반(배임)] 〈부동산 이중저당 사건〉

[판시사항] [1] 채무자가 금전채무를 담보하기 위한 저당권설정계약에 따라 채권자에게 그 소유의 부동산에 관하여 저당권을 설정할 의무를 부담하게 된 경우, 채권자에 대한 관계에서 '타인의 사무를 처리하는 자'에 해당하는지 여부(소극) / 이때 채무자가 제3자에게 먼저 담보물에 관한 저당권을 설정하거나 담보물을 양도하는 등으로 담보가치를 감소 또는 상실시켜 채권자의 채권실현에 위험을 초래하는 경우, 배임죄 성립 여부(소극) / 이 법리는, 채무자가 금전채무에 대한 담보로 부동산에 관하여 양도담보설정계약을 체결하고 이에 따라 채권자에게 소유권이전등기를 해 줄 의무가 있음에도 제3자에게 그 부동산을 처분한 경우에도 적용되는지 여부(적극)

[2] **피고인이 갑에게 18억 원을 차용하면서 담보로 피고인 소유의 아파트에 갑 명의의 4순위 근저당권을 설정해 주기로 약정하였음에도 제3자에게 채권최고액을 12억 원으로 하는 4순위 근저당권을 설정하여 줌으로써 12억 원 상당 재산상 이익을 취득하고 갑에게 같은 금액 상당의 손해를 가하였다**고 하여 **특정경제범죄 가중처벌 등에 관한 법률 위반(배임)으로 기소된 사안에서, 피고인이 갑에 대한 관계에서 '타인의 사무를 처리하는 자'에 해당하지 않는다고 한 사례.**

[판결요지] [1] [다수의견] 채무자가 금전채무를 담보하기 위한 저당권설정계약에 따라 채권자에게 그 소유의 부동산에 관하여 저당권을 설정할 의무를 부담하게 되었다고 하더라도, **채무자가 통상의 계약에서 이루어지는 이익대립관계를 넘어서 채권자와의 신임관계에 기초하여 채권자의 사무를 맡아 처리하는 것으로 볼 수 없다.** 채무자가 저당권설정계약에 따라 채권자에 대하여 부담하는 저당권을 설정할 의무는 계약에 따라 부담하게 된 채무자 자신의 의무이다. **채무자가 의무를 이행하는 것은 채무자 자신 사무에 해당할 뿐이다. 그러므로 채무자를 채권자에 대한 관계에서 '타인의 사무를 처리하는 자'라고 할 수 없다. 따라서 채무자가 제3자에게 먼저 담보물에 관한 저당권을 설정하거나 담보물을 양도하는 등으로 담보가치를 감소 또는 상실시켜 채권자의 채권실현에 위험을 초래하더라도 배임죄가 성립한다고 할 수 없다. 이 법리는 채무자가 금전채무에 대한 담보로 부동산에 관하여 양도담보설정계약을 체결하고 이에 따라 채권자에게 소유권이전등기를 해 줄 의무가 있음에도 제3자에게 그 부동산을 처분한 경우에도 적용된다.**

[2] **근저당권설정계약에서 피고인과 갑 사이 당사자 관계의 전형적·본질적 내용은 채무의 변제와 이를 위한 담보에 있고, 피고인을 통상의 계약에서의 이익대립관계를 넘어서 갑과의 신임관계에 기초하여 갑의 사무를 맡아 처리하는 것으로 볼 수 없는 이상 갑에 대한 관계에서 '타인의 사무를 처리하는 자'에 해당한다고 할 수 없다.**

☞ [적중] 하태영, 형사법종합연습 실전예상문제분석, 제4판, 법문사, 2021, 226-230면.

중요 ㄹ. (○) 대법원 2021. 2. 18. 선고 2016도18761 전원합의체 판결 [사기·횡령] 〈부동산 실권리자명의 등기에 관한 법률에 위반한 이른바 양자간 명의신탁에서 명의수탁자가 신탁부동산을 임의로 처분한 경우 횡령죄가 성립하는지 여부가 문제된 사건〉

[판시사항] [1] 횡령죄에서 말하는 '보관'의 의미 / 횡령죄 성립에 필요한 법률상 또는 사실상의 위탁관계는 횡령죄로 보호할 만한 가치 있는 신임에 의한 것으로 한정되는지 여부(적극) 및 위탁관계가 있는지 판단하는 기준 [2] **부동산 실명 법률을 위반하여 명의신탁자가 그 소유인 부동산의 등기명의를 명의수탁자에게 이전하는 이른바 양자간 명의신

탁 경우, 명의수탁자가 명의신탁자에 대한 관계에서 '타인의 재물을 보관하는 자'의 지위에 있는지 여부(소극) 및 이때 **명의수탁자가 신탁받은 부동산을 임의로 처분하면 명의신탁자에 대한 관계에서 횡령죄가 성립하는지 여부(소극)** / 이 법리는, **부동산 명의신탁이 같은 법 시행 전에 이루어졌고 같은 법에서 정한 유예기간 내에 실명등기를 하지 아니함으로써 그 명의신탁약정 및 이에 따라 행하여진 등기에 의한 물권변동이 무효로 된 후에 처분행위가 이루어진 경우에도 적용되는지 여부(적극)**

[판결요지] [1] 형법 제355조 제1항이 정한 횡령죄에서 보관이란 위탁관계에 의하여 재물을 점유하는 것을 뜻한다. 그러므로 횡령죄가 성립하기 위하여는 재물의 보관자와 재물의 소유자(또는 기타의 본권자) 사이에 법률상 또는 사실상의 위탁관계가 존재하여야 한다. 이러한 위탁관계는 사용대차·임대차·위임 등의 계약에 의하여서뿐만 아니라 사무관리·관습·조리·신의칙 등에 의해서도 성립될 수 있다. 그러나 횡령죄의 본질이 신임관계에 기초하여 위탁된 타인의 물건을 위법하게 영득하는 데 있음에 비추어 볼 때 **위탁관계는 횡령죄로 보호할 만한 가치 있는 신임에 의한 것으로 한정함이 타당하다. 위탁관계는 형사법적으로 보호할 필요가 있는지 등을 고려하여 규범적으로 판단하여야 한다.**

[2] **말소등기의무의 존재나 명의수탁자에 의한 유효한 처분가능성을 들어 명의수탁자가 명의신탁자에 대한 관계에서 '타인의 재물을 보관하는 자'의 지위에 있다고 볼 수도 없다.** 그러므로 **부동산실명법을 위반한 양자간 명의신탁의 경우 명의수탁자가 신탁받은 부동산을 임의로 처분하여도 명의신탁자에 대한 관계에서 횡령죄가 성립하지 아니한다.**

☞ [적중] 하태영, 형사법종합연습 실전예상문제분석, 제4판, 법문사, 2021, 194-197면.

ㅁ. (×) 대법원 2008. 12. 11. 선고 2008도6987 판결 [배임수재·배임증재]

[판시사항] [1] 배임수재죄 구성요건인 '부정한 청탁' 판단 기준 [2] 회원제 골프장의 예약업무 담당자가 부킹대행업자 청탁에 따라 회원에게 제공하는 주말부킹권을 부킹대행업자에게 판매하고 그 대금 명목의 금품을 받은 것이 배임수재죄에 해당한다고 한 사례 [3] **수인에게 각각 같은 종류의 부정한 청탁과 함께 금품을 받은 배임수재행위가 포괄일죄를 구성하는지 여부(소극)**

[판결요지] [1] 형법 제357조 제1항이 규정하는 배임수재죄는 타인의 사무를 처리하는 자가 그 임무에 관하여 부정한 청탁을 받고 재물 또는 재산상 이익을 취득하는 경우에 성립하는 범죄이다. **재물 또는 이익을 공여하는 사람과 취득하는 사람 사이에 부정한 청탁이 개재되지 않는 한 성립하지 않는다.** 여기서 '부정한 청탁'이라 함은 반드시 업무상 배임의 내용이 되는 정도에 이를 것을 요하지 않고, 사회상규 또는 신의성실의 원칙에 반하는 것을 내용으로 하는 것이면 족하다. 그 청탁이 반드시 명시적임을 요하지 않는다.

[3] 타인의 사무를 처리하는 자가 **동일인으로부터** 그 직무에 관하여 부정한 청탁을 받고 여러 차례에 걸쳐 금품을 수수한 경우, 그것이 단일하고도 계속된 범의 아래 일정기간 반복하여 이루어진 것이고 그 피해법익도 동일한 때에는 이를 포괄일죄로 보아야 한다. 다만, **여러 사람으로부터 각각 부정한 청탁을 받고 그들로부터 각각 금품을 수수한 경우에는 비록 그 청탁이 동종의 것이라고 하더라도 단일하고 계속된 범의 아래 이루어진 범행으로 보기 어려워 그 전체를 포괄일죄로 볼 수 없다.**

05 ★★★★★

배임수증재죄에 관한 설명 중 옳지 않은 것은? (다툼이 있는 경우 판례에 의함)

파워특강 배임수증죄(=배임수재죄·배임증재죄). 배임수재죄와 배임증재죄는 대향범이다. 배임증재죄는 사인이 타인 사무를 처리하는 사람에게 그 임무와 관련하여 부정한 청탁을 하고 재물 또는 재산상 이익을 제공하는 경우 성립한다. 수재자가 증재자에게 받은 재물을 그대로 가지고 있다가 증재자에게 반환한 경우, 몰수 또는 추징의 상대방(=증재자). 배임수재죄(=부정한 청탁에 따른 재물이나 재산상 이익이 외형상 사무처리를 위임한 타인에게 지급된 것으로 보이더라도 사회통념상 그 타인이 재물 또는 재산상 이익을 받은 것을 부정한 청탁을 받은 사람이 직접 받은 것과 동일하게 평가할 수 있는 경우 배임수재죄가 성립될 수 있다). 배임수재죄에서 '부정한 청탁'(=반드시 업무상 배임의 내용이 되는 정도에 이를 필요는 없고, 사회상규 또는 신의성실의 원칙에 반하는 것을 내용으로 하면 충분하다. 청탁 내용과 대가 액수, 형식, 보호법익인 거래의 청렴성 등을 종합적으로 고찰한다. 명시적·묵시적으로 가능하다. 공여한 금품에 부정한 청탁 대가와 그 외의 행위에 대한 사례가 불가분적으로 결합되어 있는 경우, 그 전부가 불가분적으로 부정한 청탁의 대가로서의 성질을 갖는 것으로 보아야 한다. 타인의 사무를 처리하는 자가 증재자에게 돈이 입금된 계좌의 예금통장이나 이를 인출할 수 있는 현금카드나 신용카드를 교부받은 경우, 예금된 돈을 취득으로 볼 수 있다. 공동의 사기 범행으로 얻은 돈을 공범자끼리 수수한 행위가 공동정범들 사이의 범행으로 취득한 돈이나 재산상 이익의 내부적인 분배행위에 지나지 않는다면, 돈의 수수행위가 배임수증재죄를 구성하지 않는다.

① 배임수재자가 배임증재자로부터 부정한 청탁으로 받은 재물을 그대로 가지고 있다가 증재자에게 반환하였더라도, 이미 기수에 이른 범죄 수익에 불과한 그 재물에 대한 몰수나 가액의 추징은 ~~배임수재자를~~배임증재자를 대상으로 하여야 한다.

해설 및 정답 2023년 제12회 변호사시험 기출문제 5 **정답** ×

대법원 2017. 4. 7. 선고 2016도18104 판결 [업무방해·배임수재·배임증재]

[판시사항] 형법 제357조 제3항에서 몰수의 대상으로 규정한 '범인이 취득한 제1항의 재물'의 의미 및 수재자가 증재자로부터 받은 재물을 그대로 가지고 있다가 증재자에게 반환한 경우, **몰수 또는 추징의 상대방(=증재자).**

[판결요지] 형법(2016. 5. 29. 법률 제14178호로 개정되기 전의 것)은 제357조 제3항에서 몰수 대상으로 규정한 '범인이 취득한 제1항 재물'은 배임수재죄의 범인이 취득한 목적물

이자 **배임증재죄의 범인이 공여한 목적물을 가리키는 것이지** 배임수재죄의 목적물만을 한정하는 것이 아니다. 그러므로 **수재자가 증재자에게 받은 재물을 그대로 가지고 있다가 증재자에게 반환하였다면 증재자로부터 이를 몰수하거나 그 가액을 추징하여야 한다.**
☞ [출제] 2019년 제8회 변호사시험 기출문제 9 ①

중요 ② 배임수재죄에서 타인의 업무를 처리하는 자에게 공여한 금품에 부정한 청탁의 대가로서의 성질과 그 외의 행위에 대한 사례로서의 성질이 불가분적으로 결합되어 있는 경우에는 그 전부가 불가분적으로 부정한 청탁의 대가로서의 성질을 갖는 것으로 보아야 한다.

해설 및 정답 2023년 제12회 변호사시험 기출문제 5 **정답** ○

대법원 2021. 9. 30. 선고 2019도17102 판결 [배임수재 · 부정청탁및금품등수수의금지에관한법률위반] 〈신문사 기자들이 홍보성 기사를 작성해달라는 청탁을 받고 소속 신문사 계좌로 금원을 입금 받은 행위가 배임수재죄에 해당하는지 여부가 문제된 사건〉

[판시사항] 배임수재죄에서 '부정한 청탁'의 의미 및 판단 기준 / 보도의 대상이 되는 자가 언론사 소속 기자에게 '유료 기사' 게재를 청탁하는 행위가 배임수재죄의 부정한 청탁에 해당하는지 여부(적극) 및 '유료 기사'의 내용이 객관적 사실과 부합하더라도 마찬가지인지 여부(적극)

[판결요지] 타인의 업무를 처리하는 사람에게 공여한 금품에 부정한 청탁의 대가로서의 성질과 그 외의 행위에 대한 사례로서의 성질이 불가분적으로 결합되어 있는 경우에는 그 전부가 불가분적으로 부정한 청탁의 대가로서의 성질을 갖는 것으로 보아야 한다. 보도의 대상이 되는 자가 언론사 소속 기자에게 소위 '유료 기사' 게재를 청탁하는 행위는 사실상 '광고'를 '언론 보도'인 것처럼 가장하여 달라는 것으로서 언론 보도의 공정성 및 객관성에 대한 공공의 신뢰를 저버리는 것이다. 배임수재죄의 부정한 청탁에 해당한다. 설령 '유료 기사' 내용이 객관적 사실과 부합하더라도, 언론 보도를 금전적 거래의 대상으로 삼은 이상 그 자체로 부정한 청탁에 해당한다.

[2] **개정 형법(2016. 5. 29. 법률 제14178호로 개정된 것) 제357조 제1항은** 구법과 달리 **배임수재죄의 구성요건을 '타인의 사무를 처리하는 자가 그 임무에 관하여 부정한 청탁을 받고 재물 또는 재산상의 이익을 취득하거나 제3자로 하여금 이를 취득하게 한 때'라고 규정함으로써 제3자로 하여금 재물이나 재산상 이익을 취득하게 하는 행위를 구성요건에 추가하였다. 개정 형법이 적용되는 경우에도 '제3자'에는 다른 특별한 사정이 없는 한 사무처리를 위임한 타인은 포함되지 않는다고 봄이 타당하다.** 그러나 배임수재죄의 행위주체가 재물 또는 재산상 이익을 취득하였는지는 증거에 의하여 인정된 사실에 대한 규범적 평가의 문제이다. **부정한 청탁에 따른 재물이나 재산상 이익이 외형상 사무처리를 위임한 타인에게 지급된 것으로 보이더라도 사회통념상 그 타인이 재물 또는 재산상 이익을 받은 것을 부정한 청탁을 받은 사람이 직접 받은 것과 동일하게 평가할 수 있는 경우에는 배임수재죄가 성립될 수 있다.**

③ 배임수재죄는 타인의 사무를 처리하는 자가 그 임무에 관하여 부정한 청탁을 받고 재물 또는 재산상의 이익을 취득한 경우는 물론, 제3자로 하여금 이를 취득하게 한 때에도 성립한다.

해설 및 정답 2023년 제12회 변호사시험 기출문제 5 **정답** ○

대법원 2021. 9. 30. 선고 2019도17102 판결

④ 타인의 사무를 처리하는 자가 증재자로부터 돈이 입금된 계좌의 예금을 인출할 수 있는 현금카드를 교부받아 이를 소지하면서 언제든지 위 현금카드를 이용하여 예금된 돈을 인출할 수 있다면, 예금된 돈을 재물로 취득한 것으로 보아야 한다.

해설 및 정답 2023년 제12회 변호사시험 기출문제 5 **정답** ○

대법원 2017. 12. 5. 선고 2017도11564 판결 [배임수재 · 업무상횡령]

[판시사항] 배임수재죄의 성립요건 / **타인의 사무를 처리하는 자가 증재자(증재자)로부터 돈이 입금된 계좌의 예금통장이나 이를 인출할 수 있는 현금카드나 신용카드를 교부받은 경우, 예금된 돈을 취득한 것으로 볼 수 있는지 여부(한정 적극)**

[판결요지] 타인의 사무를 처리하는 자가 그 임무에 관하여 부정한 청탁을 받고 재물 또는 재산상의 이익을 취득하거나 제3자로 하여금 이를 취득하게 하면 배임수재죄가 성립한다(형법 제357조 제1항). **타인의 사무를 처리하는 자가 증재자(증재자)로부터 돈이 입금된 계좌의 예금통장이나 이를 인출할 수 있는 현금카드나 신용카드를 교부받아 이를 소지하면서 언제든지 위 예금통장 등을 이용하여 예금된 돈을 인출할 수 있어 예금통장의 돈을 자신이 지배하고 입금된 돈에 대한 실질적인 사용권한과 처분권한을 가지고 있는 것으로 평가될 수 있다면, 예금된 돈을 취득한 것으로 보아야 한다.**

⑤ 공동의 사기 범행으로 인하여 얻은 돈을 공범자끼리 수수한 행위가 공동정범들 사이의 그 범행에 의하여 취득한 돈이나 재산상 이익의 내부적인 분배행위에 지나지 않는 것이라면, 공범자끼리 내부적으로 그 돈을 수수하는 행위가 따로 배임수증재죄를 구성한다고 볼 수 없다.

해설 및 정답 2023년 제12회 변호사시험 기출문제 5 **정답** ○

대법원 2016. 5. 24. 선고 2015도18795 판결 [배임증재 · 배임증재미수]

[판결요지] **공동의 사기 범행으로 인하여 얻은 돈을 공범자끼리 수수한 행위가 공동정범들 사이의 범행에 의하여 취득한 돈이나 재산상 이익의 내부적인 분배행위에 지나지 않는다면 돈의 수수행위가 따로 배임수증재죄를 구성한다고 볼 수는 없다.**

문 23. 살인죄 · 주거침입죄 · 감금죄 · 재산죄(배임수증죄 · 공갈죄 · 컴퓨터등사용사기죄 · 업무방해죄 · 편의시설부정이용죄 · 장물알선죄 · 권리행사방해죄 · 강요죄 · 강제집행면탈죄)에 관한 설명 중 옳은 것은? (다툼이 있는 경우 판례에 의함)－**혼합선택형 문제**

출제내용

- 형법 제250조 제1항 살인죄(=살인예비죄의 준비행위⇒단순히 범행의사 또는 계획으로 부족하고 외적행위가 필요함. 살해 후 시체를 그대로 두고 도주한 경우 사체은닉죄 불성립⇒살인죄만 성립)
- 형법 제314조 제1항 업무방해죄에서 위력(=사람의 자유의사 제압·혼란케 할 일체 유형·무형 세력. 폭행·협박은 정치 사회 경제 지위와 권세 압박)
- 형법 제276조 감금죄(=정신병자도 감금죄 객체에 해당. 감금행위 방법에는 심리적 무형적 방법도 포함. 감금수단으로 행사된 단순 협박행위는 감금죄에 흡수되어 협박죄를 구성하지 않음. 감금행위가 강도상해가 끝난 후에도 계속된 경우⇒감금죄와 강도상해죄 실체적 경합)
- 형법 제350조 공갈죄(=공갈 수단으로 한 협박은 공갈죄에 흡수 별도 협박죄를 구성하지 않음. 피해자 고소는 공갈죄 고소이며, 그 후 고소 취소되어도 공갈죄 처벌에 장애 없음)★★
- 공갈죄 불성립(=절도범이 현금을 절취한 후 담아 보관 중인 쇼핑백을 절도피해자 지시로 제3자가 절도범에게 쇼핑백 현금을 갈취한 경우 공갈죄가 성립하지 않음⇒재물의 타인성 없음, 절도범 재물이 아님)★★
- 편의시설부정이용죄 불성립(=타인의 전화카드를 절취하여 전화통화에 이용)
- 권리행사방해죄 객체(=타인 점유·권리 목적이 된 자기 소유 물건)
- 강제집행면탈죄 불성립(=국세징수법 체납처분을 면할 목적으로 재산 은닉)
- 장물알선죄 기수시기(=알선행위로 성립, 계약성립 또는 점유의 현실적 이전 불요)

출제분석

2024년 제13회 변호사시험 출제예상 ★
2023년 제12회 변호사시험 기출문제 10·14
2022년 제11회 변호사시험 기출문제 9·12·16
2020년 제9회 변호사시험 기출문제 18·22
2018년 제7회 변호사시험 기출문제 11·20
2017년 제6회 변호사시험 기출문제 14·15·19

01 ★★★★★

주거침입의 죄에 관한 설명 중 옳지 않은 것은? (다툼이 있는 경우 판례에 의함)

파워특강 주거침입죄. 보호법익(=사실상 주거 평온, 거주 권한과 관리 권한 여부와 상관 없음). 위요지(=공용 사용 계단과 복도 포함). 위요지(=구획·통제 없는 인접 부속 토지 포함 되지 않음). **특가법 제5조4 제6항 상습절도** 범인 범행 수단으로 주거침입(=주거침입죄 불성립). **형법 제332조 상습절도** 범인 범행 수단으로 주간에 주거침입(=주거침입죄 성립). 퇴거 요구 후 열쇄 받은 경우(=퇴거 불응에 해당하지 않음). ☞ **2022년 대법원 전원합의체 판례(=주거 침입 부정 판례)** 숙지 요망. 출제 가능성 높음. 대법원 2021. 9. 9. 선고 2020도12630 전원합의체 판결. 대법원 2022. 1. 27. 선고 2021도15507 판결.

① 주거침입죄는 사실상의 주거의 평온을 보호법익으로 하는 것이므로 그 거주자 또는 관리자가 건조물 등에 거주 또는 관리할 권한을 가지고 있는가 여부는 범죄의 성립을 좌우하는 것이 아니다.

해설 및 정답 2022년 제11회 변호사시험 기출문제 9 **정답** ○

대법원 1995. 9. 15. 선고 94도3336 판결 [폭력행위처벌법률위반·주거침입·협박·폭행]

[**판시사항**] 거주자의 의사와 주거침입죄의 성립

[**판결요지**] **주거침입죄는 사실상의 주거의 평온을 보호법익으로 하는 것이다. 그 거주자 또는 관리자가 건조물 등에 거주 또는 관리할 권한을 가지고 있는가 여부는 범죄의 성립을 좌우하는 것이 아니다.** 그 **거주자나 관리자와의 관계 등으로 평소 그 건조물에 출입이 허용된 사람이라 하더라도 주거에 들어간 행위가 거주자나 관리자의 명시적 또는 추정적 의사에 반함에도 불구하고 감행된 것이라면 주거침입죄는 성립한다.** 출입문을 통한 정상적인 출입이 아닌 경우 특별한 사정이 없는 한 그 침입 방법 자체에 의하여 위와 같은 의사에 반하는 것으로 보아야 한다.

② 다가구용 단독주택이나 아파트 등 공동주택 안에서 공용으로 사용하는 계단과 복도는 특별한 사정이 없는 한 주거침입죄의 객체인 '사람의 주거'에 해당한다.

해설 및 정답 2022년 제11회 변호사시험 기출문제 9 **정답** ○

대법원 2009. 8. 20. 선고 2009도3452 판결 [폭력행위등처벌에관한법률위반(공동주거침입)]

[**판시사항**] [1] 다가구용 단독주택이나 공동주택 내부에 있는 공용 계단과 복도가 주거침입죄의 객체인 '사람의 주거'에 해당하는지 여부(적극) [2] 다가구용 단독주택인 빌라의 잠기지 않은 대문을 열고 들어가 공용 계단으로 빌라 3층까지 올라갔다가 1층으로 내려온 사안에서, 주거침입죄를 구성하지 않는다고 본 원심판결을 파기한 사례.

[**판결요지**] [1] 주거침입죄에서 주거란 단순히 가옥 자체만을 말하는 것이 아니라 그 정원 등 위요지를 포함한다. 따라서 다가구용 단독주택이나 다세대주택·연립주택·아파트 등 공동주택 안에서 공용으로 사용하는 **계단과 복도는, 주거로 사용하는 각 가구 또는 세대의 전용 부분에 필수적으로 부속하는 부분이다. 그 거주자들에 의하여 일상생활에서**

감시·관리가 예정되어 있고 사실상의 주거의 평온을 보호할 필요성이 있는 부분이다. 특별한 사정이 없는 한 주거침입죄의 객체인 '사람의 주거'에 해당한다.
[2] **주거인 공용 계단에 들어간 행위가 거주자의 의사에 반한 것이라면 주거에 침입한 것이다.**

③ 「특정범죄 가중처벌 등에 관한 법률」 제5조의4 제6항에 규정된 상습절도 등 죄를 범한 범인이 그 범행의 수단으로 주거침입을 한 경우에 주거침입행위는 상습절도 등 죄에 흡수되어 위 조문에 규정된 상습절도 등 죄의 1죄만이 성립하고 별개로 주거침입죄를 구성하지 않는다.

해설 및 정답 2022년 제11회 변호사시험 기출문제 9 **정답** ○

대법원 2017. 7. 11. 선고 2017도4044 판결 [특정범죄가중처벌법률위반(절도)·주거침입]
[판시사항] **특정범죄 가중처벌 등에 관한 법률 제5조의4 제6항에 규정된 상습절도 등 죄를 범한 범인이 그 범행의 수단으로 주거침입을 한 경우, 주거침입행위가 별개로 주거침입죄를 구성하는지 여부(소극)** / 위 상습절도 등 죄를 범한 범인이 그 범행 외에 상습적인 절도의 목적으로 주거침입을 하였다가 절도에 이르지 아니하고 주거침입에 그친 경우, 주거침입행위가 상습절도 등 죄와 별개로 주거침입죄를 구성하는지 여부(한정 소극)
[판결요지] 특정범죄 가중처벌 등에 관한 법률 제5조의4 제6항에 규정된 상습절도 등 죄를 범한 범인이 그 범행의 수단으로 주거침입을 한 경우에 **주거침입행위는 상습절도 등 죄에 흡수되어 위 조문에 규정된 상습절도 등 죄의 1죄만이 성립하고 별개로 주거침입죄를 구성하지 않는다.** 또 위 상습절도 등 죄를 범한 범인이 그 범행 외에 **상습적인 절도의 목적으로 주거침입을 하였다가 절도에 이르지 아니하고 주거침입에 그친 경우에도 그것이 절도상습성의 발현이라고 보이는 이상 주거침입행위는 다른 상습절도 등 죄에 흡수되어 위 조문에 규정된 상습절도 등 죄의 1죄만을 구성하고 상습절도 등 죄와 별개로 주거침입죄를 구성하지 않는다.**

④ 주거침입죄의 객체는 건조물 그 자체뿐만 아니라 그에 부속하는 위요지를 포함하나, 건조물의 이용에 기여하는 인접의 부속 토지가 인적 또는 물적 설비 등에 의한 구획 내지 통제가 없어 통상의 보행으로 그 경계를 쉽사리 넘을 수 있는 정도라면 특별한 사정이 없는 한 위요지에 해당하지 않는다.

해설 및 정답 2022년 제11회 변호사시험 기출문제 9 **정답** ○

대법원 2010. 4. 29. 선고 2009도14643 판결 [폭력행위등처벌에관한법률위반(공동주거침입)]
[판시사항] [1] 주거침입죄에서 침입행위의 객체인 '건조물'에 포함되는 '위요지'의 의미
[2] 차량 통행이 빈번한 도로에 바로 접하여 있고, 도로에서 주거용 건물, 축사 4동 및 비닐하우스 2동으로 이루어진 시설로 들어가는 입구 등에 그 출입을 통제하는 문이나 담

기타 인적·물적 설비가 전혀 없고 노폭 5m 정도의 통로를 통하여 누구나 축사 앞 공터에 이르기까지 자유롭게 드나들 수 있는 사실 등을 이유로, 차를 몰고 위 통로로 진입하여 축사 앞 공터까지 들어간 행위가 주거침입에 해당한다고 본 원심판단에 법리오해 등의 위법이 있다고 한 사례.

[판결요지] 주거침입죄에서 침입행위의 객체인 '건조물'은 건조물 그 자체뿐만이 아니라 그에 부속하는 위요지를 포함한다고 할 것이다. **여기서 위요지라고 함은 건조물에 인접한 그 주변의 토지로서 외부와의 경계에 담 등이 설치되어 그 토지가 건조물의 이용에 제공되고 또 외부인이 함부로 출입할 수 없다는 점이 객관적으로 명확하게 드러나야 한다.** 따라서 건조물의 이용에 기여하는 인접의 부속 토지라고 하더라도 인적 또는 물적 설비 등에 의한 **구획 내지 통제가 없어 통상의 보행으로 그 경계를 쉽사리 넘을 수 있는 정도라고 한다면 일반적으로 외부인의 출입이 제한된다는 사정이 객관적으로 명확하게 드러났다고 보기 어렵다.** 그러므로 이는 다른 특별한 사정이 없는 한 주거침입죄의 객체에 속하지 아니한다고 봄이 상당하다.

⑤ 정당한 퇴거요구를 받고 열쇠를 반환한 다음 건물에서 퇴거하였더라도 건물에 가재도구 등을 남겨 두었다면 퇴거불응죄에 ~~해당한다.~~ 해당하지 않는다.

해설 및 정답 2022년 제11회 변호사시험 기출문제 9 **정답** ×

대법원 2007. 11. 15. 선고 2007도6990 판결 [퇴거불응]

[판시사항] [1] 퇴거불응죄에서 '퇴거'의 의미 [2] 정당한 퇴거요구를 받고 건물에서 나가면서 가재도구 등을 남겨둔 경우 퇴거불응죄를 구성하지 않는다고 한 사례.

[판결요지] 주거침입죄와 퇴거불응죄는 모두 사실상의 주거의 평온을 그 보호법익으로 한다. 주거침입죄에서의 침입이 신체적 침해로서 행위자의 신체가 주거에 들어가야 함을 의미하는 것과 마찬가지로 퇴거불응죄의 퇴거 역시 행위자의 신체가 주거에서 나감을 의미한다. 그러므로 **피고인이 이 사건 건물에 가재도구 등을 남겨두었다는 사정은 퇴거불응죄의 성부에 영향이 없다. 공소외인으로부터 퇴거요구를 받고 공소외인에게 이 사건 건물의 열쇠를 반환한 다음 이 사건 건물에서 나감으로써 퇴거하였다고 보인다.**

02 ★★★★★

다음 설명 중 옳은 것을 모두 고른 것은? (다툼이 있는 경우 판례에 의함)

ㄱ. 피해자 본인이나 그 친족뿐만 아니라 그 밖의 제3자에 대한 법익 침해를 내용으로 하는 해악을 고지하는 것이라고 하더라도 피해자 본인과 제3자가 밀접한 관계에 있어 그 해악의 내용이 피해자 본인에게 공포심을 일으킬 만한 정도의 것이라면 협박죄가 성립할 수 있고, 이 때 제3자에는 자연인뿐만 아니라 법인도 포함된다.

ㄴ. 4층 건물의 소유자가 그 중 2층을 임대하여 임차인이 학원을 운영하던 중 건물

내부 벽면에 설치된 분전반을 통해 3층과 4층으로 가설된 전선이 합선으로 단락되어 화재가 나 학생들에게 상해가 발생한 경우, 건물의 소유자로서 건물을 비정기적으로 수리하거나 건물의 일부분을 임대하였다는 사정만으로는 업무상과실치상죄의 '업무'로 보기 어렵다.
ㄷ. 주택재건축조합 조합장이 자신에 대한 감사활동을 방해하기 위하여 조합사무실에 있던 다른 직원의 컴퓨터에 비밀번호를 설정하고 조합 업무 담당자의 컴퓨터 하드디스크를 분리·보관하여 조합 업무를 방해한 경우, 「형법」 제314조 ~~제1항의~~ 제2항의 업무방해죄에 해당한다.
ㄹ. 강요죄에서 '의무 없는 일'이란 법령, 계약 등에 기하여 발생하는 법률상 의무 없는 일을 말하므로, 폭행 또는 협박으로 법률상 의무 있는 일을 하게 한 경우에는 폭행 또는 협박죄만 성립할 뿐 강요죄는 성립하지 아니한다.

① ㄱ, ㄷ　② ㄴ, ㄹ
③ ㄱ, ㄴ, ㄹ　④ ㄴ, ㄷ, ㄹ
⑤ ㄱ, ㄴ, ㄷ, ㄹ

해설 및 정답 2022년 제11회 변호사시험 기출문제 12　**정답** ③

파워특강 협박(=사람에게 공포심을 일으킬 정도 해악 고지. 본인·가족·제3자(자연인·법인 포함)법익을 말함. 이 사안은 법인의 상무이사에게 해악 고지한 사례임). 업무상과실치사상죄에서 업무의 범위(=지위+계속+사무. 건물의 소유자로서 건물을 비정규적으로 수리하거나 또는 건물 일부분만 임대한 경우 업무에 해당하지 않음. 계속성 -, 사무성-). 컴퓨터에 비밀번호를 설정하고 하드디스크를 분리·보관하여 조합의 정보처리 업무를 방해하는 행위(=형법 제314조 제2항 컴퓨터 등 장애 업무방해죄 성립. 손괴행위+/장애초래행위+). 폭행 또는 협박으로 법률상 의무 없는 일을 하게 하는 행위(=강요죄 성립). 그러나 폭행 또는 협박으로 법률상 의무 있는 일을 하게 하는 행위(=폭행죄 또는 협박죄 성립. 강요죄 구성요건에 해당하지 않음).

ㄱ. (○) 대법원 2010. 7. 15. 선고 2010도1017 판결 [협박]
[판시사항] [1] '제3자'의 법익을 침해하겠다는 내용의 해악 고지가 피해자 본인에 대한 협박죄를 구성하는지 여부의 판단 기준 및 위 제3자에 '법인'이 포함되는지 여부(적극) [2] **'법인'이 협박죄의 객체가 될 수 있는지 여부(소극)** [3] 채권추심회사의 지사장이 자신의 횡령행위에 대한 민·형사상 책임을 모면하기 위하여 회사 본사에 '회사의 내부비리 등을 관계 기관에 고발하겠다'는 취지의 서면을 보내는 한편, 위 회사의 임원에게 전화를 걸어 위 서면의 내용과 같은 취지로 발언한 사안에서, 위 회사의 임원에 대한 협박죄를 인정한 원심의 판단을 수긍한 사례.
[판결요지] [1] **협박죄에서 협박이란 일반적으로 보아 사람으로 하여금 공포심을 일으킬**

정도의 해악을 고지하는 것을 의미한다. 피해자 본인이나 그 친족뿐만 아니라 그 밖의 '제3자'에 대한 법익 침해를 내용으로 하는 해악을 고지하는 것이라고 하더라도 피해자 본인과 제3자가 밀접한 관계에 있어 그 해악의 내용이 피해자 본인에게 공포심을 일으킬 만한 정도의 것이라면 협박죄가 성립할 수 있다. 이때 '제3자'에는 자연인뿐만 아니라 법인도 포함된다.

[2] **협박죄는 사람의 의사결정의 자유를 보호법익으로 하는 범죄로서 형법규정의 체계상 개인적 법익, 특히 사람의 자유에 대한 죄 중 하나로 구성되어 있다.** 위와 같은 **협박죄의 보호법익, 형법규정상 체계, 협박의 행위 개념 등에 비추어 볼 때, 협박죄는 자연인만을 그 대상으로 예정하고 있을 뿐 법인은 협박죄의 객체가 될 수 없다.**

☞ 이 사안은 상무이사에게 해악을 고지함.

ㄴ. (○) 대법원 2009. 5. 28. 선고 2009도1040 판결 [업무상과실치상]

[판시사항] [1] 업무상과실치상죄에서 말하는 '업무'의 의미 및 건물 소유자의 지위를 업무상과실치상죄의 '업무'로 볼 수 있는지 여부(소극) [2] **4층 건물의 2층 내부 벽면에 설치된 분전반을 통해 3층과 4층으로 가설된 전선이 합선으로 단락되어 화재가 나 상해가 발생한 사안에서,** 4층 건물의 소유자로서 위 건물 2층을 임대하였다는 사정만으로 업무상과실치상죄에 있어서의 '업무'에 관한 증명이 있다고 본 원심판결을 심리미진 등을 이유로 파기한 사례 [3] 건물의 안전에 이상이 있음을 알고 있었다는 이유만으로 임차인에게 '업무상과실치상죄'에 정한 '업무상 주의의무' 위반이 있다고 본 원심판결을 심리미진 등을 이유로 파기한 사례.

[판결요지] 업무상과실치상죄에서 '업무'란 사람의 사회생활면에서 하나의 지위로서 계속적으로 종사하는 사무를 말한다. 여기에는 수행하는 직무 자체가 위험성을 갖기 때문에 안전배려를 의무의 내용으로 하는 경우는 물론 사람의 생명·신체의 위험을 방지하는 것을 의무내용으로 하는 업무도 포함된다. 그런데 안전배려 내지 안전관리 사무에 계속적으로 종사하여 지위로서의 계속성을 가지지 아니한 채 단지 건물의 소유자로서 건물을 비정기적으로 수리하거나 건물의 일부분을 임대하였다는 사정만으로는 업무상과실치상죄에 있어서의 '업무'로 보기 어렵다. …… 분전반이나 건물의 3층과 4층에 이르는 전선이 화재원인이고 10여 년간 건물 2층을 임차해 오면서 당해 건물의 안전에 이상이 있음을 알고 있었다는 이유만으로, 임차인에게 '업무상 주의의무' 위반이 있다고 본 원심판결을 심리미진 등을 이유로 파기한 사례.

ㄷ. (×) 대법원 2012. 5. 24. 선고 2011도7943 판결 [업무방해]

[판시사항] [1] 형법 제314조 제1항의 업무방해죄 구성요건 중 '위력'의 의미 [2] **형법 제314조 제2항의 컴퓨터 등 장애 업무방해죄 구성요건 중 '컴퓨터 등 정보처리장치', '손괴', '허위의 정보 또는 부정한 명령의 입력', '기타 방법'의 의미** [3] **주택재건축조합 조합장인 피고인이 자신에 대한 감사활동을 방해하기 위하여 조합 사무실에 있던 컴퓨터에 비밀번호를 설정하고 하드디스크를 분리·보관함으로써 조합 업무를 방해하였다는 내용으로 기소된 사안에서, 위와 같은 방법으로 조합의 정보처리에 관한 업무를 방해한 행위는 형법 제314조 제2항의 컴퓨터 등 장애 업무방해죄에 해당한다**는 이유로, 원심이 이를 형법 제314조 제1항의 업무방해행위로 본 것은 잘못이나 그 법정형이 동일하여 판결에 영향이 없다고 한 사례. [4] 업무방해죄 성립에 필요한 '고의'의 내용

[판결요지] [1] **형법 제314조 제1항의 업무방해죄는 위계 또는 위력으로 사람의 업무를**

방해한 경우에 성립한다. 여기에서 '위력'이라 함은 사람의 자유의사를 제압·혼란케 할 만한 일체의 유형·무형의 세력으로서 폭행·협박은 물론 사회적·경제적·정치적 지위와 권세에 의한 압박 등이 포함된다. 그러한 위력은 반드시 업무에 종사 중인 사람에게 직접 가해지는 것이 아니더라도 일정한 물적 상태를 만들어 그 결과 사람으로 하여금 자유롭고 정상적인 업무수행 활동을 불가능하게 하거나 현저히 곤란하게 하는 행위를 포함한다.

[2] 한편 형법 제314조 제2항의 컴퓨터 등 장애에 의한 업무방해죄는, 컴퓨터 등 정보처리장치 또는 전자기록 등 특수매체기록을 손괴하거나 정보처리장치에 허위의 정보 또는 부정한 명령을 입력하거나 기타 방법으로 정보처리장치에 장애를 발생하게 하여 사람의 업무를 방해한 경우에 성립한다. '손괴'란 유형력을 행사하여 물리적으로 파괴·멸실시키는 것뿐 아니라 전자기록의 소거나 자력에 의한 교란도 포함한다. '허위의 정보 또는 부정한 명령의 입력'이란 객관적으로 진실에 반하는 내용의 정보를 입력하거나 정보처리장치를 운영하는 본래의 목적과 상이한 명령을 입력하는 것이다. '기타 방법'이란 컴퓨터의 정보처리에 장애를 초래하는 가해수단으로서 컴퓨터의 작동에 직접·간접으로 영향을 미치는 일체의 행위를 말한다.

[3] 업무방해죄의 성립에 있어서 업무방해의 결과가 실제로 발생하여야만 하는 것은 아니고 업무방해의 결과를 초래할 위험이 있으면 충분하다(대법원 1992. 4. 10. 선고 91도3044 판결 등 참조). 그러므로 고의 또한 반드시 업무방해의 목적이나 계획적인 업무방해의 의도가 있어야만 하는 것은 아니다. 자기의 행위로 인하여 타인의 업무가 방해될 가능성 또는 위험에 대한 인식이나 예견으로 충분하다. 그 인식이나 예견은 확정적인 것은 물론 불확정적인 것이라도 이른바 미필적 고의로 인정된다(대법원 2009. 1. 15. 선고 2008도9410 판결 등 참조).

[4] 또한 형법 제20조 소정의 '사회상규에 위배되지 아니하는 행위'라 함은 법질서 전체의 정신이나 그 배후에 놓여 있는 사회윤리 내지 사회통념에 비추어 용인될 수 있는 행위를 말하고, 어떠한 행위가 사회상규에 위배되지 않는 정당한 행위로서 위법성이 조각되는 것인지는 구체적 개별 사정에 비추어 합목적적·합리적으로 고찰하여 판단되어야 한다.

그러므로 이와 같은 정당행위를 인정하려면 첫째 그 행위의 동기나 목적의 정당성, 둘째 행위의 수단이나 방법의 상당성, 셋째 보호이익과 침해이익과의 법익 균형성, 넷째 긴급성, 다섯째 그 행위 외에 다른 수단이나 방법이 없다는 보충성 등의 요건을 갖추어야 한다(대법원 2003. 9. 26. 선고 2003도3000 판결 등 참조).

ㄹ. (○) 대법원 2012. 11. 29. 선고 2010도1233 판결 [가혹행위·강요]

[판시사항] [1] 강요죄 구성요건 중 '의무 없는 일'의 의미 및 법률상 의무 있는 일을 하게 한 경우 강요죄가 성립하는지 여부(소극) [2] 군인인 상관이 직무수행을 태만히 하거나 지시사항을 불이행하고 허위보고 등을 한 부하에게 근무태도를 교정하고 직무수행을 감독하기 위하여 직무수행 내역을 일지 형식으로 기재하여 보고하도록 명령한 경우, 형법상 강요죄가 성립하는지 여부(소극)

[판결요지] [1] 강요죄는 폭행 또는 협박으로 사람의 권리행사를 방해하거나 의무 없는 일을 하게 하는 것을 말한다. 여기에서 '의무 없는 일'이란 법령, 계약 등에 기하여 발생하는 법률상 의무 없는 일을 말한다. 그러므로 법률상 의무 있는 일을 하게 한 경우에는

강요죄가 성립할 여지가 없다. [2] 상관이 직무수행을 태만히 하거나 지시사항을 불이행하고 허위보고 등을 한 부하에게 근무태도를 교정하고 직무수행을 감독하기 위하여 직무수행의 내역을 일지 형식으로 기재하여 보고하도록 명령하는 행위는 직무권한 범위 내에서 내린 정당한 명령이므로 부하는 명령을 실행할 법률상 의무가 있고, 명령을 실행하지 아니하는 경우 군인사법 제57조 제2항에서 정한 징계처분이 내려진다거나 그에 갈음하여 얼차려의 제재가 부과된다고 하여 그와 같은 명령이 형법 제324조의 강요죄를 구성한다고 볼 수 없다.

03 ★★★★★

재산죄에 관한 설명 중 옳은 것을 모두 고른 것은? (다툼이 있는 경우 판례에 의함)

ㄱ. 압류금지채권의 목적물이 채무자의 예금계좌에 입금되기 전까지는 강제집행 또는 보전처분의 대상이 될 수 없는 것이므로, 압류금지채권의 목적물을 수령하는 데 사용하던 기존 예금계좌가 채권자에 의해 압류된 채무자가 압류되지 않은 다른 예금계좌를 통하여 그 목적물을 수령한 경우 강제집행이 임박한 채권자의 권리를 침해할 위험이 있는 행위라고 볼 수 없어 강제집행면탈죄가 성립하지 않는다.

ㄴ. 재건축사업으로 철거가 예정되어 있었고 그 입주자들이 모두 이사하여 아무도 거주하지 않는 아파트라 하더라도, 그 아파트 자체의 객관적 성상이 본래 사용목적인 주거용으로 사용될 수 없는 상태가 아니었고 그 소유자들이 재건축조합으로의 신탁등기 및 인도를 거부하는 상황이었다면, 위 아파트는 재물손괴죄의 객체가 된다.

ㄷ. 권리행사방해죄에 있어서의 타인의 점유라 함은 정당한 권원에 기하여 그 물건을 점유하는 것을 의미하는 것이므로, 무효인 경매절차에서 경매목적물을 경락받아 이를 점유하고 있는 낙찰자의 경우 권리행사방해죄에 있어서의 타인의 물건을 점유하고 있는 자라고 할 수 ~~없다.있다.~~ 적법한 점유자이다.

ㄹ. 甲이 A의 영업점 내에 있는 A 소유의 휴대전화를 허락 없이 가지고 나와 이를 이용하여 통화를 하고 문자메시지를 주고받은 다음 약 1~2시간 후 A에게 아무런 말을 하지 않고 위 영업점 정문 옆 화분에 놓아 두고 간 경우, 甲의 사용으로 인하여 물건 자체가 가지는 경제적 가치가 상당한 정도로 소모된 것은 아니므로 甲에게 불법영득의 의사가 있다고 ~~할 수 없다.~~ 불법영득의 의사가 있다

ㅁ. 강도예비·음모죄가 성립하기 위해서는 예비·음모 행위자에게 강도를 할 목적이 있음이 인정되어야 하고 단순히 준강도할 목적이 있음에 그치는 경우에는 강도예비·음모죄로 처벌할 수 없다.

① ㄱ, ㄷ ② ㄴ, ㅁ
③ ㄱ, ㄴ, ㅁ ④ ㄱ, ㄹ, ㅁ
⑤ ㄴ, ㄷ, ㄹ

해설 및 정답 2022년 제11회 변호사시험 기출문제 16 **정답** ③

파워특강 채무자가 압류되지 않은 다른 예금계좌를 통해 압류금지채권의 목적물을 수령한 경우(=강제집행면탈죄 불성립. 산업재해보상보험법 제52조의 휴업급여를 받을 권리는 같은 법 제88조 제2항에 의하여 압류가 금지되는 채권으로서 강제집행면탈죄의 객체에 해당하지 않음. 인권급여). 재건축사업으로 철거 예정이라도 소유권을 행사하고 있는 경우, 재건축조합이 법적 절차에 의하지 아니한 채 자력으로 건축물을 철거하는 것'은 사전 승낙으로 볼 수 없어 재물 손괴에 해당한다(=형법 제366조 손괴죄 성립). 경매절차로 부동산을 낙찰받아 점유하고 있지만, 그 경매절차가 무효인 경우에도 그 부동산은 낙찰자의 적법한'타인 점유'로 볼 수 있다(=민법 제536조를 준용한다. 타인 점유를 방해할 경우 형법 제323조 권리행사방해죄 성립). 타인 휴대전화를 허락 없이 가지고 나와 약 1-2시간 사용하고 다른 장소에 유기한 경우(=형법 제329조 절도죄 성립. 불법영득의사 인정). 예비·음모자에게 강도 목적이 있는 경우(=강도예비·음모죄 성립). 예비·음모자에게 준강도 목적이 있는 경우(=강도예비·음모죄 성립하지 않음. '강도 목적'과 '준강도 목적'은 다름. 엄격해석).

ㄱ. (○) 대법원 2017. 8. 18. 선고 2017도6229 판결 [강제집행면탈]

[판시사항] **압류금지채권의 목적물이 채무자의 예금계좌에 입금된 경우, 그 예금채권도 압류금지채권에 해당하는지 여부(소극)** / 압류금지채권의 목적물을 수령하는 데 사용하던 기존 예금계좌가 채권자에 의해 압류된 채무자가 압류되지 않은 다른 예금계좌를 통하여 그 목적물을 수령하는 경우, 강제집행면탈죄가 성립하는지 여부(소극)

[판결요지] 압류금지채권의 목적물이 채무자의 예금계좌에 입금된 경우에는 그 예금채권에 대하여 더 이상 압류금지의 효력이 미치지 아니한다. 그러므로 그 예금은 압류금지채권에 해당하지 않는다. 그러나 압류금지채권의 목적물이 채무자의 예금계좌에 입금되기 전까지는 여전히 강제집행 또는 보전처분의 대상이 될 수 없다. 그러므로 **압류금지채권의 목적물**을 수령하는 데 사용하던 기존 예금계좌가 채권자에 의해 압류된 **채무자가 압류되지 않은 다른 예금계좌를 통하여 그 목적물을 수령하더라도 강제집행이 임박한 채권자의 권리를 침해할 위험이 있는 행위라고 볼 수 없어 강제집행면탈죄가 성립하지 않는다.**

[판결전문] 형법 제327조는 "강제집행을 면할 목적으로 재산을 은닉, 손괴, 허위양도 또는 허위의 채무를 부담하여 채권자를 해한 자"를 처벌한다. 강제집행이 임박한 채권자의 권리를 보호하기 위한 것이다. 그러므로 강제집행면탈죄의 객체는 채무자의 재산 중에서 채권자가 민사집행법상 강제집행 또는 보전처분의 대상으로 삼을 수 있는 것이어야 한다(대법원 2011. 12. 8. 선고 2010도4129 판결 등 참조). **산업재해보상보험법 제52조의 휴업급여를 받을 권리는 같은 법 제88조 제2항에 의하여 압류가 금지되는 채권으로서 강제**

집행면탈죄의 객체에 해당하지 않으므로, 피고인이 장차 지급될 휴업급여 수령계좌를 기존의 압류된 예금계좌에서 압류가 되지 않은 다른 예금계좌로 변경하여 휴업급여를 수령한 행위는 죄가 되지 않는다.

ㄴ. (○) 대법원 2007. 9. 20. 선고 2007도5207 판결 [재물손괴]

[판시사항] [1] 재건축사업으로 철거할 예정이고 그 입주자들이 모두 이사하여 아무도 거주하지 않는 아파트도 재물손괴죄의 객체가 된다고 본 사례 [2] 조합원이 재건축조합 정관에 규정된 조합원의 의무에 동의한다는 취지의 동의서를 제출하였고, 정관에 조합원은 조합의 건축물 철거에 응할 의무가 있다는 규정이 있는 경우, 재건축조합이 법적 절차를 따르지 않고 자력으로 건축물을 철거하는 데 대한 사전 승낙을 받았다고 볼 수 있는지 여부(소극)

[판결요지] 그 객관적 성상이 본래 사용목적인 주거용으로 쓰일 수 없는 상태라거나 재물로서의 이용가치나 효용이 없는 물건이라고도 할 수 없어 재물손괴죄의 객체가 된다.

ㄷ. (×) 대법원 2003. 11. 28. 선고 2003도4257 판결 [권리행사방해]

[판시사항] 형법 제323조 권리행사방해죄 소정의 타인의 점유의 의미 및 무효인 경매절차에 의하여 부동산을 낙찰받아 점유하게 된 자의 점유가 형법 제323조 소정의 '타인의 점유'에 해당하는지 여부(적극)

[판결요지] 쌍무계약이 무효로 되어 각 당사자가 서로 취득한 것을 반환하여야 할 경우, 어느 일방의 당사자에게만 먼저 그 반환의무의 이행이 강제된다면 공평과 신의칙에 위배되는 결과가 되므로 각 당사자의 반환의무는 동시이행 관계에 있다고 보아 민법 제536조를 준용함이 옳다고 해석되고, 이러한 법리는 경매절차가 무효로 된 경우에도 마찬가지라고 할 것이다. 그러므로 무효인 경매절차에서 경매목적물을 경락받아 이를 점유하고 있는 낙찰자의 점유는 적법한 점유로서 그 점유자는 권리행사방해죄에 있어서의 타인의 물건을 점유하고 있는 자라고 할 것이다.

ㄹ. (×) 대법원 2012. 7. 12. 선고 2012도1132 판결 [절도]

[판시사항] [1] 절도죄에서 '불법영득의사'의 의미 및 일시 사용의 목적으로 타인의 점유를 침탈한 경우에도 불법영득의사가 인정되는 경우 [2] 피고인이 갑의 영업점 내에 있는 갑 소유의 휴대전화를 허락 없이 가지고 나와 사용한 다음 약 1~2시간 후 위 영업점 정문 옆 화분에 놓아두고 가 절취하였다는 내용으로 기소된 사안에서, 피고인이 갑의 휴대전화를 자신의 소유물과 같이 경제적 용법에 따라 이용하다가 본래의 장소와 다른 곳에 유기하여 불법영득의사가 있었다고 할 것인데도, 이와 달리 보아 무죄를 선고한 원심판결에 법리오해의 위법이 있다고 한 사례.

[판결요지] 절도죄의 성립에 필요한 불법영득의 의사란 권리자를 배제하고 타인의 물건을 자기의 소유물과 같이 이용·처분할 의사를 말한다. 영구적으로 물건의 경제적 이익을 보유할 의사임은 요하지 않는다. 일시 사용의 목적으로 타인의 점유를 침탈한 경우에도 사용으로 인하여 물건 자체가 가지는 경제적 가치가 상당한 정도로 소모되거나 또는 상당한 장시간 점유하고 있거나 본래의 장소와 다른 곳에 유기하는 경우에는 이를 일시 사용하는 경우라고는 볼 수 없다. 그러므로 영득의 의사가 없다고 할 수 없다.

ㅁ. (×) 대법원 2006. 9. 14. 선고 2004도6432 판결 [강도예비]

[판결요지] [1] 강도예비·음모죄가 성립하기 위해서는 예비·음모 행위자에게 미필적으

로라도 '강도'를 할 목적이 있음이 인정되어야 하고 그에 이르지 않고 단순히 '준강도'할 목적이 있음에 그치는 경우에는 강도예비 · 음모죄로 처벌할 수 없다.

☞ [출제] 2015년 제4회 변호사시험 기출문제 1

☞ [적중] 하태영, 형사법 종합연습 변시기출문제분석, 제3판, 2021, 185면.

04 ★★★★★

개인적 법익에 대한 죄에 관한 설명 중 옳지 않은 것은? (다툼이 있는 경우 판례에 의함)

파워특강 권리행사방해죄 · 특수폭행죄 · 강간치상죄 · 2020년 형법 일부개정안 · 형법 제297조2(유사강간) · 형법 제305조3(예비 · 음모) · 형법 제296조2(세계주의). 폭행죄에서 폭행이란 사람 신체에 대하여 육체적 · 정신적으로 고통을 주는 유형력 행사이다. 반드시 피해자 신체에 접촉함을 필요로 하는 것은 아니다. 특수폭행(= 위험한 물건(자동차). 휴대(운전대 사용). 폭행(=차량 반복 전진. 피해자에게 위법한 유형력 행사).

① 주식회사의 대표이사 甲이 대표이사의 지위에 기하여 그 직무집행행위로서 타인이 적법하게 점유하는 위 회사의 물건을 취거하였다 하더라도, 그 물건은 甲의 소유가 아니므로 甲에게 권리행사방해죄가 ~~성립하지 않는다.~~ 성립한다.

해설 및 정답 2023년 제12회 변호사시험 기출문제 10 **정답** ×

대법원 1992. 1. 21. 선고 91도1170 판결 [무고 · 권리행사방해]

[판시사항] 주식회사의 대표이사가 직무집행행위로서 타인이 점유하는 위 회사의 물건을 취거한 경우 위 물건이 권리행사방해죄에 있어서의 "자기의 물건"에 해당하는지 여부(적극)

[판결요지] **주식회사의 대표이사가 대표이사의 지위에 기하여 그 직무집행행위로서 타인이 점유하는 회사의 물건을 취거한 경우,** 위 행위는 위 회사의 대표기관으로서의 행위라고 평가된다. 그러므로 위 회사의 물건도 권리행사방해죄에 있어서의 "자기의 물건"이라고 보아야 할 것이다.

② 甲이 자신의 차를 가로막는 A를 부딪친 것은 아니라고 하더라도, A를 부딪칠 듯이 차를 조금씩 전진시키는 것을 반복하는 행위는 특수폭행죄를 구성한다.

해설 및 정답 2023년 제12회 변호사시험 기출문제 10 **정답** ○

대법원 2016. 10. 27. 선고 2016도9302 판결 [폭력처벌법률위반(인정된 죄명: 특수폭행)]

[판시사항] 폭행죄에서 말하는 '폭행'의 의미와 판단 기준 / 자신의 차를 가로막는 피해자

를 부딪칠 듯이 차를 조금씩 전진시키는 것을 반복하는 행위가 '폭행'에 해당하는지 여부(적극)

[판결요지] 폭행죄에서 말하는 폭행이란 사람의 신체에 대하여 육체적·정신적으로 고통을 주는 유형력을 행사함을 뜻하는 것이다. 반드시 피해자의 신체에 접촉함을 필요로 하는 것은 아니다. 자신의 차를 가로막는 피해자를 부딪친 것은 아니더라도, 피해자를 부딪칠 듯이 차를 조금씩 전진시키는 것을 반복하는 행위 역시 피해자에 대해 위법한 유형력을 행사한 것이다.

☞ 이 사안은 특수폭행이다. 자동차는 위험한 물건이다. 운전대 사용은 휴대이다. 행위는 차량을 반복 전진하여 피해자에게 위법한 유형력 행사이다.

③ 강간치상의 범행을 저지른 甲이 그 범행으로 인하여 실신상태에 있는 피해자를 구호하지 않고 방치하였다 하더라도, 유기죄는 성립하지 아니하고 포괄적으로 단일의 강간치상죄만 성립한다.

해설 및 정답 2023년 제12회 변호사시험 기출문제 10 **정답** ○

대법원 1980. 6. 24. 선고 80도726 판결 [강간치상·중유기]

[판시사항] 실신한 강간치상죄의 피해자를 현장에 그대로 방치한 경우와 유기죄의 성부

[판결요지] 강간치상의 범행을 저지른 자가 그 범행으로 인하여 실신상태에 있는 피해자를 구호하지 아니하고 방치하였다 하더라도 그 행위는 포괄적으로 단일의 강간치상죄만을 구성한다.

④ 「형법」은 유사강간죄의 예비·음모행위를 처벌하는 규정을 두고 있다.

해설 및 정답 2023년 제12회 변호사시험 기출문제 10 **정답** ○

2020년 5월 19일 형법 일부 개정으로 강간죄(제297조), 유사강간죄(제297조의2), 준강간죄(제299조. 단, 준유사강간죄 및 준강제추행죄는 예비·음모 불처벌), 강간등상해죄(제301조. 다만 강간등살인죄와 강간등치사상죄는 예비·음모 불처벌) 및 미성년자의제강간·유사강간·강제추행죄(제305조)의 예비·음모죄가 처벌된다.

> 형법 제297조의2(유사강간)
> 폭행 또는 협박으로 사람에 대하여 구강, 항문 등 신체(성기는 제외한다)의 내부에 성기를 넣거나 성기, 항문에 손가락 등 신체(성기는 제외한다)의 일부 또는 도구를 넣는 행위를 한 사람은 2년 이상의 유기징역에 처한다. [본조신설 2012. 12. 18.]
>
> 형법 제305조의3(예비, 음모)
> 제297조, 제297조의2, 제299조(준강간죄에 한정한다), 제301조(강간 등 상해죄에 한정한다) 및 제305조의 죄를 범할 목적으로 예비 또는 음모한 사람은 3년 이하의 징역에 처한다. [본조신설 2020. 5. 19.]

⑤ 인신매매죄에 대해서는 세계주의가 적용된다.

해설 및 정답 2023년 제12회 변호사시험 기출문제 10 **정답** ○

형법 제296조의2(세계주의) 제287조부터 제292조까지 및 제294조는 대한민국 영역 밖에서 죄를 범한 외국인에게도 적용한다.

05 ★★★★★

업무방해죄에 관한 설명 중 옳은 것을 모두 고른 것은? (다툼이 있는 경우 판례에 의함)

ㄱ. 초등학생들이 학교에 등교하여 교실에서 수업을 듣는 것은 업무방해죄의 보호대상인 '직업 기타 사회생활상의 지위에 기하여 계속적으로 종사하는 사무 또는 사업'에 해당한다고 할 수 없다.

ㄴ. 주택재건축조합 조합장이 자신에 대한 감사활동을 방해하기 위하여 조합 사무실에 있던 컴퓨터에 비밀번호를 설정하고 하드디스크를 분리·보관하는 방법으로 그 조합의 정보처리 업무를 방해한 경우, 「형법」 제314조 제2항의 컴퓨터등장애업무방해죄가 성립한다.

ㄷ. 지방공사 사장이 신규직원 채용권한을 행사하는 것은 공사의 기관으로서 공사의 업무를 집행하는 것이므로, 이러한 신규직원 채용업무는 위 권한의 귀속주체인 사장 본인에 대한 관계에서도 업무방해죄의 객체인 타인의 업무에 해당한다.

ㄹ. 종중 회장으로서의 사회적인 지위에서 계속적으로 행하여 온 종중 업무수행의 일환으로 행하여진 것이라도, 그것이 종중 정기총회에서 의사진행업무와 같은 1회성 업무인 경우에는 업무방해죄에 의하여 보호되는 업무에 ~~해당하지 않는다.~~ 해당한다.

ㅁ. 법원의 직무집행정지 가처분결정에 의하여 직무집행이 정지된 자가 법원의 결정에 반하여 직무를 수행함으로써 업무를 계속 행하는 경우, 그 업무가 반사회성을 띠는 경우라고까지는 할 수 없으므로 업무방해죄에 의하여 보호되는 업무에 ~~해당한다.~~ 해당하지 않는다.

① ㄱ, ㄴ, ㄷ
② ㄱ, ㄹ, ㅁ
③ ㄴ, ㄷ, ㄹ
④ ㄴ, ㄹ, ㅁ
⑤ ㄷ, ㄹ, ㅁ

해설 및 정답 2023년 제12회 변호사시험 기출문제 14 **정답** ①

파워특강 업무방해죄. 형법상 업무방해죄의 보호대상이 되는 '업무'(=직업 기타 사회생활상의 지위에 기하여 계속적으로 종사하는 사무 또는 사업을 말한다. 수업은 업무가 아니다. 국가의 의무교육 실시의무와 부모들의 취학의무로 학생들 본인의 권리 행사이다. 또한 국가와 부모들의 의무 이행이다). 형법 제314조 제2항의 컴퓨터 등 장애 업무방해죄 구성요건 중 '컴퓨터 등 정보처리장치', '손괴', '허위의 정보 또는 부정한 명령의 입력', '기타 방법'의 의미 (=컴퓨터에 비밀번호를 설정하고 하드디스크를 분리·보관(=손괴)함으로써 조합의 정보처리에 관한 업무를 방해한 행위는 형법 제314조 제2항의 컴퓨터 등 장애 업무방해죄에 해당한다). 업무방해죄에서 업무의 타인성(=지방공사 사장이 신규직원 채용권한을 행사하는 것은 공사의 기관으로서 공사의 업무를 집행하는 것이다. 사장 본인에 대한 관계에서도 타인의 업무이다. 신규직원 채용권한을 가지고 있는 지방공사 사장이 시험업무 담당자에게 지시하여 상호 공모 내지 양해하에 시험성적조작 등의 부정한 행위를 한 경우, '위계'에 의한 업무방해죄에 해당하지 않는다. 법인인 공사에게 신규직원 채용업무와 관련하여 오인·착각 또는 부지를 일으키게 한 것이 아니다. 형법 제314조 소정의 업무방해죄에 의하여 보호되는 업무(=종중 회장의 의사진행업무 자체는 1회성이더라도 종중 업무수행의 일환으로 행하여진 것이라면, 의사진행업무도 업무에 해당된다. 종중원들에 대한 관계에서는 타인의 업무에 해당한다). 법원의 직무집행정지 가처분결정으로 그 직무집행이 정지된 자가 법원 결정에 반하여 직무를 수행하여 업무를 계속 행하는 경우(=업무에 해당하지 않는다. 어떤 사무나 활동 자체가 위법의 정도가 중하여 사회생활상 도저히 용인될 수 없는 정도로 반사회성을 띠는 경우 업무방해죄의 보호대상이 되는 '업무'에 해당한다. 이 사안은 아니다. 국법질서·재판의 존엄성·사회적 활동·법적 보호 측면에서 동등한 평가·법의 보호 가치 상실의 관점에서 종합 판단).

ㄱ. (○) 대법원 2013. 6. 14. 선고 2013도3829 판결 [업무방해]

[판시사항] 학생들이 학교에 등교하여 수업을 듣는 것이 '업무'에 해당하는지 여부(소극)

[판결요지] 형법상 업무방해죄의 보호대상이 되는 '업무'라 함은 직업 기타 사회생활상의 지위에 기하여 계속적으로 종사하는 사무 또는 사업을 말하는 것이다. 초등학생들이 학교에 등교하여 교실에서 수업을 듣는 것은 헌법 제31조가 정하고 있는 무상으로 초등교육을 받을 권리 및 초·중등교육법 제12, 13조가 정하고 있는 국가의 의무교육 실시의무와 부모들의 취학의무 등에 기하여 학생들 본인의 권리를 행사하는 것이거나 국가 내지 부모들의 의무를 이행하는 것에 불과할 뿐이다. 그것이 '직업 기타 사회생활상의 지위에 기하여 계속적으로 종사하는 사무 또는 사업'에 해당한다고 할 수 없다.

☞ [출제] 2020년 제9회 변호사시험 기출문제 18 ㄷ.

☞ [적중] 하태영, 형사법 종합연습, 변시기출문제분석편, 제3판, 법문사, 2021, 248-249면.

ㄴ. (○) 대법원 2012. 5. 24. 선고 2011도7943 판결 [업무방해]

[판시사항] [1] 형법 제314조 제1항의 업무방해죄 구성요건 중 '위력'의 의미 [2] **형법 제**

314조 제2항의 컴퓨터 등 장애 업무방해죄 구성요건 중 '컴퓨터 등 정보처리장치', '손괴', '허위의 정보 또는 부정한 명령의 입력', '기타 방법'의 의미 [3] 주택재건축조합 조합장인 피고인이 자신에 대한 감사활동을 방해하기 위하여 조합 사무실에 있던 컴퓨터에 비밀번호를 설정하고 하드디스크를 분리·보관함으로써 조합 업무를 방해하였다는 내용으로 기소된 사안에서, 위와 같은 방법으로 조합의 정보처리에 관한 업무를 방해한 행위는 형법 제314조 제2항의 컴퓨터 등 장애 업무방해죄에 해당한다는 이유로, 원심이 이를 형법 제314조 제1항의 업무방해행위로 본 것은 잘못이나 그 법정형이 동일하여 판결에 영향이 없다고 한 사례. [4] 업무방해죄 성립에 필요한 '고의'의 내용

☞ [출제] 2022년 제11회 변호사시험 기출문제 12 ㄷ.

ㄷ. (○) 대법원 2007. 12. 27. 선고 2005도6404 판결 [업무상횡령·업무방해]

[판시사항] 신규직원 채용권한을 가지고 있는 지방공사 사장이 시험업무 담당자에게 지시하여 상호 공모 내지 양해하에 시험성적조작 등의 부정한 행위를 한 경우, '위계'에 의한 업무방해죄에 해당하지 않는다고 한 사례.

[판결요지] 사장 본인에 대한 관계에서도 업무방해죄의 객체인 타인의 업무에 해당한다. 시험성적조작 등의 부정한 행위를 한 경우, **법인인 공사에게 신규직원 채용업무와 관련하여 오인·착각 또는 부지를 일으키게 한 것이 아니므로,** '위계'에 의한 업무방해죄에 해당하지 않는다.

☞ [출제] 2020년 제9회 변호사시험 기출문제 18 ㄹ.

☞ [적중] 하태영, 형사법 종합연습, 변시기출문제분석편, 제3판, 법문사, 2021, 249면.

ㄹ. (×) 대법원 1995. 10. 12. 선고 95도1589 판결 [업무방해]

[판시사항] [1] 형법 제314조 소정의 업무방해죄에 있어서의 업무의 의미 [2] 종중 정기총회를 주재하는 종중 회장의 의사진행업무를 형법 제314조 소정의 업무방해죄에 의하여 보호되는 업무에 해당된다고 한 사례 [3] 형법 제314조 소정의 "위력"의 의미

[판결요지] 종중 정기총회를 주재하는 종중 회장의 의사진행업무 자체는 1회성을 갖는 것이더라도 그것이 종중 회장으로서의 사회적인 지위에서 계속적으로 행하여 온 종중 업무수행의 일환으로 행하여진 것이라면, 의사진행업무도 형법 제314조 업무방해죄에서 보호되는 업무에 해당된다. 또 종중 회장의 위와 같은 업무는 종중원들에 대한 관계에서 타인의 업무라고 한 사례.

ㅁ. (×) 대법원 2002. 8. 23. 선고 2001도5592 판결 [업무방해]

[판시사항] [1] 업무방해죄의 보호대상이 되는 '업무'의 의미 [2] **법원의 직무집행정지 가처분결정에 의하여 그 직무집행이 정지된 자가 법원의 결정에 반하여 직무를 수행함으로써 업무를 계속 행하는 경우, 그 업무는 업무방해죄의 보호대상이 되는 업무에 해당하지 않는다고 한 사례.**

[판결요지] [1] 형법상 업무방해죄의 보호대상이 되는 '업무'라 함은 직업 또는 계속적으로 종사하는 사무나 사업을 말하는 것이다. 타인의 위법한 행위에 의한 침해로부터 보호할 가치가 있는 것이면 된다. 그 업무의 기초가 된 계약 또는 행정행위 등이 반드시 적법하여야 하는 것은 아니다. 다만 **어떤 사무나 활동 자체가 위법 정도가 중하여 사회생활상 도저히 용인될 수 없는 정도로 반사회성을 띠는 경우 업무방해죄의 보호대상이 되는 '업무'에 해당한다고 볼 수 없다.**

[2] 그 **업무는 국법질서와 재판의 존엄성을 무시하는 것으로서 사실상 평온하게 이루어**

지는 사회적 활동의 기반이 되는 것이라 할 수 없고, 비록 그 업무가 반사회성을 띠는 경우라고까지는 할 수 없다고 하더라도 법적 보호라는 측면에서는 그와 동등한 평가를 받을 수밖에 없으므로, 그 업무자체는 법의 보호를 받을 가치를 상실하였다고 하지 않을 수 없어 업무방해죄에서 말하는 업무에 해당하지 않는다.

06 ★★★★★

업무방해죄에 관한 설명 중 옳은 것을 모두 고른 것은? (다툼이 있는 경우 판례에 의함)

중요 ① 업무방해죄는 업무방해의 결과를 초래할 위험이 발생하면 충분하므로 시험출제위원이 문제를 선정하여 시험실시자에게 제출하기 전에 이를 유출하였다면, 그 후 그 문제가 시험실시자에게 제출되지 아니하였더라도 업무방해죄가 ~~성립한다.~~

해설 및 정답 2020년 제9회 변호사시험 기출문제 18 ★ 정답 ×

대법원 1999. 12. 10. 선고 99도3487 판결 [업무방해]

[판결요지] [1] **객관적으로 출제가 예측되는 순수한 예상문제를 선정하여 수험생이나 그 교습자에게 주는 행위를 시험실시업무를 방해하는 행위라고 할 수는 없다.**

[2] 시험의 출제위원이 문제를 선정하여 **시험실시자에게 제출하기 전에 이를 유출하였다고 하더라도 이러한 행위 자체는 위계를 사용하여 시험실시자의 업무를 방해하는 행위가 아니다. 그 준비단계에 불과한 것이다.** 그 후 **유출된 문제가 시험실시자에게 제출되지도 아니하였다면, 그러한 문제유출로 인하여 시험실시 업무가 방해될 추상적인 위험조차도 있다고 할 수 없다. 그러므로 업무방해죄가 성립한다고 할 수 없다.**

중요 ② 피해자에 대한 폭행행위가 동일한 피해자에 대한 업무방해죄의 수단이 된 경우에는 업무방해죄와는 별도로 폭행죄가 성립하며 두 죄는 상상적 경합 관계에 있다.

해설 및 정답 2020년 제9회 변호사시험 기출문제 18 ★ 정답 ○

대법원 2012. 10. 11. 선고 2012도1895 판결 [폭력행위등 처벌에 관한 법률 위반(공동폭행) · 업무방해]

[판시사항] 동일한 피해자에 대한 폭행행위가 업무방해죄의 수단이 된 경우, 폭행행위가 이른바 '불가벌적 수반행위'에 해당하여 업무방해죄에 대하여 흡수관계에 있는지 여부(소극)

[판결요지] [2] **업무방해죄와 폭행죄는 구성요건과 보호법익을 달리하고 있다. 업무방해죄의 성립에 일반적 · 전형적으로 사람에 대한 폭행행위를 수반하는 것은 아니다.** 폭행행위가 업무방해죄에 비하여 별도로 고려되지 않을 만큼 경미한 것이라고 할 수도 없다. 그러므로 **설령 피해자에 대한 폭행행위가 동일한 피해자에 대한 업무방해죄의 수단이 되었다고 하더라도 그러한 폭행행위가 이른바 '불가벌적 수반행위'에 해당하여 업무방해죄에**

대하여 흡수관계에 있다고 볼 수는 없다.

중요 ③ 초등학생들이 학교에 등교하여 교실에서 수업을 듣는 것은 업무방해죄의 보호대상이 되는 업무에 해당하지 않으므로, 초등학교 교실 안에서 교사들에게 욕설을 하거나 학생들에게 욕설을 하여 수업을 할 수 없게 하였다고 하더라도 학생들의 업무를 방해하였다고 볼 수 없다.

해설 및 정답 2020년 제9회 변호사시험 기출문제 18 ★ **정답** ○

대법원 2013. 6. 14. 선고 2013도3829 판결 [업무방해]

[판시사항] 학생들이 학교에 등교하여 교실에서 수업을 듣는 것이 형법상 업무방해죄의 보호대상이 되는 '업무'에 해당하는지 여부(소극)

[판결요지] 국가의 의무교육 실시의무와 부모들의 취학의무 등에 기하여 학생들 본인의 권리를 행사하는 것이거나 국가 내지 부모들의 의무를 이행하는 것에 불과할 뿐이다. 그 것이 '직업 기타 사회생활상의 지위에 기하여 계속적으로 종사하는 사무 또는 사업'에 해당한다고 할 수 없다.

중요 ④ 신규직원 채용권한을 가지고 있는 지방공사 사장이 신규직원 채용시험 업무담당자에게 지시하여 상호 공모 내지 양해하에 시험성적조작 등의 부정한 행위를 하였다면 위계에 의한 업무방해죄가 성립한다.

해설 및 정답 2020년 제9회 변호사시험 기출문제 18 ★ **정답** ×

대법원 2007. 12. 27. 선고 2005도6404 판결 [업무상횡령 · 업무방해]

[판결요지] 신규직원 채용권한을 가지고 있는 지방공사 사장이 시험업무 담당자들에게 지시하여 상호 공모 내지 양해하에 시험성적조작 등의 부정한 행위를 한 경우, **법인인 공사에게 신규직원 채용업무와 관련하여 오인 · 착각 또는 부지를 일으키게 한 것이 아니다. 그러므로 '위계'에 의한 업무방해죄에 해당하지 않는다고 한 사례.**

중요 ⑤ 지방경찰청 민원실에서 민원인이 진정사건의 처리와 관련하여 지방경찰청장과의 면담을 요구하면서 이를 제지하는 경찰관들에게 큰 소리로 욕설을 하고 행패를 부려 경찰관들의 수사 관련 업무를 방해하였더라도 위력에 의한 업무방해죄는 성립하지 아니한다.

해설 및 정답 2020년 제9회 변호사시험 기출문제 18 ★ **정답** ○

대법원 2009. 11. 19. 선고 2009도4166 전원합의체 판결 [업무방해]

[판시사항] [1] **공무원이 직무상 수행하는 공무를 방해하는 행위를 업무방해죄로 의율할**

수 있는지 여부(소극) [2] **공공기관 민원실에서 민원인들이 위력에 해당하는 소란을 피운 행위에 대하여 업무방해죄의 성립을 인정한 원심판결을 파기한 사례.**

[판결요지] [1] [다수의견] **업무방해죄와 공무집행방해죄는 그 보호법익과 보호대상이 상이하다.** 뿐만 아니라 **업무방해죄의 행위유형에 비하여 공무집행방해죄의 행위유형은 보다 제한되어 있다. 형법이 업무방해죄와는 별도로 공무집행방해죄를 규정하고 있는 것은 사적 업무와 공무를 구별하여 공무에 관해서는 공무원에 대한 폭행, 협박 또는 위계의 방법으로 그 집행을 방해하는 경우에 한하여 처벌하겠다는 취지라고 보아야 한다. 따라서 공무원이 직무상 수행하는 공무를 방해하는 행위에 대해서는 업무방해죄로 의율할 수는 없다고 해석함이 상당하다.**

[2] **지방경찰청 민원실에서 민원인들이 진정사건의 처리와 관련하여 지방경찰청장과 면담을 요구하면서 이를 제지하는 경찰관들에게 큰소리로 욕설을 하고 행패를 부린 행위에 대하여, 경찰관들의 수사 관련 업무를 방해한 것이라는 이유로 업무방해죄 성립을 인정한 원심판결에, 업무방해죄 성립범위에 관한 법리를 오해한 위법이 있다고 한 사례.**

07 ★★★★★

甲은[행위주체] 乙에게 3억 원의 금전채무를[행위객체: 채권자 재산] 지고 있다. 변제기가 지났는데도 甲이 위 채무를 변제하지 못하자 乙은 甲에게 2주 내로 돈을 갚지 않으면 민사소송을 제기하겠다는 취지의 내용증명우편을 발송하였고, 이를 받은 甲은 유일한 재산인 자기 명의의 아파트를 丙에게 매도하였다. 그러나 사실 甲은 丙과 통모하여 실제 매매대금을 주고 받은 사실 없이 丙의 명의로 소유권이전등기만 마쳤다.[행위: 허위양도] 이에 관한 설명 중 옳은 것을 모두 고른 것은? (다툼이 있는 경우 판례에 의함)

중요 ① 강제집행면탈죄는 채권자가 민사소송을 제기하거나 가압류, 가처분의 신청을 할 기세를 보이고 있는 상태인 경우에도 성립하므로, 위 사례에서 甲은 강제집행면탈의 죄책을 진다.

해설 및 정답 2020년 제9회 변호사시험 기출문제 22 ★ **정답** ○

대법원 2012. 6. 28. 선고 2012도3999 판결 [강제집행면탈]

[판시사항] [1] 형법 제327조 강제집행면탈죄의 성립 요건 [2] **채무자인 피고인이 채권자 갑의 가압류집행을 면탈할 목적으로 제3채무자 을에 대한 채권을 병에게 허위양도하였다고 하여 강제집행면탈로 기소된 사안이다.** 가압류결정 정본이 을에게 송달되기 전에 채권을 허위로 양도하였다면 강제집행면탈죄가 성립한다. 이에 대해 심리·판단하지 않고 무죄를 선고한 원심판결에 법리오해 위법이 있다고 한 사례.

[판결요지] 형법 제327조 강제집행면탈죄는 위태범이다. 민사소송법에 의한 강제집행 또는 가압류·가처분의 집행을 받을 우려가 있는 객관적인 상태 아래, 즉 채권자가 본안 또는 보전소송을 제기하거나 제기할 태세를 보이고 있는 상태에서 주관적으로 강제집행을 면탈하려는 목적으로 재산을 은닉, 손괴, 허위양도하거나 허위채무를 부담하여 채권자

를 해할 위험이 있으면 성립한다. 반드시 채권자를 해하는 결과가 야기되거나 행위자가 어떤 이득을 취하여야 범죄가 성립하는 것은 아니다.

중요 ② 만약 丙이 위와 같은 사정을 전혀 모르는 상태에서 甲에게 정당한 매매대금을 지급하고 아파트를 매수한 경우라면 甲에게 강제집행을 면탈할 의도가 있었다고 하더라도 강제집행면탈죄가 성립하지 아니한다.

해설 및 정답 2020년 제9회 변호사시험 기출문제 22 ★ 정답 ○

대법원 1998. 9. 8. 선고 98도1949 판결 [사기 · 사기미수 · 강제집행면탈]

[판결요지] [1] **형법 제327조의 강제집행면탈죄는 채무자가 현실적으로 민사소송법에 의한 강제집행 또는 가압류, 가처분의 집행을 받을 우려가 있는 객관적인 상태 즉 적어도 채권자가 민사소송을 제기하거나 가압류, 가처분의 신청을 할 기세를 보이고 있는 상태에서, 채무자가 강제집행을 면탈할 목적으로, 재산을 은닉, 손괴, 허위양도하거나 허위의 채무를 부담하여 채권자를 해할 위험이 있는 경우에 성립한다.**

[2] **강제집행면탈죄에 있어서 허위양도라 함은 실제로 양도의 진의가 없음에도 불구하고 표면상 양도의 형식을 취하여 재산의 소유명의를 변경시키는 것이다.** 은닉이라 함은 강제집행을 실시하는 자가 채무자의 재산을 발견하는 것을 불능 또는 곤란하게 만드는 것을 말한다. **진의에 의하여 재산을 양도하였다면, 설령 그것이 강제집행을 면탈할 목적으로 이루어진 것으로서 채권자의 불이익을 초래하는 결과가 되었다고 하더라도, 강제집행면탈죄의 허위양도 또는 은닉에는 해당하지 아니한다고 보아야 할 것이다.** 한편 그와 같은 **행위로 인하여 채권자를 해할 위험이 있으면, 강제집행면탈죄가 성립한다. 반드시 현실적으로 채권자를 해하는 결과가 야기되어야만 강제집행면탈죄가 성립하는 것은 아니다.**

중요 ③ 만약 甲이 강제집행을 면할 목적으로 丙에게 허위채무를 부담하고 아파트에 근저당권설정등기를 마쳐 주었다면 강제집행면탈죄가 성립~~하지 않는다~~.

해설 및 정답 2020년 제9회 변호사시험 기출문제 22 ★ 정답 ×

대법원 1990. 3. 23. 선고 89도2506 판결 [사문서위조 · 동행사 · 공정증서원본불실기재 · 동행사(인정된 죄명: 강제집행면탈)]

[판결요지] **피고인이 강제집행을 면할 목적으로 허위채무를 부담하고 근저당권설정등기를 경료하여 줌으로써 채권자를 해하였다고 인정된다면, 피고인이 그 근저당권이 설정된 부동산외에 약간의 다른 재산이 있더라도 강제집행면탈죄가 성립된다.**

중요 ④ 만약 위 사례에서 甲이 丙에게 아파트를 양도한 시점에 甲에게 乙의 집행을 확보하기에 충분한 다른 재산이 있다고 하더라도 강제집행면탈죄가 ~~성립한다~~.

해설 및 정답 2020년 제9회 변호사시험 기출문제 22 ★ 정답 ×

대법원 2011. 9. 8. 선고 2011도5165 판결 [강제집행면탈]

[판결요지] [1] 형법 제327조의 강제집행면탈죄는 채권자의 정당한 권리행사 보호 외에 강제집행의 기능보호도 법익으로 하는 것이다. 현행 형법상 강제집행면탈죄가 개인적 법익에 관한 재산범의 일종으로 규정되어 있는 점과 채권자를 해하는 것을 구성요건으로 규정하고 있다. 주된 법익은 채권자의 권리보호에 있다고 해석하는 것이 타당하다. 그러므로 강제집행의 기본이 되는 채권자의 권리, 즉 **채권의 존재는 강제집행면탈죄의 성립요건으로서 채권의 존재가 인정되지 않을 때에는 강제집행면탈죄는 성립하지 않는다.**

[2] 피고인이 자신을 상대로 사실혼관계해소 청구소송을 제기한 갑에 대한 채무를 면탈하려고 피고인 명의 아파트를 담보로 10억 원을 대출받아 그중 8억 원을 타인 명의 계좌로 입금하여 은닉하였다고 하여 강제집행면탈죄로 기소된 사안이다.

피고인의 재산은닉 행위 당시 갑의 재산분할청구권은 존재하였다고 보기 어렵고, 가사사건 제1심 판결에 근거하여 위자료 4,000만 원의 채권이 존재한다는 사실이 증명되었다고 볼 여지가 있었을 뿐이다. 그러므로 **피고인에게 위자료채권액을 훨씬 상회하는 다른 재산이 있었던 이상 강제집행면탈죄는 성립하지 않는다고 보아야 한다.**

08 ★★★★★

재산죄에 관한 설명 중 옳은 것(○)과 옳지 않은 것(×)을 올바르게 조합한 것은? (다툼이 있는 경우 판례에 의함)

ㄱ. 주유소 운영자가 농·어민등에게 「조세특례제한법」에 정한 면세유를 공급한 것처럼 위조한 유류공급확인서로 정유회사를 기망하여 면세유를 공급받은 경우, 국가 또는 지방자치단체에 대한 사기죄를 구성하지 않는다.

ㄴ. 법인의 대표자 또는 피용자가 법인 명의로 한 채무부담행위가 관련 법령에 위배되어 법률상 효력이 없는 경우에는 그로 인하여 법인에게 어떠한 손해가 발생한다고 할 수 없으므로, 그 행위로 인하여 법인이 「민법」상 사용자책임 또는 법인의 불법행위책임을 부담하는 등의 특별한 사정이 없는 한 그 대표자 또는 피용자의 행위는 배임죄를 구성하지 아니한다.

ㄷ. 절도범이 체포를 면탈할 목적으로 여러 명의 피해자에게 같은 기회에 폭행을 가하여 그 중 1인에게만 상해를 가한 경우 포괄하여 하나의 강도상해죄가 성립한다.

ㄹ. 약속어음 발행이 무효일 뿐만 아니라 그 어음이 유통되지도 않았다면 회사는 어음발행의 상대방에게 어음채무를 부담하지 않기 때문에 특별한 사정이 없는 한 회사에 현실적으로 손해가 발생하였다거나 실해 발생의 위험이 발생하였다고도 볼 수 없으므로, 이때에는 배임죄의 기수범이 아니라 배임미수죄로 처벌하여야 한다.

ㅁ. 통정허위표시로서 무효인 임대차계약에 기초하여 임차권등기를 마침으로써 외형상 임차인으로서 취득하게 된 권리는 사기죄에서의 재산상 이익에 ~~해당하지 않는다.~~

① ㄱ(×), ㄴ(×), ㄷ(○), ㄹ(○), ㅁ(×)

② ㄱ(×), ㄴ(○), ㄷ(×), ㄹ(×), ㅁ(○)

③ ㄱ(○), ㄴ(○), ㄷ(○), ㄹ(○), ㅁ(×)

④ ㄱ(○), ㄴ(○), ㄷ(○), ㄹ(×), ㅁ(×)

⑤ ㄱ(×), ㄴ(×), ㄷ(×), ㄹ(×), ㅁ(○)

해설 및 정답 2017년 제6회 변호사시험 기출문제 14 **정답** ③

ㄱ. (○) 대법원 2008. 11. 27. 선고 2008도7303 판결

[공소사실] 주유소 운영자가 농·어민 등에게 조세특례제한법에 정한 면세유를 공급한 것처럼 위조한 면세유류공급확인서로 정유회사를 기망하여 면세유를 공급받음으로써 면세유와 정상유의 가격 차이 상당의 이득을 취득한 사안이다.

[판결요지] [1] **조세를 강제적으로 징수하는 국가 또는 지방자치단체의 직접적인 권력작용을 사기죄의 보호법익인 재산권과 동일하게 평가할 수 없는 것이므로 조세범처벌법 위반죄가 성립함은 별론으로 하고, 형법상 사기죄는 성립하지 않는다.**

[2] **정유회사에 대하여 사기죄를 구성하는 것은 별론으로 하고, 국가 또는 지방자치단체를 기망하여 국세 및 지방세의 환급세액 상당을 편취한 것으로 볼 수 없다고 한 사례**

ㄴ. (○) 대법원 2010. 9. 30. 선고 2010도6490 판결

[판결요지] 법인의 대표자 또는 피용자가 그 법인 명의로 한 채무부담행위가 관련 법령에 위배되어 법률상 효력이 없는 경우에는 법인에게 어떠한 손해가 발생한다고 할 수 없다. 그러므로 그 행위로 **법인이 민법상 사용자책임 또는 법인의 불법행위책임을 부담하는 등의 특별한 사정이 없는 한 그 대표자 또는 피용자의 행위는 배임죄를 구성하지 아니한다.**

ㄷ. (○) 대법원 2001. 8. 21. 선고 2001도3447 판결 [강도상해·준강도]

[판결요지] 절도범이 체포를 면탈할 목적으로 체포하려는 여러 명의 피해자에게 같은 기회에 폭행을 가하여 그 중 1인에게만 상해를 가하였다면 이러한 행위는 포괄하여 하나의 강도상해죄만 성립한다.

ㄹ. (○) **대법원 2017. 7. 20. 선고 2014도1104 전원합의체 판결 [특정경제범죄 가중처벌 등에 관한 법률 위반(배임)]** 대법원 2013. 2. 14. 선고 2011도10302 판결(변경).

ㅁ. (×) 대법원 2012. 5. 24. 선고 2010도12732 판결 [상해·업무방해·사기·사기미수]

[판결요지] **소송사기에 있어서 피기망자인 법원의 재판은 피해자의 처분행위에 갈음하는 내용과 효력이 있는 것이어야 한다. 그렇지 아니하는 경우에는 착오에 의한 재물의 교부행위가 있다고 할 수 없어서 사기죄는 성립되지 아니한다. 위에서 본 바와 같은 임차권등기명령의 절차 및 그 집행에 의한 임차권등기의 법적 효력을 고려하면, 다른 특별한 사정이 없는 한, 법원의 임차권등기명령은 피신청인의 재산상의 지위 또는 상태에 영향을 미칠 수 있는 행위로서 피신청인의 처분행위에 갈음하는 내용과 효력이 있다고 보아야 한다. 따라서 이러한 법원의 임차권등기명령을 이용한 소송사기의 경우 피해자인 피**

신청인이 직접 처분행위를 하였는지 여부는 사기죄의 성부에 아무런 영향을 주지 못한다. 진정한 임차권자가 아니면서 허위의 임대차계약서를 법원에 제출하여 임차권등기명령을 신청하면 그로써 소송사기의 실행행위에 착수한 것으로 보아야 한다. 나아가 그 임차보증금 반환채권에 관하여 현실적으로 청구의 의사표시를 하여야만 사기죄의 실행의 착수가 있다고 볼 것은 아니다.

09 ★★★★★

甲의 죄책에 관한 설명 중 옳지 않은 것은? (다툼이 있는 경우 판례에 의함)

① 甲이 피해자 A의 케이티전화카드(한국통신의 후불식 통신카드)를 절취하여 전화통화에 이용하였으나 A가 통신요금을 납부할 책임을 부담한다면 편의시설부정이용죄는 성립하지 않는다.

해설 및 정답 2017년 제6회 변호사시험 기출문제 15 **정답** ○

대법원 2001. 9. 25. 선고 2001도3625 판결

[판결요지] **타인의 전화카드(한국통신의 후불식 통신카드)를 절취하여 전화통화에 이용한 경우에는 통신카드서비스 이용계약을 한 피해자가 그 통신요금을 납부할 책임을 부담하게 된다. 이러한 경우에는 피고인이 '대가를 지급하지 아니하고' 공중전화를 이용한 경우에 해당한다고 볼 수 없어 편의시설부정이용의 죄를 구성하지 않는다.**

② 甲이 장물인 귀금속의 매도를 부탁받은 후 그 귀금속이 장물임을 알면서도 그 매매를 중개하고 매수인에게 이를 전달하기 위해 매수인을 만나러 가는 도중에 체포되었더라도 장물알선죄는 성립한다.

해설 및 정답 2017년 제6회 변호사시험 기출문제 15 **정답** ○

대법원 2009. 4. 23. 선고 2009도1203 판결 [장물알선]

[판결요지] **장물인 귀금속의 매도를 부탁받은 피고인이 그 귀금속이 장물임을 알면서도 매매를 중개하고 매수인에게 이를 전달하려다가 매수인을 만나기도 전에 체포되었다 하더라도, 위 귀금속의 매매를 중개함으로써 장물알선죄가 성립한다**고 한 사례

중요 ③ 차량의 실소유자인 甲은 자동차등록원부에 제3자인 B의 명의로 등록되어 있는 그 차량을 A에게 자신의 채무에 대한 담보로 제공하였는데, 甲이 A와 사이가 나빠지자 A의 승낙을 받지 않고 미리 소지하고 있던 위 차량의 보조키를 이용하여 위 차량을 운전하여 가져가 버린 경우, 권리행사방해죄는 성립하지 않는다.

해설 및 정답 2017년 제6회 변호사시험 기출문제 15 ★ **정답** ○

대법원 2005. 11. 10. 선고 2005도6604 판결 [권리행사방해]

④ 甲은 장기간 세금 납부를 하지 않고 도망 다니던 중 처로부터 체납처분 관련 서류가 집으로 배달되었다는 연락을 받자 이를 면탈할 목적으로 자신의 소유 아파트를 친구에게 허위양도한 경우, 강제집행면탈죄가 ~~성립한다.~~ 성립하지 않는다.

해설 및 정답 2017년 제6회 변호사시험 기출문제 15 **정답** ×

대법원 2012. 4. 26. 선고 2010도5693 판결 [강제집행면탈]

[판결요지] 형법 제327조 강제집행면탈죄가 적용되는 강제집행은 민사집행법의 적용대상인 강제집행 또는 가압류·가처분 집행을 말한다. 그러므로 국세징수법에 의한 체납처분을 면탈할 목적으로 재산을 은닉하는 행위는 위 죄의 규율대상에 포함되지 않는다.

중요 ⑤ 甲은 A조합 이사장으로서 A조합이 주관하는 지역축제의 대행기획사를 선정하는 과정에서 최종 기획사로 선정될 경우 조합운영비를 지원하겠다는 B회사의 약속에 따라 위 축제가 끝난 후 B회사로부터 A조합운영비 명목으로 5,000만원을 교부받아 A조합운영비로 사용하였다면 배임수재죄가 성립하지 않는다.

해설 및 정답 2017년 제6회 변호사시험 기출문제 15 **정답** ○

대법원 2008. 4. 24. 선고 2006도1202 판결 [배임수재·배임증재]

[판결요지] [1] 법문상 '타인'의 사무를 처리하는 자가 그 임무에 관하여 부정한 청탁을 받았다고 하더라도 자신이 아니라 그 '타인'에게 재물 또는 재산상의 이익을 취득하게 한 경우에는 위 죄가 성립하지 않는다.

[2] 이사장이 개인적인 이익을 위해서가 아니라 조합의 이사장으로서 위 금원을 받아 조합의 운영경비로 사용한 것이라는 이유로 배임수재죄의 성립을 부정한 사례.

☞ 이 사안은 형법 제357조 배임수재죄에서 불법영득의사를 부정해야 한다.

10 ★★★★★

감금의 죄에 관한 설명 중 옳은 것을 모두 고른 것은? (다툼이 있는 경우 판례에 의함)

ㄱ. 정신병자도 감금죄의 객체가 될 수 있다.

ㄴ. 감금행위가 단순히 강도상해 범행의 수단이 되는 데 그치지 아니하고 강도상해의 범행이 끝난 뒤에도 계속된 경우에는 감금죄와 강도상해죄가 성립하고, 두 죄는 실체적 경합범 관계에 있다.

ㄷ. 감금행위가 강간죄나 강도죄의 수단이 된 경우에도 감금죄는 강간죄나 강도죄에 흡수되지 아니하고 별도로 성립한다.
ㄹ. 경찰서 내 대기실로서 일반인과 면회인 및 경찰관이 수시로 출입하는 곳이고 여닫이문만 열면 나갈 수 있도록 된 구조라 하여도 경찰서 밖으로 나가지 못하도록 그 신체의 자유를 제한하는 유·무형의 억압이 있었다면 이는 감금에 해당한다.
ㅁ. 감금을 하기 위한 수단으로 행사된 단순한 협박행위는 감금죄에 흡수되어 따로 협박죄를 구성하지 않는다.

① ㄱ, ㄴ
② ㄱ, ㄴ, ㄷ, ㄹ
③ ㄱ, ㄷ, ㄹ, ㅁ
④ ㄴ, ㄷ, ㄹ, ㅁ
⑤ ㄱ, ㄴ, ㄷ, ㄹ, ㅁ

해설 및 정답 2017년 제6회 변호사시험 기출문제 19 **정답** ⑤

ㄱ. (○) 대법원 2002. 10. 11. 선고 2002도4315 판결 [감금치사]
[판결요지] [1] 4일 가량 물조차 제대로 마시지 못하고 잠도 자지 아니하여 거의 탈진 상태에 이른 피해자의 손과 발을 17시간 이상 묶어 두고 좁은 차량 속에서 움직이지 못하게 감금한 행위와 묶인 부위의 혈액 순환에 장애가 발생하여 혈전이 형성되고 그 혈전이 폐동맥을 막아 사망에 이르게 된 결과 사이에는 상당인과관계가 있다고 인정한 사례
[2] **정신병자도 감금죄의 객체가 될 수 있다.**

ㄴ. (○) 대법원 2003. 1. 10. 선고 2002도4380 판결 [강도상해]
[판결요지] **감금행위가 단순히 강도상해 범행 수단이 되는 데 그치지 아니하고 강도상해 범행이 끝난 뒤에도 계속된 경우 1개의 행위가 감금죄와 강도상해죄에 해당하는 경우라고 볼 수 없고, 이 경우 감금죄와 강도상해죄는 형법 제37조의 경합범 관계에 있다.**

ㄷ. (○) 대법원 1997. 1. 21. 선고 96도2715 판결
[판결요지] [1] **감금행위가 강간죄나 강도죄의 수단이 된 경우에도 감금죄는 강간죄나 강도죄에 흡수되지 아니하고 별죄를 구성한다.**
[2] **강취한 신용카드를 가지고 자신이 그 신용카드의 정당한 소지인인양 가맹점의 점주를 속이고 그에 속은 점주로부터 주류 등을 제공받아 이를 취득한 것**이라면 **신용카드부정사용죄와 별도로 사기죄가 성립한다.**

ㄹ. (○) 대법원 1997. 6. 13. 선고 97도877 판결
[판결요지] **장소가 경찰서 내 대기실로서 일반인과 면회인 및 경찰관이 수시로 출입하는 곳이고 여닫이 문만 열면 나갈 수 있도록 된 구조라 하여도 경찰서 밖으로 나가지 못하도록 그 신체의 자유를 제한하는 유형, 무형의 억압이 있었다면 감금에 해당한다.**

ㅁ. (○) 대법원 1982. 6. 22. 선고 82도705 판결
[판시사항] 감금수단으로써 한 단순협박의 경우 협박죄 구성여부(소극)
[판결요지] **감금을 하기 위한 수단으로서 행사된 단순한 협박행위는 감금죄에 흡수되어 따로 협박죄를 구성하지 아니한다.**

문 24. 문서죄(사문서위조죄 · 사문서변조죄 · 공문서부정행사죄)에 관한 설명 중 옳은 것은? (다툼이 있는 경우 판례에 의함)

출제내용

- 문서 개념(=전자복사기 복사문서+, 허무인·사망자 명의 문서+, 담뱃갑 도화+, 스캔 이미지 파일문서-, 문서 변조 후 스캔 전자 발송+)
- 허위공문서작성죄(=공무원 의사 명의 허위진단서+)와 허위진단서작성죄
- 사문서위조죄(=위임 범위 넘은 문서 작성+)·위조사문서행사죄(=실경)
- 형법 제230조 공문서부정행사죄(=권한 없는 사람+, 권한 범위 남용+)
- 주식회사 지배인(=권한을 위임받은 사람+), 작성명의인 2인 이상(=각 명의자 1개 문서+)

출제분석

2024년 제13회 변호사시험 출제예상 ★
2023년 제12회 변호사시험 기출문제 13
2021년 제10회 변호사시험 기출문제 16
2020년 제9회 변호사시험 기출문제 20
2018년 제7회 변호사시험 기출문제 4
2017년 제6회 변호사시험 기출문제 13
2015년 제5회 변호사시험 기출문제 8
2014년 제3회 변호사시험 기출문제 7
2012년 제1회 변호사시험 기출문제 16

가. 문서죄(사문서위조죄· 사문서변조죄· 공문서부정행사죄)에 관한 설명 중 옳은 것이다(○).

① 매수인(買受人)으로부터 토지매매계약체결에 관하여 포괄적 권한을 위임받은 자가[행위주체] 실제 매수가격보다 높은 가격을 매매대금으로 기재하여 매수인 명의의 매매계약서를 작성하였다[행위] 하더라도 그것은 작성권한 있는 자가 허위내용의 문서를 작성한 것에 불과하여 사문서위조죄가 성립할 수 없다.

해설 및 정답 2018년 제7회 변호사시험 기출문제 4 **정답** ○

대법원 1984. 7. 10. 선고 84도1146 판결 [사기 · 사문서위조 · 사문서위조행사]

② 주식회사의 지배인이[행위주체] 자신을 그 회사의 대표이사로 표시하여 연대보증채무를 부담하는 취지의 회사 명의의 차용증을 작성한 경우에 그 문서에 허위의

내용이 포함되어 있더라도 사문서위조죄를 구성하지 않는다.

해설 및 정답 2017년 제6회 변호사시험 기출문제 13 **정답** ○

대법원 2010. 5. 13. 선고 2010도1040 판결 [사문서위조 · 위조사문서행사]

③ 甲이 사문서를 작성함에 있어 문서 작성권한을 위임받았고 위임받은 권한의 범위 내에서 이를 남용하여 문서를 작성하였다면, 사문서위조죄가 성립하지 않는다.

해설 및 정답 2016년 제5회 변호사시험 기출문제 8 **정답** ○

대법원 2012. 6. 28. 선고 2010도690 판결 [업무상횡령 · 사문서위조 · 위조사문서행사]

④ 복사한 문서의 사본도 문서원본과 동일한 의미를 가지는 문서로서 이를 다시 복사한 문서의 재사본도 문서위조죄의 객체인 문서에 해당한다.

해설 및 정답 2016년 제5회 변호사시험 기출문제 8 **정답** ○

대법원 2004. 10. 28. 선고 2004도5183 판결

[판결요지] 타인의 주민등록증을 복사기와 컴퓨터를 이용하여 전혀 별개의 주민등록증사본을 창출시킨 경우, 공문서위조 및 행사죄에 해당한다.

중요 ⑤ 甲이 다른 서류에 찍혀 있던 乙의 직인을 칼로 오려내어 풀로 붙인 후 이를 복사하여 수상후보자추천서와 경력증명서 각 1통을 만들고 이를 수상자를 선정하는 협회에 발송한 경우, 동 서류 2통을 주의 깊게 관찰하지 아니하면 그 외관에 비정상적인 부분이 있음을 알아차리기가 어렵다면, 甲에게 사문서위조죄 및 위조사문서행사죄가 성립한다.

해설 및 정답 2016년 제5회 변호사시험 기출문제 8 ★ **정답** ○

대법원 2011. 2. 10. 선고 2010도8361 판결 [사문서위조 · 위조사문서행사]

[판결요지] **위** 문서는 **피고인이 직인을 오려붙인 흔적을 감추기 위하여 복사한 것으로서 일반적으로 문서가 갖추어야 할 형식을 다 구비하고 있다. 주의 깊게 관찰하지 아니하면 외관에 비정상적인 부분이 있음을 알아차리기가 어려울 정도이다. 그러므로 일반인이 명의자의 진정한 사문서로 오신하기에 충분한 정도의 형식과 외관을 갖추었다**고 한 사례.

중요 ⑥ 신분을 확인하려는 경찰관에게 자신의 인적 사항을 속이기 위하여 미리 소지하고 있던 타인의 운전면허증을 제시하는 경우 공문서부정행사죄가 성립한다.

해설 및 정답 2014년 제3회 변호사시험 기출문제 7 **정답** ○

대법원 2001. 4. 19. 선고 2000도1985 전원합의체 판결 [공문서부정행사]

[판시사항] 제3자로부터 신분확인을 위하여 신분증명서의 제시를 요구받고 다른 사람의 운전면허증을 제시한 경우, 공문서부정행사죄에 해당하는지 여부(적극)

나. 문서죄(사문서위조죄·사문서변조죄·공문서부정행사죄)에 관한 설명 중 옳지 않은 것이다(×).

① 공무원인 의사가 공무소의 명의로 허위진단서를 작성한 경우에는 허위공문서작성죄와가 성립한다. ~~허위진단서작성죄가 성립하고 두 죄는 상상적 경합 관계에 있다.~~

해설 및 정답 2018년 제7회 변호사시험 기출문제 4 **정답** ×

대법원 2004. 4. 9. 선고 2003도7762 판결

[판결요지] 형법 제233조 허위진단서작성죄의 대상은 공무원이 아닌 의사가 사문서로서 진단서를 작성한 경우에 한정된다. 공무원인 의사가 공무소의 명의로 허위진단서를 작성한 경우에는 허위공문서작성죄만이 성립하고 허위진단서작성죄는 성립하지 않는다.

② 컴퓨터 스캔 작업을 통하여 만들어낸 공인중개사 자격증의 이미지 파일은 전자기록장치에 전자적 형태로서 고정되어 있어 계속성을 인정할 수 ~~있으므로~~없으므로 「형법」상 문서에 관한 죄에 있어서의 문서로 ~~보아야 한다.~~볼 수 없다.

해설 및 정답 2018년 제7회 변호사시험 기출문제 4 **정답** ×

대법원 2008. 4. 10. 선고 2008도1013 판결 [사기 · 공문서위조 · 위조공문서행사]

[판결요지] 컴퓨터 스캔 작업을 통하여 만들어낸 공인중개사 자격증의 이미지 파일이 형법상 문서에 관한 죄의 '문서'에 해당하지 않는다.

③ 일정 한도액에 관하여 연대보증인이 될 것을 허락한 甲으로부터 그에 필요한 문서를 작성하는 데 쓰일 인감도장과 인감증명서를 교부받아 甲을 직접 차주(借主)로 하는 동액 상당의 차용금 증서를 작성한 경우에는 본래의 정당한 권한 범위를 벗어난 ~~것이므로 사문서위조죄가 성립한다.~~것이 아니므로 사문서위조죄가 성립하지 않는다.

해설 및 정답 2018년 제7회 변호사시험 기출문제 4 **정답** ×

대법원 1983. 6. 28. 선고 83도513 판결 [사문서위조 · 사문서위조행사 · 사기]

[판결요지] 보증인이 되기 위하여 필요한 문서를 작성하는데 쓰일 인감도장과 인감증명서를 채무자에게 건네준 취지는 채무자로 하여금 그와 더불어 채권자에 대한 동액의 채무를 부담하겠다는 내용이 담긴 문서를 작성하도록 허용한 것이라고 할 것이다. 그러므로

채무자가 그와 같은 내용의 문서를 작성하였고, 비록 그 문서가 표목이 보증서로 되어 있지 않으며 보증인이라는 기재가 없는 차용증이라 하더라도 그 문서는 정당한 권한에 기하여 작성된 것이다.

중요 ④ 사문서의 경우에는 그 명의인이 실재하지 않는 허무인이거나 문서의 작성일자 전에 이미 사망하였다 하더라도 문서위조죄가 성립하나, 공문서의 경우~~에는 문서위조죄가 성립하기 위하여 명의인이 실재함을 필요로 한다.~~ 에도 문서위조죄가 성립한다.

해설 및 정답 2018년 제7회 변호사시험 기출문제 4 정답 ×

대법원 2005. 2. 24. 선고 2002도18 전원합의체 판결 [사문서위조 · 위조사문서행사]

[판시사항] 허무인 · 사망자 명의의 사문서를 위조한 경우, 사문서위조죄의 성립 여부(적극)

[판결요지] 문서로서 요건을 구비한 이상 **그 명의인이 실재하지 않는 허무인이거나 또는 문서의 작성일자 전에 이미 사망하였다고 하더라도 그러한 문서 역시 공공의 신용을 해할 위험성이 있다. 그러므로 문서위조죄가 성립한다고 봄이 상당하다. 이는 공문서뿐만 아니라 사문서의 경우에도 마찬가지라고 보아야 한다.**

⑤ 사문서를 변조할 당시 그 명의인의 명시적 · 묵시적 승낙이 없었더라도 변조된 문서가 그 명의인에게 유리하여 결과적으로 그 의사에 합치되는 때에는 사문서 변조죄를 ~~구성하지 않는다.~~ 구성한다.

해설 및 정답 2017년 제6회 변호사시험 기출문제 13 정답 ×

대법원 1985. 1. 22. 선고 84도2422 판결 [사문서변조 · 사문서변조행사]

[판결요지] 사문서변조에 있어서 그 변조 당시 명의인의 명시적, 묵시적 승낙 없이 한 것이면 변조된 문서가 명의인에게 유리하여 결과적으로 그 의사에 합치한다 하더라도 사문서변조죄의 구성요건을 충족한다.

⑥ 사문서에 2인 이상의 작성명의인이 있는 때에는 그 명의자 가운데 1인이 나머지 명의자와 합의 없이 행사할 목적으로 그 문서의 내용을 변경하더라도 사문서변조죄를 ~~구성하지 않는다.~~ 구성한다.

해설 및 정답 2017년 제6회 변호사시험 기출문제 13 정답 ×

대법원 1977. 7. 12. 선고 77도1736 판결 [사문서변조 · 사문서변조행사]

[판결요지] 문서에 2인 이상의 작성명의인이 있는 때에 그 명의자의 한사람이 타명의자와 합의 없이 행사할 목적으로 그 문서의 내용을 변경하였을 때는 사문서변조죄가 성립된다.

⑦ 사문서의 작성명의자의 인장이 압날되지 않고 주민등록번호가 기재되지 않았다면 일반인이 그 작성명의자에 의해 작성된 사문서라고 믿을만한 정도의 형식과 외관을 갖추었더라도 사문서위조죄의 객체가 ~~되지 않는다.~~ 된다.

해설 및 정답 2017년 제6회 변호사시험 기출문제 13 **정답** ×

대법원 1989. 8. 8. 선고 88도2209 판결

[판결요지] **사문서 작성명의자 인장이 압날되지 아니하고 주민등록번호가 기재되지 않았더라도, 일반인에게 그 작성명의자가 진정하게 작성한 사문서로 믿기에 충분할 정도의 형식과 외관을 갖추었으면 사문서위조죄 및 동행사죄의 객체가 되는 사문서에 해당한다고 보아야 한다.**

⑧ 직접적인 법률관계에 단지 간접적으로 연관된 의사표시 내지 권리·의무의 변동에 사실상으로 영향을 줄 수 있는 의사표시를 내용으로 하는 문서는 사문서위조죄의 객체가 ~~되지 않는다.~~ 된다.

해설 및 정답 2017년 제6회 변호사시험 기출문제 13 **정답** ×

대법원 2009. 4. 23. 선고 2008도8527 판결 [사문서위조·위조사문서행사]

[판시사항] **○○작가협회 회원이 타인의 명의를 도용하여 협회 교육원장을 비방하는 내용의 호소문을 작성한 후 이를 협회 회원들에게 우편으로 송달한 경우, 사문서위조죄와 명예훼손죄가 각 성립하고, 이는 실체적 경합관계라고 한 사례.**

중요 ⑨ 甲이 위조한 전문건설업등록증의 컴퓨터 이미지 파일을 그 위조사실을 모르는 乙에게 이메일로 송부하여 프린터로 출력하게 하였다면, 甲에게 위조공문서행사죄가 ~~성립하지 않는다.~~ 성립한다.

해설 및 정답 2016년 제5회 변호사시험 기출문제 8 ★ **정답** ×

대법원 2012. 2. 23. 선고 2011도14441 판결

[공소사실] **피고인이 위조·변조한 공문서의 이미지 파일을 갑 등에게 이메일로 송부하여 프린터로 출력하게 함으로써 '행사'하였다는 내용으로 기소되었는데, 갑 등은 출력 당시 위 파일이 위조된 것임을 알지 못한 사안이다.** ☞ 프린트로 출력하여 행사한 경우

[판결요지] **위조문서를 공범자 등에게 행사한 경우 위조문서행사죄가 성립하는지 여부(소극) 및 간접정범을 통한 위조문서행사 범행에서 도구로 이용된 자에게 행사한 경우 위조문서행사죄가 성립하는지 여부(적극). 피고인의 행위가 위조·변조공문서행사죄를 구성한다.**

⑩ 문서의 작성 권한이 없는 甲이 문서에 타인의 서명을 기재한 경우, 일단 서명

등이 완성되었더라도 문서가 완성되지 않았다면 甲에게 서명 등의 위조죄는 성~~립하지 않는다.~~ 성립한다.

해설 및 정답 2016년 제5회 변호사시험 기출문제 8 **정답** ×

대법원 2005. 12. 23. 선고 2005도4478 판결 [사서명위조 · 위조사서명행사]

[판결요지] 어떤 문서에 권한 없는 자가 타인의 서명을 기재하는 경우에는 그 문서가 완성되기 전이라도 일반인으로서는 그 문서에 기재된 타인의 서명을 그 명의인의 진정한 서명으로 오신할 수도 있으므로, 일단 서명이 완성된 이상 문서가 완성되지 아니한 경우에도 서명의 위조죄는 성립할 수 있는 것이다. 진술자가 그 문서에 서명을 하는 순간 바로 수사기관이 열람할 수 있는 상태에 놓이게 되는 것이므로, 그 진술자가 마치 타인인 양 행세하며 타인의 서명을 기재한 경우 그 서명을 수사기관이 열람하기 전에 즉시 파기하였다는 등의 특별한 사정이 없는 이상 그 서명 기재와 동시에 위조사서명행사죄가 성립하는 것이다.

중요 ⑪ 타인의 주민등록표등본을 그와 아무런 관련이 없는 사람이 마치 자신의 것인 것처럼 행사한 경우

해설 및 정답 2014년 제3회 변호사시험 기출문제 7 **정답** ×

대법원 1999. 5. 14. 선고 99도206 판결

[판결요지] 주민등록표등본은 시장 · 군수 또는 구청장이 주민의 성명, 주소, 성별, 생년월일, 세대주와의 관계 등 주민등록법 소정의 주민등록사항이 기재된 개인별 · 세대별 주민등록표의 기재 내용 그대로를 인증하여 사본 · 교부하는 문서로서 **그 사용권한자가 특정되어 있다고 할 수 없다. 또 용도도 다양하며, 반드시 본인이나 세대원만이 사용할 수 있는 것이 아니다. 그러므로 타인의 주민등록표등본을 그와 아무런 관련 없는 사람이 마치 자신의 것인 것처럼 행사하였다고 하더라도 공문서부정행사죄가 성립되지 아니한다.**

⑫ 기왕에 습득한 타인의 주민등록증을 자신의 가족의 것이라고 제시하면서 그 주민등록증상의 명의로 이동전화 가입신청을 한 경우

해설 및 정답 2014년 제3회 변호사시험 기출문제 7 **정답** ×

대법원 2003. 2. 26. 선고 2002도4935 판결 [공문서부정행사]

[판결요지] 사용권한자와 용도가 특정되어 있는 공문서를 사용권한 없는 자가 사용한 경우에도 그 **공문서 본래의 용도에 따른 사용이 아닌 경우에는 형법 제230조의 공문서부정행사죄가 성립되지 아니한다.**

⑬ 문서위조죄가 성립하기 위해서는 공문서와 ~~달리~~ 사문서는 작성명의인이 ~~실재하여야 한다.~~ 실재하지 않아도 된다.

해설 및 정답 2012년 제1회 변호사시험 기출문제 16 **정답** ×

대법원 2005. 2. 24. 선고 2002도18 전원합의체 판결 [사문서위조 · 위조사문서행사]

다. 문서죄 종합문제

01 ★★★★★

문서죄에 관한 설명 중 옳은 것은? (다툼이 있는 경우 판례에 의함)

중요 ① 어떤 선박이 사고를 낸 것처럼 허위로 사고신고를 하면서 그 선박의 선박국적증서와 선박검사증서를 함께 제출한 경우에는 공문서부정행사죄가 ~~성립한다.~~ 성립하지 않는다.

해설 및 정답 2020년 제9회 변호사시험 기출문제 20 ★ **정답** ×

대법원 2009. 2. 26. 선고 2008도10851 판결 [사기 · 업무방해 · 공문서부정행사 · 선박안전법위반 · 해운법위반]

[판결요지] 선박검사증서는 선박정기검사 등에 합격한 선박에 대하여 항해구역 · 최대승선인원 및 만재흘수선의 위치 등을 수록하여 발급하는 문서이다. 위 **각 문서는 당해 선박이 한국선박임을 증명하고, 법률상 항행할 수 있는 자격이 있음을 증명하기 위하여 선박소유자에게 교부되어 사용되는 것이다.** 따라서 **어떤 선박이 사고를 낸 것처럼 허위로 사고신고를 하면서 그 선박의 선박국적증서와 선박검사증서를 함께 제출하였다고 하더라도, 선박국적증서와 선박검사증서는 위 선박의 국적과 항행할 수 있는 자격을 증명하기 위한 용도로 사용된 것일 뿐이다. 그 본래 용도를 벗어나 행사된 것으로 보기 어렵다. 그러므로 이 행위는 공문서부정행사죄에 해당하지 않는다.**

☞ [출제] 2014년 제3회 변호사시험 기출문제 7

중요 ② 간접정범을 통한 위조공문서행사범행에 있어 도구로 이용된 자라고 하더라도 그 공문서가 위조된 것임을 알지 못하는 자에게 행사한 경우에는 위조공문서행사죄가 성립한다.

해설 및 정답 2020년 제9회 변호사시험 기출문제 20 ★ **정답** ○

대법원 2012. 2. 23. 선고 2011도14441 판결 [공문서위조(일부 인정된 죄명: 공문서변조) · 위조공문서행사(일부 변경된 죄명: 변조공문서행사) · 사기]

[판결요지] **피고인이 위조 · 변조한 공문서의 이미지 파일을 갑 등에게 이메일로 송부하여 프린터로 출력하게 함으로써 '행사'하였다는 내용으로 기소되었다. 갑 등은 출력 당시 위 파일이 위조된 것임을 알지 못한 사안이다. 피고인의 행위가 위조 · 변조공문서행사죄를 구성한다고 보아야 한다. 그런데도 이와 달리 보아 무죄를 선고한 원심판결에 법리오해의 위법이 있다고 한 사례.**

중요 ③ 불실의 사실이 기재된 공정증서의 정본을 그 정을 모르는 법원 직원에게 교부한 경우에는 불실기재공정증서원본행사죄가 ~~성립한다.~~ 성립하지 않는다.

해설 및 정답 2020년 제9회 변호사시험 기출문제 20 ★ **정답** ×

대법원 2002. 3. 26. 선고 2001도6503 판결 [불실기재공정증서원본행사]

[판결요지] 형법 제229조, 제228조 제1항에서 규정한 **'공정증서원본'에는 공정증서의 정본이 포함된다고 볼 수 없다. 그러므로 불실의 사실이 기재된 공정증서의 정본을 그 정을 모르는 법원 직원에게 교부한 행위는 형법 제229조의 불실기재공정증서원본행사죄에 해당하지 아니한다.**

중요 ④ 자신의 이름과 나이를 속이는 용도로 사용할 목적으로 주민등록증의 이름·주민등록번호란에 글자를 오려 붙인 후 이를 컴퓨터 스캔 장치를 이용하여 이미지 파일로 만들어 컴퓨터 모니터로 출력하는 한편 타인에게 이메일로 전송한 경우에는 공문서위조 및 위조공문서행사죄가 ~~성립한다.~~ 성립하지 않는다.

해설 및 정답 2020년 제9회 변호사시험 기출문제 20 ★ **정답** ×

대법원 2007. 11. 29. 선고 2007도7480 판결 [공문서위조·위조공문서행사]

[판시사항] **자신의 이름과 나이를 속이는 용도로 사용할 목적으로 주민등록증의 이름·주민등록번호란에 글자를 오려붙인 후 이를 컴퓨터 스캔 장치를 이용하여 이미지 파일로 만들어 컴퓨터 모니터로 출력하는 한편 타인에게 이메일로 전송한 사안이다. 컴퓨터 모니터 화면에 나타나는 이미지는 형법상 문서에 관한 죄의 문서에 해당하지 않는다. 그러므로 공문서위조 및 위조공문서행사죄를 구성하지 않는다고 한 사례.**

중요 ⑤ 실질적인 채권채무관계 없이 작성명의인과의 합의로 작성한 차용증을 그 작성명의인의 의사에 의하지 아니하고 차용증상의 채권이 실제로 존재하는 것처럼 그 지급을 구하는 민사소송을 제기하면서 법원에 제출한 경우에는 사문서부정행사죄가 ~~성립한다.~~ 성립하지 않는다.

해설 및 정답 2020년 제9회 변호사시험 기출문제 20 ★ **정답** ×

대법원 2007. 3. 30. 선고 2007도629 판결 [사기미수·사문서부정행사]

[판결요지] **실질적인 채권채무관계 없이 당사자 간의 합의로 작성한 '차용증 및 이행각서'는 그 작성명의인들이 자유의사로 작성한 문서로 그 사용권한자가 특정되어 있다고 할 수 없다. 또 그 용도도 다양하다.** 그러므로 **설령 피고인이 그 작성명의인들의 의사에 의하지 아니하고 위 '차용증 및 이행각서'상의 채권이 실제로 존재하는 것처럼 그 지급을 구하는 민사소송을 제기하면서 소지하고 있던 위 '차용증 및 이행각서'를 법원에 제출하**

였다고 하더라도 그것이 사문서부정행사죄에 해당하지 않는다고 본 사례.
☞ **자유로운 의사로 작성된 유효한 문서가 아님. 객체(-).**

02 ★★★★★

문서에 관한 설명 중 옳은 것(○)과 옳지 않은 것(×)을 올바르게 조합한 것은? (다툼이 있는 경우 판례에 의함)

파워특강 문서죄. 허위공문서작성죄에서 문서(=작성명의인 명시 또는 명시되지 아니한 경우 모두 포함). 공무원이 공문서 내용 변경(=공문서위조죄 성립). 전자파일 또는 문서 이미지 파일(=문서에 해당하지 않음). 사실확인서가 상급자 보고용으로 작성된 경우(=형사소송법 제315조 제1호·제3호 문서에 해당하지 않음). 구속적부심사 증거능력(=형사소송법 제311조에 해당하지 않음. 제315조 제3호에 근거하여 증거능력이 있음).

① 허위공문서작성죄의 객체가 되는 문서는 작성명의인이 명시되어 있지 않더라도 문서의 형식, 내용 등 문서 자체에 의하여 누가 작성하였는지를 추지할 수 있을 정도의 것이면 된다.

해설 및 정답 2021년 제10회 변호사시험 기출문제 16 **정답** ○

대법원 1995. 11. 10. 선고 95도2088 판결 [허위공문서작성, 허위공문서작성행사]

② 최종 결재권자를 보조하여 문서의 기안업무를 담당한 공무원이 이미 결재를 받아 완성된 공문서에 대하여 적법한 절차를 밟지 않고 그 내용을 변경한 경우에는 공문서변조죄가 ~~성립할 수 없다.~~ 성립한다.

해설 및 정답 2021년 제10회 변호사시험 기출문제 16 **정답** ×

대법원 2017. 6. 8. 선고 2016도5218 판결 [공문서변조·변조공문서행사]

[판결요지] 공문서변조죄는 권한 없는 자가 행사할 목적으로 공무소 또는 공무원이 이미 작성한 문서내용에 대하여 동일성을 침해하지 않을 정도로 변경을 가하여 새로운 증명력을 만들어 냄으로써 공공적 신용을 해칠 위험성이 있을 때 성립한다. **최종 결재권자를 보조하여 문서의 기안업무를 담당한 공무원이 이미 결재를 받아 완성된 공문서에 대하여 적법한 절차를 밟지 않고 그 내용을 변경한 경우에도 특별한 사정이 없는 한 공문서변조죄가 성립한다.**

중요 ③ 문서의 내용을 저장한 전자 파일이나 그 파일을 실행시켜 컴퓨터 모니터 화면에 나타낸 문서의 이미지는 형법상 문서에 관한 죄에 있어 '문서'에 해당되지 않는다.

해설 및 정답 2021년 제10회 변호사시험 기출문제 16 정답 ○

대법원 2018. 5. 15. 선고 2017도19499 판결 [사문서위조미수]

[판결요지] 문서의 내용을 저장한 전자 파일이나 그 파일을 실행시켜 컴퓨터 모니터 화면에 나타낸 문서의 이미지는 계속적으로 물체 상에 고정된 것으로 볼 수 없으므로 형법상 문서에 관한 죄에 있어 '문서'에 해당되지 않는다.

④ 대한민국 주중국 대사관 영사가 작성한 사실확인서 중 공인 부분을 제외한 나머지 부분이 영사의 공무수행 과정 중 작성되었지만 공적인 증명보다는 상급자 등에 대한 보고를 목적으로 하는 것이더라도, 그 부분은 「형사소송법」 제315조 제3호의 '기타 특히 신용할 만한 정황에 의하여 작성된 문서'에 ~~해당한다.~~ 해당하지 않는다.

해설 및 정답 2021년 제10회 변호사시험 기출문제 16 정답 ×

대법원 2007. 12. 13. 선고 2007도7257 판결 [국가보안법위반(간첩)・국가보안법위반(잠입・탈출)・국가보안법위반(찬양・고무등)] 〈'일심회' 국가보안법 위반 사건〉

[판결요지] 압수된 디지털 저장매체로부터 출력한 문건을 진술증거로 사용하는 경우, 그 기재 내용의 진실성에 관하여는 전문법칙이 적용되므로 형사소송법 제313조 제1항에 따라 그 작성자 또는 진술자의 진술에 의하여 그 성립의 진정함이 증명된 때에 한하여 이를 증거로 사용할 수 있다.

⑤ 구속적부심문조서는 「형사소송법」 ~~제311조(법원 또는 법관의 조서)에 해당되는 문서로 당연히 그 증거능력이 인정된다.~~ 형사소송법 제315조 제3호에 근거하여 증거능력이 인정된다.

해설 및 정답 2021년 제10회 변호사시험 기출문제 16 정답 ×

대법원 2004. 1. 16. 선고 2003도5693 판결 [폭력행위등처벌에관한법률위반]

[판결요지] 법원 또는 합의부원, 검사, 변호인, 청구인이 구속된 피의자를 심문하고 그에 대한 피의자의 진술 등을 기재한 구속적부심문조서는 형사소송법 제311조가 규정한 문서에는 해당하지 않는다 할 것이다. 그러나 특히 신용할 만한 정황에 의하여 작성된 문서라고 할 것이다. 그러므로 **특별한 사정이 없는 한, 피고인이 증거로 함에 부동의하더라도 형사소송법 제315조 제3호에 의하여 당연히 그 증거능력이 인정된다.**

03 ★★★★★

문서의 죄에 관한 설명 중 옳지 않은 것은? (다툼이 있는 경우 판례에 의함)

파워특강 문서죄. 문서위조죄·공전자기록등위작죄·사전자기록등위작죄·컴퓨터 모니터 이미지. 외국에서 발행되어 유효기간이 경과한 국제운전면허증에 첨부된 사진을 바꾸어 붙인 행위(=상대방이 유효기간을 쉽게 알 수 없도록 되어 있거나 또는 위 문서 자체가 진정하게 작성된 것으로서 피고인이 명의자로부터 국제운전면허를 받은 것으로 오신하기에 충분한 정도의 형식과 외관을 갖추고 있다면, 문서위조죄가 성립한다). 공전자기록등위작죄에서 말하는 전자기록의 '위작'(=전자적 방식에 의한 정보의 생성·처리·저장·출력을 목적으로 구축하여 설치·운영하는 시스템의 설치·운영 주체와의 관계에서 전자기록의 생성에 관여할 권한이 없는 사람이 전자기록을 작출하거나 전자기록의 생성에 필요한 단위정보의 입력을 하는 경우 외에 시스템의 설치·운영 주체로부터 각자의 직무 범위에서 개개의 단위정보의 입력 권한을 부여받은 사람이 그 권한을 남용하여 허위의 정보를 입력함으로써 시스템 설치·운영 주체의 의사에 반하는 전자기록을 생성하는 경우도 포함된다. 위 법리는 사전자기록등위작죄에서 행위의 태양으로 규정한 '위작'에 대해서도 마찬가지로 적용된다). 컴퓨터 모니터에 나타나는 이미지(=형법상 '문서'에 해당하지 않는다). 등기에 절차상 하자가 있거나 또는 그 원인이 실제와 다르다 하더라도 실체적 권리관계에 부합하게 하기 위하거나 부합하는 유효한 등기인 경우, 공정증서원본불실기재 및 동행사죄의 성립 여부(=소극) 및 등기 경료 당시에는 실체권리관계에 부합하지 아니하나 사후에 이해관계인들의 동의·추인 등으로 실체권리관계에 부합하게 된 경우, 공정증서원본불실기재 및 동행사죄의 성립 여부(=적극).

① 사진을 바꾸어 붙이는 방법으로 위조한, 외국 공무원이 발행한 국제운전면허증이 유효기간을 경과하여 본래의 용법에 따라 사용할 수 없더라도, 면허증 행사시 상대방이 유효기간을 쉽게 알 수 없는 등의 사정으로 발급 권한 있는 자로부터 국제운전면허를 받은 것으로 오신하기에 충분한 정도의 형식과 외관을 갖추고 있다면, 문서위조죄의 위조문서에 해당한다.

해설 및 정답 2023년 제12회 변호사시험 기출문제 13 **정답** ○

대법원 1998. 4. 10. 선고 98도164, 98감도12 판결 [사문서위조]

[판시사항] 외국에서 발행되어 유효기간이 경과한 국제운전면허증에 첨부된 사진을 바꾸어 붙인 행위와 문서위조죄 성립 여부(적극)

[판결요지] 문서위조죄는 문서의 진정에 대한 공공의 신용을 그 보호법익으로 하는 것이다. 그러므로 피고인이 위조하였다는 국제운전면허증이 그 유효기간을 경과하여 본래의

용법에 따라 사용할 수는 없게 되었다고 하더라도, 이를 행사하는 경우 **그 상대방이 유효기간을 쉽게 알 수 없도록 되어 있거나 위 문서 자체가 진정하게 작성된 것으로서 피고인이 명의자로부터 국제운전면허를 받은 것으로 오신하기에 충분한 정도의 형식과 외관을 갖추고 있다면 피고인의 행위는 문서위조죄에 해당한다.**

② 변조 당시 명의인의 명시적, 묵시적 승낙이 없었다면 변조된 문서가 명의인에게 유리하여 결과적으로 그 의사에 합치한다 하더라도 사문서변조죄의 구성요건을 충족한다.

해설 및 정답 2023년 제12회 변호사시험 기출문제 13 **정답** ○

대법원 1985. 1. 22. 선고 84도2422 판결 [사문서변조 · 사문서변조행사]

[판시사항] 변조된 문서의 내용이 명의인의 의사와 합치하는 경우 문서변조죄의 성부

[판결요지] 사문서변조에서 그 변조 당시 명의인의 명시적, 묵시적 승낙없이 한 것이면 변조된 문서가 명의인에게 유리하여 결과적으로 그 의사에 합치한다 하더라도 사문서변조죄의 구성요건을 충족한다.

☞ [출제] 2017년 제6회 변호사시험 기출문제 13

중요 ③ 사법인(私法人)이 구축한 전산망 시스템의 설치 · 운영 주체로부터 각자의 직무 범위에서 개개의 단위정보의 입력 권한을 부여받은 사람이 그 권한을 남용하여 허위의 정보를 입력함으로써 시스템 설치 · 운영 주체의 의사에 반하는 전자기록을 생성한 경우, 이는 사전자기록등위작죄에서 말하는 전자기록의 '위작'에 ~~포함되지 않는다.~~ 포함된다.

해설 및 정답 2023년 제12회 변호사시험 기출문제 13 **정답** ×

대법원 2020. 8. 27. 선고 2019도11294 전원합의체 판결 [사전자기록등위작 · 위작사전자기록등행사 · 공정증서원본불실기재] 〈형법 제232조의2에서 정한 사전자기록 '위작'의 의미〉 ★★★★★

[판시사항] 공전자기록등위작죄에서 말하는 전자기록의 '위작'에, 전자적 방식에 의한 정보의 생성 · 처리 · 저장 · 출력을 목적으로 구축하여 설치 · 운영하는 시스템의 설치 · 운영 주체와의 관계에서 전자기록의 생성에 관여할 권한이 없는 사람이 전자기록을 작출하거나 전자기록의 생성에 필요한 단위정보의 입력을 하는 경우 외에 시스템의 설치 · 운영 주체로부터 각자의 직무 범위에서 개개의 단위정보의 입력 권한을 부여받은 사람이 그 권한을 남용하여 허위의 정보를 입력함으로써 시스템 설치 · 운영 주체의 의사에 반하는 전자기록을 생성하는 경우도 포함되는지 여부(적극) / 위 법리는 사전자기록등위작죄에서 행위의 태양으로 규정한 '위작'에 대해서도 마찬가지로 적용되는지 여부(적극)

[판결요지] [다수의견] 형법 제227조의2의 공전자기록등위작죄는 사무처리를 그르치게 할 목적으로 공무원 또는 공무소의 전자기록 등 특수매체기록을 위작 또는 변작한 경우에 성립한다. 대법원은, 형법 제227조의2에서 위작의 객체로 규정한 전자기록은 그 자체로는

물적 실체를 가진 것이 아니어서 별도의 표시·출력장치를 통하지 아니하고는 보거나 읽을 수 없고, 그 생성 과정에 여러 사람의 의사나 행위가 개재됨은 물론 추가 입력한 정보가 프로그램에 의하여 자동으로 기존의 정보와 결합하여 새로운 전자기록을 작출하는 경우도 적지 않으며, 그 이용 과정을 보아도 그 자체로서 객관적·고정적 의미를 가지면서 독립적으로 쓰이는 것이 아니라 개인 또는 법인이 전자적 방식에 의한 정보의 생성·처리·저장·출력을 목적으로 구축하여 설치·운영하는 시스템에서 쓰임으로써 예정된 증명적 기능을 수행하는 것이므로, 위와 같은 시스템을 설치·운영하는 주체와의 관계에서 전자기록의 생성에 관여할 권한이 없는 사람이 전자기록을 작출하거나 전자기록의 생성에 필요한 단위정보의 입력을 하는 경우는 물론 시스템의 설치·운영 주체로부터 각자의 직무 범위에서 개개의 단위정보의 입력 권한을 부여받은 사람이 그 권한을 남용하여 허위의 정보를 입력함으로써 시스템 설치·운영 주체의 의사에 반하는 전자기록을 생성하는 경우도 형법 제227조의2에서 말하는 전자기록의 '위작'에 포함된다고 판시하였다. 위 법리는 형법 제232조의2의 사전자기록등위작죄에서 행위의 태양으로 규정한 '위작'에 대해서도 마찬가지로 적용된다.

중요 ④ 권한 없이 행사할 목적으로 전세계약서 원본을 스캐너로 복사하여 컴퓨터 화면에 띄운 후 그 보증금액란을 포토숍 프로그램을 이용하여 공란으로 만든 다음 이를 프린터로 출력하여 그 공란에 볼펜으로 보증금액을 사실과 달리 기재하여 그 정을 모르는 자에게 교부하였다면, 사문서변조죄 및 변조사문서행사죄가 성립한다.

해설 및 정답 2023년 제12회 변호사시험 기출문제 13 **정답** ○

대법원 2011. 11. 10. 선고 2011도10468 판결 [사문서변조·변조사문서행사]

[판시사항] [1] 형법상 문서에 관한 죄에서 '문서'의 의미 [2] 컴퓨터 모니터에 나타나는 이미지가 형법상 '문서'에 해당하는지 여부(소극)

[판결요지] 형법상 문서에 관한 죄에 있어서 문서라 함은, 문자 또는 이에 대신할 수 있는 가독적 부호로 계속적으로 물체상에 기재된 의사 또는 관념의 표시인 원본 또는 이와 사회적 기능, 신용성 등을 같게 볼 수 있는 기계적 방법에 의한 복사본으로서 그 내용이 법률상, 사회생활상 주요 사항에 관한 증거로 될 수 있는 것을 말하므로(대법원 2006. 1. 26. 선고 2004도788 판결 등 참조), 원심이 **컴퓨터 모니터 화면에 나타나는 이미지는 이미지 파일을 보기 위한 프로그램을 실행할 경우에 그때마다 전자적 반응을 일으켜 화면에 나타나는 것에 지나지 아니하여 형법상 문서에 관한 죄에 있어서의 '문서'에 해당하지 않는다**고 본 것은 정당하다(대법원 2007. 11. 29. 선고 2007도7480 판결 등 참조).

공소사실은 "피고인이 사무실전세계약서 원본을 스캐너로 복사하여 컴퓨터 화면에 띄운 후 그 보증금액란을 공란으로 만든 다음 이를 프린터로 출력하여 검정색 볼펜으로 보증금액을 '삼천만 원(30,000,000원)'으로 변조하고, 이와 같이 변조된 사무실전세계약서를 팩스로 송부하여 행사하였다."는 것이므로, 이 부분 **공소사실에서 적시된 범죄사실은 '컴퓨터 모니터 화면상의 이미지'를 변조하고 이를 행사한 행위가 아니라 '프린터로 출력된**

문서'인 사무실전세계약서를 변조하고 이를 행사한 행위임을 알 수 있다.

[판결요약] 피고인이 행사할 목적으로 권한 없이 (1) 임대인 공소외 1과 피고인이 작성한 **'사무실전세계약서' 원본을 스캐너로 복사하여 컴퓨터 화면에 띄운 후 포토샵을 이용하여** 보증금액 "일천만 원, 10,000,000원"을 지워 **보증금액을 공란으로 만든 후** 그 자리에서 **사무실전세계약서를 프린터로 출력하고, 검정색 볼펜으로 보증금액 공란에 "삼천만 원, 30,000,000원"으로 기재**하여 그 **정을 모르는 공소외 2에게** 이를 마치 진정한 것처럼 **팩스로 송부**하고(**'제1사문서변조 및 행사의 점'**), (2) **외환은행 명의인 2007. 1. 10.자 '예금/신탁잔액증명서' 원본을 스캐너로 복사하여 컴퓨터 화면에 띄운 후 포토샵을 이용하여 발급날짜 "2007. 1. 10."을 "2010. 6. 25."로 변경**하여 그 자리에서 **예금/신탁잔액증명서를 프린터로 출력하여 그 정을 모르는 공소외 2에게** 이를 마치 진정한 것처럼 **팩스로 송부('제2사문서변조 및 행사의 점')**한 경우, **이는 '컴퓨터 모니터 화면상의 이미지'를 변경하여 행사한 것이 아니라 변경된 이미지를 '프린터로 출력한 문서'인 '사무실전세계약서'를 변경하여 교부하였거나('제1사문서변조 및 행사의 점') 또는 변경된 '예금/신탁잔액증명서' 이미지를 문서로 출력하여 이를 교부한 것이므로('제2사문서변조 및 행사의 점') 사문서변조죄 및 변조사문서행사죄가 성립한다.**

⑤ 사문서위조죄나 공정증서원본불실기재죄가 성립한 후, 사후에 피해자의 동의 또는 추인 등의 사정으로 문서에 기재된 대로 효과의 승인을 받거나 등기가 실체적 권리관계에 부합하게 되었다 하더라도 이미 성립한 위 범죄에는 아무런 영향이 없다.

해설 및 정답 2023년 제12회 변호사시험 기출문제 13 **정답** ○

대법원 2001. 11. 9. 선고 2001도3959 판결 [사문서위조·위조사문서행사]

[판시사항] [1] 부동산의 실제 소유자인 피상속인의 상속인이 수인인데도 보증서 및 확인서발급신청서에는 실제 소유자의 공동상속인 중 1인이 부동산 전부를 매수한 것처럼 기재하여 확인서를 발급받아 이를 행사한 경우, 구 부동산소유권이전등기특별조치법에 위반되는지 여부(적극) [2] 등기에 절차상 하자가 있거나 그 원인이 실제와 다르더라도 실체적 권리관계에 부합하게 하기 위하거나 부합하는 유효한 등기인 경우, 공정증서원본불실기재 및 동행사죄 성립 여부(소극) 및 **등기 경료 당시에는 실체권리관계에 부합하지 아니하나 사후에 이해관계인들의 동의·추인으로 실체권리관계에 부합하게 된 경우, 공정증서원본불실기재 및 동행사죄의 성립 여부(적극)**

[판결요지] **소유권보존등기나 소유권이전등기에 절차상 하자가 있거나 등기원인이 실제와 다르다 하더라도 그 등기가 실체적 권리관계에 부합하게 하기 위한 것이거나 실체적 권리관계에 부합하는 유효한 등기인 경우에는 공정증서원본불실기재 및 동행사죄가 성립되지 않는다고 할 것이다. 그러나 이**는 등기 경료 당시를 기준으로 그 등기가 실체권리관계에 부합하여 유효한 경우에 한정되는 것이다. **등기 경료 당시에는 실체권리관계에 부합하지 아니한 등기인 경우에는 사후에 이해관계인들의 동의 또는 추인 등의 사정으로 실체권리관계에 부합하게 된다 하더라도 공정증서원본불실기재 및 동행사죄의 성립에는 아무런 영향이 없다.**

문 25. 뇌물죄 · 직무유기죄 · 직권남용권리행사방해죄에 관한 설명 중 옳은 것은? (다툼이 있는 경우 판례에 의함)

출제내용

- 뇌물의 개념(=직무관련성+전체적·포괄적 대가관계+부정한 보수·모든 이익)
- 형법 제129조 뇌물죄 기수시기(=수수·요구약속)
- 형법 제130조 제삼자뇌물제공죄, 형법 제31조
- 특가법 뇌물죄 가중처벌(뇌물가액): 제2조 제1호 1억원 이상, 제2호 5천만원 이상, 제3호 3천만 이상
- 형법 제132조 알선수뢰죄. 특정경제범죄가중처벌법 제7조 알선수재죄
- 형법 제133조 제삼자뇌물교부죄
- 형법 제134조 몰수·추징
- 형법 제122조 직무거부죄·직무유기죄
- 형법 제123조 직권남용권리행사방해죄

출제분석

2024년 제13회 변호사시험 출제예상 ★
2022년 제11회 변호사시험 기출문제 13·20
2020년 제9회 변호사시험 기출문제 21
2018년 제7회 변호사시험 기출문제 3
2012년 제1회 변호사시험 기출문제 10

가. 뇌물죄에 관한 설명 중 옳은 것이다(○).

① 임용될 당시 「지방공무원법」상 임용결격자임에도 공무원으로 임용되어 계속 근무하던 중 직무에 관하여 뇌물을 수수한 경우, 임용행위의 무효에도 불구하고 뇌물수수죄의 성립을 인정할 수 있다.

해설 및 정답 2018년 제7회 변호사시험 기출문제 3 **정답** ○

대법원 2014. 3. 27. 선고 2013도11357 판결 [뇌물수수]

[판결요지] 형법이 뇌물죄에 관하여 규정하고 있는 것은 공무원의 직무집행의 공정과 그에 대한 사회의 신뢰 및 직무행위의 불가매수성을 보호하기 위한 것이다. **법령에 기한 임명권자에 의하여 임용되어 공무에 종사하여 온 사람이 나중에 그가 임용결격자이었음이 밝혀져 당초의 임용행위가 무효라고 하더라도, 그가 임용행위라는 외관을 갖추어 실제로 공무를 수행한 이상 공무 수행의 공정과 그에 대한 사회의 신뢰 및 직무행위의 불가매수성은 여전히 보호되어야 한다.** 따라서 **이러한 사람은 형법 제129조에서 규정한 공무원으로**

봄이 타당하다. 그가 그 직무에 관하여 뇌물을 수수한 때에는 수뢰죄로 처벌할 수 있다.

② 뇌물공여죄가 성립하기 위하여는 반드시 상대방 측에서 뇌물수수죄가 성립하여야 하는 것은 아니다.

해설 및 정답 2018년 제7회 변호사시험 기출문제 3 **정답** ○

대법원 2006. 2. 24. 선고 2005도4737 판결 [뇌물수수]

[공소사실] **지방자치단체장인 피고인이 건설업자로부터 거액의 현금이 든 굴비상자를 뇌물로 받은 것으로 기소된 사안이다.**

[판결요지] **뇌물공여죄가 성립하기 위하여는 뇌물을 공여하는 행위와 상대방측에서 금전적으로 가치가 있는 그 물품 등을 받아들이는 행위가 필요할 뿐이다. 반드시 상대방측에서 뇌물수수죄가 성립하여야 함을 뜻하는 것은 아니다.**

③ 자기앞수표를 뇌물로 받아 모두 소비한 후 액면 상당의 현금을 증뢰자에게 반환한 경우에도 수뢰자로부터 그 가액을 추징하여야 한다.

해설 및 정답 2012년 제1회 변호사시험 기출문제 12 **정답** ○

대법원 1999. 1. 29. 선고 98도3584 판결

[판결요지] **수뢰자가 자기앞수표를 뇌물로 받아 이를 소비한 후 자기앞수표 상당액을 증뢰자에게 반환하였다 하더라도 뇌물 그 자체를 반환한 것은 아니므로 이를 몰수할 수 없고 수뢰자로부터 그 가액을 추징하여야 할 것이다.**

④ 공무원이 투기적 사업에 참여할 기회를 뇌물로 제공받아 실제 참여하였으나 경제 사정의 변동 등으로 인하여 당초의 예상과는 달리 그 사업 참여로 인한 아무런 이득을 얻지 못한 경우에도 뇌물수수죄가 성립한다.

해설 및 정답 2012년 제1회 변호사시험 기출문제 12 **정답** ○

대법원 2002. 11. 26. 선고 2002도3539 판결 [뇌물공여]

[공소사실] **재개발주택조합의 조합장이 그 재직 중 고소하거나 고소당한 사건의 수사를 담당한 경찰관에게 액수 미상의 프리미엄이 예상되는 조합아파트 1세대를 분양해 준 사안이다. 뇌물공여죄에 해당한다**고 한 사례

[판결요지] **뇌물죄에서 뇌물의 내용인 이익이라 함은 금전, 물품 기타의 재산적 이익뿐만 아니라 사람의 수요 욕망을 충족시키기에 족한 일체의 유형, 무형의 이익을 포함한다고 해석되고, 투기적 사업에 참여할 기회를 얻는 것도 이에 해당한다.** 공무원이 뇌물로 투기적 사업에 참여할 기회를 제공받은 경우, **뇌물수수죄의 기수 시기는 투기적 사업에 참여하는 행위가 종료된 때로 보아야 한다.** 그 행위가 종료된 후 경제사정의 변동 등으로 인하여 당초의 예상과는 달리 그 사업 참여로 아무런 이득을 얻지 못한 경우라도 뇌물수수

죄의 성립에는 영향이 없다. **조합장이 선택한 수분양자가 되어 분양계약을 체결한 것 자체가 경제적인 이익이라고 볼 수 있으므로 뇌물공여죄에 해당한다.**

⑤ 증뢰물전달죄는 증뢰자나 수뢰자가 아닌 제3자가 증뢰자로부터 수뢰할 사람에게 전달될 금품이라는 정을 알면서 그 금품을 받으면 성립하고, 그 금품을 전달하였는지 여부는 증뢰물전달죄의 성립에 영향이 없다.

해설 및 정답 2012년 제1회 변호사시험 기출문제 12 **정답** ○

대법원 1997. 9. 5. 선고 97도1572 판결 [뇌물공여·제3자뇌물취득·건축사법위반]

[공소사실] 건축사가 면허가 없는 타인으로 하여금 건축사의 업무를 행하게 한 것으로 인정한 사례

[판결요지] 제3자의 증뢰물전달죄는 제3자가 증뢰자로부터 교부받은 금품을 수뢰할 사람에게 전달하였는지 여부에 관계 없이 제3자가 그 정을 알면서 금품을 교부받음으로써 성립하는 것이다. 나아가 **제3자가 그 교부받은 금품을 수뢰할 사람에게 전달하였다고 하여 증뢰물전달죄 외에 별도로 뇌물공여죄가 성립하는 것은 아니다.**

나. 뇌물죄에 관한 설명 중 옳지 않은 것이다(×).

① 수수된 금품의 뇌물성을 인정하기 위하여는 그 금품이 ~~개개의~~전체적·포괄적 직무행위와 대가적 관계에 있음이 증명되어야 한다.

해설 및 정답 2018년 제7회 변호사시험 기출문제 3 **정답** ×

대법원 1997. 12. 26. 선고 97도2609 판결 ★★★★★

[판결요지] 공무원의 직무와 금원의 수수가 전체적으로 대가관계에 있으면 뇌물수수죄가 성립한다. 특별히 청탁의 유무, 개개의 직무행위의 대가적 관계를 고려할 필요가 없다. 또한 그 직무행위가 특정된 것일 필요도 없다 할 것이다. 국회의원이 그 직무권한의 행사로서의 의정활동과 전체적·포괄적으로 대가관계가 있는 금원을 교부받았다면 그 금원의 수수가 어느 직무행위와 대가관계에 있는 것인지 특정할 수 없다고 하더라도 이는 국회의원의 직무에 관련된 것으로 보아야 한다. 국회의원이 자신의 직무권한인 의안의 심의·표결권 행사의 연장선상에서 일정한 의안에 관하여 다른 동료의원에게 작용하여 일정한 의정활동을 하도록 권유·설득하는 행위 역시 국회의원이 가지고 있는 위 직무권한의 행사와 밀접한 관계가 있는 행위로서 그와 관련하여 금원을 수수하는 경우에도 뇌물수수죄가 성립한다.

② 뇌물을 수수한 자가 공동수수자가 아닌 교사범 또는 종범에게 뇌물 중 일부를 사례금 등의 명목으로 교부한 경우, 실제 수익은 뇌물에서 사례금을 ~~공제한~~수뢰액 전부 금액이므로, 전체 뇌물 ~~액수에서 사례금 상당액을 공제한 금액~~을 뇌물수수

자에게서 몰수·추징하여야 한다.

해설 및 정답 2018년 제7회 변호사시험 기출문제 3 **정답** ×

대법원 2011. 11. 24. 선고 2011도9585 판결

[판시사항] 여러 사람이 공동으로 뇌물을 수수한 경우 가액 추징의 방법 및 공동수수자가 아닌 교사범 또는 종범에게 뇌물 중 일부를 사례금 등의 명목으로 교부한 경우 추징하여야 할 금액(=수뢰액 전부)

[판결요지] 피고인이 건설회사와 컨설팅회사 간의 용역계약을 가장하여 건설회사들에게서 뇌물을 수수하는 과정에서 건설회사들이 형식적인 용역계약 상대방인 컨설팅회사 계좌로 뇌물을 입금한 것은 사회통념상 피고인에게 직접 뇌물을 공여한 것과 동일하게 평가할 수 있다고 보아 형법 제129조 제1항 뇌물수수죄를 인정한 원심판단을 수긍한 사례. 뇌물을 수수한 자가 공동수수자가 아닌 교사범 또는 종범에게 뇌물 중 일부를 사례금 등의 명목으로 교부하였다면 이는 뇌물을 수수하는 데 따르는 부수적 비용 지출 또는 뇌물 소비행위에 지나지 아니한다. 그러므로 **뇌물수수자에게 수뢰액 전부를 추징하여야 한다.**

③ 공무원이 직접 뇌물을 받지 않고 증뢰자(贈賂者)로 하여금 자신이 채무를 부담하고 있었던 제3자에게 뇌물을 공여하게 함으로써 자신의 지출을 면하였다면 「형법」 ~~제130조의 제3자뇌물제공죄가~~ 형법 제129조 제1항의 뇌물수수죄가 성립한다.

해설 및 정답 2018년 제7회 변호사시험 기출문제 3 **정답** ×

대법원 2004. 3. 26. 선고 2003도8077 판결

[공소사실] 공무원이 실질적인 경영자로 있는 회사가 청탁 명목의 금원을 회사 명의의 예금계좌로 송금 받은 사안이다. 사회통념상 위 공무원이 직접 받은 것과 같이 평가할 수 있어 뇌물수수죄가 성립한다고 한 사례

[판결요지] 형법 제131조 제1항은 공무원 또는 중재인이 형법 제129조, 제130조의 죄를 범한 후에 부정한 행위를 한 때에 가중처벌한다는 규정이다. 그러므로 **형법 제131조 제1항의 죄를 범한 자는 특정범죄가중처벌등에관한법률 제2조 제1항 소정의 형법 제129조, 제130조에 규정된 죄를 범한 자에 해당된다.**

다. 뇌물죄·직무유기죄·직권남용권리행사방해죄 종합문제

01 ★★★★★

뇌물죄에 관한 설명 중 옳지 않은 것은? (다툼이 있는 경우 판례에 의함)

파워특강 형법 제130조 제3자뇌물수수죄에서 '제3자'의 의미(=행위자와 공동정범 이외의 사람. 교사범과 방조범은 제3자에 해당함). 공무원 또는 중재인이 부정한

청탁을 받고 제3자에게 뇌물을 제공하게 하고 제3자가 그러한 공무원 또는 중재인의 범죄행위를 알면서 방조한 행위(=제3자뇌물수수죄 방조범 성립. [예] 최순실 사건). 비공무원이 공무원과 공동가공의 의사로 기능적 행위지배를 통하여 공무원의 직무와 관련하여 뇌물을 수수한 행위(=형법 제129조, 제30조, 제33조 공무원과 비공무원 모두 뇌물수수죄의 공동정범 성립). 공무원이 다른 공무원의 직무 사항에 뇌물을 통해 알선한 경우(=구체성이 있으면 형법 제132조 알선수뢰죄 성립. 어떤 도움과 손해 염려에 대한 막연한 기대감이면 형법 제132조 알선수뢰죄 성립하지 않음). 공무원이 뇌물 수수 과정에서 지출한 경비와 수고비 그리고 용역계약비(=뇌물 가액 산정과 추징액 산정에서 공제 항목이 아님. 뇌물수수죄에서 뇌물의 부수적 비용에 지나지 않음. 범죄에 사용된 뇌물 전체가 뇌물의 대상임).

① 제3자뇌물수수죄에서 제3자란 행위자와 공동정범 ~~및 교사자와 방조자~~ 이외의 사람을 말한다. 행위자와 공동정범 이외의 사람을 말하고 교사자와 방조자도 포함될 수 있다.

해설 및 정답 2022년 제11회 변호사시험 기출문제 13 **정답** ×

대법원 2017. 3. 15. 선고 2016도19659 판결 [제3자뇌물수수]

[판시사항] [1] 제3자뇌물수수죄에서 필요한 공소사실의 특정 정도 [2] 제3자뇌물수수죄에서 '제3자'의 의미 / **공무원 또는 중재인이 부정한 청탁을 받고 제3자에게 뇌물을 제공하게 하고 제3자가 그러한 공무원 또는 중재인의 범죄행위를 알면서 방조한 경우, 제3자뇌물수수방조죄가 성립하는지 여부(적극)** [3] 공무원이 직무관련자에게 제3자와 계약을 체결하도록 요구하여 계약 체결을 하게 한 행위가 제3자뇌물수수죄의 구성요건과 직권남용권리행사방해죄의 구성요건에 모두 해당하는 경우, 제3자뇌물수수죄와 직권남용권리행사방해죄가 각각 성립하는지 여부(적극) 및 두 죄의 죄수관계(=상상적 경합범)

[판결요지] [1] 제3자뇌물수수죄는 공무원 또는 중재인이 직무에 관하여 부정한 청탁을 받고 제3자에게 뇌물을 공여하게 하는 행위를 구성요건으로 하고 있다. 그중 부정한 청탁은 명시적인 의사표시뿐만 아니라 묵시적인 의사표시로도 가능하며 청탁의 대상인 직무행위의 내용도 구체적일 필요가 없다. 이러한 점에 비추어 살펴보면, 제3자뇌물수수죄의 공소사실은 범죄의 일시, 장소를 비롯하여 구성요건사실이 다른 사실과 구별되어 공소사실의 동일성의 범위를 구분할 수 있고, 피고인의 방어권 행사에 지장이 없는 정도로 기재되면 특정이 되었다고 보아야 한다. 그중 부정한 청탁의 내용은 구체적으로 기재되어 있지 않더라도 공무원 또는 중재인의 직무와 제3자에게 제공되는 이익 사이의 대가관계를 인정할 수 있을 정도로 특정되면 충분하다.

[2] **제3자뇌물수수죄에서 제3자란 행위자와 공동정범 이외의 사람을 말하고, 교사자나 방조자도 포함될 수 있다.** 그러므로 공무원 또는 중재인이 부정한 청탁을 받고 제3자에게 뇌물을 제공하게 하고 제3자가 그 공무원 또는 중재인의 범죄행위를 알면서 방조한 경우, 별도 처벌규정이 없더라도 방조범에 관한 형법총칙의 규정이 적용되어 제3자뇌물수수방조죄가 인정될 수 있다.

[3] 공무원이 직무관련자에게 제3자와 계약을 체결하도록 요구하여 계약 체결을 하게 한 행위가 제3자뇌물수수죄의 구성요건과 직권남용권리행사방해죄의 구성요건에 모두 해당하는 경우에는, 제3자뇌물수수죄와 직권남용권리행사방해죄가 각각 성립한다. 이는 사회관념상 하나의 행위가 수 개의 죄에 해당하는 경우이므로 두 죄는 형법 제40조의 상상적 경합관계에 있다.

☞ [출제] 2020년 제9회 변호사시험 기출문제 1 ㄱ.

☞ [적중] 하태영, 형사법종합연습 변시기출문제분석, 제3판, 법문사, 2021, 270면.

☞ [적중] 하태영, 형사법종합연습 실전예상문제분석, 제4판, 법문사, 2021, 270면.

중요 ② 공무원이 아닌 사람이 공무원과 공동가공의 의사와 이를 기초로 한 기능적 행위지배를 통하여 공무원의 직무에 관하여 뇌물을 수수하는 범죄를 실행하였다면 공무원이 직접 뇌물을 받은 것과 동일하게 평가할 수 있으므로 공무원과 비공무원에게 「형법」 제129조 제1항에서 정한 뇌물수수죄의 공동정범이 성립한다.

해설 및 정답 2022년 제11회 변호사시험 기출문제 13 **정답** ○

대법원 2019. 8. 29. 선고 2018도2738 전원합의체 판결 [뇌물공여] 〈기업대표 뇌물공여 사건〉

[판시사항] 공무원과 공무원이 아닌 사람(비공무원)에게 뇌물수수죄의 공동정범이 성립하기 위한 요건 / 공무원이 뇌물공여자로 하여금 공무원과 뇌물수수죄의 공동정범 관계에 있는 비공무원에게 뇌물을 공여하게 한 경우, 제3자뇌물수수죄가 성립하는지 여부(소극) / 금품이나 이익 전부에 관하여 뇌물수수죄의 공동정범이 성립한 이후 뇌물이 실제로 공동정범인 공무원 또는 비공무원 중 누구에게 귀속되었는지가 이미 성립한 뇌물수수죄에 영향을 미치는지 여부(소극) / 뇌물공여죄에서 고의의 내용

[판결요지] [다수의견] 신분관계가 없는 사람이 신분관계로 인하여 성립될 범죄에 가공한 경우에는 신분관계가 있는 사람과 공범이 성립한다(형법 제33조 본문 참조). 이 경우 신분관계가 없는 사람에게 공동가공의 의사와 이에 기초한 기능적 행위지배를 통한 범죄의 실행이라는 주관적·객관적 요건이 충족되면 공동정범으로 처벌한다. 공동가공의 의사는 공동의 의사로 특정한 범죄행위를 하기 위하여 일체가 되어 서로 다른 사람의 행위를 이용하여 자기의 의사를 실행에 옮기는 것을 내용으로 한다. 따라서 **공무원이 아닌 사람(이하 '비공무원'이라 한다)이 공무원과 공동가공의 의사와 이를 기초로 한 기능적 행위지배를 통하여 공무원의 직무에 관하여 뇌물을 수수하는 범죄를 실행하였다면 공무원이 직접 뇌물을 받은 것과 동일하게 평가할 수 있으므로 공무원과 비공무원에게 형법 제129조 제1항에서 정한 뇌물수수죄의 공동정범이 성립한다.**

형법은 제130조에서 제129조 제1항 뇌물수수죄와는 별도로 공무원이 그 직무에 관하여 뇌물공여자로 하여금 제3자에게 뇌물을 공여하게 한 경우에는 부정한 청탁을 받고 그와 같은 행위를 한 때에 뇌물수수죄와 법정형이 동일한 제3자뇌물수수죄로 처벌하고 있다. 제3자뇌물수수죄에서 뇌물을 받는 제3자가 뇌물임을 인식할 것을 요건으로 하지 않는다.

그러나 공무원이 뇌물공여자로 하여금 공무원과 뇌물수수죄의 공동정범 관계에 있는 비공무원에게 뇌물을 공여하게 한 경우에는 공동정범의 성질상 공무원 자신에게 뇌물을 공여하게 한 것으로 볼 수 있다. 공무원과 공동정범 관계에 있는 비공무원은 제3자뇌물수수죄에서 말하는 제3자가 될 수 없고, 공무원과 공동정범 관계에 있는 비공무원이 뇌물을 받은 경우에는 공무원과 함께 뇌물수수죄의 공동정범이 성립하고 제3자뇌물수수죄는 성립하지 않는다.

③ 단지 상대방으로 하여금 뇌물을 수수하는 자에게 잘 보이면 어떤 도움을 받을 수 있다거나 손해를 입을 염려가 없다는 정도의 막연한 기대감을 갖게 하는 정도에 불과하고, 뇌물을 수수하는 자 역시 상대방이 그러한 기대감을 가질 것이라고 짐작하면서 수수하였다는 사정만으로는 알선뇌물수수죄가 성립하지 않는다.

해설 및 정답 2022년 제11회 변호사시험 기출문제 13 **정답** ○

대법원 2017. 12. 22. 선고 2017도12346 판결 [특정범죄가중처벌등에관한법률위반(뇌물)·제3자뇌물수수·위계공무집행방해·뇌물공여] 〈뇌물수수 등 사건〉

[판시사항] 형법 제132조에서 말하는 '다른 공무원의 직무에 속한 사항의 알선에 관하여 뇌물을 수수한다'는 의미 / 알선뇌물수수죄가 성립하기 위하여 뇌물을 수수할 당시 상대방에게 알선에 의하여 해결을 도모하여야 할 현안이 반드시 존재하여야 하는지 여부(소극) 및 '알선할 사항'의 특정 정도

[판결요지] 형법 제132조 '다른 공무원의 직무에 속한 사항의 알선에 관하여 뇌물을 수수한다'라고 함은, 다른 공무원의 직무에 속한 사항을 알선한다는 명목으로 뇌물을 수수하는 행위로서 반드시 알선의 상대방인 다른 공무원이나 그 직무의 내용을 구체적으로 특정할 필요까지는 없다. 알선행위는 장래의 것이라도 무방하다. 그러므로 뇌물을 수수할 당시 상대방에게 알선에 의하여 해결을 도모하여야 할 현안이 반드시 존재하여야 할 필요는 없다. 그러나 알선뇌물수수죄가 성립하려면 알선할 사항이 다른 공무원의 직무에 속하는 사항으로서 뇌물수수의 명목이 그 사항의 알선에 관련된 것임이 어느 정도 구체적으로 나타나야 한다. **단지 상대방에게 뇌물을 수수하는 자에게 잘 보이면 어떤 도움을 받을 수 있다거나 손해를 입을 염려가 없다는 정도의 막연한 기대감을 갖게 하는 정도에 불과하고, 뇌물을 수수하는 자 역시 상대방이 그러한 기대감을 가질 것이라고 짐작하면서 수수하였다는 사정만으로 알선뇌물수수죄가 성립하지 않는다.**

④ 공무원 또는 중재인이 부정한 청탁을 받고 제3자에게 뇌물을 제공하게 하고 제3자가 그러한 공무원 또는 중재인의 범죄행위를 알면서 방조한 경우에는 그에 대한 별도의 처벌규정이 없더라도 방조범에 관한 형법총칙의 규정이 적용되어 제3자뇌물수수방조죄가 인정될 수 있다.

해설 및 정답 2022년 제11회 변호사시험 기출문제 13 **정답** ○

대법원 2017. 3. 15. 선고 2016도19659 판결 [뇌물수수(피고인1에 대하여 일부 인정된 죄명: 제3자뇌물수수, 피고인2에 대하여 인정된 죄명: 제3자뇌물수수방조)·제3자뇌물수수]

⑤ 공무원이 뇌물을 받는 데에 필요한 경비를 지출한 경우 그 경비는 뇌물수수의 부수적 비용에 불과하여 뇌물의 가액과 추징액에서 공제할 항목에 해당하지 않는다.

해설 및 정답 2022년 제11회 변호사시험 기출문제 13 **정답** ○

대법원 2017. 3. 22. 선고 2016도21536 판결 [특정범죄가중처벌등에관한법률위반(뇌물)·뇌물수수·정치자금법위반·범죄수익은닉의규제및처벌등에관한법률위반]

[판시사항] 공무원이 뇌물을 받는 데에 지출한 필요 경비 또는 뇌물을 받는 주체가 아닌 자가 수고비로 받은 부분이나 뇌물을 받기 위하여 형식적으로 체결된 용역계약에 따른 비용으로 사용된 부분이 뇌물의 가액과 추징액에서 공제할 항목에 해당하는지 여부(소극) / 피고인이 영득의 의사로 뇌물을 받은 것인지 판단하는 기준

[판결요지] [1] 정치인의 정치활동 전반에 대한 지원의 성격을 갖는 것이 아니라 공무원인 정치인의 **특정한 구체적 직무행위와 관련하여 금품 제공자에게 유리한 행위를 기대하거나 또는 그에 대한 사례로서 금품을 제공함으로써 정치인인 공무원의 직무행위에 대한 대가로서의 실체를 가진다면 뇌물성이 인정된다.**

[2] 공무원이 뇌물을 받는 데에 필요한 경비를 지출한 경우 그 경비는 뇌물수수의 부수적 비용에 불과하여 뇌물의 가액과 추징액에서 공제할 항목에 해당하지 않는다. 뇌물을 받는 주체가 아닌 자가 수고비로 받은 부분이나 뇌물을 받기 위하여 형식적으로 체결된 용역계약에 따른 비용으로 사용된 부분은 뇌물수수의 부수적 비용에 지나지 않는다. **뇌물을 받는다는 것은 영득의 의사로 금품을 받는 것을 말한다. 그러므로 뇌물인지 모르고 받았다가 뇌물임을 알고 즉시 반환하거나 또는 증뢰자가 일방적으로 뇌물을 두고 가므로 나중에 기회를 보아 반환할 의사로 어쩔 수 없이 일시 보관하다가 반환하는 등 영득의 의사가 없었다고 인정되는 경우라면 뇌물을 받았다고 할 수 없다. 그러나 피고인이 먼저 뇌물을 요구하여 증뢰자로부터 돈을 받았다면 피고인에게는 받은 돈 전부에 대한 영득의 의사가 인정된다.**

대법원 1999. 10. 8. 선고 99도1638 판결 [특정범죄가중처벌등에관한법률위반(뇌물)]

[판시사항] 공무원이 뇌물을 받음에 있어서 그 취득을 위하여 상대방에게 뇌물의 가액에 상당하는 금원의 일부를 비용으로 지출하거나 그 밖에 경제적 이익을 제공한 경우, 몰수·추징의 범위

[판결요지] 공무원이 뇌물을 받음에 있어서 그 취득을 위하여 상대방에게 뇌물의 가액에 상당하는 금원의 일부를 비용의 명목으로 출연하거나 그 밖에 경제적 이익을 제공하였다 하더라도, 이는 뇌물을 받는 데 지출한 부수적 비용에 불과하다고 보아야 할 것이다. 이로 인하여 **공무원이 받은 뇌물이 그 뇌물의 가액에서 위와 같은 지출액을 공제한 나머지 가액에 상당한 이익에 한정되는 것이라고 볼 수는 없다.** 그러므로 그 **공무원으로부터 뇌**

물죄로 얻은 이익을 몰수·추징함에 있어서는 그 받은 뇌물 자체를 몰수하여야 한다. 그 뇌물의 가액에서 위와 같은 지출을 공제한 나머지 가액에 상당한 이익만을 몰수·추징할 것은 아니다.

☞ [출제] 2019년 제8회 변호사시험 기출문제 9 ②
☞ [출제] 2018년 제8회 변호사시험 기출문제 3
☞ [적중] 하태영, 형사법종합연습 변시기출문제분석, 제3판, 법문사, 2021, 269면.

02 ★★★★★

직무유기죄에 관한 설명 중 옳지 않은 것은? (다툼이 있는 경우 판례에 의함)

파워특강 경찰공무원이 지명수배 중인 범인을 발견하고도 적절한 직무 조치를 하지 않고 범인을 도피하게 한 행위(=형법 제151조 제1항 범인도피죄 성립). 형법 제122조 직무유기죄(=계속범+. 즉시범이 아님). 하나의 행위가 부작위범인 직무유기죄와 작위범인 허위공문서작성죄 및 동행사죄가 성립하는 경우(=검사는 부작위범인 직무유기죄만 공소를 제기할 수 있음). 지방자치단체장이 경중을 선별하여 징계를 요구한 경우(=형법 제122조 직무유기죄 불성립). 경찰관이 압수물을 적절한 조치 없이 피압수자에게 돌려준 경우(=형법 제155조 제1항 증거인멸죄만성립. 부작위범인 직무유기죄는 불성립).

① 경찰공무원이 지명수배 중인 범인을 발견하고도 직무상 의무에 따른 적절한 조치를 취하지 아니하고 오히려 범인을 도피하게 하는 행위를 하였다면, 범인도피죄만 성립하고 직무유기죄는 따로 성립하지 않는다.

해설 및 정답 2022년 제11회 변호사시험 기출문제 20 **정답** ○

대법원 2017. 3. 15. 선고 2015도1456 판결 [범인도피·직무유기]

[판시사항] [1] 경찰공무원이 지명수배 중인 범인을 발견하고도 직무상 의무에 따른 적절한 조치를 취하지 아니하고 오히려 범인을 도피하게 하는 행위를 한 경우, 범인도피죄 외에 직무유기죄가 따로 성립하는지 여부(소극) [2] 범인도피죄의 기수시기와 종료시기

[판결요지] 경찰공무원이 지명수배 중인 범인을 발견하고도 직무상 의무에 따른 적절한 조치를 취하지 아니하고 오히려 범인을 도피하게 하는 행위를 하였다면, 그 직무위배의 위법상태는 범인도피행위 속에 포함되어 있다고 보아야 할 것이다. 그러므로 이와 같은 경우에는 작위범인 범인도피죄만이 성립하고 부작위범인 직무유기죄는 따로 성립하지 아니한다(대법원 2006. 10. 19. 선고 2005도3909 전원합의체 판결 등 참조). 한편, **범인도피죄는 범인을 도피하게 함으로써 기수에 이르지만, 범인도피행위가 계속되는 동안에는 범죄행위도 계속되고 행위가 끝날 때 비로소 범죄행위가 종료된다**(대법원 2012. 8. 30. 선고 2012도6027 판결 등 참조).

② 직무유기죄는 작위의무를 수행하지 아니함으로써 구성요건에 해당하는 사실이 있었고 그 후에도 계속하여 그 작위의무를 수행하지 아니하는 위법한 부작위상태가 계속되는 한 가벌적 위법상태는 계속 존재하고 있다고 할 것이므로, 즉시범이라 할 수 없다.

해설 및 정답 2022년 제11회 변호사시험 기출문제 20 **정답** ○

대법원 1997. 8. 29. 선고 97도675 판결 [직무유기]

[판시사항] [1] 직무유기죄에서 '직무를 유기한 때' 의미 [2] 직무유기죄가 즉시범인지(소극)

[판결요지] [1] **형법 제122조 후단 소정의 공무원이 정당한 이유 없이 직무를 유기한 때라 함은 직무에 관한 의식적인 방임 내지 포기 등 정당한 사유 없이 직무를 수행하지 아니한 경우를 의미하는 것이다.** 그러므로 공무원이 태만, 분망, 착각 등으로 인하여 직무를 성실히 수행하지 아니한 경우나 **형식적으로 또는 소홀히 직무를 수행하였기 때문에 성실한 직무수행을 못한 것에 불과한 경우에는 직무유기죄는 성립하지 아니한다.**

[2] 직무유기죄는 그 직무를 수행하여야 하는 작위의무의 존재와 그에 대한 위반을 전제로 하고 있다. **그 작위의무를 수행하지 아니함으로써 구성요건에 해당하는 사실이 있었고 그 후에도 계속하여 그 작위의무를 수행하지 아니하는 위법한 부작위상태가 계속되는 한 가벌적 위법상태는 계속 존재하고 있다고 할 것이다. 형법 제122조 후단은 이를 전체적으로 보아 1죄로 처벌하는 취지로 해석되므로 이를 즉시범이라고 할 수 없다.**

☞ [출제] 2020년 제9회 변호사시험 기출문제 2 ①

③ 하나의 행위가 부작위범인 직무유기죄와 작위범인 허위공문서작성·행사죄의 구성요건을 동시에 충족하는 경우, 공소제기권자가 작위범인 허위공문서작성·행사죄로 공소를 제기하지 아니하고 부작위범인 직무유기죄로만 공소를 제기할 수는 없다.있다.

해설 및 정답 2022년 제11회 변호사시험 기출문제 20 **정답** ×

대법원 2008. 2. 14. 선고 2005도4202 판결 [뇌물공여·직무유기·뇌물수수]

[판시사항] [1] 경찰관이 불법체류자의 신병을 출입국관리사무소에 인계하지 않고 훈방하면서 이들의 인적사항조차 기재해 두지 아니하였다면 직무유기죄가 성립한다고 한 사례 [2] **하나의 행위가 부작위범인 직무유기죄와 작위범인 허위공문서작성·행사죄의 구성요건을 동시에 충족하는 경우, 그 중 하나의 죄로만 공소를 제기할 수 있는지 여부(적극)**

[판결요지] [1] 경찰관이 불법체류자의 신병을 출입국관리사무소에 인계하지 않고 훈방하면서 이들의 인적사항조차 기재해 두지 아니하였다면 직무유기죄가 성립한다고 한 사례.

[2] **하나의 행위가 부작위범인 직무유기죄와 작위범인 허위공문서작성·행사죄의 구성요건을 동시에 충족하는 경우, 공소제기권자는 재량에 의하여 작위범인 허위공문서작성·행사죄로 공소를 제기하지 않고 부작위범인 직무유기죄로만 공소를 제기할 수 있다.**

④ 지방자치단체장이 전국공무원노동조합이 주도한 파업에 참가한 소속 공무원들에 대하여 관할 인사위원회에 징계의결요구를 하지 아니하고 가담 정도의 경중을 가려 자체 인사위원회에 징계의결요구를 하거나 훈계처분을 하도록 지시한 행위는 직무유기죄를 구성하지 않는다.

해설 및 정답 2022년 제11회 변호사시험 기출문제 20 **정답** ○

대법원 2007. 7. 12. 선고 2006도1390 판결 [직무유기]

[판결요지] **지방자치단체장이 전국공무원노동조합이 주도한 파업에 참가한 소속 공무원들에 대하여 관할 인사위원회에 징계의결요구를 하지 않고 가담 정도의 경중을 가려 자체 인사위원회에 징계의결요구를 하거나 훈계처분을 하도록 지시한 행위가 직무유기죄를 구성하지 않는다.**

⑤ 경찰서 방범과장 甲이 부하직원 乙로부터 게임산업진흥에관한법률위반 혐의로 오락실을 단속하여 증거물로 오락기의 변조 기판을 압수하여 사무실에 보관 중임을 보고받아 알고 있었음에도, 증거를 인멸할 의도로 乙에게 압수한 변조 기판을 돌려주라고 지시하여 乙이 오락실 업주에게 이를 돌려준 경우, 甲에게 증거인멸죄만 성립하고 직무유기죄는 따로 성립하지 아니한다.

해설 및 정답 2022년 제11회 변호사시험 기출문제 20 **정답** ○

대법원 2006. 10. 19. 선고 2005도3909 전원합의체 판결 [증거인멸 · 직무유기]

[판시사항] **경찰관이 압수물을 범죄 혐의의 입증에 사용하도록 하는 등의 적절한 조치를 취하지 아니하고 피압수자에게 돌려주어 증거인멸죄를 범한 경우에 별도로 부작위범인 직무유기죄가 성립하는지 여부(소극)**

[판결요지] 경찰서 ○○과장이 부하직원으로부터 음반 · 비디오물 및 게임물에 관한 법률 위반 혐의로 오락실을 단속하여 증거물로 오락기의 변조 기판을 압수하여 사무실에 보관 중임을 보고받아 알고 있었음에도 그 직무상의 의무에 따라 위 압수물을 수사계에 인계하고 검찰에 송치하여 범죄 혐의의 입증에 사용하도록 하는 등의 적절한 조치를 취하지 않고, **오히려 부하직원에게 위와 같이 압수한 변조 기판을 돌려주라고 지시하여 오락실 업주에게 이를 돌려준 경우, 작위범인 증거인멸죄만이 성립하고 부작위범인 직무유기(거부)죄는 따로 성립하지 아니한다.**

03 ★★★★★

직권남용권리행사방해죄에 관한 설명 중 옳지 않은 것은? (다툼이 있는 경우 판례에 의함)

중요 ① 직권남용권리행사방해죄에서 '권리'는 법률에 명기된 권리에 한하지 않고 법령상 보호되어야 할 이익이면 족하고 공법상 권리인지 사법상 권리인지를 묻지 않으며, '의무'는 법률상 의무를 가리키고 단순한 심리적 의무감 또는 도덕적 의무는 이에 해당하지 아니한다.

해설 및 정답 2020년 제9회 변호사시험 기출문제 21 ★ **정답** ○

대법원 1991. 12. 27. 선고 90도2800 판결 [직권남용 · 직무유기]

[판시사항] [1] 직권남용죄에서 "직권남용"과 "의무"의 의의 [2] **A본부장이 B연구소 C과장에게 고문치사자의 사인에 관하여 기자간담회에 참고할 메모를 작성하도록 요구해서 그의 의사에 반하는 메모를 교부받은 행위가 직권남용죄에 해당하는지 여부(소극)**

중요 ② 어떠한 직무가 공무원의 일반적 권한에 속하는 사항이라고 하기 위해서는 그에 관한 법령상의 근거가 필요하고, 법령상 명문의 근거가 없는 경우에는 직권남용권리행사방해죄가 ~~성립하지 아니한다.~~ 성립한다.

해설 및 정답 2020년 제9회 변호사시험 기출문제 21 ★ **정답** ×

대법원 2011. 7. 28. 선고 2011도1739 판결 [직권남용권리행사방해]

[판결요지] [1] **어떠한 직무가 공무원의 일반적 권한에 속하는 사항이라고 하기 위해서는 법령상의 근거가 필요하다. 하지만 명문이 없는 경우라도 법 · 제도를 종합적, 실질적으로 관찰해서 그것이 해당 공무원의 직무권한에 속한다고 해석된다. 남용된 경우 상대방으로 하여금 사실상 의무 없는 일을 행하게 하거나 권리를 방해하기에 충분한 것이라고 인정되는 경우에는 직권남용죄에서 말하는 '일반적 권한'에 포함된다고 보아야 한다.**

[2] **국방부 검찰단의 향후 수사 방향에 대한 내용 등 수사기밀사항에 대한 보고를 요구하는 행위는 형식적, 외형적으로 직무집행으로 보이나 실질은 일반적 직무권한 범위를 넘어 직무 행사에 가탁한 부당한 행위이다. 갑은 외부에 유출될 경우 검찰단 수사기능에 현저한 장애를 초래할 수 있는 검찰단 내부 수사 내용을 피고인에게 보고할 법률상 의무가 없었다고 보아, 피고인에게 직권남용권리행사방해죄를 인정한 원심판단을 수긍한 사례.**

중요 ③ 공무원이 자신의 직무권한에 속하는 사항에 관하여 실무 담당자로 하여금 그 직무집행을 보조하는 사실행위를 하도록 하더라도 이는 공무원 자신의 직무집행으로 귀결될 뿐이므로 원칙적으로 직권남용권리행사방해죄에서 말하는 의무 없는 일을 하게 한 때에 해당한다고 할 수 없다.

해설 및 정답 2020년 제9회 변호사시험 기출문제 21 ★ **정답** ○

대법원 2011. 2. 10. 선고 2010도13766 판결 [직권남용권리행사방해]

[판결요지] 형법 제123조 **직권남용권리행사방해죄에서 '의무 없는 일을 하게 한 때'란**

'사람'으로 하여금 법령상 의무 없는 일을 하게 하는 때를 의미한다. 직무집행의 기준과 절차가 법령에 구체적으로 명시되어 있고 실무 담당자에게도 직무집행 기준을 적용하고 절차에 관여할 고유한 권한과 역할이 부여되어 있다면, 실무 담당자에게 그러한 기준과 절차에 위반하여 직무집행을 보조하게 한 경우 '의무 없는 일을 하게 한 때'에 해당한다.

중요 ④ 공무원의 행위가 권리행사를 방해함으로 인한 직권남용권리행사방해죄와 의무 없는 일을 하게 함으로 인한 직권남용권리행사방해죄 두 가지 행위태양에 모두 해당하는 것으로 기소된 경우, 권리행사를 방해함으로 인한 직권남용권리행사방해죄만 성립하고 의무 없는 일을 하게 함으로 인한 직권남용권리행사방해죄는 따로 성립하지 아니한다.

해설 및 정답 2020년 제9회 변호사시험 기출문제 21 ★ **정답** ○

대법원 2010. 1. 28. 선고 2008도7312 판결 [직권남용권리행사방해]

[판시사항] **상급 경찰관이 직권을 남용하여 부하 경찰관들의 수사를 중단시키거나 사건을 다른 경찰관서로 이첩하게 한 경우, '권리행사를 방해함으로 인한 직권남용권리행사방해죄'와 '의무 없는 일을 하게 함으로 인한 직권남용권리행사방해죄'가 별개로 성립하는지 여부(소극)**

[판결요지] **이는 어디까지나 하나의 사실을 각기 다른 측면에서 해석한 것에 불과한 것이다. '권리행사를 방해함으로 인한 직권남용권리행사방해죄'와 '의무 없는 일을 하게 함으로 인한 직권남용권리행사방해죄'가 별개로 성립하는 것이라고 할 수는 없다.** 따라서 위 **두 가지 행위 태양에 모두 해당하는 것으로 기소된 경우, '권리행사를 방해함으로 인한 직권남용권리행사방해죄'만 성립한다. '의무 없는 일을 하게 함으로 인한 직권남용권리행사방해죄'는 따로 성립하지 아니하는 것으로 봄이 상당하다.**

중요 ⑤ 공무원의 직권남용행위가 있었다 할지라도 현실적으로 권리행사의 방해라는 결과가 발생하지 아니하였다면 직권남용권리행사방해죄의 기수를 인정할 수 없다.

해설 및 정답 2020년 제9회 변호사시험 기출문제 21 ★ **정답** ○

대법원 2006. 2. 9. 선고 2003도4599 판결 [직권남용권리행사방해]

[판시사항] 직권남용권리행사방해죄에서 '권리행사를 방해한다'의 의미 및 기수시기

[판결요지] 형법 제123조가 규정하는 직권남용권리행사방해죄에서 권리행사를 방해한다 함은 법령상 행사할 수 있는 권리의 정당한 행사를 방해하는 것을 말한다고 할 것이다. 그러므로 이에 해당하려면 구체화된 권리의 현실적인 행사가 방해된 경우라야 할 것이다. 또한 **공무원의 직권남용행위가 있었다 할지라도 현실적으로 권리행사의 방해라는 결과가 발생하지 아니하였다면 본죄의 기수를 인정할 수 없다.**

문 26. 위증죄 · 증거인멸죄 · 무고죄 · 범인도피죄에 관한 설명 중 옳은 것은? (다툼이 있는 경우 판례에 의함)

출제내용

- 위증죄 기수시기(=신문 진술이 종료한 때, 이후 철회하여도 위증죄 성립)
- 형법 제151조 제1항, 제31조 제1항 위증죄 교사범(=자기 형사사건 타인을 교사하여 위증하게 한 경우 위증죄 교사범 성립, 방어권 남용)
- 형법 제152조 제1항 위증죄 죄수(=포괄일죄, 하나의 사건에 증인 선서 후 같은 기일에 여러 사실에 관하여 기억에 반하는 허위 공술)
- 형법 제152조 제2항 모해위증죄에서 모해할 목적(=형법 제33조 단서 신분관계로 형의 경중이 있는 경우에 해당)
- 자신 사건에서 일관되게 부인하였으나 유죄확정 후 별건으로 기소된 공범의 형사사건에서 자신 범행을 부인한 경우(=위증죄 성립, 기대가능성 있음)
- 증거인멸죄 객체(=타인의 형사사건에 관한 증거, 자기 이익을 증거인멸이 동시에 다른 공범자에 관한 증거인멸⇒증거인멸죄 불성립)
- 증거인멸죄 행위(=인멸·은닉·위조·변조 또는 위조·변조된 증거 사용, 경찰관이 압수물을 조치 없이 피압수자에게 돌려 준 경우⇒증거인멸죄만 성립)
- 형법 제152조 제1항, 제31조 제1항 증거인멸죄 교사범(=타인에게 자기사건의 증거인멸을 교사한 경우 증거인멸죄 교사범 성립. 방어권남용론)
- 형법 제156조 무고죄 객체(=공무소·공무원에 대한 허위사실(객관적 사실에 반함. 범죄를 구성하는 허위사실, 공소시효가 완성된 사실에 대하여 공소시효가 완성되지 않은 것처럼 고소하는 경우도 허위사실에 해당함)
- 형법 제156조 무고죄 고의와 목적(=타인에게 형사처분·징계처분을 받게 할 목적, 자기 무고는 무고죄 불성립)
- 자기 무고죄 교사범(=자기 무고를 교사한 경우 무고죄 교사범 성립)
- 형법 제157조 자수·자백 특례(=재판·징계 확정 전 자수⇒필요적 감면)
- 범인도피죄 교사범(=범인이 자신을 위하여 타인(친족·동거 가족 포함)에게 허위 자백을 하게 하여 범인도피죄를 범하게 하는 경우 범인도피죄 교사범이 성립)

출제분석

2024년 제13회 변호사시험 출제예상 ★
2023년 제12회 변호사시험 기출문제 20
2021년 제10회 변호사시험 기출문제 18
2020년 제9회 변호사시험 기출문제 16
2019년 제8회 변호사시험 기출문제 17
2017년 제6회 변호사시험 기출문제 10
2015년 제4회 변호사시험 기출문제 8·19
2013년 제2회 변호사시험 기출문제 4

가. 위증죄·증거인멸죄·무고죄에 관한 설명 중 옳은 것이다(○).

① 위증죄와 모해위증죄의 관계에서 '모해할 목적'을 가지고 있었는가 아니면 그러한 목적이 없었는가 하는 범인의 특수한 상태는 「형법」 제33조 단서 소정의 '신분관계'에 해당된다.

해설 및 정답 2019년 제8회 변호사시험 기출문제 17 **정답** ○

대법원 1994. 12. 23. 선고 93도1002 판결 [모해위증교사]

[판결요지] 형법 제31조 제1항은 협의의 공범의 일종인 교사범이 그 성립과 처벌에 있어서 정범에 종속한다는 일반적인 원칙을 선언한 것에 불과하다. 신분관계로 인하여 형의 경중이 있는 경우에 신분이 있는 자가 신분이 없는 자를 교사하여 죄를 범하게 한 때에는 형법 제33조 단서가 형법 제31조 제1항에 우선하여 적용됨으로써 신분이 있는 교사범이 신분이 없는 정범보다 중하게 처벌된다.

② 甲이 자신의 강도상해 범행을 일관되게 부인하였으나 유죄판결이 확정된 후, 별건으로 기소된 공범의 형사사건에서 자신의 강도상해 범행사실을 부인하는 위증을 한 경우, 甲에게 위증죄가 성립한다.

해설 및 정답 2019년 제8회 변호사시험 기출문제 17 **정답** ○

대법원 2008. 10. 23. 선고 2005도10101 판결 [위증]

③ 하나의 사건에 관하여 한 번 선서한 증인 甲이 같은 기일에 여러 가지 사실에 관하여 기억에 반하는 허위의 진술을 하는 경우에는 포괄하여 1개의 위증죄를 구성한다.

해설 및 정답 2019년 제8회 변호사시험 기출문제 17 **정답** ○

대법원 1998. 4. 14. 선고 97도3340 판결 [위증·위증교사·사기]

[판결요지] 하나의 사건에 관하여 한 번 선서한 증인이 같은 기일에 여러 가지 사실에 관하여 기억에 반하는 허위의 진술을 한 경우 이는 하나의 범죄의사에 의하여 계속하여 허위의 진술을 한 것으로서 포괄하여 1개의 위증죄를 구성하는 것이다. 각 진술마다 수 개의 위증죄를 구성하는 것이 아니다. 그러므로 당해 위증 사건의 허위진술 일자와 같은 날짜에 한 다른 허위진술로 인한 위증 사건에 관한 판결이 확정되었다면, 비록 종전 사건 공소사실에서 허위의 진술이라고 한 부분과 당해 사건 공소사실에서 허위의 진술이라고 한 부분이 다르다 하여도 종전 사건의 확정판결의 기판력은 당해 사건에도 미치게 되어 당해 위증죄 부분은 면소되어야 한다. 위증죄의 죄수(=포괄일죄) 및 기판력

④ 甲이 자기의 형사사건에서 허위의 진술을 하는 경우 위증죄로 처벌되지 않으나, 자기의 형사사건에 관하여 타인을 교사하여 위증죄를 범하게 하는 경우에는 위증교사범의 죄책을 부담한다.

해설 및 정답 2019년 제8회 변호사시험 기출문제 17 **정답** ○

대법원 2004. 1. 27. 선고 2003도5114 판결 [사기미수 · 위증교사 · 무고]

[판결요지] 피고인이 자기의 형사사건에 관하여 허위의 진술을 하는 행위는 피고인의 형사소송에 있어서의 방어권을 인정하는 취지에서 처벌의 대상이 되지 않는다. 그러나 법률에 의하여 선서한 증인이 타인의 형사사건에 관하여 위증을 하면 형법 제152조 제1항의 위증죄가 성립된다. 그러므로 자기의 형사사건에 관하여 타인을 교사하여 위증죄를 범하게 하는 것은 이러한 방어권을 남용하는 것이라고 할 것이어서 교사범의 죄책을 부담케 함이 상당하다. 위증교사죄의 성립 여부(적극)

⑤ 증거위조죄에서 '위조'란 문서에 관한 죄에서의 위조개념과는 달리 새로운 증거의 창조를 의미하는 것이다. 그러므로 존재하지 아니한 증거를 이전부터 존재하고 있는 것처럼 만들어 내는 행위도 위조에 해당한다. 증거가 문서의 형식을 갖는 경우 증거위조죄의 증거에 해당하는지는 그 작성권한 유무나 내용의 진실성에 좌우되지 않는다.

해설 및 정답 2015년 제4회 변호사시험 기출문제 19 **정답** ○

대법원 2011. 2. 10. 선고 2010도15986 판결

⑥ 경찰서 방범과장이 부하직원으로부터 게임산업진흥에관한 법률위반 혐의로 오락실을 단속하여 증거물로 오락기의 변조된 기판을 압수하여 사무실에 보관 중임을 보고받아 알고 있었음에도 그 직무상의 의무에 따라 적절한 조치를 취하지 않고, 오히려 부하직원에게 위와 같이 압수한 변조된 기판을 돌려주라고 지시하여 오락실 업주에게 돌려준 경우 증거인멸죄가 성립한다.

해설 및 정답 2015년 제4회 변호사시험 기출문제 19 **정답** ○

대법원 2006. 10. 19. 선고 2005도3909 전원합의체 판결 [증거인멸 · 직무유기]

[판결요지] 부하직원에게 위와 같이 압수한 변조 기판을 돌려주라고 지시하여 오락실 업주에게 이를 돌려준 경우, 작위범인 증거인멸죄만이 성립하고 부작위범인 직무유기(거부)죄는 따로 성립하지 아니한다.

⑦ 자기의 형사사건에 관한 증거를 인멸하기 위하여 타인을 교사하여 증거인멸죄를 범하게 한 자에 대하여는 증거인멸교사죄가 성립한다.

해설 및 정답 2015년 제4회 변호사시험 기출문제 19 **정답** ○

대법원 1965. 12. 10. 선고 65도826 전원합의체 판결 [증거인멸교사]

⑧ 증거위조죄에서 '타인의 형사사건'이란 증거위조 행위 시에 아직 수사절차가 개시되기 전이라도 장차 형사사건이 될 수 있는 것까지 포함하고 그 형사사건이 기소되지 아니하거나 무죄가 선고되더라도 증거위조죄의 성립에는 영향이 없다.

해설 및 정답 2015년 제4회 변호사시험 기출문제 19 **정답** ○

대법원 2011. 2. 10. 선고 2010도15986 판결 [증거위조교사 · 위조증거사용교사]

[판결요지] 형법 제155조 제1항의 증거위조죄에서 타인의 형사사건이란 증거위조 행위시에 아직 수사절차가 개시되기 전이라도 장차 형사사건이 될 수 있는 것까지 포함한다. 그 형사사건이 기소되지 아니하거나 무죄가 선고되더라도 증거위조죄의 성립에 영향이 없다. 자기의 형사사건에 관한 증거를 위조하기 위하여 타인을 교사하여 죄를 범하게 한 자에 대하여는 증거위조교사죄가 성립한다.

⑨ 타인에게 형사처벌을 받게 할 목적으로 허위의 사실을 신고하였다 하더라도 그 사실 자체가 범죄가 되지 않는다면 무고죄는 성립하지 않는다.

해설 및 정답 2015년 제4회 변호사시험 기출문제 8 **정답** ○

대법원 2013. 9. 26. 선고 2013도6862 판결 [무고]

[판결요지] 타인에게 형사처분을 받게 할 목적으로 허위의 사실을 신고한 행위가 무고죄를 구성하기 위하여는 신고된 사실 자체가 형사처분의 원인이 될 수 있어야 할 것이다. 가령 허위의 사실을 신고하였다 하더라도 그 사실 자체가 형사범죄로 구성되지 아니한다면 무고죄는 성립하지 아니한다(대법원 2007. 4. 13. 선고 2006도558 판결).

⑩ 스스로 본인을 무고하는 자기무고는 무고죄의 구성요건에 해당하지 아니하여 무고죄가 성립하지 않는다.

해설 및 정답 2015년 제4회 변호사시험 기출문제 8 **정답** ○

대법원 2008. 10. 23. 선고 2008도4852 판결 [사기미수 · 무고 · 위증 · 무고방조]

[판결요지] 형법 제156조의 무고죄는 국가의 형사사법권 또는 징계권의 적정한 행사를 주된 보호법익으로 하는 죄이다. 하지만 **스스로 본인을 무고하는 자기무고는 무고죄의 구성요건에 해당하지 아니하여 무고죄를 구성하지 않는다.** 그러나 **피무고자의 교사 · 방**

조 하에 제3자가 피무고자에 대한 허위의 사실을 신고한 경우에는 제3자의 행위는 무고죄의 구성요건에 해당하여 무고죄를 구성한다. 제3자를 교사·방조한 피무고자도 교사·방조범으로서의 죄책을 부담한다.

⑪ 위증죄에서 허위의 진술이란 그 객관적 사실이 허위라는 것이 아니라 스스로 체험한 사실을 기억에 반하여 진술하는 것을 뜻한다.

해설 및 정답 2013년 제2회 변호사시험 기출문제 4 **정답** ○

대법원 1984. 2. 28. 선고 84도114 판결 [위증]

[판결요지] 위증죄에서 말하는 허위의 진술이라는 것은 그 객관적 사실이 허위라는 것이 아니라 스스로 체험한 사실을 기억에 반하여 진술하는 것, 즉 기억에 반한다는 사실을 말한다.

⑫ 위증죄에서 경험한 사실에 대한 법률적 평가나 단순한 의견에 지나지 아니한 경우 다소의 오류가 있더라도 허위의 진술에 해당하지 아니한다.

해설 및 정답 2013년 제2회 변호사시험 기출문제 4 **정답** ○

대법원 2009. 3. 12. 선고 2008도11007 판결 [위증]

⑬ 위증죄에서 증인의 진술내용이 당해 사건의 요증사실에 관한 것인지, 판결에 영향을 미친 것인지 여부는 위증죄의 성립과 아무런 관계가 없다.

해설 및 정답 2013년 제2회 변호사시험 기출문제 4 **정답** ○

대법원 1990. 2. 23. 선고 89도1212 판결 [위증]

나. 위증죄·증거인멸죄·무고죄에 관한 설명 중 옳지 않은 것이다(×).

① 甲이 제9회 공판기일에 증인으로 출석하여 선서한 후 기억에 반하는 허위 진술한 것을 철회·시정한 바 없이 증인신문절차가 그대로 종료되었지만, 그 후 다시 증인으로 신청된 甲이 위 사건의 제21회 공판기일에 다시 출석하여 선서한 후 종전의 제9회 기일에서 한 진술이 허위 진술임을 시인하고 이를 철회하는 취지의 진술을 하였다면 甲에게 위증죄가 ~~성립하지 않는다.~~ 성립한다.

해설 및 정답 2019년 제8회 변호사시험 기출문제 17 **정답** ×

위증죄 기수시기는 최초 신문 진술이 종료한 때이다. 이후에 철회하여도 위증죄 성립에 영향이 없다.

대법원 2010. 9. 30. 선고 2010도7525 판결 [위증교사]

[판결요지] **갑의 위증죄는 이미 기수에 이른 것으로 보아야 하고, 그 후 다시 증인으로 신청·채택되어 종전 신문절차에서 한 허위 진술을 철회하였더라도 이미 성립한 위증죄에 영향을 미친다고 볼 수는 없다.**

② 자신이 직접 형사처분이나 징계처분을 받게 될 것을 두려워한 나머지 자기의 이익을 위하여 그 증거가 될 자료를 인멸하였다 하더라도, 그 행위가 동시에 다른 공범자의 형사사건이나 징계사건에 관한 증거를 인멸한 결과가 되는 경우 증거인멸죄가 ~~성립한다.~~ 성립하지 않는다.

해설 및 정답 2015년 제4회 변호사시험 기출문제 19 **정답** ×

대법원 1995. 9. 29. 선고 94도2608 판결 [증거인멸]

[판결요지] **증거인멸죄는 타인의 형사사건 또는 징계사건에 관한 증거를 인멸하는 경우에 성립하는 것이다. 피고인 자신이 직접 형사처분이나 징계처분을 받게 될 것을 두려워한 나머지 자기의 이익을 위하여 그 증거가 될 자료를 인멸하였다면, 그 행위가 동시에 다른 공범자의 형사사건이나 징계사건에 관한 증거를 인멸한 결과가 된다고 하더라도 이를 증거인멸죄로 다스릴 수 없다. 이러한 법리는 그 행위가 피고인의 공범자가 아닌 자의 형사사건이나 징계사건에 관한 증거를 인멸한 결과가 된다고 하더라도 마찬가지이다.**

③ 상대방의 범행에 공범으로 가담한 자가 자신의 범죄 가담사실을 숨기고 상대방인 다른 공범자만을 고소하였다면 무고죄가 ~~성립한다.~~ 성립하지 않는다.

해설 및 정답 2015년 제4회 변호사시험 기출문제 8 **정답** ×

대법원 2008. 8. 21. 선고 2008도3754 판결 [무고]

[판결요지] 피고인 자신이 상대방의 범행에 공범으로 가담하였음에도 자신의 가담사실을 숨기고 상대방만을 고소한 경우, 피고인의 고소내용이 상대방의 범행 부분에 관한 한 진실에 부합하므로 이를 허위의 사실로 볼 수 없다. **상대방의 범행에 피고인이 공범으로 가담한 사실을 숨겼다고 하여도 그것이 상대방에 대한 관계에서 독립하여 형사처분 등의 대상이 되지 아니할뿐더러 전체적으로 보아 상대방의 범죄사실의 성립 여부에 직접 영향을 줄 정도에 이르지 아니하는 내용에 관계되는 것이므로 무고죄가 성립하지 않는다.**

④ 공소시효가 완성된 범죄사실을 마치 공소시효가 완성되지 않은 것처럼 고소하였다 하더라도 객관적으로 고소된 범죄사실에 대한 공소시효가 완성되었으므로, 무고죄가 ~~성립하지 않는다.~~ 성립한다.

해설 및 정답 2015년 제4회 변호사시험 기출문제 8 **정답** ×

대법원 1995. 12. 5. 선고 95도1908 판결 [무고]

[판결요지] 객관적으로 고소사실에 대한 공소시효가 완성되었더라도 고소를 제기하면서 마치 공소시효가 완성되지 아니한 것처럼 고소한 경우에는 국가기관의 직무를 그르칠 염려가 있으므로 무고죄를 구성한다.

⑤ 위증죄에서 자기의 형사사건에 관하여 타인을 교사하여 위증을 하게 하는 것은 피고인의 형사사건의 방어권 행사와 동일한 ~~의미이므로 위증교사의 책임을 지지 않는다.~~ 의미가 아니므로 위증교사의 책임을 진다.

해설 및 정답 2013년 제2회 변호사시험 기출문제 4 **정답** ×

대법원 2004. 1. 27. 선고 2003도5114 판결 [사기미수·위증교사·무고]

[판시사항] 자기의 형사피고사건에 관하여 타인을 교사하여 위증하게 한 경우, 위증교사죄의 성립 여부(적극)

[판결요지] 피고인이 자기의 형사사건에 관하여 허위의 진술을 하는 행위는 피고인의 형사소송에 있어서의 방어권을 인정하는 취지에서 처벌의 대상이 되지 않는다. 그러나 법률에 의하여 선서한 증인이 타인의 형사사건에 관하여 위증을 하면 형법 제152조 제1항의 위증죄가 성립된다. 그러므로 자기의 형사사건에 관하여 타인을 교사하여 위증죄를 범하게 하는 것은 이러한 방어권을 남용하는 것이라고 할 것이어서 교사범의 죄책을 부담케 함이 상당하다.

다. 위증죄·증거인멸죄·무고죄·범인도피죄·국가적 법익 종합문제

중요 **01** ★★★★★

무고죄에 관한 설명 중 옳지 않은 것을 모두 고른 것은? (다툼이 있는 경우 판례에 의함)

ㄱ. 甲의 교사·방조하에 乙이 甲에 대한 허위의 사실을 신고한 경우, 乙의 행위는 무고죄를 구성하고 乙을 교사·방조한 甲도 무고죄의 교사·방조범으로 처벌된다.

ㄴ. 甲이 자기 자신을 무고하기로 乙과 공모하고 이에 따라 무고행위에 가담한 경우, 甲과 乙은 무고죄의 ~~공동정범으로 처벌된다.~~

ㄷ. 타인으로 하여금 형사처분을 받게 할 목적으로 공무소에 대하여 허위의 사실을 신고하였다고 하더라도 그 사실이 친고죄로서 그에 대한 고소기간이 경과하여 공소를 제기할 수 없음이 그 신고내용 자체에 의하여 분명한 경우에는 무고죄가 성립하지 아니한다.

ㄹ. 타인으로 하여금 형사처분을 받게 할 목적으로 공무소에 대하여 허위의 사실을 고소하면서 객관적으로 그 고소사실에 대한 공소시효가 완성되었음에도 마치 공소

시효가 완성되지 아니한 것처럼 고소하였다면 형사소추의 실익이 없어 무고죄가 성립~~하지 아니~~한다.

ㅁ. 타인으로 하여금 형사처분을 받게 할 목적으로 공무소 또는 공무원에 대하여 허위로 신고한 사실이 무고행위 당시 형사처분의 대상이 될 수 있었던 경우에는 무고죄가 기수에 이르고, 이후 그 사실이 형사범죄가 되지 않는 것으로 판례가 변경되었더라도 특별한 사정이 없는 한 이미 성립한 무고죄에는 영향을 미치지 않는다.

① ㄴ, ㄹ
② ㄷ, ㅁ
③ ㄱ, ㄴ, ㅁ
④ ㄱ, ㄷ, ㄹ
⑤ ㄴ, ㄹ, ㅁ

해설 및 정답 2020년 제9회 변호사시험 기출문제 16 ★ **정답** ①

ㄱ. (○) 대법원 2008. 10. 23. 선고 2008도4852 판결 [무고·위증·무고방조]

[판시사항] 제3자를 교사·방조하여 자신에 대한 허위의 사실을 신고하게 한 경우, 피무고자가 무고죄의 교사·방조범의 죄책을 지는지 여부(적극)

[판결요지] 형법 제156조의 무고죄는 국가의 형사사법권 또는 징계권의 적정한 행사를 주된 보호법익으로 하는 죄이다. 그러나 스스로 본인을 무고하는 자기무고는 무고죄의 구성요건에 해당하지 않는다. 그러나 **피무고자의 교사·방조 하에 제3자가 피무고자에 대한 허위의 사실을 신고한 경우에는 제3자의 행위는 무고죄의 구성요건에 해당하여 무고죄를 구성한다. 제3자를 교사·방조한 피무고자도 교사·방조범으로서의 죄책을 부담한다.**

ㄴ. (×) 대법원 2017. 4. 26. 선고 2013도12592 판결 [무고]

[판시사항] [1] 공동정범이 성립하기 위한 요건/**범죄의 실행에 가담한 사람이 공동의 의사에 따라 다른 공범자를 이용하여 실현하려는 행위가 자신에게는 범죄를 구성하지 않는 경우, 공동정범의 죄책을 지는지 여부(원칙적 소극)** [2] **자기 자신을 무고하기로 제3자와 공모하고 무고행위에 가담한 경우, 무고죄의 공동정범으로 처벌할 수 있는지 여부(소극)**

[판결요지] [1] **공동가공의 의사는 공동의 의사로 특정한 범죄행위를 하기 위하여 일체가 되어 서로 다른 사람의 행위를 이용하여 자기의 의사를 실행에 옮기는 것을 내용으로 하는 것이어야 한다.**

자기 자신을 무고하기로 제3자와 공모하고 이에 따라 무고행위에 가담하였더라도 이는 자기 자신에게는 무고죄의 구성요건에 해당하지 않는다. 범죄가 성립할 수 없는 행위를 실현하고자 한 것에 지나지 않는다. 무고죄의 공동정범으로 처벌할 수 없다.

ㄷ. (○) 대법원 1998. 4. 14. 선고 98도150 판결 [무고]

[판결요지] 타인에게 형사처분을 받게 할 목적으로 공무소에 허위의 사실을 신고하였다. 그렇더라도 그 사실이 친고죄로서 그에 대한 고소기간이 경과하여 공소를 제기할 수 없음이 그 신고내용 자체에 의하여 분명한 때에는 당해 국가기관의 직무를 그르치게 할 위험이 없다. 그러므로 이러한 경우에는 무고죄는 성립하지 아니한다.

ㄹ. (×) 대법원 1995. 12. 5. 선고 95도1908 판결 [무고]

[판결요지] **객관적으로 고소사실에 대한 공소시효가 완성되었더라도 고소를 제기하면서 마치 공소시효가 완성되지 아니한 것처럼 고소한 경우에는 국가기관의 직무를 그르칠 염려가 있으므로 무고죄를 구성한다.**

ㅁ. (○) 대법원 2017. 5. 30. 선고 2015도15398 판결 [무고]

[판결요지] **허위의 사실을 신고하였더라도 신고 당시 그 사실 자체가 형사범죄를 구성하지 않으면 무고죄는 성립하지 않는다.** 그러나 **허위로 신고한 사실이 무고행위 당시 형사처분의 대상이 될 수 있었던 경우, 국가형사사법권의 적정한 행사를 그르치게 할 위험과 부당하게 처벌받지 않을 개인의 법적 안정성이 침해될 위험이 이미 발생하였으므로 무고죄는 기수에 이른다.** 이후 그러한 사실이 형사범죄가 되지 않는 것으로 판**례가 변경되었더라도 특별한 사정이 없는 한 이미 성립한 무고죄에는 영향을 미치지 않는다.**

02

甲의 죄책에 관한 설명 중 옳지 않은 것을 모두 고른 것은? (다툼이 있는 경우 판례에 의함)

① 甲이 자기의 형사사건에 관하여 乙을 교사하여 위증죄를 범하게 한 경우, 위증죄의 교사범이 성립한다.

해설 및 정답 2017년 제6회 변호사시험 기출문제 10 정답 ○

대법원 2004. 1. 27. 선고 2003도5114 판결 [사기미수 · 위증교사 · 무고]

② 甲이 乙을 교사하여 甲 자신이 형사처분을 받을 목적으로 수사기관에 대하여 乙이 甲에 대한 허위의 사실을 신고하도록 한 경우, 무고죄의 교사범이 성립한다.

해설 및 정답 2017년 제6회 변호사시험 기출문제 10 정답 ○

대법원 2008. 10. 23. 선고 2008도4852 판결 [사기미수 · 무고 · 위증 · 무고방조]

③ 甲이 乙을 교사하여 자기의 형사사건에 관한 증거를 변조하도록 하였더라도, 乙이 甲과 공범관계에 있는 형사사건에 관한 증거를 변조한 것에 해당하여 乙이 증거변조죄로 처벌되지 않는 경우, 증거변조죄의 간접정범은 물론 교사범도 성립하지 않는다.

해설 및 정답 2017년 제6회 변호사시험 기출문제 10 **정답** ○

대법원 2011. 7. 14. 선고 2009도13151 판결

[판결요지] **회의록 변조 · 사용은 피고인들이 공범관계에 있는 문서손괴죄 형사사건에 관한 증거를 변조 · 사용한 것으로 볼 수 있어 피고인 을에 대한 증거변조죄 및 변조증거사용죄가 성립하지 않는다. 피교사자인 피고인 을이 증거변조죄 및 변조증거사용죄로 처벌되지 않은 이상 피고인 갑에 대하여 공범인 교사범과 그 간접정범도 성립하지 않는다.**

중요 ④ 공무원이 아닌 甲이[행위주체] 관공서에 허위 내용의 증명원을 제출하여 그 내용이 허위인 정을 모르는 담당 공무원 乙로부터 그 증명원 내용과 같은 증명서를 발급받은 경우, 공문서위조죄의 간접정범이 성립하지 않는다.

해설 및 정답 2017년 제6회 변호사시험 기출문제 10 ★ **정답** ○

대법원 2001. 3. 9. 선고 2000도938 판결 [공문서위조 · 위조공문서행사 · 변조공문서행사]

[판결요지] 어느 문서의 작성권한을 갖는 공무원이 그 문서의 기재 사항을 인식하고 그 문서를 작성할 의사로써 이에 서명날인하였다면, 설령 그 서명날인이 타인의 기망으로 착오에 빠진 결과 그 문서의 기재사항이 진실에 반함을 알지 못한 데 기인한다고 하여도, **그 문서의 성립은 진정하며 여기에 하등 작성명의를 모용한 사실이 있다고 할 수는 없다.** 그러므로 **공무원 아닌 자가 관공서에 허위 내용의 증명원을 제출하여 그 내용이 허위인 정을 모르는 담당공무원으로부터 그 증명원 내용과 같은 증명서를 발급받은 경우 공문서위조죄의 간접정범으로 의율할 수는 없다.**

중요 ⑤ 무면허로 운전하다가 교통사고를 낸 甲이 동거하고 있는 동생 乙을 경찰서에 대신 출석시켜 자신을 위하여 허위의 자백을 하게 하여 범인도피죄를 범하게 한 경우, 범인도피죄의 교사범이 ~~성립하지 않는다.~~[성립한다.]

해설 및 정답 대법원 2006. 12. 7. 선고 2005도3707 판결 [범인도피교사]

[판결요지] **무면허 운전으로 사고를 낸 사람이 동생을 경찰서에 대신 출두시켜 피의자로 조사받도록 한 행위는 범인도피교사죄를 구성한다.**

03 ★★★★★

무고죄에 관한 설명 중 옳지 않은 것은? (다툼이 있는 경우 판례에 의함)

파워특강 무고죄. 공공기관에 신고한 허위사실이 고소기간이 분명하게 경과한 경우(=무고죄가 성립하지 않음). 진실사실(=적극적 증명이 필요함). 자백(=재판확정 전까지 가능함. 불기소처분으로 재판절차 개시 전도 무고에 해당함). 허위사

실 신고는 무고행위 당시를 기준으로 함(=판례가 변경되고 무죄가 선고되어도 무고죄가 성립함). 사립학교 교원에 대한 징계처분(=형법 제156조 무고죄에서 징계처분에 해당하지 않음).

☞ [적중] 하태영, 형사법 종합연습 실전예상문제분석, 제3판, 법문사, 2020, 279(1), 279(2), 155(16).

① 타인으로 하여금 형사처분을 받게 할 목적으로 공무소에 대하여 허위의 사실을 신고하였다고 하더라도, 그 사실이 친고죄로 그에 대한 고소기간이 경과하여 공소를 제기할 수 없음이 그 신고내용 자체에 의하여 분명한 때에는 무고죄가 성립하지 아니한다.

해설 및 정답 2021년 제10회 변호사시험 기출문제 18 **정답** ○

대법원 1998. 4. 14. 선고 98도150 판결 [무고]

[판결요지] 타인으로 하여금 형사처분을 받게 할 목적으로 공무소에 대하여 허위의 사실을 신고하였다고 하더라도, 그 사실이 친고죄로서 그에 대한 고소기간이 경과하여 공소를 제기할 수 없음이 그 신고내용 자체에 의하여 분명한 때에는 당해 국가기관의 직무를 그르치게 할 위험이 없으므로 이러한 경우에는 무고죄는 성립하지 아니한다.

☞ [출제] 2020년 제9회 변호사시험 기출문제 16

② 신고한 사실이 객관적 진실에 반하는 허위사실이라는 요건은 적극적 증명이 있는 경우뿐만 아니라 신고사실의 진실성을 인정할 수 없다는 소극적 증명이 ~~있어도 충족된다.~~ 있으면 충족되지 않는다.

해설 및 정답 2021년 제10회 변호사시험 기출문제 18 **정답** ×

대법원 1985. 11. 12. 선고 85도1980 판결 [무고]

[판결요지] 무고죄에 있어서는 그 고소사실의 진실성을 인정할 수 있느냐의 여부보다 그 고소사실의 허위성을 인정함에 넉넉하느냐의 여부를 따져야 할 것이다. **고소사실이 허위라고 의심할 여지가 전혀 없다고는 할 수 없으나 허위성을 단정하기에는 미흡하다면 이는 그 증명이 없다고 할 것이다.**

③ 甲이 A를 사기죄로 고소하였는데, 수사 결과 甲의 무고 혐의가 밝혀져 甲은 무고죄로 공소제기되고 A는 불기소결정되었다. 甲은 제1심에서 혐의를 부인하였으나 유죄가 선고되자 제1심의 유죄판결에 대하여 양형부당을 이유로 항소하면서 항소심 제1회 공판기일에서 양형부당의 항소 취지와 무고 사실을 모두 인정한다는 취지가 기재된 항소이유서를 진술하였다면, 甲은 「형법」 제157조(자

백·자수)에 따른 형의 필요적 감면 조치를 받아야 한다.

해설 및 정답 2021년 제10회 변호사시험 기출문제 18 **정답** ○

대법원 2018. 8. 1. 선고 2018도7293 판결 [무고]

[판시사항] 무고죄의 경우 재판확정 전의 자백을 필요적 감경 또는 면제사유로 정한 형법 제157조, 제153조에서 자백의 범위 / **형법 제153조에서 정한 '재판이 확정되기 전'에 피고인의 고소사건 수사 결과 피고인의 무고 혐의가 밝혀져 피고인에 대한 공소가 제기되고 피고소인에 대해서는 불기소결정이 내려져 재판절차가 개시되지 않은 경우가 포함되는지 여부(적극)**

[판결요지] [1] 형법 제157조, 제153조는 무고죄를 범한 자가 그 신고한 사건의 재판 또는 징계처분이 확정되기 전에 자백 또는 자수한 때에는 그 형을 감경 또는 면제한다고 하여 이러한 재판확정 전의 자백을 필요적 감경 또는 면제사유로 정하고 있다. 위와 같은 자백의 절차에 관해서는 아무런 법령상의 제한이 없다. 그러므로 **그가 신고한 사건을 다루는 기관에 대한 고백이나 그 사건을 다루는 재판부에 증인으로 다시 출석하여 전에 그가 한 신고가 허위의 사실이었음을 고백하는 것은 물론 무고 사건의 피고인 또는 피의자로서 법원이나 수사기관에서의 신문에 의한 고백 또한 자백의 개념에 포함된다.**

[2] **형법 제153조에서 정한 '재판이 확정되기 전'에는 피고인의 고소사건 수사 결과 피고인의 무고 혐의가 밝혀져 피고인에 대한 공소가 제기되고 피고소인에 대해서는 불기소결정이 내려져 재판절차가 개시되지 않은 경우도 포함된다.**

☞ [적중] 하태영, 형사법종합연습 실전예상문제분석, 제3판, 2020, 280면.

④ 甲은 '채권담보를 위해 채무자인 A와 A 소유 부동산에 대해 대물변제예약을 체결하였는데 A가 이를 다른 사람에게 매도하였다'는 내용으로 허위 고소하였다. 甲의 고소 이후 대법원이 위와 같은 경우 배임죄가 성립하지 않는다고 판례를 변경하였어도, 甲의 행위는 무고죄의 기수에 해당한다.

해설 및 정답 2021년 제10회 변호사시험 기출문제 18 **정답** ○

대법원 2017. 5. 30. 선고 2015도15398 판결 [무고]

[판시사항] 무고죄의 보호법익 / **허위로 신고한 사실 자체가 신고 당시 형사범죄를 구성하지 않는 경우, 무고죄가 성립하는지 여부(소극) 및 허위로 신고한 사실이 무고행위 당시 형사처분의 대상이 될 수 있었으나 이후 형사범죄가 되지 않는 것으로 판례가 변경된 경우, 이미 성립한 무고죄에 영향을 미치는지 여부(원칙적 소극)**

[판결요지] 타인에게 형사처분을 받게 할 목적으로 '허위의 사실'을 신고한 행위가 무고죄를 구성하기 위해서는 신고된 사실 자체가 형사처분의 대상이 될 수 있어야 한다. 그러므로 가령 **허위의 사실을 신고하였더라도 신고 당시 그 사실 자체가 형사범죄를 구성하지 않으면 무고죄는 성립하지 않는다. 그러나 허위로 신고한 사실이 무고행위 당시 형사처분의 대상이 될 수 있었던 경우에는 국가의 형사사법권의 적정한 행사를 그르치게 할 위험과 부당하게 처벌받지 않을 개인의 법적 안정성이 침해될 위험이 이미 발생하였으므로 무고죄는 기수에 이르고, 이후 그러한 사실이 형사범죄가 되지 않는 것으로 판례가**

변경되었더라도 특별한 사정이 없는 한 이미 성립한 무고죄에는 영향을 미치지 않는다.
☞ [출제] 2020년 제9회 변호사시험 기출문제 16 · 2019년 제8회 변호사시험 기출문제 38

⑤ 甲이 사립대학교 교수 A로 하여금 징계처분을 받게 할 목적으로 국민권익위원회에서 운영하는 범정부 국민포털인 국민신문고에 민원을 제기한 경우, 甲에게는 무고죄가 성립하지 않는다.

해설 및 정답 2021년 제10회 변호사시험 기출문제 18 **정답** ○

대법원 2014. 7. 24. 선고 2014도6377 판결 [무고 · 정보통신망이용촉진및정보보호등에관한법률위반(명예훼손) · 명예훼손]

[판시사항] [1] 형법 제156조에서 정한 '징계처분'의 의미 / **학교법인 등의 사립학교 교원에 대한 인사권의 행사로서 징계 등 불리한 처분의 성격(=사법적 법률행위) 및 사립학교 교원에 대한 학교법인 등의 징계처분이 형법 제156조의 '징계처분'에 포함되는지 여부(소극)**

[2] **피고인이 사립대학교 교수인 피해자들로 하여금 징계처분을 받게 할 목적으로 범정부 국민포털인 국민신문고에 민원을 제기한 사안에서, 피해자들은 사립학교 교원이므로 피고인의 행위가 무고죄에 해당하지 않음**에도, 이와 달리 보아 유죄를 인정한 원심판결에 법리오해의 잘못이 있다고 한 사례.

[판결요지] [1] 형법 제156조는 타인으로 하여금 형사처분 또는 징계처분을 받게 할 목적으로 공무소 또는 공무원에 대하여 허위의 사실을 신고한 자를 처벌하도록 정하고 있다. **여기서 '징계처분'이란 공법상의 감독관계에서 질서유지를 위하여 과하는 신분적 제재를 말한다.**

한편 **형벌법규의 해석은 엄격하여야 하고, 명문의 형벌법규의 의미를 피고인에게 불리한 방향으로 지나치게 확장해석하거나 유추해석하는 것은 죄형법정주의의 원칙에 어긋나는 것으로서 허용되지 않는다.** 위와 같은 법리를 종합하여 보면, **사립학교 교원에 대한 학교법인 등의 징계처분은 형법 제156조의 '징계처분'에 포함되지 않는다**고 해석함이 옳다.

03 ★★★★★

국가적 법익에 대한 죄에 관한 설명 중 옳지 않은 것은? (다툼이 있는 경우 판례에 의함)

파워특강 뇌물죄 · 증거위조죄 · 공무상비밀누설죄 · 무고죄. 횡령죄(=수의계약을 체결하는 공무원이 공사업자와 계약금액을 부풀려서 계약하고 부풀린 금액을 자신이 되돌려 받기로 사전에 약정한 다음 그에 따라 수수한 돈은 성격상 뇌물이 아니고 횡령금(=국고손실)에 해당한다). 증거위조죄(=참고인이 타인의 형사사건 등에 관하여 제3자와 대화를 하면서 허위로 진술하고 그 진술이 담긴 대화 내용을 녹음한 녹음파일 또는 이를 녹취한 녹취록을 만들어 수사기관 등에 제출하는 행위는 증거위조죄를 구성한다). 공무상비밀누설죄에서 '법령에 의한 직무상 비밀'의 의미와 보호법익(=특정 사건에 대하여 수사를 진행하고 있는 상태에서 수사기관의 자료 확보 내역, 사안의 죄책 여하, 신병처리 의견 등의 정보가 수사기관 내부의 비밀에 해당한다). 법령에 의한 직무상 비밀이란 반드시 법령에 의하여 비밀로 규정되었거나 비밀로 분류 명시된 사항에 한하지 아니하고, 비밀로서 보호할 가치가 있다고 인정할 수 있는 것이어야 한다. 공무상비밀누설죄(=비밀 누설로 위협받는 국가기능 보호이다). 사립학교 교원에 대한 징계처분(=형법 제156조 무고죄에서 징계처분에 해당하지 않음). 자백(=재판 확정 전까지 가능함. 불기소처분으로 재판절차 개시 전도 무고에 해당함). **형법 제157조·제153조에 근거하면 무고죄를 범한 자가 그 신고한 사건의 재판 또는 징계처분이 확정되기 전에 자백 또는 자수**한 때에는 그 **형을 감경 또는 면제한다(필요적 감면)**.

① 수의계약을 체결하는 공무원이 공사업자와 계약금액을 부풀려서 계약하고 부풀린 금액을 자신이 되돌려 받기로 사전에 약정한 다음 그에 따라 수수한 돈은 성격상 뇌물이 아니고 횡령금에 해당한다.

해설 및 정답 2023년 제12회 변호사시험 기출문제 20 **정답** ○

대법원 2007. 10. 12. 선고 2005도7112 판결 [특정범죄가중처벌등에관한법률위반(뇌물)(일부 인정된 죄명: 뇌물수수)·뇌물수수]

[판시사항] [1] 공무원이 수의계약을 체결하면서 공사업자로부터 수수한 돈의 뇌물성 유무를 판단하는 기준 [2] **수의계약을 체결하는 공무원이 공사업자와 계약금액을 부풀려서 계약하고 부풀린 금액을 자신이 되돌려 받기로 사전에 약정한 다음 그에 따라 수수한 돈은 성격상 뇌물이 아니고 횡령금에 해당한다**고 한 사례.

② 참고인이 타인의 형사사건 등에 관하여 제3자와 대화를 하면서 허위로 진술하고 위와 같은 허위 진술이 담긴 대화 내용을 녹음한 녹음파일 또는 이를 녹취한 녹취록을 만들어 수사기관에 제출한 것은 증거위조죄를 ~~구성하지 않는다.~~ 구성한다.

해설 및 정답 2023년 제12회 변호사시험 기출문제 20 **정답** ×

대법원 2013. 12. 26. 선고 2013도8085,2013전도165 판결 [증거위조교사]

[판시사항] 참고인이 타인의 형사사건 등에 관하여 제3자와 대화를 하면서 허위로 진술하고 그 진술이 담긴 대화 내용을 녹음한 녹음파일 또는 이를 녹취한 녹취록을 만들어 수사기관 등에 제출하는 행위가 증거위조죄를 구성하는지 여부(적극)

[판결요지] **참고인이 타인의 형사사건 등에 관하여 제3자와 대화를 하면서 허위로 진술하고 위와 같은 허위 진술이 담긴 대화 내용을 녹음한 녹음파일 또는 이를 녹취한 녹취**

록은 참고인의 허위진술 자체 또는 참고인 작성의 허위 사실확인서 등과는 달리 그 진술 내용만이 증거자료로 되는 것이 아니고 녹음 당시의 현장음향 및 제3자의 진술 등이 포함되어 있어 그 일체가 증거자료가 된다고 할 것이다. 그러므로 이는 증거위조죄에서 말하는 '증거'에 해당한다. 또한 위와 같이 참고인의 허위 진술이 담긴 대화 내용을 녹음한 녹음파일 또는 이를 녹취한 녹취록을 만들어 내는 행위는 무엇보다도 그 녹음의 자연스러움을 뒷받침하는 **현장성이 강하여 단순한 허위진술 또는 허위의 사실확인서** 등에 비하여 수사기관 등을 그 증거가치를 판단함에 있어 **오도할 위험성을 현저히 증대시킨다**고 할 것이다. 그러므로 **이러한 행위는 허위의 증거를 새로이 작출하는 행위로서 증거위조죄에서 말하는 '위조'에도 해당한다**고 봄이 상당하다. **참고인이 타인의 형사사건 등에 관하여 수사기관에 허위의 진술을 하거나 이와 다를 바 없는 것으로서 허위의 사실확인서나 진술서를 작성하여 수사기관 등에 제출하는 것과는 달리, 증거위조죄를 구성한다.**

☞ [출제] 2015년 제4회 변호사시험 기출문제 31

③ 공무상비밀누설죄에서의 '법령에 의한 직무상 비밀'이란 반드시 법령에 의하여 비밀로 규정되었거나 비밀로 분류 명시된 사항에 한정되지는 않는다.

해설 및 정답 2023년 제12회 변호사시험 기출문제 20 **정답** ○

대법원 2007. 6. 14. 선고 2004도5561 판결 [직권남용권리행사방해 · 공무상비밀누설] 〈검찰총장의 공무상비밀누설 · 직권남용사건〉★★★★★

[판시사항] [1] 공무상비밀누설죄에 있어서 '법령에 의한 직무상 비밀'의 의미와 보호법익 [2] **특정 사건에 대하여 수사를 진행하고 있는 상태에서 수사기관의 자료 확보 내역, 사안의 죄책 여하, 신병처리 의견 등의 정보가 수사기관 내부의 비밀에 해당하는지 여부(적극)** [3] **검찰의 고위 간부가 특정 사건에 대한 수사가 계속 진행 중인 상태에서 해당 사안에 관한 수사책임자의 잠정적인 판단 등 수사팀의 내부 상황을 확인한 뒤 그 내용을 수사 대상자 측에 전달한 행위가 형법 제127조에 정한 공무상 비밀누설에 해당한다**고 한 사례 [4] **검찰의 고위 간부가 내사 담당 검사로 하여금 내사를 중도에서 그만두고 종결처리토록 한 행위가 직권남용권리행사방해죄에 해당한다**고 한 사례.

[판결요지] 형법 제127조는 공무원 또는 공무원이었던 자가 법령에 의한 직무상 비밀을 누설하는 것을 구성요건으로 하고 있다. 여기서 **법령에 의한 직무상 비밀이란 반드시 법령에 의하여 비밀로 규정되었거나 비밀로 분류 명시된 사항에 한하지 아니하고, 정치, 군사, 외교, 경제, 사회적 필요에 따라 비밀로 된 사항은 물론 정부나 공무소 또는 국민이 객관적, 일반적인 입장에서 외부에 알려지지 않는 것에 상당한 이익이 있는 사항도 포함하나, 실질적으로 그것을 비밀로서 보호할 가치가 있다고 인정할 수 있는 것이어야 한다.** 한편, **공무상비밀누설죄는 기밀 그 자체를 보호하는 것이 아니라 공무원의 비밀엄수의무의 침해에 의하여 위험하게 되는 이익, 즉 비밀의 누설에 의하여 위협받는 국가의 기능을 보호하기 위한 것이다.**

④ 무고죄에서의 '징계처분'은 공법상의 감독관계에서 질서유지를 위하여 과하는

신분적 제재를 의미하므로, 사립대학교 교수로 하여금 소속 학교법인에 의한 인사권의 행사로서 징계처분을 받게 할 목적으로 허위의 민원을 제기하더라도 무고죄는 성립하지 않는다.

해설 및 정답 2023년 제12회 변호사시험 기출문제 20 **정답** ○

대법원 2014. 7. 24. 선고 2014도6377 판결 [무고]

[판결요지] 형법 제156조는 타인에게 형사처분 또는 징계처분을 받게 할 목적으로 공무소 또는 공무원에 대하여 허위의 사실을 신고한 자를 처벌한다. **여기서 '징계처분'이란 공법상의 감독관계에서 질서유지를 위하여 과하는 신분적 제재를 말한다. 사립학교 교원에 대한 학교법인 등의 징계처분은 형법 제156조의 '징계처분'에 포함되지 않는다.**

☞ [출제] 2021년 제10회 변호사시험 기출문제 18 ⑤

☞ [적중] 하태영, 형사법 종합연습, 변시기출문제분석편, 제3판, 법문사, 2021, 285면.

⑤ 甲의 고소 내용이 허위임이 확인되어 피고소인에 대해 불기소결정이 내려져 재판절차가 개시되지 않고 이후 甲이 무고로 기소된 사안에서, 甲이 위 허위고소로 인한 무고 재판 중 자신의 무고 범행을 자백하였다면, 甲의 위 무고죄에 대하여는 형을 감경 또는 면제하여야 한다.

해설 및 정답 2023년 제12회 변호사시험 기출문제 20 **정답** ○

대법원 2018. 8. 1. 선고 2018도7293 판결 [무고]

[판시사항] 무고죄의 경우 재판확정 전의 자백을 필요적 감경 또는 면제사유로 정한 형법 제157조, 제153조에서 자백의 범위 / 형법 제153조 '재판이 확정되기 전'에 피고인의 고소사건 수사 결과 피고인의 무고 혐의가 밝혀져 피고인에 대한 공소가 제기되고 피고소인에게 불기소결정이 내려져 재판절차가 개시되지 않은 경우가 포함되는지 여부(적극)

[판결요지] 형법 제157조, 제153조는 무고죄를 범한 자가 그 신고한 사건의 재판 또는 징계처분이 확정되기 전에 자백 또는 자수한 때에는 그 형을 감경 또는 면제한다고 하여 이러한 재판확정 전의 자백을 필요적 감경 또는 면제사유로 정하고 있다. 위와 같은 자백의 절차에 관해서는 아무런 법령상의 제한이 없다. 그러므로 그가 신고한 사건을 다루는 기관에 대한 고백이나 그 사건을 다루는 재판부에 증인으로 다시 출석하여 전에 그가 한 신고가 **허위의 사실이었음을 고백하는 것은 물론 무고 사건의 피고인 또는 피의자로서 법원이나 수사기관에서의 신문에 의한 고백 또한 자백의 개념에 포함된다. 형법 제153조에서 정한 '재판이 확정되기 전'에는 피고인의 고소사건 수사 결과 피고인의 무고 혐의가 밝혀져 피고인에 대한 공소가 제기되고 피고소인에 대해서는 불기소결정이 내려져 재판절차가 개시되지 않은 경우도 포함된다.**

☞ [출제] 2021년 제10회 변호사시험 기출문제 18 ③

☞ [적중] 하태영, 형사법 종합연습, 변시기출문제분석편, 제3판, 법문사, 2021, 285면.

☞ [적중] 하태영, 형사법 종합연습, 실전예상문제분석편, 제4판, 법문사, 2021, 295-296면.

제 2 부

형사소송법

1. 수사
2. 증거
3. 기초이론
4. 재판

2023 · 2022 · 2021 대법원 판례와 형사소송법 예상문제 · 답안작성방법

1. 2023년 · 2022년 · 2021년 판례를 정리하라.
가. 전원합의체 판결은 반드시 숙지하라.
나. 파기환송된 판결은 반드시 숙지하라.

2. 최근 대법원 판례는 선택형 · 사례형 · 기록형 시험에 반드시 출제가 된다.
가. 사실관계
나. 쟁점
다. 판결요지

3. 사례형 긴 지문에 당황하지 마라.
가. 단문으로 끊어 읽어라.
나. 쟁점을 뽑고 간결하게 써라.

4. 수사와 증거는 연결되어 있다.
가. 수사에서 쟁점을 뽑아라.
나. 증거능력을 판단하라.
다. 증명력을 판단하라.
라. 체계적으로 핵심만 설명하라.
다. 주어+동사+목적어 문장이다. 3문장으로 압축하라.

중요 5. **사례형 답안은 목차를 체계화시킨다. 법조문과 판례를 반드시 설명하라.**
가. 사안쟁점: 해당 법조문과 쟁점 설명
나. 학설 ①, ②, ③
다. 판례는 『____________________________』라고 판시한 바 있다.
라. 사안해결

6. 사례형 경우 선택형 지문처럼 압축하라.
가. ①, ②, ③ 부호를 붙여 서술하라.
나. 서술 분량은 선택형 지문 정도면 충분하다.
다. 시간을 안배하라.
라. 답안지를 완전히 채워라.

7. 합격답안과 불합격답안은 완전히 다르다.
가. 쟁점과 내용 설명이 없는 답안은 합격하기 어렵다.
나. 결론만 몇 문장으로 쓴 답안은 합격하기 어렵다.
다. 쟁점+학설+판례+해결 순이다.

8. 최근 형사소송법 판례를 중요도에 따라 100개 선정하라.
가. 매일 반복하여 법리를 숙독하기 바란다.
나. 지문을 휴대폰에 녹음하여 매일 10분씩 듣기 바란다.
다. 걸어 다니면서 매일 소리 내어 암송하기 바란다.
라. 목차를 잡아 짧게라도 10분씩 꾸준히 쓰기 바란다.

1 수사

문 27. 체포영장 · 긴급체포 · 현행범인체포 · 준현행범인체포 · 체포적부심 · 구속 · 구속적부심 · 기소 전 보석에 관한 설명 중 옳은 것은? (다툼이 있는 경우 판례에 의함)

출제내용

- 체포영장·구속영장 고지·제시(='미란다'원칙과 예외, 원칙은 체포를 위한 실력행사에 들어가기 전. 예외는 추적·제압할 경우 추적·제압한 후 지체없이 고지)
- 현행범인체포(=현행범인 체포시 필요한 경우 체포현장에서 영장 없이 압수·수색·검증 가능⇒압수한 물건을 계속 압수할 필요가 있는 경우 체포한 때부터 48간 이내 지체없이 압수영장을 청구)
- 사인에 의한 현행범인체포시 영장청구 시점(=수사기관 인계시점부터 기산, 소말리아 해적재판)
- 긴급체포(=체포된 자가 소유·소지·보관하는 물건에 긴급히 압수할 필요가 있는 경우 체포한 된 때부터 24시간 이내에 영장 없이 압수·수색·검증 가능⇒압수한 물건을 계속 압수할 필요가 있는 경우 체포한 때부터 48간 이내 지체없이 압수영장을 청구. 경찰관이 피의자 신원·주거지·전화번호를 모두 파악한 경우 범죄증거가 급속히 소멸할 상황도 아니었다면 긴급체포 불가⇒마약범죄 의심이 있는 경우에도 긴급체포는 위법함. 긴급체포 후 수사기관이 석방한 경우 법원의 구속영장으로 구속 가능)
- 긴급체포와 피의자신문조사에서 영상녹화(=미리 알려 줌. 동의 불요. 대체증명. 기억환기용)
- 긴급체포된 자에 대한 압수수색(=2km 떨어진 주거지 사건, 적법수색+)
- 긴급체포 후 신병 처리(=48기간 이내 석방 또는 구속영장 청구)
- 형사소송법 제217조 압수·수색·검증(=체포현장이 아닌 장소에서도 긴급체포된 자가 소유·소지·보관하는 물건을 대상으로 가능+)
- 체포적부심사 인용 결정에 대한 검사 항고 금지(=체포적부심사청구를 받은 법원은 청구가 이유있다고 인정한 때에는 결정으로 체포 또는 구속된 피의자 석방을 명하여야 하고 그 결정에 대하여 항고하지 못함. 체포적부심사 인용 결정으로 석방된 피의자 재체포사유⇒도망 또는 죄증인멸)
- 구속(=구속기간 2개월, 심급마다 2개월 단위로 2차에 한하여 갱신 결정. 상고심 3차 갱신. 공소제기전 체포·구인·구금기간은 구속기간에 산입하지 않음)
- 구속적부심사와 변호인·기소 전 보석(=피의자 보석, 항고 가능+)
- 구속적부심사결정에 대한 항고 금지
- 구속영장 발부 후 구금된 피의자가 출석에 응하지 않는 경우(=구속영장효력으로 구인 가능)
- 검문 경찰관이 범죄행위에 대해 검문하고 있다는 점을 충분히 알고 있는 경우⇒신분증 미제시에도 위법한 공무집행이라고 보기 어려움)
- 우편물 통관검사절차에서 검사(=행정조사 성격이므로 압수·수색영장 불요)
- 국선변호인제도 적용(=영장실질심사 경우)

출제분석
2024년 제13회 변호사시험 출제예상 ★
2023년 제12회 변호사시험 기출문제 33
2021년 제10회 변호사시험 기출문제 30
2020년 제9회 변호사시험 기출문제 26·31
2019년 제8회 변호사시험 기출문제 25·29
2018년 제7회 변호사시험 기출문제 21·23
2016년 제5회 변호사시험 기출문제 23·32
2014년 제3회 변호사시험 기출문제 23
2013년 제2회 변호사시험 기출문제 19·20
2012년 제1회 변호사시험 기출문제 19·24

가. 체포영장·긴급체포·현행범인체포·준현행범인체포·체포적부심·구속·구속적부심·기소 전 보석에 관한 설명 중 옳은 것이다(○).

중요 ① 순찰 중이던 경찰관이, 교통사고를 낸 차량이 도주하였다는 무전연락을 받고 주변을 수색하다가 범퍼 등의 파손상태로 보아 사고차량으로 인정되는 차량에서 내리는 사람을 발견한 경우, 준현행범인으로 영장 없이 체포할 수 있다.

해설 및 정답 2020년 제9회 변호사시험 기출문제 26 ★ **정답** ○

• 핵심내용: 체포(현행범체포 · 긴급체포)

대법원 2000. 7. 4. 선고 99도4341 판결 [공무집행방해]

[판결요지] 순찰 중이던 경찰관이 교통사고를 낸 차량이 도주하였다는 무전연락을 받고 주변을 수색하다가 범퍼 등의 파손상태로 보아 사고차량으로 인정되는 차량에서 내리는 사람을 발견한 경우, 형사소송법 제211조 제2항 제2호 소정의 '장물이나 범죄에 사용되었다고 인정함에 충분한 흉기 기타의 물건을 소지하고 있는 때'에 해당하므로 준현행범으로서 영장 없이 체포할 수 있다고 한 사례.

중요 ② 검사 또는 사법경찰관리 아닌 자가 현행범인을 체포한 때에는 즉시 검사 등에게 인도하여야 하는데, 여기서 '즉시'라고 함은 반드시 체포시점과 시간적으로 밀착된 시점이어야 하는 것은 아니고, '정당한 이유 없이 인도를 지연하거나 체포를 계속하는 등으로 불필요한 지체를 함이 없이'라는 뜻이다.

해설 및 정답 2020년 제9회 변호사시험 기출문제 26 ★ **정답** ○

대법원 2011. 12. 22. 선고 2011도12927 판결 [해상강도살인미수 · 강도살인미수 · 해상강

도상해 · 특수공무집행방해치상 · 선박 및 해상구조물 위해행위 처벌법 위반]

중요 ③ 검사가 긴급체포한 피의자를 구속하기 위하여 관할지방법원판사에게 구속영장을 청구하였으나 구속영장을 발부받지 못한 때에는 피의자를 즉시 석방하여야 한다.

해설 및 정답 2020년 제9회 변호사시험 기출문제 26 ★ **정답** ○

형사소송법 제200조3(긴급체포) ★★★★★

형사소송법 제200조4(긴급체포기간과 구속영장청구기간)
① 검사 · 사법경찰관이 제200조3에 근거하여 피의자를 체포한 경우, 피의자를 구속하고자 할 때, **검사는 피의자를 체포한 때부터 48시간 이내 관할지방법원판사에게 긴급체포서를 첨부하여 구속영장을 청구한다.** 다만 사법경찰관은 검사에게 구속영장을 신청하여 검사 청구로 관할지방법원판사에게 구속영장을 청구한다.
② 검사 · 사법경찰관은 제1항에 근거하여 구속영장을 청구하지 아니한 경우 또는 **구속영장을 발부받지 못한 경우 피의자를 즉시 석방하여야 한다.**
③ 검사 · 사법경찰관은 제2항에 근거하여 석방된 사람을 영장 없이 동일한 범죄사실로 다시 체포하지 못한다.

④ 구속적부심사를 청구한 피의자에게 변호인이 없는 때에는 「형사소송법」 제33조의 규정에 따라 법원은 직권으로 변호인을 선정하여야 한다.

해설 및 정답 2018년 제7회 변호사시험 기출문제 21 **정답** ○

형사소송법 제214조2 제10항은 구속적부심사청구자와 국선변호인 준용규정을 두고 있다. **⑩ 체포된 피의자 · 구속된 피의자에게 변호인이 없는 경우 제33조(국선변호인)를 준용한다. 형사소송법 제33조는 국선변호인을 규정하고 있다. ① 피고인이 다음 각 호 어느 하나에 해당하고 변호인이 없는 경우 법원은 직권으로 변호인을 선정한다. 1. 피고인이 구속된 경우**

⑤ 체포적부심사청구를 받은 법원이 그 청구가 이유 있다고 인정한 때에는 결정으로 체포된 피의자의 석방을 명하여야 하며, 검사는 이 결정에 대하여 항고하지 못한다.

해설 및 정답 2018년 제7회 변호사시험 기출문제 21 **정답** ○

형사소송법 제214조2 제3항과 제8항에 규정되어 있다. 주요내용을 보면, ③ 법원은 제1항에 근거하여 체포적부심사청구 · 구속적부심사청구가 아래 각 호 어느 하나에 해당하는 사람에게 제214조2 제4항 제1호에 근거하여 **심문절차 없이 체포적부심사청구 · 구속적부심사청구를 결정으로 기각할 수 있다.** [개정 87 · 11 · 28, 95 · 12 · 29, 2007.6.1] [[시행일 2008.1.1.]] 1. 제1항 제1호 · 제2호 · 제3호 · 제4호 · 제5호 · 제6호 청구권자 아닌 사람, 2. 동일한 체포영장 · 동일한 구속영장 발부에 대하여 재청구한 사람, 3. **명백한 수사방해 목적으로 순차적으로 청구를 한 공범 · 공동피의자. ⑧ 검사 · 피고인은 제3항 · 제4항 결정에 대해 항고를 할 수 없다.**

⑥ 체포적부심사결정에 의하여 석방된 피의자가 도망하거나 죄증을 인멸하는 경우, 동일한 범죄사실에 관하여 재차 체포할 수 있다.

해설 및 정답 2018년 제7회 변호사시험 기출문제 21 **정답** ○

형사소송법 제214조3은 재체포제한 · 재구속제한을 규정하고 있다. 주요내용을 보면, ① 제214조2 제4항 체포적부심사결정 · 구속적부심사결정으로 석방된 피의자는 도망 · 죄증 인멸 경우를 제외하고 동일한 범죄사실로 다시 체포 · 구속될 수 없다. ② **제214조2 제5항으로 석방된 피의자는 다음 각 호 사유를 제외하고 동일한 범죄사실로 다시 체포 · 구속될 수 없다. 1. 도망한 경우, 2. 도망 · 죄증인멸 가능성이 있다고 믿을만한 충분한 이유가 있는 경우, 3. 출석요구를 받고 정당한 이유 없이 출석하지 아니한 경우, 4. 주거제한 · 그 밖에 법원이 정한 조건을 위반한 경우.**

⑦ 보석보증금몰수결정은 반드시 보석취소결정과 동시에 하여야만 하는 것이 아니라 보석취소결정 후에 별도로 할 수도 있다.

해설 및 정답 2016년 제5회 변호사시험 기출문제 32 **정답** ○

형사소송법 제102조(보석조건변경과 보석조건취소 등).
형사소송법 제103조(보증금몰수 · 담보전부몰수 · 담보일부몰수)

대법원 2001. 5. 29. 자 2000모22 전원합의체 결정 [보석취소결정에대한재항고]

[판시사항] 보석보증금몰수결정은 반드시 보석취소와 동시에 하여야만 하는지 여부(소극)
[결정요지] [다수의견] **보석보증금을 몰수하려면 반드시 보석취소와 동시에 하여야만 가능한 것이 아니라 보석취소 후에 별도로 보증금몰수결정을 할 수도 있다.** 그리고 형사소송법 제104조가 구속 또는 보석을 취소하거나 구속영장의 효력이 소멸된 때에는 몰수하지 아니한 보증금을 청구한 날로부터 7일 이내에 환부하도록 규정되어 있다고 하여도, 이 규정의 해석상 보석취소 후에 보증금몰수를 하는 것이 불가능하게 되는 것도 아니다.

⑧ 체포영장을 집행함에 있어서 필요한 때에는 영장 없이 타인의 주거에서 피의자를 수사하거나 체포현장에서 압수, 수색, 검증을 할 수 있다.

해설 및 정답 2013년 제2회 변호사시험 기출문제 19 **정답** ○

형사소송법 제216조(영장 없이 가능한 강제처분 1: 압수 · 수색 · 검증) ① 검사 · 사법경찰관은 **제200조2(체포영장) · 제200조3(긴급체포) · 제201조(구속) · 제212조(현행범체포)에 근거하여 피의자를 체포 · 구속하는 경우 필요한 때 영장 없이 다음 각 호 처분을 할 수 있다.** [개정 95 · 12 · 29] **1. 사람 주거 · 타인이 간수하는 가옥 · 건조물 · 항공기 · 선차 내에서 피의자 수사, 2. 체포현장에서 압수 · 수색 · 검증** ② 검사 · 사법경찰관이 피고인에게 구속영장을 집행하는 경우 제1항 제2호를 준용한다. ③ 범행 중 · 범행직후 범죄 장소에서 긴급하여 지방법원판사에게 영장을 받을 수 없는 때 영장 없이 압수 · 수색 · 검증을 할 수 있다. 이 경우 사후에 지체 없이 지방법원판사에게 반드시 영장을 받아야 한다. [신설 61 · 9 · 1]

⑨ 보석은 유효한 구속영장을 전제로 구속의 집행을 정지시키는 것에 불과하다.

해설 및 정답 2013년 제2회 변호사시험 기출문제 19 **정답** ○

보석은 일정한 보증금 납부 조건으로 구속집행을 정지하는 제도이다. 보석금과 함께 구속된 피고인을 석방하는 제도이다. 보석이 취소되면, 정지된 구속영장의 효력은 부활한다. 한편 구속취소는 구속영장을 전면 실효시키는 제도이다.

⑩ 현행범체포에 있어서 체포의 목적을 달성하기 위하여 필요한 범위 내에서 사인이라도 강제력을 행사할 수 있다.

해설 및 정답 2013년 제2회 변호사시험 기출문제 19 **정답** ○

형사소송법 제212조(현행범인체포) 누구든지 현행범인을 영장 없이 체포할 수 있다.

대법원 1999. 1. 26. 선고 98도3029 판결 [폭력행위 등 처벌에 관한 법률 위반]

[판시사항] 현행범인 체포의 요건

[판결요지] 현행범인은 누구든지 영장 없이 체포할 수 있다. 그러므로 사인의 현행범인 체포는 법령에 의한 행위로서 위법성이 조각된다고 할 것이다. 현행범인 체포의 요건으로서는 행위의 가벌성, 범죄의 현행성 · 시간적 접착성, 범인 · 범죄의 명백성 외에 체포의 필요성 즉, 도망 또는 증거인멸의 염려가 있을 것을 요한다.

⑪ 지방법원 판사의 영장기각 결정에 대해서는 검사의 준항고가 허용되지 않는다.

해설 및 정답 2013년 제2회 변호사시험 기출문제 20 **정답** ○

이 사안은 검사의 영장청구에 대한 법원의 기각결정에 대한 불복방법이 쟁점이다. 법원이 구속영장을 기각결정을 한 경우 형사소송법에서 검사는 불복방법이 없다. 다만 새로운 구속사유를 이유로 구속영장을 재청구할 수 있다.

대법원 2006. 12. 18. 자 2006모646 결정 [재판의변경청구기각결정에대한재항고] 〈론스타 사건〉

[결정요지] 검사의 체포영장 또는 구속영장 청구에 대한 지방법원판사의 재판은 형사소송법 제402조의 규정에 의하여 항고의 대상이 되는 '법원의 결정'에 해당하지 아니하고, 제

416조 제1항의 규정에 의하여 준항고의 대상이 되는 '재판장 또는 수명법관의 구금 등에 관한 재판'에도 해당하지 아니한다(대법원 1958. 3. 14. 자 4290형재항9 결정, 대법원 2005. 3. 31. 자 2004모517 결정 등 참조).

⑫ 이미 구속된 피고인에 대한 구속기간이 만료될 무렵 종전의 구속영장에 기재된 범죄사실과 다른 사실로 피고인을 구속하였다는 사정만으로는 위법하다고 할 수 없다.

해설 및 정답 2013년 제2회 변호사시험 기출문제 20 **정답** ○

이 사안은 이중구속이 쟁점이다. 다른 범죄사실로 구속하여도 위법하다고 할 수 없다.

대법원 2000. 11. 10. 자 2000모134 결정 [구속영장발부에대한재항고]

[결정요지] 구속기간이 만료될 무렵에 종전 구속영장에 기재된 범죄사실과 다른 범죄사실로 피고인을 구속하였다는 사정만으로는 피고인에 대한 구속이 위법하다고 할 수 없다.

⑬ 법원이 구속 피고인에 대하여 집행유예의 판결을 선고하는 경우, 구속영장의 효력은 소멸된다. 그러므로 법원은 판결의 확정 전이라도 피고인을 석방하여야 한다.

해설 및 정답 2012년 제1회 변호사시험 기출문제 24 **정답** ○

형사소송법 **제331조는 무죄 등 선고와 구속영장효력을 규정하고 있다. 주요내용을 보면,** 무죄 · 면소 · 형면제 · 형선고유예 · **형집행유예** · 공소기각 · 벌금 · 과료 판결이 선고된 경우 **구속영장은 효력을 잃는다.**

⑭ 법원은 체포와 구속의 적부심사에서 체포 또는 구속된 피의자에게 변호인이 없는 때에는 국선변호인을 선정하여야 하고, 심문 없이 기각결정을 하는 경우에도 국선변호인을 선정하여야 한다.

해설 및 정답 2012년 제1회 변호사시험 기출문제 24 **정답** ○

형사소송법 제214조의 2 제10항은 구속적부심사청구자와 국선변호인 준용규정을 두고 있다 ⑩ 체포된 피의자 · 구속된 피의자에게 변호인이 없는 경우 제33조(국선변호인)를 준용한다. **형사소송법 제33조는 국선변호인을 규정하고 있다. ① 피고인이 다음 각 호 어느 하나에 해당하고 변호인이 없는 경우 법원은 직권으로 변호인을 선정한다. 1. 피고인이 구속된 경우.**

☞ [출제] 2013년 제2회 변호사시험 기출문제 19

⑮ 긴급체포되었지만 구속영장을 청구하지 아니하여 석방된 자는 영장없이는 동일한 범죄사실에 관하여 다시 체포하지 못한다.

해설 및 정답 2012년 제1회 변호사시험 기출문제 24 **정답** ○

형사소송법 제200조4 긴급체포와 구속영장청구기간을 규정하고 있다.

☞ **긴급체포는 중요하기 때문에 법조문을 정리할 필요가 있다. 형사소송법 제200조3(긴급체포), 형사소송법 제200조4(긴급체포와 구속영장청구기간)**

⑯ 피의자가 죄를 범하였다고 의심할 만한 상당한 이유가 있고 정당한 이유없이 출석요구에 응하지 아니하거나 아니할 우려가 있는 때라고 하더라도 명백히 체포의 필요가 인정되지 아니하는 경우에는 지방법원판사는 체포영장의 청구를 기각하여야 한다.

해설 및 정답 2012년 제1회 변호사시험 기출문제 24 **정답** ○

형사소송법 제200조의2는 체포영장을 규정하고 있다. 주요내용을 보면, ② 제1항에 근거하여 체포영장청구를 받은 지방법원판사는 상당하다고 **인정할 때** 체포영장을 발부한다. **다만 체포필요가 명백히 인정되지 않는 경우 체포영장을 발부하지 않는다.**

> 나. 체포영장·긴급체포·현행범인체포·준현행범인체포·체포적부심·구속·구속적부심·기소 전 보석에 관한 설명 중 옳지 않은 것이다(×).

중요 ① 현행범인으로 규정된 '범죄의 실행의 즉후인 자'라고 함은 범죄의 실행행위를 종료한 직후의 범인이라는 것이 ~~체포를 당하는 자의~~체포하는 자의 입장에서 볼 때 명백한 경우를 일컫는 것이다.

해설 및 정답 2020년 제9회 변호사시험 기출문제 26 ★ **정답** ×

대법원 2002. 5. 10. 선고 2001도300 판결 [폭력행위등처벌 관한 법률 위반]

[판결요지] [1] 형사소송법 제211조가 현행범인으로 규정한 '범죄의 실행의 즉후인 자'라고 함은, 범죄의 실행행위를 종료한 직후의 범인이라는 것이 **체포하는 자의 입장에서 볼 때 명백한 경우를 일컫는 것이다. '범죄의 실행행위를 종료한 직후'라고 함은, 범죄행위를 실행하여 끝마친 순간 또는 이에 아주 접착된 시간적 단계를 의미하는 것으로 해석된다. 그러므로 시간적으로나 장소적으로 보아 체포를 당하는 자가 방금 범죄를 실행한 범인이라는 점에 관한 죄증이 명백히 존재하는 것으로 인정되는 경우에만 현행범인으로 볼 수 있다.**

중요 ② 사법경찰관이 피의자를 긴급체포하기 위하여 달아나는 피의자를 쫓아가 붙들거나 폭력으로 대항하는 피의자를 실력으로 제압하는 경우에도, 피의사실의 요지, 체포의 이유와 변호인을 선임할 수 있음을 ~~반드시~~ 긴급체포를 위한 실력행사에 들어가기 이전에 미리 고지하여야 한다.

해설 및 정답 2020년 제9회 변호사시험 기출문제 26 ★ **정답** ×

대법원 2008. 7. 24. 선고 2008도2794 판결 [마약류관리에 관한 법률 위반(향정)·변호사법위반·폭력행위등 처벌 관한 법률 위반(우범자)]

[판결요지] 검사 또는 사법경찰관이 형사소송법 제200조의3의 규정에 의하여 피의자를 긴급체포하는 경우에는 반드시 피의사실의 요지, 체포의 이유와 변호인을 선임할 수 있음을 말하고, 변명할 기회를 주어야 한다. 이와 같은 **고지는 긴급체포를 위한 실력행사에 들어가기 이전에 미리 하여야 하는 것이 원칙이다. 그러나 달아나는 피의자를 쫓아가 붙들거나 폭력으로 대항하는 피의자를 실력으로 제압하는 경우에는 붙들거나 제압하는 과정에서 하거나, 그것이 여의치 않은 경우에는 일단 붙들거나 제압한 후에 지체없이 하여야 한다**(대법원 2007. 11. 29. 선고 2007도7961 판결 등 참조).

③ 공범 또는 공동피의자의 구속적부심사 순차청구가 수사방해의 목적임이 명백하다고 하더라도 법원은 피의자에 대한 심문 없이 그 청구를 기각할 수는 ~~없다.~~ 있다.

해설 및 정답 2018년 제7회 변호사시험 기출문제 21 **정답** ×

형사소송법 제214조2 제3항에 규정되어 있다.

④ 구속적부심사청구 후 검사가 피의자를 기소한 경우, 법원은 ~~심문 없이 결정으로 청구를 기각하여야 하며~~ 피고인은 수소법원에 보석을 청구할 수 있다.

해설 및 정답 2018년 제7회 변호사시험 기출문제 21 **정답** ×

법원은 먼저 청구된 구속적부심사를 48시간 이내 결정하여야 한다.

형사소송법 제214조의2 ④ 법원은 제1항에 근거하여 **체포적부심사청구·구속적부심사청구가 있는 경우 체포적부심사청구서·구속적부심사청구서가 법원에 접수된 때부터 48시간 이내에 다음 각 호를 심사하여 결정한다. 1. 체포된 피의자·구속된 피의자를 심문,** 2. 수사관계서류와 증거물조사, 3. 체포적부심사청구·구속적부심사청구가 이유 있다고 인정한 때 석방결정, 4. 체포적부심사청구·구속적부심사청구가 이유 없다고 인정한 때 기각결정, 5. **체포적부심사청구 후·구속적부심사청구** 후 **검사가 피의자를 공소를 제기하는 경우 제1호·제2호·제3호·제4호를 준용한다.**

중요 ⑤ 체포영장에 의하여 체포한 피의자를 구속하고자 할 때에는 검사는 체포한 때로부터 48시간 이내에 관할지방법원판사로부터 구속영장을 ~~발부받아야~~ 청구하여야 한다.

해설 및 정답 2016년 제5회 변호사시험 기출문제 32 **정답** ×

검사는 체포한 때로부터 48시간 이내에 관할지방법원판사로부터 구속영장을 청구하여야 한다. 검사·사법경찰관은 제1항에 근거하여 구속영장을 청구하지 아니한 경우 또는 **구속영장을 발부받지 못한 경우 피의자를 즉시 석방하여야 한다.**

⑥ 체포적부심사절차에서 보증금 납입을 조건으로 체포된 피의자를 석방할 수 ~~있다.~~ 없다.

해설 및 정답 2016년 제5회 변호사시험 기출문제 32 **정답** ×

대법원 1997. 8. 27. 자 97모21 결정 [체포적부심사석방에 대한 재항고]★★★★★

[결정요지] 형사소송법은 수사단계에서의 체포와 구속을 명백히 구별하고 있다. 이에 따라 체포와 구속의 적부심사를 규정한 같은 법 제214조의2에서 체포와 구속을 서로 구별되는 개념으로 사용하고 있다. **같은 조 제4항에 기소 전 보증금 납입을 조건으로 한 석방의 대상자가 '구속된 피의자'라고 명시되어 있고, 같은 법 제214조의3 제2항의 취지를 체포된 피의자에 대하여도 보증금 납입을 조건으로 한 석방이 허용되어야 한다는 근거로 보기는 어렵다 할 것이다. 현행법상 체포된 피의자에 대하여는 보증금 납입을 조건으로 한 석방이 허용되지 않는다.**

⑦ 보석을 허가하거나 구속을 취소하는 법원의 결정에 대하여 검사는 즉시항고를 할 수 ~~있다.~~ 없다.

해설 및 정답 2016년 제5회 변호사시험 기출문제 32 **정답** ×

법원이 구속을 취소하는 결정을 하는 경우, 검사는 즉시항고를 할 수 있다. 그러나 **법원이 보석을 허가하는 결정을 하는 경우 검사는 보통항고를 할 수 뿐이고, 즉시항고는 할 수 없다.**

형사소송법 제214조2는 체포적부심사·구속적부심사를 규정하고 있다. 주요내용을 보면,

⑧ 제3항과 제4항의 결정에 대하여는 항고하지 못한다.

⑧ 체포적부심사를 청구한 피의자에게 변호인이 없는 때에는 지체 없이 국선변호인을 선정해야 하나, 심문 없이 적부심사청구에 대해 기각 결정을 하는 경우에는 ~~그러하지 아니하다.~~ 국선변호인을 선정해야 한다.

해설 및 정답 2013년 제2회 변호사시험 기출문제 19 **정답** ×

체포된 피의자 또는 구속된 피의자에게 변호인이 없는 경우, 법원 또는 지방법원 판사는 지체 없이 국선변호인을 선정하여야 한다. 이는 심문 없이 청구를 기각하는 경우에도 마찬가지다.

형사소송법 제201조2(구속영장청구와 피의자심문) ⑧ 심문할 **피의자에게 변호인이 없는**

경우 지방법원판사는 **직권으로 변호인을 선정**한다. 이 경우 변호인선정은 피의자에 대한 구속영장청구가 기각되어 효력이 소멸한 경우를 제외하고 **제1심까지 효력이 있다.** 형사소송법 제214조2(체포적부심사·구속적부심사) 제3항.

☞ [출제] 2012년 제1회 변호사시험 기출문제 24

⑨ 영장에 의해 피의자를 체포한 경우 체포한 때부터 48시간 이내에 구속영장을 ~~발부받지~~청구하지 못하면 즉시 석방하여야 한다.

해설 및 정답 2013년 제2회 변호사시험 기출문제 19 **정답** ×

48시간 이내에 구속영장을 청구하면 된다. 반드시 발부를 받아야 하는 것은 아니다. **48시간 이내에 구속영장을 청구하였으나, 사후에 영장을 발부받지 못한 경우 피의자를 즉시 석방해야 한다.** 형사소송법 제200조의2(체포영장) 제5항. 제200조4(긴급체포와 구속영장청구기간) 제1항.

중요 ⑩ 피고인에 대한 구속기간에는 공소제기전의 체포기간~~도 산입한다.~~체포기간은 산입하지 않는다.

해설 및 정답 2012년 제1회 변호사시험 기출문제 24 **정답** ×

피의자 체포기간은 피의자 구속기간에 산입한다. 그러나 공소제기전 체포기간은 피고인 구속기간에 산입하지 않는다. 형사소송법 제92조에 명문으로 규정되어 있다.

다. 강제처분 종합문제

중요 **01** ★★★★★

메트암페타민 투약 등 혐의가 있어서 체포영장이 발부된 甲에 대한 사법경찰관 A의 체포행위와 검사 B가 법원에 청구한 구속영장에 관한 설명 중 옳은 것은? (다툼이 있는 경우 판례에 의함)

파워특강 강제처분. 구속영장 또는 체포영장(=원본 제시. 급속을 요하는 경우 집행 완료 후 신속히 제시). 미란다원칙(=사전고지. 도망·폭행 체포 또는 제압 후 지체 없이 고지). 구속전피의자심문(=직권으로 변호인 선정. 영장기각이 되는 경우를 제외하고 제1심까지 효력이 있다). 구속기간(=체포기간은 산입된다). 지방법원 판사가 한 압수·수색영장 재판(=형사소송법 제402조 준항고로 불복 불가. 형사소송법 제416조 '재판장 또는 수명법관'으로 볼 수 없다. 영장전담판사는 독립된 재판기관이다).

① 영장을 집행함에 있어서는 원본을 제시하여야 하므로, A가 체포영장을 소지하지 아니하여 영장 원본을 제시할 수 없는 경우 급속을 요하는 경우~~라도 영장을 집행할 수 없다.~~ 영장을 집행할 수 있다.

해설 및 정답 2021년 제10회 변호사시험 기출문제 30 **정답** ×

형사소송법 제200조6(준용규정)과 형사소송법 제85조(구속영장집행절차) 참조. **구속영장 또는 체포영장을 집행함에 있어서는 원본을 제시하여야 한다. 그러나 구속영장 또는 체포영장을 소지하지 아니하여 영장 원본을 제시할 수 없는 경우 급속을 요하는 경우인 경우 영장을 집행할 수 있다.** 다만 **집행을 완료한 후에는 신속히 구속영장을 제시하여야 한다.**

중요 ② A가 체포영장의 제시 및 미란다원칙을 고지하려고 할 때, 만약 甲이 흉기를 꺼내 폭력으로 대항하여 甲을 실력으로 제압할 수밖에 없는 경우에는 A가 甲을 제압하고 지체 없이 체포영장을 제시하면서 미란다원칙을 고지할 수 있다.

해설 및 정답 2021년 제10회 변호사시험 기출문제 30 **정답** ○

대법원 2000. 7. 4. 선고 99도4341 판결 [폭력행위등처벌에관한법률위반 · 공무집행방해]

[판결요지] [1] 순찰 중이던 경찰관이 교통사고를 낸 차량이 도주하였다는 무전연락을 받고 주변을 수색하다가 범퍼 등의 파손상태로 보아 사고차량으로 인정되는 차량에서 내리는 사람을 발견한 경우, **형사소송법 제211조 제2항 제2호 소정의 '장물이나 범죄에 사용되었다고 인정함에 충분한 흉기 기타의 물건을 소지하고 있는 때'에 해당하므로 준현행범으로서 영장 없이 체포할 수 있다**고 한 사례.

[2] **사법경찰리가 현행범인으로 체포하는 경우에는 반드시 범죄사실의 요지, 구속의 이유와 변호인을 선임할 수 있음을 말하고 변명할 기회를 주어야 할 것임은 명백하며, 이러한 법리는 비단 현행범인을 체포하는 경우뿐만 아니라 긴급체포의 경우에도 마찬가지로 적용되는 것이다.** 이와 같은 **고지는 체포를 위한 실력행사에 들어가기 이전에 미리 하여야 하는 것이 원칙이나, 달아나는 피의자를 쫓아가 붙들거나 폭력으로 대항하는 피의자를 실력으로 제압하는 경우에는 붙들거나 제압하는 과정에서 하거나, 그것이 여의치 않은 경우에라도 일단 붙들거나 제압한 후에는 지체 없이 행하여야 한다.**

☞ [출제] 2020년 제9회 변호사시험 기출문제 26

③ 구속 전 피의자심문을 받을 甲에게 변호인이 없는 때에는 판사는 직권으로 변호인을 선정하여야 하고, 이 경우 甲에 대한 구속영장 청구가 ~~기각되더라도~~ 기각되어 효력이 소멸한 경우를 제외하고 변호인의 선정은 제1심까지 효력이 있다.

해설 및 정답 2021년 제10회 변호사시험 기출문제 30 **정답** ×

형사소송법 제201조의2(구속영장 청구와 피의자 심문) 제8항 참조.

> 형사소송법 제201조의2(구속영장 청구와 피의자 심문)
> ① 제200조의2·제200조의3 또는 제212조에 따라 체포된 피의자에 대하여 구속영장을 청구받은 판사는 지체 없이 피의자를 심문하여야 한다. 이 경우 특별한 사정이 없는 한 **구속영장이 청구된 날의 다음날까지 심문하여야 한다.**
> ② 제1항 외의 피의자에 대하여 구속영장을 청구받은 판사는 피의자가 죄를 범하였다고 의심할 만한 이유가 있는 경우에 구인을 위한 구속영장을 발부하여 피의자를 구인한 후 심문하여야 한다. 다만, **피의자가 도망하는 등의 사유로 심문할 수 없는 경우에는 그러하지 아니하다.**
> ⑥ 제1항 또는 제2항에 따라 피의자를 심문하는 경우 **법원사무관등은 심문의 요지 등을 조서로 작성하여야 한다.**
> ⑦ **피의자심문을 하는 경우 법원이 구속영장청구서·수사 관계 서류 및 증거물을 접수한 날부터 구속영장을 발부하여 검찰청에 반환한 날까지의 기간은 제202조 및 제203조의 적용에 있어서 그 구속기간에 이를 산입하지 아니한다.**
> ⑧ **심문할 피의자에게 변호인이 없는 때에는 지방법원판사는 직권으로 변호인을 선정하여야 한다.** 이 경우 **변호인의 선정은 피의자에 대한 구속영장 청구가 기각되어 효력이 소멸한 경우를 제외하고는 제1심까지 효력이 있다.**
> ⑨ 법원은 변호인의 사정이나 그 밖의 사유로 **변호인 선정결정이 취소되어 변호인이 없게 된 때에는 직권으로 변호인을 다시 선정할 수 있다.**
> **【출처】** 형사소송법 일부개정 2020. 12. 8. [법률 제17572호, 시행 2021. 12. 9.] 법무부

④ A는 체포영장에 의하여 체포된 甲에게 구속의 필요성이 인정되어 체포된 다음날 구속영장을 신청하였고, B의 구속영장 청구와 지방법원판사가 발부한 구속영장에 의해 甲이 구속된 경우, A는 구속영장에 의해 甲이 ~~구속된 때로부터~~체포된 때부터 10일 이내에 검사에게 甲을 인치하지 아니하면 석방하여야 한다.

해설 및 정답 2021년 제10회 변호사시험 기출문제 30 **정답** ×

형사소송법 제200조의2(영장에 의한 체포), 형사소송법 제202조(사법경찰관의 구속기간), 형사소송법 제203조의2(구속기간에의 산입) 참조.

> 형사소송법 제200조의2(영장에 의한 체포) ★★★★★
> ① 피의자가 죄를 범하였다고 의심할 만한 상당한 이유가 있고, 정당한 이유없이 제200조의 규정에 의한 출석요구에 응하지 아니하거나 응하지 아니할 우려가 있는 때에는 검사는 관할 지방법원판사에게 청구하여 체포영장을 발부받아 피의자를 체포할 수 있고, **사법경찰관은 검사에게 신청하여 검사의 청구로 관할지방법원판사의 체포영장을 발부받아 피의자를 체포할 수 있다.** 다만, 다액 50만원이하의 벌금, 구류 또는 과료에 해당하는 사건에 관

하여는 피의자가 일정한 주거가 없는 경우 또는 정당한 이유없이 제200조의 규정에 의한 출석요구에 응하지 아니한 경우에 한한다.
⑤ 체포한 피의자를 구속하고자 할 때에는 **체포한 때부터 48시간이내에 제201조의 규정에 의하여 구속영장을 청구하여야 하고, 그 기간내에 구속영장을 청구하지 아니하는 때에는 피의자를 즉시 석방하여야 한다.**
[본조신설 1995.12.29]
[제목개정 2007.6.1]

형사소송법 제202조(사법경찰관의 구속기간)
사법경찰관이 피의자를 구속한 때에는 10일 이내에 피의자를 검사에게 인치하지 아니하면 석방하여야 한다.

형사소송법 제203조의2(구속기간에의 산입)
피의자가 제200조의2·제200조의3·제201조의2제2항 또는 제212조의 규정에 의하여 체포 또는 구인된 경우에는 **제202조 또는 제203조의 구속기간은 피의자를 체포 또는 구인한 날부터 기산한다.** 〈개정 1997.12.13, 2007.6.1〉
[본조신설 1995.12.29]
【출처】 형사소송법 일부개정 2020. 12. 8. [법률 제17572호, 시행 2021. 12. 9.] 법무부

⑤ 지방법원판사가 구속영장청구를 기각한 경우에는 B는 구속영장을 재청구하거나 「형사소송법」 제416조의 준항고를 통해 불복할 수 ~~있다.~~없다.

해설 및 정답 2021년 제10회 변호사시험 기출문제 30 **정답** ×

대법원 1997. 9. 29.자 97모66 결정 [압수영장에대한준항고기각에대한재항고]

[판시사항] 지방법원 판사가 한 압수영장발부의 재판에 대하여 준항고나 항고로 불복할 수 있는지 여부(소극)

[결정요지] 형사소송법 제416조는 재판장 또는 수명법관이 한 재판에 대한 준항고에 관하여 규정하고 있다. 여기에서 말하는 **'재판장 또는 수명법관'이라 함은 수소법원의 구성원으로서의 재판장 또는 수명법관만을 가리키는 것이다.** 수사기관의 청구에 의하여 압수영장 등을 발부하는 독립된 재판기관인 지방법원 판사가 이에 해당된다고 볼 수 없다. 그러므로 **지방법원 판사가 한 압수영장발부의 재판에 대하여는 위 조항에서 정한 준항고로 불복할 수 없다.** 나아가 **같은 법 제402조, 제403조에서 규정하는 항고는 법원이 한 결정을 그 대상으로 하는 것이므로 법원의 결정이 아닌 지방법원 판사가 한 압수영장발부의 재판에 대하여 그와 같은 항고의 방법으로도 불복할 수 없다.**

02 형사소송법 조문 숙지 ★★★★★

다음 설명 중 옳은 것(○)과 옳지 않은 것(×)을 올바르게 조합한 것은?

중요 ① 긴급체포되었다가 구속영장을 청구하지 아니하거나 발부받지 못하여 석방된 자는 영장 없이는 동일한 범죄사실에 관하여 체포하지 못한다.

해설 및 정답 2020년 제9회 변호사시험 기출문제 31 ★ 정답 ○

• **핵심내용:** 재체포 · 재구속 · 재기소 제한. 형사소송법 조문 내용.
형사소송법 제200조4 제2항 · 제3항 참조

> 형사소송법 제200조4(긴급체포기간과 구속영장청구기간)
> ③ **검사 · 사법경찰관은 제2항에 근거하여 석방된 사람을 영장 없이 동일한 범죄사실로 다시 체포하지 못한다.**

중요 ② 구속되었다가 석방된 자는 다른 중요한 증거를 발견한 경우를 제외하고는 동일한 범죄사실에 관하여 재차 구속하지 못한다.

해설 및 정답 2020년 제9회 변호사시험 기출문제 31 ★ 정답 ○

형사소송법 제208조 제1항 참조

> 형사소송법 제208조(재구속제한)
> ① 검사 · **사법경찰관에게** 구속되었다가 석방된 사람은 다른 중요한 **증거가 발견된** 경우를 **제외하고** 동일한 **범죄사실로** 다시 구속되지 않는다.
> ② **제1항 경우 하나의 목적을 위하여 동시에 이루어 행위 또는 하나의 목적을 위하여 수단결과 관계에서 이루어진** 행위는 동일한 범죄사실로 **본다.**
> [전문개정 73 · 1 · 25]

중요 ③ 체포 · 구속적부심사결정에 의하여 석방된 피의자가 도망하거나 죄증을 인멸하는 경우를 제외하고는 동일한 범죄사실에 관하여 재차 체포 또는 구속하지 못한다.

해설 및 정답 2020년 제9회 변호사시험 기출문제 31 ★ 정답 ○

형사소송법 제214조3 제1항 참조

> 형사소송법 제214조3(재체포제한 · 재구속제한)
> ① **제214조2 제4항 체포적부심사결정 · 구속적부심사결정으로** 석방된 피의자는 도망 · 죄증인멸 경우를 제외하고 동일한 범죄사실로 다시 체포 · 구속될 수 없다. [개정 95 · 12 · 29, 2007.6.1] [[시행일 2008.1.1]]

② 제214조2 **제5항으로** 석방된 **피의자는 다음 각 호 어느 하나에 해당하는 사유를 제외하고** 동일한 **범죄사실로** 다시 체포·구속될 수 없다. [신설 95·12·29, 2007.6.1] [[시행일 2008.1.1]]
1. 도망한 경우
2. 도망·죄증인멸 가능성이 있다고 믿을만한 충분한 이유가 있는 경우
3. 출석요구를 받고 정당한 **이유 없이** 출석하지 아니한 경우
4. 주거제한·그밖에 법원이 정한 조건을 위반한 경우 [본조신설 80·12·18]

중요 ④ 공소취소에 의한 공소기각의 결정이 확정된 때에는 공소취소 후 그 범죄사실에 대한 다른 중요한 증거를 발견한 경우에 한하여 다시 공소를 제기할 수 있다.

해설 및 정답 2020년 제9회 변호사시험 기출문제 31 ★ 정답 ○

형사소송법 제329조 참조

형사소송법 제329조(공소취소와 재기소)
검사는 공소취소로 공소기각결정이 확정된 경우 공소취소 후 **범죄사실에 다른 중요한 증거를 발견된 때 다시 공소를 제기할 수 있다.**

중요 ⑤ 재정신청을 기각한 법원의 결정이 확정된 사건에 대하여는 다른 중요한 증거를 발견한 경우를 제외하고는 소추할 수 없다.

해설 및 정답 2020년 제9회 변호사시험 기출문제 31 ★ 정답 ○

형사소송법 제262조 제4항 참조

형사소송법 제262조(심리와 결정)
① 법원은 재정신청서를 받은 날부터 **10일 이내에** 피의자에게 사실을 통지한다.
② 법원은 재정신청서를 받은 날부터 **3개월 이내에** 항고절차에 준하여 다음 각 호 구분에 따라 결정한다. 법원은 필요한 경우 증거를 조사할 수 있다.
1. 신청이 법률방식에 위배되거나 또는 이유 없는 경우 신청을 기각한다.
2. 신청이 이유 있는 경우 사건에 대해 공소제기를 결정한다.
③ 법원은 특별한 사정이 없는 경우 재정신청사건심리를 공개하지 않는다.
④ **재정신청권자는 제2항 결정에 대해 불복할 수 없다. 제2항 제1호 결정이 확정된 사건은 다른 중요한 증거가 발견된 경우 소추할 수 있다.**
⑤ 법원은 제2항 결정 후 즉시 결정정본을 재정신청인·피의자·관할 지방검찰청검사장·지청장에게 보낸다. 제2항 제2호 **공소제기결정** 후 관할 지방검찰청검사장·지청장에게 사

> 건기록을 함께 송부한다.
> ⑥ 제2항 제2호 **공소제기결정** 후 재정결정서를 받은 관할 지방검찰청 검사장 · 지청장은 지체 없이 담당 검사를 지정하고, **지정받은 검사는 공소를 제기해야 한다.**
> [전문개정 2007.6.1] [[시행일 2008.1.1]]
> [본조제목개정 2007.6.1] [[시행일 2008.1.1.]]

03 ★★★★★

강제처분에 관한 설명 중 옳지 않은 것은? (다툼이 있는 경우 판례에 의함)

중요 ① 「형사소송법」 제217조 제1항은 수사기관이 피의자를 긴급체포한 상황에서 피의자가 체포되었다는 사실이 공범이나 관련자들에게 알려짐으로써 관련자들이 증거를 파괴하거나 은닉하는 것을 방지하고, 범죄사실과 관련된 증거물을 신속히 확보할 수 있도록 하기 위한 것이므로, 긴급체포된 자가 체포현장이 아닌 장소에서 소유 · 소지 또는 보관하는 물건을 압수할 수는 ~~없다.~~ 있다.

해설 및 정답 2019년 제8회 변호사시험 기출문제 25 ★ **정답** ×

대법원 2017. 9. 12. 선고 2017도10309 판결 [마약류관리에관한법률위반(향정)] 〈체포현장이 아닌 장소에서도 긴급체포된 자가 소유 · 소지 또는 보관하는 물건에 대한 압수, 수색이 가능한지 문제된 사건〉 ★★★★★

[판결요지] 범죄수사를 위하여 압수, 수색 또는 검증을 하려면 미리 영장을 발부받아야 한다는 이른바 사전영장주의가 원칙이다. 그러나 형사소송법 제217조는 그 예외를 인정한다. 형사소송법 제217조 제1항은 수사기관이 피의자를 긴급체포한 상황에서 피의자가 체포되었다는 사실이 공범이나 관련자들에게 알려짐으로써 관련자들이 증거를 파괴하거나 은닉하는 것을 방지하고, 범죄사실과 관련된 증거물을 신속히 확보할 수 있도록 하기 위한 것이다. 이 규정에 따른 압수 · 수색 또는 검증은 체포현장에서의 압수 · 수색 또는 검증을 규정하고 있는 형사소송법 제216조 제1항 제2호와 달리, 체포현장이 아닌 장소에서도 긴급체포된 자가 소유 · 소지 또는 보관하는 물건을 대상으로 할 수 있다.

② 체포영장의 제시나 고지 등은 체포를 위한 실력행사에 들어가기 이전에 미리 하여야 하는 것이 원칙이나, 달아나는 피의자를 쫓아가 붙들거나 폭력으로 대항하는 피의자를 실력으로 제압하는 경우에는 붙들거나 제압하는 과정에서 하거나, 그것이 여의치 않은 경우에는 일단 붙들거나 제압한 후에 지체 없이 하여야 한다.

해설 및 정답 2019년 제8회 변호사시험 기출문제 25 **정답** ○

대법원 2008. 2. 14. 선고 2007도10006 판결 [특수공무집행방해치상 · 마약류관리에관한법률위반(향정)]

[판결요지] **형사소송법(2007. 6. 1. 법률 제8496호로 개정되기 전의 것) 제200조의5, 제72조, 제85조 제1항. 이와 같은 체포영장의 제시나 고지 등은 체포를 위한 실력행사에 들어가기 이전에 미리 하여야 하는 것이 원칙이다. 그러나 달아나는 피의자를 쫓아가 붙들거나 폭력으로 대항하는 피의자를 실력으로 제압하는 경우에는 붙들거나 제압하는 과정에서 하거나, 그것이 여의치 않은 경우에라도 일단 붙들거나 제압한 후에 지체 없이 행하여야 한다.**

중요 ③ 현행범 체포현장이나 범죄장소에서 소지자 등이 임의로 제출하는 물건은 영장 없이 압수할 수 있고, 이 경우에는 검사나 사법경찰관이 사후에 영장을 받을 필요가 없다.

해설 및 정답 2019년 제8회 변호사시험 기출문제 25 **정답** ○

대법원 2016. 2. 18. 선고 2015도13726 판결 [특정범죄가중처벌등에관한법률위반(향정)[인정된 죄명: 마약류관리에관한법률위반(향정)] · 마약류관리에관한법률위반(향정)]

[판결요지] 검사 또는 사법경찰관은 형사소송법 제212조의 규정에 의하여 피의자를 **현행범 체포하는 경우에 필요한 때에는 체포 현장에서 영장 없이 압수 · 수색 · 검증을 할 수 있다.** 그러나 이와 같이 압수한 물건을 계속 압수할 필요가 있는 경우에는 **체포한 때부터 48시간 이내에 지체 없이 압수영장을 청구하여야 한다(제216조 제1항 제2호, 제217조 제2항).** 그리고 검사 또는 사법경찰관이 **범행 중 또는 범행 직후의 범죄 장소에서 긴급을 요하여 판사의 영장을 받을 수 없는 때에는 영장 없이 압수 · 수색 또는 검증을 할 수 있다. 그러나 이 경우에는 사후에 지체 없이 영장을 받아야 한다**(제216조 제3항). **다만 형사소송법 제218조에 의하면 검사 또는 사법경찰관은 피의자 등이 유류한 물건이나 소유자 · 소지자 또는 보관자가 임의로 제출한 물건은 영장 없이 압수할 수 있다. 그러므로 현행범 체포 현장이나 범죄 장소에서도 소지자 등이 임의로 제출하는 물건은 위 조항에 의하여 영장 없이 압수할 수 있다. 이 경우에는 검사나 사법경찰관이 사후에 영장을 받을 필요가 없다.**

④ 피고인이 수사 당시 긴급체포되었다가 수사기관의 조치로 석방된 후 법원이 발부한 구속영장에 의하여 구속이 이루어진 경우 「형사소송법」 제200조의4 제3항, 제208조에 규정된 재체포 또는 재구속 제한에 위배되는 위법한 구속이라고 볼 수 없다.

해설 및 정답 2019년 제8회 변호사시험 기출문제 25 **정답** ○

대법원 2001. 9. 28. 선고 2001도4291 판결 [마약류관리에관한법률위반(향정)]

[판결요지] **형사소송법 제208조 소정의 '구속되었다가 석방된 자'라 함은 구속영장에 의**

하여 구속되었다가 석방된 경우를 말한다. 긴급체포나 현행범으로 체포되었다가 사후영장 발부 전에 석방된 경우는 포함되지 않는다 할 것이다. 피고인이 수사 당시 긴급체포되었다가 수사기관의 조치로 석방된 후 법원이 발부한 구속영장에 의하여 구속이 이루어진 경우 앞서 본 법조에 위배되는 위법한 구속이라고 볼 수 없다.

중요 ⑤ A가 필로폰을 투약한다는 제보를 받은 경찰관이 A의 주거지를 방문하였다가, 그곳에서 A를 발견하고 A의 전화번호로 전화를 하여 나오라고 하였으나 응하지 않자 A의 집 문을 강제로 열고 들어가 긴급체포한 경우, 경찰관이 A의 신원과 주거지 및 전화번호 등을 모두 파악하고 있었고, 당시 마약 투약의 범죄 증거가 급속하게 소멸될 상황도 아니었다면, 위법한 체포이다.

해설 및 정답 2019년 제8회 변호사시험 기출문제 25 ★ 정답 ○

대법원 2016. 10. 13. 선고 2016도5814 판결 [마약류관리에관한법률위반(향정)]

[판결요지] 피고인이 마약에 관한 죄를 범하였다고 의심할 만한 상당한 이유가 있었더라도, 경찰관이 이미 피고인의 신원과 주거지 및 전화번호 등을 모두 파악하고 있었다. 당시 마약 투약의 범죄 증거가 급속하게 소멸될 상황도 아니었던 점 등의 사정을 감안하면, 긴급체포가 미리 체포영장을 받을 시간적 여유가 없었던 경우에 해당하지 않아 위법하다.

04 ★★★★★

다음 설명 중 옳은 것은? (다툼이 있는 경우 판례에 의함)

① 불심검문하는 사람이 경찰관이고 검문하는 이유가 자신의 범죄행위에 관한 것임을 피고인이 충분히 알고 있었다고 보이더라도, 경찰관이 신분증을 제시하지 않았다면, 그 불심검문은 ~~위법하다.~~ 적법하다.

해설 및 정답 2019년 제8회 변호사시험 기출문제 29 정답 ×

대법원 2014. 12. 11. 선고 2014도7976 판결 [공무집행방해 · 상해]

이 문제의 쟁점은 불심검문 · 노역장 유치집행 · 진술거부권과 형사소송법 제314조 '그밖에 이에 준하는 사유와 증거능력 · 구속영장구금과 조사실구인 · 우편물 통관절차에 대한 압수 · 수색영장 불필요이다. 지문의 쟁점은 **불심검문과 경찰관 신분증제시이다.**

[판결요지] 불심검문을 하게 된 경위, 불심검문 당시의 현장상황과 검문을 하는 경찰관들의 복장, 피고인이 공무원증 제시나 신분 확인을 요구하였는지 여부 등을 종합적으로 고려하여, 검문하는 사람이 경찰관이고 검문하는 이유가 범죄행위에 관한 것임을 피고인이 충분히 알고 있었다고 보이는 경우에는 신분증을 제시하지 않았다고 하여 그 불심검문이 위법한 공무집행이라고 할 수 없다.

② 벌금형에 따르는 노역장유치의 집행을 위하여 형집행장을 발부하여 구인하는 경우에도 구속이유의 고지에 관한 「형사소송법」 제72조가 ~~준용된다.~~ 준용되지 않는다.

해설 및 정답 2019년 제8회 변호사시험 기출문제 29 **정답** ×

벌금형 집행과 형사소송법 제72조 관계이다.

대법원 2013. 9. 12. 선고 2012도2349 판결 [공무집행방해 · 상해 · 도로교통법위반]

[판결요지] 형사소송법 제475조는 이 경우 형집행장의 집행에 관하여 형사소송법 제1편 제9장에서 정하는 피고인의 구속에 관한 규정을 준용한다고 규정하고 있다. 여기서 '피고인의 구속에 관한 규정'은 '피고인의 구속영장의 집행에 관한 규정'을 의미한다고 할 것이다. 그러므로 형집행장의 집행에 관하여는 구속의 사유에 관한 형사소송법 제70조나 구속이유 고지에 관한 형사소송법 제72조가 준용되지 아니한다.

중요 ③ 구속영장 발부에 의하여 적법하게 구금된 피의자가 피의자신문을 위한 수사기관 조사실 출석을 거부하는 경우 수사기관은 구속영장의 효력에 의하여 피의자를 조사실로 구인할 수 있다.

해설 및 정답 2019년 제8회 변호사시험 기출문제 29 **정답** ○

구속영장집행으로 구금된 사람이 출석요구에 불응하는 조사실 강제구금이 가능하다.

대법원 2013. 7. 1. 자 2013모160 결정 [준항고 기각결정에 대한 재항고]

[결정요지] 구속영장은 기본적으로 장차 공판정에의 출석이나 형의 집행을 담보하기 위한 것이다. 이와 함께 법 제202조, 제203조에서 정하는 구속기간의 범위 내에서 수사기관이 법 제200조, 제241조 내지 제244조의5에 규정된 피의자신문의 방식으로 구속된 피의자를 조사하는 등 적정한 방법으로 범죄를 수사하는 것도 예정하고 있다고 할 것이다. 따라서 구속영장 발부에 의하여 적법하게 구금된 피의자가 피의자신문을 위한 출석요구에 응하지 아니하면서 수사기관 조사실에 출석을 거부한다면 수사기관은 그 구속영장의 효력에 의하여 피의자를 조사실로 구인할 수 있다고 보아야 한다. 다만 이러한 경우에도 그 피의자신문 절차는 어디까지나 법 제199조 제1항 본문, 제200조의 규정에 따른 임의수사의 한 방법으로 진행되어야 한다. 그러므로 피의자는 헌법 제12조 제2항과 법 제244조의3에 따라 일체의 진술을 하지 아니하거나 개개의 질문에 대하여 진술을 거부할 수 있고, 수사기관은 피의자를 신문하기 전에 그와 같은 권리를 알려주어야 한다.

☞ **이 사안은 구인을 위한 구속영장이 쟁점이다. 구인을 위한 구속영장은 체포되지 않은 피의자의 구속영장실질심사를 위해 도입된 제도이다. 구인된 피의자가 검사 출석요구에 불응한 경우, 피의자를 인치하면 된다. 구속영장의 효력이다.**

☞ [출제] 2013년 제2회 변호사시험 기출문제 20

구속되었다가 석방된 ~~피의자 또는 피고인은~~ 피의자는 다른 중요한 증거가 발견된 경우가 아니면 동일한 범죄사실에 관하여 재차 구속하지 못한다.

이 사안은 재구속 제한이 쟁점이다. 재구속 제한은 검사와 사법경찰관에게 적용된다. 법원은 적용되지 않는다. 형사소송법 제208조는 검사와 사법경찰관에게 적용되는 규정이

다. 법원은 피고인을 재구속할 때 제한이 없다.

④ 우편물 통관검사절차에서 이루어지는 검사는 행정조사에 해당하지만 압수·수색영장 없이 우편물을 개봉하는 것은 ~~위법하다.~~적법하다.

해설 및 정답 2019년 제8회 변호사시험 기출문제 29 **정답** ×

우편물 통관검사절차에서 검사 시 압수·수색영장은 불필요하다.

대법원 2013. 9. 26. 선고 2013도7718 판결 [마약류관리에관한법률위반(향정)]

[**판결요지**] 우편물 통관검사절차에서 이루어지는 우편물의 개봉, 시료채취, 성분분석 등의 검사는 수출입물품에 대한 적정한 통관 등을 목적으로 한 행정조사의 성격을 가지는 것으로서 수사기관의 강제처분이라고 할 수 없다. 그러므로 압수·수색영장 없이 우편물의 개봉, 시료채취, 성분분석 등 검사가 진행되었다 하더라도 특별한 사정이 없는 한 위법하다고 볼 수 없다.

☞ [출제] 2015년 제4회 변호사시험 기출문제 26

05 ★★★★★

외국 국적자인 甲은상철 주간에 A가 운영하는 휴대폰 판매 가게에서 A가 잠시 자리를 비운 틈을 타 중고 휴대폰 여러 대를행위객체 훔친 후 행위 자신의 집에 숨겨두었다. 며칠 뒤 사법경찰관이 노래방에서 나오는 甲을 긴급체포하였다. 검사는 검찰수사관과 통역인을 참여시킨 상태에서 甲을 신문하여 피의자신문조서를 작성하였고 영상녹화는 하지 않았다. 이에 관한 설명 중 옳은 것을 모두 고른 것은? (다툼이 있는 경우 판례에 의함)

① 사법경찰관은 甲이 보관하고 있는 중고 휴대폰을 긴급히 압수할 필요가 있는 경우에 甲을 체포한 때부터 24시간 이내에 한하여 영장 없이 압수·수색할 수 있고, 압수한 중고 휴대폰을 계속 압수할 필요가 있는 경우에는 ~~압수한~~체포한 때부터 48시간 이내에 압수·수색영장을 청구하여야 한다.

해설 및 정답 2018년 제7회 변호사시험 기출문제 23 **정답** ×

긴급체포시 강제처분은 **긴급체포한 때부터 24시간 이내 영장 없이 압수·수색·검증을 할 수 있다. 형사소송법 제217조(영장 없이 가능한 대물강제처분 2: 압수·수색·검증)**

② 甲에 대한 공소제기 전 체포 및 구속기간은 제1심 법원의 구속기간에 산입하지 아니하고, 공판과정에서 구속을 계속할 필요가 있는 때에는 제1심 법원은 결정으로 2개월 단위로 2차에 한하여 구속기간을 갱신할 수 있다.

해설 및 정답 2018년 제7회 변호사시험 기출문제 23 **정답** ○

구속기간과 갱신 경우 2개월, 제1심 2개월 2회, 제2심 2개월 3회, 제3심 2개월 3회 가능하다. **공소제기 전 체포·구인·구금 기간은 제1항·제2항 기간계산에 넣지 않는다. 형사소송법 제92조(구속기간과 구속기간갱신)**

③ 검사가 甲에 대하여 구속영장을 청구한 경우 구속영장을 청구받은 판사는 甲을 심문하여야 하고, ~~심문할 甲에게 변호인이 없는 경우에는 필요적 변호사건이 아니기 때문에 지방법원판사는 甲의 청구가 있는 경우에 한하여 변호인을 선정할 수 있다.~~

해설 및 정답 2018년 제7회 변호사시험 기출문제 23 **정답** ×

영장실질심사 경우 국선변호인제도가 적용된다. **형사소송법 제201조2(구속영장청구와 피의자심문) ⑧ 심문할 피의자에게 변호인이 없는 경우 지방법원판사는 직권으로 변호인을 선정한다.** 이 경우 변호인선정은 피의자에 대한 구속영장청구가 기각되어 효력이 소멸한 경우를 제외하고 **제1심까지 효력이 있다.**

④ 만일 검사가 피의자신문 시 甲의 진술을 영상녹화하려면 ~~영상녹화에 대한 甲의 동의를 얻어야 한다.~~ 甲에게 녹화를 알려주면 된다.

해설 및 정답 2018년 제7회 변호사시험 기출문제 23 **정답** ×

피의자 영상녹화 경우 피의자에게 미리 알려주면 된다. 피의자 동의는 필요하지 않다.

> 형사소송법 제244조2(피의자진술의 영상녹화) ★★★★★
>
> ① 피의자 진술은 **영상을 녹화할 수 있다.** 이 경우 미리 **영상녹화사실을 알려야** 하며, **조사 개시부터 종료까지** 전 과정과 객관적 정황을 **영상으로 녹화한다.**
>
> ② **제1항에 근거하여 영상녹화가 완료된 때 피의자·변호인 앞에서** 원본을 봉인하고, **피의자에게** 기명날인·**서명하게 한다.**
>
> ③ **제2항 경우 피의자·변호인 요구가 있는 때** 영상녹화물을 재생하여 **시청하게 한다.** 이 경우 **영상녹화물 내용에** 대하여 이의를 **진술하는 때** 그 취지를 기재한 서면을 **첨부한다.**
>
> [본조신설 2007.6.1] [[시행일 2008.1.1.]]

중요 **06** ★★★★★

사법경찰관 A는 피의자 甲을 절도 혐의로 긴급체포한 후 조사하였으나, 甲의 혐의를 입증할 증거가 부족하다고 판단하여 석방하였다. A는 이후 이 절도 사건에 관한 증거를 찾던 중 절도 현장을 목격한 X의 진술을 확보하게 되었다. 이에 관한 설명 중 옳은 것은? (다툼이 있는 경우 판례에 의함)

① A가 목격자 X의 진술을 확보하였다고 하더라도 더 이상 위 절도 혐의로 甲을 긴급체포할 수 없다.

해설 및 정답 2014년 제3회 변호사시험 기출문제 23 정답 ○

이 사안의 경우 피의자 갑을 절도혐의로 다시 체포하려면, 반드시 체포영장을 받아야 한다. 긴급체포 후 구속영장을 청구하지 않고 석방한 경우, 동일한 범죄사실에 대해 긴급체포·현행범체포는 안 된다. 동일한 범죄사실에 대해 체포영장·구속영장을 발부 받아 체포·구속이 가능하다. **형사소송법 제200조4(긴급체포와 구속영장청구기간), 형사소송법 제208조(재구속제한)**

중요 ② A는 甲의 위 절도 범행과 다른 별개의 범죄인 모욕죄 혐의에 관하여는 甲을 긴급체포할 수 없다.

해설 및 정답 2014년 제3회 변호사시험 기출문제 23 정답 ○

형법 제311조 모욕죄는 1년 이하 징역형·1년 이하 금고형·200만원 이하 벌금형으로 처벌된다. 따라서 모욕죄 혐의로 갑을 긴급체포할 수 없다. 긴급체포는 사형·무기형·장기 3년 이상 징역형·금고형에 해당하는 죄를 범하였다고 의심할 만한 상당한 이유가 있는 경우가 필수조건이다. 형사소송법 제200조3(긴급체포)

③ A가 甲의 위 절도 범행과 다른 별개의 범죄인 강간치상 혐의에 관하여 甲을 긴급체포한 경우에는 즉시 검사의 승인을 얻어야 한다.

해설 및 정답 2014년 제3회 변호사시험 기출문제 23 정답 ○

형법 제301조 강간치상죄는 무기형·5년 이상 징역형으로 처벌된다. 따라서 강간치상죄 혐의로 갑을 긴급체포할 수 있다. 그리고 긴급체포한 경우 즉시 검사의 승인을 얻어야 한다. 사법경찰관은 12시간 이내에 검사의 승인을 건의하여야 한다.

④ 수사기관이 위 절도 혐의에 관한 X의 진술조서 등 소명자료를 갖추더라도 법원으로부터 체포영장을 발부받을 수 ~~없다.~~ 있다.

해설 및 정답 2014년 제3회 변호사시험 기출문제 23 정답 ×

이 사안의 경우 피의자 갑을 절도혐의로 다시 체포하려면, 반드시 체포영장을 받아야 한다. 긴급체포 후 구속영장을 청구하지 않고 석방한 경우, **동일한 범죄사실에 대해 긴급체포·현행범체포는 안 된다. 동일한 범죄사실에 대해 체포영장·구속영장을 발부 받아 영장에 의한 체포·구속이 가능하다. 형사소송법 제200조4(긴급체포와 구속영장청구기간), 형사소송법 제208조(재구속제한)**

⑤ 수사기관이 甲의 위 절도 혐의에 관한 X의 진술조서 등 소명자료를 갖춘 다음 법원으로부터 사전 구속영장을 발부받으면 위 절도 혐의로 甲을 구속할 수 있다.

해설 및 정답 2014년 제3회 변호사시험 기출문제 23 **정답** ○

형사소송법은 체포전치형과 체포비전치형 두 유형을 명문화하였다. 체포된 피의자 구속과 체포되지 아니한 피의자 구속을 모두 인정한다. 체포는 구속에 반드시 선행될 필요가 없다. 긴급한 경우 바로 구속영장을 청구할 수 있다. 구속영장을 발부받으면 구속할 수 있다. 형사소송법 제201조(구속)에 규정되어 있다.

07 ★★★★★

다음의 사실관계에 관한 설명 중 옳은 것은? (다툼이 있는 경우 판례에 의함)

> 검사 甲은 2010. 12. 8. 16:40경 위증교사 혐의가 있는 변호사 丙의 사무장인 乙에게 참고인 조사를 위하여 검사실로 출석하여 달라고 요구하였고, 같은 날 17:30경 자진출석한 乙에 대하여 참고인으로 조사하지 않고 바로 위증교사 혐의로 피의자신문조서를 작성하기 시작하였다. 이에 乙은 인적사항만을 진술한 후 丙에게 전화하여 '데리고 나가달라'고 요청하였다. 더 이상의 신문이 이루어지지 못하는 사이 丙이 검사실로 찾아와서 乙에게 나가라고 지시하였다. 乙이 일어서서 검사실을 나서려 하자 **검사 甲은 乙에게 '지금부터 긴급체포한다'고 하면서 피의사실의 요지나 체포이유 등을 전혀 고지하지 않은 채 乙을 긴급체포하였고,** 같은 달 11일 구속영장을 발부받을 때까지 乙을 유치하면서 같은 달 9일과 10일에 각 피의자신문조서를 작성하였다. **乙은 위증교사 혐의로 기소되었으며 긴급체포되어 구속영장이 발부될 때까지 작성된 乙에 대한 피의자신문조서들이 乙에 대한 유죄의 증거로 제출되었다.**

중요 ① 乙에 대한 긴급체포가 요건을 갖추었는지 여부는 ~~사후에~~행위당시에 밝혀진 사정을 기초로 판단하여야 한다.

해설 및 정답 2012년 제1회 변호사시험 기출문제 19 **정답** ×

긴급체포 요건의 판단기준은 체포 당시 상황을 기준으로 한다. 위법한 경우 형사소송법 제312조에 제1항 · 제3항에 근거하여 피의자신문조서는 증거능력이 없다.

대법원 2002. 6. 11. 선고 2000도5701 판결 [특정범죄가중처벌등에관한법률위반(뇌물)(일부 인정된 죄명: 뇌물수수) · 뇌물공여]

[판결요지] 긴급체포는 영장주의원칙에 대한 예외인 만큼 형사소송법 제200조의3 제1항의 요건을 모두 갖춘 경우에 한하여 예외적으로 허용되어야 한다. **요건을 갖추지 못한 긴**

급체포는 법적 근거에 의하지 아니한 영장 없는 체포로서 위법한 체포에 해당하는 것이다. 여기서 **긴급체포의 요건을 갖추었는지 여부는 사후에 밝혀진 사정을 기초로 판단하는 것이 아니라 체포 당시의 상황을 기초로 판단하여야 한다.** 이에 관한 검사나 사법경찰관 등 수사주체의 판단에는 상당한 재량의 여지가 있다. 그러나 **긴급체포 당시의 상황으로 보아서도 그 요건의 충족 여부에 관한 검사나 사법경찰관의 판단이 경험칙에 비추어 현저히 합리성을 잃은 경우에는 그 체포는 위법한 체포라 할 것이다.** 이러한 **위법은 영장주의에 위배되는 중대한 것이니 그 체포에 의한 유치 중에 작성된 피의자신문조서는 위법하게 수집된 증거로서 특별한 사정이 없는 한 이를 유죄의 증거로 할 수 없다.**

② 甲은 검사로서 乙을 긴급체포하였으므로 긴급체포서를 작성할 필요가 ~~없다.~~있다.

해설 및 정답 2012년 제1회 변호사시험 기출문제 19 **정답** ×

형사소송법 제200조3(긴급체포) ③ **검사 또는 사법경찰관은 제1항의 규정에 의하여 피의자를 체포한 경우에는 즉시 긴급체포서를 작성하여야 한다.**

③ 수사기관에 자진출석한 참고인에 대한 긴급체포는 ~~언제나~~ 위법하므로 乙에 대한 긴급체포도 위법하다.

해설 및 정답 2012년 제1회 변호사시험 기출문제 19 **정답** ×

자진 출석 경우 일반적으로 '체포의 필요성과 긴급성'이 부정될 가능성이 높다. 그러나 **긴급체포 요건을 갖춘 경우 긴급체포는 가능하다.**

대법원 2006. 9. 8. 선고 2006도148 판결 [폭력행위등처벌에관한법률위반(인정된 죄명: 상해)・공무집행방해・위증교사・위증]

[판결요지] 긴급체포의 요건을 갖추었는지 여부는 사후에 밝혀진 사정을 기초로 판단하는 것이 아니라 체포 당시의 상황을 기초로 판단하여야 한다.

④ 甲이 乙을 검사실에서 긴급체포하는 경우에는 피의사실의 요지, 체포이유 등을 고지할 필요가 ~~없다.~~있다.

해설 및 정답 2012년 제1회 변호사시험 기출문제 19 **정답** ×

형사소송법 제200조5(피의자체포와 피의사실요지・체포이유・변호인선임 고지의무)
① 검사・사법경찰관은 피의자를 체포할 때, 피의자에게 피의사실요지・체포이유・변호인 선임을 할 수 있다는 점을 분명하게 알리고, 피의자에게 **변명할 기회를 주어야 한다.** [본조신설 2007.6.1] [[시행일 2008.1.1.]]

형사소송법 제213조2(준용규정)
검사・사법경찰관리가 현행범인을 체포한 경우 또는 검사・사법경찰관리가 현행범인을 인

도반은 경우 제87조 · 제89조 · 제90조 · 제200조2 제5항 · 제200조5를 준용한다.
[개정 95 · 12 · 29, 2007.6.1] [[시행일 2008.1.1.]] [본조신설 87 · 11 · 28]

⑤ 乙에 대한 긴급체포에 의한 유치 중에 작성된 乙에 대한 甲 작성의 피의자신문조서는 위법하게 수집된 증거로서 특별한 사정이 없는 한 유죄의 증거로 할 수 없다.

해설 및 정답 2012년 제1회 변호사시험 기출문제 19 **정답** ○

대법원 2008. 3. 27. 선고 2007도11400 판결 [공갈 · 절도 · 공무집행방해 · 협박 · 재물손괴 · 정보통신망이용촉진및정보보호등에관한법률위반]

[판결요지] 긴급체포의 요건을 갖추었는지 여부는 사후에 밝혀진 사정을 기초로 판단하는 것이 아니라 체포 당시의 상황을 기초로 판단하여야 한다. 현저히 합리성을 잃은 경우에는 그 체포는 위법한 체포라 할 것이다. 이러한 위법은 영장주의에 위배되는 중대한 것이니 그 체포에 의한 유치 중에 작성된 피의자신문조서는 위법하게 수집된 증거로서 특별한 사정이 없는 한 이를 유죄의 증거로 할 수 없다.

08 ★★★★★

체포 · 구속적부심사에 관한 설명 중 옳지 않은 것은? (다툼이 있는 경우 판례에 의함)

파워특강 체포 · 구속적부심사. 형사소송법은 제214조2(=긴급체포된 피의자에게 체포적부심사청구권이 있다. 현행법은 **'영장' 부분을 삭제하여 이를 입법으로 해결**하였다). **적부심사와 전격기소(=형사소송법 제214조2 제3항 2문과 제4항으로 해결**. 법원은 적부심사를 하여 청구의 이유 유무에 따라 청구기각결정이나 또는 석방결정을 하여야 한다). **구속적부심문조서의 증거능력**(=형사소송법 제315조 제3호 증거능력 인정. 형사소송법 제311조가 규정한 문서에는 해당하지 않는다). 보증금납입조건부 석방(=체포적부심 불허용, 구속적부심 허용). **보증금납입조건부 피의자석방결정의 집행시(=보증금납입을 이행한 후가 아니면 집행하지 못한다)**. 보증금 납입을 조건으로 한 피의자 석방결정에 대하여 항고 가능(=기소 후 보석결정에 대하여 항고가 인정된다. 그 보석결정과 성질 및 내용이 유사하다. 기소 전 보증금 납입 조건부 석방결정에 대하여도 항고할 수 있다).

중요 ① 체포영장에 의해 체포된 피의자뿐만 아니라 체포영장에 의하지 아니하고 긴급체포된 피의자도 체포적부심사의 청구권자에 해당한다.

해설 및 정답 2023년 제12회 변호사시험 기출문제 33 **정답** ○

대법원 1997. 8. 27.자 97모21 결정 [체포적부심사석방에 대한 재항고]★★★★★

☞ 이 판례는 아주 중요하다. 매년 출제되는 판례이다.

[판시사항] [1] 긴급체포된 피의자에게 체포적부심사청구권이 있는지 여부(적극) [2] 체포적부심사절차에서 피의자를 보증금 납입을 조건으로 석방할 수 있는지 여부(소극) [3] 보증금 납입을 조건으로 한 피의자 석방결정에 대하여 항고할 수 있는지 여부(적극)

[결정요지] 기소 후 보석결정에 대하여 항고가 인정되는 점에 비추어 그 보석결정과 성질 및 내용이 유사한 기소 전 보증금 납입 조건부 석방결정에 대하여도 항고할 수 있도록 하는 것이 균형에 맞는 측면도 있다 할 것이다. 그러므로 같은 법 제214조의2 제4항의 석방결정에 대하여는 피의자나 검사가 그 취소의 실익이 있는 한 같은 법 제402조에 의하여 항고할 수 있다.★★★★★

☞ [출제] 2022년 제11회 변호사시험 기출문제 40 ④

☞ [출제] 2021년 제10회 변호사시험 기출문제 9 ④

☞ [출제] 2019년 제8회 변호사시험 기출문제 12 ④

② 구속적부심사를 청구한 피의자에 대하여 검사가 공소를 제기한 경우에도 법원이 적부심사를 행하여 청구의 이유 유무에 따라 청구기각결정이나 석방결정을 하여야 한다.

해설 및 정답 2023년 제12회 변호사시험 기출문제 33 **정답** ○

적부심사와 전격기소 문제. 종래 법원이 석방결정을 한 후 그 결정서가 검찰청에 송달되기 전에 공소가 제기된 경우 석방결정 효력에 관해 학설이 대립하였다. **헌법재판소**는 적부심사 중의 전격기소(즉 **적부심사 청구인적격을 피의자로 한정한 형사소송법 제214조2 제1항**)는 심사기회 박탈을 이유로 **헌법불합치결정**을 하였다(**헌재 2004.3.25. 2002헌바104**). **2004.10.16. 형사소송법이 일부 개정되었다.** 형사소송법 제214조2 제3항 2문에 "심사청구후 피의자에 대하여 공소제기가 있는 경우에도 또한 같다"와 제4항에 "**(심사청구후 공소제기된 자를 포함한다)**" 부분을 추가하였다. **전격기소 문제는 입법으로 해결.**

(중요) ③ 피의자의 진술 등을 기재한 구속적부심문조서는 특별한 사정이 없는 한 피고인이 증거로 함에 부동의하더라도 「형사소송법」 제315조 제3호 '기타 특히 신용할 만한 정황에 의하여 작성된 문서'로 당연히 그 증거능력이 인정된다.

해설 및 정답 2023년 제12회 변호사시험 기출문제 33 **정답** ○

대법원 2004. 1. 16. 선고 2003도5693 판결 [폭력행위등처벌에관한법률위반]

[판시사항] [1] 구속적부심문조서의 증거능력 유무(적극) [2] 피의자의 자백이 기재된 구속적부심문조서의 증명력을 평가함에 있어 유의할 점

[판결요지] [1] 구속적부심은 구속된 피의자 또는 그 변호인 등의 청구로 수사기관과는 별개 독립의 기관인 법원에 의하여 행하여지는 것으로서 구속된 피의자에 대하여 피의사

실과 구속사유 등을 알려 자유로운 변명의 기회를 주어 구속의 적부를 심사함으로써 피의자의 권리보호에 이바지하는 제도이다. **법원 또는 합의부원, 검사, 변호인, 청구인이 구속된 피의자를 심문하고 피의자의 진술 등을 기재한 구속적부심문조서는 형사소송법 제311조가 규정한 문서에는 해당하지 않는다. 그러나 특히 신용할 만한 정황에 의하여 작성된 문서라고 할 것이다. 그러므로 특별한 사정이 없는 한, 피고인이 증거로 함에 부동의하더라도 형사소송법 제315조 제3호에 의하여 당연히 그 증거능력이 인정된다.**
[2] 구속적부심문조서의 증명력은 다른 증거와 마찬가지로 법관의 자유판단에 맡겨져 있으나, 피의자는 구속적부심에서의 자백의 의미나 자백이 수사절차나 공판절차에서 가지는 중요성을 제대로 헤아리지 못한 나머지 허위자백을 하고라도 자유를 얻으려는 유혹을 받을 수가 있다. 그러므로 **법관은 구속적부심문조서의 자백의 기재에 관한 증명력을 평가함에 있어 이러한 점에 각별히 유의를 하여야 한다.**
☞ [출제] 2021년 제10회 변호사시험 기출문제 16 ㅁ.

④ 구속된 피의자로부터 구속적부심사의 청구를 받은 법원이 보증금납입조건부 피의자석방결정을 내린 경우 보증금이 납입된 후에야 피의자를 석방할 수 있다.

해설 및 정답 2023년 제12회 변호사시험 기출문제 33 **정답** ○
형사소송법 **제214조2 제5항 보증금납입조건부 피의자석방결정의 집행시기: 보증금납입을 이행한 후가 아니면 집행하지 못한다(형사소송법 제214조2 제7항, 제100조 제1항).**

중요 ⑤ 법원이 구속된 피의자에 대하여 피의자 출석을 보증할 만한 보증금납입을 조건으로 석방결정을 한 때는 「형사소송법」 제402조에 따른 항고를 할 수 ~~없다.~~ 있다.

해설 및 정답 2023년 제12회 변호사시험 기출문제 33 **정답** ×
대법원 1997. 8. 27.자 97모21 결정 [체포적부심사석방에 대한 재항고]
[판시사항] 보증금 납입을 조건으로 한 피의자 석방결정에 대하여 항고 여부(적극)
[결정요지] 형사소송법 제402조의 규정에 의하면, 법원의 결정에 대하여 불복이 있으면 항고를 할 수 있다. **기소 후 보석결정에 대하여 항고가 인정되는 점에 비추어 그 보석결정과 성질 및 내용이 유사한 기소 전 보증금 납입 조건부 석방결정에 대하여도 항고할 수 있도록 하는 것이 균형에 맞는 측면도 있다 할 것이다. 그러므로 같은 법 제214조의2 제4항의 석방결정에 대하여는 피의자나 검사가 그 취소의 실익이 있는 한 같은 법 제402조에 의하여 항고할 수 있다.**★★★★★
☞ [적중] 하태영, 형사법 종합연습, 변시기출문제분석편, 제3판, 법문사, 2021, 298면.

문 28. 압수 · 수색 · 검증에 관한 설명 중 옳은 것은? (다툼이 있는 경우 판례에 의함)

출제내용

- 함정수사(=범의유발형-, 기회제공형+)
- 압수·수색·검증영장 제시(=영장 원본 제시, 무영장압수·수색은 위법수집증거로 증거능력 없음-)
- 압수·수색·검증영장 제시 불가능: 영장제시 없는 압수·수색 적법(+)
- 전자정보·디지털 증거 압수·수색 방법(=전체 하나의 영장에 의한 압수·수색+, 형사소송법 제106조 현장출력·파일복사·반출·변호인 입회하에 범죄혐의 해당 부분만 검색수색. 새로운 내용 다시 영장 받아야 함) ★★★★★
- 압수·수색·검증영장 효력(압수·수색영장 7일·집행 종료 후 영장 효력 상실)
- 형사소송법 제216조와 제217조 제1항 영장 없이 가능한 대물적 강제처분
- 강제채뇨와 영장주의(형사소송법 제216조 제3항 적법, 사후 영장 받아야 함)
- 수사기관이 압수한 피고인 발송 이메일 증거능력
- 경찰관의 노래연습장 주류 판매 단속과 범행 현장에서 긴급압수·수색
- 원격지 저장매체(=적법하게 접속하여 압수·수색한 경우 증거능력 인정)
- 형사소송법 제120조 제1항 '압수·수색영장의 집행에 필요한 처분'의 범위
- 압수 ·수색영장의 '범죄 혐의사실과 관계있는 범죄'의 의미 및 범위

출제분석

2024년 제13회 변호사시험 출제예상 ★
2023년 제12회 변호사시험 기출문제 35
2022년 제11회 변호사시험 기출문제 21
2021년 제10회 변호사시험 기출문제 25
2020년 제9회 변호사시험 기출문제 29
2019년 제8회 변호사시험 기출문제 12·15·27
2018년 제7회 변호사시험 기출문제 23
2017년 제6회 변호사시험 기출문제 34
2016년 제5회 변호사시험 기출문제 24·39
2015년 제4회 변호사시험 기출문제 28
2014년 제3회 변호사시험 기출문제 21

가. 압수·수색·검증에 관한 설명 중 옳은 것이다(○).

중요 ① 수사기관이 피의자의 동의 없이 피의자의 소변을 채취하는 것은 법원으로부터

감정처분허가장을 받아 '감정에 필요한 처분'으로 할 수 있지만, 압수수색영장을 받아 집행할 수도 있다.

해설 및 정답 2020년 제9회 변호사시험 기출문제 29 ★ **정답** ○

- 핵심내용: 압수・수색(동의 없는 피의자 소변 채취 경우 감정허가장 또는 압수수색영장 필요), 체포현장에서 압수・수색한 경우 체포 시부터 48시간 이내 영장청구, 영장주의를 위배한 압수물과 압수조서는 증거능력 부정. 정보저장매체 압수・수색 경우 부분 출력・파일 복사・이미징 형태로 외부 반출. 변호인 입회하에 수색.

대법원 2018. 7. 12. 선고 2018도6219 판결 [마약류관리에 관한 법률 위반(향정)] ★★★

[판결요지] **수사기관이 범죄 증거를 수집할 목적으로 피의자의 동의 없이 피의자의 소변을 채취하는 것은 법원으로부터 감정허가장을 받아 형사소송법 제221조의4 제1항, 제173조 제1항에서 정한 '감정에 필요한 처분'으로 할 수 있다**(피의자를 병원 등에 유치할 필요가 있는 경우에는 형사소송법 제221조의3에 따라 법원으로부터 감정유치장을 받아야 한다). 또한 **형사소송법 제219조, 제106조 제1항, 제109조에 따른 압수・수색의 방법으로도 할 수 있다. 이러한 압수・수색의 경우에도 수사기관은 원칙적으로 형사소송법 제215조에 따라 판사로부터 압수・수색영장을 적법하게 발부받아 집행해야 한다.**

압수・수색의 방법으로 소변을 채취하는 경우 압수대상물인 피의자의 소변을 확보하기 위한 수사기관의 노력에도 불구하고, **피의자가 인근 병원 응급실 등 소변 채취에 적합한 장소로 이동하는 것에 동의하지 않거나 저항하는 등 임의동행을 기대할 수 없는 사정이 있는 때에는 수사기관으로서는 소변 채취에 적합한 장소로 피의자를 데려가기 위해서 필요 최소한의 유형력을 행사하는 것이 허용된다. 이는 형사소송법 제219조, 제120조 제1항에서 정한 '압수・수색영장의 집행에 필요한 처분'에 해당한다.** 그렇지 않으면 피의자의 신체와 건강을 해칠 위험이 적고 피의자의 굴욕감을 최소화하기 위하여 마련된 절차에 따른 강제 채뇨가 불가능하여 압수영장의 목적을 달성할 방법이 없기 때문이다.

중요 ② 소유자, 소지자 또는 보관자 아닌 자로부터 임의로 제출받은 물건을 영장 없이 압수한 경우 그 압수물 및 압수물을 찍은 사진은 이를 유죄의 증거로 사용할 수 없다.

해설 및 정답 2020년 제9회 변호사시험 기출문제 29 ★ **정답** ○

대법원 2010. 1. 28. 선고 2009도10092 판결 [폭력행위등처벌 관한 법률 위반(집단・흉기등상해)・폭력행위등처벌에 관한 법률 위반(집단・흉기등재물손괴등)]

[판결요지] 형사소송법 제218조는 "사법경찰관은 소유자, 소지자 또는 보관자가 임의로 제출한 물건을 영장없이 압수할 수 있다"고 규정하고 있다. 위 규정을 위반하여 **소유자, 소지자 또는 보관자가 아닌 자로부터 제출받은 물건을 영장없이 압수한 경우 그 '압수물' 및 '압수물을 찍은 사진'은 이를 유죄 인정의 증거로 사용할 수 없는 것이다. 헌법과 형사소송법이 선언한 영장주의의 중요성에 비추어 볼 때 피고인이나 변호인이 이를 증거로 함에 동의하였다고 하더라도 달리 볼 것은 아니다.**

> 형사소송법 제218조(영장 없이 할 수 있는 압수)
> 검사·사법경찰관은 다음 각 호 어느 하나에 기재된 사람의 물건에 대해 영장 없이 압수할 수 있다. 1. 피의자·그밖에 다른 사람이 유류한 물건 2. 소유자·소지자·보관자가 임의로 제출한 물건

중요 ③ 범행 중 또는 범행직후의 범죄장소에서 긴급을 요하여 법원판사의 영장을 받을 수 없는 때에는 영장 없이 압수, 수색 또는 검증을 할 수 있고, 이 경우에는 사후에 지체 없이 영장을 받아야 한다.

해설 및 정답 2020년 제9회 변호사시험 기출문제 29 ★ 정답 ○

> 형사소송법 제216조(영장 없이 가능한 대인강제처분·대물강제처분 1: 수사·압수·수색·검증)
> ① 검사·사법경찰관은 제200조2(체포영장)·제200조3(긴급체포)·제201조(구속)·제212조(현행범인체포)에 근거하여 피의자를 체포·구속하는 경우 필요한 때 영장 없이 다음 각 호 처분을 할 수 있다. [개정 95·12·29] 1. 다른 사람 주거·다른 사람이 관리하는 가옥·건조물·항공기·선차 내에서 피의자 수사 2. 체포현장에서 압수·수색·검증
> ② 검사·사법경찰관이 피고인에게 구속영장을 집행하는 경우 제1항 제2호를 준용한다.
> ③ **검사·사법경찰관은 범행 중·범행직후 범죄 장소에서 긴급하여 지방법원판사에게 영장을 받을 수 없는 때 영장 없이 압수·수색·검증을 할 수 있다.** 이 경우 사후에 지체 없이 지방법원판사에게 반드시 영장을 받아야 한다.

중요 ④ 전자정보에 대한 압수수색영장을 집행할 때에는 원칙적으로 영장 발부의 사유인 혐의사실과 관련된 부분만을 문서 출력물로 수집하거나 수사기관이 휴대한 저장매체에 해당 파일을 복사하는 방식으로 이루어져야 하지만, 집행현장 사정상 이러한 방식에 의한 집행이 불가능하거나 현저히 곤란한 부득이한 사정이 존재하는 경우, 압수수색영장에 저장매체 자체를 직접 혹은 하드카피나 이미징 등 형태로 수사기관 사무실 등 외부로 반출하여 해당 파일을 압수·수색할 수 있도록 기재되어 있고 실제 그와 같은 사정이 발생한 때에 한하여 위 방법이 예외적으로 허용될 수 있을 뿐이다.

해설 및 정답 2020년 제9회 변호사시험 기출문제 29 ★ 정답 ○

대법원 2011. 5. 26. 자 2009모1190 결정 [준항고기각결정에 대한 재항고]

[결정요지] 전자정보에 대한 압수·수색영장을 집행할 때에는 원칙적으로 영장 발부의 사유인 혐의사실과 관련된 부분만을 문서 출력물로 수집하거나 수사기관이 휴대한 저장매체에 해당 파일을 복사하는 방식으로 이루어져야 한다. **집행현장 사정상 위와 같은 방식에 의한 집행이 불가능하거나 현저히 곤란한 부득이한 사정이 존재하더라도 저장매체 자체를 직접 혹은 하드카피나 이미징 등 형태로 수사기관 사무실 등 외부로 반출하여 해당 파일을 압수·수색할 수 있도록 영장에 기재되어 있고 실제 그와 같은 사정이 발생한 때에 한하여 위 방법이 예외적으로 허용될 수 있을 뿐이다.**

⑤ 압수·수색영장은 피압수자로 하여금 법관이 발부한 영장에 의한 압수·수색이라는 사실을 확인함과 동시에 압수·수색영장에 필요적으로 기재하도록 정한 사항이나 그와 일체를 이루는 사항을 충분히 알 수 있도록 제시하여야 한다.

해설 및 정답 2019년 제8회 변호사시험 기출문제 27 **정답** ○

대법원 2017. 9. 21. 선고 2015도12400 판결 [공직선거법위반·개인정보보호법위반]

[판결요지] 형사소송법이 압수·수색영장을 집행하는 경우에 피압수자에게 반드시 압수·수색영장을 제시하도록 규정한 것은 법관이 발부한 영장 없이 압수·수색을 하는 것을 방지하여 영장주의 원칙을 절차적으로 보장하고, 압수·수색영장에 기재된 물건, 장소, 신체에 대해서만 압수·수색을 하도록 하여 개인의 사생활과 재산권의 침해를 최소화하는 한편, 준항고 등 피압수자의 불복신청의 기회를 실질적으로 보장하기 위한 것이다. 위와 같은 관련 규정과 영장 제시 제도의 입법 취지 등을 종합하여 보면, **압수·수색영장을 집행하는 수사기관은 피압수자로 하여금 법관이 발부한 영장에 의한 압수·수색이라는 사실을 확인함과 동시에 형사소송법이 압수·수색영장에 필요적으로 기재하도록 정한 사항이나 그와 일체를 이루는 사항을 충분히 알 수 있도록 압수·수색영장을 제시하여야 한다. 나아가 압수·수색영장은 현장에서 피압수자가 여러 명일 경우에는 그들 모두에게 개별적으로 영장을 제시해야 하는 것이 원칙이다. 수사기관이 압수·수색에 착수하면서 그 장소의 관리책임자에게 영장을 제시하였더라도, 물건을 소지하고 있는 다른 사람으로부터 이를 압수하고자 하는 때에는 그 사람에게 따로 영장을 제시하여야 한다.**

⑥ 수사기관이 압수·수색을 실시하여 그 집행을 종료하였다면 영장의 유효기간이 남아있다고 하더라도 그 영장의 효력은 상실된다.

해설 및 정답 2019년 제8회 변호사시험 기출문제 27 **정답** ○

압수·수색영장유효기간은 7일이다. 영장집행을 종료하였다면, 영장효력은 상실된다.

대법원 1999. 12. 1. 자 99모161 결정 [압수처분에대한준항고기각에대한재항고]

[결정요지] 형사소송법 제215조 압수·수색영장은 수사기관의 압수·수색에 대한 허가장으로서 거기에 기재되는 유효기간은 집행에 착수할 수 있는 종기(終期)를 의미하는 것일 뿐이다. 수사기관이 압수·수색영장을 제시하고 집행에 착수하여 압수·수색을 실시하고 그 집행을 종료하였다면 그 영장은 목적을 달성하여 효력이 상실되는 것이다. 동일한 장

소 또는 목적물에 대하여 **다시 압수·수색할 필요가 있는 경우라면 그 필요성을 소명하여 법원으로부터 새로운 압수·수색영장을 발부 받아야 하는 것이다. 압수·수색영장의 유효기간이 남아있다고 하여 이를 제시하고 다시 압수·수색을 할 수는 없다.**

☞ [출제] 2016년 제5회 변호사시험 기출문제 39

중요 ⑦ 전자정보에 대한 압수·수색영장에 기하여 저장매체 자체를 반출한 후 유관정보를 탐색하는 과정에서 당해 영장의 범죄혐의와는 다른 별도의 범죄혐의와 관련된 증거를 발견하게 되어 이를 압수하려는 경우에는 더 이상의 집행을 중단하고 법원으로부터 별도의 범죄혐의에 대한 압수·수색영장을 발부받아야 한다.

해설 및 정답 2019년 제8회 변호사시험 기출문제 27 ★ **정답** ○

전자정보 수색과정에서 우연히 범죄혐의 관련 정보를 발견하면 별도 새로운 영장을 발부받아야 한다. 피의자 이메일 계정은 필요한 최소한 범위에서 해야 한다.

대법원 2015. 7. 16. 자 2011모1839 전원합의체 결정 [준항고인용결정에대한재항고] 〈전자정보에 대한 압수·수색 사건〉 종근당 압수·수색 사건 ★★★★★

[결정요지] **전자정보에 대한 압수·수색이 종료되기 전에 혐의사실과 관련된 전자정보를 적법하게 탐색하는 과정에서 별도의 범죄혐의와 관련된 전자정보를 우연히 발견한 경우라면, 수사기관은 더 이상 추가 탐색을 중단하고 법원에서 별도 범죄혐의에 대한 압수·수색영장을 발부받은 경우에 한하여 그러한 정보도 적법하게 압수·수색을 할 수 있다.**

⑧ 피의자의 이메일 계정에 대한 접근권한에 갈음하여 발부받은 압수·수색영장의 집행에 필요한 처분은 원격지 서버에 있는 피의자의 이메일 등 관련 전자정보를 수색장소의 정보처리장치로 내려 받거나 그 화면에 현출시키는 행위와 같이 집행의 목적을 달성하기 위한 필요 최소한도의 범위 내에서 그 수단과 목적에 비추어 사회통념상 상당하다고 인정되는 행위이어야 한다.

해설 및 정답 2019년 제8회 변호사시험 기출문제 27 **정답** ○

원격지의 저장매체에 적법하게 접속하여 내려 받거나 현출된 전자정보를 대상으로 하여 범죄 혐의사실과 관련된 부분에 대하여 압수·수색하는 것이 허용된다. 원격지의 저장매체가 국외에 있는 경우라도 마찬가지로 적용된다.

대법원 2017. 11. 29. 선고 2017도9747 판결 [국가보안법위반(찬양·고무등)·국가보안법위반(회합·통신등)·국가보안법위반(편의제공)·국가보안법위반(자진지원·금품수수)]

[판결요지] **피의자의 이메일 계정에 대한 접근권한에 갈음하여 발부받은 압수·수색영장에 따라 원격지의 저장매체에 적법하게 접속하여 내려 받거나 현출된 전자정보를 대상으로 하여 범죄 혐의사실과 관련된 부분에 대하여 압수·수색하는 것은, 압수·수색영장의**

집행을 원활하고 적정하게 행하기 위하여 필요한 최소한도의 범위 내에서 이루어지며 그 수단과 목적에 비추어 사회통념상 타당하다고 인정되는 대물적 강제처분 행위로서 허용된다. 형사소송법 제120조 제1항에서 정한 압수·수색영장의 집행에 필요한 처분에 해당한다. 그리고 이러한 법리는 원격지의 저장매체가 국외에 있는 경우라 하더라도 그 사정만으로 달리 볼 것은 아니다.

⑨ 전자정보에 대한 압수·수색영장을 집행할 때에는 원칙적으로 혐의사실과 관련된 부분만을 문서 출력물로 수집하거나 수사기관이 휴대한 저장매체에 해당 파일을 복사하는 방식으로 이루어져야 한다.

해설 및 정답 2015년 제4회 변호사시험 기출문제 28 **정답** ○

대법원 2011. 5. 26. 자 2009모1190 결정 [준항고기각결정에대한재항고]

⑩ 압수된 정보저장매체로부터 출력한 문건을 진술증거로 사용하는 경우, 그 기재 내용의 진실성에 관하여는 전문법칙이 적용되므로 「형사소송법」 제313조 제1항에 따라 증거능력이 결정된다.

해설 및 정답 2015년 제4회 변호사시험 기출문제 28 **정답** ○

대법원 2013. 2. 15. 선고 2010도3504 판결 [국가보안법위반(찬양·고무등)]

[판시사항] 정보저장매체에 기억된 문자정보 또는 그 출력물의 증거능력

[판결요지] 피고인 또는 피고인 아닌 사람이 컴퓨터용디스크 그 밖에 이와 비슷한 정보저장매체에 입력하여 기억된 문자정보 또는 그 출력물을 증거로 사용하는 경우, 이는 실질에 있어서 **피고인 또는 피고인 아닌 사람이 작성한 진술서나 그 진술을 기재한 서류와 크게 다를 바 없다.** 압수 후의 보관 및 출력과정에 조작의 가능성이 있으며, 기본적으로 반대신문의 기회가 보장되지 않는 점 등에 비추어 그 내용의 진실성에 관하여는 **전문법칙이 적용된다.** 따라서 원칙적으로 **형사소송법 제313조 제1항에 의하여 작성자 또는 진술자의 진술에 의하여 성립의 진정함이 증명된 때에 한하여 이를 증거로 사용할 수 있다. 다만 정보저장매체에 기억된 문자정보의 내용의 진실성이 아닌 그와 같은 내용의 문자정보의 존재 자체가 직접 증거로 되는 경우에는 전문법칙이 적용되지 아니한다.**

⑪ 검사가 영장을 집행하면서 영장 기재 압수·수색의 장소에서 압수할 전자정보를 용이하게 하드카피·이미징 또는 문서로 출력할 수 있음에도 저장매체 자체를 반출하여 가지고 간 경우, 직무집행지의 관할 법원에 수사기관의 압수처분에 대하여 취소 또는 변경을 청구할 수 있다.

해설 및 정답 2015년 제4회 변호사시험 기출문제 28 **정답** ○

대법원 2011. 5. 26. 자 2009모1190 결정 [준항고기각결정에대한재항고]
검사 압수처분에 대한 불복은 형사소송법 제417조 준항고로 할 수 있다. 정보저장매체압수도 압수처분에 해당한다.

⑫ 수사기관이 피의자 甲의 공직선거법위반 범행을 영장 기재 범죄사실로 하여 발부받은 압수·수색영장의 집행과정에서, 乙과 丙의 대화가 녹음된 녹음파일을 압수하면서 甲의 범행과 무관한 乙과 丙의 공직선거법 위반 혐의사실을 발견하였다면, 별도의 압수·수색영장 없이 압수한 위 녹음파일은 乙과 丙의 혐의사실에 대하여는 증거능력이 없다.

해설 및 정답 2015년 제4회 변호사시험 기출문제 28 **정답** ○

대법원 2014. 1. 16. 선고 2013도7101 판결 [공직선거법위반·정치자금법위반]
[판결요지] 압수·수색영장에 기재된 '피의자'인 갑이 녹음파일에 의하여 의심되는 혐의사실과 무관한 이상, 수사기관이 별도의 압수·수색영장을 발부받지 아니한 채 압수한 녹음파일은 형사소송법 제219조에 의하여 수사기관의 압수에 준용되는 형사소송법 제106조 제1항이 규정하는 '피고사건' 내지 같은 법 제215조 제1항이 규정하는 '해당 사건'과 '관계가 있다고 인정할 수 있는 것'에 해당하지 않는다. 압수에는 헌법 제12조 제1항 후문, 제3항 본문이 규정하는 영장주의를 위반한 절차적 위법이 있다. 그러므로 녹음파일은 형사소송법 제308조의2에서 정한 '적법한 절차에 따르지 아니하고 수집한 증거'로서 증거로 쓸 수 없다. 그 절차적 위법은 헌법상 영장주의 내지 적법절차의 실질적 내용을 침해하는 중대한 위법에 해당하여 예외적으로 증거능력을 인정할 수도 없다.

나. 압수·수색·검증에 관한 설명 중 옳지 않은 것이다(×).

중요 ① 검사 또는 사법경찰관은 체포현장에서 영장 없이 압수한 물건을 계속 압수할 필요가 있는 경우에는 지체 없이 압수수색영장을 청구하여야 하는데, 이 경우 압수수색영장의 청구는 ~~압수한~~체포한 때부터 48시간 이내에 하여야 한다.

해설 및 정답 2020년 제9회 변호사시험 기출문제 29 **정답** ×

형사소송법 제216조(영장 없이 가능한 대인강제처분·대물강제처분 1: 수사·압수·수색·검증) 참조.
형사소송법 제217조(영장 없이 가능한 대물강제처분 2: 압수·수색·검증) 참조.

② 정보통신서비스 회사에서 보관 중인 이메일에 대하여 압수·수색영장을 집행하면서 팩스로 영장사본을 송신하였다면, 집행 시에 그 영장의 원본을 제시하지 않더라도 위법~~하지 않다.~~위법하다.

해설 및 정답 2019년 제8회 변호사시험 기출문제 27 **정답** ×

압수·수색영장은 반드시 원본을 제시하여야 한다.

대법원 2017. 9. 7. 선고 2015도10648 판결 [국가보안법위반(간첩) 〔인정된 죄명: 국가보안법위반(자진지원·금품수수)〕·국가보안법위반(찬양·고무 등)

[판시사항] 수사기관이 갑 주식회사에서 압수수색영장을 집행하면서 갑 회사에 팩스로 영장 사본을 송신하기만 하고 영장 원본을 제시하거나 압수조서와 압수물 목록을 작성하여 피압수·수색 당사자에게 교부하지도 않은 채 피고인의 이메일을 압수한 후 이를 증거로 제출한 사안에서, 위와 같은 방법으로 압수된 이메일은 증거능력이 없다고 본 원심판단을 수긍한 사례.

[판결요지] 수사기관은 위 압수수색영장을 집행할 당시 네이버 주식회사에 팩스로 영장 사본을 송신한 사실은 있다. 그러나 영장 원본을 제시하지 않았다. 또한 압수조서와 압수물 목록을 작성하여 이를 피압수·수색 당사자에게 교부하였다고 볼 수도 없다고 전제한 다음, 위와 같은 방법으로 압수된 위 각 이메일은 헌법과 형사소송법 제219조, 제118조, 제129조가 정한 절차를 위반하여 수집한 위법수집증거로 원칙적으로 유죄의 증거로 삼을 수 없다. 이러한 **절차 위반은 헌법과 형사소송법이 보장하는 적법절차 원칙의 실질적인 내용을 침해하는 경우에 해당하고 위법수집증거의 증거능력을 인정할 수 있는 예외적인 경우에 해당한다고 볼 수도 없어 증거능력이 없다**는 이유로, 이 부분 공소사실을 무죄로 판단한 제1심 판결을 그대로 유지하였다.

③ 압수·수색영장에 저장매체 자체를 직접 또는 하드카피나 이미징 등 형태로 수사기관 사무실 등 외부로 반출하여 해당 파일을 압수·수색할 수 있도록 기재되어 있~~지 않더라도,~~ 있어야 수사기관이 전자정보의 복사 또는 출력이 불가능하거나 현저히 곤란한 부득이한 사정이 있을 때에는 압수목적물인 저장매체 자체를 수사관서로 반출할 수 있다.

해설 및 정답 2015년 제4회 변호사시험 기출문제 28 **정답** ×

대법원 2011. 5. 26. 자 2009모1190 결정 [준항고기각결정에대한재항고]

다. 압수·수색·검증 종합문제

중요 **01** ★★★★★

甲은 2018. 3.경 6개월 전부터 스마트폰 채팅 애플리케이션을 통하여 알게 된 피해자 A(15세, 여)로부터 A의 은밀한 신체 부위가 드러난 사진을 전송받고, A의 개인정보와 A 지인의 인적사항을 알게 되자, A에게 시키는 대로 하지 않으면 기존에 전송받았던 신체 사진과 개인정보 등을 유포하겠다고 협박하였다.[강요+] 甲은 이에 겁을 먹은 A로 하여금 A 자신의 가슴을 만지는 동영상 등을 촬영하도록 하여 그 동영상을 전송받았고성폭력범죄의처벌등에관한특례법위반(통신매체이용음란)죄+ 이를 자신의 컴퓨터 하드디스크에 저장한 후 인터넷 그룹채팅방에 업로드하였다. 이에 관한 설명 중 옳지 않은 것을 모두 고른 것은? (다툼이 있는 경우 판례에 의함)

ㄱ. A로 하여금 A 자신의 가슴을 만지도록 한 甲에게는 아동·청소년의성보호에관한법률위반(강제추행)죄의 간접정범이 성립할 여지가 ~~없다.~~ 있다.

ㄴ. 만약 甲이 성폭력범죄의처벌등에관한특례법위반(통신매체이용음란)죄에 대하여만 100만 원의 벌금형을 선고받고 확정된 경우라면, 甲은 「성폭력범죄의 처벌 등에 관한 특례법」 제42조 제1항에 따른 신상정보 등록대상자가 ~~된다.~~ 되지 않는다.

ㄷ. 사법경찰관이 甲의 주거지에서 甲의 스마트폰에 대한 압수·수색영장을 집행할 경우, 甲이 현장에 없거나 현장에서 甲을 발견할 수 없어 영장 제시가 현실적으로 불가능하다면 영장을 제시하지 아니한 채 압수·수색을 하더라도 위법한 압수·수색이 아니다.

ㄹ. 사법경찰관이 압수·수색대상인 甲의 컴퓨터 하드디스크를 수사기관의 사무실로 적법하게 반출하여 그 하드디스크 자체를 탐색하여 혐의사실과 관련된 전자정보를 문서로 출력하거나 파일로 복제하는 일련의 과정은 전체적으로 하나의 영장에 기한 압수·수색의 일환에 해당한다.

① ㄱ, ㄴ ② ㄴ, ㄹ

③ ㄱ, ㄴ, ㄷ ④ ㄱ, ㄷ, ㄹ

⑤ ㄴ, ㄷ, ㄹ

해설 및 정답 2019년 제8회 변호사시험 기출문제 15 **정답** ①

쟁점은 강제추행죄 간접정범 · 통신이용음란죄와 신상정보공개 · 압수 · 수색영장 제시방법 · 전자정보 압수 · 수색이다.

ㄱ. (×) A에게 A 자신 가슴을 만지도록 한 甲의 행위는 아동 · 청소년의성보호에관한법률위반(강제추행)죄 간접정범이 성립할 여지가 있다. **피해자를 도구로 삼아 피해자의 신체를 이용하여 추행행위를 한 경우, 강제추행죄 간접정범이 성립한다.**

대법원 2018. 2. 8. 선고 2016도17733 판결 [아동 · 청소년의성보호에관한법률위반(강제추행)(인정된 죄명: 강요) · 성폭력범죄의처벌등에관한특례법위반(통신매체이용음란) · 협박 · 강제추행(인정된 죄명: 강요)] 〈피해자를 도구로 삼아 피해자의 신체를 이용하여 추행행위를 한 경우 강제추행죄의 간접정범에 해당한다고 판단한 사안〉

[판결요지] 강제추행죄는 사람의 성적 자유 내지 성적 자기결정의 자유를 보호하기 위한 죄로서 정범 자신이 직접 범죄를 실행하여야 성립하는 자수범이라고 볼 수 없다. 그러므로 처벌되지 아니하는 타인을 도구로 삼아 피해자를 강제로 추행하는 간접정범의 형태로도 범할 수 있다. 여기서 강제추행에 관한 간접정범의 의사를 실현하는 도구로서의 타인

에는 피해자도 포함될 수 있다. 그러므로 피해자를 도구로 삼아 피해자의 신체를 이용하여 추행행위를 한 경우에도 강제추행죄의 간접정범에 해당할 수 있다.

ㄴ. (×) 만약 甲이 성폭력범죄의처벌등에관한특례법위반(통신매체이용음란)죄에 대하여만 100만원의 벌금형을 선고받고 확정된 경우라면, 甲은 「성폭력범죄의 처벌 등에 관한 특례법」 제42조 제1항에 따른 신상정보 등록대상자가 되지 않는다. **성폭력범죄의 처벌 등에 관한 특례법 제13조 통신매체이용음란죄로 벌금형을 선고받은 자는 신상정보등록대상에서 제외된다(성폭법 제42조 제1항 단서).**

ㄷ. (○) 사법경찰관이 甲의 주거지에서 甲의 스마트폰에 압수·수색영장을 집행할 경우, 甲이 현장에 없거나 현장에서 甲을 발견할 수 없어 영장 제시가 현실적으로 불가능하다면 영장을 제시하지 아니한 채 압수·수색을 하더라도 위법한 압수·수색이 아니다. **압수·수색영장 제시가 현실적으로 불가능한 경우, 영장제시 없이 이루어진 압수·수색은 적법하다.**

대법원 2015. 1. 22. 선고 2014도10978 전원합의체 판결 [내란음모·국가보안법위반(찬양·고무등)·내란선동] 〈내란음모에 관한 사건〉

ㄹ. (○) 사법경찰관이 압수·수색대상인 甲의 컴퓨터 하드디스크를 수사기관의 사무실로 적법하게 반출하여 그 하드디스크 자체를 탐색하여 혐의사실과 관련된 전자정보를 문서로 출력하거나 파일로 복제하는 일련의 과정은 전체적으로 하나의 영장에 기한 압수·수색의 일환에 해당한다. **저장매체 자체 또는 적법하게 획득한 복제본을 탐색하여 혐의사실과 관련된 전자정보를 문서로 출력하거나 또는 이를 파일로 복제하는 일련의 과정은 전체적으로 하나의 영장에 따른 압수·수색이다.**

대법원 2017. 11. 14. 선고 2017도3449 판결 [공직선거법위반·정치자금법위반]

중요 **02** ★★★★★

대물적 강제수사에 관한 설명 중 옳은 것(○)과 옳지 않은 것(×)을 올바르게 조합한 것은? (다툼이 있는 경우 판례에 의함)

ㄱ. 수사기관이 압수·수색에 착수하면서 그 장소의 관리책임자에게 영장을 제시하였다고 하더라도, 물건을 소지하고 있는 다른 사람으로부터 이를 압수하고자 하는 때에는 그 사람에게 따로 영장을 제시하여야 한다.

ㄴ. 압수·수색영장의 피처분자가 현장에 없거나 현장에서 그를 발견할 수 없는 등 영장제시가 현실적으로 불가능한 경우라도 영장을 제시하지 아니한 채 압수·수색을 하면 ~~위법하다.~~ 적법하다.

ㄷ. 압수·수색영장을 한 번 집행하였다면, 아직 그 영장의 유효기간이 남아 있더라도 동일한 장소 또는 목적물에 대하여 압수·수색을 하기 위하여는 다시 새로운 압수·수색영장을 발부받아야 한다.ㄹ. 교도관이 재소자가 맡긴 비망록을 수사기관에 임의로 제출한 경우, 그 비망록의 증거사용에 대하여 재소자의 사생활의 비밀 기타

인격적 법익이 침해되는 등의 특별한 사정이 없는 한 반드시 그 재소자의 동의를 받아야 하는 것은 아니다.
ㅁ. 피압수자인 피의자가 압수물에 대하여 소유권을 포기하였다 하더라도 환부사유가 생기고 피압수자가 환부를 청구하면 검사는 이를 환부하여야 한다.

① ㄱ(×), ㄴ(○), ㄷ(×), ㄹ(○), ㅁ(×)
② ㄱ(○), ㄴ(×), ㄷ(○), ㄹ(○), ㅁ(○)
③ ㄱ(×), ㄴ(×), ㄷ(○), ㄹ(×), ㅁ(○)
④ ㄱ(○), ㄴ(×), ㄷ(○), ㄹ(×), ㅁ(×)
⑤ ㄱ(○), ㄴ(○), ㄷ(×), ㄹ(○), ㅁ(○)

해설 및 정답 2017년 제6회 변호사시험 기출문제 34 **정답** ②

ㄱ. (○) 수사기관이 압수·수색에 착수하면서 그 장소의 관리책임자에게 영장을 제시하였다고 하더라도, 물건을 소지하고 있는 다른 사람으로부터 이를 압수하고자 하는 때에는 그 사람에게 따로 영장을 제시하여야 한다. **압수·수색영장 개별제시 원칙**

대법원 2009. 3. 12. 선고 2008도763 판결 [공직선거법위반]

ㄴ. (×) 압수·수색영장의 피처분자가 현장에 없거나 현장에서 그를 발견할 수 없는 등 영장제시가 현실적으로 불가능한 경우 영장을 제시하지 아니한 채 압수·수색을 하면 적법하다. **압수·수색영장 제시의무 한계**

대법원 2015. 1. 22. 선고 2014도10978 전원합의체 판결 [내란음모·국가보안법위반(찬양·고무등)·내란선동] 〈이석기 내란음모에 관한 사건〉

ㄷ. (○) 압수·수색영장을 한 번 집행하였다면, 아직 그 영장의 유효기간이 남아 있더라도 동일한 장소 또는 목적물에 대하여 압수·수색을 하기 위하여는 다시 새로운 압수·수색영장을 발부받아야 한다. **집행을 종료한 압수·수색영장 효력**

대법원 1999. 12. 1. 자 99모161 결정 [압수처분에대한준항고기각에대한재항고]

ㄹ. (○) 교도관이 재소자가 맡긴 비망록을 수사기관에 임의로 제출한 경우, 그 비망록의 증거사용에 대하여 재소자의 사생활의 비밀 기타 인격적 법익이 침해되는 등의 특별한 사정이 없는 한 반드시 그 재소자의 동의를 받아야 하는 것은 아니다. **법령에 근거한 보관자 보관물 임의제출과 소유권자 동의 불필요**

대법원 2008. 5. 15. 선고 2008도1097 판결 [부정처사후수뢰(일부 인정된 죄명: 뇌물수수)·뇌물수수·뇌물공여·강요미수] 〈권상우·김태촌 사건〉

ㅁ. (○) 피압수자인 피의자가 압수물 소유권을 포기하였더라도 환부사유가 생기고 피압수자가 환부를 청구하면 검사는 이를 환부하여야 한다. **환부청구권 포기와 환부청구권 소멸시효**

대법원 1996. 8. 16. 자 94모51 전원합의체 결정 [검사의 압수물에 관한 처분에 대한 준항고·기각결정에 대한 재항고]

중요 **03** ★★★★★

외국 국적자인 甲은 주간에 A가 운영하는 휴대폰 판매 가게에서 A가 잠시 자리를 비운 틈을 타 중고 휴대폰 여러 대를 훔친 후 자신의 집에 숨겨두었다. 며칠 뒤 사법경찰관이 노래방에서 나오는 甲을 긴급체포하였다. 검사는 검찰수사관과 통역인을 참여시킨 상태에서 甲을 신문하여 피의자신문조서를 작성하였고 영상녹화는 하지 않았다. 이에 관한 설명 중 옳은 것을 모두 고른 것은? (다툼이 있는 경우 판례에 의함)

ㄱ. 사법경찰관은 甲이 보관하고 있는 중고 휴대폰을 긴급히 압수할 필요가 있는 경우에 甲을 체포한 때부터 24시간 이내에 한하여 영장 없이 압수·수색할 수 있고, 압수한 중고 휴대폰을 계속 압수할 필요가 있는 경우에는 압수한 때부터 체포한 때부터 48시간 이내에 압수·수색영장을 청구하여야 한다.

ㄴ. 甲에 대한 공소제기 전 체포 및 구속기간은 제1심 법원의 구속기간에 산입하지 아니하고, 공판과정에서 구속을 계속할 필요가 있는 때에는 제1심 법원은 결정으로 2개월 단위로 2차에 한하여 구속기간을 갱신할 수 있다.

ㄷ. 검사가 甲에 대하여 구속영장을 청구한 경우 구속영장을 청구받은 판사는 甲을 심문하여야 하고, 심문할 甲에게 변호인이 없는 경우에는 필요적 변호사건이 아니기 때문에 지방법원판사는 甲의 청구가 있는 경우에 한하여 변호인을 선정할 수 있다. 하여야 한다.

ㄹ. 甲이 공판과정에서 검사가 작성한 피의자신문조서의 실질적 진정성립을 부정하면서 증거로 함에 부동의하는 경우, 피의자신문에 참여하였던 통역인이 공판정에 증인으로 출석하여 甲이 진술한 대로 기재되어 있다고 증언한 것만으로는 피의자신문조서의 실질적 진정성립을 인정할 수 없다.

ㅁ. 만일 검사가 피의자신문 시 甲의 진술을 영상녹화하려면 영상녹화에 대한 甲의 동의를 얻어야 한다. 알려주면 된다.

① ㄱ, ㄷ
② ㄱ, ㄹ
③ ㄴ, ㄹ
④ ㄴ, ㅁ
⑤ ㄷ, ㅁ

해설 및 정답 2018년 제7회 변호사시험 기출문제 23 **정답** ③

ㄱ. (×) 사법경찰관은 甲이 보관하고 있는 중고 휴대폰을 긴급히 압수할 필요가 있는 경우에 甲을 **체포한 때부터 24시간 이내에 한하여 영장 없이 압수·수색할 수 있고,** 압수한 중고 휴대폰을 계속 압수할 필요가 있는 경우에는 **체포한 때부터 48시간 이내에 압수·수색영장을 청구하여야 한다. 긴급체포시 긴급체포한 때부터 24시간 이내 영장 없는 압수·수**

색·검증과 긴급체포한 때부터 48시간 이내에 압수·수색영장 청구 ☞ 형사소송법 제217조(영장 없이 가능한 대물강제처분 2: 압수·수색·검증)

ㄴ. (○) 甲에 대한 공소제기 전 체포·구속기간은 제1심 법원의 구속기간에 산입하지 아니하고, 공판과정에서 구속을 계속할 필요가 있는 때 제1심 법원은 결정으로 2개월 단위로 2차에 한하여 구속기간을 갱신할 수 있다. **☞ 형사소송법 제92조(구속기간과 구속기간갱신)**

ㄷ. (×) 검사가 甲에 대하여 구속영장을 청구한 경우 구속영장을 청구받은 판사는 甲을 심문하여야 하고, **심문할 피의자에게 변호인이 없는 경우 지방법원판사는 직권으로 변호인을 선정한다. ☞ 형사소송법 제201조2(구속영장청구와 피의자심문)** [용어해설] 심문(審問): 따져 묻고 진술할 기회를 부여함. 신문(訊問): 알고 있는 사실을 캐물어 조사함

ㄹ. (○) 甲이 공판과정에서 검사가 작성한 피의자신문조서의 실질적 진정성립을 부정하면서 증거로 함에 부동의하는 경우, 피의자신문에 참여하였던 통역인이 공판정에 증인으로 출석하여 甲이 진술한 대로 기재되어 있다고 증언한 것만으로는 피의자신문조서의 실질적 진정성립을 인정할 수 없다. **통역인 증언은 객관적 방법이 아니다. 주관이 개입될 수 있다.**

대법원 2016. 2. 18. 선고 2015도16586 판결 [마약류관리에관한법률위반(마약)·마약류관리에관한법률위반(향정)]

ㅁ. (×) 만일 검사가 피의자신문 시 甲의 진술을 영상녹화하려면 피고인에게 영상녹화에 대해 알려주면 된다. **☞ 형사소송법 제244조2(피의자진술의 영상녹화)**

중요 **04** ★★★★★

「형사소송법」 제216조 내지 제217조의 규정에 따른 영장에 의하지 아니한 압수·수색에 관한 설명 중 옳은 것은? (다툼이 있는 경우 판례에 의함)

① 무면허운전으로 현행범체포된 피의자에 대하여 절도 범행이 의심되는 상황에서 사법경찰관은 경찰서 주차장에 세워 둔 피의자 차량의 문을 열고 내부를 수색하여 절도 범행의 증거물인 현금, 수표 등을 영장없이 압수할 수 ~~있다~~.없다.

해설 및 정답 2016년 제5회 변호사시험 기출문제 24 **정답** ×

별건압수와 사건 관련성. 형사소송법 제217조(영장 없이 가능한 대물강제처분 2: 압수·수색·검증)

대법원 2009. 5. 14. 선고 2008도10914 판결 [마약류관리에관한법률위반(향정)·마약류관리에관한법률위반(대마)·정보통신망이용촉진및정보보호등에관한법률위반(음란물유포)] 〈스와핑 카페 사건〉

대법원 2015. 7. 16. 자 2011모1839 전원합의체 결정 [준항고인용결정에대한재항고] 〈전자정보에 대한 압수·수색 사건〉 〈종근당 압수·수색 사건〉

② 사법경찰관이 특수절도 혐의로 지명수배되어 도피 중인 피의자의 숙소에 대하

여 제보를 받고 급습하였는데 피의자가 숙소에 없는 경우 그곳에 있는 특수절도 범행의 증거물인 통장, 카드 등을 영장없이 압수할 수 ~~있다.~~없다.

해설 및 정답 2016년 제5회 변호사시험 기출문제 24 　　정답 ×

체포현장에서 영장 없는 압수 수색은 시간적 장소적 접착성이 있어야 한다. 숙소에 없는 경우 긴급성이 없다.

③ 사법경찰관은 속칭 '대포통장' 거래 혐의로 체포영장이 발부된 피의자를 공원에서 체포한 후 피의자를 주거지에 데리고 가 범행 증거물인 통장을 영장없이 압수할 수 ~~있다.~~없다.

해설 및 정답 2016년 제5회 변호사시험 기출문제 24 　　정답 ×

체포현장에서 영장 없는 압수 수색은 시간적 장소적 접착성이 있어야 한다. 공원과 주거지는 시간적 장소적으로 다르다.

대법원 2010. 7. 22. 선고 2009도14376 판결 [폭처법위반(집단 · 흉기등상해)]

[판결요지] **경찰이 피고인의 집에서 20m 떨어진 곳에서 피고인을 체포하여 수갑을 채운 후 피고인의 집으로 가서 집안을 수색하여 칼과 합의서를 압수하였을 뿐만 아니라 적법한 시간 내에 압수수색영장을 청구하여 발부받지도 않았음을 알 수 있다.** 이를 위 법리에 비추어 보면 위 **칼과 합의서는 임의제출물이 아니라 영장 없이 위법하게 압수된 것으로서 증거능력이 없다. 따라서 이를 기초로 한 2차 증거인 임의제출동의서, 압수조서 및 목록, 압수품 사진 역시 증거능력이 없다고 할 것이다. ☞ 형사소송법 제216조(영장 없이 가능한 대인강제처분 · 대물강제처분 1: 수사 · 압수 · 수색 · 검증)**

중요 ④ 음주운전 혐의가 있는 피의자가 교통사고를 야기한 후 의식불명의 상태로 병원 응급실에 후송되었고 피의자의 신체와 의복에서 술 냄새 등이 현저하더라도 병원 응급실을 범죄 장소에 준한다고 볼 수 ~~없으므로~~있으므로 영장없이 채혈할 수 ~~없다.~~있다.

해설 및 정답 2016년 제5회 변호사시험 기출문제 24 ★ 　　정답 ×

음주운전 교통사고 영장 없는 강제채혈과 사후 압수영장. 현행범인과 강제체혈 적법절차

대법원 2012. 11. 15. 선고 2011도15258 판결 [도로교통법위반(음주운전)] ★★★★★

[판결요지] [1] **수사기관이 법원으로부터 영장 또는 감정처분허가장을 발부받지 아니한 채 피의자의 동의 없이 피의자의 신체로부터 혈액을 채취하고 사후에도 지체 없이 영장을 발부받지 아니한 채 혈액 중 알코올농도에 관한 감정을 의뢰하였다면, 이러한 과정을 거쳐 얻은 감정의뢰회보 등은 형사소송법상 영장주의 원칙을 위반하여 수집하거나 그에 기초하여 획득한 증거로서, 원칙적으로 절차위반행위가 적법절차의 실질적인 내용을 침해하여 피고인이나 변호인의 동의가 있더라도 유죄의 증거로 사용할 수 없다.**

[2] **수사기관이 범죄 증거를 수집할 목적으로 피의자의 동의 없이 피의자의 혈액을 취득·보관하는 행위는 법원으로부터 감정처분허가장을 받아 형사소송법 제221조의4 제1항, 제173조 제1항에 의한 '감정에 필요한 처분'으로도 할 수 있지만, 형사소송법 제219조, 제106조 제1항에 정한 압수의 방법으로도 할 수 있고, 압수의 방법에 의하는 경우 혈액의 취득을 위하여 피의자의 신체로부터 혈액을 채취하는 행위는 혈액의 압수를 위한 것으로서 형사소송법 제219조, 제120조 제1항에 정한 '압수영장의 집행에 있어 필요한 처분'에 해당한다. ★★★★★**

[3] **형사소송법 제211조 제2항 제3호가 정하는 범죄의 증적이 현저한 준현행범인의 요건이 갖추어져 있고** 교통사고 발생 시각으로부터 사회통념상 범행 직후라고 볼 수 있는 시간 내라면, 피의자의 생명·신체를 구조하기 위하여 사고현장으로부터 **곧바로 후송된 병원 응급실 등의 장소는 형사소송법 제216조 제3항의 범죄 장소에 준한다 할 것이다. 그러므로 검사 또는 사법경찰관은 피의자의 혈중알코올농도 등 증거의 수집을 위하여 의료법상 의료인의 자격이 있는 자로 하여금 의료용 기구로 의학적인 방법에 따라 필요최소한의 한도 내에서 피의자의 혈액을 채취하게 한 후 그 혈액을 영장 없이 압수할 수 있다.** 다만 이 경우에도 **형사소송법 제216조 제3항 단서, 형사소송규칙 제58조, 제107조 제1항 제3호에 따라 사후에 지체 없이 강제채혈에 의한 압수의 사유 등을 기재한 영장청구서에 의하여 법원으로부터 압수영장을 받아야 한다.**

⑤ 사법경찰관은 속칭 '전화사기' 피의자를 주거지에서 긴급체포하면서 그 주거지에 보관하던 타인의 주민등록증, 운전면허증이 든 지갑 등을 영장없이 압수할 수 있다.

해설 및 정답 2016년 제5회 변호사시험 기출문제 24 **정답** ○

체포현장·긴급체포시 영장 없는 압수·수색. 체포현장에 피의자가 보관중인 타인 물건.

대법원 2008. 7. 10. 선고 2008도2245 판결 [사기방조·점유이탈물횡령]

[판결요지] [1] 구 형사소송법(2007. 6. 1. 법률 제8496호로 개정되기 전의 것) 제217조 제1항 등에 의하면 검사 또는 사법경찰관은 피의자를 긴급체포한 경우 체포한 때부터 48시간 이내에 한하여 영장 없이, 긴급체포의 사유가 된 범죄사실 수사에 필요한 최소한의 범위 내에서 당해 **범죄사실과 관련된 증거물 또는 몰수할 것으로 판단되는 피의자의 소유, 소지 또는 보관하는 물건을 압수할 수 있다.**

[2] **경찰관이 이른바 전화사기죄 범행의 혐의자를 긴급체포하면서 그가 보관하고 있던 다른 사람의 주민등록증, 운전면허증 등을 압수한 사안에서, 이는 구 형사소송법(2007. 6. 1. 법률 제8496호로 개정되기 전의 것) 제217조 제1항에서 규정한 해당 범죄사실의 수사에 필요한 범위 내의 압수로서 적법하다. 그러므로 이를 위 혐의자의 점유이탈물횡령죄 범행에 대한 증거로 인정한 사례이다.**

중요 **05** ★★★★★

사법경찰관 甲은 검사의 지휘를 받아 정보통신망이용촉진및정보보호등에관한법률위반(음란물유포)의 범죄 혐의를 이유로 발부받은 압수·수색영장에 기하여 피의자 A의 주거지를 수색하는 과정에서 대마가 발견되자[별건혐의], A를 체포하지 않으면 도망하거나 증거를 인멸할 염려가 있어 A를 대마소지로 인한 마약류관리에관한법률위반(대마)죄의 현행범인으로 체포하면서 이 대마를 압수하였다. 그러나 다음 날 甲은 체포된 A에 대하여 검사에게 구속영장을 신청하지 않고 A를 석방하였고, 대마의 압수에 대하여는 사후 압수·수색영장을 받지 아니하였다. 이에 관한 설명 중 옳지 않은 것은? (다툼이 있는 경우에는 판례에 의함)

① 음란물유포 혐의로 발부받은 압수·수색영장에 의하여 압수·수색을 할 때에는 A에게 영장을 제시하여야 한다.

해설 및 정답 2014년 제3회 변호사시험 기출문제 21 **정답** ○

대법원 2009. 3. 12. 선고 2008도763 판결 [공직선거법위반]

압수·수색영장을 집행하는 사람은 압수·수색영장처분을 받는 사람에게 압수·수색영장을 반드시 제시하여야 한다. **형사소송법 제118조(압수·수색영장제시)**, 형사소송법 제219조(준용규정)

[판결요지] 압수·수색영장은 처분을 받는 자에게 반드시 제시하여야 한다. 현장에서 압수·수색을 당하는 사람이 여러 명일 경우에는 그 사람들 모두에게 개별적으로 영장을 제시해야 하는 것이 원칙이다. 수사기관이 압수·수색에 착수하면서 그 장소의 관리책임자에게 영장을 제시하였다고 하더라도, 물건을 소지하고 있는 다른 사람으로부터 이를 압수하고자 하는 때에는 그 사람에게 따로 영장을 제시하여야 한다.

중요 ② A를 체포하는 과정에 甲은 피의사실의 요지와 체포의 이유, 그리고 변호인을 선임할 수 있음을 말하고 변명할 기회를 주어야 한다.

해설 및 정답 2014년 제3회 변호사시험 기출문제 21 **정답** ○

형사소송법 제200조5(피의자체포와 피의사실요지·체포이유·변호인선임 고지의무)
검사·사법경찰관은 피의자를 체포할 때, **피의자에게 피의사실요지·체포이유·변호인선임을 할 수 있다는 점을 분명하게 알리고,** 피의자에게 변명할 기회를 주어야 한다. [본조신설 2007. 6.1] [[시행일 2008.1.1.]]

형사소송법 제213조2(준용규정)
검사·사법경찰관리가 **현행범인을 체포한 경우** 또는 검사·사법경찰관리가 **현행범인을 인**

도받은 경우 제87조 · 제89조 · 제90조 · 제200조2 제5항 · 제200조5를 준용한다.
[개정 95 · 12 · 29, 2007.6.1] [[시행일 2008.1.1.]] [본조신설 87 · 11 · 28]

③ 甲이 대마를 압수한 것은 사전영장 없이 압수할 수 있는 경우에 해당한다.

해설 및 정답 2014년 제3회 변호사시험 기출문제 21 **정답** ○

체포과정(형사소송법 제200조2 체포영장 · 제200조3 긴급체포 · 제201조 구속 · 제212조 현행범인체포)에서 시간적 접착성이 있으면, 체포에 성공하면서 현장에 있는 물건을 압수 수색할 수 있다. 이러한 압수는 적법하다. 형사소송법 제216조에 영장 없이 가능한 대인 강제처분 · 대물강제처분, 수사 · 압수 · 수색 · 검증이 규정되어 있다. 사안에서 대마 압수는 적법하다. 증거능력이 있다.

④ 甲이 A를 체포영장 없이 체포한 행위는 적법하다.

해설 및 정답 2014년 제3회 변호사시험 기출문제 21 **정답** ○

A는 범죄를 실행 중인 자이다. 현행범인체포에도 체포필요성이 있어야 한다. A는 도망과 증거인멸우려가 있다. 갑은 A를 영장없이 체포할 수 있다.

형사소송법 제211조(현행범인과 준현행범인)
① **현행범인은 범죄를 실행하고 있는 사람 · 범죄실행을 방금 마친 사람을 말한다.**
② **다음 각 호 어느 하나에 해당하는 사람은** 현행범인으로 본다.
1. 범인으로 **지목되어** 추적되고 있는 사람
2. **장물 · 범죄에 사용한 것으로 충분히 의심이 가는 흉기 · 그밖에 물건을 소지하고 있는 사람**
3. 신체 · 의복류에 명확하게 증거가 될 만한 흔적이 있는 사람
4. **신분확인에 불응하고 도망하려 하는 사람**

형사소송법 제212조(현행범인체포)
누구든지 현행범인을 영장 없이 체포할 수 있다.

⑤ 압수한 대마와 그 압수조서의 기재는 위법하게 수집한 증거가 아니므로 대마소지의 점에 관하여 증거로 할 수 ~~있다.~~ 없다.

해설 및 정답 2014년 제3회 변호사시험 기출문제 21 **정답** ×

사후에 압수수색영장을 발부받지 않은 경우 위 압수물과 압수조서는 형사소송법상 영장주의를 위반하여 수집한 증거로서 증거능력이 부정된다. 형사소송법 제216조는 영장 없이 가능한 강제처분, 압수 · 수색 · 검증을 규정하고 있다.

대법원 2009. 5. 14. 선고 2008도10914 판결 [마약류관리에관한법률위반(향정) · 마약류관리에관한법률위반(대마) · 정보통신망이용촉진및정보보호등에관한법률위반(음란물유포)]

[판시사항] 음란물 유포의 범죄혐의를 이유로 압수수색영장을 발부받은 사법경찰리가 피고인의 주거지를 수색하는 과정에서 대마를 발견하자, 피고인을 마약류관리에 관한 법률 위반죄의 현행범으로 체포하면서 대마를 압수하였으나 그 다음날 피고인을 석방하고도 사후 압수수색영장을 발부받지 않은 사안에서, 위 압수물과 압수조서는 형사소송법상 영장주의를 위반하여 수집한 증거로서 증거능력이 부정된다고 한 사례.

중요 **06** ★★★★★

압수 · 수색 절차에 관한 설명 중 옳은 것을 모두 고른 것은? (다툼이 있는 경우 판례에 의함)

파워특강 압수 · 수색 절차. 영장(=형사소송법 제118조 반드시 영장제시. 현실적으로 불가능한 경우 사후 영장 제시). 수사기관 영장제시 의무(=사후 변호인이 영장 확인하여도 위법한 압수이다). 피압수자 여러 명(=개별 영장 제시). 이미지 파일 압수 · 수색 종료(=이미지 파일 탐색 · 복제 · 출력 과정 피의자 참여권 보장 필요하지 않다). 피압수자 환부청구권 포기(=수사기관 필요적 환부의무가 면제되지 않는다).

중요 ① 압수 · 수색영장은 처분을 받는 자에게 반드시 제시하여야 하지만, 피처분자가 현장에 없거나 현장에서 그를 발견할 수 없는 경우 등 영장 제시가 현실적으로 불가능한 경우에는 영장을 제시하지 아니한 채 압수 · 수색을 하더라도 위법하지 아니하다.

해설 및 정답 2021년 제10회 변호사시험 기출문제 25 **정답** ○

대법원 2015. 1. 22. 선고 2014도10978 전원합의체 판결 [내란음모 · 국가보안법위반(찬양 · 고무등) · 내란선동] 〈내란음모에 관한 사건〉

[판시사항] 압수 · 수색영장의 제시가 현실적으로 불가능한 경우, 영장제시 없이 이루어진 압수 · 수색의 적법 여부(적극)

[판결요지] 형사소송법 제219조가 준용하는 제118조는 "압수 · 수색영장은 처분을 받는 자에게 반드시 제시하여야 한다."고 규정하고 있다. 그러나 이는 영장제시가 현실적으로 가능한 상황을 전제로 한 규정으로 보아야 한다. **피처분자가 현장에 없거나 현장에서 그를 발견할 수 없는 경우 등 영장제시가 현실적으로 불가능한 경우에는 영장을 제시하지 아니한 채 압수 · 수색을 하더라도 위법하다고 볼 수 없다.**

☞ [출제] 2019년 제8회 변호사시험 기출문제 15

② 수사기관이 휴대전화 등을 압수할 당시 압수당한 피의자가 수사관에게 압수·수색영장의 내용을 보여 달라고 요구하였으나 수사관이 영장의 겉표지만 보여주고 내용은 확인시켜 주지 않았더라도, 그 후 변호인이 피의자조사에 참여하면서 영장을 확인하였다면 압수처분은 ~~위법하지 아니하다.~~ 위법하다.

해설 및 정답 2021년 제10회 변호사시험 기출문제 25 **정답** ×

대법원 2020. 4. 16.자 2019모3526 결정 [준항고기각결정에대한재항고]

[판시사항] 수사기관이 재항고인의 휴대전화 등을 압수할 당시 재항고인에게 압수·수색영장을 제시하였는데 재항고인이 영장의 구체적인 확인을 요구하였다. 그러나 수사기관이 영장의 범죄사실 기재 부분을 보여주지 않았다. 그 후 재항고인의 변호인이 재항고인에 대한 조사에 참여하면서 영장을 확인한 사안이다.

[판결요지] 수사기관이 위 압수처분 당시 재항고인으로부터 영장 내용의 구체적인 확인을 요구받았음에도 압수·수색영장의 내용을 보여주지 않았던 것으로 보인다. 그러므로 형사소송법 제219조, 제118조에 따른 적법한 압수·수색영장의 제시라고 인정하기 어렵다.

③ 수사기관이 압수·수색에 착수하면서 그 장소의 관리책임자에게 영장을 제시하였더라도 물건을 소지하고 있는 다른 사람으로부터 이를 압수하고자 하는 때에는 그 사람에게 따로 영장을 제시하여야 한다.

해설 및 정답 2021년 제10회 변호사시험 기출문제 25 **정답** ○

대법원 2017. 9. 21. 선고 2015도12400 판결 [공직선거법위반·개인정보보호법위반] ★★★★★

[판결요지] 압수·수색영장을 집행하는 수사기관은 피압수자로 하여금 법관이 발부한 영장에 의한 압수·수색이라는 사실을 확인함과 동시에 형사소송법이 압수·수색영장에 필요적으로 기재하도록 정한 사항이나 그와 일체를 이루는 사항을 충분히 알 수 있도록 압수·수색영장을 제시하여야 한다. **나아가 압수·수색영장은 현장에서 피압수자가 여러 명일 경우에는 그들 모두에게 개별적으로 영장을 제시해야 하는 것이 원칙이다. 수사기관이 압수·수색에 착수하면서 그 장소의 관리책임자에게 영장을 제시하였더라도, 물건을 소지하고 있는 다른 사람으로부터 이를 압수하고자 하는 때에는 그 사람에게 따로 영장을 제시하여야 한다.**

☞ [출제] 2019년 제8회 변호사시험 기출문제 27

④ 수사기관이 피의자 참여하에 정보저장매체에 기억된 정보 중에서 키워드 또는 확장자 검색 등을 통해 범죄 혐의 사실과 관련 있는 정보를 선별한 다음 정보저장매체와 동일하게 비트열 방식으로 복제하여 생성한 파일을 제출받아 압수

한 경우, 수사기관에서 위와 같이 압수된 파일을 탐색·복제·출력하는 과정에서도 피의자 등에게 참여의 기회를 ~~보장하여야 한다.~~ 보장하여야 하는 것은 아니다.

해설 및 정답 2021년 제10회 변호사시험 기출문제 25 **정답** ×

대법원 2018. 2. 8. 선고 2017도13263 판결 [특정범죄가중처벌등에관한법률위반(조세)·조세범처벌법위반]

[판결요지] 형사소송법 제219조, 제121조에 의하면, 수사기관이 압수·수색영장을 집행할 때 피의자 또는 변호인은 그 집행에 참여할 수 있다. 압수의 목적물이 컴퓨터용디스크 그 밖에 이와 비슷한 **정보저장매체인 경우에는 영장 발부의 사유로 된 범죄 혐의사실과 관련 있는 정보의 범위를 정하여 출력하거나 복제하여 이를 제출받아야 하고, 피의자나 변호인에게 참여의 기회를 보장하여야 한다.** 만약 그러한 조치를 취하지 않았다면 이는 형사소송법에 정한 영장주의 원칙과 적법절차를 준수하지 않은 것이다. **수사기관이 정보저장매체에 기억된 정보 중에서 키워드 또는 확장자 검색 등을 통해 범죄 혐의사실과 관련 있는 정보를 선별한 다음 정보저장매체와 동일하게 비트열 방식으로 복제하여 생성한 파일(이하 '이미지 파일'이라 한다)을 제출받아 압수하였다면 이로써 압수의 목적물에 대한 압수·수색 절차는 종료된 것이다. 그러므로 수사기관이 수사기관 사무실에서 위와 같이 압수된 이미지 파일을 탐색·복제·출력하는 과정에서도 피의자 등에게 참여의 기회를 보장하여야 하는 것은 아니다.**

⑤ 환부를 받을 피압수자가 수사기관에 압수물의 환부청구권을 포기한다는 의사표시를 한 경우에도 수사기관의 필요적 환부의무는 면제되지 않는다.

해설 및 정답 2021년 제10회 변호사시험 기출문제 25 **정답** ○

대법원 2001. 4. 10. 선고 2000다49343 판결 [추심금]

[판결요지] 피압수자 등 환부를 받을 자가 압수 후 그 소유권을 포기하는 등에 의하여 실체법상의 권리를 상실하더라도 그 때문에 압수물을 환부하여야 할 수사기관의 의무에 어떠한 영향을 미칠 수 없다. 또한 수사기관에 대하여 형사소송법상의 환부청구권을 포기한다는 의사표시를 하더라도 그 효력이 없어 그에 의하여 수사기관의 필요적 환부의무가 면제된다고 볼 수는 없다.

형사소송법 제332조에 의하면 압수한 서류 또는 물품에 대하여 몰수의 선고가 없는 때에는 압수를 해제한 것으로 간주한다고 규정되어 있다. 그러므로 **어떠한 압수물에 대한 몰수의 선고가 포함되지 않은 판결이 선고되어 확정되었다면, 검사에게 그 압수물을 제출자나 소유자 기타 권리자에게 환부하여야 할 의무가 당연히 발생하는 것이다. 권리자의 환부신청에 의한 검사의 환부결정 등 어떤 처분에 의하여 비로소 환부의무가 발생하는 것은 아니다.**

파워특강 압수·수색. 압수·수색영장(=집행 종료 후 영장 효력 상실). 영장 기재 수색장소의 컴퓨터를 이용하여 원격지 저장매체 접속(=적법). 압수·수색에 기재된 혐의사실과 객관적 관련성(=혐의사실+, 기본적 사실관계가 동일한 법행과 직접 관련성+, 간접증거 · 정황증거 사용+). 압수 · 수색영장 제시가 현실적 불가능(=영장 없이 이루어진 압수 · 수색 적법+). 공소 제기 후 검사 형사소송법 제215조 압수 · 수색 불가.

07 ★★★★★

압수 · 수색에 관한 설명 중 옳지 않은 것은? (다툼이 있는 경우 판례에 의함)

① 수사기관이 압수 · 수색영장을 제시하고 집행에 착수하여 압수 · 수색을 실시하고 그 집행을 종료하였다면 이미 그 영장은 목적을 달성하여 효력이 상실되는 것이므로, 동일한 장소 또는 목적물에 대하여 다시 압수 · 수색할 필요가 있는 경우라도 그 영장을 제시하고 다시 압수 · 수색을 할 수 없다.

해설 및 정답 2022년 제11회 변호사시험 기출문제 21 **정답** ○

대법원 1999. 12. 1.자 99모161 결정 [압수처분에대한준항고기각에대한재항고]

[판시사항] 수사기관이 압수 · 수색영장을 제시하고 집행에 착수하여 압수 · 수색을 실시하고 그 집행을 종료한 후 그 압수 · 수색영장의 유효기간 내에 동일한 장소 또는 목적물에 대하여 다시 압수 · 수색할 필요가 있는 경우, 종전의 압수 · 수색영장을 제시하고 다시 압수 · 수색할 수 있는지 여부(소극)

[결정요지] 형사소송법 제215조에 의한 압수 · 수색영장은 수사기관의 압수 · 수색에 대한 허가장으로서 거기에 기재되는 유효기간은 집행에 착수할 수 있는 종기(終期)를 의미하는 것일 뿐이다. 그러므로 **수사기관이 압수 · 수색영장을 제시하고 집행에 착수하여 압수 · 수색을 실시하고 그 집행을 종료하였다면 이미 그 영장은 목적을 달성하여 효력이 상실되는 것이다. 동일한 장소 또는 목적물에 대하여 다시 압수 · 수색할 필요가 있는 경우라면 그 필요성을 소명하여 법원으로부터 새로운 압수 · 수색영장을 발부 받아야 하는 것이다.** 앞서 **발부 받은 압수 · 수색영장의 유효기간이 남아있다고 하여 이를 제시하고 다시 압수 · 수색을 할 수는 없다.**

중요 ② 압수 · 수색할 전자정보가 영장에 기재된 수색장소에 있는 컴퓨터에 있지 않고 그 컴퓨터와 정보통신망으로 연결되어 제3자가 관리하는 원격지의 서버에 저장되어 있는 경우, 영장에 기재된 수색장소의 컴퓨터를 이용하여 원격지의 저장매체에 접속하는 것은 피의자가 접근하는 통상적인 방법에 따라 한 것이라도 허용된 집행의 장소적 범위를 ~~벗어난 것으로 위법하다.~~ 벗어난 것으로 볼 수 없어 적법하다.

해설 및 정답 2022년 제11회 변호사시험 기출문제 21 **정답** ×

대법원 2017. 11. 29. 선고 2017도9747 판결 [국가보안법위반(찬양·고무등)·국가보안법위반(회합·통신등)·국가보안법위반(편의제공)·국가보안법위반(자진지원·금품수수)]

[판시사항] **피의자의 이메일 계정에 대한 접근권한에 갈음하여 발부받은 압수·수색영장에 따라 원격지의 저장매체에 적법하게 접속하여 내려받거나 현출된 전자정보를 대상으로 하여 범죄 혐의사실과 관련된 부분에 대하여 압수·수색하는 것이 허용되는지 여부(적극)** 및 형사소송법 제120조 제1항에서 정한 '압수·수색영장의 집행에 필요한 처분'에 해당하는지 여부(적극) / 이러한 법리는 **원격지의 저장매체가 국외에 있는 경우라도 마찬가지로 적용되는지 여부(적극)**

[판결요지] 형사소송법 제109조 제1항, 제114조 제1항에서 영장에 수색할 장소를 특정하도록 한 취지와 정보통신망으로 연결되어 있는 한 정보처리장치 또는 저장매체 간 이전, 복제가 용이한 전자정보의 특성 등에 비추어 보면, **수색장소에 있는 정보처리장치를 이용하여 정보통신망으로 연결된 원격지의 저장매체에 접속하는 것이 위와 같은 형사소송법의 규정에 위반하여 압수·수색영장에서 허용한 집행의 장소적 범위를 확대하는 것이라고 볼 수 없다. …… 형사소송법 제120조 제1항에서 정한 압수·수색영장의 집행에 필요한 처분에 해당한다. 그리고 이러한 법리는 원격지의 저장매체가 국외에 있는 경우라 하더라도 그 사정만으로 달리 볼 것은 아니다.**

중요 ③ 압수·수색영장에 기재된 혐의사실과의 객관적 관련성은 압수·수색영장에 기재된 혐의사실 자체 또는 그와 기본적 사실관계가 동일한 범행과 직접 관련되어 있는 경우는 물론 범행 동기와 경위 등을 증명하기 위한 간접증거나 정황증거 등으로 사용될 수 있는 경우에도 인정될 수 있다.

해설 및 정답 2022년 제11회 변호사시험 기출문제 21 **정답** ○

대법원 2017. 12. 5. 선고 2017도13458 판결 [공직선거법위반]

[판시사항] 영장 발부의 사유로 된 범죄 혐의사실과 무관한 별개의 증거를 압수하였을 경우, 이를 유죄 인정의 증거로 사용할 수 있는지 여부(원칙적 소극) / '압수·수색영장의 범죄 혐의사실과 관계있는 범죄'의 의미 및 범위

[판결요지] **영장 발부의 사유로 된 범죄 혐의사실과 무관한 별개의 증거를 압수하였을 경우 이는 원칙적으로 유죄 인정의 증거로 사용할 수 없다. 그러나 압수·수색의 목적이 된 범죄나 이와 관련된 범죄의 경우에는 그 압수·수색의 결과를 유죄의 증거로 사용할 수 있다.** 압수·수색영장의 범죄 혐의사실과 관계있는 범죄라는 것은 압수·수색영장에 기재한 혐의사실과 객관적 관련성이 있고 압수·수색영장 대상자와 피의자 사이에 인적 관련성이 있는 범죄를 의미한다. 그중 **혐의사실과의 객관적 관련성은 압수·수색영장에 기재된 혐의사실 자체 또는 그와 기본적 사실관계가 동일한 범행과 직접 관련되어 있는 경우는 물론 범행 동기와 경위, 범행 수단과 방법, 범행 시간과 장소 등을 증명하기 위한 간접증거나 정황증거 등으로 사용될 수 있는 경우에도 인정될 수 있다. 그 관련성은 압수·수색영장에 기재된 혐의사실의 내용과 수사의 대상, 수사 경위 등을 종합하여 구체**

적 · 개별적 연관관계가 있는 경우에만 인정되고, 혐의사실과 단순히 동종 또는 유사 범행이라는 사유만으로 관련성이 있다고 할 것은 아니다. 그리고 **피의자와 사이의 인적 관련성은 압수 · 수색영장에 기재된 대상자의 공동정범이나 교사범 등 공범이나 간접정범은 물론 필요적 공범 등에 대한 피고사건에 대해서도 인정될 수 있다.**

중요 ④ 압수 · 수색영장은 처분을 받는 자에게 반드시 제시하여야 하지만, 피처분자가 현장에 없거나 현장에서 그를 발견할 수 없는 경우 등 영장제시가 현실적으로 불가능한 경우에는 영장을 제시하지 아니한 채 압수 · 수색을 하더라도 위법하다고 볼 수 없다.

해설 및 정답 2022년 제11회 변호사시험 기출문제 21 **정답** ○

대법원 2015. 1. 22. 선고 2014도10978 전원합의체 판결 [내란음모 · 국가보안법위반(찬양 · 고무등) · 내란선동] 〈내란음모에 관한 사건〉

[판시사항] 압수 · 수색영장의 제시가 현실적으로 불가능한 경우, 영장제시 없이 이루어진 압수 · 수색의 적법 여부(적극)

[판결요지] 형사소송법 제219조가 준용하는 제118조는 "압수 · 수색영장은 처분을 받는 자에게 반드시 제시하여야 한다."고 규정하고 있으나, 이는 영장제시가 현실적으로 가능한 상황을 전제로 한 규정으로 보아야 하고, **피처분자가 현장에 없거나 현장에서 그를 발견할 수 없는 경우 등 영장제시가 현실적으로 불가능한 경우에는 영장을 제시하지 아니한 채 압수 · 수색을 하더라도 위법하다고 볼 수 없다.**

☞ [출제] 2021년 제10회 변호사시험 기출문제 25 ㄱ.

중요 ⑤ 「형사소송법」 제215조는 검사가 압수 · 수색영장을 청구할 수 있는 시기를 공소제기 전으로 한정하고 있지 않지만, 그럼에도 일단 공소가 제기된 후에는 피고사건에 관하여 검사로서는 「형사소송법」 제215조에 의하여 압수 · 수색을 할 수 없다.

해설 및 정답 2022년 제11회 변호사시험 기출문제 21 **정답** ○

대법원 2011. 4. 28. 선고 2009도10412 판결 [뇌물수수 · 뇌물공여]

[판시사항] [1] 검사가 '공소제기 후' 형사소송법 제215조에 따라 수소법원 이외의 지방법원 판사로부터 발부받은 압수 · 수색 영장에 의해 수집한 증거의 증거능력 유무(원칙적 소극) [2] 헌법과 형사소송법이 정한 절차를 위반하여 수집한 증거를 예외적으로 유죄의 증거로 사용할 수 있는 경우 및 그와 같은 특별한 사정에 대한 증명책임의 소재(=검사) [3] 공정거래위원회 소속 공무원인 피고인 갑이 을로부터 뇌물을 수수하였다고 하여 기소된 사안에서, 검사 제출의 증거들은 모두 공소제기 후 적법한 절차에 따르지 아니하고 수집한 것이거나 이를 기초로 획득한 2차적 증거에 불과하여 유죄 인정의 증거로 사용할 수 없다는 이유로, 피고인 갑에게 무죄를 선고한 원심판단을 수긍한 사례.

[판결요지] [1] 형사소송법은 제215조에서 검사가 압수·수색 영장을 청구할 수 있는 시기를 공소제기 전으로 명시적으로 한정하고 있지는 아니하나, 헌법상 보장된 적법절차의 원칙과 재판받을 권리, 공판중심주의·당사자주의·직접주의를 지향하는 현행 형사소송법의 소송구조, 관련 법규의 체계, 문언 형식, 내용 등을 종합하여 보면, **일단 공소가 제기된 후에는 피고사건에 관하여 검사로서는 형사소송법 제215조에 의하여 압수·수색을 할 수 없다고 보아야 한다.** 그럼에도 **검사가 공소제기 후 형사소송법 제215조에 따라 수소법원 이외의 지방법원 판사에게 청구하여 발부받은 영장에 의하여 압수·수색을 하였다면, 그와 같이 수집된 증거는 기본적 인권 보장을 위해 마련된 적법한 절차에 따르지 않은 것으로 원칙적으로 유죄의 증거로 삼을 수 없다.**

[2] 헌법과 형사소송법이 정한 절차에 따르지 아니하고 수집된 증거라고 할지라도 수사기관의 증거 수집 과정에서 이루어진 절차 위반행위와 관련된 모든 사정을 전체적·종합적으로 살펴볼 때, 수사기관의 절차 위반행위가 적법절차의 실질적인 내용을 침해하는 경우에 해당하지 아니하고, 오히려 그 증거의 증거능력을 배제하는 것이 헌법과 형사소송법이 형사소송에 관한 절차 조항을 마련하여 적법절차의 원칙과 실체적 진실 규명의 조화를 도모하고 이를 통하여 **형사사법 정의를 실현하려 한 취지에 반하는 결과를 초래하는 것으로 평가되는 예외적인 경우라면, 법원은 이를 유죄 인정의 증거로 사용할 수 있다. 그러나** 법원은 구체적인 사안이 이러한 예외적인 경우에 해당하는지를 판단하는 과정에서, 적법한 절차를 따르지 않고 수집된 증거를 유죄의 증거로 삼을 수 없다는 원칙을 훼손하는 결과가 초래되지 않도록 유념하여야 하며, 나아가 수사기관의 절차 위반행위에도 불구하고 이를 유죄 인정의 증거로 사용할 수 있는 예외적인 경우에 해당한다고 볼 수 있으려면, 그러한 예외적인 경우에 해당한다고 볼 만한 구체적이고 특별한 사정이 존재한다는 것을 검사가 증명하여야 한다.

08 ★★★★★

압수·수색에 관한 설명 중 옳지 않은 것은? (다툼이 있는 경우 판례에 의함)

파워특강 형사소송법 제218조 임의제출과 전자정보. 압수의 대상이 되는 전자정보와 그렇지 않은 전자정보가 혼재된 정보저장매체나 복제본을 임의제출받은 수사기관이 정보저장매체 등을 수사기관 사무실 등으로 옮겨 탐색·복제·출력하는 일련의 과정에서, 범죄혐의사실과 무관한 전자정보의 임의적인 복제 등을 막기 위한 적절한 조치를 취하지 않은 경우, 압수·수색의 적법 여부(원칙적 소극) 및 이때 정보저장매체 또는 복제본에서 범죄혐의사실과 관련된 전자정보만을 복제·출력하였더라도 마찬가지인지 여부(적극). 피해자 등 제3자가 피의자의 소유·관리에 속하는 정보저장매체를 영장에 의하지 않고 임의제출한 경우, 피의자에게 참여권을 보장하고 압수한 전자정보 목록을 교부하는 등 피의자의 절차적 권리를 보장하기 위한 적절한 조치가 이루어져야 하는지 여부(적극). 수사기관이 임의제출받은 정보저장매체가 기능과 속성상 임의제출에 따른 적법한 압수의 대상이 되는 전자정보와 그렇지 않은 전자정보가 혼재될 여지가 거의 없어 사실상 대부분 압수의 대상이 되는 전자정보만이 저장되어 있는 경우(=소지·보관자의 임의제출에 따른 통상의 압수절차 외에 피압수자에게 참여의 기회를 보장하지 않고 전자정보 압수목록을 작성·교부하지 않았다는 점만으로 곧바로 증거능력을 부정할 수 없다). 정보저장매체를 임의제출한 피압수자에 더하여 임의제출자 아닌 피의자에게도 참여권이 보장되어야 하는 '피의자의 소유·관리에 속하는 정보저장매체'란(=① 해당 정보저장매체를 현실적으로 지배·관리. ② 그 정보저장매체 내 전자정보 전반에 관한 전속적인 관리처분권을 보유·행사. ③ 제3자에게 양도하거나 포기하지 아니한 경우. ④ 실질적인 피압수자로 평가할 수 있는 경우. ⑤ 민사법상 권리의 귀속에 따른 법률적·사후적 판단이 아니라 압수·수색 당시 외형적·객관적으로 인식 가능한 사실상의 상태를 기준으로 판단하여야 한다. 압수 정보 목록(=압수된 정보의 상세목록에 정보의 파일 명세가 특정되어 있어야 한다). 압수·수색영장에 적힌 '수색할 장소'와 원격지 거버 저장 장소(=수사기관이 압수·수색영장에 적힌 '수색할 장소'에 있는 컴퓨터 등 정보처리장치에 저장된 전자정보 외에 원격지 서버에 저장된 전자정보를 압수·수색하기 위해서는 압수·수색영장에 적힌 '압수할 물건'에 별도로 원격지 서버 저장 전자정보가 특정되어 있어야 한다).

중요 ① 수사기관이 2022. 9. 12. 甲을 성폭력범죄의처벌등에관한특례법위반(카메라등이용촬영)의 현행범으로 체포하면서 휴대전화를 임의제출받은 후 피의자신문과정에서 甲과 함께 휴대전화를 탐색하던 중 2022. 6.경의 동일한 범행에 관한 영상을 발견하고 그 영상을 甲에게 제시하였으며 甲이 해당 영상을 언제, 어디에서 촬영한 것인지 쉽게 알아보고 그에 관해 구체적으로 진술하였던 경우에 甲에게 전자정보의 파일 명세가 특정된 압수목록이 작성·교부되지 않았더라도 甲의 절차상 권리가 실질적으로 침해되었다고 볼 수 없다.

해설 및 정답 2023년 제12회 변호사시험 기출문제 35 **정답** ○

대법원 2021. 11. 18. 선고 2016도348 전원합의체 판결 [준강제추행·성폭력범죄의처벌등에관한특례법위반(카메라등이용촬영)] 〈경찰이 「성폭력범죄의 처벌 등에 관한 특례법」 위반(카메라등이용촬영)죄의 피해자가 임의제출한 피고인 소유·관리의 휴대전화 2대의 전자정보를 탐색하다가 피해자를 촬영한 휴대전화가 아닌 다른 휴대전화에서 다른 피해자 2명에 대한 동종 범행 등에 관한 1년 전 사진·동영상을 발견하고 영장 없이 이를 복제한 CD를 증거로 제출한 사안〉 ★★★★★

[판시사항] [1] 수사기관이 특정 범죄혐의와 관련하여 전자정보가 수록된 정보저장매체를 임의제출받아 그 안에 저장된 전자정보를 압수할 때 예외적으로 정보저장매체 자체나 복제본을 임의제출받아 압수할 수 있는 경우 [2] 수사기관이 정보저장매체와 거기에 저장된 전자정보를 임의제출의 방식으로 압수할 때 임의제출자의 의사에 따른 전자정보 압수

의 대상과 범위가 명확하지 않거나 이를 알 수 없는 경우, 임의제출에 따른 압수의 동기가 된 범죄혐의사실과 관련되고 이를 증명할 수 있는 최소한의 가치가 있는 전자정보에 한하여 압수의 대상이 되는지 여부(적극) 및 이때 범죄혐의사실과의 관련성이 인정되는 범위 / 휴대전화를 이용한 불법촬영 범죄의 경우, 그 안에 저장되어 있는 같은 유형의 전자정보에서 발견되는 간접증거나 정황증거는 범죄혐의사실과 구체적 · 개별적 연관관계가 인정될 수 있는지 여부(적극) / 피의자가 소유 · 관리하는 정보저장매체를 피의자 아닌 피해자 등 제3자가 임의제출하는 경우, 임의제출의 동기가 된 범죄혐의사실과 구체적 · 개별적 연관관계가 있는 전자정보에 한하여 압수의 대상이 되는 것으로 더욱 제한적으로 해석하여야 하는지 여부(적극)

[3] **압수의 대상이 되는 전자정보와 그렇지 않은 전자정보가 혼재된 정보저장매체나 복제본을 임의제출받은 수사기관이 정보저장매체 등을 수사기관 사무실 등으로 옮겨 탐색 · 복제 · 출력하는 일련의 과정에서, 범죄혐의사실과 무관한 전자정보의 임의적인 복제 등을 막기 위한 적절한 조치를 취하지 않은 경우, 압수 · 수색의 적법 여부(원칙적 소극) 및 이때 정보저장매체 또는 복제본에서 범죄혐의사실과 관련된 전자정보만을 복제 · 출력하였더라도 마찬가지인지 여부(적극) / 피해자 등 제3자가 피의자의 소유 · 관리에 속하는 정보저장매체를 영장에 의하지 않고 임의제출한 경우, 피의자에게 참여권을 보장하고 압수한 전자정보 목록을 교부하는 등 피의자의 절차적 권리를 보장하기 위한 적절한 조치가 이루어져야 하는지 여부(적극)**

[4] **임의제출된 정보저장매체에서 압수의 대상이 되는 전자정보의 범위를 넘어서는 전자정보에 대해 수사기관이 영장 없이 압수 · 수색하여 취득한 증거가 위법수집증거에 해당하는지 여부(적극) 및 사후에 법원으로부터 영장이 발부되었거나 피고인이나 변호인이 이를 증거로 함에 동의한 경우 그 위법성이 치유되는지 여부(소극)**

[5] 피고인이 2014. 12. 11. 피해자 갑을 상대로 저지른 성폭력범죄의 처벌 등에 관한 특례법 위반(카메라등이용촬영) 범행('2014년 범행')에 대하여 갑이 즉시 피해 사실을 경찰에 신고하면서 피고인의 집에서 가지고 나온 피고인 소유의 휴대전화 2대에 피고인이 촬영한 동영상과 사진이 저장되어 있다는 취지로 말하고 이를 범행의 증거물로 임의제출하였는데, 경찰이 이를 압수한 다음 그 안에 저장된 전자정보를 탐색하다가 갑을 촬영한 휴대전화가 아닌 다른 휴대전화에서 피고인이 2013. 12.경 피해자 을, 병을 상대로 저지른 같은 법 위반(카메라등이용촬영) 범행('2013년 범행')을 발견하고 그에 관한 동영상 · 사진 등을 영장 없이 복제한 CD를 증거로 제출한 사안에서, 피고인의 2013년 범행을 무죄로 판단한 원심의 결론이 정당하다고 한 사례.

[판결요지] [3] **압수의 대상이 되는 전자정보와 그렇지 않은 전자정보가 혼재된 정보저장매체나 그 복제본을 임의제출받은 수사기관이 그 정보저장매체 등을 수사기관 사무실 등으로 옮겨 이를 탐색 · 복제 · 출력하는 경우, 그와 같은 일련의 과정에서 형사소송법 제219조, 제121조에서 규정하는 피압수 · 수색 당사자(이하 '피압수자'라 한다)나 그 변호인에게 참여의 기회를 보장하고 압수된 전자정보의 파일 명세가 특정된 압수목록을 작성 · 교부하여야 하며 범죄혐의사실과 무관한 전자정보의 임의적인 복제 등을 막기 위한 적절한 조치를 취하는 등 영장주의 원칙과 적법절차를 준수하여야 한다.**

[5] **휴대전화에 담긴 전자정보 중 임의제출을 통해 적법하게 압수된 범위는 임의제출 및 압수의 동기가 된 피고인의 2014년 범행 자체와 구체적 · 개별적 연관관계가 있는 전자**

정보로 제한적으로 해석하는 것이 타당하고, 이에 비추어 볼 때 범죄발생 시점 사이에 상당한 간격이 있고 피해자 및 범행에 이용한 휴대전화도 전혀 다른 피고인의 **2013년 범행에 관한 동영상은 임의제출에 따른 압수의 동기가 된 범죄혐의사실(2014년 범행)과 구체적·개별적 연관관계 있는 전자정보로 보기 어려워 수사기관이 사전영장 없이 이를 취득한 이상 증거능력이 없고,** 사후에 압수·수색영장을 받아 압수절차가 진행되었더라도 달리 볼 수 없다는 이유로, 피고인의 2013년 범행을 무죄로 판단한 원심의 결론이 정당하다고 한 사례.

대법원 2022. 1. 13. 선고 2016도9596 판결 [성폭력범죄의처벌등에관한특례법위반(카메라등이용촬영)

[판시사항] [1] 수사기관이 정보저장매체와 거기에 저장된 전자정보를 임의제출의 방식으로 압수할 때 임의제출자의 의사에 따른 전자정보 압수의 대상과 범위가 명확하지 않거나 이를 알 수 없는 경우, 임의제출에 따른 압수의 동기가 된 범죄혐의사실과 관련되고 이를 증명할 수 있는 최소한의 가치가 있는 전자정보에 한하여 압수의 대상이 되는지 여부(적극) / 휴대전화를 이용한 불법촬영 범죄의 경우, 그 안에 저장되어 있는 같은 유형의 전자정보에서 발견되는 간접증거나 정황증거는 범죄혐의사실과 구체적·개별적 연관관계가 인정될 수 있는지 여부(적극)

[2] 압수의 대상이 되는 전자정보와 그렇지 않은 전자정보가 혼재된 정보저장매체나 복제본을 임의제출받은 수사기관이 정보저장매체 등을 수사기관 사무실 등으로 옮겨 탐색·복제·출력하는 일련의 과정에서, 피압수자 측에 참여의 기회를 보장하고 압수된 전자정보의 파일 명세가 특정된 압수목록을 작성·교부하는 등의 적절한 조치를 취하지 않은 경우, 압수·수색의 적법 여부(원칙적 소극) 및 이때 정보저장매체 또는 복제본에서 범죄혐의사실과 관련된 전자정보만을 복제·출력하였더라도 마찬가지인지 여부(적극)

[판결요지] 경찰은 1차 피의자신문 시 이 사건 휴대전화를 피고인과 함께 탐색하는 과정에서 2014년 범행에 관한 영상을 발견하였으므로, 피고인은 이 사건 휴대전화의 탐색 과정에 참여하였다고 볼 수 있다. 경찰은 같은 날 곧바로 진행된 2회 피의자신문에서 이 사건 사진을 피고인에게 제시하였고, 5장에 불과한 이 사건 사진은 모두 동일한 일시, 장소에서 촬영된 2014년 범행에 관한 영상을 출력한 것임을 육안으로 쉽게 알 수 있다. 따라서 비록 **피고인에게 전자정보의 파일 명세가 특정된 압수목록이 작성·교부되지 않았더라도 절차 위반행위가 이루어진 과정의 성질과 내용 등에 비추어 피고인의 절차상 권리가 실질적으로 침해되었다고 보기도 어렵다.**

(중요) ② 甲이 A 소유 모텔 객실에 위장형 카메라를 몰래 설치해 불법촬영을 하였는데 이후 甲의 범행을 인지한 수사기관이 A로부터 임의제출 형식으로 위 카메라를 압수한 경우, 카메라의 메모리카드에 사실상 대부분 압수의 대상이 되는 전자정보만이 저장되어 있어 해당 전자정보인 불법촬영 동영상을 탐색·출력하는 과정에서 위 임의제출에 따른 통상의 압수절차 외에 별도의 조치가 따로 요구되는 것은 아니므로, 甲에게 참여의 기회를 보장하지 않고 전자정보 압수목록

을 작성 · 교부하지 않았다는 점만으로 곧바로 위 임의제출물의 증거능력을 부정할 수 없다.

해설 및 정답 2023년 제12회 변호사시험 기출문제 35 **정답** ○

대법원 2021. 11. 25. 선고 2019도7342 판결 [성폭력범죄의처벌등에관한특례법위반(카메라등이용촬영)]

[판결요지] 수사기관이 임의제출받은 정보저장매체가 그 기능과 속성상 임의제출에 따른 적법한 압수의 대상이 되는 전자정보와 그렇지 않은 전자정보가 혼재될 여지가 거의 없어 사실상 대부분 압수의 대상이 되는 전자정보만이 저장되어 있는 경우에는 소지 · 보관자의 임의제출에 따른 통상의 압수절차 외에 피압수자에게 참여의 기회를 보장하지 않고 전자정보 압수목록을 작성 · 교부하지 않았다는 점만으로 곧바로 증거능력을 부정할 것은 아니다.

중요 ③ 정보저장매체를 임의제출한 피압수자에 더하여 임의제출자 아닌 피의자에게도 참여권이 보장되어야 하는 '피의자의 소유 · 관리에 속하는 정보저장매체'에 해당하는지 여부는 전자정보에 의해 식별되는 정보주체의 정보자기결정권을 고려할 때 ~~압수 · 수색 당시 외형적 · 객관적으로 인식 가능한 사실상의 상태가 아니라 민사법상 권리의 귀속에 따른 법률적 · 사후적 판단을 기준으로 판단하여야 한다.~~ 민사법상 권리의 귀속에 따른 법률적 · 사후적 판단이 아니라 압수 · 수색 당시 외형적 · 객관적으로 인식 가능한 사실상의 상태를 기준으로 판단하여야 한다.

해설 및 정답 2023년 제12회 변호사시험 기출문제 35 **정답** ×

대법원 2022. 1. 27. 선고 2021도11170 판결 [자본시장과금융투자업에관한법률위반 · 보조금관리에관한법률위반 · 업무상횡령 · 사기 · 허위작성공문서행사 · 금융실명거래및비밀보장에관한법률위반 · 범죄수익은닉의규제및처벌등에관한법률위반 · 업무방해 · 위계공무집행방해 · 위조사문서행사 · 증거은닉교사 · 증거인멸교사 · 증거위조교사 · 사문서위조 · 위조공문서행사(인정된 죄명: 허위작성공문서행사)] **〈제3자가 임의제출한 정보저장매체에 저장된 전자정보 및 금융계좌추적용 압수 · 수색영장 집행 결과의 증거능력 인정 여부에 관한 사건〉★★★★★ ☞ 이 판례는 중요하다. 매년 출제가능성이 있다.**

[판시사항] [1] 전자정보를 압수하고자 하는 수사기관이 정보저장매체와 거기에 저장된 전자정보를 임의제출의 방식으로 압수할 때 임의제출자의 의사에 따른 전자정보 압수의 대상과 범위가 명확하지 않거나 이를 알 수 없는 경우, **임의제출에 따른 압수의 동기가 된 범죄혐의사실과 관련되고 이를 증명할 수 있는 최소한의 가치가 있는 전자정보에 한하여 압수의 대상이 되는지 여부(적극) 및 이때 범죄혐의사실과의 관련성이 인정되는 범위**

[2] 압수의 대상이 되는 전자정보와 그렇지 않은 전자정보가 혼재된 정보저장매체나 복제본을 임의제출받은 수사기관이 정보저장매체 등을 수사기관 사무실 등으로 옮겨 탐

색 · 복제 · 출력하는 일련의 과정에서, **피압수자 측에 참여의 기회를 보장하는 등의 적절한 조치를 취하지 않은 경우, 압수 · 수색의 적법 여부(원칙적 소극) 및 이때 정보저장매체 또는 복제본에서 범죄혐의사실과 관련된 전자정보만을 복제 · 출력하였더라도 마찬가지인지 여부(적극)**

[3] **피해자 등 제3자가 피의자의 소유 · 관리에 속하는 정보저장매체를 영장에 의하지 않고 임의제출한 경우, 실질적 피압수자인 피의자에게 참여권을 보장하는 등 피의자의 절차적 권리를 보장하기 위한 적절한 조치가 이루어져야 하는지 여부(적극) 및 이때 정보저장매체를 임의제출한 피압수자에 더하여 임의제출자 아닌 피의자에게도 참여권이 보장되어야 하는 '피의자의 소유 · 관리에 속하는 정보저장매체'의 의미 및 이에 해당하는지 판단하는 기준**

[4] 금융계좌추적용 압수 · 수색영장의 집행에서 수사기관이 금융기관으로부터 금융거래자료를 수신하기에 앞서 금융기관에 영장 원본을 사전에 제시하지 않은 경우, 적법한 집행 방법인지 여부(원칙적 소극) 및 이때 예외적으로 영장의 적법한 집행 방법에 해당한다고 볼 수 있는 경우

[판결요지] [1] 헌법과 형사소송법이 구현하고자 하는 적법절차, 영장주의, 비례의 원칙은 물론, 사생활의 비밀과 자유, 정보에 대한 자기결정권 및 재산권의 보호라는 관점에서 정보저장매체 내 전자정보가 가지는 중요성에 비추어 볼 때, **정보저장매체를 임의제출하는 사람이 거기에 담긴 전자정보를 지정하거나 제출 범위를 한정하는 취지로 한 의사표시는 엄격하게 해석**하여야 하고, 확인되지 않은 제출자의 의사를 수사기관이 함부로 추단하는 것은 허용될 수 없다. 따라서 수사기관이 제출자의 의사를 쉽게 확인할 수 있음에도 이를 확인하지 않은 채 **특정 범죄혐의사실과 관련된 전자정보와 그렇지 않은 전자정보가 혼재된 정보저장매체를 임의제출받은 경우, 그 정보저장매체에 저장된 전자정보 전부가 임의제출되어 압수된 것으로 취급할 수는 없다.**

전자정보를 압수하고자 하는 수사기관이 정보저장매체와 거기에 저장된 전자정보를 임의제출의 방식으로 압수할 때, 제출자의 구체적인 제출 범위에 관한 의사를 제대로 확인하지 않는 등의 사유로 인해 임의제출자의 의사에 따른 전자정보 압수의 대상과 범위가 명확하지 않거나 이를 알 수 없는 경우에는 **임의제출에 따른 압수의 동기가 된 범죄혐의사실과 관련되고 이를 증명할 수 있는 최소한의 가치가 있는 전자정보에 한하여 압수의 대상이 된다.** 다만 **그 관련성은 임의제출에 따른 압수의 동기가 된 범죄혐의사실의 내용과 수사의 대상, 수사의 경위, 임의제출의 과정 등을 종합하여 구체적 · 개별적 연관관계가 있는 경우에만 인정되고, 범죄혐의사실과 단순히 동종 또는 유사 범행이라는 사유만으로 관련성이 있다고 할 것은 아니다.**

[2] 압수의 대상이 되는 전자정보와 그렇지 않은 전자정보가 혼재된 정보저장매체나 그 복제본을 임의제출받은 수사기관이 그 정보저장매체 등을 수사기관 사무실 등으로 옮겨 이를 탐색 · 복제 · 출력하는 경우, 그와 같은 일련의 과정에서 **형사소송법 제219조, 제121조에서 규정하는 피압수 · 수색 당사자(이하 '피압수자'라 한다)나 그 변호인에게 참여의 기회를 보장하고 압수된 전자정보의 파일 명세가 특정된 압수목록을 작성 · 교부하여야 하며 범죄혐의사실과 무관한 전자정보의 임의적인 복제 등을 막기 위한 적절한 조치를 취하는 등 영장주의 원칙과 적법절차를 준수하여야 한다.**

[3] **정보저장매체를 임의제출한 피압수자에 더하여 임의제출자 아닌 피의자에게도 참여권**

이 보장되어야 하는 '피의자의 소유 · 관리에 속하는 정보저장매체'란, 피의자가 압수 · 수색 당시 또는 이와 시간적으로 근접한 시기까지 해당 정보저장매체를 현실적으로 지배 · 관리하면서 그 정보저장매체 내 전자정보 전반에 관한 전속적인 관리처분권을 보유 · 행사하고, 달리 이를 자신의 의사에 따라 제3자에게 양도하거나 포기하지 아니한 경우로써, 피의자를 그 정보저장매체에 저장된 전자정보에 대하여 실질적인 피압수자로 평가할 수 있는 경우를 말하는 것이다. 이에 해당하는지 여부는 **민사법상 권리의 귀속에 따른 법률적 · 사후적 판단이 아니라 압수 · 수색 당시 외형적 · 객관적으로 인식 가능한 사실상의 상태를 기준으로 판단하여야 한다.**

[4] 수사기관의 압수 · 수색은 법관이 발부한 압수 · 수색영장에 의하여야 하는 것이 원칙이고, **영장의 원본은 처분을 받는 자에게 반드시 제시되어야** 하므로, 금융계좌추적용 압수 · 수색영장의 집행에 있어서도 수사기관이 금융기관으로부터 금융거래자료를 수신하기에 앞서 **금융기관에 영장 원본을 사전에 제시하지 않았다면 원칙적으로 적법한 집행 방법이라고 볼 수는 없다.** 다만 그 **과정이 금융실명법에서 정한 방식에 따라 이루어지고 달리 적법절차와 영장주의 원칙을 잠탈하기 위한 의도에서 이루어진 것이라고 볼 만한 사정이 없어, 이러한 일련의 과정을 전체적으로 '하나의 영장에 기하여 적시에 원본을 제시하고 이를 토대로 압수 · 수색하는 것'으로 평가할 수 있는 경우에 한하여, 예외적으로 영장의 적법한 집행 방법에 해당한다**고 볼 수 있다.

☞ [출제] 2021년 제10회 변호사시험 기출문제 22 ㄷ.

중요 ④ 수사기관은 압수 직후 현장에서 압수물 목록을 바로 작성하여 교부해야 하는 것이 원칙이고 압수된 전자정보의 상세목록에는 정보의 파일 명세가 특정되어 있어야 하며 수사기관은 이를 출력한 서면을 교부하거나 전자파일 형태로 복사해 주거나 이메일을 전송하는 등의 방식으로도 할 수 있다.

해설 및 정답 2023년 제12회 변호사시험 기출문제 35 **정답** ○

대법원 2022. 1. 14.자 2021모1586 결정 [압수처분에대한준항고기각결정에대한재항고] 〈휴대전화에 대한 압수처분이 위법함을 이유로 그 취소를 구하는 사건〉

[판시사항] [1] 압수의 목적물이 전자정보가 저장된 저장매체인 경우, 수사기관이 압수 · 수색영장 발부의 사유로 된 범죄 혐의사실 관련성에 대한 구분 없이 임의로 저장된 전자정보를 문서로 출력하거나 파일로 복제하는 행위가 위법한 압수인지 여부(원칙적 적극) [2] **압수물 목록의 교부 취지 / 압수된 정보의 상세목록에 정보의 파일 명세가 특정되어 있어야 하는지 여부(적극)** [3] **수사기관이 범죄 혐의사실과 관련 있는 정보를 선별하여 압수한 후에도 그와 관련이 없는 나머지 정보를 삭제 · 폐기 · 반환하지 아니한 채 그대로 보관하고 있는 경우, 범죄 혐의사실과 관련이 없는 부분에 대한 압수가 위법한지 여부(적극) 및 사후에 법원으로부터 압수 · 수색영장이 발부되었거나 피고인이나 변호인이 이를 증거로 함에 동의한 경우 그 위법성이 치유되는지 여부(소극)** [4] 수사기관이 압수 · 수색영장에 기재된 범죄 혐의사실과의 관련성에 대한 구분 없이 임의로 전체의 전자정보를 복제 · 출력하여 이를 보관하여 두고, 이에 대해 구체적인 개별 파일 명세를 특정하여 상

세목록을 작성하지 않고 포괄적인 압축파일만을 기재한 후 이를 전자정보 상세목록이라고 하면서 피압수자 등에게 교부한 경우, 정보 전체에 대한 압수가 위법한지 여부(적극) 및 사후에 법원으로부터 그와 같이 수사기관이 취득·보관하고 있는 전자정보 자체에 대해 다시 압수·수색영장이 발부되었더라도 마찬가지인지 여부(적극)

[결정요지] 법원은 압수·수색영장의 집행에 관하여 범죄 혐의사실과 관련 있는 정보의 탐색·복제·출력이 완료된 때에는 지체 없이 압수된 정보의 상세목록을 피의자 등에게 교부할 것을 정할 수 있다. 압수물 목록은 피압수자 등이 압수처분에 대한 준항고를 하는 등 권리행사절차를 밟는 가장 기초적인 자료가 된다. 그러므로 수사기관은 이러한 권리행사에 지장이 없도록 압수 직후 현장에서 압수물 목록을 바로 작성하여 교부해야 하는 것이 원칙이다. 이러한 압수물 목록 교부 취지에 비추어 볼 때, 압수된 정보의 상세목록에는 정보의 파일 명세가 특정되어 있어야 한다.

대법원 2018. 2. 8. 선고 2017도13263 판결 [특정범죄가중처벌등에관한법률위반(조세)·조세범처벌법위반]

[판시사항] [1] 압수의 목적물이 정보저장매체인 경우, 압수·수색영장을 집행할 때 취하여야 할 조치 내용 / **수사기관이 정보저장매체에 기억된 정보 중에서 범죄 혐의사실과 관련 있는 정보를 선별한 다음 이미지 파일을 제출받아 압수한 경우, 수사기관 사무실에서 위와 같이 압수된 이미지 파일을 탐색·복제·출력하는 과정에서도 피의자 등에게 참여의 기회를 보장하여야 하는지 여부(소극)**

[2] 압수물 목록의 교부 취지 / 압수된 정보의 상세목록에 정보의 파일 명세가 특정되어 있어야 하는지 여부(적극) 및 압수된 정보 상세목록의 교부 방식

[3] 전자문서를 수록한 파일 등의 증거능력을 인정하기 위한 요건 / **증거로 제출된 전자문서 파일의 사본이나 출력물이 복사·출력 과정에서 편집되는 등 인위적 개작 없이 원본 내용을 그대로 복사·출력한 사실을 증명하는 방법 및 증명책임 소재(=검사)**

[판결요지] 형사소송법 제219조, 제129조에 의하면, 압수한 경우에는 목록을 작성하여 소유자, 소지자, 보관자 기타 이에 준할 자에게 교부하여야 한다. 그리고 법원은 압수·수색영장의 집행에 관하여 범죄 혐의사실과 관련 있는 정보의 탐색·복제·출력이 완료된 때에는 지체 없이 압수된 정보의 상세목록을 피의자 등에게 교부할 것을 정할 수 있다. 압수물 목록은 피압수자 등이 압수처분에 대한 준항고를 하는 등 권리행사절차를 밟는 가장 기초적인 자료가 되므로, **수사기관은 이러한 권리행사에 지장이 없도록 압수 직후 현장에서 압수물 목록을 바로 작성하여 교부해야 하는 것이 원칙이다.** 이러한 압수물 목록 교부 취지에 비추어 볼 때, **압수된 정보의 상세목록에는 정보의 파일 명세가 특정되어 있어야 하고, 수사기관은 이를 출력한 서면을 교부하거나 전자파일 형태로 복사해 주거나 이메일을 전송하는 등의 방식으로도 할 수 있다.**

☞ [출제] 2021년 제10회 변호사시험 기출문제 25 ㄹ.

중요 ⑤ 수사기관이 압수·수색영장으로 압수한 휴대전화가 클라우드 서버에 로그인되어 있는 상태를 이용하여 클라우드 서버에서 불법촬영물을 다운로드받아 압수한 경우 압수·수색영장에 적힌 '압수할 물건'에 원격지 서버 저장 전자정보가

기재되어 있지 않았다면 압수한 불법촬영물은 유죄의 증거로 사용할 수 없다.

해설 및 정답 2023년 제12회 변호사시험 기출문제 35 **정답** ○

대법원 2022. 6. 30.자 2020모735 결정 [압수물가환부불허결정에대한준항고일부인용결정에 대한재항고]

[판시사항] **수사기관이 압수 · 수색영장에 적힌 '수색할 장소'에 있는 컴퓨터 등 정보처리장치에 저장된 전자정보 외에 원격지 서버에 저장된 전자정보를 압수 · 수색하기 위해서는 압수 · 수색영장에 적힌 '압수할 물건'에 별도로 원격지 서버 저장 전자정보가 특정되어 있어야 하는지 여부(적극)** / 압수 · 수색영장에 적힌 '압수할 물건'에 컴퓨터 등 정보처리장치 저장 전자정보만 기재되어 있는 경우, 컴퓨터 등 정보처리장치를 이용하여 원격지 서버 저장 전자정보를 압수할 수 있는지 여부(소극)

[결정요지] 헌법과 형사소송법이 구현하고자 하는 적법절차와 영장주의의 정신에 비추어 볼 때, 법관이 압수·수색영장을 발부하면서 '압수할 물건'을 특정하기 위하여 기재한 문언은 엄격하게 해석해야 하고, 함부로 피압수자 등에게 불리한 내용으로 확장해석 또는 유추해석을 하는 것은 허용될 수 없다.

압수할 전자정보가 저장된 저장매체로서 압수·수색영장에 기재된 수색장소에 있는 컴퓨터, 하드디스크, 휴대전화와 같은 컴퓨터 등 정보처리장치와 수색장소에 있지는 않으나 컴퓨터 등 정보처리장치와 정보통신망으로 연결된 원격지의 서버 등 저장매체(이하 '원격지 서버'라 한다)는 소재지, 관리자, 저장 공간의 용량 측면에서 서로 구별된다. 원격지 서버에 저장된 전자정보를 압수 · 수색하기 위해서는 컴퓨터 등 정보처리장치를 이용하여 정보통신망을 통해 원격지 서버에 접속하고 그곳에 저장되어 있는 전자정보를 컴퓨터 등 정보처리장치로 내려 받거나 화면에 현출시키는 절차가 필요하므로, 컴퓨터 등 정보처리장치 자체에 저장된 전자정보와 비교하여 압수·수색의 방식에 차이가 있다. **원격지 서버에 저장되어 있는 전자정보와 컴퓨터 등 정보처리장치에 저장되어 있는 전자정보는 그 내용이나 질이 다르므로 압수 · 수색으로 얻을 수 있는 전자정보의 범위와 그로 인한 기본권 침해 정도도 다르다.**

따라서 **수사기관이 압수 · 수색영장에 적힌 '수색할 장소'에 있는 컴퓨터 등 정보처리장치에 저장된 전자정보 외에 원격지 서버에 저장된 전자정보를 압수 · 수색하기 위해서는 압수 · 수색영장에 적힌 '압수할 물건'에 별도로 원격지 서버 저장 전자정보가 특정되어 있어야 한다.** 압수 · 수색영장에 적힌 '압수할 물건'에 컴퓨터 등 정보처리장치 저장 전자정보만 기재되어 있다면 컴퓨터 등 정보처리장치를 이용하여 원격지 서버 저장 전자정보를 압수할 수는 없다.

문 29. 압수물 환부·가환부에 관한 설명 중 옳은 것은? (다툼이 있는 경우 판례에 의함)

출제내용

- 압수물가환부인용결정(=환부 사유+피압수자 환부청구)
- 증거에 사용할 압수물에 가환부 청구가 있는 경우 검사는 가환부에 응하여야 하는지 여부(=원칙적 적극)
- 압수물 환부처분 취소 준항고(=실익이 있는 경우에 한함)
- 혐의 무관 물건 압수 후 환부한 경우 임의제출로 받은 경우(=최초 압수 위법 물건 증거로 사용할 수 없음. 인과관계 단절 증거사용 가능)

출제분석

2024년 제13회 변호사시험 출제예상 ★

2020년 제9회 변호사시험 기출문제 29

2017년 제6회 변호사시험 기출문제 34

가. 압수물 환부·가환부에 관한 설명 중 옳은 것이다(○).

① 피압수자인 피의자가 압수물에 대하여 소유권을 포기하였다 하더라도 환부사유가 생기고 피압수자가 환부를 청구하면 검사는 이를 환부하여야 한다.

해설 및 정답 2017년 제6회 변호사시험 기출문제 34 **정답** ○

환부청구권 포기와 환부청구권 소멸시효

대법원 1996. 8. 16. 자 94모51 전원합의체 결정 [검사 압수물 처분 준항고·재항고]

[결정요지] [다수의견] 피압수자 등 환부를 받을 자가 압수 후 그 소유권을 포기하는 등에 의하여 실체법상의 권리를 상실하더라도 그 때문에 압수물을 환부하여야 하는 수사기관의 의무에 어떠한 영향을 미칠 수 없다. 또한 **수사기관에 대하여 형사소송법상의 환부청구권을 포기한다는 의사표시를 하더라도 그 효력이 없다. 형사소송법 제133조 제1항, 제219조, 제486조 각 규정의 취지를 종합하여 보면, 압수물에 대하여 더 이상 압수를 계속할 필요가 없어진 때에는 수사기관은 환부가 불가능하여 국고에 귀속시키는 경우를 제외하고는 반드시 그 압수물을 환부하여야 한다.**

☞ [출제] 2014년 제3회 변호사시험 기출문제 28

② 법원은 압수를 계속할 필요가 없다고 인정되는 압수물은 피고사건 종결 전이라도 결정으로 환부하여야 한다.

해설 및 정답 2017년 법전협의회 제1회 모의고사 변형 21 **정답** ○

형사소송법 제133조(압수물환부·압수물가환부) ① 압수기관은 압수물에 대해 압수를 계속할 필요가 인정되지 않는 경우, 피고사건 종결전이라도 결정으로 환부한다. 증거로 사용할 압수물은 소유자·소지자·보관자·제출인 청구에 따라 가환부할 수 있다. ② 압수기관은 증거로 사용할 목적으로 압수된 물건 · **컴퓨터용디스크 · 그밖에 이와 비슷한 정보저장매체(이하 이 항에서 "정보저장매체 등"이라 한다)가** 소유자 · 소지자가 계속 사용해야 할 필요성이 인정되는 경우, **사진촬영 · 복사 · 출력 · 그밖에 원형보존 조치를 하고, 신속히 가환부한다.**

③ 법원은 증거에 공할 압수물은 소유자, 소지자, 보관자 또는 제출인의 청구에 의하여 가환부할 수 있다.

해설 및 정답 2017년 법전협의회 제1회 모의고사 변형 21 **정답** ○

④ 법원은 증거에만 공할 목적으로 압수한 물건으로서 그 소유자 또는 소지자가 계속 사용하여야 할 물건은 사진촬영 기타 원형보존의 조치를 취하고 신속히 가환부하여야 한다.

해설 및 정답 2017년 법전협의회 제1회 모의고사 변형 21 **정답** ○

⑤ 수사기관의 압수물의 환부에 관한 처분의 취소를 구하는 준항고는 소송계속 중 준항고로써 달성하고자 하는 목적이 이미 이루어져 그 이익이 상실된 때에는 부적법하게 된다.

해설 및 정답 2017년 법전협의회 제1회 모의고사 변형 21 **정답** ○

대법원 2015. 10. 15. 자 2013모1970 결정 [준항고일부인용결정에대한재항고]

[판결요지] 수사기관의 압수물의 환부에 관한 처분의 취소를 구하는 준항고는 일종의 항고소송이다. 그러므로 통상의 항고소송에서와 마찬가지로 그 이익이 있어야 한다. **소송 계속 중 준항고로써 달성하고자 하는 목적이 이미 이루어졌거나 시일의 경과 또는 그 밖의 사정으로 인하여 그 이익이 상실된 경우에는 준항고는 그 이익이 없어 부적법하게 된다**(대법원 1999. 6. 14. 자 98모121 결정, 대법원 2014. 4. 15. 자 2014모686 결정 등 참조).

나. 압수물 환부· 가환부에 관한 설명 중 옳지 않은 것이다(×).

① 수사기관이 영장 발부의 사유로 된 혐의사실과 무관한 물건을 압수한 후 이를 피압수자에게 환부한 다음 임의제출을 받은 경우라 하더라도 최초의 압수가 위법한 이상 그 물건은 증거로 할 수 ~~없다.~~ 있다.

해설 및 정답 2017년 법전협의회 제1회 모의고사 변형 21 **정답** ×

대법원 2016. 3. 10. 선고 2013도11233 판결 [배임수재]

[판시사항] **검사 또는 사법경찰관이 영장 발부 사유로 된 범죄 혐의사실과 무관한 별개의 증거를 압수한 경우, 유죄 인정의 증거로 사용할 수 있는지 여부(원칙적 소극)**

문 30. 공소장 · 공소장기재사항 · 공소사실특정 · 공소장변경 · 공소시효에 관한 설명 중 옳은 것은? (다툼이 있는 경우 판례에 의함)

출제내용

- 공소장 기재방법(=공소사실특정·시효·장소·범죄구성요건)
- 포괄일죄 공소장 기재방법(=전체 범행시기·범행종기·범행방법·범행횟수·피해액 합계·범죄사실 특정)
- 교사범·방조범 공소장 기재방법(=정범 범죄구성요건 구체적 사실, 교사사실과 방조사실)
- 공소장 기재가 불명확한 경우(=법원 석명 요구, 불이행시 공소기각판결)
- 공소권남용(=형사소송법 제327조 제2호 공소기각판결)
- 공소장변경(=살인죄와 폭행치사죄는 기본적 사실이 동일하지 않음+, 항소심 가능함)
- 검사가 서면인 공소장의 제출 없이 공소를 제기한 경우
- 전자적 형태의 문서가 저장된 저장매체 자체를 서면인 공소장에 첨부하여 제출한 경우, 공소제기의 효력 범위(=서면인 공소장에 기재된 부분)
- 디지털 전자문서(='서면' 아님)

출제분석

2024년 제13회 변호사시험 출제예상 ★
2023년 제12회 변호사시험 기출문제 22
2022년 제11회 변호사시험 기출문제 28
2019년 제8회 변호사시험 기출문제 24
2018년 제7회 변호사시험 기출문제 24
2017년 제6회 변호사시험 기출문제 24
2015년 제4회 변호사시험 기출문제 21
2014년 제3회 변호사시험 기출문제 26

가. 공소장·공소장기재사항·공소사실특정·공소장변경에 관한 설명 중 옳은 것이다(○).

① 포괄일죄에 대한 공소장을 작성하는 경우에는 그 일죄의 일부를 구성하는 개개의 행위에 대하여 구체적으로 특정되지 아니하더라도 그 전체범행의 시기와 종기, 범행방법, 피해자나 상대방, 범행횟수나 피해액의 합계 등을 명시하면 이로써 그 범죄사실은 특정된 것이라고 할 수 있다.

해설 및 정답 2019년 제8회 변호사시험 기출문제 24 **정답** ○

포괄일죄에 대한 공소장 작성방법이다. 공소범죄 성격상 개괄적 표시가 부득이한 경우 개괄적 기재가 허용된다.

대법원 1999. 11. 12. 선고 99도2934 판결 [상습사기 · 업무상횡령]

[판결요지] 공소사실은 이러한 요소를 종합하여 구성요건 해당사실을 다른 사실과 구별할 수 있을 정도로 기재하면 족하다. 공소장에 범죄의 일시, 장소, 방법 등이 구체적으로 적시되지 않았더라도 위와 같이 공소사실을 특정하도록 한 법의 취지에 반하지 아니한다. 공소범죄의 성격에 비추어 그 개괄적 표시가 부득이한 경우에는, 그 공소내용이 특정되지 않아 공소제기가 위법하다고 할 수 없다. 특히 **포괄일죄에 있어서는 그 일죄의 일부를 구성하는 개개의 행위에 대하여 구체적으로 특정되지 아니하더라도 그 전체 범행의 시기와 종기, 범행방법, 피해자나 상대방, 범행횟수나 피해액의 합계 등을 명시하면 이로써 그 범죄사실은 특정되는 것이라고 할 것이다.**

대법원 2005. 11. 10. 선고 2004도1164 판결 [증권거래법위반]

☞ [출제] 2014년 제3회 변호사시험 기출문제 26

② 필요 이상 엄격하게 공소사실의 특정을 요구하는 것도 공소의 제기와 유지에 장애를 초래할 수 있으므로, 범죄의 일시는 이중기소나 시효에 저촉되지 않을 정도로, 장소는 토지관할을 가늠할 수 있을 정도로, 그리고 방법에 있어서는 범죄구성요건을 밝히는 정도로 기재하면 족하다.

해설 및 정답 2019년 제8회 변호사시험 기출문제 24 **정답** ○

공소장에 공소사실 기재방법이다.

대법원 1992. 9. 14. 선고 92도1532 판결 [특정범죄가중처벌등에관한법률위반(절도)]

[판결요지] 공소장에의 공소사실 기재는 법원에 대하여 심판의 대상을 한정하고 피고인에게 방어의 범위를 특정하여 그 방어권행사를 용이하게 하기 위하여 요구되는 것이다. 그러므로 **범죄의 일시, 장소, 방법 등 소인을 명시하여 사실을 가능한 한 명확하게 특정할 수 있도록 하는 것이 바람직하다. 그렇다고 해서 필요 이상 엄격하게 특정을 요구하는 것도 공소의 제기와 유지에 장애를 초래할 수 있다. 그러므로 범죄의 일시는 이중기소나 시효에 저촉되지 않을 정도로, 장소는 토지관할을 가늠할 수 있을 정도로, 그리고 방법에 있어서는 범죄구성요건을 밝히는 정도로 기재하면 족하다.**

③ 공소사실의 기재는 다른 공소사실과 구별할 수 있는 정도로 특정하면 족하고 그 일부가 다소 불명확하게 적시되어 있더라도 그와 함께 적시된 다른 사항들에 의하여 그 공소사실을 특정할 수 있고 피고인의 방어권 행사에 지장이 없다면, 그 공소제기의 효력에는 영향이 없다.

해설 및 정답 2019년 제8회 변호사시험 기출문제 24 **정답** ○

공소사실 특정정도이다.

대법원 1999. 4. 23. 선고 99도82 판결 [폭력행위등처벌에관한법률위반]

[판결요지] [1] **공소사실의 특정은 공소제기된 범죄의 성격에 비추어 그 공소의 원인이 된 사실을 다른 공소사실과 구별할 수 있을 정도로 그 일시, 장소, 방법, 목적 등을 적시하여 특정하면 족하다. 그 일부가 다소 불명확하더라도 그와 함께 적시된 다른 사항들에 의하여 그 공소사실을 특정할 수 있고, 그리하여 피고인의 방어권 행사에 지장이 없다면, 공소제기의 효력에는 영향이 없다.**

[2] **폭행죄의 공소사실로서 그 범행의 일시, 장소, 수단 등이 특정되어 있으나 단지 피해자가 성명미상으로 표시된 경우, 범죄사실이 특정되었다고 본 사례이다.**

중요 ④ 항소심의 구조가 사후심으로서의 성격만을 가지는 것은 아니므로, 피고인의 상고에 의하여 상고심에서 원심판결을 파기하고 사건을 항소심에 환송한 경우에도 공소사실의 동일성이 인정되면 항소심 법원은 공소장변경을 허가하여 변경된 공소사실을 심판대상으로 삼을 수 있다.

해설 및 정답 2018년 제7회 변호사시험 기출문제 24 ★ 정답 ○

대법원 2004. 7. 22. 선고 2003도8153 판결 [건설산업기본법위반]

[판시사항] [2] **환송 후 항소심에서의 공소장변경의 적부(적극)** [3] 공소장이 변경된 경우 공소시효 완성 여부의 기준시점

[판결요지] [2] 피고인의 상고에 의하여 상고심에서 원심판결을 파기하고 사건을 **항소심에 환송한 경우에도 공소사실의 동일성이 인정되면 공소장변경을 허용하여 이를 심판대상으로 삼을 수 있다. 환송 후 원심이 검사의 공소장변경신청을 허가하고 공소장변경을 이유로 직권으로 제1심 판결을 파기한 후 다시 판결한 조치는 옳다.**

[3] **공소장변경이 있는 경우 공소시효의 완성 여부는 당초의 공소제기가 있었던 시점을 기준으로 판단할 것이다.** 공소장변경시를 기준으로 삼을 것이 아니다.

☞ [출제] 2017년 제6회 변호사시험 기출문제 24

⑤ 검사가 구두로 공소장변경허가신청을 하면서 변경하려는 공소사실의 일부만 진술하고 나머지는 전자적 형태의 문서로 저장한 저장매체를 제출한 경우, 저장매체에 저장된 전자적 형태의 문서로 제출된 부분은 공소장변경허가신청이 된 것이라고 할 수 없으므로 법원이 그 부분에 대해서까지 공소장변경허가를 하였더라도 적법하게 공소장변경이 된 것으로 볼 수 없다.

해설 및 정답 2018년 제7회 변호사시험 기출문제 24 정답 ○

대법원 2016. 12. 29. 선고 2016도11138 판결 [정보통신망이용촉진및정보보호등에관한법률위반(정보통신망침해등), 개인정보보호법위반]

[판결요지] **검사가 구술에 의한 공소장변경허가신청을 하는 경우에도 변경하고자 하는 공소사실의 내용은 서면에 의하여 신청을 할 때와 마찬가지로 구체적으로 특정하여 진술하여야 한다. 공소사실의 내용을 구체적으로 진술한 부분에 한하여 공소장변경허가신청이 된 것으로 볼 수 있을 뿐이다.** 그 경우 **저장매체에 저장된 전자적 형태의 문서는 공소장변경허가신청이 된 것이라고 할 수 없다. 법원이 그 부분에 대해서까지 공소장변경허가를 하였더라도 적법하게 공소장변경이 된 것으로 볼 수 없다.**

⑥ 「형사소송규칙」은 "공소장변경허가신청서가 제출된 경우 법원은 그 부본을 피고인 또는 변호인에게 즉시 송달하여야 한다."라고 규정하고 있는데, 이는 피고인과 변호인 모두에게 부본을 송달하여야 한다는 취지가 아니므로 공소장변경신청서 부본을 피고인과 변호인 중 어느 한 쪽에 대해서만 송달하였다고 하여 절차상 잘못이 있다고 할 수 없다.

해설 및 정답 2018년 제7회 변호사시험 기출문제 24 **정답** ○

대법원 2015. 2. 16. 선고 2014도14843 판결 [특정범죄가중처벌등에관한법률위반(통화위조) · 특정경제범죄가중처벌등에관한법률위반(사기) · 위조유가증권행사 · 절도 · 사기]

[판시사항] **공소장변경허가신청서가 제출된 경우, 법원이 그 부본을 피고인과 변호인 중 어느 한 쪽에 대해서만 송달한 것에 절차상 잘못이 있는지 여부(소극)**

⑦ 공소장변경절차에 의하여 공소사실이 변경됨에 따라 그 법정형에 차이가 있는 경우, 변경된 공소사실에 대한 법정형이 공소시효기간의 판단기준이 된다.

해설 및 정답 2018년 제7회 변호사시험 기출문제 24 **정답** ○

대법원 2013. 7. 26. 선고 2013도6182, 2013전도123 판결 [성폭력범죄의처벌 및 피해자보호 등에 관한 법률 위반(특수강간)(인정된 죄명: 강간) · 마약류관리에 관한 법률 위반(향정) · 마약류관리에 관한 법률 위반(대마) · 부착명령]

[판시사항] 공소장변경절차에 의하여 변경된 공소사실에 대한 법정형을 기준으로 **공소제기 당시 이미 공소시효가 완성된 경우 법원이 취할 조치(=면소판결)** 및 법원이 공소장을 변경하지 않고도 인정할 수 있는 사실에 대한 법정형을 기준으로 **공소제기 당시 이미 공소시효가 완성된 경우에도 같은 법리가 적용되는지 여부(적극)**

⑧ 피해자가 제1심에서 처벌불원의사를 표시한 후에도 검사가 항소하여 계속된 항소심에서 공소사실을 폭행에서 상해로 변경하는 공소장변경을 할 수 있고, 이 경우 항소심이 변경된 공소사실인 상해의 점에 대해 심리 · 판단하여 유죄로 인정한 것은 정당하다.

해설 및 정답 2015년 제4회 변호사시험 기출문제 21 **정답** ○

대법원 2011. 5. 13. 선고 2011도2233 판결 [자동차손해배상보장법위반 · 상해 · 재물손괴]

[판결요지] 친고죄에서 피해자의 고소가 없거나 고소가 취소되었음에도 친고죄로 기소되었다가 그 후 당초에 기소된 공소사실과 동일성이 인정되는 비친고죄로 공소장변경이 허용된 경우 그 공소제기의 흠은 치유된다(대법원 1996. 9. 24. 선고 96도2151 판결). **친고죄로 기소된 후 피해자 고소가 취소되더라도 제1심이나 항소심에서 당초에 기소된 공소사실과 동일성이 인정되는 범위 내에서 다른 공소사실로 공소장을 변경할 수 있다.**

⑨ 관세포탈미수로 인한 특정범죄가중처벌등에관한법률위반(관세)죄로 공소제기된 경우에는 공소장변경 없이 관세포탈예비로 인한 특정범죄가중처벌등에관한법률위반(관세)죄로 인정할 수 없다.

해설 및 정답 2015년 제4회 변호사시험 기출문제 21 **정답** ○

대법원 1983. 4. 12. 선고 82도2939 판결 [특정범죄가중처벌등에관한법률위반 · 관세법위반 · 방위세법위반]

[판결요지] [1] **세관직원에게 부탁하여 사위의 방법으로 밀수입하려고 외국에서 구입한 손목시계 등 물품을 가지고 왔다가 통관시켜 줄 세관직원을 찾지 못하여 이를 보세창고에 예치시킨 행위**에 대하여 **관세포탈미수로 인한 특정범죄가중처벌등에 관한 법률위반죄로 공소제기된 경우**에는 위 소위가 **관세포탈예비로 인한 특정범죄가중처벌등에 관한 법률위반죄를 구성한다고 하더라도 검사가 공소장변경을 하지 아니한 이상 법원은 이에 관하여 심판할 수 없다.**

[2] **공소장변경은 검사가 자진하여 하고, 법원이 의무적으로 요구하여야 할 것은 아니다.**

⑩ 피고인의 방어권 행사에 실질적인 불이익을 초래할 염려가 없는 경우에는 공소사실과 기본적 사실이 동일한 범위 내에서 법원이 공소장변경절차를 거치지 아니하고 다르게 사실을 인정하였다고 할지라도 불고불리의 원칙에 위배되지 아니한다.

해설 및 정답 2015년 제4회 변호사시험 기출문제 21 **정답** ○

대법원 2000. 7. 28. 선고 98도4558 판결 [유가증권위조 · 위조유가증권행사 · 사기 · 업무방해 · 신용훼손 · 상법위반 · 강제집행면탈]

[판결요지] **피고인의 방어권행사에 실질적인 불이익을 초래할 염려가 없는 경우에는 공소사실과 기본적 사실이 동일한 범위 내에서 법원이 공소장변경절차를 거치지 않고 다르게 인정하였다 할지라도 불고불리의 원칙에 위반되지 않는다.**

⑪ 간접정범으로 공소가 제기된 경우, 공소장의 변경 없이 방조범 성립여부를 심리하여 판단하는 것은 피고인의 방어권 행사에 실질적 불이익을 초래할 염려가 있으므로 위법하다.

해설 및 정답 2015년 제4회 변호사시험 기출문제 21 **정답** ○

축소사실이라고 볼 수도 있다. 그러나 간접정범과 방조범은 방어방법이 다르다.

대법원 2007. 10. 25. 선고 2007도4663 판결 [부동산실권리자명의등기에 관한 법률 위반]

[판결요지] **부동산 명의수탁자를 처벌하는 규정인 부동산 실권리자명의 등기에 관한 법률 제7조 제2항 위반죄의 간접정범으로 공소가 제기된 경우, 공소장의 변경 없이 부동산 명의신탁행위의 방조범을 처벌하는 규정인 위 법률 제7조 제3항 위반죄가 성립되는지 여부를 심리하여 판단하는 것은 피고인의 방어권 행사에 실질적 불이익을 초래할 염려가 없다고 보기 어려울 뿐만 아니라, 이를 심리하여 처벌하지 아니하는 것이 현저히 정의와 형평에 반하여 위법하다고 볼 수도 없다.**

⑫ 공소장변경허가에 관한 법원의 결정은 판결 전의 소송절차에 관한 결정이므로 그 결정에 대하여 독립하여 항고할 수 없으나, 공소장변경허가에 관한 결정의 위법이 판결에 영향을 미친 경우에 한하여 그 판결에 대하여 상소를 제기할 수 있다.

해설 및 정답 2015년 제4회 변호사시험 기출문제 21 **정답** ○

대법원 1987. 3. 28. 자 87모17 결정 [공소장변경불허결정에대한재항고]

[결정요지] 판결전의 소송절차에 관한 결정에 대하여는 특히 즉시항고를 할 수 있는 경우 외에는 항고를 하지 못하는 것이다. **소송사실 또는 적용법조의 추가, 철회 또는 변경의 허가에 관한 결정은 판결전의 소송절차에 관한 결정이라 할 것이다. 그러므로 그 결정을 함에 있어서 저지른 위법이 판결에 영향을 미친 경우에 한하여 그 판결에 대하여 상소를 하여 다툼으로써 불복하는 외에는 당사자가 이에 대하여 독립하여 상소할 수 없다.**

☞ [출제] 2017년 제6회 변호사시험 기출문제 24

⑬ 교사범이나 방조범의 경우 교사나 방조의 사실뿐만 아니라 정범의 범죄사실도 특정하여야 한다.

해설 및 정답 2014년 제3회 변호사시험 기출문제 26 **정답** ○

대법원 1981. 11. 24. 선고 81도2422 판결 [밀항단속법위반]

[판결요지] **교사범, 방조범의 범죄사실 적시에 있어서는 그 전제요건이 되는 정범의 범죄구성요건이 되는 사실 전부를 적시하여야 하고, 이 기재가 없는 교사범, 방조범의 사실 적시는 죄가 되는 사실의 적시라고 할 수 없다.**

⑭ 유가증권변조 사건의 공소사실이 범행일자를 '2005. 1. 말경에서 같은 해 2. 4. 사이'로, 범행장소를 '서울 불상지'로, 범행방법을 '불상의 방법으로 수취인의 기재를 삭제'로 되어 있는 경우, 변조된 유가증권이 압수되어 현존하고 있는 이상 공소사실이 특정되었다고 볼 수 있다.

해설 및 정답 2014년 제3회 변호사시험 기출문제 26 **정답** ○

대법원 2008. 3. 27. 선고 2007도11000 판결 [사기 · 유가증권변조 · 변조유가증권행사]

[판시사항] [1] 형사소송법 제254조 제4항의 규정 취지 및 공소사실의 특정 정도 [2] 유가증권변조의 공소사실이 범행일자를 "2005. 1. 말경에서 같은 해 2. 4. 사이"로, 범행장소를 "서울 불상지"로, 범행방법을 "불상의 방법으로 수취인의 기재를 삭제"한 것으로 된 경우, 변조된 유가증권이 압수되어 현존하고 있는 이상 위 공소사실이 특정되었다고 본 사례.

⑮ 공소장의 기재사실 중 일부가 명확하지 아니한 경우 법원이 검사에게 석명을 구하지 않고 곧바로 공소기각판결을 하면 심리미진의 위법이 될 수 있다.

해설 및 정답 2014년 제3회 변호사시험 기출문제 26 **정답** ○

대법원 2006. 5. 11. 선고 2004도5972 판결 [근로기준법위반]

[판결요지] **공소장의 기재가 불명확한 경우 법원은 형사소송규칙 제141조의 규정에 의하여 검사에게 석명을 구한 다음, 그래도 검사가 이를 명확하게 하지 않은 때에야 공소사실의 불특정을 이유로 공소를 기각함이 상당하다고 할 것이다**(대법원 1983. 6. 14. 선고 82도293 판결 참조). 그러므로 **원심이 검사에게 공소사실 특정에 관한 석명에 이르지 아니한 채 곧바로 위와 같이 공소사실의 불특정을 이유로 공소기각의 판결을 한 데에는, 공소사실의 특정에 관한 법리를 오해하였거나 심리를 미진한 위법이 있다고 할 것이다.** 따라서 이를 지적하는 검사의 상고이유의 논지는 이유 있다.

> 형사소송규칙 제141조(석명권)
>
> ① **재판장은 소송관계를 명료하게 하기 위하여 검사 · 피고인 · 변호인에게 사실상 · 법률상 사항에 관하여 석명을 구하거나 또는 입증을 촉구할 수 있다.**
>
> ② 합의부원은 재판장에게 알리고 제1항 조치를 할 수 있다.
>
> ③ **검사 · 피고인 · 변호인**은 재판장에 대하여 제1항 석명을 위한 발문을 요구할 수 있다.

나. 공소장·공소장기재사항·공소사실특정·공소장변경에 관한 설명 중 옳지 않은 것이다(×).

① 공소장의 기재가 불명확할 경우 비록 공소사실의 보완이 가능하더라도 법원이 검사에게 공소사실 특정에 대한 석명에 이르지 아니하고 공소사실의 불특정을 이유로 공소기각의 판결을 하여도 ~~적법하다.~~ 위법하다.

해설 및 정답 2019년 제8회 변호사시험 기출문제 24 정답 ×

공소장 기재가 불명확한 경우 법원의 조치이다.

대법원 1983. 6. 14. 선고 82도293 판결 [배임·사기미수(변경: 사기)]

[**판결요지**] 공소장에 피고인인 계주가 조직한 낙찰계의 조직일자, 구좌·계금과 계원들에게 분배하여야 할 계금이 특정되어 있고 피해자인 계원들의 성명과 피해자별 피해액만이 명확하지 아니한 경우에는, **법원은 검사에게 석명을 구하여 만약 이를 명확하게 하지 아니한 경우에 공소사실의 불특정을 이유로 공소기각을 할 것이다. 이에 이르지 않고 바로 공소기각의 판결을 하였음은 심리미진의 위법이 있다.**

② 교사범이나 방조범의 경우에는 정범의 범죄구성을 충족하는 구체적 사실을 특정할 필요가 ~~없다.~~ 있다.

해설 및 정답 2019년 제8회 변호사시험 기출문제 24 정답 ×

교사범과 방조범에 대한 공소장 작성방법이다.

대법원 1982. 2. 23. 선고 81도822 판결 [석유사업법위반·사기방조]

[판결요지] 방조범의 전제요건이 되는 정범의 범죄구성요건을 충족하는 구체적 사실의 기재가 없어 방조범의 공소사실기재가 부적법한 예

대법원 1982. 5. 25. 선고 82도715 판결 [공문서위조·공문서위조행사등]

[판결요지] 방조범의 공소사실을 기재함에 있어서는 그 전제요건이 되는 정범의 범죄구성요건을 충족하는 구체적 사실이 특정되어야 한다.

③ 제1심에서 합의부 관할사건에 관하여 단독판사 관할사건으로 죄명과 적용법조를 변경하는 공소장변경허가신청서가 제출된 경우, 사건을 배당받은 합의부가 공소장변경을 허가하는 결정을 하였다면 합의부는 ~~결정으로 관할권이 있는 단독판사에게 사건을 이송하여야 한다.~~ 재판을 해야 한다.

해설 및 정답 2018년 제7회 변호사시험 기출문제 24 정답 ×

대법원 2013. 4. 25. 선고 2013도1658 판결 [사기·사문서위조·위조사문서행사·대부업

등의등록 및 금융이용자보호에 관한 법률 위반 · 특정경제범죄가중처벌 등에 관한 법률 위반(사기)(인정된 죄명: 사기)]

[판결요지] 형사소송법은 제8조 제2항에서 단독판사의 관할사건이 공소장변경에 의하여 합의부 관할사건으로 변경된 경우 합의부로 이송하도록 규정하고 있을 뿐 그 반대의 경우에 관하여는 규정하고 있지 아니하다. '법관 등의 사무분담 및 사건배당에 관한 예규'에서도 이러한 경우를 재배당사유로 규정하고 있지 아니하다. 그러므로 **사건을 배당받은 합의부는 공소장변경허가결정을 하였는지에 관계없이 사건의 실체에 들어가 심판하였어야 하고 사건을 단독판사에게 재배당할 수 없다.**

다. 공소장변경·공소시효 종합문제

01 ★★★★★

공소장변경에 관한 설명 중 옳은 것을 모두 고른 것은? (다툼이 있는 경우 판례에 의함)

ㄱ. 공소사실의 동일성이 인정되는 경우라 하더라도 법원은 허위사실적시 출판물에 의한 명예훼손의 공소사실에 대하여 공소장변경 없이 사실적시 출판물에 의한 명예훼손으로 처벌할 수 ~~없다.~~ 있다.

ㄴ. 피고인의 상고에 의하여 상고심에서 원심판결을 파기하고 사건을 항소심에 환송한 경우에 그 항소심에서 공소장변경은 허용된다.

ㄷ. 약식명령에 대하여 피고인만 정식재판을 청구한 사건에서 법정형에 유기징역형만 있는 범죄로 공소장을 변경하는 것도 허용된다.

ㄹ. 법원의 공소장변경 허가결정은 판결 전의 소송절차에 관한 결정이므로 그 결정에 대하여 독립하여 항고할 수 ~~있다.~~ 없다.

ㅁ. 법원이 예비적으로 추가된 공소사실에 대하여 공소장변경 허가결정을 한 경우, 원래의 공소사실과 예비적으로 추가된 공소사실 사이에 동일성이 인정되지 않더라도 공소장변경 허가를 한 법원이 스스로 이를 취소할 수는 ~~없다.~~ 있다.

① ㄱ, ㄷ
② ㄱ, ㄹ
③ ㄴ, ㄷ
④ ㄴ, ㄷ, ㅁ
⑤ ㄴ, ㄹ, ㅁ

해설 및 정답 2017년 제6회 변호사시험 기출문제 24 **정답** ③

ㄱ. (×) **공소사실의 동일성이 인정되는 경우라 하더라도 법원은 허위사실적시 출판물에 의한 명예훼손의 공소사실에 대하여 공소장변경 없이 사실적시 출판물에 의한 명예훼손으로 처벌할 수 있다.**

대법원 2008. 10. 9. 선고 2007도1220 판결 [명예훼손]

[판시사항] 허위사실적시 명예훼손죄로 기소된 사안에서, 공소장변경 없이 사실적시 명예훼손죄를 직권으로 인정할 수 있음에도 무죄를 선고한 법원의 조치가 위법한지 여부(소극)

[판결요지] 형법 제307조 제2항의 허위사실적시에 의한 명예훼손의 공소사실 중에는 같은 조 제1항의 사실적시에 의한 명예훼손의 공소사실이 포함되어 있다. 그러므로 위 허위사실 적시에 의한 명예훼손으로 기소된 사안에서 적시한 사실이 허위임에 대한 입증이 없다면 법원은 공소장변경절차 없이도 직권으로 위 사실적시에 의한 명예훼손죄를 인정할 수 있다. 다만 법원이 공소사실의 동일성이 인정되는 범위 내에서 공소가 제기된 범죄사실에 포함된 이보다 가벼운 범죄사실을 공소장변경 없이 직권으로 인정할 수 있는 경우라고 하더라도, 공소가 제기된 범죄사실과 대비하여 볼 때 실제로 인정되는 범죄사실의 사안이 중대하여 공소장이 변경되지 않았다는 이유로 이를 처벌하지 않는다면 적정절차에 의한 신속한 실체적 진실의 발견이라는 형사소송의 목적에 비추어 현저히 정의와 형평에 반하는 것으로 인정되는 경우가 아닌 한, 법원이 직권으로 그 범죄사실을 인정하지 아니하였다고 하여 위법한 것은 아니다.

ㄴ. (○) 피고인의 상고에 의하여 상고심에서 원심판결을 파기하고 사건을 항소심에 환송한 경우에 그 항소심에서 공소장변경은 허용된다.

대법원 2004. 7. 22. 선고 2003도8153 판결 [건설산업기본법위반]

☞ [출제] 2018년 제7회 변호사시험 기출문제 22

ㄷ. (○) 약식명령에 대하여 피고인만 정식재판을 청구한 사건에서 법정형에 유기징역형만 있는 범죄로 공소장을 변경하는 것도 허용된다.

대법원 2013. 2. 28. 선고 2011도14986 판결 [사문서위조·위조사문서행사·사기]

[판결요지] 피고인에 대하여 사서명위조와 위조사서명행사의 범죄사실이 인정되는 경우에는 비록 사서명위조죄와 위조사서명행사죄의 법정형에 유기징역형만 있다 하더라도 형사소송법 제457조의2에서 규정한 불이익변경금지 원칙이 적용되어 벌금형을 선고할 수 있다. 그러므로 위와 같은 불이익변경금지 원칙 등을 이유로 공소장변경을 불허할 것은 아닌데도, 이를 불허한 채 원래의 공소사실에 대하여 무죄를 선고한 제1심 판결을 그대로 유지한 원심의 조치에 공소사실의 동일성이나 공소장변경에 관한 법리오해의 위법이 있다고 한 사례.

ㄹ. (×) 법원의 공소장변경 허가결정은 판결 전의 소송절차에 관한 결정이므로 그 결정에 대하여 독립하여 항고할 수 없다.

대법원 1987. 3. 28. 자 87모17 결정 [공소장변경불허결정에대한재항고]

[결정요지] 판결전의 소송절차에 관한 결정에 대하여는 특히 즉시항고를 할 수 있는 경우 외에는 항고를 하지 못하는 것이다. 소송사실 또는 적용법조의 추가, 철회 또는 변경의 허가에 관한 결정은 판결전의 소송절차에 관한 결정이라 할 것이다. 그러므로 그 결정을 함에 있어서 저지른 위법이 판결에 영향을 미친 경우에 한하여 그 판결에 대하여 상소를 하여 다툼으로써 불복하는 외에는 당사자가 이에 대하여 독립하여 상소할 수 없다.

☞ [출제] 2015년 제4회 변호사시험 기출문제 21

ㅁ. (×) 법원이 예비적으로 추가된 공소사실에 대하여 공소장변경 허가결정을 한 경우, 원래의 공소사실과 예비적으로 추가된 공소사실 사이에 동일성이 인정되지 않더라도 공소장

변경 허가를 한 법원이 스스로 이를 취소할 수 있다.

대법원 2001. 3. 27. 선고 2001도116 판결 [횡령]

[판결요지] 피고인이 공소외인으로부터 피해자를 위한 합의금을 교부받아 보관 중 이를 횡령하였다는 원래의 공소사실과 피고인이 피해자를 기망하여 위임장 사본을 편취하였다는 예비적으로 추가한 공소사실 사이에 동일성이 있다고 보기 어렵다고 한 사례 [2] **공소사실의 동일성이 인정되지 않는 등의 사유로 공소장변경허가결정에 위법사유가 있는 경우에는 공소장변경허가를 한 법원이 스스로 이를 취소할 수 있다.**

02 ★★★★★

공소장변경에 관한 설명 중 옳은 것(○)과 옳지 않은 것(×)을 올바르게 조합한 것은? (다툼이 있는 경우 판례에 의함)

ㄱ. 변경된 공소사실이 변경 전의 공소사실과 기본적 사실관계에서 동일하다면 그것이 새로운 공소의 추가적 제기와 다르지 않다고 하더라도 공소장의 변경은 항소심에서도 할 수 있다.

ㄴ. 공소장변경절차 없이도 법원이 심리·판단할 수 있는 죄가 한 개가 아니라 여러 개인 경우로서 피고인의 방어권 행사에 실질적인 불이익이 없는 경우에, ~~법원으로서는 그중 어느 하나를 임의로 선택하여 심리·판단할 수 있다.~~ 검사에게 공소사실 및 적용법조에 관한 석명을 구하여 공소장을 보완하게 한 다음 이에 따라 심리·판단하여야 할 것이다.

ㄷ. 피고인의 상고에 의하여 상고심에서 원심판결을 파기하고 사건을 항소심에 환송한 경우에도 공소사실의 동일성이 인정되면 공소장변경을 허용하여 이를 심판대상으로 삼을 수 있으므로, 환송 후 원심이 검사의 공소장변경신청을 허가하고 공소장변경을 이유로 직권으로 제1심 판결을 파기한 후 다시 판결할 수 있다.

ㄹ. 검사가 당초 '피고인이 A 등에게 필로폰 약 0.3g을 교부하였다'고 하여 마약류관리에관한법률위반(향정)으로 공소를 제기하였다가 '피고인이 A 등에게 필로폰을 구해주겠다고 속여 A 등에게서 필로폰 대금을 편취하였다'는 사기 범죄사실을 예비적으로 추가하는 공소장변경을 신청한 경우, 위 두 범죄사실은 기본적인 사실관계가 ~~동일하므로 공소장변경은 허용된다.~~ 동일하지 않으므로 공소장변경은 허용되지 않는다.

ㅁ. 공소장변경절차에 의하여 공소사실이 변경됨에 따라 그 법정형에 차이가 있는 경우에는 변경된 공소사실에 대한 법정형이 공소시효기간의 기준이 되고, 그 공소시효의 완성 여부도 ~~공소장 변경시를~~ 공소제기 시점을 기준으로 한다.

① ㄱ(○), ㄴ(○), ㄷ(○), ㄹ(×), ㅁ(×)

② ㄱ(○), ㄴ(×), ㄷ(○), ㄹ(×), ㅁ(×)

③ ㄱ(○), ㄴ(×), ㄷ(×), ㄹ(○), ㅁ(○)

④ ㄱ(×), ㄴ(○), ㄷ(×), ㄹ(○), ㅁ(×)

⑤ ㄱ(×), ㄴ(×), ㄷ(×), ㄹ(×), ㅁ(○)

해설 및 정답 2022년 제11회 변호사시험 기출문제 28 **정답** ②

> **파워특강** 공소장변경(=항소심 가능함). 심리 판단 여러 개(=검사 석명 공소장 보완). 상고심 파기 환송(=파기 항소심 공소장 변경 가능함. 제1심 파기 후 다시 판결 가능함). 범죄사실이 기본적으로 동일하지 않은 경우(=공소장변경 허가 불가). 공소시효 완성(=당초 공소제기 시점. 변경된 공소사실 법정형).

ㄱ. (○) 대법원 1995. 2. 17. 선고 94도3297 판결 [특정경제범죄가중처벌등에관한법률위반(배임) · 특정경제범죄가중처벌등에관한법률위반(횡령)]

[판시사항] [1] 포괄1죄에 있어서의 공소사실의 특정 정도 [2] **항소심 법원이 공소장 변경을 허가한 경우, 피고인의 제1심판결 받을 기회를 박탈하여 헌법상 재판받을 권리를 침해한 위법이 있다고 할 수 있는지여부**

[판결요지] 변경된 공소사실이 당초의 공소사실과 기본적 사실관계에서 동일하다고 보는 이상 설사 그것이 새로운 공소의 추가적 제기와 다를 바 없다고 하더라도, 현행법상 형사항소심의 구조가 오로지 사후심으로서의 성격만을 가지고 있는 것은 아니어서 **공소장의 변경은 항소심에서도 할 수 있는 것이다.** 허가한 항소심 법원의 조처에 피고인의 제1심 판결을 받을 기회를 박탈하여 헌법 제27조 제1항의 법률에 의한 재판을 받을 권리를 침해한 위법이 있다고 할 수 없다.

ㄴ. (×) 대법원 2005. 7. 8. 선고 2005도279 판결 [폭력행위등처벌에관한법률위반(야간 · 공동폭행) · 폭력행위등처벌에관한법률위반(야간집단 · 흉기등협박)]

[판시사항] 공소장변경 절차 없이 공소사실의 범위 내에서 심리 · 판단할 수 있는 죄가 여러 개인 경우, 법원이 취하여야 할 조치

[판결요지] 공소장변경 절차 없이도 법원이 심리 · 판단할 수 있는 죄가 한 개가 아니라 여러 개인 경우에는, 법원으로서는 그 중 어느 하나를 임의로 선택할 수 있는 것이 아니라 검사에게 공소사실 및 적용법조에 관한 석명을 구하여 공소장을 보완하게 한 다음 이에 따라 심리 · 판단하여야 할 것이다.

ㄷ. (○) 대법원 2004. 7. 22. 선고 2003도8153 판결 [건설산업기본법위반]

[판시사항] [1] 공소사실의 동일성 여부의 판단 기준 [2] **환송 후 항소심에서의 공소장변경의 적부(적극)** [3] 공소장이 변경된 경우 공소시효 완성 여부의 기준시점 [4] 파기환송 판결의 기속력 [5] 신법의 경과규정으로 재판시법주의를 규정한 형법 제1조 제2항의 적용을 배제할 수 있는지 여부(적극) [6] 구체적인 범죄사실에 적용하여야 할 실체법규 이외의 법규를 법률적용란에 표시하지 아니한 경우, 판결에 영향을 미친 위법이 있는지 여부(소극)

[판시사항] [2] **현행법상 형사항소심의 구조가 사후심으로서의 성격만을 가지는 것은 아**

니다. 그러므로 피고인의 상고에 의하여 상고심에서 원심판결을 파기하고 사건을 항소심에 환송한 경우에도 공소사실의 동일성이 인정되면 공소장변경을 허용하여 이를 심판대상으로 삼을 수 있다(대법원 1969. 3. 18. 선고 68도1772 판결, 2001. 3. 9. 선고 2001도192 판결 등 참조). **환송 후 원심이 검사의 공소장변경신청을 허가하고 공소장변경을 이유로 직권으로 제1심 판결을 파기한 후 다시 판결한 조치는 옳고, 거기에 환송 후 항소심의 구조와 공소장변경 허가에 관한 법리를 오해한 위법이 있다고 할 수 없다.**

[3] **공소장변경이 있는 경우 공소시효의 완성 여부는 당초의 공소제기가 있었던 시점을 기준으로 판단할 것이고** 공소장변경시를 기준으로 삼을 것이 아니다(대법원 2002. 10. 11. 선고 2002도2939 판결 참조).

ㄹ. (×) 대법원 2012. 4. 13. 선고 2010도16659 판결 [마약류관리에관한법률위반(향정)(일부 인정된 죄명: 사기)]

[판시사항] [1] **검사의 공소장변경신청이 공소사실의 동일성을 해하지 아니하는 경우 법원은 이를 허가하여야 하는지 여부(적극)** 및 공소사실의 동일성을 판단하는 기준 [2] **검사가 당초 '피고인이 갑에게 필로폰 약 0.3g을 교부하였다'고 하여 마약류관리에 관한 법률 위반(향정)으로 공소를 제기하였다가 '피고인이 갑에게 필로폰을 구해 주겠다고 속여 갑 등에게서 필로폰 대금 등을 편취하였다'는 사기 범죄사실을 예비적으로 추가하는 공소장변경을 신청한 사안에서, 위 두 범죄사실은 기본적인 사실관계가 동일하다고 볼 수 없는데도, 공소장변경을 허가한 후 사기죄를 인정한 원심판결에 법리오해의 위법이 있다**고 한 사례.

ㅁ. (×) 대법원 2001. 8. 24. 선고 2001도2902 판결 [절도 (인정된 죄명 : 건조물침입)]

[판시사항] [1] 공소장이 변경된 경우, 공소시효 완성 여부의 기준시점 [2] 공소사실이 변경됨에 따라 법정형에 차이가 있는 경우, 공소시효기간의 기준이 되는 법정형(=변경된 공소사실에 대한 법정형) [3] 공소제기 당시의 공소사실에 대한 법정형에 의하면 공소시효가 완성되지 않았으나 변경된 공소사실에 대한 법정형에 의하면 공소제기 당시 이미 공소시효가 완성된 경우, 법원의 조처(=면소판결)

[판결요지] [1] **공소장 변경이 있는 경우에 공소시효의 완성 여부는 당초의 공소제기가 있었던 시점을 기준으로 판단할 것이고** 공소장 변경시를 기준으로 삼을 것은 아니다.

[2] 공소장변경절차에 의하여 공소사실이 변경됨에 따라 그 법정형에 차이가 있는 경우에는 **변경된 공소사실에 대한 법정형이 공소시효기간의 기준이 된다.**

[3] 공소제기 당시의 공소사실에 대한 법정형을 기준으로 하면 공소제기 당시 아직 공소시효가 완성되지 않았으나 **변경된 공소사실에 대한 법정형을 기준으로 하면 공소제기 당시 이미 공소시효가 완성된 경우에는 공소시효의 완성을 이유로 면소판결을 선고하여야 한다.**

중요 03 ★★★★★

공소시효에 관한 설명 중 옳은 것을 모두 고른 것은? (다툼이 있는 경우 판례에 의함)

ㄱ. 공소장변경절차에 의하여 공소사실이 변경됨에 따라 그 법정형에 차이가 있는 경우에는 변경된 공소사실에 대한 법정형이 공소시효기간의 기준이 된다.

ㄴ. 공소장변경이 있는 경우에 공소시효의 완성 여부는 당초의 공소제기가 있었던 시점을 기준으로 판단할 것이고, 공소장 변경 시를 기준으로 삼을 것은 아니다.

ㄷ. 「형사소송법」 제253조 제2항은 공범 중 1인에 대한 공소의 제기로 다른 공범자에 대하여도 공소시효가 정지되도록 규정하고 있는데, 위 조항에서 말하는 '공범'에는 뇌물공여죄와 뇌물수수죄 사이와 같은 대향범 관계에 있는 자는 포함되지 않는다.

ㄹ. 「형사소송법」 제253조 제3항은 범인이 형사처분을 면할 목적으로 국외에 있는 경우 그 기간 동안 공소시효가 정지되도록 규정하고 있는데, 여기서 '범인이 형사처분을 면할 목적으로 국외에 있는 경우'에는 범인이 국외에서 범죄를 저지르고 형사처분을 면할 목적으로 국외에서 체류를 계속하는 경우도 포함된다.

① ㄱ　② ㄱ, ㄴ
③ ㄴ, ㄷ　④ ㄱ, ㄴ, ㄹ
⑤ ㄱ, ㄴ, ㄷ, ㄹ

해설 및 정답 2023년 제12회 변호사시험 기출문제 22　**정답** ⑤

파워특강 공소시효. 공소사실이 변경됨에 따라 법정형에 차이가 있는 경우, 공소시효기간의 기준이 되는 법정형(=변경된 공소사실에 대한 법정형. 심판대상론에 관한 **이원설**(=통설·판례. 공소장변경으로 변경된 공소사실이 현실적 심판대상이 된다). **공소장변경시 공소시효완성 여부 기준시점**(=**공소제기시**. 공소장변경이 있는 경우 공소시효 완성 여부는 당초 공소제기가 있었던 시점을 기준으로 판단한다. 공소제기 효력과 공소시효(=**공소불가분원칙**). 형사소송법 제248조 제2항에 근거하여 공소장에 기재된 공소사실과 동일성이 인정되는 사실에 대해서 그 효력이 미친다). 공소시효와 대향범(=**공소시효 정지에 관한 공범의 특례규정인 형사소송법 제253조 제2항의 '공범'에 뇌물공여죄와 뇌물수수죄 사이와 같은 대향범 관계에 있는 자는 포함되지 않는다**). '범인이 형사처분을 면할 목적으로 국외에 있는 경우'(=범인이 국외에서 범죄를 저지르고 형사처분을 면할 목적으로 국외에서 체류를 계속하는 경우도 포함된다).

ㄱ. (○) 대법원 2001. 8. 24. 선고 2001도2902 판결 [절도 (인정된 죄명 : 건조물침입)]

[판시사항] [1] 공소장이 변경된 경우, 공소시효 완성 여부의 기준시점 [2] **공소사실이 변경됨에 따라 법정형에 차이가 있는 경우, 공소시효기간의 기준이 되는 법정형(=변경된 공소사실에 대한 법정형)** [3] **공소제기 당시의 공소사실에 대한 법정형에 의하면 공소시**

효가 완성되지 않았으나 변경된 공소사실에 대한 법정형에 의하면 공소제기 당시 이미 공소시효가 완성된 경우, 법원의 조처(=면소판결)

[판결요지] [1] 공소장 변경이 있는 경우에 공소시효의 완성 여부는 당초의 공소제기가 있었던 시점을 기준으로 판단할 것이고 공소장 변경시를 기준으로 삼을 것은 아니다.

[2] **공소장변경절차에 의하여 공소사실이 변경됨에 따라 그 법정형에 차이가 있는 경우에는 변경된 공소사실에 대한 법정형이 공소시효기간의 기준이 된다.**

[3] **공소제기 당시의 공소사실에 대한 법정형을 기준으로 하면 공소제기 당시 아직 공소시효가 완성되지 않았으나 변경된 공소사실에 대한 법정형을 기준으로 하면 공소제기 당시 이미 공소시효가 완성된 경우 공소시효 완성을 이유로 면소판결을 선고하여야 한다.**

☞ [출제] 2022년 제11회 변호사시험 기출문제 27 ㄴ. 28 ㅁ.

ㄴ. (○) 대법원 2004. 7. 22. 선고 2003도8153 판결 [건설산업기본법위반]

[판시사항] 공소장변경이 있는 경우 공소시효의 완성 여부는 당초의 공소제기가 있었던 시점을 기준으로 판단할 것이고 공소장변경시를 기준으로 삼을 것이 아니다.

☞ [출제] 2022년 제11회 변호사시험 기출문제 28 ㄷ.

ㄷ. (○) 대법원 2015. 2. 12. 선고 2012도4842 판결 [제3자뇌물교부]

[판결요지] 형사소송법 제248조 제1항, 제253조 제1항, 제2항에서 규정하는 바와 같이, 형사소송법은 공범 사이의 처벌에 형평을 기하기 위하여 공범 중 1인에 대한 공소의 제기로 다른 공범자에 대하여도 공소시효가 정지되도록 규정하고 있다. 그런데 위 공범의 개념이나 유형에 관하여는 아무런 규정을 두고 있지 아니하다. 따라서 형사소송법 제253조 제2항의 공범을 해석할 때에는 **원칙적으로 엄격하게 해석하여야 하고 피고인에게 불리한 방향으로 확장하여 해석해서는 아니 된다.**

뇌물공여죄와 뇌물수수죄 사이와 같은 이른바 대향범 관계에 있는 자는 강학상으로는 필요적 공범이라고 불리고 있다. 그러나 **서로 대향된 행위의 존재를 필요로 할 뿐 각자 자신의 구성요건을 실현하고 별도의 형벌규정에 따라 처벌되는 것이다. 2인 이상이 가공하여 공동의 구성요건을 실현하는 공범관계에 있는 자와는 본질적으로 다르다. 대향범 관계에 있는 자 사이에서는 각자 상대방의 범행에 대하여 형법 총칙의 공범규정이 적용되지 아니한다. 이러한 점들에 비추어 보면, 형사소송법 제253조 제2항에서 말하는 '공범'에는 뇌물공여죄와 뇌물수수죄 사이와 같은 대향범 관계에 있는 자는 포함되지 않는다.**

☞ [출제] 2022년 제11회 변호사시험 기출문제 37

☞ [출제] 2020년 제9회 변호사시험 기출문제 23 ⑤

ㄹ. (○) 대법원 2015. 6. 24. 선고 2015도5916 판결 [횡령] 〈공소시효 정지 사건〉

[판결요지] 형사소송법 제253조 제3항은 "범인이 형사처분을 면할 목적으로 국외에 있는 경우 그 기간 동안 공소시효는 정지된다."라고 규정하고 있다. 위 규정의 입법 취지는 범인이 우리나라의 사법권이 실질적으로 미치지 못하는 국외에 체류한 것이 도피의 수단으로 이용된 경우에 체류기간 동안은 공소시효가 진행되는 것을 저지하여 범인을 처벌할 수 있도록 하여 형벌권을 적정하게 실현하고자 하는 데 있다. 따라서 위 규정이 정한 **'범인이 형사처분을 면할 목적으로 국외에 있는 경우'는 범인이 국내에서 범죄를 저지르고 형사처분을 면할 목적으로 국외로 도피한 경우에 한정되지 않는다. 범인이 국외에서 범죄를 저지르고 형사처분을 면할 목적으로 국외에서 체류를 계속하는 경우도 포함된다.**

☞ [출제] 2021년 제10회 변호사시험 기출문제 24 ㄷ.

문 31. 제1회 공판기일 전 증거보전절차 · 제1회 공판기일 전 증인신문절차에 관한 설명 중 옳은 것은? (다툼이 있는 경우 판례에 의함)

출제내용

- 제1회 공판기일 전 증거보전(=수사절차에서 피의자·피고인·변호인·검사를 위한 제도)
- 제1회 공판기일 전 증인신문(=수사절차에서 검사를 위한 제도)
- 증거보전시기(=제1회 공판기일 전 공소제기 전후 불문+)
- 증거보전절차(=피의자·피고인·변호인·검사 청구: 압수·수색·검증·증인신문·감정)
- 증인신문청구 기각결정불복(=형사소송법 제184조 증거보전 3일 이내 불복 가능+, 형사소송법 제221조2 증인신문 불복 불가능−)
- 형사소송법 제221조2 증인신문시 피의자·피고인 변호인 참여권 보장(=반드시 통지)
- 필요적 공범도 증거보전으로 증인신문 가능
- 증인신문조서 증거능력(=형사소송법 제311조 법관 면전조사 증거능력+)

출제분석

2024년 제13회 변호사시험 출제예상 ★
2018년 제7회 변호사시험 기출문제 29
2014년 제3회 변호사시험 기출문제 30

> 가. 제1회 공판기일 전 증거보전절차·제1회 공판기일 전 증인신문절차에 관한 설명 중 옳은 것이다(○).

① 증거보전은 제1회 공판기일 전에 한하여 인정되므로 재심청구사건에서는 증거보전을 청구할 수 없다.

해설 및 정답 2017년 변전협의회 모의고사문제 변형 **정답** ○

대법원 1984. 3. 29. 자 84모15 결정 [증거보전 청구기각에 관한 재항고]

[판시사항] [1] 재심청구사건에서 증거보전절차의 허부(소극) [2] 증거보전청구 기각결정에 대한 즉시항고의 가부(소극)

[결정요지] [1] 증거보전이란 장차 공판에 있어서 사용하여야 할 증거가 멸실되거나 또는 그 사용하기 곤란한 사정이 있을 경우에 당사자의 청구에 의하여 제1회 공판 전에 미리 그 증거를 수집하고 보전하여 두는 제도이다. **제1심 제1회 공판기일 전에 한하여 허용되는 것이다. 그러므로 재심청구사건에서는 증거보전절차는 허용되지 아니한다.**
[2] **증거보전청구를 기각하는 결정에 대하여 즉시항고로써 불복할 수 없다.**

② 증거보전 및 증인신문의 청구를 받은 판사는 증인신문에 관하여 법원 또는 재판장과 동일한 권한이 있다.

해설 및 정답 2017년 변전협의회 모의고사문제 변형 **정답** ○

형사소송법 제184조(증거보전청구와 증거보전절차) ② 제1항 청구를 받은 판사는 그 처분에 관하여 **법원 · 재판장과 동일한 권한이 있다.**

③ 피의자, 피고인 또는 변호인은 증인신문(제221조의2)을 청구할 수 없다.

해설 및 정답 2017년 변전협의회 모의고사문제 변형 **정답** ○

형사소송법 제221조2(증인신문 청구) ① **검사는** 다음 각 호를 모두 충족하는 사람에 대하여 **제1회 공판기일 전** 판사에게 증인신문을 청구할 수 있다. 1. **범죄수사에서 사건해결에 중요한 단서가 되는 사실을 안다고 명백히 인정되는 사람**, 2. 제221조에 근거한 **출석 · 진술을 정당한 이유 없이 거부한 사람**

나. 제1회 공판기일 전 증거보전절차· 제1회 공판기일 전 증인신문절차에 관한 설명 중 옳지 않은 것이다(×).

① 증거보전절차에서 이루어진 甲에 대한 증인신문조서 중 당시 피의자였던 피고인 乙이 당사자로 참여하여 자신의 범행사실을 시인하는 전제하에 甲에게 반대신문을 하는 과정에서 乙이 행한 진술기재 부분은, 형사소송법 제184조에 의한 증인신문조서에 ~~해당하므로~~하지 않는다. 형사소송법 제311조에 의하여 증거능력이 ~~인정된다.~~되지 않는다.

해설 및 정답 2014년 제3회 변호사시험 기출문제 30 **정답** ×

대법원 1984. 5. 15. 선고 84도508 판결 [살인]

[판결요지] 증인신문조서가 증거보전절차에서 피고인이 증인으로서 증언한 내용을 기재한 것이 아니라 증인(갑)의 증언내용을 기재한 것이다. 다만 피의자였던 피고인이 당사자로 참여하여 자신의 범행사실을 시인하는 전제하에 위 **증인에게 반대신문한 내용이 기재되어 있을 뿐이라면, 위 조서는 공판준비 또는 공판기일에 피고인 등의 진술을 기재한 조서도 아니다. 반대신문과정에서 피의자가 한 진술에 관한 한 형사소송법 제184조에 의한 증인신문조서도 아니다.** 그러므로 **위 조서 중 피의자의 진술기재부분에 대하여는 형사소송법 제311조에 의한 증거능력을 인정할 수 없다.**

② 증인신문의 청구를 기각하는 결정에 대하여는 3일 이내에 항고할 수 ~~있다.~~없다.

해설 및 정답 2017년 변전협의회 모의고사문제 변형 **정답** ×

다. 제1회 공판기일 전 증거보전·제1회 공판기일 전 증인신문 종합문제

01 ★★★★★

공무원인 甲과 민간사업자인 乙은 뇌물을 주고받았다는 범죄사실로 수사를 받고 있고, A는 범죄의 수사에 없어서는 아니 될 사실을 안다고 명백히 인정되는데도 검사의 출석요구를 거부하고 있다. 한편 甲에 대한 무혐의를 입증해 줄 수 있는 B는 외국지사로 발령이 나 외국으로 출국하려고 한다. 이에 관한 설명 중 옳은 것은? (다툼이 있는 경우 판례에 의함)

① 검사는 공소제기 전이라도 「형사소송법」 제221조의2에 의하여 판사에게 A에 대한 증인신문을 청구할 수 있으며, 청구를 기각한 결정에 대하여는 즉시항고를 할 수 ~~있다.~~ 없다.

해설 및 정답 2018년 제7회 변호사시험 기출문제 29 정답 ×

검사는 공소제기 전이라도 형사소송법 제221조2에 근거하여 판사에게 A에 대한 증인신문을 청구할 수 있다. 청구를 기각한 결정에 대하여 즉시항고를 할 수 없다. 형사소송법 제221조2는 제184조와 달리 즉시항고 명문 규정이 없기 때문이다.

② 위 ①의 청구에 따라 판사가 증인신문기일을 정한 때에도 특별히 수사에 지장이 있다고 인정되는 경우, 판사는 甲 또는 변호인에게 그 기일과 장소 및 증인신문에 참여할 수 있다는 취지를 통지~~하지 않고~~ 하여야 증인신문을 할 수 있다.

해설 및 정답 2018년 제7회 변호사시험 기출문제 29 정답 ×

형사소송법 제221조2(증인신문 청구) ⑤ 판사가 제1항 증인신문 청구를 받아 증인신문기일을 정한 때 피고인·피의자·변호인에게 반드시 증인신문을 통지하고 참여하도록 한다.

③ 甲과 乙은 필요적 공범관계에 있기 때문에 수사단계에서 甲에 대한 증거를 미리 보전하기 위하여 필요한 경우~~라도~~ 검사는 「형사소송법」 제184조에 따라 판사에게 乙을 증인으로 신문할 것을 청구할 수 ~~없다.~~ 있다.

해설 및 정답 2018년 제7회 변호사시험 기출문제 29 정답 ×

대법원 1988. 11. 8. 선고 86도1646 판결 [특정범죄가중처벌등에관한법률위반(뇌물)]

[판시사항] 수사단계에서 검사가 증거보전을 위하여 필요적 공범관계에 있는 공동피고인을 증인으로 신문할 수 있는지 여부(적극)

[판결요지] 공동피고인과 피고인이 뇌물을 주고 받은 사이로 필요적 공범관계에 있다고

하더라도 검사는 수사단계에서 피고인에 대한 증거를 미리 보전하기 위하여 필요한 경우에는 판사에게 공동피고인을 증인으로 신문할 것을 청구할 수 있다.

④ 검사가 甲을 수뢰죄로 기소한 경우, 甲이 미리 증거를 보전하지 아니하면 그 증거를 사용하기 곤란한 사정이 있는 때에는 제1회 공판기일 전이라도 「형사소송법」 제184조에 의하여 판사에게 B에 대한 증인신문을 청구할 수 있으며, 청구를 기각하는 결정에 대하여는 3일 이내에 항고할 수 있다.

해설 및 정답 2018년 제7회 변호사시험 기출문제 29 **정답** ○

형사소송법 제184조(증거보전 청구와 증거보전 절차)
① **피의자 · 피고인 · 변호인 · 검사**가 미리 증거보전을 하지 않을 경우 그 증거를 사용하기 어려운 사정이 있는 때 **제1회 공판기일 전에 판사에게 압수 · 수색 · 검증 · 증인신문 · 감정을 청구할 수 있다.**
② 제1항 증거보전 청구를 받은 **판사는 그 처분에 관하여 법원 · 재판장과 동일한 권한이 있다.**
③ 제1항 증거보전 청구는 서면으로 사유를 소명한다.
④ **판사가 제1항 증거보전 청구를 기각하는 결정을 하면, 피의자 · 피고인 · 변호인 · 검사는 3일 이내 항고할 수 있다.** [신설 2007.6.1] [시행일 2008.1.1.]

형사소송법 제185조(서류와 증거물 열람 · 복사)
피의자 · 피고인 · 변호인 · 검사는 판사 허가를 받아 제184조 처분과 관련한 **서류와 증거물을 열람 · 복사할 수 있다.**

⑤ 위 ④에 의하여 작성된 증인신문조서는 공판기일 전에 작성되었더라도 당연히 증거능력이 있는 서류를 규정하고 있는 「형사소송법」 ~~제315조 제3호의 '특히 신용할 만한 정황에 의하여 작성된 문서'로서~~제311조 제2문에 근거하여 증거능력이 인정된다.

해설 및 정답 2018년 제7회 변호사시험 기출문제 29 **정답** ×

형사소송법 제311조(법원 또는 법관의 조서) 공판준비 또는 공판기일에 피고인이나 피고인 아닌 자의 진술을 기재한 조서와 법원 또는 법관의 검증의 결과를 기재한 조서는 증거로 할 수 있다. **제184조 및 제221조의2의 규정에 의하여 작성한 조서도 또한 같다.**

문 32. 불기소처분 · 재정신청에 관한 설명 중 옳은 것은? (다툼이 있는 경우 판례에 의함)

출제내용

- 불기소처분(=혐의없음·죄가 안됨·기소유예처분)
- 재정신청대상: 제한 없음. 기소유예처분에 대해서도 가능
- 재정신청방식: 10일 이내 지방검찰청 검사장·지청장에게 제출
- 재정신청효력과 재정신청취소효력: 신청은 전원 효력. 취소는 1인만 효력
- 재정신청결정 불복방법: 기각결정 대법원 형사소송법 제415조 즉시항고+

출제분석

2024년 제13회 변호사시험 출제예상 ★
2023년 제12회 변호사시험 기출문제 36
2017년 제6회 변호사시험 기출문제 30
2015년 제4회 변호사시험 기출문제 18

가. 불기소처분·재정신청에 관한 설명 중 옳은 것이다(○).

① 검사는 피의사실이 인정되는 경우에 반드시 공소를 제기하여야 하는 것이 아니라 피의자의 연령, 피해자에 대한 관계, 범행의 동기 및 수단과 결과 등을 참작하여 소추를 필요로 하지 아니하는 경우에는 기소유예 처분을 할 수 있다.

해설 및 정답 2017년 제6회 변호사시험 기출문제 30 **정답** ○

기소유예처분. 형사소송법 제247조. 검찰사건사무규칙 제69조 제3항 제1호. 형사소송법 **제247조는 기소편의주의**를 규정하고 있다. 주요내용을 보면, 검사는 **제246조 기소법정주의에도 불구하고**「형법」제51조 사항을 참작하여 공소를 제기하지 아니할 수 있다.

중요 ② 고등법원의 재정신청 기각결정이 확정된 사건에 대하여는 다른 중요한 증거를 발견한 경우를 제외하고는 소추할 수 없는데, 이 경우 재정신청 기각결정이 확정된 사건이라 함은 재정신청사건을 담당하는 법원에서 공소제기의 가능성과 필요성 등에 관한 심리와 판단이 현실적으로 이루어져 재정신청 기각결정의 대상이 된 사건만을 의미한다.

해설 및 정답 2017년 제6회 변호사시험 기출문제 30 ★ **정답** ○

재정신청 기각결정과 재기소 제한범위.
대법원 2015. 9. 10. 선고 2012도14755 판결 [업무상횡령]

[판결요지] 형사소송법 제262조 제2항, 제4항과 형사소송법 제262조 제4항 후문의 입법 취지 등에 비추어 보면, **형사소송법 제262조 제4항 후문에서 말하는 '제2항 제1호의 결정이 확정된 사건'은 재정신청사건을 담당하는 법원에서 공소제기의 가능성과 필요성 등에 관한 심리와 판단이 현실적으로 이루어져 재정신청 기각결정의 대상이 된 사건만을 의미한다.** 따라서 **재정신청 기각결정의 대상이 되지 않은 사건은 형사소송법 제262조 제4항 후문에서 말하는 '제2항 제1호의 결정이 확정된 사건'이라고 할 수 없고, 재정신청 기각결정의 대상이 되지 않은 사건이 고소인의 고소내용에 포함되어 있었다 하더라도 이와 달리 볼 수 없다.**

③ 고등법원이 재정신청에 대하여 공소제기의 결정을 한 경우, 관련절차에 따라 담당검사로 지정된 검사는 공소를 제기하여야 하고, 공소를 취소할 수도 없다.

해설 및 정답 2017년 제6회 변호사시험 기출문제 30 정답 ○

형사소송법 **제264조2는 공소취소 제한을** 규정하고 있다. 주요내용을 보면, **검사는** 제262조 제2항 제2호 결정으로 공소가 제기된 경우 **공소를 취소할 수 없다.**

④ 검사의 불기소처분에 대하여 고소권자의 경우 재정신청을 할 수 있는 대상 범죄에 제한이 없으며, 기소유예 처분에 대해서도 재정신청을 할 수 있다.

해설 및 정답 2015년 제4회 변호사시험 기출문제 18 정답 ○

고소권자 경우 재정신청을 할 수 있는 대상범죄에 제한이 없다. 기소유예처분에 대해서도 재정신청을 할 수 있다.

대법원 1988. 1. 29. 자 86모58 결정 [재정신청기각결정에대한재항고]

[결정요지] 불기소처분한 경우 이는 기소편의주의의 법리에 어긋나는 부당한 조처라 하지 않을 수 없고 이러한 부당한 처분을 시정하기 위한 방법의 하나로 우리 형사소송법은 재정신청제도를 두고 있다.

⑤ 공소취소에 대해서는 재정신청을 할 수 없다.

해설 및 정답 2015년 제4회 변호사시험 기출문제 18 정답 ○

재정신청대상. 불기소처분은 모든 범죄에 대한 것이다. 공소취소는 불기소처분이 아니다.

⑥ 재정신청을 취소한 자는 다시 재정신청을 할 수 없다.

해설 및 정답 2015년 제4회 변호사시험 기출문제 18 정답 ○

제정신청 취소. 형사소송법 제264조 제2항 재정신청은 제262조 제2항 결정이 있을 때까지 취소할 수 있다. 취소한 사람은 다시 재정신청을 할 수 없다.

⑦ 헌법재판소 결정에 의하면 재정신청에 관한 법원의 기각결정에 대해서는 재항고로 불복할 수 있다.

해설 및 정답 2015년 제4회 변호사시험 기출문제 18 **정답** ○

재정결정에 대한 불복방법. 형사소송법 **제415조는 재항고를** 규정하고 있다. 주요내용을 보면, 피고인·변호인·검사는 항고법원·고등법원 결정에 대해 재판에 영향을 미친 헌법·법률·명령·규칙위반이 있는 경우에만 대법원에 **즉시항고를 할 수 있다.**

나. 불기소처분·재정신청에 관한 설명 중 옳지 않은 것이다(×).

① 검사는 피의사실이 범죄구성요건에는 해당하지만 위법성조각사유나 책임조각사유 등 법률상 범죄의 성립을 조각하는 사유가 있는 경우에는 ~~혐의없음~~죄가 안됨 처분을 한다.

해설 및 정답 2017년 제6회 변호사시험 기출문제 30 **정답** ×

죄가 안됨. 검찰사건사무규칙 제69조 제3항 제3호.

② 고소권자인 고소인이 검사의 불기소처분에 불복하여 재정신청을 하려면 「검찰청법」 제10조에 따른 항고를 반드시 거친 후, ~~그 검사 소속의 지방검찰청 소재지를 관할하는 고등법원에~~10일 이내에 지방검찰청검사장·지청장에게 재정신청서를 제출하여야 한다.

해설 및 정답 2017년 제6회 변호사시험 기출문제 30 **정답** ×

재정신청방식. 형사소송법 제260조는 재정신청을 규정하고 있다. 제1항에 근거하여 재정신청인이 항고기각결정을 통지받은 날·제2항 각 호 사유가 발생한 날부터 **10일 이내에 지방검찰청검사장·지청장에게 재정신청서를 제출**한다. 다만 제2항 제3호 경우 **공소시효 완성일 전날까지** 재정신청서를 제출할 수 있다.

③ 공동신청권자 중 1인의 재정신청은 그 전원을 위하여 효력을 발생하고, 그 취소의 경우에도 ~~마찬가지이다.~~

해설 및 정답 2015년 제4회 변호사시험 기출문제 18 **정답** ×

재정신청효력과 재정신청취소효력. 형사소송법 **제264조는 대리인 재정신청과 공동신청권자 중 1인 신청 효력·취소 효력을** 규정하고 있다. 주요내용을 보면, ① 대리인도 재정신청을 할 수 있다. 공동신청권자 중 1인이 재정신청을 하면, 재정신청은 공동신청권자 전원에게 효력이 있다. ② 재정신청은 제262조 제2항 결정이 있을 때까지 취소할 수 있다. 취소한 사람은 다시 재정신청을 할 수 없다. [개정 2007.6.1] [[시행일 2008.1.1.]] ③

제2항 취소는 다른 공동신청권자에게 효력을 미치지 않는다.

다. 불기소처분·재정신청 종합문제

중요 **01** ★★★★★

재정신청에 관한 설명 중 옳지 않은 것은? (다툼이 있는 경우 판례에 의함)

파워특강 **재정신청. 재정신청서 제출과 재소자 특례규정 적용 여부(=소극. 도달주의.** 재정신청서에 대하여는 형사소송법에 제344조 제1항과 같은 특례규정이 없다. 그러므로 재정신청서는 같은 형사소송법 제260조 제2항이 정하는 기간 안에 불기소 처분을 한 검사가 소속한 지방검찰청의 검사장 또는 지청장에게 도달하여야 한다). 재정신청 제기기간 후에 재정신청 대상을 추가할 수 있는지 여부(=소극. **재정신청 기간**은 **불변기간**이다. 그러므로 **그 기간을 도과하면 재정신청이 허용되지 않는다.** 재정신청 제기기간이 경과된 후에 재정신청보충서를 제출하면서 원래의 재정신청에 재정신청 대상으로 포함되어 있지 않은 고발사실을 재정신청의 대상으로 추가한 경우, 그 재정신청보충서에서 추가한 부분에 관한 재정신청은 법률상 방식에 어긋난 것으로서 부적법하다). **형사소송법 제262조4 제1항 재정신청과 공소시효 진행 정지**(=재정신청이 있으면 재정결정이 **확정될** 때까지 공소시효 진행이 정지된다). **재정신청에 대한 공소제기결정의 하자를 본안사건에 다툴 수 있는지 여부**(=**원칙적 소극. 판례는 실체판결설 입장이다.** 법원이 재정신청 대상 사건이 아님에도 이를 간과한 채 형사소송법 제262조 제2항 제2호에 따라 공소제기결정 그에 따른 공소가 제기되어 본안사건의 절차가 개시된 후에는 다른 특별한 사정이 없는 한 본안사건에서 위와 같은 잘못을 다툴 수 없다). 형사소송법 제262조 제4항 후문에서 말하는 '다른 중요한 증거를 발견한 경우'의 의미와 단순히 재정신청 기각결정의 정당성에 의문이 제기되거나 범죄피해자의 권리를 보호하기 위하여 형사재판절차를 진행할 필요가 있는 정도의 증거가 있는 경우가 여기에 해당하는지 여부(=소극). 관련 민사판결에서의 사실인정과 판단이 그 자체로서 새로 발견된 증거에 해당하는지 여부(=소극. '다른 중요한 증거를 발견한 경우'란 재정신청 기각결정 당시에 제출된 증거에 새로 발견된 증거를 추가하면 충분히 유죄의 확신을 가지게 될 정도의 증거가 있는 경우를 말한다. 단순히 재정신청 기각결정의 정당성에 의문이 제기되거나 범죄피해자의 권리를 보호하기 위하여 형사재판절차를 진행할 필요가 있는 정도의 증거가 있는 경우는 여기에 해당하지 않는다).

중요 ① 구금 중인 고소인이 재정신청서를 법정기간 안에 교도소장 또는 그 직무를 대리하는 사람에게 제출하였다면 설령 재정신청서가 그 기간 안에 불기소처분을 한 검사가 소속한 지방검찰청의 검사장 또는 지청장에게 ~~도달하지 않았더라도 적법한 재정신청서의 제출로 보아야 한다.~~ 도달하여야 적법한 재정신청서의 제출로 본다. 도달주의이다.

해설 및 정답 2023년 제12회 변호사시험 기출문제 36 **정답** ×

대법원 1998. 12. 14.자 98모127 결정 [재정신청기각에대한재항고]

[판시사항] **재소자가 형사소송법 제260조 제2항 소정의 기간 안에 교도관에게 재정신청서를 제출하였으나 위 기간 안에 불기소 처분을 한 검사 소속의 지방검찰청 검사장 또는 지청장에게 도달하지 않은 경우, 적법한 재정신청서의 제출로 볼 수 있는지 여부(소극)**

[결정요지] **재정신청서에 대하여는 형사소송법에 제344조 제1항과 같은 특례규정이 없다. 그러므로 재정신청서는 같은 법 제260조 제2항이 정하는 기간 안에 불기소 처분을 한 검사가 소속한 지방검찰청의 검사장 또는 지청장에게 도달하여야 한다.** 설령 **구금중인 고소인이 재정신청서를 그 기간 안에 교도소장 또는 그 직무를 대리하는 사람에게 제출하였다 하더라도 재정신청서가 위의 기간 안에 불기소 처분을 한 검사가 소속한 지방검찰청의 검사장 또는 지청장에게 도달하지 아니한 이상 이를 적법한 재정신청서의 제출이라고 할 수 없다.**

☞ [판례평석] 입법불비이다. 인권을 생각한다면, 특수시설에 수감 중인 사람의 기본권을 보호해야 한다. 재소자가 교도관에게 재정신청을 제출하였다면, 적법한 재정신청서의 제출이라고 할 수 있다. **재정신청서 제출과 재소자 특례규정은** 형사소송법에 제344조 제1항과 제260조 제2항이 균형을 맞추어야 한다.

② 재정신청 제기기간이 경과된 후에 재정신청보충서를 제출하면서 원래의 재정신청 대상으로 포함되어 있지 않은 고발사실을 추가한 경우에 그 재정신청보충서에서 추가한 부분에 관한 재정신청은 부적법하다.

해설 및 정답 2023년 제12회 변호사시험 기출문제 36 **정답** ○

대법원 1997. 4. 22.자 97모30 결정 [재정신청기각에대한재항고]

[판시사항] [1] **재정신청 제기기간 후에 재정신청 대상을 추가할 수 있는지 여부(소극)** [2] 검사의 무혐의 불기소처분이 위법하다 하더라도 기소유예를 할 만한 사건이라고 인정되는 경우, 재정신청의 기각 가부(적극) [3] 공직선거및선거부정방지법이 금지하는 기부행위를 한 자에 대한 검사의 무혐의처분에 관하여 기소유예를 할 만한 사건이라고 보아 재정신청을 기각한 원심결정을 수긍한 사례.

[결정요지] **재정신청 제기기간이 경과된 후에 재정신청보충서를 제출하면서 원래의 재정신청에 재정신청 대상으로 포함되어 있지 않은 고발사실을 재정신청의 대상으로 추가한 경우, 그 재정신청보충서에서 추가한 부분에 관한 재정신청은 법률상 방식에 어긋난 것으로서 부적법하다.**

중요 ③ 재정신청이 있으면 재정결정이 확정될 때까지 공소시효의 진행이 정지된다.

해설 및 정답 2023년 제12회 변호사시험 기출문제 36 **정답** ○

형사소송법 제262조4 제1항 **재정신청과 공소시효 진행 정지:** 재정신청이 있으면 재정결정이 **확정될** 때까지 공소시효 진행이 정지된다.

> 형사소송법 제262조4(공소시효정지)
> ① **제260조에 근거한 재정신청이 있으면, 제262조 재정결정이 있을 때까지 공소시효는 진행이 정지된다.** [개정 2007.12.21] [[시행일 2008.1.1]]
> ② 제262조 제2항 제2호에 근거하여 **공소제기결정이 있는 경우, 제260조 제6항에 근거하여 지정받은 검사가 공소를 제기한 날까지 공소시효는 진행이 정지된다.**
> [전문개정 2007.6.1] [[시행일 2008.1.1]]
> [본조제목개정 2007.6.1] [[시행일 2008.1.1.]]

☞ 형사소송법 제260조에서 제265조를 정독하기 바란다.

중요 ④ 법원이 재정신청 대상 사건이 아님에도 이를 간과한 채 공소제기결정을 하였더라도, 그에 따른 공소가 제기되어 본안 사건의 절차가 개시된 후에는 다른 특별한 사정이 없는 한 본안 사건에서 위와 같은 잘못을 다툴 수는 없다.

해설 및 정답 2023년 제12회 변호사시험 기출문제 36 **정답** ○

대법원 2017. 11. 14. 선고 2017도13465 판결 [공직선거법위반]

[판시사항] 법원이 재정신청 대상 사건이 아님에도 이를 간과한 채 공소제기결정을 한 경우, 본안사건에서 위와 같은 잘못을 다툴 수 있는지 여부(원칙적 소극)

[판결요지] 법원이 재정신청 대상 사건이 아님에도 이를 간과한 채 형사소송법 제262조 제2항 제2호에 따라 공소제기결정을 하였더라도, 그에 따른 공소가 제기되어 본안사건의 절차가 개시된 후에는 다른 특별한 사정이 없는 한 본안사건에서 위와 같은 잘못을 다툴 수 없다.

대법원 2010. 11. 11. 선고 2009도224 판결 [사기]

[판시사항] [1] 재정신청서 기재요건을 위반한 재정신청을 인용한 공소제기결정의 잘못을 그 본안사건에서 다툴 수 있는지 여부(원칙적 소극) [2] 재정신청서에 형사소송법 제260조 제4항에 정한 사항의 기재가 없어서 법원으로서는 그 재정신청이 법률상의 방식에 위배된 것으로서 이를 기각하여야 함에도, 공소사실에 대한 실체판단에 나아간 제1심판결을 유지한 원심의 조치를 정당하다고 한 사례.

[판결요지] [1] 법원이 재정신청서에 재정신청을 이유 있게 하는 사유가 기재되어 있지 않음에도 이를 간과한 채 형사소송법 제262조 제2항 제2호 소정의 공소제기결정을 한 관계로 그에 따른 공소가 제기되어 본안사건의 절차가 개시된 후에는, 다른 특별한 사정이 없는 한 이제 그 본안사건에서 위와 같은 잘못을 다툴 수 없다. 그렇지 아니하고 위와 같

은 잘못을 본안사건에서 다툴 수 있다고 한다면 이는 재정신청에 대한 결정에 대하여 그 것이 기각결정이든 인용결정이든 불복할 수 없도록 한 같은 법 제262조 제4항의 규정취지에 위배하여 형사소송절차의 안정성을 해칠 우려가 있기 때문이다. 또한 위와 같은 잘못은 본안사건에서 공소사실 자체에 대하여 무죄, 면소, 공소기각 등을 할 사유에 해당하는지를 살펴 무죄 등의 판결을 함으로써 그 잘못을 바로잡을 수 있다. 뿐만 아니라 본안사건에서 심리한 결과 범죄사실이 유죄로 인정되는 때에는 이를 처벌하는 것이 오히려 형사소송의 이념인 실체적 정의를 구현하는 데 보다 충실하다는 점도 고려하여야 한다.
[2] 재정신청서에 형사소송법 제260조 제4항에 정한 사항의 기재가 없어서 법원으로서는 그 재정신청이 법률상의 방식에 위배된 것으로서 이를 기각하여야 함에도, 심판대상인 사기 부분을 포함한 고소사실 전부에 관하여 공소제기결정을 한 잘못이 있고 나아가 그 결정에 따라 공소제기가 이루어졌다 하더라도, **공소사실에 대한 실체판단에 나아간 제1심 판결을 유지한 원심의 조치를 정당하다**고 한 사례.

☞ 판례는 공소기각판결설과 실체판단설 중에서 실체판단설을 채택하고 있다.

☞ [적중] 하태영, 형사법 종합연습, 실전예상문제분석편, 제4판, 법문사, 2021, 352-353면.

중요 ⑤ 「형사소송법」 제262조 제4항 후문은 재정신청 기각결정이 확정된 사건에 대하여는 다른 중요한 증거를 발견한 경우를 제외하고는 소추할 수 없다고 규정하고 있는바, 여기에서 '다른 중요한 증거를 발견한 경우'에는 단순히 재정신청 기각결정의 정당성에 의문이 제기되거나 범죄피해자의 권리를 보호하기 위하여 형사재판절차를 진행할 필요가 있는 정도의 증거가 있는 경우는 포함되지 않는다.

해설 및 정답 2023년 제12회 변호사시험 기출문제 36 **정답** ○

대법원 2018. 12. 28. 선고 2014도17182 판결 [특정경제범죄가중처벌등에관한법률위반(사기)] 〈재정신청 기각결정이 확정된 후 제기된 공소의 적법성 판단 기준이 문제된 사건〉

[판시사항] 형사소송법 제262조 제4항 후문에서 말하는 '다른 중요한 증거를 발견한 경우'의 의미 및 단순히 재정신청 기각결정의 정당성에 의문이 제기되거나 범죄피해자의 권리를 보호하기 위하여 형사재판절차를 진행할 필요가 있는 정도의 증거가 있는 경우가 여기에 해당하는지 여부(소극) / 관련 민사판결에서의 사실인정 및 판단이 그 자체로서 새로 발견된 증거에 해당하는지 여부(소극)

[판결요지] 형사소송법 제262조 제4항 후문은 재정신청 기각결정이 확정된 사건에 대하여는 다른 중요한 증거를 발견한 경우를 제외하고는 소추할 수 없다고 규정하고 있다. 여기에서 '다른 중요한 증거를 발견한 경우'란 재정신청 기각결정 당시에 제출된 증거에 새로 발견된 증거를 추가하면 충분히 유죄의 확신을 가지게 될 정도의 증거가 있는 경우를 말한다. 단순히 재정신청 기각결정의 정당성에 의문이 제기되거나 범죄피해자의 권리를 보호하기 위하여 형사재판절차를 진행할 필요가 있는 정도의 증거가 있는 경우는 여기에 해당하지 않는다. 그리고 관련 민사판결에서의 사실인정 및 판단은, 그러한 사실인정 및 판단의 근거가 된 증거자료가 새로 발견된 증거에 해당할 수 있음은 별론으로 하고, 그 자체가 새로 발견된 증거라고 할 수는 없다.

2 증거

읽기 쉬운 증거법 조문 체계

출제내용

2012-2023년 변호사시험(1-12회) 형사법 선택형 기출문제에서 증거편을 분석하였다. 전체 120문제가 출제되었다. 매년 약 10문항씩 전체 대비 25%가 출제되고 있다. 사례형과 기록형을 합치면, 증거편은 형사법 과목 합격의 핵심 영역이다. 변호사시험 형사법 과목 승패를 좌우한다. 따라서 철저하게 준비해야 한다. 증거법 조문 숙지와 대법원 판례 정리다. 아래 조문을 매일 한 번씩 암송하길 바란다. 도표 대신 문장으로 다듬었다.

출제분석

2024년 제13회 변호사시험 출제예상 10문항 ★
2023년 제12회 변호사시험 기출문제 10문항
2022년 제11회 변호사시험 기출문제 10문항
2021년 제10회 변호사시험 기출문제 10문항
2020년 제9회 변호사시험 기출문제 10문항
2019년 제8회 변호사시험 기출문제 12문항
2018년 제7회 변호사시험 기출문제 8문항
2017년 제6회 변호사시험 기출문제 10문항
2016년 제5회 변호사시험 기출문제 7문항
2015년 제4회 변호사시험 기출문제 11문항
2014년 제3회 변호사시험 기출문제 10문항
2013년 제2회 변호사시험 기출문제 10문항
2012년 제1회 변호사시험 기출문제 12문항

제307조(증거재판주의)
① 사실인정은 **증거로 한다.**
② 범죄사실인정은 **합리적** 의심이 없을 정도로 증명되어야 한다. [전문개정 2007.6.1] [[시행일 2008.1.1.]]
[본조제목개정 2007.6.1] [[시행일 2008.1.1.]]
제308조(자유심증주의) 법관은 증거에 대한 **증명력을 자유롭게 판단한다.**
제308조2(위법수집증거배제) 법원은 **위법절차**로 수집한 증거를 증거로 사용할 수 없다.
[본조신설 2007.6.1] [[시행일 2008.1.1.]]
제309조(강제자백과 증거능력) 법관은 다음 각 호에 해당하는 경우 피의자 자백·피고인 자백을 유죄증거로 사용할 수 없다.
1. 고문
2. 폭행

3. 협박
4. 신체구속 부당한 장기화
5. 기망
6. 그 밖에 방법으로 이루어진 경우

제310조(피고인에게 불리한 자백과 증거능력) 법관은 피고인 자백이 재판에서 피고인에게 불리한 오직 하나뿐인 증거인 경우 이 자백을 유죄증거로 사용할 수 없으며, **반드시 보강증거**가 있어야 유죄증거로 사용할 수 있다.

제310조2(전문증거와 증거능력 제한) 법원은 **제311조 · 제312조 · 제313조 · 제314조 · 제315조 · 제316조를 제외**하고 다음 각 호 **서류 · 전문진술을 증거로 사용할 수 없다.**

1. 공판준비 · 공판기일에서 진술을 대신한 진술을 적은 서류
2. 공판준비 · 공판기일 외에서 다른 사람 진술을 내용으로 하는 전문진술

제311조(법원조서 · 법관조서) 법원은 다음 각 호 조서를 증거로 사용할 수 있다.

1. 공판준비 · 공판기일에서 피고인 진술내용을 적은 조서
2. 공판준비 · 공판기일에서 피고인 아닌 다른 사람 진술내용을 적은 조서
3. 법원 · 법관이 조사한 검증결과를 적은 검증조서
4. 법원 · 법관이 제184조 · 제221조2에 근거하여 작성한 **증거보전조서 · 증인신문조서**

제312조(**검사작성 피의자신문조서 · 사법경찰관작성 피의자신문조서 · 검찰작성 참고인 진술조서 · 사법경찰관작성 참고인 진술조서 · 검찰수사과정에서 쓴 피의자진술서 · 경찰수사과정에서 쓴 피의자진술서 · 검찰수사과정에서 쓴 참고인진술서 · 경찰수사과정에서 쓴 참고인진술서 · 검사작성 검증조서와 압수조서 · 사법경찰관작성 검증조서와 압수조서**)

① 법원은 다음 각 호 요건을 모두 충족한 경우 검사가 작성한 피의자신문조서를 증거로 사용할 수 있다.

1. 적법한 절차와 방식에 따라 작성된 경우
2. 피고인 또는 변호인이 공판준비 · 공판기일에서 검사에게 피의자 신분으로 진술한 내용을 인정하는 진술을 한 경우

   <개정 2020.2.4.> ★★★★★

② 삭제 <2020.2.4.> ★★★★★

③ 법원은 다음 각 호 요건을 모두 충족한 경우 **사법경찰관이 작성한 피의자신문조서**를 증거로 사용할 수 있다.

1. 적법한 절차와 방식으로 작성된 경우
2. 피고인 · 변호인이 공판준비 · 공판기일에서 사법경찰관에게 **진술한 내용을 인정**하는 진술을 한 경우

④ 법원은 다음 각 호 요건을 모두 충족한 경우 검사 · 사법경찰관이 작성한 **피고인이 아닌 제3자(참고인) 진술조서**를 증거로 사용할 수 있다.

1. 적법한 절차와 방식으로 작성된 경우

2. 원진술자가 공판준비 · 공판기일에서 검사 · 사법경찰관 앞에서 진술한 내용과 동일하게 기재되어 있음을 다시 진술하거나 또는 영상녹화물 · 그 밖에 객관적인 방법으로 증명된 경우
3. 피고인 · 변호인이 공판준비 · 공판기일에서 진술조서에 기재된 내용에 대해 **원진술자에게 반대신문**을 할 수 있었던 경우
4. 참고인 진술조서에 기재된 진술이 **특별히 신빙**할 수 있는 상태에서 이루어진 것이 증명된 경우

⑤ 법원은 피고인이 되기 전 **피의자가 수사과정에서 쓴 피의자진술서 · 참고인이 수사과정에서 쓴 진술서** 경우 다음 각 호에 근거하여 증거로 사용할 수 있다.

1. **피의자가 검찰수사과정에서 쓴 진술서는 제1항 · 제2항을 준용한다.**
2. 피의자가 경찰수사과정에서 쓴 진술서는 제3항을 준용한다.
3. 참고인이 검찰수사과정에서 쓴 진술서는 제4항을 준용한다.
4. 참고인이 경찰수사과정에서 쓴 진술서는 제4항을 준용한다.

⑥ 법원은 다음 각 호 요건을 모두 충족한 경우 **검사 · 사법경찰관이 작성한 검증조서와 압수조서**를 증거로 사용할 수 있다.

1. 적법한 절차와 방식으로 작성된 경우
2. 검증조서와 압수조서를 작성한 사람이 공판준비 · 공판기일에서 진술로 **성립진정**을 증명한 경우

   [전문개정 2007.6.1] [[시행일 2008.1.1]]

   [본조제목개정 2007.6.1] [[시행일 2008.1.1.]]

제313조(검찰수사과정 · 사법경찰관수사과정 이외의 장소에서 작성된 피의자 진술서 · 제3자 진술서 · 피의자 진술기재서류 · 제3자 진술기재서류)

① 법원은 **제311조 · 제312조를 제외하고** 다음 각 호 요건을 모두 충족한 경우 **피고인 · 피고인이 아닌 사람이 작성한 진술서 · 진술기재서류**를 증거로 사용할 수 있다.

1. 작성자 · 진술자가 **자필로 작성**하였거나 또는 **서명 · 도장**이 있는 경우(진술내용이 포함된 문자 · 사진 · 영상 등의 정보로서 컴퓨터용디스크, 그 밖에 이와 비슷한 정보저장매체에 저장된 경우 포함)
2. 작성자가 공판준비 · 공판기일에서 진술로 **성립진정**을 증명한 경우
3. 다만 피고인이 된 **피의자 진술을 기재한 서류**는 공판준비 · 공판기일 진술에도 불구하고 다음 각 호 요건을 모두 충족할 경우 증거로 사용할 수 있다.
   가. 작성자가 공판준비 · 공판기일에서 진술로 **성립진정**을 증명한 경우
   나. 작성자 진술이 **특별히 신빙**할 수 있는 상태에서 이루어진 경우
      <개정 2016.5.29.>

② 제1항 본문에도 불구하고 **진술서 작성자가 공판준비 · 공판기일에서 성립진정을 부인하는 경우** 다음 각 호 요건 중 어느 하나 충족한 경우 증거로 할 수 있다.

1. 과학적 분석결과에 기초한 **디지털포렌식 자료로 객관적 방법으로 성립진정이 증명**된

경우
2. **감정** 등 객관적 방법으로 성립진정이 증명된 경우
3. 다만 피고인 아닌 사람이 작성한 진술서 경우 피고인 · 변호인이 공판준비 또는 공판기일에 기재 내용에 관하여 **작성자를 신문**을 할 수 있어야 한다. <개정 2016.5. 29>

③ 감정경과와 감정결과를 적은 서류는 제1항 · 제2항을 준용한다.

제314조(증거능력 예외) 법원은 제312조 · 제313조 경우 **공판준비 · 공판기일에 진술을 해야 하는 사람**이 다음 각 호 사유를 모두 충족한 경우 조서와 그 밖에 서류(피고인 · 피고인 아닌 사람이 작성하였거나 또는 진술한 내용이 포함된 문자 · 사진 · 영상 등 정보로서 컴퓨터용디스크 · 그 밖에 이와 비슷한 정보저장매체에 저장된 것을 포함한다)를 증거로 사용할 수 있다.

1. **사망 · 질병 · 외국거주 · 소재불명** · 이에 준하는 **그 밖에 사유**로 공판준비 · 공판기일에서 진술이 불가능한 경우
2. 진술 · 작성이 **특별히 신빙**할 수 있는 상태에서 이루어진 것이 증명된 경우
   [전문개정 2007.6.1] [[시행일 2008.1.1.]]
   [본조제목개정 2007.6.1] [[시행일 2008.1.1.]]

제315조(당연히 증거능력이 있는 서류) 법원은 다음 각 호 문서를 증거로 사용할 수 있다. [개정 2007.5.17 제8435호(가족관계의 등록 등에 관한 법률)] [[시행일 2008.1.1]]

1. 가족관계기록사항에 관한 증명서 · 공정증서등본 · 그 밖에 공무원 · 외국공무원이 직무상 증명할 수 있는 사항에 관하여 작성된 문서
2. 상업장부 · 항해일지 · 그 밖에 업무상 필요하여 작성된 일반문서
3. 그 밖에 **특별히 신용할 만한 정황**에서 작성된 문서

제316조(전문진술)

① 법원은 공판준비 · 공판기일에서 다음 각 호에 모두 해당하는 경우 피고인이 아닌 사람(피고인을 공소제기 전에 피의자로 조사하였거나 또는 그 조사에 참여하였던 사람을 포함한다. 이하 이 조에서 같다) 진술을 증거로 사용할 수 있다.

1. **피고인 진술**을 내용으로 하는 경우
2. 피고인 진술이 **특별히 신빙**할 수 있는 상태에서 이루어진 것이 증명된 경우
   [개정 2007.6.1] [[시행일 2008.1.1]]

② 공판준비 · 공판기일에서 **피고인 아닌 사람 진술**이 피고인 아닌 제3자 진술을 그 내용으로 하는 경우 다음 각 호 사유를 모두 충족한 경우 그 진술을 증거로 사용할 수 있다.

1. 원진술자가 **사망 · 질병 · 외국거주 · 소재불명 · 이에 준하는 그 밖에 사유**로 공판준비 · 공판기일에서 **원진술자 진술이 불가능**한 경우
2. 그 진술이 **특별히 신빙**할 수 있는 상태에서 이루어진 것이 증명된 경우
   [개정 95 · 12 · 29, 2007.6.1] [[시행일 2008.1.1.]] [전문개정 61 · 9 · 1]

제317조(진술임의성)

① 법원은 피고인 · 피고인 아닌 사람이 **임의로 진술**한 경우만 진술증거로 사용할 수 있다.

② 법원은 서류작성 · 서류내용이 임의로 진술한 것이 증명된 경우 제1항 서류를 증거로 사용할 수 있다.

③ 법원은 검증조서 일부분에서 피고인 진술 · 피고인 아닌 사람 진술이 기재된 경우 그 **일부분**에 대해 제1항 · 제2항을 준용한다.

제318조(당사자 동의와 증거능력)

① 법원은 **다음 각 호 사유가 모두 충족되는 경우 증거로 사용**할 수 있다.

1. 검사 · 피고인이 서류 · 물건 · 진술을 증거로 사용하기로 **동의**한 경우
2. 법원이 제1호 서류 · 물건에 대해 **진정성**을 인정할 수 있을 경우

② 법원은 피고인 법정 출석 없이 **증거조사**를 실시할 수 있는 경우 피고인이 출석하지 않으면 제1항 증거에 **동의**한 것으로 본다. 다만 대리인 · 변호인이 법정에 출석한 경우 제1항 증거에 동의한 것으로 볼 수 없다.

제318조2(증명력을 다투기 위한 증거)

① 법원은 제312조 · 제313조 · 제314조 · 제315조 · 제316조에 근거하여 증거로 할 수 없는 서류와 진술(**적법절차위반은 제외한다**)은 공판준비 · 공판기일에서 피고인 · 피고인이 아닌 사람(공소제기 전 피고인을 피의자로 조사하였던 사람 또는 그 조사에 참여하였던 사람을 포함한다. 이하 이 조에서 같다) 진술 증명력을 다툴 수 있는 증거로 사용할 수 있다. 다만 적법절차를 준수하지 않은 증거는 **탄핵증거**로 사용할 수 없다.

② 법원은 제1항에도 불구하고 피고인 · 피고인이 아닌 사람 진술을 내용으로 하는 영상녹화물은 다음 각 호 요건을 모두 충족한 경우 **재생하여 시청**하게 할 수 있다.

1. 공판준비 · 공판기일에서 피고인 · 피고인이 아닌 사람이 진술과정에서 기억이 명백하지 않은 경우
2. 진술상황에서 **기억을 환기할 필요성**이 인정되는 경우

[전문개정 2007.6.1] [[시행일 2008.1.1]]

[본조제목개정 2007.6.1] [[시행일 2008.1.1.]]

제318조3(간이공판절차에서 증거능력에 관한 특례) 법원은 제286조2 **간이공판절차결정**을 한 사건 증거인 경우 제310조2 · 제312조 · 제313조 · 제314조 · 제316조에 근거한 증거에 대해서 제318조 제1항 **당사자 동의**가 있는 것으로 본다. 다만 검사 · 피고인 · 변호인이 증거동의에 이의를 제기한 경우, 동의가 있는 것으로 보지 않는다.

문 33. 형사소송법 제307조 제2항 범죄사실 증명력에 관한 설명 중 옳은 것은?
(다툼이 있는 경우 판례에 의함)

출제내용

- 형사소송에서 범죄사실에 관한 증명책임 소재(=검사)
- 피고인에게 유죄를 인정하기 위한 증명의 정도
- 상해진단서 증명력
- 간접사실 증명력
- 살인죄(=직접증거 없이 간접증거만으로 유죄 인정 가능함+)

출제분석

2024년 제13회 변호사시험 출제예상 ★
2023년 제12회 변호사시험 기출문제 34
2019년 제8회 변호사시험 기출문제 37

01 ★★★★★

시골마을에 사는 할머니 甲은 경작지의 농수 문제로 시비가 붙어 인근에 사는 A 할머니를 둔기로 때려 살해하였다는 혐의로 검사 S에 의해 기소되었다. 甲의 주거지 근처에서 피가 묻은 둔기는 발견되었으나, A의 사체는 발견되지 않았다. 이에 관한 설명 중 옳지 않은 것은? (다툼이 있는 경우 판례에 의함)

중요 ① 甲의 살인죄는 간접증거에 의해 인정될 수도 있다.

해설 및 정답 2019년 제8회 변호사시험 기출문제 37 **정답** ○

대법원 2017. 5. 30. 선고 2017도1549 판결 [살인(예비적 죄명: 교통사고처리특례법위반)·사기] 〈남편이 보험금을 노리고 교통사고를 내어 아내를 살해하였다고 기소된 사건〉
살인죄 간접증거·자수·자복·사체유기죄·공소장변경·전문진술을 묻는 종합문제이다.
유죄 인정은 간접증거로도 가능하다. 그러나 그 증명은 의심이 없어야 한다.

② 만약 甲이 경찰서에 자진 출석해서 범죄사실을 자백하여 자수가 성립한 경우, 형을 감경하지 않아도 위법하지 않다.

해설 및 정답 2019년 제8회 변호사시험 기출문제 37 **정답** ○

대법원 2011. 12. 22. 선고 2011도12041 판결 [자본시장과금융투자업에관한법률위반]
자수·자복은 임의적 감경 사유이다. 형을 감경하지 않아도 위법하지 않다.
[판시사항] 형법 제52조 제1항에서 말하는 '자수'(自首)의 의미 및 자수감경을 하지 아니하거나 자수감경 주장에 대하여 판단하지 아니한 원심의 조치가 위법한지 여부(소극)

③ 만약 甲이 A의 사체에 돌을 매달아 저수지에 버렸다면, 별개의 사체유기죄가 성립한다.

해설 및 정답 2019년 제8회 변호사시험 기출문제 37 **정답** ○

대법원 1997. 7. 25. 선고 97도1142 판결 [해상강도살인 · 사체유기 · 폭력행위등처벌에관한법률위반]

사람을 살해한 후 그 사체를 다른 장소로 옮겨 유기한 경우 살인죄와 사체유기죄는 실체적 경합관계이다.

[판시사항] [1] 선장을 비롯한 일부 선원들을 살해하는 등의 방법으로 선박의 지배권을 장악하여 목적지까지 항해한 후 선박을 매도하거나 침몰시키려고 한 경우에 선박에 대한 불법영득의 의사가 있다고 보아 해상강도살인죄로 인정한 사례(페스카마 15호 선상 살인사건) [2] 사람을 살해한 자의 사체유기 행위가 불가벌적 사후행위인지 여부(소극)

④ 살인죄의 구성요건은 폭행치사 사실을 포함하므로, 법원은 살인죄가 인정되지 않더라도 공소장 변경 없이 폭행치사죄를 인정할 수 있다.

해설 및 정답 2019년 제8회 변호사시험 기출문제 37 **정답** ×

대법원 1981. 7. 28. 선고 81도1489 판결 [살인]

살인죄와 폭행치사죄는 기본적 사실관계 동일성이 인정되지 않는다. 그러므로 공소장을 변경해야 처벌이 가능하다.

[판결요지] 공소가 제기된 살인죄의 범죄사실에 대하여는 그 증명이 없으나 폭행치사의 증명이 있는 경우에도 검사의 공소장변경 없이는 이를 폭행치사죄로 처단할 수 없다. 폭행치사죄로 처단한 제1심 판결을 파기하고 무죄를 선고한 원심의 조처는 정당하다.

중요 ⑤ 만약 주민 B가 "甲이 나에게 '망할 놈의 할망구, 내가 A를 없애 버렸다'고 말한 적이 있다."라고 증언하였다면, 甲의 진술이 특히 신빙할 수 있는 상태 하에서 행하여졌음이 증명된 때에 한하여 B의 진술을 증거로 할 수 있다.

해설 및 정답 2019년 제8회 변호사시험 기출문제 37 ★ **정답** ○

형사소송법 제316조 제1항이 적용된다. 피고인 아닌 자의 진술이 피고인의 진술을 내용으로 하기 때문이다. 특히 신빙할 수 있는 상태에서만 증거능력이 인정된다.

02 ★★★★★

증거능력과 증명에 관한 설명 중 옳지 않은 것은? (다툼이 있는 경우 판례에 의함)

파워특강 **형사소송법 제312조 제3항 · 제314 · 제312조 제4항 · 제316조 제2항.** 양벌규정의 종업원과 사업주(=형사증거법상 공범 내지 이에 준하는 관계+). 망인인 종업원에 대한 경찰 피의자신문조서(=형사소송법 제312조 제3항 소정의 '검사 이외의 수사기관이 작성한 피의자신문조서'에 해당+. 형사소송법 제314조에 근거하여 위 경찰 피의자신문조서의 증거능력을 인정할 수 없다). 형사소송법 제312조 제4항 진술조서(=항소심 공판기일에 증인으로 신청하여 신문할 수 있는 사람을 특별한 사정 없이 미리 수사기관에 소환하여 작성한 진술조서의 증거능력은 없다). **'특신상태'에 대한 증명의 정도(=합리적인 의심의 여지를 배제할 정도).** 병역법 제88조 제1항에서 정한 '정당한 사유'의 법적 성격(=구성요건해당성 조각사유). 정당한 사유로 인정할 수 있는 양심적 병역거부에서 말하는 '진정한 양심'의 의미와 증명 방법 및 정당한 사유의 부존재에 대한 증명책임 소재(=검사).

중요 ① 피고인 甲이 사업주(실질적 경영귀속주체)인 사업체의 종업원 乙이 법규위반행위를 하여 甲이 양벌규정에 의하여 기소되고 사법경찰관이 작성한 乙에 대한 피의자신문조서가 증거로 제출되었으나 甲이 이를 내용부인 취지로 부동의하였고 재판 진행 중 乙이 지병으로 사망한 경우 위 피의자신문조서는 「형사소송법」 제314조에 의해 증거능력이 인정될 수 ~~있다.~~ 없다.

해설 및 정답 2023년 제12회 변호사시험 기출문제 34 **정답** ×

대법원 2020. 6. 11. 선고 2016도9367 판결 [의료법위반] **〈양벌규정의 종업원과 사업주는 형사증거법상 공범 내지 이에 준하는 관계에 있다고 보아, 망인인 종업원에 대한 경찰 피의자신문조서는 형사소송법 제312조 제3항 소정의 '검사 이외의 수사기관이 작성한 피의자신문조서'에 해당하므로, 같은 법 제314조에 기초하여 위 경찰 피의자신문조서의 증거능력을 인정할 수 없다고 본 사건〉 ★★★★★**

[판시사항] 피고인과 공범관계가 있는 다른 피의자에 대하여 검사 이외의 수사기관이 작성한 피의자신문조서의 증거능력이 인정되기 위한 요건 및 위 피의자신문조서에 형사소송법 제314조가 적용되는지 여부(소극) / 이러한 법리는 법인의 대표자나 법인 또는 개인의 대리인, 사용인, 그 밖의 종업원 등 행위자의 위반행위에 대하여 행위자가 아닌 법인 또는 개인이 양벌규정에 따라 기소된 경우, 이러한 법인 또는 개인과 행위자 사이의 관계에서도 마찬가지로 적용되는지 여부(적극)

[판결요지] 형사소송법 제312조 제3항은 검사 이외의 수사기관이 작성한 해당 피고인에 대한 피의자신문조서를 유죄의 증거로 하는 경우뿐만 아니라 검사 이외의 수사기관이 작성한 해당 피고인과 공범관계에 있는 다른 피고인이나 피의자에 대한 피의자신문조서를 해당 피고인에 대한 유죄의 증거로 채택할 경우에도 적용된다. 따라서 해당 피고인과 공범관계가 있는 다른 피의자에 대하여 검사 이외의 수사기관이 작성한 피의자신문조서는 그 피의자의 법정진술에 의하여 성립의 진정이 인정되는 등 형사소송법 제312조 제4항의 요건을 갖춘 경우라도 해당 피고인이 공판기일에서 그 조서의 내용을 부인한 이상 이

를 유죄 인정의 증거로 사용할 수 없고, 그 당연한 결과로 위 피의자신문조서에 대하여는 사망 등 사유로 인하여 법정에서 진술할 수 없는 때에 예외적으로 증거능력을 인정하는 규정인 형사소송법 제314조가 적용되지 아니한다. 그리고 **이러한 법리는 공동정범이나 교사범, 방조범 등 공범관계에 있는 자들 사이에서뿐만 아니라, 법인의 대표자나 법인 또는 개인의 대리인, 사용인, 그 밖의 종업원 등 행위자의 위반행위에 대하여 행위자가 아닌 법인 또는 개인이 양벌규정에 따라 기소된 경우, 이러한 법인 또는 개인과 행위자 사이의 관계에서도 마찬가지로 적용된다고 보아야 한다.**

이는 **하나의 범죄사실에 대하여 여러 명이 관여한 경우 서로 자신의 책임을 다른 사람에게 미루려는 것이 일반적인 인간심리이므로, 만일 위와 같은 경우에 형사소송법 제312조 제3항을 해당 피고인 외의 자들에 대해서까지 적용하지 않는다면 인권보장을 위해 마련된 위 규정의 취지를 제대로 살리지 못하여 부당하고 불합리한 결과에 이를 수 있기 때**문이다.

나아가 **대법원은 형사소송법 제312조 제3항이 형법 총칙의 공범 이외에도, 서로 대향된 행위의 존재를 필요로 할 뿐 각자의 구성요건을 실현하고 별도의 형벌 규정에 따라 처벌되는 강학상 필요적 공범 내지 대향범 관계에 있는 자들 사이에서도 적용된다**는 판시를 하기도 하였다. **이는 필요적 공범 내지 대향범의 경우 형법 총칙의 공범관계와 마찬가지로 어느 한 피고인이 자기의 범죄에 대하여 한 진술이 나머지 대향적 관계에 있는 자가 저지른 범죄에도 내용상 불가분적으로 관련되어 있어 목격자, 피해자 등 제3자의 진술과는 본질적으로 다른 속성을 지니고 있음을 중시한 것으로 볼 수 있다.**

양벌규정에 따라 처벌되는 행위자와 행위자가 아닌 법인 또는 개인 간의 관계는, 행위자가 저지른 법규위반행위가 사업주의 법규위반행위와 사실관계가 동일하거나 적어도 중요부분을 공유한다는 점에서 내용상 불가분적 관련성을 지닌다고 보아야 하고, 따라서 **형법 총칙의 공범관계 등과 마찬가지로 인권보장적인 요청에 따라 형사소송법 제312조 제3항이 이들 사이에서도 적용된다고 보는 것이 타당하다.**

☞ [출제] 2022년 제11회 변호사시험 기출문제 37 ⑤

☞ [출제] 2021년 제10회 변호사시험 기출문제 37 ㄴ.

(중요) ② 제1심에서 피고인에 대하여 무죄판결이 선고되어 검사가 항소한 후 수사기관이 항소심 공판기일에 증인으로 신청하여 신문할 수 있는 사람을 특별한 사정 없이 미리 수사기관에 소환하여 작성한 진술조서는 피고인이 증거로 할 수 있음에 동의하지 않는 한 증거능력이 없다.

해설 및 정답 2023년 제12회 변호사시험 기출문제 34 **정답** ○

대법원 2019. 11. 28. 선고 2013도6825 판결 [특정범죄가중처벌등에관한법률위반(알선수재)] 〈진술조서의 증거능력과 법정 증언의 증명력이 문제된 사건〉

[판시사항] **제1심에서 피고인에 대하여 무죄판결이 선고되어 검사가 항소한 후, 수사기관이 항소심 공판기일에 증인으로 신청하여 신문할 수 있는 사람을 특별한 사정 없이 미리 수사기관에 소환하여 작성한 진술조서의 증거능력 유무(원칙적 소극)** / 참고인이 나중에

법정에 증인으로 출석하여 위 진술조서의 성립의 진정을 인정하고 피고인 측에 반대신문의 기회가 부여되더라도 위 진술조서의 증거능력을 인정할 수 없음은 마찬가지인지 여부(적극) / 참고인이 법정에서 위와 같이 증거능력이 없는 진술조서와 같은 취지로 피고인에게 불리한 내용의 진술을 한 경우, 그 진술에 신빙성을 인정하여 유죄의 증거로 삼을 것인지 판단하는 기준.

[판결요지] 형사소송법의 기본원칙에 따라 살펴보면, 제1심에서 피고인에 대하여 무죄판결이 선고되어 검사가 항소한 후, 수사기관이 항소심 공판기일에 증인으로 신청하여 신문할 수 있는 사람을 특별한 사정 없이 미리 수사기관에 소환하여 작성한 진술조서는 피고인이 증거로 할 수 있음에 동의하지 않는 한 증거능력이 없다. 검사가 공소를 제기한 후 참고인을 소환하여 피고인에게 불리한 진술을 기재한 진술조서를 작성하여 이를 공판절차에 증거로 제출할 수 있게 한다면, 피고인과 대등한 당사자의 지위에 있는 검사가 수사기관으로서의 권한을 이용하여 일방적으로 법정 밖에서 유리한 증거를 만들 수 있게 하는 것이므로 당사자주의·공판중심주의·직접심리주의에 반하고 피고인의 공정한 재판을 받을 권리를 침해하기 때문이다. 위 **참고인이 나중에 법정에 증인으로 출석하여 위 진술조서의 성립의 진정을 인정하고 피고인 측에 반대신문의 기회가 부여된다 하더라도 위 진술조서의 증거능력을 인정할 수 없음은 마찬가지이다.**

중요 ③ 피고인 아닌 자의 공판기일에서의 진술이 피고인 아닌 타인의 진술을 그 내용으로 하는 경우 「형사소송법」 제316조 제2항이 요구하는 특히 신빙할 수 있는 상태하에서 행하여졌음에 대한 증명은 단지 그러한 개연성이 있다는 정도로는 부족하고 합리적인 의심의 여지를 배제하는 정도에 이르러야 한다.

해설 및 정답 2023년 제12회 변호사시험 기출문제 34 **정답** ○

대법원 2017. 7. 18. 선고 2015도12981, 2015전도218 판결 [성폭력범죄의처벌및피해자보호등에관한법률위반(특수강도강간등)·부착명령] 〈이른바 대구 대학생 성폭행 사망사건〉

[판시사항] [1] 형사소송법 제312조 제4항에서 피고인이 아닌 자의 진술조서를 '적법한 절차와 방식에 따라 작성한다'는 것의 의미 [2] 전문진술이나 전문진술을 기재한 조서의 증거능력 / 형사소송법 제316조 제2항에서 말하는 '그 진술 또는 작성이 특히 신빙할 수 있는 상태 하에서 행하여졌음'의 의미 [3] 형사소송법 제314조에서 참고인의 진술 또는 작성이 '특히 신빙할 수 있는 상태 하에서 행하여졌음에 대한 증명'의 정도(=합리적인 의심의 여지를 배제할 정도) / 이러한 법리가 원진술자의 소재불명 등을 전제로 하고 있는 형사소송법 제316조 제2항의 경우에도 그대로 적용되는지 여부(적극)

[판결요지] 형사소송법 제312조 또는 제313조는 참고인이 진술하거나 작성한 진술조서나 진술서에 대하여 피고인 또는 변호인의 반대신문권이 보장되는 등 엄격한 요건이 충족될 경우에 한하여 증거능력을 인정하고 있다. 형사소송법 제314조는 참고인 소재불명 등의 경우에 직접심리주의 등 기본원칙에 대한 예외를 인정한 것에 대하여 다시 중대한 예외를 인정하여 **원진술자 등에 대한 반대신문의 기회조차 없이 증거능력을 부여할 수 있도록 한 것이다. 따라서 이러한 경우 참고인의 진술 또는 작성이 '특히 신빙할 수 있는**

상태 하에서 행하여졌음에 대한 증명'은 단지 그러할 개연성이 있다는 정도로는 부족하고 합리적인 의심의 여지를 배제할 정도에 이르러야 한다. 이러한 법리는 원진술자의 소재불명 등을 전제로 하고 있는 형사소송법 제316조 제2항의 경우에도 그대로 적용된다.

☞ [적중] 하태영, 형사법 종합연습, 실전예상문제분석편, 제4판, 법문사, 2021, 403-405면.

중요 ④ 목적과 용도를 정하여 위탁한 금전을 수탁자가 임의로 소비하면 횡령죄를 구성할 수 있으며 피해자 등이 목적과 용도를 정하여 금전을 위탁한 사실 및 그 목적과 용도가 무엇인지는 엄격한 증명의 대상이 된다.

해설 및 정답 2023년 제12회 변호사시험 기출문제 34 **정답** ○

대법원 2013. 11. 14. 선고 2013도8121 판결 [특정경제범죄가중처벌등에관한법률위반(횡령)(일부 인정되거나 변경된 죄명: 업무상횡령)]

[판시사항] 목적과 용도를 정하여 위탁한 금전을 수탁자가 임의로 소비한 경우, 횡령죄가 성립하는지 여부(적극) 및 이 경우 피해자 등이 목적과 용도를 정하여 금전을 위탁한 사실과 그 목적과 용도가 무엇인지가 엄격한 증명의 대상인지 여부(적극)

[판결요지] 목적과 용도를 정하여 위탁한 금전을 수탁자가 임의로 소비하면 횡령죄를 구성할 수 있으나 이 경우 피해자 등이 목적과 용도를 정하여 금전을 위탁한 사실 및 그 목적과 용도가 무엇인지는 엄격한 증명의 대상이라고 보아야 한다.

중요 ⑤ 양심적 병역거부를 주장하는 피고인이 자신의 병역거부가 그에 따라 행동하지 않고서는 인격적 존재가치가 파멸되고 말 것이라는 절박하고 구체적인 양심에 따른 것으로 그 양심이 깊고 확고하며 진실한 것이라는 사실의 존재를 수긍할 만한 소명자료를 법원에 제출한 경우, 검사는 제출된 자료의 신빙성을 탄핵하는 방법으로 진정한 양심의 부존재를 증명할 수 있다.

해설 및 정답 2023년 제12회 변호사시험 기출문제 34 **정답** ○

대법원 2018. 11. 1. 선고 2016도10912 전원합의체 판결 [병역법위반] 〈양심적 병역거부와 병역법 제88조 제1항의 정당한 사유〉

[판시사항] [1] **병역법 제88조 제1항에서 정한 '정당한 사유'의 법적 성격(=구성요건해당성 조각사유) 및 정당한 사유가 있는지 판단할 때 고려하여야 할 사항 / 이른바 양심적 병역거부가 병역법 제88조 제1항에서 정한 '정당한 사유'에 해당하는지 여부(한정 적극) / 양심적 병역거부를 위 조항의 정당한 사유로 인정할 것인지가 대체복무제의 존부와 논리필연적인 관계에 있는지 여부(소극) / 정당한 사유로 인정할 수 있는 양심적 병역거부에서 말하는 '진정한 양심'의 의미와 증명 방법 및 정당한 사유의 부존재에 대한 증명책임 소재(=검사)**

[판결요지] 정당한 사유가 없다는 사실은 범죄구성요건이므로 검사가 증명하여야 한다.

☞ [적중] 하태영, 형사법 종합연습, 실전예상문제분석편, 제4판, 법문사, 2021, 45면.

문 34. 형사소송법 제308조2 위법수집증거배제법칙과 통신비밀보호법에 관한 설명 중 옳은 것은? (다툼이 있는 경우 판례에 의함)

출제내용

- 위법한 수사로 공소가 제기된 경우(=형사소송법 제327조 제2호 공소기각판결)
- 불법감청과 증거능력 부정(=형사소송법 제308조2 위법수집증거)
- 통신비밀보호법 '대화' 의미(=의미 전달을 담은 육성+)
- 대화 당사자 일방 녹음(=증거능력 인정+)
- 제3자가 대화 당사자 일방 녹음(=1인에게 동의를 받아도 증거능력 부정-)
- 사인(私人)이 녹음한 녹음테이프·녹음파일의 진술부분 증거능력(형사소송법 제313조) ★★★★★
- 위법수집증거와 증거능력 판단(=제1차 증거와 제2차 증거 인과관계 희석여부 판단) ★★★★★
- 수사기관이 영장 발부의 사유로 된 범죄 혐의사실과 무관한 별개의 증거를 압수하였을 경우(=증거능력 부정-) ★★★★★

출제분석

2024년 제13회 변호사시험 출제예상 ★
2023년 제12회 변호사시험 기출문제 38·39
2022년 제11회 변호사시험 기출문제 26
2021년 제10회 변호사시험 기출문제 29·37
2020년 제9회 변호사시험 기출문제 28
2017년 제6회 변호사시험 기출문제 21·38
2015년 제4회 변호사시험 기출문제 21·26·29

가. 위법수집증거배제법칙에 관한 설명 중 옳은 것이다(○).

중요 ① 호텔 투숙객 甲이 마약을 투약하였다는 신고를 받고 출동한 경찰관이 임의동행을 거부하는 甲을 강제로 경찰서로 데리고 가서 채뇨 요구를 하자 이에 甲이 응하여 소변검사가 이루어진 경우, 그 결과물인 소변검사시인서는 증거능력이 없다.

해설 및 정답 2020년 제9회 변호사시험 기출문제 28 **정답** ○

- 핵심내용: 위법수집증거배제법칙(=영장 없는 강제연행 후 소변검사, 위법한 강제연행 후 피의자 요구로 혈액채취, 접견교통권 침해로 작성된 피의자신문조서, 불법감청 녹음)

대법원 2013. 3. 14. 선고 2012도13611 판결 [마약류관리에 관한 법률 위반(향정)]

[판시사항] [1] **동행을 거부하는 의사를 표시한 피의자를 수사기관이 영장에 의하지 아니하고 강제연행한 행위가 위법한 체포에 해당하는지 여부(적극) 및 위법한 체포상태에서 이루어진 마약 투약 혐의를 확인하기 위한 채뇨 요구가 위법한지 여부(적극)** [2] 마약 투약 혐의를 받고 있던 피고인이 임의동행을 거부하겠다는 의사를 표시하였는데도 경찰관들이 피고인을 영장 없이 강제로 연행한 상태에서 마약 투약 여부의 확인을 위한 1차 채뇨절차가 이루어졌다. 그런데 **그 후 압수영장에 기하여 2차 채뇨절차가 이루어지고 그 결과를 분석한 소변 감정서 등이 증거로 제출된 사안에서, 1차 채뇨 요구에 의하여 수집된 증거는 증거능력이 없으나, 제반 사정을 고려할 때 2차적 증거인 소변 감정서 등은 증거능력이 인정된다**고 한 사례.

(중요) ② 음주운전 피의자에 대해 위법한 강제연행 상태에서 호흡측정방법에 의한 음주측정을 한 다음, 즉시 그 자리에서 피의자가 자신의 호흡측정 결과에 대한 탄핵을 하기 위하여 스스로 혈액채취방법에 의한 측정을 할 것을 요구하여 혈액채취가 이루어진 경우, 호흡측정에 의한 측정결과는 물론 혈액채취에 의한 측정결과도 증거능력이 없다.

해설 및 정답 2020년 제9회 변호사시험 기출문제 28 **정답** ○

대법원 2013. 3. 14. 선고 2010도2094 판결 [도로교통법위반(음주운전)] 〈미란다 원칙을 위반한 채혈측정 사건〉

[판시사항] [1] 적법한 절차를 위반하여 수집한 증거와 이를 기초로 획득한 2차적 증거의 증거능력을 예외적으로 인정할 수 있는 경우 [2] **위법한 강제연행 상태에서 호흡측정방법에 의한 음주측정이 이루어진 후 강제연행 상태로부터 시간적·장소적으로 단절되었다고 볼 수 없는 상황에서 피의자의 요구에 의하여 이루어진 혈액채취 방법에 의한 음주측정 결과의 증거능력 유무(원칙적 소극) 및 피고인이나 변호인이 이를 증거로 함에 동의한 경우에도 마찬가지인지 여부(적극)**

(중요) ③ 검사가 甲을 긴급체포하여 조사 중, 甲의 친구인 변호사 A가 甲의 변호인이 되기 위하여 검사에게 접견신청을 하였으나, 검사가 변호인선임신고서의 제출을 요구하면서 변호인 접견을 못하게 한 상태에서 검사가 작성한 甲에 대한 피의자신문조서는 甲에 대한 유죄의 증거로 사용할 수 없다.

해설 및 정답 2020년 제9회 변호사시험 기출문제 28 **정답** ○

대법원 1990. 9. 25. 선고 90도1586 판결 [국가보안법위반]

[판시사항] [1] 위법한 변호인접견불허 기간 중에 작성된 검사 작성의 피의자신문 조서의 증거능력 유무(소극) [2] 불법연행 등의 위법사유가 있으면 공소제기 절차가 위법하여 무효인지 여부(소극)

[판결요지] [1] 헌법상 보장된 변호인과의 접견교통권이 위법하게 제한된 상태에서 얻어진 피의자의 자백은 그 증거능력을 부인하는 유죄의 증거에서 실질적이고 완전하게 배제하여야 하는 것이다. **피고인이 구속되어 국가안전기획부에서 조사를 받다가 변호인의 접견신청이 불허되어 이에 대한 준항고를 제기 중에 검찰로 송치되어 검사가 피고인을 신문하여 제1회 피의자신문조서를 작성한 후 준항고절차에서 위 접견불허처분이 취소되어 접견이 허용된 경우에는 검사의 피고인에 대한 위 제1회 피의자신문은 변호인의 접견교통을 금지한 위법상태가 계속된 상황에서 시행된 것으로 보아야 할 것이므로 그 피의자신문조서는 증거능력이 없다.**

[2] 변호인이 주장하는 불법연행 등 각 위법사유가 사실이라고 하더라도 그 위법한 절차에 의하여 수집된 증거를 배제할 이유는 될지언정 공소제기의 절차자체가 위법하여 무효인 경우에 해당한다고 볼 수 없다.

④ 전자우편이 송신되어 수신인이 이를 확인하는 등으로 이미 수신이 완료된 전기통신에 관하여 남아 있는 기록이나 내용을 열어보는 등의 행위는 「통신비밀보호법」에서 규정하는 '전기통신의 감청'에 포함되지 않는다.

해설 및 정답 2017년 제6회 변호사시험 기출문제 38 **정답** ○

통신비밀보호법상 감청과 함정수사를 묻는 문제이다.

대법원 2012. 10. 25. 선고 2012도4644 판결 [통신비밀보호법위반]

[판결요지] 통신비밀보호법 제2조 제3호 및 제7호 문언이 송신하거나 수신하는 전기통신 행위를 감청의 대상으로 규정하고 있을 뿐 **송·수신이 완료되어 보관 중인 전기통신 내용은 대상으로 규정하지 않은 점**, 일반적으로 **감청은 다른 사람의 대화나 통신 내용을 몰래 엿듣는 행위를 의미하는 점** 등을 고려하여 보면, **통신비밀보호법상 '감청'이란 대상이 되는 전기통신의 송·수신과 동시에 이루어지는 경우만을 의미하고, 이미 수신이 완료된 전기통신의 내용을 지득하는 등의 행위는 포함되지 않는다.**

⑤ 「통신비밀보호법」 제3조 제1항은 "공개되지 아니한 타인간의 대화를 녹음 또는 청취하지 못한다."라고 규정하고 있는데, 3인 간의 대화에서 그 중 한 사람이 그 대화를 녹음 또는 청취하는 경우에 다른 두 사람의 발언은 그 녹음자 또는 청취자에 대한 관계에서 위 규정에서 말하는 '타인 간의 대화'라고 할 수 없다.

해설 및 정답 2017년 제6회 변호사시험 기출문제 38 **정답** ○

대법원 2006. 10. 12. 선고 2006도4981 판결 [통신비밀보호법위반]

[판결요지] 3인 간의 대화에 있어서 그 중 한 사람이 그 대화를 녹음하는 경우에 다른 두 사람의 발언은 그 녹음자에 대한 관계에서 '타인 간의 대화'라고 할 수 없다. 그러므로 이와 같은 녹음행위가 통신비밀보호법 제3조 제1항에 위배된다고 볼 수는 없다.

⑥ 경찰관이 노래방의 도우미 알선 영업단속 실적을 올리기 위하여 그에 대한 제보나 첩보가 없는데도 손님을 가장하고 들어가 도우미를 불러줄 것을 요구하였으나 한 차례 거절당한 후에 다시 찾아가 도우미를 불러 줄 것을 요구하여 도우미가 오자 단속하였다면 이는 위법한 함정수사에 해당한다.

해설 및 정답 2017년 제6회 변호사시험 기출문제 38 **정답** ○

대법원 2008. 10. 23. 선고 2008도7362 판결 [음악산업진흥에관한법률위반]

[판시사항] **경찰관이 노래방의 도우미 알선 영업 단속 실적을 올리기 위하여 제보나 첩보가 없는데도 손님을 가장하고 들어가 도우미를 불러낸 사안에서, 위법한 함정수사로서 공소제기가 무효**라고 한 사례.

[판결요지] **범의를 가지지 아니한 자에 대하여 수사기관이 사술이나 계략 등을 써서 범의를 유발케 하여 범죄인을 검거하는 함정수사는 위법함을 면할 수 없다. 이러한 함정수사에 기한 공소제기는 그 절차가 법률의 규정에 위반하여 무효인 때에 해당한다고 볼 것이다(대법원 2005. 10. 28. 선고 2005도1247 판결 등 참조). 이 사건 단속은 수사기관이 사술이나 계략 등을 써서 피고인의 범의를 유발케 한 것으로서 위법하고, 이러한 함정수사에 기한 이 사건 공소제기 또한 그 절차가 법률의 규정에 위반하여 무효인 때에 해당한다고 하여 이 사건 공소를 기각한 제1심 판결을 유지하였다.**

⑦ 우편물 통관검사절차에서 이루어지는 우편물의 개봉, 시료채취, 성분분석 등의 검사는 수출입물품에 대한 적정한 통관 등을 목적으로 한 행정조사의 성격을 가지는 것으로서 수사기관의 강제처분이라고 할 수 없으므로, 압수·수색영장 없이 우편물의 개봉, 시료채취, 성분분석 등 검사가 진행되었다고 하더라도 특별한 사정이 없는 한 위법하다고 볼 수 없다.

해설 및 정답 2015년 제4회 변호사시험 기출문제 26 **정답** ○

우편물 통관검사절차에서 검사 시 압수·수색영장은 불필요하다.

대법원 2013. 9. 26. 선고 2013도7718 판결 [마약류관리에관한법률위반(향정)]

[판시사항] **우편물 통관검사절차에서 압수·수색영장 없이 진행된 우편물의 개봉, 시료채취, 성분분석 등 검사의 적법 여부(원칙적 적극)**

☞ [출제] 2019년 제8회 변호사시험 기출문제 29

⑧ 수사기관이 법관의 영장에 의하지 아니하고 신용카드 매출전표의 거래명의자에 관한 정보를 획득한 경우, 이에 터잡아 수집한 2차적 증거들의 증거능력을 판단할 때, 수사기관이 의도적으로 영장주의의 정신을 회피하는 방법으로 증거를

확보한 것이 아니라고 볼만한 사정, 체포되었던 피의자가 석방된 후 상당한 시간이 경과하였음에도 다시 동일한 내용의 자백을 하였다거나 그 범행의 피해품을 수사기관에 임의로 제출하였다는 사정 등은 통상 2차적 증거의 증거능력을 인정할 만한 정황에 속한다.

해설 및 정답 2015년 제4회 변호사시험 기출문제 29 **정답** ○

형사소송법 제308조의2(위법수집증거의 배제) 적법한 절차에 따르지 아니하고 수집한 증거는 증거로 할 수 없다.

대법원 2013. 3. 28. 선고 2012도13607 판결 [특정범죄가중처벌등에관한법률위반(절도)]

[판결요지] [1] **수사기관이 영장에 의하지 아니하고 매출전표의 거래명의자에 관한 정보를 획득하였다면, 그와 같이 수집된 증거는 원칙적으로 형사소송법 제308조의2에서 정하는 '적법한 절차에 따르지 아니하고 수집한 증거'에 해당하여 유죄의 증거로 삼을 수 없다.**
[2] **수사기관이 의도적으로 영장주의의 정신을 회피하는 방법으로 증거를 확보한 것이 아니라고 볼 만한 사정, 위와 같은 정보에 기초하여 범인으로 특정되어 체포되었던 피의자가 석방된 후 상당한 시간이 경과하였음에도 다시 동일한 내용의 자백을 하였다거나 그 범행의 피해품을 수사기관에 임의로 제출하였다는 사정, 2차적 증거 수집이 체포 상태에서 이루어진 자백으로부터 독립된 제3자의 진술에 의하여 이루어진 사정 등은 통상 2차적 증거의 증거능력을 인정할 만한 정황에 속한다고 볼 수 있다.**

⑨ 위법한 강제연행 상태에서 호흡측정방법에 의한 음주측정을 한 다음, 강제연행 상태로부터 시간적·장소적으로 단절되었다고 볼 수 없는 상황에서 피의자가 호흡측정결과를 탄핵하기 위하여 스스로 혈액채취방법에 의한 측정을 할 것을 요구하여 혈액채취가 이루어진 경우 그러한 혈액채취에 의한 측정 결과를 유죄 인정의 증거로 쓸 수는 없다.

해설 및 정답 2015년 제4회 변호사시험 기출문제 29 **정답** ○

위법한 강제연행 상태에서 혈액채취에 의한 측정 결과는 **유죄의 증거로 쓸 수 없다. 위법한 강제연행 후 혈액채취 증거능력 부정.**

대법원 2013. 3. 14. 선고 2010도2094 판결 [도로교통법위반(음주운전)] **〈미란다 원칙을 위반한 채혈측정 사건〉**

[판시사항] **위법한 강제연행 상태에서 호흡측정 방법에 의한 음주측정이 이루어진 후 강제연행 상태로부터 시간적·장소적으로 단절되었다고 볼 수 없는 상황에서 피의자의 요구에 의하여 이루어진 혈액채취 방법에 의한 음주측정 결과의 증거능력 유무(원칙적 소극) 및 피고인이나 변호인이 이를 증거로 함에 동의한 경우에도 마찬가지인지 여부(적극)**

⑩ 마약 투약 혐의를 받고 있던 피고인을 경찰관들이 영장 없이 강제로 연행한 상

태에서 마약 투약 여부의 확인을 위한 1차 채뇨절차가 이루어졌다고 하더라도, 그 후 피고인이 법관이 발부한 영장에 의하여 적법하게 구금되고, 압수·수색영장에 의하여 2차 채뇨 및 채모절차가 적법하게 이루어진 이상, 이와 같은 사정은 체포과정에서의 절차적 위법과 2차적 증거수집 사이의 인과관계를 희석하게 할 만한 정황에 속한다.

해설 및 정답 2015년 제4회 변호사시험 기출문제 29 **정답** ○

대법원 2013. 3. 14. 선고 2012도13611 판결 [마약류관리에관한법률위반(향정)]

나. 위법수집증거배제법칙에 관한 설명 중 옳지 않은 것이다(×).

중요 ① 수사기관이 甲의 뇌물수수 범행을 범죄사실로 하여 발부받은 압수수색영장을 집행하는 과정에, 乙과 丙 사이의 甲과 무관한 별개의 뇌물수수에 관한 대화가 녹음된 녹음파일을 발견한 경우, 별도의 압수수색영장을 발부받지 않더라도 위 녹음파일을 乙과 丙에 대한 뇌물수수죄의 증거로 사용할 수 ~~있다.~~ 없다.

해설 및 정답 2020년 제9회 변호사시험 기출문제 28 **정답** ×

대법원 2014. 1. 16. 선고 2013도7101 판결 [공직선거법위반·정치자금법위반]

[판시사항] 수사기관이 피의자 갑의 공직선거법 위반 범행을 영장 범죄사실로 하여 발부받은 **압수·수색영장의 집행 과정에서 을, 병 사이의 대화가 녹음된 녹음파일을** 압수하여 을, 병의 공직선거법 위반 혐의사실을 발견한 사안에서, **별도의 압수·수색영장을 발부받지 않고 압수한 위 녹음파일은 위법수집증거로서 증거능력이 없다**고 한 사례.

[판결요지] 이와 같은 압수에는 헌법 제12조 제1항 후문, 제3항 본문이 규정하는 영장주의를 위반한 절차적 위법이 있다. 그러므로 **녹음파일은 형사소송법 제308조의2에서 정한 '적법한 절차에 따르지 아니하고 수집한 증거'로서 증거로 쓸 수 없고, 그 절차적 위법은 헌법상 영장주의 내지 적법절차의 실질적 내용을 침해하는 중대한 위법에 해당하여 예외적으로 증거능력을 인정할 수도 없다**고 한 사례.

중요 ② 피고인의 뇌물수수 범행에 대한 추가적인 증거를 확보할 목적으로, 수사기관이 구속 수감되어 있던 A에게 휴대전화를 제공하여 피고인과 통화하게 하고 그 통화내용을 녹음하게 한 경우, 이를 근거로 작성된 녹취록은 피고인이 증거로 함에 동의하면 증거능력이 ~~있다.~~ 없다.

해설 및 정답 2020년 제9회 변호사시험 기출문제 28 **정답** ×

대법원 2010. 10. 14. 선고 2010도9016 판결 [마약류관리에 관한 법률 위반(향정)]

[판시사항] [1] **제3자가 전화통화자 중 일방만의 동의를 얻어 통화 내용을 녹음하는 행**

위가 통신비밀보호법상 '전기통신의 감청'에 해당하는지 여부(적극) 및 불법감청에 의하여 녹음된 전화통화 내용의 증거능력 유무(소극)
[2] **수사기관이 갑으로부터 피고인의 마약류관리에 관한 법률 위반(향정) 범행에 대한 진술을 듣고 추가적인 증거를 확보할 목적으로, 구속수감되어 있던 갑에게 그의 압수된 휴대전화를 제공하여 피고인과 통화하고 위 범행에 관한 통화 내용을 녹음하게 한 행위는 불법감청에 해당한다. 그러므로 그 녹음 자체는 물론 이를 근거로 작성된 녹취록 첨부 수사보고는 피고인의 증거동의에 상관없이 그 증거능력이 없다**고 한 사례.

③ 위법한 함정수사~~에 기하여 공소를 제기한 피고사건은 범죄로 되지 아니하므로 「형사소송법」 제325조의 규정에 따라 법원은 판결로써 무죄를 선고하여야 한다.~~ 위법한 함정수사에 기한 공소제기는 그 절차가 법률의 규정에 위반하여 무효인 때에 해당한다.

해설 및 정답 2017년 제6회 변호사시험 기출문제 38 **정답** ×

대법원 2005. 10. 28. 선고 2005도1247 판결 [마약류관리에관한법률위반(향정)]

[판시사항] [1] **위법한 함정수사에 기한 공소제기 효력(=무효)** [2] 종전 상고심에서 상고이유의 주장이 이유 없다고 배척되었으나 경합범 관계에 있는 다른 범죄부분으로 유죄부분 전부가 파기되어 환송받은 법원에서 다시 경합범으로 형을 정한 경우, **피고인이 종전 상고심에서 배척된 부분에 대한 주장을 다시 상고이유로 삼을 수 있는지 여부(소극)**

중요 ④ 범행 현장에서 지문채취 대상물에 대한 지문채취가 먼저 이루어지고 수사기관이 그 이후에 지문채취 대상물을 적법한 절차에 의하지 아니한 채 압수한 경우, 압수 이전에 채취된 지문은 ~~위법하게~~ 적법하게 압수한 지문채취 대상물로부터 획득한 2차적 증거에 ~~해당하므로 위법수집증거이다.~~ 해당하지 않으므로 적법수집증거이다.

해설 및 정답 2015년 제4회 변호사시험 기출문제 26 ★ **정답** ×

대법원 2008. 10. 23. 선고 2008도7471 판결 [강도강간 · 강도상해 · 절도]

[판시사항] 수사기관이 적법절차를 위반하여 지문채취 대상물을 압수한 경우, **그전에 이미 범행 현장에서 위 대상물에서 채취한 지문이 위법수집증거에 해당하는지 여부(소극)**

[판결요지] 피해자 공소외 1의 신고를 받고 현장에 출동한 ○○경찰서 과학수사팀 소속 경장 공소외 2는 피해자 공소외 1이 범인과 함께 술을 마신 테이블 위에 놓여 있던 **맥주컵에서 지문 6점을, 물컵에서 지문 8점을, 맥주병에서 지문 2점을 각각 현장에서 직접 채취하였음을 알 수 있다.** 이와 같이 **범행 현장에서 지문채취 대상물에 대한 지문채취가 먼저 이루어진 이상, 수사기관이 그 이후에 지문채취 대상물을 적법한 절차에 의하지 아니한 채 압수하였다고 하더라도**(한편, 이 사건 지문채취 대상물인 맥주컵, 물컵, 맥주병 등은 피해자공소외 1이 운영하는 주점 내에 있던 피해자공소외 1의 소유로서 이를 수거한 행위가 피해자공소외 1의 의사에 반한 것이라고 볼 수 없으므로, 이를 가리켜 위법한 압수라고 보기도 어렵다), 위와 같이 채**취된 지문은 위법하게 압수한 지문채취 대상물로**

부터 획득한 2차적 증거에 해당하지 아니함이 분명하여, 이를 가리켜 위법수집증거라고 할 수 없다. 그러므로 원심이 이를 증거로 채택한 것이 위법하다고 할 수 없다. 이 점에 관한 상고이유의 주장은 받아들일 수 없다.

다. 형사소송법 제308조 자유심증주의·제308조2 위법수집증거배제법칙 종합문제

01 ★★★★★

「형사소송법」 제308조에 규정된 자유심증주의에 관한 설명 중 옳지 않은 것은? (다툼이 있는 경우 판례에 의함)

① 증거의 증명력을 법관의 자유판단에 의하도록 하는 것은 그것이 실체적 진실발견에 적합하기 때문이지 법관의 자의적인 판단을 인용한다는 것은 아니다.

해설 및 정답 2017년 제6회 변호사시험 기출문제 21 정답 ○

대법원 2007. 5. 10. 선고 2007도1950 판결 [강도치상 · 성폭력범죄의처벌및피해자보호등에관한법률위반(특수강간등) · 특수강도]

[판결요지] **자유심증주의를 규정한 형사소송법 제308조가 증거의 증명력을 법관의 자유판단에 의하도록 한 것은 그것이 실체적 진실발견에 적합하기 때문이지 법관의 자의적인 판단을 인용한다는 것은 아니다.**

중요 ② 형사재판에 있어서 유죄로 인정하기 위한 심증형성의 정도는 합리적인 의심을 할 여지가 없을 정도이어야 하고, 여기서 합리적 의심이란 논리와 경험칙에 기하여 요증사실과 양립할 수 없는 사실의 개연성에 대한 합리성 있는 의문을 의미한다.

해설 및 정답 2017년 제6회 변호사시험 기출문제 21 ★ 정답 ○

대법원 2011. 1. 27. 선고 2010도12728 판결 [폭력행위등처벌에관한법률위반(집단 · 흉기등상해)]

[판결요지] **자유심증주의를 규정한 형사소송법 제308조가 증거의 증명력을 법관의 자유판단에 의하도록 한 것은 그것이 실체적 진실발견에 적합하기 때문이다. 그러므로 증거판단에 관한 전권을 가지고 있는 사실심 법관은 사실인정을 하면서 공판절차에서 획득된 인식과 조사된 증거를 남김없이 고려하여야 한다. 여기에서 말하는 합리적 의심이란 모든 의문, 불신을 포함하는 것이 아니라 논리와 경험칙에 기하여 요증사실과 양립할 수 없는 사실의 개연성에 대한 합리성 있는 의문을 의미하는 것이다. 단순히 관념적인 의심이나 추상적인 가능성에 기초한 의심은 합리적 의심에 포함된다고 할 수 없다.**

③ 형사재판에 있어서 관련된 다른 형사사건의 확정판결에서 인정된 사실은 특별한 사정이 없는 한 유력한 증거자료가 되기 때문에 당해 형사재판에서 제출된 다른 증거 내용에 비추어 관련 형사사건 확정판결의 사실판단을 그대로 채택하기 어렵다고 인정될 경우라도 이를 배척할 수 ~~없다.~~ 있다.

해설 및 정답 2017년 제6회 변호사시험 기출문제 21 **정답** ×

대법원 2012. 6. 14. 선고 2011도15653 판결 [위증]

[판결요지] **형사재판에서 이와 관련된 다른 형사사건의 확정판결에서 인정된 사실은 특별한 사정이 없는 한 유력한 증거자료가 되는 것이다. 그러나 당해 형사재판에서 제출된 다른 증거 내용에 비추어 관련 형사사건 확정판결의 사실판단을 그대로 채택하기 어렵다고 인정될 경우에는 이를 배척할 수 있다.**

중요 ④ 사실심 법원은 주장과 증거에 대하여 신중하고 충실한 심리를 하여야 하고, 그에 이르지 못하여 필요한 심리를 다하지 아니하는 등으로 판결 결과에 영향을 미친 때에는 사실인정을 사실심 법원의 전권으로 인정한 전제가 충족되지 아니하므로 이는 당연히 상고심의 심판대상에 해당한다.

해설 및 정답 2017년 제6회 변호사시험 기출문제 21 ★ **정답** ○

대법원 2016. 10. 13. 선고 2015도17869 판결 [조세범처벌법위반]

[판결요지] **충분한 증명력이 있는 증거를 합리적 이유 없이 배척하거나 반대로 객관적인 사실에 명백히 반하는 증거를 근거 없이 채택·사용하는 것은 자유심증주의의 한계를 벗어나는 것으로서 법률 위반에 해당한다. 사실심 법원으로서는, 형사소송법이 사실의 오인을 항소이유로는 하면서도 상고이유로 삼을 수 있는 사유로는 규정하지 아니한 데에 담긴 의미가 올바르게 실현될 수 있도록 주장과 증거에 대하여 신중하고 충실한 심리를 하여야 한다. 그에 이르지 못하여 자유심증주의의 한계를 벗어나거나 필요한 심리를 다하지 아니하는 등으로 판결 결과에 영향을 미친 때에는, 사실인정을 사실심 법원의 전권으로 인정한 전제가 충족되지 아니하므로 당연히 상고심의 심판대상에 해당한다.**

⑤ 호흡측정기에 의한 음주측정치와 혈액검사에 의한 음주측정치가 다른 경우에 혈액채취에 의한 검사결과를 믿지 못할 특별한 사정이 없는 한, 혈액검사에 의한 음주측정치가 호흡측정기에 의한 측정치보다 측정 당시의 혈중알콜농도에 더 근접한 음주측정치라고 보는 것이 경험칙에 부합한다.

해설 및 정답 2017년 제6회 변호사시험 기출문제 21 **정답** ○

대법원 2004. 2. 13. 선고 2003도6905 판결 [도로교통법위반(음주운전)]

[판결요지] 호흡측정기에 의한 음주측정치와 혈액검사에 의한 음주측정치가 다른 경우에 어느 음주측정치를 신뢰할 것인지는 법관의 자유심증에 의한 증거취사선택의 문제라고 할 것이다. 그러나 혈액채취에 의한 검사결과를 믿지 못할 특별한 사정이 없는 한, 혈액검사에 의한 음주측정치가 호흡측정기에 의한 음주측정치보다 측정 당시의 혈중알콜농도에 더 근접한 음주측정치라고 보는 것이 경험칙에 부합한다.

중요 02 ★★★★★

위법수집증거배제법칙에 관한 설명 중 옳은 것(○)과 옳지 않은 것(×)을 올바르게 조합한 것은? (다툼이 있는 경우 판례에 의함)

파워특강 위법수집증거배제법칙. 위법한 체포와 그에 이은 음주측정요구(=위법수집증거). 압수·수색영장에 '압수할 물건'의 범위(=엄격 해석. 기본적 사실과 동일한 범행과 동종·유사 범행 관련 상당한 의심 범위에서 압수를 할 수 있다). 3인간 대화 중 1인이 대화를 녹음(=통신비밀보호법 제3조 제1항 위반이 아니다). 미성년자 혈액채취(=미성년자 본인만 가능함. 법정대리인은 대리하여 체혈동의를 할 수 없다).

① 위법한 체포 상태에서 음주측정요구가 이루어진 경우, 음주측정요구를 위한 위법한 체포와 그에 이은 음주측정요구는 주취운전이라는 범죄행위에 대한 증거수집을 위하여 연속하여 이루어진 것으로서 그 일련의 과정을 전체적으로 보아 위법한 음주측정요구가 있었던 것으로 볼 수밖에 없다.

해설 및 정답 2021년 제10회 변호사시험 기출문제 29 **정답** ○

대법원 2006. 11. 9. 선고 2004도8404 판결 [도로교통법위반(음주측정거부)]

[판결요지] 음주측정을 위하여 당해 운전자를 강제로 연행하기 위해서는 수사상의 강제처분에 관한 형사소송법상의 절차에 따라야 한다. 이러한 절차를 무시한 채 이루어진 강제연행은 위법한 체포에 해당한다. 운전자가 주취운전을 하였다고 인정할 만한 상당한 이유가 있다 하더라도 그 운전자에게 경찰공무원의 이와 같은 위법한 음주측정요구에 대해서까지 그에 응할 의무가 있다고 보아 이를 강제하는 것은 부당하다. 그러므로 그에 불응하였다고 하여 음주측정거부에 관한 도로교통법 위반죄로 처벌할 수 없다.

중요 ② 법관이 압수·수색영장을 발부하면서 '압수할 물건'을 특정하기 위하여 기재한 문언은 이를 엄격하게 해석하여야 하므로, 압수·수색영장의 범죄사실과 기본적 사실관계가 동일한 범행 또는 동종·유사의 범행과 관련된다고 의심할만한 상당한 이유가 있는 물건까지 압수하였다면 ~~위법한~~적법한 압수에 해당한다.

해설 및 정답 2021년 제10회 변호사시험 기출문제 29 **정답** ×

대법원 2018. 10. 12. 선고 2018도6252 판결 [공직선거법위반] ★★★★★

[판시사항] [2] **검사의 공소장변경 신청이 공소사실의 동일성을 해하지 아니하는 경우, 법원은 이를 허가하여야 하는지 여부(적극)** 및 공소사실의 동일성을 판단하는 기준 [3] **공직선거법에 규정한 죄의 공소시효기간(=당해 선거일 후 6개월) 및 공소장변경이 있는 경우, 공직선거법상 공소시효 완성 여부의 기준시점(=당초의 공소제기가 있었던 시점)** [4] **법관이 압수수색영장을 발부하면서 '압수할 물건'을 특정하기 위하여 기재한 문언의 해석방법 및 압수수색영장에 의하여 압수할 수 있는 압수대상물의 범위**

[판결요지] 헌법과 형사소송법이 구현하고자 하는 적법절차와 영장주의의 정신에 비추어 볼 때, **법관이 압수수색영장을 발부하면서 '압수할 물건'을 특정하기 위하여 기재한 문언은 이를 엄격하게 해석하여야 한다.** 함부로 피압수자 등에게 불리한 내용으로 확장 또는 유추해석하는 것은 허용될 수 없다. 그러나 **압수의 대상을 압수수색영장의 범죄사실 자체와 직접적으로 연관된 물건에 한정할 것은 아니고, 압수수색영장의 범죄사실과 기본적 사실관계가 동일한 범행 또는 동종·유사의 범행과 관련된다고 의심할 만한 상당한 이유가 있는 범위 내에서는 압수를 실시할 수 있다**(대법원 2009. 7. 23. 선고 2009도2649 판결 참조). 그리고 **피의자와 사이의 인적 관련성은 압수수색영장에 기재된 대상자의 공동정범이나 교사범 등 공범이나 간접정범은 물론 필요적 공범 등에 대한 피고사건에 대해서도 인정될 수 있다**(대법원 2017. 1. 25. 선고 2016도13489 판결 참조).

중요 ③ 3인 간의 대화에 있어서 그중 한 사람이 그 대화를 녹음하는 경우에 다른 두 사람의 발언은 그 녹음자에 대한 관계에서 '타인 간의 대화'라고 할 수 ~~있으므로,~~없으므로 이와 같은 녹음행위는 「통신비밀보호법」 제3조 제1항에 ~~위배된다.~~위배되지 않는다.

해설 및 정답 2021년 제10회 변호사시험 기출문제 29 **정답** ×

대법원 2006. 10. 12. 선고 2006도4981 판결 [통신비밀보호법위반]

[판시사항] 3인 간의 대화에 있어서 그 중 한 사람이 그 대화를 녹음하는 경우에 통신비밀보호법 제3조 제1항에 위배되는지 여부(소극)

[판결요지] 통신비밀보호법 제3조 제1항이 "공개되지 아니한 타인간의 대화를 녹음 또는 청취하지 못한다"라고 정한 것은, 대화에 원래부터 참여하지 않는 제3자가 그 대화를 하는 타인들 간의 발언을 녹음해서는 아니 된다는 취지이다. **3인 간의 대화에 있어서 그중 한 사람이 그 대화를 녹음하는 경우에 다른 두 사람의 발언은 그 녹음자에 대한 관계에서 '타인 간의 대화'라고 할 수 없으므로, 이와 같은 녹음행위가 통신비밀보호법 제3조 제1항에 위배된다고 볼 수는 없다.**

☞ [출제] 2017년 제6회 변호사시험 기출문제 38

④ 음주운전과 관련한 도로교통법위반죄의 범죄수사를 위하여 미성년자인 피의자의 혈액 채취가 필요한 경우에도 피의자에게 의사능력이 있다면 피의자 본인만이 혈액 채취에 관한 유효한 동의를 할 수 있고, 피의자에게 의사능력이 없는 경우에도 명문의 규정이 없는 이상 법정대리인이 피의자를 대리하여 동의할 수는 없다.

해설 및 정답 2021년 제10회 변호사시험 기출문제 29 **정답** ○

대법원 2014. 11. 13. 선고 2013도1228 판결 [도로교통법위반 · 도로교통법위반(음주운전)] 〈미성년자의 음주운전과 법정대리인의 채혈 동의 사건〉 ★★★★★

[판시사항] **음주운전과 관련한 도로교통법 위반죄의 범죄수사를 위하여 미성년자인 피의자의 혈액채취가 필요한 경우, 법정대리인이 의사능력 없는 피의자를 대리하여 채혈에 관한 동의를 할 수 있는지 여부(원칙적 소극)**

[**판결요지**] 형사소송법상 소송능력이란 소송당사자가 유효하게 소송행위를 할 수 있는 능력, 즉 피고인 또는 피의자가 자기의 소송상의 지위와 이해관계를 이해하고 이에 따라 방어행위를 할 수 있는 의사능력을 의미한다. 그런데 **피의자에게 의사능력이 있으면 직접 소송행위를 하는 것이 원칙이다.** 피의자에게 의사능력이 없는 경우에는 형법 제9조 내지 제11조의 규정의 적용을 받지 아니하는 범죄사건에 한하여 예외적으로 법정대리인이 소송행위를 대리할 수 있다(형사소송법 제26조). 따라서 **음주운전과 관련한 도로교통법 위반죄의 범죄수사를 위하여 미성년자인 피의자의 혈액채취가 필요한 경우에도 피의자에게 의사능력이 있다면 피의자 본인만이 혈액채취에 관한 유효한 동의를 할 수 있고, 피의자에게 의사능력이 없는 경우에도 명문의 규정이 없는 이상 법정대리인이 피의자를 대리하여 동의할 수는 없다.**

03 ★★★★★

증거에 관한 설명 중 옳지 않은 것을 모두 고른 것은? (다툼이 있는 경우 판례에 의함)

파워특강 증거. 제1심 법원 증거(=항소심 증거조사 불필요함. 다만 증거조사 결과는 고지해야 함. 형사소송법 제156조5 제1항). 사법경찰관 작성 공범인 피의자신문조서(=형사소송법 제314조 적용되지 않음. 법인 또는 개인 양벌규정 기소 경우에도 동일 규정 적용함). 수사기관 불법 감청(=수사기관이 압수한 휴대전화를 제공하여 통화한 내용을 녹음한 행위. 녹취록은 위법수집증거이다.) 전자문서를 수록한 파일의 증거능력(=원본 동일성은 검사가 증명함).

① 제1심 법원에서 이미 증거능력이 있었던 증거는 항소심에서도 증거능력이 그대

로 유지되어 심판의 기초가 될 수 있고, 다시 증거조사를 할 필요가 없으므로, 항소심법원의 재판장은 증거조사절차에 들어가기에 앞서 제1심의 증거관계와 증거조사결과의 요지를 ~~고지할 필요가 없다.~~ 고지하여야 한다.

해설 및 정답 2021년 제10회 변호사시험 기출문제 37 **정답** ×

대법원 2018. 8. 1. 선고 2018도8651 판결 [상해]

[판결요지] [1] **형사소송법 제364조 제3항은 "제1심 법원에서 증거로 할 수 있었던 증거는 항소법원에서도 증거로 할 수 있다."라고 정하고 있다. 따라서 제1심 법원에서 이미 증거능력이 있었던 증거는 항소심에서도 증거능력이 그대로 유지되어 심판의 기초가 될 수 있고, 다시 증거조사를 할 필요가 없다. 다만 항소법원의 재판장은 증거조사 절차에 들어가기에 앞서 제1심의 증거관계와 증거조사 결과의 요지를 고지하여야 한다(형사소송규칙 제156조의5 제1항).**

[2] 그리고 공판조서의 기재가 명백한 오기인 경우를 제외하고는 **공판기일의 소송절차로서 공판조서에 기재된 것은 조서만으로 증명하여야 하고, 그 증명력은 공판조서 이외의 자료에 의한 반증이 허용되지 않는다.**

중요 ② 행위자가 아닌 법인 또는 개인이 양벌규정에 따라 기소된 경우, 검사 이외의 수사기관이 행위자에 대하여 작성한 피의자신문조서는 행위자가 그 내용을 인정한 경우에라도 당해 피고인인 법인 또는 개인이 그 내용을 부인하는 경우에는 「형사소송법」 제312조 제3항이 적용되어 증거능력이 없고, 「형사소송법」 제314조를 적용하여 증거능력을 인정할 수도 없다.

해설 및 정답 2021년 제10회 변호사시험 기출문제 37 **정답** ○

대법원 2020. 6. 11. 선고 2016도9367 판결 [의료법위반] 〈양벌규정의 종업원과 사업주는 형사증거법상 공범 내지 이에 준하는 관계에 있다고 보아, 망인인 종업원에 대한 경찰 피의자신문조서는 형사소송법 제312조 제3항 소정의 '검사 이외의 수사기관이 작성한 피의자신문조서'에 해당하므로, 같은 법 제314조에 기초하여 위 경찰 피의자신문조서의 증거능력을 인정할 수 없다고 본 사건〉 ★★★★★

[판시사항] [1] **피고인과 공범관계가 있는 다른 피의자에 대하여 검사 이외의 수사기관이 작성한 피의자신문조서의 증거능력이 인정되기 위한 요건 및 위 피의자신문조서에 형사소송법 제314조가 적용되는지 여부(소극)** [2] 이러한 법리는 **법인의 대표자나 법인 또는 개인의 대리인, 사용인, 그 밖의 종업원 등 행위자의 위반행위에 대하여 행위자가 아닌 법인 또는 개인이 양벌규정에 따라 기소된 경우, 이러한 법인 또는 개인과 행위자 사이의 관계에서도 마찬가지로 적용되는지 여부(적극)**

[판결요지] [1] 형사소송법 제312조 제3항은 검사 이외의 수사기관이 작성한 해당 피고인에 대한 피의자신문조서를 유죄의 증거로 하는 경우뿐만 아니라 검사 이외의 수사기관이 작성한 해당 피고인과 공범관계에 있는 다른 피고인이나 피의자에 대한 피의자신문조

서를 해당 피고인에 대한 유죄의 증거로 채택할 경우에도 적용된다. 따라서 **해당 피고인과 공범관계가 있는 다른 피의자에 대하여 검사 이외의 수사기관이 작성한 피의자신문조서는 그 피의자의 법정진술에 의하여 성립의 진정이 인정되는 등 형사소송법 제312조 제4항의 요건을 갖춘 경우라도 해당 피고인이 공판기일에서 그 조서의 내용을 부인한 이상 이를 유죄 인정의 증거로 사용할 수 없고, 그 당연한 결과로 위 피의자신문조서에 대하여는 사망 등 사유로 인하여 법정에서 진술할 수 없는 때에 예외적으로 증거능력을 인정하는 규정인 형사소송법 제314조가 적용되지 아니한다.** 그리고 **이러한 법리는 공동정범이나 교사범, 방조범 등 공범관계에 있는 자들 사이에서뿐만 아니라, 법인의 대표자나 법인 또는 개인의 대리인, 사용인, 그 밖의 종업원 등 행위자의 위반행위에 대하여 행위자가 아닌 법인 또는 개인이 양벌규정에 따라 기소된 경우, 이러한 법인 또는 개인과 행위자 사이의 관계에서도 마찬가지로 적용된다**고 보아야 한다.

[2] **양벌규정에 따라 처벌되는 행위자와 행위자가 아닌 법인 또는 개인 간의 관계는, 행위자가 저지른 법규위반행위가 사업주의 법규위반행위와 사실관계가 동일하거나 적어도 중요 부분을 공유한다는 점에서 내용상 불가분적 관련성을 지닌다고 보아야 한다. 따라서 형법 총칙의 공범관계 등과 마찬가지로 인권보장적인 요청에 따라 형사소송법 제312조 제3항이 이들 사이에서도 적용된다고 보는 것이 타당하다.**

> **파워특강** **개정 형사소송법 제312조 제1항에 근거하여 검사가 작성한 피의자신문조서에 동일한 법리가 적용된다. ★★★★★**

③ 수사기관이 구속수감되어 있던 甲으로부터 乙의 마약류관리에관한법률위반(향정) 범행에 대한 진술을 듣고 추가적인 증거를 확보할 목적으로 甲에게 그의 압수된 휴대전화를 제공하여 乙과 통화하고 위 범행에 관한 통화 내용을 녹음하게 한 경우, 甲이 통화당사자가 되므로 그 녹음은 乙에 대한 유죄 인정의 증거로 사용할 수 ~~있다.~~없다.

해설 및 정답 2021년 제10회 변호사시험 기출문제 37 **정답** ×

대법원 2010. 10. 14. 선고 2010도9016 판결 [마약류관리에관한법률위반(향정)]

[판시사항] **수사기관이 갑으로부터 피고인의 마약류관리에 관한 법률 위반(향정) 범행에 대한 진술을 듣고 추가적인 증거를 확보할 목적으로, 구속수감되어 있던 갑에게 그의 압수된 휴대전화를 제공하여 피고인과 통화하고 위 범행에 관한 통화 내용을 녹음하게 한 행위는 불법감청에 해당하므로, 그 녹음 자체는 물론 이를 근거로 작성된 녹취록 첨부 수사보고는 피고인의 증거동의에 상관없이 그 증거능력이 없다고 한 사례.**

[판결요지] 전기통신의 감청은 제3자가 전기통신의 당사자인 송신인과 수신인의 동의를 받지 아니하고 전기통신 내용을 녹음하는 등의 행위를 하는 것만을 말한다고 풀이함이 상당하다고 할 것이다. 그러므로 전기통신에 해당하는 전화통화 당사자의 일방이 상대방 모르게 통화 내용을 녹음하는 것은 여기의 감청에 해당하지 아니하지만, **제3자의 경우는 설령 전화통화 당사자 일방의 동의를 받고 그 통화 내용을 녹음하였다 하더라도 그 상대**

방의 동의가 없었던 이상, 이는 여기의 감청에 해당하여 법 제3조 제1항 위반이 된다. 이와 같이 법 **제3조 제1항에 위반한 불법감청에 의하여 녹음된 전화통화의 내용은 법 제4조에 의하여 증거능력이 없다**(대법원 2001. 10. 9. 선고 2001도3106 판결 등 참조). 그리고 사생활 및 통신의 불가침을 국민의 기본권의 하나로 선언하고 있는 헌법규정과 통신비밀의 보호와 통신의 자유 신장을 목적으로 제정된 통신비밀보호법의 취지에 비추어 볼 때 **피고인이나 변호인이 이를 증거로 함에 동의하였다고 하더라도 달리 볼 것은 아니다.**

☞ [출제] 2020년 제9회 변호사시험 기출문제 28 · 2017년 제6회 변호사시험 기출문제 38 · 2018년 제7회 변호사시험 기출문제 32

중요 ④ 전자문서를 수록한 파일 등의 경우에는 원본임이 증명되거나 혹은 원본으로부터 복사한 사본일 경우에는 복사 과정에서 편집되는 등 인위적 개작 없이 원본의 내용 그대로 복사된 사본임이 증명되어야만 하고, 그러한 증명이 없는 경우에는 쉽게 그 증거능력을 인정할 수 없다. 이때 원본 동일성은 증거능력의 요건에 해당하므로 검사가 그 존재에 대하여 구체적으로 주장·증명하여야 한다.

해설 및 정답 2021년 제10회 변호사시험 기출문제 37 **정답** ○

대법원 2018. 2. 8. 선고 2017도13263 판결 [특정범죄가중처벌등에관한법률위반(조세) · 조세범처벌법위반]

[판시사항] [1] 압수의 목적물이 정보저장매체인 경우, 압수·수색영장을 집행할 때 취하여야 할 조치 내용 / **수사기관이 정보저장매체에 기억된 정보 중에서 범죄 혐의사실과 관련 있는 정보를 선별한 다음 이미지 파일을 제출받아 압수한 경우, 수사기관 사무실에서 위와 같이 압수된 이미지 파일을 탐색·복제·출력하는 과정에서도 피의사 등에게 참여의 기회를 보장하여야 하는지 여부(소극)** [2] 압수물 목록의 교부 취지 / 압수된 정보의 상세목록에 정보의 파일 명세가 특정되어 있어야 하는지 여부(적극) 및 압수된 정보 상세목록의 교부 방식 [3] **전자문서를 수록한 파일 등의 증거능력을 인정하기 위한 요건 / 증거로 제출된 전자문서 파일의 사본이나 출력물이 복사·출력 과정에서 편집되는 등 인위적 개작 없이 원본 내용을 그대로 복사·출력한 것이라는 사실을 증명하는 방법 및 증명책임 소재(=검사)**

[판결요지] 전자문서를 수록한 파일 등의 경우에는, 성질상 작성자의 서명 혹은 날인이 없을 뿐만 아니라 작성자·관리자의 의도나 특정한 기술에 의하여 내용이 편집·조작될 위험성이 있다. 이점을 고려하여, 원본임이 증명되거나 혹은 원본으로부터 복사한 사본일 경우에는 복사 과정에서 편집되는 등 인위적 개작 없이 원본의 내용 그대로 복사된 사본임이 증명되어야만 한다. 그러한 증명이 없는 경우에는 쉽게 증거능력을 인정할 수 없다. 이러한 원본 동일성은 증거능력의 요건에 해당한다. 그러므로 검사가 그 존재에 대하여 구체적으로 주장·증명해야 한다.

중요 04 ★★★★★

위법수집증거배제법칙에 관한 설명 중 옳지 않은 것은? (다툼이 있는 경우 판례에 의함)

파워특강 위법수집증거배제법칙. 불법체포 후 자술서(=증거능력 없음). 압수·수색영장과 무관한 녹음파일(=위법수집증거·증거능력 없음). 공개금지사유 없음에도 비공개 증인신문절차 진행(=증언의 증거능력 없음. 변호인 반대신문권이 보장되어도 증언의 증거능력 없음). 소유자·소지자·보관자 아닌 자로부터 제출받은 물건을 영장 없이 압수한 경우(=압수물 증거능력 없음). 참고인이 공범관계에 있을 가능성이 있다고 하더라도 피의자지위에 있는 것이 아님(=진술거부권 고지받지 않았다고 하더라고 위법한 것이 아님. 참고인 진술조서 형사소송법 제312조 제4항에 근거하여 증거능력 있음).

중요 ① 사법경찰관이 피고인이 아닌 A를 사실상 강제연행하여 불법체포한 상태에서 피고인의 행위를 처벌하기 위해 A에게 자술서를 받은 경우, 이를 피고인에 대한 유죄 인정의 증거로 사용할 수 없다.

해설 및 정답 2022년 제11회 변호사시험 기출문제 26 **정답** ○

대법원 2011. 6. 30. 선고 2009도6717 판결 [식품위생법위반]

[판시사항] [1] '임의동행'의 적법성을 인정하기 위한 요건 [2] 수사기관이 '피고인 아닌 자'를 상대로 위법하게 수집한 증거를 '피고인'에 대한 유죄 인정의 증거로 삼을 수 있는지 여부(원칙적 소극) [3] 유흥주점 업주와 종업원인 피고인들이 이른바 '티켓영업' 형태로 성매매를 하면서 금품을 수수하였다고 하여 구 식품위생법 위반으로 기소된 사안에서, **경찰이 피고인 아닌 갑, 을을 사실상 강제연행한 상태에서 받은 각 자술서 및 이들에 대하여 작성한 각 진술조서는 위법수사로 얻은 진술증거에 해당하여 증거능력이 없다는 이유로, 이를 피고인들에 대한 유죄 인정의 증거로 삼을 수 없다**고 한 사례.

[판결요지] [1] 형사소송법 제199조 제1항은 임의수사 원칙을 명시하고 있다. 그런데 수사관이 수사과정에서 동의를 받는 형식으로 피의자를 수사관서 등에 동행하는 것은, 피의자의 신체의 자유가 제한되어 실질적으로 체포와 유사한데도 이를 억제할 방법이 없어서 이를 통해서는 제도적으로는 물론 현실적으로도 임의성을 보장할 수 없다. 뿐만 아니라 아직 정식 체포·구속단계 이전이라는 이유로 헌법 및 형사소송법이 체포·구속된 피의자에게 부여하는 각종 권리보장 장치가 제공되지 않는 등 형사소송법의 원리에 반하는 결과를 초래할 가능성이 크다. 그러므로 **수사관이 동행에 앞서 피의자에게 동행을 거부할 수 있음을 알려 주었거나 동행한 피의자가 언제든지 자유로이 동행과정에서 이탈 또는 동행장소에서 퇴거할 수 있었음이 인정되는 등 오로지 피의자의 자발적인 의사에 의하여 수사관서 등에 동행이 이루어졌다는 것이 객관적인 사정에 의하여 명백하게 입증된 경우에 한하여, 동행의 적법성이 인정된다**고 보는 것이 타당하다.

[2] 형사소송법 제308조의2는 "적법한 절차에 따르지 아니하고 수집한 증거는 증거로 할 수 없다."고 규정하고 있다. 그런데 수사기관이 헌법과 형사소송법이 정한 절차에 따르지 아니하고 수집한 증거는 유죄 인정의 증거로 삼을 수 없는 것이 원칙이다. 그러므로 **수사기관이 피고인 아닌 자를 상대로 적법한 절차에 따르지 아니하고 수집한 증거는 원칙적으로 피고인에 대한 유죄 인정의 증거로 삼을 수 없다.**

[3] 유흥주점 업주와 종업원인 피고인들이 영업장을 벗어나 시간적 소요의 대가로 금품을 받아서는 아니되는데도, 이른바 '티켓영업' 형태로 성매매를 하면서 금품을 수수하였다고 하여 구 식품위생법(2007. 12. 21. 법률 제8779호로 개정되기 전의 것) 위반으로 기소된 사안이다. 경찰이 피고인 아닌 갑, 을을 사실상 강제연행하여 불법체포한 상태에서 갑, 을 간의 성매매행위나 피고인들의 유흥업소 영업행위를 처벌하기 위하여 갑, 을에게서 자술서를 받고 갑, 을에 대한 진술조서를 작성한 경우, 위 각 **자술서와 진술조서는 헌법과 형사소송법이 규정한 체포·구속에 관한 영장주의 원칙에 위배하여 수집된 것으로서 수사기관이 피고인 아닌 자를 상대로 적법한 절차에 따르지 아니하고 수집한 증거에 해당하여 형사소송법 제308조의2에 따라 증거능력이 부정된다**는 이유로, 이를 피고인들에 대한 유죄 인정의 증거로 삼을 수 없다고 한 사례.

중요 ② 수사기관이 피의자 甲의 범행을 영장 범죄사실로 하여 발부받은 압수·수색영장의 집행 과정에서 A와 B 사이의 대화가 녹음된 녹음파일을 압수하였는데, 그 녹음파일에서 발견된 A와 B의 범죄 혐의사실이 위 압수·수색영장에 기재된 피의자 甲과 무관한 경우 그 녹음파일을 A와 B에 대한 유죄 인정의 증거로 사용할 수 없다.

해설 및 정답 2022년 제11회 변호사시험 기출문제 26 **정답** ○

대법원 2014. 1. 16. 선고 2013도7101 판결 [공직선거법위반·정치자금법위반]

[판시사항] 수사기관이 피의자 갑의 공직선거법 위반 범행을 영장 범죄사실로 하여 발부받은 압수·수색영장의 집행 과정에서 을, 병 사이의 대화가 녹음된 녹음파일을 압수하여 을, 병의 공직선거법 위반 혐의사실을 발견한 사안에서, **별도의 압수·수색영장을 발부받지 않고 압수한 위 녹음파일은 위법수집증거로서 증거능력이 없다고 한 사례.**

[판결요지] **압수·수색영장에 기재된 '피의자'인 갑이 녹음파일에 의하여 의심되는 혐의사실과 무관한 이상, 수사기관이 별도의 압수·수색영장을 발부받지 아니한 채 압수한 녹음파일은 형사소송법 제219조에 의하여 수사기관의 압수에 준용되는 형사소송법 제106조 제1항이 규정하는 '피고사건' 내지 같은 법 제215조 제1항이 규정하는 '해당 사건'과 '관계가 있다고 인정할 수 있는 것'에 해당하지 않는다.** 이와 같은 압수에는 헌법 제12조 제1항 후문, 제3항 본문이 규정하는 영장주의를 위반한 절차적 위법이 있다. 그러므로 **녹음파일은 형사소송법 제308조의2에서 정한 '적법한 절차에 따르지 아니하고 수집한 증거'로서 증거로 쓸 수 없고, 그 절차적 위법은 헌법상 영장주의 내지 적법절차의 실질적 내용을 침해하는 중대한 위법에 해당하여 예외적으로 증거능력을 인정할 수도 없다**고 한 사례.

☞ [출제] 2020년 제9회 변호사시험 기출문제 28 ㄷ.

중요 ③ 적법한 공개금지사유가 없음에도 불구하고 공개금지결정에 따라 비공개로 진행된 증인신문절차에 의하여 이루어진 증인의 증언은 변호인의 반대신문권이 보장되었다고 하더라도 증거능력이 없다.

해설 및 정답 2022년 제11회 변호사시험 기출문제 26 **정답** ○

대법원 2013. 7. 26. 선고 2013도2511 판결 [국가보안법위반(반국가단체의구성등)]

[판시사항] 공개금지사유가 없음에도 공개금지결정에 따라 비공개로 진행된 증인신문절차에 의하여 이루어진 증언의 증거능력 유무(소극) 및 공개금지결정의 선고가 없는 등으로 공개금지결정의 사유를 알 수 없는 경우에도 같은 법리가 적용되는지 여부(적극)

[판결요지] 헌법 제27조 제3항 후문, 제109조와 법원조직법 제57조 제1항, 제2항의 취지에 비추어 보면, 헌법 제109조, 법원조직법 제57조 제1항에서 정한 **공개금지사유가 없음에도 불구하고 재판의 심리에 관한 공개를 금지하기로 결정하였다면 그러한 공개금지결정은 피고인의 공개재판을 받을 권리를 침해한 것으로서 그 절차에 의하여 이루어진 증인의 증언은 증거능력이 없다. 변호인의 반대신문권이 보장되었더라도 달리 볼 수 없다. 이러한 법리는 공개금지결정의 선고가 없는 등으로 공개금지결정의 사유를 알 수 없는 경우에도 마찬가지이다.**

일반인에게 널리 알려진 공지의 사실, 물건 또는 지식에 속하지 아니한 것이어야 하고, 또 그 내용이 누설되는 경우 국가의 안전에 위험을 초래할 우려가 있어 기밀로 보호할 실질가치를 갖춘 것' 일 경우에 한정된다고 보는 것이 대법원 1997. 9. 16. 선고 97도985 전원합의체 판결 이래 대법원의 확립된 견해이다.

☞ [출제] 2021년 제10회 변호사시험 기출문제 21 ④

중요 ④ 「형사소송법」의 규정을 위반하여 소유자, 소지자 또는 보관자가 아닌 피해자로부터 제출받은 물건을 영장 없이 압수한 경우 그 압수물을 유죄 인정의 증거로 사용할 수 없다.

해설 및 정답 2022년 제11회 변호사시험 기출문제 26 **정답** ○

대법원 2010. 1. 28. 선고 2009도10092 판결 [폭력행위등처벌 관한 법률 위반(집단・흉기등상해)・폭력행위등처벌 관한 법률 위반(집단・흉기등재물손괴등)]

[판시사항] 형사소송법 제218조를 위반하여 소유자, 소지자 또는 보관자가 아닌 자로부터 제출받은 물건을 영장없이 압수한 경우, 그 '압수물' 및 '압수물을 찍은 사진'의 증거능력 유무(소극)

[판결요지] 형사소송법 제218조는 "사법경찰관은 소유자, 소지자 또는 보관자가 임의로 제출한 물건을 영장없이 압수할 수 있다"고 규정하고 있다. 위 규정을 위반하여 **소유자, 소지자 또는 보관자가 아닌 자로부터 제출받은 물건을 영장없이 압수한 경우 그 '압수물' 및 '압수물을 찍은 사진'은 이를 유죄 인정의 증거로 사용할 수 없는 것이다.** 헌법과 형

사소송법이 선언한 영장주의의 중요성에 비추어 볼 때 **피고인이나 변호인이 이를 증거로 함에 동의하였다고 하더라도 달리 볼 것은 아니다.**

☞ [출제] 2020년 제9회 변호사시험 기출문제 29 ③

중요 ⑤ 수사기관이 피의자의 범의를 명백하게 하기 위하여 A를 참고인으로 조사하는 과정에서 진술거부권을 고지하지 않고 진술조서를 작성하였는데, 추후 계속된 수사를 통하여 A가 피의자와 공범관계에 있을 가능성이 인정되었다면 A에 대한 위 조사 당시 A는 이미 ~~피의자의 지위에 있었다고 볼 수 있으므로 A에 대한 위 진술조서는 증거능력이 없다.~~ 피의자와 공범관계에 있을 가능성이 인정되었다는 이유만으로 (A에 대한 조사 당시) A는 이미 피의자의 지위에 있었다고 볼 수 없다. 그러므로 A에 대한 위 진술조서는 증거능력이 있다.

해설 및 정답 2022년 제11회 변호사시험 기출문제 26 **정답** ×

대법원 2011. 11. 10. 선고 2011도8125 판결 [마약류관리에관한법률위반(향정)]

[판시사항] [1] **진술거부권 고지 대상이 되는 피의자 지위가 인정되는 시기 및 피의자 지위에 있지 아니한 자에게 진술거부권이 고지되지 아니한 경우, 진술의 증거능력 유무(적극)** [2] 피고인들이 중국에 있는 갑과 공모한 후 중국에서 입국하는 을을 통하여 필로폰이 들어 있는 곡물포대를 배달받는 방법으로 필로폰을 수입하였다고 하여 주위적으로 기소되었는데 검사가 을에게서 곡물포대를 건네받아 피고인들에게 전달하는 역할을 한 참고인 병에 대한 검사 작성 진술조서를 증거로 신청한 사안에서, 병이 위 범행의 공범으로서 피의자 지위에 있다고 단정한 후 진술거부권 불고지로 인하여 병에 대한 진술조서의 증거능력이 없다고 본 원심판결에는 법리오해의 위법이 있다고 한 사례 [3] 피고인들이 중국에 있는 갑과 공모한 후 중국에서 입국하는 을을 통하여 인천 국제여객터미널에서 필로폰이 들어 있는 곡물포대를 배달받는 방법으로 필로폰을 수입하였다고 하여 주위적으로 기소된 사안에서, 피고인들에게 필로폰 수입에 관한 범의가 있었다고 인정하기에 부족하다는 이유로 무죄를 인정한 원심판결에는 법리오해의 위법이 있다고 한 사례.

[판결요지] [1] 피의자에 대한 진술거부권 고지는 피의자의 진술거부권을 실효적으로 보장하여 진술이 강요되는 것을 막기 위해 인정되는 것이다. 그런데 이러한 진술거부권 고지에 관한 형사소송법 규정내용 및 진술거부권 고지가 갖는 실질적인 의미를 고려하면 수사기관에 의한 진술거부권 고지 대상이 되는 피의자 지위는 수사기관이 조사대상자에 대한 범죄혐의를 인정하여 수사를 개시하는 행위를 한 때 인정되는 것으로 보아야 한다. 따라서 **이러한 피의자 지위에 있지 아니한 자에 대하여는 진술거부권이 고지되지 아니하였더라도 진술의 증거능력을 부정할 것은 아니다.**

[2] **피고인들과 공범관계에 있을 가능성만으로 병이 참고인으로서 검찰 조사를 받을 당시 또는 그 후라도 검사가 병에 대한 범죄혐의를 인정하고 수사를 개시하여 피의자 지위에 있게 되었다고 단정할 수 없고, 검사가 병에 대한 수사를 개시할 수 있는 상태이었는데도 진술거부권 고지를 잠탈할 의도로 피의자 신문이 아닌 참고인 조사의 형식을 취한**

것으로 볼 만한 사정도 기록상 찾을 수 없으며, 오히려 피고인들이 수사과정에서 필로폰이 중국으로부터 수입되는 것인지 몰랐다는 취지로 변소하였기 때문에 피고인들의 수입에 관한 범의를 명백하게 하기 위하여 병을 참고인으로 조사한 것이라면, 병은 수사기관에 의해 범죄혐의를 인정받아 수사가 개시된 피의자의 지위에 있었다고 할 수 없고 참고인으로서 조사를 받으면서 수사기관에게서 진술거부권을 고지받지 않았다는 이유만으로 그 진술조서가 위법수집증거로서 증거능력이 없다고 할 수 없는데도, 아무런 객관적 자료 없이 병이 피고인들 범행의 공범으로서 피의자 지위에 있다고 단정한 후 진술거부권 불고지로 인하여 병에 대한 진술조서의 증거능력이 없다고 본 원심판결에는 법리오해의 위법이 있고, 이러한 위법은 주위적 공소사실을 무죄로 인정한 판결 결과에 영향을 미쳤다고 한 사례.

[3] **피고인들이 필로폰이 중국에서 국내로 반입된 것이라는 점에 대하여 인식하였거나 적어도 미필적으로 인식하고 있었다고 인정할 수 있는데도, 피고인들에게 필로폰 수입에 관한 범의가 있었다고 인정하기에 부족하다는 이유로 무죄를 인정한 원심판결에는 범죄구성요건의 주관적 요소 또는 자유심증주의에 관한 법리오해의 위법이 있다**고 한 사례.

중요

05 ★★★★★

위법수집증거배제법칙에 관한 설명 중 옳지 않은 것은? (다툼이 있는 경우 판례에 의함)

파워특강 헌법위반과 증거능력 · 참고인 진술조서와 증거능력 · 전자정보와 참여권 보장 · 제1차 증거수집 적법과 제2차 증거수집 불법과 증거능력. **공개금지사유 위반과 증언의 효력**(=증거능력 없음. 반대신문권이 보장되어도 증거능력 없음). 피의자에게 진술거부권을 고지하지 않고 작성한 피의자신문조서(=증거능력 없음). **검찰관이 피고인을 뇌물수수 혐의로 기소한 후, 형사사법공조절차를 거치지 아니한 채 외국에 현지출장하여 그곳에서 뇌물공여자 甲을 상대로 참고인 진술조서를 작성한 경우**(=위법수집증거 아님. 그러나 특신상태 부정). **피해자 등 제3자가 피의자가 소유 · 관리하는 정보저장매체를 임의제출한 경우**(=**특별한 사정이 없는 한** 형사소송법 제219조, 제121조, 제129조에 근거하여 **임의제출자 아닌 피의자에게도 참여권을 보장하고 압수한 전자정보 목록을 교부하는 등** 피의자의 절차적 권리를 보장하기 위한 적절한 조치가 이루어져야 한다). 만약 임의제출된 정보저장매체에서 압수 대상이 되는 전자정보의 범위를 넘어서는 전자정보에 대해 수사기관이 영장 없이 압수 · 수색하여 취득한 증거(=**위법수집증거** 해당함. **사후에 법원에서 영장이 발부되었다거나** 또는 **피고인이나 변호인이 이를 증거로 함에 동의하였더라도 그 위법성이 치유되지 않음**(대판 2021. 11. 18. 2016도348 전원합의체 <휴대전화 2대 사건 또는 대학교수 여제자 준강제추행 사건>. 위법수집증거(=위법 절차로 수집한 증거). 위법하게 증거물을 압수하기 이전에 범죄현장에서 먼저 직접 채취한 지문(=증거능력 인정. 위법수집절차로 수집한 증거가 아님. 형사소송법 제308조2 위법수집증거배제법칙이 적용되지 않음). 수사기관이 적법절차를 위반하여 지문채취 대상물을 압수한 경우(=그전에 이미 범행 현장에서 위 대상물에서 채취한 지문은 위법수집증거에 해당하지 않음, 물컵 지문 사건. 대법원 2008. 10. 23. 선고 2008도7471 판결).

☞ 위법수집증거배체법칙은 매년 출제된다. 위법(=헌법위반 · 형사소송법위반 · 형법위반. 형사소송법 제308조2에 근거하여 증거능력이 없다. 최근 판례 숙지 요망).

① 헌법 제109조, 「법원조직법」 제57조 제1항에서 정한 재판의 공개금지사유가 없음에도 공개금지결정에 따라 비공개로 진행된 증인신문절차에서 증인의 증언은 증거능력이 없고, 변호인의 반대신문권이 보장되었더라도 달리 볼 수 없다.

해설 및 정답 2023년 제12회 변호사시험 기출문제 38 **정답** ○

대법원 2013. 7. 26. 선고 2013도2511 판결 [국가보안법위반(반국가단체의구성등) · 국가보안법위반(간첩) · 국가보안법위반(자진지원 · 금품수수) · 국가보안법위반(특수잠입 · 탈출) · 국가보안법위반(찬양 · 고무등) · 국가보안법위반(회합 · 통신등) · 국가보안법위반(편의제공)]

[판시사항] [1] 공개금지사유가 없음에도 공개금지결정에 따라 비공개로 진행된 증인신문절차에 의하여 이루어진 증언의 증거능력 유무(소극) 및 공개금지결정의 선고가 없는 등으로 공개금지결정의 사유를 알 수 없는 경우에도 같은 법리가 적용되는지 여부(적극)

[2] 정보저장매체에 기억된 문자정보 또는 그 출력물을 증거로 사용하기 위한 요건 및 정보저장매체 원본을 대신하여 저장매체에 저장된 자료를 **'하드카피' 또는 '이미징'한 매체로부터 출력한 문건의 경우, 그 출력 문건과 정보저장매체에 저장된 자료가 동일하고 정보저장매체 원본이 문건 출력 시까지 변경되지 않았다는 점에 대한 증명 방법**

[3] '증거물인 서면'의 증거조사 방식

[4] 국가보안법 제4조 제1항 제2호 (나)목에서 정한 '국가기밀'의 의미 및 위 규정이 명확성의 원칙, 책임주의 원칙, 평등원칙 등에 위배되는지 여부(소극)

[판결요지] [1] 헌법 제27조 제3항 후문, 제109조와 법원조직법 제57조 제1항, 제2항의 취지에 비추어 보면, **헌법 제109조, 법원조직법 제57조 제1항에서 정한 공개금지사유가 없음에도 불구하고 재판의 심리에 관한 공개를 금지하기로 결정하였다면 그러한 공개금지결정은 피고인의 공개재판을 받을 권리를 침해한 것으로서 그 절차에 의하여 이루어진 증인의 증언은 증거능력이 없다. 변호인의 반대신문권이 보장되었더라도 달리 볼 수 없다. 이러한 법리는 공개금지결정의 선고가 없는 등으로 공개금지결정의 사유를 알 수 없는 경우에도 마찬가지이다.**

[2] 피압수 · 수색 당사자가 정보저장매체 원본과 '하드카피' 또는 '이미징'한 매체의 해쉬(Hash) 값이 동일하다는 취지로 서명한 확인서면을 교부받아 법원에 제출하는 방법에 의하여 증명하는 것이 원칙이나, 그와 같은 방법에 의한 증명이 불가능하거나 **현저히 곤란한 경우에는, 정보저장매체 원본에 대한 압수, 봉인, 봉인해제, '하드카피' 또는 '이미징' 등 일련의 절차에 참여한 수사관이나 전문가 등의 증언에 의해 정보저장매체 원본과 '하**

드카피' 또는 '이미징'한 매체 사이의 해쉬 값이 동일하다거나 정보저장매체 원본이 최초 압수 시부터 밀봉되어 증거 제출 시까지 전혀 변경되지 않았다는 등의 사정을 증명하는 방법 또는 법원이 그 원본에 저장된 자료와 증거로 제출된 출력 문건을 대조하는 방법 등으로도 그와 같은 무결성·동일성을 인정할 수 있으며, 반드시 압수·수색 과정을 촬영한 영상녹화물 재생 등의 방법으로만 증명하여야 한다고 볼 것은 아니다.

[3] 형사소송법 제292조, 제292조의2 제1항, 형사소송규칙 제134조의6의 취지에 비추어 보면, 본래 증거물이지만 증거서류의 성질도 가지고 있는 이른바 **'증거물인 서면'을 조사하기 위해서는 증거서류의 조사방식인 낭독·내용고지 또는 열람의 절차와 증거물의 조사방식인 제시의 절차가 함께 이루어져야 하므로, 원칙적으로 증거신청인으로 하여금 그 서면을 제시하면서 낭독하게 하거나 이에 갈음하여 그 내용을 고지 또는 열람하도록 하여야 한다.**

[4] 국가보안법 제4조 제1항 제2호 (나)목에 규정된 **'국가기밀'의 일반적 의미를 위와 같이 제한적으로 해석하는 한편, 위 규정이 그 행위주체를 '반국가단체의 구성원 또는 그 지령을 받은 자'로 한정하고 있을 뿐만 아니라 그 행위가 '반국가단체의 목적수행을 위한 행위'일 것을 그 구성요건으로 하고 있어 행위주체와 행위태양의 면에서 제한을 하고 있는 점 등에 비추어 보면, 위 규정이 헌법에 위배된다고 할 정도로 죄형법정주의가 요구하는 명확성의 원칙에 반한다고 할 수 없다.**

대법원 2015. 10. 29. 선고 2014도5939 판결 [국가보안법위반(간첩)·국가보안법위반(특수잠입·탈출)·국가보안법위반(잠입·탈출)·국가보안법위반(회합·통신등)·국가보안법위반(편의제공)·북한이탈주민의보호및정착지원에관한법률위반(일부인정된 죄명: 국민기초생활보장법위반)·여권불실기재·불실기재여권행사·여권법위반·사기] 〈국가보안법위반(간첩) 등 사건〉

[판시사항] [1] 피의자의 진술을 기재한 서류 또는 문서가 수사기관에서의 조사 과정에서 작성된 경우, '진술조서, 진술서, 자술서'라는 형식을 취하였더라도 피의자신문조서와 달리 볼 수 있는지 여부(소극) 및 수사기관에 의한 진술거부권 고지의 대상이 되는 피의자 지위가 인정되는 시기(=수사기관이 조사대상자에 대하여 범죄의 혐의가 있다고 보아 실질적으로 수사를 개시하는 행위를 한 때) / 조사대상자 진술 내용의 실질이 피의자신문조서의 성격을 갖는 경우, 수사기관이 진술을 듣기 전에 미리 진술거부권을 고지하여야 하는지 여부(적극)

[판결요지] [1] 피의자의 진술을 기재한 서류 또는 문서가 수사기관에서의 조사 과정에서 작성된 것이라면, 그것이 '진술조서, 진술서, 자술서'라는 형식을 취하였다고 하더라도 피의자신문조서와 달리 볼 수 없다. 수사기관에 의한 진술거부권 고지의 대상이 되는 피의자의 지위는 수사기관이 범죄인지서를 작성하는 등의 형식적인 사건수리 절차를 거치기 전이라도 조사대상자에 대하여 범죄의 혐의가 있다고 보아 실질적으로 수사를 개시하는 행위를 한 때에 인정된다. 특히 조사대상자의 진술 내용이 단순히 제3자의 범죄에 관한 경우가 아니라 자신과 제3자에게 공동으로 관련된 범죄에 관한 것이거나 제3자의 피의사실뿐만 아니라 자신의 피의사실에 관한 것이기도 하여 실질이 피의자신문조서의 성격을 가지는 경우에 수사기관은 진술을 듣기 전에 미리 진술거부권을 고지하여야 한다.

[2] **포괄일죄의 공소시효는 최종 범죄행위가 종료한 때로부터 진행한다.** 그러므로 거짓이나 그 밖의 부정한 방법으로 북한이탈주민의 보호 및 정착지원에 관한 법률(이하 '북한이

탈주민법'이라고 한다)에 따른 **보호 및 지원을 받은 경우, 공소시효는 북한이탈주민법에 의한 보호 또는 지원을 최종적으로 받은 때로부터 진행한다.** 한편 외국 국적 보유 사실을 숨긴 채 마치 북한 공민권자인 것처럼 허위진술을 하여 북한이탈주민법에 의한 보호 및 지원을 받은 때에는 같은 법 제33조 제1항에서 정한 거짓이나 그 밖의 부정한 방법으로 보호 및 지원을 받은 때에 해당한다.

☞ [출제] 2022년 제11회 변호사시험 기출문제 36 ③

☞ [출제] 2021년 제10회 변호사시험 기출문제 21 ④

☞ [출제] 2017년 제6회 변호사시험 기출문제 39

② 수사기관이 피의자신문 시 피의자에게 미리 ~~진술거부권을 고지하지 않았다고 하더라도 진술의 임의성이 인정되는 경우라면 증거능력이 인정된다.~~ 진술거부권을 고지하지 않았다면 진술의 임의성이 인정되더라도 증거능력이 인정되지 않는다.

해설 및 정답 2023년 제12회 변호사시험 기출문제 38 **정답** ×

대법원 1992. 6. 23. 선고 92도682 판결 [폭력행위등처벌에관한법률위반] 〈소위 부산 신20세기파 사건 또는 한국판 Miranda 사건〉

[판시사항] 피의자에게 진술거부권을 고지하지 아니하고 작성한 피의자신문조서의 증거능력 유무(소극) [2] 공범으로서 별도로 공소제기된 다른 사건의 피고인 갑에 대한 수사과정에서 검사가 피의자인 갑과 대화하는 내용과 장면을 녹화한 비디오테이프에 대한 법원의 검증조서의 증거능력 [3] 위 "나"항의 녹화 당시 검사가 미리 진술거부권을 고지한 바가 없다는 이유로 위 비디오테이프에 대한 법원의 검증조서에 증거능력이 없다고 본 사례 [4] 형사소송법 제221조의2의 규정에 의한 증인신문절차에 피고인이나 변호인의 참여가 필요한 요건인지 여부(소극) [5] 범죄단체의 배후에서 또는 중간 간부를 통하여 조직활동을 지휘하는 자가 폭력행위등처벌에관한법률 제4조 제1호 소정의 "수괴"에 해당하는지 여부(적극) 및 이 경우 2인 이상의 "수괴"가 역할을 분담하여 활동할 수 있는지 여부(적극)

[판결요지] 형사소송법 제200조 제2항은 검사 또는 사법경찰관이 출석한 피의자의 진술을 들을 때에는 미리 피의자에 대하여 진술을 거부할 수 있음을 알려야 한다고 규정하고 있다. 이러한 **피의자의 진술거부권은 헌법이 보장하는 형사상 자기에 불리한 진술을 강요당하지 않는 자기부죄거부의 권리에 터잡은 것이다. 그러므로 수사기관이 피의자를 신문함에 있어서 피의자에게 미리 진술거부권을 고지하지 않은 때에는 그 피의자의 진술은 위법하게 수집된 증거로서 진술의 임의성이 인정되는 경우라도 증거능력이 부인되어야 한다.**

☞ [출제] 2014년 제3회 변호사시험 기출문제 22

☞ [출제] 2012년 제1회 변호사시험 기출문제 30

③ 검찰관이 형사사법공조절차를 거치지 아니한 채 외국으로 현지출장을 나가 참고인진술조서를 작성한 경우 조사 대상자가 우리나라 국민이고 조사에 스스로

응함으로써 조사의 방식이나 절차에 강제력이나 위력은 물론 어떠한 비자발적 요소도 개입될 여지가 없었고 피고인과 해당 국가 사이에 국제법상 관할의 원인이 될 만한 아무런 연관성이 없다면 위 참고인진술조서는 위법수집증거라고 할 수 없다.

해설 및 정답 2023년 제12회 변호사시험 기출문제 38 **정답** ○

대법원 2011. 7. 14. 선고 2011도3809 판결 [특정범죄가중처벌등에관한법률위반(뇌물)]

[판시사항] **검찰관이 피고인을 뇌물수수 혐의로 기소한 후, 형사사법공조절차를 거치지 아니한 채 외국에 현지출장하여 그곳에서 뇌물공여자 갑을 상대로 참고인 진술조서를 작성한 사안에서, 진술조서가 위법수집증거에 해당하지 않는다**고 한 사례.

[판결요지] [1] **검찰관이 피고인을 뇌물수수 혐의로 기소한 후, 형사사법공조절차를 거치지 아니한 채 과테말라공화국에 현지출장하여 그곳 호텔에서 뇌물공여자 갑을 상대로 참고인 진술조서를 작성한 사안**에서, **서로 상대방 국민의 여행과 거주를 허용하는 우호국 사이에서 당연히 용인되는 우호국 국가기관과 그 국민 사이의 자유로운 의사연락의 한 형태에 지나지 않으므로 어떠한 영토주권 침해의 문제가 생겨날 수 없고, 더욱이 이는 우리나라와 과테말라공화국 사이의 국제법적 문제로서 피고인은 그 일방인 과테말라공화국과 국제법상 관할의 원인이 될 만한 아무런 연관성도 갖지 아니하므로, 피고인에 대한 국내 형사소송절차에서 위와 같은 사유로 인하여 위법수집증거배제법칙이 적용된다고 볼 수 없다**고 한 사례.

[3] **갑이 자유스러운 분위기에서 임의수사 형태로 조사에 응하였고 조서에 직접 서명·무인하였다는 사정만으로 특신상태를 인정하기에 부족할 뿐만 아니라, 검찰관이 군사법원의 증거조사절차 외에서, 그것도 형사사법공조절차나 과테말라공화국 주재 우리나라 영사를 통한 조사 등의 방법을 택하지 않고 직접 현지에 가서 조사를 실시한 것은 수사의 정형적 형태를 벗어난 것이라고 볼 수 있는 점 등 제반 사정에 비추어 볼 때, 진술이 특별히 신빙할 수 있는 상태에서 이루어졌다는 점에 관한 증명이 있다고 보기 어려워 갑의 진술조서는 증거능력이 인정되지 아니하므로, 이를 유죄의 증거로 삼을 수 없다고 한 사례.**

☞ [출제] 2016년 제5회 변호사시험 기출문제 38

④ 피해자 등 제3자가 피의자의 소유·관리에 속하는 정보저장매체를 영장에 의하지 않고 임의제출한 경우에는 특별한 사정이 없는 한 피의자에게도 참여권을 보장하고 압수한 전자정보 목록을 교부하는 등 피의자의 절차적 권리를 보장하기 위한 적절한 조치가 이루어져야 한다.

해설 및 정답 2023년 제12회 변호사시험 기출문제 38 **정답** ○

대법원 2021. 11. 18. 선고 2016도348 전원합의체 판결 [준강제추행·성폭력범죄의처벌등에관한특례법위반(카메라등이용촬영)] 〈경찰이 「성폭력범죄의 처벌 등에 관한 특례법」 위반(카메라등이용촬영)죄의 **피해자가 임의제출한 피고인 소유·관리의 휴대전화 2대의 전자정보를 탐색하다가 피해자를 촬영한 휴대전화가 아닌 다른 휴대전화에서 다른 피해자 2명**

에 대한 동종 범행 등에 관한 1년 전 사진 · 동영상을 발견하고 영장 없이 이를 복제한 CD를 증거로 제출한 사안〉★★★★★

[판시사항] [1] 수사기관이 특정 범죄혐의와 관련하여 전자정보가 수록된 정보저장매체를 임의제출받아 그 안에 저장된 전자정보를 압수할 때 예외적으로 정보저장매체 자체나 복제본을 임의제출받아 압수할 수 있는 경우 [5] 피고인이 2014. 12. 11. 피해자 갑을 상대로 저지른 성폭력범죄의 처벌 등에 관한 특례법 위반(카메라등이용촬영) 범행('2014년 범행')에 대하여 갑이 즉시 피해 사실을 경찰에 신고하면서 피고인의 집에서 가지고 나온 피고인 소유의 휴대전화 2대에 피고인이 촬영한 동영상과 사진이 저장되어 있다는 취지로 말하고 이를 범행의 증거물로 임의제출하였는데, 경찰이 이를 압수한 다음 그 안에 저장된 전자정보를 탐색하다가 갑을 촬영한 휴대전화가 아닌 다른 휴대전화에서 피고인이 2013. 12.경 피해자 을, 병을 상대로 저지른 같은 법 위반(카메라등이용촬영) 범행('2013년 범행')을 발견하고 그에 관한 동영상 · 사진 등을 영장 없이 복제한 CD를 증거로 제출한 사안에서, 피고인의 2013년 범행을 무죄로 판단한 원심의 결론이 정당하다고 한 사례.

[판결요지] [1] **수사기관은 특정 범죄혐의와 관련하여 전자정보가 수록된 정보저장매체를 임의제출받아 그 안에 저장된 전자정보를 압수하는 경우 그 동기가 된 범죄혐의사실과 관련된 전자정보의 출력물 등을 임의제출받아 압수하는 것이 원칙이다. 다만 현장의 사정이나 전자정보의 대량성과 탐색의 어려움 등의 이유로 범위를 정하여 출력 또는 복제하는 방법이 불가능하거나 압수의 목적을 달성하기에 현저히 곤란하다고 인정되는 때에 한하여 예외적으로 정보저장매체 자체나 복제본을 임의제출받아 압수할 수 있다.**

[2] **그 관련성은 임의제출에 따른 압수의 동기가 된 범죄혐의사실의 내용과 수사의 대상, 수사의 경위, 임의제출의 과정을 종합하여 구체적 · 개별적 연관관계가 있는 경우에만 인정되고, 범죄혐의사실과 단순히 동종 또는 유사 범행이라는 사유만으로 관련성이 있다고 할 것은 아니다.**

[3] **피해자 등 제3자가 피의자의 소유 · 관리에 속하는 정보저장매체를 영장에 의하지 않고 임의제출한 경우에는 실질적 피압수자인 피의자가 수사기관으로 하여금 그 전자정보 전부를 무제한 탐색하는 데 동의한 것으로 보기 어려울 뿐만 아니라 피의자 스스로 임의제출한 경우 피의자의 참여권 등이 보장되어야 하는 것과 견주어 보더라도 특별한 사정이 없는 한 형사소송법 제219조, 제121조, 제129조에 따라 피의자에게 참여권을 보장하고 압수한 전자정보 목록을 교부하는 등 피의자의 절차적 권리를 보장하기 위한 적절한 조치가 이루어져야 한다.**

[4] 임의제출된 정보저장매체에서 압수의 대상이 되는 전자정보의 범위를 초과하여 수사기관이 임의로 전자정보를 탐색 · 복제 · 출력하는 것은 원칙적으로 위법한 압수 · 수색에 해당하므로 허용될 수 없다. **만약 전자정보에 대한 압수 · 수색이 종료되기 전에 범죄혐의사실과 관련된 전자정보를 적법하게 탐색하는 과정에서 별도의 범죄혐의와 관련된 전자정보를 우연히 발견한 경우라면, 수사기관은 더 이상의 추가 탐색을 중단하고 법원으로부터 별도의 범죄혐의에 대한 압수 · 수색영장을 발부받은 경우에 한하여 그러한 정보에 대하여도 적법하게 압수 · 수색을 할 수 있다.** 따라서 **임의제출된 정보저장매체에서 압수의 대상이 되는 전자정보의 범위를 넘어서는 전자정보에 대해 수사기관이 영장 없이 압수 · 수색하여 취득한 증거는 위법수집증거에 해당하고, 사후에 법원으로부터 영장이 발부되었다거나 피고인이나 변호인이 이를 증거로 함에 동의하였다고 하여 그 위법성이 치**

유되는 것도 아니다.

[5] 피고인 소유의 휴대전화 2대에 피고인이 촬영한 동영상과 사진이 저장되어 있다는 취지로 말하고 이를 범행의 증거물로 임의제출하였는데, 경찰이 이를 압수한 다음 그 안에 저장된 전자정보를 탐색하다가 갑을 촬영한 휴대전화가 아닌 **다른 휴대전화에서 피고인이 2013. 12.경 피해자 을, 병을 상대로 저지른 같은 법 위반(카메라등이용촬영) 범행(이하 '2013년 범행'이라 한다)을 발견하고 그에 관한 동영상 · 사진 등을 영장 없이 복제한 CD를 증거로 제출한 사안**에서, **휴대전화에 담긴 전자정보 중 임의제출을 통해 적법하게 압수된 범위는 임의제출 및 압수의 동기가 된 피고인의 2014년 범행 자체와 구체적 · 개별적 연관관계가 있는 전자정보로 제한적으로 해석하는 것이 타당하다.** 이에 비추어 볼 때 **범죄발생 시점 사이에 상당한 간격이 있고 피해자 및 범행에 이용한 휴대전화도 전혀 다른 피고인의 2013년 범행에 관한 동영상은 임의제출에 따른 압수의 동기가 된 범죄혐의사실(2014년 범행)과 구체적 · 개별적 연관관계 있는 전자정보로 보기 어려워 수사기관이 사전영장 없이 이를 취득한 이상 증거능력이 없다. 사후에 압수 · 수색영장을 받아 압수절차가 진행되었더라도 달리 볼 수 없다**는 이유로, 피고인의 2013년 범행을 무죄로 판단한 원심의 결론이 정당하다고 한 사례.

⑤ 범행현장에서 지문채취 대상물에 대한 지문채취가 먼저 이루어진 이상, 수사기관이 그 이후에 지문채취 대상물을 적법한 절차에 의하지 아니한 채 압수하였다고 하더라도 위와 같이 채취된 지문은 위법하게 압수한 지문채취 대상물로부터 획득한 2차적 증거에 해당하지 않는다.

해설 및 정답 2023년 제12회 변호사시험 기출문제 38 **정답** ○

대법원 2008. 10. 23. 선고 2008도7471 판결 [강도강간 · 강도상해 · 절도] 〈물컵 지문채취 사건〉

[판시사항] 수사기관이 적법절차를 위반하여 지문채취 대상물을 압수한 경우, 그전에 이미 범행 현장에서 위 대상물에서 채취한 지문이 위법수집증거에 해당하는지 여부(소극)

[판결요지] 형사소송법 제308조의2(위법수집증거의 배제) 위반의 점에 대하여. 원심이 적법하게 채택한 증거들에 의하면, 피해자 공소외 1의 신고를 받고 현장에 출동한 인천남동경찰서 과학수사팀 소속 경장 공소외 2는 **피해자 공소외 1이 범인과 함께 술을 마신 테이블 위에 놓여 있던 맥주컵에서 지문 6점을, 물컵에서 지문 8점을, 맥주병에서 지문 2점을 각각 현장에서 직접 채취하였음을 알 수 있다.** 이와 같이 **범행 현장에서 지문채취 대상물에 대한 지문채취가 먼저 이루어진 이상, 수사기관이 그 이후에 지문채취 대상물을 적법한 절차에 의하지 아니한 채 압수하였다고 하더라도(한편, 이 사건 지문채취 대상물인 맥주컵, 물컵, 맥주병 등은 피해자 공소외 1이 운영하는 주점 내에 있던 피해자 공소외 1의 소유로서 이를 수거한 행위가 피해자 공소외 1의 의사에 반한 것이라고 볼 수 없다. 그러므로 이를 가리켜 위법한 압수라고 보기도 어렵다), 위와 같이 채취된 지문은 위법하게 압수한 지문채취 대상물로부터 획득한 2차적 증거에 해당하지 아니함이 분명하여, 이를 가리켜 위법수집증거라고 할 수 없다.** 그러므로 원심이 이를 증거로 채택한 것

이 위법하다고 할 수 없다. 이 점에 관한 상고이유의 주장은 받아들일 수 없다.

☞ [출제] 2022년 제11회 변호사시험 기출문제 24

☞ [출제] 2015년 제4회 변호사시험 기출문제 26

☞ [적중] 하태영, 형사법 종합연습, 변시기출문제분석편, 제3판, 법문사, 2021, 369-370면.

중요 **06** ★★★★★

녹음증거 및 「통신비밀보호법」에 관한 설명 중 옳지 않은 것은? (다툼이 있는 경우 판례에 의함)

파워특강 통신비밀보호법. 통신사실확인자료 제공요청의 목적이 된 범죄와 관련된 범죄(=통신사실 확인자료제공요청 허가서에 기재한 혐의사실과 객관적 관련성이 있고, 자료제공 요청대상자와 피의자 사이에 인적 관련성이 있는 범죄를 의미한다). 통신비밀보호법에서 보호하는 타인 간의 '대화'(=사물에서 발생하는 음향이나 비명소리는 통신비밀보호법에서 보호하는 타인 간의 '대화'에 해당하지 않는다). 위법수집증거(=수사기관으로부터 집행을 위탁받은 통신기관 등이 통신제한조치허가서에 기재된 사항을 준수하지 아니하고 통신제한조치를 집행하여 취득한 전기통신의 내용 등은 위법수집증거로서 증거능력이 부정된다). 수사기관 불법 감청(=수사기관이 압수한 휴대전화를 제공하여 통화한 내용을 녹음한 행위. 녹취록은 위법수집증거이다. **일방만의 동의 녹음(=통신비밀보호법 위반. 증거능력 없음)**. 통신비밀보호법에서 감청과 함정수사(=전자우편이 송신되어 수신인이 이를 확인하는 등으로 이미 수신이 완료된 전기통신에 관하여 남아 있는 기록이나 내용을 열어보는 등의 행위는 「통신비밀보호법」에서 규정하는 '전기통신의 감청'에 포함되지 않는다). 통신비밀보호법에서 '전기통신의 감청'은 '감청'(=전기통신이 이루어지고 있는 상황에서 실시간으로 전기통신의 내용을 지득·채록하는 경우와 통신의 송·수신을 직접적으로 방해하는 경우를 의미함. 이미 수신이 완료된 전기통신에 관하여 남아 있는 기록이나 내용을 열어보는 등의 행위는 포함하지 않는다).

① 「통신비밀보호법」상 통신사실확인자료 제공요청의 목적이 된 범죄와 관련된 범죄란 통신사실확인자료 제공요청허가서에 기재된 혐의사실과 객관적 관련성이 있고 자료제공 요청대상자와 피의자 사이에 인적 관련성이 있는 범죄를 의미한다.

해설 및 정답 2023년 제12회 변호사시험 기출문제 39 **정답** ○

대법원 2017. 1. 25. 선고 2016도13489 판결 [뇌물수수·뇌물공여·특정범죄가중처벌등에관한법률위반(뇌물)·특정경제범죄가중처벌등에관한법률위반(사기)·사기]

[판시사항] 통신사실확인자료 제공요청에 의하여 취득한 통화내역 등 통신사실확인자료를 범죄의 수사·소추를 위하여 사용하는 경우, 대상 범죄가 통신사실확인자료 제공요청의 목적이 된 범죄 및 이와 관련된 범죄에 한정되는지 여부(적극) / 여기서 '통신사실확인자료 제공요청의 목적이 된 범죄와 관련된 범죄'의 의미 및 범위

[판결요지] 통신사실확인자료 제공요청에 의하여 취득한 통화내역 등 통신사실확인자료를 범죄의 수사·소추를 위하여 사용하는 경우 대상 범죄는 통신사실확인자료 제공요청의 목적이 된 범죄 및 이와 관련된 범죄에 한정되어야 한다. 여기서 통신사실확인자료 제공요청의 목적이 된 범죄와 관련된 범죄란 통신사실 확인자료제공요청 허가서에 기재한 혐의사실과 객관적 관련성이 있고 자료제공 요청대상자와 피의자 사이에 인적 관련성이 있는 범죄를 의미한다. …… 피의자와 사이의 인적 관련성은 통신사실 확인자료제공요청 허가서에 기재된 대상자의 공동정범이나 교사범 등 공범이나 간접정범은 물론 필요적 공범에 대한 피고사건에 대해서도 인정될 수 있다.

중요 ② '우당탕' 소리는 사람의 목소리가 아니라 사물에서 발생하는 음향이고 '악' 소리도 사람의 목소리이기는 하나 그것만으로 상대방에게 의사를 전달하는 말이라고 보기는 어려워 특별한 사정이 없는 한 「통신비밀보호법」에서 말하는 타인 간의 '대화'에 해당한다고 볼 수 없다.

해설 및 정답 2023년 제12회 변호사시험 기출문제 39 **정답** ○

대법원 2017. 3. 15. 선고 2016도19843 판결 [상해·협박] 〈사물에서 발생하는 음향이나 비명소리가 통신비밀보호법에서 보호하는 타인 간의 '대화'에 해당하는지 문제된 사건〉

[판시사항] 통신비밀보호법에서 보호하는 타인 간의 '대화'에 사물에서 발생하는 음향이 포함되는지 여부(소극) 및 사람의 목소리라고 하더라도 상대방에게 의사를 전달하는 말이 아닌 비명소리나 탄식 등이 타인 간의 '대화'에 해당하는지 여부(원칙적 소극) / 타인 간의 '대화'에 해당하지 않는 사람의 목소리를 녹음하거나 청취하여 형사절차에서 증거로 사용할 수 있는지 판단하는 기준

[판결요지] 사람의 육성이 아닌 사물에서 발생하는 음향은 타인 간의 '대화'에 해당하지 않는다. 또한 **사람의 목소리라고 하더라도 상대방에게 의사를 전달하는 말이 아닌 단순한 비명소리나 탄식 등은 타인과 의사소통을 하기 위한 것이 아니라면 특별한 사정이 없는 한 타인 간의 '대화'에 해당한다고 볼 수 없다.** …… **대화에 속하지 않는 사람의 목소리를 녹음하거나 청취하는 행위가 개인의 사생활의 비밀과 자유 또는 인격권을 중대하게 침해하여 사회통념상 허용되는 한도를 벗어난 것이라면,** 단지 형사소추에 필요한 증거라는 사정만을 들어 곧바로 형사소송에서 진실발견이라는 공익이 개인의 인격적 이익 등 보호이익보다 우월한 것으로 섣불리 단정해서는 안 된다. 그러나 **그러한 한도를 벗어난 것이 아니라면 위와 같은 목소리를 들었다는 진술을 형사절차에서 증거로 사용할 수 있다.**

③ 수사기관은 통신기관 등에 통신제한조치허가서의 사본을 교부하고 집행을 위탁

할 수 있지만, 위탁을 받은 통신기관 등이 허가서에 기재된 집행방법을 준수하지 아니한 채 취득한 전기통신의 내용은 유죄 인정의 증거로 할 수 없다.

해설 및 정답 2023년 제12회 변호사시험 기출문제 39 **정답** ○

대법원 2016. 10. 13. 선고 2016도8137 판결 [국가보안법위반(이적단체의구성등)·국가보안법위반(잠입·탈출)·국가보안법위반(찬양·고무등)] 〈수사기관이 일방에게 녹음하게 한 사건〉

[판시사항] [1] 통신비밀보호법에 규정된 통신제한조치 중 '전기통신의 감청'의 의미 및 이미 수신이 완료된 전기통신에 관하여 남아 있는 기록이나 내용을 열어보는 등의 행위가 이에 포함되는지 여부(소극) [2] 수사기관 또는 수사기관으로부터 집행을 위탁받은 통신기관 등이 통신제한조치를 집행할 때 준수하여야 할 사항 및 허가된 통신제한조치의 종류가 전기통신의 '감청'인 경우, 집행의 방식 / **수사기관으로부터 집행을 위탁받은 통신기관 등이 통신제한조치허가서에 기재된 사항을 준수하지 아니하고 통신제한조치를 집행하여 취득한 전기통신의 내용 등은 위법수집증거로서 증거능력이 부정되는지 여부(적극)**

[판결요지] [1] **'전기통신의 감청'은 '감청'의 개념 규정에 비추어 전기통신이 이루어지고 있는 상황에서 실시간으로 전기통신의 내용을 지득·채록하는 경우와 통신의 송·수신을 직접적으로 방해하는 경우를 의미하는 것이지, 이미 수신이 완료된 전기통신에 관하여 남아 있는 기록이나 내용을 열어보는 등의 행위는 포함하지 않는다.**

[2] **수사기관으로부터 통신제한조치의 집행을 위탁받은 통신기관 등이 집행에 필요한 설비가 없을 때에는 수사기관에 설비의 제공을 요청하여야 한다. 그러한 요청 없이 통신제한조치허가서에 기재된 사항을 준수하지 아니한 채 통신제한조치를 집행하였다면, 그러한 집행으로 취득한 전기통신의 내용 등은 헌법과 통신비밀보호법이 국민의 기본권인 통신의 비밀을 보장하기 위해 마련한 적법한 절차를 따르지 아니하고 수집한 증거에 해당한다. 그러므로(형사소송법 제308조의2), 이는 유죄 인정의 증거로 할 수 없다.**

(중요) ④ 수사기관이 피고인의 마약류관리에관한법률위반(향정)죄의 추가적인 증거를 확보할 목적으로 필로폰 투약혐의로 구속수감 중인 공소외인에게 그의 압수된 휴대전화를 제공하여 그로 하여금 피고인과 통화하고 피고인의 이 사건 공소사실 범행에 관한 통화 내용을 녹음하게 한 경우 그 녹음파일은 '타인 간의 대화'라고 할 수 ~~없으므로 증거능력이 있다.~~ 있으므로 증거능력이 없다. 위법수집증거이다.

해설 및 정답 2023년 제12회 변호사시험 기출문제 39 **정답** ×

대법원 2010. 10. 14. 선고 2010도9016 판결 [마약류관리에관한법률위반(향정)]

[판시사항] [1] 제3자가 전화통화자 중 일방만의 동의를 얻어 통화 내용을 녹음하는 행위가 통신비밀보호법상 '전기통신의 감청'에 해당하는지 여부(적극) 및 불법감청에 의하여 녹음된 전화통화 내용의 증거능력 유무(소극) [2] **수사기관이 갑으로부터 피고인의 마약류관리에 관한 법률 위반(향정) 범행에 대한 진술을 듣고 추가적인 증거를 확보할 목적으로, 구속수감되어 있던 갑에게 그의 압수된 휴대전화를 제공하여 피고인과 통화하고 위 범행에 관한 통화 내용을 녹음하게 한 행위는 불법감청에 해당하므로, 그 녹음 자체는**

물론 이를 근거로 작성된 녹취록 첨부 수사보고는 피고인의 증거동의에 상관없이 그 증거능력이 없다고 한 사례.

[판결요지] 전기통신의 감청은 제3자가 전기통신의 당사자인 송신인과 수신인의 동의를 받지 아니하고 전기통신 내용을 녹음하는 등의 행위를 하는 것만을 말한다고 풀이함이 상당하다고 할 것이다. 그러므로 전기통신에 해당하는 전화통화 당사자의 일방이 상대방 모르게 통화 내용을 녹음하는 것은 여기의 감청에 해당하지 아니하지만, 제3자의 경우는 설령 전화통화 당사자 일방의 동의를 받고 그 통화 내용을 녹음하였다 하더라도 그 상대방의 동의가 없었던 이상, 이는 여기의 감청에 해당하여 법 제3조 제1항 위반이 된다. 이와 같이 법 제3조 제1항에 위반한 불법감청에 의하여 녹음된 전화통화의 내용은 법 제4조에 의하여 증거능력이 없다. 그리고 사생활 및 통신의 불가침을 국민의 기본권의 하나로 선언하고 있는 헌법규정과 통신비밀의 보호와 통신의 자유 신장을 목적으로 제정된 통신비밀보호법의 취지에 비추어 볼 때 피고인이나 변호인이 이를 증거로 함에 동의하였다고 하더라도 달리 볼 것은 아니다.

☞ [출제] 2021년 제10회 변호사시험 기출문제 37 ㄷ.
☞ [출제] 2020년 제9회 변호사시험 기출문제 28
☞ [출제] 2018년 제7회 변호사시험 기출문제 38
☞ [출제] 2017년 제6회 변호사시험 기출문제 38
☞ [적중] 하태영, 형사법 종합연습, 변시기출문제분석편, 제3판, 법문사, 2021, 368면. 376면.

중요 ⑤ 「통신비밀보호법」상 감청은 전기통신이 이루어지고 있는 상황에서 실시간으로 그 전기통신의 내용을 지득·채록하는 경우와 통신의 송·수신을 직접적으로 방해하는 경우를 의미하는 것이지 이미 수신이 완료된 전기통신에 관하여 남아 있는 기록이나 내용을 열어보는 등의 행위는 포함하지 않는다.

해설 및 정답 2023년 제12회 변호사시험 기출문제 39 **정답** ○

대법원 2012. 10. 25. 선고 2012도4644 판결 [통신비밀보호법위반]

[판시사항] 통신비밀보호법상 '감청'의 의미 및 이미 수신이 완료된 전기통신 내용을 지득하는 등의 행위도 이에 포함되는지 여부(소극)

[판결요지] 통신비밀보호법 제2조 제3호 및 제7호 문언이 송신하거나 수신하는 전기통신 행위를 감청의 대상으로 규정하고 있을 뿐 **송·수신이 완료되어 보관 중인 전기통신 내용은 대상으로 규정하지 않은 점**, 일반적으로 **감청은 다른 사람의 대화나 통신 내용을 몰래 엿듣는 행위를 의미하는 점** 등을 고려하여 보면, **통신비밀보호법상 '감청'이란 대상이 되는 전기통신의 송·수신과 동시에 이루어지는 경우만을 의미하고, 이미 수신이 완료된 전기통신의 내용을 지득하는 등의 행위는 포함되지 않는다.**

대법원 2016. 10. 13. 선고 2016도8137 판결 [국가보안법위반(이적단체의구성등)·국가보안법위반(잠입·탈출)·(찬양·고무등)] 〈수사기관이 일방에게 녹음하게 한 사건〉

☞ [출제] 2017년 제6회 변호사시험 기출문제 38
☞ [적중] 하태영, 형사법 종합연습, 변시기출문제분석편, 제3판, 법문사, 2021, 365면.

문 35. 형사소송법 제310조 자백의 보강증거에 관한 설명 중 옳은 것은? (다툼이 있는 경우 판례에 의함)

출제내용

- 보강증거자격: 직접증거(+), 간접증거(+), 정황증거(+)
- 자백의 보강증거 인정여부: 금전출납부는 독립된 증거자료이며 보강증거로 인정됨
- 보강증거요부: 전과사실 자백(+)
- 보강증거범위: 상습범, 실체적 경합 개별적 보강증거(+)
- 자백과 보강증거(=국립과학수사연구소장 작성 감정의뢰회보와 간이소변검사결과는 피고인 자백에 대한 보강증거 인정+)

출제분석

2024년 제13회 변호사시험 출제예상 ★
2022년 제11회 변호사시험 기출문제 33
2019년 제8회 변호사시험 기출문제 28
2018년 제8회 변호사시험 기출문제 30

가. 형사소송법 제310조 자백의 보강증거에 관한 설명 중 옳은 것이다(○).

중요 ① 횡령죄의 피고인이 제출한 항소이유서에 "피고인은 돈이 급해 지어서는 안될 죄를 지었습니다.", "진심으로 뉘우치고 있습니다."라고 기재되어 있더라도, 이어진 검사와 재판장 및 변호인의 각 신문에 대하여 범죄사실을 일관되게 부인한다면 범죄사실을 자백한 것이라고 볼 수 없다.

해설 및 정답 2019년 제8회 변호사시험 기출문제 28 ★ **정답** ○

대법원 1999. 11. 12. 선고 99도3341 판결 [횡령]

[판시사항] **피고인이 공판기일에서 진술한 항소이유서에 범죄사실을 인정하는 취지의 추상적인 문구가 기재된 사실만으로는 범죄사실을 자백한 것으로 볼 수 없다.**

② 「국가보안법」상 회합죄를 피고인이 자백하는 경우, 회합 당시 상대방으로부터 받았다는 명함의 현존은 보강증거로 될 수 있다.

해설 및 정답 2018년 제7회 변호사시험 기출문제 30 **정답** ○

대법원 1990. 6. 22. 선고 90도741 판결 [국가보안법위반]

[판결요지] **자백에 대한 보강증거는 범죄사실 전체에 관한 것이 아니라 할지라도 피고인**

의 자백사실이 가공적인 것이 아니고 진실한 것이라고 인정할 수 있는 정도이면 충분하다. 이러한 증거는 **직접증거뿐만 아니라 간접증거 내지 정황증거라도 족하다 할 것이다. 그러므로 국가보안법상 회합죄를 피고인이 자백하는 경우 회합 당시 상대방으로부터 받았다는 명함의 현존은 보강증거로 될 수 있다.**

③ 전과에 관한 사실은 누범가중의 사유가 되는 경우에도 피고인의 자백만으로 인정할 수 있다.

해설 및 정답 2018년 제7회 변호사시험 기출문제 30 **정답** ○

대법원 1973. 3. 20. 선고 73도280 판결 [특수강도등]

[판결요지] 전과에 관한 사실은 피고인의 자백만으로도 인정할 수 있다.

④ 2017. 2. 18. 01:35경 자동차를 타고 온 甲으로부터 필로폰을 건네받은 후 甲이 위 차량을 운전해 갔다고 한 A의 진술과 2017. 2. 20. 甲으로부터 채취한 소변에서 나온 필로폰 양성 반응 결과는, 甲이 2017. 2. 18. 02:00경의 필로폰 투약으로 정상적으로 운전하지 못할 우려가 있는 상태에서 운전하였다는 자백을 보강하는 증거가 되기에 충분하다.

해설 및 정답 2018년 제7회 변호사시험 기출문제 30 **정답** ○

대법원 2010. 12. 23. 선고 2010도11272 판결 [마약류관리에관한법률위반(향정)

⑤ 실체적 경합범의 경우 각 범죄사실에 관하여 자백에 대한 보강증거가 있어야 한다.

해설 및 정답 2018년 제7회 변호사시험 기출문제 30 **정답** ○

대법원 2008. 2. 14. 선고 2007도10937 판결 [마약류관리에관한법률위반(향정)]

[판시사항] 필로폰 매수 대금을 송금한 사실에 대한 증거가 필로폰 매수죄와 실체적 경합범 관계에 있는 필로폰 투약행위에 대한 보강증거가 될 수 없다.

나. 형사소송법 제310조 자백의 보강증거에 관한 설명 중 옳지 않은 것이다(○).

중요 ① 변론을 분리하지 아니한 채 이루어진 공범인 공동피고인의 공판정에서의 자백은 피고인에 대하여 불리한 증거로 사용할 수 ~~없다.~~있다.

해설 및 정답 2019년 제8회 변호사시험 기출문제 28 **정답** ×

공범인 공동피고인의 공판정에서 자백은 독립증거이다. 피고인에 대하여 불리한 증거로

사용할 수 있다.
대법원 2006. 5. 11. 선고 2006도1944 판결 [강도상해 · 컴퓨터등사용사기]

② 상업장부나 금전출납부 등과 같이 범죄사실의 인정 여부와는 관계없이 우연히 피고인이 자기에게 맡겨진 사무를 처리한 사무 내역을 그때그때 계속적, 기계적으로 기재한 문서라도 공소사실에 일부 부합되는 사실의 기재가 있다면 이는 범죄사실을 ~~자백하는 문서로 보아야 한다.~~ 자백에 대한 독립적인 보강증거가 될 수 있다.

해설 및 정답 2019년 제8회 변호사시험 기출문제 28 **정답** ×
대법원 1996. 10. 17. 선고 94도2865 전원합의체 판결 [가중뇌물수수 · 가중뇌물공여 · 뇌물공여의사표시 · 변호사법위반 · 골재채취법위반 · 폐기물관리법위반]
[판시사항] [2] **상업장부 · 항해일지 · 진료일지 · 금전출납부 등 사무 내역을 기재한 문서의 증거력 및 그 기재 내용 중 공소사실에 부합되는 부분이 자백문서에 해당하는지 여부(소극)** [3] **피고인이 업무추진 과정에서 지출한 자금 내역을 기록한 수첩의 기재 내용이 자백에 대한 독립적인 보강증거가 될 수 있는지 여부(적극)**
☞ [출제] 2014년 제3회 변호사시험 기출문제 27

③ 피고인이 그 범죄혐의를 받기 전에 이와는 관계없이 자기의 업무수행에 필요한 자금을 지출하면서 스스로 그 지출한 자금내역을 자료로 남겨두기 위하여 뇌물자금과 기타 자금을 구별하지 아니하고 그 내역을 기입한 수첩은 피고인의 검찰에서의 자백에 대한 보강증거가 될 수 ~~없다.~~ 있다.

해설 및 정답 2019년 제8회 변호사시험 기출문제 28 **정답** ×
대법원 1996. 10. 17. 선고 94도2865 전원합의체 판결

④ 자백에 대한 보강증거는 자백이 가공적인 것이 아닌 진실한 것임을 인정할 수 있는 정도로 충분하지만, 자백과 보강증거만으로도 유죄의 증거로 충분하다고 볼 수 있으므로, 간접증거나 정황증거는 보강증거가 될 수 ~~없다.~~ 있다.

해설 및 정답 2019년 제8회 변호사시험 기출문제 28 **정답** ×
대법원 1999. 11. 12. 선고 99도3341 판결 [횡령]

중요 ⑤ 약 3개월에 걸쳐 8회의 도박을 하였다는 혐의로 검사가 피고인에 대해 상습도박죄로 기소한 경우, 총 8회의 도박 중 3회의 도박사실에 대해서는 피고인의 자백 외에 보강증거가 없는 경우에도 법원은 소위 진실성담보설에 입각하여 8

회의 도박행위 전부에 대하여 유죄판결을 할 수 ~~있다.~~ 없다.

해설 및 정답 2018년 제7회 변호사시험 기출문제 30 ★ **정답** ×

대법원 1996. 2. 13. 선고 95도1794 판결 [향정신성의약품관리법위반]

[판결요지] 피고인의 습벽을 범죄구성요건으로 하며 포괄1죄인 상습범에 있어서도 이를 구성하는 각 행위에 관하여 개별적으로 보강증거를 요구하고 있다. 이 점에 비추어 보면, 투약습성에 관한 정황증거만으로 향정신성의약품관리법위반죄의 객관적 구성요건인 각 투약행위가 있었다는 점에 관한 보강증거로 삼을 수는 없다.

중요 다. 자백과 보강증거 종합문제

01 ★★★★★

자백과 보강증거에 관한 설명 중 옳지 않은 것을 모두 고른 것은? (다툼이 있는 경우 판례에 의함)

ㄱ. 피고인이 다세대주택의 여러 세대에서 7건의 절도행위를 한 것으로 기소되었는데 그중 4건은 범행 장소인 구체적 호수가 특정되지 않은 사안에서, 위 4건에 관한 피고인 자백의 진실성이 인정되는 경우라면, 피고인의 집에서 압수한 위 4건의 각 피해품에 대한 압수조서와 압수물 사진은 위 자백에 대한 보강증거가 된다.

ㄴ. 피고인이 범행을 자인하는 것을 들었다는 피고인 아닌 자의 진술은 피고인의 자백에 포함되지 아니하므로, 피고인 자백의 보강증거가 될 수 ~~있다.~~ 없다.

ㄷ. 2021. 10. 19. 채취한 소변에 대한 검사결과 메스암페타민 성분이 검출된 경우, 위 소변검사결과는 2021. 10. 17. 메스암페타민을 투약하였다는 자백에 대한 보강증거가 될 수는 있지만, 각 투약행위에 대한 자백의 보강증거는 별개의 것이어야 하므로, 같은 달 13. 메스암페타민을 투약하였다는 자백에 대한 보강증거는 될 수 ~~없다.~~ 있다.

ㄹ. 공소장에 기재된 대마 흡연일자로부터 한 달 후 피고인의 주거지에서 압수된 대마 잎은 비록 피고인의 자백이 구체적이고 그 진실성이 인정된다고 하더라도 피고인의 자백에 대한 보강증거가 될 수 ~~없다.~~ 있다.

① ㄱ ② ㄱ, ㄷ

③ ㄴ, ㄷ ④ ㄴ, ㄹ

⑤ ㄴ, ㄷ, ㄹ

해설 및 정답 2022년 제11회 변호사시험 기출문제 33 **정답** ⑤

> **파워특강** 자백과 보강증거. 7건 중 4건에 범행 관련 진실성이 인정되는 경우(=보강증거+. 피해품 압수조서와 압수물 사진 보강증거+). "피고인의 범행 자인을 들었다"는 피고인 아닌 자의 진술(=형사소송법 제310조 피고인 자백에 포함되지 않음. 보강증거 될 수 없음=피고인 자백을 피고인 자백으로 보강하는 결과에 불과함). 피고인 자백+보강증거(=감정의뢰회보와 간이소변검사). 피고인 자백+보강증거(=대마 흡연 한 달 후 피고인 주거지에서 압수된 대마잎).

ㄱ. (○) 대법원 2008. 5. 29. 선고 2008도2343 판결 [절도 · 주거침입]

[판시사항] [1] 자백에 대한 보강증거의 정도 [2] **절도의 공소사실에 대한 피고인의 자백에서 충분히 진실성이 인정되는 경우, 피고인의 집에서 해당 피해품을 압수한 압수조서와 압수물 사진은 그 보강증거가 된다**고 한 사례.

[판결요지] [1] **자백과 보강증거 사이에 어느 정도의 차이가 있어도 중요부분이 일치하고 그로써 진실성이 담보되면 보강증거로서의 자격이 있다.**

[2] 피고인이 자신이 거주하던 다세대주택의 여러 세대에서 7건의 절도행위를 한 것으로 기소되었는데 그 중 4건은 범행장소인 구체적 호수가 특정되지 않은 사안이다. 위 **4건에 관한 피고인의 범행 관련 진술이 매우 사실적 · 구체적 · 합리적이고 진술의 신빙성을 의심할 만한 사유도 없어 자백의 진실성이 인정된다.** 그러므로 **피고인의 집에서 해당 피해품을 압수한 압수조서와 압수물 사진은 위 자백에 대한 보강증거가 된다**고 한 사례.

ㄴ. (×) 대법원 2008. 2. 14. 선고 2007도10937 판결 [마약류관리에관한법률위반(향정)]

[판시사항] [1] **피고인의 자백을 내용으로 하는, 피고인 아닌 자의 진술이 보강증거가 될 수 있는지 여부(소극)** [2] 실체적 경합범과 자백의 보강증거 [3] **필로폰 매수 대금을 송금한 사실에 대한 증거가 필로폰 매수죄와 실체적 경합범 관계에 있는 필로폰 투약행위에 대한 보강증거가 될 수 없다**고 한 사례 [4] 피고인의 모발에서 메스암페타민 성분이 검출되었는지 여부에 관한 국립과학수사연구소장의 감정의뢰회보의 증명력

[판결요지] [1] **피고인이 범행을 자인하는 것을 들었다는 피고인 아닌 자의 진술내용은 형사소송법 제310조의 피고인의 자백에는 포함되지 않는다. 그러나 이는 피고인의 자백의 보강증거로 될 수 없다. ☞ 피고인 자백을 피고인 자백으로 보강할 수 없다.**

[2] **실체적 경합범은 실질적으로 수죄이므로 각 범죄사실에 관하여 자백에 대한 보강증거가 있어야 한다.**

[3] **필로폰 매수 대금을 송금한 사실에 대한 증거가 필로폰 매수죄와 실체적 경합범 관계에 있는 필로폰 투약행위에 대한 보강증거가 될 수 없다**고 한 사례.

[4] **감정의뢰회보는 적어도 피고인은 모발채취일로부터 위 모발이 자라는 통상적 기간 내에는 필로폰을 투약하지 않았다는 유력한 증거에 해당한다.**

마약류관리에 관한 법률 위반사건의 피고인 모발에서 메스암페타민 성분이 검출되었다는 **국립과학수사연구소장의 감정의뢰회보가 있는 경우,** 그 회보의 기초가 된 감정에 있어서 실험물인 모발이 바뀌었다거나 **착오나 오류가 있었다는 등의 구체적인 사정이 없는 한** 피고인으로부터 채취한 **모발에서 메스암페타민 성분이 검출되었다고 인정하여야 한다.** 따

라서 논리와 경험의 법칙상 피고인은 감정의 대상이 된 모발을 채취하기 이전 언젠가에 메스암페타민을 투약한 사실이 있다고 인정하여야 한다. **그러나 피고인 모발에서 메스암페타민 성분이 검출되지 않았다는 국립과학수사연구소장의 감정의뢰회보가 있는 경우, 개인의 연령, 성별, 인종, 영양상태, 개체차 등에 따라 차이가 있으나 모발이 평균적으로 한 달에 1㎝ 정도 자란다고 볼 때 감정의뢰된 모발의 길이에 따라 필로폰 투약시기를 대략적으로 추정할 수 있다. 그러므로 위 감정의뢰회보는 적어도 피고인은 모발채취일로부터 위 모발이 자라는 통상적 기간 내에는 필로폰을 투약하지 않았다는 유력한 증거에 해당한다.** 따라서 법원은 위 검사를 시행함에 있어 감정인이 충분한 자격을 갖추지 못하였다거나, 감정자료의 관리·보존상태 또는 검사방법이 적절하지 못하다거나, 그 결론 도출과정이 합리적이지 못하다거나 혹은 감정 결과 자체에 모순점이 있다는 등으로 **그 감정 결과의 신뢰성을 의심할 만한 다른 사정이 있는지에 관하여 심리하여 본 다음 피고인의 범행 여부를 판단하여야 한다.**

ㄷ. (×) 대법원 1999. 8. 24. 선고 99도1858 판결 [대마관리법위반]

[판시사항] [1] 자백에 대한 보강증거의 정도 [2] **대마 흡연자에 대한 소변검사에서 대마 성분이 검출되는 기간에 관한 심리 없이 피고인으로부터 채취한 소변에서 대마 성분이 검출되었다는 국립과학수사연구소장 작성의 감정의뢰회보와 간이소변검사결과가 소변 채취 시점으로부터 5일 이전에 대마를 흡연하였다는 피고인의 자백에 대한 보강증거가 될 수 없다고 한 원심판결을 파기한 사례.**

[판결요지] 자백에 대한 보강증거는 범죄사실 전부 또는 중요 부분을 인정할 수 있는 정도가 되지 아니하더라도 피고인 자백이 가공적인 것이 아닌 진실한 것임을 인정할 수 있는 정도만 되면 족할 뿐만 아니라 직접증거가 아닌 간접증거나 정황증거도 보강증거가 될 수 있다. 또한 자백과 보강증거가 서로 어울려서 전체로서 범죄사실을 인정할 수 있으면 유죄 증거로 충분하다.

ㄹ. (×) 대법원 2007. 9. 20. 선고 2007도5845 판결 [마약류관리에관한법률위반(대마)]

[판시사항] [1] 자백에 대한 보강증거의 정도 [2] **기소된 대마 흡연일자로부터 한 달 후 피고인의 주거지에서 압수된 대마 잎이 피고인의 자백에 대한 보강증거가 된다**고 본 사례.

[판결요지] **자백에 대한 보강증거는 범죄사실의 전부 또는 중요부분을 인정할 수 있는 정도가 되지 아니하더라도 피고인의 자백이 가공적인 것이 아닌 진실한 것임을 인정할 수 있는 정도만 되면 족할 뿐만 아니라, 직접증거가 아닌 간접증거나 정황증거도 보강증거가 될 수 있다. 또한 자백과 보강증거가 서로 어울려서 전체로서 범죄사실을 인정할 수 있으면 유죄의 증거로 충분하다.**

문 36. 형사소송법 제311조 공판조서에 관한 설명 중 옳은 것은? (다툼이 있는 경우 판례에 의함)

출제내용

- 공판조서 작성자(=법원사무관, 형사소송법 제51조 공판조서 기재요건)
- 공판조서 증명력(=절대적 증명력)
- 공판조서 열람권·등사청구권 절차적 보장(=위반시 증거능력 부인)
- 공판조서 열람권·등사청구권 보장 시기 위반(=사후 보장 시 방어권행사에 지장이 없는 경우 증거능력 인정)

출제분석

2024년 제13회 변호사시험 출제예상 ★

2019년 제8회 변호사시험 기출문제 23

① 공판기일의 소송절차에 관하여는 수소법원의 재판장이 아니라 참여한 법원사무관 등이 공판조서를 작성한다.

해설 및 정답 2019년 제8회 변호사시험 기출문제 23 **정답** ○

형사소송법 제51조는 공판조서 기재요건을 규정하고 있다. 주요내용을 보면, ① 공판기일 소송절차에 참여한 **법원사무관 등은 공판기일 소송절차에 관한 구체적 내용을 공판조서에 작성한다.**

중요 ② 공판기일의 소송절차로서 공판조서에 기재된 것은 그 조서만으로 증명하고, 명백한 오기인 경우를 제외하고는 다른 자료에 의한 반증이 허용되지 않는다.

해설 및 정답 2019년 제8회 변호사시험 기출문제 23 ★ **정답** ○

형사소송법 **제55조는 피고인 공판조서열람권·공판조서낭독청구권과 증거능력을** 규정하고 있다. 주요내용을 보면, ① 피고인은 공판조서 열람·복사를 청구할 수 있다. ② 피고인이 공판조서를 읽을 수 없는 경우 공판조서 낭독을 청구할 수 있다. [개정 95·12·29] ③ 제1항·제2항 청구에 응하지 않은 경우 그 공판조서를 유죄증거로 사용할 수 없다.

형사소송법 **제56조는 공판조서 증명력을** 규정하고 있다. 주요내용을 보면, 법원은 공판조서에 기재된 공판기일 소송절차를 조서로 증명한다.

대법원 2003. 10. 10. 선고 2003도3282 판결 [폭력행위등처벌에관한법률위반·공무집행방해]

[판결요지] 공판조서의 기재가 명백한 오기인 경우를 제외하고는 공판기일의 소송절차로서 공판조서에 기재된 것은 조서만으로써 증명하여야 한다. 그 증명력은 공판조서 이외의 자료에 의한 반증이 허용되지 않는 절대적인 것이다.

③ 검사가 제출한 증거에 대하여 동의 또는 진정성립 여부 등에 관한 피고인의 의견이 증거목록에 기재된 경우, 그 증거목록의 기재도 명백한 오기가 아닌 이상

절대적인 증명력을 가진다.

해설 및 정답 2019년 제8회 변호사시험 기출문제 23 **정답** ○

대법원 2012. 6. 14. 선고 2011도12571 판결 [무고 · 공중위생관리법위반]

[판결요지] **공판조서의 기재가 명백한 오기인 경우를 제외하고는 공판기일의 소송절차로서 공판조서에 기재된 것은 조서만으로써 증명하여야 한다. 그 증명력은 공판조서 이외의 자료에 의한 반증이 허용되지 않는 절대적인 것이다. 그러므로 검사 제출의 증거에 관하여 동의 또는 진정성립 여부 등에 관한 피고인의 의견이 증거목록에 기재된 경우에는 그 증거목록의 기재는 공판조서의 일부로서 명백한 오기가 아닌 이상 절대적인 증명력을 가지게 된다(대법원 2012. 5. 10. 선고 2012도2496 판결 참조).**

④ 피고인이 차회 공판기일 전 등 원하는 시기에 공판조서를 열람·등사하지 못하였다 하더라도 그 변론종결 이전에 이를 열람·등사한 경우에는 그 열람·등사가 늦어짐으로 인하여 피고인의 방어권 행사에 지장이 있었다는 등의 특별한 사정이 없는 한, 그 공판조서를 유죄의 증거로 할 수 있다.

해설 및 정답 2019년 제8회 변호사시험 기출문제 23 **정답** ○

대법원 2007. 7. 26. 선고 2007도3906 판결 [폭력행위등처벌에관한법률위반]

[판결요지] **피고인이 차회 공판기일 전 등 원하는 시기에 공판조서를 열람 · 등사하지 못하였다 하더라도 그 변론종결 이전에 이를 열람 · 등사한 경우에는 그 열람 · 등사가 늦어짐으로 인하여 피고인의 방어권 행사에 지장이 있었다는 등의 특별한 사정이 없는 한 형사소송법 제55조 제1항 소정의 피고인의 공판조서의 열람 · 등사청구권이 침해되었다고 볼 수 없다. 따라서 그 공판조서를 유죄의 증거로 할 수 있다고 보아야 한다.**

⑤ 피고인이 공판조서에 대해 열람 또는 등사를 청구하였는데 법원이 불응하여 피고인의 열람 또는 등사청구권이 침해된 경우, 그 공판조서를 유죄의 증거로 할 수 없으나 그 공판조서에 기재된 증인의 진술은 다른 절차적 위법이 없는 이상 증거로 할 수 ~~있다.~~ 없다.

해설 및 정답 2019년 제8회 변호사시험 기출문제 23 **정답** ×

대법원 2003. 10. 10. 선고 2003도3282 판결 [폭력행위등처벌에관한법률위반 · 공무집행방해]

[판결요지] 형사소송법 제55조 제1항이 피고인에게 공판조서의 열람 또는 등사청구권을 부여한 이유는 공판조서의 열람 또는 등사를 통하여 피고인으로 하여금 진술자의 진술내용과 그 기재된 조서의 기재내용의 일치 여부를 확인할 수 있도록 기회를 줌으로써 그 조서의 정확성을 담보함과 아울러 피고인의 방어권을 충실하게 보장하려는 데 있다. 그러므로 **피고인의 공판조서에 대한 열람 또는 등사청구에 법원이 불응하여 피고인의 열람 또는 등사청구권이 침해된 경우에는 그 공판조서를 유죄의 증거로 할 수 없다. 뿐만 아니라 공판조서에 기재된 당해 피고인이나 증인의 진술도 증거로 할 수 없다.**

문 37. 형사소송법 제312조 수사과정에서 작성한 전문증거의 증거능력에 관한 설명 중 옳은 것은? (다툼이 있는 경우 판례에 의함)

출제내용

- 전문증거(=타인 진술·서류 법원에 간접 보고)·본래증거(원본증거)
- 검사작성 피의자신문조서(형사소송법 제312조 제1항)
- 검사 이외 수사기관(이하 '사법경찰관작성') 피의자신문조서(형사소송법 제312조 제3항)★★★★★
- 검사작성 참고인 진술조서(형사소송법 제312조 제4항)
- 사법경찰관작성 참고인 진술조서(형사소송법 제312조 제4항)
- 검찰수사과정에서 쓴 피의자진술서(형사소송법 제312조 제5항⇒제1항)
- 경찰수사과정에서 쓴 피의자진술서(형사소송법 제312조 제5항⇒제3항)
- 검찰수사과정에서 쓴 참고인진술서(형사소송법 제312조 제5항⇒제4항)
- 경찰수사과정에서 쓴 참고인진술서(형사소송법 제312조 제5항⇒제4항)
- 검사작성 검증조서와 압수조서(형사소송법 제312조 제6항)
- 사법경찰관작성 검증조서와 압수조서(형사소송법 제312조 제6항)
- 전문진술이 기재된 조서(형사소송법 제312조 제4항, 제316조 제2항)
- 甲 피고인과 공범관계가 있는 다른 피고인 乙에 대한 피의자신문조서(=검사작성 형사소송법 제312조 제1항 적용, 검사 이외 수사기관이 작성 형사소송법 제312조 제3항 적용. 내용 부인시 증거능력 모두 부정)★★★★★

출제분석

2024년 제13회 변호사시험 출제예상 ★
2020년 제9회 변호사시험 기출문제 36
2019년 제8회 변호사시험 기출문제 31·33
2018년 제7회 변호사시험 기출문제 28·31

가. 형사소송법 제312조 전문증거의 증거능력에 관한 설명 중 옳은 것이다(○).

중요 ① F가 한 진술의 내용인 사실이 요증사실인 경우, F의 진술을 내용으로 하는 G의 진술

해설 및 정답 2019년 제8회 변호사시험 기출문제 33 ★ **정답** ○

대법원 2008. 11. 13. 선고 2008도8007 판결 [특정범죄가중처벌등에관한법률위반(알선수재)·사기·사문서위조·위조사문서행사]

[판시사항] 타인의 진술을 내용으로 하는 진술이 본래증거인지 전문증거인지 판단하는 기준

[판결요지] 타인의 진술을 내용으로 하는 진술이 전문증거인지 여부는 요증사실과의 관계에서 정하여진다. 원진술의 내용인 사실이 요증사실인 경우에는 전문증거이다. 그러나 원진술의 존재 자체가 요증사실인 경우에는 본래증거이지 전문증거가 아니다.

② 수사기관이 작성한 조서의 내용이 원진술자가 진술한 대로 기재된 것이라 함은 조서작성 당시 원진술자의 진술대로 기재되었는지의 여부만을 의미하는 것이다. 이와 같이 진술하게 된 연유나 그 진술의 신빙성 여부는 고려할 것이 아니다.

해설 및 정답 2018년 제7회 변호사시험 기출문제 28 **정답** ○

대법원 2005. 6. 10. 선고 2005도1849 판결 [폭력행위등처벌에관한법률위반(야간집단·흉기등상해)]

[판결요지] 수사기관이 작성한 조서의 내용이 원진술자가 진술한 대로 기재된 것이라 함은 조서 작성 당시 원진술자의 진술대로 기재되었는지의 여부만을 의미하는 것이다. 그와 같이 진술하게 된 연유나 그 진술의 신빙성 여부는 고려할 것이 아니다. 한편 **검사가 피의자나 피의자 아닌 자의 진술을 기재한 조서 중 일부에 관하여만 원진술자가 공판준비 또는 공판기일에서 실질적 진정성립을 인정하는 경우**에는 법원은 당해 조서 중 어느 부분이 원진술자가 진술한 대로 기재되어 있고 어느 부분이 달리 기재되어 있는지 여부를 구체적으로 심리한 다음 **진술한 대로 기재되어 있다고 하는 부분에 한하여 증거능력을 인정하여야 하고, 그 밖에 실질적 진정성립이 부정되는 부분에 대해서는 증거능력을 부정하여야 한다.**

나. 형사소송법 제312조 전문증거의 증거능력에 관한 설명 중 옳지 않은 것이다(×).

중요 ① 건축허가를 둘러싼 A의 알선수재사건에서 "건축허가 담당공무원에게 내(B)가 사례비 2,000만 원을 주기로 A와 상의하였다."라는 B의 증언

해설 및 정답 2019년 제8회 변호사시험 기출문제 33 ★ **정답** ×

본래증거(원본증거)는 원진술 존재 자체가 요증사실인 경우이다. B 진술은 자신 경험을 전하는 원진술이다. 원진술 존재 자체가 요증사실인 경우 본래증거이다.

대법원 2008. 11. 13. 선고 2008도8007 판결 [특정범죄가중처벌등에관한법률위반(알선수재)·사기·사문서위조·위조사문서행사]

[판시사항] 타인의 진술을 내용으로 하는 진술이 본래증거인지 전문증거인지 판단하는 기준

[판결요지] 타인의 진술을 내용으로 하는 진술이 전문증거인지 여부는 요증사실과의 관계에서 정하여진다. 원진술의 내용인 사실이 요증사실인 경우에는 전문증거이다. 그러나 원진술의 존재 자체가 요증사실인 경우에는 본래증거이지 전문증거가 아니다(대법원 2008. 9. 25. 선고 2008도5347 판결 참조). 피고인의 위와 같은 원진술의 존재 자체가 이 사건 알선수재죄에 있어서의 요증사실이다. 그러므로 이를 직접 경험한 공소외 2가 피고인으로부터 위와 같은 말들을 들었다고 하는 진술들은 전문증거가 아니라 본래증거

에 해당된다.

중요 ② 휴대전화기에 공포심이나 불안감을 유발하는 글을 반복적으로 상대방에게 도달하게 하는 행위를 하였다는 C에 대한 공소사실의 유죄증거로 C의 휴대전화기에 저장된 위와 같은 내용의 문자정보

해설 및 정답 2019년 제8회 변호사시험 기출문제 33 ★ **정답** ×

본래증거(원본증거)는 원진술 존재 자체가 요증사실인 경우이다. 휴대폰에 저장된 문자정보는 본래증거이다.

대법원 2008. 11. 13. 선고 2006도2556 판결 [정보통신망법 위반(음란물유포등)]

[판결요지] [1] **검사가 위 죄에 대한 유죄의 증거로 문자정보가 저장되어 있는 휴대전화기를 법정에 제출하는 경우, 휴대전화기에 저장된 문자정보 그 자체가 범행의 직접적인 수단으로서 증거로 사용될 수 있다.**

[2] **정보통신망을 통하여 공포심이나 불안감을 유발하는 글을 반복적으로 상대방에게 도달하게 하는 행위를 하였다는 공소사실에 대하여 휴대전화기에 저장된 문자정보가 그 증거가 되는 경우, 그 문자정보는 범행의 직접적인 수단이고 경험자의 진술에 갈음하는 대체물에 해당하지 않는다. 그러므로 형사소송법 제310조의2에서 정한 전문법칙이 적용되지 않는다.**

③ 반국가단체로부터 지령을 받고 국가기밀을 탐지·수집하였다는 공소사실로 기소된 E의 컴퓨터에 저장된 국가기밀문건

해설 및 정답 2019년 제8회 변호사시험 기출문제 33 **정답** ×

본래증거(원본증거)는 원진술 존재 자체가 요증사실인 경우이다. 컴퓨터에 저장된 국가기밀문건은 본래증거이다.

대법원 2013. 2. 15. 선고 2010도3504 판결 [국가보안법위반(찬양·고무등)]

[판시사항] 정보저장매체에 기억된 문자정보 또는 그 출력물의 증거능력

[판결요지] 피고인 또는 피고인 아닌 사람이 컴퓨터용디스크 그 밖에 이와 비슷한 정보저장매체에 입력하여 기억된 문자정보 또는 그 출력물을 증거로 사용하는 경우, 이는 실질에 있어서 **피고인 또는 피고인 아닌 사람이 작성한 진술서나 그 진술을 기재한 서류와 크게 다를 바 없다. 압수 후의 보관 및 출력과정에 조작의 가능성이 있다. 기본적으로 반대신문의 기회가 보장되지 않는 점 등에 비추어 그 내용의 진실성에 관하여는 전문법칙이 적용된다. 따라서 원칙적으로 형사소송법 제313조 제1항에 의하여 작성자 또는 진술자의 진술에 의하여 성립의 진정함이 증명된 때에 한하여 이를 증거로 사용할 수 있다.** 다만 정보저장매체에 기억된 문자정보의 내용의 진실성이 아닌 그와 같은 내용의 문자정보의 존재 자체가 직접 증거로 되는 경우에는 전문법칙이 적용되지 아니한다.

중요 ④ 검사의 피고인에 대한 당해 공소사실에 관한 진술조서가 기소된 후에 작성된 것이라는 이유만으로도 당사자주의, 공판중심주의에 비추어 그 증거능력은 ~~부정되어야 한다.~~ 부정되는 것은 아니다.

해설 및 정답 2018년 제7회 변호사시험 기출문제 28 ★★★★★ **정답** ×

대법원 1982. 6. 8. 선고 82도754 판결 [국가보안법위반 등]

[판시사항] [1] 검사 작성의 피의자 신문조서의 증거능력 [2] 기소 후 검사가 작성한 피고인에 대한 진술조서의 증거능력

[판결요지] [1] **검사가 작성한 피의자신문조서는 그 피의자였던 피고인이 공판정에서 그 서명날인을 시인하여 진정성립을 인정하는 경우**에는 **검찰에서의 진술이 특히 임의로 되지 아니하여 신빙할 수 없는 상태하에서 된 것이라고 의심할만한 사유가 없으면 증거능력이 있다.**

[2] **검사의 피고인에 대한 진술조서(당해 공소사실에 관한 것임)가 기소 후에 작성된 것이라는 이유만으로 곧 그 증거능력이 없는 것이라고 할 수 없다.**

⑤ A가 진술 당시 술에 취하여 횡설수설하였다는 것을 확인하기 위하여 제출된 A의 진술이 녹음된 녹음테이프는 전문증거에 ~~해당한다.~~ 해당하지 않는다.

해설 및 정답 2018년 제7회 변호사시험 기출문제 28 **정답** ×

원진술자 진술내용과 관계없는 **간접사실에 대한 정황증거로 이용되는 경우 전문법칙이 적용되지 않는다. 녹음테이프에 대한 검증의 내용이 그 진술 당시 진술자의 상태 등을 확인하기 위한 것인 경우**에는, **녹음테이프에 대한 검증조서의 기재 중 진술내용을 증거로 사용하는 경우, 검증조서는 법원의 검증의 결과를 기재한 조서이다. 형사소송법 제311조에 근거하여 당연히 증거로 할 수 있다.**

대법원 2008. 7. 10. 선고 2007도10755 판결 [사기]

[판시사항] [1] 사인(私人)이 피고인 아닌 자의 대화를 비밀녹음한 녹음테이프에 대한 검증조서의 증거능력 [2] 사인(私人)이 피고인 아닌 자의 대화를 비밀녹음한 녹음테이프와 관련하여 **녹음된 진술자의 상태 등을 확인하기 위하여 법원이 테이프에 대한 검증을 실시한 경우, 그 검증조서의 증거능력**

☞ [출제] 2014년 제3회 변호사시험 기출문제 30

⑥ 검찰에 송치되기 전에 검사가 작성한 구속 피의자에 대한 피의자신문조서도 작성주체에 따라 전문법칙의 예외를 인정하는 「형사소송법」의 규정체계에 따르는 한 적법한 검사 작성의 피의자신문조서로 볼 수밖에 없다.

해설 및 정답 2018년 제7회 변호사시험 기출문제 28 **정답** ×

이 사안의 쟁점은 **검찰송치전 구속피의자로부터 받은 검사 작성의 피의자신문조서의 증**

거능력이다. 검찰송치 전 검사가 작성한 피의자신문조서는 송치 후 검사가 작성한 피의자 신문조서와 다르게 취급한다.

대법원 1994. 8. 9. 선고 94도1228 판결 [강간치사 · 사체손괴]

[판결요지] 검찰에 송치되기 전에 구속피의자로부터 받은 검사 작성의 피의자신문조서는 극히 이례에 속하는 것이다. 그와 같은 상태에서 작성된 피의자신문조서는 내용만 부인하면 증거능력을 상실하게 되는 사법경찰관 작성의 피의자신문조서상의 자백 등을 부당하게 유지하려는 수단으로 악용될 가능성이 있다. 그렇게 했어야 할 **특별한 사정이 보이지 않는 한 송치 후에 작성된 피의자신문조서와 마찬가지로 취급하기는 어렵다.**

중요 ⑦ 피고인이 조서의 진정성립을 인정한 경우 증거조사가 완료된 후에는 절차유지의 원칙상 ~~일절 번복이 허용되지 않는다~~.

해설 및 정답 2018년 제7회 변호사시험 기출문제 28 **정답** ×

> **파워특강** 검사작성 피의자신문조서는 증거조사 완료 전인 경우, 최초 진술은 번복이 가능하다. 그러나 **증거조사 완료 후인 경우, 번복 의사로 증거능력이 당연히 상실되지 않는다. 다만 적법절차 등 중대한 하자가 있는 경우, 진술을 취소할 수 있고, 제139조 제4항의 증거배제결정을 통하여 유죄 인정의 자료에서 제외하여야 한다.**

대법원 2008. 7. 10. 선고 2007도7760 판결 [배임수재 · 도시및주거환경정비법위반 · 배임증재]

[판시사항] [1] **피고인 또는 변호인이 검사가 작성한 피의자신문조서에 대하여 성립의 진정을 인정하였다가 증거조사 완료 후 이를 번복한 경우, 이미 인정된 증거능력이 당연히 상실되는지 여부(원칙적 소극)** 및 법원이 취해야 할 조치 [2] **피고인 또는 변호인이 검사가 작성한 피의자 신문조서에 대하여 임의성을 인정하였다가 증거조사 완료 후 이를 다투는 경우, 임의성의 증명책임 부담자(=검사) 및 법원이 취해야 할 조치**

[판결요지] [1] **피고인이나 그 변호인이 검사 작성의 당해 피고인에 대한 피의자신문조서의 성립의 진정함을 인정하는 진술을 하였다 하더라도, 그 피의자신문조서에 대하여 구 형사소송법(2007. 6. 1. 법률 제8496호로 개정되기 전의 것) 제292조에서 정한 증거조사가 완료되기 전에는 최초의 진술을 번복함으로써 그 피의자신문조서를 유죄 인정의 자료로 사용할 수 없도록 할 수 있다. 다만, 적법절차 보장의 정신에 비추어 성립의 진정함을 인정한 최초의 진술에 그 효력을 그대로 유지하기 어려운 중대한 하자가 있고 그에 관하여 진술인에게 귀책사유가 없는 경우에 한하여 예외적으로 증거조사 절차가 완료된 뒤에도 그 진술을 취소할 수 있고, 그 취소 주장이 이유 있는 것으로 받아들여지게 되면 법원은 구 형사소송규칙(2007. 10. 29. 대법원규칙 제2106호로 개정되기 전의 것) 제139조 제4항의 증거배제결정을 통하여 그 조서를 유죄 인정의 자료에서 제외하여야 한다.**

[2] **검사가 그 임의성의 의문점을 없애는 증명을 하여야 한다. 증거조사를 마친 조서의 임의성을 다투는 주장이 받아들여지게 되면, 그 조서는 구 형사소송규칙 제139조 제4항**

의 증거배제결정을 통하여 유죄 인정의 자료에서 제외하여야 한다.

다. 전문증거와 증거능력 종합문제

01 ★★★★★

전문증거의 증거능력에 관한 설명 중 옳지 않은 것은? (다툼이 있는 경우 판례에 의함)

중요 ① 정보통신망을 통하여 공포심이나 불안감을 유발하는 글을 반복적으로 상대방에게 도달하게 하는 행위를 하였다는 공소사실에 대하여 휴대전화기에 저장된 문자정보가 그 증거가 되는 경우, 그 문자정보는 범행의 직접적인 수단이고 경험자의 진술에 갈음하는 대체물에 해당하지 않으므로 전문법칙이 적용되지 않는다.

해설 및 정답 2020년 제9회 변호사시험 기출문제 36 ★ **정답** ○

- 핵심내용: **휴대전화기에 저장된 문자정보는 형사소송법 제310조2의 전문법칙이 적용되지 않음. 피고인이 증거로 하는 데 동의하지 아니한 재전문진술이나 재전문진술을 기재한 조서는 증거능력이 없음.** 원진술의 존재 자체가 요증사실인 경우에는 본래증거이지 전문증거가 아님. 수사기관이 참고인을 조사하는 과정에서 형사소송법 제221조 제1항에 따라 작성한 영상녹화물은, 다른 법률에서 달리 규정하고 있는 등의 특별한 사정이 없는 한, 공소사실을 직접 증명할 수 있는 독립적인 증거로 사용될 수는 없음. **'건강보험심사평가원의 입원진료 적정성 여부 등 검토의뢰에 대한 회신'은 형사소송법 제315조 제3호의 '기타 특히 신용할 만한 정황에 의하여 작성된 문서'에 해당하지 않음.**

대법원 2008. 11. 13. 선고 2006도2556 판결 [정보통신망이용촉진 및 정보보호등에 관한 법률 위반(음란물유포등)]

[판결요지] [1] **구 정보통신망 이용촉진 및 정보보호 등에 관한 법률(2005. 12. 30. 법률 제7812호로 개정되기 전의 것) 제65조 제1항 제3호는 정보통신망을 통하여 공포심이나 불안감을 유발하는 글을 반복적으로 상대방에게 도달하게 하는 행위를 처벌하고 있다. 검사가 위 죄에 대한 유죄의 증거로 문자정보가 저장되어 있는 휴대전화기를 법정에 제출하는 경우, 휴대전화기에 저장된 문자정보 그 자체가 범행의 직접적인 수단으로서 증거로 사용될 수 있다.**

[2] **정보통신망을 통하여 공포심이나 불안감을 유발하는 글을 반복적으로 상대방에게 도달하게 하는 행위를 하였다는 공소사실에 대하여 휴대전화기에 저장된 문자정보가 그 증거가 되는 경우, 그 문자정보는 범행의 직접적인 수단이고 경험자의 진술에 갈음하는 대체물에 해당하지 않으므로, 형사소송법 제310조의2에서 정한 전문법칙이 적용되지 않는다.**

중요 ② 성폭력 피해아동이 어머니에게 진술한 내용을 어머니가 상담원에게 전한 후,

상담원이 그 내용을 검사 면전에서 진술하여 작성된 진술조서는 이른바 '재전문진술을 기재한 조서'로서, 피고인이 동의하지 않는 한 증거능력이 인정되지 아니한다.

해설 및 정답 2020년 제9회 변호사시험 기출문제 36 ★ **정답** ○

대법원 2000. 3. 10. 선고 2000도159 판결 [미성년자의제강제추행]

[판시사항] [2] **피고인이 증거로 하는 데 동의하지 아니한 재전문진술이나 재전문진술을 기재한 조서의 증거능력 유무(소극)**

[판결요지] [2] 형사소송법은 전문진술에 대하여 제316조에서 실질상 단순한 전문의 형태를 취하는 경우에 한하여 예외적으로 그 증거능력을 인정하는 규정을 두고 있을 뿐, **재전문진술이나 재전문진술을 기재한 조서에 대하여는 달리 그 증거능력을 인정하는 규정을 두고 있지 아니하고 있다. 그러므로 피고인이 증거로 하는 데 동의하지 아니하는 한 형사소송법 제310조의2의 규정에 의하여 이를 증거로 할 수 없다.**

[3] 피해자의 모의 편향되고 유도적인 반복 질문에 따라 녹취한 만 3세 1개월 남짓한 피해자의 유일한 진술만으로 공소사실을 인정하기에 합리적인 의심을 배제할 정도의 증명에 이르렀다고 볼 수 없다고 한 사례.

중요 ③ A가 특정범죄가중처벌등에관한법률위반(알선수재)죄로 기소된 피고인으로부터 건축허가를 받으려면 담당공무원에게 사례비를 주어야 한다는 말을 들었다는 취지의 법정진술을 한 경우, 원진술의 존재 자체가 알선수재죄에서의 요증사실이므로 A의 진술은 전문증거가 아니라 본래증거에 해당한다.

해설 및 정답 2020년 제9회 변호사시험 기출문제 36 ★ **정답** ○

대법원 2008. 11. 13. 선고 2008도8007 판결 [특정범죄가중처벌 등에 관한 법률 위반(알선수재)·사기·사문서위조·위조사문서행사]

[판시사항] 타인의 진술을 내용으로 하는 진술이 본래증거인지 전문증거인지 판단하는 기준

[판결요지] 타인의 진술을 내용으로 하는 진술이 전문증거인지 여부는 요증사실과의 관계에서 정하여진다. 원진술의 내용인 사실이 요증사실인 경우에는 전문증거이다. 그러나 **원진술의 존재 자체가 요증사실인 경우에는 본래증거이지 전문증거가 아니다**(대법원 2008. 9. 25. 선고 2008도5347 판결 참조).

공소외 2는 전화를 통하여 피고인으로부터 2005. 8.경 건축허가 담당 공무원이 외국연수를 가므로 사례비를 주어야 한다는 말과 2006. 2.경 건축허가 담당 공무원이 4,000만 원을 요구하는데 사례비로 2,000만 원을 주어야 한다는 말을 들었다는 취지로 수사기관, 제1심 및 원심 법정에서 진술하였음을 알 수 있다. 피고인의 위와 같은 원진술의 존재 자체가 이 사건 알선수재죄에 있어서의 요증사실이다. 그러므로 이를 직접 경험한 공소외 2가 피고인으로부터 위와 같은 말들을 들었다고 하는 진술들은 전문증거가 아니라 **본래증거에 해당된다.**

중요 ④ 수사기관이 참고인을 조사하는 과정에서 촬영한 영상녹화물은, 다른 법률에서 달리 규정하고 있는 등의 특별한 사정이 없는 한, 공소사실을 직접 증명할 수 있는 독립적인 증거로 사용할 수 없다.

해설 및 정답 2020년 제9회 변호사시험 기출문제 36 ★ **정답** ○

대법원 2014. 7. 10. 선고 2012도5041 판결 [존속살해방조[인정된 죄명: 폭력행위등 처벌에 관한 법률 위반(공동존속감금)]·자살방조]

[판시사항] 수사기관이 참고인을 조사하는 과정에서 형사소송법 제221조 제1항에 따라 작성한 영상녹화물이 공소사실을 직접 증명할 수 있는 독립적인 증거로 사용될 수 있는지 여부(원칙적 소극)

[판결요지] 현행 형사소송법의 규정 내용을 영상물에 수록된 성범죄 피해자의 진술에 대하여 독립적인 증거능력을 인정하고 있는 성폭력범죄의 처벌 등에 관한 특례법 제30조 제6항 또는 아동·청소년의 성보호에 관한 법률 제26조 제6항의 규정과 대비하여 보면, 수사기관이 참고인을 조사하는 과정에서 형사소송법 제221조 제1항에 따라 작성한 영상녹화물은, 다른 법률에서 달리 규정하고 있는 등의 특별한 사정이 없는 한, 공소사실을 직접 증명할 수 있는 독립적인 증거로 사용될 수는 없다고 해석함이 타당하다.

중요 ⑤ 보험사기 사건에서 건강보험심사평가원이 수사기관의 의뢰에 따라 그 보내온 자료를 토대로 입원진료의 적정성에 대한 의견을 제시하는 내용의 '건강보험심사평가원의 입원진료 적정성 여부 등 검토의뢰에 대한 회신'은 「형사소송법」 제315조 제3호의 '기타 특히 신용할 만한 정황에 의하여 작성된 문서'에 해당한다.

해설 및 정답 2020년 제9회 변호사시험 기출문제 36 ★ **정답** ×

대법원 2017. 12. 5. 선고 2017도12671 판결 [사기]

[판결요지] 상업장부나 항해일지, 진료일지 또는 이와 유사한 금전출납부 등과 같이 범죄사실의 인정 여부와는 관계없이 자기에게 맡겨진 **사무를 처리한 내역을 그때그때 계속적, 기계적으로 기재한 문서는 사무처리 내역**을 증명하기 위하여 존재하는 문서로서 **형사소송법 제315조 제2호에 의하여 당연히 증거능력이 인정된다.** 그리고 이러한 문서는 업무의 기계적 반복성으로 인하여 허위가 개입될 여지가 적다. 또 문서의 성질에 비추어 **고도의 신용성이 인정되어 반대신문의 필요가 없거나 작성자를 소환해도 서면제출 이상의 의미가 없는 것들에 해당하기 때문에 당연히 증거능력이 인정된다. 이것이 형사소송법 제315조의 입법 취지**이다.

형사소송법 제315조 제3호에서 규정한 '기타 특히 신용할 만한 정황에 의하여 작성된 문서'는 제315조 제1호와 제2호에서 열거된 공권적 증명문서 및 업무상 통상문서에 준하여 '굳이 반대신문의 기회 부여 여부가 문제 되지 않을 정도로 고도의 신용성의 정황적 보장이 있는 문서'를 의미한다.

보험사기 사건에서 건강보험심사평가원이 수사기관의 의뢰에 따라 그 보내온 자료를 토대로 입원진료의 적정성에 대한 의견을 제시하는 내용의 '건강보험심사평가원의 입원진료 적정성 여부 등 검토의뢰에 대한 회신'은 형사소송법 제315조 제3호의 '기타 특히 신용할 만한 정황에 의하여 작성된 문서'에 해당하지 않는다.

중요 02 ★★★★★

뇌물 수수자 甲과 뇌물 공여자 乙에 대한 뇌물 사건을 수사하던 검사는 乙의 동창생 丙을 참고인으로 불러 "乙이 '甲에게 뇌물을 주었다'고 내게 말했다."라는 취지의 진술을 확보하고형사소송법 제312조 제4항 甲과 乙을 공동피고인으로 기소하였다. 그러나 공판정에 증인으로 출석한 丙은 일체의 증언을 거부하였고, 오히려 그 동안 일관되게 범행을 부인하던 乙이 심경의 변화를 일으켜 뇌물공여 혐의를 모두 시인하였다. 이에 관한 설명 중 옳은 것은? (다툼이 있는 경우 판례에 의함)

중요 ① 丙이 정당하게 증언거부권을 행사했다면, 丙에 대한 진술조서는 증거능력이 ~~인정된다.~~ 인정되지 않는다.

해설 및 정답 2019년 제8회 변호사시험 기출문제 31★ 정답 ×

이 문제는 형사소송법 제314조 · 전문진술이 기재된 조서의 증거능력 · 공범인 공동피고인의 증인적격이 쟁점이다. 정당한 증언거부권과 형사소송법 제314조 '그밖에 준하는 사유'와 관계이다.

형사소송법 제312조 제4항 진술조서는 반드시 반대신문권이 보장되어야 한다.

대법원 2012. 5. 17. 선고 2009도6788 전원합의체 판결 [건설산업기본법위반 · 뇌물공여 · 특정범죄가중처벌등에관한법률위반(뇌물)(일부 인정된 죄명: 뇌물수수)]

[판시사항] [1] **증인이 형사소송법에서 정한 바에 따라 정당하게 증언거부권을 행사하여 증언을 거부한 경우가 형사소송법 제314조의 '그 밖에 이에 준하는 사유로 인하여 진술할 수 없는 때'에 해당하는지 여부(소극)** [2] 갑 주식회사 및 그 직원인 피고인들이 정비사업전문관리업자의 임원에게 갑 회사가 주택재개발사업 시공사로 선정되게 해 달라는 청탁을 하면서 금원을 제공하였다고 하여 구 건설산업기본법 위반으로 기소되었는데, **변호사가 작성하여 갑 회사 측에 전송한 전자문서를 출력한 '법률의견서'에 대하여 피고인들이 증거로 함에 동의하지 아니하고, 변호사가 그에 관한 증언을 거부한 사안에서, 위 의견서의 증거능력을 부정하고 무죄를 인정한 원심의 결론을 정당하다고 한 사례.**

☞ [출제] 2014년 제3회 변호사시험 기출문제 32

② 丙에 대한 진술조서 중 '甲에게 뇌물을 주었다'는 부분은 甲의 혐의에 대해서는 증거능력이 ~~인정된다.~~ 인정되지 않는다.

해설 및 정답 2019년 제8회 변호사시험 기출문제 31 **정답** ×

전문진술이 기재된 조서에 대한 증거능력 판단기준이다. 진술조서는 반드시 반대신문권이 보장되어야 한다.

대법원 2000. 3. 10. 선고 2000도159 판결 [미성년자의제강제추행]

[판시사항] [1] 형사소송법 제316조 제2항의 소정의 '특히 신빙할 수 있는 상태하에서 행하여진 때'의 의미 [2] **피고인이 증거로 하는 데 동의하지 아니한 재전문진술이나 재전문진술을 기재한 조서의 증거능력 유무(소극)** [3] **피해자의 모의 편향되고 유도적인 반복 질문에 따라 녹취한 만 3세 1개월 남짓한 피해자의 진술만으로는 공소사실을 인정하기에 합리적인 의심을 배제할 정도의 증명에 이르렀다고 볼 수 없다**고 한 사례.

③ 乙이 공판정에서 한 자백은 丙에 대한 진술조서로 보강할 수 ~~있다.~~없다.

해설 및 정답 2019년 제8회 변호사시험 기출문제 31 **정답** ×

피고인 자백이 피고인 진술을 내용으로 하는 참고인 진술조서의 증거능력이다.

대법원 2008. 2. 14. 선고 2007도10937 판결 [마약류관리에관한법률위반(향정)]

[판결요지] [1] **피고인이 범행을 자인하는 것을 들었다는 피고인 아닌 자의 진술내용은 형사소송법 제310조의 피고인의 자백에는 포함되지 아니한다. 또한 이는 피고인의 자백의 보강증거로 될 수 없다.**

[2] **실체적 경합범은 실질적으로 수죄이다. 그러므로 각 범죄사실에 관하여 자백에 대한 보강증거가 있어야 한다.**

④ 乙이 공판정에서 한 자백은 甲의 혐의에 대해서는 유죄 인정의 증거가 될 수 ~~없다.~~있다.

해설 및 정답 2019년 제8회 변호사시험 기출문제 31 **정답** ×

공범인 공동피고인의 진술의 증거능력이다. 형사소송법 제310조의 피고인의 자백에는 공범인 공동피고인의 진술은 포함되지 않는다. 이러한 공동피고인의 진술에 대하여는 피고인의 반대신문권이 보장되어 있어 독립한 증거능력이 있다.

대법원 1992. 7. 28. 선고 92도917 판결 [강도상해·특수강도[인정된 죄명: 특정범죄가중처벌등에관한법률위반(강도)]·공무집행방해·폭력행위등처벌에관한법률위반·강도·특정범죄가중처벌등에관한법률위반(강도·특수강도강간)]

[판시사항] **공범인 공동피고인의 진술의 증거능력**

[판결요지] **형사소송법 제310조의 피고인의 자백에는 공범인 공동피고인의 진술은 포함되지 않는다. 이러한 공동피고인의 진술에 대하여는 피고인의 반대신문권이 보장되어 있어 독립한 증거능력이 있다.**

중요 ⑤ 소송절차가 분리되면 乙은 甲에 대한 공소사실에 관하여 증인이 될 수 있다.

해설 및 정답 2019년 제8회 변호사시험 기출문제 31 **정답** ○

공범인 공동피고인의 증인적격이다.

대법원 2008. 6. 26. 선고 2008도3300 판결 [위증]

[판결요지] [1] **공범인 공동피고인은 당해 소송절차에서는 피고인의 지위에 있다. 그러므로 다른 공동피고인에 대한 공소사실에 관하여 증인이 될 수 없다. 그러나 소송절차가 분리되어 피고인의 지위에서 벗어나게 되면 다른 공동피고인에 대한 공소사실에 관하여 증인이 될 수 있다.**

[2] 게임장의 종업원이 그 운영자와 함께 게임산업진흥에 관한 법률 위반죄의 **공범으로 기소되어 공동피고인으로 재판을 받던 중,** 운영자에 대한 공소사실에 관한 **증인으로 증언한 내용과 관련하여 위증죄로 기소된 사안이다. 소송절차가 분리되지 않은 이상 위 종업원은 증인적격이 없어 위증죄가 성립하지 않는다.**

중요

03 ★★★★★

다음 사례에 관한 설명 중 옳지 않은 것을 모두 고른 것은? (다툼이 있는 경우 판례에 의함)

ⓐ **甲과 乙은** 날치기 범행을 공모한 후 혼자 걸어가는 여성 A를 발견하고 乙은 A를 뒤쫓아 가고 甲은 차량을 운전하여 뒤따라가면서 망을 보았다. 乙은 A의 뒤쪽에서 접근한 후 A의 왼팔에 끼고 있던 손가방의 끈을 잡아당겼으나 A가 가방을 놓지 않으려고 버티다가 바닥에 넘어졌다. 넘어진 A가 손가방의 끈을 놓지 않은 채 버티자 乙은 계속하여 **손가방 끈을 잡아당겨 A를 5미터 가량 끌고 갔고 A는 힘이 빠져 손가방을 놓치게 되었다. 乙은 손가방을 빼앗은 후** 甲이 운전하는 차량에 올라타 도망갔다. **A는 약 3주간의 치료를 요하는 상해를 입었다.**강도치상죄+

ⓑ **A는 경찰 수사과정에서 피해사실에 관한 진술서를 작성하였으나**형소법 제312조 제5항·제3항 **사법경찰관은 특별한 사정이 없음에도 조사과정을 기록하지 아니하였다.**

ⓒ **사법경찰관은 위 사건을 목격한 B에 대하여 진술조서를 작성하였고**형소법 제312조 제4항 사법경찰관은 그 조사과정을 기록하였다.

ⓓ **사법경찰관은 甲, 乙의 범행과정을 재연한 검증조서를 작성하면서**형소법 제312조 제6항 범행재연사진을 검증조서에 첨부하였다.

ㄱ. ⓐ사실과 관련하여 강제력의 행사가 점유탈취 과정에서 우연히 가해진 경우로서 甲, 乙은 ~~특수절도죄 및 폭력행위등처벌에관한법률위반(공동상해)죄의 죄책을 진다.~~ㄴ. ⓑ사실과 관련하여 검사가 증거로 신청한 A의 진술서를 甲, 乙이 부동의한

경우에도, A가 증인으로 출석하여 실질적 진정성립을 인정하고 특신상태가 인정되며 甲, 乙의 A에 대한 반대신문권이 보장된 경우에는 ~~진술서의 증거능력이 인정된다.~~

ㄷ. ⓒ사실과 관련하여 검사가 증거로 신청한 B에 대한 진술조서를 甲, 乙이 부동의하여 검사가 B를 증인으로 신청하였으나 증인소환장이 송달되지 않은 경우, ~~추가적인 조치가 없더라도~~ 위 진술조서는 「형사소송법」 제314조에 따라 증거능력이 인정된다.

ㄹ. ⓓ사실과 관련하여 甲, 乙이 검증조서에 첨부되어 있는 범행재연사진에 대하여 부동의하는 경우, 범행재연사진은 증거능력이 없다.

① ㄱ, ㄴ ② ㄷ, ㄹ
③ ㄱ, ㄴ, ㄷ ④ ㄱ, ㄴ, ㄹ
⑤ ㄴ, ㄷ, ㄹ

해설 및 정답 2018년 제7회 변호사시험 기출문제 31 **정답** ③

ㄱ. (×) **강도치상죄가 성립한다.**

대법원 2007. 12. 13. 선고 2007도7601 판결 [강도치상(인정된 죄명: 절도 · 상해)]

[판결요지] [1] 소위 '날치기'와 같이 강제력을 사용하여 재물을 절취하는 행위가 때로는 피해자를 넘어뜨리거나 상해를 입게 하는 경우가 있다. 그러한 결과가 피해자의 반항 억압을 목적으로 함이 없이 **점유탈취의 과정에서 우연히 가해진 경우라면 이는 강도가 아니라 절도에 불과하다.** 그러나 그 강제력의 행사가 사회통념상 객관적으로 상대방의 반항을 억압하거나 항거 불능케 할 정도의 것이라면 이는 강도죄의 폭행에 해당한다. 그러므로 **날치기 수법의 점유탈취 과정에서 이를 알아채고 재물을 뺏기지 않으려는 상대방의 반항에 부딪혔음에도 계속하여 피해자를 끌고 가면서 억지로 재물을 빼앗은 행위는 피해자의 반항을 억압한 후 재물을 강취한 것으로서 강도에 해당한다.**

[2] 날치기 수법으로 피해자가 들고 있던 가방을 탈취하면서 가방을 놓지 않고 버티는 피해자를 5m 가량 끌고 감으로써 피해자의 무릎 등에 상해를 입힌 경우, **반항을 억압하기 위한 목적으로 가해진 강제력으로서 그 반항을 억압할 정도에 해당한다고 보아 강도치상죄의 성립**을 인정한 사례.

ㄴ. (×) **적법절차를 위반하였다.**

대법원 2015. 4. 23. 선고 2013도3790 판결 [정치자금법위반] 〈진술서 증거능력 사건〉

[판결요지] 형사소송법 제221조 제1항, 제244조의4 제1항, 제3항, 제312조 제4항, 제5항 및 그 입법 목적 등을 종합하여 보면, **피고인이 아닌 자가 수사과정에서 진술서를 작성하였지만 수사기관이 그에 대한 조사과정을 기록하지 아니하여 형사소송법 제244조의4 제3항, 제1항에서 정한 절차를 위반한 경우에는, 특별한 사정이 없는 한 '적법한 절차와 방식'에 따라 수사과정에서 진술서가 작성되었다 할 수 없으므로 증거능력을 인정할 수 없다.**

ㄷ. (×) **법정 출석을 위하여 상당한 노력을 기울여야 한다. 형사소송법 제314조의 '소재불명 그 밖에 이에 준하는 사유로 인하여 진술할 수 없는 때'에 해당하지 않는다.**

대법원 2013. 4. 11. 선고 2013도1435 판결 [폭력행위등처벌에관한법률위반(집단 · 흉기등상해) · 재물은닉 · 폭행 · 폭력행위등처벌에관한법률위반(상습상해)]

[판결요지] [1] 직접주의와 전문법칙의 예외를 정한 형사소송법 제314조의 요건 충족 여부는 엄격히 심사하여야 하고, **전문증거의 증거능력을 갖추기 위한 요건에 관한 증명책임은 검사에게 있으므로, 법원이 증인이 소재불명이거나 그 밖에 이에 준하는 사유로 인하여 진술할 수 없는 때에 해당한다고 인정할 수 있으려면, 증인의 법정 출석을 위한 가능하고도 충분한 노력을 다하였음에도 불구하고 부득이 증인의 법정 출석이 불가능하게 되었다는 사정을 검사가 증명한 경우여야 한다.**

[2] **전화번호로 갑에게 연락하여 법정 출석의사가 있는지 확인하는 방법으로 갑의 법정 출석을 위하여 상당한 노력을 기울였다는 자료가 보이지 않는다. 형사소송법 제314조의 '소재불명 그 밖에 이에 준하는 사유로 인하여 진술할 수 없는 때'에 해당한다고 인정할 수 없는데도, 갑에 대한 경찰 및 검찰 진술조서가 형사소송법 제314조에 의하여 증거능력이 있는 것으로 인정한 원심판결에 법리오해의 위법이 있다**고 한 사례.

ㄹ. (○) **검증조서 성립 진정과 내용을 부인하고 있다. 증거능력이 없다.**

대법원 2007. 4. 26. 선고 2007도1794 판결 [살인]

[판결요지] '사법경찰관이 작성한 검증조서 중 피고인의 진술 부분을 제외한 기재 및 사진의 각 영상'에는 이 사건 범행에 부합되는 피의자이었던 피고인이 범행을 재연하는 사진이 첨부되어 있다. 그러나 기록에 의하면 **행위자인 피고인이 위 검증조서에 대하여 증거로 함에 부동의하였고 공판정에서 검증조서 중 범행을 재연한 부분에 대하여 그 성립의 진정 및 내용을 인정한 흔적을 찾아 볼 수 없고 오히려 이를 부인하고 있다. 그러므로 그 증거능력을 인정할 수 없다**(대법원 1990. 7. 24. 선고 90도1303 판결 등 참조).

04 ★★★★★

참고인 조사에 관한 설명 중 옳지 않은 것은? (다툼이 있는 경우 판례에 의함)

중요 ① 참고인이 수사과정에서 진술서를 작성하였지만 수사기관이 그에 대한 조사과정을 기록하지 아니한 경우에는, 특별한 사정이 없는 한 '적법한 절차와 방식'에 따라 수사과정에서 진술서가 작성되었다 할 수 없으므로 증거능력을 인정할 수 없다.

해설 및 정답 2017년 제6회 변호사시험 기출문제 39 **정답** ○

대법원 2015. 4. 23. 선고 2013도3790 판결 [정치자금법위반] 〈진술서 증거능력 사건〉

[판결요지] **형사소송법 제221조 제1항, 제244조4 제1항, 제3항, 제312조 제4항, 제5항 및 그 입법 목적 등을 종합하여 보면, 피고인이 아닌 자가 수사과정에서 진술서를 작성**

하였지만, 수사기관이 그에 대한 조사과정을 기록하지 아니하여 형사소송법 제244조4 제3항, 제1항에서 정한 절차를 위반한 경우, 특별한 사정이 없는 한 '적법한 절차와 방식'에 따라 수사과정에서 진술서가 작성되었다 할 수 없으므로 증거능력을 인정할 수 없다.

중요 ② 진술거부권 고지의 대상이 되는 피의자의 지위는 수사기관이 범죄인지서를 작성하는 등의 형식적인 사건수리 절차를 거치기 전이라도 조사대상자에 대하여 범죄의 혐의가 있다고 보아 실질적으로 수사를 개시하는 행위를 한 때에 인정되므로, 진술조서의 형식을 취하더라도 실질이 피의자신문조서의 성격을 가지는 경우에는 수사기관은 진술을 듣기 전에 조사대상자에게 미리 진술거부권을 고지하여야 한다.

해설 및 정답 2017년 제6회 변호사시험 기출문제 39 **정답** ○

대법원 2015. 10. 29. 선고 2014도5939 판결 〈국가보안법위반(간첩) 등 사건〉

[판결요지] **피의자의 진술을 기재한 서류 또는 문서가 수사기관에서 조사 과정에서 작성된 것이라면, 그것이 '진술조서, 진술서, 자술서'라는 형식을 취하였다고 하더라도 피의자신문조서와 달리 볼 수 없다. 수사기관에 의한 진술거부권 고지의 대상이 되는 피의자의 지위는 수사기관이 범죄인지서를 작성하는 등 형식적인 사건수리 절차를 거치기 전이라도 조사대상자에 대하여 범죄의 혐의가 있다고 보아 실질적으로 수사를 개시하는 행위를 한 때에 인정된다. 자신의 피의사실에 관한 것이기도 하여 실질이 피의자신문조서의 성격을 가지는 경우에 수사기관은 진술을 듣기 전에 미리 진술거부권을 고지하여야 한다.**

③ 검사가 작성한 참고인진술조서에 대하여 피고인이 증거로 함에 부동의한 경우, 원진술자가 법정에서 검사나 재판장의 신문에 대하여 수사기관에서 사실대로 진술하였다는 취지로 증언하더라도, 원진술자가 그 진술기재의 내용을 열람하거나 고지받지 못한 채로 그와 같이 증언한 것이라면 그 진술조서는 증거능력이 없다.

해설 및 정답 2017년 제6회 변호사시험 기출문제 39 **정답** ○

대법원 1994. 11. 11. 선고 94도343 판결 [무고 · 절도]

[판결요지] 피고인이 사법경찰리 작성의 공소외인에 대한 피의자신문조서, 진술조서 및 검사 작성의 피고인에 대한 피의자신문조서 중 위 공소외인의 진술기재 부분을 증거로 함에 부동의하였고, 원진술자인 위 공소외인이 제1심 및 항소심에서 **증인으로 나와 그 진술기재의 내용을 열람하거나 고지받지 못한 채 단지 검사나 재판장의 신문에 대하여 수사기관에서 사실대로 진술하였다는 취지의 증언만을 하고 있을 뿐이라면, 그 피의자신문조서와 진술조서는 증거능력이 없어 이를 유죄의 증거로 삼을 수 없다.**

중요 ④ 검사가 공판기일에서 이미 증언을 마친 증인을 소환하여 피고인에게 유리한 증언 내용을 추궁한 다음 그로 하여금 본인의 증언 내용을 번복하는 내용의 진술서를 작성하도록 하여 법원에 제출한 경우, 이러한 진술서는 피고인이 증거로 할 수 있음에 ~~동의하여도 증거능력이 없다.~~ 동의한 경우 증거능력이 있다.

해설 및 정답 2017년 제6회 변호사시험 기출문제 39 ★ **정답** ×

대법원 2013. 8. 14. 선고 2012도13665 판결 [절도]

[판결요지] 공판준비 또는 공판기일에서 이미 증언을 마친 증인을 검사가 소환한 후 피고인에게 유리한 증언 내용을 추궁하여 이를 일방적으로 번복시키는 방식으로 작성한 진술조서를 유죄의 증거로 삼는 것은 당사자주의·공판중심주의·직접주의를 지향하는 현행 형사소송법의 소송구조에 어긋난다. 뿐만 아니라, 헌법 제27조가 보장하는 기본권, 즉 법관의 면전에서 모든 증거자료가 조사·진술되고 이에 대하여 피고인이 공격·방어할 수 있는 기회가 실질적으로 부여되는 재판을 받을 권리를 침해하는 것이다. 그러므로 이러한 **진술조서는 피고인이 증거로 할 수 있음에 동의하지 아니하는 한 증거능력이 없다.** 그 후 원진술자인 종전 증인이 다시 법정에 출석하여 증언을 하면서 그 진술조서의 성립의 진정함을 인정하고 피고인 측에 반대신문의 기회가 부여되었다고 하더라도 그 증언 자체를 유죄의 증거로 할 수 있음은 별론으로 하고 위와 같은 진술조서의 증거능력이 없다는 결론은 달리할 것이 아니다. 이는 **검사가 공판준비 또는 공판기일에서 이미 증언을 마친 증인에게 수사기관에 출석할 것을 요구하여 그 증인을 상대로 위증의 혐의를 조사한 내용을 담은 피의자신문조서의 경우도 마찬가지이다. ★★★★★**

중요 ⑤ 19세 미만의 성폭력범죄의 피해자의 진술 내용과 조사 과정을 촬영한 영상물에 수록된 피해자의 진술은 그 피해자가 공판기일에 출석하지 아니하더라도 조사 과정에 동석하였던 신뢰관계인의 공판기일에서의 진술에 의하여 그 성립의 진정함이 인정되었다면 증거로 사용할 수 ~~있다.~~ 없다.

해설 및 정답 2017년 제6회 변호사시험 기출문제 39 **정답** ×

성폭력범죄특별법 제30조는 영상물 촬영·보존을 규정하고 있다. 주요내용을 보면, ① 성폭력범죄 피해자가 19세 미만인 경우 또는 신체적·정신적 장애로 사물을 변별하거나 의사를 결정할 능력이 미약한 경우 피해자 진술 내용과 조사과정을 비디오녹화기 등 영상물 녹화장치로 촬영·보존하여야 한다. ⑥ 제1항에 근거하여 촬영한 영상물에 수록된 피해자 진술은 공판준비기일·공판기일에 피해자나 조사과정에 동석하였던 신뢰관계에 있는 사람 또는 진술조력인 진술로 그 성립진정이 인정된 경우 증거로 할 수 있다.

☞ [출제] 2015년 제4회 변호사시험 기출문제 24

☞ 성폭력범죄의 처벌 등에 관한 특례법 제30조 제6항 위헌결정(2018헌바524): 2021년 12월 23일 헌법재판소는 6:3의 의견으로 19세 미만 성폭력범죄 피해자의 진술이 수록된 영상물을 조사과정에 동석했던 신뢰관계인의 인정만으로 재판에서 곧바로 증거로 쓸 수 있도록 한 성폭력범죄의 처벌 등에 관한 특례법 제30조 제6항에 대하여 위헌결정을 하였다.★★★★★

문 38. 형사소송법 제312조 피의자신문조서의 증거능력에 관한 설명 중 옳은 것은? (다툼이 있는 경우 판례에 의함)

출제내용

- 공범인 공동피고인(특수강도죄)에 대한 피의자신문조서 증거능력(=검찰 이외 수사기관 형사소송법 제312조 제3항 적용, 내용부인 증거능력 부정)
- 공범 아닌 공동피고인(절도범·장물범)에 대한 피의자신문조서 증거능력(=검사 작성 형사소송법 제312조 제1항·제4항, 경찰 작성 제312조 제3항 적용)
- 공동피고인이 아닌 공범에 대한 피의자신문조서의 증거능력(=피고인 부동의시 반드시 증인 출석하여 성립 진정 인정해야 증거능력 인정함)
- 기소 후 검사 작성 피의자신문조서에 대해 공판정에서 성립 진정 인정 이후, 증거조사에서 진술 취소(=중대한 하자·진술인 귀책사유 없는 경우 예외로 진술 취소 가능)
- 경찰 수사과정에서 작성한 피의자 진술서: 사법경찰관작성 피의자 신문조서와 동일(=형사소송법 제312조 제3항 적용)
- 사법경찰관 작성 참고인진술조서가 실질적으로 피의자신문조서와 동일한 경우(=진술거부권을 고지하지 않고 작성된 경우, 위법수집증거로 증거능력 부정, 내용부인 경우 형사소송법 제312조 제3항 증거능력 부정)
- 검사 작성 피의자신문조서(피고인이 된 피의자신문조서)(=형사소송법 제312조 제1항 적용) ★★★★★

출제분석

2024년 제13회 변호사시험 출제예상 ★
2021년 제10회 변호사시험 기출문제 23
2019년 제8회 변호사시험 기출문제 30
2015년 제4회 변호사시험 기출문제 20·24·25
2013년 제2회 변호사시험 기출문제 26

가. 형사소송법 제312조 피의자신문조서의 증거능력에 관한 설명 중 옳은 것이다(○).

중요 ① 피고인과 공범관계에 있는 공동피고인에 대해 검사 이외의 수사기관이 작성한 피의자신문조서는 그 공동피고인이 피의자신문조서에 기재된 것과 같은 내용으로 진술하였다는 취지로 증언하였더라도 당해 피고인이 공판기일에서 그 조서의 내용을 부인하면 증거능력이 부정된다.

해설 및 정답 2019년 제8회 변호사시험 기출문제 30 **정답** ○

공범인 공동피고인에 대한 피의자신문조서 증거능력이다.

대법원 2009. 10. 15. 선고 2009도1889 판결 [석유 및 석유대체연료사업법위반]

[판결요지] 당해 피고인과 공범관계에 있는 공동피고인에 대해 검사 이외의 수사기관이 작성한 피의자신문조서는 그 공동피고인의 법정진술에 의하여 성립의 진정이 인정되더라도 당해 피고인이 공판기일에서 그 조서의 내용을 부인하면 증거능력이 부정된다.

☞ 개정 형사소송법 제312조 제1항·제2항 개정으로 같은 법리가 적용된다.

중요 ② 공동피고인이 아닌 공범에 관한 검사 작성의 피의자신문조서가 증거능력을 인정받기 위해서는 피고인이 위 공범에 대한 피의자신문조서를 증거로 함에 동의하지 않는 이상, 그 공범이 현재의 사건에 증인으로 출석하여 그 서류의 성립의 진정을 인정하여야 한다.

해설 및 정답 2019년 제8회 변호사시험 기출문제 30 ★ **정답** ○

공동피고인이 아닌 공범에 관한 피의자신문조서 증거능력이다.

대법원 1999. 10. 8. 선고 99도3063 판결 [국가보안법위반]

[판결요지] 반드시 공범이나 제3자가 현재의 사건에 증인으로 출석하여 그 서류의 성립의 진정을 인정하여야 증거능력이 인정된다.

중요 ③ 피고인과 공범관계가 있는 다른 피의자에 대한 검사 이외의 수사기관 작성의 피의자신문조서에 대하여는 사망 등 사유로 인하여 법정에서 진술할 수 없는 때에 예외적으로 증거능력을 인정하는 규정인 「형사소송법」 제314조가 적용되지 않는다.

해설 및 정답 2019년 제8회 변호사시험 기출문제 30 ★ **정답** ○

공범인 공동피고인에 대한 피의자신문조서 증거능력과 형사소송법 제314조 관계이다. 경찰작성 피의자신문조서는 피고인이 내용을 인정하여야 비로소 증거능력이 인정된다. 그러므로 '그 당연한 결과로' 제314조가 적용될 수 없다.

대법원 2004. 7. 15. 선고 2003도7185 전원합의체 판결 [여신전문금융업법위반]

[판시사항] [1] **피고인과 공범관계에 있는 다른 피의자에 대한 사법경찰관리 작성의 피의자신문조서의 증거능력과 형사소송법 제314조의 적용 여부(소극)** [2] 피의자가 경찰수사 단계에서 작성한 진술서에 대한 형사소송법 제312조 제2항(현행 형사소송법 제312조 제3항)의 적용 여부(적극)

[판결요지] [1] **당해 피고인과 공범관계가 있는 다른 피의자에 대한 검사 이외의 수사기관 작성의 피의자신문조서는 그 피의자의 법정진술에 의하여 그 성립의 진정이 인정되더라도 당해 피고인이 공판기일에서 그** 조서의 내용을 부인하면 증거능력이 부정된다. 그러므로 피의자신문조서에 대하여 사망 등 사유로 법정에서 진술할 수 없는 때**에 예외적으로 증거능력을 인정하는 규정인** 형사소송법 제314조가 적용되지 아니한다.

[2] **피의자가 경찰수사 단계에서 작성한 진술서에 대하여는 검사 이외의 수사기관 작성의 피의자신문조서와 동일하게 제312조 제2항을 적용하여야 한다.**

중요 ④ 절도범과 장물범이 공동피고인으로 기소된 경우, 피고인이 증거로 함에 동의한 바 없는 검사 작성의 공동피고인에 대한 피의자신문조서가형사소송법 제312조 제1항 증거능력을 인정받기 위해서는 공동피고인의 증언에 의하여 그 성립의 진정이 인정되어야 한다.

해설 및 정답 2019년 제8회 변호사시험 기출문제 30 ★ **정답** ○

공범 아닌 공동피고인에 대한 피의자신문조서 증거능력이다. 다른 사람의 사건이기에 공판절차에서 당연히 증인으로 선서해야 한다.

대법원 2006. 1. 12. 선고 2005도7601 판결 [특정범죄가중처벌등에관한법률위반(장물)(인정된죄명: 장물취득) · 공문서위조 · 장물알선]

[판시사항] 절도범과 장물범이 함께 기소된 경우, 검사 작성의 공동피고인에 대한 피의자신문조서가 증거능력을 갖기 위한 요건

[판결요지] 공동피고인인 절도범과 그 장물범은 서로 다른 공동피고인의 범죄사실에 관하여는 증인의 지위에 있다 할 것이다. 그러므로 피고인이 증거로 함에 동의한 바 없는 공동피고인에 대한 피의자신문조서는 공동피고인의 증언에 의하여 그 성립의 진정이 인정되지 아니하는 한 피고인의 공소 범죄사실을 인정하는 증거로 할 수 없다.

중요 ⑤ 甲이 공판과정에서 검사가 작성한 피의자신문조서의 실질적 진정성립을 부정하면서 증거로 함에 부동의하는 경우, 피의자신문에 참여하였던 통역인이 공판정에 증인으로 출석하여 甲이 진술한 대로 기재되어 있다고 증언한 것만으로는 피의자신문조서의 실질적 진정성립을 인정할 수 없다.

해설 및 정답 2018년 제7회 변호사시험 기출문제 23 **정답** ○

대법원 2016. 2. 18. 선고 2015도16586 판결 [마약류관리에관한법률위반(마약) · 마약류관리에관한법률위반(향정)]

☞ 개정 형사소송법 제312조 제1항 참조.

나. 형사소송법 제312조 피의자신문조서의 증거능력에 관한 설명 중 옳지 않은 것이다 (×).

① 피고인이 검사 작성의 피고인에 대한 피의자신문조서의 성립이 진정함을 인정하는 진술을 하고, 그 피의자신문조서에 대하여 증거조사가 완료되었다면, 절차

적 안정성을 위해 진술의 취소는 허용될 수 ~~없다.~~있다.

해설 및 정답 2019년 제8회 변호사시험 기출문제 30 **정답** ×

피고인 또는 변호인이 검사가 작성한 피의자 신문조서에 대하여 임의성을 인정하였다가 증거조사 완료 후 이를 다투는 경우, 검사의 임의성 증명의무와 법원의 조치이다.

대법원 2008. 7. 10. 선고 2007도7760 판결 [배임수재·배임증재]

[판시사항] **피고인 또는 변호인이 검사가 작성한 피의자 신문조서에 대하여 임의성을 인정하였다가 증거조사 완료 후 이를 다투는 경우,** 임의성 증명책임 부담자(=검사) 및 법원이 취해야 할 조치

[판결요지] [1] **적법절차 보장의 정신에 비추어 성립의 진정함을 인정한 최초의 진술에 그 효력을 그대로 유지하기 어려운** 중대한 하자가 있고 진술인에게 귀책사유가 없는 경우 **예외적으로 증거조사 절차가 완료된 뒤에도 그 진술을 취소할 수 있다.**

[2] **검사가 그 임의성의 의문점을 없애는 증명을 하지 못한 경우에는 그 조서는 유죄 인정의 증거로 사용할 수 없다. 그런데 이러한 법리는 피고인이나 그 변호인이 검사 작성의 당해 피고인에 대한 피의자신문조서의 임의성을 인정하는 진술을 하였다가 이를 번복하는 경우에도 마찬가지로 적용되어야 한다.**

다. 피의자신문·영상녹화 종합문제

01 ★★★★★

수사기관에 의한 피의자신문에 관한 설명 중 옳지 않은 것은? (다툼이 있는 경우 판례에 의함)

중요 ① 구속영장 발부에 의하여 적법하게 구금된 피의자가 피의자신문을 위한 출석요구에 응하지 아니하면서 수사기관 조사실에 출석하기를 거부한다면, 수사기관은 그 구속영장의 효력에 의하여 피의자를 조사실로 구인할 수 있다.

해설 및 정답 2015년 제4회 변호사시험 기출문제 20 ★ **정답** ○

대법원 2013. 7. 1. 자 2013모160 결정 [준항고기각결정에대한재항고]

[판시사항] **구속영장 발부에 의하여 적법하게 구금된 피의자가 피의자신문을 위한 출석요구에 응하지 아니하면서 수사기관 조사실에 출석을 거부할 경우, 수사기관이 구속영장의 효력에 의하여 피의자를 조사실로 구인할 수 있는지 여부(적극)** 및 이때 **피의자를 신문하기 전에 진술거부권을 고지하여야 하는지 여부(적극)**

[결정요지] **피의자신문 절차는 어디까지나 법 제199조 제1항 본문, 제200조의 규정에 따른 임의수사의 한 방법으로 진행되어야 한다. 그러므로 피의자는 헌법 제12조 제2항과 법 제244조의3에 따라 일체의 진술을 하지 아니하거나 개개의 질문에 대하여 진술을 거부할 수 있고, 수사기관은 피의자를 신문하기 전에 그와 같은 권리를 알려주어야 한다.**

② 검사가 「검찰사건사무규칙」에 따른 범죄인지 절차를 밟지 않은 상태에서 행한 피의자신문은 ~~위법한~~적법한 수사에 해당하며, 당해 피의자신문조서는 증거능력이 ~~없다.~~있다.

해설 및 정답 2015년 제4회 변호사시험 기출문제 20 **정답** ×

대법원 2001. 10. 26. 선고 2000도2968 판결 [사기{인정된 죄명: 특가법 알선수재)]

[판결요지] **수사가 장차 인지의 가능성이 전혀 없는 상태하에서 행해졌다는 등의 특별한 사정이 없는 한, 인지절차가 이루어지기 전에 수사를 하였다는 이유만으로 그 수사가 위법하다고 볼 수는 없다. 따라서 그 수사과정에서 작성된 피의자신문조서나 진술조서 등의 증거능력도 이를 부인할 수 없다.**

③ 피의자신문에 참여한 변호인은 신문 후 의견을 진술할 수 있는 것이 원칙이나, 신문 중이라도 부당한 신문방법에 대하여 이의를 제기할 수 있고, 검사 또는 사법경찰관의 승인을 얻어 의견을 진술할 수 있다.

해설 및 정답 2015년 제4회 변호사시험 기출문제 20 **정답** ○

형사소송법 제243조2는 변호인 참여를 규정하고 있다. 주요내용을 보면, ③ **신문에 참여한 변호인은 신문 후 의견을 진술할 수 있다. 다만 신문 중이라도 부당한 신문방법에 대해 이의를 제기할 수 있고, 검사 · 사법경찰관 승인을 얻어 의견을 진술할 수 있다.**

④ 수사기관이 변호인의 피의자신문 참여를 부당하게 제한하거나 중단시킨 경우에는 준항고를 통해 다툴 수 있다.

해설 및 정답 2015년 제4회 변호사시험 기출문제 20 **정답** ○

> **파워특강** **형사소송법 제417조는 준항고를 규정하고 있다.** 주요내용을 보면, 피고인 · 변호인은 검사 · 사법경찰관이 다음 각 호 어느 하나에 해당하는 처분을 고지한 경우 불복이 있으면, 해당 직무집행지 관할법원 · 검사소속검찰청에 대응하는 법원에 처분취소 · 처분변경을 청구할 수 있다. 1. 구금, 2. 압수, 3. 압수물 환부처분, 4. **제243조2에 근거한 변호인 참여 등에 관한 처분**

대법원 2008. 9. 12. 자 2008모793 결정 [변호인퇴실명령에대한준항고결정에대한재항고]

[판시사항] 형사소송법 제243조의2 제1항에 정한 '정당한 사유'의 의미와 변호인의 피의자신문 참여권의 제한

[결정요지] 변호인의 피의자신문 참여권을 규정한 형사소송법 **제243조의2 제1항에서 '정당한 사유'란 변호인이 피의자신문을 방해하거나 수사기밀을 누설할 염려가 있음이 객관적으로 명백한 경우 등을 말하는 것이다.** 그러므로 수사기관이 피의자신문을 하면서 위

와 같은 정당한 사유가 없는데도 변호인에 대하여 피의자로부터 떨어진 곳으로 옮겨 앉으라고 지시를 한 다음 이러한 지시에 따르지 않았음을 이유로 변호인의 피의자신문 참여권을 제한하는 것은 허용될 수 없다.

[**결정내용**] 변호인에게 퇴실을 명한 행위는 변호인의 피의자신문 참여권을 침해한 처분에 해당한다고 할 것이다. 그러므로 이를 이유로 이 사건 **준항고를 받아들여 재항고인의 위 처분을 취소한 원심의 조치는 옳고,** 거기에 재판에 영향을 미친 헌법·법률·명령 또는 규칙의 위반이 없다.

⑤ 수사기관은 피의자를 신문하기 전에 변호인의 조력을 받을 수 있다는 것을 알려주어야 한다.

해설 및 정답 2015년 제4회 변호사시험 기출문제 20 **정답** ○

파워특강 형사소송법 제244조의3는 진술거부권 고지를 규정하고 있다. ① **검사·사법경찰관은 신문하기 전 피의자에게 다음 각 호 사항을 모두 알려주어야 한다.** 1. 일체 진술을 하지 않거나 또는 개개 질문에 대하여 진술을 하지 않을 수 있다. 2. 진술을 하지 않더라도 불이익을 받지 않는다. 3. 진술을 거부할 권리를 포기하고 행한 진술은 법정에서 유죄증거로 사용될 수 있다. **4. 신문을 받을 때 변호인을 참여하게 하는 등 변호인 조력을 받을 수 있다.**

02 ★★★★★

형사절차상 영상녹화에 관한 설명 중 옳지 않은 것은? (다툼이 있는 경우 판례에 의함)

중요 ① 피고인 또는 피고인이 아닌 자의 진술을 내용으로 하는 영상녹화물은 공판준비 또는 공판기일에 피고인 또는 피고인이 아닌 자가 진술함에 있어서 기억이 명백하지 아니한 사항에 관하여 기억을 환기시켜야 할 필요가 있다고 인정되는 경우에 피고인 또는 피고인이 아닌 자에게 재생하여 시청하게 할 수 있다.

해설 및 정답 2015년 제4회 변호사시험 기출문제 25 ★ **정답** ○

형사소송법 제318조2는 증명력을 다투기 위한 증거를 규정하고 있다. 주요내용을 보면, ① **적법절차를 준수하지 않은 증거는 탄핵증거로 사용할 수 없다.** ② 법원은 제1항에도 불구하고 피고인·피고인이 아닌 사람 진술을 내용으로 하는 영상녹화물은 다음 각 호 요건을 모두 충족한 경우 재생하여 시청하게 할 수 있다. **1. 공판준비·공판기일에서 피고인·피고인이 아닌 사람이 진술과정에서 기억이 명백하지 않은 경우, 2. 진술상황에서 기억을 환기할 필요성이 인정되는 경우.**

② 영상녹화물은 조사가 행해지는 동안 조사실 전체를 확인할 수 있도록 녹화된 것으로 진술자의 얼굴을 식별할 수 있는 것이어야 하고, 재생화면에는 녹화 당시의 날짜와 시간이 실시간으로 표시되어야 한다.

해설 및 정답 2015년 제4회 변호사시험 기출문제 25 **정답** ○

형사소송규칙 제134조2는 영상녹화물 조사 신청을 규정하고 있다. 주요내용을 보면, ① 검사는 피고인이 된 피의자 진술을 영상녹화한 사건에서 피고인이 그 조서에 기재된 내용이 피고인이 진술한 내용과 동일하게 기재되어 있음을 인정하지 아니하는 경우, 그 부분의 성립진정을 증명하기 위하여 영상녹화물의 조사를 신청할 수 있다. ② 검사는 제1항 신청에서 다음 각 호 사항을 기재한 서면을 제출하여야 한다. 1. 영상녹화를 시작하고 마친 시각과 조사장소, 2. 피고인·변호인이 진술과 조서 기재내용 동일성을 다투는 부분 영상을 구체적으로 특정할 수 있는 시각, ③ 제1항 영상녹화물은 조사가 개시된 시점부터 조사가 종료되어 피의자가 조서에 기명날인 또는 서명을 마치는 시점까지 전과정이 영상녹화된 것으로, 다음 각 호 내용을 포함하는 것이어야 한다. 1. 피의자신문이 영상녹화되고 있다는 취지 고지, 2. 영상녹화를 시작하고 마친 시각과 장소 고지, 3. 신문하는 검사와 참여한 자 성명과 직급 고지, **4. 진술거부권·변호인 참여를 요청할 수 있다는 점 등 고지,** 5. 조사를 중단·재개하는 경우 중단 이유와 중단 시각, 중단 후 재개하는 시각, 6. 조사를 종료하는 시각 **④ 제1항 영상녹화물은 조사가 행해지는 동안 조사실 전체를 확인할 수 있도록 녹화된 것으로 진술자 얼굴을 식별할 수 있는 것이어야 한다.** ⑤ **제1항 영상녹화물의 재생 화면에는 녹화 당시 날짜와 시간이 실시간으로 표시되어야 한다.** ⑥ 제1항·제3항·제4항·제5항은 검사가 피고인이 아닌 피의자 진술에 대한 영상녹화물의 조사를 신청하는 경우에 준용한다.

③ 아동·청소년 대상 성범죄 피해자의 진술내용과 조사과정에 대한 영상물 녹화는 피해자 또는 법정대리인이 이를 원하지 아니하는 의사를 표시한 때에는 촬영을 하여서는 안 된다. 다만, 가해자가 친족일 경우는 그러하지 아니하다.

해설 및 정답 2015년 제4회 변호사시험 기출문제 25 **정답** ×

아동청소년법 제26조는 영상물 촬영·보존을 규정하고 있다. 주요내용을 보면, ① 아동·청소년대상 성범죄 피해자 진술내용과 조사과정은 비디오녹화기 등 영상물 녹화장치로 촬영·보존하여야 한다. ② **제1항 영상물 녹화는 피해자·법정대리인이 이를 원하지 아니하는 의사를 표시한 때에는 촬영을 하여서는 안 된다. 다만 가해자가 친권자 중 일방인 경우 촬영하여야 한다.**

④ 피고인이 된 피의자의 진술을 영상녹화할 경우에는 진술거부권, 변호인의 참여를 요청할 수 있다는 점 등의 고지가 포함되어야 한다.

해설 및 정답 2015년 제4회 변호사시험 기출문제 25 **정답** ○

형사소송규칙 제134조2는 영상녹화물 조사 신청을 규정하고 있다.

중요 **03** ★★★★★

甲은 로망 카페 대표, 乙은 위 카페 월급사장인 바, 甲과 乙은 카페 여자종업원들과 손님들의 성매매를 알선하고 위 종업원들로부터 돈의 일부를 알선료로 받아 분배하기로 공모하고 이를 실행하였다. 제보를 받은 경찰은 먼저 乙로부터 甲과 공모하여 성매매를 알선하였다고 인정하는 진술서를 받은 다음형사소송법 제312조 제3항 乙에 대한 참고인 진술조서를 작성하였다.형사소송법 제312조 제4항 그 후 甲과 乙은 경찰에서 피의자신문을 받았는데 둘 다 성매매알선의 점을 자백하였고, 그 내용의 피의자신문조서가 작성되었다. 형사소송법 제312조 제3항 검찰에 송치된 이후 甲은 성매매알선의 점을 부인하였으나 乙은 자백하였고, 검사는 그러한 내용의 피의자신문조서를 작성한 후형사소송법 제312조 제1항 甲과 乙을 성매매알선혐의로 기소하였다. 이 경우 다음 설명 중 옳지 않은 것은? (다툼이 있는 경우 판례에 의함)

① 乙 작성의 진술서는 甲이 내용을 부인하면 甲에 대하여 증거능력이 없다.

해설 및 정답 2013년 제2회 변호사시험 기출문제 26 **정답** ○

경찰 조사과정에서 작성된 을의 진술서는 피의자신문조서와 동일하다. 형사소송법 제312조 제3항이 적용된다. 내용을 부인하면(즉 사실관계를 부정하면), 증거능력이 없다.

중요 ② 사법경찰관 작성의 乙에 대한 참고인진술조서는 사법경찰관이 진술거부권을 고지하지 않았거나 乙이 내용을 부인하면 乙에 대하여 증거능력이 없다.

해설 및 정답 2013년 제2회 변호사시험 기출문제 26 ★ **정답** ○

참고인으로 조사하였으나, 범죄혐의를 인정한 후 행하여졌기 때문에 그 실질은 피의자신문과 같다. 진술거부권을 고지하지 않았거나, 을이 내용을 부인하면, 증거능력이 없다.

대법원 2009. 8. 20. 선고 2008도8213 판결 [국가보안법위반(찬양·고무등)]

[판결요지] [1] 피의자의 진술을 녹취 내지 기재한 서류 또는 문서가 수사기관에서의 조사과정에서 작성된 것이라면, 그것이 '진술조서, 진술서, 자술서'라는 형식을 취하였다고 하더라도 피의자신문조서와 달리 볼 수 없다. 수사기관이 피의자를 신문함에 있어서 피의자에게 미리 진술거부권을 고지하지 않은 때에는 그 피의자의 진술은 위법하게 수집된 증거로서 진술의 임의성이 인정되는 경우라도 증거능력이 부인되어야 한다.

[2] 피의자신문조서가 아닌 일반적인 진술조서의 형식으로 조서를 작성한 사안에서, 진술조서의 내용이 피의자신문조서와 실질적으로 같고, 진술의 임의성이 인정되는 경우라도 미리 피의자에게 진술거부권을 고지하지 않았다면 위법수집증거에 해당하므로, 유죄인정의 증거로 사용할 수 없다고 한 사례.

대법원 2011. 11. 10. 선고 2010도8294 판결 [변호사법위반・외국인투자촉진법위반]

[판시사항] **진술거부권을 고지하지 않은 상태에서 행해진 피의자 진술의 증거능력 유무(소극)**

[판결요지] **조사 당시 피의자의 지위에 있었다고 볼 공소외 4의 진술을 기재한 서류가 비록 진술조서라는 형식을 취하였다고 하더라도 피의자신문조서와 달리 볼 수 없다. 그런데도 기록상 검사가 위 진술조서 작성 당시 공소외 4에게 진술거부권이 있음을 고지한 사실을 인정할 아무런 자료가 없으므로, 위 진술조서는 진술의 임의성이 인정되는 경우라도 위법하게 수집된 증거로서 증거능력이 없어 피고인에 대한 유죄의 증거로 쓸 수 없다.**

중요 ③ 사법경찰관 작성의 甲에 대한 피의자신문조서는 乙이 내용을 부인하면 乙에 대하여 증거능력이 없다.

해설 및 정답 2013년 제2회 변호사시험 기출문제 26 ★ 정답 ○

대법원 2009. 7. 9. 선고 2009도2865 판결 [부정수표단속법위반]

[판결요지] **형사소송법 제312조 제3항은 검사 이외의 수사기관이 작성한 당해 피고인에 대한 피의자신문조서를 유죄의 증거로 하는 경우뿐만 아니라 검사 이외의 수사기관이 작성한 당해 피고인과 공범관계에 있는 다른 피고인이나 피의자에 대한 피의자신문조서를 당해 피고인에 대한 유죄의 증거로 채택할 경우에도 적용된다.** 따라서 당해 피고인과 공범관계가 있는 다른 피의자에 대하여 검사 이외의 수사기관이 작성한 피의자신문조서는, 그 피의자의 법정진술에 의하여 그 성립의 진정이 인정되는 등 형사소송법 제312조 제4항의 요건을 갖춘 경우라고 하더라도 당해 **피고인이 공판기일에서 그 조서의 내용을 부인한 이상 이를 유죄 인정의 증거로 사용할 수 없다.**

중요 ④ 사법경찰관 작성의 乙에 대한 피의자신문조서는 甲이 내용을 부인하면 甲에 대하여 증거능력이 없지만, 변론분리 후 乙이 법정에서 '경찰 수사 도중 피의자신문조서에 기재된 것과 같은 내용으로 진술하였다'는 취지로 증언한 경우에는 위 피의자신문조서는 甲에 대하여 증거능력이 인정된다.

해설 및 정답 2013년 제2회 변호사시험 기출문제 26 ★ 정답 ×

피고인과 공범 관계에 있는 다른 피의자에 대하여 사법경찰관 작성 피의자신문조서는 형사소송법 제312조 제4항 요건을 갖춘 경우라고 하더라도, 피고인이 공판기일에서 조서 내용을 부인하는 경우 유죄 인정 증거로 사용할 수 없다.

대법원 2009. 10. 15. 선고 2009도1889 판결 [석유 및 석유대체연료사업법 위반]

[판결요지] **공동피고인이 법정에서 경찰수사 도중 피의자신문조서에 기재된 것과 같은 내용으로 진술하였다는 취지로 증언하였다고 하더라도, 이러한 증언은 원진술자인 공동피고인이 그 자신에 대한 경찰 작성의 피의자신문조서의 진정성립을 인정하는 취지에 불과하여 위 조서와 분리하여 독자적인 증거가치를 인정할 것은 아니다. 그러므로 앞서 본 바와**

같은 이유로 위 조서의 증거능력이 부정되는 이상 위와 같은 증언 역시 이를 유죄 인정의 증거로 쓸 수 없다.

중요 **04** ★★★★★

A는 2020. 9. 24. 甲에 대한 대여금채권을 피보전권리로 하여 甲이 B에 대하여 가지는 물품대금 채권에 대하여 가압류결정을 받았고, 위 가압류결정 정본은 2020. 10. 7. B에게 송달되었다. 甲은 C에게 채무가 없음에도 허위의 채무를 작출하여 그 허위채무에 대한 담보로 2020. 10. 6.경 위 물품대금채권을 C에게 양도하기로 하는 채권양도계약을 체결하였고,형법 제327조 강제집행면탈죄+ 2020. 10. 8. 채권양도 통지가 C에게 도달하였다. 한편 甲과 乙은 합동하여 2020. 10. 11. A가 화장실에 간 틈을 타서 甲이 망을 보는 도중에 乙이 A의 핸드백에서 A 소유의 지갑을 꺼내어 가 절취하였다.형법 제331조 제2항 특수절도죄+ 경찰은 甲과 乙을 조사한 후 사건을 검찰에 송치하였고, 검사는 A를 참고인으로 조사하면서 진술조서를 작성하고,형사소송법 제312조 제4항+ A의 동의를 받아 참고인 조사 과정을 영상 녹화하였다. 甲은 강제집행면탈죄 및 특수절도죄로, 乙은 특수절도죄로 각 기소되어 함께 재판받고 있다. 이에 관한 설명 중 옳지 않은 것을 모두 고른 것은? (다툼이 있는 경우 판례에 의함)

파워특강 강제집행면탈죄. 증거. 공범 아닌 공동피고인에 대해 검사 이외의 수사기관이 작성한 피고인신문조서(=형사소송법 제312조 제4항 적용). 피해자 진술조서(=형사소송법 제312조 제4항 참고인진술조서)

① 위 가압류결정 정본이 B에게 송달되기 전에 甲이 강제집행을 면탈할 목적으로 위 물품대금채권을 허위로 C에게 양도하였다 하더라도, 가압류채권자인 A의 법률상 지위에 어떠한 영향을 미칠 수 없으므로, 위와 같은 채권양도행위는 강제집행면탈죄에 ~~해당하지 아니한다.~~ 해당한다.

해설 및 정답 2021년 제10회 변호사시험 기출문제 23 **정답** ×

대법원 2012. 6. 28. 선고 2012도3999 판결 [강제집행면탈]

[판시사항] [1] 형법 제327조 강제집행면탈죄의 성립 요건 [2] **채무자인 피고인이 채권자 갑의 가압류집행을 면탈할 목적으로 제3채무자 을에 대한 채권을 병에게 허위양도하였다고 하여 강제집행면탈로 기소된 사안에서, 가압류결정 정본이 을에게 송달되기 전에 채권을 허위로 양도하였다면 강제집행면탈죄가 성립하는데도,** 이에 대해 심리·판단하지 아니한 채 무죄를 선고한 원심판결에 법리오해 등 위법이 있다고 한 사례.

[판결요지] **형법 제327조의 강제집행면탈죄는 위태범으로서 현실적으로 민사소송법에 의한 강제집행 또는 가압류·가처분의 집행을 받을 우려가 있는 객관적인 상태 아래, 즉 채권자가 본안 또는 보전소송을 제기하거나 제기할 태세를 보이고 있는 상태에서 주관적**

으로 강제집행을 면탈하려는 목적으로 재산을 은닉, 손괴, 허위양도하거나 허위의 채무를 부담하여 채권자를 해할 위험이 있으면 성립한다. 반드시 채권자를 해하는 결과가 야기되거나 행위자가 어떤 이득을 취하여야 범죄가 성립하는 것은 아니다.

☞ [출제] 2020년 제9회 변호사시험 기출문제 22

중요 ② 乙은 피의자신문과정에서 '甲이 허위의 채무를 부담하여 허위의 채권양도계약을 체결하는 것을 목격하였다'고 진술하였는데, 이러한 진술이 기재된 경찰 작성의 乙에 대한 피의자신문조서는 「형사소송법」 ~~제312조 제3항이 적용되어~~ 제312조 제4항이 적용된다. 강제집행면탈죄의 경우 乙은 甲과 공범 아닌 공동피고인의 관계에 있다. 乙의 진술부분은 참고인진술조서에 해당한다. 당해 피고인인 甲이 공판기일에서 내용을 ~~부인하는 이상 甲의 강제집행면탈에 대한 증거로 쓸 수 없다.~~ 내용을 부인하더라도 ① 적법절차, ② 진정성립, ③ 반대신문권보장, ④ 특신상태가 있으면 증거능력이 있다.

해설 및 정답 2021년 제10회 변호사시험 기출문제 23 **정답** ×

형사소송법 제312조(검사 또는 사법경찰관의 조서 등) 참조. 강제집행면탈죄의 경우 乙**은 甲과 공범 아닌 공동피고인의 관계에 있다. 乙의 진술부분은 참고인진술조서에 해당한다.** 따라서 **형사소송법 제312조 제4항이 적용된다. 내용을 부인하더라도 ① 적법절차, ② 진정성립, ③ 반대신문권보장, ④ 특신상태가 있으면 증거능력이 있다.** ★★★★★

형사소송법 제312조(검사 또는 사법경찰관의 조서 등)

① 검사가 작성한 피의자신문조서는 적법한 절차와 방식에 따라 작성된 것으로서 공판준비, 공판기일에 그 피의자였던 피고인 또는 변호인이 그 내용을 인정할 때에 한정하여 증거로 할 수 있다. 〈개정 2020.2.4〉

② 삭제 〈2020.2.4〉

③ 검사 이외의 수사기관이 작성한 피의자신문조서는 적법한 절차와 방식에 따라 작성된 것으로서 공판준비 또는 공판기일에 그 피의자였던 피고인 또는 변호인이 그 내용을 인정할 때에 한하여 증거로 할 수 있다.

④ **검사 또는 사법경찰관이 피고인이 아닌 자의 진술을 기재한 조서는 적법한 절차와 방식**에 따라 작성된 것으로서 그 조서가 검사 또는 사법경찰관 앞에서 **진술한 내용과 동일하게 기재**되어 있음이 **원진술자의 공판준비 또는 공판기일에서의 진술이나 영상녹화물 또는 그 밖의 객관적인 방법에 의하여 증명**되고, 피고인 또는 변호인이 공판준비 또는 공판기일에 그 기재 내용에 관하여 **원진술자를 신문할 수 있었던 때에는 증거로 할 수 있다.** 다만, 그 조서에 기재된 진술이 **특히 신빙할 수 있는 상태하에서 행하여졌음이 증명**된 때에 한한다.

⑤ 제1항부터 제4항까지의 규정은 피고인 또는 피고인이 아닌 자가 수사과정에서 작성한 진술서에 관하여 준용한다.

⑥ 검사 또는 사법경찰관이 검증의 결과를 기재한 조서는 적법한 절차와 방식에 따라 작성된 것으로서 공판준비 또는 공판기일에서의 작성자의 진술에 따라 그 성립의 진정함이

증명된 때에는 증거로 할 수 있다. [전문개정 2007.6.1.]
【출처】 형사소송법 일부개정 2022. 5. 9. [법률 제18862호, 시행 2022. 9. 10.] 법무부

중요 ③ 甲에 대한 제1심 공판절차에서 검사 작성의 A에 대한 진술조서가 증거로 제출되었는데, 이에 대해 甲이 증거로 함에 동의하지 않고, A가 증인으로 출석하여 진정성립을 인정하지 않았다 하더라도, 증거능력- 위 증거를 신청한 검사가 재판장의 허가를 받아 진술조서의 내용을 낭독하는 등으로 법정에서 엄격한 증거조사가 ~~이루어졌다면 증거능력이 있다.~~ 이루어졌더라도 증거능력이 없다.

해설 및 정답 2021년 제10회 변호사시험 기출문제 23 **정답** ×

형사소송법 제312조(검사 또는 사법경찰관의 조서 등) 참조. A에 대한 피해자 진술조서는 참고인진술조서에 해당한다. 형사소송법 제312조 제4항이 적용된다. A가 진정성립을 부정하였다. 그러므로 형사소송법 제312조 제4항 요건이 충족되지 않는다. 피해자 진술조서는 증거능력이 없다. ★★★★★

④ 검사가 A의 진술을 녹화한 영상 녹화물은 다른 법률에서 달리 규정하고 있는 등의 특별한 사정이 없는 한 甲에 대한 공소사실을 직접 증명할 수 있는 독립적인 증거로 사용할 수 없다.

해설 및 정답 2021년 제10회 변호사시험 기출문제 23 **정답** ○

대법원 2014. 7. 10. 선고 2012도5041 판결 [존속살해방조[인정된 죄명: 폭력행위등처벌에관한법률위반(공동존속감금)] · 자살방조]

[판시사항] 수사기관이 참고인을 조사하는 과정에서 형사소송법 제221조 제1항에 따라 작성한 영상녹화물이 공소사실을 직접 증명할 수 있는 독립적인 증거로 사용될 수 있는지 여부(원칙적 소극)

[판결요지] 현행 형사소송법은 2007. 6. 1. 법률 제8496호로 개정되기 전의 형사소송법에 없던 수사기관에 의한 피의자 아닌 자(이하 '참고인'이라 한다) 진술의 영상녹화를 새로 정하면서 그 용도를 참고인에 대한 진술조서의 실질적 진정성립을 증명하거나 또는 참고인의 기억을 환기시키기 위한 것으로 한정하였다. 현행 형사소송법의 규정 내용을 영상물에 수록된 **성범죄 피해자의 진술에 대하여 독립적인 증거능력을 인정하고 있는 성폭력범죄의 처벌 등에 관한 특례법 제30조 제6항 또는 아동 · 청소년의 성보호에 관한 법률 제26조 제6항의 규정과 대비하여 보면,** 수사기관이 **참고인을 조사하는 과정에서 형사소송법 제221조 제1항에 따라 작성한 영상녹화물은, 다른 법률에서 달리 규정하고 있는 등의 특별한 사정이 없는 한, 공소사실을 직접 증명할 수 있는 독립적인 증거로 사용될 수는 없다고 해석함이 타당하다.**

☞ [출제] 2020년 제9회 변호사시험 기출문제 36

문 39. 형사소송법 제313조 수사과정 이외에서 작성한 전문증거(진술서 · 진술기재서류) 증거능력에 관한 설명 중 옳은 것은? (다툼이 있는 경우 판례에 의함)

출제내용

- 형사소송법 제313조 검찰수사과정·사법경찰관수사과정 이외의 장소에서 작성된 피의자 진술서·제3자 진술서·피의자 진술기재서류·제3자 진술기재서류 증거능력
- 형사소송법 제313조 검찰수사과정·사법경찰관수사과정 이외의 장소에서 작성된 디지털 문서 증거능력(=보이스펜 녹음내용, 전자정보출력문건)
- 피고인이 녹음테이프 증거능력에 동의하지 않는 경우(=원본 복사 사본 증명과 녹음자 진술에 의한 진정성립 증명과 특신상태가 인정되어야 증거능력이 있음)

출제분석

2024년 제13회 변호사시험 출제예상 ★

2019년 제8회 변호사시험 기출문제 12

2015년 제4회 변호사시험 기출문제 28·38

중요 **01** ★★★★★

X회사의 대표이사 甲은 신축 중인 건물공사의 하도급과 관련하여 발주업체의 이사 乙에게 "개인채무변제에 필요하니 하도급 공사대금 20억 원을 23억 원으로 부풀리는데 눈감아 달라. 그리고 3억 원은 급하니 공사완료 전에 미리 개인적으로 지급해주면 2,000만 원을 주겠다."라고 부탁하였고, 며칠 후 약속한 대로 업무상 보관 중이던 X회사의 비자금 2,000만 원을 그 정을 알고 있는 운전기사 丙에게 주면서 乙에게 그 돈을 전달하게 하였다. 丙은 甲에게서 받은 2,000만 원 중 1,000만 원은 자신의 유흥비로 소비하고 나머지 1,000만 원만 乙에게 교부하였다. 그로부터 일주일 후 甲은 丙에게 "2,000만 원을 乙에게 잘 전달하였느냐?"라고 물었고, 丙은 甲이 말한 내용을 보이스펜에 녹음하였다.형사소송법 제313조 진술서 경찰관 P가 위 범행에 대한 제보를 받고 수사에 나서자 丙은 수사에 협조하여 선처를 받고자 甲의 말을 녹음해 두었던 원본 보이스펜을 P에게 임의제출하였다. 그 후 검사는 피의자 甲을 구속한 상태에서 수사를 진행하였다. 이에 관한 설명 중 옳지 않은 것은? (특별법 위반의 점은 논외로 하고, 다툼이 있는 경우 판례에 의함)

중요 ① 만약 법정에서 甲에 대한 증거로 제출된 보이스펜의 녹음내용을 증거로 함에 甲이 부동의한 경우에는 보이스펜이 甲이 말한 내용을 녹음한 원본임이 입증되고, 「형사소송법」 제313조 제1항 단서에 따라 공판준비 또는 공판기일에서 丙의 진술에 의하여 보이스펜에 녹음된 甲의 진술내용이 甲이 진술한 대로 녹음된 것임이 증명되고, 그 진술이 특히 신빙할 수 있는 상태에서 행하여진 것임이 인정되면 보이스펜에 녹음된 진술의 증거능력을 인정할 수 있다.

해설 및 정답 2019년 제8회 변호사시험 기출문제 12 **정답** ○
대법원 2001. 10. 9. 선고 2001도3106 판결 [간통]

중요 **02** ★★★★★
전자정보의 압수·수색 및 증거능력에 관한 설명 중 옳지 않은 것은? (다툼이 있는 경우 판례에 의함)

① 압수된 정보저장매체로부터 출력한 문건을 진술증거로 사용하는 경우, 그 기재 내용의 진실성에 관하여는 전문법칙이 적용되므로 「형사소송법」 제313조 제1항에 따라 증거능력이 결정된다.

해설 및 정답 2015년 제4회 변호사시험 기출문제 28 **정답** ○
대법원 2013. 2. 15. 선고 2010도3504 판결 [국가보안법위반(찬양·고무등)]

중요 **03** ★★★★★
甲은 자신의 집에서 A4용지 1장에, A에 대하여 아래와 같은 내용을 수기(手記)로 작성한 다음 잉크젯 복합기를 이용하여 복사하는 방법으로 유인물을 30장 제작하였다.형사소송법 제313조 진술서- 甲은 15장은 자신이 직접, 나머지 15장은 친구 乙에게 부탁하여 A가 거주하는 아파트 단지 곳곳에 게시하였다. 이에 관한 설명 중 옳은 것은? (다툼이 있는 경우 판례에 의함)

A, 그는 누구인가?!
A는 처자식이 있는 몸임에도 불구하고, 2014. 12.경 △△도 ○○시 등지 모텔에서 B와 수차례 불륜행위를 저질렀다.

중요 ① 위 유인물이 甲과 乙의 명예훼손사건의 증거로 제출된 경우, ~~이는 「형사소송법」 제313조 제1항의 '피고인이 작성한 진술서'이므로 그 진술자이며 작성자인 甲이 공판준비나 공판기일에서 진정성립 진술을 하여야 증거능력이 인정된다.~~ 원진술의 존재 자체가 요증사실인 경우 유인물은 본래증거에 해당한다. 따라서 전문증거의 증거능력에 관한 형사소송법 제313조 적용여부는 문제가 되지 않는다.

해설 및 정답 2015년 제4회 변호사시험 기출문제 38 **정답** ×
대법원 2012. 7. 26. 선고 2012도2937 판결 [특정경제범죄가중처벌등에관한법률위반(사기)(피고인2에 대하여 일부 인정된 죄명: 사기)·사기·변호사법위반·횡령·업무상횡령]

문 40. 형사소송법 제314조 전문증거(증거능력 예외)의 증거능력에 관한 설명 중 옳은 것은? (다툼이 있는 경우 판례에 의함)

출제내용

- 형사소송법 제314조 전문서류 증거능력 예외(=형사소송법 제312조·제313조 진술불능+특신상태: 필요성과 신용성 정황적 보장), 사망·질병·소재불명·외국거주·그 밖에 이에 준하는 사유, 반대신문권 보장 결여, 경찰 작성 피의자신문조서 형사소송법 제314조 적용되지 않음(=내용을 부인하면 증거능력 부정), 검찰 작성 피의자신문조서 형사소송법 제314조 적용되지 않음(=개정 전 형사소송법 제312조 제4항 진술조서로 취급함) ★★★★★
- 형사소송법 제314조에서 정한 '외국거주'의 의미(=송달, 구인불능, 법정출석 위해 가능하고도 충분한 노력+)
- 검사가 증인에 대한 소재탐지를 촉탁하여 소재탐지 불능보고서를 제출받은 다음 기재된 증인의 전화번호를 연락하는 등 상당한 노력을 기울였다고 보이지 않는 경우(=소재불명에 해당하지 않음)
- 형사소송법 제314조에서 정한 '그 밖에 이에 준하는 사유'의 의미(=피고인인 진술거부권을 행사하여 진술을 거부한 경우-, 정당한 증언거부권 행사-, 최근 경향 엄격해석)
- 수사기관에서 진술한 피해자인 유아가 공판정에서 진술을 하였더라도 증인신문 당시 일정한 사항에 관하여 기억이 나지 않는다는 취지로 진술하여 그 진술의 일부가 재현 불가능하게 된 경우(='원진술자가 진술을 할 수 없는 때'에 해당함)

출제분석

2024년 제13회 변호사시험 출제예상 ★
2021년 제10회 변호사시험 기출문제 38
2019년 제8회 변호사시험 기출문제 29·33
2014년 제3회 변호사시험 기출문제 32

가. 형사소송법 제314조 전문증거의 증거능력에 관한 설명 중 옳은 것이다(○).

① 횡령죄로 기소된 D의 의뢰를 받은 변호사가 작성하여 D에게 이메일로 전송한 '법률의견서'를 출력한 사본

해설 및 정답 2019년 제8회 변호사시험 기출문제 33 **정답** ○

파워특강 **전문증거란 사실인정의 기초가 되는 요증사실을 타인 진술 또는 서류 형태로 간접적으로 보고하는 것을 말한다. 피고인 의뢰를 받은 변호인이 작성하여 이메일로 전송한 법률의견서는 전문증거이다.**

대법원 2012. 5. 17. 선고 2009도6788 전원합의체 판결 [건설산업기본법위반 · 뇌물공여 · 특정범죄가중처벌등에관한법률위반(뇌물)(일부 인정된 죄명: 뇌물수수)]

[판시사항] **[1] 증인이 형사소송법에서 정한 바에 따라 정당하게 증언거부권을 행사하여 증언을 거부한 경우가 형사소송법 제314조의 '그 밖에 이에 준하는 사유로 인하여 진술할 수 없는 때'에 해당하는지 여부(소극)** [2] 갑 주식회사 및 그 직원인 피고인들이 정비사업전문관리업자의 임원에게 갑 회사가 주택재개발사업 시공사로 선정되게 해 달라는 청탁을 하면서 금원을 제공하였다고 하여 구 건설산업기본법 위반으로 기소되었다. **변호사가 작성하여 갑 회사 측에 전송한 전자문서를 출력한 '법률의견서'에 대하여 피고인들이 증거로 함에 동의하지 아니하고, 변호사가 그에 관한 증언을 거부한 사안에서, 위 의견서의 증거능력을 부정하고 무죄를 인정한 원심의 결론을 정당하다고 한 사례.**

[판결요지] [1] [다수의견] **현행 형사소송법 제314조 문언과 개정 취지, 증언거부권 관련 규정의 내용 등에 비추어 보면, 법정에 출석한 증인이 형사소송법 제148조, 제149조 등에서 정한 바에 따라 정당하게 증언거부권을 행사하여 증언을 거부한 경우 형사소송법 제314조 '그 밖에 이에 준하는 사유로 인하여 진술할 수 없는 때'에 해당하지 아니한다.**

[2] **법률의견서는 압수된 디지털 저장매체로부터 출력한 문건으로서 실질에 있어서 형사소송법 제313조 제1항에 규정된 '피고인 아닌 자가 작성한 진술서나 그 진술을 기재한 서류'에 해당한다.** 그런데 공판준비 또는 공판기일에서 작성자 또는 진술자인 변호사의 진술에 의하여 성립의 진정함이 증명되지 아니하였다. 그러므로 위 규정에 의하여 증거능력을 인정할 수 없다. 나아가 **원심 공판기일에 출석한 변호사가 그 진정성립 등에 관하여 진술하지 아니한 것은 형사소송법 제149조에서 정한 바에 따라 정당하게 증언거부권을 행사한 경우에 해당한다. 그러므로 형사소송법 제314조에 의하여 증거능력을 인정할 수도 없다는 이유로,** 원심이 이른바 변호인 · 의뢰인 특권에 근거하여 위 의견서의 증거능력을 부정한 것은 적절하다고 할 수 없으나, **위 의견서의 증거능력을 부정하고 나머지 증거들만으로 유죄를 인정하기 어렵다고 본 결론은 정당하다고 한 사례이다.**

나. 형사소송법 제314조 전문증거의 증거능력에 관한 설명 중 옳지 않은 것이다(×).

① 피고인이 증거서류의 진정성립을 묻는 검사의 질문에 대하여 진술거부권을 행사하여 진술을 거부한다면 이는 「형사소송법」 제314조의 '그 밖에 이에 준하는 사유로 인하여 진술할 수 없는 때'에 해당한다.[해당하지 않는다.]

해설 및 정답 2019년 제8회 변호사시험 기출문제 29 **정답** ×

진술거부권 행사와 형사소송법 제314조 '그밖에 준하는 사유' 관계이다.

대법원 2013. 6. 13. 선고 2012도16001 판결 [공직선거법위반]

[판시사항] [1] 디지털 저장매체로부터 출력한 문건의 증거능력 [2] **피고인이 증거서류의 진정성립을 묻는 검사의 질문에 대하여 진술거부권을 행사하여 진술을 거부한 경우가 형사소송법 제314조의 '그 밖에 이에 준하는 사유로 인하여 진술할 수 없는 때'에 해당하는지 여부(소극)** [3] 어떤 진술이 기재된 서류가 그 내용의 진실성이 범죄사실에 대한 직접증거로 사용될 때 전문증거가 되는 경우, 그와 같은 진술을 하였다는 것 자체 또는

그 진술의 진실성과 관계없는 간접사실에 대한 정황증거로 사용될 때도 반드시 전문증거가 되는지 여부(소극)

[판결요지] 피고인이 증거서류의 진정성립을 묻는 검사의 질문에 대하여 진술거부권을 행사하여 진술을 거부한 경우는 형사소송법 제314조의 '그 밖에 이에 준하는 사유로 인하여 진술할 수 없는 때'에 해당하지 아니한다.

☞ [출제] 2014년 제3회 변호사시험 기출문제 32

다. 형사소송법 제314조 전문증거(증거능력 예외) 종합문제

중요

01 ★★★★★

형사소송법 제314조에서 규정한 '진술을 요하는 자가 사망·질병·외국거주·소재불명, 그 밖에 이에 준하는 사유로 인하여 진술할 수 없는 때'에 해당하지 않는 것을 모두 고른 것은? (다툼이 있는 경우에는 판례에 의함)

ㄱ. 증인에 대한 소재탐지촉탁을 하여 소재수사를 하였으나 그 소재를 확인할 수 없었는데, 진술조서에 기재된 증인의 전화번호로 연락하여 보지 아니하는 등 증인의 법정 출석을 위한 가능하고도 충분한 노력을 다하지 않은 경우
ㄴ. 증인이 형사소송법에서 정한 바에 따라 정당하게 증언거부권을 행사하여 증언을 거부한 경우
ㄷ. 피고인이 증거서류의 진정성립을 묻는 검사의 질문에 대하여 진술거부권을 행사하여 진술을 거부한 경우
ㄹ. 수사기관에서 진술한 피해자인 유아가 공판정에서 진술을 하였으나 증인신문 당시 대부분의 사항에 관하여 기억이 나지 않는다는 취지로 진술하여 수사기관에서 행한 진술이 재현 불가능하게 된 경우

① ㄱ, ㄴ ② ㄴ, ㄷ
③ ㄷ, ㄹ ④ ㄱ, ㄴ, ㄷ
⑤ ㄱ, ㄴ, ㄹ

해설 및 정답 2014년 제3회 변호사시험 기출문제 32 **정답** ④

형사소송법 제314조 증거능력 예외를 묻는 문제이다.

ㄱ. (×) 대법원 2013. 4. 11. 선고 2013도1435 판결 [폭력행위등처벌에관한법률위반(집단·흉기등상해)·재물은닉·폭행·폭력행위 등 처벌에 관한 법률위반(상습상해)]

ㄴ. (×) **형사소송법 제312조 제4항 진술조서는 반드시 반대신문권이 보장되어야 한다.**
대법원 2012. 5. 17. 선고 2009도6788 전원합의체 판결

☞ [출제] 2019년 제8회 변호사시험 기출문제 31 · 2014년 제3회 변호사시험 기출문제 32

ㄷ. (×) **진술거부권 행사와 형사소송법 제314조 '그밖에 준하는 사유' 관계이다.**
대법원 2013. 6. 13. 선고 2012도16001 판결 [공직선거법위반]
☞ [출제] 2019년 제8회 변호사시험 기출문제 29
ㄹ. (○) 대법원 2006. 4. 14. 선고 2005도9561 판결

중요 **02** ★★★★★
전문법칙에 관한 설명 중 옳은 것(○)과 옳지 않은 것(×)을 올바르게 조합한 것은? (다툼이 있는 경우 판례에 의함)

파워특강 전문법칙. 타인의 진술을 내용으로 하는 진술(=① 원진술의 내용인 사실이 요증사실인 경우는 전문증거이다. ② 원진술의 존재 자체가 요증사실인 경우는 본래증거이다). 어떤 진술이 기재된 서류(=① 그 내용의 진실성이 범죄사실에 대한 직접증거로 사용될 때는 전문증거이다. ② 사실 자체를 정황증거로 사용될 것이라는 이유로 서류의 증거능력을 인정한 다음, 그 사실이 다시 진술 내용이나 진실성을 증명하는 간접사실로 사용되는 경우 전문증거이다). 피해자 휴대전화기에 저장된 피고인의 협박 문자정보(=전문증거가 아니다). 형사소송법 제314조 증인의 소재불명 등 사유(=증인의 법정 출석 노력을 다하고, 부득이 출석이 불가능한 경우, 검사가 증명해야 한다).

중요 ① 다른 사람의 진술, 즉 원진술의 내용인 사실이 요증사실인 경우에는 전문증거이지만, 원진술의 존재 자체가 요증사실인 경우에는 본래증거이지 전문증거가 아니다.

해설 및 정답 2021년 제10회 변호사시험 기출문제 38 **정답** ○
대법원 2008. 11. 13. 선고 2008도8007 판결 [특가법위반(알선수재) · 사기]
[판시사항] 타인의 진술을 내용으로 하는 진술이 본래증거인지 전문증거인지 판단하는 기준
[판결요지] 타인의 진술을 내용으로 하는 진술이 전문증거인지 여부는 요증사실과의 관계에서 정하여진다. 원진술의 내용인 사실이 요증사실인 경우에는 전문증거이다. 그러나 원진술의 존재 자체가 요증사실인 경우에는 본래증거이지 전문증거가 아니다(대법원 2008. 9. 25. 선고 2008도5347 판결 참조).
☞ [출제] 2020년 제9회 변호사시험 기출문제 36 · 2019년 제8회 변호사시험 기출문제 33 · 2014년 제3회 변호사시험 기출문제 30

중요 ② 어떠한 내용의 진술을 하였다는 사실 자체에 대한 정황증거로 사용될 것이라는 이유로 서류의 증거능력을 인정한 다음 그 사실을 다시 진술 내용이나 그 진실

성을 증명하는 간접사실로 사용하는 경우에는 그 서류는 전문증거에 해당한다.

해설 및 정답 2021년 제10회 변호사시험 기출문제 38 **정답** ○

대법원 2019. 8. 29. 선고 2018도14303 전원합의체 판결 [특정범죄가중처벌등에관한법률위반(뇌물)·직권남용권리행사방해·강요(일부 인정된 죄명: 강요미수)·강요미수] 〈공무원과 비공무원이 공모한, 기업 대표 등에 대한 뇌물수수와 강요 등 사건〉 ★★★★★

[판시사항] [1] 전문증거의 증거능력 / 다른 사람의 진술을 내용으로 하는 진술이 전문증거인지 본래증거인지 판단하는 기준 / **어떤 진술이 기재된 서류가 그 내용의 진실성이 범죄사실에 대한 직접증거로 사용될 경우, 전문증거인지 여부(적극) 및 어떠한 내용의 진술을 하였다는 사실 자체에 대한 정황증거로 사용될 것이라는 이유로 서류의 증거능력을 인정한 다음 그 사실을 다시 진술 내용이나 그 진실성을 증명하는 간접사실로 사용하는 경우, 그 서류는 전문증거에 해당하는지 여부(적극)** [2] 형사소송법 제364조의2의 취지 및 위 규정은 공동피고인 사이에서 파기의 이유가 공통되는 해당 범죄사실이 동일한 소송절차에서 병합심리된 경우에만 적용되는지 여부(적극)

[판결요지] [1] 형사소송법은 제310조의2에서 원칙적으로 전문증거의 증거능력을 인정하지 않는다. 제311조부터 제316조까지에서 정한 요건을 충족하는 경우에만 예외적으로 증거능력을 인정한다. **다른 사람의 진술을 내용으로 하는 진술이 전문증거인지는 요증사실이 무엇인지에 따라 정해진다. 다른 사람의 진술, 즉 원진술의 내용인 사실이 요증사실인 경우에는 전문증거이지만, 원진술의 존재 자체가 요증사실인 경우에는 본래증거이지 전문증거가 아니다. …어떠한 내용의 진술을 하였다는 사실 자체에 대한 정황증거로 사용될 것이라는 이유로 서류의 증거능력을 인정한 다음 그 사실을 다시 진술 내용이나 그 진실성을 증명하는 간접사실로 사용하는 경우에 그 서류는 전문증거에 해당한다. 서류가 그곳에 기재된 원진술의 내용인 사실을 증명하는 데 사용되어 원진술의 내용인 사실이 요증사실이 되기 때문이다. 이러한 경우 형사소송법 제311조부터 제316조까지 정한 요건을 충족하지 못한다면 증거능력이 없다.**

중요 ③ 甲이 정보통신망을 통하여 "너를 죽이고 싶다"라는 문자메시지를 반복적으로 乙에게 도달하게 하는 행위를 하였다는 정보통신망이용촉진및정보보호등에관한법률위반의 공소사실에 대하여 휴대전화기에 저장된 문자정보(위 협박문자)가 그 증거가 되는 경우, ~~그 문자 정보는 피고인의 진술에 해당하므로 「형사소송법」 제313조 제1항의 요건이 충족되어야 증거능력이 인정된다.~~ 그 문자정보는 범행의 직접적인 수단이고 경험자의 진술에 갈음하는 대체물에 해당하지 않는다. 그러므로 형사소송법 제310조의2에서 정한 전문법칙이 적용되지 않는다.

해설 및 정답 2021년 제10회 변호사시험 기출문제 38 **정답** ×

대법원 2008. 11. 13. 선고 2006도2556 판결 [정통법위반(음란물유포등)]

[판시사항] 구 정보통신망 이용촉진 및 정보보호 등에 관한 법률 제65조 제1항 제3호

위반죄와 관련하여 **문자메시지로 전송된 문자정보를 휴대전화기 화면에 띄워 촬영한 사진에 대하여, 피고인이 성립 및 내용의 진정을 부인한다는 이유로 증거능력을 부정한 것은 위법하다**고 한 사례.

[판결요지] [1] **검사는 휴대전화기 이용자가 그 문자정보를 읽을 수 있도록 한 휴대전화기의 화면을 촬영한 사진을 증거로 제출할 수도 있는데, 이를 증거로 사용하려면 문자정보가 저장된 휴대전화기를 법정에 제출할 수 없거나 그 제출이 곤란한 사정이 있고, 그 사진의 영상이 휴대전화기의 화면에 표시된 문자정보와 정확하게 같다는 사실이 증명되어야 한다.**

[2] **정보통신망을 통하여 공포심이나 불안감을 유발하는 글을 반복적으로 상대방에게 도달하게 하는 행위를 하였다는 공소사실에 대하여 휴대전화기에 저장된 문자정보가 그 증거가 되는 경우, 그 문자정보는 범행의 직접적인 수단이고 경험자의 진술에 갈음하는 대체물에 해당하지 않는다. 그러므로 형사소송법 제310조의2에서 정한 전문법칙이 적용되지 않는다.**

중요 ④ 「형사소송법」 제314조의 적용에 있어서 증인이 소재불명이거나 그 밖에 이에 준하는 사유로 인하여 진술할 수 없는 때에 해당한다고 법원이 인정할 수 있으려면 증인의 법정 출석을 위한 가능하고도 충분한 노력을 다하였음에도 부득이 증인의 법정 출석이 불가능하게 되었다는 사정을 검사가 입증하여야 한다.

해설 및 정답 2021년 제10회 변호사시험 기출문제 38 **정답** ○

대법원 2013. 4. 11. 선고 2013도1435 판결 [폭력행위등처벌에관한법률위반(집단・흉기등상해)・재물은닉・폭행・폭력행위등처벌에관한법률위반(상습상해)]

[판시사항] [1] 형사소송법 제314조에 의한 증거능력 인정 요건 중 **'증인이 소재불명이거나 그 밖에 이에 준하는 사유로 인하여 진술할 수 없는 때'**에 해당한다고 인정하기 위한 요건 [2] 제1심 법원이 증인 갑에게 증인소환장이 송달되지 아니하자 갑에 대한 소재탐지를 촉탁하여 소재탐지 불능 보고서를 제출받은 다음 갑이 '소재불명'인 경우에 해당한다고 보아 갑에 대한 경찰 및 검찰 진술조서를 증거로 채택한 사안에서, **형사소송법 제314조의 '소재불명 그 밖에 이에 준하는 사유로 인하여 진술할 수 없는 때'에 해당하지 않는다고 한 사례.**

[판결요지] 직접주의와 전문법칙의 예외를 정한 형사소송법 제314조의 요건 충족 여부는 엄격히 심사하여야 하고, 전문증거의 증거능력을 갖추기 위한 요건에 관한 증명책임은 검사에게 있으므로, 법원이 증인이 소재불명이거나 그 밖에 이에 준하는 사유로 인하여 진술할 수 없는 때에 해당한다고 인정할 수 있으려면, 증인의 법정 출석을 위한 가능하고도 충분한 노력을 다하였음에도 불구하고 부득이 증인의 법정 출석이 불가능하게 되었다는 사정을 검사가 증명한 경우여야 한다.

☞ [출제] 2018년 제7회 변호사시험 기출문제 31・2014년 제3회 변호사시험 기출문제 32

문 41. 형사소송법 제315조 당연히 증거능력이 있는 서류에 관한 설명 중 옳은 것은? (다툼이 있는 경우 판례에 의함)

출제내용

- 형사소송법 제315조 제2호에서 정한 '업무상 통상문서'에 해당하는지 판단하는 기준
- 형사소송법 제315조 제3호에서 정한 '기타 특히 신용할 만한 정황에 의하여 작성된 문서'의 의미

출제분석

2024년 제13회 변호사시험 출제예상 ★

2017년 제7회 변호사시험 기출문제 29

2016년 제5회 변호사시험 기출문제 38

01 ★★★★★

공무원인 甲과 민간사업자인 乙은 뇌물을 주고받았다는 범죄사실로 수사를 받고 있고, A는 범죄의 수사에 없어서는 아니 될 사실을 안다고 명백히 인정되는데도 검사의 출석요구를 거부하고 있다. 한편 甲에 대한 무혐의를 입증해 줄 수 있는 B는 외국지사로 발령이 나 외국으로 출국하려고 한다. 이에 관한 설명 중 옳은 것은? (다툼이 있는 경우 판례에 의함)

① 검사가 甲을 수뢰죄로 기소한 경우, 甲이 미리 증거를 보전하지 아니하면 그 증거를 사용하기 곤란한 사정이 있는 때에는 제1회 공판기일 전이라도 「형사소송법」 제184조에 의하여 판사에게 B에 대한 증인신문을 청구할 수 있으며, 청구를 기각하는 결정에 대하여는 3일 이내에 항고할 수 있다. 이렇게 작성된 증인신문조서는 ~~공판기일 전에 작성되었더라도 당연히 증거능력이 있는 서류를 규정하고 있는 「형사소송법」 제315조 제3호의 '특히 신용할 만한 정황에 의하여 작성된 문서'로서~~ 증거능력이 인정된다.

해설 및 정답 2018년 제7회 변호사시험 기출문제 29 **정답** ×

형사소송법 제311조(법원 또는 법관의 조서) 공판준비 또는 공판기일에 피고인이나 피고인 아닌 자의 진술을 기재한 조서와 법원 또는 법관의 검증의 결과를 기재한 조서는 증거로 할 수 있다. 제184조 및 제221조의2의 규정에 의하여 작성한 조서도 또한 같다.

중요 **02** ★★★★★

다음 사례에 관한 설명 중 옳은 것은? (다툼이 있는 경우 판례에 의함)

> ㉠ 재무구조가 매우 열악한 회사의 실질적 1인 주주인 대표이사 甲은 자신이 다니는 교회에 회사자산으로 거액을 기부하였다.
>
> ㉡ 乙의 사기죄에 대한 항소심 공판에서 검사는 별개사건으로 기소되어 확정된 공범 丙에 대한 공판조서[형사소송법 제315조 제3항]와 乙과 A의 통화내용을 담은 녹음테이프[형사소송법 제313조 제1항]를 증거로 제출하였다.
>
> ㉢ 피고인 丁의 기피신청이 있어 「형사소송법」 제22조에 따라 소송진행을 정지하여야 함에도, 기피신청을 받은 법관이 본안의 소송절차를 정지하지 않고 그대로 증거조사를 실시하였다.
>
> ㉣ 피고인의 변호인 戊는 피고인에 대한 고발장을 증거로 함에 부동의하였고, 같은 고발장을 첨부문서로 포함하고 있는 검찰주사보 작성의 수사보고서에 대하여는 증거 동의하였다.

① 사안 ㉠에서 甲의 행위는 업무상횡령죄에 해당~~하지 않는다.~~[한다.]

중요 ② 사안 ㉡에서 丙에 대한 공판조서는 「형사소송법」 제311조가 아니라 제315조 제3호에 따라 당연히 증거능력이 인정된다.

중요 ③ 사안 ㉡에서 녹음테이프에 대한 법관의 검증조서에 기재된 통화내용은 「형사소송법」 ~~제311조에 따라 당연히 증거능력이 인정된다.~~ 형사소송법 제313조에 제1항에 근거하여 증거능력을 판단한다.

④ 사안 ㉢에서 기피신청을 받은 법관이 한 증거조사는 효력이 ~~없지만, 그 후 그 기피신청에 대한 기각결정이 확정된 경우 법원은 그 증거조사에서 인정된 증거를 사용할 수 있다.~~[없다.]

⑤ 사안 ㉣에서 수사보고서에 대한 증거동의의 효력은 첨부문서인 고발장에도 당연히 미치므로, 고발장을 유죄의 증거로 삼을 수 ~~있다.~~[없다.]

해설 및 정답 2016년 제5회 변호사시험 기출문제 38 **정답** ②

① (×) 대법원 2010. 4. 29. 선고 2007도6553 판결 [특정경제범죄가중처벌등에관한법률위반(횡령)·사문서변조·변조사문서행사]

[판결요지] 주식회사의 주식이 사실상 1인 주주에 귀속하는 1인 회사에 있어서도 회사와 주주는 분명히 별개의 인격이어서 1인 회사의 재산이 곧바로 그 1인 주주의 소유라고 볼 수 없다. 그러므로 사실상 1인 주주라고 하더라도 회사의 자금을 임의로 처분한 행위는

횡령죄를 구성한다. 피고인이 그 돈을 개인적인 용도에 사용하였다는 점에 대한 신빙성 있는 자료가 많은 경우에는 피고인이 그 돈을 불법영득의 의사로써 횡령한 것이라고 추단할 수 있다.

② (○) 대법원 2005. 4. 28. 선고 2004도4428 판결 [특정범죄가중처벌등에관한법률위반(영리약취·유인등)·윤락행위등방지법위반]

[판결요지] 다른 피고인에 대한 형사사건의 공판조서는 형사소송법 제315조 제3호에 정한 서류로서 당연히 증거능력이 있다(대법원 1964. 4. 28. 선고 64도135 판결, 1966. 7. 12. 선고 66도617 판결 등 참조). 공판조서 중 일부인 증인신문조서 역시 형사소송법 제315조 제3호에 정한 서류로서 당연히 증거능력이 있다고 보아야 할 것이다.

☞ [출제] 2014년 제3회 변호사시험 기출문제 30

③ (×) 대법원 2001. 10. 9. 선고 2001도3106 판결 [간통]

[판시사항] 수사기관이 아닌 사인이 비밀녹음한 녹음테이프에 대한 검증조서의 증거능력

[판결요지] 녹음테이프에 대하여 실시한 검증의 내용은 녹음테이프에 녹음된 대화의 내용이 검증조서에 첨부된 녹취서에 기재된 내용과 같다는 것에 불과하여 증거자료가 되는 것은 여전히 녹음테이프에 녹음된 대화의 내용이라 할 것이다. 그 중 피고인의 진술내용은 실질적으로 형사소송법 제311조, 제312조 규정 이외에 피고인의 진술을 기재한 서류와 다를 바 없다. 그러므로 피고인이 그 녹음테이프를 증거로 할 수 있음에 동의하지 않은 이상 그 녹음테이프 검증조서의 기재 중 피고인의 진술내용을 증거로 사용하기 위해서는 형사소송법 제313조 제1항 단서에 따라 공판준비 또는 공판기일에서 그 작성자인 고소인의 진술에 의하여 녹음테이프에 녹음된 피고인의 진술내용이 피고인이 진술한 대로 녹음된 것이라는 점이 증명되고 그 진술이 특히 신빙할 수 있는 상태하에서 행하여진 것으로 인정되어야 한다.

☞ [출제] 2019년 제8회 변호사시험 기출문제 12·2012년 제1회 변호사시험 기출문제 27

④ (×) 대법원 2012. 10. 11. 선고 2012도8544 판결 [마약류관리에관한법률위반(향정)]

[판결요지] 기피신청을 받은 법관이 형사소송법 제22조에 위반하여 본안의 소송절차를 정지하지 않은 채 그대로 소송을 진행하여서 한 소송행위는 그 효력이 없다. 이는 그 후 그 기피신청에 대한 기각결정이 확정되었다고 하더라도 마찬가지이다.

⑤ (×) 대법원 2011. 7. 14. 선고 2011도3809 판결 [특정범죄가중처벌등에관한법률위반(뇌물)]

[판시사항] 검찰관이 피고인을 뇌물수수 혐의로 기소한 후, 형사사법공조절차를 거치지 아니한 채 외국에 현지출장하여 그곳에서 뇌물공여자 갑을 상대로 참고인 진술조서를 작성한 사안에서, 진술조서가 위법수집증거에 해당하지 않는다고 한 사례.

[판결요지] 검찰관 작성의 뇌물공여자 갑에 대한 참고인 진술조서와 검찰주사보 작성의 수사보고에 첨부된 갑의 고발장은 이를 유죄의 증거로 삼을 수 없다. 검찰관이 제출한 나머지 증거만으로 유죄를 인정하기 부족한데도, 증거능력이 없거나 증명력이 약한 증거만으로 피고인에게 유죄를 인정한 원심판단에 군사재판에서 전문증거의 증거능력이나 증거서류에 대한 증거조사절차, 유죄의 입증정도에 관한 법리오해의 위법이 있다고 한 사례.

문 42. 형사소송법 제316조 전문진술 · 재전문진술 · 재전문진술기재서류의 증거능력에 관한 설명 중 옳은 것은? (다툼이 있는 경우 판례에 의함)

출제내용

- 피고인 아닌 자(제3자·전문진술자·조사자)의 진술이 '피고인 진술'을 내용으로 하는 경우(=형사소송법 제316조 제1항, 특신상태+)
- 피고인 아닌 자(제3자·전문진술자·조사자)의 진술이 '피고인 아닌 다른 사람 진술'을 내용으로 하는 경우(=형사소송법 제316조 제2항, 진술불능+, 특신상태+ 인 경우만 인정) ★★★★★ ☞ 그만큼 엄격함.
- 진술의 특신상태 증명(=신용성 정황적 보장, 구체적 외부적 정황)
- 조사자 증언(=원진술자 특신상태, 극히 제한적 범위에서 허용)
- 기타 사유로 원진술자의 진술이 불가능한 이유(=원진술자 1심 출석 진술, 항소심 불출석, 원진술자 진술불능에 해당하지 않음)
- 형사소송법 제316조 제2항 '그 진술 또는 작성이 특히 신빙할 수 있는 상태 하에서 행하여졌음'의 의미
- 재전문진술·재전문진술기재서류(=이중 전문, 동의하면 증거능력 있음, 부동의 시 증거능력 부정)

출제분석

2024년 제13회 변호사시험 출제예상 ★

2017년 제6회 변호사시험 기출문제 22

2014년 제3회 변호사시험 기출문제 30

01 ★★★★★

전문법칙에 관한 설명 중 옳은 것을 모두 고른 것은? (다툼이 있는 경우에는 판례에 의함)

중요 ① "甲이 乙을 살해하는 것을 목격했다."라는 丙의 말을 들은 丁이 丙의 진술내용을 증언하는 경우, 甲의 살인 사건에 대하여는 전문증거이지만, 丙의 명예훼손 사건에 대하여는 전문증거가 아니다.

해설 및 정답 2014년 제3회 변호사시험 기출문제 30 ★ **정답** ○

대법원 2008. 11. 13. 선고 2008도8007 판결 [특정범죄가중처벌등에관한법률위반(알선수재) · 사기 · 사문서위조 · 위조사문서행사]

[판결요지] 타인의 진술을 내용으로 하는 진술이 전문증거인지 여부는 요증사실과의 관계에서 정하여진다. 원진술의 내용인 사실이 요증사실인 경우에는 전문증거이다. 원진술의 존재 자체가 요증사실인 경우에는 본래증거이지 전문증거가 아니다(대법원 2008. 9. 25. 선고 2008도5347 판결 참조).

중요 ② 사인(私人)이 피고인 아닌 자의 진술을 녹음한 녹음테이프에 대하여 법원이 실시한 검증의 내용이, 녹음테이프에 녹음된 대화내용이 검증조서에 첨부된 녹취서에 기재된 내용과 같다는 것에 불과한 경우, 그 검증조서는 형사소송법 ~~제311조의 '법원의 검증의 결과를 기재한 조서'에 해당하여 그 조서 중 위 진술내용은 위 제311조에 의하여 증거능력이 인정된다.~~ 제313조 제1항에 근거하여 판단한다.

해설 및 정답 2014년 제3회 변호사시험 기출문제 30 ★ **정답** ×

대법원 2008. 7. 10. 선고 2007도10755 판결 [사기]

[판결요지] 피고인이 그 녹음테이프를 증거로 할 수 있음에 동의하지 않은 이상 그 녹음테이프 검증조서의 기재 중 피고인 아닌 자의 진술내용을 증거로 사용하기 위해서는 형사소송법 제313조 제1항에 따라 공판준비나 공판기일에서 원진술자의 진술에 의하여 그 녹음테이프에 녹음된 진술내용이 자신이 진술한 대로 녹음된 것이라는 점이 인정되어야 하는 것이다(대법원 1996. 10. 15. 선고 96도1669 판결, 대법원 1997. 3. 28. 선고 96도2417 판결 등 참조). 그러나 이와는 달리 **녹음테이프에 대한 검증의 내용이 그 진술 당시 진술자의 상태 등을 확인하기 위한 것인 경우**에는, **녹음테이프에 대한 검증조서의 기재 중 진술내용을 증거로 사용하는 경우에 관한 위 법리는 적용되지 않는다.** 따라서 위 **검증조서는 법원의 검증의 결과를 기재한 조서로서 형사소송법 제311조에 의하여 당연히 증거로 할 수 있다.**

☞ [출제] 2018년 제7회 변호사시험 기출문제 28

③ 증거보전절차에서 이루어진 甲에 대한 증인신문조서 중 당시 피의자였던 피고인 乙이 당사자로 참여하여 자신의 범행사실을 시인하는 전제하에 甲에게 반대신문을 하는 과정에서 乙이 행한 진술기재 부분은, 형사소송법 제184조에 의한 증인신문조서에 ~~해당하므로~~ 하지 않는다. 형사소송법 제311조에 의하여 증거능력이 ~~인정된다.~~ 되지 않는다.

해설 및 정답 2014년 제3회 변호사시험 기출문제 30 **정답** ×

대법원 1984. 5. 15. 선고 84도508 판결 [살인]

[판시사항] 증거보전 절차에서 작성된 증인신문조서 중 증인에 대한 반대신문과정에서 피의자가 진술한 내용을 기재한 부분의 증거능력

[판결요지] 증인신문조서가 증거보전절차에서 피고인이 증인으로서 증언한 내용을 기재한 것이 아니라 증인(갑)의 증언내용을 기재한 것이다. 다만 피의자였던 피고인이 당사자로 참여하여 자신의 범행사실을 시인하는 전제하에 위 **증인에게 반대신문한 내용이 기재되어 있을 뿐이라면, 위 조서는 공판준비 또는 공판기일에 피고인 등의 진술을 기재한 조서도 아니다. 반대신문과정에서 피의자가 한 진술에 관한 한 형사소송법 제184조에 의한 증인신문조서도 아니다.** 그러므로 **위 조서 중 피의자의 진술기재부분에 대하여는 형사소송법 제311조에 의한 증거능력을 인정할 수 없다.**

중요 ④ 공범자가 당해 피고인과 별개의 공판절차에서 피고인으로서 공동범행에 관하여 한 진술이 기재된 공판조서가 당해 피고인의 공판에서 증거로 제출된 경우 이는 형사소송법 제311조에서 규정한 '법원 또는 법관의 조서'에 해당되지는 않지만, 특히 신용할 만한 정황에 의하여 작성된 문서이므로 그 증거능력이 인정된다.

해설 및 정답 2014년 제3회 변호사시험 기출문제 30 ★ **정답** ○

대법원 2005. 4. 28. 선고 2004도4428 판결 [특정범죄가중처벌등에관한법률위반(영리약취·유인등)·윤락행위등방지법위반]

[판시사항] [1] 증거동의의 의사표시를 취소 또는 철회할 수 있는 시한(=증거조사 완료 시) 및 변호인의 증거동의에 대하여 피고인이 즉시 이의하지 아니한 경우, 증거능력 유무(한정 적극) [2] **다른 피고인에 대한 형사사건의 공판조서 중 일부인 증인신문조서의 증거능력 유무(적극)**

[판결요지] [1] 형사소송법 제318조에 규정된 증거동의의 의사표시는 증거조사가 완료되기 전까지 취소 또는 철회할 수 있다. **일단 증거조사가 종료된 후에 증거동의의 의사표시를 취소 또는 철회하더라도 취소 또는 철회 이전에 이미 취득한 증거능력이 상실되지 않는다. 변호인의 동의에 대하여 피고인이 즉시 이의하지 아니하는 경우에는 변호인의 동의로 증거능력이 인정되어 증거조사 완료 전까지 그 동의가 취소 또는 철회하지 아니한 이상 일단 부여된 증거능력은 그대로 존속한다**(대법원 1988. 11. 8. 선고 88도1628 판결, 대법원 1999. 8. 20. 선고 99도2029 판결 등 참조).

[2] **다른 피고인에 대한 형사사건의 공판조서는 형사소송법 제315조 제3호에 정한 서류로서 당연히 증거능력이 있다(대법원 1964. 4. 28. 선고 64도135 판결, 대법원 1966. 7. 12. 선고 66도617 판결 등 참조). 공판조서 중 일부인 증인신문조서 역시 형사소송법 제315조 제3호에 정한 서류로서 당연히 증거능력이 있다고 보아야 할 것이다.**

☞ [출제] 2016년 제5회 변호사시험 기출문제 38

중요 ⑤ 감정인이 법원의 명에 의하여 감정을 하고 그 감정결과를 기재한 감정서는 ~~직무상 증명할 수 있는 사항에 관하여 작성한 문서이므로 피고인이 증거로 함에 부동의하더라도 당연히 증거능력이 있다.~~ 형사소송법 제313조 제2항 제3호에 근거하여 증거능력이 있다.

해설 및 정답 2014년 제3회 변호사시험 기출문제 30 ★ **정답** ×

감정서가 법원 또는 법관의 감정명령에 의하는 경우 선서와 공정성이 담보된다. 이 점에서 진술서에 준하여 증거능력이 인정된다. 감정서는 형사소송법 제313조 제2항 제3호에 근거하여 증거능력이 인정된다.

중요 **02** ★★★★★

甲은 A의 집에 들어가 금품을 절취하려다 A에게 발각되자 A를 강간한 후에 도주하였다. 甲은 양심에 가책을 느꼈지만 처벌이 두려워 자수하지 못하고 친구인 乙에게 자신의 범행을 이야기 하였는데, 乙은 다시 이 사실을 여자친구 丙에게 이야기하였다. 재전문진술(재전문기재서류) 증거능력은 반드시 동의 필요함 이에 관한 설명 중 옳지 않은 것을 모두 고른 것은? (다툼이 있는 경우 판례에 의함)

① 甲이 자필로 작성한 범행을 인정하는 내용의 메모지가 甲의 집에서 발견되어 증거로 제출된 경우, 甲이 공판기일에서 그 성립의 진정을 부인하면 필적감정에 의하여 성립의 진정함이 증명되더라도 증거로 사용할 수 ~~없다.~~ 있다. 형사소송법 제313조 제2항 객관적 방법으로 성립 진정

해설 및 정답 2017년 제6회 변호사시험 기출문제 22 정답 ×

진술서의 성립진정 증명방법이다. 진술서 작성자의 법정에서 성립진정 진술과 작성자의 성립진정 부인시 객관적 방법에 의한 증명이 필요하다. ☞ 형사소송법 제313조(검찰수사과정 · 사법경찰관수사과정 이외의 장소에서 작성된 피의자 진술서 · 제3자 진술서 · 피의자 진술기재서류 · 제3자 진술기재서류)

중요 ② 乙이 甲과의 대화를 녹음한 녹음테이프의 원본이 증거로 제출된 경우, 공판기일에서 甲이 녹음내용을 부인하여도 乙의 진술에 의하여 녹음테이프에 녹음된 甲의 진술내용이 甲이 진술한 대로 녹음된 것이 증명되고 그 진술이 특히 신빙할 수 있는 상태하에서 행하여진 것이 인정되는 때에는 증거로 사용할 수 있다. 형사소송법 제313조 제1항

해설 및 정답 2017년 제6회 변호사시험 기출문제 22 정답 ○

사안은 사인(私人)이 녹음한 녹음테이프의 진술부분 증거능력이다. 대화당사자 중 1인이 녹음한 경우 통신비밀보호법 위반이 아니다. 피고인이 녹음테이프 증거능력에 동의하지 않는 경우, 원본 복사 사본 증명과 녹음자 진술에 의한 진정성립 증명과 특신상태가 인정되어야 증거능력이 있다.

대법원 2001. 10. 9. 선고 2001도3106 판결 [간통]

☞ [출제] 2019년 제8회 변호사시험 기출문제 12 · 2016년 제5회 변호사시험 기출문제 38

③ 丙이 乙로부터 들은 甲의 진술내용을 사법경찰관에게 진술하였고 그러한 진술이 기재된 진술조서가 증거로 제출된 경우, ~~해당 진술조서 중 甲의 진술기재 부분은 「형사소송법」 제316조 제1항 및 제312조 제4항의 규정에 따른 요건을~~

~~갖춘 때에 한하여 증거로 사용할 수 있다.~~ 재전문진술 · 재전문진술기재서류는 동의가 없는 한 증거능력이 없다.

해설 및 정답 2017년 제6회 변호사시험 기출문제 22 **정답** ×

대법원 2004. 3. 11. 선고 2003도171 판결 [사기]

재전문진술과 재전문기재서류는 동의가 있어야 증거능력이 있다. 재전문진술과 재전문기재서류에 대해서는 형사소송법에 명문 규정이 없다.

[판시사항] [2] **피고인이 증거로 하는 데 동의하지 아니한 재전문진술이나 재전문진술을 기재한 조서의 증거능력 유무(소극)** [3] 재전문진술을 기재한 조서에 대하여 피고인이 이를 증거로 함에 동의하여 증거능력이 있다고 한 사례.

[판결요지] [2] 형사소송법은 전문진술에 대하여 제316조에서 실질상 단순한 전문의 형태를 취하는 경우에 한하여 예외적으로 그 증거능력을 인정하는 규정을 두고 있을 뿐이다. **재전문진술이나 재전문진술을 기재한 조서에 대하여는 달리 그 증거능력을 인정하는 규정을 두고 있지 아니하고 있다. 그러므로 피고인이 증거로 하는 데 동의하지 아니하는 한 형사소송법 제310조의2의 규정에 의하여 이를 증거로 할 수 없다.**

[3] **재전문진술을 기재한 조서에 대하여 피고인이 이를 증거로 함에 동의하여 증거능력이 있다**고 한 사례.

④ 피해자 A는 피해내용을 아버지 B에게 문자메시지로 보냈고 B가 그 문자메시지를 촬영한 사진이 증거로 제출된 경우, A와 B가 법정에 출석하여 A는 사진 속 문자메시지의 내용이 자신이 작성해 보낸 것과 동일함을 확인하고, B는 A가 보낸 문자메시지를 촬영한 사진이 맞다고 확인한 때에는 증거로 사용할 수 있다.

해설 및 정답 2017년 제6회 변호사시험 기출문제 22 **정답** ○

대법원 2010. 11. 25. 선고 2010도8735 판결 [강도상해(인정된죄명:공갈 · 상해) · 상해 · 컴퓨터등사용사기 · 절도 · 감금]

피해자가 작성하여 전송한 피해 내용이 담긴 문자메세지 성질은 진술서이다. 형사소송법 제313조가 적용된다. 문자메세지를 촬영한 사진의 증거능력은 사진을 촬영한 사람이 법정에 나와 본인이 촬영한 사진임을 확인하고, 피해자가 나와 본인이 작성하여 전송한 것임을 확인하여야 인정된다.

[판시사항] [2] 피해자가 피고인으로부터 당한 공갈 등 피해 내용을 담아 남동생에게 보낸 문자메시지를 촬영한 사진은 형사소송법 제313조에 규정된 '피해자의 진술서'에 준하는 것인데, 제반 사정에 비추어 그 진정성립이 인정되어 증거로 할 수 있다고 한 사례.

[판결요지] 진술서에 관한 형사소송법 제313조에 따라 이 사건 문자메시지의 작성자인 피해자 공소외 1이 제1심 법정에 출석하여 자신이 이 사건 문자메시지를 작성하여 동생에게 보낸 것과 같음을 확인하고, 동생인 공소외 3도 제1심 법정에 출석하여 피해자 공소외 1이 보낸 이 사건 문자메시지를 촬영한 사진이 맞다고 확인한 이상, 이 사건 문자메시지를 촬영한 사진은 그 성립의 진정함이 증명되었다고 볼 수 있으므로 이를 증거로 할 수 있다.

문 43. 형사소송법 제318조 당사자 동의와 증거능력에 관한 설명 중 옳은 것은?
(다툼이 있는 경우 판례에 의함)

출제내용

- 임의제출과 증거능력(=형사소송법 제218조 소유자·소지자·보관자 아닌 사람이 임의제출한 물건은 영장주의위반으로 증거능력 없음)
- 피고인 증거동의에 하자를 주장하는 경우(=변호인 재정+이의+취소 종합 고려 후 판단)
- 피고인이 공판기일에 증거 부동의(=변호인이 동의하더라도 효력 부정)
- 경찰 검증조서 중 일부분만 증거동의한 경우(=동의부분만 증거로 채용)
- 구속수감 중인 사람에게 전화를 제공하고 녹음한 경우(=불법감청에 해당, 녹취록 첨부한 수사보고서에 동의하더라도 증거능력 부정)
- 증거동의 주체(=검사·피고인, 변호인은 피고인 명시적 의사에 반하지 않는 한 동의 가능)
- 증거동의 취소·철회(=증거조사가 완료되지 전까지 가능) ★★★★★
- 긴급체포 후 사후영장 발급받지 않은 경우(=영장주의 위배 증거능력 부정, 증거동의가 있어도 증거능력 부정) ★★★★★
- 정식재판 청구인 2회 불출석(=형사소송법 제318조 제2항 증거동의로 간주)
- 검사·피고인이 증거동의한 서류·물건(=법원이 진정한 것으로 인정한 경우 증거능력 인정)
- 피고인 출정 없이 증거조사를 할 수 있는 경우(=증거능력 동의 간주, 다만 변호인이 출정한 때에는 그러하지 아니함)
- 간이공판절차(=증거동의 간주, 다만 피고인·변호인이 이의를 한 경우 증거동의 간주 부정) ★★★★★

출제분석

2024년 제13회 변호사시험 출제예상 ★
2023년 제12회 변호사시험 기출문제 28
2020년 제9회 변호사시험 기출문제 19
2018년 제7회 변호사시험 기출문제 32
2017년 제6회 변호사시험 기출문제 35·37
2012년 제1회 변호사시험 기출문제 26

가. 증거동의에 관한 설명 중 옳은 것이다(○).

중요 ① 증거동의는 검사가 제시한 모든 증거에 대하여 피고인이 증거로 함에 동의한다는 방식으로 하여도 효력이 있다.

해설 및 정답 2020년 제9회 변호사시험 기출문제 19 **정답** ○

대법원 1983. 3. 8. 선고 82도2873 판결 [특정범죄가중처벌등에 관한 법률 위반 · 사기 · 업무상배임 · 외국환관리법위반 · 배임중재 · 부정수표단속법위반 · 배임수재 · 업무상횡령 · 증권거래법위반 · 뇌물수수 · 뇌물공여]

[판시사항] [1] **형사소송법 제318조 제1항 소정의 증거동의의 뜻. [2] 형사소송법 제318조 제1항 소정의 증거동의의 방법**

[판결요지] [1] **형사소송법 제318조 제1항은 전문증거금지의 원칙에 대한 예외로서 반대신문권을 포기하겠다는 피고인의 의사표시에 의하여 서류 또는 물건의 증거능력을 부여하려는 규정이다. 그러므로 피고인의 의사표시가 위와 같은 내용을 적극적으로 표시하는 것이라고 인정되는 경우이면 증거동의로서의 효력이 있다.**

[2] **개개의 증거에 대하여 개별적인 증거조사방식을 거치지 아니하고 검사가 제시한 모든 증거에 대하여 피고인이 증거로 함에 동의한다는 방식으로 이루어진 것이라 하여도 증거동의로서의 효력을 부정할 이유가 되지 못한다.**

중요 ② 간이공판절차에서는 검사, 피고인 또는 변호인이 증거로 함에 이의가 없는 한 전문증거에 대하여 동의가 있는 것으로 간주한다.

해설 및 정답 2020년 제9회 변호사시험 기출문제 19 **정답** ○

형사소송법 제318조3(간이공판절차에서 증거능력에 관한 특례)

> 형사소송법 제318조3(간이공판절차에서 증거능력에 관한 특례)
> **법원은 제286조2 간이공판절차결정을 한 사건 증거인 경우** 제310조2 · 제312조 · 제313조 · 제314조 · 제316조에 **근거한 증거에 대해서** 제318조 제1항 **당사자 동의가 있는 것으로 본다. 다만** 검사 · 피고인 · 변호인이 증거동의에 이의를 제기한 경우, 동의가 있는 것으로 보지 않는다.

중요 ③ 제1심 공판절차에서 피고인이 공시송달의 방법에 의한 공판기일 소환을 2회 이상 받고도 출석하지 아니하여 「소송촉진 등에 관한 특례법」 제23조 본문에 따라 피고인의 출정 없이 증거조사를 하는 때에는, 「형사소송법」 제318조 제2항에 따른 증거동의가 간주된다.

해설 및 정답 2020년 제9회 변호사시험 기출문제 19 **정답** ○

대법원 2011. 3. 10. 선고 2010도15977 판결

[판시사항] [1] **피고인이 공시송달의 방법에 의한 공판기일 소환을 2회 이상 받고도 출석하지 않아 법원이 피고인의 출정 없이 증거조사를 하는 경우, 형사소송법 제318조 제2**

항에 따라 피고인의 증거동의가 간주되는지 여부(적극)
[2] **피고인이 제1심에서 공시송달의 방법에 의한 공판기일 소환을 2회 이상 받고도 출석하지 않아 형사소송법 제318조 제2항에 따라 증거동의가 간주된 후 증거조사를 완료하였다. 그러나 피고인이 항소심에 출석하여 간주된 증거동의를 철회 또는 취소한다는 의사표시를 한 경우, 그 증거의 증거능력이 상실되는지 여부(소극).**

중요 ④ 필요적 변호사건에서 피고인과 변호인이 재판거부의 의사를 표시하고 재판장의 허가 없이 퇴정한 경우, 「형사소송법」 제318조 제2항에 따라 증거동의가 간주된다.

해설 및 정답 2020년 제9회 변호사시험 기출문제 19 **정답** ○

대법원 1991. 6. 28. 선고 91도865 판결 [현존건조물방화미수, 특수공무집행방해치상, 화염병사용등의 처벌에 관한 법률 위반, 폭력행위등 처벌에 관한 법률 위반, 집회 및 시위에 관한 법률 위반, 총포·도검·화약류 등 단속법 위반]

[판시사항] [1] **필요적 변호사건에서 피고인이 재판거부의 의사표시 후 재판장의 허가 없이 퇴정하고 변호인마저 이에 동조하여 퇴정해 버린 경우, 수소법원으로서는 피고인이나 변호인의 재정 없이도 심리판결 할 수 있는지 여부(적극)** [2] 위 "**가**"**항과 같이 피고인과 변호인의 불출석하에 증거조사를 할 경우의 당사자의 증거동의 간주 여부(적극)**

[판결요지] [1] **필요적 변호사건이라 하여도 피고인이 재판거부의 의사를 표시하고 재판장의 허가 없이 퇴정하고 변호인마저 이에 동조하여 퇴정해 버린 것은 모두 피고인측의 방어권의 남용 내지 변호권의 포기로 볼 수밖에 없는 것이다. 그러므로 수소법원으로서는 형사소송법 제330조에 의하여 피고인이나 변호인의 재정 없이도 심리판결할 수 있다.**
[2] 위 "**가**"**항과 같이 피고인과 변호인들이 출석하지 않은 상태에서 증거조사를 할 수밖에 없는 경우에는 형사소송법 제318조 제2항의 규정상 피고인의 진의와는 관계없이 형사소송법 제318조 제1항의 동의가 있는 것으로 간주하게 되어 있다.**

중요 ⑤ 사법경찰관이 소유자, 소지자 또는 보관자가 아닌 자로부터 임의로 제출받은 물건을 영장없이 압수한 경우, 그 '압수물' 및 '압수물을 찍은 사진'은 피고인이나 변호인이 증거로 함에 동의하였다 하더라도 이를 유죄의 증거로 사용할 수 없다.

해설 및 정답 2018년 제7회 변호사시험 기출문제 32 ★ **정답** ○

대법원 2010. 1. 28. 선고 2009도10092 판결 [폭력행위 등 처벌에 관한 법률 위반(집단·흉기 등 상해)·폭력행위 등 처벌에 관한 법률 위반(집단·흉기 등 재물손괴 등)]

[판시사항] **형사소송법 제218조를 위반하여 소유자, 소지자 또는 보관자가 아닌 자로부터 제출받은 물건을 영장없이 압수한 경우, 그 '압수물' 및 '압수물을 찍은 사진'의 증거능력 유무(소극)**

[판결요지] 형사소송법 제218조는 "사법경찰관은 소유자, 소지자 또는 보관자가 임의로 제출한 물건을 영장 없이 압수할 수 있다"고 규정하고 있다. 그러나 **위 규정을 위반하여 소유자, 소지자 또는 보관자가 아닌 자로부터 제출받은 물건을 영장없이 압수한 경우 그 '압수물' 및 '압수물을 찍은 사진'은 이를 유죄 인정의 증거로 사용할 수 없는 것이다. 헌법과 형사소송법이 선언한 영장주의의 중요성에 비추어 볼 때 피고인이나 변호인이 이를 증거로 함에 동의하였다고 하더라도 달리 볼 것은 아니다.**

⑥ 피고인이 증거동의의 법적 효과에 대하여 잘 모르고 동의한 것이었다고 주장하나 그렇게 볼 만한 자료가 없고 변호인이 공판정에 재정하고 있으면서 피고인이 하는 동의에 대하여 아무런 이의나 취소를 한 사실이 없다면 그 동의에 법률적 하자가 있다고는 할 수 없다.

해설 및 정답 2018년 제7회 변호사시험 기출문제 32 **정답** ○

대법원 1983. 6. 28. 선고 83도1019 판결 [폭력행위 등 처벌에 관한 법률 위반]

[판시사항] 변호인 재정시에 피고인이 한 증거동의에 하자가 있다는 주장의 당부

[판결요지] 피고인이 사법경찰관작성의 피해자진술조서를 증거로 동의함에 있어서 그 동의가 법률적으로 어떠한 효과가 있는지를 모르고 한 것이었다고 주장한다. 그렇더라도 변호인이 그 동의시 공판정에 재정하고 있으면서 피고인이 하는 동의에 대하여 아무런 이의나 취소를 한 사실이 없다면 그 동의에 무슨 하자가 있다고 할 수 없다.

⑦ 피고인이 출석한 공판기일에서 증거로 함에 부동의한다는 의견을 진술하였다. 그 후 피고인이 출석하지 아니한 공판기일에 변호인만이 출석하여 종전 의견을 번복하여 증거로 함에 동의하였다면 이는 특별한 사정이 없는 한 증거동의의 효력이 없다.

해설 및 정답 2018년 제7회 변호사시험 기출문제 32 **정답** ○

대법원 2013. 3. 28. 선고 2013도3 판결 [사문서위조 · 위조사문서행사(인정된죄명: 사문서변조 · 변조사문서행사)]

[판시사항] 피고인이 출석한 공판기일에서 증거로 하는 데 부동의한다는 의견이 진술된 후 피고인이 출석하지 아니한 공판기일에 변호인만이 출석하여 증거로 하는 데 동의한 경우, 증거동의의 효력 유무(원칙적 소극)

[판결요지] 형사소송법 제318조에 규정된 증거동의의 주체는 소송 주체인 검사와 피고인이다. 변호인은 피고인을 대리하여 증거동의에 관한 의견을 낼 수 있을 뿐이다. 그러므로 **피고인의 명시한 의사에 반하여 증거로 함에 동의할 수는 없다. 따라서 피고인이 출석한 공판기일에서 증거로 함에 부동의한다는 의견이 진술된 경우에는 그 후 피고인이 출석하지 아니한 공판기일에 변호인만이 출석하여 종전 의견을 번복하여 증거로 함에 동의하였다 하더라도 이는 특별한 사정이 없는 한 효력이 없다고 보아야 한다.**

중요 ⑧ 수사기관이 A로부터 피고인의 폭력행위등처벌에관한법률위반(단체등의구성·활동)범행에 대한 진술을 듣고 추가적인 정보를 확보할 목적으로, 구속수감되어 있던 A에게 그의 압수된 휴대전화를 제공하여 피고인과 통화하게 하고 위 범행에 관한 통화내용을 녹음하게 한 경우, 그 녹음 자체는 물론 이를 근거로 작성된 녹취록 첨부 수사보고는 설령 피고인의 증거동의가 있는 경우에도 이를 유죄의 증거로 사용할 수 없다.

해설 및 정답 2018년 제7회 변호사시험 기출문제 32 ★ **정답** ○

대법원 2010. 10. 14. 선고 2010도9016 판결 [마약류관리에 관한 법률 위반(향정)]

[판시사항] 제3자가 전화통화자 중 일방만의 동의를 얻어 통화 내용을 녹음하는 행위가 통신비밀보호법상 '전기통신의 감청'에 해당하는지 여부(적극) 및 불법감청에 의하여 녹음된 전화통화 내용의 증거능력 유무(소극)

[판결요지] [1] 제3자가 전화통화자 중 일방만의 동의를 얻어 통화 내용을 녹음하는 행위가 통신비밀보호법상 '전기통신의 감청'에 해당한다. 불법감청에 의하여 녹음된 전화통화 내용의 증거능력이 없다.

[2] **수사기관이 갑으로부터 피고인의 마약류관리에 관한 법률 위반(향정) 범행에 대한 진술을 듣고 추가적인 증거를 확보할 목적으로, 구속수감되어 있던 갑에게 그의 압수된 휴대전화를 제공하여 피고인과 통화하고 위 범행에 관한 통화 내용을 녹음하게 한 행위는 불법감청에 해당한다. 그러므로 그 녹음 자체는 물론 이를 근거로 작성된 녹취록 첨부 수사보고는 피고인의 증거동의에 상관없이 그 증거능력이 없다.**

☞ [출제] 2017년 제6회 변호사시험 기출문제 38

중요 ⑨ 약식명령에 불복하여 정식재판을 청구한 피고인이 정식재판절차에서 2회 불출정하여 법원이 피고인의 출정 없이 증거조사를 하는 경우에 증거동의가 간주된다.

해설 및 정답 2012년 제1회 변호사시험 기출문제 26 ★ **정답** ○

대법원 2010. 7. 15. 선고 2007도5776 판결 [재물손괴]

[판결요지] [1] **약식명령에 불복하여 정식재판을 청구한 피고인이 정식재판절차에서 2회 불출정하여 법원이 피고인의 출정 없이 증거조사를 하는 경우에 위 법 제318조 제2항에 따른 피고인의 증거동의가 간주된다.**

형사소송법 제365조는 피고인출정을 규정하고 있다. 주요내용을 보면, ① 항소법원은 피고인이 공판기일에 법정에 출석하지 않은 경우 다시 기일을 정한다. [개정 61·9·1] **② 항소법원은 피고인이 정당한 사유 없이 다시 정한 기일에 법정에 출석하지 않은 경우 피고인 진술 없이 판결을 할 수 있다.**

형사소송법 제458조는 준용규정을 규정하고 있다. 주요내용을 보면, ① 정식재판청구·

정식재판취하는 제340조 · 제341조 · 제342조 · 제345조 · 제346조 · 제347조 · 제348조 · 제349조 · 제350조 · 제351조 · 제352조 · 제354조를 준용한다. ② **제365조는 정식재판을 청구한 피고인이 정식재판절차의 공판기일에서 출석하지 않은 경우 준용한다.** [신설 95 · 12 · 29]

⑩ 제1심에서 증거동의 간주 후 증거조사를 완료한 이상, 항소심에 출석하여 그 증거동의를 철회 또는 취소한다는 의사표시를 하더라도 그 증거능력이 상실되지 않는다.

해설 및 정답 2012년 제1회 변호사시험 기출문제 26 **정답** ○

대법원 2010. 7. 15. 선고 2007도5776 판결 [재물손괴]

중요 ⑪ 긴급체포를 할 당시 물건을 압수하였는데 그 후 압수수색영장을 발부받지 않았음에도 즉시 반환하지 않은 경우 피고인이나 변호인이 이를 증거로 함에 동의하더라도 증거능력은 인정되지 않는다.

해설 및 정답 2012년 제1회 변호사시험 기출문제 26 ★ **정답** ○

대법원 2009. 12. 24. 선고 2009도11401 판결 [사기 · 사기미수 · 여신전문금융업법위반]

[판결요지] 형사소송법 제217조 제2항, 제3항에 위반하여 압수수색영장을 청구하여 이를 발부받지 아니하고도 즉시 반환하지 아니한 압수물은 이를 유죄 인정의 증거로 사용할 수 없는 것이다. 헌법과 형사소송법이 선언한 영장주의의 중요성에 비추어 볼 때 피고인이나 변호인이 이를 증거로 함에 동의하였다고 하더라도 달리 볼 것은 아니다.

⑫ 검사와 피고인이 증거로 할 수 있음에 동의한 서류라고 하더라도 법원이 진정한 것으로 인정한 때에 증거로 할 수 있다.

해설 및 정답 2012년 제1회 변호사시험 기출문제 26 **정답** ○

형사소송법 제318조는 당사자 동의와 증거능력을 규정하고 있다. 주요내용을 보면, ① 법원은 다음 각 호 사유가 모두 충족되는 경우 증거로 사용할 수 있다. 1. **검사 · 피고인이 서류 · 물건 · 진술을 증거로 사용하기로 동의한 경우,** 2. **법원이 제1호 서류 · 물건에 대해 진정성을 인정할 수 있을 경우.**

⑬ 피고인의 출정없이 증거조사를 할 수 있는 경우에 피고인이 출정하지 아니한 때에는 증거동의가 있는 것으로 간주하지만, 변호인이 출정한 때에는 그러하지 아니하다.

해설 및 정답 2016년 제5회 변호사시험 기출문제 37 **정답** ○

형사소송법 제318조는 당사자 동의와 증거능력을 규정하고 있다. 주요내용을 보면, ② **법원은 피고인 법정 출석 없이 증거조사를 실시할 수 있는 경우 피고인이 출석하지 않으면 제1항 증거에 동의한 것으로 본다. 다만 대리인·변호인이 법정에 출석한 경우 제1항 증거에 동의한 것으로 볼 수 없다.**

⑭ 간이공판절차의 결정이 있는 사건의 증거에 관하여는 당사자의 동의에 관한 「형사소송법」 제318조 제1항의 동의가 있는 것으로 간주되지만, 검사, 피고인 또는 변호인이 증거로 함에 이의가 있는 때에는 그러하지 아니하다.

해설 및 정답 2016년 제5회 변호사시험 기출문제 37 **정답** ○

형사소송법 제318조3은 간이공판절차에서 증거능력에 관한 특례를 규정하고 있다. 주요내용을 보면, **법원은 제286조2 간이공판절차결정을 한 사건 증거인 경우 제310조2·제312조·제313조·제314조·제316조에 근거한 증거에 대해서 제318조 제1항 당사자 동의가 있는 것으로 본다. 다만 검사·피고인·변호인이 증거동의에 이의를 제기한 경우, 동의가 있는 것으로 보지 않는다.**

형사소송법 제286조2는 간이공판절차결정을 규정하고 있다. 주요내용을 보면, **피고인이 공소사실을 공판정에서 자백한 경우, 법원은 공소사실을 간이공판절차로 심판할 것을 결정할 수 있다.** [개정 95·12·29] [본조신설 73·1·25]

나. 증거동의에 관한 설명 중 옳지 않은 것이다(×).

중요 ① 변호인은 피고인의 명시한 의사에 반하여 증거로 함에 동의할 수 있다.

해설 및 정답 2020년 제9회 변호사시험 기출문제 19 **정답** ×

대법원 1988. 11. 8. 선고 88도1628 판결 [강간치상·상해치사]

[판시사항] [1] 증거동의의 취소 또는 철회와 그 시간적 한계 [2] **증거동의의 주체**

[판결요지] [1] 형사소송법 제318조에 규정된 증거동의의 의사표시는 증거조사가 완료되기 전까지 취소 또는 철회할 수 있다. 그러나 **일단 증거조사가 완료된 뒤에는 취소 또는 철회가 인정되지 않는다. 그러므로 취소 또는 철회 이전에 이미 취득한 증거능력은 상실되지 않는다.**

[2] **변호인은 피고인의 명시한 의사에 반하지 아니하는 한 피고인을 대리하여 증거로 함에 동의할 수 있다. 그러므로 피고인이 증거로 함에 동의하지 아니한다고 명시적인 의사표시를 한 경우 이외에는 변호인은 서류나 물건에 대하여 증거로 함에 동의할 수 있다. 이 경우 변호인의 동의에 대하여 피고인이 즉시 이의하지 아니하는 경우에는 변호인의 동의로 증거능력이 인정된다.**

② 피고인이 제1심 법정에서 경찰의 검증조서 중 범행에 관한 현장진술 부분에 대

해서만 부동의하고 범행현장상황 부분에 대해서는 증거동의한 경우, 위 검증조서 중 동의한 범행현장상황 부분만을 증거로 채용할 수는 ~~없다.~~ 있다.

해설 및 정답 2018년 제7회 변호사시험 기출문제 32 **정답** ×

대법원 1990. 7. 24. 선고 90도1303 판결 [강간치상 · 강제추행]

[판결요지] 피고인들이 제1심 법정에서 경찰의 검증조서 가운데 범행부분만 부동의하고 현장상황 부분에 대해서는 모두 증거로 함에 동의하였다면, 위 검증조서 중 범행상황 부분만을 증거로 채용한 제1심 판결에 잘못이 없다.

③ 증거동의의 주체는 검사와 피고인이므로, 변호인의 경우 피고인의 명시적인 위임이 없는 한 피고인을 대리하여 증거로 함에 동의할 수 ~~없다.~~ 있다.

해설 및 정답 2012년 제1회 변호사시험 기출문제 26 **정답** ×

대법원 1999. 8. 20. 선고 99도2029 판결 [폭력행위 등 처벌에 관한 법률 위반 · 강제추행]

[판시사항] 증거동의의 의사표시를 취소 또는 철회할 수 있는 시한(=증거조사 완료시). 변호인이 증거로 함에 동의한 것에 대하여 피고인이 즉시 이의하지 아니한 경우, 증거능력 유무(적극)

[판결요지] 제1심에서 한 증거동의를 제2심에서 취소할 수 없다. 일단 증거조사가 종료된 후에 증거동의의 의사표시를 취소 또는 철회하더라도 취소 또는 철회 이전에 이미 취득한 증거능력이 상실되지 않는다.

☞ [출제] 2017년 제6회 변호사시험 기출문제 35

다. 증거동의 종합문제

중요 **01** ★★★★★

입시학원 강사인 甲은 A사립대학에 재직 중인 입학처장 乙에게 요청하여 A대학의 신입생전형 논술시험문제를 전자우편으로 전송받았다. 甲은 공모에 따라 A대학에 진학하고자 하는 학생들에게 시험문제와 답안을 알려주었고, 학생들은 답안지를 그대로 작성하여 그 정을 모르는 시험감독관에게 제출하였다. 이에 관한 설명 중 옳지 않은 것은? (다툼이 있는 경우 판례에 의함)

① 甲은 위계로써 입시감독업무를 방해하였으므로 업무방해죄가 성립한다.

해설 및 정답 2017년 제6회 변호사시험 기출문제 35 **정답** ○

대법원 1991. 11. 12. 선고 91도2211 판결 [업무방해]

[판시사항] 대학원신입생전형시험문제를 사전에 알려 준 교수와 미리 답안쪽지를 작성하여 답안지를 작성한 수험생의 죄책(=위계에 의한 업무방해죄)

[판결요지] 교수인 피고인 갑이 출제교수들로부터 대학원신입생전형시험문제를 제출받아

피고인 을, 병에게 그 시험문제를 알려주자 그들이 답안쪽지를 작성한 다음 이를 답안지에 그대로 베껴 써서 그 정을 모르는 시험감독관에게 제출한 경우, 위계로써 입시감독업무를 방해한 것이므로 업무방해죄에 해당한다.

② 乙이 자신의 범행발각을 두려워하여 A대학의 입학관련 메인컴퓨터의 비밀번호를 변경하고 그 비밀번호를 입학담당관에게 알려주지 않은 경우, 乙에게는 컴퓨터등장애업무방해죄가 ~~성립한다.~~ 성립하지 않는다.

해설 및 정답 2017년 제6회 변호사시험 기출문제 35 **정답** ×

대법원 2004. 7. 9. 선고 2002도631 판결 [컴퓨터등장애업무방해]

[판시사항] 메인컴퓨터의 비밀번호를 후임자에게 알려주지 않은 시스템관리자의 행위가 컴퓨터등장애업무방해죄에 해당하는지 여부(소극)

[판결요지] **가해행위의 결과 정보처리장치가 그 사용목적에 부합하는 기능을 하지 못하거나 사용목적과 다른 기능을 하는 등 정보처리의 장애가 현실적으로 발생하였을 것을 요한다고 할 것이다. 단순히 메인 컴퓨터의 비밀번호를 알려주지 아니한 것만으로는 정보처리장치의 작동에 직접 영향을 주어 그 사용목적에 부합하는 기능을 하지 못하게 하거나 사용목적과 다른 기능을 하게 하였다고 볼 수 없어 형법 제314조 제2항에 의한 컴퓨터등장애업무방해죄로 의율할 수 없다 할 것이다.**

③ 검사가 乙의 전자우편을 압수·수색하는 과정에서 급속을 요하는 때에는 압수·수색영장을 집행하면서 참여권자에 대한 사전통지를 생략하였다고 하더라도 적법절차원칙에 위배되지 않는다.

해설 및 정답 2017년 제6회 변호사시험 기출문제 35 **정답** ○

형사소송법 **제122조는 압수·수색영장집행과 참여권자통지**를 규정하고 있다. 주요내용을 보면, 압수·수색영장을 집행하는 사람은 압수·수색영장을 집행할 때 미리 집행일시·집행장소를 검사·피의자·피고인·변호인에게 통지한다. 다만 **검사·피의자·피고인·변호인이 참여하지 않는다는 의사를 명시한 경우 또는 긴급한 경우 통지하지 않을 수 있다.**

④ 공소제기 후, 검사가 제출한 증거에 대한 피고인 甲의 동의 또는 진정성립 여부 등에 관한 의견이 증거목록에 기재되었다면 증거목록의 기재는 공판조서의 일부로서 명백한 오기가 아닌 이상 절대적인 증명력을 가지게 된다.

해설 및 정답 2017년 제6회 변호사시험 기출문제 35 **정답** ○

대법원 2008. 4. 24. 선고 2007도10058 판결 [성폭력범죄의 처벌 및 피해자보호 등에 관한 법률 위반(강간 등 치상·카메라 등 이용촬영)]

[판결요지] [1] 성폭력범죄의 처벌 및 피해자보호 등에 관한 법률 제9조 제1항에 의하면

같은 법 제6조 제1항에서 규정하는 특수강간의 죄를 범한 자뿐만 아니라, **특수강간이 미수에 그쳤다고 하더라도 그로 인하여 피해자가 상해를 입었으면 특수강간치상죄가 성립하는 것이다.** 같은 법 **제12조에서 규정한 위 제9조 제1항에 대한 미수범 처벌규정은 제9조 제1항에서 특수강간치상죄와 함께 규정된 특수강간상해죄의 미수에 그친 경우, 즉 특수강간의 죄를 범하거나 미수에 그친 자가 피해자에 대하여 상해의 고의를 가지고 피해자에게 상해를 입히려다가 미수에 그친 경우 등에 적용된다.**

[3] **공판조서의 기재가 명백한 오기나 착오에 의한 경우를 제외하고는 공판기일의 소송절차로서 공판조서에 기재된 것은 조서만으로써 증명하여야 한다. 그 증명력은 공판조서 이외의 자료에 의한 반증이 허용되지 않는 절대적인 것이다**(대법원 2005. 12. 22. 선고 2005도6557 판결, 대법원 2002. 7. 12. 선고 2002도2134 판결 등 참조).

중요 ⑤ 검사가 제출한 증거에 대해 甲이 증거동의 하였다면, 공판기일에서의 증거조사가 완료된 후 甲이 증거동의의 의사표시를 취소하더라도 이미 취득한 증거능력이 상실된다고 볼 수 없다.

해설 및 정답 2017년 제6회 변호사시험 기출문제 35 **정답** ○

대법원 1999. 8. 20. 선고 99도2029 판결 [폭력행위 등 처벌에 관한 법률 위반 · 강제추행]

[판시사항] [1] 형사소송법 제201조의2 제1항에 의한 체포된 피의자에 대한 심문 여부는 영장담당판사의 재량사항인지 여부(적극) [2] **증거동의의 의사표시를 취소 또는 철회할 수 있는 시한(=증거조사 완료시)** [3] 변호인이 증거로 함에 동의한 것에 대하여 피고인이 즉시 이의하지 아니한 경우, 증거능력 유무(적극)

[판결요지] [3] **변호인의 동의에 대하여 피고인이 즉시 이의하지 아니하는 경우에는 변호인의 동의로 증거능력이 인정되고 증거조사 완료 전까지 앞서의 동의가 취소 또는 철회하지 아니한 이상 일단 부여된 증거능력은 그대로 존속한다.**

☞ [출제] 2012년 제1회 변호사시험 기출문제 26

02 ★★★★★

증거에 관한 설명 중 옳지 않은 것은? (다툼이 있는 경우 판례에 의함)

중요 ① 사문서위조죄의 행위자에게 '행사할 목적'이 있었다는 점은 검사가 증명하여야 하나, 그 증명은 반드시 엄격한 증명에 의하여야 ~~하는 것은 아니다.~~ 한다.

해설 및 정답 2016년 제5회 변호사시험 기출문제 37 **정답** ×

증명(證明)이란 증거로서 사물을 밝혀 확실히 하는 것이다. 엄격한 증명은 증거능력 있는 증거로 법정의 증거조사를 하는 방식을 말한다. 형벌권 존부와 범위는 모두 엄격한 증명 대상이다. 공소사실로서 구성요건해당성 · 위법성 · 책임 · 처벌조건 · 법률상 형가중 · 형감

면은 엄격한 증명대상이다. 사문서위조죄 '행사할 목적'은 구성요건요소이다. 엄격한 증명대상이다.

② 수표를 발행한 후 예금부족 등으로 지급되지 아니하게 하였다는 부정수표단속법위반의 공소사실을 증명하기 위하여 제출되는 수표는 증거물인 서면에 해당하므로 전문법칙이 적용되지 않는다.

해설 및 정답 2016년 제5회 변호사시험 기출문제 37 **정답** ○

대법원 2015. 4. 23. 선고 2015도2275 판결 [공문서위조 · 위조공문서행사 · 부정수표단속법위반 · 사기] 〈수표 전문법칙 적용 여부 사건〉

[판시사항] 수표를 발행한 후 예금부족 등으로 지급되지 아니하게 하였다는 부정수표단속법위반 공소사실을 증명하기 위하여 제출되는 수표에 대하여 형사소송법 제310조의2의 전문법칙이 적용되는지 여부(소극)

[판결요지] **피고인이 수표를 발행하였으나 예금부족 또는 거래정지처분으로 지급되지 아니하게 하였다는 부정수표단속법위반의 공소사실을 증명하기 위하여 제출되는 수표는 그 서류의 존재 또는 상태 자체가 증거가 되는 것이어서 증거물인 서면에 해당한다. 어떠한 사실을 직접 경험한 사람의 진술에 갈음하는 대체물이 아니다. 그러므로 증거능력은 증거물의 예에 의하여 판단하여야 한다. 이에 대하여는 형사소송법 제310조의2에서 정한 전문법칙이 적용될 여지가 없다.** 이때 **수표 원본이 아니라 전자복사기를 사용하여 복사한 사본이 증거로 제출되었고 피고인이 이를 증거로 하는 데 부동의한 경우 위 수표 사본을 증거로 사용하기 위해서는 수표 원본을 법정에 제출할 수 없거나 제출이 곤란한 사정이 있고 수표 원본이 존재하거나 존재하였으며 증거로 제출된 수표 사본이 이를 정확하게 전사한 것이라는 사실이 증명되어야 한다.**

③ 피고인의 자백이 임의성이 없다고 의심할 만한 사유가 있는 때에 해당한다 할지라도 그 임의성이 없다고 의심하게 된 사유들과 피고인의 자백과의 사이에 인과관계가 존재하지 않은 것이 명백한 때에는 그 자백은 임의성이 있는 것으로 인정된다.

해설 및 정답 2016년 제5회 변호사시험 기출문제 37 **정답** ○

대법원 1984. 11. 27. 선고 84도2252 판결 [구국가보안법위반 · 국가보안법위반 · 반공법위반 · 외국환관리법위반]

[판시사항] 임의성이 없다고 의심할 만한 사유가 있으나 그 사유와 자백 간에 인과관계가 없는 경우, 자백의 임의성 여부(적극)

[판결요지] **피고인의 자백이 임의성이 없다고 의심할 만한 사유가 있는 때에 해당한다 할지라도 그 임의성이 없다고 의심하게 된 사유들과 피고인의 자백과의 사이에 인과관계가 존재하지 않은 것이 명백한 때에는 그 자백은 임의성이 있는 것으로 인정된다.**

중요 **03** ★★★★★

증거동의에 관한 설명 중 옳지 않은 것은? (다툼이 있는 경우 판례에 의함)

파워특강 증거동의(=피고인 의견 존중, 특별한 사정이 없는 한 변호인이 의견을 번복할 수 없음). **포괄적 증거동의**(=검사가 제시한 모든 증거에 대하여 피고인이 증거로 함에 동의한다는 방식 증거동의 효력 인정). **참여권 침해 하에 작성된 증인신문조서의 증거능력**(=증거능력 부정. 다만 **증인신문조서를 피고인과 변호인이 증거동의하여 적법하게 증거조사를 한 경우** 증인신문조서는 증인신문절차가 위법하였는지의 여부에 관계없이 **증거능력이 부여됨**). **증거동의 취소·철회의 허용시기**(=증거조사완료 전. 항소심에 증거동의 철회·취소 증거능력이 상실되지 않음). **증거동의의 의제**(=형사소송법 제318조 제2항).

중요 ① 피고인이 출석한 공판기일에서 증거로 함에 부동의한 경우에는 그 후 피고인이 출석하지 아니한 공판기일에 변호인만 출석하여 종전 의견을 번복하여 증거로 함에 동의하였더라도 효력이 없다.

해설 및 정답 2023년 제12회 변호사시험 기출문제 28 **정답** ○

대법원 2013. 3. 28. 선고 2013도3 판결 [사문서위조·위조사문서행사]

[판시사항] 피고인이 출석한 공판기일에서 증거로 하는 데 부동의한다는 의견이 진술된 후 피고인이 출석하지 아니한 공판기일에 변호인만이 출석하여 증거로 하는 데 동의한 경우, 증거동의의 효력 유무(원칙적 소극)

[판결요지] 형사소송법 제318조에 규정된 증거동의의 주체는 소송 주체인 검사와 피고인이다. 변호인은 피고인을 대리하여 증거동의에 관한 의견을 낼 수 있을 뿐이다. 그러므로 피고인의 명시한 의사에 반하여 증거로 함에 동의할 수는 없다. 따라서 **피고인이 출석한 공판기일에서 증거로 함에 부동의한다는 의견이 진술된 경우에는 그 후 피고인이 출석하지 아니한 공판기일에 변호인만이 출석하여 종전 의견을 번복하여 증거로 함에 동의하였다 하더라도 이는 특별한 사정이 없는 한 효력이 없다**고 보아야 한다.

☞ [출제] 2021년 제10회 변호사시험 기출문제 34 ㄹ.

중요 ② 개개의 증거에 대하여 개별적으로 증거동의를 받지 아니하고 검사가 제시한 모든 증거에 대하여 피고인이 증거로 함에 동의한다는 방식으로 증거동의가 이루어진 것일지라도 증거동의로서의 효력을 부정할 이유가 되지 못한다.

해설 및 정답 2023년 제12회 변호사시험 기출문제 28 **정답** ○

대법원 1983. 3. 8. 선고 82도2873 판결 [특정범죄가중처벌등에 관한 법률 위반·사기·업

무상배임 · 배임중재 · 부정수표단속법위반 · 배임수재 · 업무상횡령 · 뇌물수수 · 뇌물공여]

[판시사항] [1] 형사소송법 제318조 제1항 소정의 증거동의의 뜻 [2] 형사소송법 제318조 제1항 소정의 증거동의의 방법.

[판결요지] [1] 형사소송법 제318조 제1항은 전문증거금지의 원칙에 대한 예외로서 반대신문권을 포기하겠다는 피고인의 의사표시에 의하여 서류 또는 물건의 증거능력을 부여하려는 규정이다. 그러므로 피고인의 의사표시가 위와 같은 내용을 적극적으로 표시하는 것이라고 인정되는 경우이면 증거동의로서의 효력이 있다.

[2] 개개의 증거에 대하여 개별적인 증거조사방식을 거치지 아니하고 검사가 제시한 모든 증거에 대하여 피고인이 증거로 함에 동의한다는 방식으로 이루어진 것이라 하여도 증거동의로서의 효력을 부정할 이유가 되지 못한다.

☞ [적중] 2020년 제9회 변호사시험 기출문제 19 ①

☞ [적중] 하태영, 형사법 종합연습, 변시기출문제분석편, 제3판, 법문사, 2021, 427-428면.

중요 ③ 「형사소송법」 제184조에 의한 증거보전절차에서 증인신문을 하는 경우 피의자에게 증인신문에 참여할 수 있는 기회를 주지 아니하고 작성된 증인신문조서는 피의자였던 피고인이 법정에서 그 증인신문조서를 증거로 할 수 있음에 동의하여 별다른 이의 없이 적법하게 증거조사를 거친 경우라 ~~하더라도 증거능력이 부여되지 않는다.~~증거능력이 부여된다.

해설 및 정답 2023년 제12회 변호사시험 기출문제 28 **정답** ×

대법원 1988. 11. 8. 선고 86도1646 판결 [특정범죄가중처벌등에관한법률위반(뇌물)]

[판시사항] [1] 수사단계에서 검사가 증거보전을 위하여 필요적 공범관계에 있는 공동피고인을 증인으로 신문할 수 있는지 여부(적극) [2] 증거보전절차로 증인신문을 하는 경우에 당사자의 참여권 [3] 기재내용이 서로 다른 공판조서에 대한 증명력

[판결요지] [1] 공동피고인과 피고인이 뇌물을 주고 받은 사이로 필요적 공범관계에 있다고 하더라도 검사는 수사단계에서 피고인에 대한 증거를 미리 보전하기 위하여 필요한 경우에는 판사에게 공동피고인을 증인으로 신문할 것을 청구할 수 있다.

[2] 판사가 형사소송법 제184조에 의한 증거보전절차로 증인신문을 하는 경우에는 동법 제221조의2에 의한 증인신문의 경우와는 달라 동법 제163조에 따라 검사, **피의자 또는 변호인에게 증인신문의 시일과 장소를 미리 통지하여 증인신문에 참여할 수 있는 기회를 주어야 하나 참여의 기회를 주지 아니한 경우라도 피고인과 변호인이 증인신문조서를 증거로 할 수 있음에 동의하여 별다른 이의 없이 적법하게 증거조사를 거친 경우에는 위 증인신문조서는 증인신문절차가 위법하였는지의 여부에 관계없이 증거능력이 부여된다.**

[3] 동일한 사항에 관하여 두개의 서로 다른 내용이 기재된 공판조서가 병존하는 경우 그 중 어느 쪽이 진실한 것으로 볼 것인지는 공판조서의 증명력을 판단하는 문제로서 법관의 자유로운 심증에 따를 수밖에 없다.

☞ [학계 다수설] 형사소송법 제318조 증거동의가 위법수집증거 하자 치유가 아니라면 위 증인신문조서는 증거동의가 있더라도 증거능력을 인정할 수는 없다(형사소송법 제308조의2 참조).

☞ [출제] 2017년 제6회 변호사시험 기출문제 36
☞ [적중] 하태영, 형사법 종합연습, 실전예상문제분석편, 제4판, 법문사, 2021, 527면.

중요 ④ 증거동의의 의사표시는 증거조사가 완료되기 전까지 철회할 수 있으나, 일단 증거조사가 완료된 뒤에는 철회가 인정되지 아니하므로 제1심에서 한 증거동의를 제2심에서 철회할 수 없다.

해설 및 정답 2023년 제12회 변호사시험 기출문제 28 **정답** ○

대법원 2011. 3. 10. 선고 2010도15977 판결 [사기]

[판시사항] [1] **피고인이 공시송달의 방법에 의한 공판기일 소환을 2회 이상 받고도 출석하지 않아 법원이 피고인의 출정 없이 증거조사를 하는 경우, 형사소송법 제318조 제2항에 따라 피고인의 증거동의가 간주되는지 여부(적극)** [2] 피고인이 제1심에서 공시송달의 방법에 의한 공판기일 소환을 2회 이상 받고도 출석하지 않아 형사소송법 제318조 제2항에 따라 증거동의가 간주된 후 증거조사를 완료하였으나, 피고인이 항소심에 출석하여 간주된 증거동의를 철회 또는 취소한다는 의사표시를 한 경우, 그 증거의 증거능력이 상실되는지 여부(소극)

[판결요지] 비록 **피고인이 항소심에 출석하여 공소사실을 부인하면서 간주된 증거동의를 철회 또는 취소한다는 의사표시를 하더라도 그로 인하여 적법하게 부여된 증거능력이 상실되는 것은 아니라고 할 것이다.**

☞ [출제] 2020년 제9회 변호사시험 기출문제 19 ④

중요 ⑤ 피고인의 출정없이 증거조사를 할 수 있는 경우에 피고인이 출정하지 아니한 때에는 「형사소송법」 제318조 제1항의 증거동의가 있는 것으로 간주되지만, 대리인 또는 변호인이 출정한 때에는 그러하지 아니하다.

해설 및 정답 2023년 제12회 변호사시험 기출문제 28 **정답** ○

증거동의의 의제. 형사소송법 제318조 제2항.

> 형사소송법 제318조(당사자 동의와 증거능력)
> ① 검사와 피고인이 증거로 할 수 있음을 동의한 서류 또는 물건은 진정한 것으로 인정한 때에는 증거로 할 수 있다.
> ② 피고인의 출정없이 증거조사를 할 수 있는 경우에 **피고인이 출정하지 아니한 때에는 전항의 동의가 있는 것으로 간주한다. 단, 대리인 또는 변호인이 출정한 때에는 예외로 한다.**
> **【출처】** 형사소송법 일부개정 2022. 5. 9. [법률 제18862호, 시행 2022. 9. 10.] 법무부.

문 44. 형사소송법 제318조2 증명력을 다투기 위한 증거(탄핵증거)에 관한 설명 중 옳은 것은? (다툼이 있는 경우 판례에 의함)

출제내용

- 영상녹화물(=탄핵증거 될 수 없음, 검사신청 기억 환기용으로만 사용)
- 탄핵증거(=엄격한 증명을 요하지 않음, 엄격한 증거조사-, 증거조사+)
- 내용부인 전문증거(=탄핵증거 될 수 있음)
- 탄핵증거 제출방법(=증거·증명·사실관계·입증취지를 구체적으로 명시)

출제분석

2024년 제13회 변호사시험 출제예상 ★
2018년 제7회 변호사시험 기출문제 33
2017년 제6회 변호사시험 기출문제 26

가. 탄핵증거에 관한 설명 중 옳은 것이다(○).

① 탄핵증거에 대하여는 그 진정성립이 증명되지 않더라도 무방하다.

해설 및 정답 2018년 제7회 변호사시험 기출문제 33 **정답** ○

대법원 1985. 5. 14. 선고 85도441 판결 [무고]

탄핵증거는 엄격한 증명을 필요로 하지 않는다.

[판결요지] 형사소송법 제318조의 2에 규정된 소위 탄핵증거는 범죄사실을 인정하는 증거가 아니다. 그러므로 그것이 증거서류이던 진술이던간에 유죄증거에 관한 소송법상의 엄격한 증거능력을 요하지 아니한다.

중요 ② 탄핵증거는 진술의 증명력을 감쇄하기 위하여 인정되는 것이므로 범죄사실 또는 그 간접사실을 인정하는 증거로서는 허용되지 않는다.

해설 및 정답 2017년 제6회 변호사시험 기출문제 26 ★ **정답** ○

대법원 1985. 5. 14. 선고 85도441 판결 [무고]

중요 ③ 탄핵증거는 범죄사실을 인정하는 증거가 아니므로 엄격한 증거조사를 거쳐야 할 필요가 없으나, 법정에서 이에 대한 탄핵증거로서의 증거조사는 필요하다.

해설 및 정답 2017년 제6회 변호사시험 기출문제 26 ★ **정답** ○

대법원 1998. 2. 27. 선고 97도1770 판결 [국가보안법위반]

[판결요지] [1] **사법경찰리 작성의 피고인에 대한 피의자신문조서와 피고인이 작성한 자술서들은 모두 검사가 유죄의 자료로 제출한 증거들로서 피고인이 각 그 내용을 부인하는 이상 증거능력이 없다.** 그러나 그 증거도 임의로 작성된 것이 아니라고 의심할 만한 사정이 없는 한 **피고인의 법정진술을 탄핵하기 위한 반대증거로 사용할 수 있다.**
[2] **탄핵증거는 범죄사실을 인정하는 증거가 아니므로 엄격한 증거조사를 거쳐야 할 필요가 없음은 형사소송법 제318조의2의 규정에 따라 명백하다고 할 것이다. 그러나 법정에서 이에 대한 탄핵증거로서의 증거조사는 필요하다.**

④ 검사가 피고인이 아닌 자의 진술을 기재한 조서는 원진술자가 성립의 진정을 부인하더라도 그의 증언의 증명력을 다투기 위한 증거로 할 수 있다.

해설 및 정답 2017년 제6회 변호사시험 기출문제 26 **정답** ○

탄핵증거는 엄격한 증명을 요하지 않는다. 검사 작성 피고인 아닌 사람의 진술조서는 형사소송법 제312조 제4항을 적용한다. 탄핵증거는 요건을 충족하지 않아도 된다. 자기모순진술에 대해 탄핵증거 범위에서 제출이 가능하다.

나. 탄핵증거에 관한 설명 중 옳지 않은 것이다(×).

중요 ①「형사소송법」 제318조의2 제2항에 따른 영상녹화물의 탄핵증거로의 사용에 대해서 논란은 있다. 그러나 영상녹화물의 재생은 ~~법원의 직권이나~~ 검사의 신청이 있는 경우에 한하고, 기억의 환기가 필요한 피고인 또는 피고인 아닌 자에게만 이를 재생하여 시청하게 하여야 한다.

해설 및 정답 2018년 제7회 변호사시험 기출문제 33 ★ **정답** ×

영상녹화물 재생은 검사의 신청이 있는 경우에만 기억 환기용으로 재생하여 시청한다.
형사소송규칙 제134조의5(기억 환기를 위한 영상녹화물의 조사) ① 법 제318조의2 제2항에 따른 영상녹화물의 재생은 검사의 신청이 있는 경우에 한하고, 기억의 환기가 필요한 피고인 또는 피고인 아닌 자에게만 이를 재생하여 시청하게 하여야 한다. ② **제134조의2 제3항부터 제5항까지와 제134조의4는 검사가 법 제318조의2 제2항에 의하여 영상녹화물의 재생을 신청하는 경우에 준용한다.** [본조신설 2007.10.29]

② 탄핵증거는 범죄사실을 인정하는 증거가 아니므로 엄격한 증거조사를 거칠 필요는 없는바, 증명력을 다투고자 하는 증거의 어느 부분에 의하여 진술의 어느 부분을 다투려고 한다는 것까지 사전에 상대방에게 ~~알릴 필요는 없다.~~ 알려야 한다.

해설 및 정답 2018년 제7회 변호사시험 기출문제 33 **정답** ×

대법원 2005. 8. 19. 선고 2005도2617 판결 [특정범죄가중처벌등에관한법률위반(도주차량)]

☞ [출제] 2016년 제5회 변호사시험 기출문제 37

③ 피고인이 법정에서 내용부인을 한 사법경찰관 작성의 피의자신문조서에 대하여 검사가 증거제출 당시 탄핵증거라는 입증취지를 명시하지 아니하였다면 피고인의 법정진술에 대한 탄핵증거로서의 증거조사절차가 대부분 이루어졌다고 하더라도 그 조서를 피고인의 법정진술에 대한 탄핵증거로 사용할 수 ~~없다.~~ 있다.

해설 및 정답 2018년 제7회 변호사시험 기출문제 33 **정답** ×

대법원 2005. 8. 19. 선고 2005도2617 판결 [특정범죄가중처벌등에관한법률위반]

[판시사항] [1] 피고인이 내용을 부인하여 증거능력이 없는 사법경찰리 작성의 피의자신문조서를 탄핵증거로 사용하기 위한 요건과 탄핵증거의 증거신청방식 [2] **피고인이 내용을 부인하여 증거능력이 없는 사법경찰리 작성의 피의자신문조서에 대하여 비록 당초 증거제출 당시 탄핵증거라는 입증취지를 명시하지 아니하였지만, 피고인의 법정 진술에 대한 탄핵증거로서의 증거조사절차가 대부분 이루어졌다고 볼 수 있는 점 등의 사정에 비추어 위 피의자신문조서를 피고인의 법정 진술에 대한 탄핵증거로 사용할 수 있다**고 한 사례.

[판결요지] 검사가 유죄의 자료로 제출한 사법경찰리 작성의 피고인에 대한 피의자신문조서는 피고인이 그 내용을 부인하는 이상 증거능력이 없으나, 그것이 **임의로 작성된 것이 아니라고 의심할 만한 사정이 없는 한 피고인의 법정에서의 진술을 탄핵하기 위한 반대증거로 사용할 수 있으며,** 또한 탄핵증거는 범죄사실을 인정하는 증거가 아니므로 엄격한 증거조사를 거쳐야 할 필요가 없음은 형사소송법 제318조의2의 규정에 따라 명백하나 **법정에서 이에 대한 탄핵증거로서의 증거조사는 필요한 것**이고, 한편 증거신청의 방식에 관하여 규정한 형사소송규칙 제132조 제1항의 취지에 비추어 보면 탄핵증거의 제출에 있어서도 상대방에게 이에 대한 공격방어의 수단을 강구할 기회를 사전에 부여하여야 한다는 점에서 그 증거와 증명하고자 하는 사실과의 관계 및 입증취지 등을 미리 구체적으로 명시하여야 할 것이므로, **증명력을 다투고자 하는 증거의 어느 부분에 의하여 진술의 어느 부분을 다투려고 한다는 것을 사전에 상대방에게 알려야 한다.**

④ 사법경찰관 작성의 피고인에 대한 피의자신문조서는 피고인이 그 내용을 부인하는 경우, 그것이 임의로 작성된 것이 인정되더라도 피고인의 법정진술을 탄핵하기 위한 반대증거로 사용할 수 ~~없다.~~ 있다.

해설 및 정답 2017년 제6회 변호사시험 기출문제 26 **정답** ×

대법원 2005. 8. 19. 선고 2005도2617 판결 [특정범죄가중처벌등에관한법률위반]

☞ [출제] 2017년 제6회 변호사시험 기출문제 26

문 45. 공범인 공동피고인의 법정진술 · 법정자백에 관한 설명 중 옳은 것은? (다툼이 있는 경우 판례에 의함)

출제내용

- 甲 피고인과 공범인 乙 공동피고인에 대한 사법경찰관 작성 피의자신문조서 증거능력(=형사소송법 제312조 제3항 적용함. 공범인 乙 공동피고인의 법정진술이 있어도 당해 甲 피고인의 내용 인정이 필요함. 부동의시 증거능력 부정, 형사소송법 제314조 적용 되지 않음)
- 甲 피고인과 공범인 乙 공동피고인에 대한 검사 작성 피의자신문조서 증거능력(=甲 피고인 형사소송법 제312조 제1항 적용)
- 공범인 공동피고인은 피고인일 뿐이다. 증인적격 부정. 선서 후 공동피고인 증인적격 인정
- 공범인 공동피고인이 당해 소송절차에서 위증한 경우 위증죄 불성립(=피고인일 뿐이다. 변론이 분리되고 증인으로 선서하면 위증죄 성립함)
- 형사소송법 제310조 자백(=공범인 공동피고인 자백은 포함되지 않음)
- 자백보강법칙(형사소송법 제310조)의 자백에는 공판정 자백과 공판외 자백 모두 포함됨
- 甲 피고인 공소사실에 대한 공범인 乙 공동피고인의 법정진술(=공동피고인도 피고인 신분임, 법정진술 독립된 증거능력 인정+, 보강증거 인정+)⇒공범인 乙 공동피고인 법정진술·공판정 자백(=피고인 신분임. 피고인에게 불리한 증거사용, 독립된 증거능력 인정+, 반대신문권 보장됨+)
- 공범 중 1인(공범인 공동피고인 중 1인) 증인으로 신문할 경우 소송절차 분리함(=피고인 신분에서 증인 신분으로 지위 전환⇒증인적격 인정+)
- 공범이 아닌 공동피고인(관련 사건으로 함께 재판 받는 甲과 乙 피고인) 법정진술 · 공판정 자백(=소송절차에서 증인 적격+, 선서 후 증인신문 증거능력 인정+)
- 항소이유서에 기재된 자백내용(=증거능력+, 보강증거 존재 유죄 인정)
- 필요적 공범(=대향범-, 형법총칙 규정 적용-, 범죄형의 객관적 관련성)

출제분석

2024년 제13회 변호사시험 출제예상 ★
2022년 제11회 변호사시험 기출문제 37
2021년 제10회 변호사시험 기출문제 35
2017년 제6회 변호사시험 기출문제 25
2016년 제5회 변호사시험 기출문제 34
2014년 제3회 변호사시험 기출문제 27
2012년 제1회 변호사시험 기출문제 27

01 ★★★★★

甲과 乙은 합동하여 평소 알고 지내던 A의 집에서 현금 1,000만 원을 절취하였다는 사실로 특수절도로 공소가 제기되어 함께 재판을 받고 있다.형법 제331조 제2항 특수절도죄 공동피고인+. 동일 법정에서 증인적격 없음 이에 관한 설명 중 옳은 것을 모두 고른 것은? (다툼이 있는 경우 판례에 의함)

파워특강 증거능력. 공동피고인의 공판정에서 자백(=당해 피고인에 대해 유죄의 증거로 사용 가능함). 공범인 공동피고인(=피고인 신분임. 소송절차가 분리되어야 증인적격 인정). **공범인 공동피고인에 대한 사법경찰관 작성 피의자신문조서(=당해 피고인이 내용인정을 증거능력 인정함. ☞ 형사소송법 제312조 제1항 개정으로 동일함).** 사법경찰관 작성 검증조서(=진술 내용과 재현 부분 성립진정과 내용을 부인하면, 그 부분만 증거능력 부정). 증거능력 없는 전문증거(=임의성만 인정되면 탄핵하기 위한 반대증거로 사용 가능함).

중요 ① 乙이 피고인으로서 공판정에서 자백진술을 하면 그 진술은 甲에 대한 유죄의 증거로 사용할 수 있다.

해설 및 정답 2021년 제10회 변호사시험 기출문제 35 **정답** ○

대법원 1963. 7. 25. 선고 63도185 판결 [관세법위반ㆍ도주ㆍ특정범죄처벌에관한임시특례법위반]

[판시사항] [1] 제2심 군법회의에 있어서 공판기일에 변호인 불출석인 채 그 변론 없이 선고한 유죄판결과 군법회의법상의 상고이유 [2] 형사소송법 제310조 소정의 피고인의 자백의 의의

[판결요지] [1] 본조에서 말하는 **피고인의 자백이란 함은 문리해석상으로도 다른 공동피고인(공범인 경우이건 아니건 가리지 않는다)의 자백을 포함한다 하는 취지로 되어 있지 않을 뿐 아니라** 실지문제로서도 **이 공동피고인의 자백에 대하여는 반대신문권도 충분히 보장되어 있는 것이다. 그러므로 증인으로 신문한 경우나 다를 바가 없다. 따라서 이러한 의미에서 공동피고인의 자백도 증거능력이 있다 할 것이다.**

[2] **고등군법회의에서 변호인이 출석하지 않은 채 공판을 열고 변론을 듣지도 않고 피고인에게 유죄판결을 선고한 것은 위법하다 할 것이다.**

중요 ② 甲과 乙의 소송절차가 분리되면 甲은 乙에 대한 공소사실에 관하여 증인이 될 수 있다.

해설 및 정답 2021년 제10회 변호사시험 기출문제 35 **정답** ○

대법원 2008. 6. 26. 선고 2008도3300 판결 [위증]

[판시사항] [1] **공범인 공동피고인이 다른 공동피고인에 대한 공소사실에 관하여 증인적격이 있는지 여부(원칙적 소극)** [2] 게임장의 종업원이 그 운영자와 함께 게임산업진흥에 관한 법률 위반죄의 공범으로 기소되어 공동피고인으로 재판을 받던 중, 운영자에 대한 공소사실에 관한 증인으로 증언한 내용과 관련하여 위증죄로 기소된 사안에서, **소송절차가 분리되지 않은 이상 위 종업원은 증인적격이 없어 위증죄가 성립하지 않는다**고 한 사례.

[판결요지] [1] **공범인 공동피고인은 당해 소송절차에서는 피고인의 지위에 있다. 그러므로 다른 공동피고인에 대한 공소사실에 관하여 증인이 될 수 없다. 그러나 소송절차가 분리되어 피고인의 지위에서 벗어나게 되면 다른 공동피고인에 대한 공소사실에 관하여 증인이 될 수 있다.**

☞ [출제] 2019년 제8회 변호사시험 기출문제 31 · 2016년 제5회 변호사시험 기출문제 34 · 2014년 제3회 변호사시험 기출문제 27 · 2014년 제3회 변호사시험 기출문제 22

중요 ③ 경찰과 검찰에서 甲은 범행을 모두 부인하였고, 乙은 범행을 모두 자백하였는데, 사법경찰관 작성의 乙에 대한 피의자신문조서는 甲이 그 내용을 부인하면 甲에 대한 유죄의 증거로 사용할 수 없다.

해설 및 정답 2021년 제10회 변호사시험 기출문제 35 **정답** ○

대법원 2010. 1. 28. 선고 2009도10139 판결 [사문서위조 · 위조사문서행사 · 사기]

[판시사항] [1] **공범관계에 있는 공동피고인에 대하여 검사 이외의 수사기관이 작성한 피의자신문조서의 증거능력** [2] **공동피고인이 위조된 부동산임대차계약서를 담보로 제공하고 피해자로부터 돈을 빌려 편취할 것을 계획하면서 피고인에게 미리 전화를 하여 임대인 행세를 하여달라고 부탁하였고, 피고인은 임대인인 것처럼 행세하여 전세금액 등을 확인한 사안에서, 피고인의 행위는 위조사문서행사에 있어서 기능적 행위지배의 공동정범 요건을 갖추었다**고 한 사례.

[판결요지] 형사소송법 제312조 제3항은 검사 이외의 수사기관이 작성한 당해 피고인에 대한 피의자신문조서를 유죄의 증거로 하는 경우뿐만 아니라, 검사 이외의 수사기관이 작성한 당해 피고인과 공범관계에 있는 다른 피고인이나 피의자에 대한 피의자신문조서를 당해 피고인에 대한 유죄의 증거로 채택할 경우에도 적용된다. 따라서 당해 **피고인과 공범관계에 있는 공동피고인에 대하여 검사 이외의 수사기관이 작성한 피의자신문조서는 그 공동피고인의 법정진술에 의하여 성립의 진정이 인정되더라도 당해 피고인이 공판기일에서 그 조서의 내용을 부인하면 증거능력이 부정된다.**

중요 ④ 사법경찰관 작성의 검증조서에 甲이 A의 거실에서 현금을 가지고 나오면서 "빨리 도망가자"라고 말한 진술기재 부분과 범행을 재연하는 사진이 첨부되어 있는 경우, 甲이 법정에서 검증조서에 대해서만 증거로 활용함에 동의하고 진술기재 부분과 재연사진에 대해서는 그 성립의 진정 및 내용을 부인하였다면, 위

진술기재 부분과 재연사진은 유죄의 증거로 사용할 수 없다.

해설 및 정답 2021년 제10회 변호사시험 기출문제 35 **정답** ○

대법원 1998. 3. 13. 선고 98도159 판결 [존속폭행치사]

[판시사항] 피고인이 사법경찰관 작성의 검증조서 중 자신의 진술 또는 범행재연 사진 부분을 부인하는 경우, 그 부분의 증거능력 유무(소극) 및 그 경우 검증조서 전부를 유죄의 증거로 인용한 조치의 적부(소극)

[판결요지] 사법경찰관 작성의 검증조서에 대하여 피고인이 증거로 함에 동의만 하였을 뿐 공판정에서 검증조서에 기재된 진술내용 및 범행을 재연한 부분에 대하여 그 성립의 진정 및 내용을 인정한 흔적을 찾아 볼 수 없고 오히려 이를 부인하고 있는 경우에는 그 증거능력을 인정할 수 없다. 그러므로 위 **검증조서 중 범행에 부합되는 피고인의 진술을 기재한 부분과 범행을 재연한 부분을 제외한 나머지 부분만을 증거로 채용하여야 함에도 이를 구분하지 아니한 채 그 전부를 유죄의 증거로 인용한 항소심의 조치는 위법하다.**

중요 ⑤ 검사가 유죄의 자료로 제출한 사법경찰관 작성의 甲에 대한 피의자신문조서는 甲이 그 내용을 부인하는 이상 증거능력이 없으나, 그것이 임의로 작성된 것이 아니라고 의심할 만한 사정이 없는 한 甲의 법정에서의 진술을 탄핵하기 위한 반대증거로 사용할 수 있다.

해설 및 정답 2021년 제10회 변호사시험 기출문제 35 **정답** ○

대법원 1998. 2. 27. 선고 97도1770 판결 [국가보안법위반]

[판시사항] [1] 피고인이 내용을 부인하여 증거능력이 없는 사법경찰리 작성의 피의자신문조서 등을 탄핵증거로 사용하기 위한 요건 [2] 법정에서 탄핵증거로 증거조사를 한바 없는 증거를 탄핵증거로 사용할 수 있는지 여부(소극)

[판결요지] [1] **사법경찰리 작성의 피고인에 대한 피의자신문조서와 피고인이 작성한 자술서들은 모두 검사가 유죄의 자료로 제출한 증거들로서 피고인이 각 그 내용을 부인하는 이상 증거능력이 없다. 그러나 그러한 증거라 하더라도 그것이 임의로 작성된 것이 아니라고 의심할 만한 사정이 없는 한 피고인의 법정에서의 진술을 탄핵하기 위한 반대증거로 사용할 수 있다.**

[2] **탄핵증거는 범죄사실을 인정하는 증거가 아니다. 그러므로 엄격한 증거조사를 거쳐야 할 필요가 없음은 형사소송법 제318조의2의 규정에 따라 명백하다고 할 것이다. 그러나 법정에서 이에 대한 탄핵증거로서의 증거조사는 필요하다.**

☞ [출제] 2017년 제6회 변호사시험 기출문제 26

중요 **02**

공동피고인의 진술에 관한 설명 중 옳은 것을 모두 고른 것은? (다툼이 있는 경우 판례에 의함)

ㄱ. 피고인과 별개의 범죄사실로 기소되어 병합심리중인 공동피고인은 피고인의 범죄사실에 관하여는 증인의 지위에 있다 할 것이므로 선서없이 한 공동피고인의 법정진술은 피고인의 범죄사실을 인정하는 증거로 할 수 없다.

ㄴ. 피고인 甲이 공판정에서 공범인 공동피고인 乙에 대한 사법경찰관 작성의 피의자신문조서의 내용을 부인하면 乙이 법정에서 그 조서의 내용을 인정하여도 그 조서를 甲의 범죄사실에 대한 증거로 사용할 수 없다.

ㄷ. 甲과 乙이 공모하여 타인의 재물을 편취한 범죄사실로 기소된 사건에서, 甲은 법정에서 범행을 부인하고 乙은 경찰 수사 단계에서 범행을 자백하는 자술서를 작성·제출한 이후 사망하였다면, ~~공판준비 또는 공판기일에 진술을 요하는 자가 사망하여 진술할 수 없는 때에 해당하므로 乙의 자술서는 그 작성이 특히 신빙할 수 있는 상태하에서 행하여졌음이 증명되었다면 甲에 대한 유죄 인정의 증거로 할 수 있다.~~ 유죄 증거로 사용할 수 없다.

ㄹ. 공범인 공동피고인의 법정자백은 이에 대한 피고인의 반대신문권이 보장되어 있어 증인으로 신문한 경우와 다를 바 없으므로 독립한 증거능력이 있다.

ㅁ. 甲, 乙, 丙이 공모하여 타인의 재물을 편취한 범죄사실로 기소된 사건에서, 피고인 甲과 공동피고인 乙이 범죄사실을 자백하고 공동피고인 丙은 범죄사실을 부인하는 경우, 乙의 자백을 甲의 자백에 대한 보강증거로 사용할 수 없다.

① ㄱ, ㄴ, ㄷ　　② ㄱ, ㄴ, ㄹ
③ ㄱ, ㄹ, ㅁ　　④ ㄴ, ㄷ, ㅁ
⑤ ㄷ, ㄹ, ㅁ

해설 및 정답 2017년 제6회 변호사시험 기출문제 25 **정답** ②

공범자 진술의 형태와 각각 증거능력을 묻는 문제이다.

ㄱ. (○) 대법원 1982. 9. 14. 선고 82도1000 판결 [폭력행위등처벌에관한법률위반]

[판시사항] 피고인과 별개의 범죄사실로 기소되어 병합심리 중인 공동피고인의 법정진술 및 피의자 신문조서의 증거능력

[판결요지] 피고인과 별개의 범죄사실로 기소되어 병합심리 중인 공동피고인은 피고인의 범죄사실에 관하여는 증인의 지위에 있다 할 것이다. 그러므로 선서 없이 한 공동피고인의 법정진술이나 피고인이 증거로 함에 동의한 바 없는 공동피고인에 대한 피의자신문조서는 피고인의 공소 범죄사실을 인정하는 증거로 할 수 없다.

ㄴ. (○) 대법원 2009. 7. 9. 선고 2009도2865 판결 [부정수표단속법위반]

[판시사항] 피고인과 공범 관계에 있는 다른 피의자에 대한 검사 이외의 수사기관 작성의 피의자신문조서가 형사소송법 제312조 제4항의 요건을 갖추었더라도 피고인이 공판기일에 그 조서의 내용을 부인하는 경우, 그 증거능력의 유무(소극)

[판결요지] **형사소송법 제312조 제3항은 검사 이외의 수사기관이 작성한 당해 피고인에 대한 피의자신문조서를 유죄의 증거로 하는 경우뿐만 아니라 검사 이외의 수사기관이 작성한 당해 피고인과 공범 관계에 있는 다른 피고인이나 피의자에 대한 피의자신문조서를 당해 피고인에 대한 유죄의 증거로 채택할 경우에도 적용된다.** 따라서 **당해 피고인과 공범 관계가 있는 다른 피의자에 대하여 검사 이외의 수사기관이 작성한 피의자신문조서는, 그 피의자의 법정진술에 의하여 그 성립의 진정이 인정되는 등 형사소송법 제312조 제4항의 요건을 갖춘 경우라고 하더라도 당해 피고인이 공판기일에서 그 조서의 내용을 부인한 이상 이를 유죄 인정의 증거로 사용할 수 없다.**

☞ [출제] 2013년 제2회 변호사시험 기출문제 26

ㄷ. (×) 대법원 2009. 11. 26. 선고 2009도6602 판결 [마약류관리에관한법률위반(향정)·특정범죄가중처벌등에관한법률위반(향정)·사기]

[판시사항] 피고인과 공범 관계에 있는 다른 피의자에 대한 검사 이외의 수사기관 작성의 피의자신문조서의 증거능력과 형사소송법 제314조의 적용 여부(소극)

[판결요지] 형사소송법 제312조 제3항은 검사 이외의 수사기관이 작성한 당해 피고인에 대한 피의자신문조서를 유죄의 증거로 하는 경우뿐만 아니라 검사 이외의 수사기관이 작성한 당해 피고인과 공범 관계에 있는 다른 피고인이나 피의자에 대한 피의자신문조서 또는 공동피의자에 대한 피의자신문조서를 당해 피고인에 대한 유죄의 증거로 채택할 경우에도 적용된다. **당해 피고인과 공범 관계가 있는 다른 피의자에 대한 검사 이외의 수사기관 작성의 피의자신문조서는 그 피의자의 법정진술에 의하여 그 성립의 진정이 인정되더라도 당해 피고인이 공판기일에서 그 조서의 내용을 부인하면 증거능력이 부정된다.** 그러므로 **그 당연한 결과로 그 피의자신문조서에 대하여는 사망 등 사유로 인하여 법정에서 진술할 수 없는 때에 예외적으로 증거능력을 인정하는 규정인 형사소송법 제314조가 적용되지 않는다**(대법원 2002. 6. 14. 선고 2002도2157 판결, 대법원 2004. 7. 15. 선고 2003도7185 전원합의체 판결 등 참조).

ㄹ. (○) 대법원 1992. 7. 28. 선고 92도917 판결 [강도상해·특수강도[인정된 죄명: 특정범죄가중처벌등에관한법률위반(강도)]·공무집행방해·폭력행위등처벌에관한법률위반·강도·특정범죄가중처벌등에관한법률위반(강도·특수강도강간)] ★★★★★

[판시사항] **[1] 공범인 공동피고인의 진술의 증거능력** [4] 강도행위가 야간에 주거에 침입하여 이루어지는 특수강도죄의 실행의 착수시기. 절도범인 또는 강도범인이 체포를 면탈할 목적으로 경찰관에게 폭행(협박)을 가한 경우 준강도죄 또는 강도죄와 공무집행방해죄의 죄수 [5] 강도강간미수가 중지범의 요건인 자의성을 결여하였다고 본 사례.

[판결요지] [1] **형사소송법 제310조의 피고인의 자백에는 공범인 공동피고인의 진술은 포함되지 않는다. 이러한 공동피고인의 진술에 대하여는 피고인의 반대신문권이 보장되어 있어 독립한 증거능력이 있다.**

[4] **절도범인이 체포를 면탈할 목적으로 경찰관에게 폭행 협박을 가한 때에는 준강도죄와 공무집행방해죄를 구성하고 양죄는 상상적 경합관계에 있다.** 그러나 **강도범인이 체포를 면탈할 목적으로 경찰관에게 폭행을 가한 때에는 강도죄와 공무집행방해죄는 실체적 경합관계에 있다.** 상상적 경합관계에 있는 것이 아니다.

[5] 피고인 갑, 을, 병이 강도행위를 하던 중 피고인 갑, 을은 피해자를 강간하려고 작은 방으로 끌고 가 팬티를 강제로 벗기고 음부를 만지던 중 **피해자가 수술한 지 얼마 안 되**

어 배가 아프다면서 애원하는 바람에 그 뜻을 이루지 못하였다면, 강도행위의 계속 중 이미 공포상태에 빠진 피해자를 강간하려고 한 이상 강간의 실행에 착수한 것이다. **강간행위를 수행함에 장애가 되는 외부적 사정에 의하여 범행을 중지한 것에 지나지 않는 것으로서 중지범의 요건인 자의성을 결여하였다.**

☞ [출제] 2019년 제8회 변호사시험 기출문제 31 · 2012년 제1회 변호사시험 기출문제 27

ㅁ. (×) 대법원 1990. 10. 30. 선고 90도1939 판결 [강도상해 · 강도치사 · 공무집행방해]

[판시사항] 형사소송법 제310조 소정의 "피고인의 자백"에 공범인 공동피고인의 자백이 포함되는지 여부(소극) 및 공범인 공동피고인들의 각 진술이 상호간에 보강증거가 되는지 여부(적극)

[판결요지] 형사소송법 제310조 소정의 "피고인의 자백"에 공범인 공동피고인의 진술은 포함되지 아니한다. 그러므로 **공범인 공동피고인의 진술은 다른 공동피고인에 대한 범죄사실을 인정하는 증거로 할 수 있는 것일 뿐만 아니라 공범인 공동피고인들의 각 진술은 상호간에 서로 보강증거가 될 수 있다.**

03 ★★★★★

<u>공범인 甲과 乙은 특수절도죄로 기소된 공동피고인이다.</u> 甲은 사법경찰관과 검사의 피의자신문에서 범행을 모두 자백하였으나, 공판정에서는 공소사실을 부인하고 있다. 반면, 乙은 일관되게 공소사실을 부인하고 있다. 甲에 대한 각 피의자신문조서는 모두 적법한 절차와 방법에 따라 작성되었고 임의성과 특신상태가 인정됨을 전제로 할 때, 이에 관한 설명 중 옳지 않은 것은? (다툼이 있는 경우 판례에 의함)

중요 ① 甲에 대한 사법경찰관 작성의 피의자신문조서를 乙이 증거로 함에 부동의하는 경우에는 甲이 성립의 진정과 내용을 인정하는지 여부와 상관없이 그 피의자신문조서를 乙에 대한 유죄의 증거로 사용할 수 없다.

해설 및 정답 2016년 제5회 변호사시험 기출문제 34 **정답** ○

대법원 1996. 7. 12. 선고 96도667 판결 [부정처사후수뢰(인정된 죄명 알선뇌물수수)]

공범인 공동피고인의 증인적격과 자백의 보강법칙을 묻는 문제이다. 검사 이외 사법경찰관이 작성한 피의자신문조서는 내용을 부인하면 증거능력이 없다. 공범 관계에 있는 다른 피의자에게도 적용된다.

중요 ② 甲에 대한 검사 작성의 피의자신문조서를 乙이 증거로 함에 부동의하는 경우 甲이 성립의 진정을 인정하고 법원이 乙에게 甲에 대한 반대신문의 기회를 주었다면 甲이 그 내용을 인정하는지의 여부와 상관없이 乙에 대한 유죄의 증거로 사용할 수 있다.

해설 및 정답 2016년 제5회 변호사시험 기출문제 34 ★ **정답** ×

공동피고인에 대한 검사작성 피의자신문조서는 부동의시 형사소송법 제312조 제1항에 근거하여 을에 대한 피고사건에 대하여 증거능력이 인정되지 않는다. 개정 이전에는 제312조 제4항을 적용하였다.

③ 乙에 대한 공소사실과 관련하여 甲에 대한 검사 작성의 피의자신문조서의 증거능력이 인정되는 때에는 다른 보강증거가 없어도 법원은 乙에 대하여 유죄판결을 할 수 있다.

해설 및 정답 2016년 제5회 변호사시험 기출문제 34 **정답** ○

대법원 1992. 7. 28. 선고 92도917 판결 [강도상해 · 특수강도[인정된 죄명: 특정범죄가중처벌등에관한법률위반(강도)] · 공무집행방해 · 폭력행위등처벌에관한법률위반 · 강도 · 특정범죄가중처벌등에관한법률위반(강도 · 특수강도강간)]

중요 ④ 乙이 甲을 증인으로 신청한 경우 법원은 소송절차를 ~~분리하지 않고도~~분리하여 甲을 증인으로 신문할 수 있으며, 이러한 경우에도 甲은 증언을 거부할 수 있다.

해설 및 정답 2016년 제5회 변호사시험 기출문제 34 **정답** ×

대법원 2008. 6. 26. 선고 2008도3300 판결 [위증]

[판결요지] [1] **공범인 공동피고인은 당해 소송절차에서는 피고인의 지위에 있다. 그러므로 다른 공동피고인에 대한 공소사실에 관하여 증인이 될 수 없다. 그러나 소송절차가 분리되어 피고인의 지위에서 벗어나게 되면 다른 공동피고인에 대한 공소사실에 관하여 증인이 될 수 있다.**

중요 ⑤ 甲에 대한 검사 작성의 피의자신문조서에 자백하는 진술이 기재되어 있더라도 다른 보강증거가 없다면 그 자백만으로는 甲에 대한 공소사실에 대하여 유죄를 선고할 수 없고, 이는 甲이 공판정에서 자백을 하는 경우라도 마찬가지이다.

해설 및 정답 2016년 제5회 변호사시험 기출문제 34 **정답** ○

대법원 1981. 7. 7. 선고 81도1314 판결 [간통]

[판결요지] **피고인이 범행을 자인하는 것을 들었다는 피고인 아닌 자의 진술내용은 형사소송법 제310조의 피고인의 자백에는 포함되지 아니한다. 또한 이는 피고인의 자백의 보강증거로 될 수 없다.**

중요 04 ★★★★★

피고인 甲은 피고인 乙로부터 뇌물을 수수하였다는 공소사실로, 피고인 乙은 피고인 甲에게 뇌물을 공여하였다는 공소사실로 기소되어 공동피고인으로 재판을 받고 있다. 법정에서 甲은 공소사실을 부인하였으나 乙은 공소사실을 자백하였다. 이에 관한 설명 중 옳지 않은 것은? (다만, 조서는 모두 적법한 절차와 방식에 따라 작성되었고, 임의성과 특신상태가 인정됨을 전제로 하며, 다툼이 있는 경우에는 판례에 의함)

중요 ① 甲이 사법경찰관 작성의 乙에 대한 피의자신문조서에 대하여 내용을 부인하면, 乙이 법정에서 그 조서에 대하여 진정성립을 인정하고 甲이 乙을 반대신문하였더라도 그 피의자신문조서는 甲의 공소사실에 대한 증거로 사용할 수 없다.

해설 및 정답 2014년 제3회 변호사시험 기출문제 27 정답 ○

대법원 2009. 7. 9. 선고 2009도2865 판결 [부정수표단속법위반]

☞ [출제] 2017년 제6회 변호사시험 기출문제 25

중요 ② 검사 작성의 乙에 대한 피의자신문조서는 乙이 법정에서 그 조서에 대하여 진정성립을 인정하고 甲이 乙을 반대신문하였다면 甲이 증거로 함에 부동의하였더라도 甲의 공소사실에 대한 증거로 사용할 수 ~~있다.~~ 없다.

해설 및 정답 2014년 제3회 변호사시험 기출문제 27 정답 ×

당해 사건의 피고인이 아닌 공범자의 피의자신문조서는 개정 형사소송법 제312조 제1항이 적용된다. 개정 전에는 성격상 참고인진술조서로 보았다.

③ 乙이 피고인신문에서 甲에게 뇌물공여사실을 자백한 진술은 甲의 乙에 대한 반대신문권이 보장되어 있어 甲의 공소사실에 대한 증거로 쓸 수 있지만 乙이 기억에 반하는 허위의 진술을 하더라도 위증죄가 성립하지 않는다.

해설 및 정답 2014년 제3회 변호사시험 기출문제 27 정답 ○

공범자 자백은 당해 피고인 자백이 아니다. 그러므로 독립된 증거능력이 있다. 이 경우 공동피고인은 증인의 지위에서 한 것이 아니다. 위증죄 주체가 되지 않는다. 그러나 변론이 분리되면 증인이 될 수 있다. 판례에 따르면, 공범인 공동피고인이 변론이 분리된 상태에서 증인으로 허위증언을 한다면, 위증죄가 성립될 수 있다.

대법원 1990. 10. 30. 선고 90도1939 판결 [강도상해·강도치사·특수강도]

[판결요지] **형사소송법 제310조 소정의 "피고인의 자백"에 공범인 공동피고인의 진술은 포함되지 아니한다.** 그러므로 **공범인 공동피고인의 진술은 다른 공동피고인에 대한 범죄**

사실을 인정하는 증거로 할 수 있는 것일 뿐만 아니라 공범인 공동피고인들의 각 진술은 상호간에 서로 보강증거가 될 수 있다.

대법원 2008. 6. 26. 선고 2008도3300 판결 [위증]

피고인에게 진술포기권을 인정하지 않는다. 피고인은 증인이 될 수 없다. 공범인 공동피고인인 경우 변론이 분리되면, 증인적격을 인정한다. 판례 입장이다.

중요 ④ 乙이 자신의 사업과 관련하여 그때그때의 수입과 지출을 기재해 놓은 금전출납부가 적법하게 압수되어 증거로 제출된 경우, 그 금전출납부에 甲에 대한 뇌물공여로 지출된 금액의 기재가 있는 경우에 이는 乙의 자백에 대한 보강증거가 될 수 있다. 형사소송법 제315조 제2호 증거능력+

해설 및 정답 2014년 제3회 변호사시험 기출문제 27 **정답** ○

대법원 1996. 10. 17. 선고 94도2865 전원합의체 판결 [가중뇌물수수 · 가중뇌물공여]

[판시사항] 피고인이 업무추진 과정에서 지출한 자금 내역을 기록한 수첩의 기재 내용이 자백에 대한 독립적인 보강증거가 될 수 있는지 여부(적극)

☞ [출제] 2019년 제8회 변호사시험 기출문제 28

중요 ⑤ 甲이 법정에서 乙로부터 뇌물을 수수한 사실을 부인하면서 공소사실 기재 일시경에 乙을 만났던 사실과 공무에 관한 청탁을 받은 사실만을 시인하였다면 이것만으로는 乙의 자백에 대한 보강증거가 될 수 ~~없다.~~ 있다.

해설 및 정답 2014년 제3회 변호사시험 기출문제 27 **정답** ×

피고인 자백과 별개의 독립된 증거이면, 간접증거 · 정황증거도 보강증거가 될 수 있다. 판례는 보강의 정도에 대해서 자백의 진실성을 담보하는 정도이면 족하다고 본다.

대법원 1995. 6. 30. 선고 94도993 판결 [특정범죄가중처벌 등에 관한 법률위반 · 뇌물수수 · 뇌물공여]

[판결요지] [1] **자백에 대한 보강증거는 피고인의 자백이 가공적인 것이 아닌 진실한 것임을 인정할 수 있는 정도만 되면 족할 뿐만 아니라 직접증거가 아닌 간접증거나 정황증거도 보강증거가 될 수 있다.**

[2] **뇌물공여의 상대방인 공무원이 뇌물을 수수한 사실을 부인하면서도 그 일시경에 뇌물공여자를 만났던 사실 및 공무에 관한 청탁을 받기도 한 사실자체는 시인하였다면, 이는 뇌물을 공여하였다는 뇌물공여자의 자백에 대한 보강증거가 될 수 있다**고 한 사례.

[5] 경찰공무원이 슬롯머신 영업에 5천만 원을 투자하여 **매월 3백만 원씩을 지급받은 것이 뇌물을 수수한 것이라고 보아야 한다. 그러므로 1억 5백만원은 그 자체가 뇌물이 된다. 다만 실제의 뇌물의 액수는 5천만 원을 투자함으로써 얻을 수 있는 통상적인 이익을 초과한 금액이라고 보아야 한다.**

중요 **05**

甲과 乙은 합동하여 A의 금반지를 절취한 사실로[특수절도죄]**, 丙은 甲으로부터 위 금반지가 훔친 물건임을 알면서 이를 양수한 사실로**[장물취득죄] **각 기소되어 한 사건절차 내에서 공동피고인으로 재판을 받고 있다. 다음의 설명 중 옳은 것(○)과 옳지 않은 것(×)을 올바르게 조합한 것은?** (다툼이 있는 경우에는 판례에 의함)

가. 공판절차 중 검사의 乙에 대한 피고인신문에서 乙이 한 "나(乙)는 甲과 함께 금반지를 훔쳤다."라는 답변은 甲에 대한 유죄의 증거가 된다.

나. 공판절차 중 검사의 丙에 대한 피고인신문에서[증인으로 선서 후 증인신문에서] 丙이 한 "나(丙)는 甲이 A로부터 훔친 것인 줄 알면서 위 금반지를 甲으로부터 양수하였다." 라는 답변은 甲에 대한 유죄의 증거가 된다.

다. 증거서류의 증거능력 유무에 관한 의견진술절차에서, 丙에 대한 검사 작성의 피의자신문조서에 대하여[형사소송법 제312조 제4항] 甲은 부동의하고 丙은 진정성립 및 임의성을 인정할 경우, 위 丙에 대한 검사 작성의 피의자신문조서는 甲에 대한 유죄의 증거가 된다.[반대신문권-]

라. 甲이 수사기관과는 무관하게, A로부터 훔친 위 금반지를 처분하기 위하여 자신이 丙과 전화통화한 흥정 내용을 丙 몰래 녹음한 경우, 그 녹음테이프가 형사소송법 제313조(진술서 등) 제1항의 요건을 충족한다면 丙에 대한 유죄의 증거가 된다.

① 가(○), 나(×), 다(×), 라(○) ② 가(○), 나(○), 다(×), 라(×)
③ 가(×), 나(○), 다(×), 라(○) ④ 가(○), 나(×), 다(○), 라(○)
⑤ 가(×), 나(○), 다(○), 라(×)

해설 및 정답 2012년 제1회 변호사시험 기출문제 27 **정답** ①

공동피고인의 서류와 진술의 증거능력을 묻는 문제이다.

가. (○) 대법원 1992. 7. 28. 선고 92도917 판결

[판결요지] 형사소송법 제310조의 피고인의 자백에는 공범인 공동피고인의 진술은 포함되지 않는다. 이러한 공동피고인의 진술에 대하여는 피고인의 반대신문권이 보장되어 있어 독립한 증거능력이 있다.

☞ [출제] 2019년 제8회 변호사시험 기출문제 31 · 2013년 제2회 변호사시험 기출문제 26

나. (×) 공범 아닌 공동피고인은 증인적격이 인정된다. 선서 없이 한 법정진술과 검찰진술은 증거능력이 없다.

대법원 1982. 6. 22. 선고 82도898 판결

[판결요지] 피고인과 별개의 범죄사실로 기소되어 병합심리되고 있던 공동피고인은 피고인에 대한 관계에서는 증인의 지위에 있음에 불과하다. 그러므로 선서 없이 한 그 공동피

고인의 법정 및 검찰진술은 피고인에 대한 공소범죄사실을 인정하는 증거로 할 수 없다.

☞ [출제] 2018년 제7회 기출문제 34 · 2014년 제3회 기출문제 39 · 2013년 제2회 기출문제 37

다. (×) **공동피고인에 대한 검사작성 피의자신문조서는 형사소송법 제312조 제1항을 적용하여야 한다. 성립진정이 원진술자에 의하여 인정되더라도 반대신문권 보장과 특신상태가 있어야 한다.** ☞ 형사소송법 제312조 제1항 개정.

라. (○) **사안은 사인(私人)이 녹음한 녹음테이프의 진술부분 증거능력이다. 대화당사자 중 1인이 녹음한 경우 통신비밀보호법 위반이 아니다. 피고인이 녹음테이프 증거능력에 동의하지 않는 경우, 원본 복사 사본 증명과 녹음자 진술에 의한 진정성립 증명과 특신상태가 인정되어야 증거능력이 있다.**

대법원 2001. 10. 9. 선고 2001도3106 판결

☞ [출제] 2019년 제8회 변호사시험 기출문제 12 · 2017년 제6회 변호사시험 기출문제 22

중요 **06** ★★★★★

필요적 공범에 관한 설명 중 옳지 않은 것은? (다툼이 있는 경우 판례에 의함)

파워특강 1 필요적 공범. 형사소송법 제253조 제2항 '공범'(=대향범은 포함되지 않음. 뇌물공여죄와 뇌물수수죄 대향범 포함되지 않음). 필요적 공범(=행위 공동 필요. 반드시 협력자 전부가 책임이 있음을 필요로 하는 것은 아님). 금품 수수 대향범죄 공범(=형법총칙 적용하지 않음. 금품 제공자 처벌규정이 없는 경우⇒공여행위 교사자와 방조자 범행 공범관계 불성립). 영장발부 사유와 무관한 별개 증거 압수(=위법수집증거). 관련성(=혐의사실과 객관적 관련성+인적 관련성을 말함). 혐의사실 객관적 관련성(=기본적 사실관계 동일성. 개별적 연관 관련성⇒간접증거와 정황증거로 사용 가능⇒단순 동종과 유사범행 관련성 부정). 인적 관령성(=공동정범 · 간접정범 · 필요적 공범 · 교사범 · 방조범에 대해 인정). 검사 이외 수사기관 작성 공범 관계자에 대한 피의자신문조서(=형사소송법 제312조 제3항 적용⇒내용부인 증거능력 없음⇒총칙 공범과 필요적 공범 모두 포함).

파워특강 2 공소시효 기산점(=미수범. 기수범). 형사소송법 제253조 제2항 공범 범위(=대향범 관계 포함되지 않음). 형사소송법 제253조(=범인국외도피계속 포함).

파워특강 3 비신분자가 신분자와 공모하여 업무상배임죄를 범한 경우(=형법 제33조, 업무상배임죄 성립. 다만 배임죄로 처벌). 대향적 범죄 공범에 관한 형법총칙 규정 적용하지 않음(=공여행위자 교사죄 또는 방조죄 불성립). 치과의사가 기공사에게 진료행위를 교사한 행위(=무면허의료행위 교사죄 성립). 방조행위는 간접 · 직접 모두 가능함. 정범이 누구인지 알 필요가 없음(=형법 제32조, 저작권 위반 정범을 생각하길 바람). 교사를 받은 사람이 실행에 착수하지 않은 경우(=형법 제31조, 교사자와 피교사자 모두 예비 · 음모죄로 처벌함. 다만 형법각론 또는

특별법에 예비죄 · 음모죄 처벌 규정이 있어야 함)

파워특강 4 증거. 제1심 법원 증거(=항소심 증거조사 불필요. 다만 증거조사 결과는 고지함. 형사소송법 제156조5 제1항). 사법경찰관 작성 공범인 피의자신문조서(=내용 부인시 증거능력 부정⇒형사소송법 제314조 적용되지 않음. 법인 또는 개인 양벌규정 기소 경우에도 동일 규정 적용). 수사기관 불법 감청(=수사기관이 압수한 휴대전화를 제공하여 통화한 내용을 녹음한 행위. 녹취록은 위법수집증거). 전자문서를 수록한 파일 증거능력(=원본 동일성은 검사가 증명함).

① 공소시효는 공소의 제기로 진행이 정지되고, 「형사소송법」 제253조 제2항에 따라 공범의 1인에 대한 시효의 정지는 다른 공범자에 대하여 효력이 미치므로, 뇌물수수자에 대하여 공소가 제기되었다면 뇌물공여자에 대한 공소시효 또한 ~~정지된다.~~ 정지되지 않는다.

해설 및 정답 2022년 제11회 변호사시험 기출문제 37 **정답** ×

대법원 2015. 2. 12. 선고 2012도4842 판결 [제3자뇌물교부]

[판시사항] 형사소송법 제253조 제2항의 '공범'을 해석할 때 고려하여야 할 사항 / **이른바 대향범 관계에 있는 자 사이에서 각자 상대방 범행에 대하여 형법 총칙의 공범규정이 적용되는지 여부(소극) / 형사소송법 제253조 제2항의 '공범'에 뇌물공여죄와 뇌물수수죄 사이와 같은 대향범 관계에 있는 자가 포함되는지 여부(소극)**

[판결요지] 뇌물공여죄와 뇌물수수죄 사이와 같은 이른바 대향범 관계에 있는 자는 강학상으로는 필요적 공범이라고 불리고 있다. 그러나 서로 대향된 행위의 존재를 필요로 할 뿐 각자 자신의 구성요건을 실현하고 별도의 형벌규정에 따라 처벌되는 것이다. **2인 이상이 가공하여 공동의 구성요건을 실현하는 공범관계에 있는 자와는 본질적으로 다르다. 대향범 관계에 있는 자 사이에서는 각자 상대방의 범행에 대하여 형법 총칙의 공범규정이 적용되지 아니한다. 이러한 점들에 비추어 보면, 형사소송법 제253조 제2항 '공범'에는 뇌물공여죄와 뇌물수수죄 사이와 같은 대향범 관계에 있는 자는 포함되지 않는다.**

☞ [출제] 2021년 제10회 변호사시험 기출문제 24 ㄴ.

☞ [출제] 2020년 제9회 변호사시험 기출문제 23 ②

② 필요적 공범이라는 것은 법률상 범죄의 실행이 다수인의 협력을 필요로 하는 것을 가리키는 것으로서 이러한 범죄의 성립에는 행위의 공동을 필요로 하는 것에 불과하고 반드시 협력자 전부가 책임이 있음을 필요로 하는 것은 아니다.

해설 및 정답 2022년 제11회 변호사시험 기출문제 37 **정답** ○

대법원 2008. 3. 13. 선고 2007도10804 판결 [특정범죄가중처벌등에관한법률위반(뇌물)]

[판시사항] 필요적 공범의 경우 협력자 전부에게 형사책임이 요구되는지 여부(소극) 및

함정에 빠뜨릴 의사로 공무원에게 금품을 공여하여 공무원이 그 금품을 직무와 관련하여 수수한 경우 뇌물수수죄가 성립되는지 여부(적극)

[판결요지] **뇌물공여죄와 뇌물수수죄는 필요적 공범관계에 있다고 할 것이다. 필요적 공범이라는 것은 법률상 범죄의 실행이 다수인의 협력을 필요로 하는 것을 가리키는 것이다. 이러한 범죄의 성립에는 행위의 공동을 필요로 하는 것에 불과하고 반드시 협력자 전부가 책임이 있음을 필요로 하는 것은 아니다.** 오로지 공무원을 함정에 빠뜨릴 의사로 직무와 관련되었다는 형식을 빌려 그 공무원에게 금품을 공여한 경우에도 공무원이 그 금품을 직무와 관련하여 수수한다는 의사를 가지고 받아들이면 뇌물수수죄가 성립한다.

중요 ③ 금품 등의 수수와 같이 2인 이상의 서로 대향된 행위의 존재를 필요로 하는 관계에 있어서는 금품 등을 공여한 자에게 따로 처벌규정이 없는 이상, 금품을 공여한 자의 행위에 대하여만 관여하여 그 공여행위를 교사하거나 방조한 행위는 상대방의 범행에 대하여 공범관계가 성립되지 아니한다.

해설 및 정답 2022년 제11회 변호사시험 기출문제 37 **정답** ○

대법원 2014. 1. 16. 선고 2013도6969 판결 [특정범죄가중처벌등에관한법률위반(알선수재)·개인정보보호법위반·배임수재·배임증재·변호사법위반방조]

[판시사항] 금품 등 수수와 같은 대향적 범죄에 공범에 관한 형법총칙 규정이 적용되는지 여부(소극) 및 금품 등 공여자에게 따로 처벌규정이 없는 경우, 공여행위를 교사 또는 방조한 행위가 공여자의 상대방 범행에 대하여 공범관계가 성립하는지 여부(소극)

[판결요지] 금품 등을 공여한 자에게 따로 처벌규정이 없는 이상, 그 공여행위는 그와 대향적 행위의 존재를 필요로 하는 상대방의 범행에 대하여 공범관계가 성립되지 않는다. 오로지 금품 등을 공여한 자의 행위에 대하여만 관여하여 그 공여행위를 교사하거나 방조한 행위도 상대방의 범행에 대하여 공범관계가 성립되지 않는다.

☞ [출제] 2021년 제10회 변호사시험 기출문제 17 ②

중요 ④ 압수·수색영장의 범죄 혐의사실과 관계있는 범죄라는 것은 압수·수색영장에 기재한 혐의사실과 객관적 관련성이 있을 뿐 아니라, 압수·수색영장 대상자와 피의자 사이에 인적 관련성이 있는 범죄를 의미한다. 이때 피의자와 사이의 인적 관련성은 압수·수색영장에 기재된 대상자의 공동정범이나 교사범 등 공범이나 간접정범은 물론 필요적 공범에 대한 피고사건에 대해서도 인정될 수 있다.

해설 및 정답 2022년 제11회 변호사시험 기출문제 37 **정답** ○

대법원 2017. 12. 5. 선고 2017도13458 판결 [공직선거법위반]

[판결요지] **영장 발부의 사유로 된 범죄 혐의사실과 무관한 별개의 증거를 압수하였을 경우 이는 원칙적으로 유죄 인정의 증거로 사용할 수 없다. 그러나 압수·수색의 목적이 된**

범죄나 이와 관련된 범죄의 경우 그 압수·수색 결과를 유죄의 증거로 사용할 수 있다. 혐의사실과의 객관적 관련성은 압수·수색영장에 기재된 혐의사실 자체 또는 그와 기본적 사실관계가 동일한 범행과 직접 관련되어 있는 경우는 물론 범행 동기와 경위, 범행 수단과 방법, 범행 시간과 장소 등을 증명하기 위한 간접증거나 정황증거 등으로 사용될 수 있는 경우에도 인정될 수 있다. 그 관련성은 압수·수색영장에 기재된 혐의사실의 내용과 수사의 대상, 수사 경위 등을 종합하여 구체적·개별적 연관관계가 있는 경우에만 인정되고, 혐의사실과 단순히 동종 또는 유사 범행이라는 사유만으로 관련성이 있다고 할 것은 아니다. 그리고 **피의자와 사이의 인적 관련성은 압수·수색영장에 기재된 대상자의 공동정범이나 교사범 등 공범이나 간접정범은 물론 필요적 공범 등에 대한 피고사건에 대해서도 인정될 수 있다.**

☞ [출제] 2022년 제11회 변호사시험 기출문제 21 ②

중요 ⑤ 「형사소송법」 제312조 제3항은 검사 이외의 수사기관이 작성한 해당 피고인과 공범관계에 있는 다른 피고인이나 피의자에 대한 피의자신문조서를 해당 피고인에 대한 유죄의 증거로 채택할 경우에도 적용되는데, 이때 공범에는 형법 총칙의 공범 이외에 필요적 공범 관계에 있는 자들도 포함된다.

해설 및 정답 2022년 제11회 변호사시험 기출문제 37 **정답** ○

대법원 2020. 6. 11. 선고 2016도9367 판결 [의료법위반] 〈양벌규정의 종업원과 사업주는 형사증거법상 공범 내지 이에 준하는 관계에 있다고 보아, 망인인 종업원에 대한 경찰 피의자신문조서는 형사소송법 제312조 제3항 소정의 '검사 이외의 수사기관이 작성한 피의자신문조서'에 해당하므로, 같은 법 제314조에 기초하여 위 경찰 피의자신문조서의 증거능력을 인정할 수 없다고 본 사건〉★★★★★

[판결요지] **형사소송법 제312조 제3항은 검사 이외의 수사기관이 작성한 해당 피고인에 대한 피의자신문조서를 유죄의 증거로 하는 경우뿐만 아니라 검사 이외의 수사기관이 작성한 해당 피고인과 공범관계에 있는 다른 피고인이나 피의자에 대한 피의자신문조서를 해당 피고인에 대한 유죄의 증거로 채택할 경우에도 적용된다. 따라서 해당 피고인과 공범관계가 있는 다른 피의자에 대하여 검사 이외의 수사기관이 작성한 피의자신문조서는 그 피의자의 법정진술에 의하여 성립의 진정이 인정되는 등 형사소송법 제312조 제4항의 요건을 갖춘 경우라도 해당 피고인이 공판기일에서 그 조서의 내용을 부인한 이상 이를 유죄 인정의 증거로 사용할 수 없고, 그 당연한 결과로 위 피의자신문조서에 대하여는 사망 등 사유로 인하여 법정에서 진술할 수 없는 때에 예외적으로 증거능력을 인정하는 규정인 형사소송법 제314조가 적용되지 아니한다. 그리고 이러한 법리는 공동정범이나 교사범, 방조범 등 공범관계에 있는 자들 사이에서뿐만 아니라, 법인의 대표자나 법인 또는 개인의 대리인, 사용인, 그 밖의 종업원 등 행위자의 위반행위에 대하여 행위자가 아닌 법인 또는 개인이 양벌규정에 따라 기소된 경우, 이러한 법인 또는 개인과 행위자 사이의 관계에서도 마찬가지로 적용된다**고 보아야 한다.

☞ [출제] 2021년 제10회 변호사시험 기출문제 37 ㄴ.

3 기초이론

문 46. 제척 · 기피 · 회피에 관한 설명 중 옳은 것은? (다툼이 있는 경우 판례에 의함)

출제내용

- 제척 사유(=환송판결 전 원심에 관여하고 환송 후 원심재판에 관여 한 경우 형사소송법 제17조 제척사유에 해당하지 않음, 같은 심급이며 전심이 아님). 구속적부심사에 관여한 법관이 제1심 재판에 관여한 경우(=전심재판 기초되는 조사·심리에 관여한 경우가 아님)
- 기피 사유(=불공정한 재판에 관여한 때란 '합리적 객관적 사정'을 말함. 재판부 당사자 증거신청 불채택 불공평한 재판 염려에 해당하지 않음). 기피신청 기각 결정에 즉시항고(=3일 이내 불복신청) 가능함
- 회피 사유(=법관 스스로 '서면' 회피신청)

출제분석

2024년 제13회 변호사시험 출제예상 ★

2016년 제5회 변호사시험 기출문제 21

01 ★★★★★

「형사소송법」상 제척 · 기피 · 회피에 관한 설명 중 옳지 않은 것은? (다툼이 있는 경우 판례에 의함)

① 파기환송 전의 원심재판에 관여한 법관이 환송 후의 재판에 관여한 경우에는 제척사유에 ~~해당한다.~~ 해당하지 않는다.

해설 및 정답 2016년 제5회 변호사시험 기출문제 21 **정답** ×

대법원 1979. 2. 27. 선고 78도3204 판결 [직무유기]

[판시사항] 환송 전 원심에 관여하며 환송 후 원심재판관으로서 제척되는지의 여부

[판결요지] 환송판결전의 원심에 관여한 재판관이 환송 후의 원심재판관으로 관여하였다 하여 군법회의법 제48조나 형사소송법 제17조에 위배된다고 볼 수 없다.

형사소송법 제17조는 제척사유를 규정하고 있다. 주요내용을 보면, 다음 각 호 어느 하나에 해당되는 경우 법관은 직무집행에서 제척된다. [개정 2005.3.31 법률 제7428호(민법)] [[시행일 2008.1.1.]] 1. 법관이 피해자인 경우, 2. 법관이 피고인 · 피해자의 친족 · 친족관계이었던 경우, 3. 법관이 피고인 · 피해자의 법정대리인 · 후견감독인인 경우, 4. 법관이 사건에 관하여 증인 · 감정인 · 피해자 대리인인 경우, 5. 법관이 사건에 관하여 피고인 대리인 · 변호인 · 보조인인 경우, 6. 법관이 사건에 관하여 검사직무 · 사법경찰관직무를 수행한 경우, 7. **법관이 사건에 관하여 전심재판 · 그 기초되는 조사 · 심리에 관여한 경우**

② 법관이 당사자의 증거신청을 채택하지 아니하거나 이미 한 증거결정을 취소하더라도 그 사유만으로는 '불공평한 재판을 할 염려가 있는 때'에 해당한다고 보기 어렵다.

해설 및 정답 2016년 제5회 변호사시험 기출문제 21 **정답** ○

대법원 1995. 4. 3. 자 95모10 결정 [법관기피신청기각결정에 대한 재항고]

[결정요지] [1] **기피원인에 관한 형사소송법 제18조 제1항 제2호 소정의 "불공평한 재판을 할 염려가 있는 때"라 함은,** 당사자가 불공평한 재판이 될지도 모른다고 추측할 만한 주관적인 사정이 있는 때를 말하는 것이 아니다. **통상인의 판단으로써 법관과 사건과의 관계상 불공평한 재판을 할 것이라는 의혹을 갖는 것이 합리적이라고 인정할 만한 객관적인 사정이 있는 때를 말한다.**

[2] **재판부가 당사자의 증거신청을 채택하지 아니하거나 이미 한 증거결정을 취소하였다 하더라도 그러한 사유만으로는 재판의 공평을 기대하기 어려운 객관적인 사정이 있다고 할 수 없다.** 또 형사소송법 제299조 규정상 재판장이 피고**인의 증인신문권의 본질적인 부분을 침해하였다고 볼 만한 아무런 소명자료가 없다면,** 재판장이 피고인의 증인에 대한 신문을 제지한 사실이 있다는 것만으로는 법관과 사건과의 관계상 불공평한 재판을 할 것이라는 의혹을 갖는 것이 합리적이라고 인정할 만한 **객관적인 사정이 있는 경우에 해당한다고 볼 수 없다.**

형사소송법 제18조는 기피사유와 기피신청권자를 규정하고 있다. 주요내용을 보면, ① 피고인·검사는 다음 각 호 어느 하나에 해당하는 경우 재판을 담당하는 법관에 대해 기피신청을 할 수 있다. 1. 법관이 제17조 각 호 사유에 해당되는 경우, 2. **법관이 불공정한 재판을 할 가능성이 있는 경우** ② 변호인이 피고인을 위하여 재판담당법관에 대해 기피신청을 할 경우, 변호인은 피고인이 명확하게 밝힌 의사를 존중한다. 변호인은 피고인 의사에 반하여 독자적으로 재판담당법관에 대해 기피신청을 할 수 없다.

③ 법관이 스스로 기피의 원인이 있다고 판단한 때에는 소속법원에 서면으로 회피를 신청하여야 한다.

해설 및 정답 2016년 제5회 변호사시험 기출문제 21 **정답** ○

형사소송법 제24조는 회피사유와 회피재판을 규정하고 있다. 주요내용을 보면, **① 법관은 제18조 제1항 제1호·제2호 사유가 있다고 판단되면, 법관은 재판을 회피(回避)한다. ② 법관은 소속법원에 회피신청을 서면으로 한다. ③ 회피재판은 제21조 기피신청재판을 준용한다.**

④ 구속적부심에 관여한 법관이 그 사건에 대한 제1심재판에 관여한 경우 제척사유에 해당하지 않는다.

해설 및 정답 2016년 제5회 변호사시험 기출문제 21 **정답** ○

형사소송법 제17조 제7호에 의한 제척사유인 "전심재판 또는 **전심재판의 기초되는 조사 심리에 관여한 경우**"에서 그 기초되는 조사심리에 관여한 경우란 **전심재판의 내용형성에 사용될 자료의 수집에 관여하여 그 결과가 전심재판의 사실인정의 자료로 쓰여진 경우를 말하는 것이다. 따라서 구속영장을 발부한 법관이나 구속적부심에 관여한 법관 보석허가 결정에 관여한 법관 등은 이에 해당하지 않는다.** 그러나 수탁판사로서 증거조사를 한 경우나 증거보전절차에 관여한 경우(통설, 다만 판례는 반대), 증인신문절차에 관여한 경우, 재판상 준기소절차에서 심판에 부하는 결정을 한 법관이 당해 사건의 항소심 재판에 관여한 경우 등은 전심재판의 기초가 되는 조사심리에 관여한 경우에 해당한다. **구속적부심에 관여하였다고 하여도 그 결과가 사실인정자료로 쓰여진 경우가 아니므로 제척사유에 해당하지 않는다**(대법원 1960. 7. 23. 선고 4293형상166 판결). 그러나 제척사유가 되지 않지만, 기피사유는 불공평한 재판을 할 우려가 있는 경우라는 일반조항이 있으므로 기피사유가 검토될 수 있음은 별개의 문제다.

⑤ 기피신청을 기각한 결정에 대하여는 즉시항고를 할 수 있다.

해설 및 정답 2016년 제5회 변호사시험 기출문제 21 **정답** ○

형사소송법 제23조는 기피신청기각결정과 즉시항고를 규정하고 있다. 주요내용을 보면, ① **피고인·검사는 기피신청을 기각한 결정에 대해 즉시항고를 할 수 있다.** ② 제20조 제1항 소송지연목적이 명백한 경우에 대한 기각결정과 제19조 기피신청관할을 위배한 경우에 대한 기각결정에 대한 즉시항고 경우, 재판집행효력은 정지되지 않는다. [신설 95·12·29]

02 ★★★★★

다음 중 제척사유에 해당하는 것은? (다툼이 있는 경우에는 판례에 의함)

① 수사단계에서 구속영장을 발부한 법관이 피고사건을 심판하는 경우

해설 및 정답 2011년·2014년·2015년 법전협의회 모의고사문제 변형 **정답** ×

대법원 1989. 9. 12. 선고 89도612 판결 [직무유기·뇌물수수]

[판시사항] 구속영장의 발부가 전심관여에 해당하는지 여부(소극)

[판결요지] 법관이 수사단계에서 피고인에 대하여 구속영장을 발부한 경우는 형사소송법 제17조 제7호 소정의 "법관이 사건에 관하여 전심재판 또는 그 기초되는 조사, 심리에 관여한 때"에 해당한다고 볼 수 없다.

중요 ② 약식명령을 발부한 판사가 그 정식재판의 제1심 공판절차에 관여한 경우

해설 및 정답 2017년 제6회 변호사시험 기출문제 33 ★ **정답** ×

대법원 2011. 4. 28. 선고 2011도17 판결 [상해]

[판결요지] 약식명령을 한 판사가 그 정식재판 절차의 항소심판결에 관여함은 형사소송법 제17조 제7호 소정의 "법관이 사건에 관하여 전심재판 또는 그 기초되는 조사, 심리에 관여한 때"에 해당하여 제척의 원인이 된다(대법원 1985. 4. 23. 선고 85도281 판결, 대법원 2002. 2. 26. 선고 2001도4936 판결 등 참조).

☞ 제1심 공판절차에 관여한 것은 제척사유가 되지 않는다.

대법원 2002. 4. 12. 선고 2002도944 판결 [방문판매등에관한법률위반]

[판결요지] 약식절차와 피고인 또는 검사의 정식재판청구에 의하여 개시된 **제1심 공판절차는 동일한 심급 내에서 서로 절차만 달리할 뿐이다.** 그러므로 약식명령이 제1심 공판절차의 전심재판에 해당하는 것은 아니다. 따라서 **약식명령을 발부한 법관이 정식재판절차의 제1심 판결에 관여하였다고 하여 형사소송법 제17조 제7호에 정한 '법관이 사건에 관하여 전심재판 또는 그 기초되는 조사, 심리에 관여한 때'에 해당하여 제척의 원인이 된다고 볼 수는 없다.**

③ 약식명령을 발부한 판사가 그 정식재판 절차의 항소심 공판에는 관여하였으나 그 판결에는 관여하지 않은 경우

해설 및 정답 2011년 · 2014년 · 2015년 법전협의회 모의고사문제 변형 **정답** ×

대법원 1985. 4. 23. 선고 85도281 판결 [폭력행위등처벌에관한법률위반]

[판결요지] 약식명령을 발부한 법관이 그 정식재판 절차의 항소심 공판에 관여한 바 있어도 후에 경질되어 그 판결에는 관여하지 아니한 경우는 전심재판에 관여한 법관이 불복이 신청된 당해 사건의 재판에 관여하였다고 할 수 없다.

④ 통역인이 피해자의 사실혼 배우자인 경우

해설 및 정답 2011년 · 2014년 · 2015년 법전협의회 모의고사문제 변형 **정답** ×

통역인이 피해자의 사실혼 배우자인 경우 통역인 제척사유에 해당하는지 여부(소극)

대법원 2011. 4. 14. 선고 2010도13583 판결 [특정경제범죄가중처벌등에관한법률위반]

⑤ 통역인이 증인으로 출석하여 진술한 후 같은 기일에 다른 증인의 진술을 통역한 경우

해설 및 정답 2011년 · 2014년 · 2015년 법전협의회 모의고사문제 변형 **정답** ○

대법원 2011. 4. 14. 선고 2010도13583 판결 [특정경제범죄가중처벌등에관한법률위반]

⑥ 사건에 관하여 증인으로 증언한 사람이 통역인이 되는 경우

해설 및 정답 2011년 · 2014년 · 2015년 법전협의회 모의고사문제 변형 **정답** ○

대법원 2011. 4. 14. 선고 2010도13583 판결

⑦ 제1심판결에서 유죄의 증거로 사용된 증거를 조사한 판사가 항소심 재판에 관여하는 경우

해설 및 정답 2011년·2014년·2015년 법전협의회 모의고사문제 변형 **정답** ○

대법원 1999. 10. 22. 선고 99도3534 판결 [폭력행위등처벌에관한법률위반]

[판결요지] 제1심 판결에서 피고인에 대한 유죄의 증거로 사용된 증거를 조사한 판사는 형사소송법 제17조 제7호 소정의 전심재판의 기초가 되는 조사, 심리에 관여하였다 할 것이다. 그와 같이 전심재판의 기초가 되는 조사, 심리에 관여한 판사는 직무집행에서 제척되어 항소심 재판에 관여할 수 없다.

⑧ 선거관리위원장으로서 공직선거법위반의 혐의사실에 대하여 수사기관에 수사의뢰를 한 법관이 당해 형사피고사건의 재판을 하는 경우

해설 및 정답 2011년·2014년·2015년 법전협의회 모의고사문제 변형 **정답** ×

대법원 1999. 4. 13. 선고 99도155 판결 [공직선거 및 선거부정방지법 위반]

[판시사항] 선거관리위원장으로서 공직선거및선거부정방지법위반혐의사실에 대하여 수사기관에 수사의뢰를 한 법관이 당해 형사피고사건의 재판을 하는 경우, 형사소송법 제17조 제6호 소정의 제척원인인 '법관이 사건에 관하여 사법경찰관의 직무를 행한 때'에 해당하는지 여부(소극)

⑨ 재심청구의 목적이 되는 확정판결에 관여한 법관이 그 재심청구사건에 관여하는 경우

해설 및 정답 2011년·2014년·2015년 법전협의회 모의고사문제 변형 **정답** ×

대법원 1982. 11. 15. 자 82모11 결정 [재심청구기각결정에 대한 재항고]

[판결요지] 재심청구사건에 있어서 재심대상이 되는 사건은 이에 해당하지 않으므로 원심 재판장 판사 (갑)이 재심대상판결의 제1심에 관여했다 하더라도 이 사건 재심청구사건에서 제척 또는 기피의 원인이 되는 것이 아니다.

⑩ 상고심의 판결을 담당하였던 법관이 판결정정의 신청을 처리하는 경우

해설 및 정답 2011년·2014년·2015년 법전협의회 모의고사문제 변형 **정답** ×

대법원 1968. 12. 6. 선고 67도1112 판결 [공문서위조·공문서위조행사·사기·군용물횡령]

[판결요지] 상고심의 판결을 담당하였던 법관이 판결정정의 신청을 처리하는 경우는 형사소송법 제17조에 위배된다고 볼 수 없다.

문 47. 접견교통권에 관한 설명 중 옳은 것은? (다툼이 있는 경우 판례에 의함)

출제내용

- 접견교통권 주체: 체포·구속·불구속을 당한 피의자·피고인+
- 미결수용자 접견교통권+
- 변호인과 변호인이 되려는 사람의 접견교통권+
- 법령에 근거하여 접견교통권 제한(=국가안전보장·질서유지·공공복리)

출제분석

2024년 제13회 변호사시험 출제예상 ★
2015년 제4회 변호사시험 기출문제 22
2013년 제2회 변호사시험 기출문제 21

01 ★★★★★

접견교통권에 대한 다음 설명 중 옳지 않은 것은? (다툼이 있는 경우에는 판례에 의함)

① 접견교통권의 주체는 체포·구속을 당한 피의자이고, 신체 구속상태에 있지 않은 ~~피의자는 포함되지 않는다.~~ 피의자도 포함된다.

해설 및 정답 2013년 제2회 변호사시험 기출문제 21 정답 ×

헌법 제12조, 형사소송법 제34조.

헌법재판소 2004. 9. 23. 선고 2000헌마138 전원재판부 [변호인의 조력을 받을 권리 등 침해 위헌확인]

불구속 피의자의 경우에도 변호인의 조력을 받을 권리는 우리 헌법에 나타난 법치국가원리, 적법절차원칙에서 인정되는 당연한 내용이다. 피의자·피고인의 구속 여부를 불문하고 조언과 상담을 통하여 이루어지는 변호인의 조력자로서의 역할은 변호인선임권과 마찬가지로 변호인의 조력을 받을 권리의 내용 중 가장 핵심적인 것이다.

② 미결수용자의 변호인 접견권은 국가안전보장·질서유지 또는 공공복리를 위해 필요한 경우 법률로써 제한될 수 있다.

해설 및 정답 2013년 제2회 변호사시험 기출문제 21 정답 ○

헌법재판소 2011. 5. 26. 선고 2009헌마341 전원재판부 [미결수용자변호인접견불허처분위헌확인]

미결수용자의 변호인 접견권 역시 국가안전보장·질서유지 또는 공공복리를 위해 필요한 경우에는 법률로써 제한될 수 있음은 당연하다.

③ 신체구속을 당한 피고인 또는 피의자에 대한 변호인의 접견교통권은 수사기관의 처분 등에 의해 이를 제한할 수 없고, 다만 법령에 의해 제한이 가능하다.

해설 및 정답 2013년 제2회 변호사시험 기출문제 21 **정답** ○

대법원 2002. 5. 6. 자 2000모112 결정 [수진불허처분취소에대한재항고]

[결정요지] [1] **변호인의 구속된 피고인 또는 피의자와의 접견교통권은 피고인 또는 피의자 자신이 가지는 변호인과의 접견교통권과는 성질을 달리하는 것으로서 헌법상 보장된 권리라고는 할 수 없다. 형사소송법 제34조에 의하여 비로소 보장되는 권리이다. 그러나 신체구속을 당한 피고인 또는 피의자의 인권보장과 방어준비를 위하여 필수불가결한 권리이다. 그러므로 수사기관의 처분 등에 의하여 이를 제한할 수 없다. 다만 법령에 의하여서만 제한이 가능하다.**

[2] **행형법 제176조의 규정은 변호인의 수진권 행사에 대한 법령상의 제한에 해당한다고 보아야 할 것이다. 그렇다면 국가정보원 사법경찰관이 경찰서 유치장에 구금되어 있던 피의자에 대하여 의사의 진료를 받게 할 것을 신청한 변호인에게 국가정보원이 추천하는 의사의 참여를 요구한 것은 행형법시행령 제176조의 규정에 근거한 것으로서 적법하고, 이를 가리켜 변호인의 수진권을 침해하는 위법한 처분이라고 할 수는 없다.**

④ 신체구속을 당한 사람이 그 변호인을 자신의 범죄행위에 공범으로 가담시키려고 하였다는 사정만으로 신체구속을 당한 사람과 그 변호인의 접견교통권을 금지하는 것은 정당화 될 수 없다.

해설 및 정답 2013년 제2회 변호사시험 기출문제 21 **정답** ○

대법원 2007. 1. 31. 자 2006모656 결정 [접견신청 불허처분 취소 결정에 대한 재항고]

[판결요지] **변호인의 접견교통의 상대방인 신체구속을 당한 사람이 그 변호인을 자신의 범죄행위에 공범으로 가담시키려고 하였다는 등의 사정만으로 그 변호인의 신체구속을 당한 사람과의 접견교통을 금지하는 것이 정당화될 수는 없다.**

⑤ 수사기관이 구금장소를 임의적으로 변경하여 접견교통을 어렵게 한 것은 접견교통권의 행사에 중대한 장애를 초래하는 것이므로 위법하다.

해설 및 정답 2013년 제2회 변호사시험 기출문제 21 **정답** ○

대법원 1996. 5. 15. 자 95모94 결정 [사법경찰관의처분취소에대한재항고]

[결정요지] **국가안전기획부 청사에 사실상 구금되어 있다면, 청구인에 대한 이러한 사실상의 구금장소의 임의적 변경은 청구인의 방어권이나 접견교통권의 행사에 중대한 장애를 초래하는 것이므로 위법하다.**

중요 02 ★★★★★

다음 사례에 관한 설명 중 옳지 않은 것은? (다툼이 있는 경우 판례에 의함)

> 사법경찰관 甲은 乙이 반국가단체의 활동에 동조하였다는 제보를 받고 국가보안법위반의 범죄 혐의가 있다고 생각하여, 2014. 12. 18. 06:00경 乙의 집으로 가서 다짜고짜 "경찰서로 잠깐 가서 조사할 것이 있다."고 말하였다. 乙은 가기 싫었으나 겁이 나서 따라나섰고, **甲은 乙을 순찰차에 태워 경찰서로 이동하였다.** 위법한 임의동행+ 甲은 乙에게 혐의사실을 추궁하였으나 **乙은 범행을 부인하였다.** 甲은 乙이 조사 도중 화장실에 갈 때에도 따라가 감시하였고, 乙이 집에 가서 챙겨 올 것이 있다고 할 때에도 **혐의사실을 인정할 때까지는 집에 가지 못한다며 제지하였다.** 계속되는 조사에 지친 乙은 결국 같은 날 23:00경 **혐의사실을 인정하였고,** 이에 甲은 피의사실의 요지, 체포이유 등을 乙에게 고지하는 등 절차를 밟아 **乙을 긴급체포하였다.** 위법한 긴급체포+

① 乙이 조사할 것이 있다는 甲의 말을 듣고 따라나섰다고 하더라도 乙에 대한 임의동행은 적법하지 않다.

해설 및 정답 2015년 제4회 변호사시험 기출문제 22 **정답** ○

대법원 2006. 7. 6. 선고 2005도6810 판결 [도주]

[판시사항] [1] 임의동행의 적법요건 [2] **사법경찰관이 피고인을 수사관서까지 동행한 것이 사실상의 강제연행, 즉 불법체포에 해당하고, 불법체포로부터 6시간 상당이 경과한 후에 이루어진 긴급체포 또한 위법하므로 피고인이 불법체포된 자로서 형법 제145조 제1항에 정한 '법률에 의하여 체포 또는 구금된 자'가 아니어서 도주죄의 주체가 될 수 없다**고 한 사례.

② 乙이 집에 가서 챙겨 올 것이 있다고 하였음에도, 甲이 乙의 귀가를 막은 것은 적법하지 않다.

해설 및 정답 2015년 제4회 변호사시험 기출문제 22 **정답** ○

대법원 2006. 7. 6. 선고 2005도6810 판결 [도주]

[판결요지] 수사관이 동행에 앞서 피의자에게 동행을 거부할 수 있음을 알려 주었거나 동행한 피의자가 언제든지 자유로이 동행과정에서 이탈 또는 동행장소로부터 퇴거할 수 있었음이 인정되는 등 오로지 피의자의 자발적인 의사에 의하여 수사관서 등에의 동행이 이루어졌음이 객관적인 사정에 의하여 명백하게 입증된 경우에 한하여, 그 적법성이 인정되는 것으로 봄이 상당하다.

③ 甲이 사후적으로 위와 같이 긴급체포절차를 밟았더라도 이와 같은 긴급체포는 위법하다.

해설 및 정답 2015년 제4회 변호사시험 기출문제 22 **정답** ○

대법원 2006. 7. 6. 선고 2005도6810 판결 [도주]

[판결요지] 불법체포 후 사법경찰관이 긴급체포 절차를 밟았다고 하더라도 이는 동행 형식 아래 행해진 불법 체포에 기하여 사후적으로 취해진 것에 불과하다. 그러므로 그와 같은 긴급체포 또한 위법하다고 아니할 수 없다.

중요 ④ 만일 甲이 乙에게 피내사자 신분으로 동행을 요구하였더라도, 乙의 변호인 접견교통권은 인정되어야 한다.

해설 및 정답 2015년 제4회 변호사시험 기출문제 22 **정답** ○

대법원 1996. 6. 3. 자 96모18 결정 [사법경찰관의처분취소에대한재항고]

[판시사항] [1] 임의동행된 피의자와 피내사자에게 변호인의 접견교통권이 인정되는지 여부(적극) [2] 변호인의 접견교통권의 제한 가부

[결정요지] [1] 변호인의 조력을 받을 권리를 실질적으로 보장하기 위하여는 변호인과의 접견교통권의 인정이 당연한 전제가 된다. 그러므로 **임의동행의 형식으로 수사기관에 연행된 피의자에게도 변호인 또는 변호인이 되려는 자와의 접견교통권은 당연히 인정된다고 보아야 한다. 임의동행의 형식으로 연행된 피내사자의 경우에도 이는 마찬가지이다.**

[2] 접견교통권은 피고인 또는 피의자나 피내사자의 인권보장과 방어준비를 위하여 필수불가결한 권리이므로 **법령에 의한 제한이 없는 한 수사기관의 처분은 물론 법원의 결정으로도 이를 제한할 수 없다.**

⑤ 만일 甲이 잠깐 경찰서 내의 다른 사무실에 간 사이 乙이 도주하였다면 도주죄로 처벌된다.

해설 및 정답 2015년 제4회 변호사시험 기출문제 22 **정답** ×

대법원 2006. 7. 6. 선고 2005도6810 판결 [도주]

[판결요지] 사법경찰관이 피고인을 수사관서까지 동행한 것이 사실상의 강제연행, 즉 불법 체포에 해당한다. 불법 체포로부터 6시간 상당이 경과한 후에 이루어진 긴급체포 또한 위법하다. 그러므로 **피고인이 불법체포된 자로서 형법 제145조 제1항에 정한 '법률에 의하여 체포 또는 구금된 자'가 아니어서 도주죄의 주체가 될 수 없다.**

문 48. 진술거부권에 관한 설명 중 옳은 것은? (다툼이 있는 경우 판례에 의함)

출제내용

- 피고인(=진술거부권 포기 불인정-, 증인적격 불인정-)
- 공범인 공동피고인은 다른 공범에 대한 증인적격 없음(=판례: 변론 분리되면 증인적격 인정+)
- 피의자신문시 진술거부권 불고지(=형사소송법 제244조3 제2항 위반, 위법수집 증거, 피의자신문조서 형사소송법 제312조 증거능력 없음)
- 피의자 아닌 사람에게 진술거부권 고지의무 없음(=참고인 진술거부권-)

출제분석

2024년 제13회 변호사시험 출제예상 ★
2014년 제3회 변호사시험 기출문제 22
2012년 제1회 변호사시험 기출문제 30

가. 진술거부권에 관한 설명 중 옳은 것이다(○).

① 변호인이 적극적으로 피고인 또는 피의자로 하여금 허위진술을 하도록 하는 것이 아니라 단순히 헌법상 권리인 진술거부권이 있음을 알려 주고 그 행사를 권고하는 것은 허용된다.

해설 및 정답 2014년 제3회 변호사시험 기출문제 22 **정답** ○

대법원 2007. 1. 31. 자 2006모656 결정 [접견신청 불허처분 취소 결정에 대한 재항고]
변호인의 접견교통의 상대방인 신체구속을 당한 사람이 그 변호인을 자신의 범죄행위에 공범으로 가담시키려고 하였다는 등의 사정만으로 그 변호인의 신체구속을 당한 사람과의 접견교통을 금지하는 것이 정당화될 수는 없다.

② 수사기관이 피의자를 신문함에 있어서 피의자에게 미리 진술거부권을 고지하지 않은 경우 그 피의자의 진술은 위법하게 수집된 증거로서 진술의 임의성이 인정되는 경우라도 증거능력이 부정된다.

해설 및 정답 2014년 제3회 변호사시험 기출문제 22 **정답** ○

대법원 1992. 6. 23. 선고 92도682 판결 [폭력행위 등 처벌에 관한 법률 위반]
수사기관이 피의자를 신문함에 있어서 피의자에게 미리 진술거부권을 고지하지 않은 때에는 그 피의자의 진술은 위법하게 수집된 증거로서 진술의 임의성이 인정되는 경우라도 증거능력이 부인되어야 한다.

③ 피의자의 지위는 수사기관이 조사대상자에 대한 범죄 혐의를 인정하여 수사를 개시하는 행위를 한 때 인정되므로, 이러한 피의자 지위에 이르지 아니한 자에 대하여는 수사기관이 진술거부권을 고지하지 아니하였더라도 진술의 증거능력이 부정되지 아니한다.

해설 및 정답 2014년 제3회 변호사시험 기출문제 22 **정답** ○

대법원 2011. 11. 10. 선고 2011도8125 판결 [마약류관리에 관한 법률 위반(향정)]

수사기관에 의한 진술거부권 고지 대상이 되는 피의자 지위는 수사기관이 조사대상자에 대한 범죄혐의를 인정하여 수사를 개시하는 행위를 한 때 인정되는 것으로 보아야 한다. 따라서 이러한 **피의자 지위에 있지 아니한 자에 대하여는 진술거부권이 고지되지 아니하였더라도 진술의 증거능력을 부정할 것은 아니다. 병은 수사기관에 의해 범죄혐의를 인정받아 수사가 개시된 피의자의 지위에 있었다고 할 수 없고 참고인으로서 조사를 받으면서 수사기관에게서 진술거부권을 고지받지 않았다는 이유만으로 그 진술조서가 위법수집증거로서 증거능력이 없다고 할 수 없다.**

④ 검사가 피의자에게 진술거부권을 고지하였으나, 검사 작성의 피의자신문조서에 진술거부권 행사 여부에 대한 피의자의 답변이 자필로 기재되어 있지 아니하거나 그 답변 부분에 피의자의 기명날인 또는 서명이 되어 있지 아니하였다면 그 피의자신문조서는 '적법한 절차와 방식'에 따라 작성된 것이라고 할 수 없다.

해설 및 정답 2014년 제3회 변호사시험 기출문제 22 **정답** ○

대법원 2013. 3. 28. 선고 2010도3359 판결 [업무상횡령]

[판시사항] [1] **진술거부권 행사 여부에 대한 피의자의 답변이 형사소송법 제244조의3 제2항에 규정한 방식에 위배된 경우, 사법경찰관 작성 피의자신문조서의 증거능력 유무(원칙적 소극)** [2] **피의자가 변호인 참여를 원하는 의사를 표시하였는데도 수사기관이 정당한 사유 없이 변호인을 참여하게 하지 아니한 채 피의자를 신문하여 작성한 피의자신문조서의 증거능력 유무(소극)**

[판결요지] [1] 헌법 제12조 제2항, 형사소송법 제244조의3 제1항, 제2항, 제312조 제3항에 비추어 보면, 비록 사법경찰관이 피의자에게 진술거부권을 행사할 수 있음을 알려 주고 그 행사 여부를 질문하였다 하더라도, 형사소송법 제244조의3 제2항에 규정한 방식에 위반하여 진술거부권 행사 여부에 대한 피의자의 답변이 자필로 기재되어 있지 아니하거나 그 **답변 부분에 피의자의 기명날인 또는 서명이 되어 있지 아니한 사법경찰관 작성의 피의자신문조서는 특별한 사정이 없는 한 형사소송법 제312조 제3항에서 정한 '적법한 절차와 방식'에 따라 작성된 조서라 할 수 없으므로 그 증거능력을 인정할 수 없다.**
[2] 헌법 제12조 제1항, 제4항 본문, 형사소송법 제243조의2 제1항 및 그 입법 목적 등에 비추어 보면, **피의자가 변호인의 참여를 원한다는 의사를 명백하게 표시하였음에도 수사기관이 정당한 사유 없이 변호인을 참여하게 하지 아니한 채 피의자를 신문하여 작성한 피의자신문조서는 형사소송법 제312조에 정한 '적법한 절차와 방식'에 위반된 증거**

일 뿐만 아니라, 형사소송법 제308조의2에서 정한 '적법한 절차에 따르지 아니하고 수집한 증거'에 해당하므로 이를 증거로 할 수 없다.

⑤ 재판장은 공판준비기일에 출석한 피고인에게 진술을 거부할 수 있음을 알려주어야 한다.

해설 및 정답 2012년 제1회 변호사시험 기출문제 30 **정답** ○

형사소송법 제266조8은 검사·변호인·피고인 출석을 규정하고 있다. 주요내용을 보면, ① 검사·변호인은 공판준비기일에 출석하여야 한다. ② 법원사무관등이 공판준비기일에 참여한다. ③ 법원은 검사·피고인·변호인에게 공판준비기일을 통지한다. ④ 법원은 공판준비기일이 지정된 사건에 변호인이 없는 경우 직권으로 변호인을 선정한다. ⑤ 법원은 필요하다고 인정되는 경우 피고인을 소환할 수 있다. 법원이 피고인을 소환을 하지 않는 경우에도 피고인은 공판준비기일에 출석할 수 있다. ⑥ **재판장은 출석한 피고인에게 진술을 거부할 수 있음을 알려주어야 한다.** [본조신설 2007.6.1] [[시행일 2008.1.1.]]

⑥ 주취운전의 혐의를 받고 있는 운전자에게 호흡측정기에 의한 주취여부의 측정에 응할 것을 요구하는 것은 진술거부권을 침해한 것이 아니다.

해설 및 정답 2012년 제1회 변호사시험 기출문제 30 **정답** ○

대법원 2009. 9. 24. 선고 2009도7924 판결 [도로교통법위반(음주측정거부)]

도로교통법 제44조 제2항에 규정된 음주측정은 호흡측정기에 입을 대고 호흡을 불어 넣음으로써 신체의 물리적, 사실적 상태를 그대로 드러내는 행위에 불과하다. 그러므로 이를 두고 "진술"이라 할 수 없다. 도로교통법의 위 조항들이 자기부죄금지의 원칙을 규정한 헌법 제12조 제2항에 위반된다고 할 수 없다.

⑦ 재판장은 피고인에 대하여 통상 인정신문 이전에 진술거부권에 대하여 1회 고지하면 되지만, 공판절차를 갱신하는 때에는 다시 고지하여야 한다.

해설 및 정답 2012년 제1회 변호사시험 기출문제 30 **정답** ○

형사소송규칙 제127조는 피고인에 대한 진술거부권 고지를 규정하고 있다. 주요내용을 보면, 재판장은 형사소송법 제284조에 따른 인정신문을 하기 전에 피고인에게 진술을 하지 아니하거나 개개의 질문에 대하여 진술을 거부할 수 있고, 이익 되는 사실을 진술할 수 있음을 알려 주어야 한다. [전문개정 2007.10.29]

형사소송규칙 제144조는 공판절차의 갱신절차을 규정하고 있다. 주요내용을 보면, ① 형사소송법 제301조, 법 제301조의2 또는 제143조에 따른 공판절차 갱신은 다음 각 호 규정에 의한다. 1. **재판장은 제127조의 규정에 따라 피고인에게 진술거부권 등을 고지한 후 법 제284조에 따른 인정신문을 하여 피고인임에 틀림없음을 확인하여야 한다.**

⑧ 피고인 또는 피의자는 자신에게 불이익한 사실뿐만 아니라 이익되는 사실에 대하여도 진술을 거부할 수 있다.

해설 및 정답 2012년 제1회 변호사시험 기출문제 30 **정답** ○

형사소송법 제244조3은 진술거부권 고지를 규정하고 있다. 주요내용을 보면, **① 검사·사법경찰관은 신문하기 전 피의자에게 다음 각 호 사항을 모두 알려주어야 한다. 1. 일체 진술을 하지 않거나 또는 개개 질문에 대하여 진술을 하지 않을 수 있다.** 2. 진술을 하지 않더라도 불이익을 받지 않는다. 3. 진술을 거부할 권리를 포기하고 행한 진술은 법정에서 유죄증거로 사용될 수 있다. 4. 신문을 받을 때 변호인을 참여하게 하는 등 변호인 조력을 받을 수 있다. 형사소송법 **제283조2는 피고인 진술거부권을** 규정하고 있다. 주요내용을 보면, ① 피고인은 진술하지 않거나 또는 각각 질문에 대해 진술을 거부할 수 있다. **② 재판장은 제1항에 근거하여 피고인에게 진술거부권을 고지하여야 한다.**

나. 진술거부권에 관한 설명 중 옳지 않은 것이다(×).

① 피고인 또는 피의자는 진술거부권을 포기하고 피고사건 또는 피의사건에 관하여 진술할 수 ~~있으며,~~ 없다. 더 나아가 피고인의 경우에는 진술거부권을 포기하고 증인적격을 취득할 수 ~~있다.~~ 없다.

해설 및 정답 2014년 제3회 변호사시험 기출문제 22 **정답** ×

대법원 2008. 6. 26. 선고 2008도3300 판결 [위증]

피고인에게 진술포기권을 인정하지 않는다. 피고인은 증인이 될 수 없다. 공범인 공동피고인인 경우 변론이 분리되면, 증인적격을 인정한다. 판례 입장이다.

[판결요지] 공범인 공동피고인은 당해 소송절차에서는 피고인의 지위에 있다. 그러므로 다른 공동피고인에 대한 공소사실에 관하여 증인이 될 수 없다. 그러나 소송절차가 분리되어 피고인의 지위에서 벗어나게 되면 다른 공동피고인에 대한 공소사실에 관하여 증인이 될 수 있다.

② 검사가 피의자를 신문할 때 피의자의 진술에 임의성이 인정된다면 미처 진술거부권을 고지하지는 않았더라도 그 조서는 원칙적으로 증거능력이 인정~~된다.~~ 되지 않는다.

해설 및 정답 2012년 제1회 변호사시험 기출문제 30 **정답** ×

대법원 1992. 6. 23. 선고 92도682 판결 [폭력행위 등 처벌에 관한 법률 위반]

수사기관이 피의자를 신문함에 있어서 피의자에게 미리 진술거부권을 고지하지 않은 때에는 그 피의자의 진술은 위법하게 수집된 증거로서 진술의 임의성이 인정되는 경우라도 증거능력이 부인되어야 한다.

문 49. 변호인참여권 · 국선변호인에 관한 설명 중 옳은 것은? (다툼이 있는 경우 판례에 의함)

출제내용

- 변호인 소송법상 지위
- 변호인 권리의무: 변호인 증거동의
- 변호인 선임
- 국선변호인(국선변호인 선정·변호인 조력 침해·이해상반 국선변호인 선정 금지)
- 형사소송법 제33조 제1항 필요적 변호사건
- 변호인 참여권 제한 불복방법(=준항고)

출제분석

2024년 제13회 변호사시험 출제예상 ★
2023년 제12회 변호사시험 기출문제 25
2021년 제10회 변호사시험 기출문제 34
2019년 제8회 변호사시험 기출문제 26

가. 국선변호인에 관한 설명 중 옳은 것이다(○).

① 헌법상 보장되는 '변호인의 조력을 받을 권리'는 변호인의 충분한 조력을 받을 권리를 의미하므로, 피고인에게 국선변호인의 조력을 받을 권리를 보장하여야 할 국가의 의무에는 피고인이 국선변호인의 실질적 조력을 받을 수 있도록 할 의무가 포함된다.

해설 및 정답 2019년 제8회 변호사시험 기출문제 26 **정답** ○

국선변호인의 실질적 조력을 받을 권리이다.

대법원 2015. 12. 23. 선고 2015도9951 판결 [모욕 · 폭행 · 상해 · 명예훼손]

[판결요지] [1] **헌법상 보장되는 '변호인의 조력을 받을 권리'는 변호인의 '충분한 조력'을 받을 권리를 의미하므로 피고인에게 국선변호인의 조력을 받을 권리를 보장하여야 할 국가의 의무에는 피고인이 국선변호인의 실질적 조력을 받을 수 있도록 할 의무가 포함된다.** [2] 공소사실 기재 자체로 보아 어느 피고인에 대한 유리한 변론이 다른 피고인에게는 불리한 결과를 초래하는 경우 공동피고인들 사이에 이해가 상반된다. **이해가 상반된 피고인들 중 어느 피고인이 법무법인을 변호인으로 선임하고, 법무법인이 담당변호사를 지정하였을 때, 법원이 담당변호사 중 1인 또는 수인을 다른 피고인을 위한 국선변호인으로 선정한다면, 국선변호인으로 선정된 변호사는 이해가 상반된 피고인들 모두에게 유리한 변론을 하기 어렵다. 결국 다른 피고인은 국선변호인의 실질적 조력을 받을 수 없게 되고, 국선변호인 선정은 국선변호인의 조력을 받을 피고인의 권리를 침해하는 것이다.**

② 「형사소송법」 제33조 제1항 제1호 소정의 '피고인이 구속된 때'라고 함은 피고인이 당해 형사사건에서 이미 구속되어 재판을 받고 있는 경우를 의미하는 것이므로, 변호인 없는 불구속 피고인에 대하여 국선변호인을 선정하지 않은 채 판결을 선고한 다음 법정구속을 하더라도 구속되기 이전까지는 위 규정이 적용된다고 볼 수 없다.

해설 및 정답 2019년 제8회 변호사시험 기출문제 26 **정답** ○

변호인 없는 불구속 재판은 가능하다. 그러나 법정구속 후에는 반드시 변호인이 선임되어야 한다.

대법원 2011. 3. 10. 선고 2010도17353 판결 [사기 · 횡령]

[판결요지] 형사소송법 제33조 제1항 제1호 소정의 '피고인이 구속된 때'라고 함은 피고인이 당해 형사사건에서 이미 구속되어 재판을 받고 있는 경우를 의미하는 것이다. 그러므로 불구속 피고인에 대하여 판결을 선고한 다음 법정구속을 하더라도 구속되기 이전까지는 위 규정이 적용된다고 볼 수 없다.

③ 이해가 상반된 피고인들 중 어느 피고인이 법무법인을 변호인으로 선임하고, 법무법인이 담당변호사들을 지정하였을 때, 법원이 그 담당변호사들 중 1인 또는 수인을 다른 피고인을 위한 국선변호인으로 선정한다면, 다른 피고인은 국선변호인의 실질적 조력을 받을 수 없게 되고, 이러한 국선변호인 선정은 국선변호인의 조력을 받을 피고인의 권리를 침해하는 것이다.

해설 및 정답 2019년 제8회 변호사시험 기출문제 26 **정답** ○

국선변호인의 실질적 조력을 받을 권리이다.

대법원 2015. 12. 23. 선고 2015도9951 판결 [모욕 · 폭행 · 상해 · 명예훼손]

중요 ④ 필요적 변호사건의 항소심에서 피고인 본인의 항소이유서 제출기간 경과 후 국선변호인을 선정하고 그에게 소송기록접수통지를 하였으나 국선변호인이 법정기간 내에 항소이유서를 제출하지 아니한 경우, 국선변호인이 항소이유서를 제출하지 아니한 데 대하여 피고인에게 책임을 돌릴 만한 사유가 특별히 밝혀지지 아니한 이상, 항소심 법원은 국선변호인의 선정을 취소하고 새로운 국선변호인을 선정하여 그에게 소송기록접수통지를 함으로써 새로운 국선변호인이 항소이유서를 제출하도록 하는 조치를 취하여야 한다.

해설 및 정답 2019년 제8회 변호사시험 기출문제 26 **정답** ○

피고인 귀책사유가 없으면, 새로운 국선변호인을 선정해야 한다.

대법원 2012. 2. 16. 자 2009모1044 전원합의체 결정 [항소기각결정에 대한 재항고]

[결정요지] [1] [다수의견] **피고인과 국선변호인이 모두 법정기간 내에 항소이유서를 제출하지 아니하였더라도, 국선변호인이 항소이유서를 제출하지 아니한 데 대하여 피고인에게 귀책사유가 있음이 특별히 밝혀지지 않는 한, 항소법원은 종전 국선변호인의 선정을 취소하고 새로운 국선변호인을 선정하여 다시 소송기록접수통지를 함으로써 새로운 국선변호인으로 하여금 그 통지를 받은 때로부터 형사소송법 제361조의3 제1항의 기간 내에 피고인을 위하여 항소이유서를 제출하도록 하여야 한다.**

[2] **필요적 변호사건의 항소심에서, 원심법원이 피고인 본인의 항소이유서 제출기간 경과 후 국선변호인을 선정하고 그에게 소송기록접수통지를 하였으나 국선변호인이 법정기간 내에 항소이유서를 제출하지 아니한 사안이다. 국선변호인이 항소이유서를 제출하지 아니한 데 대하여 피고인에게 책임을 돌릴 만한 사유가 특별히 밝혀지지 아니한 이상, 국선변호인의 선정을 취소하고 새로운 국선변호인을 선정하여 그에게 소송기록접수통지를 함으로써 새로운 국선변호인이 항소이유서를 제출하도록 하는 조치를 취했어야 한다.** 그럼에도 위와 같은 조치를 취하지 아니한 채 피고인과 국선변호인이 모두 제출기간 내에 항소이유서를 제출하지 아니하였고 제1심판결에 직권조사사유가 없다는 등의 이유로 곧바로 항소를 기각한 원심결정에는 **국선변호인의 조력을 받을 피고인의 권리에 관한 헌법 및 형사소송법상의 법리를 오해한 위법이 있다**고 한 사례이다.

나. 국선변호인에 관한 설명 중 옳지 <u>않은</u> 것이다(×)

① 피고인에 대하여 제1심법원이 집행유예를 선고하였으나 검사만이 양형부당을 이유로 항소한 경우, 항소심이 변호인이 선임되지 않은 피고인에 대하여 검사의 양형부당 항소를 받아들여 형을 선고하는 경우에는 판결 선고 후 피고인을 법정구속한 뒤에 국선변호인을 선정하는 ~~것이 바람직하다.~~ 것은 위법이다.

해설 및 정답 2019년 제8회 변호사시험 기출문제 26 **정답** ×

법원은 판결 선고 전 공판단계에서 변호인을 선정해야 한다.

대법원 2016. 11. 10. 선고 2016도7622 판결 [성폭력범죄의처벌등에관한특례법위반]

[판결요지] 헌법상 변호인의 조력을 받을 권리와 형사소송법 제70조 제1항, 제201조 제1항에 의하면 구속사유는 피고인의 구속과 피의자의 구속에 공통되고, 피고인의 경우에도 구속사유에 관하여 변호인의 조력을 받을 필요가 있는 점 및 국선변호인 제도의 취지 등에 비추어 보면, 피고인에 대하여 제1심 법원이 집행유예를 선고하였으나 검사만이 양형부당을 이유로 항소한 사안이다. **항소심이 변호인이 선임되지 않은 피고인에 대하여 검사의 양형부당 항소를 받아들여 형을 선고하는 경우에는 판결 선고 후 피고인을 법정구속한 뒤에 비로소 국선변호인을 선정하는 것보다는, 피고인의 권리보호를 위해 판결 선고 전 공판심리 단계에서부터 형사소송법 제33조 제3항에 따라 피고인의 명시적 의사에 반하지 아니하는 범위 안에서 국선변호인을 선정해 주는 것이 바람직하다.**

다. 변호인 종합문제

중요 **01** ★★★★★

甲은 A를 살해하려다 미수에 그친 사건으로 수사를 받게 되었다. 甲이 변호사 L로부터 도움을 받으려고 하는 경우에 관한 설명 중 옳은 것을 모두 고른 것은? (다툼이 있는 경우 판례에 의함)

파워특강 접견교통권. 준항고. 증거동의. 공판. 접견교통권(＝변호인 또는 변호인이 되려는 자 포함. 임의동행 형식 내사자에게도 인정함). 보호장비규정 위반(＝형사소송법 제417조 준항고 인정. 구금에 관한 처분임). 증거동의(＝피고인 의견 존중, 특별한 사정이 없는 한 변호인이 의견을 번복할 수 없음). 피고인과 변호인에게 최종 진술 기회를 주지 않고 판결을 선고(＝형사소송법 제303조 소송절차의 법령 위반).

① L이 변호인이 되려는 의사를 표시하였고 객관적으로 변호인이 될 가능성이 있다고 인정되는 경우에는 「형사소송법」 제34조 "변호인이 되려는 자"의 지위를 갖는다.

해설 및 정답 2021년 제10회 변호사시험 기출문제 34 **정답** ○

대법원 2017. 3. 9. 선고 2013도16162 판결 [직권남용권리행사방해 · 직권남용체포] ★★★★★

[판시사항] [2] 변호인이 되려는 의사를 표시한 자가 객관적으로 변호인이 될 가능성이 있는 경우, 신체구속을 당한 피고인 또는 피의자와 접견하지 못하도록 제한할 수 있는지 여부(소극)

[판결요지] [2] **형사소송법 제34조는 "변호인 또는 변호인이 되려는 자는 신체구속을 당한 피고인 또는 피의자와 접견하고 서류 또는 물건을 수수할 수 있으며 의사로 하여금 진료하게 할 수 있다."라고 규정하고 있다. 그러므로 변호인이 되려는 의사를 표시한 자가 객관적으로 변호인이 될 가능성이 있다고 인정된다. 그럼에도 형사소송법 제34조에서 정한 '변호인 또는 변호인이 되려는 자'가 아니라고 보아 신체구속을 당한 피고인 또는 피의자와 접견하지 못하도록 제한하여서는 아니 된다.**

[4] **피고인이 인신구속에 관한 직무를 집행하는 사법경찰관으로서 체포 당시 상황을 고려하여 경험칙에 비추어 현저하게 합리성을 잃지 않은 채 판단하면 체포 요건이 충족되지 아니함을 충분히 알 수 있었는데도, 자신의 재량 범위를 벗어난다는 사실을 인식하고 그와 같은 결과를 용인한 채 사람을 체포하여 권리행사를 방해하였다면, 직권남용체포죄와 직권남용권리행사방해죄가 성립한다.**

☞ [적중] 하태영, 형사법종합연습 실전예상문제분석, 제3판, 법문사, 2020, 273면.

② 甲이 피내사자로서 임의동행 형식으로 연행된 경우에도 甲에게 변호인으로 선임된 L과 접견교통권이 인정된다.

해설 및 정답 2021년 제10회 변호사시험 기출문제 34 **정답** ○

대법원 1996. 6. 3.자 96모18 결정 [사법경찰관의처분취소에대한재항고]

[판시사항] [1] **임의동행된 피의자와 피내사자에게 변호인의 접견교통권이 인정되는지 여부(적극)** [2] 변호인의 접견교통권의 제한 가부

[결정요지] [1] **변호인의 조력을 받을 권리를 실질적으로 보장하기 위하여는 변호인과의 접견교통권의 인정이 당연한 전제가 된다. 그러므로 임의동행의 형식으로 수사기관에 연행된 피의자에게도 변호인 또는 변호인이 되려는 자와의 접견교통권은 당연히 인정된다고 보아야 한다. 임의동행의 형식으로 연행된 피내사자의 경우에도 이는 마찬가지이다.**

[2] **접견교통권은 피고인 또는 피의자나 피내사자의 인권보장과 방어준비를 위하여 필수불가결한 권리이다. 그러므로 법령에 의한 제한이 없는 한 수사기관의 처분은 물론 법원의 결정으로도 이를 제한할 수 없다.**

☞ [출제] 2020년 제9회 변호사시험 기출문제 27 · 2015년 제4회 변호사시험 기출문제 22

중요 ③ 변호인으로 선임된 L이 피의자신문 절차에서 인정신문을 시작하기 전에 검사에게 피의자 甲의 수갑을 해제하여 달라고 계속 요구하였으나 검사가 도주, 자해, 다른 사람에 대한 위해 위험이 없음에도 L의 요구를 거부한 경우, 검사의 거부 조치에 대해서 L은 「형사소송법」 제417조의 준항고를 제기할 수 있다.

해설 및 정답 2021년 제10회 변호사시험 기출문제 34 **정답** ○

대법원 2020. 3. 17.자 2015모2357 결정 [준항고 인용 결정에 대한 재항고] 〈피의자신문절차에서 인정신문 시작 전 피의자 또는 변호인으로부터 피의자에 대한 수갑 해제를 요청받았음에도, 교도관에게 수갑을 해제하여 달라고 요청하지 않고 오히려 변호인을 퇴실시킨 검사의 처분을 다투는 사건〉★★★★★

[결정요지] [1] **검사가 조사실에서 피의자를 신문할 때 피의자가 신체적으로나 심리적으로 위축되지 않은 상태에서 자기의 방어권을 충분히 행사할 수 있도록 피의자에게 보호장비를 사용하지 말아야 하는 것이 원칙이다. 다만 도주, 자해, 다른 사람에 대한 위해 등 형집행법 제97조 제1항 각호에 규정된 위험이 분명하고 구체적으로 드러나는 경우에만 예외적으로 보호장비를 사용하여야 한다. 검사는 조사실에서 피의자를 신문할 때 해당 피의자에게 그러한 특별한 사정이 없는 이상 교도관에게 보호장비의 해제를 요청할 의무가 있고, 교도관은 이에 응하여야 한다.**

[2] **검사 또는 사법경찰관이 구금된 피의자를 신문할 때 피의자 또는 변호인으로부터 보호장비를 해제해 달라는 요구를 받고도 거부한 조치는 형사소송법 제417조에서 정한 '구금에 관한 처분'에 해당한다고 보아야 한다.**

[3] 형사소송법 제243조의2 제1항은 검사 또는 사법경찰관은 피의자 또는 변호인 등이 신청할 경우 정당한 사유가 없는 한 변호인을 피의자신문에 참여하게 하여야 한다고 규

정하고 있다. 여기에서 **'정당한 사유'란 변호인이 피의자신문을 방해하거나 수사기밀을 누설할 염려가 있음이 객관적으로 명백한 경우 등을 말한다. 검사 또는 사법경찰관이 그러한 특별한 사정 없이, 단지 변호인이 피의자신문 중에 부당한 신문방법에 대한 이의제기를 하였다는 이유만으로 변호인을 조사실에서 퇴거시키는 조치는 정당한 사유 없이 변호인의 피의자신문 참여권을 제한하는 것으로서 허용될 수 없다.**

④ 甲이 피고인으로 출석한 공판기일에서 증거로 함에 부동의한다는 의견이 진술된 경우, 그 후 甲이 출석하지 아니한 공판기일에 변호인으로 선임된 L만이 출석하여 甲의 종전 의견을 번복하여 증거로 함에 동의하였더라도 특별한 사정이 없는 한 증거동의 효력이 인정되지 않는다.

해설 및 정답 2021년 제10회 변호사시험 기출문제 34 **정답** ○

대법원 2013. 3. 28. 선고 2013도3 판결 [사문서변조 · 변조사문서행사]

[판결요지] **형사소송법 제318조에 규정된 증거동의의 주체는 소송 주체인 검사와 피고인이다. 변호인은 피고인을 대리하여 증거동의에 관한 의견을 낼 수 있을 뿐이다. 그러므로 피고인의 명시한 의사에 반하여 증거로 함에 동의할 수는 없다. 따라서 피고인이 출석한 공판기일에서 증거로 함에 부동의한다는 의견이 진술된 경우에는 그 후 피고인이 출석하지 아니한 공판기일에 변호인만이 출석하여 종전 의견을 번복하여 증거로 함에 동의하였다 하더라도 이는 특별한 사정이 없는 한 효력이 없다고 보아야 한다.**

☞ [출제] 2018년 제7회 변호사시험 기출문제 32

⑤ 피고인 甲과 변호인으로 선임된 L에게 최종의견 진술의 기회를 주지 않고 변론을 종결하고 판결을 선고하는 것은 소송절차의 법령위반에 해당한다.

해설 및 정답 2021년 제10회 변호사시험 기출문제 34 **정답** ○

대법원 2018. 3. 29. 선고 2018도327 판결 [공갈미수 · 사기 · 절도 · 여신금융업법위반]

[판결요지] **형사소송법 제303조는 "재판장은 검사의 의견을 들은 후 피고인과 변호인에게 최종의 의견을 진술할 기회를 주어야 한다."라고 정하고 있다. 최종의견 진술의 기회는 피고인과 변호인 모두에게 주어져야 한다. 이러한 최종의견 진술의 기회는 피고인과 변호인의 소송법상 권리로서 피고인과 변호인이 사실관계의 다툼이나 유리한 양형사유를 주장할 수 있는 마지막 기회이다. 피고인이나 변호인에게 최종의견 진술의 기회를 주지 아니한 채 변론을 종결하고 판결을 선고하는 것은 소송절차의 법령위반에 해당한다.**

02 ★★★★★

변호인에 관한 설명 중 옳지 않은 것은? (다툼이 있는 경우 판례에 의함)

파워특강 변호인. 형사소송법 제34조 접견교통권(=변호인 또는 변호인이 되려는 자 포함. 임의동행 형식 내사자에게도 인정함). **압수·수색에서 변호인 참여권 성격**(=고유권. 형사소송법 제219조, 제121조에서 규정한 변호인 참여권은 피압수자 보호를 위하여 변호인에게 주어진 고유권이다). 형사소송법 제243조2 제1항에서 '**정당한 사유**'(=변호인이 피의자신문을 방해하거나 또는 수사기밀을 누설할 염려가 있음이 객관적으로 명백한 경우를 말한다. 이에 해당하지 않음에도 변호인에게 퇴실을 명한 행위는 변호인의 피의자신문 참여권을 침해한 처분이다. 이에 대한 형사소송법 제417조 **준항고**는 적법하다). 검사와 사법경찰관 상호협력과 일반적 수사준칙에 관한 규정 제69조 제1항(=**수사서류 열람·복사**. 피의자·사건관계인·그 변호인은 검사·사법경찰관이 수사 중인 사건에 관한 본인의 진술이 기재된 부분과 본인이 제출한 서류 전부 또는 서류 일부에 대해 열람·복사를 신청할 수 있다). 형사소송법 제33조(필요국선) 제1항 제1호의 '피고인이 구속된 때'(=피고인이 당해 형사사건에서 구속되어 재판을 받고 있는 경우를 의미하고, 피고인이 별건으로 구속되어 있거나 다른 형사사건에서 유죄로 확정되어 수형 중인 경우는 이에 해당하지 아니한다).

① 변호인 선임에 관한 서면을 제출하지 않았지만 변호인이 되려는 의사를 표시하고 객관적으로 변호인이 될 가능성이 있는 경우에 이와 같이 변호인이 되려는 자에게도 피의자를 접견할 권한이 있기 때문에 수사기관이 정당한 이유 없이 접견을 거부해서는 안된다.

해설 및 정답 2023년 제12회 변호사시험 기출문제 25 **정답** ○

대법원 2017. 3. 9. 선고 2013도16162 판결 [직권남용권리행사방해·직권남용체포]★★★

[판시사항] 변호인이 되려는 의사를 표시한 자가 객관적으로 변호인이 될 가능성이 있는 경우, 신체구속을 당한 피고인 또는 피의자와 접견을 제한할 수 있는지 여부(소극)

[판결요지] 형사소송법 제34조는 "변호인 또는 변호인이 되려는 자는 신체구속을 당한 피고인 또는 피의자와 접견하고 서류 또는 물건을 수수할 수 있으며 의사로 하여금 진료하게 할 수 있다."라고 규정하고 있다. 그러므로 변호인이 되려는 의사를 표시한 자가 객관적으로 변호인이 될 가능성이 있다고 인정된다. 그럼에도 형사소송법 제34조에서 정한 '변호인 또는 변호인이 되려는 자'가 아니라고 보아 신체구속을 당한 피고인 또는 피의자와 접견하지 못하도록 제한하여서는 아니 된다.

피고인이 인신구속에 관한 직무를 집행하는 사법경찰관으로서 체포 당시 상황을 고려하여 경험칙에 비추어 현저하게 합리성을 잃지 않은 채 판단하면 체포 요건이 충족되지 아니함을 충분히 알 수 있었는데도, 자신의 재량 범위를 벗어난다는 사실을 인식하고 그와 같은 결과를 용인한 채 사람을 체포하여 권리행사를 방해하였다면, 직권남용체포죄와 직권남용권리행사방해죄가 성립한다.

☞ [출제] 2021년 제10회 변호사시험 기출문제 34 ㄴ.

☞ [적중] 하태영, 형사법 종합연습, 변시기출문제분석편, 제3판, 법문사, 2021, 469면.
☞ [적중] 하태영, 형사법 종합연습, 실전예상문제분석편, 제4판, 법문사, 2021, 420-421면.

② 피압수자가 수사기관에 압수·수색영장의 집행에 참여하지 않는다는 의사를 명시한 경우에 그 변호인에게 「형사소송법」 제219조, 제122조의 영장집행과 참여권자에 대한 통지 규정에 따라 미리 집행의 일시와 장소를 통지하는 등으로 압수·수색영장의 집행에 참여할 기회를 별도로 ~~보장하여야 하는 것은 아니다.~~
보장하여야 한다. 압수·수색에서 변호인 참여권은 고유권이다. 형사소송법 제219조, 제121조에 규정되어 있다.

해설 및 정답 2023년 제12회 변호사시험 기출문제 25 **정답** ×

대법원 2020. 11. 26. 선고 2020도10729 판결 [성폭력범죄의처벌등에관한특례법위반(카메라등이용촬영)] 〈국선변호인에 대한 참여통지 누락이 압수·수색 절차의 위반 사유로 문제된 사건〉★★★★★

[판시사항] 형사소송법 제219조, 제121조에서 규정한 변호인의 참여권이 피압수자의 보호를 위하여 변호인에게 주어진 고유권인지 여부(적극) / 피압수자가 수사기관에 압수·수색영장의 집행에 참여하지 않는다는 의사를 명시한 경우, 그 변호인에게는 미리 집행의 일시와 장소를 통지하는 등으로 압수·수색영장의 집행에 참여할 기회를 별도로 보장하여야 하는지 여부(원칙적 적극)

[판결요지] 형사소송법 제219조, 제121조가 규정한 변호인의 참여권은 피압수자의 보호를 위하여 변호인에게 주어진 고유권이다. 따라서 설령 피압수자가 수사기관에 압수·수색영장의 집행에 참여하지 않는다는 의사를 명시하였다고 하더라도, 특별한 사정이 없는 한 그 변호인에게는 형사소송법 제219조, 제122조에 따라 미리 집행의 일시와 장소를 통지하는 등으로 압수·수색영장의 집행에 참여할 기회를 별도로 보장하여야 한다.

오히려 증거능력을 배제하는 것이 헌법과 형사소송법이 형사소송에 관한 절차 조항을 마련하여 적법절차의 원칙과 실체적 진실 규명의 조화를 도모하고 이를 통하여 형사 사법 정의를 실현하려 한 취지에 반하는 결과를 초래하는 것으로 평가되는 예외적인 경우라면, 법원은 그 증거를 유죄 인정의 증거로 사용할 수 있다고 보아야 한다.

절차에 따르지 않은 증거 수집과 2차적 증거 수집 사이 인과관계의 희석이나 단절 여부를 중심으로 2차적 증거 수집과 관련된 모든 사정을 전체적·종합적으로 고려하여 예외적인 경우에는 유죄 인정의 증거로 사용할 수 있다.

③ 수사기관이 피의자신문 시 정당한 사유가 없음에도 변호인 참여를 거부하는 처분을 하는 경우에 변호인은 준항고를 할 수 있다.

해설 및 정답 2023년 제12회 변호사시험 기출문제 25 **정답** ○

대법원 2008. 9. 12. 자 2008모793 결정 [변호인퇴실명령에대한준항고결정에대한재항고]

[판시사항] 형사소송법 제243조의2 제1항에 정한 '정당한 사유'의 의미와 변호인의 피의자신문 참여권의 제한

[결정요지] 수사기관이 피의자신문을 하면서 위와 같은 정당한 사유가 없는데도 변호인에 대하여 피의자로부터 떨어진 곳으로 옮겨 앉으라고 지시를 한 다음 이러한 지시에 따르지 않았음을 이유로 변호인의 피의자신문 참여권을 제한하는 것은 허용될 수 없다.
[결정내용] 변호인에게 퇴실을 명한 행위는 변호인의 피의자신문 참여권을 침해한 처분에 해당한다고 할 것이다. 준항고를 받아들여 재항고인의 위 처분을 취소한 원심의 조치는 옳고, 거기에 재판에 영향을 미친 헌법·법률·명령 또는 규칙의 위반이 없다.
형사소송법 제417조는 준항고를 규정하고 있다. 주요내용을 보면, 피고인·변호인은 검사·사법경찰관이 다음 각 호 어느 하나에 해당하는 처분을 고지한 경우 불복이 있으면, 해당 직무집행지 관할법원·검사소속검찰청에 대응하는 법원에 처분취소·처분변경을 청구할 수 있다. 1. 구금, 2. 압수, 3. 압수물 환부처분, **4. 제243조2에 근거한 변호인 참여 등에 관한 처분** [개정 2007.6.1, 2007.12.21] [[시행일 2008.1.1.]]
☞ [출제] 2015년 제4회 변호사시험 기출문제 20

④ 피의자 또는 그 변호인은 검사 또는 사법경찰관이 수사 중인 사건에 관한 본인의 진술이 기재된 부분 및 본인이 제출한 서류의 전부 또는 일부에 대한 열람·복사를 신청할 수 있다.

해설 및 정답 2023년 제12회 변호사시험 기출문제 25 **정답** ○

수사서류 열람·복사: 피의자·사건관계인·그 변호인은 검사·사법경찰관이 수사 중인 사건에 관한 본인의 진술이 기재된 부분과 본인이 제출한 서류 전부 또는 서류 일부에 대해 열람·복사를 신청할 수 있다(「검사와 사법경찰관의 상호협력과 일반적 수사준칙에 관한 규정」(약칭: 수사준칙) 제69조 제1항).

⑤ 직권으로 국선변호인을 선정하여야 하는 사유 중 하나인 「형사소송법」 제33조 제1항 제1호 '피고인이 구속된 때'라고 함은 피고인이 당해 형사사건에서 구속되어 재판을 받고 있는 경우를 의미하고, 피고인이 별건으로 구속되어 있거나 다른 형사사건에서 유죄로 확정되어 수형 중인 경우는 해당하지 아니한다.

해설 및 정답 2023년 제12회 변호사시험 기출문제 25 **정답** ○

대법원 2017.2.6. 선고 2016도19006 판결 [절도]
[판결요지] 형사소송법 제33조 제1항 제1호의 '피고인이 구속된 때'라고 함은, 원래 구속제도가 형사소송의 진행과 형벌의 집행을 확보하기 위하여 법이 정한 요건과 절차 아래 피고인의 신병을 확보하는 제도라는 점 등에 비추어 볼 때 **피고인이 당해 형사사건에서 구속되어 재판을 받고 있는 경우를 의미하고, 피고인이 별건으로 구속되어 있거나 다른 형사사건에서 유죄로 확정되어 수형 중인 경우는 이에 해당하지 아니한다.**
☞ [출제] 2019년 제8회 변호사시험 기출문제 26
☞ [적중] 하태영, 형사법 종합연습, 변시기출문제분석편, 제3판, 법문사, 2021, 467면.

문 50. 기소 전 보석 · 보석에 관한 설명 중 옳은 것은? (다툼이 있는 경우 판례에 의함)

출제내용

- 수사방해목적 명백: 심문 없이 청구 기각 결정
- 구속적부심사청구 후 검사 기소: 피의자 심문(+)
- 구속적부심사: 필요적 변호, 직권으로 변호인 선정
- 체포·구속 피의자 석방 결정: 항고 불허
- 체포·구속 피의자 석방 재체포 사유: 도망 또는 죄증인멸
- 체포적부심사절차: 피의자 보증금 납입 조건으로 석방 불가
- 보석허가결정: 즉시항고 불가, 항고가능
- 구속취소결정: 즉시항고 가능
- 보석보증금몰수결정은 보석취소와 동시에 가능함. 보석취소 후 별도 가능함

출제분석

2024년 제13회 변호사시험 출제예상 ★
2017년 제7회 변호사시험 기출문제 21
2016년 제5회 변호사시험 기출문제 32

중요 **01** ★★★★★

체포와 구속의 적부심사에 관한 설명 중 옳은 것(○)과 옳지 않은 것(×)을 올바르게 조합한 것은? (다툼이 있는 경우 판례에 의함)

ㄱ. 공범 또는 공동피의자의 구속적부심사 순차청구가 수사방해의 목적임이 명백하다고 하더라도 법원은 피의자에 대한 심문 없이 그 청구를 기각할 수는 ~~없다.~~있다.

ㄴ. 구속적부심사청구 후 검사가 피의자를 기소한 경우, ~~법원은 심문 없이 결정으로 청구를 기각하여야 하며 피고인은 수소법원에 보석을 청구할 수 있다.~~법원은 체포적부심사청구·구속적부심사청구가 있는 경우 체포적부심사청구서·구속적부심사청구서가 법원에 접수된 때부터 48시간 이내에 심사하여 결정한다.

ㄷ. 구속적부심사를 청구한 피의자에게 변호인이 없는 때에는 「형사소송법」 제33조의 규정에 따라 법원은 직권으로 변호인을 선정하여야 한다.

ㄹ. 체포적부심사청구를 받은 법원이 그 청구가 이유 있다고 인정한 때에는 결정으로 체포된 피의자의 석방을 명하여야 하며, 검사는 이 결정에 대하여 항고하지 못한다.

ㅁ. 체포적부심사결정에 의하여 석방된 피의자가 도망하거나 죄증을 인멸하는 경우, 동일한 범죄사실에 관하여 재차 체포할 수 있다.

① ㄱ(○), ㄴ(×), ㄷ(○), ㄹ(×), ㅁ(○)
② ㄱ(○), ㄴ(○), ㄷ(×), ㄹ(×), ㅁ(×)
③ ㄱ(×), ㄴ(○), ㄷ(×), ㄹ(○), ㅁ(○)
④ ㄱ(×), ㄴ(○), ㄷ(○), ㄹ(○), ㅁ(×)
⑤ ㄱ(×), ㄴ(×), ㄷ(○), ㄹ(○), ㅁ(○)

해설 및 정답 2018년 제7회 변호사시험 기출문제 21 **정답** ⑤

ㄱ. (×) 형사소송법 제214조2는 체포적부심사 · 구속적부심사를 규정하고 있다. ★★★★★
주요내용을 보면, **③ 법원은 제1항에 근거하여 체포적부심사청구 · 구속적부심사청구가 아래 각 호 어느 하나에 해당하는 사람에게 제214조2 제4항 제1호에 근거하여 심문절차 없이 체포적부심사청구 · 구속적부심사청구를 결정으로 기각할 수 있다. 1. 제1항 제1호 · 제2호 · 제3호 · 제4호 · 제5호 · 제6호 청구권자 아닌 사람, 2. 동일한 체포영장 · 동일한 구속영장 발부에 대하여 재청구한 사람, 3. 명백한 수사방해 목적으로 순차적으로 청구를 한 공범 · 공동피의자 ④ 법원은 제1항에 근거하여 체포적부심사청구 · 구속적부심사청구가 있는 경우 체포적부심사청구서 · 구속적부심사청구서가 법원에 접수된 때부터 48시간 이내에 다음 각 호를 심사하여 결정한다. 1. 체포된 피의자 · 구속된 피의자를 심문, 2. 수사관계서류와 증거물조사, 3. 체포적부심사청구 · 구속적부심사청구가 이유 있다고 인정한 때 석방결정, 4. 체포적부심사청구 · 구속적부심사청구가 이유 없다고 인정한 때 기각결정, 5. 체포적부심사청구 후 · 구속적부심사청구 후 검사가 피의자를 공소를 제기하는 경우 제1호 · 제2호 · 제3호 · 제4호를 준용한다. ⑧ 검사 · 피고인은 제3항 · 제4항 · 제5항 결정에 대해 준항고 · 항고를 할 수 없다. ⑩ 체포된 피의자 · 구속된 피의자에게 변호인이 없는 경우 제33조(국선변호인)를 준용한다.**

ㄴ. (×) 형사소송법 제214조2 제4항 참조.

ㄷ. (○) 형사소송법 제214조2 제10항 참조.

ㄹ. (○) 형사소송법 제214조2 제8항 참조.

ㅁ. (○) 형사소송법 제214조4는 보증금몰수를 규정하고 있다.
② 제214조2 제5항에 근거하여 석방된 사람이 동일한 범죄사실로 형선고를 받고, 그 판결이 확정된 후, 집행하기 위한 소환을 받고 정당한 이유 없이 출석하지 않거나 또는 도망한 때, 법원은 직권으로 · 검사청구로 보증금전부 · 보증금일부를 결정으로 몰수를 한다.

중요 **02** ★★★★★

체포 · 구속에 관한 설명 중 옳지 않은 것을 모두 고른 것은? (다툼이 있는 경우 판례에 의함)

ㄱ. 체포영장에 의하여 체포한 피의자를 구속하고자 할 때에는 검사는 체포한 때로부터 48시간 이내에 관할지방법원판사로부터 구속영장을 ~~발부받아야~~청구하여야 한다.
ㄴ. 체포적부심사절차에서 보증금 납입을 조건으로 체포된 피의자를 석방할 수 ~~있다.~~없다.

ㄷ. ~~보석을 허가하거나~~ 구속을 취소하는 법원의 결정에 대하여 검사는 즉시항고를 할 수 있다.

ㄹ. 보석보증금몰수결정은 반드시 보석취소결정과 동시에 하여야만 하는 것이 아니라 보석취소결정 후에 별도로 할 수도 있다.

① ㄱ, ㄴ　　② ㄴ, ㄹ

③ ㄱ, ㄴ, ㄷ　　④ ㄱ, ㄷ, ㄹ

⑤ ㄴ, ㄷ, ㄹ

해설 및 정답 2016년 제5회 변호사시험 기출문제 32　　**정답** ③

ㄱ. (×) **형사소송법 제200조2는 체포영장을 규정하고 있다. ⑤ 체포한 피의자를 구속하고자 할 때 검사는 체포한 때부터 48시간 이내 제201조에 근거하여 구속영장을 청구한다. 다만 그 기간 내 구속영장을 청구하지 않는 경우 검사는 피의자를 즉시 석방한다.**
형사소송법 제200조4는 긴급체포와 구속영장청구기간을 규정하고 있다. ⑥ 사법경찰관이 긴급체포한 피의자에게 구속영장을 신청하지 않고 석방한 경우 즉시 검사에게 보고한다. 형사소송규칙 제100조는 준용규정을 두고 있다. ② 체포영장에 의하여 체포되었거나 현행범으로 체포된 피의자에 대하여 구속영장청구가 기각된 경우에는 형사소송법 제200조4 제2항 규정을 준용한다.

ㄴ. (×) 형사소송법 제214조2는 체포적부심사·구속적부심사를 규정하고 있다.
대법원 1997. 8. 27. 자 97모21 결정 [체포적부심사석방에 대한 재항고]
[판시사항] [1] 긴급체포된 피의자에게 체포적부심사청구권이 있는지 여부(적극) [2] **체포적부심사절차에서 피의자를 보증금 납입을 조건으로 석방할 수 있는지 여부(소극)** [3] **보증금 납입을 조건으로 한 피의자 석방결정에 대하여 항고할 수 있는지 여부(적극)**
[결정요지] 형사소송법은 제214조의2 제4항에 기소 전 보증금 납입을 조건으로 한 석방의 대상자가 '구속된 피의자'라고 명시되어 있다.

ㄷ. (×) 검사는 구속을 취소하는 결정에 대하여 즉시항고를 할 수 있다. 그러나 **검사는 보석을 허가하는 결정에 대하여 보통항고를 할 수 있다. 즉시항고는 할 수 없다.**
형사소송법 **제97조는 보석결정·구속취소결정과 검사의견·검사즉시항고를** 규정하고 있다. ④ **재판장이 구속취소를 결정하는 경우, 검사는 즉시항고를 할 수 있다.**
형사소송법 제403조는 판결전결정에 대한 항고와 즉시항고를 규정하고 있다. 주요내용을 보면, ① 법원관할·판결전소송절차에 관한 결정은 항고할 수 없다. 다만 즉시항고를 할 수 있는 경우는 제외한다. ② 피고인·변호인은 다음 각 호 경우 항고를 할 수 있다. 1. 구금, **2. 보석,** 3. 압수, 4. 압수물환부결정, 5. 피고인감정유치결정, **6. 재정신청절차로 생긴 비용부담결정, 7. 항고기각결정**

ㄹ. (○) 대법원 2001. 5. 29. 자 2000모22 전원합의체 결정 [보석취소 결정에 대한 재항고]
[결정요지] 보석보증금을 몰수하려면 반드시 보석취소와 동시에 하여야만 가능한 것이 아니라 보석취소 후에 별도로 보증금몰수결정을 할 수도 있다.

문 51. 고소 · 친고죄 · 반의사불벌죄에 관한 설명 중 옳은 것은? (다툼이 있는 경우 판례에 의함)

출제내용

- 고소불가분과 고소취소불가분: 반의사불벌죄에 준용 불가(−)
- 즉시고발은 객관적 고소불가분 적용(+), 주관적 고소불가분 적용 불가(−)
- 세무공무원 종전 고발 효력 유효함(+): 불기소처분 후 다시 기소 가능함(+)
- 친고죄 고소취소: 제1심 판결 선고 전까지 효력 있음(+), 항소심 공소장변경 친고죄 인정되어도 항소심에 고소취소 효력 없음(−), 항소심은 제1심이 아님(형식적 제1심설·전원합의체 다수의견)
- 친고죄 공범 1인 1심 선고 전 고소 취소는 다른 공범자에게 효력 있음(+): 주관적 고소불가분
- 친고죄 공범 1인 1심 선고 후 다른 공범자 고소취소 불가, 고소취소 효력 없음(−)
- 고소취소 후 동일 친고죄로 다시 고소: 공소기각 판결 선고(+)
- 고소기간: 고소권자 범인을 안 날부터 기산, 고소권한 위임 대리인도 동일함
- 반의사불벌죄에서 피해청소년 처벌불원 의사표시 단독 가능함(+): 법정대리인 동의 불필요(−)
- 항소심 제1심 공소기각부분 파기환송: 제1심 공소기각판결 선고(+)

출제분석

2024년 제13회 변호사시험 출제예상 ★
2023년 제12회 변호사시험 기출문제 34
2012년 제11회 변호사시험 기출문제 22
2021년 제10회 변호사시험 기출문제 27
2017년 제7회 변호사시험 기출문제 26
2014년 제3회 변호사시험 기출문제 25

가. 고소·친고죄·반의사불벌죄에 관한 설명 중 옳은 것이다(○).

① 피해자가 반의사불벌죄의 공범 중 그 1인에 대하여 처벌을 희망하는 의사를 철회한 경우, 다른 공범자에 대하여도 처벌희망의사가 철회된 것으로 볼 수 없다.

해설 및 정답 2018년 제7회 변호사시험 기출문제 26 **정답** ○

대법원 1994. 4. 26. 선고 93도1689 판결 [출판물에 의한 명예훼손 · 사자명예훼손]

[판시사항] 친고죄에 있어서의 고소불가분의 원칙을 규정한 형사소송법 제233조의 규정

이 반의사불벌죄에 준용되는지 여부

[판결요지] 형사소송법이 고소와 고소취소에 관한 규정을 하면서 제232조 제1항, 제2항에서 고소취소의 시한과 재고소의 금지를 규정하고 있다. 제3항에서는 반의사불벌죄에 제1항, 제2항의 규정을 준용하는 규정을 두면서도, **제233조에서 고소와 고소취소의 불가분에 관한 규정을 함에 있어서는 반의사불벌죄에 이를 준용하는 규정을 두지 아니한다. 이것은 처벌을 희망하지 아니하는 의사표시나 처벌을 희망하는 의사표시의 철회에 관하여 친고죄와는 달리 공범자간에 불가분의 원칙을 적용하지 아니하고자 함에 있다고 볼 것이지, 입법의 불비로 볼 것은 아니다.**

② 친고죄로 고소를 제기하였다가 공소제기 전 고소를 취소한 후 고소기간 내에 다시 동일한 친고죄로 고소하여 공소제기된 경우, 수소법원은 「형사소송법」 제327조 제2호의 '공소제기의 절차가 법률의 규정에 위반하여 무효인 때'에 해당함을 이유로 판결로써 공소기각의 선고를 하여야 한다.

해설 및 정답 2018년 제7회 변호사시험 기출문제 26 정답 ○

대법원 2007. 4. 13. 선고 2007도425 판결 [저작권법위반]

[판시사항] 고소권자의 고소취소 의사표시의 방법 및 효력

[판결요지] 이 사건 저작권법위반의 공소사실은 저작권법 제97조의5에 해당하는 죄로서 저작권법 제102조에 의하여 저작권자 등의 고소가 있어야 공소를 제기할 수 있다. **형사소송법 제232조에 의하면 고소는 제1심 판결 선고 전까지 취소할 수 있되 고소를 취소한 자는 다시 고소할 수 없다. 한편 고소취소는 범인의 처벌을 구하는 의사를 철회하는 수사기관 또는 법원에 대한 고소권자의 의사표시로서 형사소송법 제239조, 제237조에 의하여 서면 또는 구술로써 하면 족한 것이다.** 그러므로 고소권자가 서면 또는 구술로써 수사기관 또는 법원에 고소를 취소하는 의사표시를 하였다고 보여지는 이상 그 고소는 적법하게 취소되었다고 할 것이고, **그 후 고소취소를 철회하는 의사표시를 다시 하였다고 하여도 그것은 효력이 없다 할 것이다**(대법원 1983. 7. 26. 선고 83도1431 판결 참조).

③ 고소권자로부터 고소권한을 위임받은 대리인이 친고죄에 대하여 고소를 한 경우, 고소기간은 대리인이 아니라 고소권자가 범인을 알게 된 날부터 기산한다.

해설 및 정답 2018년 제7회 변호사시험 기출문제 26 정답 ○

대법원 2001. 9. 4. 선고 2001도3081 판결 [미성년자의제강제추행]

[판결요지] **형사소송법 제236조의 대리인에 의한 고소의 경우, 대리권이 정당한 고소권자에 의하여 수여되었음이 실질적으로 증명되면 충분하다. 그 방식에 특별한 제한은 없다. 그러므로 고소를 할 때 반드시 위임장을 제출한다거나 '대리'라는 표시를 하여야 하는 것은 아니다. 또 고소기간은 대리고소인이 아니라 정당한 고소권자를 기준으로 고소권자가 범인을 알게 된 날부터 기산한다.**

중요 ④ 친고죄의 공범 중 일부에 대하여 제1심 판결이 선고된 후에는 제1심 판결선고 전의 다른 공범자에 대하여 고소를 취소할 수 없고, 고소의 취소가 있다 하더라도 그 효력이 발생하지 않는다.

해설 및 정답 2018년 제7회 변호사시험 기출문제 26 **정답** ○

강간죄는 입법개정으로 친고죄가 아니다. 법리만 정리하면 된다.

대법원 1985. 11. 12. 선고 85도1940 판결 [강간]

[판결요지] 친고죄의 공범 중 그 일부에 대하여 제1심 판결이 선고된 후에는 제1심 판결 선고 전의 다른 공범자에 대하여는 그 고소를 취소할 수 없다. 그 고소의 취소가 있다 하더라도 그 효력을 발생할 수 없다. 이러한 법리는 필요적 공범, 임의적 공범을 구별함이 없이 모두 적용된다.

⑤ 세무공무원 등의 고발이 있어야 공소를 제기할 수 있는 조세범처벌법위반죄에 대하여 고발을 받아 수사한 검사가 불기소처분을 하였다가 나중에 공소를 제기하는 경우에는 세무공무원 등의 새로운 고발이 있어야 하는 것은 아니다.

해설 및 정답 2014년 제3회 변호사시험 기출문제 25 **정답** ○

신속한 절차원리에 부합한다.

대법원 2009. 10. 29. 선고 2009도6614 판결 [조세범처벌법위반]

[판결요지] 검사의 불기소처분에는 확정재판에 있어서의 확정력과 같은 효력이 없어 일단 불기소처분을 한 후에도 공소시효가 완성되기 전이면 언제라도 공소를 제기할 수 있다. 그러므로 세무공무원 등의 고발이 있어야 공소를 제기할 수 있는 조세범처벌법 위반죄에 관하여 일단 불기소처분이 있었더라도 세무공무원 등이 종전에 한 고발은 여전히 유효하다. 따라서 **나중에 공소를 제기함에 있어 세무공무원 등의 새로운 고발이 있어야 하는 것은 아니다.**

나. 고소·친고죄·반의사불벌죄에 관한 설명 중 옳지 <u>않은</u> 것이다(×).

① 친고죄에서 고소권자의 고소가 유효함에도 고소의 효력이 없다는 이유로 공소를 기각한 제1심 판결에 대하여 항소심 절차가 진행되던 중 고소인이 고소를 취소하였는데 항소심이 제1심의 공소기각 부분이 위법하다는 이유로 사건을 파기환송한 경우, 환송 후의 제1심 법원은 고소취소를 이유로 공소기각판결을 선고할 수 ~~없다.~~ 있다.

해설 및 정답 2018년 제7회 변호사시험 기출문제 26 **정답** ×

간통죄가 폐지되었다. 그러나 친고죄 논점에서 판례를 읽으면 된다. 항소심이 제1심 공

소기각부분을 위법하다고 파기환송한 경우 제1심은 공소기각판결을 선고해야 한다. 신속한 재판원리에 부합한다.

대법원 2011. 8. 25. 선고 2009도9112 판결 [간통]

[판시사항] [1] 간통 사건의 상소심에서 법률 위반을 이유로 제1심 공소기각판결을 파기하고 사건을 제1심법원에 환송하였는데 환송 후의 제1심판결 선고 전 간통죄의 고소가 취소된 경우, 법원이 취하여야 할 조치(=공소기각판결)

[판결요지] [1] **종전의 제1심 판결은 이미 파기되어 효력을 상실하였으므로 환송 후의 제1심 판결 선고 전에는 고소취소의 제한사유가 되는 제1심 판결 선고가 없는 경우에 해당한다.** [2] **종전 제1심 공소기각판결이 파기되고 사건이 제1심 법원에 환송된 후 진행된 환송 후 제1심 판결이 선고되기 전에 이루어진 것으로서 적법하므로, 형사소송법 제327조 제5호에 의하여 판결로써 공소를 기각하였어야 하는데도 이에 관한 실체판단에 나아가 유죄를 인정한 원심판결에는 친고죄의 고소취소 시기에 관한 법리오해의 위법이 있다**고 한 사례.

② 고소의 주관적 불가분의 원칙은 조세범처벌법위반죄에서 소추조건으로 되어 있는 세무공무원의 고발에도 ~~적용된다.~~ 적용되지 않는다.

해설 및 정답 2014년 제3회 변호사시험 기출문제 25 **정답** ×

대법원 2004. 9. 24. 선고 2004도4066 판결 [지방세법위반]

형사소송법 제233조는 고소 규정이다. 공범에게 불리한 규정이다. 고발에 적용하는 것은 죄형법정주의에 반한다. 유추에 해당한다.

[판결요지] 조세범처벌법 제6조는 조세에 관한 범칙행위에 대하여는 원칙적으로 국세청장 등의 고발을 기다려 논하도록 규정하고 있다. 같은 법에 의하여 하는 **고발에 있어서는 이른바 고소·고발 불가분의 원칙이 적용되지 아니한다.** 그러므로 **고발의 구비 여부는 양벌규정에 의하여 처벌받는 자연인인 행위자와 법인에 대하여 개별적으로 논하여야 한다.**

③ 반의사불벌죄에서 의사능력 있는 미성년자인 피해자가 처벌 희망 여부에 관한 의사표시를 함에는 법정대리인의 동의가 ~~필요하다.~~ 필요없다.

해설 및 정답 2014년 제3회 변호사시험 기출문제 25 **정답** ×

대법원 2009. 11. 19. 선고 2009도6058 전원합의체 판결

[판시사항] **청소년 성보호 법률 제16조 반의사불벌죄에서 피해 청소년이 처벌불원 여부 등의 의사표시를 하는 데에 법정대리인 동의가 필요한지 여부(소극)**

[판결요지] **피해자가 제1심 법정에서 피고인들에 대한 처벌희망 의사표시를 철회할 당시 비록 14세 10개월의 어린 나이였다고는 하나, 피해자의 의사표시가 당해 사건 범행의 의미, 본인이 피해를 당한 정황, 자신이 하는 처벌희망 의사표시 철회의 의미 및 효과 등을 충분히 이해하고 분별할 수 있는 의사능력이 있는 상태에서 행해졌다면 법정대리인의 동의가 없었더라도 그 철회의 의사표시는 유효하다는 이유로, 피고인들에 대한 공소사실**

중 청소년의 성보호에 관한 법률 위반의 점의 공소를 기각한 원심 판단을 수긍한 사례.

중요 ④ 비친고죄에 해당하는 죄로 기소되어 항소심에서 친고죄에 해당하는 죄로 공소장이 변경된 후 공소제기 전에 행하여진 고소가 취소되었다면 항소심법원은 공소기각의 판결을 선고하여야 한다.

해설 및 정답 2014년 제3회 변호사시험 기출문제 25 ★ **정답** ×

강제추행죄는 입법개정으로 비친고죄이다. 법리만 이해하면 된다. **항소심은 제2심이다. 고소취소효력은 제1심 판결 선고 전까지이다.**

대법원 1999. 4. 15. 선고 96도1922 전원합의체 판결 [강제추행치상]

[판결요지] [다수의견] **항소심에서 공소장의 변경에 의하여 또는 공소장변경절차를 거치지 아니하고 법원 직권에 의하여 친고죄가 아닌 범죄를 친고죄로 인정하였더라도 항소심을 제1심이라 할 수는 없는 것이다. 그러므로 항소심에 이르러 비로소 고소인이 고소를 취소하였다면 이는 친고죄에 대한 고소취소로서의 효력은 없다.**

다. 고소·친고죄·반의사불벌죄 종합문제

중요 **01** ★★★★★

고소에 관한 설명 중 옳은 것은? (다툼이 있는 경우 판례에 의함)

> **파워특강** 고소. 고소취소(=민사조정으로 고소취하가 성립되어도 고소취소 효력 없음). 법정대리인 고소권(=고유권. 고소권 소멸 또는 피해자 의사에 반해도 고소권 행사 가능함). 항소심 고소취소(=고소취소 효력 없음. 제2심이다). 포괄일죄 고소시기(=영업범·상습범·연속범·접속범·집합범·결합범은 최후의 범죄행위가 종료된 때). 형사소송법 제230조 제1항 본문 '친고죄에 대하여 범인을 알게 된 날부터'의 의미(=고소권자가 범인을 알게 된 날부터. 고소대리인이 아님).

① 민사사건에서 '이 사건과 관련하여 서로 상대방에 대해 제기한 형사사건의 고소를 모두 취하한다'는 내용이 포함된 조정이 성립된 것만으로도 위 형사사건의 고소가 취소된 것으로 ~~볼 수 있다.~~ 보기 어렵다.

해설 및 정답 2021년 제10회 변호사시험 기출문제 27 **정답** ×

대법원 2004. 3. 25. 선고 2003도8136 판결 [폭행·모욕]

[판시사항] 관련 민사사건에서 '이 사건과 관련하여 서로 상대방에 대하여 제기한 형사고소 사건 일체를 모두 취하한다'는 내용이 포함된 조정이 성립된 것만으로는 고소 취소나 처벌불원의 의사표시를 한 것으로 보기 어렵다고 한 사례.

② 법정대리인의 고소권은 무능력자의 보호를 위하여 법정대리인에게 주어진 독립대리권이므로, 피해자의 명시한 의사에 반하여 행사할 수 ~~없다.~~ 있다.

해설 및 정답 2021년 제10회 변호사시험 기출문제 27 **정답** ×

대법원 1999. 12. 24. 선고 99도3784 판결 [강간 · 폭력행위등처벌에관한법률위반]

[판결요지] 형사소송법 제225조 제1항이 규정한 법정대리인의 고소권은 무능력자의 보호를 위하여 법정대리인에게 주어진 고유권이다. 그러므로 법정대리인은 피해자의 고소권 소멸 여부에 관계없이 고소할 수 있다. 이러한 고소권은 피해자의 명시한 의사에 반하여도 행사할 수 있다.

중요 ③ 항소심에서 공소장변경 또는 법원의 직권에 의하여 비친고죄를 친고죄로 인정한 경우, 항소심에 이르러 비로소 고소인이 고소를 취소하였다면 이는 친고죄에 대한 고소취소로서 효력이 ~~있다.~~ 없다.

해설 및 정답 2021년 제10회 변호사시험 기출문제 27 **정답** ×

대법원 1999. 4. 15. 선고 96도1922 전원합의체 판결 [강제추행치상]

☞ [출제] 2014년 제3회 변호사시험 기출문제 25

④ 영업범 등 포괄일죄의 경우 고소권자가 범죄행위가 계속되는 도중에 범인을 알았다 하더라도 최후의 범죄행위가 종료한 때에 고소기간이 진행된다.

해설 및 정답 2021년 제10회 변호사시험 기출문제 27 **정답** ○

대법원 2004. 10. 28. 선고 2004도5014 판결 [실용신안법위반]

[판결요지] [1] **동종행위의 반복이 당연히 예상되는 영업범 등 포괄일죄의 경우에는 최후의 범죄행위가 종료한 때에 전체 범죄행위가 종료된 것으로 보아야 한다.**

[2] **상소불가분의 원칙에 의하여 유죄 이외의 부분도 상고심에 이심되기는 하나 그 부분은 이미 당사자 간의 공격 · 방어의 대상으로부터 벗어나 사실상 심판대상에서부터도 이탈하게 된다. 그러므로 상고심으로서도 그 부분에까지 나아가 판단할 수 없다.**

⑤ 변호사 甲이 친고죄의 피해자인 의뢰인 乙로부터 가해자인 A에 대한 고소대리권을 수여받아 고소를 제기한 경우, 고소기간은 ~~고소대리인인~~ 고소권자가 甲이 범죄사실을 알게 된 날부터 기산한다.

해설 및 정답 2021년 제10회 변호사시험 기출문제 27 **정답** ×

대법원 2001. 10. 9. 선고 2001도3106 판결 [간통]

[판결요지] 범인을 알게 된다 함은 통상인의 입장에서 보아 고소권자가 고소를 할 수 있

을 정도로 범죄사실과 범인을 아는 것을 의미한다. 범죄사실을 안다는 것은 고소권자가 친고죄에 해당하는 범죄의 피해가 있었다는 사실관계에 관하여 확정적인 인식이 있음을 말한다.

☞ [출제] 2019년 제8회 변호사시험 기출문제 12 · 2012년 제1회 변호사시험 기출문제 27

중요 **02** ★★★★★

친고죄와 반의사불벌죄에 관한 설명 중 옳은 것(○)과 옳지 않은 것(×)을 올바르게 조합한 것은? (다툼이 있는 경우 판례에 의함)

ㄱ. 제1심 법원이 반의사불벌죄로 기소된 피고인에 대하여 「소송촉진 등에 관한 특례법」 제23조에 따라 피고인에 대한 송달불능보고서가 접수된 때부터 6개월이 지나도록 피고인의 소재를 확인할 수 없어 피고인의 진술 없이 유죄를 선고하여 판결이 확정된 경우, 만일 피고인이 항소권회복청구를 함으로써 항소심 재판을 받게 되었다면 피해자는 그 항소심 절차에서 처벌을 희망하는 의사표시를 철회할 수 없다.

ㄴ. 반의사불벌죄에 있어서 청소년인 피해자에게 비록 의사능력이 있다 하더라도 피고인에 대하여 처벌을 희망하지 않는다는 의사표시 또는 처벌을 희망하는 의사표시의 철회는 피해자가 단독으로 이를 할 수 없고 법정대리인의 동의가 있어야 한다.

ㄷ. 고소는 제1심 판결선고 전까지 취소할 수 있으므로 친고죄의 공범 중 일부에 대하여 제1심 판결이 선고된 후라도 제1심 판결선고 전의 다른 공범자에 대하여는 그 고소를 취소할 수 ~~있고,~~ 없고 고소를 취소한 경우 친고죄에 대한 고소 취소로서의 효력이 ~~있다.~~ 없다.

ㄹ. 친고죄에 있어서의 피해자의 고소권은 공법상의 권리라고 할 것이므로 법이 특히 명문으로 인정하는 경우를 제외하고는 자유처분을 할 수 없고, 따라서 일단 제기한 고소는 취소할 수 있으나 고소 전에 고소권을 포기할 수는 없다.

① ㄱ(○), ㄴ(○), ㄷ(×), ㄹ(×)
② ㄱ(○), ㄴ(×), ㄷ(×), ㄹ(○)
③ ㄱ(×), ㄴ(○), ㄷ(○), ㄹ(×)
④ ㄱ(×), ㄴ(×), ㄷ(○), ㄹ(○)
⑤ ㄱ(×), ㄴ(×), ㄷ(×), ㄹ(○)

해설 및 정답 2022년 제11회 변호사시험 기출문제 22 **정답** ②

> **파워특강** 친고죄와 반의사불벌죄. 제1심 법원이 반의사불벌죄로 기소한 사건(=소송촉진법에 근거하여 유죄 확정판결⇒항소권회복⇒항소심 재판⇒항소심에서 처벌을 희망하는 의사표시 철회 불가능. 형식적 제1심만 가능함). 의사능력 있는 미성년자가 반의사불벌죄 피해자인 경우(=단독으로 의사표시 가능함. 처벌불원 의사표시 철회도 단독으로 가능함⇒법정대리인 동의가 필요 없음). 친고죄 공범 중 일부에 대해 제1심 판결이 선고된 경우(=제1심 판결 선고 전의 다른 공범자에 대해 고소 취소는 불가함). 고소 전의 고소권 포기(=인정되지 않음. 공법상 권리. 명문 규정 제외 자유처분 불가능함).

중요 ㄱ. (○) 대법원 2016. 11. 25. 선고 2016도9470 판결 [근로기준법위반]

[판시사항] 제1심 법원이 반의사불벌죄로 기소된 피고인에 대하여 소송촉진 등에 관한 특례법 제23조에 따라 피고인의 진술 없이 유죄를 선고하여 판결이 확정되었는데, 피고인이 제1심 법원에 같은 법 제23조의2에 따른 재심을 청구하는 대신 항소권회복청구를 하여 항소심 재판을 받게 된 경우, 항소심 절차에서 처벌을 희망하는 의사표시를 철회할 수 있는지 여부(소극)

[판결요지] 피고인이 제1심 법원에 소송촉진법 제23조의2에 따른 재심을 청구하는 대신 항소권회복청구를 함으로써 항소심 재판을 받게 되었다면 항소심을 제1심이라고 할 수 없는 이상 항소심 절차에서는 처벌을 희망하는 의사표시를 철회할 수 없다.

ㄴ. (×) 대법원 2009. 11. 19. 선고 2009도6058 전원합의체 판결 [성폭력범죄의처벌및피해자보호등에관한법률위반(특수강간)]

[판시사항] [1] 청소년의 성보호에 관한 법률 제16조에 규정된 반의사불벌죄에서 피해 청소년이 처벌불원 여부 등의 의사표시를 하는 데에 법정대리인의 동의가 필요한지 여부(소극) [2] **피해자가 제1심 법정에서 피고인들에 대한 처벌희망 의사표시를 철회할 당시 나이가 14세 10개월이었더라도 그 철회의 의사표시가 의사능력이 있는 상태에서 행해졌다면 법정대리인의 동의가 없었더라도 유효하다**는 이유로, 피고인들에 대한 공소사실 중 청소년의 성보호에 관한 법률 위반의 점의 공소를 기각한 원심의 판단을 수긍한 사례.

[판결요지] [다수의견] 청소년의 성보호에 관한 법률 제16조에 규정된 반의사불벌죄라고 하더라도, 피해자인 청소년에게 의사능력이 있는 이상, 단독으로 피고인 또는 피의자의 처벌을 희망하지 않는다는 의사표시 또는 처벌희망 의사표시의 철회를 할 수 있고, 거기에 법정대리인의 동의가 있어야 하는 것으로 볼 것은 아니다.

중요 ㄷ. (×) 대법원 1985. 11. 12. 선고 85도1940 판결 [강간]

[판시사항] 친고죄의 공범 중 일부에 대한 제1심 판결 선고 후, 제1심 판결 선고 전의 다른 공범자에 대한 고소취소의 가부

[판결요지] 친고죄의 공범중 그 일부에 대하여 제1심판결이 선고된 후에는 제1심판결선고전의 다른 공범자에 대하여 그 고소를 취소할 수 없다. 그 고소의 취소가 있다 하더라도 그 효력을 발생할 수 없다. 이러한 법리는 필요적 공범이나 임의적 공범이나를 구별함이 없이 모두 적용된다.

ㄹ. (○) 대법원 1967. 5. 23. 선고 67도471 판결 [전지강간]

[판시사항] 친고죄와 고소권의 포기

[판결요지] 친고죄에서 피해자 고소권은 공법상 권리라고 할 것이다. 그러므로 법이 특히 명문으로 인정하는 경우를 제외하고 자유처분을 할 수 없다. 따라서 일단 한 고소는 취소할 수 있다. 그러나 고소전에 고소권을 포기할 수 없다고 함이 상당할 것이다.

중요 **03** ★★★★★

고소에 관한 설명 중 옳지 않은 것은? (다툼이 있는 경우 판례에 의함)

파워특강 고소. 법원이 선임한 부재자 재산관리인이 그 관리대상인 부재자의 재산에 대한 범죄행위에 관하여 법원으로부터 고소권 행사에 관한 허가를 얻은 경우(=형사소송법 제225조 제1항에서 정한 법정대리인으로서 적법한 고소권자에 해당한다). 고소에서 범죄사실 특정 정도(=고소인 의사가 수사기관에 일정한 범죄사실을 지정신고하여 범인의소추처벌을 구하는 의사표시가 있었다고 볼수 있을 정도면 충분하다. 범인 성명이 불명이거나 또는 오기가 있었다거나 범행 일시·장소·방법 등이 명확하지 않거나 틀리는 것이 있더라도 효력에 영향이 없다). 고소에 필요한 고소능력의 정도(=사실상의 의사능력. 11세 남짓한 초등학교 6학년생으로서 피해입은 사실을 이해하고 고소에 따른 사회생활상의 이해관계를 알아차릴 수 있는 경우 사실상의 의사능력이 있다). 법정대리인의 고소권(=고유권. 피해자의 고소권 소멸여부와 관계없이 고소할 수 있다. 그 고소기간은 법정대리인 자신이 범인을 알게 된 날로부터 진행한다). 친고죄에서 적법한 고소가 있었는지가 자유로운 증명의 대상인지 여부(적극) 및 일죄의 일부에 대한 고소의 효력이 미치는 범위(=친고죄에서 적법한 고소가 있었는지는 자유로운 증명의 대상이 되고, 일죄의 관계에 있는 범죄사실 일부에 대한 고소의 효력은 일죄 전부에 대하여 미친다).

중요 ① 법원이 선임한 부재자 재산관리인이 그 관리대상인 부재자의 재산에 대한 범죄행위에 관하여 법원으로부터 고소권 행사에 관한 허가를 얻은 경우 부재자 재산관리인은 「형사소송법」 제225조 제1항에서 정한 법정대리인으로서 적법한 고소권자에 해당한다.

해설 및 정답 2023년 제12회 변호사시험 기출문제 31 **정답** ○

대법원 2022. 5. 26. 선고 2021도2488 판결 [특정경제범죄가중처벌등에관한법률위반(배임)]

[판시사항] 법원이 선임한 부재자 재산관리인이 그 관리대상인 부재자의 재산에 대한 범죄행위에 관하여 법원으로부터 고소권 행사에 관한 허가를 얻은 경우, 형사소송법 제225조 제1항에서 정한 법정대리인으로서 적법한 고소권자에 해당하는지 여부(적극)

[판결요지] **법원이 선임한 부재자 재산관리인이 그 관리대상인 부재자의 재산에 대한 범죄행위에 관하여 법원으로부터 고소권 행사에 관한 허가를 얻은 경우 부재자 재산관리인은 형사소송법 제225조 제1항에서 정한 법정대리인으로서 적법한 고소권자에 해당한다**고 보아야 한다.

중요 ② 고소에 있어서 범죄사실의 특정 정도는 고소인의 의사가 수사기관에 대하여 일정한 범죄사실을 지정신고하여 범인의 소추처벌을 구하는 의사표시가 있었다고 볼 수 있을 정도면 충분하며, 범인의 성명이 불명이거나 범행의 일시·장소·방법 등이 명확하지 않다고 하더라도 그 효력에는 아무 영향이 없다.

해설 및 정답 2023년 제12회 변호사시험 기출문제 31 **정답** ○

대법원 1984. 10. 23. 선고 84도1704 판결 [간통]

[판시사항] 고소에 있어서 범죄사실 특정의 정도

[판결요지] 고소는 범죄의 피해자등이 수사기관에 대하여 범죄사실을 신고하여 범인의 소추처벌을 구하는 의사표시이다. 그러므로 그 범죄사실 등이 구체적으로 특정되어야 할 것이나, **그 특정의 정도는 고소인의 의사가 수사기관에 대하여 일정한 범죄사실을 지정신고하여 범인의소추처벌을 구하는 의사표시가 있었다고 볼수 있을 정도면 그것으로 충분하다. 범인의 성명이 불명이거나 또는 오기가 있었다거나 범행의 일시·장소·방법 등이 명확하지 않거나 틀리는 것이 있다고 하더라도 그 효력에는 아무 영향이 없다.**

중요 ③ 「민법」상 행위능력이 없는 사람이라도 피해를 입은 사실을 이해하고 고소에 따른 사회생활상의 이해관계를 알아차릴 수 있는 사실상의 의사능력을 갖추었다면 고소능력이 인정된다.

해설 및 정답 2023년 제12회 변호사시험 기출문제 31 **정답** ○

대법원 2011. 6. 24. 선고 2011도4451, 2011전도76 판결 [특정범죄가중처벌등에관한법률위반(영리약취·유인등)·성폭력범죄의처벌등에관한특례법위반(13세미만미성년자강간등)]★★★★★

[판시사항] [1] 수사기관이 고소권자를 증인 또는 피해자로서 신문하였는데, 그 중 범인 처벌을 요구하는 고소권자의 의사표시가 조서에 기재된 경우, 이를 적법한 고소로 볼 수 있는지 여부(적극) [2] **고소에 필요한 고소능력의 정도(=사실상의 의사능력)** [3] **친고죄에서 적법한 고소가 있었는지가 자유로운 증명의 대상인지 여부(적극) 및 일죄의 일부에 대한 고소의 효력이 미치는 범위** [4] **피고인이 간음 목적으로 미성년자인 피해자를 약취하였다는 내용으로 기소된 사안에서, 고소능력 있는 피해자 본인의 구술에 의한 적법한 고소가 있고, 본인의 고소가 취소되지 아니한 이상 친고죄의 공소제기 요건은 여전히 충족된다**는 이유로, 피고인에 대한 간음 목적 약취의 공소사실을 유죄로 인정한 원심판단을 정당하다고 한 사례.

[판결요지] [1] 친고죄에서 고소는, 고소권 있는 자가 수사기관에 대하여 범죄사실을 신고하고 범인의 처벌을 구하는 의사표시로서 서면뿐만 아니라 구술로도 할 수 있다. **수사기관이 고소권자를 증인 또는 피해자로서 신문한 경우에 그 진술에 범인의 처벌을 요구하는 의사표시가 포함되어 있고 그 의사표시가 조서에 기재되면 고소는 적법하다.**
[2] 고소를 할 때는 소송행위능력, 즉 고소능력이 있어야 한다. 그러나 고소능력은 피해를 입은 사실을 이해하고 고소에 따른 사회생활상의 이해관계를 알아차릴 수 있는 사실상의 의사능력으로 충분하다. 그러므로 **민법상 행위능력이 없는 사람이라도 위와 같은 능력을 갖추었다면 고소능력이 인정된다.**
[3] **친고죄에서 적법한 고소가 있었는지는 자유로운 증명의 대상이 된다. 일죄의 관계에 있는 범죄사실 일부에 대한 고소의 효력은 일죄 전부에 대하여 미친다.**
[4] **당시 피해자는 11세 남짓한 초등학교 6학년생으로서 피해입은 사실을 이해하고 고소에 따른 사회생활상의 이해관계를 알아차릴 수 있는 사실상의 의사능력이 있었던 것으로 보인다. 설령 피해자 법정대리인의 고소는 취소되었다고 하더라도 본인의 고소가 취소되지 아니한 이상 친고죄의 공소제기 요건은 여전히 충족된다.**

중요 ④ 피해자의 법정대리인은 피해자의 고소권 소멸 여부에 관계없이 고소할 수 있고, 이러한 고소권은 피해자의 명시한 의사에 반하여도 행사할 수 있다.

해설 및 정답 2023년 제12회 변호사시험 기출문제 31 **정답** ○

대법원 1984. 9. 11. 선고 84도1579 판결 [강간·강제추행]

[판시사항] 법정대리인의 고소권이 고유권인지 여부 및 그 고소기간 진행의 시기

[판결요지] 형사소송법 제225조 제1항이 규정한 법정대리인 고소권은 무능력자 보호를 위하여 법정대리인에게 주어진 **고유권**이어서 피해자의 고소권 소멸여부에 관계없이 고소할 수 있다. 그 **고소기간은** 법정대리인 **자신이 범인을 알게 된 날로부터 진행한다.**

중요 ⑤ 친고죄에서 적법한 고소가 있었는지는 ~~엄격한~~자유로운 증명의 대상이 되고, 일죄의 관계에 있는 친고죄 범죄사실 일부에 대한 고소의 효력은 일죄 전부에 대하여 미친다.

해설 및 정답 2023년 제12회 변호사시험 기출문제 31 **정답** ×

대법원 2011. 6. 24. 선고 2011도4451, 2011전도76 판결

[판시사항] 친고죄에서 적법한 고소가 있었는지가 자유로운 증명의 대상인지 여부(적극) 및 일죄의 일부에 대한 고소의 효력이 미치는 범위

[판결요지] **친고죄에서 적법한 고소가 있었는지는 자유로운 증명의 대상이 되고, 일죄의 관계에 있는 범죄사실 일부에 대한 고소의 효력은 일죄 전부에 대하여 미친다.**

4 재판

문 52. 재판 · 공판 · 관할 · 증인신문 · 증언거부권 · 기판력에 관한 설명 중 옳은 것은? (다툼이 있는 경우 판례에 의함)

출제내용

- 심급제도(=제1심 고단·고합⇒제2심 노⇒대법원 도)
- 형벌에 관한 법률조항이 위헌결정으로 소급하여 효력을 상실한 경우(=무죄선고)
- 면소판결(=피고인 출석 불요, 대리인 출석 가능, 피고인에게 실체판결청구권이 없음, 일반사면만 가능, 상상적 경합 판결확정시 다른 일죄 면소판결)
- 실체판결(=재심판결확정 후 특별사면이 있는 경우 유죄·무죄 판결, 공소제기 없음에도 소환 후 소송계속 중에 검사가 약식명령 청구 제1심 법원 유죄·무죄 실체 판단)
- 판결확정력(=정식재판 기판력 판결선고시 기준, 약식명령은 발령시 기준)
- 소년보호법상 보호처분을 받은 사건과 동일한 사건에 다시 공소가 제기된 경우(=공소기각판결)
- 일사부재리효력(=실체재판 인정, 면소판결 인정, 공소기각과 관할위반의 형식재판은 불인정)
- 상습범 기판력(=상습범으로 기소되어 처단 될 것을 요함)
- 폭력행위처벌 등에 관한 법률 제2조 제1항 상습성(=각 호에 열거된 모든 범죄행위를 포괄한 폭력행위 습벽을 의미함)

출제분석

2024년 제13회 변호사시험 출제예상 ★
2023년 제12회 변호사시험 기출문제 23·24
2022년 제11회 변호사시험 기출문제 22·27·38
2021년 제10회 변호사시험 기출문제 21·36
2020년 제9회 변호사시험 기출문제 17·32
2018년 제7회 변호사시험 기출문제 39
2017년 제6회 변호사시험 기출문제 23
2016년 제5회 변호사시험 기출문제 36

01 ★★★★★

공판기일에서의 증인신문에 관한 설명 중 옳지 않은 것은?

중요 ① 공무원뿐만 아니라 공무원이었던 자도 그 직무에 관하여 알게 된 사실에 관하여 본인 또는 당해 공무소가 직무상 비밀에 속한 사항임을 신고한 때에는 그 소속공무소 또는 감독관공서의 승낙 없이는 증인으로 신문하지 못한다.

해설 및 정답 2020년 제9회 변호사시험 기출문제 17 ★ **정답** ○

형사소송법 제147조(공무상비밀과 증인자격)
① **법원은 다음 각 호 요건에 모두 해당하는 경우 공무원 · 공무원이었던 사람을 증인으로 신문할 수 없다.**
1. 현직 공무원 · 전직 공무원이었던 사람이 직무에서 알게 된 사실
2. 현직 공무원 · 전직 공무원이었던 사람 · **해당 기관이 제1호 사실을 직무비밀사항으로 신고한 경우**
3. 소속기관 · 감독관청의 승낙이 없는 경우
② 소속기관 · 감독관청은 국가중대이익을 침해하는 경우를 제외하고 승낙을 거부할 수 없다.

중요 ② 증인이 16세 미만일 경우 선서하게 하지 아니하고 신문하여야 한다.

해설 및 정답 2020년 제9회 변호사시험 기출문제 17 ★ **정답** ○

형사소송법 제159조(증인선서무능력)
증인이 다음 각 호 어느 하나에 해당하는 경우 증인선서를 하지 않고 신문한다.
1. 16세 미만 사람
2. 증인선서취지를 이해하지 못하는 사람
※ 16세 미만인 경우(법제처): 16세 미만 사람 증인자격을 말함

중요 ③ 증인신문은 각 증인에 대하여 신문하여야 하고, 신문하지 아니한 증인이 재정한 때에는 퇴정을 명하여야 한다.

해설 및 정답 2020년 제9회 변호사시험 기출문제 17 ★ **정답** ○
형사소송법 제161조2(증인신문방식)

형사소송법 제161조2(증인신문방식)
① 검사 · 변호인 · 피고인은 증인을 신청할 수 있고, 증인신청자가 먼저 증인을 신문한다. 그 다음에 검사 · 변호인 · 피고인이 신문한다.
② 재판장은 제1항 신문이 끝난 뒤에 신문할 수 있다.
③ 제1항과 제2항에도 불구하고 재판장은 필요할 경우 어느 때나 신문할 수 있다. 제1항 신문순서를 변경할 수 있다.
④ 재판장은 다음 각 호에 해당할 경우 증인신문방식을 정한다.

1. 법원이 직권으로 신문할 증인2. 범죄피해자가 신청하여 신문할 증인
[개정 87·11·28]
⑤ 형사합의부 배석판사는 재판장에게 알리고 증인을 신문할 수 있다.
[본조신설 61·9·1]
※ 합의부원⇒형사합의부 배석판사는: 명확성. 합의부 취지를 명확히 규정.

중요 ④ 주신문에서는 유도신문이 원칙적으로 허용되나 반대신문에서는 유도신문이 ~~허용되지 않는다.~~

해설 및 정답 2020년 제9회 변호사시험 기출문제 17 ★ **정답** ×

형사소송규칙 제75조(주신문)과 형사소송규칙 제76조(반대신문)

형사소송규칙 제75조(주신문) ★★★★★
① 법 제161조2 제1항 전단 규정에 근거한 신문(이하 "주신문"이라 한다)은 증명할 사항과 이에 관련된 사항에 관하여 한다.
② **주신문은 유도신문을 하여서는 안 된다.** 다만 다음 각호의 1의 경우에는 유도신문이 가능하다.
1. 증인과 피고인과 관계, 증인 경력, 교우관계 등 실질적인 신문에 앞서 미리 밝혀둘 필요가 있는 준비적인 사항에 관한 신문
2. 검사·피고인·변호인 사이에 다툼이 없는 명백한 사항에 관한 신문
3. 증인이 주신문을 하는 사람에 대하여 적의 또는 반감을 보일 경우
4. 증인이 종전 진술과 상반되는 진술을 하는 때, 그 종전진술에 관한 신문
5. 그밖에 유도신문을 필요로 하는 특별한 사정이 있는 경우
③ 재판장은 제2항 단서의 각호에 해당하지 않는 경우, 유도신문은 이를 제지한다. 유도신문 방법이 상당하지 아니하다고 인정할 때, 이를 제한할 수 있다.

형사소송규칙 제76조(반대신문) ★★★★★
① 법 제161조2 제1항 후단의 규정에 근거한 신문(이하 "반대신문"이라 한다)은 주신문에 나타난 사항과 이에 관련된 사항에 관하여 한다.
② **반대신문은 필요할 때 유도신문을 할 수 있다.**
③ 재판장은 유도신문의 방법이 상당하지 않다고 인정할 때 이를 제한할 수 있다.
④ 반대신문의 기회에 주신문에 나타나지 아니한 새로운 사항에 관하여 신문하고자 할 때, 재판장에게 허가를 받아야 한다.
⑤ 제4항 신문은 그 사항에 관하여는 주신문으로 본다.

중요 ⑤ 법원은 13세 미만의 피해자를 증인으로 신문하는 경우, 재판에 지장을 초래할 우려가 있는 등 부득이한 경우가 아닌 한 피해자와 신뢰관계에 있는 자를 동석

하게 하여야 한다.

해설 및 정답 2020년 제9회 변호사시험 기출문제 17 ★ **정답** ○

형사소송법 제163조2(신뢰관계인 합석) 제2항

형사소송법 제163조(당사자 참여권과 당사자 신문권)

① 검사·피고인·변호인은 증인신문에 참여할 수 있다.

② 법원은 제1항 참여 검사·피고인·변호인에게 증인신문일시와 증인신문장소를 미리 통지한다. 다만 검사·피고인·변호인이 참여하지 않는다는 의사를 명확하게 밝힌 경우 증인신문일시와 증인신문장소를 통지하지 않는다.

※ 소송촉진규정 명문화

제163조2(신뢰관계인 합석)

① 법원은 범죄피해자를 증인신문하는 경우 다음 각 호 요건을 모두 고려하여 직권 또는 피해자·법정대리인·검사의 신청으로 피해자와 신뢰관계인을 합석하게 할 수 있다.

1. 증인나이·심신(心神)상태·그 밖에 사정이 있는 경우
2. 증인이 현저하게 불안·긴장을 느낄 가능성이 있는 경우

② 법원은 범죄피해자가 13세 미만·신체장애·정신장애로 사물변별능력·의사결정능력이 미약한 경우, 재판에 지장을 줄 가능성이 있는 부득이한 경우가 아니면, 피해자와 신뢰관계인을 합석하게 한다.

③ 제1항·제2항에 근거하여 합석한 신뢰관계인은 법원·소송관계인의 신문 또는 증인진술을 방해하거나 진술내용에 부당한 영향을 미칠 수 있는 행위를 해서는 안 된다.

④ 제1항·제2항에 근거하여 합석할 수 있는 신뢰관계인범위·합석절차·합석방법 등에 관한 필요사항은 대법원 규칙으로 정한다. [본조신설 2007.6.1] [[시행일 2008.1.1.]]

※ 동석⇒합석(한자리에 같이 앉음), 동석이란 단어를 잘 쓰지 않음. 일본식 표현

02 ★★★★★

다음 판결문에 관한 〈보기〉의 설명 중 옳은 것을 모두 고른 것은?

[원심판결] ○○지방법원 2017. 8. 10. 선고 2017노3456 판결 [폭행]

[이유] 폭행죄에 있어서의 폭행이라 함은 사람의 신체에 대하여 물리적 유형력을 행사함을 뜻하는 것으로서 욕설을 한 것 외에 별다른 행위를 한 것이 없다면 이는 유형력의 행사라고 보기 어려울 것이다. 원심이 이와 같은 취지에서 무죄를 선고한 조치는 정당하다.

ㄱ. 재판부는 상고를 기각하였다. ㄴ. ~~위 사건의 2심 재판의 관할 법원은 고등법원이다.~~ ㄷ. ~~피고인이~~검사가 2심 판결에 불복하여 제기한 재판에서 내려진 판결이다. ㄹ. 피고인의 행위가 폭행죄의 구성요건에 해당하지 않는다는 판단이 내려졌다.

① ㄱ, ㄷ
② ㄱ, ㄹ
③ ㄴ, ㄷ
④ ㄷ, ㄹ
⑤ ㄱ, ㄴ, ㄷ, ㄹ

해설 및 정답 2018년 제7회 변호사시험 기출문제 39 **정답** ②

가. 형사1심 단독사건(고단)·형사1심 합의부사건(고합)·형사항소사건(노)·형사상고사건(도)

나. 형사단독(고단)－형사합의부(노)－대법원(도)

다. 형사합의부(고합)－고등법원합의부(노)－대법원(도)

라. 제1심은 형사단독으로, 항소심은 지방법원 형사합의부가 다룬 사안이다. 이 사안 경우 제2심은 피고인에게 폭행죄 구성요건해당성이 없다는 이유로 무죄를 선고한 것이다. **검사는 이에 불복하여 상고하였다. 대법원은 상고를 기각하였다.**

03 ★★★★★

「형사소송법」 제326조에 따라 면소판결이 선고되어야 할 사건(○)과 그렇지 않은 사건(×)을 올바르게 조합한 것은? (다툼이 있는 경우 판례에 의함)

중요 ① 甲이 간통죄로 기소된 이후에 간통죄는 헌법재판소의 위헌결정으로 인하여 소급하여 그 효력을 상실하였다.무죄판결

해설 및 정답 2020년 제9회 변호사시험 기출문제 32 ★ **정답** ×

• 핵심내용: 면소판결·공소기각판결·유죄판결·무죄판결

대법원 2011. 6. 23. 선고 2008도7562 전원합의체 판결 [업무방해·집회 및 시위에 관한 법률 위반]

[판결요지] [1] [다수의견] (가) **형벌에 관한 법률조항이 소급하여 효력을 상실한 경우에 당해 조항을 적용하여 공소가 제기된 피고사건은 범죄로 되지 아니한 때에 해당하고, 법원은 이에 대하여 형사소송법 제325조 전단에 따라 무죄를 선고하여야 한다.**

(나) 또한 헌법 제111조 제1항과 헌법재판소법 제45조 본문에 의하면 헌법재판소는 법률 또는 법률조항의 위헌 여부만을 심판·결정할 수 있다. 그러므로 **형벌에 관한 법률조항이 위헌으로 결정된 이상 그 조항은 헌법재판소법 제47조 제2항 단서에 정해진 대로**

효력이 상실된다. 그러므로 **헌법재판소가 이 사건 헌법불합치결정의 주문에서 이 사건 법률조항이 개정될 때까지 계속 적용되고, 이유 중 결론에서 개정시한까지 개선입법이 이루어지지 않는 경우 그 다음날부터 효력을 상실하도록 하였더라도, 이 사건 헌법불합치결정을 위헌결정으로 보는 이상 이와 달리 해석할 여지가 없다.**

[2] [다수의견] 피고인이 야간옥외집회를 주최하였다는 취지의 공소사실에 대하여 원심이 집회 및 시위에 관한 법률(2007. 5. 11. 법률 제8424호로 전부 개정된 것) 제23조 제1호, 제10조 본문을 적용하여 유죄를 인정하였다. 그런데 원심판결 선고 후 헌법재판소가 위 법률조항에 대해 헌법불합치결정을 선고하면서 개정시한을 정하여 입법개선을 촉구하였다. 그런데도 위 시한까지 법률 개정이 이루어지지 않은 사안이다. 위 **법률조항은 소급하여 효력을 상실한다. 그러므로 이를 적용하여 공소가 제기된 위 피고사건에 대하여 형사소송법 제325조 전단에 따라 무죄를 선고하여야 한다고 한 사례.**

> 형사소송법 제326조(면소판결)
> 재판장은 다음 각 호 경우 판결로써 면소를 선고한다.
> 1. **범죄** 후 법령개정 · 법령폐지로 형이 폐지된 경우
> 2. **공소**시효가 완성된 경우
> 3. **판결**이 확정된 경우
> 4. **사면**이 된 경우
>
> [개정방안]
> ※ 각 호 사유 변경(법령개정 · 법령폐지, 공소시효, 판결확정, 사면 순으로 정비)

☞ [출제] 2017년 제6회 변호사시험 기출문제 23

중요 ② 乙은 절도범행으로 소년법에 따라 보호처분을 받은 이후에 동일한 절도범행으로 다시 공소가 제기되었다.[공소기각판결]

해설 및 정답 2020년 제9회 변호사시험 기출문제 32 ★ **정답** ×

대법원 1985. 5. 28. 선고 85도21 판결 [특정범죄가중처벌 등에 관한 법률 위반 · 절도]

[판결요지] 소년법 제30조의 보호처분을 받은 사건과 동일한 사건에 대하여 다시 공소제기가 되었다면, 동조의 보호처분은 확정판결이 아니다. 따라서 기판력도 없다. 그러므로 이에 대하여 면소판결을 할 것이 아니다. 공소제기절차가 동법 제47조의 규정에 위배하여 무효인 때에 해당한 경우이다. 그러므로 공소기각의 판결을 하여야 한다.

> 형사소송법 제327조(공소기각판결)
> 재판장은 다음 각 호 어느 하나에 해당하는 경우 판결로써 공소기각을 선고한다.
> 1. 피고인에 대해 재판권이 없는 경우
> 2. 공소제기절차가 법률위반으로 무효인 경우
> 3. **공소제기된 사건에 대하여 다시 공소제기된 경우**
> 4. 제329조 공소취소와 재기소를 위반하여 공소제기된 경우

5. 친고죄 사건에서 고소가 취소된 경우
6. 반의사불벌죄 사건에서 처벌희망 의사표시가 없거나 또는 철회된 경우

☞ [출제] 2016년 제5회 변호사시험 기출문제 36

중요 ③ 丙은 절도죄로 징역 1년의 판결을 선고받아 그 판결이 확정된 이후에 그 선고 전에 저지른 절도범행이 발견되어 상습절도죄로 기소되었다.유죄판결(상습절도부분만 실체판결)

해설 및 정답 2020년 제9회 변호사시험 기출문제 32 ★ **정답** ×

대법원 2004. 9. 16. 선고 2001도3206 전원합의체 판결 [사기]

[판결요지] [1] [다수의견] **상습성을 갖춘 자가 여러 개의 죄를 반복하여 저지른 경우에는 각 죄를 별죄로 보아 경합범으로 처단할 것이 아니라 그 모두를 포괄하여 상습범이라고 하는 하나의 죄로 처단하는 것이 상습범의 본질 또는 상습범 가중처벌규정의 입법취지에 부합한다.**

[2] **[다수의견]** 상습범으로서 포괄적 일죄의 관계에 있는 여러 개의 범죄사실 중 일부에 대하여 유죄판결이 확정된 경우에, 그 확정판결의 사실심판결 선고 전에 저질러진 나머지 범죄에 대하여 새로이 공소가 제기되었다면 그 새로운 공소는 확정판결이 있었던 사건과 동일한 사건에 대하여 다시 제기된 데 해당하므로 이에 대하여는 판결로써 면소의 선고를 하여야 하는 것이다(형사소송법 제326조 제1호). 다만 **이러한 법리가 적용되기 위해서는 전의 확정판결에서 당해 피고인이 상습범으로 기소되어 처단되었을 것을 필요로 하는 것이다.** 상습범 아닌 기본 구성요건의 범죄로 처단되는 데 그친 경우에는, 가사 뒤에 기소된 사건에서 비로소 드러났거나 새로 저질러진 범죄사실과 전의 판결에서 이미 유죄로 확정된 범죄사실 등을 종합하여 **그 모두가 상습범으로서 포괄일죄에 해당하는 것으로 판단된다 하더라도 뒤늦게 앞서의 확정판결을 상습범의 일부에 대한 확정판결이라고 보아 그 기판력이 그 사실심판결 선고 전의 나머지 범죄에 미친다고 보아서는 아니 된다.**

중요 ④ 丁은 신호위반으로 인한 교통사고를 일으켜 A의 자동차를 손괴하였다는 취지의 도로교통법위반죄로 벌금 50만원의 약식명령을 받아 그 약식명령이 확정되었다. 그 이후에 丁은 위 교통사고로 A에게 상해를 입게 하였다는 취지의 교통사고처리특례법위반(치상)죄로 공소가 제기되었다.면소판결

해설 및 정답 2020년 제9회 변호사시험 기출문제 32 ★ **정답** ○

대법원 1986. 2. 11. 선고 85도2658 판결 [교통사고처리특례법위반]

[판결요지] **약식명령이 확정된 피고인의 도로교통법 제74조 위반죄와 이 사건으로 공소제기된 죄는 모두 피고인의 동일한 업무상과실로 발생한 수개의 결과로서 형법 제40조 소정의 상상적 경합관계에 있다 할 것이다(당원 1977. 9. 28. 선고 77도2203 판결 참**

조). 이미 확정된 약식명령의 효력은 이 사건 공소사실에 미친다 할 것이다. 그러므로 원심이 같은 이유로 이 사건 공소사실은 확정판결이 있는 때에 해당한다고 판단하여 면소의 판결을 하였음은 정당하다.

중요 ⑤ 戊에 대하여 2019. 1. 1.부터 2019. 6. 30.까지 신고 없이 분식점을 운영하였다는 취지의 식품위생법위반죄로 벌금 100만원의 약식명령이 2019. 8. 16. 발령되고 2019. 10. 1. 확정되었다. 戊는 2019. 9. 1.부터 2019. 9. 30.까지 같은 장소에서 신고 없이 동일한 분식점을 운영하였다는 취지의 식품위생법위반죄로 공소가 제기되었다. 유죄판결(면소판결 대상 범죄사실은 확정판결 범죄사실과 동일성이 있어야 함. 사실심판결선고시・약식명령은 발령시 기준. 이 사안은 약식명령 발령 이후의 사건임)

해설 및 정답 2020년 제9회 변호사시험 기출문제 32 ★ **정답** ×

대법원 1994. 8. 9. 선고 94도1318 판결 [폭력행위등처벌에 관한 법률 위반, 폐기물관리법 위반]

[판결요지] 포괄일죄의 관계에 있는 범행일부에 관하여 약식명령이 확정된 경우, **약식명령의 발령시를 기준으로 하여 그 전의 범행에 대하여는 면소의 판결을 하여야 한다. 그 이후의 범행에 대하여서만 일개의 범죄로 처벌하여야 한다.**

중요 **04** ★★★★★

면소판결에 관한 설명 중 옳지 않은 것은? (다툼이 있는 경우 판례에 의함)

중요 ① 공소제기된 사건에 적용된 법령이 헌법재판소의 위헌결정으로 효력이 소급하여 상실된 경우는 '범죄후의 법령개폐로 형이 폐지되었을 때'에 해당하므로 법원은 ~~면소판결을~~ 무죄판결을 선고하여야 한다.

해설 및 정답 2017년 제6회 변호사시험 기출문제 23 **정답** ×

대법원 2011. 6. 23. 선고 2008도7562 전원합의체 판결 [업무방해・집회 및 시위에 관한 법률 위반]

② 피고인은 면소판결에 대하여 무죄의 실체판결을 구하는 상소를 할 수 없는 것이 원칙이다.

해설 및 정답 2017년 제6회 변호사시험 기출문제 23 **정답** ○

대법원 1984. 11. 27. 선고 84도2106 판결 [폭력행위 등 처벌에 관한 법률 위반]

[판결요지] 피고인에게는 실체 판결청구권이 없는 것이므로 면소판결에 대하여 무죄의 실체판결을 구하여 상소를 할 수는 없는 것이다.

③ 면소의 재판을 할 것이 명백한 사건에 관하여는 공판기일에 피고인의 출석을 요하지 아니한다.

해설 및 정답 2017년 제6회 변호사시험 기출문제 23 **정답** ○

형사소송법 제277조는 경미사건 등과 피고인 불출석을 규정하고 있다. 주요내용을 보면, 다음 각 호 어느 하나에 해당하는 사건은 피고인 출석이 필요하지 않다. 이 경우 피고인은 대리인을 출석하게 할 수 있다. 1. **법정형 상한이 500만원 이하 벌금 또는 과료에 해당하는 사건, 2. 공소기각재판·면소재판을 할 것이 명백한 사건,** 3. 장기 3년 이하 징역 또는 금고, 법정형 상한이 500만원을 초과하는 벌금 또는 구류에 해당하는 사건에서 피고인이 불출석허가신청을 하고, 법원이 피고인 불출석에 대해 권리보호에 지장이 없음을 인정하여 불출석허가신청을 허가한 사건. 다만 피고인은 제284조(인정신문)에 근거한 절차를 진행할 경우 또는 판결을 선고하는 경우 반드시 공판기일에 출석하여야 한다. 4. 제453조 제1항(정식재판청구)에 근거하여 피고인만이 정식재판을 청구를 하여 판결을 선고하는 사건.

중요 ④ 면소판결의 사유 중 '사면이 있은 때'란 일반사면이 있은 때를 말한다.

해설 및 정답 2017년 제6회 변호사시험 기출문제 23 **정답** ○

대법원 2000. 2. 11. 선고 99도2983 판결 [부정수표단속법위반·유가증권위조·위조유가증권행사(예비적 죄명: 업무상배임)·사기]

[판결요지] 형사소송법 제326조 제2호 소정의 면소판결의 사유인 사면이 있을 때란 일반사면이 있을 때를 말한다.

중요 ⑤ A죄와 B죄가 상상적 경합관계에 있는 경우에 A죄에 대한 판결이 확정되었다면 법원은 공소제기된 B죄에 대하여 면소판결을 선고하여야 한다.

해설 및 정답 2017년 제6회 변호사시험 기출문제 23 **정답** ○

대법원 2007. 2. 23. 선고 2005도10233 판결 [폭력행위 등 처벌에 관한 법률 위반(야간·공동공갈미수)·폭력행위 등 처벌에 관한 법률 위반(야간·공동감금)·업무방해·명예훼손]

[판시사항] 공소사실 중 명예훼손죄가, 확정판결의 범죄사실 중 업무방해죄와 상상적 경합관계에 있다고 보아 이미 확정된 위 확정판결의 기판력이 위 공소사실 중 명예훼손죄에 대하여도 미친다는 이유로 면소판결을 선고한 원심판결을 정당하다고 본 사례.

05 ★★★★★

재판에 관한 설명 중 옳지 않은 것은? (다툼이 있는 경우 판례에 의함)

중요 ① 재심대상판결 확정 후에 형 선고의 효력을 상실케 하는 특별사면이 있었다고 하더라도, 재심개시결정이 확정되어 재심심판절차를 진행하는 법원은 그 심급에 따라 다시 심판하여 실체에 관한 유·무죄 등의 판단을 해야지, 특별사면이 있음을 들어 면소판결을 하여서는 아니 된다.

해설 및 정답 2016년 제5회 변호사시험 기출문제 36 ★ **정답** ○

대법원 2015. 5. 21. 선고 2011도1932 전원합의체판결 [업무상횡령·경제의 안정과 성장에 관한 긴급명령 위반·총포화약류단속법위반] ★★★★★

[판결요지] **면소판결 사유인 형사소송법 제326조 제2호의 '사면이 있는 때'에서 말하는 '사면'이란 일반사면을 의미할 뿐이다. 형을 선고받아 확정된 자를 상대로 이루어지는 특별사면은 여기에 해당하지 않는다. 그러므로 재심대상판결 확정 후에 형 선고의 효력을 상실케 하는 특별사면이 있었다고 하더라도, 재심개시결정이 확정되어 재심심판절차를 진행하는 법원은 그 심급에 따라 다시 심판하여 실체에 관한 유·무죄 등의 판단을 해야지, 특별사면이 있음을 들어 면소판결을 하여서는 아니 된다.**

② 원래 공소제기가 없었음에도 피고인의 소환이 이루어지는 등 사실상의 소송계속이 발생한 상태에서 검사가 약식명령을 청구하는 공소장을 제1심법원에 제출하고, 위 공소장에 기하여 공판절차를 진행한 경우 제1심법원으로서는 이에 기하여 유·무죄의 실체판단을 하여야 한다.

해설 및 정답 2016년 제5회 변호사시험 기출문제 36 **정답** ○

대법원 2003. 11. 14. 선고 2003도2735 판결 [도로교통법위반]

[판시사항] **원래 공소제기가 없었음에도 피고인의 소환이 이루어지는 등 사실상의 소송계속이 발생한 상태에서 검사가 약식명령을 청구하는 공소장을 제1심 법원에 제출하고, 위 공소장에 기하여 공판절차를 진행한 경우 제1심 법원으로서는 이에 기하여 유·무죄의 실체판단을 하여야 한다고 한 사례.**

③ 판결의 확정력은 사실심리의 가능성이 있는 최후의 시점인 판결선고시를 기준으로 하여 그때까지 행하여진 행위에 대하여만 미친다.

해설 및 정답 2016년 제5회 변호사시험 기출문제 36 **정답** ○

대법원 1993. 5. 25. 선고 93도836 판결 [사기]

[판결요지] **판결의 확정력은 사실심리의 가능성이 있는 최후의 시점인 판결선고시를 기준으로 하여 그때까지 행하여진 행위에 대하여만 미치는 것이다. 제1심 판결에 대하여 항소가 된 경우 판결의 확정력이 미치는 시간적 한계는 현행 형사항소심의 구조와 운용실태에 비추어 볼 때 항소심 판결선고시라고 보는 것이 상당하다.** 항소이유서를 제출하지 아니하여 결정으로 항소가 기각된 경우에도 형사소송법 제361조의4 제1항에 의하면 피고인이 항소한 때에는 **법정기간 내에 항소이유서를 제출하지 아니하였다 하더라도 판결에 영향을 미친 사실오인이 있는 등 직권조사사유가 있으면 항소법원이 직권으로 심판하여 제1심 판결을 파기하고 다시 판결할 수도 있다.** 그러므로 **사실심리의 가능성이 있는 최후시점은 항소기각 결정시라고 보는 것이 옳다.**

④ 「소년법」상의 보호처분을 받은 사건과 동일한 사건에 대하여 다시 공소가 제기된 경우, 법원은 ~~면소판결을~~공소기각판결을 선고하여야 한다.

해설 및 정답 2016년 제5회 변호사시험 기출문제 36 **정답** ×

대법원 1996. 2. 23. 선고 96도47 판결

[판결요지] **소년법 제32조의 보호처분을 받은 사건과 동일(상습죄 등 포괄일죄 포함)한 사건에 관하여 다시 공소제기가 되었다면, 이는 공소제기 절차가 법률의 규정에 위배하여 무효인 때에 해당한다. 그러므로 형사소송법 제327조 제2호의 규정에 의하여 공소기각의 판결을 하여야 한다.**

06 ★★★★★

재판의 효력에 관한 설명 중 옳지 않은 것은? (다툼이 있는 경우에는 판례에 의함)

① 공소기각과 관할위반의 형식재판에 대하여는 일사부재리의 효력이 인정되지 아니한다.

해설 및 정답 2014년 제3회 변호사시험 기출문제 29 **정답** ○

실체재판은 일사부재리 효력이 인정된다. 그러나 공소기각과 관할위반의 형식재판은 일사부재리 효력이 인정되지 않는다.

② 상습범의 일부에 대하여 유죄판결이 확정된 경우 기판력이 그 사실심판결 선고 전에 저질러진 나머지 범죄에 미치기 위해서는 그 확정판결에서 당해 피고인이 상습범으로 기소되어 처단되었을 것이 필요하고, 상습범이 아닌 기본 구성요건의 범죄로 처단되는 데 그친 경우에는 기판력이 미치지 아니한다.

해설 및 정답 2014년 제3회 변호사시험 기출문제 29 **정답** ○

대법원 2004. 9. 16. 선고 2001도3206 전원합의체 판결 [사기]

[판결요지] [다수의견] **모두가 상습범으로서의 포괄적 일죄에 해당하는 것으로 판단된다 하더라도 뒤늦게 앞서의 확정판결을 상습범의 일부에 대한 확정판결이라고 보아 그 기판력이 그 사실심판결 선고 전의 나머지 범죄에 미친다고 보아서는 아니 된다.**

③ 피고인이 수회의 공갈행위로 「폭력행위 등 처벌에 관한 법률」 제2조 제1항 제3호, 형법 제350조(상습공갈)가 적용되어 상습범으로 유죄 판결이 확정된 경우 그 사실심판결 선고 전에 저질러진 재물손괴 범죄에 대하여는 동일한 폭력행위의 습벽이 인정되더라도 그 확정판결의 기판력이 미친다.

해설 및 정답 2014년 제3회 변호사시험 기출문제 29 **정답** ×

대법원 2012. 8. 17. 선고 2012도6815 판결 [폭력행위 등 처벌에 관한 법률 위반]

[판결요지] **폭력행위 등 처벌에 관한 법률(이하 '폭처법'이라 한다) 제2조 제1항에서 말하는 상습이란 같은 항 각 호에 열거된 각 범죄행위 상호 간의 상습성만을 의미하는 것이 아니라 같은 항 각 호에 열거된 모든 범죄행위를 포괄한 폭력행위의 습벽을 의미하는 것이다. 위와 같은 습벽을 가진 자가 폭처법 제2조 제1항 각 호에 열거된 형법 각 조에서 정하는 다른 수종의 죄를 범하였다면 그 각 행위는 그 각 호 중 가장 중한 법정형의 상습폭력범죄 포괄일죄에 해당한다**(대법원 2008. 8. 21. 선고 2008도3657 판결).

④ 일사부재리의 효력이 미치는 객관적 범위는 공소사실과 단일하고 동일한 관계에 있는 모든 사실에 미치므로, 그 물적 범위는 현실적 심판대상인 사실에 한정되지 아니한다.

해설 및 정답 2014년 제3회 변호사시험 기출문제 29 **정답** ○

일사부재리의 효력이 미치는 객관적 범위는 공소사실과 단일하고 동일한 관계에 있는 모든 사실에 미친다. 그러므로 물적 범위는 현실적 심판대상인 사실에 한정되지 아니한다.

⑤ 약식명령의 기판력이 미치는 시간적 범위는 약식명령의 송달시가 아닌 발령시를 기준으로 한다.

해설 및 정답 2014년 제3회 변호사시험 기출문제 29 **정답** ○

대법원 1984. 7. 24. 선고 84도1129 판결 [폭력행위 등 처벌에 관한 법률 위반]

[판결요지] **유죄의 확정판결의 기판력의 시적범위 즉 어느 때까지의 범죄사실에 관하여 기판력이 미치느냐의 기준시점은 사실심리의 가능성이 있는 최후의 시점인 판결선고시를 기준으로 하여 가리게 된다. 판결절차 아닌 약식명령은 그 고지를 검사와 피고인에 대한**

재판서 송달로써 하고 따로 선고하지 않는다. 그러므로 그 기판력의 시적 범위를 판결절차와 달리 하여야 할 이유가 없으므로 그 발령시를 기준으로 하여야 한다.

07 ★★★★★

공판절차에 관한 설명 중 옳은 것은? (다툼이 있는 경우 판례에 의함)

> **파워특강** 공판절차. 공소제기 후 검사 보관 서류 열람·등사(=변호인만 가능. 피고인은 열람만 가능함). 진술거부권 고지(=재판장 의무). 피고인에게 반대신문권 미고지 법정진술(=피고인 책문권 포기시 하자 치유). 법령 위반 비공개재판(=증언 증거능력 부정. 변호인 반대신문권 보장되어도 마찬가지임). 간이공판절차 요건 공소사실 자백(=공소사실 인정. 위법성조각사유와 책임조각사유를 주장하지 않아도 포함됨).

① 피고인은 변호인이 있는 경우라도 공소제기된 사건에 관하여 검사가 증거로 신청할 피의자신문조서의 ~~열람·등사 또는 서면의 교부를~~열람을 검사에게 신청할 수 있다.

해설 및 정답 2021년 제10회 변호사시험 기출문제 21 **정답** ×

형사소송법 제266조의3(공소제기 후 검사가 보관하고 있는 서류 등의 열람·등사) 참조.

> 형사소송법 제266조의3(공소제기 후 검사가 보관하고 있는 서류 등의 열람·등사)
> ① **피고인 또는 변호인은 검사에게** 공소제기된 사건에 관한 서류 또는 물건(이하 "서류등"이라 한다)의 목록과 공소사실의 인정 또는 양형에 영향을 미칠 수 있는 다음 서류등의 열람·등사 또는 서면의 교부를 신청할 수 있다. 다만, **피고인에게 변호인이 있는 경우에는 피고인은 열람만을 신청할 수 있다.**
> 1. 검사가 증거로 신청할 서류등
> 2. 검사가 증인으로 신청할 사람의 성명·사건과의 관계 등을 기재한 서면 또는 그 사람이 공판기일 전에 행한 진술을 기재한 서류등
> 3. 제1호 또는 제2호의 서면 또는 서류등의 증명력과 관련된 서류등
> 4. 피고인 또는 변호인이 행한 법률상·사실상 주장과 관련된 서류등(관련 형사재판확정기록, 불기소처분기록 등을 포함한다)
>
> ② **검사는 국가안보, 증인보호의 필요성, 증거인멸의 염려, 관련 사건의 수사에 장애를 가져올 것으로 예상되는 구체적인 사유 등 열람·등사 또는 서면의 교부를 허용하지 아니할 상당한 이유가 있다고 인정하는 때에는 열람·등사 또는 서면의 교부를 거부하거나 그 범위를 제한할 수 있다.**

③ 검사는 열람·등사 또는 서면의 교부를 거부하거나 그 범위를 제한하는 때에는 지체 없이 그 이유를 서면으로 통지하여야 한다.
④ 피고인 또는 변호인은 검사가 제1항의 신청을 받은 때부터 48시간 이내에 제3항의 통지를 하지 아니하는 때에는 제266조의4제1항의 신청을 할 수 있다.
⑤ 검사는 제2항에도 불구하고 서류등의 목록에 대하여는 열람 또는 등사를 거부할 수 없다.
⑥ 제1항의 서류등은 도면·사진·녹음테이프·비디오테이프·컴퓨터용 디스크, 그 밖에 정보를 담기 위하여 만들어진 물건으로서 문서가 아닌 특수매체를 포함한다. 이 경우 특수매체에 대한 등사는 필요 최소한의 범위에 한한다.
[본조신설 2007.6.1]
【출처】 형사소송법 일부개정 2020. 12. 8. [법률 제17572호, 시행 2021. 12. 9.] 법무부

② 피고인의 출석 없이도 공판준비기일을 개정할 수 있기 때문에 법원의 소환없이 공판준비기일에 출석한 피고인에게는 재판장은 진술거부권을 고지할 의무는 ~~없다.~~ 있다.

해설 및 정답 2021년 제10회 변호사시험 기출문제 21 **정답** ×

형사소송법 제266조의8(검사 및 변호인 등의 출석) 참조.

형사소송법 제266조의8(검사 및 변호인 등의 출석)
① 공판준비기일에는 검사 및 변호인이 출석하여야 한다.
② 공판준비기일에는 법원사무관등이 참여한다.
③ 법원은 검사, 피고인 및 변호인에게 공판준비기일을 통지하여야 한다.
④ 법원은 공판준비기일이 지정된 사건에 관하여 변호인이 없는 때에는 직권으로 변호인을 선정하여야 한다.
⑤ 법원은 필요하다고 인정하는 때에는 피고인을 소환할 수 있으며, 피고인은 법원의 소환이 없는 때에도 공판준비기일에 출석할 수 있다.
⑥ **재판장은 출석한 피고인에게 진술을 거부할 수 있음을 알려주어야 한다.**
[본조신설 2007.6.1]
【출처】 형사소송법 일부개정 2020. 12. 8. [법률 제17572호, 시행 2021. 12. 9.] 법무부

③ 변호인이 없는 피고인을 일시 퇴정케 하고 증인신문을 한 다음 피고인에게 실질적인 반대신문의 기회를 부여하지 않았다면, 다음 공판기일에서 재판장이 증인신문결과 등을 공판조서에 의하여 고지하여 피고인이 '변경할 점과 이의할 점이 없다'고 진술하더라도 실질적인 반대신문의 기회를 부여받지 못한 하자는 ~~치~~

~~유되지 않는다.~~ 치유된다.

해설 및 정답 2021년 제10회 변호사시험 기출문제 21 **정답** ×

대법원 2010. 1. 14. 선고 2009도9344 판결 [강제추행 · 공무집행방해 · 폭행 · 모욕]

[판결요지] [1] **형사소송법 제297조의 규정에 따라 재판장은 증인이 피고인의 면전에서 충분한 진술을 할 수 없다고 인정한 때에는 피고인을 퇴정하게 하고 증인신문을 진행함으로써 피고인의 직접적인 증인 대면을 제한할 수 있지만, 이러한 경우에도 피고인의 반대신문권을 배제하는 것은 허용될 수 없다.**

[2] 형사소송법 제297조에 따라 변호인이 없는 피고인을 일시 퇴정하게 하고 증인신문을 한 다음 피고인에게 실질적인 반대신문의 기회를 부여하지 아니한 채 이루어진 증인의 법정진술은 위법한 증거로서 증거능력이 없다고 볼 여지가 있으나, **그 다음 공판기일에서 재판장이 증인신문 결과 등을 공판조서(증인신문조서)에 의하여 고지하였는데 피고인이 '변경할 점과 이의할 점이 없다'고 진술하여 책문권 포기 의사를 명시함으로써 실질적인 반대신문의 기회를 부여받지 못한 하자가 치유되었다**고 한 사례.

④ 법률에 근거한 공개금지사유가 없음에도 불구하고 재판의 심리에 관한 공개를 금지하기로 한 공개금지결정은 피고인의 공개재판을 받을 권리를 침해한 것으로서 그 증인신문절차에서 이루어진 증인의 증언은 증거능력이 없으나, 만약 변호인의 반대신문권이 보장되었을 ~~경우에는~~ 경우에도 이를 증거로 ~~사용할 수 있다.~~ 사용할 수 없다.

해설 및 정답 2021년 제10회 변호사시험 기출문제 21 **정답** ×

대법원 2013. 7. 26. 선고 2013도2511 판결 [국가보안법위반(반국가단체의구성등) · 국가보안법위반(간첩) · 국가보안법위반(자진지원 · 금품수수) · 국가보안법위반(특수잠입 · 탈출) · 국가보안법위반(찬양 · 고무등) · 국가보안법위반(회합 · 통신등) · 국가보안법위반(편의제공)]

[판시사항] **공개금지사유가 없음에도 공개금지결정에 따라 비공개로 진행된 증인신문절차에 의하여 이루어진 증언의 증거능력 유무(소극) 및 공개금지결정의 선고가 없는 등으로 공개금지결정의 사유를 알 수 없는 경우에도 같은 법리가 적용되는지 여부(적극)**

[판결요지] 헌법 제27조 제3항 후문, 제109조와 법원조직법 제57조 제1항, 제2항의 취지에 비추어 보면, 헌법 제109조, 법원조직법 제57조 제1항에서 정한 **공개금지사유가 없음에도 불구하고 재판의 심리에 관한 공개를 금지하기로 결정하였다면 그러한 공개금지결정은 피고인의 공개재판을 받을 권리를 침해한 것으로서 그 절차에 의하여 이루어진 증인의 증언은 증거능력이 없다. 변호인의 반대신문권이 보장되었더라도 달리 볼 수 없다. 이러한 법리는 공개금지결정의 선고가 없는 등으로 공개금지결정의 사유를 알 수 없는 경우에도 마찬가지이다.**

국가보안법 제4조 제1항 제2호 (나)목에 규정된 '국가기밀'은 '그 기밀이 정치, 경제, 사회, 문화 등 각 방면에서 반국가단체에 대하여 비밀로 하거나 확인되지 아니함이 대한민국의 이익이 되는 모든 사실, 물건 또는 지식으로서, 그것들이 국내에서 적법한 절차 등을 거쳐 이미 **일반인에게 널리 알려진 공지의 사실, 물건 또는 지식에 속하지 아니한 것이어야 하고, 또 그 내용이 누설되는 경우 국가의 안전에 위험을 초래할 우려가 있어 기밀로 보호할 실질가치를 갖춘 것'일 경우에 한정된다고 보는 것이 대법원 1997. 9. 16. 선고 97도985 전원합의체 판결 이래 대법원의 확립된 견해이다.**

⑤ 피고인이 명시적으로 유죄를 자인하는 진술을 하지는 않았으나, 공소장 기재사실을 인정하고 나아가 위법성이나 책임조각사유가 되는 사실을 진술하지 않은 경우는 「형사소송법」 제286조의2가 규정하는 간이공판절차의 결정의 요건인 공소사실의 자백에 해당한다.

해설 및 정답 2021년 제10회 변호사시험 기출문제 21 **정답** ○

대법원 1987. 8. 18. 선고 87도1269 판결 [폭력행위등처벌에관한법률위반]

[판시사항] 형사소송법 제286조의2 간이공판절차소정 '공소사실의 자백'의 의미

[판결요지] 형사소송법 제286조의2가 규정하는 간이공판절차의 결정의 요건인 공소사실의 자백이라 함은 공소장 기재사실을 인정하고 나아가 위법성이나 책임조각사유가 되는 사실을 진술하지 아니하는 것으로 충분하고 명시적으로 유죄를 자인하는 진술이 있어야 하는 것은 아니다.

중요

08 ★★★★★

공판절차에 관한 설명 중 옳지 않은 것은? (다툼이 있는 경우 판례에 의함)

파워특강 공판절차. 소송비용(=형벌이 아님. 항소심에서 새로이 부담 명하는 재판을 부담할 수 있다. 불이익변경원칙에 반하지 않는다). 검사와 피고인 상소(=이유 없는 상소를 판결이유에 기재한다. 상소를 기각하지 않는다). 상고심 판단(=일부 무죄에 대해 상고이유로 삼지 않은 경우, 무죄 무분도 상고심으로 이심된다. 사실상 심판대상에서 이탈된다). 고소불가불원칙(=고발은 제외함. 고소불가분의 원칙을 규정한 형사소송법 제233조는 공정거래위원회 '고발'에 대해서 유추적용을 하지 않는다). 불이익변경원칙(=재심사건에서 원판결보다 주형을 경하게 하고, 집행유예를 없앤 경우 불이익변경원칙에 위배된다).

① 제1심 법원이 소송비용의 부담을 명하는 재판을 하지 않았음에도 항소심법원이 제1심의 소송비용에 관하여 피고인에게 부담하도록 재판을 한 경우, 불이익변경금지원칙에 위배되지 않는다.

해설 및 정답 2021년 제10회 변호사시험 기출문제 36 **정답** ○

소송비용의 부담은 형이 아니고 실질적인 의미에서 형에 준하여 평가되어야 할 것도 아니다. 그러므로 불이익변경금지원칙의 적용이 없다.

대법원 2001. 4. 24. 선고 2001도872 판결 [성폭력범죄의처벌및피해자보호등에관한법률위반(강간등상해)·성폭력범죄의처벌및피해자보호등에관한법률위반(특수강간)·성폭력범죄의처벌및피해자보호등에관한법률위반(주거침입강간등)]

[판시사항] **소송비용의 부담에 불이익변경금지원칙이 적용되는지 여부(소극)**

[판결요지] 형사소송법 제186조 제1항은 "형의 선고를 하는 때에는 피고인에게 소송비용의 전부 또는 일부를 부담하게 하여야 한다."고 규정하고 있다. 같은 법 제191조 제1항은 "재판으로 소송절차가 종료되는 경우에 피고인에게 소송비용을 부담하게 하는 때에는 직권으로 재판하여야 한다."고 규정하고 있다. **소송비용의 부담은 형이 아니고 실질적인 의미에서 형에 준하여 평가되어야 할 것도 아니다. 그러므로 불이익변경금지원칙의 적용이 없다. 제1심 법원이 소송비용의 부담을 명하는 재판을 하지 않았음에도 항소심 법원이 제1심의 소송비용에 관하여 피고인에게 부담하도록 재판을 한 경우, 불이익변경금지원칙에 위배되지 않는다**고 본 사례.

② 검사와 피고인 양쪽이 상소를 제기한 경우, 어느 일방의 상소는 이유 없으나 다른 일방의 상소가 이유 있어 원판결을 파기하고 다시 판결하는 때에는 이유 없는 상소에 대해서는 판결이유 중에서 그 이유가 없다는 점을 적으면 충분하고 주문에서 그 상소를 기각해야 하는 것은 아니다.

해설 및 정답 2021년 제10회 변호사시험 기출문제 36 정답 ○

대법원 2020. 6. 25. 선고 2019도17995 판결 [성폭력범죄의처벌등에관한특례법위반(특수강제추행)(인정된 죄명: 강제추행)]

[판결요지] **검사와 피고인 양쪽이 상소를 제기한 경우, 어느 일방의 상소는 이유 없으나 다른 일방의 상소가 이유 있어 원판결을 파기하고 다시 판결하는 때에는 이유 없는 상소에 대해서는 판결이유 중에서 그 이유가 없다는 점을 적으면 충분하고 주문에서 그 상소를 기각해야 하는 것은 아니다.**

③ 상상적 경합 관계에 있는 수죄에 대하여 제2심에서 모두 무죄가 선고되었고, 이에 검사가 무죄 부분 전부에 대하여 상고하였으나 그중 일부 무죄 부분(A)에 대하여는 이를 상고이유로 삼지 않은 경우, 상고심은 그 무죄 부분(A)에까지 나아가 판단할 수 없고, 상고심으로부터 다른 무죄 부분(B)에 대한 원심판결이 잘못되었다는 이유로 사건을 파기환송 받은 원심도 그 무죄 부분(A)에 대하여 다시 심리·판단하여 유죄를 선고할 수 없다.

해설 및 정답 2021년 제10회 변호사시험 기출문제 36 정답 ○

대법원 2008. 12. 11. 선고 2008도8922 판결 [상관협박 · 무고]

[판결요지] 환송 전 원심에서 상상적 경합 관계에 있는 수죄에 대하여 모두 무죄가 선고되었다. 이에 검사가 무죄 부분 전부에 대하여 상고하였다. 그러나 그중 일부 무죄 부분(A)에 대하여는 이를 상고이유로 삼지 않은 경우, **비록 상고이유로 삼지 아니한 무죄 부분(A)도 상고심에 이심되지만 그 부분은 이미 당사자 간의 공격방어의 대상으로부터 벗어나 사실상 심판대상에서 이탈하게 된다. 그러므로 상고심으로서도 그 무죄 부분에까지 나아가 판단할 수 없다. 따라서 상고심으로부터 다른 무죄 부분(B)에 대한 원심판결이 잘못되었다는 이유로 사건을 파기환송 받은 원심은 그 무죄 부분(A)에 대하여 다시 심리 · 판단하여 유죄를 선고할 수 없다.**

중요 ④ 피고인 A, B는 공동하여 공정거래위원회의 고발이 있어야 공소를 제기할 수 있는 독점규제및공정거래에관한법률위반의 범행을 저질렀는데, 공정거래위원회가 A만 고발하였다 하더라도, 고발대상에서 제외된 B에 대하여도 고발의 효력이 ~~미치므로 법원은 B에 대하여 공소기각판결을 하여서는 아니된다.~~ 미치지 않으므로 법원은 B에 대하여 공소기각판결을 선고하여야 한다.

해설 및 정답 2021년 제10회 변호사시험 기출문제 36 **정답** ×

대법원 2010. 9. 30. 선고 2008도4762 판결 [독점규제및공정거래에관한법률위반]

[판결요지] **고발의 주관적 불가분원칙의 적용 여부에 관하여는 명시적으로 규정하고 있지 아니하고, 형사소송법도 제233조에서 친고죄에 관한 고소의 주관적 불가분원칙을 규정하고 있을 뿐 고발에 대하여 그 주관적 불가분의 원칙에 관한 규정을 두고 있지 않다.** 또**한 형사소송법 제233조를 준용하고 있지도 아니하다. 친고죄에 관한 고소의 주관적 불가분원칙을 규정하고 있는 형사소송법 제233조가 공정거래위원회의 고발에도 유추적용된다고 해석한다면 이는 공정거래위원회의 고발이 없는 행위자에 대해서까지 형사처벌의 범위를 확장하는 것이다. 결국 피고인에게 불리하게 형벌법규의 문언을 유추해석한 경우에 해당하므로 죄형법정주의에 반하여 허용될 수 없다.**

⑤ 재심대상사건에서 징역형의 집행유예를 선고하였음에도 재심사건에서 원판결보다 주형을 경하게 하고 집행유예를 없앤 경우, 불이익변경금지원칙에 위배된다.

해설 및 정답 2021년 제10회 변호사시험 기출문제 36 **정답** ○

대법원 2016. 3. 24. 선고 2016도1131 판결 [사기 · 재물손괴 · 폭행]

[판시사항] **제1심에서 징역형의 집행유예를 선고한 데 대하여 제2심이 징역형의 형기를 단축하여 실형을 선고하는 것이 불이익변경금지원칙에 위배되는지 여부(적극) / 재심대상사건에서 징역형의 집행유예를 선고하였음에도 재심사건에서 원판결보다 주형을 경하게 하고 집행유예를 없앤 경우, 불이익변경금지원칙에 위배되는지 여부(적극)**

09 ★★★★★

관할에 관한 설명 중 옳지 않은 것은? (다툼이 있는 경우 판례에 의함)

파워특강 관할. 토지관할(=범죄지・피고인 주소지・거소・현재지). 토지관할 다른 관련사건 각각 다른 법원에 계속된 경우(=공통 상급법원 검사・피고인 신청으로 결정⇒한 개 법원이 병합 심리함). 2개 관련사건 사물관할과 토지관할 모두 달리하는 경우(=합의부 결정⇒단독판사 사건을 병합 심리함). 제1심 합의부 사건에 단독판사 관할사건으로 공소장변경허가신청서가 제출된 경우(=합의부가 공소장변경허가결정과 관계없이 실체 심판함). 동일사건 사물관할 같이하는 수개 법원에 계속(=먼저 공소를 제기 받은 법원이 심판함. 다만 공통 상급법원이 검사・피고인 신청으로 결정할 경우 뒤에 공소를 받은 법원에 심판하게 함).

① 제1심 법원의 소재지가 피고인이 현재 거주하는 곳인 이상, 그 범죄지나 주소지가 아니더라도 그 판결에 토지관할 위반의 위법은 없다.

해설 및 정답 2022년 제11회 변호사시험 기출문제 22 **정답** ○

형사소송법 제4조 참조.

> 형사소송법 제4조(토지관할)
> ① 토지관할은 **범죄지, 피고인의 주소, 거소 또는 현재지**로 한다.
> ② 국외에 있는 대한민국 선박 내에서 범한 죄에 관하여는 전항에 규정한 곳 외에 선적지 또는 범죄 후의 선착지로 한다.
> ③ 전항의 규정은 국외에 있는 대한민국 항공기 내에서 범한 죄에 관하여 준용한다.
> 【출처】 형사소송법 일부개정 2022. 2. 3. [법률 제18799호, 시행 2022. 2. 3.]

② 토지관할을 달리하는 2개의 관련사건이 각각 다른 법원에 계속된 때에는 공통되는 바로 위의 상급법원은 검사나 피고인의 신청에 의하여 결정으로 한 개 법원으로 하여금 병합심리하게 할 수 있다.

해설 및 정답 2022년 제11회 변호사시험 기출문제 22 **정답** ○

형사소송법 제6조 참조.

> 형사소송법 제6조(토지관할의 병합심리)
> 토지관할이 다른 여러 개의 관련사건이 각각 다른 법원에 계속된 때에는 공통되는 바로 위의 상급법원은 검사나 피고인의 신청에 의하여 결정(決定)으로 한 개 법원으로 하여금 병

> 합심리하게 할 수 있다.
> [전문개정 2020.12.8]
> 【출처】 형사소송법 일부개정 2022. 2. 3. [법률 제18799호, 시행 2022. 2. 3.]

③ 합의부는 2개의 관련사건이 사물관할을 달리하는 경우에 결정으로 단독판사에게 속한 사건을 병합하여 심리할 수 있지만, 2개의 관련사건이 사물관할과 토지관할을 모두 달리하는 경우에는 병합하여 심리할 수 ~~없다.~~ 있다.

해설 및 정답 2022년 제11회 변호사시험 기출문제 22 **정답** ×

형사소송법 제10조와 형사소송규칙 제4조 참조.

> 형사소송법 제10조(사물관할의 병합심리)
> **사물관할을 달리하는 수개의 관련사건이 각각 법원합의부와 단독판사에 계속된 때에는 합의부는 결정으로 단독판사에 속한 사건을 병합하여 심리할 수 있다.**
> 【출처】 형사소송법 일부개정 2022. 2. 3. [법률 제18799호, 시행 2022. 2. 3.]
>
> 형사소송규칙 제4조 (사물관할의 병합심리)
> **① 법 제10조의 규정은 법원합의부와 단독판사에 계속된 각 사건이 토지관할을 달리하는 경우에도 이를 적용한다.**
> ② 단독판사는 그가 심리중인 사건과 관련된 사건이 합의부에 계속된 사실을 알게 된 때에는 즉시 합의부의 재판장에게 그 사실을 통지하여야 한다.
> ③ 합의부가 법 제10조의 규정에 의한 병합심리결정을 한 때에는 즉시 그 결정등본을 단독판사에게 송부하여야 하고, 단독판사는 그 결정등본을 송부받은 날로부터 5일 이내에 소송기록과 증거물을 합의부에 송부하여야 한다.
> 【출처】 형사소송규칙 개정 2021. 12. 31. [규칙 제3016호, 시행 2022. 1. 1.]

④ 제1심에서 합의부 관할사건에 관하여 단독판사 관할사건으로 죄명, 적용법조를 변경하는 공소장변경허가신청서가 제출된 경우, 사건을 배당받은 합의부는 공소장변경허가결정을 하였는지에 관계없이 사건의 실체에 들어가 심판하여야 한다.

해설 및 정답 2022년 제11회 변호사시험 기출문제 22 **정답** ○

대법원 2013. 4. 25. 선고 2013도1658 판결 [사기·사문서위조·위조사문서행사·특정경제범죄가중처벌등에관한법률위반(사기)(인정된 죄명: 사기)]

[판시사항] 제1심에서 합의부 관할사건에 관하여 단독판사 관할사건으로 죄명, 적용법조를 변경하는 공소장변경허가신청서가 제출되자, 합의부가 사건을 단독판사에게 재배당한

사안에서, 사건을 배당받은 합의부는 사건의 실체에 들어가 심판하였어야 하고 사건을 단독판사에게 재배당할 수 없다는 이유로, 원심판결 및 제1심판결을 모두 파기하고 사건을 관할권이 있는 법원 제1심 합의부에 이송한 사례.

⑤ 같은 사건이 사물관할을 같이하는 여러 개의 법원에 계속된 경우에 각 법원에 공통되는 바로 위의 상급법원은 검사나 피고인의 신청에 의하여 결정으로 뒤에 공소를 받은 법원으로 하여금 심판하게 할 수 있다.

해설 및 정답 2022년 제11회 변호사시험 기출문제 22 **정답** ○

형사소송법 제13조 참조.

> 형사소송법 제13조(관할의 경합)
> 같은 사건이 사물관할이 같은 여러 개의 법원에 계속된 때에는 먼저 공소를 받은 법원이 심판한다. **다만, 각 법원에 공통되는 바로 위의 상급법원은 검사나 피고인의 신청에 의하여 결정으로 뒤에 공소를 받은 법원으로 하여금 심판하게 할 수 있다.**
> [전문개정 2020.12.8]
> 【출처】 형사소송법 일부개정 2022. 2. 3. [법률 제18799호, 시행 2022. 2. 3.]

10 ★★★★★

증인신문에 관한 설명 중 옳은 것은? (다툼이 있는 경우 판례에 의함)

> **파워특강 1** 증인신문. 반대신문(=유도신문 가능함. 주신문에 나타나지 않은 새로운 사항 신문시 재판장의 허가를 받아야 함). 공판기일에 증인 출석(=피고인 정당한 이유 없이 불출석⇒공판기일 연기⇒공판기일 외의 신문으로 증인신문하고, 다음 공판기일에 서증조사 적법함). 재판장은 피고인을 퇴정하게 한 후 증인신문 가능함(=반대신문권 보장해야 함). 형사소송법 제165조2 제3호 요건 충족(=피고인, 검사, 변호인, 방청인 등에 대해서도 차폐시설 설치 방식으로 증인신문 가능함).
>
> **파워특강 2** 공판절차. 공소제기 후 검사 보관 서류 열람·등사(=변호인만 가능. 피고인은 열람만 가능함). 진술거부권 고지(=재판장 의무). 피고인에게 반대신문권 미고지 법정진술(=피고인 책문권 포기시 하자 치유). 법령 위반 비공개재판(=증언 증거능력 부정. 변호인 반대신문권이 보장되어도 증거능력 부정). 간이공판절차 요건 공소사실 자백(=공소사실 인정. 위법성조각사유와 책임조각사유를 주장하지 않는 경우 포함됨).

① 반대신문에 있어서 필요할 때에는 유도신문을 할 수 있으며, 반대신문의 기회에 주신문에 나타나지 아니한 새로운 사항에 관하여 신문하고자 할 때에는 재판장의 허가를 받아야 한다.

해설 및 정답 2022년 제11회 변호사시험 기출문제 38 **정답** ○

형사소송법 규칙 제76조 제2항과 제4항 참조.

> 형사소송법 규칙 제76조(반대신문)
> ① 법 제161조의2 제1항 후단의 규정에 의한 신문(이하 "반대신문"이라 한다)은 주신문에 나타난 사항과 이에 관련된 사항에 관하여 한다.
> **② 반대신문에 있어서 필요한 때에는 유도신문을 할 수 있다.**
> ③ 재판장은 유도신문의 방법이 상당하지 아니하다고 인정할 때에는 이를 제한 할 수 있다.
> ④ 반대신문의 기회에 주신문에 나타나지 아니한 새로운 사항에 관하여 신문하고자 할 때에는 재판장의 허가를 받아야 한다.
> ⑤ 제4항의 신문은 그 사항에 관하여는 주신문으로 본다.
> 【출처】 형사소송규칙 개정 2021. 12. 31. [규칙 제3016호, 시행 2022. 1. 1.]

② 공판기일에 증인은 출석하였으나 피고인이 정당한 사유 없이 출석하지 아니하여 「형사소송법」 제276조의 규정에 의하여 공판기일을 연기할 수밖에 없는 경우, 법원이 이미 출석하여 있는 증인에 대하여 공판기일 외의 신문으로서 증인신문을 하고 다음 공판기일에 그 증인신문조서에 대한 서증조사를 하는 것은 증거조사절차로서 ~~위법하다.~~ 적법하다.

해설 및 정답 2022년 제11회 변호사시험 기출문제 38 **정답** ×

대법원 2000. 10. 13. 선고 2000도3265 판결 [변호사법위반]

[판시사항] 법원이 공판기일에 증인을 채택하여 다음 공판기일에 증인신문을 하기로 피고인에게 고지하였으나 피고인이 정당한 사유 없이 출석하지 아니한 경우, 이미 출석하여 있는 증인에 대하여 공판기일 외의 신문으로서 증인신문을 하고 다음 공판기일에 그 증인신문조서에 대한 서증조사를 하는 것이 증거조사절차로서 적법한지 여부(적극)

[판결요지] 그 사건이 형사소송법 제277조 본문에 규정된 다액 100만 원 이하의 벌금 또는 과료에 해당하거나 공소기각 또는 면소의 재판을 할 것이 명백한 사건이 아니어서 같은 법 제276조의 규정에 의하여 공판기일을 연기할 수밖에 없더라도, 이미 출석하여 있는 증인에 대하여 공판기일 외의 신문으로서 증인신문을 하고 다음 공판기일에 그 증인신문조서에 대한 서증조사를 하는 것은 증거조사절차로서 적법하다.

③ 「형사소송법」 제297조의 규정에 따라 재판장은 증인이 피고인의 면전에서 충

분한 진술을 할 수 없다고 인정한 때에는 피고인을 퇴정하게 하고 증인신문을 진행함으로써 피고인의 직접적인 증인 대면을 ~~제한하고 피고인의 반대신문권을 배제할 수 있다.~~ 제한할 수 있지만 피고인의 반대신문권을 배제할 수 있다.

해설 및 정답 2022년 제11회 변호사시험 기출문제 38 **정답** ×

대법원 2010. 1. 14. 선고 2009도9344 판결 [강제추행 · 공무집행방해 · 폭행 · 모욕]

[판시사항] [1] 형사소송법 제297조에 따라 피고인을 퇴정하게 하고 증인신문을 진행하는 경우 피고인의 반대신문권을 배제할 수 있는지 여부(소극) [2] **피고인에게 실질적인 반대신문의 기회를 부여하지 아니한 채 이루어진 증인의 법정진술은 위법한 증거로 볼 여지가 있으나, 피고인이 책문권을 명시적으로 포기함으로써 그 하자가 치유되었다고 한 사례.**

[판결요지] [1] **형사소송법 제297조의 규정에 따라 재판장은 증인이 피고인의 면전에서 충분한 진술을 할 수 없다고 인정한 때에는 피고인을 퇴정하게 하고 증인신문을 진행함으로써 피고인의 직접적인 증인 대면을 제한할 수 있지만, 이러한 경우에도 피고인의 반대신문권을 배제하는 것은 허용될 수 없다.**

[2] **그 다음 공판기일에서 재판장이 증인신문 결과 등을 공판조서(증인신문조서)에 의하여 고지하였는데 피고인이 '변경할 점과 이의할 점이 없다'고 진술하여 책문권 포기 의사를 명시함으로써 실질적인 반대신문의 기회를 부여받지 못한 하자가 치유되었다고 한 사례.**

☞ [출제] 2021년 제10회 변호사시험 기출문제 21 ③

④ 법정 외에서 증인신문을 실시함에 있어서 피고인에 대하여 통지하지 아니하여 참여 기회를 주지 않았다면, 그 후 속개된 공판기일에서 피고인과 변호인이 그 증인신문조사에 대하여 별 의견이 없다고 진술하였더라도 그 증인신문조사의 하자는 ~~치유되지 않는다.~~ 치유된다.

해설 및 정답 2022년 제11회 변호사시험 기출문제 38 **정답** ×

대법원 1974. 1. 15. 선고 73도2967 판결 [살인]

[판시사항] 법정외에서의 증인신문의 시일과 장소를 피고인에게 통지함이 없이 증인등 신문을 한 경우 그 신문조서를 공판기일에 고지함으로써 책문권의 포기로 그 하자가 치유된 예.

[판결요지] **법원이 피고인에게 증인신문의 시일과 장소를 미리 통지함이 없이 증인들의 신문을 시행하였다. 이것은 위법이다. 그러나 그 후 동 증인 등 신문결과를 동 증인 등 신문조서에 의하여 소송관계인에게 고지하였다. 그렇다면 피고인이나 변호인이 이의를 하지 않았다면 위의 하자는 책문권의 포기로 치유된다.**

⑤ 「형사소송법」 제165조의2 비디오 등 중계장치 등에 의한 증인신문에 있어서

「형사소송규칙」 제84조의9에서 피고인과 증인 사이의 차폐시설 설치만을 규정하고 ~~있으므로~~있더라도 검사, 변호인, 방청인과 증인 사이에 차폐시설 등을 설치하는 방식으로 증인신문을 할 수 ~~없다.~~있다.

해설 및 정답 2022년 제11회 변호사시험 기출문제 38 **정답** ×

대법원 2015. 5. 28. 선고 2014도18006 판결 [폭력처벌에관한법률위반(단체등의구성·활동)]

[판시사항] [1] 형사소송법 제165조의2 제3호의 요건이 충족될 경우, 피고인 외에 검사, 변호인, 방청인 등에 대하여도 차폐시설 등을 설치하는 방식으로 증인신문을 할 수 있는지 여부(적극) 및 이는 형사소송규칙 제84조의9에서 '피고인'과 증인 사이의 차폐시설 설치만을 규정하고 있더라도 마찬가지인지 여부(적극) / '변호인'에 대한 차폐시설의 설치가 예외적으로 허용되는 경우 [2] 폭력행위 등 처벌에 관한 법률 제4조 제1항 제1호, 제2호에서 말하는 '수괴' 및 '간부'의 의미

[판결요지] [1] **형사소송법 제165조의2 제3호도 대상을 '피고인 등'이라고 규정하고 있으므로, 법원은 형사소송법 제165조의2 제3호의 요건이 충족될 경우 피고인뿐만 아니라 검사, 변호인, 방청인 등에 대하여도 차폐시설 등을 설치하는 방식으로 증인신문을 할 수 있으며, 이는 형사소송규칙 제84조의9에서 피고인과 증인 사이의 차폐시설 설치만을 규정하고 있다고 하여 달리 볼 것이 아니다.**

피고인뿐만 아니라 변호인에 대해서까지 차폐시설을 설치하는 방식으로 증인신문이 이루어지는 경우 피고인과 변호인 모두 증인이 증언하는 모습이나 태도 등을 관찰할 수 없게 되어 그 한도에서 반대신문권이 제한될 수 있으므로, 변호인에 대한 차폐시설의 설치는, 특정범죄신고자 등 보호법 제7조에 따라 범죄신고자 등이나 친족 등이 보복을 당할 우려가 있다고 인정되어 조서 등에 인적사항을 기재하지 아니한 범죄신고자 등을 증인으로 신문하는 경우와 같이, 이미 인적사항에 관하여 비밀조치가 취해진 증인이 변호인을 대면하여 진술함으로써 자신의 신분이 노출되는 것에 대하여 심한 심리적인 부담을 느끼는 등의 특별한 사정이 있는 경우에 예외적으로 허용될 수 있을 뿐이다.

11 ★★★★★

재판에 관한 설명 중 옳은 것을 모두 고른 것은? (다툼이 있는 경우 판례에 의함)

ㄱ. 원심판결 선고 후 헌법재판소가 원심판결 대상인 법률조항에 대하여 헌법불합치 결정을 선고하면서 개정시한을 정하여 입법개선을 촉구하였는데도 그 시한까지 법률개정이 이루어지지 않은 경우, 위 법률조항은 소급하여 효력을 상실하므로 이를 적용하여 공소가 제기된 피고사건에 대하여는 무죄를 선고하여야 한다.

ㄴ. 공소제기 당시의 공소사실에 대한 법정형을 기준으로 하면 공소제기 당시 아직 공소시효가 완성되지 않았으나 변경된 공소사실에 대한 법정형을 기준으로 하면

공소제기 당시 이미 공소시효가 완성된 경우에는 공소시효의 완성을 이유로 면소판결을 선고하여야 한다.

ㄷ. 피고인을 금고 이상의 형에 처한 판결이 확정된 다음, 확정판결 전의 공소사실과 확정판결 후의 공소사실에 대하여 따로 유죄를 선고하여 두 개의 형을 정한 제1심 판결에 대하여 피고인만이 확정판결 전의 유죄판결 부분에 대하여 항소한 경우, 피고인과 검사가 항소하지 아니한 확정판결 후의 유죄판결 부분은 항소기간이 지남으로써 확정되어 항소심에 계속된 사건은 확정판결 전의 유죄판결 부분뿐이고, 그에 따라 항소심이 심리・판단하여야 할 범위는 확정판결 전의 유죄판결 부분에 한정된다.

ㄹ. 「소년법」 제32조의 보호처분을 받은 사건과 동일한 사건에 대하여 다시 공소제기가 되었다면 「소년법」 제32조의 보호처분은 확정판결이어서 기판력을 가지므로 ~~면소판결을~~ 공소기각판결을 하여야 한다.

① ㄱ
② ㄱ, ㄴ
③ ㄴ, ㄹ
④ ㄷ, ㄹ
⑤ ㄱ, ㄴ, ㄷ

해설 및 정답 2022년 제11회 변호사시험 기출문제 27 **정답** ⑤

파워특강 재판. 헌법불합치결정(=무죄 선고). 공소시효(=변경된 공소사실에 대한 법정형). 피고인만 유죄 판결에 항소(=확정판결 전 유죄 판결 부분만 항소심이 판단함). 소년보호처분 사건(=동일 사건 다시 공소⇒공소기각판결).

ㄱ. (○) 대법원 2011. 6. 23. 선고 2008도7562 전원합의체 판결 [업무방해・집회 및 시위에 관한 법률 위반]

[판시사항] [1] 집회 및 시위에 관한 법률 중 '야간옥외집회 금지규정'에 대한 헌법불합치결정이 위헌결정인지 여부(적극) 및 이로 인하여 위 규정이 소급하여 효력을 상실하는지 여부(적극) [2] [다수의견] 피고인이 야간옥외집회를 주최하였다는 취지의 공소사실에 대하여 원심이 집회 및 시위에 관한 법률 제23조 제1호, 제10조 본문을 적용하여 유죄를 인정하였는데, 원심판결 선고 후 헌법재판소가 위 법률조항에 대해 헌법불합치결정을 선고하면서 개정시한을 정하여 입법개선을 촉구하였는데도 위 시한까지 법률 개정이 이루어지지 않은 사안에서, **위 법률조항은 소급하여 효력을 상실하므로 이를 적용하여 공소가 제기된 위 피고사건에 대하여 무죄를 선고하여야 한다고 한 사례.**

☞ [출제] 2020년 제9회 변호사시험 기출문제 32 ①

ㄴ. (○) 대법원 2001. 8. 24. 선고 2001도2902 판결 [절도 (인정된 죄명 : 건조물침입)]

[판시사항] [1] 공소장이 변경된 경우, 공소시효 완성 여부의 기준시점 [2] **공소사실이**

변경됨에 따라 법정형에 차이가 있는 경우, 공소시효기간의 기준이 되는 법정형(=변경된 공소사실에 대한 법정형) [3] **공소제기 당시의 공소사실에 대한 법정형에 의하면 공소시효가 완성되지 않았으나 변경된 공소사실에 대한 법정형에 의하면 공소제기 당시 이미 공소시효가 완성된 경우, 법원의 조처(=면소판결)**

[판결요지] [1] 공소장 변경이 있는 경우에 공소시효의 완성 여부는 당초의 공소제기가 있었던 시점을 기준으로 판단할 것이고 공소장 변경시를 기준으로 삼을 것은 아니다.

[2] **공소장변경절차에 의하여 공소사실이 변경됨에 따라 그 법정형에 차이가 있는 경우에는 변경된 공소사실에 대한 법정형이 공소시효기간의 기준이 된다.**

[3] **공소제기 당시의 공소사실에 대한 법정형을 기준으로 하면 공소제기 당시 아직 공소시효가 완성되지 않았으나 변경된 공소사실에 대한 법정형을 기준으로 하면 공소제기 당시 이미 공소시효가 완성된 경우에는 공소시효의 완성을 이유로 면소판결을 선고하여야 한다.**

ㄷ. (○) 대법원 2018. 3. 29. 선고 2016도18553 판결 [사기 · 산지관리법위반 · 공무상표시무효 · 부동산실권리자명의등기에관한법률위반]

[판시사항] [1] **확정판결 전의 공소사실과 확정판결 후의 공소사실에 대하여 따로 유죄를 선고하여 두 개의 형을 정한 제1심판결에 대하여 피고인만이 확정판결 전의 유죄판결 부분에 대하여 항소한 경우, 항소심이 심리 · 판단하여야 할 범위(=확정판결 전의 유죄판결 부분)**

[2] **피고인을 금고 이상의 형에 처한 판결이 확정된 후, 확정판결 전의 사기범행에 대해 징역 2년을, 확정판결 후의 산지관리법위반 등 범행에 대해 징역 6월에 집행유예 2년을 선고한 제1심판결에 대하여 피고인만이 확정판결 전 범행인 사기 부분에 한하여 항소한 사안에서,** 이미 유죄로 확정된 산지관리법위반죄 등 부분까지 다시 심리하여 판결로 산지관리법위반죄 등에 대한 피고인의 항소를 기각한 원심판결 부분에 잘못이 있어 이 부분을 파기하되, 이 부분은 원심에 환송할 수 없고, 상고심이 이를 파기하는 것으로 충분하다고 한 사례.

[판결요지] [1] **형법 제37조 전단의 경합범으로 동시에 기소된 수 개의 공소사실에 대하여 일부 유죄, 일부 무죄를 선고하거나 수 개의 공소사실이 금고 이상의 형에 처한 확정판결 전후의 것이어서 형법 제37조 후단, 제39조 제1항에 의하여 각기 따로 유 · 무죄를 선고하거나 형을 정하는 등으로 판결주문이 수 개일 때에는 그 1개의 주문에 포함된 부분을 다른 부분과 분리하여 일부상소를 할 수 있다. 이때 당사자 쌍방이 상소하지 아니한 부분은 분리 확정된다.** 그러므로 **확정판결 전의 공소사실과 확정판결 후의 공소사실에 대하여 따로 유죄를 선고하여 두 개의 형을 정한 제1심판결에 대하여 피고인만이 확정판결 전의 유죄판결 부분에 대하여 항소한 경우, 피고인과 검사가 항소하지 아니한 확정판결 후의 유죄판결 부분은 항소기간이 지남으로써 확정되어 항소심에 계속된 사건은 확정판결 전의 유죄판결 부분뿐이고, 그에 따라 항소심이 심리 · 판단하여야 할 범위는 확정판결 전의 유죄판결 부분에 한정된다.**

ㄹ. (×) 대법원 1996. 2. 23. 선고 96도47 판결 [특정범죄가중처벌등에관한법률위반(도주차량) · 도로교통법위반 · 특정범죄가중처벌등에관한법률위반(절도) · 신용카드업법위반 · 사기]

[판시사항] 소년법상의 보호처분을 받은 사건과 동일한 사건에 대하여 다시 공소를 제기할 수 있는지 여부(소극)

[판결요지] 소년법 제32조의 보호처분을 받은 사건과 동일(상습죄 등 포괄일죄 포함)한 사건에 관하여 다시 공소제기가 되었다면, 이는 공소제기 절차가 법률의 규정에 위배하여 무효인 때에 해당한 경우이다. 그러므로 형사소송법 제327조 제2호의 규정에 의하여 공소기각의 판결을 하여야 한다.

대법원 1985. 5. 28. 선고 85도21 판결 [특정범죄가중처벌 등에 관한 법률 위반 · 절도]

[판시사항] 소년법 제30조의 보호처분을 받은 사건에 대해 다시 공소가 제기된 경우 법원이 취하여야 할 조치(공소기각 판결)

[판결요지] 소년법 제30조의 보호처분을 받은 사건과 동일한 사건에 대하여 다시 공소제기가 되었다면, 동조의 보호처분은 확정판결이 아니다. 따라서 기판력도 없다. 그러므로 이에 대하여 면소판결을 할 것이 아니다. 공소제기절차가 동법 제47조의 규정에 위배하여 무효인 때에 해당한 경우이다. 그러므로 공소기각의 판결을 하여야 한다.

형사소송법 제327조(공소기각판결)

재판장은 다음 각 호 어느 하나에 해당하는 경우 판결로써 공소기각을 선고한다.

1. 피고인에 대해 재판권이 없는 경우
2. 공소제기절차가 법률위반으로 무효인 경우
3. **공소제기된 사건에 대하여 다시 공소제기된 경우**
4. 제329조 공소취소와 재기소를 위반하여 공소제기된 경우
5. 친고죄 사건에서 고소가 취소된 경우
6. 반의사불벌죄 사건에서 처벌희망 의사표시가 없거나 또는 철회된 경우

☞ [출제] 2020년 제9회 변호사시험 기출문제 32 ②

중요 **12** ★★★★★

증언거부권에 관한 설명 중 옳지 않은 것은? (다툼이 있는 경우 판례에 의함)

파워특강 증언거부권. **증언거부권의 불고지와 증언 효력(＝형사소송법 제160조 · 제148조 · 제149조** 증인이 증언거부권자에 해당하는 경우 재판장은 신문 전에 증언을 거부할 수 있음을 설명하여야 한다). 자신에 대한 유죄판결이 확정된 증인이 확정판결에 대하여 재심을 청구할 예정인 경우(＝공범에 대한 피고사건에서 형사소송법 제148조에 의한 증언거부권이 인정되는지 않는다). 형사소송법 제149조 업무상비밀과 증언거부(＝변호사가 그 업무상 위탁을 받은 관계로 알게 된 사실로서 타인의 비밀에 관한 것은 증언을 거부할 수 있다. 단, 본인의 승낙이 있거나 중대한 공익상 필요있는 때에는 예외로 한다). 증언거부권 불고지와 위증죄(＝증언거부권 불고지가 증언거부권행사에 사실상 장애를 초래하였다면, 위증죄가 성립하지 않는다). 공범인 공동피고인(＝소송절차가 분리되어야 증인적격 인정＋. 소송절차가

분리된 공범인 공동피고인이 증인으로 법정에 출석하여 증언거부권을 고지받은 상태에서 자기의 범죄사실에 대하여 허위로 진술한 경우 위증죄가 성립한다).

중요 ① 증언거부권이 있는 자에게 증언거부권이 있음을 설명하지 않은 경우라도 증인이 선서하고 증언한 이상 그 증언의 효력에는 영향이 없다.

해설 및 정답 2023년 제12회 변호사시험 기출문제 24 **정답** ○

대법원 1957. 3. 8. 선고 4290형상23 판결 [위증교사]

[판시사항] [1] 선서 무능력자 선서와 증언 효력 [2] 증언거부권 불고지와 증언의 효력

[판결요지] [1] 선서 무능력자에 대하야 선서케하고 신문한 경우라 할지라도 그 선서만이 무효가 되고 그 증언의 효력에 관하여는 영향이 없고 유효하다. [2] **증인신문에 당하야 증언거부권 있음을 설명하지 아니한 경우라 할지라도 증인이 선서하고 증언한 이상 그 증언의 효력에 관하여는 역시 영향이 없고 유효하다고 해석함이 타당하다.**

[학계통설] 증언거부권 고지는 증언거부권에 대한 절차적 보장을 의미한다. 그러므로 적정절차의 원리에 비추어 위법수집증거이다. 형사소송법 제308조2에 근거하여 증거능력을 부정해야 한다.

☞ [출제] 2013년 제2회 변호사시험 기출문제 37

중요 ② 자신에 대한 유죄판결이 확정된 증인이 공범에 대한 형사사건에서 증언할 당시 앞으로 재심을 청구할 예정이라면 증인에게 「형사소송법」 제148조(근친자의 형사책임과 증언 거부)에 의한 증언거부권이 ~~인정된다.~~ 인정되지 않는다.

해설 및 정답 2023년 제12회 변호사시험 기출문제 24 **정답** ×

대법원 2011. 11. 24. 선고 2011도11994 판결 [위증]

[판시사항] [1] **자신에 대한 유죄판결이 확정된 증인이 확정판결에 대하여 재심을 청구할 예정인 경우, 공범에 대한 피고사건에서 형사소송법 제148조에 의한 증언거부권이 인정되는지 여부(소극)** [2] 피고인이 마약류관리에 관한 법률 위반(향정)죄로 이미 유죄판결을 받아 확정된 후 별건으로 기소된 공범 갑에 대한 피고사건의 증인으로 출석하여 허위의 진술을 한 사안에서, 피고인에게 증언을 거부할 권리가 없으므로 증언에 앞서 증언거부권을 고지받지 못하였더라도 증인신문절차상 잘못이 없다고 판단하여 위증죄를 인정한 원심판단을 수긍한 사례.

[판결요지] **자신에 대한 유죄판결이 확정된 증인이 재심을 청구한다 하더라도, 이미 유죄의 확정판결이 있는 사실에 대해서는 일사부재리의 원칙에 의하여 거듭 처벌받지 않는다는 점에 변함이 없고, 형사소송법상 피고인의 불이익을 위한 재심청구는 허용되지 아니하며(형사소송법 제420조), 재심사건에는 불이익변경 금지 원칙이 적용되어 원판결의 형보다 중한 형을 선고하지 못하므로(형사소송법 제439조), 자신의 유죄 확정판결에 대하여 재심을 청구한 증인에게 증언의무를 부과하는 것이 형사소추 또는 공소제기를 당하거**

나 유죄판결을 받을 사실이 발로(발로)될 염려 있는 증언을 강제하는 것이라고 볼 수는 없다. 따라서 자신에 대한 유죄판결이 확정된 증인이 공범에 대한 피고사건에서 증언할 당시 앞으로 재심을 청구할 예정이라고 하여도, 이를 이유로 증인에게 형사소송법 제148조에 의한 증언거부권이 인정되지는 않는다.

☞ [출제] 2019년 제8회 변호사시험 기출문제 17

☞ [출제] 2018년 제7회 변호사시험 기출문제 14

☞ [출제] 2017년 제6회 변호사시험 기출문제 7

☞ [적중] 하태영, 형사법 종합연습, 변시기출문제분석편, 제3판, 법문사, 2021, 274면.

③ 변호사는 그 업무상 위탁을 받은 관계로 알게 된 사실로서 타인의 비밀에 관한 것은 증언을 거부할 수 있고, 다만 본인의 승낙이 있거나 중대한 공익상 필요가 있는 때에는 그러하지 아니하다.

해설 및 정답 2023년 제12회 변호사시험 기출문제 24 **정답** ○

형사소송법 제149조(업무상비밀과 증언거부)
변호사, 변리사, 공증인, 공인회계사, 세무사, 대서업자, 의사, 한의사, 치과의사, 약사, 약종상, 조산사, 간호사, 종교의 직에 있는 자 또는 이러한 직에 있던 자가 그 업무상 위탁을 받은 관계로 알게 된 사실로서 타인의 비밀에 관한 것은 증언을 거부할 수 있다. 단, 본인의 승낙이 있거나 중대한 공익상 필요있는 때에는 예외로 한다. 〈개정 1980.12.18., 1997.12.13.〉

중요 ④ 증언거부사유가 있음에도 형사사건의 증인이 증언거부권을 고지받지 못함으로 인하여 그 증언거부권을 행사하는 데 사실상 장애가 초래되었다고 볼 수 있는 경우에는 위증죄가 성립하지 않는다.

해설 및 정답 2023년 제12회 변호사시험 기출문제 24 **정답** ○

대법원 2010. 1. 21. 선고 2008도942 전원합의체 판결 [위증]

[판시사항] [1] 위증죄의 구성요건인 '법률에 의하여 선서한 증인'의 의미 [2] 증인신문절차에서 법률에 규정된 증인 보호 규정이 지켜진 것으로 인정되지 않은 경우, 허위진술을 한 증인을 위증죄로 처벌할 수 있는지 여부(원칙적 소극) [3] **증언거부사유가 있음에도 증언거부권을 고지받지 못함으로 인하여 그 증언거부권을 행사하는 데 사실상 장애가 초래되었다고 볼 수 있는 경우 위증죄 성립 여부(소극)**

[판결요지] [3] **재판장이 신문 전에 증인에게 증언거부권을 고지하지 않은 경우에도 당해 사건에서 증언 당시 증인이 처한 구체적인 상황, 증언거부사유의 내용, 증인이 증언거부사유 또는 증언거부권의 존재를 이미 알고 있었는지 여부, 증언거부권을 고지 받았더라도 허위진술을 하였을 것이라고 볼 만한 정황이 있는지 등을 전체적·종합적으로 고려하**

여 증인이 침묵하지 아니하고 진술한 것이 자신의 진정한 의사에 의한 것인지 여부를 기준으로 위증죄의 성립 여부를 판단하여야 한다. 그러므로 헌법 제12조 제2항에 정한 불이익 진술의 강요금지 원칙을 구체화한 자기부죄거부특권에 관한 것이거나 기타 **증언거부사유가 있음에도 증인이 증언거부권을 고지받지 못하여 그 증언거부권을 행사하는 데 사실상 장애가 초래되었다고 볼 수 있는 경우에는 위증죄의 성립을 부정하여야 할 것이다.**

☞ [출제] 2020년 제9회 변호사시험 기출문제 39

중요 ⑤ 소송절차가 분리된 공범인 공동피고인이 증인으로 법정에 출석하여 증언거부권을 고지받은 상태에서 자기의 범죄사실에 대하여 허위로 진술한 경우 위증죄가 성립한다.

해설 및 정답 2023년 제12회 변호사시험 기출문제 24 **정답** ○

대법원 2008. 6. 26. 선고 2008도3300 판결 [위증]

[판시사항] [1] **공범인 공동피고인이 다른 공동피고인에 대한 공소사실에 관하여 증인적격이 있는지 여부(원칙적 소극)** [2] 게임장의 종업원이 운영자와 함께 게임산업진흥에 관한 법률 위반죄의 공범으로 기소되어 공동피고인으로 재판을 받던 중, 운영자에 대한 공소사실에 관한 증인으로 증언한 내용과 관련하여 위증죄로 기소된 사안에서, **소송절차가 분리되지 않은 이상 종업원은 증인적격이 없어 위증죄가 성립하지 않는다**고 한 사례.

[판결요지] 공범인 공동피고인은 당해 소송절차에서는 피고인의 지위에 있다. 그러므로 다른 공동피고인에 대한 공소사실에 관하여 증인이 될 수 없다. 그러나 소송절차가 분리되어 피고인의 지위에서 벗어나게 되면 다른 공동피고인에 대한 공소사실에 관하여 증인이 될 수 있다.

☞ [출제] 2021년 제10회 변호사시험 기출문제 35

☞ [출제] 2019년 제8회 변호사시험 기출문제 31

13 ★★★★★

기판력 등에 관한 설명 중 옳은 것을 모두 고른 것은? (다툼이 있는 경우 판례에 의함)

ㄱ. 헌법 제13조 제1항이 규정하고 있는 이중처벌금지의 원칙 내지 일사부재리의 원칙에서의 '처벌'에는 범죄에 대한 국가의 형벌권 실행으로서의 과벌 ~~이외에도 국가가 행하는 일체의 제재나 불이익 처분이 모두 포함된다.~~ 만을 말한다.

ㄴ. 상습범으로서 포괄일죄의 관계에 있는 여러 개의 범죄사실 중 일부에 대하여 유죄판결이 확정된 경우에 그 확정판결의 사실심판결 선고 전에 저질러진 나머지 범죄에 대하여 새로 공소가 제기되었다면 이에 대하여 법원은 면소판결을 선고하여야 하는바, 다만 이러한 법리가 적용되기 위해서는 전의 확정판결에서 피고인

이 상습범으로 기소되어 처단되었을 것을 필요로 한다.
ㄷ. 제1심 판결에 대하여 항소가 제기된 경우 판결의 확정력이 미치는 시간적 한계는 항소심 판결선고 시라고 보는 것이 상당하고, 항소이유서를 제출하지 아니하여 결정으로 항소가 기각된 경우에는항소기각 결정 시가 그 기준 시점이 된다.
ㄹ. 한 개의 행위가 여러 개의 죄에 해당하는 「형법」 제40조의 상상적 경합 관계에 있는 경우에는 그중 일죄에 대한 확정판결의 기판력은 다른 죄에 ~~미치지 않는다.~~
미친다.

① ㄱ, ㄴ ② ㄴ, ㄷ
③ ㄷ, ㄹ ④ ㄱ, ㄴ, ㄷ
⑤ ㄴ, ㄷ, ㄹ

해설 및 정답 2023년 제12회 변호사시험 기출문제 23 **정답** ②

파워특강 기판력. 이중처벌금지원칙 · 일사부재리원칙 · 상습범 · 면소판결 · 상상적 경합. 헌법 제13조 제1항에 규정된 이중처벌금지의 원칙 내지 일사부재리의 원칙의 의미(= '처벌'이란 원칙적으로 범죄에 대한 국가의 형벌권 실행으로서의 과벌을 의미하고, 국가가 행하는 일체의 제재나 불이익처분이 모두 여기에 포함되는 것은 아니다. 가정폭력범죄의 처벌 등에 관한 특례법 제37조 제1항 제1호의 불처분결정이 확정된 후에 검사가 동일한 범죄사실에 대하여 다시 공소를 제기하였거나 법원이 이에 대하여 유죄판결을 선고한 경우, 이중처벌금지의 원칙 내지 일사부재리의 원칙에 위배되지 않는다). 상습으로 유죄 판결(=나머지 면소판결). 기본범죄로 유죄판결(=나머지 실체판결). 상습범 중간에 동종의 확정판결(=전 · 후 범죄 분리). 상습범 중간에 이종의 확정판결(=전 · 후 범죄 분리 안 됨. 확정판결 후인 최종의 범죄행위시에 완성). **포괄일죄(상습범)의 일부 확정판결의 기판력의 제한**(=상습범으로서 포괄적 일죄의 관계에 있는 여러 개의 범죄사실 중 일부에 대하여 유죄판결이 확정된 경우, 그 확정판결의 사실심판결 선고 전에 저질러진 나머지 범죄에 대하여 새로이 공소가 제기되었다면, 그 새로운 공소는 확정판결이 있었던 사건과 동일한 사건에 대하여 다시 제기된 데 해당한다. 그러므로 이에 대하여 판결로써 면소의 선고를 한다(형사소송법 제326조 제1호). 다만 이러한 법리가 적용되기 위해서는 전의 확정판결에서 당해 피고인이 상습범으로 기소되어 처단되었을 것을 필요로 하는 것이다). **기판력의 시간적 범위(=사실심 판결선고시)와 항소이유서를 제출하지 아니하여 결정으로 항소가 기각된 경우 기판력의 시간적 범위(=항소기각 결정시)**. 상상적 경합 관계의 경우, 그중 1죄에 대한 확정판결의 기판력(=상상적 경합 관계의 경우 그중 1죄에 대한 확정판결의 기판력은 다른 죄에 대하여도 미친다).

ㄱ. (×) 대법원 2017. 8. 23. 선고 2016도5423 판결 [상해] 〈가정폭력범죄의 처벌 등에 관한 특례법 제37조 제1항 제1호의 불처분결정을 받아 확정된 후 다시 같은 범죄사실에 대하여 공소가 제기된 사건〉

[판시사항] [1] **헌법 제13조 제1항에 규정된 이중처벌금지의 원칙 내지 일사부재리의 원칙의 의미 / 가정폭력범죄의 처벌 등에 관한 특례법 제37조 제1항 제1호의 불처분결정이 확정된 후에 검사가 동일한 범죄사실에 대하여 다시 공소를 제기하였거나 법원이 이에 대하여 유죄판결을 선고한 경우, 이중처벌금지의 원칙 내지 일사부재리의 원칙에 위배되는지 여부(소극)** [2] 기소편의주의에 따른 검사의 소추재량이 내재적 한계를 가지는지 여부(적극) / 검사의 공소권 행사를 공소권의 남용으로 보아 공소제기의 효력을 부인할 수 있는 경우

[판결요지] [1] 헌법은 제13조 제1항에서 **'처벌'이란 원칙적으로 범죄에 대한 국가의 형벌권 실행으로서의 과벌을 의미하고, 국가가 행하는 일체의 제재나 불이익처분이 모두 여기에 포함되는 것은 아니다.** 가정폭력처벌법에 따른 보호처분의 결정 또는 불처분결정에 확정된 형사판결에 준하는 효력을 인정할 수 없다. 따라서 **가정폭력처벌법 제37조 제1항 제1호의 불처분결정이 확정된 후에 검사가 동일한 범죄사실에 대하여 다시 공소를 제기하였다거나 법원이 이에 대하여 유죄판결을 선고하였더라도 이중처벌금지의 원칙 내지 일사부재리의 원칙에 위배된다고 할 수 없다.**

[2] **검사가 자의적으로 공소권을 행사하여 피고인에게 실질적인 불이익을 가함으로써 소추재량을 현저히 일탈하였다고 판단되는 경우에는 이를 공소권의 남용으로 보아 공소제기의 효력을 부인할 수 있다.**

ㄴ. (○) 대법원 2004. 9. 16. 선고 2001도3206 전원합의체 판결 [사기] 〈인천신공항 사기 사건〉

[판시사항] [1] 상습으로 저질러진 수개의 범죄의 죄수관계(=포괄일죄) [2] **상습범으로서 포괄적 일죄의 관계에 있는 여러 개의 범죄사실 중 일부에 대하여 유죄판결이 확정된 경우, 그 확정판결의 사실심판결 선고 전에 저질러진 나머지 범죄에 대하여 면소판결을 선고하기 위한 요건**

[판결요지] [1] [다수의견] 상습성을 갖춘 자가 여러 개의 죄를 반복하여 저지른 경우에는 각 죄를 별죄로 보아 경합범으로 처단할 것이 아니라 그 모두를 포괄하여 상습범이라고 하는 하나의 죄로 처단하는 것이 상습범의 본질 또는 상습범 가중처벌규정의 입법취지에 부합한다.

[2] [다수의견] **상습범으로서 포괄적 일죄의 관계에 있는 여러 개의 범죄사실 중 일부에 대하여 유죄판결이 확정된 경우, 그 확정판결의 사실심판결 선고 전에 저질러진 나머지 범죄에 대하여 새로이 공소가 제기되었다면, 그 새로운 공소는 확정판결이 있었던 사건과 동일한 사건에 대하여 다시 제기된 데 해당한다. 그러므로 이에 대하여는 판결로써 면소의 선고를 하여야 하는 것이다(형사소송법 제326조 제1호). 다만 이러한 법리가 적용되기 위해서는 전의 확정판결에서 당해 피고인이 상습범으로 기소되어 처단되었을 것을 필요로 하는 것이다. …… 뒤늦게 앞서의 확정판결을 상습범의 일부에 대한 확정판결이라고 보아 그 기판력이 그 사실심판결 선고 전의 나머지 범죄에 미친다고 보아서는 아니 된다.**

☞ [적중] 2022년 제11회 변호사시험 기출문제 39 ②

☞ [적중] 2020년 제9회 변호사시험 기출문제 32 ㄷ.
☞ [적중] 2019년 제8회 변호사시험 기출문제 34 ㄴ.

ㄷ. (○) 대법원 1993. 5. 25. 선고 93도836 판결 [사기]

[판시사항] 항소이유서 미제출로 항소기각 결정된 경우 제1심 판결의 확정력이 미치는 시간적 한계(=항소기각 결정시)

[판결요지] 판결의 확정력은 사실심리의 가능성이 있는 최후의 시점인 판결선고시를 기준으로 하여 그때까지 행하여진 행위에 대하여만 미치는 것이다. 제1심 판결에 대하여 항소가 된 경우 판결의 확정력이 미치는 시간적 한계는 현행 형사항소심의 구조와 운용실태에 비추어 볼 때 항소심 판결선고시라고 보는 것이 상당하다. 사실심리의 가능성이 있는 최후시점은 항소기각 결정시라고 보는 것이 옳다.

☞ [적중] 2016년 제5회 변호사시험 기출문제 36

ㄹ. (×) 대법원 2017. 9. 21. 선고 2017도11687 판결 [명예훼손 · 업무방해]

[판시사항] [1] 상상적 경합의 요건 중 '1개의 행위'의 의미 / 상상적 경합 관계의 경우, 그중 1죄에 대한 확정판결의 기판력이 다른 죄에 대하여도 미치는지 여부(적극) [2] 피고인이 '2015. 4. 16. 13:10경부터 14:30경까지 갑 업체 사무실에서 직원 6명가량이 있는 가운데 직원들에게 행패를 하면서 피해자 을의 업무를 방해하였다'는 공소사실로 기소되었는데, 피고인은 '2015. 4. 16. 13:30경부터 15:00경 사이에 갑 업체 사무실에 찾아와 피해자 병, 정과 일반직원들이 근무를 하고 있음에도 **피해자들에게 욕설을 하는 등 큰소리를 지르고 돌아다니며 위력으로 업무를 방해하였다**'는 등의 범죄사실로 이미 유죄판결을 받아 확정된 사안에서, **업무방해의 공소사실과 확정판결 중 업무방해죄의 범죄사실은 상상적 경합 관계에 있고, 확정판결의 기판력이 업무방해의 공소사실에 미친다**고 한 사례.

[판결요지] [1] 상상적 경합은 1개의 행위가 수개의 죄에 해당하는 경우를 말한다(형법 제40조). 여기에서 1개의 행위란 법적 평가를 떠나 사회관념상 행위가 사물자연의 상태로서 1개로 평가되는 것을 의미한다. 그리고 **상상적 경합 관계의 경우에는 그중 1죄에 대한 확정판결의 기판력은 다른 죄에 대하여도 미친다.**

[2] 이 사건들은 범행일시와 장소가 동일하다. 각 범행내용 역시 '직원들을 상대로 행패를 부렸다'는 것이고, '직원들이 근무를 하고 있는데도 욕설을 하는 등 큰소리를 지르고 돌아다녔다'는 것이다. 본질적으로 다르지 않다. 결국 이 사건 업무방해의 점과 확정판결의 범죄사실은 동일한 기회에, 동일한 장소에서 다수의 피해자를 상대로 한 위력에 의한 업무방해행위이다. **사회관념상 1개의 행위로 평가할 여지가 충분하다.** 양자는 상상적 경합 관계에 있고, 확정판결의 기판력은 이 사건 업무방해의 점에도 미친다.

☞ **상상적 경합의 기판력 범위**: 상상적 경합은 한 개의 행위가 수 개의 죄에 해당하는 경우를 말한다(형법 제40조). 실체법상 수죄이다. 그러나 과형상 일죄로 취급받는 상상적 경합관계에 있는 사실은 그 동일성이 인정된다. 그러므로 그 중 1죄에 대한 확정판결의 기판력은 다른 죄에 대하여도 미친다.

문 53. 국민참여재판에 관한 설명 중 옳은 것은? (다툼이 있는 경우 판례에 의함)

출제내용

- 국민참여재판 절차(=신청주의, 공판준비기일 원칙적 공개, 간이공판절차 규정 적용하지 않음)
- 배심원 역할과 한계(=만 20세 이상 국민, 공판준비기일 배심원 참여하지 아니함)
- 법원의 국민참여재판 배제결정(=배제결정 위반시 중대한 위법에 해당 소송무효)
- 국민참여재판 결정에 대한 항고(=판결전 소송절차로 항고 불가능)
- 국민참여재판으로 진행된 제1심에서 배심원이 만장일치로 한 평결(=제1심 판단 존중)

출제분석

2024년 제13회 변호사시험 출제예상 ★
2020년 제9회 변호사시험 기출문제 25
2018년 제7회 변호사시험 기출문제 22
2012년 제1회 변호사시험 기출문제 25

가. 국민참여재판에 관한 설명 중 옳은 것이다(○).

중요 ① 피고인이 법원에 국민참여재판을 신청하였는데도 법원이 이에 대한 배제결정도 하지 않은 채 통상의 공판절차로 재판을 진행하였다면, 이러한 공판절차에서 이루어진 소송행위는 무효라고 보아야 한다.

해설 및 정답 2018년 제7회 변호사시험 기출문제 22 **정답** ○

국민참여재판은 신청주의이며, 법원은 반드시 배제결정여부를 판단해야 한다. 이를 위반하는 것은 중대한 위법에 해당한다. 진행된 소송은 무효이다. 제1심부터 다시 시작해야 한다.

대법원 2011. 9. 8. 선고 2011도7106 판결 [강간치상]

[판결요지] [1] 국민참여재판을 시행하는 이유나 '국민의 형사재판 참여에 관한 법률'의 여러 규정에 비추어 볼 때, 위 법에서 정하는 대상 사건에 해당하는 한 피고인은 원칙적으로 국민참여재판으로 재판을 받을 권리를 가지는 것이다. 그러므로 **피고인이 법원에 국민참여재판을 신청하였는데도 법원이 이에 대한 배제결정도 하지 않은 채 통상의 공판절차로 재판을 진행하는 것은 피고인의 국민참여재판을 받을 권리 및 법원의 배제결정에 대한 항고권 등 중대한 절차적 권리를 침해한 것으로서 위법하다.** 국민참여재판제도의 도입 취지나 위 법에서 배제결정에 대한 즉시항고권을 보장한 취지 등에 비추어 이와 같이 **위법한 공판절차에서 이루어진 소송행위는 무효라고 보아야 한다.**

[2] **제1심 법원이 피고인의 강간치상 사건에 대하여 공소장 부본 송달일로부터 7일이**

경과하기 전에 제1회 공판기일을 진행하면서 국민참여재판 신청 의사를 확인하지 않고, 피고인이 공판기일 전날 구치소장에게 제출한 국민참여재판 신청서가 공판기일이 진행된 후에 법원에 접수되었으나 신청에 대해 배제결정도 하지 않은 채 통상의 공판절차로 재판을 진행한 사안에서, 피고인이 국민참여재판을 받을 권리를 침해당하였을 뿐 아니라 이를 위해 배제결정에 대하여 즉시항고할 권리조차 박탈당한 위법한 공판절차에서 이루어진 소송행위는 무효라고 보아야 한다. 그러므로 제1심 판결에는 직권파기사유가 있는데도, 제1심 판결의 위법에 대하여 아무런 심리, 판단을 하지 아니한 채 피고인의 항소를 기각한 원심판단에 국민참여재판을 받을 권리 및 소송절차상 하자에 관한 법리오해의 위법이 있다는 이유로, **원심판결과 제1심 판결을 모두 파기하고 사건을 제1심 법원에 환송한 사례.**

② 국민참여재판에서 공판준비기일은 원칙적으로 공개하여야 한다. 그러나 배심원은 공판준비기일에는 참여하지 아니한다.

해설 및 정답 2018년 제7회 변호사시험 기출문제 22 정답 ○

국민참여재판은 공개주의원칙이다. 국선변호인제도를 둔다. 간이공판절차는 적용되지 않는다. 배심원은 공판준비절차에 참석하지 않는다.

> 국민의 형사재판 참여에 관한 법률 제37조(공판준비기일)
> ① 법원은 주장과 증거를 정리하고 심리계획을 수립하기 위하여 공판준비기일을 지정하여야 한다.
> ② 법원은 합의부원으로 하여금 공판준비기일을 진행하게 할 수 있다. 이 경우 수명법관은 공판준비기일에 관하여 법원 또는 재판장과 동일한 권한이 있다.
> ③ **공판준비기일은 공개한다.** 다만, 법원은 공개함으로써 절차의 진행이 방해될 우려가 있는 때에는 공판준비기일을 공개하지 아니할 수 있다.
> **④ 공판준비기일에는 배심원이 참여하지 아니한다.**

③ 국민참여재판은 간이공판절차에 의한 증거능력과 증거조사의 특칙을 적용하기에 부적합한 재판이기 때문에 간이공판절차에 관한 규정을 적용하지 아니한다.

해설 및 정답 2018년 제7회 변호사시험 기출문제 22 정답 ○

국민의 형사재판 참여에 관한 법률 제43조(간이공판절차 규정의 배제) 국민참여재판에는 「형사소송법」 제286조의2를 적용하지 아니한다.

형사소송법 제286조2(간이공판절차결정) 피고인이 공소사실을 공판정에서 자백한 경우 법원은 공소사실을 간이공판절차로 심판할 것을 결정할 수 있다.

④ 국민참여재판에 관하여 변호인이 없는 때에는 법원은 직권으로 변호인을 선정하여야 한다.

해설 및 정답 2018년 제7회 변호사시험 기출문제 22 정답 ○

국민의 형사재판 참여에 관한 법률 제7조(필요적 국선변호) 이 법에 따른 국민참여재판에 관하여 **변호인이 없는 때에는 법원은 직권으로 변호인을 선정하여야 한다.**

중요 ⑤ 법원은 국민참여재판 대상사건에 대하여 반드시 피고인에게 국민참여재판을 원하는지 여부를 확인하여야 한다.

해설 및 정답 2012년 제1회 변호사시험 기출문제 25 정답 ○

국민의 형사재판 참여에 관한 법률 제8조(피고인 의사의 확인) ① **법원은 대상사건의 피고인에 대하여 국민참여재판을 원하는지 여부에 관한 의사를 서면 등의 방법으로 반드시 확인하여야 한다.**

⑥ 배심원은 만 20세 이상의 대한민국 국민 중에서 국민의 형사재판 참여에 관한 법률로 정하는 바에 따라 선정된다.

해설 및 정답 2012년 제1회 변호사시험 기출문제 25 정답 ○

국민의 형사재판 참여에 관한 법률 제16조(배심원의 자격) 배심원은 만 20세 이상의 대한민국 국민 중에서 이 법으로 정하는 바에 따라 선정된다.

⑦ 법원은 공범관계에 있는 피고인들 중 일부가 국민참여재판을 원하지 않아 국민참여재판을 진행하는 데 어려움이 있다고 판단한 경우 국민참여재판을 하지 않는 결정을 할 수 있다.

해설 및 정답 2012년 제1회 변호사시험 기출문제 25 정답 ○

국민의 형사재판 참여에 관한 법률 제9조(배제결정) ① **법원은 공소제기 후부터 공판준비기일이 종결된 다음날까지** 다음 각 호의 어느 하나에 해당하는 경우 **국민참여재판을 하지 아니하기로 하는 결정을 할 수 있다.** 1. 배심원·예비배심원·배심원후보자 또는 그 친족의 생명·신체·재산에 대한 침해 또는 침해의 우려가 있어서 출석의 어려움이 있거나 이 법에 따른 직무를 공정하게 수행하지 못할 염려가 있다고 인정되는 경우, 2. **공범관계에 있는 피고인들 중 일부가 국민참여재판을 원하지 아니하여 국민참여재판의 진행에 어려움이 있다고 인정되는 경우,** 3. **「성폭력범죄의 처벌 등에 관한 특례법」 제2조의 범죄로 인한 피해자(이하 "성폭력범죄 피해자"라 한다) 또는 법정대리인이 국민참여재판을 원하지 아니하는 경우,** 4. 그 밖에 국민참여재판으로 진행하는 것이 적절하지 아니하다고 인정되는 경우. ② 법원은 제1항의 결정을 하기 전에 검사·피고인 또는 변호인의 의견을 들어야 한다. ③ **제1항의 결정에 대하여는 즉시항고를 할 수 있다.**

⑧ 법원은 피고인의 질병으로 공판절차가 장기간 정지되어 국민참여재판을 계속 진행하는 것이 부적절하다고 인정하는 경우 사건을 지방법원 본원 합의부가 국민참여재판에 의하지 않고 심판하게 할 수 있다.

해설 및 정답 2012년 제1회 변호사시험 기출문제 25 **정답** ○

국민의 형사재판 참여에 관한 법률 제11조(통상절차 회부) ① **법원은 피고인의 질병 등으로 공판절차가 장기간 정지되거나 피고인에 대한 구속기간의 만료, 성폭력범죄 피해자의 보호, 그 밖에 심리의 제반 사정에 비추어 국민참여재판을 계속 진행하는 것이 부적절하다고 인정하는 경우**에는 **직권 또는 검사·피고인·변호인이나 성폭력범죄 피해자 또는 법정대리인의 신청에 따라 결정으로 사건을 지방법원 본원 합의부가 국민참여재판에 의하지 아니하고 심판하게 할 수 있다.** <개정 2012.1.17.> ② 법원은 제1항의 결정을 하기 전에 검사·피고인 또는 변호인의 의견을 들어야 한다. ③ **제1항의 결정에 대하여는 불복할 수 없다.** ④ 제1항의 결정이 있는 경우에는 제6조 제3항 및 제4항을 준용한다.

중요 ⑨ 배심원이 만장일치의 의견으로 무죄평결을 하고 배심원의 평결이 재판부의 심증에 부합하여 그대로 채택된 경우에는 항소심은 항소심에서의 새로운 증거조사를 통해 제1심의 판단에 명백히 반대되는 충분하고도 납득할 만한 현저한 사정이 있는 경우에 한하여 제1심의 판단을 뒤집을 수 있다.

해설 및 정답 2013년 법전협의회 제3차 모의고사문제 변형 **정답** ○

대법원 2010. 3. 25. 선고 2009도14065 판결 [강도상해·범인도피교사·사서명위조·위조사서명행사·공문서부정행사·점유이탈물횡령·도로교통법위반(무면허운전)]

[판결요지] [1] 제1심 증인이 한 진술의 신빙성 유무에 대한 제1심의 판단을 그대로 유지하는 것이 현저히 부당하다고 인정되는 등의 예외적인 경우가 아니라면, 항소심으로서는 제1심 증인이 한 진술의 신빙성 유무에 대한 제1심의 판단이 항소심의 판단과 다르다는 이유를 들어 제1심의 판단을 함부로 뒤집어서는 아니된다.

[2] **배심원이 사실의 인정에 관하여 재판부에 제시하는 집단적 의견은 사실심 법관의 판단을 돕기 위한 권고적 효력을** 가지는 것이다. 배심원이 증인신문 등 사실심리의 전 과정에 함께 참여한 후 **만장일치의 의견으로 내린 무죄의 평결이 재판부의 심증에 부합하여 그대로 채택된 경우라면**, 제1심의 판단은 **항소심에서의 새로운 증거조사를 통해 그에 명백히 반대되는 충분하고도 납득할 만한 현저한 사정이 나타나지 않는 한 한층 더 존중될 필요가 있다.**

[3] **국민참여재판으로 진행된 제1심에서 배심원이 만장일치로 한 평결 결과를 받아들여 강도상해의 공소사실을 무죄로 판단하였으나**, 항소심에서는 피해자에 대하여만 증인신문을 추가로 실시한 다음 제1심의 판단을 뒤집어 이를 유죄로 인정한 사안에서, **항소심 판**

단에 공판중심주의와 실질적 직접심리주의 원칙의 위반 및 증거재판주의에 관한 법리오해의 위법이 있다고 한 사례.

나. 국민참여재판에 관한 설명 중 옳지 않은 것이다(×).

① 제1심 법원이 피고인의 의사에 따라 국민참여재판으로 진행함에 있어 별도의 국민참여재판 개시결정을 할 필요는 없으나 그에 관한 이의가 있어 국민참여재판으로 진행하기로 결정한 경우, 검사는 그 결정에 대하여 ~~즉시항고를 할 수 있다.~~ 항고할 수 없다.

해설 및 정답 2018년 제7회 변호사시험 기출문제 22 정답 ×

검사와 피고인은 국민참여재판결정에 대한 제1심 법원 결정에 항고할 수 없다. 판결 전 소송절차이기 때문이다.

대법원 2009. 10. 23. 자 2009모1032 결정 [국민참여재판회부결정에대한재항고]

[결정요지] [1] 국민의 형사재판 참여에 관한 법률에 의하면 제1심 법원이 국민참여재판 대상사건을 피고인의 의사에 따라 국민참여재판으로 진행함에 있어 별도의 국민참여재판 개시결정을 할 필요는 없다. 그에 관한 이의가 있어 제1심 법원이 국민참여재판으로 진행하기로 하는 결정에 이른 경우 이는 판결 전의 소송절차에 관한 결정에 해당한다. 그에 대하여 특별히 즉시항고를 허용하는 규정이 없으므로 위 결정에 대하여는 항고할 수 없다. 따라서 **국민참여재판으로 진행하기로 하는 제1심 법원의 결정에 대한 항고는 항고의 제기가 법률상의 방식을 위반한 때에 해당하여 위 결정을 한 법원이 항고를 기각하여야 하고, 위 결정을 한 법원이 항고기각의 결정을 하지 아니한 때에는 항고법원은 결정으로 항고를 기각하여야 한다.**

② 국민참여재판을 진행하던 중 공소사실의 변경으로 대상사건에 해당하지 않게 된 경우에는 국민참여재판으로 진행할 수 ~~없다.~~ 있다.

해설 및 정답 2012년 제1회 변호사시험 기출문제 25 정답 ×

국민의 형사재판 참여에 관한 법률 제6조(공소사실의 변경 등) ① **법원은 공소사실의 일부 철회 또는 변경으로 인하여 대상사건에 해당하지 아니하게 된 경우에도 이 법에 따른 재판을 계속 진행한다.** 다만, 법원은 심리의 상황이나 그 밖의 사정을 고려하여 국민참여재판으로 진행하는 것이 적당하지 아니하다고 인정하는 때에는 **결정으로 당해 사건을 지방법원 본원 합의부가 국민참여재판에 의하지 아니하고 심판하게 할 수 있다.** ② **제1항 단서의 결정에 대하여는 불복할 수 없다.** ③ 제1항 단서의 결정이 있는 경우에는 당해 재판에 참여한 배심원과 예비배심원은 해임된 것으로 본다. ④ **제1항 단서의 결정 전에 행한 소송행위는 그 결정 이후에도 그 효력에 영향이 없다.**

다. 국민참여재판 종합문제

01 ★★★★★

국민참여재판에 관한 설명 중 옳지 않은 것은? (다툼이 있는 경우 판례에 의함)

중요 ① 법원은 공소사실의 일부 철회 또는 변경으로 인하여 국민참여재판의 대상사건에 해당하지 아니하게 된 경우에도 국민참여재판을 계속 진행함이 원칙이다.

해설 및 정답 2020년 제9회 변호사시험 기출문제 25 ★ 정답 ○

- **핵심내용:** 국민참여형사재판(신청주의 · 배제결정), 송달받은 날부터 7일까지, 이후 제1회 공판개시 전까지 국민참여재판 신청, 배제결정 없이 공판절차 진행한 경우, 소송행위는 무효, 대상사건은 필요적 변호사건

> 국민참여재판법 제6조(공소사실변경 · 국민참여형사재판 불적합 결정 불복금지 · 결정전 소송효력)
> ① **법원은 공소사실 일부 철회 또는 변경으로 대상사건에 해당하지 않은 경우에도 이 법에 근거하여 국민참여형사재판을 계속 진행한다.** 다만 법원은 심리 상황과 그 밖에 사정을 고려하여 국민참여형사재판으로 진행하는 것이 적당하지 않다고 인정되는 경우, 결정으로 당해 사건을 지방법원 본원 합의부가 국민참여형사재판을 하지 않고, 심판하게 할 수 있다.
> ② **제1항 단서 결정 경우, 피고인 · 변호인 · 검사는 불복할 수 없다.**
> ③ 제1항 단서 결정 경우, 당해 재판참여 배심원과 예비배심원은 명예국민법관에서 해임된다.
> ④ 제1항 단서 결정 경우, 결정 전 모든 소송행위는 효력이 있다.

☞ [출제] 2012년 제1회 변호사시험 기출문제 25

중요 ② 국민참여재판에 관하여 변호인이 없는 때에는 「형사소송법」 제33조 제1항 각 호(구속, 미성년자, 70세 이상 등)의 어느 하나에 해당하는 경우가 아니더라도 법원은 직권으로 변호인을 선정하여야 한다.

해설 및 정답 2020년 제9회 변호사시험 기출문제 25 ★ 정답 ○

국민참여재판의 대상사건은 모두 필요적 변호사건이 된다.

> 국민참여재판법 제7조(필요적 국선변호)
> 이 법에 근거한 **국민참여형사재판에서 변호인이 없는 경우, 법원은 직권으로 변호인을 선정한다.**

국민참여재판법 제37조(공판준비기일)
① **법원은 주장과 증거를 정리하고, 심리계획을 수립하기 위하여 공판준비기일을 지정해야 한다.**
② 법원은 합의부원에게 공판준비기일을 진행하게 할 수 있다. 이 경우 수명법관은 공판준비기일에 관하여 법원·재판장과 동일한 권한이 있다.
③ 공판준비기일은 공개한다. 다만 법원은 공개함으로써 절차 진행이 방해될 우려가 있는 경우 공판준비기일을 공개하지 아니할 수 있다.
④ 공판준비기일에는 배심원이 참여하지 않는다.

형사소송법 제266조8(검사·변호인·피고인 출석)
① 검사·변호인은 공판준비기일에 출석하여야 한다.
② 법원사무관등이 공판준비기일에 참여한다.
③ 법원은 검사·피고인·변호인에게 공판준비기일을 통지한다.
④ **법원은 공판준비기일이 지정된 사건에 변호인이 없는 경우 직권으로 변호인을 선정한다.**
⑤ 법원은 필요하다고 인정되는 경우 피고인을 소환할 수 있다. 법원이 피고인을 소환을 하지 않는 경우에도 피고인은 공판준비기일에 출석할 수 있다.
⑥ 재판장은 출석한 피고인에게 진술을 거부할 수 있음을 알려주어야 한다. [본조신설 2007.6.1] [[시행일 2008.1.1.]]

중요 ③ 국민참여재판에서 배심원은 사실의 인정, 법령의 적용 및 형의 양정에 관한 의견을 제시할 권한은 있으나, 법원의 증거능력에 관한 심리에 관여할 수는 없다.

해설 및 정답 2020년 제9회 변호사시험 기출문제 25 ★ **정답** ○

국민참여재판법 제12조(배심원 권한과 배심원 의무) ① **배심원은 국민참여형사재판을 하는 사건에 관하여 사실인정, 법령적용, 형양정을 제시할 권한이 있다.** ② 배심원은 법령을 준수하고, 독립하여 성실히 직무를 수행한다. ③ 배심원은 직무상 알게 된 비밀을 누설하는 행위 또는 재판 공정을 침해하는 행위를 하여서는 안 된다.
국민참여재판법 제44조(배심원 증거능력 판단 배제) **배심원과 예비배심원은 법원의 증거능력에 관한 심리에 관여할 수 없다.**

중요 ④ 제1심 법원이 국민참여재판 대상사건의 피고인에게 국민참여재판을 원하는지 확인하지 아니한 채 통상의 공판절차에 따라 재판을 진행하였더라도, 항소심 제1회 공판기일에 이에 대하여 이의가 없다는 피고인과 변호인의 진술만으로도 제1심의 공판절차상 하자가 치유되므로, 같은 날 변론을 종결한 후 다음 공판기일에 피고인의 항소를 기각하는 판결을 선고하더라도 이는 적법하다.

해설 및 정답 2020년 제9회 변호사시험 기출문제 25 ★ **정답** ×

대법원 2011. 9. 8. 선고 2011도7106 판결 [강간치상]

[판결요지] 피고인이 법원에 국민참여재판을 신청하였는데도 법원이 이에 대한 배제결정도 하지 않은 채 통상의 공판절차로 재판을 진행하는 것은 피고인의 국민참여재판을 받을 권리 및 법원의 배제결정에 대한 항고권 등 중대한 절차적 권리를 침해한 것으로서 위법하다. 위법한 공판절차에서 이루어진 소송행위는 무효라고 보아야 한다.

☞ [출제] 2018년 제7회 변호사시험 기출문제 22

중요 ⑤ 공소장 부본을 송달받은 날부터 7일 이내에 의사확인서를 제출하지 아니한 피고인도 제1회 공판기일이 열리기 전까지는 국민참여재판 신청을 할 수 있고, 법원은 그 의사를 확인하여 국민참여재판으로 진행할 수 있다.

해설 및 정답 2020년 제9회 변호사시험 기출문제 25 ★ **정답** ○

대법원 2009. 10. 23. 자 2009모1032 결정 [국민참여재판회부결정에 대한 재항고]

[판시사항] [1] 국민참여재판으로 진행하기로 하는 제1심 법원의 결정에 대하여 항고할 수 있는지 여부(소극) 및 그에 대한 법원의 조치(=기각결정) [2] 공소장 부본을 송달받은 날로부터 7일 이내에 의사확인서를 제출하지 아니한 피고인도 국민참여재판을 신청할 수 있는지 여부(적극) 및 그 종기(=제1회 공판기일 전)

[결정요지] 공판준비기일이 종결되거나 제1회 공판기일이 열린 이후 종전의 의사를 바꿀 수 없도록 규정하고 있다. 공소장 부본을 송달받은 날부터 7일 이내에 의사확인서를 제출하지 아니한 피고인도 제1회 공판기일이 열리기 전까지는 국민참여재판 신청을 할 수 있고, 법원은 그 의사를 확인하여 국민참여재판으로 진행할 수 있다고 봄이 상당하다.

☞ [출제] 2018년 제7회 변호사시험 기출문제 22

> 국민참여재판법 제8조(피고인 의사 확인)
>
> ① 법원은 대상사건 피고인에게 국민참여형사재판 의사를 서면으로 반드시 확인하여야 한다. 이 경우 대법원규칙에 피고인 의사를 구체적으로 확인하는 방법은 정하고, 국민참여재판을 받을 권리가 피고인에게 최대한 보장되도록 한다.
>
> **② 피고인은 공소장 부본을 송달받은 날부터 7일 이내에 법원에 국민참여형사재판 의사가 기재된 서면을 제출하여야 한다. 피고인이 서면을 법원에 우편으로 발송한 때, 피고인이 교도소·구치소에 있는 경우, 서면을 교도소장·구치소장·그 직무를 대리하는 사람에게 제출한 때, 법원에 제출한 것으로 본다.**
>
> ③ 피고인이 제2항에 규정된 서면을 제출하지 않은 경우, 국민참여형사재판 의사가 없는 것으로 본다.
>
> ④ 피고인은 다음 각 호에 해당하는 경우 종전 의사를 바꿀 수 없다. 1. 제9조 제1항 배제결정 이후, 2. 제10조 제1항 회부결정 이후, 3. 공판준비기일 종결 이후, 4. **제1회 공판기일이 열린 이후.**

문 54. 소송기록송달에 관한 설명 중 옳은 것은? (다툼이 있는 경우 판례에 의함)

출제내용

- 형사소송에서 서류 제출은 법원에 도달시가 기준(=재소자 서류 제출 특칙·제정신청절차에 준용 안 됨)
- 재감자에 대한 송달을 교도소 등의 장에게 하지 아니한 경우, 송달의 효력(=무효)
- 통지의 방법 및 효력 발생 시기(=통지의 대상자에게 도달한 때)
- 공소장변경신청서 부본을 피고인과 변호인 중 어느 한쪽에 대해서만 송달해도 절차상 하자 없음)
- 약식명령 기판력 시점(=발령시를 기준)

출제분석

2024년 제13회 변호사시험 출제예상 ★
2018년 제7회 변호사시험 기출문제 24
2017년 제6회 변호사시험 기출문제 33

① 「형사소송규칙」은 "공소장변경허가신청서가 제출된 경우 법원은 그 부본을 피고인 또는 변호인에게 즉시 송달하여야 한다."라고 규정하고 있는데, 이는 피고인과 변호인 모두에게 부본을 송달하여야 한다는 취지가 아니므로 공소장변경신청서 부본을 피고인과 변호인 중 어느 한 쪽에 대해서만 송달하였다고 하여 절차상 잘못이 있다고 할 수 없다.

해설 및 정답 2018년 제7회 변호사시험 기출문제 24 **정답** ○

대법원 2015. 2. 16. 선고 2014도14843 판결 [부정수표단속법위반]

[판결요지] 공소장변경신청서 부본을 피고인과 변호인 중 어느 한 쪽에 대해서만 송달하였다고 하여 절차상 잘못이 있다고 할 수 없다.

② 약식명령이 검사나 甲의 정식재판 청구 없이 그대로 확정된 경우, 약식명령은 그 고지를 검사와 피고인에 대한 재판서 송달로 하고 따로 선고하지는 않으므로 그 기판력의 시적 범위는 약식명령 ~~송달시를~~발령시를 기준으로 한다.

해설 및 정답 2017년 제6회 변호사시험 기출문제 33 **정답** ×

대법원 1984. 7. 24. 선고 84도1129 판결 [폭력행위등처벌에관한법률위반]

[판결요지] 사실심리의 가능성이 있는 최후 시점인 판결선고시를 기준으로 기판력의 시적 범위를 판결절차와 달리 하여야 할 이유가 없으므로 발령시를 기준으로 하여야 한다.

☞ [출제] 2014년 제3회 변호사시험 기출문제 29

문 55. 상소 · 항소 · 항고 · 재항고에 관한 설명 중 옳은 것은? (다툼이 있는 경우 판례에 의함)

출제내용

- 항소이유(양형부당) · 항소제기기간(7일) · 항소이유서제출기간(20일) · 항소기각결정(=기간 내 항소이유 미제출)
- 재항고(=항소기각결정에 대한 재항고, 구속영장 발부결정에 대한 재항고)
- 형사소송절차에서 소송비용의 재판에 대한 불복이 허용되는 경우
- 상고이유(=사실오인+ · 법령위반+ · 양형부당−)
- 양형(=합리적이고 적정한 범위 내에서 이루어지는 재량판단. 양형부당⇒선고형이 구체적 사안의 내용에 비추어 너무 무겁거나 가벼운 경우. 항소심은 제1심 양형 판단을 존중. 항소심이 제1심 파기하고 별로 차이가 없는 양형을 선고하여도 양형심리와 위법이 있는 것은 아님. 양형부당만을 이유로 항소한 후, 항소기각시 사실오인·법령위반을 사유로 상고 불가)

출제분석

2024년 제13회 변호사시험 출제예상 ★

2019년 제8회 변호사시험 기출문제 21 · 22

01 ★★★★★

甲은 변호사 乙을 찾아가 아래와 같이 법률상담을 하였다. 乙의 답변 중 옳은 것(○)과 옳지 않은 것(×)을 올바르게 조합한 것은?

> 甲: 변호사님, 저는 2018. 8. 8. 수요일 ○○지방법원에서 특정경제범죄가중처벌등에관한법률위반(사기)죄로 징역 3년, 집행유예 5년을 선고받았습니다. 너무 억울해서 항소하여 무죄를 받고 싶습니다. 언제까지 항소장을 제출해야 하는가요?
>
> 乙: (ㄱ) 선고일로부터 7일 이내에 제출하면 되는데, 8월 15일은 공휴일이므로 공휴일이 아닌 8월 16일까지 원심법원에 제출하면 됩니다.
>
> 甲: 항소이유서는 언제까지 제출해야 하나요?
>
> 乙: (ㄴ) 소송기록이 항소심인 ○○고등법원에 송부된 날로부터 20일 이내에 항소법원에 제출해야 합니다.
>
> 甲: 항소이유서를 제때 제출하지 않으면 어떻게 되나요?
>
> 乙: (ㄷ) 원칙적으로 항소심 법원은 항소를 기각하지만, 직권조사사유가 있거나 항소장에 항소이유의 기재가 있는 때에는 예외입니다.

① ㄱ(◯), ㄴ(◯), ㄷ(◯)
② ㄱ(◯), ㄴ(×), ㄷ(◯)
③ ㄱ(◯), ㄴ(×), ㄷ(×)
④ ㄱ(×), ㄴ(◯), ㄷ(◯)
⑤ ㄱ(×), ㄴ(×), ㄷ(◯)

해설 및 정답 2019년 제8회 변호사시험 기출문제 22 **정답** ②

ㄱ. (○) **상소제기기간은 7일이다. 다음날부터 계산한다. 토요일 · 일요일 · 공휴일은 기간에 산입하지 않는다.** 익일(翌日)인 8. 16. 까지 **원심법원에 제출하면 된다. 형사소송법 제343조, 제66조 제1항, 제358조, 제66조 제3항, 제359조 참조.**

> 형사소송법 제343조(상소 제기기간)
> ① 상소의 제기는 그 기간 내에 서면으로 한다. ② **상소의 제기기간은 재판을 선고 또는 고지한 날로부터 진행된다.**
>
> 형사소송법 제66조(기간의 계산)
> ① 기간의 계산에 관하여는 시로써 계산하는 것은 즉시부터 기산하고 일, 월 또는 연으로써 계산하는 것은 **초일을 산입하지 아니한다.** 단, **시효와 구속기간의 초일은 시간을 계산함이 없이 1일로 산정한다.** ② 연 또는 월로써 정한 기간은 역서에 따라 계산한다. ③ **기간의 말일이 공휴일 또는 토요일에 해당하는 날은 기간에 산입하지 아니한다.** 단, **시효와 구속의 기간에 관하여서는 예외로 한다.** 〈개정 2007.12.21.〉
>
> 형사소송법 제358조(항소제기기간)
> **항소의 제기기간은 7일로 한다.** 〈개정 1963.12. 13.〉
>
> 형사소송법 제359조(항소제기의 방식)
> **항소를 함에는 항소장을 원심법원에 제출하여야 한다.** 〈개정 1963.12.13〉

ㄴ. (×) 형사소송법 제361조의2은 소송기록접수와 통지를 규정하고 있다. 주요내용을 보면, ① **항소법원이 기록의 송부를 받은 때에는 즉시 항소인과 상대방에게 그 사유를 통지하여야 한다.** 형사소송법 제361조의3는 항소이유서와 답변서를 규정하고 있다. 주요내용을 보면, ① **항소인 또는 변호인은 전조의 통지를 받은 날로부터 20일 이내에 항소이유서를 항소법원에 제출하여야 한다.** 형사소송법 제361조의2 제1항, 제361조의3 제1항 참조.

> 형사소송법 제361조의2(소송기록접수와 통지)
> ① **항소법원이 기록의 송부를 받은 때에는 즉시 항소인과 상대방에게 그 사유를 통지하여야 한다.** 〈개정 1963.12.13.〉 ② 전항의 통지 전에 변호인의 선임이 있는 때에는 변호인에게도 전항의 통지를 하여야 한다. ③ 피고인이 교도소 또는 구치소에 있는 경우에는 원심법원에 대응한 검찰청검사는 제1항의 통지를 받은 날부터 14일이내에 피고인을 항소법원소재지의 교도소 또는 구치소에 이송하여야 한다. 〈신설 1995.12.29.〉 [본조신설 1961.9.1]

> 형사소송법 제361조의3(항소이유서와 답변서)
> ① **항소인 또는 변호인은 전조의 통지를 받은 날로부터 20일 이내에 항소이유서를 항소법원에 제출하여야 한다.** 이 경우 제344조를 준용한다. 〈개정 1963.12.13., 2007.12.21〉 ② 항소이유서의 제출을 받은 항소법원은 지체 없이 부본 또는 등본을 상대방에게 송달하여야 한다. 〈개정 1963.12.13.〉 ③ 상대방은 전항의 송달을 받은 날로부터 10일 이내에 답변서를 항소법원에 제출하여야 한다. 〈개정 1963.12.13.〉 ④ 답변서의 제출을 받은 항소법원은 지체없이 그 부본 또는 등본을 항소인 또는 변호인에게 송달하여야 한다. 〈개정 1963.12.13〉[본조신설 1961.9.1]

ㄷ. (○) **형사소송법 제361조의4는 항소기각의 결정을 규정하고 있다. 주요내용을 보면, ① 항소인이나 변호인이 전조 제1항의 기간 내에 항소이유서를 제출하지 아니한 때에는 결정으로 항소를 기각하여야 한다.** 단, **직권조사사유가 있거나 항소장에 항소이유의 기재가 있는 때에는 예외로 한다.** ② 전항의 결정에 대하여는 즉시항고를 할 수 있다. <신설 1963.12.13.> [본조신설 1961.9.1.] 형사소송법 제361조의4 제1항 참조.

02 ★★★★★

양형에 관한 설명 중 옳지 않은 것은? (다툼이 있는 경우 판례에 의함)

① 양형부당은 원심판결의 선고형이 구체적인 사안의 내용에 비추어 너무 무겁거나 너무 가벼운 경우를 말하는데, 양형은 법정형을 기초로 하여 「형법」 제51조에서 정한 양형의 조건이 되는 사항을 두루 참작하여 합리적이고 적정한 범위 내에서 이루어지는 재량 판단이라 할 수 있다.

② 피고인이 제1심판결에 대하여 양형부당만을 항소이유로 내세워 항소하였다가 그 항소가 기각된 경우 피고인은 항소심판결에 대하여 사실오인 또는 법리오해의 위법이 있다는 것을 상고이유로 삼을 수 ~~있다.~~없다.

③ 양형판단에 관하여 제1심의 고유한 영역이 존재하는데, 항소심의 사후심적 성격 등에 비추어 보면, 제1심과 비교하여 양형의 조건에 변화가 없고 제1심의 양형이 재량의 합리적인 범위를 벗어나지 아니하는 경우에는 항소심 법원은 이를 존중함이 타당하다.

④ 제1심의 형량이 재량의 합리적인 범위 내에 속함에도 항소심의 견해와 다소 다르다는 이유만으로 제1심판결을 파기하여 제1심과 별로 차이 없는 형을 선고하는 것은 자제함이 바람직하다.

⑤ 항소심이 자신의 양형판단과 일치하지 아니한다고 하여 양형부당을 이유로 제1심판결을 파기하는 것이 바람직하지 아니한 점이 있다고 하더라도 이를 두고 양형심리 및 양형판단이 위법하다고까지 할 수는 없다.

해설 및 정답 2019년 제8회 변호사시험 기출문제 21 **정답** ②

① (○), ③ (○), ④ (○), ⑤ (○)

대법원 2015. 7. 23. 선고 2015도3260 전원합의체 판결 [도박개장]

[판시사항] [1] **제1심과 비교하여 양형의 조건에 변화가 없고 제1심의 양형이 재량의 합리적인 범위를 벗어나지 않는 경우, 항소심이 이를 존중하여야 하는지 여부(적극) 및 항소심이 형의 양정이 부당한 제1심판결을 파기하여야 하는 경우** [2] **항소심이 자신의 양형판단과 일치하지 않는다고 하여 양형부당을 이유로 제1심판결을 파기하는 경우, 양형심리 및 양형판단 방법이 위법한지 여부(소극) 및 원심판단에 근거가 된 양형자료와 그에 관한 판단 내용이 모순 없이 설시되어 있더라도, 양형의 조건이 되는 사유를 일일이 명시하지 아니하면 위법한지 여부(소극)**

[판결요지] [1] **양형부당은 원심판결의 선고형이 구체적인 사안의 내용에 비추어 너무 무겁거나 너무 가벼운 경우를 말한다. 양형은 법정형을 기초로 하여 형법 제51조에서 정한 양형의 조건이 되는 사항을 두루 참작하여 합리적이고 적정한 범위 내에서 이루어지는 재량 판단이다.** 공판중심주의와 직접주의를 취하고 있는 우리 형사소송법에서는 양형판단에 관하여도 제1심의 고유한 영역이 존재한다.

이러한 사정들과 아울러 항소심의 사후심적 성격 등에 비추어 보면, 제1심과 비교하여 양형의 조건에 변화가 없고 제1심의 양형이 재량의 합리적인 범위를 벗어나지 아니하는 경우에는 이를 존중함이 타당하다. 제1심의 형량이 재량의 합리적인 범위 내에 속함에도 항소심의 견해와 다소 다르다는 이유만으로 제1심판결을 파기하여 제1심과 별로 차이 없는 형을 선고하는 것은 자제함이 바람직하다.

그렇지만 제1심의 양형심리 과정에서 나타난 양형의 조건이 되는 사항과 양형기준 등을 종합하여 볼 때에 제1심의 양형판단이 재량의 합리적인 한계를 벗어났다고 평가되거나, 항소심의 양형심리 과정에서 새로이 현출된 자료를 종합하면 제1심의 양형판단을 그대로 유지하는 것이 부당하다고 인정되는 등의 사정이 있는 경우에는, 항소심은 형의 양정이 부당한 제1심판결을 파기하여야 한다.

[2] [다수의견] 항소심은 제1심에 대한 사후심적 성격이 가미된 속심으로서 제1심과 구분되는 고유의 양형재량을 가지고 있다. 그러므로 **항소심이 자신의 양형판단과 일치하지 아니한다고 하여 양형부당을 이유로 제1심 판결을 파기하는 것이 바람직하지 아니한 점이 있더라도 양형심리 및 양형판단 방법이 위법하다고 할 수는 없다.** 그리고 **원심의 판단에 근거가 된 양형자료와 그에 관한 판단 내용이 모순 없이 설시되어 있는 경우에는 양형의 조건이 되는 사유에 관하여 일일이 명시하지 아니하여도 위법하다고 할 수 없다.**

② (×) 대법원 1987. 12. 8. 선고 87도1561 판결 [건축법위반]

[판결요지] 피고인이 제1심판결에 대하여 양형부당만을 항소이유로 내세워 항소하였다. 그러나 이 주장이 이유없다 하여 피고인의 항소를 기각한 원심판결에 대하여서는 사실오인 내지 법령위반사유를 들어 상고이유로 삼을 수는 없다.

문 56. 불이익변경원칙에 관한 설명 중 옳은 것은? (다툼이 있는 경우 판례에 의함)

출제내용

- 약식명령과 정식재판: 정식재판 형이 약식명령 형과 같거나 가볍지만, 죄명이나 적용법조가 불이익하게 변경된 경우(=불이익변경원칙 위배 아님-)
- 즉결심판과 정식재판: 즉결심판에 대하여 피고인만이 정식재판을 청구한 경우(=불이익변경원칙 적용+)
- 징역형에 집행유예를 붙이면서 벌금형을 병과한 경우(=불이익변경원칙 위배+)
- 형 집형면제판결에 대해 집행유예판결을 선고한 경우(=불이익변경원칙 위배 아님-)
- 환송판결도 불이익변경원칙이 적용됨: 파기된 환송심 판결보다 중한 형을 선고할 수 없음
- 불이익변경금지의 원칙을 적용할 때 형의 경중을 판단하는 기준: 부정기형 중 최장기형과 정기형 비교
- 피고인만 항소한 경우, 제1심에서 선고된 추징을 몰수로 변경한 경우(=불이익변경원칙 위배 아님-)
- 벌금형은 감경되었으나 그 환형유치기간이 길어진 경우(=불이익변경원칙 위배 아님-)
- 제1심에서 징역형의 집행유예를 선고한 데 대하여 제2심이 징역형의 형기를 단축하여 실형을 선고하는 경우(=불이익변경원칙 위배+)
- 재심대상사건에서 징역형의 집행유예를 선고하였음에도 재심사건에서 원판결보다 주형을 경하게 하고 집행유예를 없앤 경우(=불이익변경원칙 위배+)

출제분석

2024년 제13회 변호사시험 출제예상 ★
2018년 제7회 변호사시험 기출문제 27
2013년 제2회 변호사시험 기출문제 30

가. 불이익변경금지의 원칙에 관한 설명 중 옳은 것이다(○).

① 피고인만의 상고에 의하여 원심판결을 파기하고 사건을 항소심에 환송한 경우, 환송 전 원심판결과의 관계에서도 불이익변경금지의 원칙이 적용된다.

해설 및 정답 2018년 제7회 변호사시험 기출문제 27 **정답** ○

대법원 1992. 12. 8. 선고 92도2020 판결 [음화판매]

[판결요지] [1] 피고인만의 상고에 의하여 상고심에서 원심판결을 파기하고 사건을 항소심에 환송한 경우에는 **환송전 원심판결과의 관계에서도 불이익변경금지의 원칙이 적용되**

어 그 파기된 항소심판결보다 중한 형을 선고할 수 없다.
[2] **환송 후 원심판결이 환송전 원심판결에서 선고하지 아니한 몰수를 새로이 선고하는 것은 불이익변경금지의 원칙에 위배된다.**

중요 ② 제1심에서 소년임을 이유로 징역 장기 10년, 단기 5년의 부정기형을 선고한 데 대하여 피고인만이 항소한 경우, 항소심이 위 피고인이 항소심에 이르러 성년이 되었음을 이유로 제1심 판결을 파기하고 징역 7년을 선고하였다면 이는 위법하다.

해설 및 정답 2018년 제7회 변호사시험 기출문제 27 **정답** ○

대법원 2006. 4. 14. 선고 2006도734 판결 [살인 · 중감금 · 폭력행위등처벌에관한법률위반(야간 · 공동폭행)]

[판결요지] [1] **살인죄에서 살인의 범의는 반드시 살해의 목적이나 계획적인 살해의 의도가 있어야 인정되는 것은 아니다. 자기의 행위로 인하여 타인의 사망이라는 결과를 발생시킬 만한 가능성 또는 위험이 있음을 인식하거나 예견하면 족한 것이다. 그 인식이나 예견은 확정적인 것은 물론 불확정적인 것이라도 이른바 미필적 고의로 인정되는 것이다.** 피고인이 범행 당시 살인의 범의는 없었고 단지 상해 또는 폭행의 범의만 있었을 뿐이라고 다투는 경우에 피고인에게 범행 당시 살인의 범의가 있었는지 여부는 **피고인이 범행에 이르게 된 경위, 범행의 동기, 준비된 흉기의 유무 · 종류 · 용법, 공격의 부위와 반복성, 사망의 결과발생가능성 정도 등 범행 전후의 객관적인 사정을 종합하여 판단할 수밖에 없다.**
[2] **피고인이 항소한 사건에서 항소심은 제1심의 형보다 중한 형을 선고할 수 없는바, 이러한 불이익변경금지 규정을 적용함에 있어, 부정기형과 정기형 사이에 그 경중을 가리는 경우에는 부정기형 중 최단기형과 정기형을 비교하여야 한다.**

③ 제1심이 뇌물수수죄를 인정하여 피고인에게 징역 1년 6월 및 추징을 선고한 데 대하여 피고인만이 항소한 경우, 항소심이 제1심이 누락한 필요적 벌금형 병과규정을 적용하여 피고인에게 징역 1년 6월에 집행유예 3년, 추징 및 벌금 5,000만 원을 선고하였다면 이는 위법하다.

해설 및 정답 2018년 제7회 변호사시험 기출문제 27 **정답** ○

대법원 2013. 12. 12. 선고 2012도7198 판결 [뇌물수수]

[판결요지] [1] **불이익변경금지의 원칙은 피고인의 상소권 또는 약식명령에 대한 정식재판청구권을 보장하려는 것이다. 피고인만이 또는 피고인을 위하여 상소한 상급심 또는 정식재판청구사건에서 법원은 피고인이 같은 범죄사실에 대하여 이미 선고 또는 고지받은 형보다 중한 형을 선고하지 못한다는 원칙이다.** 이러한 불이익변경금지의 원칙을 적용할 때에는 주문을 개별적 · 형식적으로 고찰할 것이 아니라 전체적 · 실질적으로 고찰하

여 그 경중을 판단하여야 하는데, **선고된 형이 피고인에게 불이익하게 변경되었는지 여부는 일단 형법상 형의 경중을 기준으로 하되, 한 걸음 더 나아가 병과형이나 부가형, 집행유예, 노역장 유치기간 등 주문 전체를 고려하여 피고인에게 실질적으로 불이익한가에 의하여 판단하여야 한다.**
[2] 제1심이 뇌물수수죄를 인정하여 피고인에게 징역 1년 6월 및 추징 26,150,000원을 선고한 데 대해 피고인만이 항소하였는데, 원심이 제1심이 누락한 필요적 벌금형 병과규정인 특정범죄 가중처벌 등에 관한 법률(2008. 12. 26. 법률 제9169호로 개정된 것) 제2조 제2항을 적용하여 피고인에게 징역 1년 6월에 집행유예 3년, 추징 26,150,000원 및 벌금 50,000,000원을 선고한 사안에서, **집행유예의 실효나 취소가능성, 벌금 미납 시 노역장 유치 가능성과 그 기간 등을 전체적·실질적으로 고찰할 때 원심이 선고한 형은 제1심이 선고한 형보다 무거워 피고인에게 불이익하다**고 한 사례.

중요 ④ 불이익변경금지원칙의 적용에 있어 그 선고된 형이 피고인에게 불이익하게 변경되었는지 여부에 관한 판단은 형법상 형의 경중을 기준으로 하되 이를 개별적·형식적으로 고찰할 것이 아니라 주문 전체를 고려하여 피고인에게 실질적으로 불이익한지 아닌지를 보아 판단하여야 한다.

해설 및 정답 2013년 제2회 변호사시험 기출문제 30 **정답** ○

대법원 2005. 10. 28. 선고 2005도5822 판결 [특정범죄가중처벌등에관한법률위반(뇌물)]
[판시사항] [3] 불이익변경금지 원칙의 의미 및 불이익변경 여부의 판단 기준 [4] 피고인만이 항소한 경우, 제1심판결에서 선고된 추징을 몰수로 변경하는 것이 불이익변경금지 원칙에 위배되는지 여부(소극) [5] 피고인이 뇌물로 받은 주식을 몰수함이 상당하지 아니하다고 보아 대신 그 가액을 추징할 수 있다고 한 사례 [6] 항소심이 몰수나 추징을 선고하지 아니한 조치가 위법한 경우, 상고심의 파기의 범위
[판결요지] [3] 불이익변경금지의 원칙은 피고인의 상소권 또는 약식명령에 대한 정식재판청구권을 보장하려는 것이다. 피고인만이 또는 피고인을 위하여 상소한 상급심 또는 정식재판청구사건에서 법원은 피고인이 같은 범죄사실에 대하여 이미 선고 또는 고지 받은 형보다 중한 형을 선고하지 못한다는 원칙이다. **선고된 형이 피고인에게 불이익하게 변경되었는지에 관한 판단은 형법상 형의 경중을 일응의 기준으로 하되, 병과형이나 부가형, 집행유예, 미결구금일수의 통산, 노역장 유치기간 등 주문 전체를 고려하여 피고인에게 실질적으로 불이익한가의 여부에 의하여 판단하여야 한다.**
[4] **항소심이 몰수의 가능성에 관하여 제1심과 견해를 달리하여 추징을 몰수로 변경하더라도, 그것만으로 피고인의 이해관계에 실질적 변동이 생겼다고 볼 수는 없다. 따라서 이를 두고 형이 불이익하게 변경되는 것이라고 보아서는 안 된다.**
[5] **피고인이 뇌물로 받은 주식이 압수되어 있지 않고 주주명부상 피고인의 배우자 명의로 등재되어 있으며, 위 배우자는 몰수의 선고를 받은 자가 아니어서 그에 대해서는 몰수물의 제출을 명할 수도 없고, 몰수를 선고한 판결의 효력도 미치지 않는 등의 이유로 위 주식을 몰수함이 상당하지 아니하다고 보아 몰수하는 대신 그 가액을 추징할 수 있다**고 한 사례.

[6] 주형과 몰수 또는 추징을 선고한 항소심판결 중 몰수 또는 추징부분에 관해서만 파기사유가 있을 때에는 상고심이 그 부분만을 파기할 수 있으나, **항소심이 몰수나 추징을 선고하지 아니하였음을 이유로 파기하는 경우에는 항소심판결에 몰수나 추징부분이 없어 그 부분만 특정하여 파기할 수 없으므로, 결국 항소심판결의 유죄부분 전부를 파기하여야 한다.**

⑤ 피고인만이 항소한 경우, 동일 물건에 대하여 제1심판결에서 선고된 추징을 몰수로 변경하는 것은 불이익변경금지원칙에 위반되지 않는다.

해설 및 정답 2013년 제2회 변호사시험 기출문제 30 **정답** ○

대법원 2005. 10. 28. 선고 2005도5822 판결 [특정범죄가중처벌등에관한법률위반(뇌물)]

⑥ 벌금 150만 원의 약식명령을 고지받고 정식재판을 청구한 '당해 사건'과 정식기소된 '다른 사건'을 병합·심리한 후 두 사건을 경합범으로 처단하여 벌금 900만 원을 선고한 제1심판결에 대해, 피고인만이 항소한 제2심에서 '다른 사건'의 공소사실 전부와 '당해 사건'의 공소사실 일부에 대하여 무죄를 선고하고 '당해 사건'의 나머지 공소사실은 유죄로 인정하면서 그에 대하여 벌금 300만 원을 선고한 것은 불이익변경금지원칙을 위반한 것이다.

해설 및 정답 2013년 제2회 변호사시험 기출문제 30 **정답** ○

대법원 2009. 12. 24. 선고 2009도10754 판결 [사기·자동차손해배상보장법위반]

[판시사항] 벌금 150만 원의 약식명령을 고지받고 정식재판을 청구한 '당해 사건'과 정식기소된 '다른 사건'을 병합·심리한 후 두 사건을 경합범으로 처단하여 벌금 900만 원을 선고한 제1심판결에 대해, 피고인만이 항소한 원심에서 다른 사건의 공소사실 전부와 당해 사건의 공소사실 일부에 대하여 무죄를 선고하고 '당해 사건'의 나머지 공소사실은 유죄로 인정하면서 그에 대하여 벌금 300만 원을 선고한 사안에서, 원심판결에 형사소송법 제457조의2에서 규정한 불이익변경금지의 원칙을 위반한 위법이 있다고 한 사례

[판결요지] 당해 사건에 대하여 고지받은 약식명령의 형과 그 선고받은 형만 전체적으로 비교하여 피고인에게 실질적으로 불이익한 변경이 있었는지 여부를 판단하면 된다.

⑦ 즉결심판에 대하여 피고인만이 정식재판을 청구한 사건에 대하여도 불이익변경금지원칙이 적용되므로 즉결심판의 형보다 무거운 형을 선고하지 못한다.

해설 및 정답 2013년 제2회 변호사시험 기출문제 30 **정답** ○

대법원 1999. 1. 15. 선고 98도2550 판결 [경범죄처벌법위반·도로교통법위반]

[판결요지] 피고인이 정식재판을 청구한 사건에 대하여는 약식명령의 형보다 무거운 형을

선고하지 못하도록 하고 있다. 즉결심판에 대하여 피고인만이 정식재판을 청구한 사건에 대하여도 즉결심판에관한절차법 제19조의 규정에 따라 형사소송법 제457조의2 규정을 준용하여, 즉결심판의 형보다 무거운 형을 선고하지 못한다.

나. 불이익변경금지의 원칙에 관한 설명 중 옳지 않은 것이다(×).

중요 ① 피고인이 약식명령에 불복하여 정식재판을 청구한 사건에서 그 죄명이나 적용법조가 약식명령에 비하여 불이익하게 변경되었다면, 선고한 형이 약식명령과 같은 경우에도 이는 불이익변경금지의 원칙에 위배된 ~~조치이다.~~ 조치가 아니다.

해설 및 정답 2018년 제7회 변호사시험 기출문제 27 정답 ×

대법원 2013. 2. 28. 선고 2011도14986 판결 [사문서위조 · 위조사문서행사 · 사기]

[판결요지] 죄명이나 적용법조가 약식명령의 경우보다 불이익하게 변경되었다고 하더라도 선고한 형이 약식명령과 같거나 약식명령보다 가벼운 경우에는 불이익변경금지의 원칙에 위배된 조치라고 할 수 없다.

② 제1심에서 징역 1년에 처하되 형의 집행을 면제한다는 판결을 선고한 데 대하여 피고인만이 항소한 경우, 항소심이 위 피고인에 대해 징역 8월에 집행유예 2년을 선고하였다면 이는 ~~위법하다.~~ 위법하지 않다.

해설 및 정답 2018년 제7회 변호사시험 기출문제 27 정답 ×

대법원 1985. 9. 24. 선고 84도2972 전원합의체 판결 [허위공문서작성 · 동행사]

[판결요지] [1] 군법회의판결이 확정된 후 군에서 제적되어 군법회의에 재판권이 없는 경우에는 재심사건이라 할지라도 그 관할은 원판결을 한 군법회의가 아니라 같은 심급의 일반법원에 있다. [2] 형의 집행유예의 판결은 소정 유예기간을 특별한 사유없이 경과한 때에는 그 형의 선고의 효력이 상실된다. 그러나 형의 집행면제는 그 형의 집행만을 면제하는데 불과하여, 전자가 후자 보다 피고인에게 불이익한 것이라 할 수 없다.

③ 피고인에 대한 벌금형이 제1심보다 감경되었다 하여도 그 벌금형에 대한 노역장유치기간이 제1심보다 더 길어졌다면 전체적으로 보아 형이 불이익하게 변경되었다고 ~~보아야 한다.~~ 할 수 없다.

해설 및 정답 2013년 제2회 변호사시험 기출문제 30 정답 ×

대법원 1981. 10. 24. 선고 80도2325 판결 [특정범죄가중처벌등에관한법률위반]

[판결요지] 피고인만이 항소한 경우에 벌금형은 감경되었으나 그 환형유치기간만이 길어졌다고 하더라도 형이 불이익하게 변경되었다고 할 수 없다.

문 57. 재심에 관한 설명 중 옳은 것은? (다툼이 있는 경우 판례에 의함)

출제내용

- 재심사유: 증거신규성(=증거제출 고의·과실이 있는 경우 부정-), 증거명백성(=무죄 인정 명백한 증거는 새로 발견된 증거와 밀접하게 모순된 증거+), 형의 면제(=필요적 형 면제+, 임의적 형면제-), 형사소송법 제420조 제2호 재심사유(=원판결 증거가 된 증언이 허위로 증명된 경우 재심 가능함+), 형사소송법 제420조 제7호 재심사유(=사법경찰관 직무사건 실체관계 여부 고려대상 아님-, 사법경찰관 조사 담당 여부 고려대상 아님-)
- 재심대상: 결정(-), 항소심 파기 제1심 판결(-), 공소기각판결(-), 정식재판 유죄 확정된 경우 약식명령(-), 유죄판결 후 특별사면(+)
- 재심절차: 법령개정 경우(=재심 당시 법령 적용+), 법령 폐지 경우(=면소판결+), 헌법재판소 위헌 결정 법령효력상실(=무죄판결+, 상소 예외 인정+)
- 재심판결을 선고하여 확정된 경우(=종전의 확정판결 효력 상실+)
- 재심판결 확정의 효력 범위
- 피고인 귀책사유 없는 공판절차 불출석 경우(=항소심 법원에 유죄판결에 대한 재심청구 가능함+)

출제분석

2024년 제13회 변호사시험 출제예상 ★
2022년 제11회 변호사시험 기출문제 32
2021년 제10회 변호사시험 기출문제 21·39
2020년 제9회 변호사시험 기출문제 33
2018년 제7회 변호사시험 기출문제 25
2015년 제4회 변호사시험 기출문제 30
2014년 제3회 변호사시험 기출문제 31

중요 **01** ★★★★★

재심에 관한 설명 중 옳은 것을 모두 고른 것은? (다툼이 있는 경우 판례에 의함)

파워특강 재심. 형사소송법 제420조 제4호 '원판결의 증거된 재판'(=증거로 채택된 범죄사실 인용 재판). 특별사면(=재심법원 실체재판 해야 한다. 면소판결 선고는 안 된다). 재판권이 군사법원에 없는 경우(=같은 심급 일반법원에서 재심재판). 선행행위 상습범으로 유죄판결(=재심사건은 당해 유죄판결 사건에 한정한다. 선행행위 공소제기 효력과 기판력은 후행범죄에 미치지 않는다).

① 「형사소송법」 제420조 제4호의 "원판결의 증거된 재판이 확정재판에 의하여 변경된 때"의 "원판결의 증거된 재판"이라 함은 원판결의 이유 중에서 증거로 채택되어 죄로 되는 사실을 인정하는 데 인용된 다른 재판을 뜻한다.

해설 및 정답 2021년 제10회 변호사시험 기출문제 39 **정답** ○

형사소송법 제420조(재심이유) 제4호 참조.

형사소송법 제420조(재심이유) ★★★★★

재심은 다음 각 호의 어느 하나에 해당하는 이유가 있는 경우에 유죄의 확정판결에 대하여 그 선고를 받은 자의 이익을 위하여 청구할 수 있다.

1. 원판결의 증거가 된 서류 또는 증거물이 확정판결에 의하여 **위조되거나 변조**된 것임이 증명된 때
2. 원판결의 증거가 된 증언, 감정, 통역 또는 번역이 확정판결에 의하여 **허위**임이 증명된 때
3. 무고(誣告)로 인하여 유죄를 선고받은 경우에 그 무고의 죄가 **확정판결에 의하여 증명**된 때
4. **원판결의 증거가 된 재판이 확정재판에 의하여 변경된 때**
5. 유죄를 선고받은 자에 대하여 무죄 또는 면소를, 형의 선고를 받은 자에 대하여 형의 면제 또는 원판결이 인정한 죄보다 가벼운 죄를 인정할 명백한 증거가 새로 발견된 때
6. 저작권, 특허권, 실용신안권, 디자인권 또는 상표권을 침해한 죄로 유죄의 선고를 받은 사건에 관하여 그 권리에 대한 **무효의 심결 또는 무효의 판결이 확정**된 때
7. 원판결, 전심판결 또는 그 판결의 기초가 된 조사에 관여한 법관, 공소의 제기 또는 그 공소의 기초가 된 수사에 관여한 **검사나 사법경찰관이 그 직무에 관한 죄를 지은 것이 확정판결에 의하여 증명**된 때. 다만, 원판결의 선고 전에 법관, 검사 또는 사법경찰관에 대하여 공소가 제기되었을 경우에는 **원판결의 법원이 그 사유를 알지 못한 때**로 한정한다.

[전문개정 2020.12.8]

【출처】 형사소송법 일부개정 2020. 12. 8. [법률 제17572호, 시행 2021. 12. 9.] 법무부

② 재심대상판결 확정 후에 형선고의 효력을 상실케 하는 특별사면이 있었다고 하더라도, 재심개시결정이 확정되어 재심심판절차를 진행하는 법원은 그 심급에 따라 다시 심판하여 실체에 관한 유·무죄의 판단을 하여야 하고, 특별사면이 있음을 들어 면소판결을 하여서는 아니 된다.

해설 및 정답 2021년 제10회 변호사시험 기출문제 39 **정답** ○

대법원 2015. 5. 21. 선고 2011도1932 전원합의체판결 [업무상횡령·경제의안정과성장에관한긴급명령위반·총포화약류단속법위반]

[판시사항] 면소판결 사유인 형사소송법 제326조 제2호에서 말하는 '사면'의 의미(=일반사면) / 재심대상판결 확정 후에 형 선고의 효력을 상실케 하는 특별사면이 있었던 경우, 재심개시결정이 확정되어 재심심판절차를 진행하는 법원은 면소판결이 아니라 실체에 관한 유·무죄 등의 판단을 해야 하는지 여부(적극)

[판결요지] 특별사면으로 형 선고의 효력이 상실된 유죄의 확정판결도 형사소송법 제420조의 '유죄의 확정판결'에 해당하여 재심청구의 대상이 될 수 있다. 면소판결 사유인 형사소송법 제326조 제2호의 '사면이 있는 때'에서 말하는 '사면'이란 일반사면을 의미할 뿐, 형을 선고받아 확정된 자를 상대로 이루어지는 특별사면은 여기에 해당하지 않는다. 그러므로 재심대상판결 확정 후에 형 선고의 효력을 상실케 하는 특별사면이 있었다고 하더라도, 재심개시결정이 확정되어 재심심판절차를 진행하는 법원은 그 심급에 따라 다시 심판하여 실체에 관한 유·무죄 등의 판단을 해야지, 특별사면이 있음을 들어 면소판결을 하여서는 아니 된다.

☞ [적중] 하태영, 형사법종합연습 실전예상문제분석, 제3판, 법문사, 451면.

③ 군사법원의 판결이 확정된 후 피고인에 대한 재판권이 더 이상 군사법원에 없게 된 경우에 군사법원의 판결에 대한 재심사건의 관할은 원판결을 한 군사법원과 같은 심급의 일반법원에 있다.

해설 및 정답 2021년 제10회 변호사시험 기출문제 39 **정답** ○

대법원 2020. 6. 26.자 2019모3197 결정 [재심기각결정에대한재항고]

[결정요지] 군사법원의 판결이 확정된 후 피고인에 대한 재판권이 더 이상 군사법원에 없게 된 경우에 군사법원의 판결에 대한 재심사건의 관할은 원판결을 한 군사법원과 같은 심급의 일반법원에 있다. 여기에서 '군사법원과 같은 심급의 일반법원'은 법원조직법과 형사소송법에 규정된 추상적 기준에 따라 획일적으로 결정하여야 한다.

④ 상습범인 선행범죄(A)로 유죄의 확정판결을 받은 사람이 그 후 동일한 습벽에 의해 다시 후행범죄(B)를 저질렀는데 유죄의 확정판결에 대하여 재심이 개시된 경우에, 동일한 습벽에 의한 후행범죄(B)가 선행범죄(A)에 대한 재심판결 선고 전에 저지른 범죄라 하더라도 재심판결의 기판력은 후행범죄(B)에 미치지 않는다.

해설 및 정답 2021년 제10회 변호사시험 기출문제 39 **정답** ○

대법원 2019. 6. 20. 선고 2018도20698 전원합의체 판결 [특정범죄가중처벌등에관한법률위반(절도)·여신전문금융업법위반] 〈재심판결에 관한 기판력의 범위, 재심판결을 확정판결로 하여 후단 경합범이 성립할 수 있는지 문제된 사건〉

[판결요지] [다수의견] 상습범으로 유죄의 확정판결(이하 앞서 저질러 재심의 대상이 된 범죄를 '선행범죄'라 한다)을 받은 사람이 그 후 동일한 습벽에 의해 범행을 저질렀는데

(이하 뒤에 저지른 범죄를 '후행범죄'라 한다) 유죄의 확정판결에 대하여 재심이 개시된 경우, 동일한 습벽에 의한 후행범죄가 재심대상판결에 대한 재심판결 선고 전에 저질러진 범죄라 하더라도 재심판결의 기판력이 후행범죄에 미치지 않는다.
재심심판절차에서 선행범죄, 즉 재심대상판결의 공소사실에 후행범죄를 추가하는 내용으로 공소장을 변경하거나 추가로 공소를 제기한 후 이를 재심대상사건에 병합하여 심리하는 것이 허용되지 않는다. 그러므로 재심심판절차에서는 후행범죄에 대하여 사실심리를 할 가능성이 없다.
유죄의 확정판결을 받은 사람이 그 후 별개의 후행범죄를 저질렀는데 유죄의 확정판결에 대하여 재심이 개시된 경우, 후행범죄가 재심대상판결에 대한 재심판결 확정 전에 범하여졌다 하더라도 아직 판결을 받지 아니한 후행범죄와 재심판결이 확정된 선행범죄 사이에는 형법 제37조 후단에서 정한 경합범 관계(이하 '후단 경합범'이라 한다)가 성립하지 않는다.

☞ [적중] 하태영, 형사법종합연습 실전예상문제분석, 제3판, 법문사, 457면.

02 ★★★★★

재심에 관한 설명 중 옳지 않은 것은? (다툼이 있는 경우 판례에 의함)

중요 ① 형사재판에서 재심은 유죄의 확정판결 및 유죄판결에 대한 항소 또는 상고를 기각한 확정판결에 대하여만 허용되며, 면소판결을 대상으로 한 재심청구는 부적법하다.

해설 및 정답 2020년 제9회 변호사시험 기출문제 33 ★ 정답 ○

대법원 2018. 5. 2. 자 2015모3243 결정 [재심 일부 인용결정에 대한 재항고]
[판시사항] [1] 형사재판에서 재심이 허용되는 대상 판결(=유죄 확정판결 및 유죄판결에 대한 항소 또는 상고를 기각한 확정판결) 및 면소판결을 대상으로 한 재심청구가 적법한지 여부(소극) [2] 수사기관이 영장주의를 배제하는 위헌적 법령에 따라 영장 없는 체포·구금을 한 경우에도 불법체포·감금의 직무범죄가 인정되는 경우에 준하는 것으로 보아 형사소송법 제420조 제7호의 재심사유가 있다고 보아야 하는지 여부(적극)
[판결요지] [1] 형사재판에서 재심은 형사소송법 제420조, 제421조 제1항의 규정에 의하여 유죄 확정판결 및 유죄판결에 대한 항소 또는 상고를 기각한 확정판결에 대하여만 허용된다. 면소판결은 유죄 확정판결이라 할 수 없다. 그러므로 면소판결을 대상으로 한 재심청구는 부적법하다.

중요 ② 수사기관이 영장주의를 배제하는 위헌적 법령에 따라 영장 없는 체포·구금을 한 경우는 '공소의 기초된 수사에 관여한 검사나 사법경찰관이 그 직무에 관한 죄를 범한 것이 확정판결에 의하여 증명된 때'라는 재심사유에 ~~해당하지 아니한다.~~ 해당한다.

해설 및 정답 2020년 제9회 변호사시험 기출문제 33 ★ 정답 ×

대법원 2018. 5. 2. 자 2015모3243 결정 [재심 일부 인용결정에 대한 재항고]

중요 ③ 재심심판절차는 원판결의 당부를 심사하는 종전 소송절차의 후속절차가 아니라 사건 자체를 처음부터 다시 심판하는 완전히 새로운 소송절차로서, 종전의 확정판결은 재심판결이 확정된 때 효력을 상실한다.

해설 및 정답 2020년 제9회 변호사시험 기출문제 33 ★ 정답 ○

대법원 2019. 2. 28. 선고 2018도13382 판결 [폭력행위등 처벌에 관한 법률 위반(집단·흉기등상해)(인정된 죄명: 특수상해)·폭력행위등 처벌에 관한 법률 위반(집단·흉기등재물손괴등)(인정된 죄명: 특수재물손괴)·도로교통법위반(음주운전)·도로교통법위반(무면허운전)]

[판시사항] **재심심판절차의 성격 및 재심판결이 확정되면 원판결은 당연히 효력을 잃는지 여부(적극)**

[판결요지] **재심심판절차는 원판결의 당부를 심사하는 종전 소송절차의 후속 절차가 아니라 사건 자체를 처음부터 다시 심판하는 완전히 새로운 소송절차로서 재심판결이 확정되면 원판결은 당연히 효력을 잃는다.**

중요 ④ '재심에는 원판결의 형보다 중한 형을 선고하지 못한다.'라는 것은 단순히 원판결보다 무거운 형을 선고할 수 없다는 원칙일 뿐만 아니라, 실체적 정의를 실현하기 위하여 재심을 허용하지만 피고인의 법적 안정성을 해치지 않는 범위 내에서 재심이 이루어져야 한다는 취지이다.

해설 및 정답 2020년 제9회 변호사시험 기출문제 33 ★ 정답 ○

대법원 2018. 2. 28. 선고 2015도15782 판결 [상해]

[판결요지] 형사소송법은 유죄의 확정판결과 항소 또는 상고의 기각판결에 대하여 각 그 선고를 받은 자의 이익을 위하여 재심을 청구할 수 있다고 규정함으로써 피고인에게 이익이 되는 이른바 이익재심만을 허용하고 있다(제420조, 제421조 제1항). 그러한 **이익재심의 원칙을 반영하여 제439조에서 "재심에는 원판결의 형보다 중한 형을 선고하지 못한다."라고 규정하고 있다. 이는 단순히 원판결보다 무거운 형을 선고할 수 없다는 원칙만을 의미하는 것이 아니라, 실체적 정의를 실현하기 위하여 재심을 허용하지만, 피고인 법적 안정성을 해치지 않는 범위 내에서 재심이 이루어져야 한다는 취지이다.**

다만 **재심심판절차는 원판결의 당부를 심사하는 종전 소송절차의 후속절차가 아니라 사건 자체를 처음부터 다시 심판하는 완전히 새로운 소송절차로서 재심판결이 확정되면 원판결은 당연히 효력을 잃는다.**

중요 ⑤ 재심사유로서 '원판결이 인정한 죄보다 경한 죄를 인정할 경우'라 함은 원판결에서 인정한 죄와는 별개의 경한 죄를 말하는 것이지, 원판결에서 인정한 죄 자체에는 변함이 없고 다만 양형상의 자료에 변동을 가져올 사유에 불과한 경우를 말하는 것은 아니다.

해설 및 정답 2020년 제9회 변호사시험 기출문제 33 ★ **정답** ○

대법원 1992. 8. 31. 자 92모31 결정 [재심청구기각결정에 대한 재항고]

[판시사항] [1] 형사소송법 제420조 제5호 소정의 "명백한 증거가 새로 발견된 때"의 의미 [2] **"원판결이 인정한 죄보다 경한 죄를 인정할" 경우의 의미**

[판결요지] [1] **형사소송법 제420조 제5호에 정한 "명백한 증거가 새로 발견된 때"라 함은 확정판결의 소송절차에서 발견되지 못하였거나 또는 발견되었다 하여도 이를 제출 또는 신문불가능하였던 증거로서 그 증거가치에서 다른 증거에 비하여 객관적인 우위성이 인정되는 것을 발견하거나 이를 제출할 수 있게 된 때를 말한다.**

[2] 같은 호에서 말하는 **"원판결이 인정한 죄보다 경한 죄를 인정할" 경우라 함은 원판결에서 인정한 죄와는 별개의 죄로서 그보다 경한 죄를 말한다 할 것이다. 원판결에서 인정한 죄 자체에는 변함이 없고 다만 양형상의 자료에 변동을 가져올 사유에 불과한 것은 여기에 해당하지 아니한다.**

03 ★★★★★

재심의 대상에 해당하는 것은? (다툼이 있는 경우 판례에 의함)

① ~~재정신청기각의 결정~~

해설 및 정답 2018년 제7회 변호사시험 기출문제 25 **정답** ×

대법원 1986. 10. 29. 자 86모38 결정 [재심청구기각결정에 대한 재항고]

[판시사항] 형사소송법상 결정에 대한 재심청구의 가부

[판결요지] 형사소송법상 재심청구는 유죄의 확정판결에 대하여서만 할 수 있다. 결정에 대하여는 재심청구가 허용되지 않는다.

② 항소심에서 파기된 ~~제1심 판결~~

해설 및 정답 2018년 제7회 변호사시험 기출문제 25 **정답** ×

대법원 2004. 2. 13. 자 2003모464 결정 [재심청구기각에 대한 재항고]

[결정요지] [1] 형사소송법 제420조, 제421조가 유죄의 확정판결 또는 유죄 판결에 대한 **항소 또는 상고의 기각판결에 대하여만 재심을 청구할 수 있도록 규정하고 있는 이상, 항소심에서 파기되어버린 제1심 판결에 대해서는 재심을 청구할 수 없는 것이다.** 그

러므로 위 제1심 판결을 대상으로 하는 재심청구는 법률상의 방식에 위반하는 것으로 보지 않을 수 없다.

③ ~~공소기각의 판결~~

해설 및 정답 2018년 제7회 변호사시험 기출문제 25 **정답** ×

재심대상은 유죄확정판결이다. 공소기각판결은 재신대상이 되지 않는다.

④ 특별사면으로 형 선고의 효력이 상실된 유죄의 확정판결

해설 및 정답 2018년 제7회 변호사시험 기출문제 25 **정답** ○

대법원 2015. 5. 21. 선고 2011도1932 전원합의체판결 [업무상횡령 · 경제의안정과성장에관한긴급명령위반 · 총포화약류단속법위반]

[판결요지] 면소판결 사유인 형사소송법 제326조 제2호의 '사면이 있는 때'에서 말하는 '사면'이란 일반사면을 의미할 뿐, 형을 선고받아 확정된 자를 상대로 이루어지는 특별사면은 여기에 해당하지 않는다. 그러므로 **재심대상판결 확정 후에 형 선고의 효력을 상실케 하는 특별사면이 있었다고 하더라도, 재심개시결정이 확정되어 재심심판절차를 진행하는 법원은 그 심급에 따라 다시 심판하여 실체에 관한 유 · 무죄 등의 판단을 해야지, 특별사면이 있음을 들어 면소판결을 하여서는 아니 된다.**

⑤ 약식명령에 대한 정식재판청구에 따라 유죄의 판결이 확정된 경우의 ~~약식명령~~

해설 및 정답 2018년 제7회 변호사시험 기출문제 25 **정답** ×

대법원 2013. 4. 11. 선고 2011도10626 판결 [도로법위반]

04 ★★★★★

재심절차에 관한 설명 중 옳지 않은 것은? (다툼이 있는 경우 판례에 의함)

① 재심이 개시된 사건에서 범죄사실에 대하여 적용하여야 할 법령은 재심판결 당시의 법령이고, 법원은 재심대상판결 당시의 법령이 폐지된 경우에는 「형사소송법」 제326조 제4호를 적용하여 그 범죄사실에 대하여 면소를 선고하는 것이 원칙이다.

해설 및 정답 2015년 제4회 변호사시험 기출문제 30 **정답** ○

대법원 2010. 12. 16. 선고 2010도5986 전원합의체 판결 [대통령긴급조치위반 · 반공법위반]

② 피고인이 재심을 청구한 경우, 재심대상이 되는 확정판결의 소송절차 중에 증거를 제출하지 못한 데 과실이 있는 경우에는 그 증거는 「형사소송법」 제420조 제5호의 '증거가 새로 발견된 때'에서 제외된다.

해설 및 정답 2015년 제4회 변호사시험 기출문제 30 **정답** ○

대법원 2009. 7. 16. 자 2005모472 전원합의체 결정 [재심기각결정에대한재항고]

③ 제1심 확정판결에 대한 재심청구사건의 판결이 있은 후에는 항소기각판결에 대하여 다시 재심을 청구하지 못한다.

해설 및 정답 2015년 제4회 변호사시험 기출문제 30 **정답** ○

형사소송법 제421조는 재심청구를 규정하고 있다. 주요내용을 보면, ① 항소기각판결·상고기각판결에서 제420조 제1호·제2호·제8호 사유가 있는 경우 그 선고를 받은 사람은 자신 이익을 위하여 재심을 청구할 수 있다. ② **제1심 확정판결에 대한 재심청구사건에서 판결이 선고된 후 선고를 받은 사람은 항소기각판결에 대하여 다시 재심을 청구할 수 없다.** ③ 제1심 확정판결 또는 제2심 확정판결에 대한 재심청구사건에서 판결이 선고된 후 선고를 받은 사람은 상고기각판결에 대하여 다시 재심을 청구할 수 없다.

④ 면소판결에 대하여 무죄판결이 선고되어야 한다고 주장하면서 상고할 수 없는 것이 원칙이므로, 형벌에 관한 법령이 재심판결 당시 폐지되었다면 설사 그 폐지가 당초부터 헌법에 위배되어 효력이 없는 법령에 대한 것이었더라도 무죄판결을 구하는 취지로 면소판결에 대하여 상고하는 것은 ~~허용되지 않는다.~~ 허용된다.

해설 및 정답 2015년 제4회 변호사시험 기출문제 30 **정답** ×

대법원 2010. 12. 16. 선고 2010도5986 전원합의체 판결 [대통령긴급조치위반·반공법위반]

⑤ 재심심판절차에서 사망자를 위하여 재심청구를 하였거나, 유죄의 선고를 받은 자가 재심판결 전에 사망한 경우, 공소기각의 결정을 할 수 없고 실체판결을 하여야 한다.

해설 및 정답 2015년 제4회 변호사시험 기출문제 30 **정답** ○

재심은 사건 자체를 처음부터 다시 심판하는 소송절차이다. 재심이 확정되면 원판결은 당연히 효력을 상실한다. 명예회복을 위한 것이다. 형사소송법 제438조 제2항·제328조 제1항 참조.

중요 **05** ★★★★★

재심사유에 관한 설명 중 옳은 것은? (다툼이 있는 경우에는 판례에 의함)

① '무죄 등을 인정할 명백한 증거'에 해당하는지 여부는 ~~새로 발견된 증거만을 독립적·고립적으로 고찰하여~~ 그 증거가치만으로 판단하여야 한다.

해설 및 정답 2014년 제3회 변호사시험 기출문제 31 **정답** ×

> **파워특강** 재심은 진실에 기초한 정의실현에 목적이 있다. 재심은 비상구제절차이다. 재심사유는 신규증거형(NOVA)와 허위증거형(FALSA)이 있다. 형사소송법 제420조 제5호는 신규증거형이다. 제1호·제2호·제3호·제4호·제6호·제8호가 허위증거형이다. 제5호가 가장 중요한 기본형이다. 심사대상 범위는 새로 발견된 증거와 유기적으로 밀접하게 관련되고 모순되는 것들을 함께 고려하여 평가해야 한다(판례는 제한적 평가설이다).

대법원 2009. 7. 16. 자 2005모472 전원합의체 결정 [재심기각결정에대한재항고]

[결정요지] 형사소송법 제420조 제5호에 정한 무죄 등을 인정할 '증거가 새로 발견된 때'란 재심대상이 되는 확정판결의 소송절차에서 발견되지 못하였거나 또는 발견되었다 하더라도 제출할 수 없었던 증거를 새로 발견하였거나 비로소 제출할 수 있게 된 때를 말한다. 피고인이 재심을 청구한 경우 재심대상이 되는 확정판결의 소송절차 중에 그러한 증거를 제출하지 못한 데 과실이 있는 경우에는 그 증거는 위 조항에서의 '증거가 새로 발견된 때'에서 제외된다고 해석함이 상당하다. 정액검사 결과가 새로 발견된 것인지 여부 등을 제대로 심리하지 않았고 정액검사 결과만의 증거가치를 기준으로 무죄를 인정할 명백한 증거인지 여부를 판단한 잘못이 있으나, 원판결의 사실인정에 기초가 된 증거들 가운데 정액검사 결과와 유기적으로 밀접하게 관련된 증거들을 함께 살펴보더라도 범인이 반드시 무정자증이라고 단정할 수 없어, 정액검사 결과가 무죄를 인정할 명백한 증거에 해당하지 않는다고 하여 원심결정을 수긍한 사례이다.

☞ [출제] 2015년 제4회 변호사시험 기출문제 30

② '형의 면제를 인정할 명백한 증거가 새로 발견된 때'에서 '형의 면제'라 함은 형의 필요적 면제뿐만 ~~아니라 임의적 면제도 포함한다.~~

해설 및 정답 2014년 제3회 변호사시험 기출문제 31 **정답** ×

대법원 1984. 5. 30. 자 84모32 결정 [재심청구기각결정에대한재항고]

[결정요지] 형사소송법 제420조 제5호는 형의 선고를 받은 자에 대하여 형의 면제를 인정할 명백한 증거가 새로 발견된 때를 재심사유로 들고 있다. 여기서 형의 면제라 함은 형의 필요적 면제의 경우만을 말하고 임의적 면제는 해당하지 않는다.

③ 재심사유 해당 여부를 판단함에 있어 '사법경찰관 등이 범한 직무에 관한 죄'가 사건의 실체관계에 관계된 것인지 여부나 당해 사법경찰관이 직접 피의자에 대한 조사를 담당하였는지 여부는 고려할 사정이 아니다.

해설 및 정답 2014년 제3회 변호사시험 기출문제 31 **정답** ○

대법원 2008. 4. 24. 자 2008모77 결정 [재심기각결정에 대한 재항고]

[결정요지] **형사소송법 제420조 제7호의 재심사유 해당 여부를 판단함에 있어 사법경찰관 등이 범한 직무에 관한 죄가 사건의 실체관계에 관계된 것인지 여부나 당해 사법경찰관이 직접 피의자에 대한 조사를 담당하였는지 여부는 고려할 사정이 아니다.**

④ '원판결의 증거된 증언'이 나중에 확정판결에 의하여 허위인 것이 증명되었더라도, 그 허위증언 부분을 제외하고서도 다른 증거에 의하여 유죄로 인정될 경우에는 재심사유에 해당~~하지 아니한다.~~한다.

해설 및 정답 2014년 제3회 변호사시험 기출문제 31 **정답** ×

대법원 1997. 1. 16. 자 95모38 결정 [재심청구기각에대한재항고]

[결정요지] **형사소송법 제420조 제2호 소정의 '원판결의 증거된 증언'이 나중에 확정판결에 의하여 허위인 것이 증명된 이상, 그 허위증언 부분을 제외하고서도 다른 증거에 의하여 그 '죄로 되는 사실'이 유죄로 인정될 것인지 여부에 관계없이 형사소송법 제420조 제2호의 재심사유가 있는 것으로 보아야 한다.**

⑤ 피고인이 새로운 증거를 발견하였다고 하여 재심을 청구한 경우 재심대상판결의 소송절차 중에 그러한 증거를 제출하지 못한 데에 피고인의 과실이 있더라도 그 증거는 '증거가 새로 발견된 때'에 ~~해당한다.~~해당하지 않는다.

해설 및 정답 2014년 제3회 변호사시험 기출문제 31 **정답** ×

대법원 2009. 7. 16. 자 2005모472 전원합의체 결정 [재심기각결정에대한재항고]

[판시사항] **재항고인이 재심사유로 주장하는 증거가 형사소송법 제420조 제5호에 해당하지 않는다고 한 원심결정에 증거의 신규성 및 명백성 요건에 대한 심리 또는 판단을 잘못한 위법이 있으나, 위 증거가 형사소송법 제420조 제5호에 정한 '무죄를 인정할 명백한 증거'에 해당하지 않는다**고 하여 원심결정을 수긍한 사례.

☞ [출제] 2014년 제3회 변호사시험 기출문제 31 · 2015년 제4회 변호사시험 기출문제 30

06 ★★★★★

재심에 관한 설명 중 옳은 것은? (다툼이 있는 경우 판례에 의함)

파워특강 1 재심. 재심대상판결의 소송절차 중 증거를 제출하지 못한 경우(=피고인 과실⇒'증거가 새로 발견될 때'가 아님). 재심개시절차 판단사항(=형사소송법 재심사유만 판단. 실체사유는 고려 대상 아님). 피고인의 법적 안정성 해하지 않는 범위 내에서 이익재심만 허용(=불이익재심 허용하지 않음). 선행행위 상습범 유죄판결 확정 후, 동일 습벽 후행 행위, 유죄 확정판결 재심 개시(=선행범죄 재심판결 기판력은 후행행위에 미치지 않음). 피고인 귀책 사유 없이 제1심과 항소심 공판절차에 불출석(=항소심 법원에 재심청구 가능함).

파워특강 2 재심. 형사소송법 제420조 제4호 '원판결의 증거된 재판'(=증거로 채택된 범죄사실 인용 재판). 특별사면(=재심법원 실체재판 해야 한다. 면소판결 선고는 안 된다). 재판권이 군사법원에 없는 경우(=같은 심급 일반법원에서 재심재판). 선행행위 상습범으로 유죄판결(=재심사건은 당해 유죄판결 사건에 한정함. 선행행위 공소제기 효력과 기판력은 후행범죄에 미치지 않음).

중요 ① 피고인이 재심을 청구한 경우 재심대상이 되는 확정판결의 소송절차 중에 「형사소송법」 제420조 제5호에 정한 무죄 등을 인정할 증거를 제출하지 못한 데에 피고인의 과실이 있는 경우에는, 그 증거는 「형사소송법」 제420조 제5호에 정한 재심사유인 '증거가 새로 발견된 때'에서 제외된다.

해설 및 정답 2022년 제11회 변호사시험 기출문제 32 **정답** ○

대법원 2009. 7. 16.자 2005모472 전원합의체 결정 [재심기각결정에대한재항고][

[판시사항] [1] 형사소송법 제420조 제5호에 정한 재심사유인 '증거가 새로 발견된 때'와 관련하여 그 증거가 법원뿐만 아니라 재심을 청구한 피고인에게도 새로워야 하는지 여부(적극) [2] 형사소송법 제420조 제5호에 정한 '무죄 등을 인정할 명백한 증거'에 해당하는지 여부를 판단할 때 함께 평가하여야 할 기존 증거의 범위 [3] 재항고인이 재심사유로 주장하는 증거가 형사소송법 제420조 제5호에 해당하지 않는다고 한 원심결정에 증거의 신규성 및 명백성 요건에 대한 심리 또는 판단을 잘못한 위법이 있으나, 위 증거가 형사소송법 제420조 제5호에 정한 '무죄를 인정할 명백한 증거'에 해당하지 않는다고 하여 원심결정을 수긍한 사례.

[결정요지] [1] [다수의견] **피고인이 재심을 청구한 경우 재심대상이 되는 확정판결의 소송절차 중에 그러한 증거를 제출하지 못한 데 과실이 있는 경우에는 그 증거는 위 조항에서의 '증거가 새로 발견된 때'에서 제외된다고 해석함이 상당하다.**

② 「형사소송법」상 재심개시절차에서는 「형사소송법」 등에서 규정하고 있는 재심사유가 있는지 여부를 판단할 뿐만 아니라, 재심사유가 재심대상판결에 영향을 미칠 가능성이 있는가의 ~~실체적 사유도 함께 고려하여야 한다.~~ 실체적 사유도 함께 고려하여야 한다.

해설 및 정답 2022년 제11회 변호사시험 기출문제 32 **정답** ×

대법원 2008. 4. 24.자 2008모77 결정 [재심기각결정에대한재항고]

[판시사항] [1] 형사소송법 제420조 제7호의 재심사유 해당 여부를 판단할 때 사법경찰관 등이 범한 직무에 관한 죄가 사건의 실체관계에 관계된 것인지나 당해 사법경찰관이 직접 피의자에 대한 조사를 담당하였는지를 고려하여야 하는지 여부(소극) [2] 재심개시절차에서 재심사유가 재심대상판결에 영향을 미칠 가능성이 있는지 여부를 고려할 수 있는지 여부(소극)

[결정요지] [1] 형사소송법 제420조 제7호의 재심사유 해당 여부를 판단함에 있어 사법경찰관 등이 범한 직무에 관한 죄가 사건의 실체관계에 관계된 것인지 여부나 당해 사법경찰관이 직접 피의자에 대한 조사를 담당하였는지 여부는 고려할 사정이 아니다.

[2] 형사소송법상 재심절차는 재심개시절차와 재심심판절차로 구별되는 것이다. 그러므로 **재심개시절차에서는 형사소송법에서 규정하고 있는 재심사유가 있는지 여부만을 판단하여야 한다.** 나아가 **재심사유가 재심대상판결에 영향을 미칠 가능성이 있는가의 실체적 사유는 고려하여서는 아니 된다.**

③ 「형사소송법」은 원칙적으로 피고인의 이익을 위해 피고인의 법적 안정성을 해치지 않는 범위 내에서 재심이 이루어지도록 하고 있으며, 예외적으로 실체적 진실발견을 위해 이른바 ~~불이익재심도 허용한다.~~ 불이익재심은 허용하지 않는다.

해설 및 정답 2022년 제11회 변호사시험 기출문제 32 **정답** ×

대법원 2018. 2. 28. 선고 2015도15782 판결 [상해]

[판시사항] [1] 경합범 관계에 있는 수 개의 범죄사실을 유죄로 인정하여 1개의 형을 선고한 불가분의 확정판결 중 일부 범죄사실에만 재심청구의 이유가 있으나 판결 전부에 대하여 재심개시결정을 한 경우, 재심법원이 재심사유가 없는 범죄에 대하여 새로이 양형을 하는 것이 헌법상 이중처벌금지 원칙에 반하는지 여부(소극) 및 이때 불이익변경금지 원칙이 적용되는지 여부(적극)

[2] **형사소송법 제439조에서 '재심에는 원판결의 형보다 중한 형을 선고하지 못한다'고 규정한 취지** / 재심심판절차의 성격 및 재심판결이 확정되면 원판결은 당연히 효력을 잃는지 여부(적극)와 재심판결 확정의 효력 범위 / **원판결이 선고한 집행유예가 실효 또는 취소됨이 없이 유예기간이 지난 후에 새로운 형을 정한 재심판결이 선고되고, 재심판결의 확정에 따라 원판결이 효력을 잃게 되는 결과 집행유예의 법률적 효과까지 없어졌으나 재심판결의 형이 원판결의 형보다 중하지 않은 경우, 불이익변경금지 원칙이나 이익**

재심 원칙에 반하는지 여부(소극)

[판결요지] [1] 경합범 관계에 있는 수 개의 범죄사실을 유죄로 인정하여 1개의 형을 선고한 불가분의 확정판결에서 그중 일부의 범죄사실에 대하여만 재심청구의 이유가 있는 것으로 인정되었으나 형식적으로는 1개의 형이 선고된 판결에 대한 것이어서 그 판결 전부에 대하여 재심개시의 결정을 한 경우, **재심법원은 재심사유가 없는 범죄에 대하여는 새로이 양형을 하여야 하는 것이므로 이를 헌법상 이중처벌금지의 원칙을 위반한 것이라고 할 수 없고, 다만 불이익변경의 금지 원칙이 적용되어 원판결의 형보다 중한 형을 선고하지 못할 뿐이다.**

[2] **형사소송법은 유죄의 확정판결과 항소 또는 상고의 기각판결에 대하여 각 그 선고를 받은 자의 이익을 위하여 재심을 청구할 수 있다고 규정함으로써 피고인에게 이익이 되는 이른바 이익재심만을 허용하고 있다(제420조, 제421조 제1항).** 그러한 **이익재심의 원칙을 반영하여 제439조에서 "재심에는 원판결의 형보다 중한 형을 선고하지 못한다." 라고 규정하고 있다. 이는 단순히 원판결보다 무거운 형을 선고할 수 없다는 원칙만을 의미하는 것이 아니라, 실체적 정의를 실현하기 위하여 재심을 허용하지만, 피고인 법적 안정성을 해치지 않는 범위 내에서 재심이 이루어져야 한다는 취지이다.**

다만 **재심심판절차는 원판결의 당부를 심사하는 종전 소송절차의 후속절차가 아니라 사건 자체를 처음부터 다시 심판하는 완전히 새로운 소송절차로서 재심판결이 확정되면 원판결은 당연히 효력을 잃는다.**

따라서 **원판결이 선고한 집행유예가 실효 또는 취소됨이 없이 유예기간이 지난 후에 새로운 형을 정한 재심판결이 선고되는 경우에도, 그 유예기간 경과로 인하여 원판결의 형 선고 효력이 상실되는 것은 원판결이 선고한 집행유예 자체의 법률적 효과로서 재심판결이 확정되면 당연히 실효될 원판결 본래의 효력일 뿐이다.** 이를 형의 집행과 같이 볼 수는 없고, 재심판결의 확정에 따라 원판결이 효력을 잃게 되는 결과 그 집행유예의 법률적 효과까지 없어진다 하더라도 재심판결의 형이 원판결의 형보다 중하지 않다면 불이익변경금지의 원칙이나 이익재심의 원칙에 반한다고 볼 수 없다.

④ 상습범으로 유죄의 확정판결을 받은 사람이 그 후 동일한 습벽에 의해 범행('후행범죄'라 함)을 저질렀는데 유죄의 확정판결에 대하여 재심이 개시된 경우, 후행범죄가 재심대상판결에 대한 재심판결 선고 전에 저지른 범죄라면 재심판결의 기판력은 후행범죄에 ~~미친다.~~ 미치지 않는다.

해설 및 정답 2022년 제11회 변호사시험 기출문제 32 **정답** ×

대법원 2019. 6. 20. 선고 2018도20698 전원합의체 판결 [특정범죄가중처벌등에관한법률위반(절도)·여신전문금융업법위반] 〈재심판결에 관한 기판력의 범위, 재심판결을 확정판결로 하여 후단 경합범이 성립할 수 있는지 문제된 사건〉

[판시사항] **상습범으로 유죄의 확정판결을 받은 사람이 그 후 동일한 습벽에 의해 후행범죄를 저질렀는데 유죄의 확정판결에 대하여 재심이 개시된 경우, 동일한 습벽에 의한 후행범죄가 재심대상판결에 대한 재심판결 선고 전에 범하여졌다면 재심판결의 기판력이**

후행범죄에 미치는지 여부(소극) / 유죄의 확정판결을 받은 사람이 그 후 별개의 후행범죄를 저질렀는데 유죄의 확정판결에 대하여 재심이 개시된 경우, 후행범죄가 재심대상판결에 대한 재심판결 확정 전에 범하여졌다면 아직 판결을 받지 아니한 후행범죄와 재심판결이 확정된 선행범죄 사이에 형법 제37조 후단에서 정한 경합범 관계가 성립하는지 여부(소극)

[판결요지] [다수의견] **상습범으로 유죄의 확정판결(이하 앞서 저질러 재심의 대상이 된 범죄를 '선행범죄'라 한다)을 받은 사람이 그 후 동일한 습벽에 의해 범행을 저질렀는데(이하 뒤에 저지른 범죄를 '후행범죄'라 한다) 유죄의 확정판결에 대하여 재심이 개시된 경우, 동일한 습벽에 의한 후행범죄가 재심대상판결에 대한 재심판결 선고 전에 저질러진 범죄라 하더라도 재심판결의 기판력이 후행범죄에 미치지 않는다.**

재심심판절차에서 선행범죄, 즉 재심대상판결의 공소사실에 후행범죄를 추가하는 내용으로 공소장을 변경하거나 추가로 공소를 제기한 후 이를 재심대상사건에 병합하여 심리하는 것이 허용되지 않는다. 그러므로 재심심판절차에서는 후행범죄에 대하여 사실심리를 할 가능성이 없다.

⑤ 「소송촉진 등에 관한 특례법」 제23조에 규정된 제1심 공판의 특례에 따라 진행된 제1심의 불출석 재판에 대하여 검사만 항소하고 항소심도 불출석 재판으로 진행한 후에 제1심판결을 파기하고 새로 또는 다시 유죄판결을 선고하여 유죄판결이 확정된 경우, 피고인은 귀책사유 없이 제1심과 항소심의 공판절차에 출석할 수 없었더라도 항소심 법원에 유죄판결에 대한 재심을 청구할 수 ~~없다.~~
있다.

해설 및 정답 2022년 제11회 변호사시험 기출문제 32 **정답** ×

대법원 2015. 6. 25. 선고 2014도17252 전원합의체 판결 [폭행 · 공무집행방해 · 사기]

[판시사항] 소송촉진 등에 관한 특례법 제23조에 따라 진행된 제1심의 불출석 재판에 대하여 검사만 항소하고 항소심도 불출석 재판으로 진행한 후에 제1심판결을 파기하고 새로 또는 다시 유죄판결을 선고하여 유죄판결이 확정된 경우, 같은 법 제23조의2 제1항을 유추 적용하여 항소심 법원에 재심을 청구할 수 있는지 여부(적극) / 이때 피고인이 상고권회복에 의한 상고를 제기하여 위 사유를 상고이유로 주장하는 경우, 형사소송법 제383조 제3호에서 상고이유로 정한 원심판결에 '재심청구의 사유가 있는 때'에 해당하는지 여부(적극) 및 위 사유로 파기되는 사건을 환송받아 다시 항소심 절차를 진행하는 원심이 취해야 할 조치

[판결요지] [다수의견] **특례 규정에 따라 진행된 제1심의 불출석 재판에 대하여 검사만 항소하고 항소심도 불출석 재판으로 진행한 후에 제1심판결을 파기하고 새로 또는 다시 유죄판결을 선고하여 유죄판결이 확정된 경우에도, 재심 규정을 유추 적용하여 귀책사유 없이 제1심과 항소심의 공판절차에 출석할 수 없었던 피고인은 재심 규정이 정한 기간 내에 항소심 법원에 유죄판결에 대한 재심을 청구할 수 있다.**

문 58. 약식명령 · 즉결심판절차에 관한 설명 중 옳은 것은? (다툼이 있는 경우 판례에 의함)

출제내용

- 특별형사절차(=약식명령: 재산형을 가하는 특별형식 재판절차), 약식명령 청구대상(벌금·과료 몰수 선고형 사건), 검사가 청구함, 서류재판
- 특별형사절차(=즉결심판절차: 20만원 이하 벌금·구류·과료 경미사건 신속 절차, 경찰서장이 청구함, 서류재판, 형사소송법 제312조 제3항과 제313조 적용되지 않음-, 위법수집증거배제법칙과 자백배제법칙 적용됨, 형사소송법 제310조 자백보강법칙 적용 안됨-)
- 약식명령·즉결심판절차(=공소장일본주의 적용 안됨-)
- 약식명령·즉결심판절차(=정식재판 불이익변경원칙 적용됨+)
- 약식명령 관여 법관(=정식재판 담당 가능+, 항소심 관여 제척사유 해당+)

출제분석

2024년 제13회 변호사시험 출제예상 ★
2017년 제6회 변호사시험 기출문제 33
2015년 제4회 변호사시험 기출문제 29

중요 01 ★★★★★

음주운전으로 자동차운전면허가 취소된 甲은[행위주체] 술을 마신 상태로 도로에서 자동차를 운전하다가[행위(무면허운전행위+, 음주운전행위+, 상상적 경합+)] 단속 중인 경찰관에게 적발되어 음주측정한 결과 혈중알콜농도 0.078%로 측정되었다. 이 사건을 송치 받은 검사는 甲에 대하여 벌금 200만 원의 약식명령을 청구하면서 필요한 증거서류 및 증거물을 법원에 제출하였고, 법원은 검사가 청구한 대로 벌금 200만 원의 약식명령을 발령하였다. 이에 관한 설명 중 옳지 않은 것을 모두 고른 것은? (다툼이 있는 경우 판례에 의함)

중요 ① 甲의 행위는 도로교통법위반(무면허운전)죄 및 도로교통법위반(음주운전)죄가 성립하고, 양 죄는 상상적 경합관계에 있다.

해설 및 정답 2017년 제6회 변호사시험 기출문제 33 **정답** ○

대법원 2010. 1. 14. 선고 2009도10845 판결 [특정범죄가중처벌등에관한법률위반(위험운전치사상) · 도로교통법위반(음주운전) · 도로교통법위반 · 도로교통법위반(무면허운전)]

[판시사항] [1] **특정범죄가중처벌 등에 관한 법률상 '위험운전치사상죄'와 도로교통법상 '업무상과실 재물손괴죄'의 죄수관계(=상상적 경합)** [2] 자동차 운전면허 없이 술에 취하여 정상적인 운전이 곤란한 상태에서 차량을 운전하던 중 전방에 신호대기로 정차해 있던 화물차의 뒷부분을 들이받아 그 화물차가 밀리면서 그 앞에 정차해 있던 다른 화물차

를 들이받도록 함으로써, 피해자에게 상해를 입게 함과 동시에 위 각 화물차를 손괴하였다는 공소사실에 대하여, 특정범죄가중처벌 등에 관한 법률 위반(위험운전치사상)죄와 각 업무상과실 재물손괴로 인한 도로교통법 위반죄는 실체적 경합관계라고 본 원심판결에 죄수관계에 관한 법리를 오해한 위법이 있다고 한 사례.

[판결요지] 음주 또는 약물의 영향으로 정상적인 운전이 곤란한 상태에서 자동차를 운전하여 사람을 상해에 이르게 함과 동시에 다른 사람의 재물을 손괴한 때에는 특정범죄가중처벌 등에 관한 법률 위반(위험운전치사상)죄 외에 업무상과실 재물손괴로 도로교통법 위반죄가 성립하고, 두 죄는 1개의 운전행위로 상상적 경합관계에 있다.

② 甲이 약식명령에 대하여 불복하여 정식재판을 청구하였음에도 법원이 증거서류 및 증거물을 검사에게 반환하지 않고 보관하고 있다면 공소제기의 절차가 ~~위법하게 된다.~~ 위법하지 않다.

해설 및 정답 2017년 제6회 변호사시험 기출문제 33 정답 ×

대법원 2007. 7. 26. 선고 2007도3906 판결 [폭력행위등처벌에관한법률위반]

[판시사항] [1] **검사가 약식명령의 청구와 동시에 증거서류와 증거물을 법원에 제출한 것이 공소장일본주의를 위반한 것인지 여부(소극) 및 정식재판청구 후 법원이 위 증거서류와 증거물을 검사에게 반환하지 않은 것이 위법한지 여부(소극)** [2] 형사소송법 제55조 제1항이 피고인에게 공판조서의 열람·등사청구권을 부여한 이유 및 피고인이 원하는 시기에 공판조서를 열람·등사하지 못하였더라도 **변론종결 전에는 이를 하였던 경우 위 공판조서의 증거능력 유무(원칙적 적극)** [3] **증거동의의 의사표시를 취소·철회할 수 있는 시한(=증거조사 완료시)**

③ 甲만이 약식명령에 불복하여 정식재판을 청구한 경우, 약식명령 절차와 그 심급을 같이 하므로 정식재판을 담당하는 법원은 약식명령보다 중한 벌금 300만원을 선고할 수 있다.

해설 및 정답 2017년 제6회 변호사시험 기출문제 33 정답 ○

형사소송법 제457조의2(형종 상향의 금지 등)
① 피고인이 정식재판을 청구한 사건에 대하여는 약식명령의 형보다 중한 종류의 형을 선고하지 못한다.
② 피고인이 정식재판을 청구한 사건에 대하여 약식명령의 형보다 중한 형을 선고하는 경우에는 판결서에 양형의 이유를 적어야 한다.
[전문개정 2017.12.19]
【출처】 형사소송법 일부개정 2022. 5. 9. [법률 제18862호, 시행 2022. 9. 10.] 법무부.

④ 약식명령이 검사나 甲의 정식재판 청구 없이 그대로 확정된 경우, 약식명령은 그 고지를 검사와 피고인에 대한 재판서 송달로 하고 따로 선고하지는 않으므로 그 기판력의 시적 범위는 약식명령 ~~송달시를~~발령시를 기준으로 한다.

해설 및 정답 2017년 제6회 변호사시험 기출문제 33 **정답** ×

대법원 1984. 7. 24. 선고 84도1129 판결 [폭력행위등처벌에관한법률위반]

[판결요지] 유죄의 확정판결의 기판력의 시적범위 즉 어느 때까지의 범죄사실에 관하여 기판력이 미치느냐의 기준시점은 사실심리의 가능성이 있는 최후의 시점인 판결선고시를 기준으로 한다. 그러나 판결절차 아닌 약식명령은 그 고지를 검사와 피고인에 대한 재판서 송달로써 하고 따로 선고하지 않는다. 그러므로 **약식명령에 관하여는 그 기판력의 시적범위를 판결절차와 달리 하여야 할 이유가 없다. 그 발령시를 기준으로 하여야 한다.**

02 ★★★★★

특별형사절차에 관한 설명 중 옳지 않은 것은? (다툼이 있는 경우 판례에 의함)

① 약식명령 청구의 대상은 지방법원의 관할에 속하는 벌금, 과료, 몰수에 처할 수 있는 사건이다.

해설 및 정답 2015년 제4회 변호사시험 기출문세 29 **정답** ○

형사소송법 제448조는 약식명령을 할 수 있는 사건을 규정하고 있다. ① 지방법원은 소속 관할사건에 대해 검사청구가 있으면 공판절차 없이 약식명령으로 피고인에게 벌금·과료·몰수를 선고할 수 있다. ② 제1항 경우 추징이나 그 밖의 부수처분을 할 수 있다.

③ 즉결심판절차에서는 사법경찰관이 작성한 피의자신문조서에 대하여 피고인이 내용을 인정하지 않더라도 증거로 사용할 수 있다.

해설 및 정답 2015년 제4회 변호사시험 기출문제 29 **정답** ○

즉결심판에 관한 절차법 제10조는 증거능력을 규정하고 있다. **즉결심판절차에 있어서는 형사소송법 제310조, 제312조 제3항 및 제313조의 규정은 적용하지 아니한다.**

④ 즉결심판절차에서도 자백보강법칙은 ~~적용되므로,~~적용되지 않는다 피고인의 자백만 있고 보강증거가 ~~없으면~~없어도 유죄를 선고할 수 ~~없다.~~있다.

해설 및 정답 2015년 제4회 변호사시험 기출문제 29 **정답** ×

제3부

부록

- 범죄체계도 1 작위범
- 범죄체계도 2 부작위범
- 범죄체계도 3 과실범
- 범죄체계도 4 결과적 가중범
- 범죄체계도 5 장애미수범
- 범죄체계도 6 중지미수범
- 범죄체계도 7 불능미수범
- 범죄체계도 8 불능범
- 범죄체계도 9 공동정범
- 범죄체계도 10 간접정범
- 범죄체계도 11 교사범
- 범죄체계도 12 방조범
- 범죄체계도 13 위법성조각사유
- 범죄체계도 14 책임조각사유
- 범죄체계도 15 죄수

범죄체계도 1
－작위범－

01 **[선택형] 2018 제10회 변시 선택 12**

甲은[행위주체] 예리한 식도로 乙의 하복부를[행위객체] 찔러[행위방법] 직경 5센티미터, 깊이 15센티미터 이상의 자상을 입힌 결과 乙이 내장파열 및 다량의 출혈뿐만 아니라 자창의 감염으로 인해 사망[행위결과]에 이른 경우에는 甲에게 고의에 의한 살인의 죄책을 물을 수 ~~없다~~.[있다.] 고의에 관한 설명 중 옳지 않은 것은? (다툼이 있는 경우 판례에 의함)

A. 예리한 식도로 乙의 하복부를 찔러 자상을 입힌 결과 내장 파열과 다량 출혈과 자창 감염으로 사망에 이르게 한 행위
☞ 이 사건 쟁점은 인과관계와 고의이다.

Ⅰ. 형법 제250조 제1항 살인죄 구성요건해당성 검토

1. 객관적 구성요건해당성 검토
(1) 행위주체: 甲
(2) 행위객체: 乙
(3) 행위: 살해. 乙의 하복부를 찔러 직경 5센티미터, 깊이 15센티미터 이상의 자상을 가하여 내장 파열과 다량 출혈을 야기
(4) 결과: 사망. 자상 후 감염으로 사망
(5) 형법 제17조 인과관계(=연결)
인과관계와 객관적 귀속(=상당인과관계. 판례 입장)
- 합법칙 조건⇒위험창출(+)
- 객관적 귀속⇒위험발생(+)
① 기본범죄와 결합된 전형적인 위험실현(+): 흉기 자상으로 내장이 파열되고 다량 출혈 후 사망 발생
② 결과에 대한 예견가능성(+)
③ 객관적 지배가능성(무대주연론) (+)
④ 증가된 위험실현(위험증대론(+)

2. 주관적 구성요건해당성 검토(형법 제13조)
(1) 고의: 구성요건실현 인식과 의사(+)
(2) 특별한 주관적 불법(초과주관적요소)
- 불법영득의사 또는 불법이득의사
- 목적

Ⅱ. 위법성 검토

1. 형법 제21조 정당방위
2. 형법 제22조 정당화적 긴급피난
3. 형법 제23조 자구행위
4. 형법 제24조 피해자의 승낙
5. 형법 제20조 정당행위(사회상규 검토)
6. 형법 제310조 명예훼손죄 위법성조각사유
7. 형법 제246조 제1항 도박죄 위법성조각사유

Ⅲ. 책임 검토

1. 책임무능력
(1) 형법 제9조 형사미성년자
(2) 형법 제10조 제1항 책임무능력
(3) 형법 제10조 제2항 한정책임무능력
(4) 형법 제10조 제3항 원인에 있어서 자유로운 행위(책임무능력을 스스로 야기한 사람에게 책임능력 인정) 원자행 · 책스야
(5) 형법 제11조 농아자

2. 특별한 책임표지
- 형법 제251조 영아살해죄: 특히 참작할 만한 동기

3. 책임고의: 위법성 인식
(1) 금지규범 착오
(2) 허용규범 착오
(3) 위법성조각사유전제사실(=허용구성요건) 착오
- 형법 제16조 고의 책임(엄격책임설, 무죄)
- 형법 제14조 과실 책임(제한책임설, 무죄) 법효과 제한적 책임설, 제13조 유추적용설

4. 그 외 면책적 책임조각사유 검토
(1) 형법 제12조 강요된 행위
(2) 형법 제22조 제1항 면책적 긴급피난
(3) 형법 제21조 제3항 과잉방어

Ⅳ. 그 밖에 범죄성립요건

(1) 객관적 처벌조건
- 사전수뢰죄(형법 제129조)
  공무원 또는 중재인이 된 사실

(2) 인적 처벌조각사유 부존재

Ⅴ. 죄책

甲의 행위는 형법 제251조 제1항 살인죄 구성요건을 충족하며, 위법하고, 책임이 있다. 인과관계와 고의가 모두 인정된다.

대법원 1982. 12. 28. 선고 82도2525 판결 [살인미수(변경된 죄명: 살인)]

[판시사항] [1] 예리한 식도로 피해자의 하복부를 찔러 사망하게 한 경우와 살인의 미필적 고의 [2] 자상행위가 다른 원인과 결합하여 사망의 결과를 야기한 경우 인과관계의 존부(적극)

[판결요지] [1] 자상행위가 다른 원인과 결합하여 사망의 결과를 야기한 경우 인과관계가 쟁점이다. 피해자가 부상한 후 1개월이 지난 후에 위 패혈증 등으로 사망하였다 하더라도 그 패혈증이 위 자창으로 인한 과다한 출혈과 상처의 감염 등에 연유한 것인 이상 자상행위와 사망과의 사이에 인과관계의 존재를 부정할 수 없다. [2] 예리한 식도로 피해자의 하복부를 찔러 사망하게 한 경우 살인의 미필적 고의가 쟁점이다. 이 사건의 경우 경험상 예견할 수 있다. 피고인에게 살인의 결과에 대한 확정적 고의는 없다 치더라도 미필적 인식은 있었다.

범죄체계도 2
-부작위범-

02 [선택형] 2013 제2회 변시 선택 16

법무사가 아닌 사람이 법무사로 소개되거나 호칭되는 데도 자신이 법무사가 아니라는 사실을 밝히지 않은 채 법무사 행세를 계속하면서[기망행위+] 근저당권설정 계약서를 작성해 준 경우,[교부행위+] 법무사가 아님을 밝힐 계약상 또는 조리상 법적 의무가 있기는 하나,[보증인지위(=계약+ · 조리+)] 이는 법무사 명칭을 사칭하는 경우와 동등한 형법적 가치가 있다고 할 수 없으므로 부작위에 의한 법무사법위반죄(법무사명칭사용금지)가 ~~성립하지 않는다.~~[성립한다.] 부작위에 관한 설명 중 옳지 않은 것은? (다툼이 있는 경우 판례에 의함)

A. 법무사 행세를 계속하면서 근저당권설정 계약서를 작성해 준 행위
☞ 쟁점은 부진정 부작위범의 성립요건이다.

0. 부작위범 사전 검토

작위와 부작위의 구별이 필요하다. 이 사안의 경우 법무사 자격자임을 알려 줄 법적 고지 의무가 이행하지 않은 행위이다. 부작위에 의한 고의기수범이다. 따라서 부진정부작위범으로 형법 제18조가 검토되어야 한다.

Ⅰ. 법무사법 제2조 제1항 제5호 · 제7호, 제3조 제1항, 제74조 제1항 제1호 위반죄(법무사명칭사용금지), 형법 제18조 구성요건해당성 검토

1. 객관적 구성요건해당성 검토
(1) 행위결과: 재산권 침해(손해발생)
(2) 행위가능: 법무사 미자격자 고지 가능성

(3) 행위방법: 미고지
(4) 동가치: 기망 · 착오 · 작성 · 교부
(5) 보증인 지위: 계약(법무사 자격자 법적 고지 의무) · 조리
(6) 인과관계와 객관적 귀속: 위험발생+위험창출, 미고지 행위+근저당 설정 행위. 만약 고지를 하였다면, 근저당 설정 계약이 성립되지 않았음이 예견됨

2. 주관적 구성요건해당성 검토(형법 제13조)
(1) 고의: 구성요건실현 인식과 의사(+)
(2) 특별한 주관적 불법(초과주관적요소)
- 불법영득의사 · 불법이득의사
- 재산죄 경우 반드시 검토해야 함

Ⅱ. 죄책

부작위에 의한 법무사법위반죄(법무사명칭사용금지)가 성립한다.

대법원 2008. 2. 28. 선고 2007도9354 판결 [법무사법위반]

[판시사항] [1] 형법상 부작위범의 성립 요건
[2] 법무사가 아닌 사람이 법무사로 소개되거나 호칭되는 데에도 자신이 법무사가 아니라는 사실을 밝히지 않은 채 법무사 행세를 계속하면서 근저당권설정계약서를 작성한 사안에서, 부작위에 의한 법무사법 제3조 제2항 위반죄를 인정할 수 있다고 한 사례.
[판결요지] 형법상 부작위범이 인정되기 위해서는 형법이 금지하고 있는 법익침해의 결과발생을 방지할 법적인 작위의무를 지고 있는 자가 그 의무를 이행함으로써 결과발생을 쉽게 방지할 수 있었음에도 불구하고 그 결과의 발생을 용인하고 이를 방관한 채 그 의무를 이행하지 아니한 경우에, 그 부작위가 작위에 의한 법익침해와 동등한 형법적 가치가 있는 것이어서 그 범죄의 실행행위로 평가될 만한 것이라면, 작위에 의한 실행행위와 동일하게 부작위범으로 처벌할 수 있다. 여기서 작위의무는 법령, 법률행위, 선행행위로 인한 경우는 물론, 기타 신의성실의 원칙이나 사회상규 혹은 조리상 작위의무가 기대되는 경우에도 인정된다 할 것이다.

범죄체계도 3
-과실범-

03 [선택형] 2018 제7회 변시 선택 1

공사도급계약의 경우 원칙적으로 도급인에게는 수급인의 업무와 관련하여 사고방지에 필요한 안전조치를 취할 주의의무가 없으므로, 도급인 甲이 수급인 乙의 공사시공 및 개별작업에 구체적인 지시를 하는 등의 관여를 하였더라도, 주의의무+ **수급인 乙의 업무와 관련하여 사고방지에 필요한 안전조치를 취할 주의의무를 ~~부담하지 않는다.~~** 부담한다. **과실범에 관한 설명 중 옳지 않은 것은?** (다툼이 있는 경우 판례에 의함)

A. 도급인 甲이 수급인 乙의 공사시공 및 개별작업에 구체적인 지시를 하고서도 관리감독을 소홀히 한 행위
☞ 쟁점은 과실범에서 주의의무 범위이다.
☞ 과실 부작위범으로 검토할 수 있다.

0. 부작위범 사전 검토

작위와 부작위의 구별이 필요하다. 이 사안의 경우 도급인 甲이 수급인 乙의 공사시공 및 개별작업에 구체적인 지시를 하고서도 관리감독을 소홀히 한 행위이다. 주의의무 위반행위이다. 부작위에 의한 과실기수범이다. 따라서 부진정부작위범으로 형법 제18조가 검토되어야 한다.

Ⅰ. 형법 제268조, 제18조 부작위에 의한 업무상과실치사죄 구성요건해당성 검토

1. 객관적 구성요건해당성 검토
(1) 행위결과: 사망
(2) 행위가능: 관리감독가능(일반 · 개별 가능성)

(3) 행위: 주의의무위반. 사고방지 안전조치 의무 위반(+)
(4) 동가치: 보증인 지위
(5) 보증인 지위: 법령 · 계약 의무(+)
(6) 형법 제17조 인과관계(=연결)
인과관계와 객관적 귀속(=상당인과관계. 판례)
- 합법칙 조건⇒위험창출(+)
- 객관적 귀속⇒위험발생(+)

① 기본범죄와 결합된 전형적인 위험실현(+): 관리 감독 소홀과 사망 연결(+)
② 결과에 대한 객관적 예견가능성(+)
③ 결과에 대한 객관적 지배가능성(=무대주연론)(+)
④ 증가된 위험실현(=위험증대론)(+)

2. 주관적 구성요건해당성 검토
형법 제14조 과실
인식 있는 과실에 해당한다.
(1) 객관적 정상의 주의의무 인식(+)
(2) 주의능력 인식(+)
(3) 주의태만 인식(+)

Ⅱ. 죄책

형법 제268조, 제18조 부작위에 의한 업무상과실치사죄가 성립한다.

B. 도급인 甲이 수급인 乙의 공사시공 및 개별작업에 구체적인 지시를 한 행위
☞ 쟁점은 과실범에서 주의의무 범위이다.
☞ 과실 작위범으로 검토할 수 있다.

Ⅰ. 형법 제268조 업무상과실치사죄 구성요건해당성 검토

1. 객관적 구성요건해당성 검토
(1) 행위주체: 업무자 甲
(2) 행위객체: 피해자 丙
(3) 행위방법: 주의의무위반(=예견의무와 회피의무 위반. 사고방지 안전조치 의무 위반(+). 도급인 甲은 수급인 乙의 공사시공 및 개별작업에 구체적인 지시를 한 행위
(4) 결과: 사망
(5) 형법 제17조 인과관계(=연결)
인과관계와 객관적 귀속(=상당인과관계. 판례)
- 합법칙 조건⇒위험창출(+)
- 객관적 귀속⇒위험발생(+)

① 기본범죄와 결합된 전형적인 위험실현(+): 구체적 지시와 사망 연결(+)
② 결과에 대한 객관적 예견가능성(+)
③ 결과에 대한 객관적 지배가능성(=무대주연론)(+): 공사시공과 개별작업에 구체적인 지시
④ 증가된 위험실현(=위험증대론)(+)

2. 주관적 구성요건해당성 검토
형법 제14조 과실
인식 있는 과실에 해당한다.
(1) 객관적 정상의 주의의무 인식(+)
(2) 주의능력 인식(+)
(3) 주의태만 인식(+)

Ⅱ. 죄책

형법 제268조 업무상과실치사죄가 성립한다.

대법원 2009. 5. 28. 선고 2008도7030 판결[업무상과실치사 · 산업안전보건법위반]

[판시사항] 도급인이 수급인의 업무와 관련하여 사고방지에 필요한 안전조치를 취할 주의의무를 부담하는 예외적인 경우

[판결요지] 원칙적으로 도급인에게는 수급인의 업무와 관련하여 사고방지에 필요한 안전조치를 취할 주의의무가 없다. 그러나 법령에 의하여 도급인에게 수급인의 업무에 관하여 구체적인 관리 · 감독의무 등이 부여되어 있거나 도급인이 공사의 시공이나 개별 작업에 관하여 구체적으로 지시 · 감독하였다는 등의 특별한 사정이 있는 경우, 도급인에게도 수급인의 업무와 관련하여 사고방지에 필요한 안전조치를 취할 주의의무가 있다.

범죄체계도 4
－결과적 가중범－

04 **[선택형] 2022 제11회 변시 선택 6**

甲은[행위주체+] 호텔에 함께 투숙한 A에게[행위객체+] 상해를 가하고[상해행위+] A가 정신을 잃자 사망한 것으로 오인하고 자살한 것처럼 위장하기 위하여 베란다 아래로 A를 떨어뜨려 두개골 골절로 사망케 하였다.[결과발생+] – 甲의 행위는 포괄하여 단일의 상해치사죄로 처벌된다. 결과적 가중범에 관한 설명 중 옳지 않은 것은? (다툼이 있는 경우 판례에 의함)

A. A에게 상해를 가하고(제1행위) A가 정신을 잃자 사망한 것으로 오인하고 자살한 것처럼 위장하기 위하여 베란다 아래로 A를 떨어뜨려(제2행위) 두개골 골절로 사망케 한 행위
☞ 쟁점은 상해죄와 상해치사죄 포괄일죄

A-1. 甲의 상해죄 검토

Ⅰ. 형법 제257조 제1항 상해죄 구성요건해당성 검토

1. 객관적 구성요건해당성 검토
(1) 행위주체: 甲
(2) 행위객체: 乙 신체
(3) 행위방법: 상해. 구타(제1행위)+베란다 아래로 밀어뜨림(제2행위)
(4) 결과: 생리적 기능 훼손(=신체의 완전성 침해). 정신 잃음+두개골 골절
(5) 형법 제17조 인과관계(=연결)
인과관계와 객관적 귀속(=상당인과관계. 판례)
• 합법칙 조건⇒위험창출(+)
• 객관적 귀속⇒위험발생(+)
① 기본범죄와 결합된 전형적인 위험실현(+): 구타와 베란다 아래로 밀어뜨림. 상해 발생
② 결과에 대한 예견가능성(+)
③ 객관적 지배가능성(무대주연론)(+)
④ 증가된 위험실현(위험증대론(+)

2. 주관적 구성요건해당성 검토
고의: 구성요건실현 인식과 의욕(+)

Ⅱ. 죄책

상해죄가 성립한다.

A-2. 甲의 상해치사행위에 대한 검토

상해치사죄는 진정 결과적 가중범이다. 기본범죄 상해 고의와 사망 발생 사실이다. 쟁점은 제1행위와 제2행위를 포괄한 결과적 가중범에서 결과 발생의 예견가능성이다.

Ⅰ. 형법 제259조 제1항, 제15조 제2항 상해치사죄 구성요건해당성 검토

1. 객관적 구성요건해당성 검토
(1) 결과발생: A 사망
(2) 형법 제17조 인과관계(=연결)와 제15조 제2항 결과적 가중범의 예견가능성
인과관계와 객관적 귀속(=상당인과관계. 판례)
• 합법칙 조건⇒위험창출(+)
• 객관적 귀속⇒위험발생(+)
① 기본범죄와 결합된 전형적인 위험실현(+): 떨어뜨린 상해행위로 사망 결과가 발생함
② 객관적 예견가능성(+): 사람이 베란다 아래로 추락하면 사망가능성이 있음
③ 객관적 지배가능성(무대주연론)(+)
④ 증가된 위험실현(위험증대론(+)

2. 주관적 구성요건해당성 검토
형법 제14조 과실. 인식 있는 과실에 해당한다. 甲에게 살인의 고의는 없다. 甲은 행위 당시 乙을 사체로 생각했다. 실제 乙은 생존한 사람이었다. 잘못된 인식으로 발생한 주의의무 위반행위이다. 과실범은 세

가지 요건을 모두 충족해야 성립한다.
(1) 객관적 정상의 주의의무 인식(+)
(2) 주의능력 인식(+)
(3) 주의태만 인식(+)

A-3. 소결

제1행위와 제2행위가 포괄하여 하나의 상해치사죄의 구성요건이 성립한다.

Ⅱ. 위법성 검토

위법성조각사유가 없다.

Ⅲ. 책임 검토

책임조각사유가 없다.

Ⅳ. 죄책

형법 제259조 제1항 상해치사죄가 성립한다.

대법원 1994. 11. 4. 선고 94도2361 판결 [살인 · 폭력행위등처벌에관한법률위반(인정된 죄명: 상해치사)]

[판시사항] 피고인의 구타행위로 상해를 입은 피해자가 정신을 잃고 빈사상태에 빠지자 사망한 것으로 오인하고, 자신의 행위를 은폐하고 피해자가 자살한 것처럼 가장하기 위하여 피해자를 베란다 아래의 바닥으로 떨어뜨려 사망케 하였다.

[판결요지] 피고인이 피해자에게 우측 흉골골절 및 늑골골절상과 이로 인한 우측 심장벽좌상과 심낭내출혈 등의 상해를 가함으로써, 피해자가 바닥에 쓰러진 채 정신을 잃고 빈사상태에 빠지자, 피해자가 사망한 것으로 오인하고, 피고인의 행위를 은폐하고 피해자가 자살한 것처럼 가장하기 위하여 피해자를 베란다로 옮긴 후 베란다 밑 약 13m 아래의 바닥으로 떨어뜨려 피해자로 하여금 현장에서 좌측 측두부 분쇄함몰골절에 의한 뇌손상 및 뇌출혈 등으로 사망에 이르게 하였다면, 피고인의 행위는 포괄하여 단일의 상해치사죄에 해당한다.

범죄체계도 5
-장애미수범-

05 [선택형] 2022 제11회 변시 선택 10
[선택형] 2023 제12회 변시 선택 2

甲이[행위주체+] A의 재물을 절취하려고 준비한 가방에 A의 재물을[행위객체+] 담던 중 A에게 발각되자 체포를 면탈할 목적으로 A를 폭행하고[행위방법+] 가방을 그대로 둔 채 도망갔다.[행위방법+, 장애미수범+] 미수범에 관한 설명 중 옳지 않은 것은? (다툼이 있는 경우 판례에 의함)

A. 준비한 가방에 A의 재물을 담던 중 A에게 발각되자 체포를 면탈할 목적으로 A를 폭행하고 가방을 그대로 두고 도망간 행위

Ⅰ. 형법 제335조, 제342조, 제25조 준강도죄 장애미수범 구성요건해당성 검토

1. 주관적 구성요건해당성 검토(형법 제13조)
(1) 고의: 구성요건실현 인식과 의사(+)
(2) 체포를 면탈(=초과주관적구성요건요소)
(3) 특별한 주관적 불법(초과주관적요소)
- 불법영득의사(+)

2. 객관적 구성요건해당성 검토
(1) 행위주체: 甲
(2) 행위객체: 재물. 가방
(3) 행위방법: 절도 시 폭행. 담던 중 폭행
(4) 결과: 절취 미발생(=소유권 침해 없음. 가방 그대로 두고 도망. 절도미수행위)

Ⅱ. 죄책

준강도죄 장애미수범이 성립한다. 준강도의 기수는 절도행위 기수 여부를 기준으로 판단한다.

대법원 2004. 11. 18. 선고 2004도5074 전원합의체 판결 [준강도(인정된 죄명 : 준강도미수)]★★★★★

[판시사항] [1] 준강도죄의 미수·기수의 판단 기준 [2] 절도미수범이 체포를 면탈할 목적으로 폭행한 행위에 대하여 준강도미수죄로 의율한 원심판결을 수긍한 사례.

[판결요지] [1] [다수의견] 형법 제335조에서 절도가 재물의 탈환을 항거하거나 체포를 면탈하거나 죄적을 인멸할 목적으로 폭행 또는 협박을 가한 때에 준강도로서 강도죄의 예에 따라 처벌하는 취지는, 강도죄와 준강도죄의 구성요건인 재물탈취와 폭행·협박 사이에 시간적 순서상 전후의 차이가 있을 뿐 실질적으로 위법성이 같다고 보기 때문이다. 이와 같은 준강도죄의 입법 취지, 강도죄와의 균형 등을 종합적으로 고려해 보면, 준강도죄의 기수 여부는 절도행위의 기수 여부를 기준으로 하여 판단하여야 한다.

[별개의견] 폭행·협박행위를 기준으로 하여 준강도죄의 미수범을 인정하는 외에 절취행위가 미수에 그친 경우에도 이를 준강도죄의 미수범이라고 보아 강도죄의 미수범과 사이의 균형을 유지함이 상당하다.

[반대의견] 강도죄와 준강도죄는 그 취지와 본질을 달리한다고 보아야 한다. 준강도죄의 주체는 절도이고 여기에는 기수는 물론 형법상 처벌규정이 있는 미수도 포함되는 것이지만, 준강도죄의 기수·미수의 구별은 구성요건적 행위인 폭행 또는 협박이 종료되었는가 하는 점에 따라 결정된다고 해석하는 것이 법규정의 문언 및 미수론의 법리에 부합한다.

[2] 절도미수범이 체포를 면탈할 목적으로 폭행한 행위에 대하여 준강도미수죄로 의율한 원심판결을 수긍한 사례.

형법 제25조(미수범)

① 범죄의 실행에 착수하여 행위를 종료하지 못하였거나 결과가 발생하지 아니한 때에는 미수범으로 처벌한다.

② 미수범의 형은 기수범보다 감경할 수 있다.

범죄체계도 6
–중지미수범–

06 [선택형] 2023 제12회 변시 선택 2

甲은 (현주건조물에) 방화 후[행위방법(=실행착수+)] 불길이 번지는 것[행위방법(=실행착수+)]을 보고 놀라 인근의 乙에게 내 실수로 불이 났으니 진화를 부탁한다고 소리를 지른 후 도주했다. 이후 乙에 의하여 진화가 되었다.[결과(=소훼–. 구체적 위험범)] 甲의 죄책은?

A. 현주건조물 방화 후 진화를 부탁하고 도주한 행위

1. 미수인가? 예비인가?

실행의 착수는 있는가?(+), 甲은 현주건조물에 방화하였다. 실행착수가 있다.

2. 형법 각론의 미수범 처벌 규정 검토

형법 제29조에 근거하여 법률에 규정이 있는 경우에 한하여 처벌한다.

3. 형법 제25조 장애미수 검토

(1) 실행에 착수하여 (+)

(2) 행위를 종료하지 못하거나 (–)

(3) 결과가 발생하지 아니한 경우 (–)

4. 형법 제26조 중지미수 검토

(1) 실행에 착수한 자(+)

(2) 범죄의 완성 또는 기수에 이르기 전에(–)

(3) 범행을 자의로 중지하여야 한다(–).

☞ [검토순서] 형법 제25조를 검토하고 제26조를 검토한다. 제25조가 기본이기 때문이다.

Ⅰ. 형법 제164조, 제174조, 제25조, 제26조 현주건조물방화죄 장애미수죄·중지미수죄 구성요건해당성 검토

1. 주관적 구성요건해당성 검토

(1) 고의는 죄의 성립요소인 사실을 실현하려는 인식과 의욕이다. 불은 놓음, 주거

사용·현존 건조물, 소훼에 대한 행위자의 행위 당시 인식과 의욕이 있어야 한다. 모두 성립(+)

(2) 자의성(自意性)★★★★★

- 자의성은 주관적 구성요건 요소이다.
- 자유의사로 실행행위 중단
- 판단기준: 자율로 결의 지배. 학설대립

① 객관설(외부 장애요인: 자의성 부정)
범인이 외부 계기로 실행행위를 중단하면 장애미수이다. 그 이외는 중지미수이다. 이 학설에 따르면 자의성이 없다. 객관설은 장애요인으로 구분한다. 방화 후 불길이 번지는 것을 보고 놀랐다. 그냥 도망갈 수도 있었지만, 乙에게 내 실수로 불이 났으니 진화를 부탁한다고 소리를 지른 후 도주했다. 자의성 부정(−)

② 주관설(윤리요인 부재: 자의성 부정)
윤리적 이유로 중지한 경우는 중지미수이다. 그 이외는 전부 장애미수이다. 이 학설에 따르면 자의성이 없다. 주관설은 내면 요인으로 구분한다. 방화 후 불길이 번지는 것을 보고 놀랐다(장애요인). 그냥 도망갈 수도 있었지만, 乙에게 내 실수로 불이 났으니 진화를 부탁한다고 소리를 지른 후 도주했다. 자의성 부정(−)

③ 절충설(자율요인 부재: 자의성 부정)
범죄수행에 장애사유로 중지하면 장애미수이다. 반면 장애사유가 없음에도 자기 의사로 중지하면 중지미수이다. 자의성을 인정한다. 이 학설은 장애요인과 내면 요인을 함께 고려한다. 절충설이 학계 다수설이고, 판례 입장이다. 이 학설에 따르면 자의성이 없다. 방화 후 불길이 번지는 것을 보고 놀랐다(장애요인). 그냥 도망갈 수도 있었지만, 乙에게 내 실수로 불이 났으니 진화를 부탁한다고 소리를 지른 후 도주했다. 자의성 부정(−)

④ 판례(=절충설: 객관+주관. 장애 제외)
판례는 "불을 놓아 건물을 소훼하려고 하였으나 불길이 치솟는 것을 보고 겁이 나서 물을 부어 불을 끈 것이라면, 치솟는 불길에 놀라거나 자신 신체 안전에 대한 위해 또는 범행 발각시 처벌 두려움을 느낀 것(장애요인)으로 자의에 의한 중지 미수라고는 볼 수 없다"고 판시하였다. 장애요인과 내면 요인을 함께 판단한다. 장애요인이 있다면 자의성 부정(−).

☞ 사회통념상 '장애미수를 제외하고!

⑤ 프랑크 공식(가능요인: 자의성 부정)
할 수 있었지만 중지한 때 중지미수이다. 하려고 하였지만 할 수 없는 경우(장애요인으로 범행 중지 불가능) 장애미수이다. 이 학설에 따르면 자의성이 없다. 독일 학자 Frank 공식−가능성 공식에 따르면 방화 후 불길이 번지는 것을 보고 놀랐고, 진화가능성이 있었는지도 판단하기 어렵다. "乙에게 내 실수로 불이 났으니 진화를 부탁한다고 소리를 지른 후 도주했다." 자의성 부정(−). 우리 형법 제25조와 제26조 해석에 이러한 해석방법(가능성 이론)이 필요한지 의문이다.

⑥ 사안 검토
이 사안은 어느 학설에서도 자의성이 부정된다. 장애요인과 내면요인을 함께 판단하는 절충설이 타당하다. 형법 제164조, 제174조, 제26조 현주건조물방화죄 중지미수죄는 성립하지 않는다. 형법 제164조, 제174조, 제25조 현주건조물방화죄 장애미수죄를 검토해야 한다.

2. 객관적 구성요건해당성 검토

(1) 행위주체: 甲

(2) 행위객체: 사람이 주거로 사용하거나 또는 현존하는 건조물

(3) 행위방법: 불태워 소훼되어야 한다. 착수시기는 불을 놓은 시점이다. 기수시기는 목적물의 일부가 손괴된 시점이다. 형법 제164조 현주건조물방화죄는 구체적 위험범이다.

(4) 구체적 위험발생: 소훼 결과와 공공 안전에 관한 구체적 위험이 발생해야 한다.
① 실행 착수(+): 불을 놓음
② 행위 종료(−): 소훼. 학설대립. 독립

연소설, 효용상실설, 소훼하여 일부 손괴설(절충설). 불길이 번지는 것(불+소훼)을 보고 놀라 인근의 乙에게 연락하였다. 이후 乙에 의하여 바로 진화가 되었다. 사안 경우 실행착수는 있다. 그러나 행위는 종료되지 않았다. 그래서 장애미수죄의 구성요건을 모두 충족한다.

Ⅱ. 위법성 검토

위법성조각사유가 없다.

Ⅲ. 책임 검토

책임조각사유가 없다.

Ⅳ. 죄책

형법 제164조, 제174조, 제25조 현주건조물방화죄의 장애미수죄가 성립한다.

대법원 1997. 6. 13. 선고 97도957 판결 [현주건조물방화(인정된 죄명: 실화) · 현주건조물방화미수]

[판시사항] [1] 중지미수의 성립요건 [2] 방화 후 불길이 치솟는 것을 보고 겁이 나서 불을 끈 경우를 중지미수에 해당하는 것으로 볼 수 있는지 여부(소극)

[판결요지] [1] 범죄의 실행행위에 착수하고 그 범죄가 완수되기 전에 자기의 자유로운 의사에 따라 범죄의 실행행위를 중지한 경우에 그 중지가 일반 사회통념상 범죄를 완수함에 장애가 되는 사정에 의한 것이 아니라면 이는 중지미수에 해당한다. [2] 피고인이 장롱 안에 있는 옷가지에 불을 놓아 건물을 소훼하려 하였으나 불길이 치솟는 것을 보고 겁이 나서 물을 부어 불을 끈 것이라면, 위와 같은 경우 치솟는 불길에 놀라거나 자신의 신체안전에 대한 위해 또는 범행 발각시의 처벌 등에 두려움을 느끼는 것은 일반 사회통념상 범죄를 완수함에 장애가 되는 사정에 해당한다고 보아야 할 것이므로, 이를 자의에 의한 중지미수라고는 볼 수 없다.

[자의성 긍정 판례]

① 자율성에 의한 **양심의 가책(苛責)**
- 강간미수범이 성교를 약속했기 때문에(자율성+): 대법원 1993. 10. 12. 선고 93도1851 판결 〈친해지면 사건〉

② 결과발생이 불가능하더라도 행위자가 **주관적으로 가능하다고 오인하고 중지하거나, 결과발생을 방지한 때**(자율성+)

[자의성 부정 판례 - 장애요인 우선 검토]

① 범죄수행에 장애가 된 **공포심(恐怖心)**
- 범행 발각이 두려워(장애+, 자율성–): 대법원 2011. 11. 10. 선고 2011도10539 판결 〈은행 입구 차용 포기 후 돌아간 사건〉
- 범행이 발각되었거나 또는 발각되었다고 생각하고(장해요인+, 자율성–)

② **범죄수행에 장애가 된 양심의 가책(苛責)**
- 어린 딸이 울고 임신 중이라고 말하자(장해요인+, 자율성–)
- 양심 가책 받아(장해요인+, 자율성–)
- 수치심 때문에(장해요인+, 자율성–)
- 수술한지 얼마 안 되어 배가 아프다고 하면서 피해자의 간곡한 애원 때문에(장해요인+, 자율성–)

③ **범죄수행에 장애가 된 두려움**
- 불길이 치솟자, 피가 흘러나와서 겁을 먹고(장해요인+, 자율성–)

⑤ **범죄수행에 장애가 된 무익성**
- 수당의 효과가 없어서(장해요인+, 자율성–).

⑥ **범죄수행에 장애가 된 불가능 또는 곤란**
- 강간에 착수하였으나 심리적 쇼크로 성교 불가능(장해요인+, 자율성–)
- 재물이 없어서(장해요인+, 자율성–)
- 강간에 착수하였으나 피해자가 아는 여자이고 형사고소를 제기할 것이 두려워(장해요인+, 자율성–)
- 생리 중이어서(장해요인+, 자율성–)
- 사정(射精)되어(장해요인+, 자율성–)

범죄체계도 7
—불능미수범—

07 [선택형] 제33회 사법시험 제1차 문제

甲은[행위주체+] 남편 A를 살해할 것을 결의하고[고의+] 배추국 그릇에 농약인 종자소독약유 제3호 8미리리터 가량을 탄 다음[행위방법(=실행착수+)] 남편 A에게 먹게 하여 남편 A를 살해하고자 하였다. 그러나 이를 먹던 남편 A가[행위객체+] 국물을 토함으로써[행위방법(=실행행위착오+)] 그 목적을 이루지 못하고 미수에 그친 행위이다.[결과(=사망결과미발생−)] 甲의 죄책은?

0. 사전검토(=형법 제27조 불능미수범)
   1. 실행의 착수(+)
   2. 형법 각론 미수범 처벌규정(+)
   3. 대상 착오(+) · 실행 수단 착오(+), 실행행위와 결과발생가능성 사이 위험성(+)

Ⅰ. 형법 제250조 제1항, 제254조, 제27조 살인죄의 불능미수죄 구성요건해당성 검토

1. 주관적 구성요건해당성 검토
   고의 또는 미필적 고의(+)

2. 객관적 구성요건해당성 검토
(1) 행위주체: 甲
(2) 행위객체: 남편 A
(3) 행위방법: 실행착수(+). 농약 투입
(4) 결과: 대상 착오 또는 실행수단 착오(+)로 인한 결과미발생(+). 배추국 먹다가 토함
(5) 실행행위와 결과발생가능성 사이 위험성: 가설적 인과관계와 추정적 객관적 귀속(+).
학설대립. ① 추상적 위험설(판례), ② 구체적 위험설(다수설).

사안에서 실행 수단 착오로(종자소독약유 제3호 8미리리터 가량 배추국에 투입하였으나 토함) 결과발생이 불가능하였다.

그러나 실행행위로(독약 수단이 정상적으로 이루어졌고, 남편 A가 토하지 않고 먹었다면) 결과발생 가능성을 객관적으로 예견할 수 있다. 이러한 위험성(=결과발생 가능성)을 판단할 때, 객관적인 관점에서 판단해야 한다. 행위자 인식과 전문가 판단에 따르면 충분히 결과발생 가능성이 있다. 이를 추상적 위험성이라 한다.

한편 판례는 "불능범의 판단 기준으로서 위험성 판단은 **피고인이 행위 당시에 인식한 사정을 놓고 이것이 객관적으로 일반인의 판단으로 보아 결과 발생의 가능성이 있느냐**를 따져야 한다'고 판시하였다. 판례는 추상적 위험설 입장이다.

한편 학계 다수설은 구체적 위험성이다. ① 행위자 인식, ② 일반인 인식, ③ 객관적 일반인 판단(=과학적 일반인 · 전문가 · 국가수)으로 위험성을 평가한다. 구체적 위험설로 볼 때 사망 가능성이 있다.

어떤 학설을 채택하던 위험성이 있다.

Ⅱ. 위법성 검토

위법성조각사유가 없다.

Ⅲ. 책임 검토

책임조각사유가 없다.

Ⅳ. 죄책

형법 제250조 제1항, 제254조, 제27조 살인죄의 불능미수죄가 성립한다. 절대적 불능이 아니면 불능미수범이 성립한다.

대법원 1984. 2. 14. 선고 83도2967 판결 [살인미수]

[판시사항] 독살하려다 실패한 경우 장애미수와 불능미수의 판별심리 요부(적극)
[판결요지] 피고인이 피해자를 독살하려 하였으나 동인이 토함으로써 그 목적을 이루지 못한 경우 피고인이 사용한 독의 양이 치사량 미달이어서 결과발생이 불가능한 경우도 있을 것이다. 한편 형법은 장애미수와 불능미수를 구별하여 처벌하고 있다. 그러므로 원심으로서는 이 사건 독약의 치사량을 좀 더 심리하여 피고인의 소위가 위 미수 중 어느 경우에 해당하는지 가렸어야 할 것이다.
[판결정문] 농약유제 3호는 동물에 대한 경구치사량에 있어서 엘디(LD) 50이 키로그람당 1.590미리그람이라고 되어 있어서 피고인이 사용한 위의 양은 그 치사량에 현저히 미달한 것으로 보인다. 한편 형법은 범죄의 실행에 착수하여 결과가 발생하지 아니한 경우의 미수와 실행수단의 착오로 인하여 결과발생이 불가능하더라도 위험성이 있는 경우의 미수와는 구별하여 처벌하고 있다. 원심으로서는 이 사건 종사소독약유 제3호의 치사량을 좀더 심리한 다음 피고인의 소위가 위의 어느 경우에 해당하는지를 가렸어야 할 것임에도 불구하고 원심이 이를 심리하지 아니한 채 그 판시와 같은 사유만으로 피고인에게 형법 제250조 제1항, 제254조, 제25조의 살인미수의 죄책을 인정하였다. 이는 장애미수와 불능미수에 관한 법리를 오해하였거나 심리를 다하지 아니함으로써 판결에 영향을 미친 위법을 범하였다 할 것이다. 원심판결을 파기하고, 사건을 ○○고등법원으로 환송한다.

형법 제25조 장애미수범

① 결과 발생 가능 〈초우뿌리 사건〉
② 결과 미발생

형법 제27조 불능미수범 · 불능범

① 대상착오 · 실행수단착오로 결과발생 불가능
② 위험성: 절대 불능(=불능범) 〈소화제 사건〉
③ 위험성: 결과발생 가능성(=불능미수범) 〈치사량 미달 독약 사건〉, 〈탄환 없는 총기 사건〉

범죄체계도 8
-불능범-

08 **[선택형] 2023 제12회 변시 선택 2**

甲이 소송비용을 편취할 의사로[고의+] **소송비용의 지급을 구하는 손해배상청구의 소를 제기하였다가**[행위방법(=실행착수+)] **담당 판사로부터 소송비용의 확정은 소송비용액 확정절차를 통하여 하라는 권유를 받고 위 소를 취하하였다면,**[행위방법(=실행행위착오+), 결과(=손해결과 미발생-)] **甲에게는 소송사기죄의 불능미수범이 ~~성립한다.~~**[성립하지 않는다.] **미수범에 관한 설명 중 옳지 않은 것은?** (다툼이 있는 경우 판례에 의함)

0. 사전검토(=형법 제27조 불능범)
   1. 실행의 착수(+)
   2. 형법 각론 미수범 처벌규정(+)
   3. 대상 착오(+) · 실행 수단 착오(+), 실행행위와 결과발생가능성 사이 위험성(+)

Ⅰ. 형법 제347조 제1항, 제352조, 제27조 사기죄의 불능범 · 불능미수죄 구성요건해당성 검토

1. 주관적 구성요건해당성 검토
   고의 또는 미필적 고의(+)

2. 객관적 구성요건해당성 검토
(1) 행위주체: 甲
(2) 행위객체: 재물 · 재산상 이익. 소송비용
(3) 행위방법: 실행착수(+). 손해배상청구의 소를 제기(+)
(4) 결과: 대상 착오 또는 실행수단 착오(+)로 인한 결과미발생(+). 소를 취하
(5) 실행행위와 결과발생가능성 사이 위험성: 가설적 인과관계와 추정적 객관적 귀속(+).
    학설대립. ① 추상적 위험설(판례), ②

구체적 위험설(다수설).

사안에서 실행 수단 착오로 결과발생이 불가능하였다. 실행행위로 결과발생 가능성을 객관적으로 예견할 수 없다. 이러한 위험성(=결과발생 가능성)을 판단할 때, 객관적인 관점에서 판단해야 한다. 행위자 인식과 전문가 판단에 따르면 결과발생 가능성이 없다. 이를 추상적 위험성이라 한다.

한편 판례는 "불능범의 판단 기준으로서 위험성 판단은 **피고인이 행위 당시에 인식한 사정을 놓고 이것이 객관적으로 일반인의 판단으로 보아 결과 발생의 가능성이 있느냐**를 따져야 한다"고 판시하였다. 판례는 추상적 위험설 입장이다.

한편 학계 다수설은 구체적 위험성이다. ① 행위자 인식, ② 일반인 인식, ③ 객관적 일반인 판단(=과학적 일반인 · 전문가 · 국가수)으로 위험성을 평가한다. 구체적 위험설로 볼 때 기망행위로 손해발생 가능성이 없다.

어떤 학설을 채택하던 위험성이 없다.

Ⅱ. 위법성 검토

위법성조각사유가 없다.

Ⅲ. 책임 검토

책임조각사유가 없다.

Ⅳ. 죄책

형법 제347조 제1항, 제352조, 제27조 사기죄의 불능범이 성립한다. 무죄이다.

대법원 2005. 12. 8. 선고 2005도8105 판결 [사기미수]

[판시사항] [1] 불능범의 위험성 판단 기준
[2] 소송비용을 편취할 의사로 소송비용의 지급을 구하는 손해배상청구의 소를 제기한 경우, 사기죄의 불능범에 해당한다고 한 사례.

[판결요지] [1] 불능범의 판단 기준으로서 위험성 판단은 피고인이 행위 당시에 인식한 사정을 놓고 이것이 객관적으로 일반인의 판단으로 보아 결과 발생의 가능성이 있느냐를 따져야 한다.
[2] 객관적으로 소송비용의 청구방법에 관한 법률적 지식을 가진 일반인의 판단으로 보아 결과 발생의 가능성이 없어 위험성이 인정되지 않는다.

대법원 2002. 2. 8. 선고 2001도6669 판결 [사기미수]

[판시사항] 임대인과 임대차계약을 체결한 임차인이 임차건물에 거주하기는 하였으나 그의 처만이 전입신고를 마친 후에 경매절차에서 배당을 받기 위하여 임대차계약서상의 임차인 명의를 처로 변경하여 경매법원에 배당요구를 한 경우, 사기죄가 성립하는지 여부(소극)

[판결요지] 소액임대차보증금에 대한 우선변제권 행사로서 배당금을 수령할 권리가 있다 할 것이어서, 경매법원이 실제의 임차인을 처로 오인하여 배당결정을 하였더라도 이로써 재물의 편취라는 결과의 발생은 불가능하다 할 것이고, 이러한 임차인의 행위를 객관적으로 결과발생의 가능성이 있는 행위라고 볼 수도 없으므로 형사소송법 제325조에 의하여 무죄를 선고하여야 한다.

대법원 2019. 5. 16. 선고 2019도97 판결 [마약류관리에관한법률위반(향정)]

[판시사항] 형법 제27조 '불능미수' 의미와 '결과의 발생이 불가능'하다는 의미

[판결요지] [1] 형법 제27조에서 '결과의 발생이 불가능'하다는 것은 범죄행위의 성질상 어떠한 경우에도 구성요건 실현이 불가능하다는 것을 의미한다.
[2] 워터볼의 액체에 필로폰을 용해하여 은닉한 다음 이를 국제우편을 통해 받는 방식으로 필로폰을 수입하려 하였다. 이 행위는 범죄의 성질상 그 실행의 수단 또는 대상의 착오로 인하여 결과발생이 불가능한 경우가 아님은 너무도 분명하다. ☞장애미수범

범죄체계도 9
―공동정범―

09 [선택형] 2022 제11회 변시 선택 13

공무원이 아닌 사람 甲이 공무원 乙행위주체+과 공동가공의 의사주관적 요건+와 이를 기초로 한 기능적 행위지배행위방법+를 통하여 공무원 乙의 직무에 관하여 뇌물을 수수행위방법+하는 범죄를 실행하였다면 공무원 乙이 직접 뇌물을 받은 것과 동일하게 평가할 수 있으므로 공무원 乙과 비공무원 甲에게 「형법」 제129조 제1항에서 정한 뇌물수수죄의 공동정범이 성립한다. 甲과 乙의 죄책은?

A. 甲(비공무원)이 乙(공무원)과 공동가공의 의사로 기능적 행위지배를 통해 공무원 乙의 직무에 관하여 뇌물을 수수한 행위
☞ 쟁점은 뇌물죄 · 공동정범 · 공범과 신분이다.

Ⅰ. 형법 제129조 제1항, 제30조, 제33조 공동정범 구성요건해당성 검토

1. 객관적 구성요건해당성 검토
(1) 행위주체: 甲(비공무원) · 乙(공무원). 형법 제33조 본문에 근거하면 신분관계가 없는 사람이 신분관계로 인하여 성립될 범죄에 가공한 경우에는 신분관계가 있는 사람과 공범이 성립한다. 공동정범 객관적 성립요건이다.
(2) 행위객체: 뇌물. 공무원 직무에 관한 뇌물. 대가성이 있는 뇌물(판례)
(3) 행위방법: 수수. 乙과 甲이 공동수수. 신분관계가 없는 사람이 공동가공의 의사와 이에 기초한 기능적 행위지배를 통한 범죄의 실행을 하였다. 이 사안은 공무원이 직접 뇌물을 받은 것과 동일하게 평가할 수 있다(판례).

2. 주관적 구성요건해당성 검토(형법 제13조)
(1) 고의: 구성요건실현 인식과 의사(+)
(2) 공동가공의 의사: 공동의 의사로 특정한 범죄행위를 하기 위하여 일체가 되어 서로 다른 사람의 행위를 이용하여 자기의 사를 실행에 옮기는 것을 내용으로 한다.

Ⅱ. 죄책

甲과 乙은 뇌물수수죄의 공동정범이 성립한다. 비공무원 甲은 형법 제130조 제삼자뇌물수수죄에서 제삼자가 될 수 없다(판례).

대법원 2019. 8. 29. 선고 2018도2738 전원합의체 판결[뇌물공여] 〈기업대표 뇌물공여 사건〉★★★★★

[판시사항] 공무원과 공무원이 아닌 사람(비공무원)에게 뇌물수수죄의 공동정범이 성립하기 위한 요건

[판결요지] [다수의견] 신분관계가 없는 사람이 신분관계로 인하여 성립될 범죄에 가공한 경우에는 신분관계가 있는 사람과 공범이 성립한다(형법 제33조 본문 참조). 이 경우 신분관계가 없는 사람에게 공동가공의 의사와 이에 기초한 기능적 행위지배를 통한 범죄의 실행이라는 주관적 · 객관적 요건이 충족되면 공동정범으로 처벌한다. 공동가공의 의사는 공동의 의사로 특정한 범죄행위를 하기 위하여 일체가 되어 서로 다른 사람의 행위를 이용하여 자기의 의사를 실행에 옮기는 것을 내용으로 한다. 따라서 공무원이 아닌 사람이 공무원과 공동가공의 의사와 이를 기초로 한 기능적 행위지배를 통하여 공무원의 직무에 관하여 뇌물을 수수하는 범죄를 실행하였다면 공무원이 직접 뇌물을 받은 것과 동일하게 평가할 수 있다. 공무원과 비공무원에게 형법 제129조 제1항에서 정한 뇌물수수죄의 공동정범이 성립한다. 제3자뇌물수수죄는 성립하지 않는다.

범죄체계도 10
–간접정범–

10 [선택형] 2023 제12회 변시 선택 6

공문서 작성권자의 직무를 보조하는 공무원 甲이[행위주체] 그 직위를 이용하여 행사할 목적으로 허위내용의 공문서의 초안을 작성한 후 문서에 기재된 내용의 허위사실을 모르는 작성권자 乙에게 제출하여 결재하도록 하는 방법으로[행위방법 (=도구로 이용하여)] 작성권자로 하여금 허위의 공문서를[행위객체] 작성하게 한 경우,[행위방법] 그 보조공무원 甲에게는 허위공문서작성죄의 간접정범이 ~~성립하지 않는다.~~[성립한다.] 甲의 죄책은? 간접정범에 관한 설명 중 옳지 않은 것은? (다툼이 있는 경우 판례에 의함)

A. 공문서 작성권자의 직무를 보조하는 공무원 甲이 그 직위를 이용하여 행사할 목적으로 허위내용의 공문서의 초안을 작성한 후 문서에 기재된 내용의 허위사실을 모르는 작성권자 乙에게 제출하여 결재하도록 하는 방법으로 작성권자로 하여금 허위의 공문서를 작성하게 한 경우

> 0. 간접정범 사전 검토
>
> 도구로 이용된 사람을 먼저 검토해야 한다. 공문서를 작성하여 작성권자 乙은 허위내용이 기재된 공문서에 결제(기명날인)하였다. 乙은 허위행위와 고의가 없다. 구성요건해당성이 충족되지 않아서 무죄이다. 따라서 형법 제34조 제1항을 검토해야 한다.

I. 형법 제227조, 제34조 제1항 허위공문서작성죄 간접정범 구성요건해당성 검토

1. 객관적 구성요건해당성 검토

(1) 행위주체: 형법 제227조 허위공문서작성죄는 공무원이 행사할 목적으로 그 직무에 관하여 문서 또는 도화를 허위로 작성하거나 변개한 때 성립한다. 형법 제34조 제1항은 다른 사람(무죄 또는 과실범)을 도구로 이용 경우 성립한다(간접정범을 반드시 언급해야 함). 甲은 공문서의 작성권한이 있는 공무원을 보좌하여 공문서의 기안을 담당하는 공무원이다. 자수범이다(통설). 이용된 작성권자·결제자인 공무원 乙은 허위행위와 고의가 없다. 무죄인 사람이다.

이 사안에서 공문서 작성권자의 직무를 보조하는 공무원 甲은 허위내용의 공문서를 작성하여 그 정을 모르는 작성권자인 乙에게 제출하여 결제(기명날인)하게 한 사람이다. 행위주체가 성립한다.

(2) 행위객체: 공문서

(3) 행위방법: 이용행위이다. 도구로 이용된 다른 사람을 통해 범죄를 실행한다. 피이용자를 이용하여 구성요건을 실현하는 행위가 있어야 한다. 이 사안에서 甲은 乙을 이용하여 허위공문서를 작성하게 하였다. 실행의 착수는 이용행위가 개시된 시점이다.

이 사안은 공문서를 결제하도록 기안하여 제출한 행위이다. 공문서 내용의 진실에 대한 공공의 신용에 위험이 발생하였다. 이 죄는 추상적 위험범이다. 기수가 성립한다.

2. 주관적 구성요건해당성 검토

(1) 고의(+): 구성요건 실현 인식(+)과 의욕(+).

행위자는 행위 시 객관적 구성요건 요소를 실현한다는 인식과 의욕이 있어야 한다.

(2) 간접정범: 의사지배(+)

이용자는 사태를 파악하고, 계획적으로 조종하는 의사가 있어야 한다. 전체 사건을 장악하여 지배하는 의사이다.

이 사안에서 甲은 사태를 파악하고 乙을 계획적으로 조종하여 허위공문서작성 전체를 장악하고 지배하였다.

Ⅱ. 위법성 검토

위법성조각사유가 없다.

Ⅲ. 책임 검토

책임조각사유가 없다.

Ⅳ. 죄책

허위공문서작성죄 간접정범이 성립한다.

대법원 1992. 1. 17. 선고 91도2837 판결 [허위공문서작성 · 동행사]

[판결요지] 공문서 작성권한이 있는 공무원의 직무를 보좌하는 자가 그 직위를 이용하여 행사할 목적으로 허위 내용이 기재된 문서 초안을 그 정을 모르는 상사에게 제출하여 결재하도록 하는 등의 방법으로 작성권한이 있는 공무원으로 하여금 허위의 공문서를 작성하게 한 경우 간접정범이 성립된다. 이와 공모한 자 역시 그 간접정범의 공범으로서 죄책을 면할 수 없다. 여기서 말하는 공범은 반드시 공무원 신분이 있는 자로 한정되는 것은 아니다.

대법원 2018. 2. 8. 선고 2016도17733 판결 [아동 · 청소년의성보호에관한법률위반(강제추행)] 〈피해자를 도구로 삼아 피해자의 신체를 이용하여 추행행위를 한 경우 강제추행죄의 간접정범에 해당한다고 판단한 사안〉

[판결요지] 강제추행죄는 사람의 성적 자유 내지 성적 자기결정의 자유를 보호하기 위한 죄로서 정범 자신이 직접 범죄를 실행하여야 성립하는 자수범이라고 볼 수 없으므로, 처벌되지 아니하는 타인을 도구로 삼아 피해자를 강제로 추행하는 간접정범의 형태로도 범할 수 있다. 여기서 강제추행에 관한 간접정범의 의사를 실현하는 도구로서의 타인에는 피해자도 포함될 수 있으므로, 피해자를 도구로 삼아 피해자의 신체를 이용하여 추행행위를 한 경우에도 강제추행죄의 간접정범에 해당할 수 있다.

범죄체계도 11
－교사범－

11 **[선택형] 2014년 제3회 변시 선택 10**
[선택형] 제41회 사법시험 제1차 선택

甲은[행위주체] 乙에게 "A의 집에 들어가서 몰래 손금고를 훔쳐 와라"고 지시하였다.[행위방법(=주거침입교사죄와 절도교사죄+)] 乙은 이를 승낙하고 A의 집에[행위객체] 낮에 침입하여[행위방법(=주거침입죄+)] 가지고 갔던 칼로 A를 위협하고[행위방법] 손금고를[행위객체] 들고 도망쳤다.[행위방법(=특수강도죄+)] 甲과 乙의 죄책은?

A. 乙의 행위

1. 주거침입 행위: 절도 교사를 승낙하고 A의 집에 낮에 침입하여(=형법 제319조 제1항 주거침입죄 성립+)
2. 특수강도 행위: 가지고 갔던 칼로 A를 위협하고 손금고를 들고 도망친 행위(=형법 제334조 제2항 특수강도죄 성립+)

B. 甲의 행위

1. 주거침입 교사행위: "A의 집에 들어가서" 지시(=형법 제319조 제1항, 제31조 주거침입죄 교사범 성립+)
2. 절도 교사행위: "몰래 A의 손금고를 훔쳐 와라"지시(=형법 제334조 제2항, 제31조 제1항 특수강도죄 교사범 불성립. 교사 초과 부분 교사 고의 없음. 형법 제329조 제31조 제1항 절도죄 교사범 성립+)

A. 乙의 죄책

☞ 정범부터 검토한다. 공범종속성설

A-1. 타인의 집에 들어간 행위

Ⅰ. 형법 제319조 제1항 주거침입죄 구성요건해당성 검토

1. 객관적 구성요건해당성 검토
(1) 행위주체: 乙
(2) 행위객체: 다른 사람의 집
(3) 행위방법: 동의를 받지 않고 신체 일부가 들어갔기 때문에 침입(侵入)이다.
(4) 결과: 사생활 평온이 침해되었다(침해범·결과범). 추상적 위험범(=위태범)으로 보는 견해도 있다. 부진정 부작위범이 성립된다고 볼 때, 침해범이 타당하다. 대법원 판례는 행위와 결과를 혼합하여 해석한다. 사생활 평온을 침해하는 침입이라고 말한다. 추상적 위험범으로 보기 때문이다. 침입은 침입으로 해석하고, 사생활 평온은 결과발생으로 보아야 한다.
(5) 인과관계와 객관적 귀속: 위험창출(=침입)과 위험발생(=사생활 평온 침해 발생)
① 기본범죄와 결합된 전형적인 위험실현(+)
② 결과에 대한 객관적 예견가능성(+)
③ 객관적 지배가능성(=무대주연론)(+)
④ 증가된 위험실현(=위험증대론)(+)

2. 주관적 구성요건해당성 검토
고의(+). 구성요건요소 인식(+)과 의욕(+)
乙은 집에 절취를 하기 위하여 주거권자 의사에 반하여 들어갔다.

Ⅱ. 위법성 검토

위법성조각사유가 없다.

Ⅲ. 책임 검토

책임조각사유가 없다.

Ⅳ. 죄책

주거침입죄가 성립한다.

A-2. 칼을 들고 손금고를 강취한 행위

Ⅰ. 형법 제334조 제2항 특수강도죄 구성요건해당성 검토

1. 객관적 구성요건해당성 검토
(1) 행위주체: 乙
(2) 행위객체: 재물. 손금고
(3) 행위방법: 흉기를 휴대. 칼을 휴대하고, 강취, 들고 도망친 행위
(4) 결과: 재산권. 소유권 침해
(5) 인과관계와 객관적 귀속: 위험창출(=강취)와 위험실현(=재산권 침해 발생)
① 기본범죄와 결합된 전형적인 위험실현(+)
② 결과에 대한 예견가능성(+)
③ 객관적 지배가능성(무대주연론)(+)
④ 증가된 위험실현(위험증대론(+)

2. 주관적 구성요건해당성 검토
고의(+). 형법 제13조 고의란 죄의 성립요소인 사실을 실현하려는 인식과 의욕을 말한다.

Ⅱ. 위법성 검토

위법성조각사유가 없다.

Ⅲ. 책임 검토

책임조각사유가 없다.

Ⅳ. 죄책

특수강도죄가 성립한다.

A-3. 乙의 죄수

乙은 형법 제319조 제1항 주거침입죄와 형법 제334조 제2항 특수강도죄가 성립한다. 두 죄는 실체적 경합이다(형법 제37조).

☞ 형법 제37조(경합범) **판결이 확정되지 아니한 수개의 죄** 또는 금고 이상의 형에 처한 판결이 확정된 죄와 그 판결확정 전에 범한 죄를 경합범으로 한다.

B. 甲의 죄책

> 0. 교사범 사전 검토
>
> 정범을 먼저 검토해야 한다. 교사범은 정범이 실행에 착수해야 성립한다. 공범종속성설에 따르면 적어도 정범 행위는 구성요건에 해당하고, 위법해야 한다. 이 사안에서 정범인 乙은 형법 제319조 제1항 주거침입죄와 형법 제334조 제2항 특수강도죄가 성립한다. 두 죄는 실체적 경합이다.

B-1. 주거침입죄에 대한 교사행위

Ⅰ. 형법 제319조 제1항, 제31조 제1항 주거침입죄 교사범 구성요건해당성 검토

1. 객관적 구성요건해당성 검토

(1) 행위주체: 다른 사람에게 정범의 범죄를 결의하게 한 사람이다(정범을 반드시 언급해야 한다). 甲은 정범인 乙에게 주거침입죄의 범죄를 결의하게 한 사람이다.

(2) 행위객체: 다른 사람의 집

(3) 행위방법: 교사행위. 형법 제31조 제1항 교사(敎唆)란 다른 사람에게 범죄의 결의를 촉진하는 행위이다(=부추김. 사주). 피교사자(=교사를 받은 사람)가 막연하게 일반적 범죄계획을 가지고 있어도 교사가 된다. [예] 교사유형. 명령·지시·설득·유혹·요청·위협·감언·이익제공·애원·명시·묵시 포함.

실행착수는 교사행위로 피교사자(=정범. 乙)가 주거침입행위를 개시한 시점이다. 피교사자 결의와 실행행위가 있어야 한다. 乙은 주거자권의 동의를 받지 않고 집에 들어갔기 때문에 침입이다.

(4) 결과: 사생활 평온이 침해되었다(침해범·결과범). 추상적 위험범(=위태범)으로 보는 견해도 있다. 그러나 부진정부작위범이 성립된다고 볼 때 침해범이 타당하다.

(5) 인과관계와 객관적 귀속: 위험창출(=교사)와 위험실현(=사생활 평온 침해 발생)

2. 주관적 구성요건해당성 검토

(1) 고의

교사 고의와 정범 고의를 모두 충족해야 한다(=이중고의). 구체적으로 교사자는 정범에게 특정한 범죄를 하도록 해야 한다. 사안에서 교사자는 주거침입죄 교사 고의가 있다.

- 교사 의사: 범죄결의를 일으킬 의사(+). 과실 교사는 있을 수 없다.

(2) 정범 고의에 대한 교사자 인식(+). 교사자는 정범 乙이 주거침입 함을 정확히 인식하고 있다.

(3) 착오 문제. 교사 내용에서 초과 부분은 고의가 없다. 그러나 이 사안에서 주거침입 교사는 초과 부분이 아니다.

Ⅱ. 위법성 검토

위법성조각사유가 없다.

Ⅲ. 책임 검토

책임조각사유가 없다.

Ⅳ. 죄책

주거침입죄의 교사범이 성립한다.

B-2. 절도죄에 대한 교사

Ⅰ. 형법 제329조, 제31조 제1항 절도죄 교사범 구성요건해당성 검토

1. 객관적 구성요건해당성 검토

(1) 행위주체: 甲. 정범인 乙에게 절도죄의 범죄를 결의하게 한 사람이다.

(2) 행위객체: 재물

(3) 행위방법: 절도 교사행위이다.

(4) 결과발생: 절취(=정범 乙)

(5) 인과관계와 객관적 귀속: 위험창출(=교사)와 위험실현(=소유권·재산권 침해 발생)

2. 주관적 구성요건해당성 검토

(1) 고의(+)

교사 고의와 정범 고의를 모두 충족해야 한다(이중고의). 구체적으로 교사자는 정범에게 특정한 범죄를 하도록 해야 한다. 사안에서 교사자는 절도교사고의가 있다.

- 교사 의사: 범죄결의를 일으킬 의사(+). 과실 교사는 있을 수 없다.

(2) 정범 고의에 대한 교사자 인식(+)
교사자는 정범의 범죄행위가 구성요건에 해당하고, 위법함을 인식해야 한다.

(3) 착오 문제. 교사의 초과 부분은 고의가 없다. 정범은 특수강도 고의가 있다. 그러나 교사자와 전혀 상관이 없다.
☞ 교사 착오 문제는 매년 출제된다.

- 정범의 양적 초과+질적 초과 실행
- 정범의 초과 부분은 고의/책임이 없다
- 간접교사와 연쇄교사도 가능하다.

Ⅱ. 위법성 검토

위법성조각사유가 없다.

Ⅲ. 책임 검토

책임조각사유가 없다.

Ⅳ. 죄책

절도죄 교사범이 성립된다.

B-3. 甲의 죄수

甲은 형법 제319조 제1항, 제31조 제1항 주거침입죄 교사범과 형법 제329조, 제31조 제1항 절도죄 교사범이 성립한다. 두 죄는 실체적 경합이다(형법 제37조).

C. 정범 乙과 교사범 甲의 전체 죄수

1. 乙은 형법 제319조 제1항 주거침입죄와 형법 제334조 제2항 특수강도죄가 성립한다. 두 죄는 실체적 경합이다(형법 제37조).
2. 甲은 형법 제319조 제1항, 제31조 제1항 주거침입죄 교사범과 형법 제329조, 제31조 제1항 절도죄 교사범이 성립한다. 두 죄는 실체적 경합이다(형법 제37조).

범죄체계도 12
-방조범-

12 [선택형] 제41회 사법시험 제1차 선택

법원 경매계의 총무직에 있는 甲이[행위주체] 그 법원에 속하는 집행관 합동사무소의 乙이[정범] 부동산경매 입찰보증금을 횡령하고 나중에 들어오는 입찰보증금으로 이를 '보충'하는 방식으로 횡령하고[국고횡령] 있다는 사실을 알았으면서도 이를 당장 상관에 보고하는 등 합당한 직무상의 조치를 취하지 않았다.[행위방법-부작위 방조] 甲의 죄책은?

A. 법원 경매계 총무직에 있는 甲이 그 법원에 속하는 집행관 합동사무소의 乙이 부동산경매 입찰보증금을 횡령하고 있다는 사실을 알았으면서도 이를 당장 상관에 보고하는 등 합당한 직무상의 조치를 취하지 않은 행위

0. 사전 검토(각론+총론)

(1) 작위와 부작위 구별
보고하지 않은 행위는 부작위에 의한 고의기수범이다. 부작위에 의하여 작위범의 구성요건인 형법 제356조 업무상횡령죄를 실현하는 형법 제18조 부진정부작위범이다. 보증인지위와 행위정형의 동가치성을 검토해야 한다.

(2) 부작위에 의한 종범
정범을 먼저 검토해야 한다. 정범의 실행행위가 있는가? 방조범은 정범의 실행행위가 있어야 한다. 법원에 속하는 집행관 합동사무소의 乙(정범)이 부동산경매 입찰보증금을 횡령하고 나중에 들어오는 입찰보증금으로 이를 '보충' 하는 방식으로 횡령하고 있다는 사실이 있는 만큼 정범인 乙은 형법 제356조 업무상횡령죄가 성립한다.

Ⅰ. 형법 제356조·제18조 · 제32조 부작위에 의한 업무상횡령죄의 방조범 구성요건해당성 검토

1. 객관적 구성요건해당성 검토

(1) 결과발생: 재산권 침해 발생(+). 입찰보증금이 국가에 귀속되지 않았다. 추상적 위험범으로 보면 위험발생(구성요건의 상황 발생), 침해범으로 보면 결과발생이 될 것이다. 실질설에 따라 판단한 것이다. 사견은 실질설(=진정부작위를 제외한 모든 범죄 중 침해범만 부진정부작위범이 가능하다는 학설)이 타당하다.

(2) 행위가능성: 일반적 가능성(=방지가능성+), 개별적 가능성(=방지능력+)

(3) 부작위: 방조행위(+). 타인에게 정신적 · 물질적으로 정범의 실행행위를 돕는 행위이다. [예] 위법 알면서 방치, 부정인출 알면서 관리 운용을 방치, 불법매각 알면서 매수자를 방치.

방조의 시기는 정범의 실행의 착수 전후 모두 가능하다. [예] 횡령 사실을 알고 방치(부작위 방조).

정범의 실행행위가 있어야 한다. 제한적 종속형식설(=다수설, 정범이 구성요건+위법성 충족 ⇒ 불법종속형식)에 따라 정범의 실행행위는 구성요건에 해당하는 위법한 행위여야 한다.

이 사안 경우 "횡령하고 있다"(=구성요건에 해당하고, 위법하고, 유책 행위)라는 사실을 알았으면서도 이를 당장 상관에 보고하는 등 합당한 직무상의 조치를 취하지 않은 행위는 부작위에 의한 방조행위에 해당한다.

(4) 동가치: 작위에 의한 실행행위와 동일해야 부작위범으로 처벌할 수 있다. 여기서 동가치의 핵심은 작위의무다. 법적 작위의무로 보증인의 지위가 생성된다.

(5) 보증인 지위: ① 형식설은 법령이고, 실질설은 타인 감독 의무이다. ② 정범의 범죄를 도와준 사람의 지위가 법령에 명시된 의무이거나 또는 타인 감독 의무이다.

(6) 형법 제17조 인과관계(=연결)

인과관계와 객관적 귀속

- 합법칙 조건⇒위험창출(+)
- 객관적 귀속⇒위험발생(+)

만약 법원공무원이 감독조치를 하였다면 공금횡령, 결과발생을 방지할 수 있었는가가 검토되어야 한다. 부작위와 결과의 관계(=가설적 인과관계)를 검토하면,

① 기본범죄와 결합된 전형적인 위험실현(+): 검독조치 하였다면 결과발생 불가능(+)

② 결과에 대한 예견가능성(+): 감독조치 하였다면 결과발생 불가능(+)

③ 객관적 지배가능성(무대주연론)(+): 법원공무원의 감독 행위(+)

④ 증가된 위험실현(위험증대론(+): 감독조치 하였다면 위험감소(+)

2. 주관적 구성요건해당성 검토

(1) 정범의 고의에 대한 인식

정범의 행위가 구성요건에 해당한다는 인식(+). 甲은 乙의 행위를 인식했다.

(2) 방조의 고의

정범 실행을 방조한다는 인식(+), 방조 고의는 범죄 완성의 고의다. 甲은 乙 행위를 방조한다는 인식과 의욕이 있다.

(3) 불법영득의사(+)

[관련 문제]

(1) 정범의 행위는 고의범이다. 과실범(정범)에 대한 방조는 형법 제34조 제1항 간접정범에 해당한다.

(2) 종범의 착오: 정범의 양적 초과의 경우에는 정범의 초과 부분에 대해 종범은 고의가 없다. 결과적 가중범의 경우 예견가능성이 있어야 한다.

(3) 간접방조와 연쇄방조가 가능하다.

Ⅱ. 죄책

형법 제356조 · 형법 제18조 · 제32조 부작위에 의한 업무상횡령죄의 방조범이 성립한다.

범죄체계도 13
－위법성조각사유－

13 [선택형] 2020 제9회 변시 선택 4

甲은 아들 乙이 타인이 보는 자리에서 자신에게 폭언과 폭행을 하려 하자 乙을 1회 구타하였다.[행위방법] 乙은 그로 인해 돌이 있는 지면에 넘어져 머리 부분에 상처를 입고 사망하였다.[행위결과] 甲은 무죄이다.

A. 아버지가 아들 乙을 1회 구타하여 그로 인해 넘어져 사망에 이른 행위

Ⅰ. 형법 제262조 폭행치사죄 구성요건해당성 검토

Ⅰ-1. 형법 제260조 제1항 폭행죄의 구성요건해당성 검토

1. 객관적 구성요건해당성 검토
(1) 행위주체: 甲
(2) 행위객체: 乙의 신체
(3) 행위: 1회 구타하였다. 거동범이다.

2. 주관적 구성요건해당성 검토
폭행에 대한 인식과 의욕이 있었다고 볼 수 있다. 고의가 인정된다.

Ⅰ-2. 형법 제260조 제1항 · 제262조 · 제15조 제2항 폭행치사죄 구성요건해당성 검토

1. 객관적 구성요건해당성 검토
(1) 중한 결과의 발생
돌이 있는 지면에 넘어져 머리 부분에 상처를 입고 사망하였다.
(2) 중한 결과와 예견가능성
폭행과 사망과의 인과관계와 객관적 귀속(직접성)이 검토되어야 한다.
① 기본범죄와 결합된 전형적인 위험실현(규범의 보호범위의 이론)
구타로 인해 돌이 있는 지면에 넘어져 머리 부분에 상처를 입고 사망하였다. 사망의 결과가 발생할 수 있다는 것은 우리의 생활경험에 비추어 볼 때 이례적인 것이 아니다. 본 사안을 보면, 甲의 사망의 결과는 폭행과 결합된 전형적인 위험실현이라고 볼 수 있다.
② 결과에 대한 객관적 예견가능성(핵심)
사망의 결과에 대한 객관적 예측가능성과 회피가능성이 있어야 한다. 이 사안 경우 甲이 乙의 폭행과 함께 사망의 결과를 甲이 예견하였는가가 중요한데, 바로 객관적 예견가능성이다. 일반인의 관점에서 볼 때 이러한 폭행은 사망에 이를 수 있는 가능성이 충분하다. 따라서 객관적 예견가능성을 인정할 수 있다.
③ 인간의 행위에 의한 인과사건의 지배가능성
甲의 행위는 A의 사망사건을 지배했다고 볼 수 있다(무대주연론).
④ 행위자에 의해 창출되었거나 증가된 위험실현
甲의 행위로 사망요인이 발생했고, 사망의 원인이 증가되었다고 볼 수 있다.

2. 주관적 구성요건해당성 검토
형법 제14조 과실
인식 있는 과실에 해당한다.
(1) 객관적 정상의 주의의무(+)
(2) 능력(+)
(3) 태만(+)

Ⅰ-3. 소결

형법 제260조 제1항, 제262조, 제15조 제2항 폭행치사죄 구성요건이 성립한다.

Ⅱ. 위법성 검토

1. 형법 제21조 제1항 정당방위 검토
1. 객관적 요건 검토
(1) 정당방위의 상황
① 자기 법익 또는 타인 법익
개인적 법익: 아버지의 인격권
② 현재성 [판단기준]

ⓐ 급박(急迫)(+): 폭행
ⓑ 발생(發生)(+): 폭언
③ 부당한 침해(侵害)
ⓐ 공격(攻擊)(+): 폭언
ⓑ 위태화(危殆化): 폭행
이 사안은 자기 법익이 침해된 상황이고, 현재성이 있으며, 부당한 침해이다.
(2) 방위행위(防衛行爲)
① 방위행위(+):
② 상당성
㉠ 필요성
ⓐ 최소한 침해(+)
ⓑ 확실하게 그리고 종국적 저지(+)
㉡ 사회윤리적 제한
ⓐ 책임무능력자(−)
ⓑ 근소한 법익(−): 폭언과 폭행에 대한 폭행
ⓒ 가족공동체: 아버지와 아들(+). 여기에 다른 주장도 있다. 아버지와 아들의 관계는 긴밀한 인적 관계에 해당하기 때문에 정방방위에서 제한을 받는다. 이 경우 위법성조각사유가 되지 않는다. 그러나 긴밀한 인적 관계라고 하여 무조건 제한을 할 수는 없다. 이 경우 아들이 패륜 행위를 한 이상 이미 가족공동체 범위를 넘어선 것이다. 정당방위가 허용된다.

2. 주관적 요건 검토 (필요설+)
(1) 정당방위의 상황에 대한 인식(+)
(2) 방위행위에 대한 인식(+)
(3) 방위의사(+)

Ⅲ. 책임 검토

책임조각사유가 없다.

Ⅳ. 죄책

甲의 행위는 형법 제260조 제1항 · 제262조 폭행치사죄의 구성요건을 충족한다. 그러나 형법 제21조 제1항 정당방위에 의해 위법성이 조각되어 무죄이다.

범죄체계도 13
−위법성조각사유−

13 [선택형] 제41회 사법시험 제1차 선택

양어업자 甲은 자신의 양식어를 근래 자주 절취당하기에 어느 날 양어장의 나무그늘에서 망을 보고 있던 중, 심야에 乙이 그물을 가지고 와서 고기를 잡는 것을 목격한 甲은 乙을 체포하였다. 甲의 죄책은?

A. 심야에 몰래 고기 잡는 乙을 체포한 행위

Ⅰ. 형법 제276조 제1항 체포죄의 구성요건 해당성 검토

1. 객관적 구성요건해당성 검토
(1) 행위주체: 甲
(2) 행위객체: 乙
(3) 행위방법: 체포
(4) 결과: 이전 자유, 장소선택 자유를 침해
(5) 인과관계와 객관적 귀속: 체포(위험창출), 자유침해(위험실현)
① 기본범죄와 결합된 전형적인 위험실현(+)
② 결과에 대한 예견가능성(+)
③ 객관적 지배가능성(=무대주연론)(+)
④ 증가된 위험실현(=위험중대론(+)

2. 주관적 구성요건해당성 검토
고의란 죄의 성립요소인 사실을 실현하려는 인식과 의욕을 말한다. 체포 인식(+)과 의욕(+)

Ⅱ. 위법성 검토

1. 형법 제20조 정당행위 검토

1. 객관적 요건 검토
• 법령에 의한 행위(+)
• 현행범인 체포: 형사소송법 제211조(+)
양식장 주인 甲은 자신의 양식어가 자주

절취되기에 어느 날 양어장의 나무 그늘에서 망을 보았다. 심야에 乙이 그물을 가지고 와서 고기를 잡았다. 현행범으로 체포했다.

2. 주관적 요건 검토
(1) 정당행위 상황인식(+)
(2) 정당행위 인식(+)
(3) 정당행위 의사(+)

Ⅲ. 죄책

체포죄의 구성요건이 성립하지만, 형법 제20조 정당행위로 위법성이 조각된다. 무죄이다.

> Ⅱ. 위법성 검토
>
> 형법 제20조 정당행위 검토
> 초법규적 ⇒ 일반적 위법성조각사유로 전환
> 대법원 판례 정리 필수★★★★★

1. 객관적 요건 검토
(1) 법령에 의한 행위
① 공무원의 직무행위: 절차,사무,적법
② 징계행위: 객관적 징계사유
③ 현행범의 체포: 형사소송법
④ 노동쟁의행위: 허용된 쟁의행위
⑤ 기타 법령
- 모자보건법 임신중절행위 (모자보건법 제14조)
- 승마투표권(마사회법 제6조)
- 법률상 인정된 복표의 발행
- 정신병자의 감호

(2) 업무로 인한 행위
- 사회생활상의 지위, 계속, 사무
① 의사의 치료행위
② 안락사
- 소극적 안락사: 사기임박, 현대의학 치료 불가능, 고통 제거, 동의, 의학적 방법, 사망 부수적 결과)
- 직접적 적극적 안락사 불허용
③ 변호사 또는 성직자의 업무행위
- 업무의 정당성과 적법성 판단
- 정당성: 동기와 목적, 정당한 범위
- 적법성: 적법과 위법, 법으로부터 자유로운 영역 이론 배제
- [예] 은닉(-), 도피(-)

(3) 사회상규에 부합하는 행위
- 법질서 전체의 정신, 사회윤리 내지 사회통념에 비추어 용인되는 행위
- 사회상규 판단기준
대법원 판례('정상균긴보')
① 정당성: 목적과 동기
② 상당성: 수단과 방법
③ 균형성: 법익과 비교(보호이익과 침해이익)
④ 긴급성: 정황과 시점
⑤ 보충성: 다른 수단과 다른 방법

2. 주관적 요건 검토
(1) 정당행위에 대한 상황인식
(2) 정당행위에 대한 인식
(3) 정당행위의 의사

> **대법원 2022. 12. 15. 선고 2017도19229 판결 [모욕] 〈피고인이 인터넷 포털사이트 뉴스 댓글 란에 피해자에 대하여 "국민호텔녀", "퇴물" 등의 표현을 사용하여 모욕하였다고 기소된 사안〉**
>
> [판시사항] [1] 모욕죄의 보호법익(=외부적 명예) 및 모욕의 의미 [2] 모욕죄의 구성요건에 해당하는 표현이 사회상규에 위배되는지 판단하는 기준
> [판결요지] '국민호텔녀'라는 표현은 피해자의 사생활을 들추어 피해자가 종전에 대중에게 호소하던 청순한 이미지와 반대의 이미지를 암시하면서 피해자를 성적 대상화하는 방법으로 비하하는 것으로서 여성 연예인인 피해자의 사회적 평가를 저하시킬 만한 모멸적인 표현으로 평가할 수 있다. 정당한 비판의 범위를 벗어난 것으로서 정당행위로 보기도 어렵다고 한 사례.

범죄체계도 13
－위법성조각사유－

13 [선택형] 제35회 사법시험 제1차 선택

甲은 丙 소유인 비워 두었던 별장에 乙에 의하여 감금되었다. 甲은 그 별장에 아무도 없는 것을 알고 잠긴 문을 부수고 탈출하였다. 甲의 죄책은?

A. 감금된 별장의 잠긴 문을 부수고 탈출한 행위

Ⅰ. 형법 제366조 손괴죄 구성요건해당성 검토

1. 객관적 구성요건해당성 검토
(1) 행위주체: 甲
(2) 행위객체: 재물. 별장 문
(3) 행위방법: 손괴. 부순 행위
(4) 결과: 재산권 침해
(5) 인과관계와 객관적 귀속
부숨(위험창출)+문 손괴(위험실현)

2. 주관적 구성요건해당성 검토
고의(+)

Ⅱ. 위법성 검토

1. 형법 제22조 제1항 정당화적 긴급피난 검토

1. 객관적 요건 검토
(1) 긴급위난(緊急危難)의 상황
① 자기 또는 타인의 법익
보호필요성과 보호가치가 있는 개인 법익(=감금. 신체활동 자유)
② 현재[판단기준]
• 즉시 행위 필요성이 있는 상태(+)
• 계속적 · 반복적 · 장기적 위난(+)
③ 위난(危難)
• 전문적 객관적 관찰자 입장(+)
• 법익침해 가능성 있는 상황(+)
• 위난원인: 사람 행위(+)
(2) 피난행위
① 피난행위
② 상당성(=양이익 우월적 관계 판단. 보충성, 균형성, 적합성)
㉠ 보충성: 유일한 수단, 상대적 최소피난 원칙(문을 부순행위+)
㉡ 균형성: 법익가치, 위험정도, 보호정도 이익형량 원칙(우월, 감금: 신체활동 대 별장 문+)
㉢ 적합성: 법적 절차. 사회윤리(+)

2. 주관적 요건 검토
(1) 긴급위난 상황 인식(+)
(2) 피난행위 인식(+)
(3) 피난의사(+)

Ⅲ. 죄책

손괴죄 구성요건을 충족한다. 그러나 형법 제22조 제1항 정당화적 긴급피난으로 위법성이 조각된다. 무죄이다.

Ⅱ. 위법성 검토

형법 제22조 제1항 정당화적 긴급피난 검토
정(正) 대 정(正): 우월적 이익
정당화적 긴급피난(위법성조각사유)
면책적 긴급피난(책임조각사유)

1. 객관적 요건 검토
(1) 긴급위난(緊急危難)의 상황
① 자기 또는 타인의 법익
보호필요성과 보호가치가 있는 개인, 사회, 국가적 법익, 민사법상의 법익
② 현재 [판단기준]
• 즉시 행위 할 필요성이 있는 상태
• 손해의 발생이 근접한 상태
ⓐ 임박한 손해발생
ⓑ 침해가 증대될 위험
ⓒ 계속적·반복적·장기적 위난
③ 위난(危難)
• 전문적 객관적 관찰자의 입장
• 법익침해 발생 가능성 있는 상황
ⓐ 위난원인: 사람의 행위, 동물, 자연

현상(태풍, 홍수) 포함
(b) 자초위난 가능: 다만 목적 또는 고의(예 치아결손 사건) 및 권리남용으로 인한 자초위난은 제외됨

(2) 피난행위
① 피난행위
② 상당성 [양이익 우월적 관계 판단]
㉠ 보충성: 유일한 수단, 상대적 최소피난의 원칙(예 응급환자 사건)
㉡ 균형성: 법익가치, 위험정도, 보호정도 이익형량의 원칙, (우월)
㉢ 적합성: 법적 절차, 사회윤리

(3) 긴급피난의 특칙
- 형법 제22조 제2항의 특칙
- 특별한 보호의무
① 공적 조직에 종사하는 자
② 군인, 경찰관, 소방관, 교도관, 의사 (감수범위를 넘는 경우: 긴급피난+)

2. 주관적 요건 검토
(1) 긴급위난의 상황에 대한 인식
(2) 피난행위에 대한 인식
(3) 피난의사

대법원 2006. 4. 13. 선고 2005도9396 판결 [업무방해]

[판시사항] [1] 형법 제22조 제1항의 긴급피난에서 '상당한 이유 있는 행위'에 해당하기 위한 요건 [2] 케이블TV방송의 방송안테나를 절단하도록 지시한 행위를 긴급피난 내지는 정당행위에 해당한다고 볼 수 없다.
[판결요지] 형법 제22조 제1항 긴급피난에서 '상당한 이유 있는 행위'에 해당하려면, 첫째 피난행위는 위난에 처한 법익을 보호하기 위한 유일한 수단이어야 한다. 둘째 피해자에게 가장 경미한 손해를 주는 방법을 택하여야 한다. 셋째 피난행위에 의하여 보전되는 이익은 이로 인하여 침해되는 이익보다 우월해야 한다. 넷째 피난행위는 그 자체가 사회윤리나 법질서 전체의 정신에 비추어 적합한 수단일 것을 요하는 등의 요건을 갖추어야 한다.

범죄체계도 14
—책임조각사유—

14 [선택형] 2019 제8회 변시 선택 11
[선택형] 2021 제10회 변시 선택 2

甲이[행위주체] 음주운전을 할 의사를 가지고 음주만취한 후 운전을 결행하여 부주의로 보행자 A를[행위객체] 충격하여 A를 그 현장에서 즉사시키고 도주하였다면,[특정범죄 가중처벌 등에 관한 법률 제5조3도주차량운전죄 성립+] 이는 음주시에 교통사고를 일으킬 위험성을 예견하였는데도 자의로 심신장애를 야기한 경우에 해당하므로[형법 제10조 제3항 원인을 자유롭게 야기한 행위+, 책임능력 성립+] 甲에 대한 형사처벌이 가능하다. 책임에 관한 설명 중 옳지 않은 것은? (다툼이 있는 경우 판례에 의함)

A. 甲이 음주운전을 할 의사를 가지고 음주만취한 후 운전을 결행하여 부주의로 보행자 A를 충격하여 A를 그 현장에서 즉사시키고 도주한 행위

특정범죄 가중처벌 등에 관한 법률 제5조3 (도주차량 운전자의 가중처벌)

① 「도로교통법」 제2조의 자동차, 원동기장치자전거 또는 「건설기계관리법」 제26조제1항 단서에 따른 건설기계 외의 건설기계(이하 "자동차등"이라 한다)의 교통으로 인하여 「형법」 제268조의 죄를 범한 해당 자동차등의 운전자(이하 "사고운전자"라 한다)가 피해자를 구호(구호)하는 등 「도로교통법」 제54조제1항에 따른 조치를 하지 아니하고 도주한 경우에는 다음 각 호의 구분에 따라 가중처벌한다. 〈개정 2022.12.27〉
1. 피해자를 사망에 이르게 하고 도주하거나, 도주 후에 피해자가 사망한 경우에는 무기 또는 5년 이상의 징역에 처한다.

2. 피해자를 상해에 이르게 한 경우에는 1년 이상의 유기징역 또는 500만원 이상 3천만원 이하의 벌금에 처한다.
② 사고운전자가 피해자를 사고 장소로부터 옮겨 유기하고 도주한 경우에는 다음 각 호의 구분에 따라 가중처벌한다.
1. 피해자를 사망에 이르게 하고 도주하거나, 도주 후에 피해자가 사망한 경우에는 사형, 무기 또는 5년 이상의 징역에 처한다.
2. 피해자를 상해에 이르게 한 경우에는 3년 이상의 유기징역에 처한다.
[전문개정 2010.3.31]
[출처] 특정범죄 가중처벌 등에 관한 법률 일부개정 2022. 12. 27. [법률 제19104호, 시행 2022. 12. 27.] 법무부 〉 종합법률정보 법령)

Ⅰ. 특정범죄 가중처벌 등에 관한 법률 제5조 3 제1호 도주차량 운전죄 구성요건해당성 검토

1. 객관적 구성요건해당성 검토
(1) 행위주체: 형법 제268조의 죄를 범한 해당 자동차 운전자. 甲
(2) 행위객체: 사람. 보행자 A
(3) 행위방법: 피해자를 구호하는 등 「도로교통법」 제54조 제1항에 따른 조치를 하지 아니하고 도주. 정차의무와 신원확인조치의무 불이행 후 도주
(4) 결과: 사망. 즉사
(5) 인과관계와 객관적 귀속(=연결. 상당인과관계. 판례)
① 기본범죄와 결합된 전형적인 위험실현(=규범의 보호범위의 이론). 차량충돌=사망
② 결과에 대한 객관적 예견가능성(핵심)
③ 인과사건의 객관적 지배가능성(=무대주연론).
④ 행위자 창출 또는 증가된 위험실현(+)

2. 주관적 구성요건해당성 검토
고의(+). 인식(+)과 의욕(+)

Ⅱ. 위법성 검토

위법성조각사유가 없다.

Ⅲ. 책임 검토

1. 형법 제10조 제3항 원인에 있어서 자유로운 행위 검토
甲은 음주운전 · 차량충돌 · 도주시점 모두 명정상태였다. 따라서 형법 제10조 제1항에 근거하여 책임이 조각될 수도 있다. 그러나 甲은 고의로 명정상태를 유발하였다. 그러므로 형법 제10조 제3항이 적용될 수 있는가가 문제가 된다.
(1) 사안 쟁점
① 행위와 책임 동시 존재 원칙
책임주의는 행위책임을 기초로 한다. 행위와 책임은 동시에 존재해야 한다. 따라서 심신장애 상태에서 행위를 할 경우, 책임능력이 없는 사람과 미약한 사람을 처벌하는 이론적 근거가 쟁점이다.
② 실행행위 정형성 원칙
죄형법정주의는 명확성원칙을 천명한다. 범죄행위는 구성요건의 위험성이 정형화 되어 행위로 나타난다. 이때 구성요건해당성이 있다. 원인행위 또는 심신장애 상태에서 발현된 행위 중에서 어느 것을 실행행위로 볼 것인지 명확하게 찾아야 한다. 이것이 형법 제10조 제3항의 쟁점이다.
(2) 가벌성 근거와 학설대립
① 구성요건 모델(=원인행위+책임능력)
책임능력이 있었던 원인행위, 즉 술 마신 행위 자체를 불법 실체를 갖춘 구성요건적 행위로 본다. 그 원인행위에 가벌성의 근거가 있다. 불법행위 시점과 책임능력의 존재 시점이 일치한다. 행위와 책임 동시 존재 원칙이다. 원인행위(=술 마신 행위)가 실행행위이다. 원인행위 시점에 책임능력이 있다. 그 결과를 예견하였거

나 예견할 수 있었던 경우, 그 결과 야기로 책임비난이 가능하다. 이 학설에 근거하면 책임능력이 있다. 그러나 구성요건 모델에 대한 비판이 있다. 술 마신 행위가 도주차량운전행위가 될 수 없다.

② 반무의식상태설

원인행위(=음주행위 · 마약행위)는 단순한 예비행위이다. 범죄실행행위는 심신장애 상태에서 행위이다. 가벌성 근거이다. 행위자는 범죄실행행위 시점에 반무의식적 상태에 있을 뿐이다. 주관적 요소를 인정한다(유기천 교수). 이 학설에 근거하면 책임능력이 있다. 그러나 반무의식 상태에서 행위한다는 개념은 법적 안정성을 침해할 수 있다.

③ 예외모델

원인행위와 실행행위는 불가분이다. 책임능력은 원인행위에 있다. 그러나 심신장애 상태에서 실행행위가 있다. 이 학설에 근거하면 불법 실체는 범행 시점에, 책임은 원인행위 시점에 존재한다. 행위와 책임의 동시 존재의 원칙 예외이다. 현재 다수설이다. 이 학설에 근거하면 책임능력이 있다. 음주운전 처벌은 예외모델이 입법된 것이다.

④ 사견

원인행위는 실행행위의 정형성이 없다. 책임능력 유무도 의사형성 시점을 기준으로 판단해야 한다. 그러므로 예외모델이 타당하다.

(3) 사안 검토

甲은 술을 마시고 만취하여 운전하였다. 운전부주의로 사망사고를 냈다. 그리고 현장에서 구호조치 없이 도주하였다. 형법 제10조 제3항 원인에 있어서 자유로운 행위에 해당한다. 이 경우 원인행위(=책임능력 인정+), 실행행위(=책임무능력 인정+) 사이 밀접불가분성이 있다. 책임능력에 불일치가 있어도 예외적으로 책임능력을 인정한다. 이 사안은 책임무능력 상태에서 저질러진 행위이지만 형법 제10조 제3항에 근거하여 책임능력이 인정된다.

Ⅳ. 죄책

도주차량운전죄가 성립한다.

대법원 1992. 7. 28. 선고 92도999 판결 [특정범죄가중처벌등에관한법률위반(도주차량) · 도로교통법위반]

[판시사항] 음주운전을 할 의사를 가지고 음주만취한 후 운전을 결행하여 교통사고를 일으킨 경우 심신장애로 인한 감경 등을 할 수 있는지 여부(소극)

[판결요지] 형법 제10조 제3항은 "위험의 발생을 예견하고 자의로 심신장애를 야기한 자의 행위에는 전2항의 규정을 적용하지 아니한다"고 규정하고 있다. 이 규정은 고의에 의한 원인에 있어서의 자유로운 행위만이 아니라 과실에 의한 원인에 있어서의 자유로운 행위까지도 포함하는 것이다. 위험의 발생을 예견할 수 있었는데도 자의로 심신장애를 야기한 경우도 그 적용 대상이 된다고 할 것이다. 피고인이 음주운전을 할 의사를 가지고 음주만취한 후 운전을 결행하여 교통사고를 일으켰다면 피고인은 음주시에 교통사고를 일으킬 위험성을 예견하였는데도 자의로 심신장애를 야기한 경우에 해당한다. 그러므로 위 법조항에 의하여 심신장애로 인한 감경 등을 할 수 없다.

대법원 2018. 9. 13. 선고 2018도7658, 2018전도54, 55, 2018보도6, 2018모2593 판결 [살인방조(변경된 죄명: 살인)]

[판시사항] 형법 제10조에 규정된 심신장애의 요건 및 심신장애의 유무를 판단하는 방법

[판시사항] 심신장애의 유무는 법원이 형벌제도의 목적 등에 비추어 판단하여야 할 법률문제로서 그 판단에 전문감정인의 정신감정결과가 중요한 참고자료가 되기는 하나, 법원이 반드시 그 의견에 구속되는 것은 아니고, 그러한 감정결과뿐만 아니라 범행의 경위, 수단, 범행 전후의 피고인의 행동 등 기록에 나타난 여러 자료 등을 종합하여 독자적으로 심신장애의 유무를 판단하여야 한다.

범죄체계도 14
-책임조각사유-

14 [선택형] 2021 제10회 변시 선택 13
[선택형] 2017 제6회 변시 선택 3

새벽에 귀가 중인 甲에게 노숙자 A가 구걸을 하려고 접근하였다. 그러나 甲은 행위주체 이전에 소위 '퍽치기' 강도를 당한 경험 때문에, A를 '퍽치기' 강도로 오인하였다. 위법성전제사실에 대한 착오+ 이때 현장에 온 택시기사 乙이 A가 노숙자이고 구걸을 하려는 것을 알면서도, 甲에게 "A가 당신을 공격하려 한다."라고 말하였다. 이에 甲은 그 말을 믿고 A를 폭행하였다. 행위방법 甲과 乙의 죄책은? 甲과 乙의 형사책임에 관한 설명 중 옳지 않은 것은?

A. 甲이 노숙자 A를 강도로 오인하고 상처를 입힌 행위

Ⅰ. 형법 제260조 제1항 폭행죄 구성요건해당성 검토

1. 객관적 구성요건해당성 검토
(1) 행위주체: 甲
(2) 행위객체: 사람의 신체. 노숙자 A의 신체
(3) 행위방법: 폭행. 유형력 행사

2. 주관적 구성요건해당성 검토
고의(+)

Ⅱ. 위법성 검토

1. 형법 제21조 제1항 정당방위 검토
- 부당한 침해(-)

2. 판례 입장 - 위법성조각사유로 판단
- 부당한 침해(-)

Ⅲ. 책임 검토

1. 학설과 해결방안
(1) 엄격책임설과 해결방안
• 형법 제16조 적용
• 책임 고의 배제(=정당한 이유 존재시)
(2) 제한책임설과 해결방안
① 형법 제13조 유추적용설
• 구성요건착오론 유추적용
• 불법 고의 조각, 과실 인정
② 법효과 제한 책임설(=다수설)
• 형법 제13조 적용, 고의 이중기능
• 불법 고의 인정과 책임 고의 배제
• 과실 인정 (=과실책임론)
(3) 소극적 구성요건요소이론과 해결방안
- 형법 제13조 적용설
- 불법 고의 조각, 과실 인정
(4) 소결
오상방위는 법효과 제한 책임설이 타당하다. 참고로 오스트리아 형법 제8조는 법료과 제한 책임설을 명문으로 규정하고 있다.
(5) 사안 검토
법효과 제한 책임설에 따르면 이 사안은 형법 제260조 제1항 폭행죄 구성요건에 해당한다. 위법하다. 불법행위이다. 그러나 책임에서 고의가 배제되어 과실책임만 부담한다. 하지만 형법에 과실폭행죄 구성요건이 없다. 폭행죄가 성립하지 않는다.

Ⅳ. 죄책

무죄이다.

파워특강 위법성조각사유의 전제사실에 대한 착오 이론. 순수 이론 문제로 매년 1문항씩 출제되고 있다. 나는 이런 문제에 항상 회의적이다. 범죄체계론·고의론·과실론·위법성조각사유·책임론·정범과 공범론을 함께 연구해야 한다.

① 소극적 구성요건요소이론에 의하면 甲의 착오는 사실의 착오(구성요건적 착오)에 해당하며 폭행죄의 고의가 부정된다.

☞ 소극적 구성요건이론은 구성요건착오로서 불법고의를 조각한다. 폭행죄가 성립하지 않는다.

② 엄격책임설에 의하면 甲의 착오는 법률의 착오에 해당하여 오인함에 정당한 이유가 없는 경우 폭행죄가 성립한다.

☞ 엄격책임설은 형법 제16조를 적용한다. 오인에 정당한 이유가 없는 경우 폭행죄가 성립한다.

③ 구성요건적 착오규정을 유추적용하는 견해에 의하면 甲의 고의가 부정되어 폭행죄가 성립하지 않는다.

☞ 구성요건착오 유추적용설은 불법고의를 조각한다. 갑의 고의가 조각되어 폭행죄가 성립하지 않는다.

④ 법효과제한적 책임설은 책임설에 의하면 甲에게 고의불법은 인정되지만 고의책임이 배제되어 폭행죄가 성립하지 않는다.

☞ 법효과제한적 책임설은 폭행죄의 구성요건 고의를 인정한다. 위법성조각사유가 없다. 정당방위상황이 아니다. 위법성조각사유 전제사실 착오는 책임문제이다. 책임고의를 조각한다. 폭행죄가 성립하지 않는다. 과실 폭행은 구성요건이 없다.

⑤ 소극적 구성요건요소이론과 법효과제한적 책임설에 따르면 제한적 종속형식에 의할 때 乙은 甲의 행위에 대하여 폭행죄의 ~~교사범이 된다.~~ 간접정범이 된다.

☞ 소극적 구성요건이론에 따르면, 정범 갑은 무죄이다. 따라서 공범과 정범이론에서 제한적 종속형식에 채택할 경우, 을은 갑의 행위에 대하여 교사행위로 이용하였기 때문에 폭행죄의 간접정범이 된다(형법 제261조, 제34조 제1항). 제한적 종속형식설은 최소한 정범 갑은 구성요건해당성과 위법성을 모두 갖추어야 한다. 정범이 불법행위를 하면, 교사범이 성립하고, 정범이 불법행위를 하지 않으면, 무죄인 자를 교사행위로 이용했기 때문에 간접정범으로 처벌된다. 정범의 행위 정도에 따라 교사행위에 대한 법적 평가가 달라진다. 소극적 구성요건이론은 사망한 이론이다. 현재 극소수의 학자들만 이 입장을 취하고 있다. 현재 절대 다수설은 합일태적 범죄체계 이론이다. 정말 심각한 질문이다. 여러 과목을 준비하는 수험생의 입장을 생각해 보시라. 이것을 1–2분 이내에 해결할 수 있겠는가.

☞ 한편 법효과제한적 책임설에 따르면, 갑에게 구성요건해당성과 위법성이 인정된다. 그러나 고의책임이 조각되어 폭행죄가 성립하지 않는다. 폭행죄는 과실책임이 없기 때문이다. 제한적 종속형식에 취할 경우, 정범 갑은 무죄이다. 택시기사 을은 갑의 행위를 이용하여(교사하여) 범행을 한 것이다. 그래서 폭행죄의 간접정범이 성립한다(형법 제261조, 제34조 제1항). 일부 학원가의 해설에 따르면 법효과제한적 책임설에 의하면 폭행죄의 교사범이 된다고 한다. 잘못된 해설이다.

[참고문헌] 하태영, 『위법성조각사유의 객관적 전제사실에 대한 착오』 종합 고찰, 동아법학 제96호, 동아대 법학연구소, 2022, 27–72면.

헌법재판소 2021. 12. 23. 선고 2020헌마1620 전원재판부 [기소유예처분취소]

[결정요지] 객관적으로 법익침해가 발생할 개연성이 높은 상태가 아니었다고 하더라도 행위자가 위난의 발생이 근접한 상태였다고 오인하는데 정당한 사유가 있는 경우, 즉 오상피난의 경우 위법성조각사유의 전제사실에 대한 착오로서 범죄성립이 조각될 수 있다. 한편 피해자의 현실적인 승낙이 없었다고 하더라도 행위 당시의 모든 객관적인 사정에 비추어 만일 피해자가 행위의 내용을 알았더라면 당연히 승낙하였을 것으로 예견되는 경우 추정적 승낙이 인정된다.

범죄체계도 15
－죄수－

15 [선택형] 2021 제10회 변시 선택 15
甲은 음주운전 전력으로 자동차 운전면허가 취소된 상태에서,도로교통법 무면허운전+ 혈중알코올농도 0.15%의 술에 취하여 정상적인 운전이 곤란한 상태에서 자신의 승용차를 운전하여 가던 중,도로교통법 제44조 제1항 음주운전+, 상상 경합 전방에 신호대기로 정차하고 있던 A가 운전하는 화물차의 뒷부분을 들이받아 그 충격으로 A에게 약 2주간의 치료를 요하는 상해를 입게 하고,특정범죄가중처벌법 제5조11 위험운전치사상죄+ 위 화물차의 수리비가 150만 원이 들도록 손괴하였다.도로교통법 제151조 업무상과실손괴죄+, 실체 경합 이에 관한 설명 중 옳지 않은 것을 모두 고른 것은? (다툼이 있는 경우 판례에 의함)

A. 음주운전 전력으로 자동차 운전면허가 취소된 상태에서, 혈중알코올농도 0.15%의 술에 취하여 정상적인 운전이 곤란한 상태에서 자신의 승용차를 운전한 행위

☞ 쟁점은 죄수이다. 이 사안에서 형법상 중요한 행위는 운전행위이다. 한 번의 운전행위가 두 개의 구성요건을 침해하였다. 죄수는 상상적 경합이다. 하나의 행위가 두 개의 죄에 해당하여 각각 성립을 검토한다. 다만 양형상 일죄이다. 그래서 A. 표시가 하나의 행위 표시라면 A-1. A-2. A-3(죄수)로 표시하여 개별 구성요건을 모두 검토한다. 답안지 한 면에 순서대로 설명한다. 카드 하나로 생각하면 된다. 형법 제40조 상상적 경합은 가장 중한 형으로 처벌된다.

A-1. 음주 상태에서 승용차를 운전한 행위

Ⅰ. 도로교통법 제44조, 제148조2(벌칙) 음주운전죄 구성요건해당성 검토

도로교통법 제44조(술에 취한 상태에서의 운전 금지) ① 누구든지 술에 취한 상태에서 자동차등(「건설기계관리법」 제26조제1항 단서에 따른 건설기계 외의 건설기계를 포함한다. 이하 이 조, 제45조, 제47조, 제93조제1항 제1호부터 제4호까지 및 제148조의2에서 같다), 노면전차 또는 자전거를 운전하여서는 아니 된다.

제148조의2(벌칙) ① 제44조 제1항 또는 제2항을 2회 이상 위반한 사람(자동차등 또는 노면전차를 운전한 사람으로 한정한다. 다만, 개인형 이동장치를 운전하는 경우는 제외한다. 이하 이 조에서 같다)은 2년 이상 5년 이하의 징역이나 1천만원 이상 2천만원 이하의 벌금에 처한다. 〈개정 2020.6.9.〉
[출처] 도로교통법 일부개정 2022. 1. 11. [법률 제18741호, 시행 2022. 7. 12.] 경찰청

1. 객관적 구성요건해당성 검토
(1) 행위주체: 甲
(2) 행위객체: 승용차
(3) 행위방법: 술에 취한 상태에서 운전

2. 주관적 구성요건해당성 검토
고의(+): 구성요건 요소 인식(+)과 의욕(+)

Ⅱ. 죄책

음주운전죄가 성립한다.

A-2. 자동차 운전면허가 취소된 상태에서 승용차를 운전한 행위

Ⅰ. 도로교통법 제43조, 제152(벌칙) 무면허운전죄 구성요건해당성 검토

도로교통법 제43조(무면허운전 등의 금지) 누구든지 제80조에 따라 시·도경찰청장으로부터 운전면허를 받지 아니하거나 운전면허의 효력이 정지된 경우에는 자동차등을 운전하여서는 아니 된다. 〈개정 2020.6.9, 2020.12.22., 2021.1.12〉 [전문개정 2011.6.8.]

제152조(벌칙)
다음 각 호의 어느 하나에 해당하는 사람은 1년 이하의 징역이나 300만원 이하의 벌금에 처한다. 〈개정 2021.10.19〉
1. 제43조를 위반하여 제80조에 따른 운전면허(원동기장치자전거면허는 제외한다. 이하 이 조에서 같다)를 받지 아니하거나(운전면허의 효력이 정지된 경우를 포함한다) 또는 제96조에 따른 국제운전면허증 또는 상호인정외국면허증을 받지 아니하고(운전이 금지된 경우와 유효기간이 지난 경우를 포함한다) 자동차를 운전한 사람

제154조(벌칙)
다음 각 호의 어느 하나에 해당하는 사람은 30만원 이하의 벌금이나 구류에 처한다. 〈개정 2018.3.27, 2019.12.24, 2020.5.26, 2020.6.9, 2020.10.20, 2021.10.19〉
2. 제43조를 위반하여 제80조에 따른 원동기장치자전거를 운전할 수 있는 운전면허를 받지 아니하거나(원동기장치자전거를 운전할 수 있는 운전면허의 효력이 정지된 경우를 포함한다) 국제운전면허증 또는 상호인정외국면허증 중 원동기장치자전거를 운전할 수 있는 것으로 기재된 국제운전면허증 또는 상호인정외국면허증을 발급받지 아니하고(운전이 금지된 경우와 유효기간이 지난 경우를 포함한다) 원동기장치자전거를 운전한 사람(다만, 개인형 이동장치를 운전하는 경우는 제외한다)
[출처] 도로교통법 일부개정 2022. 1. 11. [법률 제18741호, 시행 2022. 7. 12.] 경찰청

1. 객관적 구성요건해당성 검토
(1) 행위주체: 甲
(2) 행위객체: 자동차, 승용차
(3) 행위방법: 무면허 또는 운전면허효력정지, 면허가 취소된 상태에서 운전

2. 주관적 구성요건해당성 검토
고의(+): 구성요건 요소 인식(+)과 의욕(+)

Ⅱ. 죄책

무면허운전죄가 성립한다.

A-3. 죄수

음주운전죄와 무면허운전죄가 성립한다. 두 죄는 상상적 경합이다(형법 제40조).

대법원 1987. 2. 24. 선고 86도2731 판결 [교통사고처리특례법위반 · 도로교통법위반]
[판시사항] 무면허 운전행위와 주취 운전행위가 상상적 경합관계인지의 여부(적극)
[판결요지] 형법 제40조에서 말하는 1개의 행위란 법적 평가를 떠나 사회관념상 행위가 사물자연의 상태로서 1개로 평가되는 것을 말한다. 무면허인데다가 술이 취한 상태에서 오토바이를 운전하였다는 것은 위의 관점에서 분명히 1개의 운전행위라 할 것이다. 이 행위에 의하여 도로교통법 제111조 제2호, 제40조와 제109조 제2호, 제41조 제1항의 각 죄에 동시에 해당하는 것이다. 두 죄는 형법 제40조의 상상적 경합관계에 있다고 할 것이다.

B. 혈중알코올농도 0.15%의 술에 취하여 정상적인 운전이 곤란한 상태에서 승용차를 운전하던 중 화물차를 들이받아 그 충격으로 A에게 약 2주간의 치료를 요하는 상해를 입힌 행위

Ⅰ. 특정범죄가중처벌에 관한 법률 제5조11 위험운전치사상죄 검토

특정범죄 가중처벌 등에 관한 법률 제5조11 (위험운전 등 치사상) ① 음주 또는 약물의 영향으로 정상적인 운전이 곤란한 상태에서 자동차등을 운전하여 사람을 상해에 이르게 한 사람은 1년 이상 15년 이하의 징역 또는 1천만원 이상 3천만원 이하의 벌금에 처하고, 사망에 이르게 한 사람은 무기 또는 3년 이상의 징역에 처한다. 〈개정 2018.12.18, 2020.2.4, 2022.12.27〉

② 음주 또는 약물의 영향으로 정상적인 운항이 곤란한 상태에서 운항의 목적으로 「해사안전법」 제41조제1항에 따른 선박의 조타기를 조작, 조작 지시 또는 도선하여 사람을 상해에 이르게 한 사람은 1년 이상 15년 이하의 징역 또는 1천만원 이상 3천만원 이하의 벌금에 처하고, 사망에 이르게 한 사람은 무기 또는 3년 이상의 징역에 처한다. 〈신설 2020.2.4〉
[전문개정 2010.3.31]
[제목개정 2020.2.4]
[출처] 특정범죄 가중처벌 등에 관한 법률 일부개정 2022. 12. 27. [법률 제19104호, 시행 2022. 12. 27.] 법무부

1. 객관적 구성요건해당성 검토
(1) 행위주체: 甲
(2) 행위객체: 승용차
(3) 행위방법: 음주 또는 약물의 영향으로 정상적인 운전이 곤란한 상태에서 자동차를 운전하여 사람을 상해에 이르게 함. 부진정결과적 가중범이다. 기본범죄 고의와 결과발생(=과실+고의) 모두 가능하다.
사안에서 혈중알코올농도 0.15%의 술에 취하여 정상적인 운전이 곤란한 상태에서 승용차를 운전하던 중 화물차를 들이받아 그 충격으로 A에게 약 2주간의 치료를 요하는 상해를 입혔다.

2. 주관적 구성요건해당성 검토
고의(+): 구성요건 요소 인식(+)과 의욕(+)

Ⅱ. 죄책

위험운전치사상죄가 성립한다. 교통사고처리특례법위반죄는 특가법에 흡수된다. 중한 구성요건 실현이 경한 구성요건 불법을 반영하기 때문이다. <전부법은 부분법을 폐기한다>는 법원리이다.

대법원 2008. 12. 11. 선고 2008도9182 판결 [특정범죄가중처벌등에관한법률위반(위험운전치사상) · 교통사고처리특례법위반 · 도로교통법위반(음주운전) · 도로교통법위반(무면허운전)]

[판시사항] [1] 교통사고처리특례법 제3조 제2항 단서의 각 호에서 규정한 예외 사유가 경합할 때의 죄수(=일죄) [2] 위험운전치사상죄의 입법 취지 및 교통사고처리특례법 위반죄와의 관계(=흡수관계)
[판결요지] [1] 교통사고로 인하여 업무상과실치상죄 또는 중과실치상죄를 범한 운전자에 대하여 피해자의 명시한 의사에 반하여 공소를 제기할 수 있는 교통사고처리특례법 제3조 제2항 단서 각 호의 사유는 같은 법 제3조 제1항 위반죄의 구성요건 요소가 아니라 그 공소제기의 조건에 관한 사유이다. 따라서 위 단서 각 호의 사유가 경합한다 하더라도 하나의 교통사고처리특례법 위반죄가 성립할 뿐, 그 각 호마다 별개의 죄가 성립하는 것은 아니다.
[2] 음주로 인한 특정범죄가중처벌 등에 관한 법률 위반(위험운전치사상)죄는 그 입법 취지와 문언에 비추어 볼 때, 주취상태의 자동차 운전으로 인한 교통사고가 빈발하고 그로 인한 피해자의 생명 · 신체에 대한 피해가 중대할 뿐만 아니라, 사고발생 전 상태로의 회복이 불가능하거나 쉽지 않은 점 등의 사정을 고려하여, 형법 제268조에서 규정하고 있는 업무상과실치사상죄의 특례를 규정하여 가중처벌함으로써 피해자의 생명 · 신체의 안전이라는 개인적 법익을 보호하기 위한 것이다. 따라서 그 죄가 성립하는 때에는 차의 운전자가 형법 제268조의 죄를 범한 것을 내용으로 하는 교통사고처리특례법 위반죄는 그 죄에 흡수되어 별죄를 구성하지 아니한다.

C. 화물차의 뒷부분을 들이받아 화물차의 수리비가 150만 원이 들도록 손괴한 행위

Ⅰ. 도로교통법 제151조 업무상과실손괴죄 구성요건해당성 검토

> **도로교통법 제151조(벌칙)**
> 차 또는 노면전차의 운전자가 업무상 필요한 주의를 게을리하거나 중대한 과실로 다른 사람의 건조물이나 그 밖의 재물을 손괴한 경우에는 2년 이하의 금고나 500만원 이하의 벌금에 처한다. 〈개정 2018.3.27〉
> [전문개정 2011.6.8]
> [출처] 도로교통법 일부개정 2022. 1. 11. [법률 제18741호, 시행 2022. 7. 12.] 경찰청

1. 객관적 구성요건해당성 검토
(1) 행위주체: 차 운전자. 甲
(2) 행위객체: 건조물 또는 재물. 화물차
(3) 행위방법: 업무상 필요한 주의의무를 게을리함 또는 중대한 과실.
사안에서 술에 취하여 정상적인 운전이 곤란한 상태에서 승용차를 운전하던 중 화물차를 들이받았다. 업무상 주의의무 위반에 해당한다.
(4) 결과: 손괴. 화물차 수리비 150만 원 정도 파손.
(5) 인과관계와 객관적 귀속(+) 행위와 결과가 연결(=상당인과관계. 판례)

2. 주관적 구성요건해당성 검토
고의(+): 구성요건 요소 인식(+)과 의욕(+)

Ⅱ. 죄책

업무상과실손괴죄가 성립한다.

C. 甲의 전체 죄수

1. 음주운전 전력으로 자동차 운전면허가 취소된 상태에서, 혈중알코올농도 0.15%의 술에 취하여 정상적인 운전이 곤란한 상태에서 자신의 승용차를 운전한 행위는 음주운전죄와 무면허운전죄가 성립한다. 두 죄는 상상적 경합이다(형법 제40조).

2. 혈중알코올농도 0.15%의 술에 취하여 정상적인 운전이 곤란한 상태에서 승용차를 운전하던 중 화물차를 들이받아 그 충격으로 A에게 약 2주간의 치료를 요하는 상해를 입힌 행위 위험운전치사상죄가 성립한다. 교통사고처리특례법위반죄는 특가법에 흡수된다. 중한 구성요건 실현이 경한 구성요건 불법을 반영하기 때문이다. <전부법은 부분법을 폐기한다>는 법원리이다.

3. 화물차의 뒷부분을 들이받아 화물차의 수리비가 150만 원이 들도록 손괴한 행위는 업무상과실손괴죄가 성립한다.

4. A B C 3개의 행위는 실체적 경합이다(형법 제37조). A의 무면허+음주+운전행위만 상상적 경합니다.

5. 한편 위험운전치사상죄와 업무상과실손괴죄를 상상적 경합(형법 제40조)는 학설이 있다. 그러나 현장을 정확히 보면 위험한 음주운전 행위는 차량 충돌행위는 연속된 두 개의 행위이다. 차량 충돌로 발생한 재물손괴와 그 충격으로 상해가 발생하였다. 대상이 다르기 분리하여 평가해야 한다.

■ 저자 소개

1962년 부산에서 태어났다. 독일 유학 후 25년 동안 대학·대학원에서 형법·형사소송법·특별형법·생명윤리와 의료형법을 강의하고 있다. 1996년 9월 3일《피고인에게 불리한 판례변경과 적극적 일반예방》으로 독일 할레대학교(Halle Universität) 법과대학에서 법학박사학위(Dr. jur)를 받았다. 1997년 3월 경남대 법대에서 교수 생활을 시작했다.

국외·국내 대표 저서는《Belastende Rechtsprechungsänderungen und die positive Generalprävention》(Carl Heymanns Verlag KG, 2000),《독일통일 현장 12년》(경남대학교출판부, 2004),《형사철학과 형사정책》(법문사, 2007),《형법각칙 개정 연구－환경범죄》(형사정책연구원, 2008),《하마의 下品 1·2》(법문사, 2009·2016),《의료법》(행인출판사, 2021),《생명윤리법》(행인출판사, 2018),《공수처법》(행인출판사, 2021),《사회상규》(법문사, 2018),《형법조문강화》(법문사, 2019),《형사법 종합연습 변시기출문제분석·종합연습 실전예상문제분석》(법문사, 2021)이 있다. 특히《형사철학과 형사정책》은 2008년 문화체육관광부 우수학술 도서로 선정되었다. 2014년 한국비교형사법학회 학술상을 수상하였다. 논문제목은《해적재판 국제비교》이다. 2006년 3월 제1학기부터 현재 모교인 동아대학교 법학전문대학원(로스쿨)교수로 근무하고 있으며, 국회 제11기 입법지원위원으로 활동하고 있다. 한국비교형사법학회 회장·영남형사판례연구회 회장·법무부 형사소송법개정특별분과위원회 위원·남북법령연구특별분과위원회위원으로 활동하였으며, 법무부 변호사시험 문제은행 출제위원·행정고시출제위원·채점위원(형법)·입법고시 출제위원·채점위원(형사소송법)·5급 승진시험 출제위원·7급 국가시험 출제위원·형사법연구 편집위원·형사법신동향 편집위원을 역임하였다.

약한 자에게 용기와 희망을 주는 세상보기로 사회와 소통하고 있다. 국제신문·경남도민일보 칼럼진으로 활동하였다. 2019년 1월부터 2020년 12월까지 국제신문《생활과 법률》칼럼을 썼다. 시사칼럼 180여 편이 있다. 2022년 10월《밤이 깔렸다》로 제8회 이병주국제문학상 연구상을 수상했다.

형사법 종합연습 – 변시기출문제분석

2019년 8월 20일 초판 발행
2020년 8월 20일 제2판 발행
2021년 8월 20일 제3판 발행
2023년 5월 8일 제4판 발행

저 자 하 태 영
발행인 배 효 선
발행처 도서출판 法 文 社

주 소 10881 경기도 파주시 회동길 37-29
등 록 1957년 12월 12일/제2-76호(윤)
전 화 (031)955-6500~6 FAX (031)955-6525
E-mail (영업) bms@bobmunsa.co.kr
(편집) edit66@bobmunsa.co.kr
홈페이지 http://www.bobmunsa.co.kr
조 판 법 문 사 전 산 실

정가 33,000원 ISBN 978-89-18-91407-7